Hugh Thomas
La conquista de México

Documento

Hugh Thomas

La conquista de México

Traducción de
Víctor Alba y C. Boune

Planeta

COLECCIÓN DOCUMENTO
Dirección: Rafael Borràs Betriu
Consejo de Redacción: María Teresa Arbó,
Mariona Costa, Marcel Plans y Carlos Pujol

Título original: The conquest of Mexico

© Hugh Thomas, 1993
© por la traducción, Víctor Alba y C. Boune,
1994
© Editorial Planeta, S. A., 1994
Córcega, 273-279, 08008 Barcelona
(España)
Diseño colección de Hans Romberg
Ilustración cubierta: algunas de las principales
divinidades aztecas: Huitzilopochtli (dios de
la guerra), Tlazoltéoltl (diosa de la tierra y de
la procreación), Tonatiuth (dios sol) y Xipe
Totec (dios de la lluvia, de la siembra y de los
orfebres)
Primera edición: mayo de 1994
Depósito Legal: B. 17.309-1994
ISBN 84-08-01160-X
ISBN 0-09-1776295-9 editor Hutchinson,
Londres, edición original
Composición: Foto Informática, S. A.
Papel: Offset Ahuesado, de Papelera del Oria,
S. A.
Impresión: Duplex, S. A.
Encuadernación: Encuadernaciones Maro, S. A.
Printed in Spain - Impreso en España

Índice

*Esta obra está dedicada con mi gratitud
a todos mis amigos en Sevilla y México*

PREFACIO

Este libro relata cómo un pequeño grupo de aventureros bien dirigidos luchó contra una monarquía importante y estática. Constituye también un estudio del choque entre dos imperios. Ambos eran imaginativos e ingeniosos. Pese a sus diferencias, tenían mucho en común: numerosas cosas eran sagradas para ellos, habían conquistado a otros pueblos, eran aficionados al ceremonial. Vistos con un enfoque moderno, ambos eran crueles pero cultos. Ambos soñaban, intermitentemente, con conquistar lo que consideraban como «el mundo». Ambos estaban dominados por poderosas creencias que, según sus dirigentes, constituían una explicación completa de la vida humana.

La invasión de México por los españoles no fue sino una continuación de las conquistas que se iniciaron después del primer viaje de Colón en 1492. Hernán Cortés, el comandante español, residió tanto en la Hispaniola o Española como en Cuba. Ése fue también el caso de todos los miembros de su expedición: antes de ir a lo que es ahora México, vivieron durante un tiempo en esas islas y algunos, en el continente, cerca de Panamá.

La monarquía que gobernaba los pueblos de México en 1519 era más refinada que los caciques del Caribe antes de la llegada de Colón. Los aztecas, a los que prefiero llamar mexicas (por la razón que se explica en las notas, al final de este prefacio), tenían muchas cualidades. Estaban bien organizados. El antiguo México se parecía mucho a un Estado. En opinión de un conquistador —Diego de Ordás—, sus casas eran superiores a las de España. Los mexicanos de clase alta vestían ropa bordada. Los artesanos hacían joyas que asombraron a los europeos. Por ser mayormente urbanos, accedían a una enseñanza que podría considerarse universal (al menos los niños que no fuesen hijos de siervos ni de esclavos).

En el siglo XVI los españoles, en general, hacían todavía uso de la numeración romana, incluyendo sus fracciones, en vez del sistema decimal, más útil, que los árabes habían introducido mucho tiempo antes, gracias a los hindúes. El sistema de los mexicanos era vigesimal, pero incluía también el cero, con el que se podían hacer cálculos más precisos que en Europa.

Aun antes del descubrimiento de México se había desatado una controversia acerca de lo ético de la misión imperial española, debido a las dudas de varios frailes dominicos que habían visto cómo funcionaba el imperio en el Caribe. Hoy en día, sus razonamientos nos parecen remotos y áridos. Sin embargo, ningún otro imperio europeo —ni los romanos, ni los franceses ni los británicos— pusieron en duda el propósito de su expansión. Las discusiones continuaron. En 1770 el marqués de Moncada envió a un amigo de Francia un antiguo y hermoso libro pintado, probablemente de Puebla, conocido ahora como el Mapa de Quinatzin. En él escribió: «Vos juzgaréis si ellos [los mexicanos] eran unos bárbaros en los tiempos en que les fueron robados su país, sus bienes y sus minas; o si lo éramos nosotros.»[1]

Un pasaje del Códice Florentino nos da idea de los preceptos morales de los mexicas: al menos en teoría, admiraban muchas de las características que supuestamente admiraban los caballeros de Europa: el ahorro, la compasión, la sinceridad, la prudencia, el orden, la energía, el cuidado, el trabajo duro, la humildad, el garbo, la discreción, la buena memoria, la modestia, el valor y la resolución. En cambio, despreciaban la pereza, la negligencia, la falta de compasión, la irresponsabilidad, la mentira, el mal humor, la torpeza, el despilfarro, el engaño, la falta de respeto y la traición.

Mas había un elemento en sus costumbres que hacía creer, incluso a los frailes españoles, que los antiguos mexicanos eran bárbaros y que, por tanto, precisaban urgentemente ser salvados. Se trataba del sacrificio humano. Para los españoles en México esta práctica eliminó toda duda acerca de la moralidad de la invasión montada por Cortés, al menos hasta que se hubo completado la conquista.

Hoy día somos todos gibbonenses, seguidores de Gibbon. Los diversos cultos nos parecen a casi todos igualmente auténticos; a nuestros filósofos, igualmente falsos y a nuestros antropólogos, igualmente interesantes. Jacques Soustelle (autor de una obra maestra sobre la vida diaria de los mexicas) nos recuerda que cada cultura tiene su propia concepción de lo que es cruel y de lo que no lo es. Añade que el sacrificio humano en el México precolombino no se inspiraba ni en la crueldad ni en el odio, que constituía «una respuesta a la falta de estabilidad de un mundo constantemente amenazado». Hoy día se da generalmente por cierto que todo pueblo tiene el derecho de comportarse según le indican sus costumbres.

No obstante, aún ahora, se necesitaría un estómago de acero para aceptar, con un enfoque puramente antropológico, todas las manifestaciones del sacrificio humano: no sólo que a los prisioneros de guerra o a los esclavos se les arrancaba el corazón sino que, además, el uniforme ceremonial de los sacerdotes estaba hecho del revés de la piel de las víctimas, que ocasionalmente arrojaban a la víctima al fuego, que encarcelaban o ahogaban a los niños y, finalmente, que, como parte del ceremonial, se comían los brazos y las piernas de las víctimas. ¿Con qué rasero podríamos juzgar a los matlazincas que aplastaban lentamente dentro de una red a las personas que sacrificaban? ¿Realmente nos satisface considerar a las víctimas como «bañistas en la madrugada»? A los niños de pecho, «portadores humanos de estandartes», se les hacía llorar, con brutalidad, a fin de que, al ver sus lágrimas, a Tlaloc, el dios de la lluvia, no le cupieran dudas sobre lo que se le pedía. Posteriormente, en los Estados Unidos, para justificar la conquista, los anglosajones adujeron la costumbre que tenían los indígenas de quitar el cuero cabelludo a sus víctimas. Lo mismo ocurrió con los conquistadores españoles con respecto al sacrificio humano. Una discusión sobre la validez de esta razón para la conquista nos haría entrar en detalles que no pertenecen a un prefacio.

Ni Cortés ni Colón, ni ningún otro conquistador, llegaron a un mundo de inocentes, estático, eterno y pacífico. Los taínos con los que se encontró Colón parecían felices. Pero ellos mismos habían llegado a las islas del Caribe como conquistadores y habían expulsado —o más bien habían obligado a replegarse al oeste de Cuba— a los guanahatabeys (conocidos también como casimiroides). A los taínos, por su parte, los amenazaban los indios caribes, que, desde el continente sudamericano, luchando se habían abierto camino en las Antillas menores. Los indios caribes ya habían conquistado la cultura ignerí en lo que son actualmente las Islas de Barlovento y amenazaban con conquistar las de Sotavento y quizá incluso Puerto Rico.

Ahora se sabe que los mayas del Yucatán, a los que Cortés y sus compañeros visitaron y que finalmente conquistaron las expediciones dirigidas por la familia Montejo, fueron un pueblo guerrero, incluso en su época de oro. Los mexicas eran los sucesores de varios pueblos guerreros que habían dominado el Valle de México. Su propio imperio se formó gracias a las conquistas militares. Los españoles, en su oposición al México que hallaron, recibieron una gran ayuda de sus aliados indios, que odiaban a los mexicas. Los españoles eran, por supuesto, conquistadores, como lo fueron, en su día, vikingos, godos, romanos (a los que los españoles admiraban), árabes, griegos, macedonios y persas —por nombrar sólo algunos de los que los precedieron—, e ingleses, holandeses, franceses, alemanes y rusos —por citar algunos que los sucedieron—. Al igual que la mayoría de esos otros guerreros, sobre todo los europeos que los seguirían, llevaban consigo sus ideas.

La fe de los españoles en sus cualidades, en la sabiduría política de su misión imperial y en la superioridad espiritual de la Iglesia católica no tenía límites. «¡Oh cuán gran fortuna ha sido para los indios la venida de los españoles —diría en 1554 el historiador Cervantes de Salazar—, pues han pasado de aquella desdicha a su actual felicidad... y de la servidumbre a esta verdadera libertad!»[2] «Oh, bestialidad extraña la de esta gente —escribiría el fraile Durán hacia fines del siglo XVI—, que en muchas cosas tenían buen regimiento y gobierno y entendimiento y capacidad y pulicia, pero en otras, extraña bestialidad y ceguedad.»[3] El objetivo declarado de los conquistadores era el de acabar con la bestialidad y utilizar la capacidad. Cortés y sus amigos no pretendían destruir el antiguo México. Su meta era entregarlo al emperador Carlos V, la más sólida espada del cristianismo, como regalo, como una pluma inapreciable, como dirían los mexicanos, que empleaban muchas metáforas.

Los europeos del siglo XVI no sabían nada de las ideas que tornan tímidas y vacilantes nuestras opiniones sobre la justicia, escribió Huizinga, el gran historiador holandés: las dudas acerca de la responsabilidad de un criminal, la convicción de que la sociedad es cómplice del criminal, el deseo de reformar en vez de infligir dolor: estas nociones no existían ni entre los castellanos ni entre los mexicanos. Así pues, Soustelle, gran amigo del antiguo México, como reconoció en una entrevista en los años sesenta, tenía razón al admitir que los españoles no podían haberse comportado de otro modo y que no debemos olvidar los esfuerzos de algunos españoles por hacer constar y defender lo que veían; ni que, gracias a ellos, fue posible una sociedad en la que la vida india volvería a despertar.[4]

Al leer uno de los primeros borradores de esta obra, un amigo sugirió que darle a Cortés el beneficio de la duda en diversas instancias equivalía a mostrarse tolerante hacia el recuerdo de Himmler en 1942. Se entiende lo que quería decir con tanta generosidad. No obstante, al referirse a la vida militar que los antiguos mexicanos ensalzaban, dos de los estudiosos más importantes del México moderno, Miguel León-Portilla, el gran historiador mexicano, y Rudolph Van Zantwijk, el antropólogo holandés, se han atrevido a comparar a dichos mexicanos con los nazis.[5] Esa índole de comparación es siempre interesante. Sin embargo buscar en el pasado la moralidad de nuestros tiempos (o su carencia) no facilita la labor del historiador.

Puede decirse que éste es un tema del que ya se ha escrito antes: en Estados Unidos lo ha hecho, incomparablemente, el gran Prescott; en Europa, Salvador de Madariaga y en México, Carlos Peyrera. No hace falta que preste atención a cada uno de esos escritores. La mayoría de los que escriben sobre temas interesantes del pasado han tenido predecesores. ¿Acaso Wilde no creía que lo mejor que se podía hacer con la historia era volver a escribirla? Tanto Peyrera como Madariaga han escrito biografías de Cortés. Y, más recientemente, también lo han hecho muy bien José Luis Martínez y Demetrio Ramos. Eso no es lo que yo pretendía. El caso de Prescott es distinto.

Prescott era un hombre maravilloso. Escribía de una manera

magnífica. ¿Quién podría olvidar su descripción de un viajero moderno contemplando varios centenares de iglesias desde la cima de la pirámide de Cholula, punto desde el cual, en 1519, Cortés podría haber visto la misma cantidad de templos? Los oficiales norteamericanos usaron el libro de Prescott como guía en la guerra contra México de 1848: hazaña extraordinaria para un historiador, y más aun para uno que era casi ciego. Conmueve el pasaje donde Prescott decide convertirse en historiador; emociona leer cómo superó tantos obstáculos físicos y cómo inventó el «noctógrafo», a fin de poder escribir; impresionan sus cartas a Fanny Calderón de la Barca, en las que imagina cómo se veía el país fuera de Texcoco, así como sus encantadoras conversaciones en su casa de Boston, en la calle Beacon —casa que todavía hoy se puede admirar—. Conforta oír hablar de sus paseos matutinos, de su triunfal viaje a Londres, de su filantropía, de su generosidad y de su simpatía. Sin embargo, Prescott publicó su obra sobre México en 1843, hace ciento cincuenta años. Su historia es un monumento en sí, es una obra admirable para su época, cual una catedral neogótica. Su tono es el de otros tiempos.

Parte de la construcción de la catedral de Prescott, el gran bostoniano, es menos sólida ahora que antes. Y eso porque el historiador moderno cuenta con gran ventaja en cuanto a varios factores. Desde 1843 se ha descubierto mucho material. Veamos un solo ejemplo: según Prescott no merecía atención la larga investigación que se inició en 1529, sobre la administración de Cortés, el *juicio de residencia* —asunto al que he dedicado muchas horas—. Pero Prescott conocía únicamente un resumen de la *probanza secreta*. E incluso eso, en su opinión, contenía «un montón de detalles repugnantes más adecuados para una acusación en un insignificante tribunal municipal que para un importante funcionario de la corona».[6] Este juicio está equivocado, incluso si uno toma partido por Cortés.

Los seis mil folios manuscritos del *juicio de residencia*, si bien son a menudo repetitivos, tediosos e irrelevantes, contienen información sobre casi todos los aspectos de la conquista y sus consecuencias. No se pueden pasar por alto así como así. En ellos, los testigos presenciales de lo ocurrido (el propio Cortés, Bernal Díaz del Castillo, fray Aguilar, Andrés de Tapia, el Conquistador Anónimo y una o dos personas que hablaron con los historiadores Cervantes de Salazar, fray Bartolomé de las Casas y Fernández de Oviedo) pasan de ser unos diez a más de ciento. ¡Cuán a menudo, en la transcripción del *juicio de residencia* (con su tan difícil escritura procesal), un testigo al que se le preguntaba si sabía esto o lo otro «dixo —según reza seductoramente el texto— que porque ansí lo vido este testigo»!

Gran parte de esta documentación es incompleta y tendenciosa, a favor o en contra de Cortés. No obstante son declaraciones que algunos de quienes tomaron parte en la gran expedición hicieron bajo juramento, en México, entre 1429 y 1535. Varias de estas declaraciones se publicaron en el siglo XIX, si bien fue después de que Prescott acabara su obra. Desde entonces se han publicado algunas más (por ejemplo en los tan útiles *Documentos cortesianos* de José Luis Martínez). Ahora bien, en el Archivo General de Indias, en Sevilla, hay muchos folios de documentos que ni se han publicado ni, que yo sepa, se habían consultado anteriormente. Yo los he estudiado.

Desde que escribió Prescott ha salido a la luz mucha documentación importante. He examinado el *juicio de residencia* de 1524 de Diego Velázquez, el gobernador español de Cuba, otrora superior de Cortés, así como dos juicios de residencia menos importantes, los de Andrés de Duero y Manuel de Rojas, que, según tengo entendido, son fuentes que tampoco habían sido consultadas anteriormente. También he leído documentos recopilados por G. L. G. Conway (curiosamente, él mismo los distribuyó en Washington, Cambridge y Aberdeen) y que se refieren a Martín López, el maestro constructor de las naves de Cortés. En el Archivo de Protocolos de Sevilla hay documentos que no se han publicado y que tienen que ver con Cortés, entre ellos una carta dirigida al capitán de la nave que lo llevó a México, así como un documento que hace pensar que Cortés salió de España por primera vez dos años más tarde de lo que se creía hasta ahora. En el Archivo Nacional de Simancas se encuentran documentos referentes a la vida en Medellín, la ciudad natal de Cortés, durante los años ochenta y noventa del siglo XV, de los cuales se deduce que la infancia del conquistador se desarrolló en una sociedad terriblemente explosiva. Disponemos también de incontables declaraciones no publicadas sobre servicios prestados por conquistadores, así como declaraciones en otros juicios, declaraciones tan frecuentes a mediados del siglo XVI que podría pensarse que la principal actividad de los conquistadores, una vez terminada la conquista, consistía en prestar declaraciones sobre el pasado.

Al mismo tiempo, muchos estudiosos han redactado monografías que, aunadas en su conjunto a los escritos que he desenterrado, cambian el concepto que teníamos de España y su imperio a principios del siglo XVI.

Existe otro aspecto de este asunto: Prescott, al igual que la mayoría de la gente de su generación, despreciaba un tanto la cultura indígena del antiguo México. «Me ha costado mucho disfrazar los restos de la civilización azteca», escribía a un amigo francés en 1840.[7] Pero en esto también la situación se ha transformado. Prescott era contemporáneo de John Lloyd Stephen y de Frederick Catherwood. Las obras de éstos, que probaban que la civilización maya podía compararse en algunos aspectos a la de los griegos antiguos, no se publicaron hasta 1841 y 1843, mientras Prescott trabajaba en la suya. El mundo del antiguo México, sobre todo en lo referente al Yucatán y al Valle de México, se ha visto aclarado por el descubrimiento y la publicación de mucha documentación hasta ahora desconocida. Se ha desarrollado una inmensa serie de textos secundarios, obra de innumerables estudiosos de muchas disciplinas (antropología, arqueología y otras ciencias sociales, así como historia e incluso arqueoastronomía). Escribir este libro ha significado para mí un reto, un placer y una aventura. He pasado gran parte de mi vida escribiendo sobre el siglo XX, pero con el presente me he atrevido a navegar en mares que, por más que la conozcan los estudiosos que han pasado su vida en ellos, eran nuevos para mí.

Hago patente mi gratitud por la ayuda de muchas personas: primero, Teresa Alzugaray, especialista en la escritura procesal, pues aligeró una tarea que, si hubiese tenido que hacerla a solas, me habría tomado toda la vida. Se decía de los españoles que, de no contar con cañones, su guerra contra Granada habría durado diez años más allá de 1492. La señorita Alzugaray ha sido mi culebrina. Sus transcripciones, siguiendo mis instrucciones, de los documentos del Archivo General de Indias, del Archivo de Protocolos de Sevilla, del Archivo General de Simancas, entre otros, son inapreciables.

Agradezco a Nina Evans, la supervisora de la sala de lectura de la British Library, y a su maravilloso personal por su ayuda; a Rosario Parra, hasta hace poco directora del Archivo General de Indias en Sevilla y a su personal; a Douglas Matthews, bibliotecario de la Biblioteca de Londres; al personal de la Biblioteca de la Universidad de Cambridge; al de la Biblioteca Bodleyana; al profesor Nicholas Mann y al personal del Instituto Warburg; a Bridget Toledo, de la biblioteca del Instituto de Estudios Precolombinos en Dumbarton Oaks, Washington, D. C.; a James Billington, bibliotecario en jefe de la Biblioteca del Congreso de Estados Unidos, así como a Everette Larson y demás personal de la división hispánica de dicha biblioteca; a Isabel Simó, directora del Archivo Histórico Provincial de Sevilla; a Antonio López Gómez, bibliotecario de la Real Academia de la Historia, en Madrid; a Enriqueta Vila, directora del *Anuario de Estudios Americanos*; a Antonio Sánchez González, director del Archivo de la Casa de Pilatos; a Roger Morgan y a David Jones, bibliotecarios de la Cámara de los Lores de Gran Bretaña; y a los directores del Archivo Histórico Nacional en Madrid, del Archivo Nacional en Simancas (sin olvidar a Isabel Aguirre); a Jaime García, director de la Biblioteca de México; a doña Judith Licea, coordinadora de la Biblioteca Nacional de México; a Manuel Ramos, director de la Biblioteca de CONDUMEX en México, y a la licenciada Leonor Ortiz, directora del Archivo General de la Nación en México; a la doctora Eva Irblich, de la Osterreiches Nationalbibliothek de Viena, por autorizarme a examinar el Códice Vindobonensis; a Mrs. Burns, de la Biblioteca Vaticana, en Roma, por permitirme examinar el Códice Borgia y el Códice Vaticanus B; a la *dottoressa* Anna Lenzuni por permitirme estudiar el Códice Florentino en la Biblioteca Laurenziana de Florencia; y a la *dottoressa* Folli por permitirme consultar el Códice Cospi en la Biblioteca Universitaria de Bolonia.

Mi tarea, como la de todos los que trabajan en la historia del descubrimiento de América, ha sido más fácil gracias a una nueva y admirable colección, publicada por *Historia 16*, de casi todos los textos básicos españoles e indígenas, muchos de ellos con una excelente introducción de Germán Vázquez.

Quisiera dar las gracias a varias personas, además de los directores de bibliotecas y archivos ya mencionados, con las que he conversado sobre el tema de este libro. Éstas incluyen el profesor José Pérez de Tudela, que me permitió consultar las colecciones de Juan Bautista Muñoz y de Salazar en la Real Academia de la Historia en Madrid; María Concepción García Sainz, del Museo de América en Madrid; Homero y Betty Aridjis; los profesores John Elliott, Juan Gil, Francis Haskell y Miguel León-Portilla; José Luis Martínez; los profesores Francisco Morales Padrón, Mauricio Obregón y Julian Pitt-Rivers; Marita Martínez del Río de Redo; Guillermo Tovar de Teresa; los profesores Consuelo Varela y Edward Cooper (éstos sobre genealogía y Medellín); el doctor Richard Emanuel; el señor Howard Philips (sobre cristal); Felipe Fernández-Armesto (en particular sobre las baladas); el señor Joel McCreary (sobre setas sagradas); Owen Mostyn-Owen (sobre cometas); Conchita Romero (sobre altares portátiles), y Zahira Véliz (sobre iconografía del siglo XVI).

Estoy muy agradecido también a mi hijo, Isambard, por su inestimable ayuda con mis ordenadores; a mi esposa, Vanessa, por leer el manuscrito en una de sus primeras etapas; y a los duques de Segorbe, por alojarme en Sevilla mientras trabajaba en el Archivo General de Indias. Mucha gente ha escrito sobre ese archivo e Irene Wright ha compuesto incluso un poema. La obligación de estudiar allí ha demostrado una vez más cómo se pueden combinar el deber y el placer. Agradezco también el entusiasmo y el apoyo de Carmen Balcells y Gloria Gutiérrez; de Anthony Cheetham, que trabajaba en el grupo editorial Random Century cuando yo estaba escribiendo el libro; y de Michael Korda, de la editorial Simon and Schuster; y de Rafael Borràs, de la Editorial Planeta. Esta edición española es más amplia que la que se publicó en Inglaterra y en Estados Unidos. Sobre todo hay más citas de documentos inéditos y citas más completas.

Finalmente, unas palabras sobre la traducción. Víctor Alba escribe su propia obra. Quisiera añadir que, en las últimas etapas de la producción de este libro, ha sido un verdadero placer para mí trabajar con un profesional tan dedicado e imaginativo, para quien ningún problema ha sido demasiado grande, ninguna corrección o cambio de último minuto demasiado pesado. La traducción de gran parte de este libro al español ha significado esencialmente un regreso de numerosas frases que yo traduje al inglés. Como bien sabían muchos españoles en la época de la carrera por descubrir y poblar las Indias, un viaje de regreso puede ser tan peligroso como el de ida. Pero también podía representar una gran satisfacción. Estoy muy agradecido a Víctor Alba y sus ayudantes por haber hecho tanto por este libro en lo que es, en muchos sentidos, su idioma original.

HUGH THOMAS

A 26 de marzo de 1994

NOTAS GENERALES

1. Al pueblo generalmente llamado azteca lo llamo mexica, término que ellos mismos utilizaban. Ni Cortés, ni Bernal Díaz del Castillo, ni fray Bernardino de Sahagún emplearon el término «aztecas». La palabra «azteca», que dicha correctamente es «aztlaneca», o sea, natural de Aztlán, no se empleaba en el siglo XVI (aunque posiblemente se empleara en el XIII). Fue Francisco Xavier Clavijero el que la convirtió en una palabra popular en el siglo XVIII, seguido de Prescott en el XIX. En esto sigo la pauta de R. H. Barlow en su artículo «Algunos comentarios sobre el término "imperio azteca"», *The Americas*, I, 3 (enero de 1945).
Cuando hablo de los mexicas me refiero al pueblo como tal. Si hablo de mexicanos, me refiero a un grupo de individuos identificables.
A aquellos que dirán que el uso del término «mexica» confunde a los mexicanos de hoy día con sus predecesores de raza pura, mi respuesta es que los que, recientemente, han tenido el control en México, ya sean blancos, mestizos o indios, se han mantenido en sus cargos al insistir en que son herederos de los antiguos mexicas.

2. Al hablar de la capital de los mexicas he empleado el término «Tenochtitlan», el nombre que se empleaba más a menudo en el siglo XVI. Los mexicas solían llamarla «México» o, a veces, «México Tenochtitlan» y, si se referían a Tlatelolco, «México Tlatelolco». A menudo se llamaban a sí mismos «Tenochcas», o sea, residentes de Tenochtitlan, y «Tlatelolcas», o sea, residentes de Tlatelolco. He evitado esos términos, salvo cuando era esencial, como, por ejemplo, en el capítulo 35.

3. Normalmente, al hablar de los conquistadores, los llamo castellanos y, a veces, españoles. Igualmente, al hablar del rey de «España», digo rey de Castilla. «España» se empleaba cada vez con más frecuencia, y no menos por el nombre que dio Cortés a lo que sería su conquista: «Nueva España».

4. He usado el calendario moderno para las fechas y, como regla general, los nombres geográficos modernos.

5. Al emperador de México en 1519 lo he llamado por el nombre que nos es familiar: «Moctezuma.» Sahagún habló de «Motecuçoma» y de «Motecuhzoma»; en el Códice Aubin aparecía como «Motecucoma», y en el Códice Mendocino, «Motecuma». Cortés hablaba de «Mutezuma» y la Iglesia traducía el nombre del emperador como «Motevcçuma» («*dominus Motevc-*

çuma, cum 17 aut 18 annis regnaret...»). La forma inglesa moderna es «Mortezuma».

6. Me he permitido pensar en Moctezuma y sus predecesores inmediatos como «emperadores»; en los gobernantes de otros pueblos del Valle de México como «reyes», y en los de ciudades como «señores». A los *pipiltin* de los mexicas los he llamado «nobles». Estas traducciones no son, ni de lejos, exactas, pero en la historia de Europa existen términos igualmente curiosos.

PRONUNCIACIÓN DE LAS PALABRAS NÁHUATL

«x»: en español no hay ningún sonido similar a la «x» náhuatl. El más aproximado es el que puede obtenerse pronunciando la «ch» sin apoyar la lengua en el paladar. Aunque a veces se pronuncia «s», como en el caso de «Xochimilco».

«z»: «s».

NOTA SOBRE LA TRADUCCIÓN

El autor, inglés, escribió este libro pensando al mismo tiempo que en los lectores de habla española, en los lectores anglosajones, de la mayoría de los cuales no podía pensarse que leyeran corrientemente el español y aun menos el del siglo XVI. Por esto, aunque hubiera consultado sus fuentes en el original, cuando hubo de citarlas, recurrió en algunos casos a traducciones de las mismas al inglés que estaban acreditadas como fieles entre los especialistas.

Habría sido absurdo que los traductores retradujeran al español estas citas. Ahora bien, una gran parte de las fuentes documentales y narrativas de la época de la conquista de México no se publicaron hasta mucho después. Quienes lo hicieron decidieron, casi siempre, modernizar (unos mucho, otros moderadamente) el español de la época de Carlos V y de Cortés. De ahí que los textos a los que han tenido que recurrir los traductores y el autor raramente sean transcripciones fieles de los originales. Cuando ha habido dos o más impresiones distintas del mismo texto, se ha preferido la que se acercara más al original (si ésta se encontraba disponible).

La selección resulta mucho más ardua cuando se trata de documentos originalmente en lengua náhuatl o maya. Estos códices, en pictogramas e ideogramas, hubieron de ser interpretados por los frailes españoles de la época de la conquista o por eruditos, o bien escritos originalmente en una forma occidentalizada de estas lenguas por historiadores y frailes, y luego traducidos al castellano. El caso más complejo es el del Códice Florentino (utilizado con mucha frecuencia por el autor). Como se verá en las notas sobre las fuentes, consiste en informaciones que dieron los mexicanos a fray Bernardino de Sahagún. Éste escribió una primera versión en náhuatl y, más tarde, en español (esta versión no contiene toda la información del texto náhuatl, pero sí información adicional para la mentalidad castellana). Existen otras versiones del códice: la del mexicano Ángel María Garibay, en una edición de 1992 y menos arcaizante que la primera (que en las notas se indica como CF-G), otra del español Juan Carlos Temprano (indicado en las notas como CF), otra todavía, basada en esa primera versión de Garibay, de Miguel León-Portilla en su obra *Visión de los vencidos. Relaciones indígenas de la conquista* (que en las notas se indica como León-

Portilla, sin título de libro). De nuevo se ha preferido, en cada caso, el texto que más se acercara al español de los conquistadores. El autor, como es natural, trabajó con varias versiones al inglés y al castellano.

Por otra parte, hay nombres propios que en los documentos de época se escriben de diversas maneras (por ejemplo, Ordás y Ordaz), y nombres de lugar que tienen ortografías caprichosas, casi siempre basadas en una fonética muy primaria. Siempre que ha sido posible, y basándose en las mejores fuentes, se ha tratado de buscar la uniformidad.

La traducción ha constituido, pues, un desafío y, a la vez, un placer al ir venciendo las dificultades, a lo que el autor ha contribuido con su conocimiento directo de las fuentes y una paciencia sólo igualada por la que ha exigido la traducción misma. Esperamos que el lector sea tan indulgente como el historiador lo es con los protagonistas de esta fascinante historia.

VÍCTOR ALBA y C. BOUNE

Febrero de 1994

24

I. El México antiguo

1. CONCIERTO Y ORDEN

Que en su servicio y trato de la gente de ella [de México],
*hay la manera casi de vivir que en España y con tanto
concierto y orden como allá*

HERNÁN CORTÉS a Carlos V, 1521

El hermoso emplazamiento de la capital mexicana, Tenochtitlan, era inmejorable. La ciudad se hallaba a más de dos mil doscientos metros de altitud, en una isla cerca de la orilla de un gran lago, a más de trescientos kilómetros del mar hacia el oeste y a casi doscientos hacia el este. El lago estaba situado en el centro de un amplio valle rodeado de magníficas montañas, dos de ellas, volcanes. Ambos se hallaban siempre cubiertos de nieve: «¡Oh, México, que tales montes te cercan y te coronan!», diría, exultante, un fraile español unos años más tarde.[1] El sol brillaba casi todos los días, el aire era transparente, el cielo tan azul como el agua del lago; los colores eran vivos y las noches, frías.

Al igual que Venecia, ciudad con la que se la compararía frecuentemente, la edificación de Tenochtitlan requirió varias generaciones.[2] Sus habitantes habían extendido la diminuta isla natural formando un terraplén artificial de unas mil hectáreas, llenando de fango y rocas huecos cercados con estacas. En Tenochtitlan había unos treinta elegantes y altos palacios construidos con una piedra volcánica rojiza y porosa.[3] Las casas más pequeñas, de una sola planta, en las que vivían los aproximadamente doscientos ciencuenta mil habitantes, eran de adobe y pintadas generalmente de blanco.[4] Puesto que se encontraban sobre plataformas, muchas de ellas estaban protegidas contra las inundaciones. El lago rebozaba de canoas de distintos tamaños que transportaban tributos y bienes comerciales. Sus orillas estaban salpicadas de pequeñas ciudades bien planeadas que debían lealtad a la gran ciudad del lago.

El centro de Tenochtitlan era un recinto sagrado, amurallado, compuesto de numerosos edificios religiosos, entre ellos varias pirámides con templos en la cima.[5] Las calles y los canales partían del recinto hacia los cuatro puntos cardinales. Cerca se encontraba el palacio del emperador. La ciudad contaba con muchas pirámides de menor tamaño, cada una de las cuales constituía la base de los templos dedicados a los distintos dioses; las pirámides mismas, edificios religiosos característicos de la región, eran un tributo humano al esplendor de los volcanes circundantes.

Gracias a su situación, Tenochtitlan parecía inexpugnable. Nunca la habían atacado. Para estar fuera del alcance de cualquier enemigo plausible, los mexicas no tenían más que levantar los puentes sobre las tres vías que conectaban su capital con el continente. Según un poema:

¿Quién podrá sitiar Tenochtitlan?
¿Quién podría conmover los cimientos del cielo...? [6]

Durante noventa años, la seguridad de Tenochtitlan se sostuvo gracias a la alianza con otras dos ciudades, Tacuba y Texcoco, al oeste y al este del lago, respectivamente. Ambas eran satélites de Tenochtitlan. Texcoco, la capital de la cultura, era formidable por derecho propio: allí se hablaba una elegante versión del idioma del valle, el náhuatl. Tacuba era diminuta: contaría unas ciento veinte casas.[7] Ambas obedecían al emperador de los mexicas en cuanto a los asuntos militares. Por lo demás, eran independientes. Ambas casas reales —no hay razón para no llamarlas así— tenían lazos de sangre con la de Tenochtitlan.[8]

Estos aliados ayudaban a garantizar una economía mutuamente ventajosa de unas cincuenta pequeñas ciudades-estado lacustres; muchas de ellas se divisaban fácilmente entre sí, pero ninguna era autosuficiente. De las faldas de las montañas conseguían leña y madera para muebles tallados, herramientas agrícolas, canoas, armas e ídolos; de una zona al nordeste se obtenían sílex y obsidiana para diversas herramientas; había barro para cacharros y figurillas (la alfarería era un arte floreciente: se fabricaban al menos nueve artículos distintos); a orillas del lago se conseguían sal y juncos para las cestas.

Los emperadores de México no dominaban únicamente el Valle de México.[9] Más allá de los volcanes y durante las tres generaciones anteriores, habían establecido su autoridad al este hasta el golfo de México. Su dominio se extendía al sur, en la costa del Pacífico, hasta Xoconocho, la mejor fuente de las plumas verdes tan preciadas del quetzal. Habían llevado sus ejércitos hacia el este para conquistar las distantes selvas a un mes de caminata. Así pues, Tenochtitlan controlaba tres zonas distintas: el trópico, cerca de los océanos; una zona templada; y la región montañosa más allá de los volcanes. De allí, la variedad de productos que podían comprarse en la capital imperial.

El corazón del imperio, el Valle de México, medía unos ciento veinte kilómetros de norte a sur y unos sesenta y cuatro de este a oeste: o sea, unas mil doscientas doce hectáreas; pero el imperio mismo cubría unas cincuenta mil quinientas hectáreas.[10]

Tenochtitlan debería haber tenido confianza en sí misma: no había ciudad más grande, más poderosa ni más rica en el mundo conocido por los pueblos del valle. En ella convergían miles de inmigrantes, algunos de los cuales habían llegado debido a la demanda de mano de obra de su oficio: lapidarios de Xochimilco, por

28

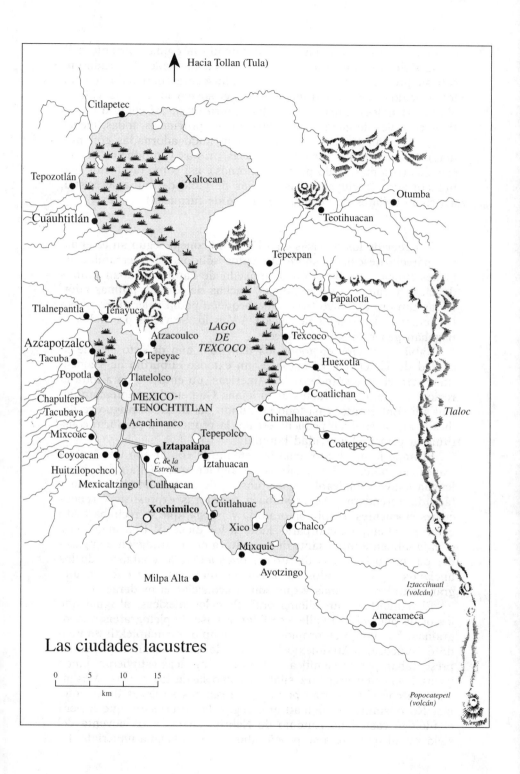

Las ciudades lacustres

ejemplo. Una sola familia había dominado la ciudad durante más de un siglo. Un «mosaico» de casi cuatrocientas ciudades, cada una con su propio monarca, enviaba regularmente (hablando sólo de los artículos más importantes) maíz (el sostén local de la vida) y alubias (frijoles), capas de algodón y otra ropa, así como diversos tipos de trajes de guerra (de treinta y ocho provincias, todas, menos ocho, enviaban túnicas de guerra, a menudo adornadas con plumas).[11] Los tributos incluían materias primas y productos semiacabados (oro martillado pero sin adornos), así como productos manufacturados (incluyendo las clavijas de labio de ámbar y cristal, así como collares de cuentas de jade o de turquesa).

El poder de los mexicas en 1518, o 13-conejo según su calendario, parecía descansar sobre cimientos sólidos. El intercambio de bienes funcionaba bien. Como moneda de cambio usaban granos de cacao y capas, a veces canoas, hachas de cobre y plumas adornadas con oro en polvo (una capa pequeña podía valer entre sesenta y cinco y cien granos de cacao).[12] Mas los servicios prestados se pagaban generalmente en especie.

Había mercados en todos los distritos; uno de éstos, el de la ciudad de Tlatelolco, ya entonces un extenso suburbio de Tenochtitlan, era el más grande de las Américas, un emporio para toda la región. Hasta los productos de la lejana Guatemala se intercambiaban allí. Entretanto, casi todo el mundo del México antiguo se dedicaba al comercio en pequeña escala: la venta de su producto constituía la principal actividad familiar.

El imperio mexicano tenía la ventaja de contar con una lengua franca, el náhuatl. En palabras de alguien que la hablaba, «una lengua suave y maleable, majestuosa y de gran calidad, extensa y fácil de aprender».[13] Se prestaba a metáforas expresivas y repeticiones elocuentes. Inspiraba oratoria y poesía, que se recitaba tanto como pasatiempo como para alabar a los dioses.[14] Una manifestación igualmente interesante de su cultura era la tradición de aprender de memoria largos discursos, *huehuetlatolli*, «palabras de los ancianos», pronunciados en ocasiones públicas, que cubrían una gran cantidad de temas y que solían aconsejar la moderación.

El náhuatl era un idioma oral. Pero los mexicas, al igual que los otros pueblos del valle, escribían a base de pictografías e ideogramas. Los nombres propios —por ejemplo, Acamapichtli («puñado de juncos») o Miahuaxiochtl («flor de maíz turquesa»)— se representaban por su significado. Quizá los mexicas estuvieran dando pasos hacia una escritura silábica como la de los mayas. Mas ni siquiera con ello habrían podido expresar las sutilezas de su idioma. No obstante, el náhuatl era, según la descripción que hiciera el filólogo castellano Antonio de Nebrija en los años noventa del siglo XV, al referirse a su propio idioma, «una lengua imperial». La traducción literal del término rey, *tlatoani*, era «portavoz»: el que habla o, tal vez, el que manda (el *huey tlatoani*, o emperador, era el «sumo portavoz»). Los escritores mexicanos podían expresar también una melancolía elegiaca que casi parece un eco de la poesía francesa de la misma época o de las coplas de Jorge Manrique:

> *¿Sólo me iré semejante a las flores que fueron pereciendo?*
> *¿Nada de mi gloria será alguna vez?*
> *¿Nada mi fama será en la tierra?* [15]

El náhuatl, según el especialista moderno más importante de este idioma, se halla «entre las lenguas que jamás debieran morir».[16]

En unos libros hermosamente pintados (llamados generalmente códices) se consignaban las posesiones territoriales, como historia, a base de árboles genealógicos y mapas, costumbre que confirma la tendencia de los antiguos mexicanos a pleitear. La importancia de este aspecto de la vida la evidencian los cuatrocientos ochenta mil papiros *(amates)* enviados regularmente como tributo al almacén del monarca de Tenochtitlan.[17]

Los acuerdos tomados para la sucesión imperial garantizaban la buena marcha del imperio. Si bien la herencia normal pasaba habitualmente de padre a hijo, el cargo de emperador solía recaer en un familiar del emperador anterior, generalmente un hermano o un primo, que se había destacado por su conducta en una guerra reciente. Así pues, el emperador en 1518, Moctezuma II, era el octavo hijo de Axayácatl, emperador que murió en 1481.[18] Moctezuma sustituía a un tío suyo, Ahuítzotl, muerto en 1502. Al elegir al nuevo monarca, unos treinta señores, además de los reyes de Texcoco y de Tacuba, hacían las veces de colegio electoral.[19] Al parecer ninguna sucesión decidida de este modo se ponía en tela de juicio, aunque en algunas ocasiones hubo candidatos rivales.[20] (El buen observador puede detectar vestigios de este método en los imaginativos métodos modernos por los que se elige al presidente de México.)[21] Se evitaban las controversias con el nombramiento de cuatro jefes o señores, que, en teoría, conservaban su cargo durante el reinado del emperador y uno de los cuales sería el heredero al trono.[22] Sin duda las obligaciones concretas de estos funcionarios («matador de hombres», «guardián de la Casa de lo Negro») ya no tenían nada que ver con sus títulos, así como en Castilla el «mayordomo en jefe del Rey» ya no tenía mucho que ver con el abastecimiento del vino. El sistema de sucesión variaba en las ciudades cercanas: en la mayoría, el trono lo heredaba alguien de la familia del monarca, si bien en algunas, como en el caso de los tarascos, la monarquía no siempre recaía en el primogénito. En Texcoco, en cambio, la primogenitura era la regla.[23]

Es cierto que la muerte de los últimos tres emperadores fue un tanto extraña: Ahuítzotl murió de un golpe en la cabeza al huir de una inundación; se rumoreaba que a Tizoc lo habían asesinado unas brujas; y Axayácatl murió tras una derrota en batalla. No obstante, nada prueba que de hecho no murieron por causas naturales.[24]

El emperador mexicano representaba el imperio en el exterior y era responsable de su imagen. De los asuntos interiores se encargaba un primo del emperador, un emperador adjunto, el *cihuacóatl*, título que compartía con el de una gran diosa y cuya traducción literal, «mujer serpiente», lo vinculaba al aspecto femenino de la divinidad. El término no da una idea clara de sus múltiples obligaciones. Es probable que al principio este funcionario fuera el sacerdote de la diosa cuyo nombre llevaba.

La vida dentro de Tenochtitlan era estable. En la práctica, la administraba un engranaje, una red, algo entre un clan, un gremio y un distrito, conocido como *calpulli*, término sobre cuya definición precisa cada generación de estudiosos tiene una nueva teoría; en lo único que todos están de acuerdo es en que indicaba una unidad que se autogobernaba y cuyos miembros trabajaban tierras que no les pertenecían. Era probablemente una asociación de familias vinculadas entre sí. En varios de los *calpultin* (el plural del término), las familias desempeñaban el mismo oficio. Así pues, los que trabajaban las plumas vivían sobre todo en Amantlán, un distrito que podría haber sido anteriormente una aldea independiente.

Cada *calpulli* contaba con sus propios dioses, sacerdotes y tradiciones. Si bien no imposibles, eran poco comunes los matrimonios (que en el antiguo México se celebraban con tanta pompa como en Europa) con alguien que no perteneciera al *calpulli*. El *calpulli* era la agrupación que movilizaba a los mexicas para la guerra, para limpiar las calles y para asistir a los festivales. Los que cultivaban tierras otorgadas por el *calpulli* entregaban una parte de su cosecha (tal vez una tercera parte) al *calpulli* para que éste lo hiciera llegar a la administración imperial. A través del *calpulti*, el campesino se enteraba de lo que el emperador requería u ordenaba.[25] Existían quizá unos ochenta *calpultin* en Tenochtitlan. Parece que antaño, su líder, el *calpullec*, era elegido; pero ya en el siglo XV el cargo era hereditario y vitalicio. El *calpullec* contaba también con un consejo de ancianos, a los que consultaba, así como el emperador contaba con asesores nombrados de modo más formal.

El *calpulli* más poderoso era el de un suburbio llamado Cueopan, donde residían los llamados comerciantes de larga distancia, los *pochtecas*, cuya reputación entre los mexicas era mala. Eran «los avaros, los bien alimentados, los codiciosos, los tacaños... que codiciaban riquezas». Pero oficialmente se los alababa: «el señor de México quería mucho a estos mercaderes, teníalos como a hijos, como a personas nobles, y muy avisadas y esforçadas».[26] Como sabían que se los envidiaba, eran sigilosos. Servían de espías para los mexicas: revelaban al emperador los puntos fuertes, los puntos débiles y la riqueza de los sitios que veían en sus viajes.[27]

Estos comerciantes, que importaban las materias primas para Tenochtitlan, así como los bienes de lujo tanto de las zonas templadas como del trópico, se organizaron antes que se formara el imperio.[28] Gran parte de su trabajo consistía en intercambiar bienes manufacturados por materias primas: una capa bordada por jadeíta; una joya de oro por conchas de carey (que se empleaban como cucharas para el cacao). Estos grandes comerciantes vivían sin ostentación, vestían mal y el cabello les llegaba hasta la cintura. Sin embargo poseían muchos bienes. El emperador los llamaba incluso «tíos», cuyas hijas eran a veces concubinas del monarca.

Por importantes que fuesen los comerciantes, la supremacía de los mexicas en el valle y más allá de éste la habían ganado los soldados. Los guerreros eran numerosos y estaban bien organizados: se decía que los mexicas habían esperado a que su población creciera antes de retar, en 1428, a los tepanecos, a los que habían estado sometidos.[29] La preparación para la guerra que se daba a los niños de México, casi desde su nacimiento, habría agradado tanto a los espartanos como a los prusianos. En los bautismos (la partera tocaba el pecho y la cabeza del recién nacido con agua y luego lo metía en el agua, por lo que el término cristiano de la ceremonia es adecuado), la comadrona quitaba al niño (varón) de brazos de la madre y anunciaba que «Tu oficio y facultad es la guerra —decía la comadrona—, por ventura merecerás y serás digno de morir en este lugar y rescebir en él [en la casa del sol en el cielo] la muerte florida» (es decir: si tenía suerte, sería prisionero de guerra y lo sacrificarían). A continuación, enterraba el cordón umbilical «en el campo... donde se traban las batallas». (En todas partes había un lugar concreto para pelear, según Sahagún.)[30]

Las armas de guerra también figuraban en el bautismo: el arco y la flecha, la honda, la lanza de madera con cabeza de piedra. Dichas armas, aunadas al garrote y al *macuauhuitl*, una espada de doble filo de obsidiana negra y mango de roble (que cortaba como «una navaja de Tolosa», diría un conquistador), eran las que habían dado sus victorias a los ejércitos.[31] El signo (glifo) náhuatl que representaba al gobierno era un dibujo de un arco y una flecha, un escudo redondo (hecho de plumas apretadas sobre madera o caña) y un *átlatl* (un lanzadardos que se empleaba tanto contra peces como contra hombres). Las mejores capas y las joyas más preciadas se obtenían como premios al valor; no se compraban. Cualquier varón que no respondiera a la llamada a la guerra perdía su posición, aun siendo hijo del emperador (un cronista español formuló el principio así: «el que no supiere la guerra... ni se ayunte ni hable ni coma con los valientes hombres....»[32] Los ascensos en el ejército (y, por tanto, en la sociedad), simbolizados por insignias especiales, dependían de un número específico de hombres capturados. Ser miembro de «los jaguares» o de «las águilas», órdenes caballerescas, era una distinción suprema otorgada a los valientes.

La indumentaria de dichas órdenes y, de hecho, todos los trajes de guerra, por más ridículos que les parecieran a los europeos, tenían como meta poner nervioso y asustar al enemigo. Los capitanes llevaban atado a la espalda un marco de bambú cubierto enteramente de plumas; unas cabezas de animales decoradas con plumas, que a veces se hacían con toda la piel del animal en cuestión, completaban la guerra psicológica de unos ejércitos cuyo primer objetivo era inspirar temor y, por tanto, conseguir la rendición sin conflicto. Las colosales esculturas mexicanas, como la de la gran Coatlicue, de las que no existían antecedentes en los imperios anteriores del valle, tenían el mismo propósito. Había habido tantos conflictos que la guerra, y no la agricultura, parecía ser la principal ocupación de los antiguos mexicas: si no había guerra, los mexicas consideraban que estaban ociosos, había dado a entender el emperador Moctezuma I.[33] pues, como insistían los poetas, «la guerra es como una flor».[34] A veces debió parecer exactamente eso.

Dado el compromiso de la población con la guerra, son verosímiles los cálculos de los historiadores de fines del siglo XVI en cuanto al tamaño de los ejércitos mexicanos. Se decía que Axayácatl, el temerario poeta-emperador que perdió una guerra contra los tarascos, iba acompañado de veinticuatro mil hombres. Se creía que Ahuítzotl, el sucesor de su sucesor, que trató de absorber el lejano Tehuantepec, contaba con un ejército de doscientos mil hombres de varias ciudades, y que, durante esta campaña, la población Tenochtitlan no constaba más que de mujeres y niños.[35]

Estas fuerzas, organizadas en legiones de ocho mil hombres, divididas a su vez en compañías de cien hombres y coordinadas por el *calpulli*, mantenían la paz y el dominio imperial, por medio de la amenaza constante y, a veces, del uso del terror. Sin duda eran exageradas las referencias a la decisión de «borrar todo rastro» de tal o cual lugar, referencias que se encuentran en los códices. Pero como después de una victoria se incendiaba el templo del enemigo (con lo cual se podían destruir los arsenales, generalmente sitos cerca de dicho templo), debió de existir cierta brutalidad. Los monarcas mexicanos se las arreglaban a menudo para convencer a su pueblo que se les había impuesto la guerra.[36] Hubo muchas pequeñas guerras, o pruebas de fuerza, pues el imperio era tan grande y el terreno tan accidentado, que los ejércitos de Tenochtitlan estaban constantemente en movimiento y se dedicaban a reprimir rebeliones y a conquistar nuevas ciudades.

La era de continuas conquistas mexicanas empezó hacia 1430. Los instigadores fueron el primer emperador, Itzcóatl y Tlacaelel, su extraño sobrino y general que era también *cihuacóatl*. Al parecer, antes de eso los mexicas no eran sino una más de las pequeñas tribus que exigía mucho de sus vecinos del valle. Sin embargo, como resultado de los esfuerzos de esos dos hombres, los mexicas se transformaron en un «pueblo elegido», cuya misión era dar a toda la humanidad el beneficio de su propia victoria.[37]

Un pueblo especial requiere un entrenamiento especial. Este entrenamiento era posible porque casi todos los mexicas vivían en una ciudad y, por tanto, podían enviar sus hijos a la escuela. La clase alta mandaba sus hijos de internos a rigurosas academias, las *calmécac* («casas de lágrimas»), que se asemejaban mucho a las escuelas públicas de Inglaterra durante el reinado victoriano, pues cultivaban los buenos modales, pretendían acabar con la lealtad de los niños hacia su hogar y eran austeras (a los niños de siete años se los alentaba a no tener «afección a ninguna cosa de tu casa. Y no pienses, hijo, dentro de ti: "vive mi madre y mi padre..." No te acuerdes de ninguna de estas cosas...»)[38] Prestaban atención al «carácter», o sea, a la preparación de «un rostro y un corazón auténticos»; pero daban también clases de derecho, política, historia, pintura y música.

Los hijos de los trabajadores recibían una educación «vocacional» en las más relajadas *telpochcaltin*, «casas juveniles», que existían en cada distrito. Los maestros eran profesionales, mas los sacerdotes desempeñaban también un papel. Estos niños podían ir a su casa con frecuencia; no obstante, al igual que los que residían en las *calmécac*, recibían clases de moralidad e historia natural por medio de homilías que solían aprender de memoria, algunas de las cuales han sobrevivido. «Casi todos —escribió un buen observador en los años sesenta del siglo XVI—, casi todos los muchachos saben los nombres de todas las aves, de todos los animales, de todos los árboles y de todas las yerbas, y conocen mil géneros de ellas y para qué son buenas...»[39] Se les inculcaba una sólida ética del trabajo y se les decía que debían ser honrados, diligentes e ingeniosos. Sin embargo, lo más importante era preparar a los niños para el combate, sobre todo la lucha cuerpo a cuerpo con un enemigo de igual fuerza.

En ambas instituciones educativas los niños o sus padres proporcionaban la comida, pero a los maestros se la proporcionaba lo que sería permisible llamar el Estado.[40] A las niñas se las educaba, en escuelas aparte, para ser amas de casa y madres.

El compromiso castrense de los varones lo señalaba una costumbre según la cual, a los diez años, se les cortaba el cabello, dejándoles un único mechón en la nuca. No se les permitía cortar este mechón hasta que, a los dieciocho años, capturaran un prisionero de guerra. Entonces podían dejarse crecer el cabello y, durante los primeros años de su madurez, competir para capturar más prisioneros, a fin de conseguir otras ventajas.[41]

35

El que pareciera haber tensiones entre la religión y el gobierno civil era otra prueba de la serenidad existente en Tenochtitlan. De hecho, la idea habría sido incomprensible para los mexicas. El monarca tenía obligaciones religiosas supremas. Su responsabilidad, al igual que su palacio, era distinta de la del sacerdocio. Tenía obligaciones civiles. Sus jueces y los «funcionarios» de éstos administraban el derecho civil. No obstante tenía un mandato que, según consideraba, le venía de los dioses. Y, para preservar la sociedad, en vez de imponer su mandato, explotaba el sentido de obligación natural de su pueblo, ya que todos los ciudadanos aceptaban que estaban en la tierra para servir a los dioses.

A principios del siglo XVI ningún mexicano ponía en duda el mito central del pueblo, la leyenda de los soles. Según dicha leyenda, el tiempo en la tierra se dividía en cinco épocas. Las cuatro primeras habían sido destruidas; la primera, conocida como «4-tigre», por animales salvajes; la segunda, «4-viento», por el viento; la tercera, «4-lluvia», por el fuego; y la cuarta, «4-agua», por inundaciones. La última, la quinta, «4-movimiento», la de los mexicas, culminaría con una catástrofe debida a terribles terremotos. Llegarían a la tierra monstruos del crepúsculo y los seres humanos se convertirían en animales, posiblemente pavos (guajolotes).[42]

A fin de aplazar o evitar ese triste día, el dios Huitzilopochtli (cuyo nombre significaba «colibrí de la izquierda» o «del sur»), que encarnaba al sol (así como la guerra y la caza del enemigo), hijo concebido virginalmente por la anciana diosa Coatlicue (literalmente, «su falda es de serpientes»), debía, cada mañana, hacer huir a la luna (su hermana Coyolxauhqui, cuyo nombre significaba «la que tiene pintura facial de cascabeles») y las estrellas (sus hermanos, los centzonuitnaua, o «los cuatrocientos sureños»). Esa lucha simbolizaba un nuevo día. Se suponía que los espíritus de los guerreros muertos en batalla o en la piedra de sacrificios llevarían a Huitzilopochtli al centro del cielo. Entonces, por la tarde, los fantasmas de las mujeres muertas de sobreparto lo abatirían, hacia el ocaso, cerca de la tierra.

Para que Huitzilopochtli pudiera llevar a cabo esta tarea incesante, había que alimentarlo, por convenio extraordinario, de sangre humana («el agua más preciada»).

Es posible que Huitzilopochtli existiera realmente en otros tiempos, que fuese un jefe deificado tras su muerte.[43] Quizá ni se le conociera hasta que los mexicas, después de una peregrinación, llegaran al valle. En esos primeros tiempos eran mucho más importantes otras divinidades, como la diosa de la tierra, Coatlicue (madre de Huitzilopochtli), o el dios de la lluvia, Tlaloc. Pero el papel de Huitzilopochtli había crecido con el imperio. Cada vez más se le representaba en fiestas en las que antaño no figuraba. Diríase que era el dios central.[44]

Para el pueblo, el Templo Mayor, en el centro geométrico de Tenochtitlan, simbolizaba la sede de los dioses. Sin embargo, cada oficio poseía su propia divinidad. Los oficios importantes disponían de santuarios en cada uno de los cuadrantes de la ciudad. A cada alimento común, y sobre todo al maíz, se le asignaba su divinidad o era representado como una deidad. Los mexicas no sólo veneraban las herramientas agrícolas, sino que les daban comida, incienso y *octli*, la savia del cacto fermentada (conocida hoy día como *pulque*), en señal de agradecimiento.

Los sacerdotes eran ascetas célibes y ocupaban una posición social elevada. Al mando de todos ellos había dos sumos sacerdotes: uno al servicio de Huitzilopochtli y el otro, al de Tlaloc, dios de la lluvia, todavía muy importante. El emperador nombraba a ambos sumos sacerdotes.

Los sacerdotes tenían muchas responsabilidades. Actuaban como vigilantes: por la noche patrullaban los cerros alrededor de la ciudad y contemplaban el cielo en espera de la reaparición periódica de los planetas. Anunciaban las horas e inauguraban las batallas con trompetas hechas de concha de carey. Custodiaban los templos y conservaban las leyendas del pueblo. Con el cuerpo teñido de negro, el cabello largo y las orejas desgarradas debido a las ofrendas de sangre, eran inmensamente influyentes.[45]

El emperador, por su lado, era considerado como un ser semidivino e incluso los sacerdotes lo respetaban. Tanto Moctezuma II, emperador en 1518, como su predecesor Ahuítzotl, fueron sumos sacerdotes antes de convertirse en monarcas. México no era una teocracia. La persona del emperador no era objeto de culto. No obstante, la religión lo dominaba todo. La casa de adobe y paja del mexicano medio rara vez contenía más que una estera para dormir y un hogar. Pero siempre había en ella un altar, con una figurilla de barro, normalmente de la diosa de la tierra Coatlicue.

Los sacerdotes servían a unas doscientas divinidades principales y a unas mil seiscientas en total. En todos sitios, en cruces de caminos, frente a fuentes, a grandes árboles, sobre las cimas de los cerros, en oratorios, se veían figuras que las representaban; estaban hechas de piedra, de madera, de barro o de semillas; algunas eran grandes, otras pequeñas. Las principales divinidades, como el omnipresente Huitzilopochtli, el caprichoso Tezcatlipoca, el dios de la lluvia Tlaloc y Quetzalcóatl, generalmente muy humano, eran los verdaderos gobernantes de los mexicas.[46]

Al investigador moderno tal vez le parezca que el papel de ciertos dioses era ambiguo. Por ejemplo, según un relato, a cuatro divinidades distintas se les atribuía la creación del sol, del fuego, del agua y de las regiones más allá del cielo. Otro sugiere que Ometeotl, dios-diosa, madre-padre, divinidad a la vez de lo positivo y de lo negativo, era el responsable de esta creación. Al parecer, los dioses de México eran el sol, la lluvia, el viento y la fertilidad y no sólo los que habían inspirado estos elementos y estas características. Las diferentes interpretaciones de estas complejidades dividen a los estudiosos y eso se debe en parte a que el mundo religioso mexicano sufría cambios constantes: los antiguos dioses de los mexicas, cuando éstos eran nómadas, se superponían todavía a las divinidades ya establecidas en el valle.[47]

Si bien a nosotros nos puede parecer contradictoria, en esos tiempos la religión mexicana no inspiraba ninguna controversia.

Pero un reciente rey de Texcoco, el poeta Nezahualcóyotl, que reinó largo tiempo, y un grupo de cortesanos cultos se sintieron atraídos por la idea potencialmente explosiva de un solo «Dios Desconocido», *Ipalnemoani*, un dios al que nadie había visto y que no figuraba en ninguna imagen. En uno de sus numerosos y conmovedores poemas, Nezahualcóyotl escribió:

Mi casa dorada de pinturas,
¡también es tu casa, único dios! [48]

La elocuente devoción de este poeta-rey al dios Tezcatlipoca, «espejo humeante», podría verse como la prefiguración de una inspiración monoteísta. «Oh, Señor, Señor de la noche, Señor de lo cercano, de las tinieblas y del viento», solían rezar los mexicanos, cual si en momentos de perplejidad precisaran de un único receptor de sus súplicas. Aun cuando los poemas de Nezahualcóyotl se descarten (y esto ocurre a veces) como hábiles filigranas de sus descendientes, los mexicas aceptaban obviamente la existencia de una gran fuerza sobrenatural, de la cual todos los demás dioses eran una expresión, y que ayudaba a incrementar la dignidad de hombre: un poema divino se refería precisamente a tal divinidad.[49] Esta fuerza era la combinación del señor de la dualidad, Ometecuhtli y de su dama, Ometecihuatl, ambos antepasados de todos los dioses y que, si bien casi se habían jubilado, seguían decidiendo la fecha en que nacía todo ser. Se creía que habitaban en la cima del mundo, en el decimotercer cielo, donde el aire era muy frío, delicado y helado.[50]

En el pasado remoto, en la cercana ciudad perdida que los mexicanos llamaban Teotihuacan, «lugar donde hacían señores», quizá hubiese habido también un culto a la inmortalidad del alma. «Y que no se morían, sino que despertavan de un sueño en que havían vivido, por lo cual decían los antiguos que cuando morían los hombres no perecían, sino que de nuevo començavan a vivir, casi despertando de un sueño, y se volvían en espíritus o dioses...»[51]

Sin embargo, el «dador de la vida» de Nezahualcóyotl no era objeto de un culto importante. El hermoso y vacío templo construido en su honor en Texcoco no se copió. Y Nezahualcóyotl no abandonó su fe en los dioses tradicionales. No parece haber existido ninguna contradicción entre la importancia que atribuía Neza-

MÉXICO-TENOCHTITLAN

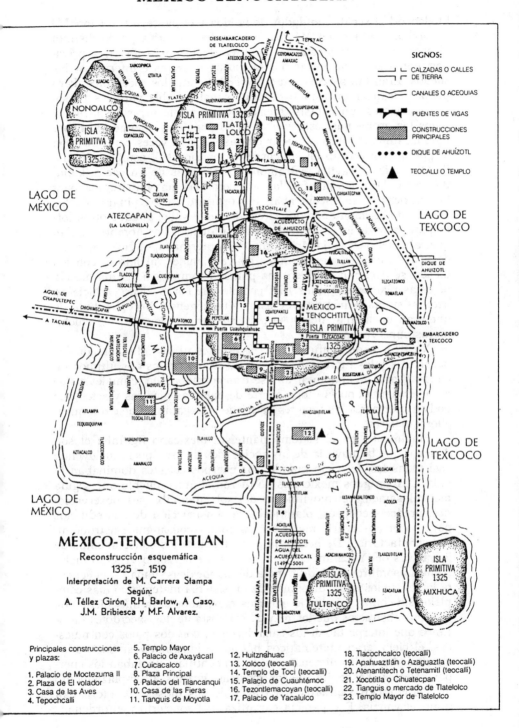

SIGNOS:

CALZADAS O CALLES DE TIERRA

CANALES O ACEQUIAS

PUENTES DE VIGAS

CONSTRUCCIONES PRINCIPALES

DIQUE DE AHUÍZOTL

TEOCALLI O TEMPLO

MÉXICO-TENOCHTITLAN
Reconstrucción esquemática
1325 – 1519
Interpretación de M. Carrera Stampa
Según:
A. Téllez Girón, R.H. Barlow, A Caso,
J.M. Bribiesca y M.F. Alvarez.

Principales construcciones y plazas:

1. Palacio de Moctezuma II
2. Plaza de El volador
3. Casa de las Aves
4. Tepochcalli

5. Templo Mayor
6. Palacio de Axayácatl
7. Cuicacalco
8. Plaza Principal
9. Palacio del Tilancanqui
10. Casa de las Fieras
11. Tianguis de Moyotla

12. Huitznáhuac
13. Xoloco (teocalli)
14. Templo de Toci (teocalli)
15. Palacio de Cuauhtémoc
16. Tezontlemacoyan (teocalli)
17. Palacio de Yacalulco

18. Tlacochcalco (teocalli)
19. Apahuaztlán o Azaguaztla (teocalli)
20. Atenantitech o Tetenamitl (teocalli)
21. Xocotitla o Cihuatecpan
22. Tianguis o mercado de Tlatelolco
23. Templo Mayor de Tlatelolco

hualcóyotl al ser divino dador de la vida y el panteón tradicional.[52]

Había también, en México, una profesión semisagrada distinta al sacerdocio, compuesta de hombres dedicados a los ritos privados, como adivinar, curar por medio de milagros e interpretar los sueños. Eran tan ascetas y tan dedicados como los sacerdotes. Pero podían alcanzar un estado de ánimo inalcanzable para las personas corrientes, un éxtasis que les permitía encontrar respuesta a todos los problemas; este éxtasis lo conseguían a menudo al beber pulque, fumar tabaco o ingerir ciertas setas (a veces con miel, con lo que las convertían en «la carne de los dioses»), semillas de una flor llamada maravilla, estramonio o las hojas de un cacto llamado peyote. De estas plantas, las setas eran las más importantes para los mexicas, y se encontraban mayormente en los pinares de las laderas de las montañas que circundaban el valle, aunque otras formaban parte de los tributos llevados a México. Los hombres creían que, al comerlas, viajaban al mundo subterráneo, al cielo, al pasado y al futuro. (Los sacerdotes convencionales, al hablar con los dioses, se frotaban también una pomada compuesta de una mezcla de estas plantas sagradas.) Es posible que los mexicas ya hicieran uso, en su etapa nómada, de estos alucinógenos. No cabe duda de que eran un manjar deleitoso para sus primos lejanos, los chichimecas supervivientes.[53]

No se han de confundir los sacerdotes ni los adivinos con los hechiceros y los nigrománticos. Los trucos de estos dos últimos incluían el arte de aparentar que se transformaban en animales o que desaparecían. Conocían toda suerte de palabras mágicas y actos que podían hechizar a las mujeres para que entregaran su afecto a quien ellos quisieran.

Finalmente, en el sistema panteísta mexicano figuraba el sol. Al igual que la mayoría de las sociedades de esa época, incluyendo casi todas las del viejo mundo, los cuerpos celestes dominaban la vida. Los antiguos mexicanos no fueron el único pueblo que seguía meticulosamente el movimiento del sol, apuntaba sus observaciones, predecía eclipses, planificaba la construcción de sus edificios para poder observarlo mejor o para contar con ángulos astronómicos satisfactorios. De hecho, la persistencia y los conocimientos de los mayas del Yucatán, en su auge, o sea en el siglo VI, eran incluso más asombrosos. A diferencia de los mexicas, tenían una «cuenta larga» de los años, disponían de un sistema matemático más complejo. Sin contar que los jeroglíficos mexicanos eran más pictóricos y menos abstractos que los mayas. No obstante, los sacerdotes mexicanos que interpretaban los calendarios y, con dos palos con muescas, el cielo, eran matemáticos hábiles e imaginativos. Casi todas las ciudades de las dimensiones de Tenochtitlan olvidaban los cuerpos celestes. La capital de los mexicas, gracias al emplazamiento de sus edificios sagrados y a través de sus dioses, les otorgaban gran relevancia. Eso parecía garantizar «el concierto y el orden».

2. DE BLANCAS ESPADAÑAS ES MÉXICO MANSIÓN

De blancos sauces, de blancas espadañas es México mansión:
tú, Garza Azul, abres tus alas, vienes volando.
Abres aquí y embelleces tu cola, tus alas,
tus vasallos. En todo el contorno reinas en México

ÁNGEL MARÍA GARIBAY, *La literatura de los aztecas*

Aunque aparentemente estable, hacía tan poco tiempo que se había formado el imperio mexica que, en un mundo que veneraba el pasado, los dirigentes eran conscientes de la relativa juventud de su imperio. Unas cuantas generaciones antes, los mexicas no parecían ser sino una más de las tribus intrusas, famélicas y «rústicas» que, hacia 1250, bajaron del norte al fértil valle en busca de buenas tierras.[1] Con dificultad encontraron un lugar donde (probablemente hacia 1345) empezaron a construir su ciudad —allí donde, según la leyenda, vieron a un águila posada sobre un nopal, otra especie de cacto (Tenochtitlan significaba «sitio de la fruta del nopal»). Se discutía para determinar si los mexicas llegaron originariamente de la isla Aztlán («lugar de la garza blanca»), en un lejano lago, o de Chicomoztoc («las siete cuevas»), y dónde estaban ubicados dichos lugares. Mas nadie negaba que habían llegado recientemente.

Incluso en el valle, muchos lugares habían sido independientes del imperio mexica, según recordaban testigos contemporáneos: por ejemplo, Chalco, al este del lago y antaño centro de un pequeño imperio, compuesto de veinticinco ciudades, no sucumbió ante los mexicas hasta 1465. Una característica aparentemente tan tradicional como el traje de guerra acostumbrado databa apenas de la victoria del emperador Axayácatl en la región huaxteca en los años setenta del siglo XV.[2]

Los mexicas se sentían orgullosos de sus logros recientes. Veinticinco años antes de su victoria en la guerra contra los tepanecas, casi no disponían de suficientes alimentos, y eso incluía a su rey, Acampichtli. Ahora, en 1518, la comida de su descendiente, el emperador Moctezuma, consistía normalmente de unos cien platos. En los días de Acampichtli, los mexicas sólo podían ofrecer un modesto tributo a los tepanecas: ranas, pescados, bayas de enebro, hojas de sauce. Ahora recibían con regularidad tantos artículos de lujo que esos productos lacustres parecían superfluos. En los viejos tiempos, los mexicas vestían ropas hechas de fibra de maguey; ahora, su clase alta llevaba mantas de largas plumas de quetzal y de plumas de pato blanco, muy elaboradas, faldas bordadas y collares con radiantes colgantes y enormes objetos de diorita [3] —los mexicas consideraban que la diorita era más hermosa que el oro (de hecho, el término náhuatl, *chalchihuite*, se refería no sólo a la roca sino también a cualquier cosa hermosa)—. Los tepanecas controlaron durante un tiempo el modesto acueducto de juncos y barro que llevaba agua a Tenochtitlan desde un manantial en Chapultepec («cerro del saltamontes»). Ahora los mexicas tenían un puente de piedra con dos canales (que usaban alternativamente, a fin de poder limpiarlos), que ellos mismos administraban. Pueblos tan inventivos como los totonacas y los huastecas de la costa habían hecho esculturas de barro. Los mexicas, que aprendieron de ellos, las hacían de piedra. Ante todo, a mediados del siglo xv los mexicas habían construido una ciudad colosal, más grande que cualquiera de las de Europa, con las posibles excepciones de Nápoles y Constantinopla, partiendo de lo que fueran, apenas ciento cincuenta años antes, unas cuantas chozas sobre un terraplén de lodo. ¿Es de sorprender, por tanto, que algo parecido al patriotismo hubiese arraigado tanto?

Otro logro que parece asombroso es la escasa delincuencia en el antiguo México, ya fuera por la aceptación generalizada de las costumbres de la sociedad o como consecuencia de los durísimos castigos. Unos estrictos jueces que presidían tribunales normalmente constituidos administraban castigos equitativos, si bien severos, a través de unos funcionarios cuya obligación consistía en mantener el orden, arrestar a los sospechosos y hacer cumplir las sentencias. Estos jueces disponían de un servicio de mensajeros: «Iban con grandísima diligencia, que fuese de noche o de día, lloviendo o nevando o apedreando, no esperaban tiempo ni hora...» [4] Ciertas causas eran juzgadas por el emperador o el *cihuacóatl*.[5] La ley no era más favorable para los nobles; de hecho, si éstos cometían ciertos delitos o crímenes, su castigo era más riguroso que el de los plebeyos. Los monarcas consideraban que su propia familia estaba sujeta a las leyes: el rey Nezahualpilli de Texcoco hizo matar a su hijo preferido cuando sospechó que cometía adulterio con una de las esposas del propio rey.[6] La debilidad en los jueces era duramente castigada. Según la ley, cuando se cometía un crimen o un delito, las personas más importantes del lugar donde se había cometido dicho crimen tenían la responsabilidad de entregar al infractor dentro de cierto plazo; si no lo hacían, debían sufrir el castigo reservado para aquél.[7] La mayoría de los castigos, como, por ejemplo, romper la cabeza del infractor a garrotazos, se llevaban a cabo en público. Había pena de muerte para casi todo lo que en la sociedad moderna se consideraría un gran delito. A los niños que se portaban mal se les imponían castigos cada vez más desagradables: a los nueve años les ataban brazos y piernas y les arrojaban púas de maguey en la espalda; a los diez, los azotaban.[8] Salvo en ciertos festivales, los jóvenes y los simples trabajadores tenían prohibido beber pulque, la única bebida alcohólica de los mexicas; si los pillaban dos veces bebiéndolo, la pena era de muerte. Sin embargo, los que contaran más de setenta años, y eso si tenían nietos, podían beberlo más a menudo y tanto como quisieran en los festivales.[9]

Los mexicas establecían una clara diferencia entre el bien y el mal. Así, el Códice Florentino, un resumen admirable de lo que ocurría en casi cada esfera de actividad del antiguo México, relata en detalle lo que haría un buen padre («Tiene cuenta con el gasto de su casa y regla a sus hijos en el gasto, y provee las cosas de adelante») y uno malo (es «perezoso, descuidado, ocioso; no se cura de nadie»). En el mismo texto se hacían distinciones entre buenos y malos, ya fueran madres, hijos, tíos, tías, o incluso bisabuelos, bisabuelas y suegras («la mala suegra huelga que su nuera dé mala cuenta de sí; es desperdiciadora de lo suyo y de lo ajeno...»). Se distinguía también el buen senador del malo: el segundo, por ejemplo, era «aceptador de personas, apasionado, acuéstase a una parte o es parcial; amigo de cohechos y en todo interesado».[10]

La estabilidad se veía reforzada también por la tradición, según la cual casi todas las personas ejercían el mismo oficio que sus padres: los plumajeros (los artesanos más respetados) eran hijos de plumajeros; los orfebres eran hijos de orfebres.

La mayoría de los mexicanos eran obedientes, respetuosos, disciplinados. No había pordioseros. Las calles estaban limpias y las casas, impecables. Las mujeres se pasaban la vida tejiendo: el huso, la urdidura, el telar, las madejas de hilo y la estera de paja marcaban, junto con la familia, las fronteras de su vida. La disciplina se aceptaba fácilmente a cambio de los beneficios que suponía el orden. El individuo casi no existía fuera de la comunidad. La gaceta *Newe Zeitung von dem lande das die Spanien funden,* de Augsburgo, apenas exageraba cuando en 1521, como resultado de los informes que recibía del nuevo mundo, explicaba a sus lectores que si el rey ordenaba al pueblo que fuera al bosque a morir, el pueblo lo hacía.[11] Para garantizar tal orden, «era grande el número de oficiales que esta nación tenía para cada cosita y, así, era tanta la cuenta y razón que en todo había, que no faltaba punto en las cuentas y padrones; que para todo había, hasta oficiales y mandoncillos de los que habían de barrer».[12]

La posición social de las mujeres era al menos comparable a la de las europeas de la época. Podían poseer propiedades y recurrir a la justicia sin permiso de su marido. Desempeñaban un papel en el comercio y podían ser sacerdotisas, aunque no les estaba permitido llegar al nivel más alto. Como en Europa, la posición social de la esposa o de la madre afectaba el derecho de un hombre a un cargo; el cargo se transmitía a veces a través del hijo de una hija y, ocasionalmente, la mujer podía tener un título. En todo caso, las hijas se daban como regalo; y, según una instrucción formal que recibían las mujeres casadas, «cuando tu padre te dé un marido no le faltes al respeto... obedécele», casi como ocurría en Castilla.[13] Si bien en los tiempos nómadas de los mexicas la monogamia era normal, ya en el siglo XVI los monarcas poseían muchas concubinas además de una esposa principal, o reina.

Los mexicas eran tolerantes con otros pueblos, como los otomíes, que convivían con ellos. Los otomíes tenían religión, cultura y lengua propias, además de calendario propio (ligeramente distinto del de los mexicas). Pero los odios tribales no parecían tener cabida en el sistema político mexicano. Ni, al menos en apariencia, existían graves litigios en cuanto a la tierra (si bien entre los historiadores ha habido muchas disensiones acerca de la naturaleza de la tenencia de la tierra). Las tierras que pertenecían a la ciudad, tanto en el interior como a orillas del lago, estaban repartidas entre los *calpultin*, los nobles, los templos y el gobierno. Las tierras conquistadas pasaban a ser una recompensa para los que habían luchado.[14] La agricultura variaba, por supuesto, de zona en zona. En las ciudades dependientes de los mexicas en las fértiles tierras bajas cerca del mar había dos cosechas anuales. En el Valle de México solía haber una sola. Mas el corazón de esta cuenca contaba con una característica muy poco común: los «jardines flotantes», o sea las chinampas, en las que se practicaba el cultivo intensivo y que eran islas artificiales compuestas de lodo, de hecho enraizadas en el lecho del lago por medio de sauces llorones, si bien algunos viveros flotaban sobre juncos o algas.[15] (Las chinampas se crearon hacia el año 1200, en los lagos de Xochimilco y Chalco y se habían extendido recientemente al mismo Tenochtitlan.) Estas fértiles hectáreas contaban con irrigación permanente, por medio de filtración y por tanto podían cultivarse continuamente sin que las sequías las afectaran. Estos jardines formaban parte también de la poesía, como vemos en el siguiente ejemplo:

> *Mexicanos, venid arrastrando un jardín flotante:*
> *venga en él erguida una garza;*
> *venga en él yaciente una serpiente:*
> *sea un soto cerrado ese jardín flotante.*
> *Habéis de venir a dejarlo a la entrada del palacio.*[16]

En estos campos los mexicas producían anualmente, y sin necesidad de barbecho, unos cuarenta y cinco millones de kilos de maíz, muchas frutas, legumbres y flores.[17] Gracias a layas de roble endurecidas por el fuego y palas para cavar podían cultivar tanto en el fértil terreno pantanoso cerca del lago como en las sierras accidentadas.[18]

Irrigaban la mayor parte de la tierra próxima al lago por medio de ingeniosos sistemas. Generalmente dejaban en barbecho los campos que no eran chinampas, y como abono empleaban toda índole de excrementos, incluso humanos. Para despejar la tierra del antiguo México al principio habían talado los árboles o los habían ceñido y quemado sus ramas.

La vida del labrador medio del antiguo México, o sea la del hombre medio, era tan dura como la de cualquier labrador europeo. Según el Códice Florentino estaba ligado a la tierra, y «es fuerte, diligente y cuidadoso..., trabaja mucho en su oficio: conviene a saber: en romper la tierra, cavar, desyervar, cavar en tiempos de seca, vinar, allanar lo cavado, hazer camellones, mollir bien la tierra y ararla en su tiempo...»[19]

El cultivo principal era el maíz (elote), sembrado a todas las altitudes. Casi tan importantes eran el amaranto y la salvia. También se cultivaba mucha alubia (frijol), pimiento (chile) y una especie de calabaza (chayote). La batata (camote) se producía en la costa. Se cultivaba toda clase de cactos, cuyos usos eran múltiples: bebían su savia como jarabe y la fermentaban para producir el pulque; empleaban sus agujas para coser y para sacar sangre. Domesticaban pavos, patos almizcleros, pequeños perros y abejas.[20] Comían casi cualquier cosa que se moviera, además del verdín del lago.

No dejaban la agricultura al azar. Existen indicios de intervención del Estado. El emperador nombraba inspectores que se aseguraban de que se cumplieran las normas de cultivo dictadas por el gobierno central: política que se había introducido recientemente sin duda, cuando el aumento de la población empezó a representar una presión para la tierra.[21] Las sequías y la hambruna habían acarreado siempre la intervención del Estado. Si las cosechas eran malas, el emperador ordenaba no sólo sacrificios sino también que se plantaran magueyes y nopales.

Tenochtitlan contaba con cuatro fuentes principales de alimento: las hortalizas en las chinampas, la fruta y algo de maíz, este último cultivado localmente a orillas del lago y en otros sitios; la caza y la pesca; y los tributos.[22] Es cierto que, aparte añadir a las reservas, gran parte de los tributos consistían en pagos a jueces y funcionarios por sus servicios.

La comida de las clases altas de México era diversa. Es posible que los pobres sobrevivieran con menos de un kilo y medio de maíz por día, en forma de tortillas (tortitas parecidas a algo entre el pan árabe y las *crêpes* y que hacían las veces de pan), frijoles y verduras con chiles; en los días festivos: una tajada de carne de perro u, ocasionalmente, de venado. Desde que Tenochtitlan había crecido tanto, el venado empezaba a escasear y el pobre, ya fuera campesino o habitante de la ciudad, no disponía de mucho tiempo para cazarlo.[23] No obstante, una familia emprendedora aún podía conseguir muchos alimentos gratis; una mayor variedad, ciertamente, que la que tienen los mexicanos de hoy día: comadrejas, serpientes de cascabel, iguanas, insectos, saltamontes, algas lacustres, gusanos y más de cuarenta clases de aves acuáticas. Así pues, el consumo se comparaba favorablemente con el de la población europea de la época. Aquellos que posteriormente creyeron que los mexicas comían mal debían basarse en acontecimientos posteriores.[24]

Los cimientos de la vida familiar descansaban tanto en una cortesía formal y compleja como en ceremonias para ocasiones importantes: embarazo y nacimiento; bautismo, boda y muerte. Cada suceso contaba con poemas, bailes y discursos apropiados. Los consejos que los padres daban a sus hijos evocan los del shakespeariano Polonio: «Venera y saluda a tus mayores... las cosas que oyeres y vieres, especial si son malas, las disimules y calles, como si no las oyeras... que te guardes de oír las cosas que se dizen que no te complen, especialmente vidas agenas y nuevas; ... si eres maleducado no te llevarás bien con nadie... consuela a los pobres» y «Ni te detengas en el mercado ni en el baño, porque no enseñoree de ti o te trague el demonio».[25] El matrimonio, como institución, estaba protegido. Aunque el emperador, los miembros de su consejo supremo, los nobles y los guerreros victoriosos tenían concubinas, el adulterio (relaciones sexuales entre un hombre y una mujer casada) acarreaba la pena de muerte (solían arrojar a ambas partes al río o a los buitres). A los hombres más importantes se los podía castigar si su adulterio llegaba a ser del dominio público.[26] La descripción que hace el Códice Florentino de una prostituta habría podido salir de labios de Calvino, pues la «mala» mujer «es mujer galana y pulida y con esto muy desvergonzada, y a cualquier hombre se da y le vende su cuerpo, por ser muy lujuriosa, sucia y sinvergüenxa, habladora y muy viciosa en el acto carnal. Púlese mucho...»[27]

Se apreciaba la belleza. Cuando los ancianos hablaban de los niños los describían como «una pluma rica o piedra preciosa», o «un sartal de piedras preciosas». Al verdadero caballero se le podía comparar también con «una piedra preciosa, una pluma rica, chalchihuites y zafiro» o «cuentas y ojuelas de oro».[28] Las metáforas reflejaban la realidad. Así pues, los orfebres fabricaban joyas de oro en hoja equiparables a las realizaciones europeas contemporáneas.[29] Según Motolinía, el observador pero apasionado fraile, estos hombres «hacen ventaja a los plateros de España, porque funden un pájaro que se la anda la lengua y las cabeza y las alas; y vacían un mono u otro monstruo que se le anda la cabeza, lengua, piés y manos y en los manos pónenle unos trebejuelos que parecen que baillan con ellos...»[30] Los tallistas de madera, los pintores de manuscritos y los lapidarios así como los que labraban el alabastro, la turquesa y el cristal de roca tenían el mismo alto nivel de destreza.[31] Plateros y orfebres producían conjuntamente objetos de oro y plata. Los mosaicos se fabricaban a base de turquesas y perlas. Los plumajeros confeccionaban sus propios mosaicos, mosaicos sin igual en Europa.

Los artesanos que creaban estas maravillas con herramientas rudimentarias poseían un ingenio asombroso y tenían buen ojo. El arte mexicano se distinguía también por sus esculturas tanto en relieve como en tres dimensiones; con ellas los mexicas glorificaban a hombres ilustres, hazañas importantes y dioses buenos; también con ellas rechazaban a los demonios y espantaban a sus enemigos.

Dos calendarios, que habían asimilado de civilizaciones anteriores del Valle de México, les proporcionaban continuidad: el *tonalpohualli*, con un total de doscientos sesenta días divididos en veinte semanas de trece días cada una; cada día indicaba la suerte especial de los que nacían en esa fecha y cuyo nombre recibían; y el *xiuhpohualli*, basado en un año solar de trescientos sesenta días divididos en dieciocho meses; los cinco días adicionales del año de trescientos sesenta y cinco días (los mexicas habían comprendido mucho antes que ésta era la medición correcta) eran «días valdíos» y «aziagos» que no estaban dedicados a ningún dios: días aciagos en los que nacer.

Unos adivinos especiales interpretaban los calendarios. No sólo nombraban al recién nacido, sino que predecían, con total certeza, la vida que se podía esperar para él o ella. Dichas predicciones se cumplían por sí mismas: afectaban el comportamiento de los padres con su niño y, por consiguiente, el suyo propio, por lo que era casi imposible superar las expectativas. El 4-perro era un buen día para nacer. Pero poco podía hacerse para quien naciera el 9-viento.[32] Algunos días eran mediocres: ni buenos ni malos. Los calendarios indicaban si había llegado el momento propicio para emprender un viaje, para declarar la guerra y, por supuesto, para empezar la cosecha.

Cada cincuenta y dos años en México empezaba un nuevo «siglo» (por así decirlo). Se señalaba la ocasión, «la atadura de los años» con una ceremonia solemne. La habían esperado con gran inquietud. La más reciente, la cuarta desde la creación de la ciudad, tuvo lugar en 1507. Como siempre llevaron fuego nuevo desde un cerro sagrado. La continuidad se hallaba asegurada. «Los que estavan allí a la mira levantavan luego un alarido que le ponían en el cielo, de alegría que el mundo no se acabava y que tenían otros cincuenta y dos años por ciertos.»[33]

Los mexicas habían conseguido lo que busca todo pueblo próspero: se habían forjado una gran historia; habían fabricado un relato heroico de sus primeros viajes, y habían logrado que sus vecinos aceptaran que ellos, los mexicas, eran los verdaderos herederos del último gran pueblo del valle, el tolteca, cuya capital fuera Tula (o Tollan), a unos sesenta y cuatro kilómetros al norte del lago; pueblo derrotado por nómadas a fines del siglo XII. Los mexicas se aseguraron esta herencia con la elección, a las postrimerías del siglo XIV, del rey Acampichtli, hijo de un guerrero mexicano y de una princesa de Culhuacan —ciudad sita a casi diez kilómetros de Tenochtitlan—, de cuyos antepasados se suponía que fueron descendientes de los reyes de Tollan. Se dice que, a fin de engendrar una aristocracia mexicana con sangre tolteca, Acampichtli tuvo veinte esposas, todas ellas hijas de señores locales. Al parecer, tuvo éxito.[34]

Existían buenas razones para admirar el recuerdo de Tula. Los toltecas había sido buenos artesanos: plumajeros y joyeros. Se cree que inventaron la medicina. Descubrieron el arte de la minería y el tratamiento de los metales preciosos. Fueron también agricultores ingeniosos: se dice que sabían cómo sacar tres cosechas de la tierra que posteriormente sólo daría una. Según la leyenda, su algodón crecía en varios colores por lo que no precisaban teñirlo.

Nada había tan importante para los mexicas como haber asimilado con tanto éxito la herencia tolteca. Atribuían todos sus logros a la iniciativa tolteca. Así pues, decían que «muy grande artista era el tolteca en todas sus creaciones..., objetos de barro verdeazulados, verdes, blancos, amarillos, rojos y todavía de otros colores más»,[35] y que los toltecas «eran sotiles y primos en cuanto ellos ponían la mano, que todo era muy bueno, curioso y gracioso, como las c[a]sas que hazían muy curiosas, que estavan de dentro muy adornadas de cierto género de piedras preciosas...»[36] En la práctica, sin embargo, los mexicas superaron a los toltecas tanto en lo artístico como en lo político. Las instituciones de la Tenochtitlan de principios del siglo XVI combinaban tanto las costumbres toltecas como las de los antiguos mexicanos nómadas; eran probablemente mejores gracias a ello.

Estas reinterpretaciones mexicanas de la historia fueron acompañadas por una «quema de libros» que se referían al pasado, ordenada por el emperador Itzcóatl. Se supone que dichas obras no eran ni numerosas ni profundas y su estilo no debió de ser muy bueno. Sin embargo, los nuevos hombres sustituyeron su contenido, fuese éste el que fuese, por los mitos centrales de México. Los libros antiguos daban probablemente una imagen de la historia mexicana distinta de la que querían divulgar los nuevos gobernantes y deseaban que se conociera. Tal vez los mexicas participaron en el saqueo de Tollan, algo que en 1428 ya no hubiesen querido conmemorar.[37] Habrían borrado cualquier sugerencia de que los viajes emprendidos por los mexicas tuvieron como motivación algo tan prosaico como la escasez de agua en el humilde territorio que habitaban anteriormente. Por aquel entonces habrían añadido la leyenda del quinto sol, el mexicano, al mito tolteca de que toda existencia era señalada por cuatro épocas de cuatro soles.[38] Sin duda Itzcóatl aprovechó también la oportunidad para destruir cualquier registro en el que se explicara que, en el pasado, su propio cargo, el de emperador, era inferior en algunos aspectos al de los *calpultin*. Todo esto puede entenderse, indudablemente, como la aceptación de las costumbres del valle por una tribu anteriormente nómada.[39] Pero puede entenderse también como una más de las «nobles mentiras» que un grupo de dirigentes decidió propagar a fin de inspirar a su pueblo con una versión de la historia que tiene muy poco que ver con la realidad.

Finalmente, la vida mexicana iba vinculada, como en todas las ciudades del valle, a un apretado programa de festejos, pequeños y grandes, en cuya preparación se empleaba una ingente cantidad de tiempo, recursos y energía. Estas ceremonias tan meticulosamente preparadas, relacionadas con los diferentes meses del año, tenían por propósito principal asegurar lluvia en abundancia y éxito en la agricultura. Había también fiestas movibles. A los principales dioses se los honraba en días distintos. Además, algunas fiestas celebraban la inauguración de edificios nuevos, las coronaciones, la victoria final de las guerras y la muerte de los reyes; en otras, durante las sequías, se pedía que lloviera. Los mexicas eran austeros según algunos pueblos que les rendían tributo, como los otomíes, que veían en los mexicanos una hostilidad mojigata hacia la desnudez y el adulterio. No obstante, los mexicas no tenían rivales en cuanto al tiempo que dedicaban a las celebraciones. Muchas ceremonias del pasado habían sido modestas, pues se llevaban a cabo en sitios pequeños. Pero en Tenochtitlan, bajo los emperadores, se volvieron extravagantes.[40]

Estas ocasiones se señalaban no sólo con cánticos y bailes, acompañados de tambores, flautas, conchas y cascabeles,[41] sino también con procesiones, en las que los participantes vestían plumas, capas espectaculares, máscaras y pelucas, pieles de jaguar y, en ciertas circunstancias, pieles de seres humanos. Los celebrantes se pintaban la cara con extravagancia. Escenificaban batallas entre dioses y soldados. También las flores contaban mucho para los mexicas: «tan gustoso y cordial el oler las flores que en el hambre alivian y pasan con olores».[42] Los alucinógenos, consumidos por hechiceros y adivinos, tenían igual importancia. Según un texto, cuando había cantos o bailes, o cuando llegaba el momento de comer las setas, el monarca ordenaba que se entonaran las canciones.[43]

La sangría era esencial: incluso en días normales el emperador, el payaso, el sacerdote y el guerrero se pinchaban la lengua o el lóbulo de la oreja con púas de maguey en un acto de automutilación al servicio de los dioses. A veces, se pasaban una paja por un agujero en la lengua, en las orejas e incluso (en el caso de los sacerdotes) en el pene.

En los festivales habían otras ofrendas: animales o aves, sobre todo codornices y, cada vez con más frecuencia, seres humanos, generalmente prisioneros de guerra o esclavos comprados especialmente para ese propósito. La mayoría de las víctimas eran hombres, si bien niños y niñas desempeñaban ocasionalmente el papel principal en estas asombrosas, a menudo espléndidas y eventualmente hermosas barbaridades.

Es probable que esta clase de sacrificio se iniciara en la región de México hacia el año 5000 a. J.C., con los primeros asentamientos humanos; por ejemplo, en Tehuacán, a unos ciento noventa kilómetros al sudeste de México. (En el Valle de México se establecieron habitantes sedentarios que, ya hacia el año 2500 a. J.C., practicaban la agricultura y, hacia el año 300 a. J.C., contaban con complejos calendarios.)

Presumiblemente, antes de independizarse de los tepanecas en 1428, los mexicas practicaban el sacrificio humano a una escala modesta a fin de complacer a los dioses; a este efecto, permitían que, al amanecer, un sacerdote cubierto de elaborados adornos, alzara hacia el sol («el príncipe turquesa, el águila sublime») un corazón sangrante (llamado, por la circunstancia, «el fruto precioso del cacto»), a fin de retrasar durante otras veinticuatro horas la catástrofe: un mundo sumido en la oscuridad. En el procedimiento normal cuatro sacerdotes sujetaban a la víctima sobre una losa de piedra. Con un cuchillo de sílex, un sumo sacerdote, o incluso el monarca, le arrancaba con habilidad profesional el corazón, que luego quemaban en un brasero; le cortaban la cabeza y la alzaban hacia el cielo y nobles y guerreros victoriosos comían, como ritual, las extremidades acompañadas de maíz o chile. Es posible que a esta clase alta mexicana llegara a gustarle el sabor de la carne humana, que comían ceremonialmente.[44] Tiraban el torso o lo arrojaban a los animales de uno de los zoos. Éste era el método clásico, aunque existían variaciones, en las que mataban a la víctima con arco y flecha, o bien en una lucha de gladiadores bastante modesta; en ciertas circunstancias ofrecían niños como sacrificio.[45]

Hasta mediados del siglo XV, incluso entre los mexicas, el sacrificio humano podría haberse limitado a un esclavo o a un prisionero elegido para representar a una divinidad: durante un tiempo la víctima vivía y se vestía como si fuese tal o cual dios, y luego, con la debida ceremonia, era sacrificada. Quizá, según sugiere un texto del decenio de 1540, cuando salía victorioso de una guerra, un pueblo sacrificaba a un esclavo (su «mejor esclavo») para mostrar su agradecimiento.[46] Mas a partir de 1430, cuando los mexicas empezaron a construir su imperio, los sacrificios humanos se hicieron más frecuentes.

Esto fue, con toda probabilidad, resultado del largo dominio de Tlacaelel, el *cihuacóatl*, o adjunto, de cuatro emperadores de Tenochtitlan, incluyendo su propio tío Itzcóatl.[47] Fue él quien subrayó la creciente importancia del papel de Huitzilopochtli, hasta casi excluir a los demás dioses. Fue el arquitecto de la expansión mexicana. Inspiró la quema de libros ordenada por Itzcóatl.[48] El aumento de sacrificios humanos fue tan desmesurado que el autor de un códice creía (equivocadamente) que, antes de 1484, los sacrificios se limitaban a codornices y otros animales.[49] En 1487 se inauguró en Tenochtitlan el nuevo templo en honor a Huitzilopochtli.

El imperio mexicano
en 1518

HUAXTECAS

CHICHIMECAS

METZTITLAN

Nauhtla

Tzintzuntzan   TENOCHTITLAN

TARASCOS   Huexotzinco   TLAXCALANS   Chalchicueycan

CHINANTLA   MAYAS

YOPITZINCO

0   millas   100
0   kilómetros   150

TOTOPECAS

En el festejo, que duró cuatro días, murió un número sin precedente de prisioneros, en catorce pirámides. Había largas colas que, desde cada templo, se extendían hasta donde alcanzaba la vista, en cuatro direcciones. No existe ningún indicio que permita más que una conjetura razonable acerca de este número.[50] Según un conquistador, Andrés de Tapia, había ciento treinta y seis mil cráneos[51] en el edificio donde se colocaban, atravesados por unas varas y formando hileras, los cráneos de los sacrificados (el *Tzompantli*). Sin embargo un etnólogo moderno ha señalado que, según los cálculos del propio Tapia, fueron cuanto más sesenta mil y probablemente muchos menos, puesto que la repisa no podría haber llenado todo el espacio descrito.[52] Indudablemente habría que aplicar esa reducción a la mayoría de los cálculos del siglo XVI. Tal vez el cronista fray Diego Durán se acercó más a la cantidad visualmente calculada al explicar que, en el funeral del rey Axayácatl, en 1479, cincuenta o sesenta jorobados y esclavos fueron sacrificados.[53]

No obstante, la sangre de las víctimas sacrificadas se salpicaba con regularidad, como si fuese agua bendita, sobre las puertas, las columnas, las escaleras y los patios de las casas y de los templos mexicanos. A medida que fueron escaseando los prisioneros de guerra, debido al número cada vez menor de guerras victoriosas, los pueblos anteriormente conquistados ofrecían esclavos e incluso plebeyos, y sobre todo niños, a modo de tributo.[54] A principios del siglo XVI los mexicas pobres habían empezado a ofrecer sus hijos como víctimas. (De todos modos, se necesitaban niños para varios festejos en honor de Tlaloc, el dios de la lluvia.)[55]

La misericordia y la compasión eran emociones tan desconocidas para los mexicas como lo fueron para los griegos de la antigüedad. Después de todo, ¿qué son la vida y la muerte, sino dos aspectos de la misma realidad? Eso es lo que se deduce de las caras fabricadas por los alfareros de Tlatilco: mitad viva y mitad calavera.[56] ¿Acaso la muerte no consistía en entregar algo que todos sabían que debía transferirse en algún momento? (El término náhuatl para designar el sacrificio, nextlaoaliztli, significaba literalmente «el pago».) ¿No se enseñaba a los niños a pensar en la «muerte florida» por medio del «cuchillo de obsidiana» como un modo honorable de morir (además de la muerte, menos frecuente, en el campo de batalla y, en el caso de las mujeres, de sobreparto)? Para los dioses no contaban los que morían de enfermedades normales o de vejez. Los que sufrían bajo «el cuchillo de obsidiana» tenían asegurado un lugar en una mejor vida después de la muerte (en Omeyocan, el paraíso del sol) que los que morían de modo convencional. (En la práctica, para los sacrificios se empleaba un cuchillo de sílex, pues la obsidiana es quebradiza, pero que se empleara el glifo para la piedra era una metáfora.) Se suponía que las almas comunes iban a Mictlan, el sombrío mundo subterráneo de la aniquilación. Las víctimas de los sacrificios recibían a menudo una dosis de alucinógenos o, como mínimo, un buen trago de pulque para aceptar su destino.[57] Sin embargo es dudoso que todos gozaran de este beneficio.

En los años cincuenta del siglo XVI, fray Durán escribió que «muchas veces pregando a esos indios por qué no se contentaban con las ofrendas codornices y de tórtolas y otras aves que ofrecían y dicen como haciendo burla y poco caso que aquellas eran ofrendas de hombres bajos y pobre y que el ofrecer hombres cautivos y presos y esclavos era ofrenda de grandes señores y de caballeros y ofrenda honrosa».[58]

Tanto los enemigos como los amigos de los mexicas aceptaban este derramamiento de sangre y la ingestión ritual de los miembros de las víctimas sacrificadas. Al parecer, a la población le fascinaban la espectacularidad, la belleza y el terror del acontecimiento. No obstante existen uno o dos indicios de que el incremento de los sacrificios causaba cuando menos cierta inquietud. Se dice que los reyes de otros pueblos que asistieron (en secreto) a la inauguración del nuevo templo en Tenochtitlan se escandalizaron por el alcance de lo que vieron.[59] (Probablemente ésa fuera, en parte al menos, la intención.) Tampoco se puede aceptar fácilmente que los pobres se alegraran al ver sacrificados a sus hijos. El culto a Quet zalcóatl en Cholula debió de constituir un foco contra el sacrificio humano, pues ese dios se oponía a esa clase de ofrenda. Cabe la posibilidad de que hubiese división entre los toltecas en cuanto al sacrificio humano y que ello acabara por destruirlos. Tal vez la hostilidad ante el incremento de los sacrificios en Tenochtitlan fuese también uno de los motivos de la revuelta de los tlaltelolcas en 1473: se dice que el rey de la ciudad, Moquihuix, pidió ayuda a otras ciudades, alegando que los tenochcas libraban guerras a fin de satisfacer a sus sacerdotes con la captura de prisioneros para sus sacrificios.

No hemos de dejar que este aspecto de su cultura, para nosotros inaceptable, eclipse los logros de los mexicas. Después de todo, se ha practicado el sacrificio humano en incontables sitios de Occidente. Algunas tribus brasileñas también sacrificaban a los prisioneros de guerra (como símbolo de venganza). Los indios caribes de las Islas de Barlovento comían tajadas de la carne de los guerreros enemigos a fin de asimilar su valor. Sin embargo, el sacrificio humano en México era único por su cantidad y por el esplendor que se daba a la ceremonia que acompañaba el espectáculo, así como por su significado en la religión oficial.

3. ESTOY DOLIENTO,
MI CORAZÓN DESOLADO

Estoy doliento, mi corazón desolado:
veo la desdicha, viene y se estremece en este templo.
Arden escudos, es el lugar del humo, allí donde se hacen
los dioses. Veo la desdicha, viene y se estremece en este templo

Canto guerrero. *Historia de la literatura náhuatl,* A. M. GARIBAY

«Imperio poco centralizado», «confederación», «economía mercantil apoyada por una fuerza militar», sea cual sea la expresión que se emplee para designar al antiguo México entre los sistemas políticos de la historia, para sus vecinos y tributarios era una hazaña abrumadoramente formidable.[1] Sin embargo, pese a la grandeza, la educación casi universal, las extraordinarias actitudes en cuanto al derecho, la poesía, los éxitos militares, los logros artísticos y a los brillantes festivales de la maravillosa ciudad, existía cierta inquietud en Tenochtitlan.

Esta inquietud, por supuesto, no se debía a la falta de ruedas, arcos, herramientas de metal, animales domésticos de tracción o de un verdadero sistema de escritura. El hecho de que los hombres calzaran sandalias (huaraches) y las mujeres fueran descalzas tampoco representaba un problema. Quizá se había empezado a sacrificar ya a demasiada gente en los festivales, en los que se dependía demasiado de las «setas sagradas». Pero, aun así, nada de ello causaría desesperación.

El primer problema era consecuencia del hecho de que los mexicas habían fundamentado su historia en el mito de un cataclismo final. Según este mito, como se ha visto, el mundo ya había pasado por cuatro eras, iluminadas por cuatro soles distintos. La era actual, la de los mexicas, la del quinto sol, llegaría a su fin y todo el mundo lo sabía.

La aceptación generalizada de tal leyenda —equiparable al temor de los antiguos escandinavos por el día en que Odin se encontraría con el lobo— constituía un motivo de pesimismo entre la clase alta, por más riquezas, lujos, éxitos y poder que tuviera. Si bien los mexicas estaban dominados por un calendario cíclico, su universo no parecía estático. Al contrario, era dinámico. A la satisfacción divina bien podía seguirle la insatisfacción y ésta podría acarrear una calamidad.

Los mexicas y los estados que de ellos dependían tenían muy presente el recuerdo de la ruina de ciudades del pasado. Vivían, sobre todo y como hemos visto, a la sombra de Tollan, cuyo pueblo, el tolteca, por más inmaculado que pareciera con sus sandalias azules, había sido derrotado. Hasta sus dioses se dispersaron. Si a un pueblo tan superior se le podía arruinar, ¿qué esperanza de inmortalidad había para los mexicas?

Además, Tollan no era el único lugar importante desaparecido. Los mexicas no estaban enterados de las glorias de los mayas del Yucatán en los siglos V y VI. Palenque y Tikal les eran tan desconocidos como lo eran para los europeos.[2] No obstante, todos en Tenochtitlan sabían que a unos dieciséis kilómetros de la orilla del lago, hacia el nordeste, había habido otra ciudad, Teotihuacan, cuyas misteriosas pirámides, ahora cubiertas de broza y maleza, eran famosas por su tamaño. Nadie sabía (ni sabe) qué pueblo floreció allí, ni cuál era su idioma. Pero el nombre de dicha ruina (cuyo significado es «ciudad de los dioses» constituía un recordatorio de lo efímero de la grandeza. Una frase empleada a menudo para referirse al pasado era: «hay un lugar que se dice Teotihuacan, y allí, de tiempo inmemorial...»[3] Extraordinaria por sus murales, su caída fue más completa y tal vez más repentina que la de Tollan. Había sido mucho más importante que Tollan, a juzgar por las ruinas que se pueden ver en Tula. Su eclipse afectó a los que llegaron después como si de la caída de Roma se hubiese tratado. La comparación no es extravagante. En su auge probablemente tuvo una población mayor que Tenochtitlan. En cuanto a dimensión, esculturas, pinturas, arquitectura y distritos o barrios reservados para los distintos oficios, Teotihuacan no tenía rival en el mundo, cuando cayó en 650 a. J.C., a excepción de China. En 1518, el emperador de Tenochtitlan y sus sacerdotes iban allí cada veinte días para ofrecer sacrificios.[4]

Por tanto, a los mexicas los preocupaba la posibilidad de una catástrofe. Cuando tomaban el poder, los emperadores de los mexicas debían dirigirse a sus ciudadanos en términos grandilocuentes y solemnes, que anticipaban lo peor. Entre otras cosas, preguntaban: «¿Qué haré, señor y criador, si por ventura cayere en algún pecado carnal y deshonroso, y así echare a perder el reino? ¿Qué haré si por negligencia o por pereza echare a perder [mis] súbditos? ¿Qué haré si desbarrancare o despeñare por mi culpa a los que tengo que regir?» En dichas investiduras imperiales, un noble debía inquirir: «¿Proveerás por ventura tú y es a tu cargo de pensar cuándo se levantará guerra, vendrán los enemigos a conquistar el reino o señorío o pueblo en que vives? ¿Es a tu cargo de pensar con temor y con temblor si por ventura se destruirá y asolará el pueblo, y habrá gran turbación y aflicción? Cuando se viene la perdición y destruimiento, ¿que aconscerá a los pueblos, reinos y señoríos, si súbitamente quedare todo ascuras y todo destruido? ¿O, por ventura, vendrá tiempo en que nos hagan a todos esclavos y andaremos sirviendo en los más bajos servicios...?»[5]

El rey de Texcoco Nezahualcóyotl había escrito muchos poemas que rezumaban un aire de evanescencia de los logros humanos, el más famoso de los cuales era:

Aunque sea de jade se quiebra,
aunque sea oro se rompe,
aunque sea plumaje de quetzal se desgarra.
No para siempre en la tierra:
sólo un poco aquí.[6]

Los monarcas solían decir a sus hijas: «¡Oh, hija mía, que en este mundo es lugar de lloros y aflicciones, donde hay fríos y destemplanzas de aire, y grandes calores del sol, que nos aflige, y es lugar de hambre y de sed!»[7]

No obstante, la angustia ritual por el futuro a largo plazo se combinaba a menudo con la resolución, el orgullo y la agresividad a corto plazo. Ése fue el caso de los mexicas, por lo que no eran tan distintos de los europeos, que, pese a su razonable miedo del infierno, no tardarían en hacer su impertinente aparición en las costas orientales del imperio mexicano.

Un segundo motivo de preocupación era que los mexicas nunca olvidaron que eran unos recién llegados. Cierto, habían reinterpretado su pasado. Era, y es, imposible saber lo que en realidad les ocurrió antes de 1428 (cuando Itzcóatl quemó los viejos textos de historia), y no digamos antes de 1376 (cuando se supone que Acampichtli llegó al trono). Los mexicas habían asimilado la herencia tolteca. Pero sabían que habían sido una tribu nómada que luego dominó pueblos sedentarios de una cultura superior a la suya.

La edificación acabada de una gran ciudad, en la que su dios Huitzilopochtli se hallaba al lado de Tlaloc, dios de la lluvia, la llegada al poder de una casa real con orígenes toltecas y el esfuerzo logrado por crear una nobleza con sangre tolteca, deberían haber hecho desaparecer el complejo de inferioridad de los mexicanos. Pero al parecer no fue así.

Existían también motivos materiales para su preocupación. En primer lugar, debido al clima, la economía de las ciudades del valle, pero sobre todo la de Tenochtitlan, era incierta. Sólo llovía de julio a noviembre. El invierno —de noviembre a febrero— traía una crisis. Una helada precoz podía, por supuesto, arruinar las cosechas. Las sequías asolaban el valle con cierta frecuencia. Los mexicas almacenaban maíz para contrarrestar los efectos de estos acontecimientos. Pero a veces la crisis se alargaba. En los años cincuenta del siglo xv, época que los ancianos podían recordar todavía, la sequía había causado una hambruna que duró varios años. Una inesperada tormenta de nieve hundió muchas chinampas. No había suficientes reservas de alimentos. Miles murieron.[8]

Además, el lago estaba sujeto a tormentas que, en poco tiempo, podían llenar la cuenca de demasiada agua y para drenar el exceso se requería mucho tiempo. Una decisión imprudente acarreó una inundación de gran alcance en 1499. Gran parte de Tenochtitlan se perdió. El emperador, Ahuítzotl, cuya política en cuanto al aprovisionamiento de agua había causado parcialmente el desastre, se vio desacreditado. Los mexicas construyeron una nueva ciudad, más hermosa que la anterior. Pero el desastre fue un recordatorio de la facilidad con que puede caer una civilización construida sobre un lago.

Por otra parte, también la rígida interpretación del calendario afectaba adversamente a las cosechas. Fray Durán recordaba haber preguntado a un anciano por qué sembraba frijol tan tarde, ya que casi no pasaba ningún año sin que les pillara una helada. Éste le respondió que «también servían estas figuras [los calendarios] a estas naciones para saber los días que habían de sembrar y coger, labrar y cultivar el maíz, desherbar, coger, ensilar, desgranar las mazorcas, sembrar el frijol, la chía, teniendo en cuenta en tal mes, después de tal fiesta, en tal día y de tal y tal figura, todo con un orden y concierto supersticioso...»[9]

Otro inconveniente era que la economía de Tenochtitlan había empezado a depender de los tributos. En los últimos cien años la población había crecido mucho.[10] Por ello escaseaba cada vez más el maíz cultivado localmente. Al mismo tiempo, una gran proporción de la población de Tenochtitlan se dedicaba a los servicios y a los oficios: huaracheros (los que fabricaban huaraches, o sea sandalias), vendedores de combustible, tejedores de esteras, alfareros, cargadores; o bien, como en el caso de los plumajeros y los orfebres, empleaban materias primas que conseguían por vía del comercio.[11] Empezaban a faltar también la obsidiana que antes se obtenía en el valle mismo, la sal (muy cotizada), que venía de orillas del lago, la caza y la leña, antaño tan fáciles de conseguir.

Así pues, los mexicas comenzaban a necesitar los suministros adicionales que llegaban por vía de tributo. Pero el problema se complicaba aún más: la mimada clase alta consideraba imprescindibles las frutas tropicales y el cacao. Los nobles no podían pasarse de sus quince mil tarros anuales de miel, no digamos su provisión regular de más de doscientas mil mantas de algodón, de diferentes largos.[12] En una sociedad en la que no existía el dinero, también el emperador precisaba algunos de estos artículos para poder compensar a los funcionarios por sus servicios. Al principio, dichos «pagos» consistían en tierras. Pero la disponibilidad de éstas había disminuido. Los festivales, que se habían tornado aún más grandiosos, requerían también artículos de lujo, tanto para ofrendarlos a los dioses como para que los participantes se adornaran. Las escuelas, los templos y los tribunales debían sostenerse: los funcionarios, los encargados de las obras públicas, los soldados profesionales y los recaudadores de tributos, tenían que recibir su compensación. Los mexicas necesitaban color y gracias a los tributos disponían de cochinilla y otros tintes.[13] Incluso para las guerras les hacían falta túnicas marciales y armas importadas como tributo.

Eso significaba que el mantenimiento de lo que ya se consideraba un estilo de vida normal dependía de los miles de cargadores o tamemes que transportaban los tributos de las ciudades dominadas, abriéndose paso por las montañas y a lo largo de los lechos de los ríos, con su meticulosamente fabricado saco o morral a cuestas: filas enteras de hombres que debían constituir una hermosa vista *en route*, pues cargaban aves decorativas, insectos alados, flores y maravillosas plumas, además de algo tan prosaico como frutas, frijoles, bayas de cacao, panales, armaduras de algodón, arcos y flechas; eso, sin mencionar las niñas y los niños bonitos que serían sacrificados. En cinco horas los tamemes recorrían unos veinticuatro kilómetros, con una carga de unos veintitrés kilos, compensando así la falta de animales de tracción y de vehículos con ruedas [14] (el caballo americano llevaba largo tiempo extinto; nunca hubo ganado; y las ruedas se usaban sólo en juguetes).[15] Los artículos más exóticos (jadeíta, inapreciables plumas de quetzal, oro, cobre) llegaban de los pueblos más lejanos y más recientemente conquistados. Algunas ciudades proporcionaban servicios personales a Tenochtitlan; otras enviaban gentes para hacer las veces de público en los festivales. En algunos sitios, las mejores tierras eran labradas para beneficio de los mexicas. Todas estas ofrendas se inscribían meticulosamente en un «papel» fabricado con la corteza interior de la higuera silvestre *(amatl)*.[16]

Si bien las ciudades importantes tenían que soportar la presencia del recaudador mexicano *(calpixque)*, y aunque en algunas había guarnición, los mexicas evitaban el coste de un imperio centralizado, gracias al sistema tributario. A condición de que enviaran los bienes designados en el momento designado, las ciudades podían autogobernarse. No obstante, muchos de los territorios dominados encontraban onerosas las exigencias de los mexicas. En muchos territorios se extendían el descontento y el resentimiento. Unos cuantos estaban a punto de rebelarse.

La creciente estratificación de la sociedad mexicana constituía probablemente otra causa de agitación. Al parecer, a principios del imperio la mayor parte de los cabeza de familia participaban en la elección del monarca. Mas ahora sólo los grandes del reino componían el colegio electoral. La actitud del monarca hacia sus sujetos se expresaba en la formulación de la invitación que enviaba a los gobernantes de otras ciudades para asistir a los festivales mexicanos. Habían de hacerlo en privado, «por no dar sospecha a la gente común, de soldados y capitanes, que los reyes y señores se aliaban y concertaban, así de los unos como de los otros...»[17] Las alianzas secretas selladas en secreto estaban al orden del día.

Además, recordemos que en el siglo XV se creó deliberadamente una aristocracia, los *pipiltin*, muchos de los cuales eran descendientes del rey Acampichtli.[18] Varios reyes posteriores tuvieron numerosas esposas que les dieron inmensas familias. Sin duda los cronistas exageraban cuando decían que Nezahualpilli, el rey de Texcoco que murió en 1515, tuvo ciento cuarenta y cuatro hijos; pero con un harén bien atendido cualquier cosa es posible. El poder de estos nobles de familias semirreales se vio incrementado por las tierras conquistadas que se les entregaban directamente, junto con quienes las trabajaban; esto les permitía pasar por alto su lealtad a los tradicionales clanes de Tenochtitlan, los *calpultin*. Quizá este enfoque rígido les viniera de los pueblos que conquistaban: cuando Maxtla, rey de Azcapotzalco, puso precio a la cabeza de Nezahualcóyotl, el entonces fugitivo rey de Texcoco, hizo saber que el que lo capturara, recibiría una tierra, «aun siendo plebeyo».[19]

A mediados de los años sesenta del siglo XVI, el emperador de turno, Moctezuma I, consolidó la estratificación con la introducción de una serie de reglas de comportamiento —reglas llamadas inverosímilmente «salidas del divino fuego... para la entera salud de su reino, como las medicinas»,[20] que establecían barreras entre monarcas y señores, entre señores y altos funcionarios, entre altos funcionarios y funcionarios menores, entre funcionarios menores y pueblo llano. Existían distinciones entre una clase alta de grandes señores y una más baja de señores inferiores. Se acentuaban las diferencias en la vestimenta y el trato: ahora los nobles vestían capas de algodón bordado y taparrabos, sandalias doradas, pendientes (orejeras) y bezotes de piedra, hueso o concha en el labio inferior. Al pueblo llano no se le permitía vestir ropa de algodón: tenía que contentarse con la de fibra de maguey. No se le consentía llevar capas más abajo de la rodilla ni calzar sandalias en presencia de sus superiores. Sólo los nobles podían construir casas de dos plantas y únicamente ellos podían beber chocolate; los cuencos y los platos de las familias corrientes eran de barro cocido sin más, mientras que los de los nobles eran de barro cocido, pero pintado o vidriado.[21]

Tal vez no se cumplieran estrictamente estos reglamentos. A los plebeyos que se distinguían en la guerra se les cedían tierras o bien se los eximía de pagar tributos; incluso podían llegar a vestir ropas de algodón. Pero a los nobles les era más fácil contar con oportunidades de demostrar su valor, pues sólo a ellos se les autorizaba el uso de espadas, arma que mejor permitía las proezas. Además, si una familia no descendía directamente de los toltecas (a través de Acampichtli), le era imposible asimilarse a la clase alta. Se condenaba toda clase de movilidad: «... adonde habían nacido y vivido sus padres y abuelos vivían y acaba[ba]n sus descendentes...»[22]

El emperador Moctezuma II fue aún más lejos en la discriminación. Todos los funcionarios, e incluso todos los sacerdotes debían provenir de la clase más alta: de hecho, debían ser miembros de la familia real extendida.[23] Incluso dentro de esa gran familia, los cargos tendían a ser hereditarios. Lógicamente, dado su punto de vista, Moctezuma II prohibió la asistencia a las escuelas especiales, los *calmécac*, de quien no fuera de alta alcurnia. Anteriormente, los niños de familia humilde que prometían podían aspirar a convertirse en sacerdotes y, así, asistir a una de estas austeras instituciones.

La estructura social de 1518, por tanto, era más rígida de lo que fuera anteriormente. Se puede presumir que esa rigidez era normal para un pueblo que se dejaba regir por los calendarios para saber cuándo hacer qué: «si el ají no se sembraba en tal día y las calabazas en tal día, etc., que en no guiándose por el orden y cuenta de estos días tenían menoscabo e infortunio sobre lo que fuera aquella orden sembraban...»[24] Los calendarios, pues, inducían a la gente a contentarse con su suerte. Los antiguos mexicanos estaban en contra de toda clase de cambio y de renovación, escribió un famoso estudioso actual, un deseo de lo inmutable estaba grabado en su tipo de cultura..., en su arte..., y se nota una tendencia a repetir las mismas formas.[25]

En 1518 el emperador se encontraba más aislado que nunca. Moctezuma II contaba con más sirvientes y guardias, malabaristas y acróbatas, bufones y bailarines que cualquiera de sus predecesores. En orden de precedencia le seguían sus principales consejeros, la familia real inmediata, los administradores de mayor jerarquía y los nobles (los *pipiltin*); entre éstos, las veintiún familias más importantes poseían títulos imponentes además de palacios espléndidos, en los que celebraban festivales y escuchaban a jóvenes recitar poemas o a ancianos hablar sobre la sabiduría de los tiempos. Vivían de los productos de tierras cultivadas fuera de Tenochtitlan. Sus antepasados habían construido o inspirado la construcción de la gran ciudad. Ahora ellos contaban con que su tamaño y sus majestuosos edificios abrumarían psicológicamente tanto a los que venían de otras ciudades como a los miembros más pobres de su propio pueblo.

La principal diferencia dentro del antiguo México (y una asombrosa semejanza con Europa) radicaba entre los que pagaban tributos y los que estaban exentos de pagarlos. Entre estos últimos se encontraban la nobleza, los sacerdotes, los niños, los administradores menores o locales y los maestros, así como los dirigentes de los *calpultin* y aquellos plebeyos que, gracias a sus hazañas militares, habían empezado a subir por la resbaladiza pendiente del ascenso social, sin contar los artesanos, los mercaderes y algunos agricultores.

Dentro de esta clase exenta del pago de tributos, las diferencias eran asunto de grupos de interés. No puede decirse que, en comparación con los sacerdotes, los mercaderes fuesen superiores o inferiores. Eran poderosos por derecho propio. Tanto los mercaderes como los artesanos funcionaban como familias, a pequeña escala pero con eficacia. Al parecer todos los oficios de los trabajadores profesionales a tiempo completo, una vez organizados en gremios, se habían vuelto hereditarios (es posible que algunos, como los que pintaban manuscritos, fuesen de otra etnia).[26] La mayoría de los nobles tenían un oficio o una actividad: «en ninguna parte he visto que alguno se mantenga por su hidalguía, o nobleza tan solamente», solía decir un noble a sus hijos.[27]

Había también categorías entre los mexicanos que pagaban tributos o tenían obligaciones que cumplir: primero, los trabajadores o plebeyos, o *macehualtin*, que formaban parte de los *calpultin*. Un *macehual* tenía el usufructo de una tierra, podía legarla a sus hijos y, en ciertas circuntancias, incluso venderla. En teoría, aunque se le permitía dedicar parte de su tiempo a la artesanía y aunque fuera buen artesano, si no cultivaba su tierra, el *calpulli* podía quitársela. A través del *calpulli* se veía obligado a servir en el ejército, a trabajar en obras públicas, a participar en festivales y, ante todo, a pagar tributos, algo muy parecido a los impuestos.

Los *macehualtin* formaban el grueso de la sociedad mexicana. No hay nada que sugiera que resintieran su suerte. Es de suponer que los de Tenochtitlan sabían que su posición era mejor comparada con la de sus equivalentes en las ciudades dependientes. Años más tarde, un juez español quedó impresionado al ver la alegría y el gran regocijo de un mexicano al trabajar en obras públicas. Se sabe que Moctezuma daba tareas a los indios a fin de mantenerlos ocupados, fue el comentario de otro testigo.[28]

Menos fáciles de diferenciar eran los peones, o *mayeques*, una clase comparable a los siervos europeos: ni libres ni esclavos. Eran hombres o familias que trabajaban tierras ajenas, sobre todo las de los nobles. Es posible que lo suyo fuese más un oficio que una clase. Constituían una tercera parte de la población.[29] Probablemente fueran descendientes de poblaciones conquistadas anteriormente; o hijos de esclavos: pobres a los que comparaban con los «abejorros» o «avispones» y que, en las fiestas, esperaban a un lado la distribución caritativa de guisos hechos a base de maíz. Parece que estaban ligados a la concesión original de las propiedades a orillas del lago.[30] Se hallaban sujetos a las leyes de los mexicas y tenían que luchar en sus guerras. Pero no podían participar en las actividades comunales. Quizá no tuvieran un nivel de vida y una capacidad de decisión individual muy inferior a los de los *macehualtin* (si es que *eran* inferiores). No obstante «eran, y son, tan serviles —escribió un funcionario español en 1532— que aunque los mataran o vendieran no hablaban».[31]

Finalmente, en el último peldaño de la escala social de estos antiguos mexicanos, se encontraban los verdaderos esclavos, los *tlatlacotin*, que en cierto modo eran más favorecidos que su contrapartida europea, pues podían poseer propiedades, comprar su libertad y casarse con hombres y mujeres libres. Sus hijos nacían libres. Si escapaban y lograban entrar en el palacio real eran automáticamente liberados. Pero tenían una grave desventaja: podían sacrificarlos. Algunos estudiosos han sugerido que casi siempre se los sacrificaba y eran a menudo comprados en el mercado de Tlatelolco para ese propósito.[32]

Muchos de estos esclavos eran antiguos *macehualtin* que habían cometido un delito o que no habían satisfecho la recaudación de tributos; campesinos convertidos en esclavos al ser vendidos por familias que necesitaban comida; o bien prisioneros destinados al sacrificio. Incluso había algunos que se habían hecho esclavos por voluntad propia, a fin de escapar a las responsabilidades de la vida normal. Su papel en la economía era menos importante en el Valle de México que en el este subtropical.

El contraste entre los extremos de pobreza y de riqueza parece haberse incrementado notablemente cada año en la sociedad mexicana. Unos testigos dijeron a fray Sahagún que el palacio del emperador, es decir, la casa del gobierno o *tecpan*, era un sitio atemorizador, un sitio de temor, de gloria..., había allí jactancia, alarde, altivez, orgullo, presunción, arrogancia. Había ostentación vulgar..., era un sitio en el que lo intoxicaban a uno, lo adulaban, lo pervertían. Los caballeros del águila y del jaguar hacían alarde de sus riquezas.[33] Entretanto, los pobres no comían tan bien como antes: dependían más del maíz y cada vez menos de la caza. Quizá habían empezado a refugiarse en la única evasión que les quedaba: el pulque. Pues, pese a los severos castigos que ello acarreaba, tanto los señores como los pobres lo consumían cada vez más. El Códice Florentino contiene una descripción gráfica de los males que de ello resultaban; eran más propensos, o estaban condenados, a caer en la tentación los nacidos en los días llamados 2-conejo.[34]

Los ancianos de México probablemente creían que lo inquietante del Tenochtitlan de su tiempo no era tanto este contraste entre clases como la pérdida de poder de los *calpultin*. Estos clanes habían administrado la sociedad en tiempos primitivos. Pertenecer a ellos daba a hombres y mujeres medios la posibilidad de sentir que formaban parte de la colectividad. Los *calpultin* aún prestaban algunos servicios esenciales. No obstante, a principios del siglo XVI, diríase que estos servicios eran más una lección aprendida maquinalmente que una forma de colaborar voluntariamente con el estado, esa institución recién inventada y con pretensiones desagradables. Existía un conflicto entre los *calpultin* y el gobierno, puesto que el emperador tenía cada vez mayor tendencia a comportarse como la autoridad que cedía tierras, mientras que, según la tradición, la tierra pertenecía a los *calpultin*. Entretanto, los asuntos determinantes de la sociedad mexicana —a saber, las súplicas por que lloviera y la interpretación de los calendarios— se encontraban, por supuesto, en manos de la administración o del sacerdocio.

Los mexicas se enfrentaban también a algunos problemas políticos. Por ejemplo, cuarenta años atrás, Tlatelolco [«monte de tierra»] (entonces una ciudad mercantil semiindependiente, aproximadamente un kilómetro y medio hacia el norte, en una isla conectada a Tenochtitlan por anchas calzadas, cuya población era también mexicana, pero cuyos monarcas provenían de otra estirpe) había intentado obtener su independencia total. La crisis se agudizó a causa de una riña del tipo que hubiese desencadenado una guerra en Europa: el rey de Tlatelolco, Moquihuix, se hartó de su esposa, Chalchiuhnenetzin, una hermana del emperador de México (era demasiado delgada y «le hedían grandemente los dientes»). El honor mexicano estaba en entredicho.[35] Tlatelolco fue invadido y derrotado. El último rey de Tlatelolco se arrojó del Gran Templo del mercado cuando se dio cuenta de que la derrota era inevitable. Tlatelolco y las ciudades que dominaba fueron incorporadas a Tenochtitlan, como un quinto «barrio». A partir de entonces, aun siendo una rama de los mexicas, sus habitantes pagaron tributo a Itzquauhtzín, «gobernador militar» y hermano del emperador, que aún conservaba su cargo en 1518. El famoso mercado de Tlatelolco se dividió entre los vencedores. Pero los tlatelolcas quedaron amargados y, aunque en secreto, los alegraba cualquier dificultad que pudiera padecer Tenochtitlan.[36]

Los mexicas habían sufrido también algunas derrotas militares. Bajo un temerario emperador, Axayácatl, en 1479-1480 los derrotaron los purépechas (pueblo que los españoles conocían como tarascos), a unos doscientos diez kilómetros al noroeste,[37] adoradores del pequeño colibrí verde. Dominaban un pequeño imperio de unas veinte ciudades (más o menos en lo que ahora sería el estado de Michoacán). Eran el único pueblo de la región que contaba con técnicas metalúrgicas como forjar a martilleo en frío, fundir, soldar y chapar en oro. Esto les permitía fabricar no sólo asombrosas máscaras de cobre, campanas de cobre en forma de tortuga, peces con cuerpo de oro y aletas de plata, y bezotes de láminas de turquesa, sino también armas de cobre. Su sistema político era menos complicado que el de México; su capital, Tzintzuntzan, mucho más pequeña; su indumentaria, más sencilla; pero su metalurgia, superior. Por tanto, en la batalla que libraron contra ellos, centenares de soldados mexicanos murieron, «como moscas... que caen en el agua».[38]

Tenochtitlan tampoco había podido conquistar a unos nómadas indisciplinados del norte que los mexicanos llamaban chichimecas (es decir [mecatl] descendientes de los perros y [chichi] hombres que comían carne cruda y bebían la sangre de los animales que mataban).[39]

Por otro lado, el imperio mexicano parecía haber llegado a su límite. Los sucesivos monarcas habían ampliado las fronteras, en parte por la necesidad de garantizar la obtención de recursos de las zonas templadas o calientes, y en parte por los mismos motivos que han tenido otros imperios: es difícil poner un término a la costumbre de atacar. Pero era difícil concebir más guerras importantes. La idea de conflictos tan lejanos como las expediciones del emperador Ahuítzotl, a fines del siglo XV, en lo que ahora se conoce como Centroamérica, provocó en el pueblo cierto desasosiego. Después de todo, los soldados no eran profesionales, casi siempre eran agricultores que tenían que ocuparse de sus campos. Cierto es que los mayas del Yucatán no habían sido conquistados. Pero el Yucatán se encontraba muy lejos. Los mexicas preferían comerciar con ellos. Además, se requería mucho esfuerzo para traer prisioneros de lugares tan remotos.[40] Los tarascos bloqueaban los avances hacia el norte. Para un pueblo organizado con el fin principal de librar guerras era desconcertante encontrarse con que no había más mundos por conquistar.

Los mexicas habían llegado a dar importancia a una extraña estratagema para aliviar las consecuencias de este desasosiego: las «guerras floridas». Les había sido difícil derrotar a ciertas ciudades al otro lado de las montañas, hacia el este —Cholula, Huexotzinco, Atlixco, Tliliuhquitepec y, sobre todo, Tlaxcala—, a las que otorgaban una independencia simbólica, aun cuando dejaban que el pueblo creyera que era total. A cambio de ello, sus gobernantes habían de permitir que se organizara una «feria militar» (una expresión de Tlacaelel, el *cihuacóatl* —o sea, emperador adjunto— de tan larga vida) en un mercado donde el dios mexica pudiese ir con su ejército a comprar víctimas y gente para comerla «y que hagan cuenta que yendo a la guerra y haciendo en ella como valerosos, que fueron a un mercado, donde hallaron todas estas cosas preciosas, pues de vuelta que vuelvan, les serán dadas conforme a sus merecimientos, para que puedan usar de ellas en pago de sus trabajos».[41] De dicha «feria» los mexicas conseguían experiencia en la guerra. Las batallas constituían una buena propaganda. Y se obtenían prisioneros para las piedras de los sacrificios.

A fin de no ser absorbidas, dichas ciudades colaboraban en un esquema que, con algunas interrupciones, en 1518 había durado unos setenta años. Para señalar estos extraños conflictos fijaban un día especial y, en un sitio previamente elegido, libraban la batalla. Ésta empezaba con la quema de *amatl* en una hoguera y la distribución de incienso entre los ejércitos.

Estas guerras, una pura exhibición, una especie de juego o incluso un sacramento, no eran cosa nueva. En 1375 los mexicas libraron una (en la que nadie murió) contra Chalco. Es posible que su origen se remontara a la era de Teotihuacan. No obstante, se preparaban con gran espectacularidad.[42]

En 1518 este convenio ya casi no se respetaba, en parte por la dificultad de refrenar el apetito mexicano por obtener prisioneros y en parte porque las ciudades más allá de los volcanes no habían establecido ningún *modus vivendi* entre sí. Varias guerras entre ellas fueron todo menos teatrales. Además, al parecer sus conflictos con los mexicas se estaban agravando, sobre todo los de los tlaxcaltecas. En 1504, por ejemplo, estos últimos derrotaron a los mexicas en un encuentro «floreado» que resultó ser una auténtica guerra. Ocurrió casi lo mismo dos años después en la guerra de los mexicas contra Huexotzinco. Miles de mexicanos fueron capturados. El ejército mexica volvió humillado a Tenochtitlan. A continuación, los mexicas impusieron sanciones a Tlaxcala: suspendieron el trueque de algodón y de sal. Esto era grave, puesto que los mexicas habían terminado recientemente el proceso de convertir en dependencias todos los territorios que rodeaban Tlaxcala, incluyendo las tierras tropicales al este. Los tlaxcaltecas, dirigidos por señores ancianos y experimentados, resistieron. En la ciudad aumentó el odio hacia los mexicas, no el odio «florido» sino uno auténtico. Esto era lo peor, indudablemente, pues los líderes tlaxcaltecas debían ser conscientes de que, si los mexicas hubiesen puesto toda su voluntad en ello, podrían haberlos aplastado.

Al poco tiempo Tlaxcala derrotó a Huexotzinco en una importante batalla. Huexotzinco se tragó el orgullo y pidió ayuda a los mexicas, quienes permitieron que sus señores se refugiaran en Tenochtitlan. El ejército mexicano ocupó Huexotzinco. Libraron otra batalla contra Tlaxcala en 1517. Esta vez, al menos, los mexicas no perdieron. Los señores de Huexotzinco regresaron a casa. Pero esto fue posible únicamente gracias a un arreglo entre dicha ciudad y Tlaxcala, cuya amargura y confianza en sí misma habían crecido. Para colmo, los mexicas ofendieron al pueblo de Huexotzinco al insistir en que, a cambio de su ayuda, Camaxtli, la diosa especial de Huexotzinco, fuera instalada en un templo recién inaugurado en Tenochtitlan en honor de las divinidades conquistadas.

Otra dificultad derivaba de la relación que tenían los mexicas con Texcoco, su aliado. Esta culta ciudad al otro lado del lago, pese a ser mucho más pequeña que Tenochtitlan, presumía de hermosos palacios, bellos jardines, templos interesantes y una próspera agricultura en campos cercanos. Varios factores irritantes deterioraron la relación. Así, por ejemplo, Nezahualpilli, rey de Texcoco, enfureció a los mexicas en 1498 al ejecutar a su joven esposa mexica por haber cometido adulterio (era una hermana del futuro emperador mexicano, Moctezuma). Le dieron garrotazos en público, como si fuese plebeya.[43] Luego los mexicas ofendieron a Nezahualpilli, que había sido amigo del monarca de Coyoacan, al que el difunto emperador Ahuítzotl asesinó porque le dio consejos acerca del aprovisionamiento de agua (consejos acertados). Nezahualpilli volvió a ofender a los mexicas al dar hospitalidad permanente al hermano mayor del emperador Moctezuma, Macuilmalinal, que fue pasado por alto en la elección del monarca mexica y que luego se casó con una de las hijas de Nezahualpilli. Los mexicas reaccionaron con crueldad. Inventaron una «guerra florida» que Texcoco habría de librar contra Huexotzinco. Sin embargo, Macuilmalinal se dejó matar en el campo de batalla, desafiando con ello la creencia tradicional de que era mejor aceptar la muerte en la piedra de los sacrificios. En la misma batalla un hijo de Nezahualpilli fue capturado y sacrificado. Nezahualpilli murió de pena; tal vez se suicidó.

Ese monarca dejó una herencia incierta. Para empezar, la sucesión no era clara. El difunto rey dejaba muchos hijos, pero ninguno de su «esposa legítima». Incluso había mandado ejecutar al primogénito que le diera dicha dama, Huexotzincatzin, un «muy eminente filósofo y poeta», por tratar de seducir a su concubina preferida, «la señora de Tollan».[44] Los que debían elegir al nuevo *tlatoani* eran los señores de las ciudades texcocanas y el emperador mexicano. Éste apoyaba a su sobrino, Cacama, un hijo «ilegítimo» del difunto rey con esa misma hermana del emperador que aquél había mandado ejecutar. Su voto fue decisivo. Pero otro hijo, Ixtlilxochitl, un hermano de Cacama, no aceptó la decisión y organizó una rebelión en las montañas. Así empezó una guerra civil en un territorio cercano al lago. Fue una rebelión esporádica, pero de consecuencias graves. Ixtlilxochitl conquistó varias ciudades. Él y su hermano llegaron a un compromiso: Cacama sería rey, pero Ixtlilxochitl sería el señor de las ciudades que había capturado. Texcoco siguió siendo aliada de Tenochtitlan. Mas ya no podía decirse que su compromiso fuera tan fuerte como en el pasado. El que hubiese disturbios tan cerca era un peligro más al que se enfrentaban los orgullosos mexicas.

4. NO POR AMOR SINO POR TEMOR

Decía Motezuma al marqués del Valle cuando le vía regalar algún indio o dalle, algo que no sabía lo que se hacía, que esta gente no se quería tratar por amor sino por temor porque de otra manera se le pornían a las barbas

JERÓNIMO LÓPEZ a Carlos V, 1544

Los mexicas tenían una factoría en Xicallanco, a orillas de la laguna, muy al sur, en el golfo de México, considerada posiblemente como la puerta hacia el Yucatán. Allí, hacia 1502, oyeron rumores de la aparición de hombres blancos barbados en las costas del Caribe, más allá del Yucatán. Se decía que los forasteros eran hombres especialmente feroces. Puede ser que llegaran relatos a México de lo que había ocurrido recientemente en las islas más grandes del Caribe; no hacía falta exagerar tales acontecimientos para que causaran terror (aunque al relatar esto ahora nos anticipamos). Hacia 1512 se perdió cerca del Yucatán una canoa en la que iban nativos de Jamaica, de los que sobrevivieron uno o dos que seguramente contaron cosas desagradables, al menos por medio de gestos pues su idioma, si bien es una versión del maya, era diferente del de los pueblos del Yucatán o de México.[1]

Un baúl arrojado por el mar hacia la costa fue llevado del golfo de México a Tenochtitlan. Dentro encontraron varios trajes, unas cuantas joyas y una espada. ¿A quién pertenecían? Nadie había visto nada semejante. El emperador Moctezuma distribuyó su contenido entre los reyes de Tacuba y de Texcoco.[2] Poco tiempo después llegó un mensaje del Yucatán, enviado probablemente por un comerciante mexicano. Se trataba de un manuscrito doblado, en el que figuraban tres templos blancos flotando en el mar sobre grandes canoas.[3]

Moctezuma preguntó a sus principales asesores lo que debía hacer. Éstos no estaban tan inquietos como él. Recomendaron que se consultara al dios Huitzilopochtli. A continuación pidió consejo a los sacerdotes. Éstos, prevenidos de antemano, se mostraron evasivos. Moctezuma castigó a algunos de ellos.[4]

Los comerciantes de Xicallanco, al parecer, mandaron unos informes en los que hablaban de nuevos hombres extraños. Con esto se confirmó probablemente lo que se decía en otras factorías mexicanas más al sur, en el istmo de Centroamérica.[5] Así pues, tal vez los mexicas se habrían enterado de la existencia de una colonia de hombres blancos asentados a apenas unos mil seiscientos kilómetros (a vuelo de pájaro) al sudeste del Yucatán, en Darién.[6]

Además se informó posteriormente de que en México, hacia 1502, se habían observado unos fenómenos extraños que parecían presagiar tiempos difíciles. Primero, por ejemplo, se dijo que cada noche, durante un año, se había visto una lengua de fuego en el cielo, presumiblemente un cometa extraordinariamente brillante. Luego, el techo de paja del templo en honor de Huitzilopochtli, en la cima de la gran pirámide, se había incendiado y no se pudieron apagar las llamas. Lo que se describió como un trueno silencioso destruyó otro templo, el de una divinidad más antigua, Xiuhtecuhtli, el señor del fuego («el que esta metido en un encierro de turquesas; el Madre de los dioses, Padre de los dioses»).[7] Esto fue particularmente alarmante, pues el fuego, presente en los hogares de las casas y en braseros frente a los templos, se veía como uno de los grandes logros de los dioses. Luego se dijo que un cometa cayó en picado, se partió en tres y esparció chispas a lo largo del Valle de México. El agua del lago hizo espuma sin razón; muchas de las casas construidas cerca del lago se inundaron. Se decía que en la noche se oyó a una mujer, que nunca fue identificada, gritar: «¡Oh, hijos ya nos perdemos!» y «¡Oh, hijos míos! ¿Dónde os llevaré?» Después se dijo que aparecieron extraños seres de dos cabezas. Los llevaron al zoo especial de Moctezuma, donde se guardaban los seres humanos deformes. Una vez allí, desaparecieron.

La leyenda más famosa de esa época es también la más esotérica: se decía que unos pescadores encontraron un ave semejante a una grulla, de color ceniciento. Se la enseñaron al emperador, quien vio un espejo en la cabeza del ave. En el espejo observó primero el cielo y las estrellas y luego varios hombres que se acercaban montando un venado, aparentemente dispuestos a librar una guerra. Se decía que el emperador convocó a unos sabios expertos y les pidió su interpretación. Pero cuando estos sabios miraron, tanto la visión como el espejo y el ave habían desaparecido.[8]

Al parecer, todas estas predicciones se dieron en el Valle de México. Se creía que había habido presagios semejantes entre los tarascos, al noroeste, y en Tlaxcala, al otro lado de las montañas. Incluso se recordó más tarde que en el Yucatán un profeta llamado Ah Cambal «des dijo públicamente que presto serían señoreados por gente extranjera».[9]

El rey de Texcoco, el culto Nezahualpilli, vivía aún cuando se suponía que se observaron estos portentos. Según su reputación, era el mejor astrólogo del país. Quizá disfrutando de la oportunidad de atemorizar al hombre que había humillado a Texcoco le dijo al emperador: «... has de saber que todo su pronóstico viene sobre nuestros reinos, sobre los cuales ha de haber cosas espantosas y de admiración grande; habrá en todas nuestras tierras y señoríos grandes calamidades y desventuras; no quedará cosa con cosa; habrá muertes innumerables».[10] El emperador, cauteloso, respondió que los pronósticos de sus propios adivinos eran distintos. Nezahualpilli sugirió entonces que ambos participaran en una serie de juegos de pelota rituales a fin de decidir cuáles consejeros tenían razón. A los mexicas les encantaba apostar, por lo que el emperador estuvo de acuerdo. Nezahualpilli apostó su reino contra tres pavos que los pronósticos de sus consejeros eran correctos. El emperador aceptó la apuesta. Ganó los dos primeros juegos, pero perdió los tres siguientes.[11]

Al parecer, Nezahualpilli predijo también que la Triple Alianza (entre las tres principales ciudades a orillas del lago) no volvería a ganar una guerra florida y que el imperio mexicano sería destruido.[12] En 1514, en su lecho de muerte, insistió en que unos adivinos le habían dicho que los mexicas estarían pronto bajo el dominio de unos extranjeros.

Sucesos mucho menos dramáticos que éstos solían influir a la gente del antiguo México. El ulular de un búho o un conejo que entrara corriendo en una casa, cualquier cosa a la que no estuviesen acostumbrados, significaba para ellos la amenaza de una calamidad. Daban diversas interpretaciones al reclamo de un águila de cabeza blanca (a la que identificaban con el sol). Si a alguien se le cruzaba una comadreja por el camino podía temer un revés.[13] Los mexicas pasaban muchísimo tiempo especulando sobre el significado de cualquier suceso, cosa que no debería sorprender.

Se ha dicho que estos «portentos» nunca ocurrieron y, por tanto, que las interpretaciones se inventaron posteriormente. Maquiavelo, en sus *Discorsi*, justamente en esos años (1515-1518) comentó que: *«Si vede per gli antichi e per gli moderni esempli che mai non venne alcuno grave accidente in una città o in una provincia che non sia stato o da indovini o da rivelazioni o da prodigi o da altri segni celesti, predetto.»* (Los ejemplos tanto modernos como antiguos demuestran que los grandes acontecimientos nunca ocurren en una ciudad o en un país sin que hayan sido anunciados por portentos, revelaciones, sucesos prodigiosos u otras señales celestiales.)[14] O sea que los grandes acontecimientos no ocurren nunca en ninguna ciudad ni en ningún país sin augurios, visiones, sucesos prodigiosos u otras señales celestiales anteriores. Escribía en Italia, el país más civilizado de Europa según la mayoría de los criterios. Sin embargo se nos dice que incluso allí se veían ejércitos en marcha en cualquier formación poco habitual de las nubes. Se supone que 1494, el «año desventurado que abrió para siempre las puertas de Italia al extranjero», fue anunciado por muchas profecías de desgracias.[15] En todas las familias italianas era normal preparar el horóscopo de los hijos. Como los mexicas, hasta los mundanos florentinos veían en el sábado un día en el que podía ocurrir todo lo bueno o todo lo malo. León X, el brillante humanista que era Papa en 1518, consideraba que el florecimiento de la astrología era un mérito de su pontificado. Fernando el Católico de Aragón, el modelo del monarca moderno, escuchaba las profecías que predecían

—acertadamente— que adquiriría Nápoles. En Europa en general se creía que los monstruos representaban la ira divina: Montaigne, en su ensayo «sobre un niño monstruoso» escribió (más tarde ese mismo siglo) que había visto a un niño de catorce meses sujeto por debajo del pecho a otro niño sin cabeza y que: «*Ce double corps et ces membres divers se rapportans à une seule teste, pourroient bien fournir de favorable prognostique au Roy de maintenir sous l'union de ses loix ces pars et pieces diverses de nostre estat...*» (Este doble cuerpo y estas diferentes extremidades que dependen de una sola cabeza bien podrían ofrecer un buen presagio para que nuestro rey mantenga la unidad de los diversos partidos y facciones de nuestro estado...) [16]

Contra el escepticismo engendrado por tal correspondencia entre el viejo y el nuevo mundo, hay quien alega que los augurios de México se inventaron en los años treinta y cuarenta del siglo XVI basándose en el hecho de que para el pueblo llano es más fácil aguantar las catástrofes si se alega que se han predicho.[17]

No obstante, estos fenómenos ocurridos en México solían ser frecuentes. De hecho, en el Códice Florentino (libro VII) figura una descripción casi idéntica de un acontecimiento de esta índole, como consecuencia de un fuerte viento del sur, a una posterior del «agüero». Suponiendo que hayan ocurrido, se habrían olvidado si el imperio mexicano hubiese prosperado posteriormente. El brillo extraordinario bien pudo ser causado por una luz zodiacal, o incluso por una aurora boreal. Con cierta frecuencia se producían tormentas que hacían que el agua del lago «hirviera». Cabría esperar que hubiese incendios en los techos de paja de las pirámides, dada la cercanía de los braseros. Los seres de dos cabezas podían ser mellizos siameses; de haber existido, es verosímil que fueran simplemente asesinados en secreto. Tanto ellos como el ave del espejo parecen productos de la imaginación de alguien que ha consumido setas sagradas. Cabe incluso la posibilidad de que, en este pueblo tan consciente de las guerras, alguien hubiese propuesto montar venados por razones militares.[18]

Finalmente, es cierto que se observaron cometas y eclipses en esos años: hubo un cometa en 1489; un eclipse total en 1496; y otro cometa en 1506.[19] Este último fue avistado en China en julio de ese año, posteriormente en Japón y luego en España, donde se creyó que presagiaba la muerte de Felipe el Hermoso. En China el cometa tenía el aspecto de una bolita, de un «blanco que tira a oscuro» y con rayos débiles. Al principio no tenía cola. Los japoneses también tomaron nota de dicho cometa; según sus descripciones, era «una gran esfera azulada». Empezó en la constelación de Orión; debido a la época del año y a la disposición astrológica en aquel tiempo, habría estado cerca del sol y, por tanto, apenas visible antes del amanecer y después del atardecer. A medida que avanzaba hacia el oeste, lo hubiesen observado más tiempo por la noche y habría sido espectacular a mediados de agosto. Cada día habría aparecido más hacia el norte, desapareciendo en el oeste, con una larga cola nebulosa apuntando hacia el sudeste.[20] No cabe duda de que los mexicas habrían sacado de ello una conclusión sensacional. La interpretación más probable es que algunos de estos augurios, si no todos, existieron y que en Tenochtitlan se sacaron instantáneamente sombrías conclusiones de los rumores que llegaban acerca de los horribles acontecimientos que estaban teniendo lugar en Panamá y en el Caribe; que, si bien se olvidaron temporalmente, tanto los portentos como las interpretaciones que de ellos se sacaron se recordaron en 1519; y unos mexicas y frailes astutos, cuando escribieron posteriormente sobre el imperio mexicano, vincularon con agrado dichos recuerdos con lo que sabían de lo ocurrido en Europa, añadiendo detalles pintorescos tomados de los clásicos europeos. (Los frailes españoles que hablaron de los augurios, como fray Olmos, Motolinía y fray Sahagún, nacieron hacia 1500 y recordarían de su niñez el cometa de 1506.) Los relatos de hombres montados en «venados» podrían haber llegado a México desde Darién.

El emperador de los mexicas en esos años parecía contar con las aptitudes necesarias para enfrentarse a estas dificultades. Moctezuma II (su nombre significaba «el encolerizado») era el quinto monarca desde que su pueblo se deshizo del dominio de los tepanecas y el octavo desde que se estableciera la casa real a fines del siglo XIV. Era hijo del temerario emperador Axayácatl, que perdió la guerra contra los tarascos pertrechados con armas de cobre. Llegó al trono, o «solio», sagrado en 1502 y en 1518 contaría unos cincuenta años. Se le llamaba Moctezuma «Xocoyotzin» (el menor) para diferenciarlo de su bisabuelo, el conquistador que reinó a mediados del siglo XV.[21]

Moctezuma II es uno de los pocos mexicas de esa época que los lectores actuales pueden ver en toda su complejidad; casi todos los demás son todavía de dos dimensiones para nosotros, dominados por su cargo, sus títulos imposibles de pronunciar y a menudo confundidos con sus difíciles nombres, ocultos en el anonimato del esplendor colectivo. Moctezuma era, como la mayoría de los mexicas, de tez oscura y de estatura mediana; de cabello ondulado y nariz aguileña; de cuerpo bien proporcionado, delgado; de cabeza grande y ventanas de la nariz ligeramente aplastadas. «Era astuto, sagaz y prudente, sabio, experto, áspero en el hablar, muy determinado.»[22] Sus súbditos lo veían como el más elocuente de los gobernantes.

También, como la mayoría de los mexicas, era cortés. «Tan cortés como un indio mexicano» era una frase muy corriente en la España del siglo XVII. La cortesía era una característica necesaria.

El gobierno dependía de la comunicación personal, y Moctezuma dedicaba casi todos los días a las consultas. Los dirigentes de la comunidad y sus sirvientes solían apiñarse en el palacio y eran tan numerosos que una parte se quedaba en la calle. Cuando conseguían audiencia con su emperador hablaban en voz baja, sin mirarlo, sin alzar los ojos. Ésta era una innovación; mas, como en el caso de muchas tradiciones nuevas, se cumplía escrupulosamente. Cuando Moctezuma contestaba, lo hacía en voz tan baja que diríase que no movía los labios. Cuando iba a la ciudad, al templo o a uno de sus palacios de menor importancia, lo saludaban con extremo respeto. Ninguno de sus predecesores consiguió una cuarta parte de su majestuosidad, comentaría el autor del Códice Mendocino. Casi todos, cuando iban a verlo, lo hacían descalzos. En los años sesenta del siglo XVI, fray Durán preguntó a un anciano indio qué aspecto tenía Moctezuma. El indio respondió que, aunque había vivido cerca del emperador, no lo sabía, pues nunca se había atrevido a mirarlo.[23]

Antes de acceder al trono, Moctezuma logró muchos éxitos como general. Como ya hemos dicho, fue también sumo sacerdote durante un tiempo. Aunque podía reír e incluso soltar risillas incontrolables y aunque pareciera amable, tenía la reputación de ser inflexible.[24] Ésa podía ser una ventaja. De él se decía que hizo meter en jaulas y después matar a siete jueces corruptos o indecisos.[25] Según Moctezuma, «esta gente no se quería tratar por amor sino por temor».[26] Su predecesor Ahuítzotl actuaba a menudo sin consultar al Consejo Supremo. Moctezuma hacía lo mismo. Cumplía sus deberes oficiales con gran solemnidad. Parece que daba mucha importancia a la precisión: por ejemplo, el festival del mes Tlacaxipehualitzli debía llevarse a cabo cuando el sol, en el equinoccio, podía verse en medio del Templo Mayor; y, debido a que ese edificio no estaba perfectamente alineado, Moctezuma quería derribarlo y volver a construirlo.[27]

Deseaba que los reglamentos fuesen más rigurosos. Así, no sólo insistió en que todos los cargos oficiales estuviesen en manos de nobles, sino que hizo matar a todas las personas que antes ocupaban dichos cargos por temor a que revelaran lo que había ocurrido en el pasado. Mas es justo decir que la opinión de distintas personas difería: fray Durán, que habló con los supervivientes de la corte de Moctezuma, dijo que éste era modesto, virtuoso y generoso, «adornado de todas las virtudes que en un buen príncipe se podían hallar».[28]

El emperador mantenía una guardia compuesta de señores provinciales, así como muchos hombres armados listos para cualquier emergencia. Durante las comidas lo atendían un gran número de muchachos.[29] Solía coger unos cuantos bocados de los numerosos platos mientras daba otros a los sabios que se sentaban con él. Después podía dejarse entretener por malabaristas, bufones, enanos y jorobados, o escuchar música (había suficientes instrumentos para llenar continuamente de música su palacio de haberlo deseado, como en los días de Ahuítzotl.[30] Moctezuma tenía una familia numerosa: una esposa legítima (Teotalco, una princesa de Tula) y varias otras esposas importantes (una de ellas, hija del rey de Tacuba; otra, hija del cacique de una pequeña ciudad, Ecatepec; y una, prima suya, hija del *cihuacóatl* Tlilpotonqui, el heredero de Tlacaelel).[31] Pero tenía también muchas concubinas. Las estimaciones del número de hijos que le dieron varían entre diecinueve y ciento cincuenta, si bien se decía que su esposa principal le había dado únicamente tres hijas.[32] Cada día se cambiaba cuatro veces de túnica y nunca más las vestía. Sus retiros espirituales, cada doscientos sesenta días, al *Quauhxicalco* («un oratorio donde el señor se recogía a hazer penitencia»),[33] le proporcionaban la oportunidad de meditar.

El reino de Moctezuma, aunque marcado por un aumento de las desigualdades, contó con varios éxitos. La conquista de Soconusco, por ejemplo, permitió al reino proveerse ampliamente, por primera vez, de plumas verdes del quetzal. «Entonces comenzaron», según el Códice Florentino, «los *amantecas* [plumajeros] a labrar cosas primas y delicadas».[34] Derrotó tantas ciudades como su predecesor, el «conquistador» Ahuítzotl; muchas de ellas en la fértil región costera cerca de lo que es ahora Veracruz. La reconstrucción de Tenochtitlan después de la inundación causada por los errores de Ahuítzotl fue un éxito. A Moctezuma se le debe la creación de muchas de las famosas obras de arte (sobre todo las de piedra) que son consideradas como características de la civilización mexicana.[35] Tuvo la iniciativa de hacer construir un templo en honor de los dioses de otras ciudades.[36] Fue probablemente bajo Moctezuma que se instituyó la obligatoriedad de cultivar la tierra.

Puesto que había sido sumo sacerdote, Moctezuma conocía los calendarios sagrados a la perfección. Como sus consejeros y los sacerdotes no le aconsejaban bien acerca de lo que debía hacer respecto a las noticias misteriosas provenientes del mar y a los «portentos», convocó a los nigrománticos. Ya hemos visto que las responsabilidades de éstos eran distintas de las de los sacerdotes. Respondían al travieso dios Tezcatlipoca y consumían toda índole de plantas alucinógenas para ayudarlos en sus adivinaciones. Según el historiador Tezozomoc, nieto de Moctezuma, éste preguntó: «Décidmelo... si viesen algunas cosas, como pronósticos, ahora sea visión o fanstama o lloro o gemido[,] de que no parece quien sea, o abusión[,] y que tengan gran cuenta de oír de noche...»[37] Los nigrománticos afirmaron contundentemente no haber visto nada. No podían darle ningún consejo. En consecuencia, Moctezuma le dijo a su mayordomo: «Llevadme a esos bellacos y encerradlos en la cárcel de Cuauhcalco. Hablarán conmigo mañana.» Y así, al día siguiente, Moctezuma ordenó a su mayordomo que preguntara de nuevo a los nigrománticos lo que creían que ocurriría: «Decidle a esos encantadores que declaren alguna cosa, si vendrá enfermedad, pestilencia, hambre, langosta, terremotos de agua o secura de año, si lloverá o no que lo digan: o si habrá guerra contra los mexicanos, o si vendrán muertes súbitas, o muertes por animales venidos, que no me lo oculten, o si han oído llorar a Cihuacóatl, tan nombrada en el mundo, que cuando ha de suceder algo, lo interpreta ella primero, aun mucho antes de que suceda.» (*Cihuacóatl*, o «mujer serpiente» —que, caso extraño, prestó su nombre al emperador adjunto—, era la divinidad principal de Culhuacan, una ciudad cercana.)

Los nigrománticos no fueron de gran ayuda. Uno dijo al mayordomo, cuando éste fue a la prisión: «¿Qué podemos decir? Que ya está dicho y tratado en el cielo lo que será...» Nada se podía alegar contra tan convencional declaración. Se supone también que añadieron: «ha de suceder y pasar un misterio muy grande: y si de esto quiere nuestro rey Moctezuma saber es tan poco..., y pues ello ha de ser así, aguárdelo...»[38] (En *La historia de los mexicanos por sus pinturas*, un documento que data de los años treinta del siglo XVII, probablemente escrito por un franciscano, se afirma que estos nigrománticos anunciaron a Moctezuma que, según los presagios, debía morir.)[39] Sin embargo, otro nigromántico, supuestamente informado sobre las actividades de los españoles en Centroamérica, dijo «que habían de venir españoles con barbas a esta tierra».[40]

Cuando Moctezuma oyó las sombrías predicciones se alarmó. Al parecer los nigrománticos estaban de acuerdo con las predicciones del difunto rey Nezahualpilli. Se dice que pidió al mayordomo: «Preguntadles... de dónde ha de venir, de el cielo o de la tierra: de qué parte, de qué lugar y cuándo será?» La pregunta podría parecer superflua, pues las noticias sobre los malvados hombres barbados venían del sur y del oeste.

El mayordomo regresó a la prisión de Cuauhcalco. Cuando abrió las puertas no encontró a nadie. Una vez con Moctezuma, dijo: «Señor mío, hacedme tajadas, o lo que más fuéredes servido: sabed, señor, que cuando llegué y abrí las puertas, estaba todo yermo, que uno ni ninguno parecía, pues yo también tengo especial cuenta, porque tengo allí viejos con la misma guarda de ellos y de otros, y no los sintieron salir, y creo que volaron, como son invisibles y se hacen todas las noches invisibles y se van en un punto al cabo del mundo...»

Frente a tal fuga en masa, Moctezuma ordenó a los ancianos de los sitios donde vivían los nigrománticos que mataran a las familias de éstos y derribaran sus casas. Al parecer esta orden se cumplió. Pero los brujos no volvieron a aparecer.[41]

Moctezuma formuló las mismas preguntas a unos ciudadanos corrientes, escogidos al azar; las respuestas fueron igualmente perturbadoras. Algunos dijeron haber soñado que olas arrasaban el palacio de Moctezuma, que el Gran Templo estaba en llamas, que había señores huyendo hacia los cerros. Tal vez recordaban lo que habían oído sobre la destrucción, unos noventa años antes, de la capital tepaneca, Azcapotzalco. O quizá estuviesen bajo los efectos de alucinaciones causadas por alguna planta alucinógena. Moctezuma encarceló a esos soñadores imprudentemente sinceros. Se dijo que los dejó morir de hambre.[42]

Sin duda recurrió a los adivinos normales también, incluso a aquellos a los que se consultaba para conocer el significado de tal o cual día de un nacimiento. Podemos imaginarlos, nerviosos, mirando fijamente dentro de obsidiana o jarras de agua, haciendo y deshaciendo nudos o echando granos de maíz sobre las páginas de algún libro sagrado. Mas ellos, también, resultaron inadecuados.

Moctezuma contempló la idea de construir un nuevo y colosal altar en honor de Huitzilopochtli, con la esperanza de que con ello evitaría las aciagas predicciones. Consultó a los señores de Cuitlahuac, una pequeña ciudad en el lago. Al parecer, el cacique de esa ciudad descendía directamente del dios Mixcóatl. Respondió valerosamente que el plan agotaría al pueblo y ofendería a los dioses. Se dice que Moctezuma lo mandó ejecutar, también a él, con toda su supuestamente divina familia. Olvidó la idea de un nuevo templo, sin embargo, y se dedicó a tratar de que bajaran de las montañas que dominaban Chalco una nueva e inmensa piedra de sacrificios.[43]

Como reacción a las actividades sospechosas que tenían lugar en la costa y a las predicciones del fin de su imperio, Moctezuma emprendió una frenética caza de brujas, los relatos de la cual, por incorrectos que fuesen, demuestran la libertad de que gozaba el emperador de los mexicas para cometer toda clase de brutalidades arbitrarias, incluso fuera de Tenochtitlan, si creía, aun por un momento, que eran para el bien público.

En la primavera de 1518 un *macehual* (hombre del pueblo, plebeyo) llegó a la corte imperial. Era un hombre poco atractivo, pues no sólo vestía de modo burdo, sino que también era disforme: le faltaban las orejas, los pulgares y los dedos grandes de los pies. Llegaba de Mictlancuauhtla, cerca del mar del este: comienzo poco prometedor, pues el término significaba «bosque del infierno».[44] Llegó diciendo que «vide andar en medio de la mar como una sierra o cerro grande que andaba de una parte a otra». Moctezuma ordenó a su mayordomo que lo encarcelara y lo vigilara. A uno de sus cuatro consejeros principales, el «vigilante de la Casa de las Tinieblas», el *tlillancalqui*, quizá sobrino suyo, le ordenó preguntar al *calpixqui* (funcionario encargado de la recolección del tributo) del pueblo cerca del mar si había algo extraño en la mar y, de ser así, que se enterara de lo que era.[45]

El *tlillancalqui* y Cuitlalpítoc, un sirviente suyo (probablemente esclavo) emprendieron el viaje hacia la costa. Unos cargadores experimentados los llevaron en hamacas. Fueron primero a Cuetlaxtlan, el único lugar de la costa que contaba con un *calpixqui* mexicano. En dicha ciudad había una pequeña colonia mexicana de descendientes de los mexicas que emigraron cuando la hambruna asoló Tenochtitlan en los años cincuenta del siglo XV. El *calpixqui*, Pínotl, pidió a los emisarios que descansaran y les dijo que sus gentes irían a investigar lo que podía verse.

Éstas regresaron diciendo que la noticia era cierta: dos torres o pequeños cerros se vislumbraban en el mar, moviéndose hacia atrás y hacia adelante. Los agentes de Moctezuma insistieron en verlo con sus propios ojos. A fin de no exponerse, subieron a un árbol cerca de la costa y se dieron cuenta de que el *macehual* disforme había dicho la verdad. Indudablemente había montañas encima de las olas. Pasado un tiempo, vieron unos cuantos hombres venir hacia tierra en una barquilla: estaban pescando. Tenían anzuelos y redes, aparejos con los que los mexicas se hallaban familiarizados. Sin embargo, éstos oyeron un idioma desconocido y risas. Después, el *tlillancalqui* y Cuitlalpítoc vieron la barquilla volver a uno de los objetos en el mar. Bajaron del árbol, regresaron a Cuetlaxtlan y se dirigieron a toda prisa a Tenochtitlan.

Al llegar fueron directamente al palacio de Moctezuma. Se dice que, tras los saludos habituales, el *tlillancalqui* dijo: «Señor y rey nuestro, es verdad que han venido no sé qué gentes, y han llegado a las orillas de la gran mar, las cuales andaban pescando con cañas y otros con una red que echaban. Hasta ya tarde estuvieron pescando, y luego entraron en una canoa pequeña y llegaron hasta las dos torres muy grandes y subían dentro, y las gentes sería como quince personas, con unos como sacos colorados, otros de azul, otros de pardo y de verde, y una color mugrienta como nuestro *ychtilmatle* [capa hecha de fibra de maguey], tan feo; otros encarnado, y en las cabezas traían puestos unos paños colorados, y eran bonetes de grana, otros muy grandes y redondos a manera de *comales* pequeños, que deben de ser guardasol (que son sombreros) y las carnes de ellos muy blancas, más que nuestras carnes, excepto que todos los más tienen barba larga y el cabello hasta la oreja les da.» [46]

Moctezuma quedó consternado. Los indios mexicanos solían ser lampiños: no tenían barba y no necesitaban afeitarse. A excepción de los sacerdotes, llevaban el cabello corto. Además, había poca gente con piel blanca y a ésta se la enviaba normalmente al zoo de rarezas humanas de Moctezuma.

Moctezuma mandó a los artesanos fabricar objetos de oro fino y de plumas, brazaletes tanto para tobillos como para muñecas, abanicos y cadenas. Serían regalos para los forasteros. Entre los objetos había dos grandes discos de madera cubiertos de oro y plata que representaban los calendarios empleados en el Valle de México. Pero nadie debía enterarse de este encargo. Además, Moctezuma ordenó que fuese liberado el *macehual* del «bosque del infierno» que había traído la noticia. A nadie pareció sorprenderle que se fugara, al igual que los nigrománticos el año anterior. Tal vez lo asesinaron discretamente para que no hablara.

Moctezuma ordenó que se vigilara toda la costa.[47] Pidió al *tlillancalqui* y a Cuitlalpítoc que regresaran a Cuetlaxtlan. Habían de llevar regalos para el señor de los visitantes. Los dos discos no estaban acabados, por lo que no fueron enviados. Mas un amplio tesoro estuvo prontamente listo. Los mexicanos emprendieron el viaje a Cuetlaxtlan. Allí se preparó comida que se llevó a la costa. En esta ocasión los emisarios se dieron cuenta de que los misteriosos objetos en el mar eran barcos, barcos de un tamaño que no habrían creído posible. «Entraron luego en las canoas y començaron a remar hazia los navíos, y como llegaron junto a los navíos y vieron a los españoles besaron todos las prúas de las canoas en señal de adoración.»[48]

«Luego los españoles les hablaron», a través de los intérpretes, cuya habilidad debió dejar mucho que desear, «Dixeron: "¿Quiénes sois vosotros? ¿Dónde venís? ¿De dónde sois?" Respondiéronlos los que ivan en las canoas: "Hemos venido de México." Dixéronles los españoles: "Si es verdad que sois mexicanos, dezidnos, cómo se llama el señor de México?" Ellos les respondieron: "Señores nuestros, llámase Moctezuma el señor de México." Y luégoles presentaron todo lo que llevavan. De aquellas mantas ricas que llevavan, unas se llamavan *xiuhtlalpilli* ["atadura de tuquesa"], otras *tecomayo* ["llena de tecomates" (vasija semiesférica, como taza honda)], otras *xacoalcuauhyo* ["llena de águilas pintadas"], otras *ecacozcayo* ["el lleno de joyeles del viento"], otras *tolecyo* ["llena de viento curvo"] o *tezcapucyo* ["llena de humo de espejo"].»[49] Los forasteros regalaron a los mexicanos objetos menos impresionantes, incluyendo galletas y pan de los barcos (probablemente pan cazabe) y collares de cuentas de vidrio verdes y amarillas. Los mexicanos expresaron su placer, que los forasteros tomaron por candidez en vez de lo que era sin duda cortesía. Los mexicanos tenían sus propias cuentas: las de jadeíta formaban parte del tributo pagado por Soconusco a los mexicas y que éstos metían a menudo en la boca de los muertos a fin de pagar los viajes de su alma en el mundo subterráneo. Mas cualquier collar verde era bienvenido en una sociedad para la que el color, ya fuera en plumas de ave o en piedra, era particularmente apreciado.[50]

El *tlillancalqui* propuso que comieran. Los forasteros sugirieron, suspicaces, que empezaran los mexicanos y éstos así lo hicieron. Hubo bromas mientras consumían el cocido de pavo, las *tortillas* y el chocolate. Los mexicanos tomaron un poco de vino. Al igual que la mayoría de los indios al beberlo por primera vez, les gustó.[51]

Entonces los castellanos les dijeron: «Ya nos volvemos a Castilla, y presto bolveremos y iremos a México.»

Los mexicanos volvieron a tierra firme y se dirigieron a toda velocidad a Tenochtitlan. El informe que dieron a Moctezuma se desarrolló más o menos así: «Señor, dignos somos de muerte. Oye lo que hemos visto y lo que hemos hecho. Tú nos posiste en guarda a la orilla del la mar. Hemos visto unos dioses dentro de la mar y fuimos a recebirlos, y dímosles vuestras mantas ricas, y veis aquí lo que nos dieron, estas cuentas.» Y entonces le explicaron lo que los forasteros habían dicho.

Moctezuma contestó con el saludo formal: «Venís cansados y fatigados. Ios a descansar.» Y añadió: «Yo he recibido esto en secreto, y os mando que a nadie digais nada de los que ha pasado.»[52]

A continuación, el emperador examinó los regalos. Le gustaron las cuentas. Comió una galleta y dijo que sabía a toba. Comparó el peso de un trozo de toba y el de una galleta: naturalmente, la toba pesaba menos. Los enanos de Moctezuma comieron un poco del pan, que les pareció dulce. Las demás galletas y los restos de pan fueron llevados con solemnidad al templo en honor de Quetzalcóatl en Tula.[53] Las cuentas fueron enterradas al pie del altar en honor de Huitzilopochtli en Tenochtitlan. Moctezuma habló con sus principales consejeros, probablemente los treinta miembros del Gran Consejo. Convinieron en que lo único que se podía hacer era vigilar atentamente la costa.[54]

Los misteriosos visitantes, los que habían regalado cuentas y galletas duras, se marcharon de la costa. A los pocos mexicanos que sabían algo de la llegada de los forasteros se les amenazó de muerte si hablaban de ella. Las autoridades de Tenochtitlan trataron de descubrir lo que se había dicho en el pasado acerca de una llegada tan misteriosa, pues les era difícil creer que ocurriera algo sin precedente.[55] No obstante, su propia política pasada constituía un obstáculo. Al inicio de la aventura imperial de los mexicas, Tlacaelel e Itzcóatl habían quemado los relatos de su propia historia. En Texcoco existían todavía muchos documentos históricos, mas las relaciones entre ambas ciudades no eran tan buenas como antes. Moctezuma ordenó al artista de su corte que hiciera una pintura de lo visto en la costa. La enseñó a sus archiveros. Ninguno de ellos había visto nada parecido a esos barcos, con sus grandes velas, sus aparejos y la popa extraordinariamente alta. Se dice que entonces algunos brujos de Malinalco profetizaron la llegada de hombres con un solo ojo; que otros previeron la llegada de hombres cuyo cuerpo, en la parte inferior, era de serpiente o pez. Un anciano, un tal Quilaztli, que vivía en Xochimilco, poseía una biblioteca de antiguos códices anteriores al imperio. Al parecer halló semejanzas entre uno de estos documentos y lo visto en la costa. Los hombres del mar, creía, no eran extranjeros. Eran gentes muertas mucho tiempo atrás, que regresaban a su propia tierra. Tal vez se hubiesen marchado, de momento, pero, en su opinión, regresarían al cabo de dos años. A Quilaztli lo llevaron a vivir a Tenochtitlan. No obstante, Moctezuma se mostraba cada vez más sombrío.[56]

Pasó un año. Moctezuma se sumergió nuevamente en sus deberes imperiales. Su concubina preferida le dio un nuevo hijo, los jorobados de la corte bailaban, los enanos cantaban, los bufones hacían reír a su amo. Los malabaristas se tumbaban boca arriba, con las piernas alzadas, y hacían girar bolas en el aire. El programa habitual de sacrificios prosiguió, así como los bailes y la música de flautas y tambores; los nobles seguían poniéndose de tiros largos y pintándose la cara; continuaron los cantos, la recogida de flores y, sin duda, la incontrolable risa causada por la ingestión de setas sagradas. Los sacerdotes mantenían el fuego ardiendo en los templos. Los tributos de otro año llegaban sobre la espalda de pacientes cargadores. Los comerciantes traían hermosas y largas plumas de quetzal, así como rumores de guerra en el Pacífico. Los que trabajaban las piedras preciosas se alegraban de que Moctezuma hubiese conquistado los territorios donde había buena arena con la que pulir sus materias primas. Los hombres y las mujeres del pueblo llano, los *macehualtin* y los *mayeques*, seguían con sus tareas normales, celebraban los embarazos y los nacimientos, educaban a los hijos, intentaban inculcar los códigos morales, morían y descendían a Mictlan, ese lugar vacío y sombrío al que sabían que iría todo aquel cuya vida hubiese carecido de aventuras. Los cortesanos de Texcoco componían poemas en los que lamentaban la brevedad de la vida y la decadencia de los imperios. El emperador pronunciaba magníficos discursos acerca de sus antepasados. Y casi olvidó a los forasteros de 1518.

No obstante, los forasteros no olvidaron México. En cumplimiento de su promesa, al año siguiente, el «año 1-caña», 1519, regresaron.

II. La España del Siglo de Oro

5. EMPIEZAN LOS AÑOS DORADOS

O rey don Hernando y doña Isabel.
En vos comenzaron los siglos dorados.
Serán todos tiempos nombrados
Que fueron regidos por vuestro nivel...

Cancionero de Juan del Encina c. 1495 [1]

Los mexicas tenían razón al sentir miedo viendo a los forasteros. Pues éstos eran, por supuesto, conquistadores españoles. De haber sabido exactamente cómo se habían comportado estos hombres en el Caribe durante el cuarto de siglo anterior, Moctezuma se hubiese horrorizado. Sin embargo, por más que los gobernantes mexicanos fueran conscientes de la importancia del espionaje en la guerra, no conocían la existencia del archipiélago a sólo setenta millas de su costa este. Sólo contaban con canoas, con las que eran imposibles las largas travesías por mar. De hecho, los únicos viajes que habían emprendido eran los cortos recorridos a lo largo de la costa o bien en lagos y ríos. Los mayas y algunos pueblos en la costa de lo que ahora se conoce como el golfo de México bien podrían haber tenido velas primitivas, mas no trataron de ir mar adentro. [2]

«Somos capaces a vencer todo el mundo», dijo supuestamente Tlacaelel, el siniestro *cihuacóatl* del siglo XV, a Nezahualcóyotl, rey de Texcoco. [3] Un indicio de la misma ambición retórica se transmitió a los reyes que se vieron obligados a ir a Tenochtitlan para la inauguración del gran templo recién construido en honor de Huitzilopochtli. Los enemigos, los huéspedes y los forasteros estaban perplejos, asombrados. Se dieron cuenta de que los mexicas eran amos del mundo entero, que habían conquistado todas las naciones y que todas eran vasallas suyas. Mas este imperio se acababa en el golfo de México. Apenas se extendía hasta el Yucatán. Los mexicas comerciaban en el golfo de Honduras e incluso más al sur, en lo que ahora se conoce como Costa Rica y Panamá. Allí tuvieron alguna influencia cultural. [4] Es posible que aprendieran el arte del vaciado y de la fundición en Colombia y que de allí obtuvieran esmeraldas. [5] Mas, al parecer, ningún mexica deseaba convertir esos territorios en colonias. Según los mexicas, el mundo era un disco plano rodeado de agua o quizá un gigantesco cocodrilo nadando en un mar cubierto de nenúfares. De ese mundo, Tenochtitlan, una isla rodeada por un lago, era un microcosmos. [6] No hacía falta investigar muy allá.

Esta falta de interés puede explicarse, al menos en parte, por la corriente norte-sur entre el cabo Catoche, como se le conoce actualmente, en Yucatán, y el cabo Corrientes, en Cuba. Las ciento veinticinco millas entre ambos cabos sólo se cruzaban por accidente y en malas condiciones.

Los contactos que se produjeron tuvieron escasas consecuencias: algo más tarde, como hemos dicho anteriormente, se encontraron unos náufragos jamaicanos en el Yucatán; a principios del siglo XVI se descubrió cera de abeja en Cuba, cera que venía del Yucatán, además algunos cacharros de barro mayas llegaron también a Cuba.[7] Hubo otras travesías, poco frecuentes, si bien la única que se ha comprobado parece que se emprendió en 1514 y en circunstancias que no han sido explicadas del todo. No existen pruebas fidedignas de que el tambor de los pueblos de La Española proviniera del continente.[8] Los antepasados de la población del Caribe llegaron del norte de Venezuela, pasando por las Antillas menores y no por el estrecho.[9]

Al parecer, la población nativa del Caribe tampoco conocía a los mexicas. La falta de una cultura refinada de esta población no fue la razón determinante para que los mexicas no se interesaran por ella. Éstos vivían en un capullo, preocupados sólo por sí mismos. Se dice que Moctezuma II sentía curiosidad por la naturaleza; no obstante, al igual que todos en su reino, no se preocupaba por los seres humanos.

La actividad castellana en el Caribe occidental, actividad de la que llegaron informes a Tenochtitlan, es fácil de identificar. En 1502 el propio Cristóbal Colón, en su cuarta travesía, se detuvo en varios sitios de América Central. Lo más al norte que llegó, y eso en su primera parada, fue Bahía, una de las islas del golfo de Honduras, a unos cuatrocientos ochenta kilómetros, a vuelo de pájaro, del sur del Yucatán. Allí Colón se encontró con una gran canoa tripulada por lo que probablemente eran indios jicaque o paya. Sin duda regresaban de una expedición comercial al Yucatán. Llevaban granos de cacao (que el almirante creyó eran almendras), obsidiana, campanas de cobre y hachas de Michoacán, así como artículos de algodón teñido. Colón recibió unas largas espadas de piedra muy afilada que bien podrían ser mexicanas. Aceptó pulque. Un elemento que convenció a los españoles de que los habitantes de tierra firme eran superiores fue el hecho de que éstos tuvieran una bebida alcohólica, a diferencia de los abstemios isleños. Colón fue también el primer europeo que comió pavo. Intercambió algunos artículos.[10] La ropa bordada que vestían algunos de los veinticinco indios a bordo de la canoa y la calidad de su algodón confirmaron la idea que tenían los españoles de que tierra adentro existía un mundo más complejo del que habían visto en las Antillas.[11] Sin embargo, Colón no aceptó la invitación de esos indios a viajar hacia el oeste; quería seguir el viento hacia el sur; y durante unos años ningún europeo investigó la zona hacia la que se dirigía la canoa india.

Mas en 1508, los dos hombres más conocidos de la época en

cuanto a empresas marítimas se refiere, Vicente Yáñez Pinzón, originario de Palos, que capitaneó la *Pinta* en el primer viaje de Colón, y Juan Díaz de Solís, originario de Lepe, otro pequeño puerto entre Huelva y Sevilla, se propusieron encontrar un camino desde el Caribe hasta las islas Molucas. Atracaron en Honduras, relativamente cerca del punto donde Colón giró hacia el sur en 1502, y siguieron navegando hacia el norte. Yáñez Pinzón y Díaz de Solís no encontraron ningún estrecho. Es probable que navegaran a lo largo de la costa del Yucatán, que llegaran a Tabasco e incluso a los que ahora se conocen como Veracruz y Tampico. Ciertamente, fueron los primeros europeos que vieron la costa de lo que ahora se conoce como «México». Pero no dijeron nada en cuanto a lo que habían visto.[12]

Dos años más tarde, Martín Fernández de Enciso, que se convertiría posteriormente en un famoso cartógrafo, junto con Francisco Pizarro, el futuro conquistador del Perú, y Vasco Núñez de Balboa, «el primer caudillo del Nuevo Mundo», fundaron un asentamiento europeo en el continente americano, en Darién, en lo que ahora se conoce como Panamá. En 1511, varios hombres de un convoy que iba de Darién al principal centro comercial de importación y exportación en Santo Domingo naufragaron en la costa del Yucatán. Dos de ellos seguían vivos en 1518, en manos de los mayas. Se trataba de Gerónimo de Aguilar, un sacerdote oriundo de Écija, entre Sevilla y Córdoba, y Gonzalo Guerrero, de Niebla, cerca de Palos. Se supone que, cuando aprendieron el idioma maya, fueron una buena fuente de información acerca de las actividades de los españoles en el Yucatán y tal vez más tarde, con ayuda de la traducción, en el Valle de México. Luego, en 1513, parece que una expedición española, con Juan Ponce de León a la cabeza, que regresaba después de haber descubierto Florida, desembarcó en el Yucatán.[13] Desolado porque no había hallado la Fuente de la Juventud, Ponce de León creyó haber llegado a Cuba. Sin embargo, sus compatriotas no se fijaron en esta escala, si bien el piloto Antonio de Alaminos, otro nativo de Palos, había acompañado a Colón en su cuarto viaje y recordó ulteriormente lo acontecido. Ahora bien, dicha escala figura en varios textos mayas.[14]

En 1515 se produjo otra comunicación entre Castilla y México, esta vez bien documentada. Un juez de la colonia española en Darién, llamado Corrales, dijo haber conocido a un «fugitivo de las provincias interiores del oeste»; éste, al ver que Corrales estaba leyendo, se sobresaltó. Por medio de intérpretes le preguntó «¡Eh! ¿También vosotros tenéis libros? ¡Cómo! ¿También vosotros usáis de caracteres con los cuales os entendéis estando ausentes?» Examinó el libro que estudiaba Corrales y vio que las letras no eran iguales a las que él conocía. Después dijo «que las ciudades de su tierra están amuralladas, que sus conciudadanos van vestidos y se gobiernan por leyes».[15] Es de suponer que hablaba del Yucatán, pero igualmente podría haber hablado de México. Los españoles que emprendieron todas esas travesías eran, en su mayoría, andaluces, castellanos o extremeños.[16] Casi todos sus dirigentes eran hidalgos que, si bien tenían poco dinero, no habían sido «criados detrás del arado».[17] Solían ser hijos menores (o hijos menores de hijos menores) que se veían obligados, debido al tamaño de su familia, a buscar una posición en la Iglesia, el mar o la casa real. Sus motivos eran variados: hacerse ricos o famosos (o sea, distinguirse sirviendo al rey o a Dios y que se les reconociera dicho servicio), y ampliar los dominios del cristianismo.

Entre los demás voluntarios dominaba el estímulo a la emigración debido al incremento de la cría de ganado ovejuno y vacuno en Castilla, pero sobre todo en Extremadura, y la consiguiente reducción de tierra cultivable. La crisis económica padecida en España entre 1502 y 1508 sirvió también de incitación.[18] «La pobreza es grande», escribió Guicciardini, historiador y diplomático italiano, en 1512. «Hambre y pestilencia jamás faltan», escribiría Diego de Ordás, un conquistador oriundo de León, en 1529.[19] Otro motivo para emigrar lo constituía el deseo de liberarse no sólo de la pobreza del campo en Castilla, sino también de las obligaciones hacia los señores, los obispos y las órdenes militares, aún muy poderosas. El historiador, misionero, propagandista y obispo, Bartolomé de Las Casas, describió un encuentro con un anciano de setenta años que, en 1518, deseaba emigrar. Le preguntó por qué quería ir a las Indias siendo tan viejo y estando tan cansado. La respuesta fue que por su fe, para morir y dejar a sus hijos en una tierra libre y feliz.[20]

Los andaluces y, en menor grado, los extremeños llevaban siglos viviendo en la frontera de la España cristiana y el Islam. Casi todas las familias cristianas de Sevilla eran descendientes de los que inmigraron tras la liberación, en los años cuarenta del siglo XIII. Así pues, Andalucía constituyó un ensayo demográfico de la colonización de América. Al mismo tiempo, Sevilla, la ciudad más grande de España (aunque probablemente apenas una cuarta parte del tamaño de Tenochtitlan), era todavía (de hecho, lo era más cada año) un crisol, una mezcla de los pueblos castellanos. Los mercaderes de Burgos, la importante ciudad del norte, exportadora de lana, solían tener representantes en Sevilla; lo mismo ocurría con los genoveses, los empresarios de la época. Sevilla era el centro de la nada despreciable armada española de fines del medievo; había sido, además, la ciudad que más traficaba en oro y en esclavos de África. Cerca de Sevilla, a lo largo de la costa en dirección a Portugal, había varios pequeños puertos de prosperidad reciente: Lepe, Palos, Moguer y Huelva, entre otros, cuyos habitantes se habían acostumbrado al mar. Esta parte del reino estaba repleta de hombres que contemplaban con entusiasmo los viajes al Nuevo Mundo y que vendían alegremente pasajes para dicho mundo por once o doce ducados (el viaje, por supuesto, no era gratis) a cualquiera que pudiera pagarlos.[21]

La filosofía que alimentaba a los descubrimientos, la emigración y la colonización era el cristianismo. Fernando e Isabel, rey y reina de una nueva España unida, si bien precariamente, habían recuperado Granada en 1492. El Papa los llamaba no sólo «los Reyes Católicos», sino también «los atletas de Cristo». El cardenal primado de España, Jiménez de Cisneros, decía ser —y no se equivocaba del todo, dado su espíritu combativo— un nuevo Josué. Los descubridores de América, a partir de Cristóbal Colón, presentaban sus descubrimientos como nuevos triunfos para Dios. Desde mediados del siglo XV los castellanos, al igual que todos los que se marchaban de Europa con ambiciones semejantes, recibían el apoyo de la autoridad papal. Con la bula *Dum Diversas* de 1492 el Papa autorizaba al rey de Portugal a «someter a los sarracenos, paganos y demás infieles enemigos de Castilla, reducirlos a la esclavitud perpetua y a transferir su territorio a la corona portuguesa». Cuando empezaron los descubrimientos, en el último decenio del siglo XV, bajo el auspicio de la corona española, el Papa era Alejandro VI, que, como Rodrigo Borgia, pertenecía a una familia de la pequeña nobleza de Játiva, cerca de Valencia. Llegó al trono de San Pedro en agosto de 1492, el mes en que Colón emprendió su primer viaje. Tenía que agradecer a los Reyes Católicos la ayuda prestada en su elección. Por tanto, emitió alegremente nuevas bulas para beneficiar a Castilla. La más famosa, la del 4 de mayo de 1493, concedía a los Reyes Católicos el dominio de todas las tierras que sus súbditos descubrieran a cien leguas al oeste de las Azores, pero a condición de que convirtieran al cristianismo a los pueblos descubiertos, repartiendo así el mundo «como una naranja», entre España y Portugal.

El cristianismo militante que caracterizó la España de fines del siglo XV surgió por varias razones: la expectativa milenaria de que la monarquía podría reavivar la presencia cristiana en Jerusalén; la amenaza renovada del Islam, que en esos años se había convertido, por primera vez, en una potencia marítima en el Mediterráneo (anteriormente, la amenaza musulmana del Islam parecía venir de su caballería); y la angustia reavivada por lo que se percibía extrañamente como el crecimiento del judaísmo.

La necesidad de enfrentarse a la amenaza islámica y de evitar la extensión del judaísmo culminaron en el deseo de la corona española de crear una monarquía católica que actuara como la espada de la cristiandad. La misión imperial consolidaría el recién unificado reino.

Ambas ofensivas, contra el Islam y contra el judaísmo, culminaron en 1492. Primero con la rendición de Granada en enero, la conclusión triunfal de la Reconquista; y, segundo, con el decreto de marzo con el que se expulsaba a los judíos de España, a menos que se convirtieran al cristianismo.

Se trataba de acontecimientos sorprendentes. Durante generaciones el Islam y el cristianismo habían convivido sin problemas en España. Héroes cristianos, incluyendo el más famoso, el Cid Campeador, habían luchado al servicio de reyes moros contra cristianos. Incluso su título, «El Cid», era una corrupción de una expresión árabe. En la España cristiana, el estilo arquitectónico dominante era todavía el mudéjar de la España islámica.

La minoría judía de Castilla en esos tiempos era intelectualmente activa; en algunas ciudades, los judíos eran no sólo recaudadores de impuestos, sino también los principales contribuyentes; tanto funcionarios y artesanos como poetas. Cuando se convirtieron al catolicismo, dieron teólogos, místicos, frailes e incluso obispos admirables. Pero el consenso se había roto. Desde fines del siglo XIV España se caracterizaba por la suspicacia. La gente temía que la Iglesia hubiera sido penetrada por hombres que eran secretamente judíos. ¿Acaso el prior del monasterio jerónimo en La Sisla, cerca de Toledo, no había celebrado la fiesta del Tabernáculo?[22] La Inquisición española se creó en 1481. Una ciudad castellana tras otra emitía ordenanzas contra los judíos. En los años ochenta del siglo XV, y sólo en Sevilla, es posible que los autos de fe tuvieran como consecuencia la quema en la hoguera de ochocientos judíos convertidos y el encarcelamiento de varios miles más. La política de la corona no consistía en castigar a los judíos, sino en alejar a «los cristianos nuevos», los *conversos*, de la tentación de permanecer en contacto con el judaísmo. No obstante, un número inesperadamente grande de judíos se negó a convertirse al cristianismo. Para empezar, les asombró que pudieran atacarlos. «¿Acaso no somos los hombres más importantes de la ciudad?», preguntó un dirigente de la comunidad en Sevilla.[23]

Si su país se encontraba en dificultades, razón de más para que los castellanos fuera de él actuaran como la espada misma de la cristiandad.

Ahora bien, aunque la ideología detrás de la expansión de España era el cristianismo, otros motivos más terrenales impelían a la mayoría de los dirigentes: mejorar su posición social, convertirse en nobles, atraer la atención del monarca y de la corte.

Los antiguos romances y las nuevas publicaciones estimulaban su imaginación. Así pues, de niños casi todos los conquistadores más importantes habrían oído romances recitados para los caballeros andaluces, en los que se exaltaban los valores militares; se referían al moro Gazul o a héroes locales casi olvidados, héroes del territorio entre Sevilla y Ronda, por el que se luchó interminablemente entre los siglos XIV y XV. En ocasiones, el tema era el Cid, el misterioso vencedor de finales del siglo IX, o incluso un imprudente caballero cristiano más reciente, Pedro Carbonero, que había llevado sus hombres a tierras moras. Un ciclo completo de relatos se inspiraba también en Carlomagno, Alejandro, César e incluso Aníbal: personalidades clásicas que, en una curiosa transición, habían pasado de ser figuras históricas bien documentadas a figuras míticas.[24] ¡Qué delicia pasar el Rubicón! ¡Cuán noble luchar en dos continentes, como Alejandro! Mas las alusiones provenían generalmente de romances y no de la lectura de Plutarco.

Los hombres de los barcos que vieron los emisarios de Moctezuma en 1518, cerca de lo que es ahora Veracruz, habían nacido entre 1480 y 1500 y formaban parte, además, de la primera generación de lectores para la que los textos impresos no eran necesariamente instructivos, sino también un entretenimiento y hasta un placer.[25] Para empezar, los lectores sentían que se transformaban por el mero hecho de tener en mano esos «instrumentos casi divinos».[26]

Ya se encontraban versiones impresas de muchos romances y, a partir de entonces —desde 1490 con la publicación de *Tirant lo Blanc* hasta 1508 con la del *Amadís de Gaula*, el libro impreso de mayor éxito en la España de principios del siglo XVI (aunque se había escrito mucho antes)—, aparte de los devocionarios y los libros de horas, los romances acompañaban a los conquistadores. A veces estos romances se convertían en tema de baladas. Hoy día se recuerdan porque Cervantes se burló de ellos en su *Don Quijote*. No obstante, en esos tiempos satisfacían una profunda necesidad.

Además, gracias a la publicación de las obras de sir John Mandeville, entre otros —en las que figuraban hombres de dos cabezas, amazonas y la fuente de la eterna juventud que reanimaba la potencia sexual de los ancianos—, los marineros y los conquistadores de «la generación de 1500» tomaron conciencia de las innumerables fantasías que incluso las gentes más racionales creían poder encontrar en las Américas, más allá del siguiente cabo.

El nombre de algunos de los lugares más famosos de las Américas vienen de dichos romances: el río Amazonas; California era una isla en las *Sergas de Esplandián*, una secuela del *Amadís de Gaula*; la Patagonia figura en un país del romance titulado *Palmerín de Oliva*; «Las Antillas», cuando se refiere a las islas del Caribe, proviene de Atlántida, cuyo mito tanto entusiasmó a los marineros del siglo XV.

La antigüedad influyó también en los castellanos del siglo XVI. Un conquistador, Francisco Aguilar, que pudo haber sido uno de los que los emisarios de Moctezuma avistaron en la costa, se convirtió posteriormente en monje. En los años sesenta del siglo XVI escribió: «Digo, pues, que yo desde muchacho y niño me ocupé en leer y pasar muchas historias y antigüedades persas...»[27] Como consecuencia de esta moda, cualquier escrito formal se hallaba lleno de citas de Cicerón y de César. No importaba que el escritor no hubiese leído obras de dichos autores, es probable que hubiese encontrado la referencia en una colección de dichos antiguos, como la del marqués de Santillana, cuyo libro de proverbios «que las ancianas repetían junto a la chimenea» tuvo un enorme éxito cuando se publicó en Zaragoza en 1488.[28]

Existía otra fuente de inspiración: ¡España! La rendición de Granada, en enero de 1492, provocó lo que podría llamarse, aun teniendo en cuenta las circunstancias limitadas de la época, una era de verdadero patriotismo. La reconquista de Granada fue descrita como el día más distinguido y bendito que hubiese existido en España. Fray Íñigo de Mendoza, popular escritor de sátiras de la época, declaró que percibió en esos años una voluntad de imperio.[29] El filólogo humanista Antonio de Nebrija, maestro tanto de funcionarios como de nobles, publicó su gramática española en 1492, la primera en cualquier idioma, salvo el latín (para el que había publicado una obra semejante). La compuso, según el autor, a fin de que el castellano fuese una lengua adecuada para las narraciones históricas que seguramente se escribirían, a fin de que las hazañas de los grandes monarcas de Castilla se recordaran para siempre.

Dichas obras estimularon la imaginación de los conquistadores, que, cuando atravesaban selvas remotas a caballo o a pie, o se hallaban atrapados en riachuelos lejanos, se dejaban inspirar por la visión de su tierra; y esta tierra era una nación, no una confederación compuesta por León, Castilla, Andalucía y Aragón. Los jefes bautizaban improbables aldeas de unas cuantas chozas con tejado de palma con el nombre de su propio pueblo; a las ciudades más grandes, pobladas por indios escépticos, las nombraban Sanlúcar, Valladolid e incluso Sevilla. Cuando se hallaban luchando en pantanos tropicales solían soltar algún grito de guerra medieval, como «¡Santiago y cierra España!», pese a que ya habían pasado de moda en su patria.

Los motivos comerciales detrás de las expansiones española y portuguesa eran importantes. Bartolomeu Dias quería encontrar especias, además del «reino del preste Juan» cuando, en 1497, fue en busca de la ruta marítima a la India. En el Nuevo Mundo, durante los veinticinco años posteriores al primer viaje de Colón, el comercio significaba principalmente la búsqueda de oro. Los mexicas admiraban Tollan y a los toltecas, pero a los castellanos los atraía esa época dorada anterior a su siglo XI, la época del Cid, que halló tanto de ese valioso metal al conquistar Valencia. («El oro e la plata ¿quién vos lo podría contar?» era una línea del *Cantar del Mio Cid*.)[30] Durante años los monarcas musulmanes pagaron a los cristianos cantidades establecidas de oro como tributo a cambio de paz. Pero en el siglo XV aumentó la demanda española y europea de oro. Todos los monarcas deseaban imitar a los florentinos, o sea, querían tener monedas de oro. Se precisaba oro para las cadenas que iban encima de las túnicas de terciopelo y para embellecer los altares y los vestidos de las efigies de la Virgen. Se necesitaba hilo de oro para los tapices.

Tampoco en los romances caballerescos se olvidaba la búsqueda de oro. Por ejemplo, en el escudo de Galiquilan, rey de Suecia en el *Amadís de Gaula*, figuraba un grifón que asía un corazón con sus garras, de oro labrado y sujeto al escudo con clavos de oro.[31] Sin embargo, antes del descubrimiento de América, el oro que llegaba a Europa venía del África Occidental: de los ríos Volta, Níger y Senegal.

La búsqueda de nuevas fuentes de dicho metal se convirtió en obsesión. Puesto que la riqueza, en luminosas palabras de Huizinga, no había adquirido aún «la impalpabilidad espectral que el capitalismo, basado en el crédito, le daría posteriormente, lo que obsesiona[ba] la imaginación era el todavía tangible oro amarillo...»[32] Colón creía que «... con él, quien lo tiene, hace cuanto quiere en el mundo y llega a que echa las ánimas al paraíso».[33] Antes de ese primer viaje, había prometido a los marineros de Palos que, por seguirlo, «avemos de fallar las casas con tejas de oro».[34]

Para generaciones posteriores, la España de Isabel y Fernando fue una época dorada en el sentido político. «Hemos descubierto que el nuevo Estado no es otro que el Estado español de los Reyes Católicos», escribió el político carlista Víctor Pradera en los años treinta.[35] La leyenda se creó en tiempos de dichos reyes: fue el dramaturgo Juan del Encina quien acuñó la expresión «siglos dorados».

En algunos aspectos, la identificación del reino de Fernando e Isabel con una España en su apogeo es correcta. Aragón (con Cataluña) y Castilla se unieron por primera vez. La unión era una obra de arte en el auténtico estilo renacentista realizada aposta por la majestuosa reina Isabel y su prudente marido, Fernando. Su símbolo —el yugo de Fernando y las flechas de Isabel y el lema *Tanto monta*— expresaba perfectamente la naturaleza de la nueva asociación (aunque Castilla sería siempre el socio político dominante).[36] La victoria en Granada fue indudablemente un triunfo. España, que hasta entonces era meramente un término geográfico, se formó verdaderamente, y no sólo en la mente de los conquistadores. Para bien o para mal, la España judía y la España mora dejaron de existir como inspiradoras separadas de lealtad. Los nobles se vieron obligados a reconocer tanto los beneficios como las responsabilidades del Estado soberano: una consumación simbolizada por el hecho de que la corona se apoderara de los dominios de las autoritarias órdenes de Santiago, Alcántara y Calatrava. Las finanzas del gobierno se revigorizaron. En 1497 se llevó a cabo una reforma monetaria. La Santa Hermandad, fundada en 1476, significó para Castilla el inicio de una policía. Se creó un tribunal supremo en Valladolid. A partir de entonces, en las grandes ciudades, la corona disponía generalmente (y no esporádicamente como antes) de un corregidor, cuyo nombramiento representó el principio de la centralización administrativa. El Consejo de Castilla se convirtió realmente en el órgano supremo de poder. Se conmemoró la creación de la nación, bajo la influencia artística flamenca, primero, y luego, bajo la italiana. Además, en cien aspectos nimios, a España comenzaba a llegar el espíritu humanista de Italia: la famosa familia Mendoza estimuló el cambio culto. Pese a los instintos autoritarios de Fernando, en los dos reinos que gobernaba se dio un despertar cultural, por más incompleto y parcial que fuese. ¿Acaso la propia Isabel no había aprendido latín? ¿Acaso los estudiosos no comenzaban a ser tan estimados como los guerreros? Hasta los nobles españoles empezaban a comprender la importancia de la educación y confiaban la de sus hijos a humanistas italianos como Lucio Marineo y Pietro Martire di Anghiera.

No obstante, aunque existían indudablemente la energía y los logros, la unidad era todavía frágil. Las innovaciones artísticas, las esculturas de un Berruguete y el latín de un Nebrija constituían puntos luminosos en la superficie de un país todavía medieval y medio moro. Sólo desde arriba y gracias a una política extranjera común se mantenían unidos los reinos. La cultura, por más brillante que fuese, no era sino una ínfima capa. Debajo de la superficie todo estaba dividido. Las medidas tomadas contra el judaísmo secreto acarrearon una profunda intolerancia que impedía el surgimiento de un auténtico Renacimiento español. La corte se hallaba particularmente fragmentada. Los amigos de Fernando conspiraban contra los que habían apoyado al difunto Felipe el Hermoso, yerno del rey. Los funcionarios aragoneses de Fernando eran generalmente odiados. Tanto en las ciudades grandes como en las pequeñas se producían disensiones entre familias; por ejemplo, en Sevilla, entre los Ponce de León y los Guzmán; o en Trujillo, entre los Altamirano y los Bejarano. En opinión de algunos nobles, el infante Fernando, un hijo de Juana la Loca, que se había criado en España y hablaba español, debía ser rey en vez de su hermano mayor, el príncipe Carlos, de habla francesa, modales borgoñones y ambiciones internacionales, imperiales. Tanto aristócratas como burgueses despreciaban y temían a los cortesanos flamencos de Carlos I de España y V de Alemania.

La agitación política se manifestaba también en las ciudades de Castilla. En teoría se debía a la preocupación municipal ante los intereses extranjeros del rey. En la práctica, la manipularían movimientos populares, incontrolables e incluso democráticos, en los que se sobreponían las disensiones entre familias. Algunos hombres justos, por ejemplo los dominicos, con talante tolerante hacia los indios del Caribe, desconfiaban de los *conversos* judíos. Los dominicos eran mayoría en el Santo Oficio, o sea la Inquisición. Las obras de Erasmo llegaron a España en 1516 y fue tal su fuerza en la vida intelectual que incrementaron el riesgo de combustión tanto política como religiosa.

Por tanto, es irónicamente apropiado que incluso la corona estuviese dividida entre, por un lado, la trágica Juana que, en 1518, llevaba nueve años encerrada en el oscuro castillo de Tordesillas; y, por el otro, su hijo Carlos, que gobernaba en nombre suyo, pero que era demasiado joven y se dejaba influir demasiado por intereses extranjeros para dar a España la guía patriótica que ya se esperaba bajo Isabel y Fernando. No obstante, los conquistadores, cuando escribían desde su Nueva Sevilla y su Nuevo Santiago tropicales, se dirigían a ambos, la reina encerrada y el rey libre, la madre desequilibrada y el hijo sin experiencia, como monarcas de igual poder, un poder inmenso.

Los castellanos que recibieron el *tlillancalqui* y su esclavo en 1518 eran, en su mayor parte, hombres que habían llegado al Caribe en los últimos años y representaban una segunda generación de colonos. Habían viajado, pagando su pasaje, en busca de fama y fortuna en unas de las aproximadamente doscientas naves que salieron de España rumbo a las Indias entre 1506 y 1518.[37] Sin embargo, sus mentores, la primera generación de colonos, habían causado estragos de grandes proporciones, si bien no los habían instigado.

Al principio, en 1492, los castellanos que siguieron a Colón creyeron haber descubierto el paraíso en las Antillas. Los habitantes locales, los taínos, eran expertos tejedores, alfareros y talladores de concha, hueso y piedra. A veces incrustaban sus tallas con oro martillado y conchas. No sabían fundir el metal y, desde el punto de vista militar, eran insignificantes. Mas tenían éxito en la agricultura. Cultivaban yuca, batatas y, en menor grado, maíz, tubérculos comestibles, judías (frijoles), pimientos, cacahuetes y anacardos. Cosechaban frutas. Fumaban tabaco por el mero placer de hacerlo. Fabricaban cacharros de barro y, al igual que los mexicas, jugaban con pelotas de caucho. Había buena caza y buena pesca. Vivían en casas de madera alineadas en grandes pueblos de entre mil y dos mil habitantes. Comerciaban (en canoa) con pueblos de las Antillas menores e incluso de Sudamérica. Entre sus benignos dioses, o *zemis*, predominaban el señor de la yuca y la diosa del agua fresca. Según la descripción entusiasta de Pietro Martire (un cortesano bien informado, originario de una ciudad del Lago Mayor, que había ido de Italia a España con el séquito de los

Mendoza), los indios con los que se encontró Colón: «Tienen ellos por cierto que la tierra, como el sol y el agua, es común y que no debe haber entre ellos *mío* y *tuyo*, semillas de todos los males, pues se contentaban con tan poco que en aquel vasto territorio más sobran campos que no le falta a nadie nada. Para ellos es el Siglo de Oro. No cierran sus heredades ni con fosos, ni con paredes, ni con setos; viven en huertos abiertos, sin leyes, sin libros, sin jueces.»[38]

En su segundo viaje, en 1493, Colón llevó casi mil quinientos hombres a fin de establecer una colonia en la isla La Española o Hispaniola. En la expedición iban doscientos voluntarios «hidalgos y artesanos»; y entre los primeros, veinte caballeros que se comportaban con arrogancia indisciplinada. El objetivo era construir una factoría o establecimiento comercial, como la que los portugueses habían creado en el África Occidental. Estos conquistadores pretendían permanecer allí unos años para hacerse ricos y regresar a casa. El trabajo duro lo harían los taínos.

Las relaciones con los indios de La Española, inicialmente amistosas, no tardaron en agriarse. Los conquistadores seducían a las mujeres, esclavizaban a los hombres, imponían castigos injustos e insistían en que se les diera oro. Los jefes taínos protestaron. Fueron derrocados, llevados a otros lugares o asesinados. A las consiguientes «rebeliones» indias siguió la pacificación. Además, los españoles reñían entre sí: Colón y sus hermanos no servían para la administración. En 1500, la corona acabó con la tiranía del «faraón», mote por el que se llegó a conocer a Colón. A los hermanos Colón los sustituyeron unos funcionarios. Primero, Francisco de Bobadilla, que tuvo mucho éxito en la guerra contra Granada, mayordomo del rey y hermano de la mejor amiga de la reina, la marquesa Beatriz de Moya. Lo siguió un administrador muy capaz, fray Nicolás de Ovando. Ambos hombres fueron eficaces. Bobadilla mandó a Colón a España, encadenado, acusado de mala administración. Ovando creó algo parecido a una colonia bastante próspera.[39] Era serio y persistente, aunque frío y de corazón de piedra. Acabó con las revueltas de los nativos. Estableció orden entre los colonos. Introdujo el cultivo de productos europeos. Dividió la isla en diecisiete ayuntamientos y cada colono debía pertenecer a uno de ellos. Convirtió estos ayuntamientos en el centro de su administración; decisión que tuvo una influencia permanente en el imperio español: el urbanismo. Como comendador de lares de la Orden de Alcántara, orden que funcionó bien en Extremadura, conocía los beneficios que reportaba un sistema basado en la entrega de un número específico de miembros de la población conquistada a un solo terrateniente. Así pues, siguiendo los intentos de Colón por hacer lo mismo, pero de un modo más *ad hoc*, trató de transferir lo que se hacía en España a las Indias. Fue así como creó la encomienda colonial, un término que ha sido tan mal interpretado como atacado.[40]

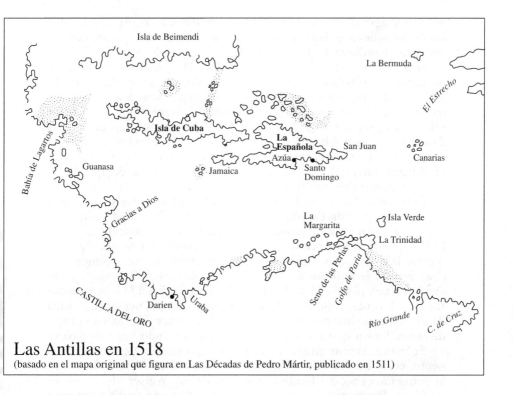

Las Antillas en 1518
(basado en el mapa original que figura en Las Décadas de Pedro Mártir, publicado en 1511)

Mas Ovando era un hombre duro. Uno de sus monumentos consistió en la matanza de Xaragua, donde, en 1503, Anacaona, la reina nativa del oeste de la isla, cayó en una trampa cuando la invitó a cenar. A ella la ahorcaron y a sus principales seguidores los quemaron vivos. Como pretexto, se dijo que los nativos estaban planeando una revuelta y que los españoles apenas si habían actuado a tiempo. Quizá fuese cierto, pero nada justificaba tal reacción.[41]

Cristóbal Colón había muerto en 1509, cuando su hijo Diego, que se había criado en la corte española, sustituyó a Ovando en el cargo de gobernador.[42] Él y sus hermanos recordaban cómo, siendo niños en Valladolid, les gritaban: «Allí van los hijos del almirante de los mosquitos, que descubrió tierras de vanidad y engaño, la tumba de la pequeña nobleza castellana.»[43] Las intenciones de Diego Colón para con los indios eran mejores que las de Ovando. Mas no pudo imponer su voluntad a los colonos, que ya se habían convertido en reyezuelos mezquinos de grandes propiedades. El gobierno del segundo almirante (Diego había heredado el cargo de su padre) fue ineficaz, aunque benigno. En 1516, en un extraño experimento, le sucedió una junta de cuatro frailes jerónimos.

Entretanto, la población india de La Española, que podría haber alcanzado más de cien mil habitantes en 1492, se redujo a treinta mil.[44] La agricultura se había basado tradicionalmente en el cultivo de mandioca y batata. Mas dichos cultivos decayeron porque los conquistadores exigían metales preciosos. No había suficiente alimento, ni siquiera para los españoles. Muchos taínos murieron de hambre. Debido a la ejecución o la huida de los caciques tradicionales, los supervivientes perdieron toda esperanza. Muchos murieron porque los mataban a fuerza de trabajo. Muchas taínas tuvieron relaciones con los españoles ocasionando que se completara el desplome de la población autóctona. Así pues, la asimilación tuvo un papel, tal vez más importante del que se cree, en el eclipse de la cultura nativa.[45] De todos modos, no cabe duda de que hubo una catástrofe demográfica.

Los españoles no se limitaron a La Española, que se convirtió en punto de partida de otras expediciones en 1508 y 1509, con Juan Ponce de León (hijo ilegítimo de la familia más conocida de Sevilla) al frente de la primera y Juan de Esquivel (de una familia menos famosa de la misma ciudad) al frente de la segunda. De ellas resultó la captura de Puerto Rico y de Jamaica. Sebastián de Ocampo circunnavegó Cuba en 1509-1510.[46] En 1511 la invadió Diego Velázquez, originario de Cuéllar, cerca de Valladolid. Los jefes de dichas expediciones eran todos supervivientes del famoso grupo de «caballeros» que fue a las Indias en el segundo viaje de Colón.

Se establecieron también varias colonias temporales en el continente, en lo que se había llegado a conocer como Venezuela, o sea la pequeña Venecia (donde el régimen de los Welser alemanes no tardó en demostrar que los europeos del norte no podían manejar a los indios hostiles mejor que los castellanos). En la Pascua florida de 1513, Ponce de León descubrió también Florida, si bien no la colonizó. Se fundó un asentamiento, como ya hemos indicado, en Centroamérica, territorio que se denominó, con grandes esperanzas, Castilla del Oro: de unos descubrimientos insignificantes se dedujo que allí encontrarían grandes cantidades de oro. Mientras tanto, y mucho más al sur, el mismo Juan Díaz de Solís, natural de Lepe, que viajó por la costa mexicana en 1508, descubrió el Río de la Plata en 1515.

Casi todos estos descubrimientos tuvieron sus momentos negros: en La Española, la matanza de Xaragua; en Cuba, la de Caonao. En 1511 y como resultado de la dureza de Cristóbal de Sotomayor, un teniente de Ponce de León, se alzaron los nativos de Puerto Rico. La revuelta fue un fracaso, si bien Sotomayor y su hijo murieron. En el curso de dos generaciones, la población de casi todo el Caribe se redujo a casi nada.

Primero, como en el caso de La Española, se destruyó la agricultura tradicional: el primer gobernador de Cuba, Diego Velázquez, informó al rey en 1514 que el puñado de cerdos que había llevado a la isla cuatro años antes había alcanzado la cifra de treinta mil.[47] Se supone que Fernando, la riqueza de cuyo reino dependía tanto de sus cinco millones de ovejas como de sus cuatro millones de habitantes, lo aprobó. De hecho, tanto La Española como Cuba estaban pasando por una versión más radical de la despoblación que se daba en Castilla: los hombres estaban dejando el paso a los animales. Los bueyes salvajes, los caballos salvajes e incluso los perros salvajes causaron daños incalculables.

La búsqueda del precioso metal que todos ambicionaban constituyó otro agravante: «... también, para no mentir —escribió Pedro Mártir al Papa—, la codicia de oro, que en excavarlo, acribarlo y escogerlo, después de que habían hecho la siembra les ocupaba con demasiada falta de humanidad, cuando ellos estaban acostumbrados a ociosos juegos y danzas, a pescar y a cazar hutías o pequeños conejos».[48] En Cuba, los que no sucumbían por «la crueldad y avaricia de los encomenderos», por el continuo y agotador trabajo o por la falta de alimentos, se suicidaban y sus esposas abortaban.[49]

La razón de la ruina fue diferente en las Bahamas y, en menor grado, las Islas de Sotavento, así en como las pequeñas islas cerca de la costa sudamericana, como Curaçao y Aruba. Estas «islas inútiles», en palabras altaneras de Ovando, se despoblaron como resultado del tráfico de esclavos para compensar las pérdidas demográficas de las colonias más importantes. Los pocos pueblos indígenas fueron reemplazados por ganado. Hubo dos excepciones: las Islas de Barlovento, donde los indios caribe, acostumbrados ya a luchar, lograron resistir; y Margarita, una isla próxima a la costa de Venezuela, donde el tráfico de esclavos estaba prohibido, pues en ella se habían descubierto perlas.

Los esclavos indios importados y esclavizados no se adaptaron. De quince mil que fueron llevados a La Española, todos, menos dos mil, murieron en menos de diez años.[50]

Parte del problema consistía en que todas estas expediciones eran empresas privadas. La corona financió los dos primeros viajes de Colón. El rey había pagado también la expedición de Pedrarias de Ávila a la Castilla del Oro, si bien se entendía que todos debían vivir allí a expensas propias. Pero las demás expediciones fueron financiadas por sus propios capitanes. La necesidad de recuperar la inversión explica, aunque no justifica en absoluto, que unos caballeros castellanos de buenos modales, como Juan de Ayora, juez y veterano de las guerras italianas, amenazaran a los caciques indios de Darién con quemarlos vivos o arrojarlos a los perros si no le llevaban rápidamente oro.[51]

El Caribe español de 1518 parecía estar en ruinas. Los indios buscaban oro en el fondo de los ríos y morían jóvenes, mientras que los españoles alimentaban su ganado, seducían a las mujeres nativas y leían romances. La corona no parecía interesarse, salvo cuando podía conseguir ganancias para financiar las aventuras reales en Italia. El rey Fernando, que controlaba Castilla solo tras la muerte, primero de su reina, en 1504, y luego de su yerno, Felipe, en 1506, dejó que los funcionarios aprobaran autocracias en el Caribe que ni siquiera el pueblo más tranquilo de Castilla hubiese tolerado. Esos funcionarios, siempre mal pagados y, por tanto, corruptos, ambicionaban fortunas de esas Indias que no tenían intención de visitar personalmente. Daban rienda suelta a los autócratas tropicales, a condición de poder gozar en casa de títulos excéntricos que indicaban sus responsabilidades en Puerto Rico o en Cuba, y a condición de que los colonos les enviaran artículos, sobre todo oro, que pudieran cambiarse por dinero.[52]

El gran obispo Bartolomé de Las Casas utilizó la enorme reducción de la población de dichas islas para fines propagandísticos. Su *Brevísima relación de la destrucción de las Indias* representó una de las polémicas con más éxito de la historia.[53] Mas, al exagerar la cifra de la población original, perjudicó su propia causa. Después de leer sus obras, el mundo se quedó con la impresión de que los conquistadores asesinaron directamente a tres millones de personas en La Española, y apenas menos en las otras islas. Los hechos, si bien menos espectaculares, son trágicos: no cabe duda de que la población nativa desapareció. En un cuarto de siglo unas doscientas mil personas pudieron haber muerto en las cuatro grandes islas del Caribe. Pero fue por exceso de trabajo, por miedo, y por haber perdido la esperanza en el futuro, y no por obra de las armas españolas. Además, en esa época las enfermedades europeas no parecen haber sido un factor decisivo en dicha merma.

No obstante existían razones para esperar un cambio. La esperanza no descansaba en el movimiento que se produjo en varias colonias para que las obligaciones de los procuradores fuesen verdaderas, movimiento que, en 1520, casi provocó una revolución en la propia Castilla; aunque es cierto que algunos de estos procuradores locales trataron de afirmarse como portavoces de sus comunidades. No. El rayo de luz en el Caribe venía de los esfuerzos admirables de unos cuantos clérigos.

6. EL PAPA DEVIERA ESTAR BORRACHO

Comentario de los indios cenú cuando se les dijo que Alejandro VI había dividido el mundo entre los portugueses y los españoles
c. 1512

Colón creía que Dios le guiaba en sus descubrimientos. De hecho, en sus escritos existe la sugerencia de que llegar a China podría no haber sido uno de sus objetivos; de que lo que quería era llegar a Jerusalén por atrás.[1] Los conquistadores, hasta el más despiadado, temían el infierno. Incluso la conquista de Cuba fue acogida como un triunfo religioso. Así pues, es lógico, aunque sorprendente, que cuatro frailes jerónimos, que durante dos años habían actuado como comisarios oficiales de la corona en las Indias, administraran teóricamente el Caribe español de 1518. El cargo de estos frailes no era exactamente el de gobernador. Les correspondía recopilar información y, a partir de ésta, recomendar reformas y llevarlas a cabo. Vivían en Santo Domingo, entonces centro de operaciones de Castilla en las Américas.

El nombramiento de los jerónimos a cargos de poder político en las Antillas tiene sus raíces en la llegada de frailes dominicos a Santo Domingo en 1510, con fray Pedro de Córdoba a la cabeza. Éste era un hombre «dotado de gran prudencia y un don excepcional para la enseñanza...; fue él quien, con su fervor religioso, alejó a los nativos de sus creencias primitivas». Dicho fervor causó problemas entre los despiadados colonos: si los nativos podían convertirse al cristianismo, obviamente ya no se les podría tratar como salvajes. Uno de los colegas de fray Pedro, fray Antonio de Montesinos, llegó más lejos aún en el sermón que pronunció el primer domingo de adviento de 1511. Como apoyo utilizó un pasaje del evangelio de san Mateo, en el que san Juan Bautista insistía en que era «una voz clamando en el desierto» (*«Ego vox clamante in deserto»*), e informó a los miembros de su horrorizada congregación que estaban viviendo en pecado mortal debido al trato que daban a los indios. «¿Éstos no son hombres? No tienen ánimas racionales? ¿No sois obligados a amallos como a vosotros mismos? ¿Con qué autoridad habéis hecho tan detestables guerras a estas gentes que estaban en sus tierras mansas y pacíficas, donde tan infinitas dellas con muertes y estragos nunca oídos, habéis consumido?»[2]

Los colonos solicitaron el regreso a España de los dominicos. Fray Montesinos se les adelantó y volvió a Castilla por propia voluntad a fin de defender la causa de los nativos. Al principio no obtuvo audiencia, mas finalmente se estableció un debate. Un teólogo,

Matías de Paz, alegó en su *Sobre el gobierno del rey de España en las Indias*, que los príncipes cristianos no tenían derecho a librar guerras contra los infieles meramente por querer dominarlos y hacerse con sus riquezas. La única justificación de tales conflictos sólo podría ser la propagación de la fe.[3] En Burgos se celebró una reunión, a la que asistió el rey Fernando, y cuya finalidad era hablar de estos asuntos. Fray Montesinos debatió con un hábil polemista, Juan Palacios Rubios, un distinguido profesor universitario, que defendía a los conquistadores.[4] Palacios alegó que la carta fundadora del imperio español en el Nuevo Mundo se basaba en el otorgamiento de las Indias a los Reyes Católicos por el papa Alejandro VI. En cuanto a la cuestión planteada por fray Montesinos, citó la *Política* de Aristóteles. En esta obra Aristóteles se preguntaba si ciertos pueblos eran «esclavos por naturaleza».[5] Los pensadores europeos de fines del siglo XV se interesaron por esta discusión. Les permitía contrastar la libertad de Occidente con el sometimiento en Turquía. Palacios alegó que, si había pueblos que fueran esclavos naturales, los nativos de las Indias lo eran, por ser tan bárbaros. Hacía falta corregir sus costumbres.[6] Sin embargo, en un diálogo del filósofo italiano Pico della Mirandola, uno de los personajes decía: «El que mira atentamente puede ver que hasta los bárbaros poseen inteligencia, no en la lengua, sino en el corazón.»

El resultado de esta discusión fue la adopción de los Decretos de Burgos (27 de diciembre de 1512), el primer enfoque legal de «la cuestión india». Según la disposición más importante, los indios debían ser convertidos al cristianismo. Había que reunirlos en los pueblos, enseñarles el credo, el padrenuestro y la *Salve Regina*, enseñarles, pues, a rezar y a confesarse. Serían bautizados y enterrados con los ritos cristianos. Los franciscanos debían educar a los hijos adolescentes de los jefes. Un maestro especial, un tal Hernán Xuárez, tenía que ir al Caribe para dar clases de gramática latina. No debían maltratarse los nativos que trabajaban por un sueldo. En cada ciudad tendría que haber un inspector que se asegurara de que los colonos fuesen humanos en su comportamiento.[7] Mas en dichos decretos había algunas disposiciones menos filantrópicas. A los naturales se les prohibía bailar. Tenían la obligación de asistir a misa. Las casas viejas se quemarían, para evitar el sentimentalismo. Una tercera parte de la población india tendría que trabajar en las minas. A pesar de estas y otras cláusulas, estos decretos significaron el inicio de una revolución intelectual. Pero los resultados prácticos eran más bien inciertos.

En 1513 se celebró otro debate en el convento dominico de san Pablo, en Valladolid. Se aprobaron disposiciones complementarias a los Decretos de Burgos. Martín Fernández de Enciso, un geógrafo que fue uno de los fundadores de Darién, expresó la tesis de que las Indias habían sido otorgadas a España (por el Papa) como Cananea había sido otorgada a los judíos (por Dios). Insistió en que los españoles podían, por tanto, tratar a los indios como Josué trató a los ciudadanos de Jericó.[8] El rey Fernando encargó la redacción de una nueva proclama y ordenó que, en ocasión de cada nueva conquista, los conquistadores la leyeran en voz alta. Esperaba que este procedimiento legalizaría la posición.

Dicha proclama era el requerimiento, redactado por el mismo Palacios Rubios, que había discutido con fray Montesinos en Burgos,[9] y para el cual existían precedentes medievales. De hecho, pudo tener sus orígenes, al igual que muchas otras muestras de caballerosidad castellana, en la costumbre islámica de retar a los enemigos antes de la batalla: o abrazaban la verdadera fe o morían. Hubo una declaración parecida en la conquista cristiana de las islas Canarias. Mas el nuevo documento era más amplio en lo que abarcaba. Empezaba con una breve historia del cristianismo hasta la «donación» de Alejandro de Borgia. Pedía a los indios que aceptaran la autoridad de la corona española, en tanto que representación secular del papado. Según Palacios Rubios, un realista, con el documento «se quedaba satisfecha la conciencia de los cristianos... se reía muchas veces...», pues se daba cuenta de lo macabro que podría ser leer un documento de esta naturaleza, por ejemplo en una playa tropical, donde los indios no entenderían ni el idioma ni los conceptos presentados.[10] El obispo Bartolomé de Las Casas dijo que no sabía si reír o llorar cuando se enteró de estas instrucciones.[11] Fernando Enciso describió en una ocasión la lectura del requerimiento a dos jefes del pueblo cenú en lo que es ahora Colombia. Los jefes aceptaron que podría haber un solo Dios, y que podría dominar en la tierra y en el cielo, pero «dirieron que el Papa deviera estar borracho...» al regalar a los Reyes Católicos tanto territorio que pertenecía a otros.[12]

Este texto lo leyó en serio por primera vez Rodrigo de Colmenares en la costa de Panamá, en 1514, en presencia del futuro historiador de las Indias, Gonzalo Fernández de Oviedo.[13]

En España surgió una fuerte polémica acerca de la legalidad del imperio. Es posible que no hubiese llegado a más y que no se creara un gobierno eclesiástico en La Española, de no ser por otro dominico persistente, valiente, humanitario y elocuente: fray Bartolomé de Las Casas. Éste tenía sus defectos: tendía a exagerar y reñía con todo el mundo. Era a la vez ingenuo y arrogante. Pero no puede dudarse de su espíritu generoso y de su determinación.

Las Casas nació en Sevilla, al igual que tantos de los que participaron en la expansión española. Su padre, Pedro de Las Casas, fue a La Española: era uno de los «caballeros» colonos del segundo viaje de Colón en 1493. Es posible que su familia fuese de origen judío.[14] Cuando Pedro de Las Casas regresó a Sevilla en 1498, desilusionado, llevaba consigo un esclavo que tuvo que hacer volver posteriormente a La Española como consecuencia de una decisión de la reina. (Ésta comentó: «¿Quién dio licencia a Colón para repartir mis vasallos con nadie?»)[15]

La familia conservó propiedades en La Española. Era lógico, pues, que en 1502, a los dieciocho años, Bartolomé se uniera a la expedición de Ovando, compuesta de una flotilla de treinta barcos y dos mil quinientos hombres y mujeres. Era la primera vez que los españoles iban a asentarse, según creían permanentemente, en el Nuevo Mundo, en vez de ir allá, hacer fortuna y volver a España. Pasado cierto tiempo, en 1506, y con sorpresa de sus amigos, Las Casas fue a Roma a fin de ser ordenado como sacerdote. Regresó a La Española y fue el primer hombre en celebrar misa en el Nuevo Mundo.[16] En 1510 fue a Cuba, en calidad de capellán, con un refuerzo de soldados españoles que debía prestar ayuda al gobernador. Quizá su presencia en la quema del jefe de los Hatuey le haya permitido vislumbrar el sufrimiento de los indios.[17] Participó en la subyugación de la parte central de Cuba. «No recuerdo con cuánto derramamiento de sangre humana hizo aquel camino», escribiría más tarde al referirse a su comandante, Pánfilo de Narváez.[18] No obstante, y pese a que estas experiencias le inquietaban, tardó en protestar. Durante un año o dos, si bien era clérigo, administró una propiedad, probablemente una encomienda, a orillas del río Arimao, cerca de Cienfuegos. Poseía un criadero de peces. Pero, en 1514, renunció a la propiedad y el domingo de Pentecostés sermoneó apasionadamente a sus vecinos, como lo había hecho Montesinos en Santo Domingo; regresó a España y, desde entonces, se dedicó a aliviar el sufrimiento de los indios.[19]

El rey lo recibió en Plasencia, donde estaba asistiendo a la boda de una nieta ilegítima. Le prometió ayudarle cuando llegara a Sevilla. Mas Fernando no tuvo que ponerse a prueba. Murió en una granja antes de llegar a su destino. Entonces Las Casas fue a ver al regente, el octogenario cardenal arzobispo de Toledo, Jiménez de Cisneros. Cisneros sería regente durante dos años y medio, hasta que, en setiembre de 1518, llegó el joven nieto flamenco del difunto rey. Este joven sería posteriormente el gran emperador Carlos I de España y V de Alemania, mas de momento era meramente el improbable joven Carlos I, rey de España. Debido a que aún vivía su madre, Juana la Loca, era incierto el derecho de Carlos a la dignidad real.[20]

Jiménez de Cisneros, quien reformara a los franciscanos españoles, inspirara la primera Biblia poliglota, fundara la Universidad de Alcalá de Henares, fuera mecenas de las artes (patrocinó la catedral de Toledo), inquisidor general y comandante en jefe de una expedición norteafricana en 1509, era uno de los hombres más importantes de su época.[21] Las Casas le preguntó, en una ocasión, con qué justicia se podía aceptar la esclavitud de los indios. «Con ninguna justicia» respondió furioso Jiménez de Cisneros. «¿Por qué? ¿No son libres? ¿Quién duda que no sean libres?»[22] No obstante, por más que quisiera ser bondadoso con los indios, Jiménez de Cisneros había machacado a los moros. Además, al igual que su benefactora, la gran reina Isabel, no mostraba ninguna tolerancia hacia los judíos.

La Casas le entregó un convincente memorándum. En él sugería que a los indios de La Española debía pedírseles que trabajaran por un sueldo y no como esclavos. Que se los juntara en nuevas aldeas con iglesias y hospitales. Que se alentara a agricultores castellanos y no a aventureros a asentarse en el Nuevo Mundo. Que cada granja se responsabilizara de un número concreto de indios, a los que se les enseñarían los métodos de agricultura europeos. Que sólo una tercera parte de los indios entre veinticinco y cuarenta y cinco años trabajaran para los españoles y sólo durante dos meses y a una distancia de no más de unos noventa y cinco kilómetros de su pueblo.

Propuso que, a lo largo de la costa sudamericana, se construyeran fortalezas con unos cuatrocientos ochenta kilómetros de distancia entre cada una. Su objetivo: hacer las veces de centros de comercio pacífico, comparables a los que habían establecido los portugueses en África. En cada una de estas fortalezas habría un obispo asistido por unos frailes. En un arranque de imaginación, propuso también que se creara una colonia especial en Cumaná, Venezuela, administrada por una nueva orden de caballeros, la orden de la «espuela de oro», que imitaría las órdenes de Santiago y de Alcántara. Que estos caballeros comerciaran con los indios y que se prohibieran nuevas entradas, expediciones en el interior del territorio indio. Finalmente pedía que se acabara con el tráfico de esclavos en el Caribe. Si hacían falta esclavos tendrían que buscarse en África —sugerencia que Las Casas lamentó más tarde—. Convenció a Jiménez de Cisneros. A sus ochenta años, era más fácil impresionarlo con ideas que a la mayoría de los hombres a los treinta.

Jiménez de Cisneros sustituyó a Diego Colón en La Española con tres frailes jerónimos, fray Luis de Figueroa, fray Bernardino de Manzanedo y fray Alonso de Santo Domingo. Su cargo sería el de comisario. Posteriormente envió un cuarto fraile, fray Juan de Salvatierra. El cardenal no tenía dudas sobre los beneficios que se obtendrían con clérigos en el poder, si bien los jerónimos —tras varias generaciones de creciente influencia desde su creación a finales del siglo XIV— se conmocionaron cuando se enteraron de que habían sido infiltrados por judíos. El cardenal eligió esta orden para evitar disensiones entre dominicos y franciscanos; Las Casas escogió a los hombres. Siendo «personas religiosas en las que no cabía el espíritu de la codicia»,[24] esos priores debían llevar a cabo una investigación concienzuda del problema indio, tratar de acabar con las encomiendas como sistema y explorar la posibilidad de un autogobierno indio. Alonso de Zuazo, un competente juez de Segovia (o cerca de Segovia), debía encargarse de un juicio de residencia para saber lo que había ocurrido en años recientes.[25]

Los priores llegaron en diciembre de 1516, y Zuazo, en abril de 1517. Los cinco trabajaron con ahínco, visitaron minas y aldeas, aldeas que encontraron tristemente desiertas. Los frailes escribieron que, a menos que se pusiera remedio, en pocos años no quedaría nadie. Ya de por sí, «hallamos tan pocos [nativos] cuanto es el redrojo que queda en los árboles después de la cogida de la fruta».[26] Los priores hicieron preguntas.[27] En su primer informe decían que en La Española faltaban tanto indios como españoles. En el segundo se hicieron fuertemente eco de la demanda de Las Casas por esclavos africanos.[28] Creían que el azúcar, el algodón, la madera y la casia podrían sustituir al oro como producto de exportación. Zuazo sugirió, además, que los colonos españoles necesitaban esposas, que sólo así sentirían que La Española era su hogar; que a las islas se las tratara como si fuesen las Azores o Madeira: lugares de residencia permanente; que no se pusieran límites a la inmigración, que se alentara a gentes de toda España a ir allí, no sólo las del ojo de la aguja de Sevilla.[29]

De estos hombres, el juez Zuazo era el de personalidad más fuerte y el más noble; valiente, imaginativo y, al menos en esa época de su vida, honrado. Fray Luis de Figueroa resultó ser tan ambicioso como cualquier funcionario aragonés. Fray Santo Domingo y fray Salvatierra eran mayores, tristes y débiles. Fray Manzanedo era un hombre bienintencionado y elocuente, pero tan ineficaz como feo. Ninguno de ellos sabía qué hacer cuando, tan lejos de casa, se enfrentaron a aventureros brutales, colonos insolentes y moribundos indios. Anhelaban regresar a sus elegantes monasterios de Castilla. Incluso los alabó el corrupto tesorero Miguel de Pasamonte, superviviente de todos los cambios producidos en Santo Domingo en diez años.[30] Nada podría haber sido más condenatorio. Encontraron un solo indio en toda La Española que, según ellos, estaba «preparado para la libertad». Los demás debían juntarse en aldeas o ciudades gobernadas por administradores y curas españoles. Las Casas había regresado a La Española como «protector de los indios». Mas había reñido con sus frailes protegidos y volvió a España a fin de denunciarlos. Las ideas que tenía para una reforma se veían socavadas por la continua disminución de la población. Ya no había casi nada que se pudiera hacer por los indios.[31] En agosto de 1518 el nuevo rey quitó a los priores el control de las cuestiones jurídicas. En diciembre traspasaría toda la autoridad a un juez, Rodrigo de Figueroa, una de cuyas obligaciones sería llevar a cabo una investigación. El poder le fue otorgado formalmente en diciembre de 1518. Mas no llegó a Santo Domingo hasta agosto del año siguiente. Hasta entonces, la teocracia siguió cumpliendo penosamente su cometido.[32] Siguieron llegando conquistadores desde España. Pero atendían el ganado con poca ayuda de los indios.

De los gobernantes españoles en el Caribe, el más notable era
Diego Velázquez, el caudillo de Cuba. Era un gigante rubio, de rostro amable y de complexión más bien gorda.[33] Provenía de una familia de rancio abolengo de Cuéllar, una vieja ciudad de Castilla a
medio camino entre Valladolid y Segovia. Hasta hace poco aún
podía verse la puerta del palacio, ya desvencijado, bajando la incli-
nada calle San Pedro, que parte de la plaza principal. Cuéllar se
extendía a la sombra del castillo de Albuquerque. Ese colosal edificio era la sede del favorito de Enrique IV, el famoso Beltrán de la
Cueva, duque de Albuquerque, a quien la ciudad, anteriormente real,
había sido otorgada, coincidiendo más o menos con el nacimiento
de Diego Velázquez, en 1464. Tenía varios hermanos: Antón lo siguió a Cuba; Cristóbal era capitán de la milicia castellana y Juan
fue también conquistador en el Caribe. Un primo suyo, otro Juan
Velázquez, antaño tesorero del difunto infante Juan, era en esa
época uno de los dos contadores mayores de Castilla. (Íñigo de Loyola estaba siendo criado en su casa en Arévalo, ciudad de la cual
era gobernador.) Otro primo, Sancho Velázquez de Cuéllar, fue
miembro del primer consejo nacional de la Inquisición en 1484.[34]

En los años setenta del siglo XV, Cuéllar, la ciudad natal de
Diego Velázquez —por entonces apenas un niño—, era famosa por
un rabino cuya elocuencia atraía no sólo a los judíos, sino también
a los cristianos, que iban a escuchar sus sermones en la sinagoga.
Mas a fines del siglo XV, en Cuéllar, ciudad aparentemente remota
ahora, se estaban llevando a cabo muchas negociaciones políticas
complicadas. Se hallaba a un día de distancia, a caballo, de Segovia, la ciudad preferida de Enrique IV, y muy cerca de Arévalo,
donde naciera la reina Isabel. Las grandes batallas de esos tiempos se habían librado en Valladolid, Torquemada y Olmedo, ciudades también cercanas a Cuéllar.[35]

Es probable que, en el decenio de 1480, Diego Velázquez participara en las campañas contra Granada. De ellas salió «pobre y
enfermo».[36] Posteriormente, a los veintiocho años, acompañó a Colón
en su segundo viaje, el de 1493; [37] y formó parte del séquito del
hermano del almirante, Bartolomé Colón. Al poco tiempo era uno
de los hombres más ricos de La Española. Ovando, el gobernador,
hombre que Velázquez tomaría más tarde por modelo, le ascendió
a teniente en las guerras contra los indios del oeste. Velázquez fue
uno de los dos capitanes responsables de la vergonzosa matanza
de Xaragua en 1503. Ovando le nombró gobernador de todas las
«ciudades» de Haniguayaba, en el oeste de La Española, ciudades
pobres con casas de madera y tejados de paja, caminos de lodo e
iglesias y alcaldías también de madera.[38]

De allí a Cuba había sólo un salto. El motivo ostensible de la
invasión de esta isla por los españoles fue que, después de la ma-

tanza de Xaragua, Hatuey, un jefe de La Española, había huido a dicha isla. En 1511, pocas semanas antes del famoso sermón de fray Montesinos, Velázquez reunió a unos trescientos treinta conquistadores y algunos indios para apoyarlos, en Salvatierra de la Sabana, un pequeño puerto. Cruzaron lo que ahora se conoce como el Paso de Barlovento. Velázquez estableció su cuartel en Baracoa, ciudad a la que cambió el nombre por Nuestra Señora de la Asunción, en el extremo este de Cuba.[39]

Cuba estaba menos poblada que La Española, pese a que era mucho más extensa. Los taínos de allí, sin embargo, eran de la misma etnia que los del primer puesto de avanzada de los españoles, y sus juegos de pelota, sus costumbres y su idioma eran los mismos. Al igual que en La Española, cultivaban sobre todo mandioca. No obstante, debido a que los llanos allí estaban cubiertos de árboles, les era menos fácil cultivar con el palo para cavar que se empleaba en La Española. Se alimentaban sobre todo de tortuga, que «pescaban» con ayuda de rémoras, y a la que mantenían en amplios criaderos de agua hasta que las necesitaran (criaderos semejantes a los que poseyera Las Casas en el río Arimao). En los bosques de caoba y de cedro tropical cazaban pericos y varias especies de palomas. Según Las Casas, se podía recorrer a pie toda la isla (de unos mil seiscientos kilómetros de largo) a la sombra de los árboles. Indudablemente, en esa época el ochenta por ciento de la isla era boscoso.[40]

Los cubanos no ofrecieron gran resistencia a los españoles; el único jefe que lo hizo fue Hatuey, el que había huido de Santo Domingo. Se dice que, habiéndose negado a ser bautizado, lo quemaron vivo. De haber aceptado convertirse al cristianismo lo hubieran ejecutado simplemente con una espada. Mas se le dijo que, en ese caso, pasaría toda la eternidad junto a los castellanos, cosa que él deseaba evitar.[41]

La conquista de Cuba se hizo a fondo y sin miramientos. El principal teniente de Velázquez era Pánfilo de Narváez, casi vecino suyo en Castilla: había nacido en Navalmanzano, a unos veinticuatro kilómetros al este de Cuéllar, camino de Segovia. Había participado en la conquista de Jamaica. En Cuba, con la ayuda de quince ballesteros y unos cuantos arcabuceros, se abrió camino a cuchilladas a través del sur de la isla; la población huyó y dejó de atender sus cultivos.[42] Al igual que en La Española, muchas mujeres nativas tuvieron relaciones sexuales con los conquistadores.

En pocos años Velázquez y sus lugartenientes fundaron siete municipios en Cuba. Todos ellos han sobrevivido, si bien no se podría asegurar que esto se deba a los comienzos violentos de Velázquez.[43] En 1518 no había casas de piedra en ninguno de estos municipios y las iglesias (cuando las había) eran de madera con tejado de palma.[44] Baracoa, al norte del extremo oriental, fue al principio la ciudad más importante. Mas, al poco tiempo, el cuartel general se trasladó a Santiago de Cuba, un sitio de la costa sur con buen puerto, no lejos del extremo este.

El primer nombre de Cuba fue «Juana», en honor a la reina de España. Pero, ya que la reina se encontraba prácticamente presa, el nombre no tardó en pasar de moda, por lo que lo cambiaron por «Ferdinanda», en honor del rey. Este nombre tampoco duró, si bien aún se empleaba en el decenio de 1520. La isla recuperó su nombre indígena, Cuba, poco después de que la población indígena desapareciera.

Se encontró oro en varios riachuelos de las montañas centrales de Cuba. Durante unos años los colonos que se asentaron en Trinidad y Sancti Spiritus, ciudades recién fundadas, obtuvieron considerables beneficios. La población nativa, obligada a trabajar hasta el agotamiento y sin jefes, siguió el destino de la de La Española: la extinción despiadada.

Pese a su papel en la matanza de Xaragua y en la quema de Hatuey, Velázquez no era, ni mucho menos, el conquistador más brutal. De hecho, en el posterior juicio de residencia de Velázquez, el vasco Juan Bono de Quejo, el patrón de un barco, declaró que Velázquez era un buen cristiano y un buen servidor de sus majestades, y que trataba bien a los indios.[45] Aunque buscaba la prosperidad para Cuba, se negó a distribuir a los indios en encomiendas como las de La Española, hasta que no tuvo más remedio. Y cuando tuvo que hacerlo, limitó su dimensión a doscientos indios. El propio Las Casas reconoció que era de temperamento alegre. Sólo hablaba del placer. Sus conversaciones parecían chanzas entre jóvenes indisciplinados. Le gustaban los banquetes.[46] Aunque tenía mal genio, no era vengativo. Perdonaba casi todo cuando se le pasaba la ira.[47] No obstante se sentía orgulloso de su familia (si bien no tenía hijos) y podía comportarse con dignidad cuando las circunstancias lo requerían.

Velázquez se sentía como en casa en el trópico. Se acostumbró a los alimentos locales: tortuga verde, pan cazabe, cotorras e iguana. En varias partes de la isla, poseía o tenía participación en unas diez haciendas, algunas de ellas en asociación con los conocidos mercaderes genoveses de Sevilla Juan Francisco de Grimaldo y Gaspar Centurión.[48] Por medio de cartas, mantenía buenas sus relaciones con las autoridades en España. Éstas, a su vez, lo veían como un contrapeso a Diego Colón, al que solían incordiar y al que Velázquez era desleal, pese a estarle agradecido.

La esposa de Velázquez, su prima María del Cuéllar, había muerto en Baracoa en 1512, poco después de la boda. Se decía que a partir de ese momento el gobernador aspiró a casarse con una de las sobrinas del poderoso obispo de Burgos, Juan Rodríguez de Fonseca, cuya sede familiar en Coca se encuentra apenas a treinta kilómetros de Cuéllar. Se trataba, de hecho, de una broma tropical, con la que Velázquez entretenía a sus amigos en su palacio improvisado, comentando lo que haría si volvía a Castilla; y todos sabían que no volvería. (De todos modos, ambas sobrinas del obispo, María y Mayor, ya estaban casadas.)

Estas conversaciones en Santiago eran, de hecho, tertulias. Los españoles solían fumar tabaco; probablemente fuesen los primeros europeos que aprovecharon el famoso producto cubano (los colonos mismos empezaron a cultivarlo hacia 1520).[49] En dichas tertulias participaban sin duda el primo del gobernador, Antonio Velázquez Borrego —que volvió a España en 1516 como procurador general, o sea representante de la colonia—; otros primos y sobrinos del amplio clan Velázquez: Juan, otro Diego, otro Antonio y Bernardino, todos ellos nacidos en Cuéllar y llenos de recuerdos de cuando dicha ciudad se encontraba tan cerca de la corte de España. Asistía también el suegro del gobernador, Cristóbal de Cuéllar, el tesorero de Cuba, que tenía fama de tardar en entregar la parte del oro cubano que correspondía al rey, pero que divertía con sus interesantes relatos sobre los tiempos en que fuera copero del difunto infante don Juan (del que se decía que había muerto por sus excesos haciendo el amor en los primeros meses de su matrimonio).[50] Cuéllar, que había llegado a las Indias en 1502 en calidad de contador mayor de Ovando (otrora también miembro ocasional del círculo del infante), «solía decir que por el servicio del rey daría dos o tres tumbos en el infierno» llegado el momento.[51] Tal vez contara por qué la corte había mostrado tanta amistad por Colón, tanto antes como después de su primer viaje. Presentes igualmente estaban el secretario de Velázquez, Andrés de Duero, un hombre diminuto, de la parte de Valladolid que daba a Cuéllar, y su contador, Amador de Lares, un burgalés sagaz pero analfabeto. El secretario solía guardar silencio; el contador solía mostrarse locuaz y astuto hablando con sus contertulios de los años que pasara en Italia como *maestresala* del Gran Capitán, Gonzalo Hernández de Córdoba.[52] Otro miembro de la corte tropical de Velázquez era Manuel de Rojas, también de Cuéllar, casado con Magdalena, sobrina del gobernador y hermano del Gabriel de Rojas que más tarde llegaría a ser famoso en Perú (los Rojas vivían casi al lado de la familia Velázquez en Cuéllar).[53] El bufón del gobernador, Francisco Cervantes, solía soltar frases provocadoras y citas de romances con una ocurrencia desconcertante. Es probable que el propio Velázquez desgranara recuerdos de la época en que fue de Granada a Sevilla para acompañar a Colón en su segundo viaje. Sin duda hablaba a veces de cómo era trabajar con el almirante, como se hacía llamar el propio Colón. Sin duda en ocasiones se unía a la tertulia el escribano de Santiago y ex secretario de Velázquez, un colono obsequioso, astuto e impredecible que se había enriquecido con el oro del río Duabán: Hernán o Hernando Cortés, nacido en Medellín, Extremadura.

Entretanto, la población nativa de Cuba disminuía tan de prisa como la de La Española. Sólo unos quince colonos poseían más de cien indios; pero de momento contaban con suficientes sirvientes.[54] Amador de Lares había empezado a traer negros de África a fin de compensar la falta de mano de obra.[55] De Sevilla llegaban cargas de vino, aceite de oliva, harina, vinagre, zapatos de cuero, e incluso satén y damasquino. Con ello se enriquecían los comerciantes tanto de Sevilla como de Burgos, pero también se enriquecía el gobernador, pues la mejor tienda de Santiago era suya.[56] De hecho, el título de gobernador no le correspondía legalmente: seguía siendo el lugarteniente de Diego Colón en Cuba y el repartidor de los indios de dicha isla: cargo de segunda orden que siempre esperaba mejorar.

De los dirigentes caribeños en 1519, el segundo en importancia era Francisco de Garay, el caudillo vasco de Jamaica, isla que durante un tiempo se denominó «Santiago».[57] Al igual que Velázquez, llegó a las Indias con Colón en 1493; de hecho, como escribano. Después estaría más directamente ligado a Colón que Velázquez, pues se casó la cuñada del almirante, Ana Muñiz.[58] También, al igual que Velázquez, Garay se hizo rico en La Española: una india a su servicio encontró, cuando descansaba a orillas del río Osma, después de comer, una enorme pepita de oro que pesaba unos once kilos. De allí que Garay hallara las denominadas «nuevas minas», que él y un amigo aragonés, Miguel Díez de Aux explotaron inteligentemente. La empresa enriqueció a ambos hombres; no obstante, Garay era todavía el único, a excepción de algunos funcionarios, que poseyera una casa de piedra.[59]

Tras unos años, Garay se sintió descontento. A la mayoría de los conquistadores les gustaba la variedad. Intentó, por tanto, conquistar o, según sus propias palabras, «saber el secreto de» la isla de Guadalupe. (Colón la descubrió y le puso nombre, como hizo con la mayoría de las islas de las Antillas Menores.) No obstante, los indios caribes, mejores guerreros que los taínos, rechazaron su ataque. Entonces se dedicó al comercio de perlas. Al cabo de unos años, lo nombraron gobernador de Jamaica, en sustitución de Juan de Esquivel, el primer caudillo español de esa isla.[60] Esquivel había fundado dos ciudades, Santa Gloria y Sevilla la Nueva, pero dejó que el ganado importado anduviera suelto por toda la isla. De nuevo, la agricultura nativa se echó a perder. Para cuando Garay llegó a Jamaica en 1515, la fuerte disminución de la población ya estaba siguiendo el mismo curso que en las demás islas del imperio español. Si bien Pedro Mártir lo consideraba «el mejor gobernador del Nuevo Mundo» y Las Casas reconoció que era «el mejor de los gobernadores de aquellas tierras...», Garay no era la persona adecuada para invertir la tendencia a la despoblación. De hecho, lo más probable es que ya fuera imposible hacerlo. Fundó dos ciudades, Melilla y Oristán; promovió el consumo de patatas y vivió una existencia idílica en una isla que parecía «elísea».[61]

Huelga hablar mucho de Puerto Rico. El primer conquistador fue el valiente, bravucón y peleón Juan Ponce de León, uno de los «caballeros» del segundo viaje de Colón en 1493.[62] Como ocurría con los demás participantes de dicha expedición, ni su noble linaje ni su experiencia en la lucha contra Granada le impedían preocupar por el dinero. Él y Esquivel (futuro gobernador de Jamaica) conquistaron el este de La Española. Ovando le otorgó el permiso de hacerse con una propiedad allí, en Salvación de Higuey. Los barcos que regresaban a España solían anclar en ese puerto para comprar pan cazabe. En 1508 llegó a Puerto Rico cruzando el estrecho Paso de la Mona. Los naturales lo recibieron bien. La conquista subsiguiente fue sencilla. En ella se distinguió su perro *Becerrillo*, de atemorizador pelaje rojizo y ojos negros, cuyo olfato lo hizo famoso porque le permitía diferenciar los indios amistosos de los enemigos.[63]

Las barbaridades cometidas por Ponce de León impulsaron a los nativos a rebelarse. Mas, aunque los apoyaban los indios caribe de la cercana isla de Santa Cruz, no podían competir con los conquistadores. Ponce de León se asentó en Puerto Rico. Se enriqueció. Pero se cansó de la administración. Le gustaban los largos viajes. Regresó a España a fin de convencer al rey de que le diera permiso para buscar la Fuente de la Eterna Juventud. Se creía que esa única fuente de felicidad, que figuraba en muchos de los romances populares, se encontraba en lo que ahora se conoce como la Florida. Ponce de León emprendió, pues, varias aventuras y, como ya hemos visto, fue el primer europeo en tocar la costa del Yucatán. Él (o su piloto Alaminos) fue también el primer europeo que habló de la existencia de la Corriente del Golfo. Una vez de vuelta en Puerto Rico, cedió el cargo a un severo abogado, Sancho Velázquez, probablemente primo del gobernador de Cuba, cuya misión consistía en investigar los aciertos y los errores de su predecesor a lo largo de los diez últimos años.[64] Ponce de León se mantuvo ocupado organizando otra expedición a la Florida. Nuevamente, los indios morían por la agotadora tarea de buscar oro en ríos y riachuelos, por cargar los equipajes de los españoles o por cultivar alimentos para los colonos en una tierra cuyas zonas cultivadas sufrían los estragos causados por el ganado salvaje.

En 1518 el caudillo menos importante del Caribe era Pedrarias, de hecho su verdadero nombre era Pedro Arias, de Ávila, que gobernó la única colonia española ya establecida en el continente, Darién, en Castilla del Oro, un territorio que cubría aproximadamente la misma superficie que el Panamá actual. El rey Fernando le dio ese nombre esperanzador en 1513 porque se decía que allí se encontraban «ríos de oro mui ricos», cumpliendo así lo dicho en un antiguo cuento de hadas.[65] Pedrarias era hermano del conde de Puñonrostro. Hacía ya varias generaciones que su familia, de judíos conversos, era importante en Segovia.[66] Su abuelo, Diego Arias, fue tesorero del rey Enrique IV. Su tío fue ese obispo de Segovia que estableció en esta ciudad la primera prensa de España. Pedrarias tenía tantos motes como sus primos títulos: «el galán», «el justador», «el cortesano». Al igual que otros caudillos del Caribe, había luchado en Granada, y probablemente en gran parte de las guerras civiles del decenio de 1470, pues en 1518 contaba setenta y ocho años. Encabezó una expedición hacia el istmo en 1514, expedición compuesta de muchos caballeros aventureros «muy bien dispuestos e ataviados que ninguno bajaba de sayo de seda, e muchos de brocada»; pero eso no les fue de gran ayuda en su lucha contra el calor, los mosquitos y las enfermedades.[67] Esta expedición los atrajo porque se les había hecho suponer, según Las Casas, que en Darién el oro se cogía con redes.[68] A Pedrarias se le había ordenado sustituir en el gobierno de Darién a Vasco Núñez de Balboa, que en su calidad de gobernador interino se mostraba demasiado seguro de sí para agradar a la suspicaz autoridad real. Núñez de Balboa pudo ser el primer europeo en ver el Pacífico, en 1513. Pero fue también el primer rebelde del Nuevo Mundo.

Pedrarias tuvo mucho éxito, pero a un precio muy alto. Suscitó el antagonismo de los indios con métodos que Núñez de Balboa había evitado: por ejemplo, pacificó la región con el uso brutal de perros. Fue entonces que empezó a emplearse el expresivo término *aperrear*, o sea echar a los perros.[69] Había tanto antagonismo con los indios que al poco tiempo ningún cristiano se atrevía a alejarse una legua de la ciudad salvo si iba acompañado.[70] Núñez de Balboa, ese hombre tan hábil, fue encarcelado y ejecutado en enero de 1519, por haberse rebelado: fue la primera vez que un europeo daba muerte a un compatriota en el continente americano. *El Galán*, ya viejo, vivió en Darién, organizando *entradas* al interior a fin de capturar hombres que luego vendía como esclavos a La Española (o para mantener ocupada a su gente). Los indios lo odiaban, sus propios hombres le temían. Ejerció tristemente un poder no menos despótico porque lo ejerciera un septuagenario despabilado en un lugar tan apartado, húmedo y diminuto.[71]

En esta decripción del gobierno en el Caribe en 1518 se ha omitido un elemento: la supervivencia de Diego Colón en la lucha por el poder. Aunque en 1515 dejó de ser gobernador de La Española y se marchó, seguía aspirando a un virreinato hereditario en todo el Caribe. *El Almirante*, como le gustaba que le llamaran, era un hombre mediocre pero tenaz y bien relacionado por haberse casado con María de Toledo, una sobrina del duque de Alba; en esos años se dejaba ver constantemente en la corte, por poco caso que le hicieran. Era el fantasma viviente de grandes viajes del pasado, un recuerdo de que, tanto entonces como más tarde, era imposible medir adecuadamente los logros de su padre.

En España se hacía poco caso del nuevo imperio. Isabel la Católica había sucumbido al encanto de la visión de Colón. Hasta se interesaba, aunque esporádicamente, por el bienestar de «sus» indios. Pero no era así en el caso de su marido, Fernando. Éste tenía planes muy ambiciosos, pero mediterráneos. Si se interesaba por las Indias era para conseguir el máximo rendimiento de ellas. La difunta reina le había dejado la mitad de los ingresos que la corona de Castilla recibía de las Indias. Sin embargo, todos sabían que las islas estaban en franca decadencia: si bien después de 1501 ningún libro podía publicarse en España sin el visto bueno oficial, los informes privados que llegaban del Nuevo Mundo no se censuraban. Incluso en 1511 se declaró que ningún funcionario podía evitar que alguien enviase al rey o a otras personas cartas o información que se refirieran al bienestar de las Indias.[72] Por tanto, los pocos españoles que se interesaban por la herencia de Colón estaban bien informados.

A lo largo de gran parte de su reinado, Fernando se contentó con dejar los asuntos del imperio en las manos seguras y experimentadas de Juan Rodríguez de Fonseca, obispo de Burgos —y, a partir de 1511, arzobispo titular de Rossano, en Nápoles—, que fuera en un tiempo protegido de la difunta reina.[73]

Rodríguez de Fonseca era temido en vida y despreciado después de muerto. Según la descripción de Pedro Mártir era un «varón de noble alcurnia..., de gran ingenio y corazón».[74] Pertenecía a una familia de obispos y leales servidores de la corona: «un eslabón en una cadena sin precio», escribiría posteriormente un entusiasta.[75] Su padre, Fernando, fue corregidor de Burgos y cuando luchaba a favor de los Reyes Católicos en la batalla de Olmedo lo mató, al parecer, el propio duque de Albuquerque. Su hermano, Antonio, era capitán general de Castilla, o sea, comandante en jefe de las fuerzas armadas reales. Había habido arzobispos de Santiago de Compostela durante tres generaciones de la familia de Juan Rodríguez de Fonseca: su tío, su primo y (en 1518) el hijo ilegítimo de este primo. Tal linaje aumentaba la importancia de Juan Rodríguez de Fonseca para la corona: los monarcas respetan el linaje aun cuando se trate de clérigos y burócratas y no de nobles. Rodríguez de Fonseca era un hombre leal, experimentado, incansable e inteligente; había sido alumno del humanista Nebrija.[76] Organizó muy bien y en poco tiempo el segundo viaje de Colón, esa expedición en la que viajaron los «caballeros voluntarios». También se encargó de la primera expedición a Italia del Gran Capitán. Parecía que era «muy capaz para congregar... gente de guerra para armados por la mar que [la vida] de obispos»,[77] pero también se había dicho algo parecido de Jiménez de Cisneros. Fue Rodríguez de Fonseca quien insistió en que el comercio con las Indias se concentrara en Sevilla, quien organizó un servicio especial de correo que llevaba rápidamente las cartas de Sevilla a la corte y quien, en 1503, creó la Casa de la Contratación, organismo encargado, desde unas habitaciones en el Alcázar, en el centro de Sevilla, de reglamentar el comercio en el Atlántico. Por supuesto, el tesorero y el contador de la Casa de Contratación eran protegidos suyos: Sancho de Matienzo, originario de Aguilar del Campo, al que conoció cuando ambos eran miembros del cabildo de la catedral de Sevilla y el vizcaíno Juan López de Recalde, respectivamente. (Matienzo era «abad de Jamaica», isla a la que no tenía intención de ir pero esperaba que algún día le proporcionaría oro, y así fue.)[78] El principal cometido de dicho organismo consistía en recaudar el quinto, el impuesto con que la corona gravaba todas las ganancias de todos sus sujetos en el Nuevo Mundo. También administraba los asuntos de los que morían en las Indias; equipaba las pocas flotas que la corona financiaba; otorgaba permisos de navegación; registraba todas las cargas que llegaban y salían; hacía respetar los límites impuestos al volumen en pro de la seguridad; encargaba la elaboración de cartas marinas y creó una escuela de navegación. En 1511 Rodríguez de Fonseca ordenó una investigación de la Casa de Contratación y, habiéndola reorganizado con un personal poco numeroso (había un solo portero), le otorgó poderes tanto judiciales como ejecutivos. Y no se le olvidó proveerla de una prisión.[79]

Si bien no tenía gran imaginación y se oponía a que cualquier persona imaginativa tuviese algo que ver con las Indias, se interesaba por las artes, de las cuales, al igual que otros miembros de su familia, era un generoso mecenas. Por ejemplo, de sus frecuentes misiones diplomáticas a Flandes volvía con pinturas y hasta pintores.[80]

Rodríguez de Fonseca era un símbolo de la continuidad. En 1518 era todavía la única persona del Consejo de Castilla responsable de los asuntos del imperio; de hecho, si bien no oficialmente, era «el ministro de las colonias». Los tesoreros y gobernadores del imperio la adulaban. Paulatinamente, estaba convirtiendo el comité *ad hoc* del Consejo responsable de las Indias en un consejo especial, un consejo propio, el de las Indias, una institución que, una vez creada, duraría más de doscientos años.[81] Fue también un protector de los *conversos*, ya judíos ya musulmanes: entre los primeros, el más importante de sus secretarios, Lope de Conchillos, un aragonés afable, tortuoso, corrupto pero hábil;[82] y entre los segundos, Miguel de Pasamontes, también aragonés, oficialmente tesorero de La Española, pero en la práctica el dictador financiero del Caribe.[83] Rodríguez de Fonseca no protegía por pura bondad; necesitaba hombres competentes y leales, que le obedecerían por saber que su suerte y quizá su vida dependían de él.

En los rasgos engañosamente benignos y tranquilos del Rodríguez de Fonseca de cuarenta años, el donante del retrato de la *Vir-*

gen de la Antigua, en la catedral de Badajoz, o del donante de cincuenta años que aparece en un tríptico de la catedral de Palencia, se revela el perfecto funcionario que no dudaría en reñir con los aventureros.[84] En una ocasión, dando muestra de imprudencia, preguntó a Antonio de Guevara, autor de *El libro dorado de Marco Aurelio* (otro título muy popular en España), lo que la gente decía de él en la corte. La respuesta, sincera pero complicada, fue: «... todos dicen en esta corte, que sois un muy macizo cristiano y aun muy desabrido obispo. También dicen que sois largo, prolijo, descuidado y indeterminado en los negocios que tenéis entre manos, y con los pleitantes que andan tras vos; y lo que es peor de todo, que muchos dellos se vuelve a sus casas gastados y despachados. También dicen que vuestra señoría es bravo, orgulloso, impaciente y brioso, y que muchos dejan indeterminados sus negocios por verse de vuestra señoría asombrados. Otros dicen que sois hombre que tratáis verdad, decís verdad y que a hombre mentiroso nunca le vieron ser vuestro amigo. También dicen que sois recto en lo que mandáis, justo en lo que sentenciáis y moderado en lo que ejecutáis; y lo que más es de todo, que en cosa de justicia no tenéis pasión ni afección en determinarla... no hay virtud más necesaria en el que gobierna república que es la paciencia...»[85]

Rodríguez de Fonseca pasó por tiempos difíciles durante la regencia del cardenal Jiménez de Cisneros. Éste no le tenía ninguna simpatía; no lo descartó, pero lo relegó a un segundo plano. Lope de Conchillos, el que fuera tanto tiempo secretario de Rodríguez de Fonseca, tuvo que jubilarse. Pero cuando Jiménez de Cisneros murió, en octubre de 1517, y el nuevo rey, Carlos V, llegó a España, ya había recuperado su posición, por lo que —como bien sabía el gobernador de Cuba—, cuando la primera expedición castellana tocó la costa mexicana, seguía siendo la persona más influyente en cuanto a la política de España hacia las Indias.

7. OTRAS TIERRAS EN EL MUNDO NO SE HABÍAN DESCUBIERTO MEJORES

En todas las islas de Santo Domingo y en Cuba y aun en Castilla llegó la fama dello, y decían que otras tierras en el mundo no se habían descubierto mejores...

BERNAL DÍAZ DEL CASTILLO, acerca del Yucatán, c. 1518

El gobernador de Cuba, Diego Velázquez, dirigió una carta al rey Fernando el 1 de abril de 1514 en la que decía «que e sido informado de los caciques e indios de la isla, cómo algunas veces an venido á ella en canoas ciertos indios de otras islas, que diz que están abaxo de la de Cuba, fácia la parte del Norte, cinco o seis días de navegación de canoas, y que les han dado nuevas de otras islas que estan mas abaxo de aquellas de donde vienen...»[1]

Nadie más ha mencionado dichas expediciones indias. ¿Cuánto tiempo hacía que habían llegado? ¿Serían mexicanos o mayas que iban en busca de información? ¿Para confirmar rumores de matanzas? ¿Acaso regresaron con información sobre la que los mexicas basaron una leyenda de temor? ¿Eran expediciones inventadas aposta o expediciones que habían llegado accidentalmente a Cuba? ¿Cómo viajaron? No hay respuestas claras a estas preguntas, en parte porque nunca se han formulado. Pero el hecho es que la costa este del imperio mexicano en ese tiempo se encontraba exactamente a «cinco o seis días de viaje en canoa» del norte de Cuba, y el relato, para el que no existe ningún otro indicio, hace suponer que, cosa extraordinaria, los mexicas o los mayas llevaron a cabo alguna que otra expedición.

Naturalmente, Velázquez deseaba investigarlo. Mas no lo hizo de momento. Los viajes marítimos que emprendía en esos tiempos tenían por objetivo conseguir esclavos para compensar la escasez de mano de obra, cuyo efecto empezaban a sufrir tanto él como los colonos de La Española. Hizo incursiones en las Bahamas, en las islas Bahía, un diminuto archipiélago cerca de la costa de Honduras y a veces en Panamá, donde estaba su amigo Pedrarias. Algunas de estas expediciones le causaron problemas: en 1516 unos indios que los castellanos habían capturado en Nicaragua se rebelaron frente a la costa sur de Cuba.[2]

En esa época predominaba aún la idea de que Centroamérica y lo que se conocía como Norteamérica eran partes remotas de Asia o islas cercanas a ese continente. En un mapa mundial trazado por el geógrafo Waldseemüller, Norteamérica figura como «Asiae Partis».[3] Incluso para alguien tan indolente como Velázquez, era difícil

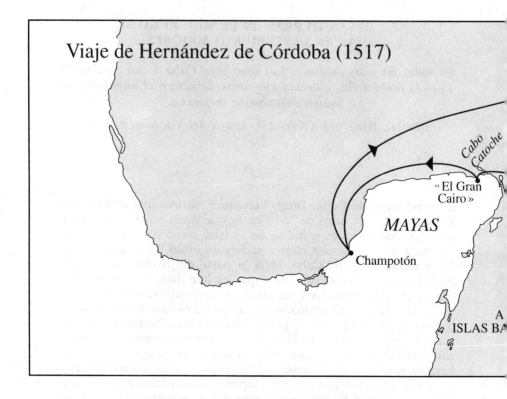

Viaje de Hernández de Córdoba (1517)

Cabo Catoche

«El Gran Cairo»

MAYAS

Champotón

A ISLAS BA

permanecer quieto cuando nadie sabía exactamente lo que había entre el cabo Gracias a Dios, donde Colón viró hacia el sur en su último viaje, y la Florida. Es posible que Pinzón y Díaz de Solís —y luego Ponce de León— hayan navegado por separado a lo largo de parte de la costa mexicana. Pero no se sabía exactamente dónde habían estado. ¿Existía acaso un estrecho que llevara al «Mar del Sur», nombre por el que se conoció el Pacífico antes de que Magallanes encontrara el paso hacia dicho océano en 1520? Parecía probable, porque, cuando vio por primera vez el Pacífico, Núñez de Balboa demostró que el istmo era estrecho. Se sabía que más allá del extremo occidental de Cuba existía una larga costa. Pero no se sabía con certeza lo que había en el interior.

Finalmente, la iniciativa por conocer lo que había más allá del oeste de Cuba la tomaron tres amigos de Valázquez: Francisco Hernández de Córdoba, Lope Ochoa de Caicedo y Cristóbal de Morante. Estos conquistadores se habían asentado en Sancti Spiritus, a unos sesenta y cuatro kilómetros de la costa, en el centro de Cuba. Los dos primeros eran originarios de Córdoba y el tercero de Medina del Campo. Cabe la posibilidad de que Hernández de Córdoba fuese un pariente lejano del Gran Capitán, el héroe de las guerras españolas en Italia, pero no se sabe con certeza, pues la familia

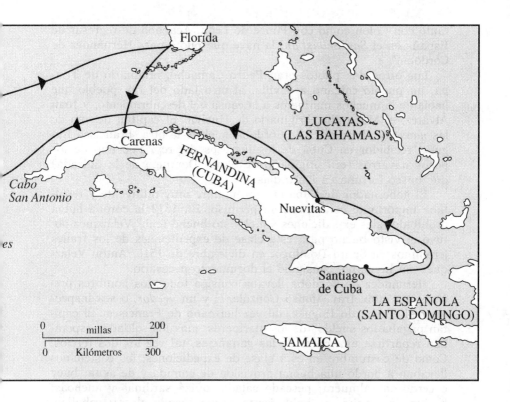

Florida

Carenas

Cabo
San Antonio

es

LUCAYAS
(LAS BAHAMAS)

FERNANDINA
(CUBA)

Nuevitas

Santiago
de Cuba

LA ESPAÑOLA
(SANTO DOMINGO)

JAMAICA

0   millas   200

0   Kilómetros   300

era enorme. De ser cercano el parentesco, se habría sabido en el Caribe: era tal la admiración que se le tenía a dicho comandante que Francisco Pizarro, ahora en Darién, llevaba siempre zapatos y sombrero blancos, por la sencilla razón de que el famoso general lo había hecho también.[4]

Estos tres hombres financiaron la compra de dos *naos*,[5] y el propio Diego Velázquez pagó un bergantín (o prestó el dinero para pagarlo).[6] Hernández de Córdoba, un soldado, era inteligente pero carecía de sutileza. Llevaron consigo a ciento diez hombres, entre ellos varios de los que habían dejado España con Pedrarias en 1514 para ir a Castilla del Oro y que, desilusionados, habían acabado en Cuba, donde algunos sufrieron más desilusiones: el gobernador les había prometido indios cuando sobraran. Mas ahora ya no había indios disponibles. Tras vivir tres años sin perspectivas en Cuba, estaban prontos para una nueva aventura. La expedición tenía como principal objetivo, sobre todo en el caso del gobernador Velázquez, encontrar esclavos. No obstante, los que encabezaban esa pequeña armada deseaban también «buscar y descubrir tierras nuevas, para en ellas emplear nuestras personas».[7] Con ese fin en mente, contrataron como piloto al «astuto y experimentado» Antonio de Alaminos, de Palos. Éste, por supuesto, ya había llegado a esa costa,

117

tanto con Colón como con Ponce de León. Acababa de regresar de España en el *San Sebastián*, la nave que pilotó para Hernández de Córdoba.[8]

Los otros dos pilotos eran Pedro Camacho, originario de Triana, un pueblo cercano a Sevilla, al otro lado del río, pueblo que había dado muchos marineros a la causa del descubrimiento; y Juan Álvarez, el Manquillo, originario de Huelva. El capitán de una de las *naos* era Hernández de Córdoba, y el de la otra, Francisco Iñíguez, recibidor en Cuba de los ingresos del rey. Fue uno de los pocos navarros (era originario de Santo Domingo de la Calzada) que buscó fortuna en las Indias.

El gobernador de Cuba era un hombre muy influyente y resultaba importante contar con su permiso. En 1513 la corona había prohibido tales expediciones sin el visto bueno real.[9] Velázquez obtuvo el visto bueno para esta clase de expediciones de los frailes jerónimos en Santo Domingo: en diciembre de 1516, Antón Velázquez, su hermano, consiguió el documento necesario.[10]

Hernández de Córdoba llevaba consigo todos los hombres precisos: un cura, fray Alonso González[11] y un *veedor*, o sea inspector real, Bernardo Iñíguez, tal vez hermano de Francisco. El capitán pagaba los sueldos de los marineros, mas los soldados esperaban repartirse una parte de las ganancias, tal vez los dos tercios. Como de costumbre en esta clase de expediciones, los castellanos llevaban a bordo una buena provisión de comida y de agua: buey o cerdo en salmuera; pescado salado: quizá sardinas y anchoas; harina de cazabe; probablemente tocino secado al sol; cebollas, queso, ajo, garbanzos secos, galletas (saladas para que no se las comieran los gorgojos); y una ración diaria de un litro y medio de vino. Una vez que las naves arribaban a tierra, se esperaba de los conquistadores que se alimentaran de lo que hallaran.

Entre los que iban a bordo de las *naos* se hallaba el futuro historiador Bernal Díaz del Castillo, hijo de un concejal de Medina del Campo, gran ciudad de comerciantes y notarios donde había nacido Cristóbal de Morante. Según él mismo explicaría, Bernal Díaz del Castillo fue uno de los que partieron de España con Pedrarias para ir a Darién.[12] Descontento con sus perspectivas, se fue con muchas esperanzas a Cuba. Alegaba ser pariente de Diego Velázquez[13] (Medina del Campo está apenas a unos veintiún kilómetros de la ciudad de los Velázquez.) Pero Velázquez tenía muchos parientes. Dado que su situación en Cuba era incierta, aprovechó la oportunidad de participar en una nueva expedición.

Las tres naves de Hernández de Córdoba partieron de Santiago el 8 de febrero de 1517. Viraron primero hacia el este, rodearon el extremo oriental de Cuba y navegaron hacia el oeste a lo largo de la costa norte de dicha isla; hicieron breves escalas en Puerto Príncipe (ahora Nuevitas), en Axaruco (Boca de Jaruco) y, después de seis días, en el cabo San Antonio, en el extremo occidental de la isla, para abastecerse de leña y de agua. Parece que entonces el piloto en jefe, Alaminos, convenció a Hernández de Córdoba de que se dirigieran hacia el oeste, en vez del sudoeste, rumbo a las islas Bahía. Alegó saber, por haber estado allí con Colón (y con Ponce de León), que en el oeste existía una tierra rica, mientras que no había nada en las islas Bahía, donde costaba hasta encontrar esclavos. El capitán convino en seguir la ruta que le recomendaba.[14] Esto hace pensar que era un técnico profesional, y no un caballero el que sugería una iniciativa que acarrearía tantas consecuencias.

Encontraron tierra tras haber recorrido entre ciento cincuenta y doscientas millas, durante precisamente seis días; esos seis días de los que había hablado Velázquez al mencionar el viaje de los misteriosos indios.[15] Se trataba probablemente de la isla que posteriormente se llamaría Isla Mujeres, debido a las estatuas de diosas vestidas sólo de la cintura para abajo que allí se encontraron. Tanto esa isla como otras cercanas y el Yucatán eran planos. Desde un barco no se ve la tierra hasta no estar cerca. Ambos territorios aparecían cubiertos de árboles, aunque un reciente huracán había destruido los más altos. Hacía calor durante todo el año. Era un lugar lleno de pájaros. «En la mar es cosa que admira la infinidad, la variedad y la diversidad y muchedumbre que hay de aves y pájaros —escribiría cincuenta años más tarde el obispo de Landa—, y la hermosura de cada uno de sus géneros. Hay unos pájaros tan grandes como avestruces, pardos y de mayor pico; andan siempre en el agua buscando qué pescar y, así como sienten al pescado, álzanse en el aire y caen con gran ímpetu sobre la pesca con aquel picazo y pescuezo, y jamás echan lance vacío, y quédanse, en haciendo el golpe, nadando y tragando al pez vivo sin más lo guisar ni escamar.»[16]

Los castellanos prosiguieron su camino hacia lo que creían era la «isla principal» del Yucatán. Cinco grandes canoas, tal vez con velas, llenas de mayas, fueron a su encuentro.[17] Los mayas eran buenos constructores de canoas, aunque en estas técnicas los superaban, con mucho, los taínos y los indios caribes (que fabricaban barcos con troncos de ceibas ahuecados y capaces de cargar ciento cincuenta personas). Los castellanos agitaron telas en señal de paz. Las canoas se acercaron. Los mayas vestían camisas de algodón, taparrabos y sandalias de piel de venado secada. Por tanto, los europeos se dieron cuenta de que eran superiores a los del Caribe, que iban generalmente desnudos. Es probable que Alaminos recordara que Colón había pensado lo mismo quince años antes.

Otros aspectos de la vida de los mayas debieron parecerles menos admirables: tenían el cabello largo con tonsura; solían pintarse o tatuarse la cara y el cuerpo de rojo; normalmente tenían las orejas agujereadas (para ponerse pendientes) y hechas jirones debido a su costumbre de extraer sangre del lóbulo para los sacrificios; no tenían barba; eran a menudo patizambos, debido (se decía) a que desde pequeños sus madres los cargaban sobre las caderas. Los mayas consideraban que la bizquera era señal de belleza y alentaban a los niños, desde pequeños, a cruzar los ojos.[18]

Unos treinta indios abordaron el buque insignia de Hernández de Córdoba. Los castellanos les ofrecieron algunos de los regalos que en esa clase de expedición llevaban siempre consigo: cuentas de cristal verde, seda, ropa de lana y campanas de cobre, así como tocino y pan cazabe.[19] Los mayas se lo agradecieron. Como ya hemos sugerido, al hablar de los regalos que ofrecieron los castellanos a los mexicas cerca de Veracruz, es difícil de creer que los mayas estuviesen realmente impresionados, «porque ellos los tienen más brillantes».[20]

Al día siguiente llegó un jefe acompañado de otras doce canoas. Al parecer les dijo «Ecab cotoch», o sea, «Somos de Ecab» (o Ekab), el pequeño reino maya en el que habían recalado los españoles. Por tanto, éstos llamaron ese punto «Cabo Catoche», nombre que aún conserva.[21] Hernández de Córdoba se dio cuenta de que había llegado a una nueva tierra, que no era una extensión de otra ya conocida.[22] Mas creía que se trataba de una isla.[23] Puesto que no tenían intérpretes, es de suponer que se comunicaron por medio de signos. Es probable que hubiese algunos indios cubanos a bordo de al menos un barco. Pero el idioma taíno era casi tan distinto del maya como lo era del castellano.

La civilización maya estaba entonces en decadencia. Cierto es que había ciudades organizadas, sacerdotes, una religión dominante y un panteón de dioses semejantes a los de México. La escritura maya, compuesta de unos ochocientos jeroglíficos, era definitivamente la más elaborada de las Américas.[24] Su versión del papel, hecha a base de corteza de higuera, al igual que la de los mexicas, y a veces de piel de venado, era superior al papiro egipcio en cuanto a textura y durabilidad.[25] Su activa clase mercantil comerciaba mucho tanto con México como con otros pueblos del norte y del sur. Producían sal, un bien muy preciado. Además exportaban tanto esclavos como tela de algodón. A cambio, importaban cacao, obsidiana, cobre, oro y plumas, sobre todo a través de lo que ahora se conoce como Tabasco. Los comerciantes mexicanos de Xicallanco y Potonchan viajaban a menudo a la costa este del Yucatán y contaban con un almacén en la cercana isla de Cozumel.[26] Los hábiles artesanos fabricaban admirables objetos de pluma, de barro y de oro, si bien pocos de estos últimos. Poseían un fuerte sentido del tiempo, como lo prueban sus calendarios. Los campesinos, aunque aparentemente libres en casi todos los aspectos, tenían la obligación de prestar servicio a las clases altas y de participar en las actividades religiosas y comunales. Los mayas practicaban el sacrificio humano, pero no tanto como los mexicas.[27]

No obstante, el pueblo estaba dividido en unas dieciséis entidades distintas que libraban constantemente guerras entre sí, a menudo para acceder al agua potable. Las más hostiles eran tres tribus encabezadas por tres familias. Los Chel, que vivían cerca de la costa, se negaban a vender pescado y sal a la familia Cocom. Ésta, que habitaba en el interior, no permitía a los Chel el acceso a la caza ni a las frutas.[28] No existía un centro imperial. Algunos asentamientos podrían tomarse por ciudades, pero las casas, mayormente rurales, se hallaban dispersas. La época clásica de la cultura maya había terminado en el siglo X. La que le siguió, la era de plata, inspirada por los toltecas emigrantes, se había desmoronado antes del año 1200. Los bosques cubrieron los centros sagrados, como por ejemplo Palenque y Chichén Itzá. Es cierto que el chontal, el chol y el chorli, las lenguas de la región, eran dialectos de un mismo idioma. El yucateco, si bien un idioma distinto, se parecía tanto al chontal que los comerciantes de cualquiera de estas zonas podían hablar fácilmente los unos con los otros.[29] Pero nadie tenía la misma habilidad para la pintura y la escultura que tuvieron los mayas de los siglos VIII o IX. Ni siquiera los mayas, que en 1519 sabían leer y escribir, comprendían las inscripciones de la época clásica. Sin embargo, pese a que, como pueblo, los mayas miraban hacia el pasado y no hacia el futuro, habían olvidado casi toda su historia. La experiencia de esta civilización es un recordatorio de que cualquier interpretación de la evolución humana fundamentada en un avance unilineal (o ascendente) es una ilusión. Así como crecen, las civilizaciones decaen.

La población del Yucatán en tiempos de esta primera expedición española es tan difícil de calcular como la de La Española, Cuba o México, mas la cifra de trescientos mil parece verosímil.[30]

El jefe maya en Cabo Catoche invitó a los españoles a bajar a tierra. Al parecer, después de pedir consejo a sus hombres, Hernández de Córdoba accedió.[31] Llegaron en pequeños barcos, llevando consigo ballestas y arcabuces. Fueron amablemente recibidos. Preguntaron el nombre del lugar. Los españoles creyeron que los indios decían «Yucatán», aunque lo más probable es que la respuesta a ésta y otras preguntas fuese «ciuthan», lo que en maya significa «eso dicen». (Existen al menos cuatro etimologías alternativas del término «Yucatán». La primera, que viene de «U yu tan», expresión del asombro de los mayas al oír el idioma bárbaro de los españoles; la segunda, que es una perversión de «Tectetan», es decir, «no le entiendo»; la tercera, que se refiere a «montones [tlati] de yuca»; y la cuarta, que es una perversión del término maya que significa un idioma común.)[32] Los castellanos nombraron la isla (pues creían que lo era) «Santa María de los Remedios», en honor de la Virgen de la catedral de Sevilla.

En nombre del rey, Hernández de Córdoba tomó posesión formal del territorio. Hizo leer, en voz alta y en presencia de un funcionario, una declaración en ese sentido, ya fuera el famoso Requerimiento u otro documento semejante.[33] En ningún sitio se dice si los mayas lo escucharon. En todo caso, no lo hubieran entendido. Entonces la expedición se dirigió hacia el interior. La hermosura de los bosques probablemente no sorprendió a los que habían vivido en Cuba y en Santo Domingo, aunque la vegetación era más exuberante que la de Cuba. Sin duda los aventureros fueron acompañados por incontables pájaros —cantores, carpinteros y aves de presa—,[34] así como por el incesante ruido producido en la maleza por toda clase de animales: venados, liebres, comadrejas, topos, quizá zorros y otros más extraños, como tapires, tejones típicos de la región y pequeñas mofetas que se defendían de sus enemigos soltando orina horrible e insoportablemente fétida.

Pese a la cortesía con que fueron recibidos, nada más entrar en la jungla, los españoles fueron atacados por un grupo de guerreros mayas con armadura de algodón y blandiendo todas las armas de la zona: palos arrojadizos y dardos, flechas y piedras que los guerreros lanzaban con hondas especiales.[35] No está claro de dónde venían dichos guerreros, ni si vestían los trajes de plumas que usaban todos los indios de Centroamérica y de México; trajes a los que, además, eran muy aficionados. No obstante parece que eran parte del mismo pueblo que acababa de dar la bienvenida a los castellanos y que al poco tiempo los tratarían nuevamente como invitados. Quince hombres de la expedición quedaron heridos. Sin embargo, fuera cual fuera el origen de estos indios, ocurrió lo que había ocurrido antes tan a menudo en los conflictos del Caribe: las espadas, las ballestas (llevaban quince) y los arcabuces (traían diez) los hicieron huir. Se dijo que quince indios murieron. Fue allí donde los indios de lo que es ahora México vieron y olieron por vez primera la pólvora, por lo que «les parecía que enviaba rayos el cielo».[36]

Hernández de Córdoba prosiguió su camino y no tardó en encontrar una ciudad amurallada a orillas de un río que ya habían visto desde el mar. En dicha ciudad había «casas con torres, templos magníficos, y plazas donde se celebraban su feria» y, es de suponer, pirámides.[37] Era la primera vez que los españoles veían edificios de piedra construidos por *naturales*. Ese lugar debió de estar cerca de Porvenir, una pequeña ciudad en nuestros días. Los españoles lo nombraron «El Gran Cairo», dado que, aunque ninguno habría estado en la capital egipcia, todos habrían relacionado las pirámides con dicha ciudad. Quizá algunos miembros de la expedición habían leído u oído hablar de *Legatio Babylonia*, el relato que escribió Mártir de su misión en El Cairo en 1498. Cromberger publicó la obra en Sevilla en 1511. Además, entre la expedición había unos cuantos *marineros levantiscos*, que bien podían ser griegos.[38]

Los castellanos permanecieron varios días en «El Gran Cairo», como huéspedes de los mayas. Seguramente durmieron en largas habitaciones con tejado de paja —que, al llegar muy abajo, constituían una protección contra la lluvia y el sol—, con paredes blanqueadas y sin puertas: los acostumbrados pórticos de la zona. Las camas se hallaban probablemente sobre montones de hierba seca o palos y recubiertas con esteras de algodón.[39] Indudablemente los visitantes observaron asombrados algunas cruces: diosas de la lluvia que los mayas adoraban.[40] Se preguntaron si acaso algunos cristianos habían llegado antes al Yucatán. También los impresionó el hecho de que estos *naturales* vistieran ropa, si bien los taparrabos, las telas con que se cubrían las caderas y las capas de los mayas eran, debido al calor, más exiguos que los que verían posteriormente en México.[41] Posiblemente observaron las tareas que llevaban a cabo las mujeres: en la mayoría de las comunidades hacían *tortillas* dos veces al día, una agradable semejanza con la vida española.[42]

Seguramente celebraron al menos una fiesta con los mayas: una elaborada juerga en la que los indios se habrían emborrachado con *pulque*, aunque los castellanos no se hubieran percatado de que se trataba de una borrachera. En la España de esos tiempos no eran muy comunes las bebidas alcohólicas fuertes que en general se encontraban únicamente en las boticas y en algunos monasterios, que producían un licor excelente.[43] No obstante, varias clases de jerez, entre ellos la manzanilla, sin duda formaban parte de la carga de algunos barcos castellanos.

Los mayas gastaban mucha energía en sus banquetes y en dicha fiesta habrían bailado indudablemente al son de tambores, trompetas, conchas de carey, pitos de caña o de hueso de venado, caracoles y caramillos de junco.[44]

Los mayas, que solían ser anfitriones corteses, no tardaron en cansarse de la presencia española. «No es grata la estancia larga de ningún huésped», comentó sabiamente Pedro Mártir en una ocasión.[45] Después de todo, los ciento diez castellanos comían mucho: sobre todo platos variados de maíz, pero también verduras, cocidos de carne de caza y de pescado, a menudo condimentados con salsas de pimiento picante. Probablemente bebían cacao. Además, usaban mucha agua, que era más difícil de conseguir en el Yucatán que en las islas caribeñas.

Hernández de Córdoba ordenó a sus hombres que abordaran nuevamente las naves. Se llevó varios pequeños discos de oro y plata, otros objetos de oro y cobre, varias estatuillas representando dioses y algunos cacharros de barro. No se sabe a ciencia cierta si él y sus hombres robaron estos artículos o si los mayas se los regalaron. Lo que sí se sabe es que están perdidos en la actualidad. Los de oro habrían sido fundidos en España, dada la costumbre filistea generalmente aceptada de la época. No obstante, los tesoros del Yucatán eran obviamente lo bastante refinados para desatar una serie de reacciones, primero en Cuba y posteriormente en España, que llevarían a una transformación de la historia del mundo. De hecho, no había oro en el Yucatán. Los mayas lo importaban de Centroamérica y de México, los artesanos lo labraban muy detalladamente.[46] Uno o dos mayas llevaban pendientes en las orejas *(orejeras)* y bezotes en un labio. Los objetos labrados se arrojaban al famoso *cenote*, el pozo natural de Chichén Itzá, en beneficio de futuras generaciones.

Hernández de Córdoba también llevó consigo dos indios bizcos, a los que apodaron *Melchorejo* y *Julianillo*, respectivamente. Pensaba servirse de estos prisioneros (que, al parecer, no se convirtieron al cristianismo) como intérpretes. En el Caribe, los castellanos siempre habían reconocido la necesidad que tenían de intérpretes, como ocurrió en la España medieval que podía alardear de contar con muchos traductores de gran calidad.[47] Por tanto, lo que hizo Hernández de Córdoba era algo normal, si bien difícilmente habría comprendido que la bizquera era una señal de belleza. La idea no funcionó muy bien: *Melchorejo* era pescador y su vocabulario, incluso en maya, era limitado; *Julianillo* sufrió una depresión al encontrarse lejos de su hogar.

Los castellanos siguieron navegando hacia el oeste, lo bastante cerca de la costa para ver que «los bárbaros de la costa admiraban nuestras naves flotando en el mar y salían a porfía a verlas las mujeres, los hombres y los niños, mezclados». Los españoles, por su parte, veían, con gran asombro, templos sobre pirámides que semejaban fortalezas cerca de la costa. Arrojaron al mar los cuerpos de dos soldados que habían muerto de las heridas sufridas en el combate librado cerca de El Gran Cairo: eran las primeras víctimas mortales españolas de lo que es ahora México.[48] Después Hernández de Córdoba decidió anclar cerca de lo que es ahora Campeche, a unos cuatrocientos ochenta kilómetros de cabo Catoche, y a unas cien millas marítimas después de virar hacia el sur, en el golfo de México. Los castellanos vieron lo que les pareció ser una ciudad grande. Hernández de Córdoba decidió intentar abastecerse de agua potable y un destacamento desembarcó, dejando las naves mar adentro.

Encontraron un buen pozo de agua potable y llenaron sus barriles. Mientras tanto, cincuenta indios salieron de la ciudad e invitaron a los españoles a verla. Éstos lo hicieron, «bien formados». Los indios les enseñaron varios templos donde unas serpientes muertas rodeaban un altar manchado de sangre; y vieron unos ídolos de aspecto malévolo. Se ocupaban de los templos unos sacerdotes de largos cabellos negros enmarañados como «crines de caballo enerisnejadas»,[49] que vestían largas túnicas de algodón blancas y apestaban a sangre. Muchos soldados con armadura de algodón y algunas mujeres que parecían amistosas se arremolinaron alrededor de los castellanos. Según Mártir, les ofrecieron un banquete compuesto de un complejo menú: pavos, codornices, perdices y varias especies de patos.[50] No obstante, los castellanos se quedaron con la impresión de que habían sido llevados a los templos para que vieran que hacía poco que los indios habían ofrecido sacrificios a fin de asegurar la victoria de los mayas sobre ellos. Alrededor del templo habían amontonado leña. Los sacerdotes fumigaron a los castellanos con incienso, tal vez porque los mayas no concebían y no aguantaban un olor tan fuerte a sudor y mugre.[51] Luego, con señas, les hicieron saber que debían marcharse si no querían que los atacaran, antes de empezar a quemar la leña. Hernández de Córdoba y sus hombres se retiraron sensatamente y volvieron a abordar las naves, pero no sin antes darle a la ciudad el nombre de «Lázaro», puesto que habían llegado en el día de san Lázaro. Nadie se opuso. Todo indica que los miembros de la expedición se asustaron mucho.[52]

Siguieron navegando, pero encontraron vientos fuertes. Así pues, habiendo recorrido sólo una corta distancia en seis días, anclaron de nuevo a unas tres millas de la costa, cerca de otro asentamiento maya no lejos de la ciudad que ahora se conoce como Champoton.[53] Nuevamente se impresionaron al ver casas de piedra y plantaciones de maíz cuidadosamente cultivadas. Buscaban agua. Unos mayas les dijeron que encontrarían un manantial al otro lado de un monte. Sospecharon de la información al ver unos indios pintados de negro y blanco. Puesto que también llevaban armas, dedujeron correctamente que se trataba de pintura de guerra. Por tanto, la expedición cogió agua de otra fuente, pero era muy poca. Mientras se dedicaban a llenar los barriles de agua, llegó un importante contingente de indios; éstos no sólo estaban pintados de negro y blanco, sino que llevaban varias crestas de plumas. Por medio de señales, los indios preguntaron a los castellanos de dónde venían. ¿Venían acaso de donde nacía el sol? Los castellanos respondieron que sí. Es posible que la pregunta constituyera un modo indirecto de enterarse de si venían del Caribe; y es posible que supieran que allí habían ocurrido cosas terribles en los últimos veinte años. Los indios se marcharon y los castellanos de forma imprudente se prepararon para pasar la noche en la costa: algo que probablemente sus instrucciones prohibían de manera tajante.[54]

No durmieron bien. Durante toda la noche oyeron a los indios tocar tambores y flautas y dar órdenes a gritos, todo ello en preparación para la batalla. El jefe maya, Mochcouoh, era un hombre inteligente. Se dio cuenta de que era esencial atacar inmediatamente a los españoles. (Hay quien ha sugerido también que creía que los recién llegados eran bárbaros y no dioses.)[55] Al amanecer, los españoles se percataron de que los indios los habían rodeado. Sus jefes, adornados con plumas, dieron el estruendoso grito de batalla golpeándose la boca con las manos y los indios se lanzaron inmediatamente al ataque. Fue un ataque bien dirigido. Para la agricultura, los mayas empleaban hachas con filo de piedra o de cobre, herramientas a las que daban un uso militar cuando era necesario: una diferencia tecnológica importante comparada con lo que imperaba en el Caribe.[56]

En poco tiempo, más de veinte conquistadores habían muerto. Casi todos los demás estaban heridos. Se dijo que el propio Hernández de Córdoba sufrió treinta y tres heridas.[57] Y todo ello con piedras arrojadas con hondas, flechas y las espadas de filo de obsidiana que los indios utilizaban en los combates cuerpo a cuerpo. Fue la primera derrota que sufrieron los castellanos en una batalla campal en el Nuevo Mundo.

Dos miembros de la expedición, Alonso Bote y un portugués anciano, fueron capturados. Los castellanos supusieron que pronto serían sacrificados.[58]

Lo que provocó la batalla fue probablemente el que los españoles se apoderaran del agua de la que, como ya se ha dicho, había menos en el Yucatán de lo que creían los castellanos. Los españoles se dieron cuenta seguramente de la eficacia de las espadas mayas, la superioridad de sus arcos y flechas en comparación con los de las islas del Caribe, así como la importancia que estas gentes daban a la guerra psicológica librada con trajes de plumas y pintura en el cuerpo.

Hernández de Córdoba ordenó a sus hombres que regresaran a los barcos, maniobra que realizaron con dificultad; además, las embarcaciones casi se hundieron, pues los supervivientes querían subir a bordo todos al mismo tiempo. Algunos tuvieron que nadar para llegar a salvo a las naves.[59] Después de que los heridos fueran curados y con la mitad de sus hombres muertos, Hernández de Córdoba decidió volver a Cuba. Abandonó la tercera nave, que, de todos modos, llevaba unos días en mal estado. Antes de irse buscaron agua potable otra vez, pero tuvieron mala suerte, pues el agua con que llenaron los toneles resultó ser salada. Luego, aunque el viaje era más largo por ese camino, se dirigieron hacia Cuba vía la Florida, que el piloto Alaminos conocía por haber estado allí con Ponce de León. En la Florida hallaron, por fin, agua potable, mas los atacaron unos indios en canoas y con arcos y flechas largos. Varios castellanos resultaron heridos; entre ellos, Alaminos. A un tal Berrio, uno de los pocos que habían salido ilesos de Champoton, le pasó lo que, como llegaron a saber los españoles, había de evitarse a toda costa: lo capturaron. No obstante se dijo que veinte indios murieron. De allí, las dos naves de esta desafortunada expedición regresaron penosamente a la bahía de Carenas, cuyo puerto se conoce ahora como La Habana. Habían estado fuera dos meses.

Hernández de Córdoba luchó para ir a Santiago a fin de informar a Diego Velázquez. Éste dejó muy claro que pensaba enviar otra expedición al Yucatán bajo un nuevo mando. Hernández de Córdoba juró regresar a España para quejarse al rey. Pero antes de poder hacerlo murió a consecuencia de sus heridas, al parecer en su casa de Sancti Spiritus.[60] Los compañeros que sobrevivieron fueron también a Santiago, entusiasmados, pese a sus bajas. No perdieron tiempo en explicar a Diego Velázquez que habían «descobierto una tierra nueva, e que se creía que hera muy rrica».[61] Habían visto sólidos edificios de piedra, artículos de fino algodón, señales de una agricultura superior a la del Caribe y gentes vestidas. Los pequeños objetos de oro que llevaban consigo eran de tan buena artesanía que se dijo que «otras tierras en el mundo no se habían descubierto mejores».[62] Fray González traía también unas estatuillas de arcilla, algunas de las cuales parecían imágenes obscenas, lo que se entendía por actos de sodomía. A partir de entonces muchos castellanos, que estaban muy lejos de estar tan impregnados de humanismo como proclamaban sus dirigentes, consideraron que todos los sacerdotes de los naturales eran homosexuales en potencia. El comentario de fray González se interpretó erróneamente porque el Códice Florentino, por lo menos, rezuma una feroz condena de estas gentes.[63]

Diego Velázquez preguntó a los prisioneros bizcos *Julianillo* y *Melchorejo* si había minas de oro en su tierra. Los indios respondieron que sí, aunque de hecho no las había en el Yucatán.[64] Además le dijeron algo asombroso: que había varios cristianos, tal vez seis, en poder de ciertos jefes del Yucatán.[65] Creyeron probablemente que, como consecuencia de sus respuestas, se promovería otra expedición, y que así podrían escaparse y volver a su hogar.

Bernardino de Santa Clara, uno de los principales colonos *conversos* de Cuba, escribió a su amigo, Francisco de Los Cobos, el nuevo secretario del rey, mencionando las maravillas, las riquezas y la numerosa población que se había descubierto en esta nueva isla de Yucatán. Esperaba que Los Cobos ayudaría a Velázquez a obtener un permiso para explotar el descubrimiento.[66] En tal caso, las noticias se hubiesen difundido pronto en toda España. Mas la reciente llegada del nuevo rey Carlos y de sus cortesanos flamencos preocupaba demasiado a la mayoría de los castellanos para que éstos se dieran cuenta de la importancia del descubrimiento.

8. LO QUE SE VIO ES TAN GRAN COSA

De esta gente no sé que otra [cosa] decir, porque lo que se vio es tan gran cosa que apenas se puede creer

Fray JUAN DÍAZ acerca de la tierra cerca de Vera Cruz, 1518

El gobernador de Cuba, Diego Velázquez, comprendió inmediatamente la importancia del fallido viaje de Hernández de Córdoba. Mandó rápidamente a un amigo suyo, Juan de Salcedo, a ver a los jerónimos de Santo Domingo. Salcedo les dijo que Velázquez había enviado una flota al Yucatán y que había descubierto una tierra de gran riqueza; pero los nativos no habían dejado que su gente llegara al interior, por lo que los castellanos no pudieron penetrar su secreto. Además, los *naturales* habían luchado. Añadió que los castellanos tuvieron que volver a bordo de sus naves, pero no antes de ver que los de ese pueblo solían llevar muchas cosas de oro y que Velázquez pedía que los frailes extendieran el permiso para explorar las costas en las que había estado Hernández de Córdoba y para hacer comercio con oro y perlas. Insistió que tal empresa aseguraría a la corona un valioso porcentaje de los eventuales beneficios —es de suponerse que el quinto acostumbrado.[1]

Velázquez mandó también a España a otro amigo, Gonzalo de Guzmán, a fin de solicitar de la corona una concesión especial que le permitiera beneficiarse de cualquier descubrimiento que hiciera. Había de pedir que a Velázquez se le otorgara el cargo de adelantado en el Yucatán. Guzmán, que se había convertido en tesorero de Cuba, era —como lo eran probablemente muchos conquistadores— un pariente pobre de un importante clan de primos: el de los Guzmán, duques de Medina Sidonia. Los Guzmán y los Ponce de León se disputaban el liderazgo de Sevilla. Indudablemente, Guzmán representaría con eficacia los intereses de Velázquez en la corte. No obstante, por si acaso resultaba ineficaz, el gobernador envió a su capellán personal, fray Benito Martín, para secundarle.[2]

Esta doble petición de autorización, una a Santo Domingo y la otra a España, demuestra la astucia política de Velázquez. Probablemente adivinó que, una vez muerto el cardenal Jiménez de Cisneros, los frailes perderían rápidamente su poder.

Unos cincuenta años más tarde, un historiador mexicano afirmó que a Velázquez «pasóle gran gana de enviar a conquistar y poblar aquella tierra, lo uno por dilatar nuestra santa fe, y lo otro por ganar honra y riqueza».[3] No existe ninguna prueba del primer motivo. Velázquez había luchado alegremente en La Española poco antes de cumplir los veinte años y en Cuba pasados ya los cuarenta, sin dar ninguna muestra de consideración hacia los naturales. No era un sádico, mas no le importaba mucho que los indios tuvieran alma o no.

Sin embargo era ambicioso. Quería sobre todo liberarse de la jurisdicción formal de Diego Colón. Bartolomé Colón, hermano de Cristóbal, fue durante un tiempo adelantado en La Española. Ponce de León lo había sido en la Florida. Si él, Velázquez, conseguía el cargo para el Yucatán, contaría con la autoridad que tanto anhelaba. Con el cargo de adelantado, inventado en el medievo, se otorgaba a un comandante el control político sobre los territorios que hubiese conquistado. También hubo adelantados para las poblaciones judías. En ciertas familias el término ya casi se relacionaba con un título. Por ejemplo, los Fajardo habían gobernado Murcia en calidad de adelantados, con una independencia que inquietaba a la corte. En opinión de Velázquez tal nombramiento coronaría su carrera.

Ahora bien, aunque, al igual que muchos conquistadores, Velázquez anhelaba fama, riqueza y poder, él los quería sin ensuciarse las manos: no le apetecía ir a esas nuevas islas hacia el oeste; lo que quería era enviar a otros que le obtuvieran las presas. Y para ello estaba dispuesto incluso a engañar. Así pues, a los piadosos frailes de Santo Domingo les dijo que él había financiado el viaje de Hernández de Córdoba, aun cuando su participación en la expedición probablemente no superara el veinticinco por ciento.[4]

Naturalmente, la respuesta de los priores llegó antes que la del rey. Gracias al consejo de aliados de Velázquez como Miguel de Pasamonte, dieron su visto bueno. Sin esperar la respuesta de Castilla, Velázquez empezó a preparar una segunda expedición al Yucatán. En esta ocasión él mismo financió cuatro naves y los capitanes proporcionaron los víveres, de los que el pan cazabe y el cerdo salado eran los principales, como ocurría normalmente con las expediciones del Caribe. Llevaban también un buen número de cuentas, tijeras y espejos, para intercambiarlos con los naturales.

El nuevo comandante que nombró Velázquez, Juan de Grijalva, era sobrino suyo y también originario de Cuéllar.[5] Era un «mancebo cuerdo y de buenas costumbres».[6] Contaría unos veintiocho años cuando aceptó el mando. Había llegado relativamente joven a Santo Domingo, en 1508 y, en 1511, acompañó a Velázquez a Cuba. Éste le había otorgado una encomienda con treinta y cuatro indios.[7] Parece que en 1517 participó en una vergonzosa expedición a Trinidad bajo el capitán vasco Juan Bono de Quejo, expedición cuyo objetivo era conseguir esclavos.[8]

Grijalva llevó una flota de cuatro barcos: dos *naos*, ambas llamadas *San Sebastián* —motivo de confusión—, una carabela, *La Trinidad* y un bergantín, el *Santiago*, con unos doscientos hombres.[9] Los pilotos ya habían viajado con Hernández de Córdoba: el famoso Alaminos, Juan Álvarez el cojo y Pedro Camacho, de Triana. El piloto del bergantín era Pedro Arnés de Sopuerta. Como Hernández de Córdoba, Grijalva tenía su propio capellán: fray Juan Díaz, un sevillano de treinta y ocho años. El *veedor* de la expedición, Francisco de Peñalosa, era segoviano y el tesorero, Antonio de Villafaña, zamorano.[10] Como intérprete, Grijalva llevó a *Julianillo*, el deprimido y bizco yucateco capturado el año anterior por Hernández de Córdoba. Pero dejó a su silencioso colega, *Melchorejo*, en Cuba.

Los capitanes bajo el mando de Grijalva eran caballeros castellanos, hidalgos como él, de buena familia (de la pequeña nobleza con escudo), pero sin dinero: Pedro de Alvarado, Francisco de Montejo y Alonso de Ávila. El primero era de Badajoz; el segundo, de Salamanca; y el tercero, de Ciudad Real. Y, también como Grijalva, eran hombres que, de no haber tenido la oportunidad de ir a las Indias, probablemente hubieran permanecido en la corte esperando atraer la atención de primos más ricos o del propio rey. Es igualmente posible que se hubiesen visto envueltos en las incontables riñas por las que su región se había vuelto tan famosa en la generación anterior. Dado su temperamento, de haber nacido antes, indudablemente habrían buscado fortuna en las constantes guerras fronterizas: los campos de batalla que durante largo tiempo se ofrecieron para las ambiciosas familias de caballeros de Castilla.

Alvarado, el más famoso de estos hombres, contaría unos treinta y cinco años y era de buen cuerpo, alegre, encantador, cortés y guapo; además, valiente, impulsivo y cruel; siempre parecía sonreír; era buen conversador, si bien indiscreto. Le gustaba la ropa fina y lucía una cadena de oro en el cuello y anillos en los dedos; era buen jinete. De joven se le conocía por sus escapadas: había caminado por un peligroso tramo de andamiaje en una de las ventanas más altas de la Giralda de Sevilla.[11] Era una familia cuyos miembros se habían distinguido como comendadores de la Orden de Santiago, a la que tanto su tío Diego como su abuelo pertenecían; de hecho, su tío había sido, aunque por escaso tiempo y en circunstancias poco claras, gran maestre de dicha orden. Al propio Alvarado le habían puesto *el Comendador* de mote, tanto en Santo Domingo como en Cuba, debido a que a menudo se ponía la capa blanca de su tío con la cruz roja, a las cuales aún no tenía derecho.[12] Montejo, por su lado, parecía más un hombre de negocios que un guerrero; sin embargo era extravagante, generoso y alegre; le gustaba divertirse y era también un excelente jinete.[13] Este primer viaje al territorio de los mayas debió de impresionarlo mucho, pues sería posteriormente el conquistador del Yucatán. Como otros conquistadores, había vivido un tiempo en Sevilla, donde tuvo un hijo ilegítimo con una dama bien nacida, Ana de León, hija de un conocido abogado, el licenciado Pedro de León. Ese hijo se encontraba ya en Cuba y sería más tarde teniente de su padre. Montejo había estado en Panamá con Pedrarias y había participado en la expedición contra los cenúes, expedición en la que el geógrafo Fernández de Enciso sostuvo una conversación muy inteligente con los jefes. Se dice que invirtió mucho en la expedición de Grijalva.[14] Finalmente, Alonso de Ávila era valiente y no sólo elocuente sino también franco hasta el punto de que su franqueza bien podía confundirse con indiscreción, y «algo bullicioso». Definitivamente, había nacido para mandar y no para obedecer, mas cuando estaba al mando podía mostrarse celoso y pendenciero.[15] Estos tres capitanes rondaban los treinta y cinco años, es decir que eran un poco mayores que su «general», Grijalva. Casi todas las provisiones de la flota venían de las propiedades de estos cuatro hombres.[16]

Los barcos iban equipados con una o dos piezas de artillería, lo que constituía una innovación. Se trataba probablemente de culebrinas, armas que disparaban horizontalmente balas de nueve kilos a una distancia de unos trescientos diez metros y que tuvieron un efecto decisivo en las guerras españolas contra Granada. Sus fuertes bombardeos derribaban grandes muros que los defensores no reparaban, pues se lo impedían los disparos de armas más ligeras. Sin duda Grijalva insistió en llevarlas al enterarse de lo que le había pasado a Hernández de Córdoba, quien no contaba con ellas. Llevaba, igualmente, unos veinte arcabuceros y, al parecer, unos cuantos perros, pero ningún caballo, animal que era muy difícil cargar en barcos tan pequeños. Por lo demás, Grijalva no pretendía establecer colonia alguna en los territorios que descubriera.

Las instrucciones que Velázquez dio a Grijalva no constan en ninguna parte. Con toda probabilidad debió ordenarle «que por ninguna manera poblace en parte alguna de la tierra descubierta por... Hernández, sino solamente regatase y dejase las gentes por donde anduviese pacíficas y en amor de los cristianos...»[17] No obstante, según Bernal Díaz del Castillo, le dieron a entender que, de ser aconsejable, debía establecerlas.[18] Quizá Velázquez esperaba que Grijalva fuera más allá de sus órdenes o incluso las pasara por alto, cuando le pareciera adecuado y, así, fundar un lugar que hiciera las veces de trampolín para la futura y más importante expedición del gobernador.

La pequeña flota salió de Santiago a fines de enero de 1518.[19] Al principio navegaron, igual que Hernández de Córdoba, a lo largo de la costa norte de Cuba y se detuvieron en Boyucar, ahora conocida como Bahía de Matanzas, con el fin de recoger soldados y marineros. Por cuestión de higiene y por primera vez, todos los soldados llevaban el cabello muy corto, al estilo veneciano; antes de eso, los castellanos lucían coletas.[20]

Grijalva y sus hombres siguieron hasta el cabo San Antonio. Para cuando llegaron, ya habían perdido el bergantín. Se dice que hallaron una nota pegada a un árbol informando que, habiéndose quedado sin víveres, la tripulación regresaba a Cuba. Pero otro barco, de iguales características, el *Santa María de los Remedios*, se había unido a la flota, por lo que ésta constaba todavía de cuatro buques.[21]

Dejaron aguas cubanas a fines de abril de 1518 y, como esperaban, al cabo de una semana avistaron tierra: la isla de Cozumel, a quince millas de la costa yucateca, pero a unas cincuenta millas al sur de Isla Mujeres. Este nombre deriva de «*Ah-Cuzamil-Peten*», o sea «isla de las golondrinas» en maya. La isla tiene una superficie de cuarenta y ocho por diecinueve kilómetros en su punto más ancho. En 1518 tendría una población de entre dos mil y tres mil habitantes.[22] No había ríos: el agua se sacaba de pozos. Hernández de Córdoba no la había tocado. Grijalva y sus hombres lo hicieron el 3 de mayo, el día de la Santa Cruz, por lo que ése fue el nombre que Grijalva le puso.[23]

Cozumel era un importante lugar de peregrinación: allí se encontraba el santuario de Ix Chel, señora del arco iris, patrona de la medicina, diosa del tejido, de la procreación y del amor ilícito. Para algunos representaba también la luna. La veneraban sobre todo los mayas de Chontal, cuyo principal centro en esa época era la provincia de Acatlán, en el oeste del Yucatán. La familia real era originaria de Cozumel. La representación de Ix Chel era un ídolo hueco de barro cocido, a cuyo lado —como ocurría en Delfos y otros sitios de Grecia— un sacerdote solía contestar preguntas. A la diosa se le ofrendaban incienso, pan y frutas, así como sangre de codorniz, perro y, a veces, de hombres.[24]

Desde el mar, ya cerca de la costa occidental, los españoles vieron casas y pirámides como las que había visto Hernández de Córdoba en el Yucatán. Les pareció una «tierra llena de torres».[25] Una suave brisa llevaba de la isla a la flota un delicioso olor, el de la gran cantidad de jaras cuyas flores blancas despedían una resina aromática semejante a la que se obtiene en Córcega. La expedición se hallaba probablemente cerca de la ciudad que ahora se llama San Miguel y que Grijalva llamó «San Juan ante Porte Latinum,» pues era el 6 de mayo, el día de san Juan. (Ese eco de Roma no sobrevivió.) Dos canoas, cada una con tres mayas, se acercaron, aunque no mucho y, por medio de señales, indicaron que su jefe se presentaría al día siguiente, y así fue. El jefe llegó en una de dichas canoas. Abordó la nave de Grijalva y, con la interpretación, probablemente primitiva, de *Julianillo*, invitó a Grijalva a bajar a tierra. Grijalva le ofreció unas camisas españolas y «muy buen vino de Guadalcanal» —un pueblo de Sierra Morena, en la frontera entre Extremadura y Andalucía posteriormente renombrado más por sus minas que por sus uvas—. Según el historiador Oviedo, «... donde una vez lo ha probado, lo desean estas gentes más que cosa alguna que los cristianos les puedan dar...»[26] y lo bebían hasta caer de espaldas, si se les daba suficiente. Grijalva preguntó lo que había ocurrido con los dos hombres que Hernández de Córdoba había dejado (Bote y el portugués anciano). Los mayas le dijeron que uno de ellos seguía vivo y que el otro había muerto. Mas al parecer, Grijalva no hizo más por ellos.

Al día siguiente, tras navegar otro poco, Grijalva desembarcó con cien hombres en otro punto de Cozumel, donde había vislumbrado una alta torre blanca y de donde se oía el tañer de tambores. Allí había varias casas de piedra y templos con torres artísticamente decoradas en lo alto de pirámides. Las calles estaban pavimentadas con piedras, en forma cóncava y, en medio, un arroyo. Fray Juan Díaz, muy impresionado, añadió que eran «algunos edificios modernos, se pudiera presumir que fueran hechos por españoles».[27] El fraile se interesó también por las colmenas, muy parecidas a las de España, según él, pero más pequeñas. Los conquistadores vieron más cruces misteriosas «de diez palmos de alto», de esas que tanto habían entusiasmado a los hombres de Hernández de Córdoba, usadas como objetos de veneración al dios de la lluvia.[28]

Los españoles anticipaban un ataque. Mas, al llegar a la torre, no encontraron a nadie. La población había huido hacia el interior de la isla, dejando únicamente a dos ancianos con los que Grijalva habló, sin mucho éxito, gracias a la interpretación de *Julianillo*. Hallaron también a una mujer de Jamaica que había naufragado en la costa de Cozumel con otros diez indios jamaicanos. Todos, menos ella, habían sido sacrificados en honor a Ix Chel.[29] Sin duda explicó a los mayas lo que había observado entre los castellanos del Caribe.

Grijalva, su alférez Vázquez de Tapia, un caballero de Oropesa, y su capellán Juan Díaz subieron los dieciocho peldaños de la pirámide blanca cuya circunferencia era de entre cuarenta y cincuenta y dos metros.[30] En la cima hallaron —cosa corriente en México y en el Yucatán— una plataforma sobre la que se alzaba otro pequeño templo, dentro del cual había huesos e ídolos.[31] Esta pirámide era el centro principal del culto a Ix Chel. Allí Vázquez de Tapia alzó la bandera de España, quizá la famosa *Tanto monta*, diseñada especialmente por el lingüista Nebrija, en la que figuraban el yugo y las flechas. Los leones y castillos del emblema ondeaban valerosamente. El notario Diego de Godoy, originario de Pinto, cerca de Toledo, leyó el famoso requerimiento, aunque no había quien lo escuchara.[32] Pegaron una copia del documento a un lado de la torre.

Una vez terminada la ceremonia, Grijalva vio que se acercaban tres jefes mayas. Uno era un anciano al que le faltaban los dedos de los pies (posteriormente se supo que esto se debía al ataque de un tiburón del que se había salvado por poco).[33] El hombre llevaba consigo un recipiente con bálsamo líquido. Pero no era ni para Grijalva ni para el rey de Castilla, sino para los dioses de Cozumel. Al ofrendarlo, el anciano cantó con voz aguda. No hizo caso de los castellanos. Grijalva ordenó a fray Díaz que celebrara una misa. Los indios, que ni siquiera se desconcertaron al oír una misa católica

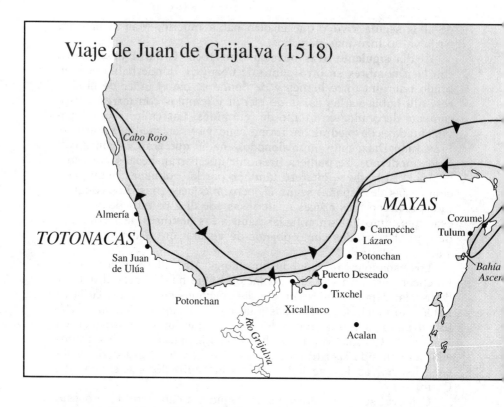

Viaje de Juan de Grijalva (1518)

Cabo Rojo

TOTONACAS

Almería

San Juan
de Ulúa

Potonchan

Río Grijalva

Xicallanco

MAYAS

• Campeche
• Lázaro

• Potonchan

• Puerto Deseado

Tixchel

• Acalan

Cozumel

Tulum •

*Bahía
Ascen*

en ese recinto, les ofrecieron, ahora sí, regalos: pavos, miel y maíz. Grijalva les dijo que no necesitaba todo eso. Lo que quería era oro. Deseaba cambiar lo que llevaba por ese gran metal. Los mayas se mostraron evasivos, mas muy amistosamente llevaron a Grijalva y a una docena de sus seguidores a cenar: festejo que se celebró junto a un pozo dentro de una casa de piedra y tejado de paja. Mientras tanto fray Juan Díaz y unos diez conquistadores se dirigieron hacia el interior de la isla. Vieron varias aldeas bien construidas, así como algunas granjas, mayormente colmenares. Decidieron que las abejas no formaban un panal, sino pequeños sacos todos juntos y llenos de miel. Para sacar la miel había que abrir los sacos, dejar fluir el líquido y llevárselo una vez solidificado.[34]

El 7 de mayo Grijalva y sus hombres reemprendieron el viaje hacia el sur, rumbo al cabo Trujillo (y esa isla de Bahía). Alaminos recordaba haber ido allí de niño, en 1502, con Colón. No lo sabían, pero se hallaban cerca de donde Gonzalo Guerrero de Niebla, un superviviente del naufragio de 1510, vivía feliz con la hija de su jefe y los hijos que con ésta tenía. Encontraron una cala, a la que llamaron Bahía de la Ascensión, por ser ése el día de la Ascensión. Alaminos pensó que se trataba del famoso estrecho que conectaba el Caribe con el «Mar del Sur».

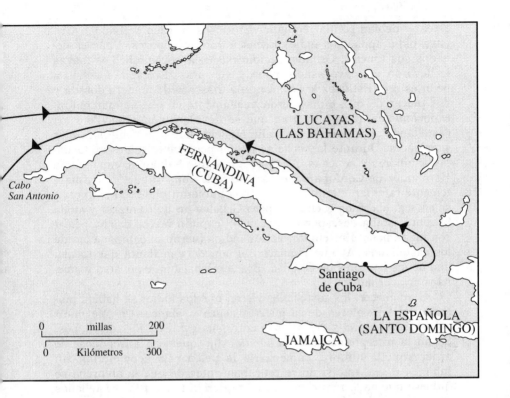

Regresaron a Cozumel, donde cargaron agua y alimentos, entre ellos ratas comestibles *(utías)*. Luego navegaron hacia el norte, hacia el cabo Catoche y siguieron la ruta de Hernández de Córdoba por la costa este del norte del Yucatán. De camino, vieron varios lugares con altas torres y casas de piedra, así como chozas con tejado de hojas de palmera. A fray Díaz, uno de estos lugares, tal vez Tulum, le pareció «tan grande que la ciudad de Sevilla».[35] En esos tiempos Tulum era el centro del comercio costero y es probable que allí hubiese mucha actividad. En un promontorio vieron una «torre muy hermosa habitada por mujeres que vivían sin hombres..., probablemente de estirpe de las amazonas».[36]

El siguiente punto en que ancló Grijalva se hallaba un poco más allá de Campeche, cerca de Champoton, lugar que Hernández de Córdoba había llamado Lázaro. El 26 de mayo casi todos los castellanos llegaron a tierra en barcas con tres cañones y varios arcabuces. Fueron bien recibidos, invitados a la ciudad; pero luego se les pidió que se marcharan. Los castellanos y los mayas se comunicaban gracias a *Julianillo*, el intérprete. Grijalva, como siempre, pidió oro. Los mayas le dijeron que no tenían oro y repitieron su exigencia de que los visitantes se fueran. Se habían enterado, por supuesto, de la batalla que se había librado el año anterior relativamente cerca, y debían confiar en salir victoriosos en caso de batalla. Grijalva pidió agua. Los indios le enseñaron unos pozos. Una vez llenados sus toneles, Grijalva decidió pasar la noche allí. Los mayas le llevaron un pavo asado, maíz y verduras. El capitán volvió a pedirles oro. Esta vez le llevaron una máscara de madera dorada y dos placas de oro, e insistieron nuevamente en que se marcharan, explicándoles que no querían que se llevaran más agua. Pero los castellanos decidieron dormir allí. No lejos había tres mil *naturales* suspicaces. Durante la noche se oyó el penetrante ruido producido por tambores y conchas. A los hombres que habían acompañado a Hernández de Córdoba debió de parecerles una situación alarmantemente familiar. Algunos castellanos hubieran preferido enfrentarse en seguida a los enemigos, pero Grijalva no quiso atacar y «toda la gente estaba desesperada porque el capitán no los dejaba pelear con los indios». Entretanto, varios indios fueron al campamento de los castellanos. Algunos bailaron al son de una flauta que tocaba uno de los hombres de Grijalva. Esa combinación de amistad y amenaza era turbadora.[37]

Al amanecer, los castellanos vieron que los indios se habían pintado con los colores de la guerra: negro y blanco. Un jefe maya colocó una antorcha de incienso entre sus gentes y los castellanos. Según la interpretación de *Julianillo*, dijo que: «en acabándose de arder aquella lumbre, comenzaría la pelea e la acometerían sin falta...», o sea, que si no se retiraban antes de que la antorcha se hubiese quemado morirían, pues no querían tener a los castellanos como huéspedes. Esa acción, por supuesto, se asemejaba a la ocurrida con Hernández de Córdoba. Los castellanos no se retiraron y la batalla se trabó.

Grijalva fue más inteligente que su predecesor: sostuvo su posición gracias a métodos psicológicos y a la superioridad de sus armas. Puso cañones en una torre de uno de los templos que tanto habían impresionado a los españoles. Los mayas se asustaron con el ruido de los cañones; tres de ellos fueron muertos, ya sea por disparos o por flechas de ballesta. Según la versión de la reseña de fray Díaz, varios indios fueron apuñalados y posteriormente enterrados vivos.[38] Los castellanos confundieron las langostas que los atacaron de repente con flechas.[39] Los mayas se retiraron al ver la situación, tras haber matado al menos a un expedicionario, Juan de Guetaria, un capitán vasco. Unos cuarenta castellanos resultaron heridos, entre ellos el propio Grijalva, del que se dijo que había perdido uno o dos dientes.[40] Al día siguiente llegó otro escuadrón de nativos. Grijalva, que habló con ellos con la ayuda de su intérprete, les dijo que no deseaba ni una guerra ni oro, sino únicamente leña y agua. Los mayas le dieron otra máscara de madera dorada. Al parecer la mayoría de los castellanos quería quedarse y vengar a Guetaria. Pero Grijalva, prudente, insistió en volver a bordo y se hizo a la mar esa misma noche. Justo antes de que emprendiera el viaje, un indio se acercó y le dijo que si lo deseaba podía llevarlo a un lugar donde había gentes parecidas a ellos, con grandes barcos, buenas espadas y sólidos escudos. La diferencia principal entre los castellanos y esas gentes era que aquéllos tenían orejas enormes. Para gran disgusto de sus hombres, Grijalva rechazó la oferta. Era uno de los pocos conquistadores que no se dejó influir por esos cuentos. La facilidad con que los mayas impresionaron a los castellanos con su relatos se explica por el hecho de que éstos tenían mitos parecidos: en uno de ellos, incluso, figuraba un territorio habitado por lo que podrían ser amazonas: una tierra en el oeste «que se dice estar habitada por mujeres que viven sin hombres».[41]

La flota navegó más allá del punto donde Hernández de Córdoba inició su regreso. Pero no era una tierra del todo desconocida, pues Alaminos había viajado por allí en 1513, con Ponce de León; no se sabe con certeza hasta qué punto lo recordaba.

Su siguiente escala fue en un buen puerto en la estrecha entrada hacia una gran laguna. Allí era donde Alaminos creía que un canal los llevaría de vuelta a la Bahía de la Ascensión. Por tanto, la bautizaron «la Laguna de Términos».[42]

Grijalva permitió a sus hombres permanecer casi dos semanas en ese refugio, carenando uno de los barcos y comiendo los deliciosos peces de la laguna. Al lugar, ahora conocido como Puerto Real, lo llamaron «Puerto Deseado», porque hasta entonces no habían hallado ningún puerto bueno.[43] No había nadie en la zona, mas vieron las ruinas de Tixchel, antaño puesto avanzado de un pueblo llamado Acalán.[44] En la distancia vislumbraron también la capital comercial de la zona, Xicallanco, donde ahora se encuentra Cerrillo, habitada por chontales de habla maya pero gobernada por mercaderes mexicanos.[45] Como antes, observaron templos y pescadores que, según parecía, empleaban anzuelos de oro. Se cree que dichos anzuelos eran de cobre, si bien en Colombia y en Ecuador a veces los había de oro.[46] Sin duda vieron algunas de las garzas por las que era famosa la laguna. Dejaron, por equivocación y entre los conejos de Tabasco, una hembra de mastín (que sus amos europeos recuperaron el año siguiente).[47] Finalmente capturaron y bautizaron a cuatro indios para hacer las veces de intérpretes, puesto que *Julianillo* no entendía el maya de los chontales. A uno de ellos le llamaron *Pedro Barba* en honor a su padrino español, uno de los capitanes de Grijalva.

Hacia el 8 de junio, los españoles llegaron a la boca del río Tabasco, cuyo nombre cambiaron por el de Grijalva, nombre que aún conserva. Allí también había un buen puerto. El agua potable llegaba, llevada por la corriente del río, hasta unas millas mar adentro. Grijalva navegó río arriba acompañado de casi todos los miembros de su expedición. Nuevamente vieron numerosos indios, armados y con pequeños escudos dorados. Eran mayas chontales, probablemente de Acatlán, en las estribaciones de las montañas de Chiapas. Algunos se acercaron en canoa y preguntaron a Grijalva lo que quería. Éste contestó que deseaba comerciar. Les dio unas sartas de sus populares cuentas verdes y unos espejos. Al poco rato, un jefe subió a bordo del barco insignia de Grijalva, al que rindió homenaje poniéndole un peto y brazaletes de oro, así como una corona de delicadas hojas de oro y regalándole zapatos de una especie de encaje, adornados también con oro. Grijalva devolvió la cortesía y ordenó que al jefe se le vistiera con ropa española: jubón de terciopelo verde, medias de color rosa, escarpines y sombrero de terciopelo. El jefe maya expresó su deseo de llamarse Grijalva, sugerencia que entusiasmó al «general» castellano, quien añadió que él y sus hombres deseaban hacer amistad con los naturales y que estaban dispuestos a intercambiar algunos adornos suyos por más oro. No obstante no recibieron más del precioso metal, aunque sí muchos otros regalos.[48] Se celebró un banquete y hubo promesas de más comercio. Varios amigos de Grijalva querían «adentrarse en el territorio» para buscar oro, pero el capitán, sensato, se lo prohibió. El oro de esos mayas no provenía de minas, sino del intercambio. Pero el jefe maya ofreció cambiar un prisionero (quizá Pedro Barba) por su peso en oro. Grijalva se negó a esperar. La única explicación posible de esta actitud es el temor (comprensible) de que le estuvieran tendiendo una trampa.[49]

Para comunicarse con los indios, Grijalva tenía que pasar por una doble interpretación: hablaba con *Julianillo*, que ya sabía algo de español y que, a su vez, hablaba con *Pedro Barba*, que hablaba maya, tanto yucateco como chontal.

Grijalva tomó rumbo noroeste. En los días siguientes se detuvo en la boca del río Tonalá y en el lugar que es ahora Coatzacoalcos. Los indios locales le ofrecieron más joyas y adornos. En Coatzacoalcos, el jefe ofreció a Grijalva una cena y alojó a sus seguidores en atractivas chozas cubiertas de ramas verdes. También le ofreció un niño de doce años como esclavo. Nuevamente el capitán rechazó esta oferta.

Esta región, conocida hoy día como Tabasco, era próspera, pues en ella se producía cacao, preciado tanto porque con él se podía hacer una bebida de chocolate, como por sus granos: la moneda del imperio mexicano. Era también un conducto para el comercio de pieles de jaguar curtidas, conchas de carey talladas y la piedra verde *(chalchiuite)*, tan preciada en México. Todo ello se producía en las estribaciones de las montañas de Chiapas y se transportaba a la costa por el río Usumacinta. A cambio, los mexicanos ofrecían oro, cobre, pieles de conejo teñidas, obsidiana y esclavos: éstos eran muy útiles en un lugar favorecido para el cultivo continuo.

El viaje prosiguió hacia lo que ahora se conoce como Veracruz. Grijalva tuvo problemas con uno de sus capitanes, Pedro de Alvarado, que lo irritó al desviarse y recorrer por su cuenta un hermoso río, el Papaloapan (posteriormente llamado Alvarado, en su honor).

La expedición continuó su recorrido por la costa mexicana. Francisco de Montejo, el aristócrata salmantino, lo hizo en un bergantín, acercándose mucho a la costa, mientras los otros se quedaron mar adentro. A todo lo largo de este tramo del continente había numerosos asentamientos indios. Mientras que los castellanos seguían sorprendidos por los templos, los indios se asombraban nuevamente al ver los buques.

Hacia el 17 de junio, Grijalva llegó a una isla de casi dos kilómetros y medio de largo por aproximadamente unos mil doscientos metros de ancho, a poca distancia de la costa de Veracruz. Cuando los expedicionarios bajaron a tierra, vieron dos templos de piedra sobre sendas pirámides. Al subirlas, encontraron un puma de mármol y, ante éste, un barreño, dentro del cual había sangre, que en opinión de los castellanos llevaba allí ocho días (no se sabe en qué fundamentaron dicha opinión). Había también un ídolo, probablemente una figura del travieso dios Tezcatlipoca. Delante de la efigie hallaron telas, una higuera, cuatro indios muertos (dos de ellos, niños) y numerosos cráneos y huesos. En las paredes había mucha sangre seca. Los castellanos se reunieron con un indio local para que les explicara el significado de lo visto. El indio casi murió de miedo cuando lo llevaron delante de Grijalva, pero logró explicar la técnica empleada para el sacrificio humano.[50]

Ésta fue la primera descripción completa que recibían los castellanos acerca de la clase de sacrificio que practicaban los mexicanos y los pueblos que de ellos dependían. Les causó una deprimente impresión. Por ello llamaron el lugar la Isla de los Sacrificios. Entre otras construcciones, en dicha isla se hallaba un arco que, en opinión de los castellanos, era tan asombroso como el arco romano de Mérida, en España.[51] Los indicios arqueológicos hacen suponer que los dos templos de la isla estaban dedicados a Quetzalcóatl y a Tezcatlipoca, respectivamente.

Al día siguiente y desde sus naves, los castellanos vislumbraron dos banderas blancas ondeando en tierra firme. En un barco pequeño Grijalva envió a Montejo a la costa, con cuarenta hombres, entre ellos los arcabuceros y los ballesteros, así como un intérprete (*Julianillo* o *Pedro Barba*), para ver de qué se trataba.[52] A su llegada, los indios les regalaron varias capas de bonitos colores. Montejo las aceptó y, naturalmente, les preguntó si tenían oro. Los indios les dijeron que se lo llevarían por la tarde. Montejo regresó a los barcos. Esa tarde unos indios se acercaron a la flota en canoa, pero sólo llevaban más capas y su jefe dijo que otro día llevaría oro.

Al día siguiente los indios aparecieron de nuevo en las dunas de arena frente a la Isla de los Sacrificios blandiendo banderas blancas otra vez. Llamaron a Grijalva, quien bajó a tierra firme con algunos de sus capitanes. El jefe local y su hijo le dieron una calurosa bienvenida y le pidieron que se sentara en una choza con tejado de ramas recién cortadas.[53] Le ofrecieron incienso de olor fragante y tortillas para comer. Además le regalaron capas de algodón de varios colores. En ese momento Grijalba se hallaba en las afueras de una ciudad india llamada Chalchicueyecan, situada cerca de lo que es ahora Veracruz. Se dijo que la ciudad constaba de quinientas casas y, según un relato inverosímil, estaba amurallada.[54] A lo lejos, Grijalva observó la cima cubierta de nieve del monte Orizaba.

Esos naturales trataron a los españoles con un respeto exagerado, contrastando con la recepción que les dieron los mayas que, en el Yucatán, vieron en los españoles una nueva y potencialmente peligrosa raza de conquistadores (tal vez habían oído hablar de las actividades españolas en el Caribe). Los naturales de esta zona eran totonacas, uno de los pueblos tributarios más renuentes de los mexicas.

A principios de la era cristiana, más o menos, los totonacas llegaron a la costa desde las montañas al norte de lo que es ahora el estado de Puebla. Una de las tradiciones les atribuye la construcción de los templos de la luna y del sol de Teotihuacan. Cabe la posibilidad de que hayan inspirado una compleja cultura en la región de Veracruz, cuyo logro más importante fue el centro para los juegos ceremoniales de El Tajín. Hacia 700 d. J.C., los pueblos de Veracruz, fueran o no totonacas, hacían elegantes cabezas de terracota, tanto para entierros como para altares. El arte escultórico de Veracruz, con terracota moldeada y con piedra, ejerció influencia sobre los mexicas. Los totonacas producían también vainilla (si bien no tanta como la que producirían más tarde), que se utilizaba ya para dar sabor al chocolate. Contaban con numerosos mitos útiles, entre ellos que, en el pasado, los peces habían sido hombres.[55]

Formaban aproximadamente una docena de principados, casi todos conquistados a mediados del siglo XV, primero por los texcocas y luego por Moctezuma I. Sin embargo, algunos conservaron su independencia hasta los tiempos del conquistador Ahuítzotl.

Los mexicas, siguiendo su costumbre, no derrocaron a los príncipes locales. Se limitaron a imponer tributos; en este caso, sustanciosas entregas de la fina tela de algodón por la que era conocida la región: dos veces al año los totonacas habían de enviar cuatrocientas blusas y faldas de mujer; cuatrocientas capas cortas bordeadas en negro y blanco; cuatrocientas capas medio acolchadas; cuatrocientas capas de cuatro brazas de ancho (la braza equivalía a 1,85 metros); cuatrocientas capas blancas, también de cuatro brazas de ancho; ciento sesenta «capas con preciosos y ricos adornos para los señores»; y mil doscientas capas a rayas blancas y negras. Una vez al año, tenían que entregar dos trajes de guerrero con escudos, un collar de piedras verdes, cuatrocientas plumas de quetzal, dos bezotes de cristal azul montados en oro, veinte bezotes de ámbar claro montados en oro, un tocado de plumas de quetzal y doscientos kilos de granos de cacao (en veinte «cargas»).[56] Los totonacas debían obtener algunos de estos artículos en otras partes por medio del trueque. Además, cazaban cotingas, espátulas rosadas y trogones mexicanos, todos ellos hermosos pájaros a los que arrancaban las plumas para beneficio de los «supremos señores mexicanos». La magnitud de estos gravámenes explica la calurosa acogida que brindaron los totonacas a Grijalva. Incluso es posible que estuvieran resentidos también porque veían a los mexicas como nuevos ricos en un entorno antiguo. Por su parte, en opinión de los mexicas, los totonacas eran la encarnación de la vida fácil: sus elegantes mujeres vestían ropa bien tejida y gozaban de mayor libertad sexual que la de los pueblos de las austeras tierras altas.[57]

En la región había varias guarniciones mexicanas: en Actopan, Nauhtlan y Tizpantzinco, hacia el norte y cerca de la costa, y en Cuetlaxtlán al sur. En ocasiones, los tributos de los totonacas se enviaban a dichas guarniciones y de allí a Tenochtitlan; en otras ocasiones se entregaba directamente en la capital mexicana. El emperador de Tenochtitlan nombraba al señor de Tlacotlalpan, ciudad a orillas del río Papaloapan, en la vecina provincia de Tochtepec. Pero esta situación no era habitual en el imperio mexicano, cuyos monarcas, como hemos visto, preferían gobernar indirectamente.

Los totonacas eran un pueblo culto. Se los conocía por sus coloridos bordados. Eran altos, de piel generalmente sana y cabeza alargada. Eran buenos bailarines. Usaban abanicos para refrescarse cuando hacía calor, se miraban a menudo en el espejo y calzaban hermosas sandalias (huaraches). De los labios, la nariz y las orejas, que tenían agujeros bastante grandes, colgaban pesados adornos ricamente trabajados. Sus bezotes repugnaban especialmente a los españoles: a veces eran azules, a veces, dorados; pero tenían siempre el alarmante efecto de estirar el labio inferior hacia abajo, dejando los dientes al descubierto. Cada día, antes del trabajo, los totonacas quemaban incienso y, a veces, se hacían cortes en la lengua o en las orejas a fin de poder salpicar su sangre en los principales templos y también sobre los alimentos antes de comerlos. En cuanto a los sacrificios humanos, al parecer sólo los practicaban con prisioneros de guerra.[58]

La región era caliente e insalubre, pero fértil; el norte, seco, y el sur, más allá de lo que es ahora la ciudad de Veracruz, húmedo. A principios del siglo XVI, como consecuencia de la hambruna en el México central, llegaron oleadas de inmigrantes.[59] Por tanto, es posible que algunos de los indios que allí encontraron los castellanos llevaran poco tiempo en la región.

Los totonacas tenían su propio idioma, que los mexicas consideraban «bárbaro». Sin embargo, algunos hablaban náhuatl. Lo que los distinguía era la importancia que otorgaban al baile de los «voladores»: los hombres subían hasta arriba de un palo alto, bailaban sobre la plataforma y luego daban vueltas boca abajo con las piernas atadas a una cuerda sujeta a lo alto del palo, formando cincuenta y dos círculos que iban agrandando (símbolos de los cincuenta y dos años del «siglo» mexicano). La principal ciudad totonaca era Cempoallán, a unos treinta kilómetros de donde Grijalva desembarcó. Su población de varios miles vivía alrededor de un centro ceremonial.[60]

Los castellanos permanecieron diez días en Chalchicuyecan, o más bien a sus afueras, puesto que dormían en sus barcos. Desembarcaban cada día y los indios les proporcionaban nuevas ramas para alejar el calor. El jefe «nos [a los castellanos] mostraba tanto amor que era cosa maravillosa».[61] Los castellanos le pusieron «Ovando» como mote, pues se asemejaba a ese gran gobernador. Él y su hijo hablaban tranquilamente con los recién llegados, cual si los conociera desde hacía años y cual si no hubiera problema de traducción. Los totonacas no eran en absoluto tímidos. Grijalva les decía una y otra vez que necesitaba oro. Por tanto, los totonacas le llevaron unas cuantas barras, pero Grijalva insistió en que quería más. Al día siguiente le llevaron una bonita máscara de oro, una imagen de forma humana con una máscara de oro más pequeña e incluso algo parecido a «una tiara como la del Santo Padre en oro», así como otros objetos de oro.[62] Entonces Grijalva les explicó que deseaba oro para fundirlo y los totonacas contestaron que conseguirían polvo de oro en las colinas donde solían enviar a su gente durante el día, que regresarían por la noche con un tubo, del tamaño de un dedo. Además, describieron los métodos que usaban para buscar oro en los ríos y cómo lo convertían en barras o láminas.

Al parecer, durante este tiempo las relaciones entre los castellanos y los totonacas fueron excelentes. Los anfitriones ofrecían regalos incluso a la tropa. Cada día daban comida a los españoles y fumaban tabaco con ellos; sin duda algunos castellanos ya habían participado en dicho ritual en Cuba. Hasta les hablaron de la importancia de «la gran ciudad de México»,[63] así como del resentimiento de los pueblos costeros. Fue entonces que, como se ha visto en el capítulo 4, el *tlillancalqui*, el emisario de Moctezuma, hizo contacto con Grijalva. Quizá la inquietud de Moctezuma al enterarse de la llegada de los castellanos se debiera a que también se había enterado de las buenas relaciones que éstos mantenían con sus tributarios.

El monje franciscano fray Toribio de Benavente, conocido como Motolinía, que llegó a este territorio en 1524, escribiría en el decenio de 1530 «que al principio les puso muy grande espanto y admiración, ver una gente venida por el agua (lo que ellos nunca habían visto ni oído que se pudiese hacer), de traje tan extraño del suyo, tan denodados y animosos, tan pocos entrar por todas las provincias de esta tierra con tanta autoridad y osadía, como si todos los naturales fueran sus vasallos: asimismo se admiraban y espantaban de ver los caballos, y lo que hacían los españoles encima de ellos, y algunos pensaron que el hombre y el caballo fuese todo una persona, aunque esto fue al principio en los primeros pueblos; porque después todos conocieron ser el hombre por sí y el caballo ser bestia, que esta gente mira y nota las cosas, y en viéndolos apear llamaron a los caballos *mázatl* castellano, que quiere decir ciervo de Castilla; porque acá no había otro animal a quien mejor los comparar. A los españoles llamaron *teteuh*, que quiere decir dioses, y los españoles corrompiendo el vocablo decían *teules*...»[64]

El efecto fue doble. Si los totonacas admiraban a los castellanos (en parte por razones estratégicas, pues esperaban que los ayudarían a luchar contra México), los castellanos, por su parte, emplearon términos superlativos al escribir a casa: «Creemos que esta tierra es la más rica y viciosa que hay en el mundo», escribió fray Díaz.[65] Es evidente que durante esos días de conversaciones a Grijalva le dijeron que los mexicas poseían un imperio del cual el lugar donde estaban hablando era parte; y que «... tienen harta política y habitan en casas de piedra y tienen sus leyes y ordenanzas y lugares públicos diputados para la administración de justicia».[66] Le dieron a entender que los mexicas eran ingeniosos, como se podía ver por sus vasijas de oro y sus capas de algodón de complicados dibujos. Al parecer también le dijeron que los mexicas llevaban a cabo sus rituales frente a una gran cruz de mármol, rematada por una corona de oro. Más aún, le aseguraron que en dicha cruz había muerto un hombre más lúcido y brillante que el propio sol. Obviamente, se trataba de una invención del intérprete derivada de su deseo de agradar.[67] Se dice que Grijalva tuvo la impresión de que a los totonacas los circuncidaban, error que cometió por no darse cuenta de que todos los sacerdotes de la región se sacaban sangre del pene para mortificarse y a modo de ofrenda. «Se sospecha que cerca de allí se encuentren moros y judíos», fue el comentario sentencioso de fray Díaz.[68]

Ahora, además de ser bien recibidos, los españoles vieron cuán rica era la tierra en que habían desembarcado. Por tanto, varios pensaron que sería sensato fundar una colonia allí. Los capitanes sostuvieron una larga conversación. Aunque Grijalva fuera el comandante de la expedición, era fundamental que alguien en su posición comentara los asuntos críticos con sus seguidores. Después de todo, se habían comprometido a trabajar bajo sus órdenes, sin pago y como hombres libres, con la esperanza de obtener ganancias. Grijalva estaba en contra de la colonización.[69] En su opinión, contaba con pocos hombres, pues trece habían muerto a consecuencia de las heridas recibidas en Champoton. Sus provisiones de pan cazabe (del que dependían los castellanos, pese a que los indios les daban tortillas de maíz) empezaban a enmohecerse. Los mos-

quitos creaban muchos problemas. Grijalva alegó que Diego Velázquez no le había dado permiso para fundar asentamientos. Otros
dos capitanes, Alvarado y Alonso de Ávila, argumentaron que, si
bien eso era cierto, también lo era que no se lo había prohibido. El
capellán de Grijalva, fray Juan Díaz, se quejó de que su comandante carecía del sentido de aventura necesario para tratar de apoderarse del territorio.[70]

De todos modos, Grijalva leyó el requerimiento para el pueblo
de Chalchicueyecan y proclamó que el territorio era posesión de la
reina Juana y del rey Carlos de Castilla.[71] (Se precisaba un nuevo
requerimiento, pues ahora los castellanos pensaban encontrarse en
el continente y no en una isla, como el «Yucatán»; llegaron a esta
conclusión al observar el tamaño de los ríos y la altura de las lejanas montañas, así como la variedad y la riqueza de las lenguas.)
Dieron al lugar el nombre de San Juan de Ulúa, «san Juan» porque
era el día de dicho santo, el 24 de junio, y «Ulúa» debido a una
confusión bastante frecuente en esos tiempos: cuando los españoles preguntaron a los indios dónde estaban éstos respondieron que
en «Culhúa», uno de los nombres que empleaban los mexicas, pero
los conquistadores oyeron mal.[72] Los castellanos no tenían intérpretes, pues ni *Julianillo* ni *Pedro Barba* hablaban náhuatl y un
niño náhuatl «Francisco», capturado en la costa para que interpre-
tara, todavía no hablaba muy bien el español.

Antes de que la expedición prosiguiera su ruta, Grijalva decidió
enviar Alvarado a Cuba a fin de enseñar a su tío algunas de las
cosas que habían conseguido y de llevar algunos marineros enfermos. Alvarado, aunque anhelaba aventuras, aceptó; supuestamente
(al menos eso es lo que dijo) primero, porque él mismo no se encontraba muy bien; segundo, porque estaba enamorado de una india
en Cuba;[73] y, finalmente, la razón más importante: le irritaba el
liderazgo poco emprendedor de Grijalva.

Alvarado regresó, pues, a Cuba con casi todo el oro que había
recibido Grijalva —con un valor de entre dieciséis mil y veinte mil
pesos— y muchos otros objetos hermosos y muy bien trabajados
pero que en esa época parecían tener poco valor intrínseco;[74] para
los españoles, eso significaba que, si los fundían, valdrían muy poco.
Grijalva dirigió una carta a su tío en la que describía su viaje. Los
otros capitanes hicieron lo mismo con su familia. Es de suponer
que decían que los artículos españoles más preciados en el nuevo
territorio eran las cuentas de cristal, de las cuales Grijalva había
regalado dos mil; los alfileres y las agujas, de los que había regalado dos mil y mil, respectivamente; además de tijeras y peines, más
preciados aún, si bien sólo llevaba seis y veinte, respectivamente.[75]

Después de que Alvarado se marchara, los demás españoles subieron a bordo de sus naves; los totonacas lloraron al verlos irse,
tal vez por cortesía, pero lo más probable era que esperaban que
los ayudarían a luchar contra Moctezuma. «Al tiempo que partía-

mos los dichos indios nos... trajeron al capitán una india tan bien vestida que con brocado no podría estar más rica.»[76] Fray Díaz escribió: «De esta gente no sé que otra [cosa] decir, porque lo que se vio es tan gran cosa que apenas se puede creer.»[77] Por error dejaron atrás a un conquistador, Miguel de Zaragoza. Vivió con los totonacas, aparentemente escondido.[78]

La expedición prosiguió su ruta costa arriba, más allá de lo que es ahora Tuxpan. Bautizaron una ciudad de la costa Almería, pues les parecía que se asemejaba a esa ciudad española (aunque en la práctica ha conservado su nombre totonaca: Nauhtla). Cerca de un río que llamaron río de Canoas (ahora, Cazones), los indios los atacaron. Probablemente se trataba de los huaxtecas, que venían de otra ciudad; ésta, según el impresionable fray Díaz, «... no parecía menor que Sevilla, así en las casas de piedra como en las torres y en grandeza».[79] Nada más ver a los españoles, algunos de estos naturales se pusieron en movimiento, en más de una docena de canoas, con arcos y flechas. Rompieron los cables de la nave de Montejo con hachas de filo de cobre. Estos indios mantenían seguramente algún tipo de relaciones comerciales con los de Michoacán. No obstante, los cañones de Grijalva los espantaron. Se dice que los cañoneros y los ballesteros mataron a cuatro indios y hundieron una canoa. Los indios retrocedieron y renunciaron al ataque.[80] Algunos conquistadores querían desembarcar y apoderarse de la ciudad, pero de nuevo Grijalva les negó su permiso para esa arriesgada idea.

En algún lugar cerca del actual cabo Rojo, el viento contrario obstaculizó el avance de la flota. Alaminos recomendó el regreso a Cuba. Además, uno de los barcos hacía agua y la temporada de lluvias había empezado. Dos capitanes de Grijalva, Montejo y Ávila, alegaron que sus hombres estaban hartos de navegar. Por tanto, la expedición emprendió el regreso. Pero su avance fue lento. Descansaron unos días en la boca del río Tonalá, donde a un puerto lo llamaron San Antonio y donde carenaron satisfactoriamente el barco que hacía agua.[81] Nuevamente algunos castellanos querían quedarse y fundar una colonia en este lugar, pero una vez más Grijalva se negó. Mientras estuvieron allí tuvieron contactos interesantes con los indios locales, que les llevaron muchos artículos valiosos, incluyendo más hachas de cobre que los castellanos tomaron por oro (hasta que se cubrieron de verdín).[82] Al parecer, el cronista Bernal Díaz del Castillo plantó allí los primeros naranjos de las Américas; o al menos eso afirmó posteriormente; se podría alegar que eso compensó, a largo plazo, mil injusticias.[83]

Grijalva emprendió nuevamente su viaje, mas se le presentó otro obstáculo: el buque insignia *San Sebastián* se averió al cruzar un banco de arena y tuvieron que llevar a cabo más reparaciones. Para pasar el tiempo de espera, los conquistadores hicieron algunas modestas exploraciones. El *veedor* Peñalosa y fray Díaz observaron la práctica del sacrificio humano en la cima de una pirámide local. Unos indios de Cuba se internaron en el bosque; fray Díaz se quejó, completamente desilusionado: «y si hubiésemos tenido un capitán esforzado, sacáramos de aquí más de dos mil castellanos; y por él no pudimos rescatar bujerías, ni poblar la tierra, ni hacer nada bueno con él».[84]

Después la flota navegó por el extremo oeste de la Laguna de Términos, cerca de Xicallanco y de la isla de Carmen. Se detuvo también en Champoton, donde Hernández de Córdoba libró su batalla con los mayas. Éstos se prepararon nuevamente para la guerra, pero Grijalva se alejó rápidamente, evitando así el conflicto. Desembarcaron cerca de Campeche y del cabo Catoche el 21 de setiembre y luego cruzaron el canal del Yucatán, rumbo a Cuba. El 29 de setiembre llegaron a Mariel, a poca distancia hacia el oeste de lo que es ahora La Habana, y el 4 de octubre a Matanzas, donde desembarcaron el 5 de octubre. Grijalva descansó unos días en una de las granjas de Velázquez, en un lugar recién llamado Chipiona, supuestamente por el faro en la boca del Guadalquivir, lo último de España que veía la mayoría de los conquistadores cuando se dirigían a las Indias.[85] Muchos miembros de la expedición regresaron directamente a su casa en Sancti Spiritus y en Trinidad; Grijalva tardó varias semanas en llegar a Santiago, donde entretanto habían ocurrido muchas cosas.

La opinión que de la expedición de Grijalva tuvieron los conquistadores que le sucedieron fue siempre más bien negativa. Por ejemplo, Cortés, cuando más tarde lo interrogaron sobre sus propias hazañas, dijo que el capitán regresó de San Juan de Ulúa sin haber visto ninguna ciudad de ese territorio y «sin haber fecho cosa alguna».[86] Es un juicio injusto. Grijalva amplió los conocimientos de los españoles acerca del continente americano. Llegó a cabo Rojo, a mil seiscientos kilómetros al norte del punto más lejano visto por Hernández de Córdoba. Llevó a Cuba las primeras noticias de la existencia de la importante monarquía en México. Estableció buenas relaciones con los totonacas y regresó a Cuba con interesantes artículos de oro y otros objetos valiosos. Fue él quien inició la práctica de emplear dos intérpretes, uno del español al maya chontal y otro de ese idioma al maya yucateco. Era un hombre prudente, sin carisma y no tuvo suerte. No obstante, su tío Velázquez parece haber sacado provecho del viaje.[87]

En Cuba, el gobernador no había estado inactivo desde el regreso de Pedro de Alvarado. Lo impresionaron mucho los tesoros que aportó dicho capitán. De hecho, durante varios días no hizo más que abrazarlo.[88] Mandó algunos objetos a su representante en la corte de España, fray Benito Martín, para que los enseñase al rey y al obispo Fonseca. Sabía que el obispo estaría encantado al ver, por fin, valiosos objetos de las Américas.[89]

Alvarado se portó mal con Grijalva. Lo había enfadado la reprimenda que éste le dio cuando se adentró por el río que luego llevaría su nombre. Se quejó de que Grijalva se mostrara renuente a establecer colonias y de que «no había sabido los secretos de la tierra».[90] Velázquez se enfadó. Decidió que obviamente había enviado un bobo como capitán.[91] Opinión injusta, pues Grijalva había obedecido sus instrucciones al pie de la letra.

De todos modos empezó a preocuparse al pensar que Grijalva pudiera haberse perdido y mandó un destacamento a buscarlo, destacamento encabezado por un miembro de su séquito, Cristóbal de Olid, un andaluz originario de Baeza o de Linares. Olid era grosero pero buen guerrero. A condición de no ser más que segundo en el mando, era «un Héctor en las luchas cuerpo a cuerpo», según la descripción que de él hizo Hernán Cortés..., pero no antes de la muerte de Olid.[92] Los amigos de Olid creían que era tan valiente montado a caballo como a pie. Era un hombre alto, de hombros anchos, rubicundo y, si bien tenía buenos rasgos, su labio inferior se arrugaba como si estuviese partido.[93]

Olid fue hacia el Yucatán con un solo buque. Tomó posesión de Cozumel en nombre del rey Carlos y de la reina Juana, sin saber que Grijalva ya había cumplido con ese trámite. Luego viró rumbo al Yucatán, siguiendo la ya conocida ruta de Hernández de Córdoba. Sin embargo, en el canal del Yucatán un fuerte viento le hizo perder las anclas. Era la temporada de los ciclones. Desembarcó cerca de la Laguna de Términos, donde halló rastros de la reciente estancia de Grijalva. Decidió regresar a Cuba debido a los problemas que él mismo tenía. Llegó una semana antes del regreso de la expedición que no había podido encontrar.

9. UN GRAN SEÑOR, COMO SI NACIERA EN BROCADOS

... finalmente, allí se mostró Cortés como gran señor, y como si naciera en brocados, y con tanta autoridad que no se osaba ninguno menear que no le mostrase amor, y contentamiento de que él reinase

BARTOLOMÉ DE LAS CASAS, *Historia de las Indias*

El regreso inesperado de Pedro de Alvarado de los nuevos territorios indujo al gobernador de Cuba, Diego Velázquez, a buscar mayores ganancias del descubrimiento del Yucatán y de «Ulúa». Para empezar, como funcionario responsable, dio un nombre a la «isla» del Yucatán. Escogió «Carolina», en honor del joven rey de España,[1] nombre que fue rápidamente olvidado. Después pensó en cómo organizar otra expedición, y esto aun antes del regreso de Grijalva.

Quería que quien encabezara la expedición fuera más imaginativo que Grijalva y pudiera costearla toda o en parte. Mas no quería que fuera una gran armada conquistadora, pues él mismo encabezaría una tan pronto recibiera el visto bueno de España. El objetivo de esta tercera expedición consistiría en ganar tiempo, a fin de evitar que Diego Colón o algún aventurero aprovechara la oportunidad. Era, pues, difícil encontrar a la persona idónea para encabezarla. No es de sorprender, por tanto, que Velázquez cometiera un error, al menos desde su punto de vista.

Pensó primero en pedir ayuda a otro sobrino suyo, Baltasar Bermúdez, nativo de Cuéllar, casado con Iseo Velázquez, su sobrina. Bermúdez rechazó la misión por considerar que los costes, unos tres mil ducados, superarían las ganancias.[2] Otra posibilidad era Vasco Porcallo de Figueroa, extremeño y primo del duque de Feria, que había establecido una hacienda cerca de Trinidad. Los Porcallo pertenecían a la pequeña nobleza de Cáceres, pero los Figueroa eran de un rango más elevado.[3] Sin embargo, Velázquez consideraba que era un hombre incontrolable (¡qué irónico, dadas las circunstancias!) que no respetaría la posición de comandante supremo del propio Velázquez. No obstante estuvo bien que no lo nombrara, pues Vasco Porcallo era un sádico (en 1522 se le acusó de mutilar a sus indios, de cortarles las partes pudendas).[4]

Otros candidatos para el mando de la expedición incluían varios miembros de la familia inmediata de Velázquez: su primo Bernardino Velázquez y Antonio Velázquez Borrego. Dichos caballeros, de Cuéllar o de Segovia, se negaron. Estaban contentos con sus propiedades en Cuba. Algunos de los que habían regresado del nuevo territorio con Alvarado creían que se le debía dar otra oportunidad a Grijalva.[5] Pero Velázquez estaba demasiado molesto con él.

Finalmente, aconsejado por Amador de Lares (su contable) y Andrés de Duero (su secretario), Velázquez designó a un hombre que había sido protegido suyo durante más de diez años, por cierto un sobrino en todo menos en el apellido, el joven alcalde de Santiago, Hernán Cortés. Tanto Lares como Duero pensaron que podían compartir las ganancias de la nueva expedición.[6] Por tanto, Lares (que, como se recordará, no sabía leer ni escribir) firmó una carta dirigida a Cortés en que se le pedía que fuera a Santiago a ver al gobernador.

Cortés se hallaba entonces en su propiedad de Cuvanacan, a orillas del río Duaban, buscando oro con un amigo sevillano que conociera en La Española, Francisco Dávila.[7] Aceptó la invitación y dos semanas más tarde Dávila recibió una carta suya en la que le indicaba que Velázquez le había pedido que encabezara una nueva expedición al Yucatán y que había aceptado.[8]

Puesto que Cortés nació hacia 1482, en ese momento contaba treinta y seis años, una edad adecuada para encabezar una expedición. Llevaba unos doce años en las Indias; había llegado a Santo Domingo en 1506, a los veinticuatro años.[9]

Era descendiente de algunas de las familias más turbulentas de la ciudad más indisciplinada, Medellín, en Extremadura, la parte más violenta de Castilla. Era hijo de una inmensa familia de hidalgos con la cual casi todos los de esa región que fueron a América tenían alguna relación. De su padre, Martín Cortés, se suele decir que formaba parte de la infantería, un soldado pobre que, si bien era hidalgo, no podía costearse un caballo para ir a la guerra.[10] No obstante, el capellán y biógrafo de Cortés, fray López de Gómara, afirmó que Martín Cortés había servido en una compañía de caballería, bajo el mando de un «pariente, Alonso de Hinojosa», probablemente originario de Trujillo. Cabe mencionar que el fraile solía escribir lo que le contaba su protector. Pero la información puede ser cierta, pues Martín Cortés luchó en varias guerras.

Éstas eran mayormente conflictos privados, en los que una familia de hidalgos de Extremadura luchaba por controlar castillos, tierras y ganado; a menudo las luchas se libraban entre dos ramas de la misma familia. Se podría decir que estos conflictos maduraron, por así decirlo, y se convirtieron en una auténtica guerra civil en el decenio de 1470, una lucha entre los nobles seguidores de los Reyes Católicos y los de *la Beltraneja*, una sobrina de Isabel la Católica, candidata apoyada por los portugueses. Entretanto, fuera de las ciudades, todo era robo y asesinato, no había puentes sobre los ríos y nadie viajaba a menos de contar con la protección de bandas armadas.

Al parecer, Martín Cortés era hijo ilegítimo de un tal Rodrigo de Monroy, cuyo resonante apellido él y, posteriormente Hernán, tomarían por segundo apellido.[11] La familia Monroy gozaba de gran relieve en Extremadura: poseía dos castillos, Belvís y Monroy, era dada a violentas riñas y a engendrar, generación tras generación, guerreros indisciplinados. El padre de Rodrigo, Hernán Rodríguez de Monroy, participó en la reconquista, en nombre del rey, de Antequera, gobernada por los moros; éste fue casi el único servicio público en una familia acostumbrada a las guerras privadas. Es posible que la madre de Martín Cortés, María Cortés, dejara a su hijo una pequeña propiedad en Medellín, lo que explicaría el apellido.

Martín Cortés estuvo durante una temporada a las órdenes del miembro más espectacular de la familia, un primo hermano de su padre, Monroy, apodado *el Clavero* por ser quien tenía las llaves del castillo de la gran Orden de Alcántara, cargo honorario de dicha orden. Era un personaje legendario: un «Hércules», cuyo peso, se decía, ningún caballo aguantaba. Ni siquiera dos espadachines eran capaces de derrotarlo. Un defecto visual le permitía ver mejor de noche que de día. Ya en 1480 llevaba casi cincuenta años librando batallas casi ininterrumpidamente, a veces contra la corona, pero generalmente contra su propia familia, incluso contra sus propios hermanos. En una ocasión, aun con el peso de cadenas a cuestas, huyó escalando el espectacular muro exterior del magnífico castillo de Magacela, a veinticuatro kilómetros al sudeste de Medellín, donde un primo lo había encerrado. Si bien se rompió ambas piernas y varios huesos, tuvieron que luchar mucho para volver a capturarlo. Parece que en otra ocasión tenía pensado entregar Extremadura a Portugal y, una vez reestablecida la paz en el decenio de 1480, se fue a Lisboa, donde vivió hasta el fin de su vida, exiliado y furioso.[12]

Martín Cortés, sin embargo, al igual que su tío, Hernán Monroy *el Bezudo*, y que su propio señor, el conde de Medellín, y otros hidalgos de la ciudad,[13] participó en las últimas batallas de la reconquista de Granada. Después de eso, se estableció en Medellín, a treinta y dos kilómetros al oeste de Mérida, la antigua y, en esos tiempos, arruinada capital romana de la provincia. Medellín también fue una ciudad romana, fundada en el siglo I a. J.C. por el procónsul de Roma, Quinto Cecilio Metelo, llamado Pío: de allí su nombre. Seguramente el recuerdo de los tiempos romanos estaba más vivo en tiempos de Martín Cortés que ahora, pues en ella se podían ver los restos romanos de un teatro, algunas villas y un puente. Aunque en la actualidad Medellín sea una ciudad remota, en medio de un valle fértil, en esos días se encontraba en la ruta más transitada de Sevilla a Valladolid y a Guadalupe.[14]

El molino a orillas del hermoso río Ortigas (tributario del Guadiana), unos panales justo al sur de Medellín y un pequeño viñedo en el valle del río Guadiana, así como unos trigales que Martín Cortés poseía, los heredó probablemente de su madre. En todas estas propiedades se producían unos doscientos treinta kilos (veinte *arrobas*) de miel, veinte *arrobas* (medida que, para los líquidos, varía según la región y el líquido) de vino y unos sesenta quintales de trigo, lo que representaba la diminuta suma de cinco mil maravedís anuales; de haber sido éste su único ingreso, Martín hubiese formado parte de los pauperrios.[15] Pero poseía también una casa en la plaza principal de Medellín (en la que nació Hernán Cortés) y otros edificios en la ciudad que le proporcionaban rentas. Esta propiedad, de carácter semiurbano/semirrural, era típica de la época, y gracias a ella Martín pudo ser regidor e incluso procurador general.[16]

El obispo Bartolomé de Las Casas conocía a Martín Cortés. De él escribió que «harto pobre y humilde aunque cristiano viejo [o sea, ni judío ni moro] y dicen que hidalgo», afirmación poco tranquilizadora en cuanto al linaje, si bien cierta.[17] El que los Monroy fueran rebeldes no significaba que no fuesen aristócratas, puesto que, según las costumbres de Castilla, el ser ilegítimo no suponía perder derecho a heredar la hidalguía, si de varones se trataba. Tampoco era un estigma: tanto el conde como la condesa de Medellín, los señores de la ciudad natal de Cortés, eran ilegítimos, como lo eran el comandante español durante la guerra contra Granada, Rodrigo Ponce de León, marqués de Arcos, y su hermano, Juan, el descubridor de la Florida. Cualquier hidalgo podía otorgar la hidalguía a sus hijos ilegítimos, a condición de garantizarles un mínimo de quinientos *sueldos*, suma modesta. Para entonces, la única ventaja de ser hidalgo era la exención de ciertos impuestos.

Cuando, en 1525, Hernán Cortés solicitó en Valladolid ser miembro de la Orden de Santiago, varias personas declararon que sus padres eran hidalgos; por tanto, tenía derecho a un escudo de armas (de hecho, las de Rodríguez de Varillas, familia noble salmantina, de la cual descendían los Monroy por línea paterna).[18]

El humanista siciliano Marineo Siculo, autor de la primera biografía de Cortés, alegó (sin fundamentos) que los antepasados de éste eran italianos (y nobles), poniendo así en evidencia el prejuicio de una feliz época en que la sangre italiana era una señal de distinción.[19] Pero no es cierto, aunque las ambiciones de su héroe bien podrían haber sido emular las del Renacimiento italiano.

El apellido Monroy parece importante: los Monroy, como hemos visto, poseían dos grandes castillos en Extremadura. Sin embargo, una familia de galleteros de Triana lo llevaba también.[20]

En la investigación para averiguar si Cortés era digno de ser caballero de la Orden de Santiago, sus abuelos paternos fueron mencionados sólo indirectamente: un tal Juan Núñez de Prado suponía que eran de Salamanca, pero no pudo dar sus nombres.[21] Por eso la ilegitimidad de Martín Cortés parece ser cierta.[22] (Seguramente Núñez de Prado, que en ese entonces contaba ochenta años, conocía bien a los Monroy, en vista de que se casó con una mujer de esa familia.)

Es probable que Hernán Cortés aprendió el arte de guerrear de su padre; en algún momento de su vida se convirtió en un excelente jinete, aunque no se sabe si su padre montaba a caballo en sus batallas. En esos días un soldado habría tenido que imbuirse de la técnica necesaria para usar las primeras armas de fuego así como métodos elementales de disciplina.

La familia de su madre, Catalina, era tan interesante como la de su padre. El padre de Catalina, Diego Alfón Altamirano, fue escribano y, por un tiempo, mayordomo de Beatriz Pacheco, condesa de Medellín.[23] Fue también notario del rey, cargo que le suponía una posición semioficial, la de un hombre cuyos conocimientos eran respetados, probablemente por ser titulado de la Universidad de Salamanca. Seguramente conocía bien la vida de Medellín, pues sería eje de la administración, aun cuando actuara en nombre de su señor, cosa normal en una ciudad gobernada por un conde. Al igual que Martín Cortés, participaba en la política local, pero no como regidor, sino como alcalde ordinario.[24] Su esposa se llamaba Catalina Pizarro.

Tanto los Altamirano como los Pizarro eran oriundos de Trujillo, a sesenta y cuatro kilómetros al norte de Medellín. La docena de familias de hidalgos de Trujillo y Medellín solían casarse entre sí. Así pues, Catalina Pizarro era parienta del conquistador del Perú.[25] (Cuando Velázquez otorgó la misión a Hernán Cortés, Francisco Pizarro vivía todavía en Castilla del Oro. Hombre implacable, encabezó el grupo de soldados que en octubre de ese mismo año, 1518, arrestó a Núñez de Balboa, otro competente e imaginativo conquistador extremeño, nacido probablemente en Jerez de los Caballeros.) Los miembros de ambas familias, los Pizarro («tan soberbios como pobres», según el historiador Oviedo)[26] y los Altamirano, desempeñaron un importante papel en la carrera de Cortés: lo apoyaron a menudo en tiempos difíciles. Pero cuando Hernán nació, las dos familias pertenecían a dos facciones diferentes: los Altamirano, un clan de numerosos primos, encabezaban una; los Pizarro apoyaban a otra, la de los Bejarano. La disputa entre ambas empezó con la lucha por el control de los cargos municipales, aunque gran parte del conflicto se debía a sus actitudes antagónicas hacia el monopolio estatal del ganado lanar, la Mesta. Sin embargo, estas cuestiones estaban casi olvidadas y el problema se centraba en las reyertas recientes, los insultos y los asesinatos. Una boda entre ambas familias habría sido tan provocadora como una boda entre Capuletos y Montescos. Tal vez por eso los abuelos de Hernán Cortés se fueron a vivir a Medellín.[27]

Pero Medellín, con sus aproximadamente dos mil quinientos habitantes, seguramente no era un lugar tranquilo.[28] Se hallaba en la línea divisoria de dos territorios controlados por sendas órdenes de caballeros, la de Santiago y la de Alcántara. Un castillo espléndido dominaba la ciudad, el castillo que, en la infancia de Cortés, dominaba la cruel condesa de Medellín, Beatriz Pacheco, hija ilegítima del favorito del rey Enrique, el marqués de Villena. Ese parentesco hizo de Beatriz una poderosa defensora, durante las guerras civiles, de Juana la Beltraneja, enemiga de los Reyes Católicos y aliada de *el Clavero*. La condesa sostuvo un largo sitio contra las fuerzas reales en 1479. Medellín y Mérida fueron las dos últimas ciudades de importancia que reconocieron a *la Beltraneja* como reina de Castilla.[29] Al morir, el marido de Beatriz, el conde Rodrigo, dejó establecido en su testamento que su viuda no criara a su hijo. La condesa encerró inmediatamente a dicho heredero en un aljibe —una cisterna—, del que lo rescataron unos habitantes de la ciudad. Esta experiencia lo convirtió en «una verdadera hiena», adversario apasionado de todo cuanto su madre apoyaba. Aun así, una vez muerta la condesa, hubo reyertas entre el nuevo conde y la ciudad. Martín Cortés también se opuso a él. Su suegro, Altamirano, debió de pasarlo mal, ya fuera como magistrado ya como mayordomo. Los robos, los asesinatos, los encarcelamientos arbitrarios, las reyertas, las amenazas y la ocupación ilegal de terrenos, que tuvieron lugar en Medellín durante la infancia de Cortés, constan en el registro del sinnúmero de causas llevadas a la corte del rey.

El cultivo de trigo y del lino constituía lo esencial de los recursos de Medellín. El monasterio jerónimo de Guadalupe, a unos setenta kilómetros al nordeste, hacía uso de sus pastos para su propio ganado; la Orden de Alcántara explotaba las tierras más ricas de los cercanos valles del hermoso Serena, por lo que debía mantener buenas relaciones con quien controlara Medellín. El conde de Medellín, fuertemente endeudado como consecuencia de las pretensiones militares de sus antepasados, trató en muchas ocasiones de resolver con las armas sus apuros económicos. La ciudad, cuyo mayor paladín era Juan Núñez de Prado, estaba en contra suya. La familia de Cortés debía lealtad a Núñez de Prado, que había puesto sus miras en las tierras, si no en el título, del conde. Muy al principio del siglo XVI, el duque de Alba, resuelto a incrementar su influencia en la región, manipuló a la facción opuesta al conde.[30]

Durante la infancia de Cortés, Medellín, al igual que muchas poblaciones de igual tamaño, era una ciudad de tres culturas: cristiana, musulmana y judía. El peso de cada una es todavía objeto de conjeturas, pero en Extremadura en su conjunto, musulmanes y judíos representaban hasta una tercera parte de la población.[31] Después de todo, la liberación cristiana de la ciudad se remontaba apenas al año 1235 y a partir de entonces los cristianos eran casi todos inmigrantes, mientras que varias familias moras habían permanecido en ella. En el barrio judío había entre sesenta y setenta familias, o sea, unas doscientas cincuenta personas. Para los judíos españoles, Medellín era una ciudad importante: en 1488, por ejemplo, sólo nueve ciudades de Castilla contribuyeron con más dinero para la guerra de reconquista de Granada.[32] Por tanto, el joven Cortés habría visto una mezquita y una sinagoga al lado de las iglesias católicas de Santiago (así llamada en honor de la orden que liberó la ciudad) y de San Martín, cuyo culto era muy popular.

La mayoría de los judíos (unos diez mil en toda Extremadura) se marchó en 1492, cuando Cortés contaba siete años, rumbo a Portugal, de donde fueron probablemente expulsados de nuevo en 1497.[33] La repentina partida ignominiosa de esta amplia y bien establecida minoría fue uno de los principales acontecimientos que presenció Cortés en su infancia. Cabe la posibilidad de que también viera esclavos, algunos turcos y otros africanos, importados a Medellín desde Portugal. En esos tiempos se veían esclavos negros por toda España.[34] El haber observado pueblos distintos al católico debió influir en la imaginación de Cortés y en su actitud hacia las nuevas sociedades que encontraría en el Nuevo Mundo.

El lugar de cultura más cercano era Zalamea de la Serena, a unos cuarenta kilómetros al sur de Medellín, donde Juan de Zúñiga, el último gran maestre independiente de la Orden de Alcántara, el sucesor de Monroy y protector del gran filólogo Antonio de Nebrija, sostenía una elegante aunque remota bucólica corte.[35] Allí, entre 1487 y 1489, Nebrija escribió su *Isagiogicon Cosmographicae*. Allí también, en 1486, Abrahán Zacuto, el último gran pensador judío español, elevó la astrología casi al nivel de ciencia, con su *Tratado de las influencias del Cielo*. (Sus tablas se asemejan mucho a las cíclicas «tablas de Venus» de los mayas.)[36] Como Medellín, Zalamea se encontraba en el camino principal de Sevilla a Valladolid. Tal vez la idea de las oportunidades que existían en las tierras más allá del Atlántico le llegara a Cortés, después de 1492, de Zalamea o de las poblaciones a orillas del Guadiana, que iba desde Medellín al mar un poco más allá de Huelva; quizá Portugal fuese la fuente de información según la cual más allá del mar había perspectivas de conseguir oro y ascensos. Algunos de los doscientos «caballeros voluntarios» que acompañaron a Colón en su segundo viaje eran probablemente oriundos de Extremadura y uno o dos de Medellín (por ejemplo, Luis Hernández Portocarrero).

En sus últimos años, Cortés escribió muchas cartas, pero en ellas apenas se refirió a su infancia. Casi lo único que se sabe de esos tiempos es que se temió por su vida cuando nació y que lo salvó María Esteban, una nodriza de Oliva, aldea al sudeste de Medellín, en la sierra de la Garza. La nodriza atribuyó el «milagro» a san Pedro; de allí la lealtad posterior de Cortés hacia este santo.[37] Se dice que fue enfermizo hasta la adolescencia. Era hijo único. Ambas cosas debieron de causarle dificultades en una sociedad dedicada a las artes marciales y a las reyertas urbanas. Quizá, considerando su debilidad física, sus padres quisieron que tuviese estudios. Se supone también que deseaban que fuera paje, pero que no encontraron un hueco adecuado para él en el castillo de Medellín. De suerte que sirvió como monaguillo en una iglesia, probablemente la de san Martín.[38] De esta preocupación religiosa en su juventud e incluso en su infancia, el futuro conquistador adquirió la sensibilidad hacia la liturgia y el arte de predicar, que haría de él un proselitista muy eficaz.

Aunque consten pocos datos sobre la infancia de Cortés, gracias a su parentesco con los Altamirano, debió de vivir en un ambiente seguramente más culto que el de la mayoría de los conquistadores de Extremadura.

Cortés dejó Medellín cuando era adolescente. Y ya mayor, favoreció a gentes de dicha ciudad (como, por ejemplo, Rodrigo Rangel, Alonso Hernández Portocarrero, primo del conde de Medellín, Gonzalo de Sandoval, Alonso de Mendoza y Juan Rodríguez de Villafuerte, este último a pesar de su evidente limitada capacidad). Cuando estaba en condiciones de hacerlo, Cortés solía ser pródigo y mandaba regalos lujosos tanto al conde de Medellín como a su nieto. Llamó Medellín a un lugar del Nuevo Mundo y envió dinero para una capilla dedicada a san Antonio en el monasterio franciscano de dicha localidad.[39] Escogió rodearse de extremeños, y Pedro de Alvarado, oriundo de Badajoz (quizá un amigo de infancia), se convirtió en su confidente más íntimo. Sin embargo, cuando era famoso no quiso construir un palacio en su ciudad natal. Incluso, en su testamento, cedió la propiedad de su familia a un primo, Juan Altamirano.[40] Los Pizarro, por su parte y después de la conquista del Perú, compraron muchas propiedades en Extremadura, hasta una tierra por valor de un millón seiscientos mil maravedís en el propio Medellín.[41] La única referencia de Cortés a su región natal que se conozca consta en una información de 1523 a favor de un discípulo, Diego de Ocampo: «Le tiene por cavallero hidalgo, porque le conosse y sabe su naturaleza que es en Estradura donde es la de [Cortés].» El alejamiento de Cortés de su ciudad natal podría explicarse por el hecho de que no deseaba someterse nuevamente a la jurisdicción feudal de un señor tan excéntrico, exigente e impredecible como no había dejado de mostrar ser el conde de Medellín. Martín Cortés, después de todo, se había puesto de parte de los enemigos del conde, entre ellos Juan Núñez de Prado.[42] Además, el conde era cuñado y aliado político del enemigo de Cortés, Pedrarias, el gobernador de Castilla del Oro.[43] En Trujillo, ciudad propiedad de la Orden de Santiago, los Pizarro ya eran una familia dominante en una de las dos facciones enfrentadas y no destacaba ningún señor; lo que no impedía que en dicha ciudad hubiese tanta agitación como en Medellín: en Trujillo, en 1510, Juan Núñez de Prado mató a un partidario del conde de Medellín en una reyerta.[44]

A los doce años, en 1496, Cortés fue a Salamanca, ciudad en la que nació su padre, según se decía. Ciertamente se la relacionaba, desde hacía mucho tiempo, con los Monroy y los Rodríguez de Varillas. Un epitafio en una capilla del claustro de la vieja catedral reza: «Aquí yacen los señores Gutierre de Monroy y doña Constanza D'Anaya, su mujer a los quales de Dios tanta parte del cielo como por sus personas y linajes merecían de la tierra.»[45] Al parecer vivió en Salamanca dos años, con su tía (hermanastra de su padre) Inés de Paz, y el marido de ésta, Francisco Núñez de Valera, notario como Diego Altamirano.[46] Se dice que Cortés estudió latín y gramática, no se sabe si con Francisco Núñez o en clases fuera de la casa, a fin de prepararse para la abogacía, siguiendo así los pasos de su abuelo materno.[47] No figura en ningún registro indicando que asistiera a la universidad, pero la personalidad de ese vivero de eruditos y gentileshombres (según la descripción demasiado generosa del humanista italiano Lucio Marineo Siculo, que ya entonces daba clases de poesía allí) era marcadamente extremeña.[48] Es probable que Cortés asistiera al menos a algunas clases. Las universidades de esos tiempos no eran las empresas rígidamente burocráticas en que se transformaron posteriormente. Diego López, de Medellín, declaró en 1525 que había tomado clases en el mismo «estudio» que Cortés.[49]

Según la descripción de Las Casas, que no aprobaba su comportamiento, pero que lo conocía y, hasta cierto punto, lo admiraba, Cortés era bachiller en derecho, además de ser un buen latinista (y hablaba bien el latín).[50] Posteriormente el conquistador mostró tener conocimiento de derecho, si bien no tenía licenciatura en dicha materia: aun cuando en los registros existiesen errores, no pudo llegar a bachiller en sólo dos años.[51] No conocía a fondo los clásicos, pero algo sabía. Las Casas, que dominaba el latín y era buen juez de ello, diría: «Hacía ventaja en ser latino, solamente, porque había estudiado leyes en Salamanca y de ellos bachiller.»[52] Marineo Siculo, el profesor siciliano de poesía cuyo latín debió ser mejor que el de Las Casas, se mostró entusiasta: «delitaba mucho» del latín [53] (conoció a Cortés a fines del decenio de 1520). Sin embargo, Cortés muy bien podría haber sacado las numerosas alusiones a los clásicos con que salpicaba sus conversaciones y sus cartas de uno de los libros de proverbios de reciente publicación. Ciertamente, casi todos sus dichos preferidos, como «Fortes Fortuna adiuvat» (la fortuna favorece a los valientes), de la obra teatral de Terencio, Phormio, y «Un reino dividido contra sí mismo no puede sostenerse», del Evangelio según san Mateo, se encuentran en el Adagio de Erasmo y otras obras semejantes. Tal vez Cortés oyó a gente citarlos. En esos tiempos estaba muy de moda citar clásicos. Gracias al maravillosamente picante diálogo de Fernando de Rojas La Celestina, publicado en Burgos en 1499, hasta las sirvientas citaban a Horacio. Quizá Cortés vio el libro: Rojas estuvo en Salamanca al mismo tiempo que Cortés.

Posteriormente, Cortés dio a la gente la impresión de ser un hombre al que le gustaba leer cuando tenía tiempo de hacerlo, pero se inclinaba más (de joven) por las armas [54] y por los juegos de azar, costumbre que nunca perdió.

Estos intereses sugieren la razón por la cual, a diferencia de otro niño extremeño, Juan Martínez Siliceo, listo y ambicioso, nacido en 1486 cerca de Llerena (sede de la Inquisición en Extremadura), de padres más humildes, también cristianos viejos, Hernán Cortés nunca pensó en hacer carrera en la Iglesia (Siliceo, cuyo apellido verdadero era Guajirro, sería un inflexible arzobispo de Toledo en el decenio de 1540).

Sin duda entre los varios millares de latinistas que gustaban de jugar al ajedrez y tocar la guitarra, Cortés asimiló algo del animado ambiente que marcaron esos años en Salamanca. Algunos profesores estaban intentando desmantelar lo que, tras una visita a Italia, Nebrija llamó «barbarie» medieval.[55] El propio Nebrija había ido a Zalamea, pero sus discípulos se mostraban muy activos. En un discurso pronunciado en 1488 sobre la segunda sátira de Juvenal, Pedro Mártir mantuvo allí a un público de estudiantes extasiado durante tres horas. Lucio Marineo Siculo, el primer italiano que hablara en España del Renacimiento, quería volver a hacer del latín una lengua viva.[56] (Según una norma en Salamanca, el latín había de hablarse en todo momento, pero fue la primera de muchas normas semejantes que se violaban constantemente.) Cortés debía conocer el famoso paralelismo que estableció Nebrija entre la grandeza de la lengua española y la nación misma, aunque sólo fuera porque Nebrija había inspirado la creación de una nueva facultad, con una fabulosa biblioteca con techo en forma de cúpula.[57] Algo del sentimiento de grandeza nacional debió contagiársele. Fue en Salamanca, justo antes de que Cortés llegara, que Juan del Encina, «el padre del teatro español del Renacimiento», publicó sus versos sobre los Reyes Católicos citado como epígrafe del capítulo 5 del presente.

En 1501, a los diecinueve años, Cortés regresó a Medellín. Su tía lo había tratado con amabilidad y, veinticinco años más tarde, le escribió una de las pocas cartas informales que se hayan conservado, en la que le decía: «aun no tengo olvidadas las mercedes y caricias q. Vm. me hizo en mi niñez».[58] Se dice que su regreso enojó a sus padres. Habían esperado que hiciese la carrera de derecho, al igual que su abuelo Altamirano, tal vez para servir al rey en calidad de esos nuevos *letrados*, funcionarios con estudios universitarios, que, se sabía, agradaban a los Reyes Católicos por no tener poder heredado, y que disponían de muchas oportunidades de hacerse ricos, pues cualquiera que deseara un favor real debía sobornar a un funcionario. La familia Cortés tenía un lejano parentesco con uno de dichos funcionarios, Lorenzo Galíndez de Carvajal, ya a punto de hacer una brillante carrera como consejero real (apenas doce años mayor que Hernán Cortés, era pariente del abuelo de Martín Cortés, Rodrigo de Monroy).[59]

Sin embargo, lo que Cortés quería era acción. Mas parece que vaciló entre ir a las Indias y participar en las guerras españolas en Italia bajo el mando del Gran Capitán Gonzalo Hernández de Córdoba, que estaba iniciando un periodo de ciento cincuenta años de victorias para la infantería española. La tentación de ir a Italia debió ser fuerte, teniendo en cuenta los extremeños que lo hacían, entre ellos algunos parientes de su padre. En 1501 una poderosa flota había salido de Málaga rumbo a Italia. En ella iban varios hombres famosos: el «Sansón de Extremadura», Diego de Paredes (de quien el Sancho Panza del *Don Quijote* de Cervantes hablaría descabelladamente),[60] el primo de la madre de Cortés, Gonzalo Pizarro, padre del conquistador del Perú, y el tío de Cortés, hermano legítimo de su padre, Pedro de Monroy.[61]

Por razones que nunca explicó, pero que, sin duda, tuvieron que ver con las relaciones familiares, Cortés decidió ir a las Indias. Hizo arreglos para acompañar a fray Nicolás de Ovando —*Comendador de Lares* de la Orden de Alcántara, también extremeño (su familia era de Brozas, entre Cáceres y Alcántara) y también pariente lejano suyo, por la rama de los Monroy— en la expedición que se preparaba para el año siguiente. Además, una hermana de Ovando se había casado con el hermano de Juan Núñez de Prado, amigo y defensor de los Cortés.[62] Hernando de Monroy, seguramente otro primo, era el intendente de la expedición de Ovando.[63] Este último tenía pensado llevar consigo a muchos extremeños; Francisco de Lizaur, su secretario y probable pariente, oriundo de Brozas, sin duda conocía el linaje de Cortés, si no su carácter.

Cortés se dirigió a Sevilla, donde Ovando estaba preparando su expedición de treinta y dos barcos, expedición cuyo propósito era rejuvenecer La Española tras la depredación del *Genovés*, llevando cerdos, pollos y vacas, sesenta caballos y yeguas, sin mencionar trece franciscanos.

Sevilla, con su población de unos cuarenta mil habitantes, era la ciudad más grande de España y su capital marítima, «una auténtica Babilonia», llena de marineros italianos, impresores alemanes, esclavos de Guinea traídos por traficantes portugueses, y descendientes de anteriores oleadas de esclavos africanos. Los comerciantes genoveses que llevaban viviendo allí mucho tiempo habían contagiado su entusiasmo empresarial a la aristocracia sevillana, a diferencia de las provincianas rivalidades de ciudades como Medellín. Los genoveses rivalizaban con los comerciantes burgaleses, que vendían toda índole de bienes, muchos de ellos de los Países Bajos, comprados con las ganancias de la venta de la lana castellana. La nueva catedral de Sevilla, todavía inacabada, era la más grande del mundo cristiano; su puerto, el mejor de España; y su pontón sobre el Guadalquivir que conectaba Sevilla a Triana, ingenioso. Un acueducto romano llevaba agua a la ciudad desde Carmona; había muchas calles pavimentadas; y, alrededor de la catedral, escalinatas de mármol muy concurridas, así como patios bien cuidados en las casas, incontables fuentes, flores y árboles. Los baños públicos de Sevilla (a los que iban las mujeres de día y los hombres de noche) asombraban sin duda a los extremeños. Los sevillanos se sentían tan orgullosos de su jabón blanco, hecho en Triana, como de su aceite de oliva y sus naranjas. Es probable que las anchas calles de Sevilla impresionaran a Cortés tanto como, unos años más tarde, al veneciano Andrea Navagero.[64] No obstante solían estar llenas de inmundicias y de niños vagabundos, mientras que el río, si bien arteria de la riqueza, era asqueroso, y la peste, frecuente.[65] Es seguro que Cortés vio el gran palacio de los duques de Medina Sidonia y el castillo de arquitectura mudéjar en Triana, donde se hallaban encerradas las personas acusadas de ser judías (unos veinte prisioneros cuando Cortés estuvo en Sevilla). Tal vez presenció un auto de fe, en las afueras de la muralla, en el campo de San Sebastián.[66] El rey y la reina se encontraban en Sevilla en enero de 1502 y en la primavera de ese año se llevó a cabo la expulsión de los moros de la ciudad. En 1503 a Sevilla se le otorgó el monopolio del comercio con las Américas y se fundó la Casa de la Contratación. Ese mismo año, el impresor alemán Jacobo Cromberger se estableció en la calle de los Marmolejos. Al mismo tiempo se sembró el germen de la Universidad de Sevilla, gracias a la cédula que autorizaba un *estudium general*. (En 1505 Rodrigo Fernández de Santaella obtuvo una bula del Papa por medio de la cual se aprobaba la fundación de una universidad, con su rector y doce maestros.) [67]

A juzgar por la devoción que le tuvo posteriormente, parece que Cortés sintió un respeto especial por la Virgen de los Remedios. Esta Virgen, de hermosos rasgos y ojos achinados al estilo de Siena (fue pintada hacia el año 1400), ocupaba (entonces y ahora) un sitio de honor en el lado oeste del coro de la catedral. Pero se habría dado cuenta de la atracción, generalmente mayor, de la Virgen de la Antigua, en una capilla lateral de la misma iglesia, Virgen en honor de la cual se nombraron numerosos barcos (entre ellos el buque insignia de Ovando), así como islas y ciudades en las Américas, incluyendo la primera gran ciudad fundada en el continente, La Antigua, en Darién. Se trataba de las vírgenes de Triana, venerada por los marineros, pero que empezaban a ser vírgenes americanas.

A fin de cuentas, Cortés no se fue con Ovando. Mientras esperaba la llegada de su barco, se hirió —no se sabe muy bien cómo—: se cayó de un muro al tratar de entrar (o salir) por la ventana de la habitación de una chica.[68]

En tanto se recuperaba, contrajo una variedad de malaria conocida como cuartanas, calentura que entra con frío, de cuatro en cuatro días. Sevilla era caldo de cultivo de numerosas infecciones. Tal vez Cortés tuvo suerte, pues La Española era aún más insalubre y, de los dos mil quinientos castellanos que viajaron con Ovando, no tardaron en morir mil, y otros quinientos enfermaron de gravedad.[69]

Dado que no había otra gran expedición a las Indias en perspectiva, Cortés volvió a acariciar la idea de ir a Italia. Al parecer «se encaminó a Valencia», de donde esperaba navegar hacia Nápoles.[70] Valencia era entonces el principal puerto de España, «la capital» del comercio del reino,[71] a la que muchos mercaderes de Barcelona se habían trasladado a consecuencia de la agitación política en su propia ciudad. Al encontrarse geográficamente cerca de Italia, en ella se concentraban las ideas italianas, entre ellas el humanismo expresado a través del estudio de los clásicos; en ella también trabajaban arquitectos y escultores italianos y alemanes, así como pintores flamencos. Apenas se había acabado la contrucción de la hermosa Lonja, al lado del Consulado del Mar. En 1500 el *Estudi general* fue reconocido como universidad, en la que se estudiaba a Nebrija «el antibárbaro», tanto como en Salamanca; el joven Joan Lluís Vives, filósofo valenciano, no tardaría en unir los principales hilos del humanismo español en varias obras convincentes. Mas a un hombre observador como Cortés le habrían impresionado tanto las «damas [que] son las más bellas y más lujosas y agradables que pueden verse», como la variedad de finas telas tejidas en Valencia y, sobre todo, los famosos, *draps d'or* y *damasquí d'or*, damascos de seda y brocados con hilos de oro.[72]

De haber ido a Italia, tal vez habría participado en el triunfo del Gran Capitán en Cerignola en 1503, e incluso podría haberse incorporado a la sanguinaria manada de guardaespaldas españoles al servicio del gran valenciano César Borgia. Pero, al parecer, vaciló de nuevo. En vez de ir a Nápoles, se dice que por un tiempo «se anduvo a la flor del berro», según la expresión de su biógrafo López de Gómara.[73] Este interludio (teniendo en cuenta que es probable que no fue a las Indias hasta 1506 y no 1504, año que solía darse para su partida) debió de durar dos años. Quizá en ese tiempo viajó a ciudades como Granada: más tarde daría muestras de conocer bien su mercado de seda, mercado que todavía entonces era magnífico.[74] Luego, según otro de sus biógrafos y sobrino suyo, Suárez de Peralta, pasó un año (posiblemente más) en Valladolid, ciudad apenas más pequeña que Sevilla (tendría unos treinta y cinco mil habitantes). Cabe suponer que su tío salmantino, Núñez de Valera, le encontró trabajo en el despacho de un escribano, donde Cortés aprendió dicho oficio, de tanta importancia en la toma de decisiones en las Indias. Sin duda se dio cuenta, además, de lo bien que se recompensaba a los escribanos.[75] Seguramente fue durante este periodo que se familiarizó con el principal código legal castellano, las *Siete partidas*, la importante compilación de Alfonso el Sabio, rey del siglo XIII, que hacía poco se había publicado por primera vez y del cual demostró más tarde un notable conocimiento. En tiempos de Cortés la escribanía no era necesariamente una profesión académica: bastaba con que una persona tuviera experiencia en redactar contratos, testamentos, mandatos y otros documentos legales. Un título universitario era conveniente pero no esencial.[77]

Los años en Salamanca y Valladolid, así como su estancia más corta en Sevilla y, tal vez, Valencia, fueron importantes para el joven Cortés, pero no sólo desde el punto de vista intelectual: tuvo oportunidad de ver mundo. Salamanca era una de las ciudades que los Reyes Católicos otorgaron a su heredero, el infante Juan, cuando éste se casó en 1497. Allí murió tan tristemente. Allí se desarrollaba también un activo comercio de pañería, sedas, otros textiles y curtiduría. El carácter de Valladolid resultaba aún más real; era lo más parecido a una capital en la España de esos tiempos. En 1496, la pobre infanta Juana se casó allí por procuración con Felipe el Hermoso, el mujeriego príncipe flamenco. Allí se estableció el Tribunal de Apelaciones del norte de España y se edificaron nuevos e imponentes edificios: en el decenio de 1490 se construyeron el colegio dominico de San Gregorio, el convento de San Pablo y el Colegio Mayor de Santa Cruz, este último con fachada al estilo italiano y obra del arquitecto Lorenzo Vázquez de Segovia. Con cada año que pasaba los plateros de Valladolid adquirían mayor fama. Había mucho dinero en la villa: cuando Carlos V entró en Valladolid en 1517, los burgueses de la ciudad lo recibieron luciendo ropa de brocado y cadenas de oro, algunas de las cuales valían hasta seis mil ducados y se habían fabricado, sin duda, con oro americano.[78] Es probable que, tanto en Salamanca como en Valladolid, Cortés se enterara de la importancia de Juan Rodríguez de Fonseca, en esa época todavía obispo de Badajoz, cuyo poder iba en aumento gracias a su cargo, de hecho si no de derecho, de ministro de las Indias. Tal vez viera y hasta conociera al obispo o a sus ayudantes, Conchillos y Los Cobos, hombres estos discretos y astutos que no tardarían en escalar los peldaños del poder.[79]

Es de suponer que durante estos años Cortés decidió lo que ambicionaba, o más bien, se fijó como meta un estilo de vida muy distinto del normal para un hijo de hidalgo pobre de Medellín. Y ello por haberse percatado probablemente de que el obispo Fonseca daba dinero a pintores flamencos, a capillas e importantes monasterios castellanos; eso sin contar que habría visto, a distancia por supuesto, «la mayor suntuosidad», según el viajero alemán Thomas Münzer, que ostentaban los grandes nobles castellanos, como el conde de Benavente o los Mendoza.[80] A Colón le impresionó el estilo de vida de Alfonso Enríquez, almirante de Castilla y tío de Fernando el Católico. Quizá el hambre de gloria de Cortés se debiera a lo mismo. También es posible que leyera la nueva edición de los *Comentarios de la guerra de las Galias* de Julio César o *Los doce trabajos de Hércules* de Enrique de Villena, obra publicada en 1499 en Burgos. En el caso de Cortés, como en el de otros coetáneos, no parece que su ambición fuera sencillamente un caso extremo de egoísmo; era algo más diabólico que implicaba, como diría Burckhardt en su estudio del Renacimiento italiano, el sometimiento total de la voluntad a un propósito, así como el uso de cualquier medio, por cruel que éste fuera, para lograr el objetivo. Cortés no aspiraba únicamente a la riqueza, sino también a vivir como un rey, a hacer regalos como un obispo, a obtener un título, a ser tratado de «don», una distinción rara en esos tiempos e incluso otorgada a pocos nobles. «Tengo por mejor ser rico de fama que de bienes...», escribió en una ocasión a su padre.[81] Posteriormente, al referirse a Cortés, Las Casas escribiría que se comportaba como si «naciera entre brocados»; como si fuese un grande de Valladolid.[82]

Se trataba, en casi todos sus aspectos, de ambiciones tradicionales entre los españoles, expresadas en incontables baladas y romances, leídas a los felices caballeros de antaño cuando comían o cuando no podían dormir. No hay nadie tan orgulloso de su ascendencia como alguien que, como Cortés en 1506, apenas si posee un maravedí. El recuerdo del escudo de armas de Rodríguez de Varillas, con sus barras de oro y las cruces de plata de Jerusalén, debió de constituir tanto una inspiración como un reflejo de la pobreza de Cortés.[83] La evocación de *El Clavero*, de Juan de Zúñiga, del obispo de Badajoz e incluso del conde y de la condesa de Medellín a los que Cortés probablemente vio en el castillo propiedad de los condes, debió de tener también su importancia. Los historiadores han discutido sobre si la época que dominó el enfoque con que Cortés asumió las tareas que se había fijado a sí mismo en las Indias fue el medievo o el Renacimiento. Ciertamente los valores vistos a través de los romances y su experiencia en Extremadura tiñeron su concepto intelectual. Al igual que la mayoría de los conquistadores de su generación, Cortés veía a los indios del Caribe y del litoral caribeño como una nueva especie de moros, a los que debía convertir y someter. Mas sus experiencias en Salamanca y en Valladolid parecen haber dado un toque renacentista a sus objetivos. Aunque posiblemente no hubiese oído hablar de él, habría estado de acuerdo con Leon Battista Alberti, que alegaba en su *Della famiglia* que el fin de la educación consistía en formar hombres que apreciaran la belleza del honor, los deleites de la fama y lo divino de la gloria.[84]

En el verano de 1506 Cortés, que probablemente contaba veinticuatro años, estaba de vuelta en Sevilla. Tras trabajar allí unas semanas en la oficina de otro escribano, emprendió finalmente viaje hacia las Indias. En Sanlúcar de Barrameda, puerto de la desembocadura del Guadalquivir, famoso por el comercio de sal, se embarcó en un barco que llevaba mercancías a La Española.[85] Ante el escribano Segura, convino en pagar once ducados de oro a Luis Fernández de Alfaro, a cambio de pasaje y sustento a bordo del *San Juan Batista*, una *nao* de cien toneladas, como la mayoría de las que atravesaban el Atlántico.[86] Fernández de Alfaro, un capitán de barco, ya había fundado una compañía naviera que comerciaba con las Indias. Al poco tiempo se convirtió en mercader (empezó vendiendo ropa en el Caribe) y más tarde Cortés haría numerosos tratos comerciales con él. Sin embargo Cortés probablemente no llegó a viajar en uno de sus barcos, al parecer porque ese año no fue a Santo Domingo sino a Puerto Plata, en la costa norte de La Española. Cortés navegó en el *Trinidad*, cuyo capitán era Antonio Quintero, de Palos.

10. SUDORES, HAMBRES Y DUROS TRABAJOS

... y de 2 000 castellanos que le habían sacado los indios que le había dado Diego Velázquez, de las minas, con inmensos sudores, hambres y duros trabajos, comenzó a adornarse y gastar largo

BARTOLOMÉ DE LAS CASAS, *Historia de las Indias*

Cortés no dejó ningún relato de su viaje a las Indias Occidentales. Pero se puede suponer que, al igual que casi todos los de la época, el barco hizo escalas para abastecerse de agua y de suministros en las Canarias, seguramente en Las Palmas, tierra de mucha caña de azúcar, el primer trampolín del imperio en ultramar. Su capitán, Quintero,[1] se separó más tarde de los demás barcos con los que navegaba, se encontró con mal tiempo y llegó confuso a Santo Domingo.[2]

Seguramente la travesía no fue diferente de la que tuvo un fraile dominico que cruzó el Atlántico cuarenta años más tarde, según el cual el barco era una prisión muy sólida y estrecha de la que no se podía escapar, aun cuando no había cadenas; el calor, la falta de ventilación y la sensación de estar confinados eran, a veces, sobrecogedores. El suelo solía servir de cama... Aunado a ello, por causa del mareo y de la mala salud generalizados, la mayoría de pasajeros andaba casi enloquecida y atormentada... El hedor, sobre todo bajo cubierta, se hacía intolerable en todo el barco cuando la bomba estaba en marcha, cosa que ocurría cuatro o cinco veces por día. La mugre era repugnante; el único retrete, colgado al exterior de la borda, peligroso; por comida sólo había tocino y casi todos estaban agobiados por la sed. Las oraciones a san Telmo, patrón de los marineros, «la viva luz que los marineros consideran sagrada», en palabras de Camoens, no solían dar gran resultado para impedir el mareo y las enfermedades.[3]

Sin embargo es probable que se celebraran peleas de gallos, se jugara a las cartas y a los dados, se escenificaran obras de teatro y se bailara, se rezara, se simularan corridas de toros, se cantara, se leyeran los viejos romances en voz alta, se recitaran baladas y se observaran las estrellas.

Una vez en Santo Domingo, Cortés se las dio de gran señor como si pensara que con sólo llegar tendría que doblarse bajo el peso del oro. A la gente que encontraba le explicaba que deseaba extraer oro. El gobernador, Ovando, estaba fuera, sin duda con su secretario extremeño, Lizaur, y el intendente de la colonia, Hernando de Monroy, cuya influencia Cortés tal vez esperaba aprovechar, había muerto. Pero un amigo de Ovando, un tal Medina, le dijo que, para encontrar oro, hacía falta estar dispuesto a trabajar duro, además de tener suerte.[4] No obstante, Cortés no tardó en trabar amistad con Lizaur, el secretario. Esa relación sin duda le fue de gran ayuda.[5]

Es seguro que el gobernador Ovando le prestó su apoyo, quizá porque era un pariente lejano suyo, porque era un Monroy, porque parecía tan inteligente como dispuesto a cualquier cosa o, sencillamente, porque era un extremeño. En esos días, la consanguinidad era un factor decisivo en la mayoría de los asuntos. Ovando se comportaba como todos. Para empezar, envió a Cortés en una expedición a Xaragua, en el oeste de la isla. Aun cuando esto fue muchos meses después de que Diego Velázquez y Juan de Esquivel mataran a la reina Anacaona y a sus principales seguidores, es probable que el recuerdo de la matanza todavía subsistiera. Acaso fuera una lección de brutalidad para Cortés. Se le podría haber perdonado por decidir que la absoluta implacabilidad a veces compensaba absolutamente.[6] Posteriormente Gonzalo de Guzmán, un colono que se convertiría más tarde en adjunto de Diego Velázquez en Cuba, ofreció a Cortés empleo en su ingenio de azúcar, uno de los primeros del Nuevo Mundo, si bien no se sabe en qué consistía el trabajo. Más tarde todavía, Ovando le otorgó el cargo de escribano en la nueva ciudad de Azúa de Compostela, fundada en una segura bahía en el sur de la isla, a unos noventa y cinco kilómetros al oeste de Santo Domingo, donde Colón y sus barcos se protegieron del huracán de 1502. Parece que Cortés consiguió también unos indios y una *encomienda* en Daiguao, un asentamiento indio.[7]

Nunca más viviría tanto tiempo en un mismo lugar como lo hizo en Azúa, pero es difícil saber cómo era su vida en esa ciudad sin importancia. Su nombre no se encuentra en los documentos que se refieren a los problemas que se presentaban en la isla en esa época. Se hizo una reputación, pero más de mujeriego disoluto que de abogado que hablaba latín. Participó en riñas, una de las cuales le dejó una cicatriz en la barbilla. No obstante se enteraba seguramente de todo lo que ocurría en la ciudad, pues en las Indias, al igual que en Extremadura, el escribano era el que anotaba todos los acontecimientos. Cortés ya estaba desempeñando el papel de su abuelo Altamirano, pero en las colonias. Mas soñaba con algo más grandioso, como sugiere un relato según el cual dibujó una rueda de la fortuna y dijo a sus amigos «que había de comer con trompetas o morir ahorcado».[8] Francisco de Garay, otro «alquimista de la tinta», según la descripción que haría el historiador Oviedo de los abogados, había tenido recientemente un éxito espectacular con sus minas y al poco tiempo haría carrera como gobernador de una provincia.[9] Cortés aspiraba a lo mismo.

Observó la trágica disminución de la población de La Española y se dio cuenta de que tendría que marcharse. Así que, en 1509, pensó en ir a Darién, en una expedición de varios centenares de hombres encabezados por Diego de Nicuesa. Pero en el último momento sufrió una incapacidad en la pierna derecha y tuvo que renunciar.[10] Nuevamente, el revés resultó ser providencial: la expedición de Nicuesa, protegido del poderoso Lope de Conchillos, naufragó.

Azúa no contaría con más de setecientos cincuenta habitantes.[11] En un mapa de La Española, encargado en 1508 por Ovando a un piloto, Andrés de Morales, Azúa figura con lo que parece ser una iglesia de piedra, pero no debía de ser sino una choza, o sea bohío, reconvertida.[12] Eso se deduce, en todo caso, del pesimista informe del juez Zuazo en 1518, quien, deseoso de desengañar al rey, alega que a menos de que se tratara de la ciudad de Santo Domingo, en la que había casas de piedra, en las demás ciudades había casas de paja, como las de una aldea pobre de España.[13] Al menos se empezó a cultivar caña de azúcar allí, mientras Cortés era escribano: una ligera compensación. Esta empresa floreció cuando Cortés se hubo marchado y un comerciante genovés, Jácome de Castellón, convirtió una propiedad en próspero ingenio.[14]

Entretanto, Cortés acompañó a Diego Velázquez en su conquista de Cuba. Velázquez había sido el vicegobernador encargado del control militar de Azúa, por lo que tuvo la oportunidad de ver el desarrollo del joven extremeño. En Cuba, junto con el tesorero, Cristóbal de Cuéllar, que pronto sería suegro de Velázquez, Cortés fue el responsable de que una quinta parte de las ganancias obtenidas (el quinto del rey), tanto en oro como en esclavos, se enviara al rey de España.[15]

Del mismo modo que Las Casas, Cortés presenció probablemente la quema del jefe Hatuey. De ser así, la experiencia debió de ser otra lección de brutalidad. Seguramente acompañó a Velázquez en el primer recorrido de Cuba, en busca de lugares en los que fundar ciudades. Se dice que hizo construir la primera fundición y el primer hospital de Cuba.[16] Sin duda vio las relaciones de sus propios logros que Velázquez envió posteriormente al rey,[17] es incluso probable que le ayudara a redactarlas. Tras la conquista, el gobernador le nombró secretario suyo y le otorgó una nueva encomienda, a compartir con Juan Suárez, colono que había llegado recientemente de Granada con su familia.

En Cuba Cortés se instaló primero en un nuevo asentamiento, Asunción de Baracoa, la primera capital de Velázquez en la isla. Fue tanto el primer escribano como, al parecer, el primer hombre que poseyera ganado en Cuba. Pero su verdadero interés seguía siendo el oro. Y descubrió esa fuente esencial de felicidad humana hacia 1512, en Cuanacan, donde él y sus indios encontraron oro en el río. Acumuló cierta riqueza, fundó una hacienda y tuvo una hija con una india, bautizada con el nombre de Leonor Pizarro. El gobernador Velázquez fue su padrino.[18]

En 1514, a los treinta años, Cortés se peleó por primera vez con su benefactor, el gobernador. Un grupo de colonos descontentos que querían que Velázquez repartiera más indios de lo que había hecho lo escogió para encabezarlos, pues parecía el más osado de los allegados del gobernador. Esa misión tuvo por consecuencia que Velázquez no sólo le quitara el cargo de secretario, sino que lo enviara a Santo Domingo, bajo arresto. A fin de cuentas, el gobernador se dejó convencer para perdonar a su secretario y, de hecho, parece haber cedido en el asunto del reparto de indios.[19] Ya entonces los colonos creían que el sistema de las encomiendas era el único posible para administrar las colonias. Y, dada la destrucción causada por el gobierno tradicional, tal vez tuviesen razón.

El año siguiente se planteó un nuevo problema. Juan Suárez, el encomendero con quien Cortés compartía su encomienda, trajo de Santo Domingo a su madre, María de Marcayda y a sus tres hermanas, que habían llegado a las Indias en calidad de damas de compañía de la nueva vicerreina, María de Toledo, esposa de Diego Colón y nieta del duque de Alba. Los Suárez eran pobres, pero alegaban ser parientes lejanos del duque de Medina Sidonia y de los marqueses de Villena. La Marcayda, la madre, era vasca; su marido, Diego Suárez Pacheco, de Ávila.[20] La familia se había ido a vivir a Granada tras la reconquista. Formaban parte del séquito de la novia de Diego Velázquez, María de Cuéllar (su prima, hija de su tesorero, Cristóbal de Cuéllar; la novia murió una semana después de la boda), que fue de Santo Domingo a Cuba. Cortés cortejó a Catalina, una de las tres hermanas de Juan Suárez, prometió casarse con ella, la sedujo y luego se mostró renuente a cumplir su palabra.[21]

Catalina no poseía propiedades y apenas si contaba con suficiente dinero para vestirse. Su hermano tuvo que comprarle algunos de los vestidos de María de Cuéllar cuando éstos se subastaron.[22] La mujer amenazó con demandar a Cortés por incumplimiento de promesa. Eso fue causa de una nueva desavenencia entre Cortés y Velázquez, que se había convertido aparentemente en amante de una hermana de Catalina. Juan Suárez, Antonio Velázquez (primo del gobernador) y Baltasar Bermúdez (al que Velázquez propuso en primer lugar al mando de la tercera expedición a México, mando que rechazó) trataron de convencer a Cortés de que se casara con Catalina. Siguió negándose. El gobernador lo mandó encarcelar. Cortés se escapó y tuvo más aventuras picarescas. Pidió asilo en una iglesia. Entonces el alguacil, Juan Escudero, lo arrestó y lo encadenó (acción que lamentaría posteriormente). Cortés volvió a escaparse, esta vez disfrazado. Con el tiempo, él y Velázquez se reconciliaron. Según la descripción que hace Las Casas, Cortés era «tan bajo y tan humilde que del más chico criado que Diego Velázquez tenía quisiera tener favor».[23]

A continuación acompañó a Velázquez en una pequeña expedición cuyo objetivo era reprimir a ciertos «rebeldes» en el oeste de Cuba. A su regreso, se salvó por muy poco de ahogarse en las Bocas de Bany, mientras inspeccionaba unos terrenos suyos en Baracoa. No volvió a ser secretario de Velázquez, pero sí que se casó con Catalina. El indulgente gobernador fue testigo de la boda. Cortés y Catalina no tuvieron hijos. Más tarde Cortés y otros dirían de ella que era propensa a las enfermedades, de corazón débil y perezosa.[24] No obstante, durante los años anteriores a 1518, «estaba tan contento con ella como si fuera hija de una duquesa».[25] Vivía bien y gastaba mucho en ella, así como en los que, puesto que era buen conversador, se reunían en su casa.[26] Trabajaba arduamente en su búsqueda de oro. Según la descripción de Las Casas, la vida en sus minas consistía en «inmensos sudores, hambres y duros trabajos».[27] En un pleito que tuvo en 1529, dijo poseer una «hacienda [en el río Duabán]... tal que no había en la isla quien mejor la tuviese». Como resultado ganó dinero; es difícil saber cuánto. Sepúlveda, el historiador de Carlos V, dice que era «una gran fortuna de oro».[28] Ciertamente era lo bastante grande para que Velázquez pensara que Cortés podía costear gran parte de la nueva flota destinada a ir al oeste. Como Velázquez, Cortés se fue de Baracao a Santiago de Cuba, que se convirtió en el centro del gobierno de la isla. Recuperó a tal grado la buena disposición del gobernador que éste le nombró alcalde de Santiago. Al parecer, con ese cargo intimidó a muchas personas con quien tuvo contacto.[29] En julio de 1517, en calidad de procurador, regresó a Santo Domingo con otro extremeño, Diego de Orellana, sin duda otro pariente lejano, a fin de pedir permiso para la expedición de Grijalva.[30]

En 1518 a Hernán Cortés se le conocía como un hombre de recursos, capaz y que sabía usar la palabra, tanto hablada como escrita. Hablaba bien: encontraba siempre la expresión adecuada para la ocasión y era buen conversador. A su manera, ya tenía experiencia en política. Poseía esa capacidad que tienen todos los hombres de éxito, la de ocultar sus verdaderas intenciones hasta que la fruta que codiciaba estuviese a punto de caer. Según Las Casas, era un hombre prudente.[31] Nunca perdía los estribos.

Este dominio de sí mismo contradecía la turbulenta reputación que tenía de estar tan a menudo a mal con Velázquez. Había en él otros contrastes. En esta época iba a misa y rezaba a menudo. Pero, al menos más tarde, parecía casi coleccionar mujeres.[32] En 1518, sin embargo, el gobernador pensó que tenía aptitudes suficientes para ser un buen jefe. Era evidentemente buen observador. Además, podía parecer casi tan entusiasta a la vista de tierras nuevas como Colón. Mas sus comentarios tenían siempre un fin concreto. Aspiró siempre a atraer la atención del rey de Castilla, a conseguir honores y riqueza, lo que le permitiría comportarse como un príncipe del Renacimiento, capaz de hacer grandes donaciones a iglesias y monasterios, propia de un hombre «que naciera entre brocados».

El punto más débil de Cortés era probablemente el referente a lo militar: nunca había estado al mando en una batalla. Su experiencia del combate se limitaba a uno o dos incidentes vergonzosos en Santo Domingo y en Cuba, bajo el mando de Velázquez. No obstante es de suponer que éste se dio cuenta de la frialdad con que se comportó Cortés en dichos combates. Velázquez no esperaba que Cortés tuviera que librar batallas de mayor envergadura que las que tuvieron que librar Hernández de Córdoba y Grijalva.

Además, Cortés parecía ser un hombre hábil. Matriculado o no en la Universidad de Salamanca, había aprendido indudablemente, allí o en Valladolid, lo suficiente para hacerse pasar por un hombre leído. Debió ser una de las pocas personas en Cuba, a excepción de los curas, que sabía leer latín. Su trabajo como escribano en Azúa y en Cuba era obviamente importante: se daba siempre cuenta tanto de las complejidades legales como de las posibilidades que entrañaba cualquier posición que adoptara. Los grandes como Velázquez a menudo se equivocan al juzgar a personas como Cortés: suelen subestimar o sobreestimar sus cualidades, además de suponer que sabrán subordinarse.

No cabe duda de que Velázquez se equivocó, y eso porque, en su calidad de secretario, seguidor y consejero, Cortés maduró a su sombra. Los allegados de Velázquez lo apodaban *Cortesillo*, hombre difícil e incluso «nonada».[33] En su correspondencia, en las cartas que dirigía al obispo Fonseca, por ejemplo, Velázquez se refería a él como su criado;[34] pero se ha de tener en cuenta que en esa época, un criado era más que un sirviente, era alguien que compartía la vida diaria de su patrón y conocía sus compromisos políticos y sus asuntos privados.

Cortés «fue de mediana estatura, algo baxo y lampiño, de poca barba»,[35] «tenía el pecho alto y la espalda de buena materia y era cenceño y de poca barriga...»[36] Los pocos indicios adicionales con que contamos sugieren que era de cabeza pequeña y de aproximadamente un metro sesenta y cinco de estatura.

El color de su tez constituye un enigma. Todos convienen en que era de rostro pálido. En el único retrato para el que posó, una acuarela de Christoph Weiditz, artista de Augsburgo, que fue a España en 1529, su cabello y su barba son claros.[38] Una medalla fabricada más o menos al mismo tiempo no esclarece el asunto, si bien concuerda, por cierto, con la descripción de Las Casas: «resabido y recatado».[39] Tal vez se deba a que entonces se estaba recuperando de una enfermedad. En 1530, su primer biógrafo, el humanista Marineo Sículo, escribió que tenía «el cabello algo rojo».[40] Fray López de Gómara, su capellán en los años cuarenta, lo confirma: «tenía la barba clara, el cabello largo».[41] Los comentaristas indígenas de México sugieren que la mayoría de los castellanos tenían cabello claro, aunque el de algunos era oscuro. Sin embargo, Bernal Díaz del Castillo, que lo vio casi todos los días durante dos años y medio, escribió que «das barbas tenía algo prietas y pocas y ralas, y el cabello que en aquel tiempo se usaba era de la misma manera de las barbas».[42] Lo más probable es que fuera castaño con toques rojizos.

Diego Velázquez le dijo a Cortés que Grijalva (cuando aún no se sabía que había regresado) era un fracasado. Le pidió que fuera al nuevo territorio, pues parecía que Grijalva tenía problemas. Agregó que las «islas» Yucatán y San Juan de Ulúa eran ricas, a diferencia de Castilla del Oro, el pobre feudo de Pedrarias en el istmo. Que allí podría conseguir mucho oro. Que se haría famoso con la expedición y que él, Velázquez, le proporcionaría dos o tres barcos, aunque Cortés tendría que costear otras naves y todo lo demás. Es posible que escogiera a Cortés porque creía que reuniría a más gente que nadie.[43]

Cortés aceptó la misión. Velázquez lo nombró capitán y principal caudillo de la expedición.[44] El 23 de octubre le dio instrucciones detalladas.[45] Este documento, redactado por Andrés de Duero, aunque el propio Cortés quizá lo corrigiera, fue tema de controversia posteriormente, pues Velázquez alegaría que Cortés había pasado sus órdenes por alto.[46]

Era un documento largo y, en cierta forma, lleno de contradicciones. En el preámbulo se detallaban los antecedentes de la expedición de Grijalva; en este mismo apartado se hablaba de la necesidad de «poblar y descubrir» nuevos territorios; o sea, que constituía el permiso para colonizar. Mas las instrucciones en sí, a diferencia del preámbulo, se referían a un viaje de descubrimiento y de comercio a escala modesta, modesta porque prohibía el comercio privado.

En ellas se explicaba que el objetivo principal de la expedición era servir a Dios. Por tanto no se permitían ni la blasfemia ni las relaciones sexuales con las nativas, a las que no se debía provocar y, mucho menos, seducir. También se prohibía jugar a los naipes. No debían participar en la expedición indios cubanos y la flota debía mantenerse unida y navegar al oeste a lo largo de la costa, como se sabía que había hecho Grijalva. Los castellanos se obligaban a tratar bien a los indios que encontraran, a hablar a los nativos de Cozumel del poder del rey de España y de cómo éste había tomado el control de las islas del Caribe y leerles el requerimiento, o una versión de éste, sometiéndolos así al dominio de Carlos V a cambio de protección. De hecho, donde fuera que desembarcara Cortés, tenía que tomar posesión del lugar en nombre de la corona de Castilla, y ello con la mayor solemnidad posible y siempre en presencia de un escribano. Se suponía que Cortés sólo desembarcaría en islas y ni siquiera se pensaba en la posibilidad de que tuviera que tratar con un gran imperio.

Se recomendaba a Cortés exponer a los indios del Yucatán la congoja de Velázquez al enterarse de la batalla entre Hernández de

Córdoba y el pueblo de Champoton, informarse del verdadero significado de las cruces de Cozumel. Había de descubrir cuáles eran las creencias de los naturales del Yucatán y otros lugares y si contaban con iglesias y sacerdotes. Debía señalarles que existía un único Dios; recabar información sobre Grijalva y sobre Cristóbal de Olid, quien había ido a buscarlo, así como sobre los cristianos —entre ellos quizá Diego de Nicuesa, el conquistador amigo de Velázquez, perdido en 1510 en un viaje de Darién a Santo Domingo— que, según dijeran los mayas bizcos, estaban prisioneros en el Yucatán.

Debía nombrar un tesorero y un *veedor* para guardar y clasificar el oro, las perlas y las piedras preciosas obtenidas en trueque con los indios. Estos objetos se colocarían en un cofre con tres cerraduras; Cortés y los dos funcionarios tendrían cada uno la llave de una de ellas. Cortés y sus hombres colaborarían con Francisco de Peñalosa, el *veedor* de la flota de Grijalva, si lo encontraban.[47] En el caso de que Cortés necesitara aprovisionarse de agua o de leña, alguien en quien Cortés confiara encabezaría el destacamento que desembarcara. Nadie, bajo ninguna circunstancia, debía dormir en tierra. Cortés informaría sobre la vegetación y los productos agrícolas de los nuevos territorios y, por supuesto, trataría de descubrir el oro allí disponible. A través de Alvarado, Velázquez había recibido regalos enviados por Grijalva: oro en polvo y placas y objetos de oro. Quería saber si los totonacas habían fundido el metal cerca de la costa o si lo conseguían ya fundido de otro lugar y, de ser así, de dónde. Tan pronto como le fuera posible, Cortés tenía que enviarle un barco con noticias y con el oro y otros tesoros obtenidos.

Algunas de las órdenes eran románticas: Cortés averiguaría dónde se hallaban las amazonas, de las que tanto se había hablado; y si era cierto lo que el extraño maya dijera a Grijalva (y que Alvarado debió transmitir a Velázquez): que existían gentes de enormes orejas e incluso algunas con cara de perro. En esa época éste era todavía un tema de preocupación: Plinio el Viejo y Cayo Julio Solino, que resumió la obra del primero, habían dedicado mucho tiempo al tema de esa especie de enormidad antropológica; en *Le Livre des Merveilles*, del duque de Berry, figuraban hombres semejantes entre los pigmeos. Vivían del aroma de las frutas.[48] Las dos expediciones anteriores no habían mencionado tales gentes: Velázquez y sus funcionarios basaban todos esos mitos en recuerdos de sus lecturas.

Como en la mayoría de las instrucciones, éstas contenían una cláusula otorgando a Cortés el poder, en caso necesario, de tomar medidas no especificadas en cláusulas anteriores. Otro párrafo le permitía actuar de juez en cualquier causa penal que se planteara.

Es probable que ni Velázquez ni Cortés expresaran sus auténticos sentimientos al firmar el documento; para el primero, la expedición tenía por objetivo la toma de posesión de territorios nuevos; en cambio, a juzgar por el celo con que hizo sus preparativos, a Cortés lo impulsaba desde el primer momento un empeño grandioso. El documento, una *capitulación*, equivalía a un contrato por el cual el Estado (la corona) autorizaba una empresa privada, aunque con ciertas condiciones. Todo lo demás dependía de los expedicionarios.[49]

El documento fue entregado a Cortés en Santiago, en el curso de una breve ceremonia. El gobernador no había recibido todavía respuesta de España a la petición hecha el año anterior de que se le nombrara adelantado del Yucatán. Por tanto tuvo que firmar en su calidad de adjunto del almirante y comandante en jefe, Diego Colón. En la ceremonia, aparte de Cortés y Velázquez, se hallaban presentes Alonso de Prada, el *escribano* de Cuba y consejero de Velázquez; Alonso de Escalante (cuya casa en Santiago se empleaba como fundición); Vicente López, escribano adjunto; y Andrés de Duero, secretario de Velázquez.[50]

Existen algunos aspectos curiosos en cuanto a las instrucciones. El más importante lo constituye el hecho de que el 30 de diciembre, Grijalva ya se encontraba en Cuba, en la propiedad de Velázquez, Chipiona, y, desde el 8 de octubre, en Matanzas, puerto de relativa importancia. Aunque ordenó a Cortés que lo buscara, Velázquez debió de enterarse de su retorno hacia el 15 de octubre. Es probable que escribiera a Grijalva, aun antes de entregar sus instrucciones a Cortés, pidiéndole que enviara a toda prisa sus barcos y sus hombres a fin de que éstos formaran parte de la nueva expedición.[51] Sin embargo no se sabe a ciencia cierta si habló con Cortés del regreso de Grijalva, pues en una declaración posterior Cortés alega que lo supo «por inspiración divina» después de haberse marchado de Santiago de Cuba, hacia el 10 de noviembre.[52] (Puede descartarse el comentario del historiador Sepúlveda en el sentido de que Grijalva llegó a Santiago el 1 de noviembre, o sea durante «las calendas de noviembre».)[53]

Esta situación podría explicarse, primero, por el hecho de que Velázquez quería, a toda costa, seguir adelante con la expedición, por temor a que alguien más de La Española se embarcara en una empresa similar.[54] Velázquez debió de ver como advertencia el que ese mismo año Antonio Sedeño, el *contador* principal de Puerto Rico, hubiera enviado a Honduras una expedición compuesta de tres naves y un bergantín, aunque la flota se perdió durante una tormenta.[55]

Otra explicación es que el gobernador deseaba ser el primero en hallar el estrecho que separaba la «isla» del Yucatán del «continente», donde el «galán» Pedrarias Dávila se había instalado como gobernador. La impresión general de Velázquez, Grijalva, Cortés, Alvarado y otros en Cuba era que el oeste daba hacia una larga costa, separada de unas grandes islas (Yucatán, San Juan de Ulúa) por un estrecho. Sin embargo creían que más allá del estrecho había un territorio desconocido, que tal vez China o la India se encontraban realmente cerca. Magallanes no había probado todavía la enorme dimensión del «Mar del Sur» (el Pacífico). Y, aunque lo hubiese hecho, todavía se equivocaban acerca de las conexiones entre los diferentes territorios: en una edición de 1548 de la *Geografía* de Tolomeo, China y la India figuraban como unidas a México. Colón, en 1502, y Hernández de Córdoba y Grijalva, en 1517, habían descubierto que los pueblos allí eran más civilizados que los de «las islas». Entonces es posible que Cortés y Velázquez convinieran secretamente en que la expedición sería más importante de lo que daban a entender las instrucciones del 23 de octubre, que su meta fuera establecer relaciones con las tierras que había buscado Colón.[57]

Tras recibir sus órdenes, Cortés se dedicó inmediatamente a buscar hombres y barcos y a comprar provisiones. Por medio del pregonero público hizo un llamamiento pidiendo hombres.[58] Creyendo que no disponía de tiempo suficiente, no mandó construir ningún barco, aunque recientemente la corona había dado su autorización para que los residentes de Cuba construyeran naves.[59] Compró raciones a crédito, por valor de unos cinco o seis mil castellanos, a un tendero de Santiago, Diego Sainz. Numerosos amigos, entre ellos el propio Velázquez (aunque no se sabe cuánto), le prestaron seis mil castellanos más.[60] Fue generoso: muchos de los que se alistaron con él comían a su mesa.[61]

A continuación se aseguró la colaboración de Pedro de Alvarado, quien, tras su regreso de los nuevos territorios el mes anterior, se hallaba desasosegado. Su entusiasmo ante la oportunidad de viajar de nuevo y su disposición a financiar un barco, caballos y hombres propios,[62] sugieren que mentía acerca de las razones que dio para regresar a Cuba. Seguramente volvió porque, habiendo visto algunos «secretos de la nueva tierra», quería estar bajo el mando de un hombre más imaginativo que Grijalva. Tal vez Cortés y Alvarado se conocieran de niños, ya que cabe la posibilidad de que en algún momento el padre de Alvarado, Gómez de Alvarado, hubiese vivido en Medellín.[63] Es de suponer que Cortés y Alvarado hablaron largamente sobre el significado de lo descubierto por Grijalva, la naturaleza del misterioso imperio en las montañas detrás de San Juan de Ulúa y la verdad acerca de los sacrificios humanos. La impulsividad de Alvarado acaso atrajo a Cortés, por el encanto que un hombre prudente ve a menudo en uno temerario. Y tal vez Alvarado se había dado cuenta del entusiasmo con que los totonacas recibieron a los castellanos.[64] Y tal vez se percató de que ese entusiasmo podía aprovecharse para una campaña destinada a derribar el imperio mexicano. Todo ello explicaría el apoyo incondicional que Cortés daría siempre a Alvarado, incluso cuando éste no lo merecía. Explicaría también por qué Cortés, tan cauteloso, se convenció repentinamente de que ésa era la gran oportunidad que le tenía reservada la diosa Fortuna y por qué invirtió todo lo que poseía en la expedición.

La envergadura de los preparativos de Cortés empezaba a preocupar a Velázquez, pues no parecía haber relación entre sus instrucciones y el desembolso. Al parecer Cortés «fizo lo que quiso».[65] Empezó a vivir como si fuese rey. Cambió de comportamiento. Se vistió incluso de modo diferente, como correspondía a un caudillo: llevaba sombrero con plumas, una medalla de oro y una capa de terciopelo negro con lazos dorados.[66]

Al principio Velázquez iba a diario al puerto en Santiago para ver cómo marchaban los preparativos. Pero cuando comenzó a preocuparse, se mantuvo alejado. Baltasar Bermúdez y dos de los numerosos miembros de la familia Velázquez instalados en Cuba empezaron a lamentar no haber aceptado la sugerencia que les había hecho el gobernador de que encabezaran la expedición. Trataron de envenenar su ánimo a fin de enemistarlo con Cortés. El bufón de Velázquez, Cervantes, provocó a su amo, diciéndole, en versos, que había escogido al hombre equivocado para encabezar la flota y que Cortés desaparecería con ella.[67] Velázquez le contó el chiste a Cortés y éste contestó gravemente que *Franquescillo* no era sino un bufón loco. Duero dijo que algún pariente de don Diego debió sobornar al bufón para que hablara en esos términos. Al final, el propio bufón decidió formar parte de la expedición de Cortés.[68]

Poco más de dos semanas después de que se le pidiera que encabezara la expedición, Cortés disponía de tres barcos (entre ellos, un bergantín) y unos trescientos hombres. El trabajo y la concentración del esfuerzo que lo hicieron posible inquietó seriamente al gobernador. Las expediciones de esa índole solían precisar meses de planificación. Empezó a preguntarse si su bufón había tenido razón. Se planteó la idea de sustituir por otra persona a Cortés. Éste, al enterarse de lo que estaba pensando Velázquez, apresuró aún más los preparativos.[69] Creía que, incluso si todo marchaba bien, Velázquez no cumpliría su parte del pacto en lo referente a compartir las ganancias.[70] De haberse decidido a destituir a Cortés, el gobernador podría haberlo hecho entonces: era todopoderoso en Cuba y «bienquisto» por la colonia española.[71] Sin embargo seguían llegando gentes para ponerse bajo el estandarte de Cortés, algunas incluso de La Española; por ejemplo, Francisco Rodríguez Magariño, el alguacil mayor de Puerto Real, al norte de esa desventurada isla.[72] Probablemente Cortés tenía mucha prisa, pues temía que cualquier día llegaría de Castilla el nombramiento real de Velázquez como adelantado del Yucatán, nombramiento que Velázquez podría decidir utilizar inmediatamente y que, de todos modos, habría complicado mucho la situación.[73]

A fin de cuentas, Velázquez acabó por decidir librar a Cortés de su misión. Pero no deseaba enfrentarse en persona a su ex criado. Por tanto, encargó a Amador de Lares que fuera a ver a Cortés y le dijera que el gobernador le reembolsaría sus gastos si paraba los preparativos. Intentó, además, evitar que Cortés comprara más comida, cosa fácil, pues él mismo controlaba al principal tendero de Cuba (que vendía vinos, aceite, vinagre y hasta ropa).[74] Cortés fingió no haberse enterado. Finalmente, Velázquez decidió cancelar las órdenes de Cortés y transferir la autoridad que le había otorgado a un tal Luis de Medina. No obstante (según un sobrino político de Cortés), en un camino desierto Juan Suárez, cuñado de Cortés, apuñaló al mensajero enviado por Velázquez a Medina y arrojó su cuerpo a un barranco. Los documentos por los que Velázquez nombraba a Medina fueron llevados inmediatamente a Cortés.[75]

Cortés se dio cuenta de que le convenía marcharse de Santiago cuanto antes. Sus capitanes y sus amigos estuvieron de acuerdo. Así pues, mandó a unos criados, armados, a ver a Fernando Alonso, el obligado, o sea administrador, del matadero de la ciudad, a decirle que quería comprarle toda su carne. Alonso puso objeciones: por contrato, debía alimentar a los habitantes de la ciudad. Los hombres de Cortés se apoderaron de todo: no dejaron ni un cerdo, ni una vaca, ni una oveja. Alonso fue a ver a Cortés. Le pidió que, por amor de Dios, le devolviera al menos parte de la carne, porque si no proveía a la gente, lo multarían. Cortés se quitó del cuello una cadena de oro con un emblema en forma de cardo y se la dio, contando con que así cubriría tanto la multa como el coste de la carne.[76] Ningún documento explica cómo comieron los habitantes de la ciudad durante las semanas siguientes.

A continuación Cortés visitó al contador, Amador de Lares. Le dijo que deseaba marcharse de inmediato con los barcos que estuviesen listos y le preguntó si podía inscribirlos en ese momento. Lares así lo hizo, si bien no es fácil comprender cómo pudo compaginar eso con su lealtad hacia Velázquez. Pero quizá fue el alguacil mayor, Gonzalo Rodríguez de Ocaña, quien tomó la decisión.[77] Cortés abordó su buque insignia. Sin gran pesar, dejó atrás a su mujer, sus minas y su hogar. Su único interés se centraba ahora en la expedición.

Entretanto, el disgustado obligado explicó a Velázquez lo ocurrido. El gobernador se levantó al alba y fue al muelle. Cortés, rodeado de hombres armados, conversó con él desde un pequeño barco. Velázquez, dirigiéndose a él como «compadre», le preguntó cómo podía irse, despedirse así de él. Cortés contestó: «Perdonadme, pero todas estas cosas se pensaron antes de ordenarlas. ¿Cuáles son vuestras órdenes ahora?» Velázquez, perturbado por la insubordinación, no respondió. Cortés ordenó a sus hombres que se hicieran a la mar.[78] Él (y ellos) sabían, por experiencia, que aunque Velázquez perdía fácilmente los estribos, perdonaba con la misma facilidad. Tal vez Cortés esperaba una aceptación tácita de su comportamiento. Era el 18 de noviembre de 1518.[79]

III. Saber los secretos de la tierra

11. UN GENTIL CORSARIO

Todo esto me dijo el mismo Cortés, con otras cosas cerca dello,
después de marqués, en la villa de Monzón, estando allí celebrando
Cortes el emperador, año de 1542, riendo y mofando, y con estas
formales palabras:
«A la mi fe, anduve por allí como un gentil corsario.»

BARTOLOMÉ DE LAS CASAS, *Historia de las Indias*

Cortés salió de Santiago con seis barcos. Dejó atrás el séptimo, pues lo estaban carenando. No contaba con mucha comida; lo que más le faltaba era pan. Por tanto hizo parada en el pequeño puerto de Macaca (probablemente el que hoy día se conoce como Pilón) en cabo Cruz. Un amigo, Francisco Dávila, que poseía una propiedad allí, le suministró mil raciones de pan cazabe. Al parecer, Cortés consiguió también algunas provisiones de una granja real. Envió un barco a Jamaica para abastecerse de vino, ochocientas lonjas de tocino y dos mil raciones adicionales de pan cazabe.[1]

La siguiente escala fue la Trinidad, el pequeño asentamiento fundado en la costa central de Cuba, no lejos del lugar donde, unos años antes, Las Casas tuviera su granja. El juez de la localidad era Francisco Verdugo, un hidalgo de unos veintidós años, oriundo de Cojeces de Íscar —aldea cercana a Cuéllar—, casado con Inés, una hermana de Velázquez.[2] Justo cuando llegaba Cortés, Verdugo recibió una carta en la que el gobernador, su cuñado, le ordenaba entretener a la armada. Velázquez había decidido sustituir a Cortés por Vasco Porcallo de Figueroa. Francisco de Morla y Diego de Ordás, capitanes de dos barcos de la expedición de Cortés, recibieron también cartas con las mismas órdenes. Morla, oriundo de Jerez, había sido camarero de Velázquez; Ordás era nativo de Castroverde de Campos, en León, cuya primera aventura americana, en 1510, fue participar en la desastrosa expedición de Alonso de Ojeda, en la que el cartógrafo Juan de la Cosa murió por una flecha envenenada en una batalla en Turbaco, en lo que ahora es Colombia, antes de una vergonzosa matanza de indios. También había tomado parte en la conquista de Cuba. Era famoso porque su hermano Pedro lo había dejado atrás en un pantano.[3] En 1518 contaba casi cuarenta años y es probable que el gobernador le pidiera que acompañara a Cortés con instrucciones de evitar un motín en la flota, sobre todo por parte de Cortés. Al igual que la mayoría de los funcionarios al servicio del gobernador, era pariente lejano del propio Velázquez y su madre, una Girón, pertenecía a una familia importante.[4] Tartamudeaba ligeramente, lucía barba negra en un rostro de rasgos pronunciados y era un jinete mediocre (a menudo estaría al mando de soldados de infantería). En la expedición en cuestión costeó su propio barco con sesenta hombres, carne, pan cazabe, vino, pollos y cerdos. Su excelente correspondencia solía ser cáustica.[5] Parece que, al igual que otros capitanes de la expedición de Cortés, le convenía salir de Cuba por su implicación en varias riñas debidas a las deudas que había contraído.[6]

Cortés se enteró de las cartas de Velázquez y, haciendo uso del poder que nadie sabía que tenía, no sólo convenció a Ordás y a Morla de seguir a su lado, sino que también engatusó a Morla para que éste persuadiera a Francisco Verdugo que proporcionara a la flota caballos, varias cargas de forraje y más pan. Además, indujo a Pedro Laso, uno de los mensajeros de Velázquez, a que se uniera a la expedición: uno de los primeros ejemplos de lo bueno que era con la palabra, una de sus armas más formidables. Años más tarde, Verdugo explicó que entregó los abastecimientos a Cortés por órdenes de Velázquez.[7] Sin duda estaba obedeciendo un requerimiento previo del gobernador y haciendo la vista gorda con respecto al más reciente.

Después Cortés envió a Ordás con un bergantín, el *Alguecebo*, para que se apoderara de un barco que, según se había enterado, iba camino de Darién con provisiones a bordo. Ordás tuvo éxito: despojó al barco de cuatro mil arrobas de pan y mil quinientas lonchas de tocino o pollo salado. El propietario de la nave, un comerciante de Madrid, Juan Núñez Sedeño, que se encontraba a bordo con una yegua y un potro, decidió unir su suerte a la de Cortés.[8] Años más tarde (en España, en 1542), cuando Cortés habló de ello con Las Casas, reconoció que «A la mi fe, anduve por allí como un gentil corsario».

Al menos una de las actividades de Cortés no tenía nada que ver con la piratería: su paje, Diego de Coria, lo vio escribir las ocho noches siguientes a la partida de Santiago. ¿De qué se trataba? ¿De cartas a España? ¿A su padre y al juez de las Gradas de Sevilla, el licenciado Céspedes, en las que explicaba sus planes? ¿Los explicaba a Francisco de Lizaur, amigo suyo antaño secretario de Ovando y ahora muy influyente en la Corte? ¿Acaso estaría avisando a los comerciantes de La Española o de Sevilla de las nuevas oportunidades?[9] El paje nunca lo supo.

Algunos de los participantes en la expedición de Grijalva se unieron a Cortés en Trinidad, de donde éste mandó mensajes a Sancti Spiritus, a sesenta y cuatro kilómetros. De allí partieron otros hacendados para unirse a él. Algunos se convertirían en los miembros más importantes de la expedición, entre ellos, un metilense, Alonso Hernández Portocarrero, primo hermano del conde de Medellín[10] y primo remoto del mismo Cortés. Si bien dicho conquistador no podía hablar sin pronunciar palabras malsonantes,[11] y aunque sus habilidades militares no se habían puesto a prueba, Cortés se alegró evidentemente de encontrarse con un grande de su propio pueblo que en Cuba poseía una pequeña hacienda y ciento cincuenta indios,[12] pese a lo cual seguramente no era rico, pues Cortés le compró un caballo con la venta de las borlas doradas de su propia capa de terciopelo. En la Trinidad, Cortés reclutó a otros dos metilenses, Rodrigo Rangel y Gonzalo de Sandoval. Este último contaba apenas unos veinte años y, hacia los catorce, había sido paje de Velázquez. Su resistencia física haría de él el hombre de mayor eficacia entre los capitanes de Cortés. Todos ellos (y había más) contribuyeron lo que pudieron de sus propiedades, sobre todo pan cazabe y jamón ahumado.[13] En Cuba ya se disponía de esta carne, pues los cerdos salvajes de la isla prosperaban tanto como en Extremadura.

Para entonces, Cortés ya se había enterado del regreso de Grijalva; lo supo en Macaca.[14] Grijalva traía numerosos, interesantes y hermosos objetos de oro, además de los que había traído Alvarado,[15] sin contar una esclava con sus espléndidos adornos, varios hombres y, cosa sorprendente en una persona aparentemente muy racional, información seductora acerca de las amazonas. Por ello Velázquez estaba todavía más decidido a dar rápidamente fin a la expedición de Cortés.

No obstante, Cortés partió de Trinidad hacia el pequeño puerto de San Cristóbal de La Habana, en la costa sur de Cuba, ciudad que estaban trasladando, en ese momento, a unos ochenta kilómetros de distancia, la costa norte, donde está actualmente situada pretextando que el puerto era mejor allá, pero tal vez también se debiera a que Juan de Rojas, un pariente de Velázquez, poseía tierras allí.[16] Antes de llegar, Cortés se perdió en el peligroso archipiélago que Velázquez llamó Los Jardines de la Reina. Su buque insignia encalló y tardaron varios días en liberarlo. Algunos hombres que ya habían estado en «da nueva tierra» con Grijalva, entre ellos Pedro de Alvarado y sus hermanos, además de dos capitanes de ese viaje, Francisco de Montejo y Antonio de Ávila, y Cristóbal de Olid, el «Héctor de la lucha cuerpo a cuerpo», que había ido en busca de Grijalva, se separaron de la flota y llegaron a La Habana por su cuenta.[17] Mientras esperaban a Cortés pasaron el tiempo hablando de un tema agradable: quién de ellos sustituiría a Cortés si éste se perdía definitivamente.[18]

La Habana, a la sazón una ciudad nueva, era leal a Velázquez. La mayoría de sus escasos colonos se negaron a ayudar a Cortés, lo que no impidió que éste se alojara en la casa de Pedro Barba, que también había viajado con Grijalva (prestó su nombre al intérprete maya) y estaba al mando de la ciudad. Cortés exhibió su estandarte en la calle e hizo que el pregonero diera la noticia de su expedición. Así, no sólo obtuvo el apoyo de uno o dos aventureros más, sino que el recaudador del diezmo para la Iglesia, el obispo, Cristóbal de Quesada, también declaró estar dispuesto a ayudarle.

Lo mismo ocurrió con Francisco de Medina, el recaudador de la corona de un impuesto conocido como «la cruzada» (en teoría una contribución voluntaria al coste de la guerra contra el Islam, pero que ya se había convertido en un impuesto corriente en el Nuevo Mundo). Los dos le vendieron a Cortés cinco mil raciones de pan, dos mil lonchas de tocino, frijoles y garbanzos, así como vino, vinagre y seis mil barras de pan cazabe, uno de los pocos productos caribeños que los castellanos se dignaban comer y, con razón, pues se conservaba más tiempo que el de harina de trigo. Otro voluntario fue Juan de Cuéllar, probablemente pariente de Velázquez, quien poseía una encomienda en Sancti Spiritus y quien dijo a Cortés: «quel quería venyr con él», a lo cual Cortés respondió: «que se holgava d'ello». Cuéllar había ido con Grijalva al nuevo territorio y había regresado con Alvarado.[19]

Otro allegado de Velázquez, Gaspar de Garnica, se presentó en La Habana, habiendo llegado por barco, con una carta del gobernador a Cortés en la que le ordenaba esperar. Garnica llevaba también otras cartas del gobernador dirigidas a su primo Juan Velázquez de León, que se había unido a Cortés en la Trinidad, y a Diego de Ordás. Fray Bartolomé de Olmedo, un mercedario que había aceptado acompañar a Cortés, recibió una carta de un fraile del círculo de Velázquez.[20] En toda esta correspondencia se pedía a los receptores que entretuvieran a Cortés. La de Ordás le ordenaba arrestar a Cortés y llevarlo a Santiago. Ordás invitó a su comandante a cenar en la carabela en la que había llegado Garnica. Cortés, sospechando que se trataba de una trampa, fingió un dolor de estómago.[21] Garnica escribió a Velázquez alegando que no se había atrevido a arrestar a Cortés, pues éste era demasiado popular entre sus soldados.[22]

De hecho, Velázquez parecía estar a punto de perdonar a Cortés. A principios de diciembre de 1518, dos semanas después de que éste saliera de Santiago, Andrés de Tapia, un «mozo» de veintidós años, pálido de barba rala, que fuera ayuda de cámara de Colón en Sevilla, fue a ver al gobernador, quizá desde La Española, y le explicó que deseaba prestar sus servicios a Cortés. Velázquez lo recibió afectuosamente, cual si fuese sobrino suyo, y le dijo: «No sé qué intención se lleva Cortés para conmigo, y creo que mala, porque él ha gastado cuanto tiene y queda empeñado, y ha recibido oficiales para su servicio, como si fuera un señor de los de España; pero con todo holgaré que vais en su compañía, que no ha más de quince días que salió de este puerto y en breve lo tomaréis, y yo os socorreré a vos y a los que más quisieren ir.»

Prestó a Tapia y a sus compañeros cuarenta ducados para comprar ropa en una tienda que le pertenecía; pensaron que habrían hallado las mismas vestimentas por una cuarta parte de lo que allí les costaron.[23] Sin embargo se marcharon y se unieron a Cortés en La Habana. Es posible que la actitud de Velázquez se debiera no tanto a su naturaleza clemente como al hecho de que ya había recibido a Grijalva, al que había reprendido amargamente por no desobedecer sus órdenes y, por tanto, por no haber fundado una colonia en el nuevo país.[24] Quizá fuese difícil no quedar desilusionado con Grijalva y, al mismo tiempo, enfadarse con Cortés.

Velázquez tuvo otra visita: Juan de Salcedo, que había participado en la expedición de Grijalva y que recorrió a caballo la larga distancia de La Habana a Santiago. El gobernador le preguntó: «¿Qué os parece que haga, porque la verdad es que yo he enviado a Hernando Cortés con cierta armada a la dicha tierra so color que va a buscar a Juan de Grijalva y no lleva poder para poblar, qué os parece que debo hacer y qué es lo que me aconsejáis?» Salcedo, que conocía bien a Cortés por haberse casado con Leonor Pizarro, la cubana (a pesar de su nombre) con la que Cortés tuvo una hija, le contestó: «Lo que me parece es que vais allá», y fue a ver a los jerónimos de Santo Domingo, de los que obtuvo permiso para que el gobernador «poblara» la nueva tierra.[25] Para entonces los pobres frailes, aunque despojados de su autoridad, permanecían en la isla, obrando, por consentimiento tácito, como si aún tuviesen poderes hasta la llegada en agosto de 1519 de Figueroa, su sucesor. Tendían a dar el visto bueno a cuanto se les pedía.

No obstante, la posición de Velázquez era realmente precaria. Le era imposible preparar rápidamente una nueva flota que fuera en contra de Cortés o colaborara con él. Evidentemente, éste no pensaba dejarse disuadir. Tanto él como otros habían invertido su fortuna en la empresa.

El asunto de cuánto contribuyeron a la expedición, en términos financieros, Cortés o Velázquez, ahora que ya ha pasado tanto tiempo, es más una cuestión de opinión que de análisis, puesto que hubo posteriormente muchas contradicciones al respecto. En su testamento, Velázquez afirmó haber ofrecido pagar un tercio de los costes, en el entendimiento de que Cortés pagaría otro tercio y que los voluntarios aportarían el último tercio (y compartirían las ganancias de éste).[26] Los amigos de Cortés, en una carta escrita el año siguiente, probablemente redactada por el propio Cortés, reconocían que Velázquez había, efectivamente, proporcionado un tercio.[27] Pedro de Alvarado, como hemos visto, alegó haber costeado una nao con todo su equipamiento. Lo mismo ocurrió con Ordás. El mismo Cortés sostuvo que «casi dos tercios» iban por su cuenta, incluyendo los sueldos de los marineros y de los pilotos.[28] Pero, en 1520, en el juicio de residencia de Cortés, varios testigos fueron más allá y aseguraron que todos sabían que Cortés había corrido con el financiamiento.[29] Años más tarde, tras hablar con Cortés, el polemista Sepúlveda, en su *De Orbe Novo*, escribió que los dos hombres habían acordado pagar la mitad cada uno.[30]

Lo más seguro sería hacerse eco del testimonio del piloto, Antonio de Alaminos, hombre honrado que, en 1522, mantuvo que Cortés y Velázquez financiaron conjuntamente la flota, pero que la participación de Cortés fue mayor.[31] No obstante es probable que Cortés no puso más de un tercio del dinero, digamos unos seis mil quinientos pesos. En 1520 aseveró que sus gastos ascendieron a unos veinte mil pesos, tres cuartas partes prestados. Mas en 1529 redujo el cálculo a doce mil castellanos, la mitad de los cuales reconoció haber pedido prestados. Muchos colonos en Cuba creían, por consiguiente, que merecían una parte de los beneficios.[32]

Esta expedición, al igual que muchas de la época, era una empresa privada, cuyo modelo, como casi todo en la formación del imperio español, derivaba de prácticas medievales. La corona había otorgado (indirectamente) su permiso y el gobernador de la corona había nombrado al comandante. Éste se hacía responsable de los preparativos. Aquellos voluntarios que se prestaban para el viaje lo hacían porque esperaban hacer fortuna. Sólo los cuarenta o cincuenta marineros y los cinco pilotos recibían una paga que salía del bolsillo de Cortés. Los soldados, ya fueran capitanes o simples soldados de infantería, vivían, cosa normal, de sus expectativas. Pero, cuando convenían en alistarse en el «ejército» del caudillo, debían cumplir con su obligación y no abandonarlo so pena de muerte.[33]

Cortés pasó revista a la flota justo antes de llegar a cabo Corrientes, casi en la punta oeste de Cuba. En eso, al menos, estaba obedeciendo sus instrucciones.

Ya contaba con once naves, de las cuales sólo cuatro eran de buen tonelaje: su buque insignia (el *Santa María de la Concepción*, una nao capaz de cargar cien toneles) y otros tres capaces de cargar entre sesenta y ochenta toneles.[34] Los demás eran embarcaciones pequeñas o bergantines. Cabe suponer que los más grandes y algunos bergantines fueron armados en España. Una de las naos, la que capitaneó y, aparentemente, costeó Pedro de Alvarado, no se presentó a la revista.[35] Cortés decidió marchar sin él. Recordemos que en Santiago estaban carenando otro barco comprado por Cortés.

Contando a los hombres que navegarían posteriormente con Alvarado, Cortés llevaba unos quinientos treinta europeos, entre ellos treinta ballesteros y doce arcabuceros.[36] La posición social de estos últimos era distinta de la de los capitanes y de la de los soldados de infantería; sin embargo eran tan importantes como los capitanes. Un *condottiere* en Italia se había opuesto a la introducción de esta armada: Paolo Vitelli había arrancado los ojos y cortado las manos de los *schiopettieri* alemanes que había capturado por considerar una indignidad que un caballero rindiera armas a hombres corrientes con arcabuces. Pero Cortés no sentía ninguna renuencia en cuanto al empleo de la tecnología moderna. Además, contaba con catorce piezas de artillería semejantes a las que llevara Grijalva —probablemente diez culebrinas de bronce y cuatro falconetes—[37] y, sin duda, cañones de retrocarga («tiros de bronce») —lombardas, armas que a menudo se hallaban en los barcos de la época y que podían disparar a un ritmo más veloz que los demás cañones que se cargaban por la boca—.[38] Estas armas, la mayoría de las cuales tenían nombre propio (san Francisco, Juan Ponce, Santiago, etc.), estaban en manos de especialistas: Francisco de Mesa; Arbenga, un levantino; Juan Catalán, uno de los pocos catalanes en las Indias; y Bartolomé de Usagre, probablemente extremeño, dado su apellido. El capitán de esa pequeña unidad de artillería era Francisco de Orozco, «que había sido buen soldado en Italia».[39] (La participación en las guerras de Italia constituía una experiencia mágica que, se suponía, garantizaba todo.) En cuanto a los ballesteros, estaban a las órdenes de Juan Benítez y Pedro de Guzmán, expertos en la reparación de las ballestas.

Contaría también con hasta cincuenta marineros, muchos de ellos (cosa común en esos tiempos en los barcos españoles) extranjeros: portugueses, genoveses, napolitanos e incluso un francés.[40]

Aproximadamente un tercio de los miembros de la expedición era probablemente oriundo de Andalucía; casi una cuarta parte, de Castilla la Vieja; y únicamente el dieciséis por ciento, de Extremadura. La gran mayoría era de Sevilla y de Huelva.[41] Pero, como ocurría a menudo, muchos comandantes eran extremeños. Algunas españolas viajaron también con la flota: dos hermanas de Diego de Ordás, tres o cuatro criadas y una o dos que harían las veces de amas de llaves.[42] El papel que desempeñaban estas conquistadoras (término empleado por Andrea del Castillo, nuera de Francisco de Montejo, en un juicio de residencia posterior) no está del todo claro. Mas no cabe duda de que Andrea del Castillo tenía razón al decir que las obligaciones de las mujeres de su posición social que participaban en estas aventuras eran considerables.[43] Un par de ellas luchó más tarde con gran eficacia.

Los pilotos de Cortés eran los mismos que sirvieron bajo el mando de Hernández de Córdoba y de Grijalva: Alaminos, Juan Álvarez, el cojo, Pedro Camacho y Pedro Arnés de Sopuerta. Cortés llevaba consigo a dos clérigos, fray Juan Díaz, el sevillano que acompañó a Grijalva, y fray Bartolomé de Olmedo, mercedario de Olmedo, ciudad cercana a Valladolid y a Cuéllar. Éste era un hombre sensato y sus consejos serían inapreciables para Cortés (generalmente le recomendaba paciencia). De naturaleza alegre, cantaba muy bien. Pero tenía sus enemigos, que alegaban que se interesaba más por el oro que por las almas.[44] Era un hombre instruido que probablemente estudió en la Universidad de Valladolid y estuvo un tiempo en los conventos de Segovia y de Olmedo. Por ser más mundano y más sensato que Díaz, tenía mucha más influencia. Sin embargo, la obra espiritual de ambos fue considerable: daban la oportunidad de asistir a misa a los capitanes de la expedición, sobre todo a Cortés, que, fueran cuales fueran sus pensamientos privados, se arrodillaba públicamente cada día, según declararon hasta sus enemigos.[45]

Había en la flota una docena de hombres que tenían un oficio, aunque un solo médico, Pedro López; entre ellos había varios escribanos cuyos servicios Cortés aprovecharía indiscriminadamente, y tal vez media docena de carpinteros. Había varios extranjeros, aparte de los marineros; entre ellos algunos griegos, italianos y portugueses.[46]

Pese a la prohibición expresa de Velázquez, Cortés reclutó varios centenares de indios cubanos, incluyendo algunas mujeres, así como africanos libres y otros esclavos.[47] (Es posible que uno de ellos fuera Juan Garrido, un negro africano libre que se había convertido al cristianismo en Lisboa y que luego se haría famoso por ser el primer hombre en cultivar trigo en México.)[48] *Melchorejo*, el pescador, uno de los indios bizcos capturado en el Yucatán por Hernández de Córdoba, formaba parte de la expedición (su compañero, el melancólico *Julianillo*, que acompañó a Grijalva, había muerto). *Francisquillo*, el indio que hablaba náhuatl capturado por Grijalva, iba también a bordo.

La innovación más importante de ese viaje consistía en los dieciséis caballos que llevaban y que constituían, en palabras de Piedrahita, el historiador de la conquista de Nueva Granada, «los nervios de las guerras contra los naturales».[50] Probablemente eran de la misma raza que los que pintó Velázquez en sus retratos ecuestres: robustos, de lomo corto, patas relativamente cortas y lo bastante fuertes para cargar con un jinete en armadura y una pesada y cómoda silla morisca (los hombres habrían montado a la jineta, o sea con estribos cortos, potente bocado y una sola rienda; el jinete presionaba hacia atrás con las piernas y hacía volver la cabeza del caballo con una presión en el cuello y no en la boca).[51] Se supone que, para la travesía de Cuba al Yucatán, los caballos fueron izados por medio de poleas y que permanecieron en cubierta durante el viaje. Los caballos eran caros, al menos tres mil pesos cada uno (hasta un esclavo africano costaba menos). Sin duda algunos eran descendientes de los que Colón llevó a La Española en su segundo viaje. Bernal Díaz del Castillo recordaría los nombres de algunos: *el Rey, Rolandillo* y *Cabeza de Moro*.

Había igualmente numerosos perros, se supone que perros lobos irlandeses o mastines (en esa época no se diferenciaba mucho una raza de otra, pero en el juicio de residencia de Diego Velázquez, Francisco Benítez declaró que «... a este testygo le traxeron una perra de Irlanda»). En otras partes del imperio español, así como en la Reconquista, los españoles los utilizaban brutalmente porque eran buenos luchadores. Cortés no habría pensado siquiera en la posibilidad de privarse de ellos. Es posible que su padre le explicara que un perro, *Mohama*, luchó con tanta valentía en Granada que recibió la parte del botín correspondiente a un jinete. De hecho, en Europa solían usar perros en las guerras. Poco después, Enri-

LUGAR DE NACIMIENTO DE LOS CONQUISTADORES
QUE ACOMPAÑARON A CORTÉS

BADAJOZ
Pedro de Alvarado
y sus hermanos

BAENA
Cristóbal de Olid

BURGOS
Pedro de Maluenda
Gerónimo Ruiz de la Mota

BURGUILLOS DEL CERRO
Leonel de Cervantes

CÁCERES
García Holguín
Juan Cano

CANENA
Alonso de la Serna

CASTROVERDE DE CAMPOS
Diego de Ordás

CIUDAD REAL
Alonso de Ávila

CIUDAD RODRIGO
Gutiérrez de Badajoz

COJECES DE ÍSCAR
Pedro Verdugo

CÓRDOBA
Francisco Hernández
de Córdoba

CUÉLLAR
Diego Velázquez
Juan Velázquez de León
Juan de Cuéllar
Juan de Grijalva
Baltasar Bermúdez

ÉCIJA
Gerónimo de Aguilar

ENCINASOLA
Francisco de Flores

FREGENAL DE LA
SIERRA
Juan Jaramillo

GRIBALEÓN
Alfonso Peñate

ILLESCAS
Pedro Gutiérrez de
Valdelomar

JEREZ DE LA
FRONTERA
Francisco de Morla

MADRID
Juan Núñez Sedeño

MARCHENA
Francisco de Mesa

MEDELLÍN
Hernán Cortés
Gonzalo de Sandoval
Alonso de Mendoza
Alonso Hernández
Portocarrero

MEDINA DEL CAMPO
Bernal Díaz del Castillo
Cristóbal de Morante
Cristóbal de Olea
Francisco de Lugo
(Fuencastín)

NAVALMANZANO
Pánfilo de Narváez

NIEBLA
Gonzalo Guerrero

OLIVA
Franciso Álvarez Chico

OLMEDO
Fray Bartolomé de Olmedo

OROPESA
Bernardino Vázquez
de Tapia

PINTO
Diego de Godoy

PLASENCIA
Andrés de Tapia

SALAMANCA
Francisco de Montejo
Juan de Salamanca
Bernardino de Salamanca

SANLÚCAR DE BARRAMEDA
Luis Marín
Alonso Caballero

SAN SEBASTIÁN
Juan Bono de Quejo

SEVILLA
Martín López
Fray Juan Díaz
Juan de Limpias
Cristóbal de Tapia

TIEMBLO
Cristóbal del Corral

TORDESILLAS
Juan de Alderete

TORO
Diego de Soto
(Obispo Rodríguez de Fonseca)

TUDELA DE DUERO
Andrés de Duero

VALENCIA DE DON JUAN
Cristóbal Flores

ZAMORA
Antonio de Villafaña
Antonio de Quiñones

que VIII enviaría a Carlos V cuatrocientos mastines para combatir a los franceses, algunos con una armadura de poco peso. En la conquista de Puerto Rico, el perro de Ponce de León, *Becerrillo*, desempeñó un papel importante, con su pelo rojizo y sus ojos castaños. El hijo de *Becerrillo, Leoncillo*, acompañaba a Balboa cuando éste divisó por primera vez el Pacífico.[52]

Los capitanes de la expedición representaban un problema político para Cortés. Varios tenían más experiencia que él en las guerras de las Indias. Otros eran muy amigos de Velázquez, el más prominente de ellos, por supuesto, Diego de Ordás, cuyo papel equívoco en La Habana lo había hecho destacar. Entre otros «velazquistas», término por el que se los llegó a conocer, se encontraban Francisco de Montejo, el comandante salmantino de una de las cuatro naos; Francisco de Morla, y Juan Velázquez de León, fuerte luchador, tartamudo, de barba rizada bien cuidada, voz áspera y modales de gran señor, cuyo afecto por su pariente, el gobernador, disminuyó cuando éste no le cedió un buen número de indios.[53]

Algunos expedicionarios rara vez hablarían bien de Cortés. El más prominente era Juan Escudero, el alguacil de Asunción de Baracoa que arrestó a Cortés en 1515 y lo encarceló a consecuencia de una de sus disputas con el gobernador.

No obstante, el caudillo, término con que Velázquez se refería a Cortés, contaba con buenos amigos, casi todos extremeños: Alonso Hernández Portocarrero y Gonzalo de Sandoval, de Medellín; Juan Gutiérrez Escalante, que acompañó a Grijalva; Alonso de Grado, pequeño encomendero de La Española, oriundo de Alcántara, refinado pero soldado mediocre;[54] y, sobre todo, Pedro de Alvarado y sus cuatro hermanos, que desde el principio del viaje fueron los más fervientes partidarios del nuevo caudillo. Entre los castellanos, contaba igualmente con Francisco de Lugo, hijo ilegítimo de Álvaro de Lugo, señor de Fuencastín, cerca de Medina del Campo[55] y Bernardino Vázquez de Tapia, alférez de Grijalva, que de momento ejercía la misma función con Cortés. Sin embargo, estos hombres no contrarrestaban los amigos del gobernador, ni en cuanto a experiencia, ni en cuanto a número. Así pues, Cortés tuvo que tratar de ganarse a los del primer grupo, ascendiéndolos e intentando alentarlos, sin perder a los que lo apoyaban: tarea delicada.

El que ya tuviese su propia «corte» (a imitación de la que, en cuanto a personal, tendrían el conde de Medellín y otros barones extremeños, aunque Ovando y Velázquez disfrutaran de los mismos) le facilitó su cometido. Cristóbal de Guzmán, sevillano, era su maestresala; Rodrigo Rangel, extremeño de Medellín, su camarero; y Joan de Cáceres, extremeño también, hombre de mucha experiencia pero analfabeto, su mayordomo.[56] La gente se daba cuenta de que Cortés iba «a poner casa y a tratarse como un señor». Sin embargo, Juan Núñez Sedeño lo recordaría durante un tiempo como «casi un compañero» del resto de la expedición.[57]

En cuanto a los demás expedicionarios, otro testigo, Fernando de Zavallos, declaró en una demanda presentada en 1529, que eran jóvenes, necesitados y fácilmente dominados.[58] Ciertamente una característica era la juventud: casi todos debían contar poco más de veinte años.[59] En un juicio de residencia celebrado en 1521, Diego de Vargas declaró que había quienes decían ser ricos, quienes no poseían tanto como querían, entre ellos muchos pobres y endeudados.[60] Indudablemente este último grupo constituía el elemento principal del ejército de Cortés: hombres que querían más dinero y estaban dispuestos a aventurarse mucho para conseguirlo. La mayoría probablemente llegó a las Indias —a Cuba, a La Española o a Tierra Firme— a partir de 1513. Pero algunos, ya de edad, serían supervivientes mayores de las primeras expediciones a La Española. Tal vez entre éstos se encontraran algunos con las orejas o la nariz cortadas —señal de que habían sido condenados por robo en Castilla—. Varios expedicionarios (Cristóbal Martín de Gamboa y Joan de Cáceres, por ejemplo) llegaron con Ovando, en La Española, en 1502, y participaron en la conquista de Cuba.[61]

La cantidad de pan, carne ahumada o salada, tocino, sal, aceite, vinagre y vino podía satisfacer a los aproximadamente quinientos hombres durante unas semanas. El maíz, los chiles (pimientos picantes) y la harina de yuca constituían seguramente una reserva. El agua fresca iba en barriles, que goteaban a menudo porque la madera europea de la que estaban hechos no aguantaba bien el trópico (al cabo de un tiempo el agua y el vino se transportarían en jarras de barro).[62] No llevaban más agua de la que, según sus cálculos, necesitarían antes de llegar al Yucatán.

Como armas, aparte de los cañones, los arcabuces, las ballestas y las municiones, la flota llevaba espadas y lanzas. Cortés, inteligente, se había hecho confeccionar una armadura de algodón para protegerse de las flechas, armadura que los indios del Yucatán preferían por su ligereza, según se había enterado. Se la hicieron cerca de La Habana, donde había algodón disponible y donde las indias cubanas eran hábiles tejedoras.[63] Los que eran o se hacían pasar por aristócratas, llevaban los tradicionales cascos, petos y escudos de acero que, por su peso, impresionaban a sus enemigos, según supo Cortés por los relatos de expedicionarios anteriores. Probablemente encargó muchos repuestos no sólo para los hombres, sino también para los caballos, que precisaban bridas, sillas, estribos y, por supuesto, herraduras, artículo este sorprendentemente caro.

Finalmente, entre la carga se hallaban los regalos que los conquistadores pensaban ofrecer a los indios: cuentas de cristal, campanas, espejos, agujas, broches, artículos de cuero, cuchillos, tijeras, tenazas, martillos, hachas de hierro, así como ropa castellana: pañuelos, pantalones, camisas, capas y medias, o sea, lo mismo que habían llevado Hernández de Córdoba y Grijalva. Algunos de estos objetos, como las tijeras, tenían un interés auténtico para un pueblo que no había llegado a la edad del hierro, ya no digamos la del acero, pero cuya capacidad de adaptación a la nueva tecnología probaría pronto ser asombrosa. La gran mayoría de los artículos venían probablemente de Alemania, Italia o Flandes, aunque quizá hubiese también conchas de ostra de las Canarias y, como veremos, una o dos perlas de lo que es ahora Venezuela.

Según el capellán de Cortés, López de Gómara, Cortés inició la expedición con un discurso. Es posible, si bien es difícil creer que éste fuese el apasionado llamamiento, apelando al hambre de fama y fortuna que publicó ese autor, hombre versado en la oratoria del Renacimiento italiano tardío. En el discurso, según López de Gómara, Cortés afirmaba que los conquistadores obtendrían de la expedición «mayores reinos que los de nuestros reyes..., grandes premios mas envueltos en grandes trabajos».[64] De haber sido tan directo, los amigos de Velázquez bajo su mando lo habrían derrocado allí y entonces. No obstante es probable que Cortés supiera que los generales modernos pronunciaban a menudo discursos ante sus tropas. Pero no está claro ante quién habló. ¿Únicamente a la compañía de su barco? ¿A sus capitanes, que habría convocado especialmente desde sus barcos, para escucharlo?

Sin embargo, Cortés dejó entrever a sus hombres lo que pensaba: en el estandarte que colgaba del tope del mástil de su «nao capitana», estandarte que hizo confeccionar en Santiago, figuraban una cruz azul y un lema en latín, *«Amici, sequamur crucem, et si nos fidem habemus, vere in hoc signo vincemus»*, o sea, según la traducción de Bernal Díaz del Castillo: «Hermanos, sigamos la señal de la santa cruz con fe verdadera, que con ella conquistaremos.»[65] Esta divisa, por supuesto, recordaba a los hombres instruidos, o que se las daban de instruidos, la señal de la cruz, que según la leyenda se apareció ante el ejército del emperador Constantino antes de la batalla por el puente Milvio. Pero en las instrucciones de Diego Velázquez no se hablaba de una posible batalla y mucho menos de la necesidad de salir victoriosos de ella. Es muy posible que Cortés, con la asesoría del mercedario fray Bartolomé de Olmedo en cuanto al latín, haya recordado el lema de un romance. Algunos de los admiradores de Cortés pudieron no sentirse precisamente encantados con el llamamiento a la religión. Gonzalo de Sandoval, por ejemplo, solía dar la impresión de haber renegado de la Divina Providencia y hablaba constantemente mal de Jesús y de la Virgen María.[66] Si iba a luchar, lo haría en nombre de Castilla.

El tema de la fe religiosa de Cortés deja perplejos a todos menos a los afortunadamente simplistas, como el primer historiador de la Iglesia mexicana, fray Mendieta, que creían que Dios los había elegido para cumplir sus propósitos. Las pistas en este caso son tan contrapuestas como lo son las del color de su cabello: «... aunque como hombre fuese e pecador, tenia fee i obras de buen cristiano», escribió el franciscano Motolinía, que lo conoció bien (era su confesor en los últimos años de su vida), «i mui gran deseo de enplear la vida· i hacienda por anpliar y abmentar la fee de Jesu-Cristo, i morir por la conbersion destos gentiles, i en esto hablava con mucho espíritu, como aquel á quien Dios havia dado este don i deseo, i le habia puesto por singular Capitan desta tierra de Ocidente; confesávase con muchas lágrimas i comulgava devotamente, i ponia á su ánima i hacienda en manos del confesor para que mandase i dispusiese della todo lo que convenia á su conciencia».[67] Su juramento preferido era «¡En mi conciencia!» Sin embargo, Diego de Ordás, que lo vio casi cada día de los dieciocho meses siguientes, escribiría en 1529 que Cortés «no tiene más consciencia que un perro».[68] Le gustaban mucho las mujeres, era codicioso y le encantaba la pompa mundana de la que hablaría con menosprecio en su testamento; sin embargo era bueno pronunciando sermones, rezaba a menudo y solía lucir una cadena de oro con una medalla, en la que figuraban la Virgen en una cara y san Juan Bautista en la otra.[69]

En realidad, diríase que, si bien sinceramente cristiano, podía muy fácilmente combinar su fe y su comportamiento con la conciencia de que tanto la una como el otro le eran útiles. Los motivos de Cortés, como los de Colón, se mezclaban inextricablemente: por encima de todo deseaba gloria y riqueza y, cuando fuera adecuado o conveniente, servir a Dios. «Por Dios y por las ganancias», rezaba el lema del comerciante de Prato, Francesco Datini. Antes de la contrarreforma y antes de la implantación de los jesuitas, la Iglesia católica romana era una institución más relajada de lo que sería posteriormente. Cortés perdonaba las blasfemias de Sandoval y de Portocarrero, por ser íntimos amigos suyos; pero castigaba abiertamente a otros (Cristóbal Flores, Francisco de Orduña) por la misma transgresión. Le gustaba apostar; le encantaban todas las cosas materiales de las que había visto demasiado pocas de niño, sobre todo para poder ostentarlas, así como que le cortejaran sus ayudantes. Aceptaba cualquier táctica, incluso las que (dada la época) podrían justificadamente considerarse maquiavélicas. Es ahí donde vemos sus prioridades. Pero evolucionó naturalmente a medida que su expedición se reforzaba. Es probable que temiera más a Dios con cada nuevo reto que se le presentaba. La Iglesia proporcionaba a menudo un pretexto, más poderoso (aunque nos estamos anticipando a los hechos) que lo que fuera en la conquista de los demás puntos del Caribe, puesto que las religiones del antiguo México y los territorios que le estaban subordinados eran más formidables que las de las Antillas. La expedición de Cortés, después de todo, se fundamentaba en el cristianismo, aunque sazonado por el honor castellano. La moralidad daba ánimos, proporcionaba el sentimiento de comunidad que sostenía a las gentes en las batallas y la fe que podría consolar hasta a los prisioneros que morirían en la piedra de los sacrificios.[70]

Con la partida de quinientos hombres, Cuba quedó expuesta. Cabe dudar de que la población castellana de la isla alcanzara en 1518 a más de mil varones. En Baracoa apenas quedaban uno o dos hogares castellanos.[71] De haber contado la población indígena con un jefe, o de haber estado tan dispuestos los franceses a atacar el imperio español como empezaban a estarlo a atacar barcos en alta mar, Velázquez habría encontrado muchas dificultades para defender su pequeño reino.

Antes de marcharse, Cortés dirigió una carta respetuosa al procónsul.[72] Pero en su corazón no cabían ni el respeto ni la obediencia. Era reservado. Nunca, antes de salir de Cuba, habló con nadie de sus intenciones. Pero, teniendo en cuenta los indicios, cabe pensar que albergaba la intención de *poblar* y descubrir. Bernal Díaz del Castillo recordaría habérselo oído decir antes de dejar Santiago.[73] Después de todo, nadie lleva caballos y cañones si sólo pretende comerciar.

Así fue que, el 18 de febrero de 1519, la tercera expedición castellana emprendió finalmente la travesía hacia el Yucatán.

12. LA VENTAJA DE LOS CAVALLOS I TIROS DE ARTILLERÍA

i esta ventaja de los cavallos i tiros de artillería es mui necesaria en esta tierra, porque da fuerza i ventaja á pocos contra muchos

MOTOLINÍA, carta dirigida a Carlos V, 1555

Tan pronto como zarpó su flota, Cortés la dedicó a su patrón, san Pedro, que creía le había salvado la vida de niño en Medellín. Ordenó a los capitanes de los barcos que mantuvieran la nao capitana a la vista. Hizo colgar una linterna en la popa de este buque a modo de guía. Si encontraban mal tiempo, se reunirían en el buen puerto de Santa Cruz, Cozumel, que los pilotos ya conocían bien.[1]

Decidió que la flota se dirigiría allí por dos razones. Primera, era el camino más corto a la «isla» del Yucatán. Segunda, tomó en serio las órdenes de buscar a los cristianos que, según se creía, eran prisioneros allí.

El mal tiempo empezó inmediatamente. En su primera noche en la mar, los barcos se vieron separados. Al amanecer del día siguiente, faltaban cinco, sin contar que Alvarado aún seguía ausente. Francisco de Morla se dio cuenta de que había perdido el timón de su barco. Saltó él mismo al mar y lo recuperó.[2] Cuando Cortés llegó a Cozumel, naturalmente por el lado más cerca del continente, varios de sus barcos ya se encontraban allí. El primero en arribar había sido el *San Sebastián* de Alvarado, quien insistió en que se había presentado en el punto de reunión en Cuba antes que Cortés, pero que el mal tiempo le había empujado hacia alta mar.[3]

Cuando desembarcaron, Cortés y sus hombres encontraron, al igual que Grijalva, que los habitantes de los pueblos costeros habían huido hacia el interior. No se trataba sólo de timidez natural, pues Alvarado se había estado divirtiendo a costa de ellos. Había capturado pavos, hombres, mujeres y adornos del templo.[4] Cortés le reprendió, pues ése no era modo de *apaciguar* al país.[5] Alvarado negó haber hecho nada fuera de lo normal. Al llegar, sus hombres no habían hallado ningún indio. Así que se habían apoderado de los alimentos que encontraron en las casas vacías. Cortés mandó encarcelar brevemente al piloto de Alvarado, Camacho, por no llegar a tiempo al punto de reunión.

Con la reprimenda Cortés descubrió nuevamente su juego, pues las órdenes de Velázquez no mencionaban pacificación alguna.

Durante el siguiente par de días, nueve de los diez barcos con que saliera Cortés de Cuba se reunieron en Cozumel. Faltaba el que capitaneaba Alonso de Escobar, que parecía estar definitivamente extraviado. Habían perdido igualmente tres caballos en el mar. En su propio juicio de residencia, Alvarado diría que: «yo corri por la mar adelante e segui mi viaje hasta que llega a cabo de corrientes.. donde dexe concertado con el dicho Hernando Cortés se le esperar e estando all amayne las velas e estuvo al rearo esperando la dicha flota e armada e vino un tienpo rezio que no me pude sostener e corri con la dicha nao a mucho peligro de mi persona e de los que con migo venia e llegue al ysla de Cozumel...»[6]

El propio Cortés visitó los pueblos indios de Cozumel. Una tercera parte de sus hombres ya habían estado allí con Grijalva, pero para Cortés y los demás expedicionarios, el templo dedicado a la diosa del arco iris, Ix Chel, con su santuario recubierto de paja en lo alto de una pirámide de numerosos escalones, tan característico de la región, constituyó una novedad; como lo fueron también la extraña miel, las inesperadas frutas, las nuevas legumbres y los pájaros marinos. A su llegada, los castellanos vieron también hamacas, término que Cortés desconocía, aunque es probable que Hernández de Córdoba y Grijalva también las vieran y hasta durmieran en ellas. Él y sus amigos observaron igualmente una abundancia de adornos interesantes y, «¡oh Padre Santo!, libros innumerables», en palabras de Pedro Mártir en una carta dirigida al Papa después de hablar el año siguiente con miembros de la expedición.[7]

Esos «libros» consistían en series de hermosas pinturas sobre corteza de árbol, untada de betún y estirada hasta formar papiros (amatl) de varios metros de largo. Seguramente se asemejaban más a los antiguos manuscritos ilustrados europeos que a las obras impresas más recientes con las que la generación de Cortés empezaba a familiarizarse.

Hallaron una mujer (probablemente la esposa de un jefe), con sus hijos y sirvientes. Se había quedado cuando la población huyó. Cortés le dio ropa y otras «cosas de Castilla».[8] A los niños, les regaló juguetes, y a los sirvientes, tijeras y espejos. Por medio de la poco satisfactoria interpretación de *Melchorejo*, Cortés solicitó a la mujer que pidiera a los jefes y demás isleños que regresaran. Prometió que serían bien tratados.[9] Regresaron y Cortés ordenó que, dentro de lo posible, lo robado de sus casas por los hombres de Alvarado les fuera devuelto. A cambio, el jefe hizo arreglos con su pueblo para dar comida (pescado, pan y miel) a los castellanos. Los dos jefes intercambiaron un saludo ceremonioso. En el principal patio frente al templo los indios quemaron resina que despedía un olor parecido al incienso.[10]

Cortés se mostró tan amistoso que los mayas de Cozumel le escucharon atentamente, mientras les explicaba, por medio de *Melchorejo*, cuán odiosos eran, en su opinión, los sacrificios humanos. Le preguntaron a qué ley debían someterse, entonces, y él contestó que existía un Dios, el creador del cielo y de la tierra, el dador de todas las cosas.[11] Interrumpió una ceremonia indígena e hizo que se celebrara una misa, diciendo a sus asombrados oyentes que deseaba romper los ídolos y darles una ley mejor y mejores cosas que venerar.[12] Insistió en que los ídolos de sus templos eran malignos, que llevarían las almas de los indios al infierno. Les pidió que colocaran una imagen de la Virgen María en el lugar de sus ídolos. Eso, alegó, les aseguraría buenas cosechas y salvaría su alma.[13]

Ésta fue la primera ocasión en que Cortés trató de dirigir sermones a los naturales. Fue un comienzo de gran éxito de lo que se convirtió para él en una actividad importante. Quizá lo asesoró fray Olmedo, pero es posible también que durante sus años de monaguillo en la iglesia de San Martín hubiese aprendido el arte de la predicación y que recordara los temas de los sermones. Probablemente sus palabras de predicador impresionaron menos a sus oyentes que las velas (se supone que éstas les agradaron y asombraron).[14] En todo caso no reaccionaron cuando Cortés ordenó a sus hombres que hicieran rodar los ídolos por los escalones de los templos, a excepción, al parecer, del ídolo vacío a través del cual los sacerdotes del pasado hablaban con los fieles.[15] Cuando Cortés hizo colocar un altar cristiano, sobre el que puso una imagen de la Virgen María (probablemente un altar portátil de un barco), los indios se mostraron igualmente atónitos y la vistieron con ropa nativa.[16] Dos carpinteros, Alonso Yáñez y Álvaro López, construyeron una cruz que un extremeño, Martín Vázquez, situó sobre la cima de la torre alta de la pirámide principal.[17] Los mayas metieron imágenes de la Virgen en sus canoas.[18] No hubo sacrificios humanos mientras los castellanos permanecieron allí (o al menos eso creían).[19] De todos modos, los mayas tendían a sacrificar menos seres humanos y más perdices, codornices y perros que los mexicas. Quizá creyeran que la nueva cruz era una forma de rendir homenaje a la suya blanqueada que tanto Hernández de Córdoba como Grijalva observaron asombrados (y que Cortés vio también).[20]

Este roce con los nativos de Cozumel significó para Cortés la confirmación de lo que debieron decirle Alvarado y otros: que esta gente era más civilizada que los indios de La Española y de Cuba. Naturalmente, ya habría oído hablar de la controversia acerca de si los indios del Nuevo Mundo eran o no esclavos por naturaleza. Debió percatarse inmediatamente de que los indios de las «nuevas islas», por morenos, ignorantes e idólatras que fueran, eran seres humanos que «serían elevados a la dignidad de hijos de Dios, hermanos de Cristo y herederos de su gloria».[21] Esta determinación religiosa se intensificó sin duda cuando comprendió la naturaleza de la religión maya y la frecuencia de los sacrificios humanos. Por muy superiores política y tecnológicamente que fuesen estos naturales, sin duda su religión los hacía parecer perversos. Por ello, Cortés estaba más que dispuesto a recordar las instrucciones de Ve-

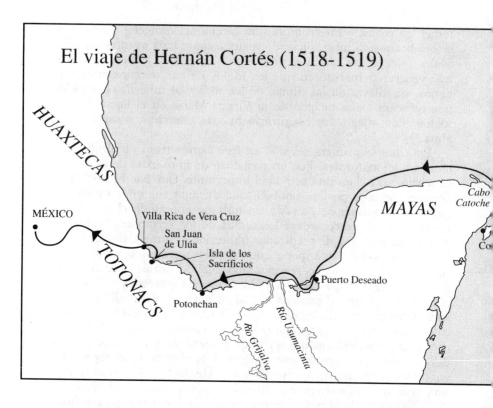

El viaje de Hernán Cortés (1518-1519)

HUAXTECAS

MÉXICO

Villa Rica de Vera Cruz

San Juan
de Ulúa

Isla de los
Sacrificios

TOTONACS

Potonchan

MAYAS

Cabo
Catoche

Co

Puerto Deseado

Río Grijalva

Río Usumacinta

lázquez que insistía en que «el principal motivo que vos y todos los de vuestra compañía habéis de llevar es y ha de ser para que en este viaje sea Dios Nuestro Señor servido e alabado y nuestra Santa Fe católica ampliada...»

Las relaciones entre mayas y españoles eran buenas. Cortés hablaba extensamente y a menudo de la conveniencia de que la gente de la isla aceptara al rey Carlos como soberano.[22] Tal vez recordara el precedente medieval establecido por el rey de Castilla en sus tratos con los señores moros. Por su parte, los mayas estaban muy impresionados por las barbas y la tez de los castellanos.[23] Éstos no les enseñaron sus caballos, que, siendo armas secretas, permanecían en los barcos.

Después de un tiempo los mayas dijeron a Cortés «quen la Tierra que se llama *Yucatan*, estaban dos cristianos que abia mucho tiempo que abian aportado allí en una barca, e que un Señor de aquella Tierra los ternía e se servía dellos como cabtivos».[24] El caudillo intentó convencer al jefe de Cozumel de que mandara un mensajero allí. Pero el jefe dijo temer que, de hacerlo, capturarían a su mensajero y se lo comerían. Cortés decidió enviar a sus propios mensajeros. Para ello, Juan de Escalante, habiendo llegado con su bergantín, desembarcó a unos mayas. Ordás los escoltó con cin-

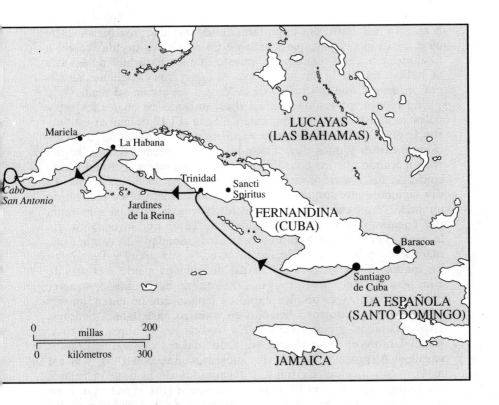

cuenta hombres en otros dos bergantines. En el cabello de uno de los mensajeros iba oculta una carta de Cortés, en la que éste informaba que había llegado con quinientos cincuenta españoles con el fin de descubrir y poblar esas tierras.[25]

Pasó una semana y, para disgusto de Cortés, los hombres no volvían. Cortés no sólo deseaba liberar a los castellanos de su prisión tropical, sino que suponía que si un español llevaba varios años viviendo entre los indios, sería mucho mejor intérprete que *Melchorejo* o *Julianillo*, cuyo escaso castellano representaba un grave impedimento. De sus recuerdos de la Reconquista debió saber que un buen intérprete valía su peso en oro.

No obstante, cuando Escalante y Ordás regresaron, Cortés decidió marcharse.[26] Los expedicionarios, que se despidieron pesarosos de la fragante isla de Santa Cruz (así llamaban Cozumel), se llevaban miel y cera. Primero se dirigieron a Isla de Mujeres, esa otra pequeña isla descubierta y bautizada por Hernández de Córdoba. Llegaron en lo que, según recordaron con un repentino ramalazo de nostalgia, era el primer día del carnaval en España.[27] Cortés iba a Isla de Mujeres con el único propósito de ver la isla. Estaba a punto de partir de nuevo rumbo a cabo Catoche cuando Juan de Escalante informó, por medio de un cañonazo, que hacía agua su

197

bergantín; ese barco era importante, pues cargaba provisiones, entre ellas casi todo el pan que traían de Cuba. Cortés decidió volver a Cozumel y hacerlo reparar allí, puesto que los naturales de esa isla se habían mostrado tan amistosos. Al llegar, los castellanos se alegraron de ver que la imagen de la Virgen seguía en su lugar.[28]

La reparación requirió varios días, durante los cuales los españoles se abastecieron nuevamente de agua. El 12 de marzo estuvieron listos. Los miembros de la expedición se embarcaron, a excepción de Cortés y unos diez comandantes, que permanecieron en tierra esperando que los botes los llevaran a sus naves. Pero un viento contrario los retrasó de nuevo y pasaron otra noche en la isla. El día siguiente era domingo. Antes de marcharse, Cortés insistió en oír misa. Tras este nuevo retraso, divisaron una canoa que venía del Yucatán. Cortés ordenó a Andrés de Tapia que investigara. En la canoa «vieron tres hombres desnudos, tapadas sus vergüenzas, atados los cabellos atrás como mujeres, y sus arcos y flechas en las manos. Y les hicimos señas que no obiesen miedo y el uno de ellos se adelantó y los [otros] dos mostraban haber miedo y querer huir a su bajel, y el uno les habló en lengua que no entendimos y se vino hacia nosotros, diciendo en nuestro castellano: "Señores, ¿sois cristianos, y cuyos vasallos?"» Uno de los hombres de Tapia, Ángel Tintorero, contestó que «sí, y que del rey de Castilla éramos vasallos. Alegróse y rogónos que diésemos gracias a Dios, y él así lo hizo con muchas lágrimas, y levantados de la oración fuimos caminando al real y él llevó los dos compañeros suyos, que eran indios, consigo».[29] Se trataba de Gerónimo de Aguilar, uno de los hombres que vivían en cautiverio, como había explicado la gente de Cozumel, que Cortés había ordenado buscar y que había recibido la carta del caudillo.

En aquel entonces Aguilar, oriundo de Écija, entre Sevilla y Córdoba, uno de los lugares más calurosos de España, contaba unos treinta años. Pertenecía a una de las órdenes menores antes de iniciar su gran aventura nueve años antes. En Écija, su madre, al enterarse de que su hijo era probablemente cautivo de caníbales, se negaba a comer carne y al ver freír cualquier alimento que, según ella, podía ser una parte del cuerpo de Gerónimo, enloquecía y gritaba: «Ved aquí la madre más desdichada de todas las mujeres: ved trozos de mi hijo.»[30]

En la primavera de 1511, explicó Aguilar, se encontraba a bordo de un barco bajo el mando de un conquistador llamado Valdivia, nave que iba de Darién a Santo Domingo con el fin de informar al gobernador de Santo Domingo de las interminables disputas entre Diego de Nicuesa y Núñez de Balboa. La embarcación topó con un banco de arena cerca de las costas de las Islas Víboras, próximas a Jamaica. Aguilar, Valdivia y otros veinte hombres partieron en una barca, sin comida ni agua y con un único par de remos. Se vieron atrapados por una fuerte corriente con dirección oeste y, después de numerosos apuros, encallaron en el Yucatán. Para entonces, la mitad había muerto.[31]

Los mayas capturaron a los supervivientes, sacrificaron a Valdivia y cuatro hombres más y se comieron sus cuerpos en una fiesta. A Aguilar y a los que quedaban los metieron en jaulas, con el fin de engordarlos, supusieron, para un festín posterior. Escaparon de la jaula y huyeron; otro jefe maya, Xamanzana, les proporcionó refugio, pero los esclavizó. Pasado un tiempo todos habían muerto, salvo Aguilar y Gonzalo Guerrero, de Niebla, un puerto situado a varios kilómetros de Palos, sobre el río Tinto.

Gracias a su fe (insistió Aguilar), pudo evitar caer en la tentación de tomar las chicas que le ofrecían sus anfitriones. Para concentrarse, contó los días, pero, cuando estuvo libre, vio que se había equivocado por tres días: cuando se encontró con Tapia creía que era miércoles y no domingo.[32] Según un relato, llevaba consigo un muy usado libro de horas con grabados iluminados.[33] Estaba más que dispuesto a recuperar el estilo de vida español, a diferencia de Gonzalo Guerrero. Aguilar le había enviado la carta de Cortés, mas Guerrero ya tenía una esposa maya, la hija de Na Chan Can, señor de Chactemal, a unos ciento sesenta kilómetros al sur, la única zona del Yucatán donde se cultivaba cacao. Tenía tres hijos, la nariz y las orejas «horadadas» y la cara y las manos tatuadas, al estilo indio,[34] cosa que lo avergonzaba. Además, era asesor militar de Na Chan Can.[35] Cabe también la posibilidad de que fuesen malos sus recuerdos de Niebla, su ciudad natal. Los conquistadores deploraban las costumbres indígenas en las Américas, pero ¿no había descrito el poeta Juan del Encina cómo el hambre en Niebla había hecho caer a la población en el canibalismo?[36]

Cortés pensó inmediatamente que Aguilar, quien hablaba maya chontal, podría ser el intérprete que precisaba, aunque le faltaba práctica en español, lo que era de esperar tras ocho años de aislamiento, y nunca más lo dominó del todo.[37] No obstante fue inmensamente útil. Lo que explicaba sobre el sacrificio humano entre los mayas debió de desalentar un poco a los conquistadores, a la vez que reforzaba la idea de que la suya era una misión cristiana.

Cortés dio órdenes de que su flota emprendiera nuevamente el camino; pero antes volvió a hablar a los nativos de la importancia de la salvación espiritual; durante la homilía puso a Aguilar a prueba como intérprete. Funcionó perfectamente. A continuación los castellanos completaron la destrucción de los ídolos locales. Diríase que los mayas se afligían ante la propuesta partida de Cortés, que ya se había dado cuenta de cuán sencillo era, en términos relativos, impresionar a los indios e inspirar en ellos algo parecido al afecto. Los mayas, tal vez por esa cortesía natural característica de los habitantes de esos territorios, le rogaron que les dejara un predicador. Pero Cortés necesitaba a fray Juan Díaz y a fray Bartolomé de Olmedo.[38]

Los expedicionarios volvieron a Isla de Mujeres, donde se abastecieron de agua y de sal y esperaron dos días a que hubiese un viento favorable que los llevara más allá del cabo Catoche. Mientras esperaban, atraparon un marrajo y descubrieron que tenía la panza llena de pecios típicos del Caribe del siglo XVI: «más de treinta tocinos de puerco y un queso y dos o tres zapatos y un plato de estaño».[39]

Cuando hubieron pasado el cabo Catoche, Cortés siguió la misma ruta que Hernández de Córdoba, Grijalva y sus propios pilotos. Ordenó que un bergantín se mantuviera cerca de la costa, no sólo para buscar el barco de Alonso de Escobar sino también para tratar de hallar «los secretos de la tierra». Pensó detenerse en Chapoton, a fin de vengar la derrota de Hernández de Córdoba, mas cambió de opinión gracias a los consejos de los pilotos, que, en viajes anteriores, habían notado la poca profundidad del agua. Unos días más tarde, en Puerto Deseado (nombre que le había puesto Grijalva) descubrieron la nave de Escobar. El piloto, Juan Álvarez el Cojo, la había llevado allí, pues, gracias a su viaje anterior con Grijalva, sabía que, aun cuando no tuvieran alimentos a bordo, podrían sobrevivir a base de productos locales. De hecho, el milagroso descubrimiento de la hembra de mastín que Grijalva había dejado atrás los ayudó a comer bien: conejo y otros animales de caza.[40] Esa colonizadora europea se había mantenido durante un año sin dificultad aparente. El barco de Escobar se benefició tanto que cuando Cortés lo encontró vio que sus aparejos se hallaban envueltos en pieles de venado y de conejo.[41]

Después se dirigieron a la desembocadura del río Usumacinta, río que llamó San Pedro y San Pablo. Luego, hacia el 22 de marzo,[42] llegaron al río Grijalva (o Tabasco). Cortés dijo que desembarcaría para abastecerse de alimentos y agua dulce,[43] mas no andaba escaso ni de los unos ni de la otra. Lo más probable es que buscara oro, pues fue allí que a Grijalva le regalaron una pequeña figura de oro representando un hombre.

Aunque es ancho, los pilotos pensaron que no sería prudente navegar por el río Grijalva con las grandes naves. Por tanto, Cortés se adentró río arriba con sus bergantines y los botes de las carabelas. Llevó consigo doscientos hombres.[44] A orillas del río, los castellanos vieron numerosos indios, con plumas, reunidos y observando. Como el año anterior Grijalva se había comportado con cautela en ese lugar, los nativos, mayas chontales, no dieron muestras de temor. A media legua río arriba, los castellanos encontraron un asentamiento de lo que alegaron eran veinticinco mil casas, casi todas de adobe y tejados de paja,[45] cifra que, como todos los cálculos de esta clase, constituye probablemente una flagrante exageración. En todo caso, a ojos de los castellanos, era una ciudad bastante grande con unas casas de piedra construidas por arquitectos de mucho talento.[46] Se trataba de Potonchan, importante centro comercial; debía de estar situado aproximadamente en lo que es ahora la ciudad de Frontera. Pero el río Grijalva ha cambiado de curso desde el siglo XVI y no se conoce con toda certeza su emplazamiento. Es probable que en la región se produjera goma (hule), con la que, en esos tiempos, se fabricaban suelas de sandalias y pelotas. Antes de que los expedicionarios llegaran, los habitantes de la ciudad se acercaron en canoas y preguntaron a Cortés lo que quería.[47]

Éste, a través de Aguilar (que se comunicó bien con ellos), contestó que necesitaba comida y que pagaría por ella. Alegó ser hermano del Grijalva con el que los indios habían establecido tan buenas relaciones el año anterior.[48] Los indios le dijeron que los castellanos debían reunirse al día siguiente en la plaza frente a la ciudad. Los hombres de Cortés así lo hicieron, tras dormir en la arena a orillas del río. Ambas partes trataban de engañarse mutuamente: durante la noche los mayas evacuaron a sus mujeres e hijos y los castellanos desembarcaron más hombres, incluyendo ballesteros y arcabuceros, pero todavía no los caballos.[49]

Por la mañana, los mayas trajeron ocho pavos y maíz (elote) suficiente para diez personas y, según Juan Álvarez, que lo presenció, una máscara de oro y algunas joyas. Pidieron a los castellanos que se marcharan. Cortés se negó y afirmó que no le habían llevado suficiente comida y que quería una cesta llena de oro. Los indios contestaron que no querían ni guerra ni comercio, que no tenían más oro[50] y que, si los castellanos no se iban, los matarían. Prometieron traer un poco más de comida al día siguiente. Si Cortés necesitaba agua, podía cogerla del río. Cortés respondió que el agua del río era salada y los indios le informaron que se podía obtener agua al cavar hoyos en la arena de unas de las islas.[51]

Pasaron tres días. Los castellanos permanecieron en sus barcos y Cortés trajo más hombres de la flota anclada. Además, envió a Pedro de Alvarado y a Alonso de Ávila río arriba, andando en la orilla, con cincuenta hombres cada uno, en busca de un vado más allá de la ciudad.[52] Ordás partió en otra misión de reconocimiento. Dijo haber encontrado treinta mil indios (cifra un tanto inverosímil), a los que leyó el requerimiento. Otros castellanos evitaron que los indios le rodearan.[53] (Como veremos constantemente, en aquellos tiempos era normal exagerar las cifras en cuanto a batallas y demás; así, el historiador Chastellan explicó que, en la batalla de Gavre, Carlos el Temerario, duque de Borgoña, perdió únicamente cinco soldados de infantería, mientras que los rebeldes de Gante perdieron entre veinte mil y treinta mil, y, en La chanson de Roland, ese héroe con sesenta seguidores hizo huir a cien mil hombres.)

Por la mañana del cuarto día, los indios trajeron ocho pavos más y maíz para diez personas. Cortés repitió que deseaba visitar la ciudad y que quería más comida. Los indios contestaron que se lo pensarían. Esa misma noche evacuaron a todas las familias, sacaron mucho de lo que había en las propiedades y trajeron soldados a la ciudad. «... toda aquella noche los naturales tobieron muy gran guardia de velar, con muchas bocinas y fuegos», diría un conquistador.

Al día siguiente llevaron un pequeño surtido de alimentos en ocho canoas. Insistieron en que ya no podían llevar más, pues la población había marchado de la ciudad, temerosa tanto de los forasteros como de sus grandes barcos. Algunos hombres de Cortés fueron a buscar provisiones. Los rodearon en la ciudad y regresaron alborotados. Cortés, que no se dejó impresionar, ordenó que los enfermos y heridos regresaran a los barcos y los que estuviesen en forma se pusieran en pie de guerra. Cuando los indios se presentaron nuevamente, les dijo que era inhumano dejar que los castellanos murieran de hambre, que si le permitían entrar en la ciudad y alimentar a sus hombres, les daría buenos consejos.

Los indios respondieron que no necesitaban consejos y que no tenían ninguna intención de recibir a los castellanos en sus casas. Cortés insistió en que, si le hacían caso, prosperarían. Tenía que entrar en la ciudad para poder describírsela al señor más importante del mundo, o sea, su rey, que lo había enviado para ver y visitar esa tierra;[54] que le gustaba hacer el bien pero que, si los indios no le ayudaban a hacerlo, no podía sino encomendar sus almas a Dios. Los mayas reiteraron que querían que los castellanos se marcharan y dejaran de provocarlos. Si no se iban, repitieron, los matarían a todos. Cortés respondió que entraría en la ciudad esa noche, aun si eso los irritaba. Los mayas se limitaron a reír. Entonces Cortés ordenó a Diego de Godoy, el escribano, que les leyera una declaración por la que se exigía la aceptación de la supremacía del rey de España. Recordemos que Godoy ya lo había hecho dos veces para Grijalva, si bien no en Potonchan.[55]

Este acto tuvo una consecuencia indeseable: los mayas atacaron inmediatamente con arcos y flechas y piedras arrojadas con hondas. Además se metieron hasta las rodillas en el río con el fin de atacar las embarcaciones de los conquistadores.[56] Ante eso, Cortés desembarcó algunos cañones y casi todos sus hombres. A la puesta del sol, Cortés disparó contra los indios, que, naturalmente, se asustaron. Pero se reorganizaron y siguió una batalla. Los indios continuaron arrojando flechas y venablos con sus *atlatl* e hicieron uso de sus espadas de quebradizo filo de obsidiana. Sin duda tenían más experiencia guerrera que los expedicionarios de Cortés, pocos de los cuales habían participado en una auténtica batalla, al menos no contra tantos hombres. Veinte castellanos resultaron heridos. Sin embargo, al poco tiempo y gracias a que Alvarado y Ávila (que habían encontrado, en los pantanos, caminos ocultos hacia la parte trasera de la ciudad) atacaron por la retaguardia, los aproximadamente cuatrocientos indios que se habían quedado para luchar habían muerto, habían sido capturados o habían huido.[57] Entonces los castellanos se mudaron al centro de la ciudad y durmieron en el patio del templo mayor.[58] Pero antes, para demostrar que tomaba posesión del territorio, Cortés hizo tres cortes en la hermosa ceiba de la plaza donde tuvieron lugar todos esos acontecimientos. Seguramente los que habían acompañado a Pedrarias (Vázquez de Tapia, Montejo y quizá Bernal Díaz del Castillo) le explicaron que *el Galán* había hecho lo mismo al llegar a Castilla del Oro con el mismo fin: ritual que no se alejaba mucho de las prácticas mayas.[59]

Lo único que perdieron los castellanos fue su antiguo intérprete, *Melchorejo*, que aprovechó la oportunidad para huir. No se sabe si logró reunirse con su pueblo en el Yucatán y volver a ser pescador. Pero sí se sabe que dijo a los mayas que debían atacar a los castellanos día y noche, puesto que éstos, como todos los hombres, sufrían el dolor de la muerte. (Aguilar se enteró de ello al día siguiente cuando interrogó a dos prisioneros con los que *Melchorejo* había pasado la noche anterior.)[60]

De la victoria en Potonchan Cortés sacó varias lecciones. En primer lugar, se dio cuenta del gran impacto de la artillería, aunque esto no sorprendería a aquellos que ya habían visto a Grijalva usarla. De hecho, Velázquez empleó armas de fuego en Cuba y Cortés debió verlo. Mas para Cortés lo más importante era que, aun entre estos pueblos más civilizados, podrían dar un susto sin proporción con su capacidad letal.

En segundo lugar, los castellanos vieron que, en una batalla librada entre ellos y un número aplastante de indios, podían salir victoriosos sin grandes pérdidas. Es imposible saber cuántos indios había, aunque probablemente superaban a los expedicionarios en una proporción de diez a uno. Éstos, por tanto, contarían con la posibilidad de vivir una leyenda evocadora de sus romances preferidos: dada la naturaleza de las armas y las tácticas de los indios, numerosos hidalgos sufrirían heridas, pero muy pocos morirían, «aunque estuvieren allí diez mil Héctores y Troyanos y otros tantos Roldanes». Así podrían resucitar la época de los paladines de los romances.[61] Cuando los indios luchaban, lo hacían para herir y capturar —y con tal fin fabricaban sus espadas de filo de obsidiana—, no para matar, por lo que «se metían por las espadas y lanzas para nos echar mano», en palabras de Bernal Díaz del Castillo al referirse a una lucha posterior.[62] En el tiempo que necesitaban para capturar a un enemigo podrían haber matado a tres.[63]

Sacaron, probablemente, una tercera lección al percatarse de que, para protegerse de las espadas, afiladas pero quebradizas, de ese tipo de enemigo, se precisaba únicamente la «armadura» de algodón acolchado al estilo mexicano que ya había impresionado a Cortés cuando se hallaba todavía en Cuba. A partir de entonces, los españoles sólo emplearon las armaduras de metal por su efecto psicológico, igual que los naturales empleaban las plumas.

El día después de la batalla, el 25 de marzo, Cortés ordenó que le trajeran a los prisioneros y les dijo que lo ocurrido era culpa de ellos, pues él les había rogado que fuesen pacíficos; que, si deseaban regresar a sus hogares, podían hacerlo; añadió que quería hablar con su rey porque tenía muchas cosas que enseñarle todavía. Los prisioneros se fueron. Los castellanos se dieron cuenta de que los indios preparaban un nuevo ataque; por consiguiente, Cortés mandó pequeños grupos de reconocimiento alrededor de la ciudad. Dichos grupos capturaron a todos los indios que vieron y Cortés prometió tratarlos como hermanos si deponían las armas.

A la mañana siguiente llegaron veinte jefes indios. Saludaron a Cortés al estilo tradicional, tocando el suelo con las manos y besándoselas.[64] Afirmaron que su señor les había pedido que rogaran a Cortés que no incendiara la ciudad y que le dijeran que traerían comida. Cortés respondió que había llegado con la intención de hacer el bien, que conocía la verdad de muchos y asombrosos misterios y que estaba seguro de que los indios se alegrarían de oírlo.

Pasó otro día. Los mayas regresaron con unas cuantas frutas, disculpándose porque no tenían más comida. Alegaron que los habitantes se habían dispersado y ocultado por temor. Añadieron que aceptarían encantados algunas de las famosas cuentas y tal vez algunas campanas como regalo. En cuanto al señor de Potonchan, se había ido a una lejana fortaleza. Cortés despidió a los mensajeros informándoles de que al día siguiente se apoderaría, con su ejército, de cuanta comida pudiera y les advirtió que más valía que tuvieran lista una buena cantidad. Al parecer, no regaló más cuentas.

Al día siguiente envió tres compañías compuestas de unos doscientos cincuenta hombres, encabezadas por los extremeños Gonzalo de Alvarado (hermano de Pedro), Gonzalo de Sandoval y Domingo García de Albuquerque, con unos cuantos indios cubanos como sirvientes.[65] Su misión consistía en conseguir maíz en los campos, ofrecer pagar por todo lo que quisieran llevarse y no alejarse más de unos diez kilómetros.

Cerca de una aldea llamada Centla, una de las expediciones halló numerosos campos de maíz, vigilados. Los indios se negaron a hablar de su venta. Se entabló un combate en el que había infinitamente más indios que castellanos. Éstos se vieron obligados a batirse en retirada y podrían haber muerto o sido capturados de no ser por la ayuda de sus compatriotas de las otras compañías y del propio Cortés, que, advertido por algunos indios cubanos, se mostró excepcionalmente eficaz en esa potencialmente peligrosa lucha cuerpo a cuerpo con espada.

La batalla se reanudó al día siguiente. Sin embargo, durante la noche, Cortés había enviado algunos heridos a los barcos y ordenado que el resto de su ejército y, por primera vez, casi todos los de a caballo se unieran a él.[66] Los castellanos se hallaron en medio de los campos luchando contra cinco escuadrones de numerosos mayas cada uno.[67] Las acequias para irrigación lo hacían más difícil. Las ballestas y los arcabuces tuvieron poco efecto y hasta las armas de fuego que habían traído resultaron insatisfactorias. Al parecer, los indios empezaban a aprender a dominar su temor a la artillería. Pero los caballos eran otra cosa. La impresión producida por Cortés y una docena de jinetes (entre ellos algunos de sus mejores hombres)[68] fue espectacular, impresión debida tanto a la velocidad de los animales como a la facilidad con que los españoles los montaban. Los indios creyeron realmente que se trataba de monstruos. Como señalaría posteriormente Martín Vázquez, quien estuvo presente, ésa fue la primera vez que se emplearon caballos en combate en América.[69]

Uno de los jinetes que más se distinguió fue Francisco de Morla, montando un caballo tordo: puso en muchos aprietos a los indios, quienes creyeron, al parecer, que se trataba de un centauro. Algunos castellanos igualmente ingenuos, al no reconocerlo debajo de su casco con visera y su coraza de acero, creyeron que el propio Santiago llegaba a ayudarlos, como se suponía que había hecho tan a menudo en las batallas de la Reconquista. Veían en ello un buen presagio. El mayordomo de Cortés, Joan de Cáceres, describiría esta batalla en términos pintorescos: «... vido como el dicho capitan general salió al campo con la dicha gente e vido como los naturales yndios venyan muchos y en gran cantidad e bien a de recados de guerra a dar en el rreal, e como los vyeron se rrepartieron, e como heran muchos en numero cercaron por todas partes los españoles, y les daban muy cruda guerra, e que vinyendose apartado e que no tenyan rremedio sino Dios porque la gente era en gran cantidad.... e que estando en este aprieto salio de la celda donde estaba el dicho capitan con los de cavallo e saiendo los caballeros rrompieron por una parte, e como los naturales vieron los caballos y el daño que ellos rescebian començaron a huyr, e ansy se siguio el alcance media legua donde los naturales rrescebian mucho daño, e ansy los españoles se libraron del peligro, e bolvieron al rreal con vitoria e si no fuera la buena providencia, que fue proveeer los caballos, este testigo crre que tuivieran mucho peligro, e sabe e vido que hubo muchos españoles malheridos...»[70]

Los indios acabaron por retirarse. Así pues, la batalla de Centla constituyó, a fin de cuentas, una victoria notable para los castellanos: se saldó con los sesenta heridos, algunos de gravedad, pero ningún muerto; aunque, poco después, el calor y los efectos de la mala agua de un riachuelo puso a cien hombres fuera de combate. Los indios afirmaron haber perdido a doscientos veinte hombres; es posible que fueran más, acaso hasta ochocientos.[71]

Después, treinta indios «principales» llegaron envueltos en finas mantas, con aves, frutas y tortillas. Pidieron permiso para enterrar o quemar a los muertos a fin de evitar que apestaran o que los comieran los animales salvajes. Cortés dio su autorización, a condición de que el señor de Potonchan presentara personalmente la petición. Como resultado, dicho señor, o (y esto es lo más probable) alguien que se hacía pasar por él, llegó, trayendo más alimentos y regalos, entre éstos objetos de oro y de turquesa, además de jovencitas que cocinarían para los conquistadores, puesto que, dijo, tenía entendido que no había mujeres entre los castellanos (es de suponer que las pocas mujeres de la expedición permanecieron en los barcos). Cortés aceptó los regalos, incluyendo las mujeres, a las que repartió entre sus capitanes. Esto seguramente obró maravillas en los ánimos castellanos. Cortés hizo que un caballo piafara amenazadoramente y, una vez colocado cerca de una yegua, relinchara. Los mayas, espantados, ofrendaron al caballo no sólo pavos, sino también flores. Cortés explicó a los indios que «los apóstoles» se habían enfadado porque sus tropas habían sido atacadas y, por ello, ordenó que se disparara un cañón. Eso tuvo también el efecto deseado: inspirar terror.[72]

Cortés formuló tres preguntas a esos mayas: ¿Dónde se hallaban las minas de oro y plata? ¿Por qué le habían negado a él la amistad que ofrecieron a Grijalva? ¿Por qué habían huido tantos de ellos frente a tan pocos europeos?

Los mayas respondieron que no poseían minas, que el oro no les interesaba mucho. Pero que, en el interior, en México, por ejemplo, había pueblos a los que les gustaba. Esa índole de respuesta era un truco empleado a menudo por los indios para convencer a los castellanos de que fueran a otro lugar. Grijalva había llegado con menos barcos y menos gente, además le interesaba el oro y no la comida. En cuanto a la derrota en manos de tan pocos hombres, reconocieron que las espadas de sus enemigos los habían deslumbrado; que muchas de las heridas sufridas resultaron ser mortales, a diferencia de las que ellos infligían; que la artillería los había asombrado y que los había dejado pasmados la velocidad de los caballos, cuyo hocico, en particular, los atemorizó.

Serviciales, añadieron que, aun cuando no entendían todo lo que explicara Cortés acerca del Dios cristiano y del emperador, deseaban mayor información. Aceptaban que sus ídolos tenían que destruirse por ser, según los castellanos, malignos. De hecho, ya habían destrozado algunos por haberlos abandonado cuando más los necesitaban. Esto era normal tras una derrota: los mexicas solían destruir los templos de sus enemigos. En cuanto a convertirse en vasallos del rey de Castilla, se dice que aceptaron entusiasmados. Es dudoso que comprendieran lo que estaban diciendo, pues, en numerosas ocasiones posteriores, quizá confundieron el término «vasallo» con el de «amigo».[73] De todos modos, Cortés, igualmente entusiasmado, los recibió como vasallos, en presencia de uno de los escribanos, Pedro Gutiérrez, y alegó posteriormente que así los consideraba,[74] cual si fuesen vecinos de una pequeña ciudad mora conquistada por el ejército castellano (en el que sirvieron Martín Cortés y sin duda los padres de muchos expedicionarios presentes en ese momento) camino de Granada.[75]

Más tarde Cortés permitió a los indios regresar a la ciudad, a condición de que renunciaran a los sacrificios humanos y a los demonios y, a partir de entonces, alzaran su alma hacia Jesús.[76] A Cortés, cuya prédica fue tan eficaz como en Cozumel, le fue asombrosamente fácil, aun después de luchar durante horas, pronunciar ante los indios capturados un discurso (una *plática*) elegante que, según Joan de Cáceres, trataba tanto de «lo divino como... lo humano». Les explicó que Dios era el amo de todas las cosas, el benefactor de los que obraban bien y el azote de los que obraban mal. En cuanto a lo terrenal, estaba el rey de Castilla, bajo cuyo mando él, Cortés, había llegado a esas partes como «vicario de Dios».[77] Los carpinteros construyeron y colocaron otro altar y otra cruz. Varios ídolos fueron destruidos.[78]

Los castellanos permanecieron tres semanas en Potonchan. A la ciudad la llamaron Santa María de la Victoria, nombre pronto olvidado.[79] El 27 de abril, Domingo de Ramos, hicieron lo que pudieron por reproducir la celebración de ese día en España: la procesión tradicional, en la que los castellanos llevaron ramas de árboles en las manos, pasearon la imagen de la Virgen, lucieron sus mejores prendas, colocaron una cruz en la plaza donde sostuvieron sus primeras difíciles conversaciones con los indios,[80] y asistieron a una misa. Después abordaron sus barcos, todavía con las ramas en mano. Los mayas, impresionados, probablemente se unieron a la procesión. Así fue como empezó el proceso sincrético que ha hecho de la Iglesia mexicana lo que es.[81]

De Potonchan los castellanos sacaron un beneficio adicional. Entre las mujeres donadas por el jefe a Cortés se hallaba una que hablaba tanto maya chontal como náhuatl, las lenguas de Potonchan y del imperio mexicano. Eso le permitió hablar, primero en náhuatl con los mexicas y, luego, en maya con Gerónimo de Aguilar que, a su vez, traducía al castellano para Cortés. La doble interpretación requería tiempo, pero la práctica no tardó en resultar de la mayor ventaja para los castellanos: [82] la comunicación alcanzó un nivel muy distinto del que caracterizara las conversaciones con *Melchorejo* o *Julianillo* de intérpretes; de hecho, un nivel muy distinto del que los castellanos en las Indias habían logrado hasta entonces.

De entrada, Cortés regaló la joven intérprete a su convecino de Medellín, Alonso Hernández Portocarrero, probablemente su amigo más íntimo en aquel entonces, después de Alvarado. Pero, tras un tiempo, la joven se convirtió en amante del propio Cortés.[83] Fue bautizada, al igual que las demás mujeres entregadas a Cortés por el señor de Potonchan, las primeras entre los mayas que aceptaban hacerlo. Cada una recibió un nombre cristiano. Es de presumir que fray Díaz o fray Olmedo preguntaron si habían renunciado al diablo y a sus obras. Sin duda respondieron que sí. El nombre original de la mujer era Malinali (también el decimosegundo mes mexicano), sustituido ahora por el de Marina. Su vida ya había sido picaresca (voz que apenas empezaba a utilizarse en la España de esa época): su padre fue señor, *tlatoani*, de Painala, pueblo situado a unos cuarenta kilómetros de Coatzacoalcos, y su madre, al parecer, reinaba sobre una pequeña aldea cercana, Xaltipan. Por tanto, la infancia de Marina debió de ser cómoda, condición que cambió cuando su padre murió y su madre volvió a casarse, tal vez por razones políticas, con otro señor local, al que dio un hijo. La madre y el padrastro de Malinali esperaban que este hijo heredaría el señorío de los tres lugares. Por consiguiente, la madre vendió su hija a unos comerciantes de Xicallanco, puerto comercial de la Laguna de Términos y fingió que la niña había muerto. Estos xicallancas la vendieron a unos comerciantes mayas que, a su vez, la vendieron a los chontales de Potonchan.

El náhuatl que Marina hablaba de niña era el de las marcas sudeñas del imperio mexicano, dialecto que ofrecía ciertas diferencias con el idioma de Tenochtitlan, lo cual explica por qué los castellanos se equivocaban en la ortografía de muchas palabras mexicas.[84] Al bautizar a Malinali, los castellanos la llamaron Marina, pues así sonaba su nombre verdadero: la «l» náhuatl se pronuncia «r» en español.[85]

Marina era lista y, a veces, su trato podía ser cortés.[86] Según la tradición, era «hermosa como una diosa».[87] Opinión que no confirman los retratos de ella que figuran en los códices mexicanos. Mas, a partir de la semana santa de 1519, ella y Cortés parecían trabajar bien juntos (todavía en julio de 1519 Cortés lamentaba no disponer de intérpretes que le permitieran contar la verdad sobre la religión a los totonacas, cuyo idioma era distinto de los que hablaba Marina).[88] La pareja formó un dueto que combinaba a menudo la elocuencia y la sutileza, la piedad y la amenaza, el refinamiento y la brutalidad. Con el tiempo, el español que Marina aprendió fue suficiente para que Cortés pudiera prescindir de la cointerpretación de Aguilar. De allí en adelante, todas las comunicaciones importantes entre los castellanos y los mexicas pasarían por Marina. Nunca sabremos en qué se equivocaba al interpretar ni cuáles eran sus prejuicios. Su lealtad hacia Cortés parece haber sido absoluta y su valor equivalía indudablemente a diez cañones de bronce. Joan de Cáceres describió la técnica de la intepretación: «hablaba por lengua el español que estaba cativo en poder de los yndios en Yucatán [es decir, Aguilar], con la dicha yndia Marina que sabia la lengua, e que el dicho don Hernando dezia a la dicha lengua dixese las palabras contenidas en la pregunta [aquí se refiere al interrogatorio de su juicio de residencia] e que dezian aquello los dichos yndios, e ansy se quedaron e dieron e rrescibieron por vasallos de su magestad».[89]

Marina debió de causar un gran impacto entre los mexicas y los demás con quienes hablaba, dado que en el México antiguo (y en la antigua Europa, hay que reconocerlo), «la vida de la muger es criarse en casa y estar y vivir en ella...»[90] Una esposa y madre mexicana era una administradora de la que se podía depender para cuidar una numerosa familia. Tenía que asegurarse de que hubiese *atolli* (gachas de maíz) para el desayuno si la familia era plebeya y, si era noble, chocolate. Aparte de eso, su destino se limitaba a tejer y moler. En los códices figuraban normalmente de rodillas, mientras que los hombres figuraban sentados. Así pues, para sus compatriotas, Marina debía de parecer tan libre como una prostituta.

Cortés continuó navegando, pasó la desembocadura del río Tlacotalpan y, el 20 de abril de 1519, Jueves Santo, llegó a la isla que Grijalva llamaba Isla de los Sacrificios. El caudillo y sus hombres examinaron el lugar que tanto había escandalizado a Grijalva por los indicios que allí encontró de sacrificios recientes. Varios indios se acercaron al bergantín de Juan de Escalante. Preguntaron amablemente por Grijalva, y dos o tres hombres más de esa expedición, entre ellos Pedro de Alvarado. Cortés debería haber dedicado un pensamiento de gratitud hacia su predecesor por su inteligente diplomacia. Pero ahora que se encontraba al borde del momento decisivo de su vida, no tenía tiempo para tales delicadezas.

La flota ancló frente a lo que era su destino oficial, San Juan de Ulúa, donde Grijalva había pasado dos felices semanas el año anterior. Mientras se preparaban para desembarcar, Alonso Hernández Portocarrero dio una pista de lo que Cortés tenía en mente. Seguramente había hablado mucho con Cortés acerca de sus planes a largo plazo. Al ver la costa, blanca y centelleante bajo el sol, le dijo: «Paréceme, señor, que os han venido diciendo estos caballeros que han venido otras dos veces a esta tierra:

Cata Francia, Montesinos
Cata París la ciudad,
Cata las aguas del Duero,
Do va a dar a la mar.»

Y añadió: «Yo digo que miréis las tierras ricas y sabeos bien gobernar.»[91]

Portocarrero estaba citando un romance del ciclo de Montesinos obviamente muy conocido en Medellín cuando ambos hombres eran niños. Las alusiones a Montesinos fueron proféticas. En el romance, ese caballero era hijo de un tal conde Grimaltes y de una hija del rey de Francia. El villano Tomillas había desacreditado a

Grimaltes y Montesinos fue a París, disfrazado, para vengar las afrentas. Jugó al ajedrez con Tomillas. Éste hizo trampas. Montesinos le dio un golpe en la cabeza con el tablero, golpe que lo mató. Entonces reveló que era nieto del rey y todo le fue perdonado, «que si sueldo del rey toma / todo se puede vengar».[92]

Cortés contestó: «Dénos Dios ventura en armas como al paladín Roldán; que en lo demás, teniendo a vuestra merced y a otros caballeros por señores, bien me sabré entender.»[93]

Es de suponer que, en esta conversación, Cortés sería Montesinos, y Diego Velázquez, Tomillas. Sin duda, mientras las anclas caían rápidamente en la hermosa bahía, con la ciudad de casas de piedra que había visto Grijalva destellando a lo lejos, Cortés murmuró una oración y, recordó, sin duda, un proverbio, uno de esos incontables dichos que caracterizaban a las naciones europeas del siglo XV: «cuanto más moros, más ganancias»[94] o, si prefería una alusión clásica: «Esparta es tuya; gobiérnala; nuestro destino es Micenas.»

13. DONDE SE DICE HABER LLEVADO SALOMÓN EL ORO PARA EL TEMPLO

A nuestro parecer se debe creer que hay en esta tierra tanto cuanto en aquella donde se dice haber llevado Salomón el oro para el templo

CORTÉS, refiriéndose al territorio cerca de Vera Cruz, 1519

El Jueves Santo de 1519, las embarcaciones de «la santa compañía», nombre irónico que dio Las Casas a la expedición de Cortés, se hallaban cerca de las costas de la isla que, el año anterior, Grijalva había llamado San Juan de Ulúa, lugar a menos de una milla de tierra firme mexicana, en el continente, cerca de la ciudad totonaca de Chalchicueyecan, que es ahora el puerto de Veracruz. Algunos indios se acercaron en canoas. Venían de parte del «quintalbor» Teudile, el nuevo recaudador mexicano de tributos, cuya base se encontraba en Cuetlaxtlan, a treinta y dos kilómetros de distancia. Este sucesor de Pinótl, el que había ido el año anterior, quería conocer el objetivo del viaje de los españoles.[1] Teudile «hizo su acatamiento al capitán Cortés, como ellos acostumbraban...»[2]

El caudillo explicó, a través de la interpretación de Aguilar y de Marina, que al día siguiente quería bajar a tierra y hablar con su jefe. No albergaba la intención de molestarlo, tenía muchas cosas interesantes que decirle. A continuación regaló a los indios unas cuentas de cristal azul y vino, que les gustó mucho, tanto como cuando (ellos o sus amigos) lo bebieron con Grijalva, y le pidieron un poco para su jefe. La coherencia de la conversación hace pensar que esos indios eran mexicanos de habla náhuatl, pues Marina no hablaba totonaca.

Al día siguiente, Viernes Santo, al no haber recibido ni la aprobación ni señales hostiles de los indios, Cortés y unos doscientos castellanos se dirigieron a tierra firme en botes y bergantines. Llevaban consigo caballos, piezas de artillería, sirvientes cubanos y unos perros. Francisco Mesa, «el veterano de Italia», los acompañó con objeto de colocar los cañones, probablemente los de retrocarga de los barcos,[3] en la mejor posición defensiva.

En la costa los españoles tuvieron una buena acogida, no por mexicas sino por totonacas. Francisco de Montejo había sido el primero en tocar tierra firme cuando la expedición de Grijalva llegó a ese mismo lugar, pero esta vez Cortés se reservó el honor para sí. Según un informe (inspirado por Cortés), a los españoles los acogieron con «muestras de amor».[4] Los totonacas, al igual que los mayas de Potonchan, recordaban a Grijalva como un hombre benigno y tal vez habían pensado, a lo largo del año, en los castellanos como aliados potenciales en una posible guerra para liberarse de los mexicas. Por consiguiente, se precipitaron para regalar a Cortés alimentos (frijoles, carne, pescado, tortillas, pavos), capas y algunos platos de cobre y de plata, los primeros de la provincia fronteriza de Tepecualcuilco, al este, y los segundos probablemente resultado del trueque, puesto que no se producía plata en el imperio de Moctezuma.[5] La entrega de ropa debió de parecer extraña a ojos de los castellanos, mas en el imperio mexicano la ropa constituía la identidad e incluso los dioses debían ataviarse adecuadamente.[6] Los totonacas preguntaron por algunos de los hombres de la expedición de Grijalva, entre ellos Benito el panderetero, que, como había hecho el año anterior, bailó con los indios. Éstos se rieron, contentos.[7] Cortés les entregó regalos para sus jefes: dos camisolas, dos jubones (uno de satén y otro de terciopelo), unos cinturones de oro, dos boinas rojas y dos «calzas». En cuestión de ropa, a Cortés no le iban a sobrepasar, de momento. Por supuesto, los indios no recibieron esos artículos con indiferencia; después de todo, según creían, el rojo era el color con el que el dios Quetzalcóatl solía pintarse el cuerpo.

El Sábado de Gloria llegó uno de los emisarios de Moctezuma con un cortejo de sirvientes. Fue un momento solemne. El caudillo iba a recibir a un enviado de la mayor monarquía de las Américas. Sin embargo no se llevó a cabo ninguna ceremonia especial. Al parecer, se trataba del esclavo Cuitlalpítoc, al que habían enviado a la costa para averiguar lo que estaba ocurriendo (esto nos da una indicación de la posición social de los esclavos en el antiguo México). Traía comida suficiente para alimentar durante varios días a la expedición en su totalidad, y también más joyas. Cortés prohibió a los miembros de su flota aceptar o trocar oro personalmente; a cambio hizo poner una mesa a las afueras de su campamento, donde los indios podían comerciar oficialmente. Todos los días siguientes los totonacas y los mexicas locales ofrecieron a Cortés interesantes objetos de oro, que, con sus criados de intermediarios, intercambiaba por cuentas, espejos, broches, agujas y tijeras.[8]

El Domingo de Resurrección, Teudile, el quintalbor, vino a saludar personalmente a Cortés, acompañado de muchos hombres, desarmados pero ataviados de plumas y capas bordadas, que llevaban cantidad de provisiones. Venía, dijo, de parte de Moctezuma, que había oído hablar de los recién llegados (y, por supuesto, de la batalla de Potonchan, cosa que el emperador le relataría más tarde).[9] Le presentó varias ricas joyas y objetos de plumas; le ofreció incienso y paja bañada en su propia sangre. Él y su séquito llevaron a cabo la ceremonia de «comer tierra», o sea, la tocaron con un dedo mojado que luego se llevaron a los labios. Cortés ya entendía que el gesto significaba respeto hacia su persona; agradeció el saludo y regaló a Teudile un *sayo* de seda y un collar de cuentas de cristal, así como numerosa quincallería y baratijas de Castilla.[10] Éste ordenó a sus hombres construir varios centenares de chozas para los visitantes, con ramas verdes y tejados improvisados para protegerlos, pues pronto llegaría la temporada de lluvias. Además, puso dos mil criados a disposición de Cortés.[11] Ésa fue la primera indicación que tuvo Cortés de que no escaseaba la mano de obra en México. Entre los dos mil había seguramente espías, sacerdotes y hechiceros. Es de suponer que Teudile obedecía la sugerencia de Moctezuma de mezclar hospitalidad y táctica: más valía que los recién llegados durmieran en tierra firme que en sus barcos.

Cortés pidió a fray Díaz y a fray Olmedo que celebraran una misa solemne. Una cruz fue clavada en la arena, los españoles cantaron el rosario y, cuando repicó una campana, recitaron el Ángelus. Teudile y su gente los observaron atentamente. ¿Por qué se humillaban esos hombres extraordinarios ante dos trozos de madera? Después los capitanes castellanos cenaron con Teudile, con el que pudieron sostener una vacilante conversación gracias a los servicios de Marina y Aguilar.[12]

Cortés explicó que era súbdito de don Carlos de Austria, rey de España, monarca de «el mayor parte del mundo», quien, habiendo oído hablar de México, lo había enviado como embajador para contar varias cosas interesantes al rey de Teudile.

Esta presentación como «embajador» de su rey constituyó una táctica hábil, aunque injustificada: los mexicas solían respetar a los diplomáticos. ¿Dónde se hallaba Moctezuma?, preguntó. ¿Cuándo podría verlo?[13]

Teudile contestó que Moctezuma no era menos rey ni menos que el monarca de Cortés; que a él «servían» todos los otros señores de aquella tierra. Que mandaría un mensajero para saber cuál era la voluntad de Moctezuma. Entretanto ofreció, en nombre del emperador, «una petaca, que es como caja» llena de objetos de oro, ropas de algodón blanco «muy de ver», y mucha más comida: pavos, pescado cocido y fruta. La mayoría de los tesoros de oro estaban probablemente diseñados para llevarlos puestos: petos, anillos, pequeñas campanas, bezotes. A cambio, Cortés le dio más cuentas, una «silla de caderas con entalladuras muy pintadas», unas cuantas perlas y «una gorra de carmesí» con una medalla de oro, «y en ella figurado a san Jorge que estaba a caballo con lanza y parecía que mataba a un dragón»[14] (lo que podía dar a entender que era de Valencia o de Cataluña). Teudile aceptó los regalos con cortesía pero sin entusiasmo. Las Casas comentó, con bastante dureza, que daba la impresión de considerar que los regalos eran «estiércol».[15] Cortés hizo la interesante sugerencia de que Moctezuma podría sentarse en la silla y ponerse «la gorra» cuando él lo visitara y agregó «que les ruega que pongan en su ciudad, en los adoratorios donde están los ídolos que ellos tienen por dioses, una cruz como aquélla, y pongan una imagen de nuestra señora, que allí les dio, con su hijo precioso en los brazos, y verán cuánto bien les va y lo que nuestro Dios por ellos hace».[16] Preguntó cuántos años tenía Moctezuma y cuál era su aspecto. Teudile contestó que «hombre es de mediana edad; no es viejo ni es gordo, es delgado y enxuto».[17]

Cortés hizo desfilar a sus tropas en formación («hizo alarde») al ritmo de tambores y pífanos y escenificar un combate con resplandecientes espadas. Alvarado encabezó a una tropa de jinetes que galoparon por la playa, con campanas atadas a la brida de sus caballos. Dispararon las lombardas varias veces. Teudile se hallaba lleno de admiración. Con los disparos de la artillería él y sus amigos se echaron al suelo, atemorizados. También los impresionó el apetito de los caballos.[18] Cabe la posibilidad de que los mexicas todavía pensaran que eran ciervos, aunque tal vez algo en el folklore les recordara que antaño había habido caballos en las Américas: en ciertas fiestas modelaban, con semillas de amaranto, ciervos con crines y colas.[19]

Cortés y Teudile sostuvieron una curiosa conversación. El primero preguntó al segundo si Moctezuma poseía oro; explicó que preguntaba porque sabía que ese metal era bueno para las afecciones del corazón y varios de sus hombres las padecían. Sí, contestó Teudile, Moctezuma poseía oro.[20] Esa conversación difícilmente podría haber sido más peligrosa para los mexicas.

En los demás aspectos, Teudile demostró ser un eficiente servidor de su soberano. Iba acompañado de artistas que dibujaron cuidadosamente sobre tela sus impresiones de los visitantes, así como de los caballos, las espadas, las armas de fuego y los barcos. Mandó pedir más oro a Moctezuma para Cortés, a la vez que le enviaba los regalos del caudillo, entre ellos un casco, oxidado pero chapado en oro, que pertenecía a un soldado de Cortés. Teudile, al ver el casco, dijo que interesaría mucho a Moctezuma, pues se asemejaba al que lucía el dios Huitzilopochtli en el gran templo de Tenochtitlan. Probablemente creyó que le ayudaría a identificar a los extraños, pues en el antiguo México los dioses se distinguían sobre todo por sus tocados. Cortés se lo prestó a Teudile, a condición de que Moctezuma lo devolviera lleno de oro en polvo. Fingiendo no darle importancia y con más insinceridad de lo que se merecía la metalurgia comparativa, comentó que deseaba ver si el oro de ese país era igual que el de Europa.

Teudile regresó a Cuetlaxtlan, dejando atrás a un lugarteniente para vigilar a los criados que debían servir a los españoles, alimentarlos regularmente con tortillas, frijoles, pescado y carne, dar hierba a sus caballos y cuidar los varios centenares de chozas.[21]

Moctezuma recibió el informe de Teudile un día y medio más tarde. Lo llevaron mensajeros que habían visto a los intrusos en la costa, y no los más habituales relevos (hombres destacados a cada ocho kilómetros que llevaban mensajes por caminos habituales).[22]

Sería prudente asumir que Moctezuma se había enterado de todas las actividades de Cortés en las costas del Yucatán: de sus sermones acerca del único y verdadero Dios, de sus discursos sobre el gran rey español; de las numerosas imágenes de María, madre de Dios y de la hostilidad de los visitantes hacia el sacrificio humano.

Moctezuma se alarmó ante la nueva información enviada por Teudile. Si había oído hablar de las actividades de los castellanos en Castilla del Oro y en el Caribe (y, como ya hemos dicho en un capítulo anterior, es muy probable que así fuera), debió de pensar que esa plaga, esos monstruos de las tinieblas, iban cercando Tenochtitlan (en círculos cada vez más pequeños y cada vez más próximos). Según una fuente, Moctezuma «quedó como muerto»;[23] según otra: «Motecuçoma se llenó de grande temor y como que le amorteció el corazón, se le encogió el corazón, se le abatió con la angustia.»[24] Parece que, al principio, ni siquiera quiso oír lo que tenía que decirle el mensajero. «...ya no supo de sueño, ya no supo de comida. Ya nadie con él hablaba... Casi cada momento suspiraba... Estaba desmoralizado... Ya no cosa que da dicha, ya no cosa que da placer, ya no cosa de deleite le importa. Y por todo esto decía: "¿Qué sucederá con nosotros?"»[25] Y lloró, cosa normal incluso entre los duros y valientes mexicanos. ¿Acaso no lloró Tlacaelel, el de alma de hierro, cuando murió Moctezuma I?[26]

Moctezuma tenía un gran sentido de la responsabilidad. Al elegirlo, los ancianos seguramente le dijeron: «Oh señor nuestro, ¿vos sois el que habéis de llevar la pesadumbre de esta carta, de este reino...?; en vuestras espaldas y en vuestro regazo y en vuestros brazos pone nuestro señor dios este oficio... de regir y gobernar a la gente popular.... Vos, señor, por algunos años los habéis de sustentar y regalar... Pensad, señor, que vais por una loma muy alta y de camino muy angosto, y a la mano izquierda, y a la mano derecha hay grande profundidad y hondura; no es posible salir del camino hacia una parte, ni hacia otra sin caer del profundo abismo...; nunca mostréis los dientes del todo, ni saquéis las uñas cuanto podáis...»[27] Muchos pasajes de los discursos (en el Códice Florentino) hacen hincapié en el papel del emperador como protector de su pueblo. Ahora este papel se pondría a prueba, y duramente.

Moctezuma recibió a los mensajeros en la Casa de la Serpiente, una parte de su zoo. Pero antes hizo sacrificar a dos cautivos, lo que permitió rociar a los enviados con abundante sangre. Luego los escuchó. Los alimentos de los forasteros, le dijeron, eran como alimentos humanos, blancos y dulces. Esto confirmaba que eran la misma gente (o al menos de la misma raza) que los que habían llegado el año anterior. «Por todas partes vienen envueltos sus cuerpos, solamente aparecen sus caras. Son blancas, son como si fueran de cal. Tiene el cabello amarillo, aunque algunos lo tienen negro. Larga su barba es, también amarilla... Son de pelo crespo y fino, un poco encarrujado... Sus aderezos de guerra son todos de hierro: hierro se visten, hierro ponen como capacete a sus cabezas, hierro son sus espadas, hierro sus arcos, hierro sus escudos, hierro sus lanzas.» [28]

Moctezuma se espantó mucho al oír el relato de cómo estallaba el cañón, cómo ensordecía a los indios, cuán pestilente era el humo que de él salía y cómo, al dar una bala de cañón contra un cerro, éste se resquebrajaba y los árboles se astillaban y parecían desaparecer. En cuanto a «los venados que los soportan en sus lomos», le horrorizó enterarse de que «tan altos están como los techos».[29] Pero también había perros: «enormes, de orejas ondulantes y aplastadas, de grandes lenguas colgantes; tienen ojos que derraman fuego, están echando chispas; sus ojos son amarillos, de color intensamente amarillo. Sus panzas, ahucadas, alargada como angarilla, acanaladas... Andan jadeando, andan con la lengua colgando. Manchados de color como tigres, con muchas manchas de colores». Sus ladridos pasmaron a los mexicas, pues si bien tenían perros, pequeños, éstos no ladraban; simplemente aullaban (aunque a veces los tenían como animales de compañía, solían comérselos o sacrificarlos para que acompañaran a las almas de los muertos en el mundo subterráneo). Moctezuma se angustió aún más al enterarse de las indagaciones de los españoles sobre su persona. Tan insolente curiosidad sugería que posiblemente pretendían llegar a Tenochtitlan.[30]

Pensó en huir, en esconderse. Sus consejeros hicieron sugerencias. Se decidió por Cincalco, a la Casa de Cintli (la de la mazorca de maíz divinizada), una cueva en una ladera de Chapultepec conocida por sus frescas y fragantes flores. Se creía que señalaba el camino a un paraíso secreto dentro del monte, presidido por Huemac, rey de la antigua Tollan, muerto largo tiempo antes y que representó al pueblo ante su rival, el aristocrático Quetzalcóatl. Allí iban a parar muchas personas distinguidas después de la muerte.[31] Al parecer, Moctezuma creía que el espíritu de Uémac le consolaría. Pero se sintió tan débil que ni siquiera podía decidir dónde ocultarse. Se limitó a ir de un palacio a otro. Una fuente afirma haberle visto marcharse para esconderse; pero un sacerdote le vio y le dijo que él, el emperador, tenía la obligación de permanecer en su sitio. Moctezuma vaciló.[32]

El pueblo se contagió del pánico de Moctezuma. Había miedo, terror, recelo. Las gentes andaban cabizbajas y se saludaban llorando.

El gran problema radicaba en identificar a los recién llegados. Moctezuma tenía que pensar en al menos cuatro posibilidades:

La primera, que eran un nuevo grupo de invasores que, a diferencia de los chichimecas del norte, habían cruzado el mar del levante con objeto de robar y conquistar.[33] Ésa era, al parecer, la opinión de los mensajeros de Teudile, los que habían hablado con los castellanos. Creían que se trataba meramente de «algún cruel enemigo suyo, el cual venía con aquella gente tan feroz».[34] Por lo visto, los mayas compartían esa interpretación: de allí su determinación de luchar, contra Hernández de Córdoba en Champoton, contra Grijalva en Lázaro, y contra Cortés en Potonchan. Tal vez el «desertor» castellano, Gonzalo Guerrero, insistiera en ello. Sin embargo, Moctezuma estaba demasiado enterado del significado simbólico de las cosas para considerar siquiera esa posibilidad. Además, sus relaciones con los mayas no eran lo bastante directas para que éstos le contaran llanamente lo dicho por Guerrero.

La segunda, que los recién llegados eran embajadores de un gran señor de un lugar lejano; que venían en son de paz con objeto de comerciar, observar y predicar. Nadie en México parece haber abrigado esta benigna esperanza.

Los totonacas tenían una tercera sugerencia: que Cortés y sus compañeros eran enviados del cielo,[35] «hombres inmortales»;[36] definitivamente *teules* (dioses);[37] aunque quizá no eran dioses de un lugar en particular; en todo caso, no eran antiguos dioses mexicanos, por ejemplo, que regresaban del exilio; al contrario, eran dioses nuevos, que no tenían todavía su sitio en el panteón floreado. El hecho de que los españoles fuesen alegres, obstinados y volubles (si bien, de ninguna manera brutales con los totonacas), no impedía que así los identificaran. Los dioses no son santos. Muchas divinidades locales, como las griegas, se habían comportado caprichosamente. Así pues, Quetzalcóatl, el dios generalmente abstemio, había sido expulsado de Tollan tras haber caído en la trampa de beber demasiado y seducir a su hermana («... manda traer a la reina, a la Estera Preciosa: "Id y traed con vosotros a la reina Quetzalpeátl, la que es deleite de mi vida", había exigido, con voz aguardentosa, "para que juntos bebamos hasta embriagarnos"»).[38] Hasta el poderoso Huitzilopochtli había robado la ropa de los mexicas cuando, en su inmortal viaje hacia el sur, éstos se estaban bañando en el lago de Pátzcuaro. Quetzalcóatl y Tezcatlipoca reñían constantemente. Tampoco eran todopoderosos los dioses mexicanos: Quetzalcóatl no pudo evitar que los jorobados que le escoltaban se murieran de frío en la nieve al cruzar la sierra. Bernal Díaz del Castillo parece haber comprendido esta característica de los dioses (tal vez por equivocación) cuando comentó que los totonacas llamaban a los españoles «*teules*, su nombre como sus dioses o cosas malas».[39] Quizá los totonacas se sintieron tentados a aceptar dicha interpretación por creer que los recién llegados podrían, aunque fueran pocos, ayudarlos a luchar contra los mexicas.

La palabra de la que Díaz del Castillo echó mano no parecía significar dioses ni en el sentido cristiano ni en el griego. Indicaba la idea de carga mágica, de posesión de un fuego vital, de una fuerza sagrada, que podía expresarse físicamente con una presencia concreta.[40]

Y, como cuarta posibilidad, los castellanos eran señores, e incluso dioses, largamente perdidos, que regresaban; acaso el sanguinario Huitzilopochtli, o el generalmente humano Quetzalcóatl, o incluso el voluble Tezcatlipoca.[41]

En una *Carta de relación* dirigida al emperador Carlos V y fechada en setiembre de 1520, Cortés explicaba cómo Moctezuma, al recibirle —y en esto nos anticipamos a los acontecimientos—, lo hizo como si fuese un señor perdido y supuestamente le dijo que los mexicas habían sido, ellos también, extraños venidos de lugares lejanos. Un señor los había guiado al hermoso Valle de México, antes de regresar a su tierra natal, para volver más tarde al valle. Vio que las gentes a las que había llevado se habían casado con gentes del lugar y habían construido casas allí y que ya no deseaban seguirle, ni reconocerle como jefe, por lo que partió de nuevo. Según Cortés, Moctezuma le dijo: «Siempre hemos temido que los que de él descendiesen habían de venir a sojuzgar esta tierra y a nosotros como a sus vasallos.»[42] Cosa que, siempre según Cortés, repitió a sus propios señores. Cortés mencionó esta profecía cuando, años más tarde, preparaba la respuesta a una pregunta de su juicio de residencia.[43] Por cierto, se supone que Moctezuma habló de un señor y no de un dios, al menos no explícitamente. Pero bien podría haber habido cierta confusión verbal en cuanto a la diferencia entre un señor y un dios, puesto que ambos eran *teules*.

Al parecer, en una carta escrita en 1540, el primer virrey de México, Antonio de Mendoza, contaba una versión parecida, aunque con algunas diferencias, a su brillante hermano Diego, el «último hombre del Renacimiento español», en esos tiempos embajador español en Venecia. Según él, el último señor había sido el mismísimo dios Huitzilopochtli, venido del norte y no del este, fundó Tenochtitlan con cuatrocientos hombres y se fue primero a Guatemala y luego al Perú. México permaneció muchos años sin monarca, pero después los mexicas crearon su imperio. Cuando los castellanos llegaron creyeron que Cortés era Huitzilopochtli llegado para reclamar a los suyos.[44]

Si realmente se asemejaba al que llevaba Huitzilopochtli en el templo mayor de Tenochtitlan, el casco castellano que Teudile envió a Moctezuma seguramente confirmaba esta interpretación y la reforzaba el color del estandarte de Cortés: azul. Éste era un color especial de Huitzilopochtli, lo que explica la importancia que los mexicas prestaban a las turquesas y, por tanto, a los mosaicos de dicho mineral.

Pasados los años cuarenta del siglo XVI, todo cronista relataba esta leyenda. El Códice Florentino (de los años cincuenta), basado en lo que los ancianos de Tlatelolco habían contado a fray Sahagún, explicaba que los primeros pobladores del Valle de México fueron guiados por un dios y por hombres sabios. Éstos dijeron a su pueblo: «... sabed que manda nuestro señor dios que os da la posesión, el cual vuelve donde vino y nosotros con él. Pero vase para volver y tornar a os visitar cuando fuere ya tiempo de acabarse el mundo; y entretanto vosotros estaréis en estas tierras esperándole y possseyendo y todas las cosas contenidas en ellas, porque para tomarlas e poseerlas vinistes por acá... Y fuéronse hazia el oriente, llevando consigo todas sus pinturas, donde tenían todas las cosas de antiguallas y de los oficios mecánicos...»[45] Un historiador de principios del siglo XVII, Ixtlilxóchitl, descendiente de la familia real de Texcoco, escribió que, cuando Moctezuma y los mexicas oyeron hablar de los extraños forasteros, «... tenían por muy ciertas las profecías de sus pasados que esta tierra había de ser poseída por los hijos del sol».[46]

Otra posibilidad que tuvo que contemplar Moctezuma consistía en que Huitzilopochtli, el dios que había llevado a los mexicas al Valle de México, no fuera el que encabezaba a los intrusos, sino Quetzalcóatl (la serpiente emplumada), un dios complejo.[47] Un Quetzalcóatl humano probablemente había sido rey o sacerdote de los toltecas. Tal vez fundó Tollan; acaso era un conquistador; quizá fuese el último rey de dicha ciudad. En todo caso, su historia se fundió en un mito y asumió la personalidad de varios dioses. En Tollan, en el mito y tal vez en la realidad, Quetzalcóatl representaba la erudición, la cultura y, ante todo, la oposición a los sacrificios humanos. «Muchas veces los hechiceros quisieron engañarle, que hiciera sacrificios humanos, para que sacrificara hombres, pero él nunca quiso...»[48] Se presentó una crisis; se supone que Quetzalcóatl hizo el ridículo o que sus enemigos (tal vez el dios Tezcatlipoca) le hicieron una mala jugada. Fue expulsado de Tollan, viajó, encontró problemas en su camino, fue a Cholula, una ciudad entre las montañas y la costa, y desapareció en una balsa de serpientes, en el mar del sur cerca de Veracruz; aunque cabe también la posiblilidad de que fuera al Yucatán (símbolo del traslado históricamente probado a dicha zona de los toltecas que inspiraron la construcción de Chichén Itzá). Tal vez fuese un innovador religioso, destruido por fuerzas conservadoras; de ahí el interés por difundir el mito de Huitzilopochtli. Quizá fuese un dios del valle, al que el emperador Itzcóatl y su adjunto, Tlacaelel, no aceptaran por creer que era demasiado benigno y lo borraron de la historia. Pero el irrepresible Quetzalcóatl había llegado a significar muchas cosas: el viento, el espíritu de la regeneración, la luz solar, el lucero del alba, «el que domina en la aurora»; además, «el conjunto de las artes de los toltecas, su sabiduría, todo procedía de Quetzalcóatl».[49]

Que llegara allí como figura histórica o no, el hecho es que, en 1519, era en Cholula, ciudad próxima a Huexotzinco, más allá de los volcanes, donde más se le veneraba y donde, al parecer, había una estatua de él «hecha de buelto y con barba larga».[50] Se supone que muchos toltecas emigraron o huyeron a esa ciudad. No obstante existían templos menores dedicados a Quetzalcóatl en numerosos lugares. En Tenochtitlan, era el patrón del *calmécac*, la escuela de la clase alta, cuyos alumnos probablemente oyeron hablar de él como hecho normal. Parece que, en el siglo XV, hubo un intento por neutralizar su atracción, por medio de una técnica característica de los regímenes totalitarios del siglo XX: a los sacerdotes oficiantes de los sacrificios humanos los llamaron por uno de sus nombres (Topiltzin).

Así pues, Quetzalcóatl tenía una relación especial, aunque complicada, con los mexicas que recordaban Tollan con tanto respeto. Existen indicios de que Moctezuma II se interesaba por su leyenda, tal vez porque, aun antes de 1519, pensaba ocasionalmente que los mexicas se habían equivocado al entregar su destino a Huitzilopochtli. ¿Acaso su pueblo podría haber tenido mejor suerte de haber adorado ante todo a Quetzalcóatl, como lo hacía el pueblo de Cholula? En 1505 Moctezuma hizo construir en el recinto sagrado de Tenochtitlan un nuevo templo de forma poco usual, dedicado a Quetzalcóatl. La mayor parte de los templos mexicanos eran de estructura cuadrada, pero éste era redondo, pues Quetzalcóatl era el dios de los vientos y los mexicas creían que los círculos favorecían las corrientes de aire. Desde su emplazamiento podía observarse la salida del sol entre los dos altares que se alzaban en lo alto del Templo Mayor. Al amanecer y al ocaso, los sacerdotes tocaban el tambor en el nivel superior del templo dedicado a Quetzalcóatl, señalando así el principio y el fin del día. Moctezuma hizo labrar una hermosa caja de diorita en la que figuraban, tanto él haciendo penitencia, como el dios (con barba),[51] caja cuyo propósito quizá fuera guardar las herramientas sagradas y, sobre todo, los cuchillos para la ceremonia del sacrificio, con las que Moctezuma quería aplacar a Quetzalcóatl.[52] Recientemente habían tallado una figura en relieve de Quetzalcóatl perforándose la oreja con un hueso afilado, en la ladera de un monte pedregoso en las afueras de Tollan. El estilo hace pensar que el escultor intentaba representarlo como por un monarca de Tenochtitlan.[53]

Una posible relación entre Quetzalcóatl y la llegada de Cortés y sus conquistadores debió de parecer verosímil, pues 1519, 1-caña según el calendario mexica, era el año de Quetzalcóatl, que había nacido el año 1-caña y había muerto exactamente un «siglo» de cincuenta y dos años después, en el año 1-caña. Hasta en Europa habrían tomado tal coincidencia por un mal agüero, imposible de pasar por alto. Pero 1-caña era también malo para los reyes. Según otra cita del Códice Chimalpopoca, sabía que, según las señales:

Si cae en 1-cipatli (tiburón), flecha a los viejos y viejas...
Si en 1-ocelotl (tigre), si en 1-maçatl (ciervo), si en 1-xochitl (flor),
*   flecha a los muchachitos.*
Si en 1-acatl (caña), flecha a los grandes señores...» [54]

En México se creía que nada ocurría por azar. Si bien los mexicas (o sea, sus monarcas y sus sumos sacerdotes) sabían arreglárselas para adaptar acontecimientos pasados al momento adecuado del calendario, relacionarían naturalmente con Quetzalcóatl cualquier cosa extraña que ocurriera ese año.[55]

Moctezuma, antaño sumo sacerdote que dominaba el conocimiento de los calendarios, habría observado otros indicios. Por ejemplo, se decía que los años del pedernal venían del norte; los de la casa, del oeste; los del conejo, del sur; y los de la caña, del este. Los conquistadores venían indudablemente del este y allí, según la leyenda, era donde Quetzalcóatl había desaparecido en su balsa de serpientes.[56] En los relatos, todas las misteriosas señales de «las nuevas gentes»; las que se refieren al barco de Colón en Centroamérica en 1504; a la flota de Yáñez Pinzón y Díaz de Solís, en 1508; al cofre lleno de ropa arrojado por el mar; al naufragio de Guerrero y Aguilar; al vislumbre (de haberse producido realmente) de Ponce de León en 1513; y a la mujer jamaicana en Cozumel, se originaban, claro está, en el este. Se ha dicho que Cortés y sus hombres iban vestidos de negro al desembarcar porque era Viernes Santo, y el negro era otro de los colores de Quetzalcóatl.[57] El hecho de que Cortés criticara constantemente los sacrificios humanos en los sermones que daba a los señores mayas, totonacas y mexicas debió de dar aún mayor peso a la idea de que era una encarnación de este complejo dios.

En 1528 se mencionó implícitamente que Moctezuma creía que Quetzalcóatl, el héroe blanco del alba, había vuelto;[58] suposición que se repitió a principios de los años treinta[59] y que Motolinía reiteró.[60] En 1541, en otra carta, dirigida esta vez al propio historiador Oviedo, que se hallaba en Santo Domingo recopilando información para su historia de las Indias, el virrey Mendoza negó haber creído que Huitzilopochtli había encabezado a los mexicas y alegó saber que lo había hecho un señor llamado «Quezalcoat».[61] Lo más probable es que se hubiera confundido y que en todo momento se refiriera a Quetzalcóatl, dios del que, en los años treinta, se decía a menudo que había influido poderosamente en los acontecimientos.[62] Ya en los años cincuenta, Sahagún declaró con firmeza que los emisarios de Moctezuma en la costa creían que Quetzalcóatl había regresado. Según él, «era como si [Moctezuma] pensara que el recién llegado era nuestro príncipe Quetzalcóatl. Así estaba en su corazón; venir solo, salir acá; vendrá para conocer su sitio de trono y solio. Como que por eso se fue recto al tiempo que se fue...»[63] Con esa afirmación, la historia se mezcló con la idea de que los españoles encarnaban a un señor desaparecido. A partir de entonces, la leyenda se propagó con toda naturalidad. Por ejemplo, en el Códice Ramírez se insiste en que «todos en las señas y nuevas que le daban de los españoles dijeron que sin falta era venido su gran emperador Quetzalcohuatl, que había mucho tiempo que era ido por la mar adelante, hacia donde nació el sol, el cual dejó dicho que por tiempos había de volver...»[64] Fray Diego Durán comienza por describir la partida mítica de Quetzalcóatl (al que solía llamar Topiltzin); mas alega que el propio Quetzalcóatl había predicho que, como resultado del maltrato de que fue objeto, llegarían del este extraños vistiendo ropas multicolores y destruirían a los mexicas.[65]

Pero cabe también la posibilidad de que Moctezuma creyera que otro dios encabezaba a los extraños, tal vez Tezcatlipoca, el «espejo humeante», dios que, a diferencia de los demás dioses, era omnipotente y había embaucado a Quetzalcóatl, haciéndolo salir de Tollan, el dios que gustaba de engañar a la gente, el que «enriquecía a quien quería y también daba pobreza y miseria a quien quería; y... que el día que fuera servido destruir y derribar el cielo lo haría», «se burlaba de los hombres y los ridiculizaba... estimulaba el vicio y el pecado». Cuando se aparecía en la tierra causaba confusión. Era un dios arbitrario. Pero representaba también la omnipotencia. Simultáneamente, gracias a una de esas identificaciones dobles que tanta perplejidad causa y que tanto gustaba a los mexicas, era igualmente el guerrero eternamente joven, el patrón de la academia militar, de la familia real, que podía dar «riqueza, heroísmo, valor, dignidad, autoridad, nobleza y honor».[66] Se decía de él que había creado cuatrocientos hombres —aproximadamente el mismo número de hombres que acompañaron a Cortés— y mujeres hermosas, con el objetivo concreto de satisfacer el hambre del sol por la sangre y el corazón humanos. Como convenía a un dios cuyo emblema era un espejo de obsidiana, Tezcatlipoca era un experto en el arte del disfraz. Podía tomar la forma del vendedor desnudo de chiles verdes que sedujo a la hija de Uémac, o la del tortuoso anciano de cabello cano que entró en la casa de Quetzalcóatl en Tollan. Le interesaba la riqueza. Se le relacionaba con las enfermedades de la piel. Casi todo lo que harían los españoles en México: buscar oro desesperadamente y, con posterioridad, contagiar a los indios de viruela, encajaría con su personalidad.[67]

«... se ríe de ellos y calla porque es dios, y hace lo que quiere y hace burla de quien quiere, porque a todos nosotros nos tiene en el medio de su palma, y nos está remeciendo, y somos como bodoques redondos en su palma, que andamos rodando de una parte a otra y le hacemos reír y [se] sirve de nosotros, de cómo andamos rodando de una parte a otra en su palma»...[68]

Dada la posición de Moctezuma, la de monarca supremo con obligaciones religiosas, dada su natural superstición y dado que no había acto de la vida mexicana que no tuviera connotaciones religiosas, no es de extrañar que el emperador creyera, al menos durante un tiempo, que los seres venidos del mar podrían ser dioses.

Todas la posibilidades antes mencionadas eran alarmantes. Pero la de Tezcatlipoca, un dios sanguinario e impaciente más que tranquilo y tolerante, era peor que la de Quetzalcóatl. Todo indica que Moctezuma fluctuó de una a otra. ¿Quién no lo habría hecho en circunstancias semejantes? Tal vez, dada su inteligencia, percibió algo profundamente perturbador en la llegada de los castellanos y cualquier cosa perturbadora tenía que ser divina. Después de todo, la vida del pueblo giraba en torno a la religión. Todo acto, público o privado, acarreaba consecuencias religiosas. La mayoría de los mexicanos habrían considerado tan ridículo el que, después de la de Grijalva, la llegada de Cortés no tuviese un significado religioso, como lo habría sido para un marxista el que los motivos de Cortés no fuesen económicos.

No obstante, diríase que nunca tuvieron dudas los miembros más sencillos, más fuertes y menos teológicos de la familia de Moctezuma, como su hermano Cuitláhuac y, posteriormente, su primo Cuauhtémoc. Al igual que los mayas y, de hecho, los emisarios de Moctezuma, veían en Cortés y en su banda de conquistadores un grupo de criminales, de terroristas políticos (en términos del siglo XX). Tal vez pensaban que la sugerencia de Moctezuma de que los recién llegados eran una reencarnación de Quetzalcóatl y su séquito, constituía un pretexto para aplazar su decisión sobre lo que había de hacerse.

En las leyendas mexicanas, que sin fundamento se basan en periodos anteriores a la conquista, figuran escasas menciones del concepto de un señor o un dios que regresaría para reclamar un territorio perdido. Casi el único indicio se encuentra en la leyenda de que en Xico, isla a la que se suponía que habían ido los toltecas después de la caída de su capital, unos cuantos prohombres, como Nezahualcóyotl (y, por supuesto, Quetzalcóatl), dormían a la espera de que se los necesitara de nuevo. No obstante, el hecho de que nada quede no significa que no existiera. Casi todos los libros pintados del antiguo México fueron destruidos en la guerra posterior. Los mexicanos vivían en un mundo en el que anticipaban la repetición de acontecimientos pasados. Según un proverbio: «Las cosas que fueron tornarán a ser como fueron en tiempos pasados, y las cosas que son ahora serán otra vez..., los que ahora viven tornarán a vivir y como está ahora el mundo tornará a ser de la misma manera...»[69]

14. UNA CABEZA COMO DE DRAGÓN DE ORO A CAMBIO DE UNA COPA DE VIDRIO DE FLORENCIA

...el dicho teule principal vino con otros muchos yndios e truxo al dicho capitán Fernando Cortés una cabeza como de dragón de oro...

JUAN ÁLVAREZ, en una *probanza* llevada a cabo en Cuba, 1521

y envió Cortés con aquellos mensajeros a Montezuma de la pobreza que traíamos, que era una copa de vidrio de Florencia, labrada y dorada, con muchas arboledas y monterías...

BERNAL DÍAZ DEL CASTILLO, al referirse a 1519

Moctezuma decidió aplacar a los misteriosos visitantes, tanto si eran dioses como si no lo eran. Para empezar, había que dárseles todo lo que desearan. Envió otra vez emisarios a la costa con dones más refinados. El principal emisario sería nuevamente el *teuctlamacazqui*, vigilante del *tlillancalqui*, o sea, la Casa de las Tinieblas.[1] Al parecer, en esta ocasión Moctezuma se hallaba más angustiado al hablar con este funcionario que cuando Grijalva había llegado. Todo indica que, pesimista, dijo saber que su destino estaba sellado. Evidentemente, el señor de todo lo creado (Tezcatlipoca, el «Espejo Humeante») estaba descargando toda su ira en él. Le pidió al *teuctlamacazqui* que cuidara de sus hijos cuando él hubiese muerto. Añadió, según se dijo: «y de una cosa te quiero avisar, y es que, sin duda, seremos todos muertos y destruidos a manos de estos dioses y serán todos los que quedaren esclavos y vasallos suyos, y ellos han de reinar, y yo soy el postrero» rey de estas tierras; además, aunque sobrevivieran algunos familiares y descendientes de los mexicas, serían subordinados, como los recaudadores de impuestos.[2] Se rumoreó que Moctezuma no pudo reprimir el llanto.

El *teuctlamacazqui* le recordó, sin embargo, la amabilidad de Grijalva. Ni él ni los demás grandes señores de los mexicas se sentían tan deprimidos como el emperador, que rechazó cualquier consuelo y envió apresuradamente a su emisario a la costa. La profusión sin precedentes de los presentes que llevaba incluían ofrendas relacionadas con las leyendas de Quetzalcóatl y Tezcatlipoca, o sea, joyas de oro, plumas de quetzal, obsidiana, turquesas, collares de jadeíta engarzada en oro, cascabeles y collares de oro, figuras de patos, leones, jaguares, venados y monos, todos de oro, e incluso flechas, arcos y cayados, también de oro; además de numerosos y hermosos tocados y abanicos de plumas verdes, algunos con adornos de oro, y capas decorativas, pelucas, espejos, escudos, máscaras, chalequillos, varas, pendientes, diademas, petos, penachos y borceguíes, adornados con cascabeles, todo ello en cestas. Moctezuma ordenó: «Id, no os demoréis. Haced acatamiento a nuestro señor el dios. Decidle: "Nos envía acá tu lugarteniente Moctezuma. He aquí lo que da en agasajo al llegar a su morada de México."»[3] (Es posible que empleara el término «su lugarteniente» en el sentido lato, o sea, que Moctezuma aceptaba a Cortés como su amo; pero es más probable que fuera una muestra de educación, al modo que la frase «a su servicio, señor» no suponía una posición social inferior en quien la pronunciaba.)

Parece que Moctezuma dio otra orden, orden que hace pensar que no había decidido aún con quien trataba. Según fray Durán, dijo a su enviado: «...y deseo mucho que sepas de quién es el señor y principal de ellos, al cual quiero que le des todo lo que llevares y que sepas de raíz si es el que nuestros antepasados llamaron To-piltzin, y, por otro nombre, Quetzalcóatl, el cual dicen nuestras historias que se fue de esta tierra y dejó dicho que habían de volver a reinar en esta tierra, él o sus hijos, y a poseer el oro y plata y joyas que dejó encerradas en los montes y todas las demás riquezas que ahora poseemos. Y si es él, saludarlo has de mi parte y darle este presente, y más: mandarás de mi parte al señor y gobernador de Cuetlaxtlan que provea de todos los géneros de comida que pudieren hacer, así de aves, como de cazas asadas y cocidas, y que provea de todos los géneros de pan que se pudieren hacer y de frutas, ni más ni menos, y de muchas jícaras de cacao, y que lo pongan en la orilla de la mar, para que de allí tú, con tu compañero Cuitlalpítoc, que irá contigo, lo llevaréis al navío o casa donde están, y presentárselo de mi parte, para que él coma y sus hijos y compañeros. Y nótale si lo come, porque si lo comiere y bebiere, es cierto que es Quetzalcóatl, pues conoce ya las comidas de esta tierra y que él las dejó y vuelve al regusto de ellas. Y dile que... me deje morir, y que, después de yo muerto, venga mucho norabuena y tome su reino, pues es suyo... que me deje acabar y que vuelva por él y lo goce mucho de norabuena. Y no vayas temeroso ni con sobresalto, ni te dé pena el morir a sus manos, que yo te prometo y te doy mi fe y palabra de te honrar a tus hijos y darles muchas riquezas de tierras y casas y de los hacer de los grandes de mi consejo. Y asi acaso no quisiese la comida que le diéredes, sino personas, y quisieren comeros, dejaos comer, que yo cumpliré lo que tengo dicho con vuestras mujeres e hijos y parientes».[4]

Moctezuma tomó otra decisión: hacer esculpir su busto en la ladera del monte Chapultepec, en las afueras de la ciudad en el otro extremo del lago. Esto constituía una tradición de los monarcas mexicanos desde tiempos de Moctezuma I, cuando se percataban de que los años empezaban a hacer estragos en ellos.[5] Posó para los escultores a los cincuenta y dos años —un ciclo entero del calendario mexicano—, edad a la que los monarcas anteriores encargaban que se esculpiera su busto.[6] La talla no se haría muy lejos de la cueva donde Moctezuma había pensado esconderse y tal vez decidió encargarla justamente con el fin de poder llevar a cabo el plan. Las fechas que figuran en la talla son 1-caña (1519) y 4-casa (1509, el año en que, con gran ceremonia, llevaron el fuego nuevo a Tenochtitlan).

Cuando el *teuctlamacazqui* y su séquito llegaron a la costa, preguntaron por Cortés. Ese día Cortés se encontraba en su barco. Recordemos que Velázquez había ordenado que, por razones de seguridad, nadie durmiera en tierra, instrucción que, como los estudiantes de la Universidad de Salamanca que no hablaban latín, a todas horas, Cortés no siempre obedecía. Pero parece que ese día sí lo hizo.[7] Los emisarios de Moctezuma fueron llevados a verlo en barca. Nuevamente gracias a la interpretación de Marina y de Aguilar, los castellanos pudieron entablar un diálogo con ellos. «¿Quiénes sois vosotros? ¿De dónde vinísteis?», preguntaron. «Hemos venido de México», fue la respuesta veraz de los mexicas. Quienquiera que estuviese hablando desde el barco castellano (es de suponerse que era Marina) contestó: «Puede ser o no que vosotros de allá procedáis, o tal vez no más lo inventáis; tal vez no más de nosotros os estáis burlando.»

Según la crónica de Sahagún, los mexicas anunciaron que venían a ver a su señor y rey Quetzalcóatl. Ante lo cual los castellanos empezaron a susurrar y preguntarse los unos a los otros lo que significaba eso de que el señor y rey de los mexicas se hallaba allí y querían verlo. Finalmente (según la versión de Cline), Cortés se vistió tan majestuosamente como pudo y se sentó en una silla que se asemejaba a un trono.[8] Permitieron a los mexicas subir a bordo. Cortés los saludó y ellos «besaron todos la proa en su presencia» y ofrecieron sacrificar allí mismo a diez esclavos. Cortés rechazó la oferta.[9]

A continuación los emisarios pronunciaron el discurso que les había ordenado Moctezuma: «Dígnese oírlo el dios, viene a rendir homenaje su lugarteniente Moctezuma. Él tiene en cargo la ciudad de México. Dice: "Cansado ha quedado, fatigado está el dios."» y procedieron a vestir a Cortés como un dios mexicano.

Costa abajo, en Potonchan, Grijalva había sido objeto de una ceremonia similar. En palabras de Juan Álvarez, conquistador que la presenció: «... el dicho teule principal vino con otros muchos yndios e truxo al dicho capitán Fernando Cortés una cabeza como de dragón de oro...» con «colmyllos y paladares» todos de oro y rico plumaje y ciertas ajorcas para los tobillos de oro y plata... «todo esto segund que es costumbre entre los principales de los dichos ybndios se pusyeron al dicho fernando cortés»,[10] una manta de plumas, orejeras (pendientes) de piedras verdes en forma de serpiente en ambas orejas. A su lado colocaron otros adornos: «un espejo [de obsidiana] de colgar atrás, una gran badeja de oro, un jarrón de oro, abanicos y un escudo de concha nácar».[11] No es éste exactamente el atavío de Quetzalcóatl, pero Álvarez no era un experto en la materia. La cabeza de jaguar que supuestamente llevaba Quetzalcóatl en la cabeza bien podría parecer la de un dragón. Lo mismo ocurre con los demás adornos.[12] Aunque Álvarez no lo mencionó, es casi seguro que le dieron también sandalias con jadeíta y oro, pues en materia de calzado los mexicas se caracterizaban por la extravagancia; así los dioses se diferenciaban llamativamente de los hombres corrientes.[13]

Si Cortés hubiese sabido algo de los ritos mexicanos se habría angustiado, pues las víctimas del sacrificio vestían a menudo el atuendo del dios en honor del cual eran sacrificadas. Puede que Cortés fuese un hombre del Renacimiento, pero no habría envidiado el destino del *condottiere* sienés a quien sus maquiavélicos amos pidieron se sacrificara a fin de ser canonizado.

Los emisarios preguntaron si había más señores *(teules)* a bordo. Los castellanos señalaron a Pedro de Alvarado, el principal confidente de Cortés, que, con su espectacular cabello rubio, podía pasar por un dios, aunque fuera un dios nórdico. Los mexicas le ataviaron igual que a Cortés. A partir de ese momento le apodaron *Tonatiuh*, o sea, el sol expresado en su poder diurno, un cumplido en cualquier país pero notable en México, donde el sol figuraba en incontables metáforas y dichos: «mueve el sol un poco», significaba «pequeño día, que ya no es grande»; «el sol se ha sido eclipsado», significaba «un monarca ha muerto».[14] Si bien es igualmente posible que el apodo no fuera más que un mote. Se dice que los naturales de Guatemala, donde luchó posteriormente, le consideraban tan hermoso y tan cruel que en el folklore popular se hicieron máscaras representándolo.[15]

Los mexicanos preguntaron a Cortés si tenía intención de ir a su capital, la gran ciudad donde, dijeron, Moctezuma reinaba en su nombre (el de Cortés).

Marina respondió por Cortés que éste besaba muchas veces las manos de Moctezuma, que tenía intención de ir a Tenochtitlan a ver a Moctezuma y disfrutar de su presencia. Pero que antes debía arreglar sus asuntos en la costa y que esperaba que le explicaran la mejor manera de llegar a Tenochtitlan. Los mexicas insistieron en sangrarse, probablemente en las orejas o las muñecas. Uno le ofreció sangre en «una cazoleta del Águila». Cortés se enfadó (o lo fingió) y golpeó a los mexicas con su espada.[16] Asqueado, los intimidó. «¿Acaso ésta es toda vuestra ofrenda de bienvenida? ¿Aquello con que os llegáis a las personas?» «Es todo: con eso vinimos, señor nuestro», respondieron los emisarios. Por consiguiente, los mandó atar. Una vez hecho eso, los expedicionarios dispararon una lombarda hacia el mar.[17] Los emisarios, que se encontraban demasiado cerca del cañón, cayeron al suelo de la cubierta, conmocionados. La tripulación los levantó y los reanimó con comida y bebidas, incluyendo vino. Cortés siguió provocándolos. «Oídlo —exclamó—: he sabido, ha llegado a mi oído, que dizque los mexicanos son muy fuertes, que son muy guerreros, que son muy tremendos. Si es un solo mexicano, muy bien pone en fuga, bien hace retroceder, bien vence, bien sobrepasa, aunque de veras sean diez y acaso aun si son veinte los guerreros. Pues ahora mi corazón quiere quedar convencido: voy a ver yo, voy a experimentar qué tan fuertes sois, ¡qué tan machos!» Les dio escudos de cuero, espadas y lanzas. Y añadió: «Muy tempranito, al alba se hará: vamos a contender unos con otros: vamos a hacer torneo en parejas; nos desafiaremos. Tendremos conocimiento de las cosas. ¡A ver quién cae al suelo.»

La perspectiva aterró a los mexicas. «¡Óigalo el señor: ¡puede ser que esto no nos lo mandara Motecuzoma, lugarteniente tuyo...! En exclusiva comisión hemos venido, a que nos saludemos unos a otros. No es de nuestra incumbencia lo que el señor quiere. Pero si tal cosa hiciéramos, pudiera ser que por ello se enojara mucho Motecuzoma. Por esto acabara con nosotros.»

«No —contestó Cortés—, se tiene que hacer. Quiero ver, quiero admirar: ha corrido fama en Castilla de que dizque sois muy fuertes, muy gente de guerra. Por ahora, comed muy temprano: también yo comeré. ¡Mucho ánimo!»

Y con eso les permitió regresar a sus canoas. Es de suponer que no pretendiera participar en una justa con los mexicanos, sino que quería provocarlos, que quisiera ver cómo reaccionaban ante su implacabilidad. Mas los indios se dirigieron inmediatamente a la costa. Tal era su afán que, los que no tenían remos, remaban con las manos. Una vez en tierra firme, no se detuvieron antes de emprender camino hacia Tenochtitlan. Tenían que pasar por Cuetlaxtlan, donde Teudile les pidió que descansaran. Los emisarios contestaron: «¡Pues no! Estamos de prisa: vamos a darle cuenta al señor rey Motecuzoma. Le diremos qué hemos visto. Cosa muy digna de asombro. ¡Nunca cosa así se vio! O ¿acaso tú antes lo oíste?» y partieron de prisa.[18]

Llegados a Tenochtitlan se apresuraron a contarle a Moctezuma lo que habían observado. Éste pidió asesoramiento a su consejo general sobre lo que debía hacer. Es de suponer que, como en toda ocasión importante, se reunieron en la Casa de los Caballeros del Águila.[19] Allí se sentaron, sobre bajos bancos tallados y pintados con figuras lujosamente vestidas y armadas, Cacama, rey de Texcoco, y Totoquihuatzin, el poeta-rey de Tacuba.[20] Sin duda sostuvieron esas conversaciones largas, extrañas y elegantes tan características de ese tipo de reuniones.[21] Al parecer, el emperador alegó que, si los hombres llegados del levante eran efectivamente el dios Quetzalcóatl y sus hijos, con toda seguridad desposeerían a los monarcas del imperio mexicano; que, por tanto, debían impedir a cualquier costo que entraran en la capital. Pero si eran, como decían ser, embajadores de un gran señor del lugar de donde venía el sol, tendrían que recibirlos y escucharlos. Este argumento aparentemente confuso clarifica el enfoque de Moctezuma: los mexicas lucharían contra los dioses, pero recibirían a los humanos.

Por supuesto, consultó a los miembros de su consejo supremo: era su obligación hacerlo, como lo era la de ellos aconsejarle. Mas Moctezuma no tenía por qué seguir necesariamente sus recomendaciones,[22] aunque no fuera fácil pasar por alto sus opiniones. Entre los consejeros se hallaban los cuatro más importantes —uno de los cuales sería muy probablemente su sucesor—, el *cihuacoátl*, los sumos sacerdotes, algunos oficiales de alto rango jubilados, tal vez los jefes de los *calpultin* y algunos jueces: acaso un total de treinta hombres, aunque tal vez apenas doce. Probablemente variaba la composición.[23] El hecho de que el emperador Ahuitzótl se percatara de que debía pedir perdón a su consejo el día después de tomar la decisión equivocada que tuvo por resultado la inundación de Tenochtitlan en 1501, proporciona un indicio de la relación existente entre el emperador y su consejo.[24]

Sin duda se discutió la posibilidad real de que los españoles fueran dioses; tal vez se preguntaron si los recién llegados tenían algo que ver con Quetzalcóatl. Pero al parecer no llegaron a ninguna conclusión. Es de suponer que todos los jefes, caciques y monarcas de México hablaron. Tal vez les fue imposible tomar una decisión debido a la formalidad con que hablaban. Al final, Moctezuma pidió a su hermano Cuitláhuac, señor de Iztapalapa, ciudad de la costa sur del lago, que tomara la palabra. Éste, heredero probable de Moctezuma, le aconsejó que no dejara entrar en su casa a alguien que le sacaría de ella. Él había encabezado la expedición que colocó a Cacama en el trono de Texcoco; fue el general que reconquistó la región de Oaxaca, después de sofocada allí una rebelión. Tal vez tenía contactos con los mayas y los comerciantes de Xicallanco, por lo que habría oído rumores sobre el estilo de vida de Pedrarias y demás conquistadores en Castilla del Oro.[25]

El punto de vista de Cacama, rey de Texcoco y, por supuesto, sobrino de Moctezuma, era distinto. Alegó que no reconocer la embajada de un gran señor, como parecía ser el rey de España, sería mezquino, pues los príncipes tenían la obligación de escuchar a los embajadores de otros príncipes; y que, si los forasteros llegaban con intenciones poco honradas, había en la corte valientes capitanes para defender a los mexicas. Sin embargo, para entonces Cacama era más un títere de Moctezuma que un auténtico sucesor de los reyes-poetas de Texcoco.

Los mexicas eran anfitriones experimentados. A fin de probar su grandeza y, ocasionalmente, su salvajismo, acogían a menudo a príncipes de otras tierras. La gente llegaba en masa, tal vez desde muy lejos, a los mercados, sobre todo el de Tlatelolco. Tenochtitlan contaba con numerosos alojamientos para visitantes. Entre los numerosos forasteros (familias que no eran mexicanas) de la ciudad se encontraban los pintores de *amatl*, por ejemplo, aparentemente descendientes de un grupo de mixtecas que llegaron al Valle de México a principios del siglo XV,[26] así como refugiados de guerra: culhuacanos que, en el siglo XV, se asentaron en el distrito sudeste de la capital; cuauquecholtecas que, víctimas de las guerras con los tlaxcaltecas, se habían establecido cerca del gran mercado de Tlatelolco.[27]

En todo caso, casi todos los presentes en el consejo parecen haber estado de acuerdo con Cuitláhuac: hacer todo lo posible por evitar que Cortés llegara a México; afirmar estar dispuestos a hacer cualquier cosa que quisieran los visitantes, pero insistir en que era imposible que Moctezuma se reuniera con Cortés, que el emperador no iría a la costa; informar a Cortés, con firmeza, que no podría venir a Tenochtitlan puesto que el camino era largo, arduo y lleno de enemigos de México.[28] Determinaron, además, juntar a «magos, brujos y forjadores de maleficios» y ordenarles inventar «con sus artes cosas muy espantables con que los hiciesen volver a su tierra y retirarse de temor».[29]

Al principio Moctezuma hizo caso de dichas recomendaciones. Ordenó llevar más comida a los castellanos, además de expresar sus excusas porque era imposible imaginar una reunión entre él y Cortés. Al mismo tiempo, envió a los «hombres inhumanos, los presagiadores, los magos» a la costa para «ver qué casta de gente era aquélla: a ver si podían hacerle algún hechizo, procurarle algún maleficio. Pudiera ser que les soplaran algún aire, o les echara algunas llagas, o bien alguna cosa por este estilo les produjera... o... con alguna palabra de encantamiento les hablaran largamente, y con ella tal vez los enfermaran, o se murieran, o acaso se regresaran a donde habían venido».[29]

Los magos y hechiceros dependían del dios Tezcatlipoca. Quizá el éxito o el fracaso de su misión permitiría identificar a los recién llegados. Moctezuma no vaciló en tratar de superar a los castellanos, aunque fueran dioses, pues a los monarcas humanos no se les prohibía intentar poner trabas a los seres inmortales.

Teudile, el «quintalbor» mexicano de Cuetlaxtlan, se presentó nuevamente, hacia el 1 de mayo, en el real (campamento) de Cortés. Llevaba más regalos: «ropas de algodón blancas y de color y bordadas..., muchos penachos y otras lindas plumas, y algunas cosas hechas de oro y plumas, rica y primorosamente trabajadas, gran cantidad de joyas y piezas de oro y plata»; y, sobre todo, las dos ruedas grandes, una de oro y la otra de plata, cuya fabricación se había comenzado el año anterior con el fin de dárselas a Grijalva.[30]

La rueda de oro medía unos dos metros de diámetro, unos cinco centímetros de ancho y pesaba unos dieciséis kilos. En ella figuraban los habituales emblemas que representaban la era cósmica mexicana. En ambas ruedas figuraban animales. En el centro de la de oro, el sol con un rey sentado en un trono; en el centro de la de plata, la luna y una mujer.[31] Habría sido natural que esa mujer fuese el monstruo terrenal que a menudo figuraba en objetos similares y casi siempre en contraste u oposición a Huitzilopochtli. Mas las descripciones españolas no dan esa impresión. Ambos discos parecen haber sido hechos de metal repujado, trabajado sobre un marco de madera.[32]

Por más que Moctezuma regalara muchas otras cosas a los castellanos, estas dos ruedas eran las más importantes. El sentido de la dualidad dominaba el pensamiento de los mexicanos y, por tanto, era justo que el símbolo de dicha dualidad figurara en dos objetos que representaban los principios masculino y femenino: percibían al sol, Tonacatecuhtli, como varonil, luminoso, celestial, activo, etéreo; y la luna, como femenina, nocturna, oscura, pasiva, lunar, terrenal.[33]

Teudile les trajo también pavos, huevos y, cosa que produjo asco en los castellanos, tortillas blancas rociadas con la sangre de seres humanos recién sacrificados. Esto último, para poner a los recién llegados a prueba y determinar quiénes eran. «La razón de haber obrado así Motecuhzoma es que él tenía la creencia de que ellos eran dioses... Por esto fueron llamados, fueron desginados con "Dioses venidos del cielo". Y en cuanto a los negros, fueron dichos: "Divinos sucios."»[34] «Pero cuando ellos vieron aquello sintieron mucho asco, escupieron, se restregaban las pestañas: cerraban los ojos, movían la cabeza. Y la comida, que estaba manchada de sangre, la desecharon con náusea. Ensangrentada hedía fuertemente, causaba asco, como si fuera sangre podrida.»[35] Pero sí comieron los alimentos que no estaban manchados de sangre, entre otros, tortillas blancas, *camotes* (batatas), yucas, guayabas, aguacates, garrofas y tunas (la fruta del nopal).[36] Y aceptaron la pastura para los caballos, el oro, la plata y los objetos de plumas.

A continuación Teudile dio la respuesta de Moctezuma a Cortés: «que estaba encantado de tener noticias del rey de Castilla, que esperaba que dicho monarca le enviaría más de esos hombres extraños, buenos, raros y nunca antes vistos; que Cortés podía coger lo que necesitara para la extraña enfermedad de sus hombres que requería oro para curarla; que, si algo había en México que Cortés deseara enviar a su rey, sólo tenía que pedirlo; pero que era imposible que se reuniera con Moctezuma; que Moctezuma no podía ir al mar, pues tenía obligaciones por cumplir en ocasión de la próxima ceremonia de las flores, el festival del mes *Tlaxochimaco*; y que sería imposible que Cortés fuera a Tenochtitlan, pues el camino era difícil y trabajosísimo, así por las muchas y ásperas sierras... como por los despoblados grandes y estériles...; además de esto, mucha parte de la tierra por donde había de pasar era de enemigos suyos, gente cruel y mala...»[37]

Cortés, por su parte, regaló a Teudile un «vestido entero de su persona». Seguramente ya se había dado cuenta de que a los indios les gustaba disfrazarse. Insistió en que le era imprescindible visitar a Moctezuma; que si no lo hacía perdería el favor de su rey. Envió más presentes para Moctezuma: «una copa de vidrio [supuesta e improbablemente] de Florencia, labrada y dorada, con muchas arboledas y monterías que estaban en la copa, y tres camisas de holanda»,[38] tejido muy empleado en el siglo XVI para esas prendas. Teudile le dijo que daría el desagradable mensaje a Moctezuma y volvió a partir; pero antes trató de convencer a los conquistadores de que fueran tierra adentro, lejos de los mosquitos de la costa, alegó pero calló que así los indios habrían podido rodear más fácilmente a los castellanos.

Tan pronto se hubo marchado, llegaron unos veinte totonacas de Cempoalla, a treinta y dos kilómetros costa arriba. Estos totonacas eran más altos que los de las ciudades de detrás de San Juan de Ulúa. En el labio inferior lucían bezotes de turquesa (horribles en opinión de los conquistadores), adornos que tiraban del labio hasta la barbilla y dejaban los dientes al descubierto. Estos hombres tenían una interesante historia que contar. Venían, dijeron, de parte de su señor, quien se había mantenido independiente de Moctezuma. Esto no era del todo cierto, pues, si bien era autónomo, pagaba tributo a los mexicas. Pero el deseo de los cempoallas por distanciarse de la potencia suprema impresionó a Cortés. Le alegró oír la afirmación de que muchos pueblos lamentaban haber aceptado, en los últimos cien años y como resultado de su derrota militar, someterse a México. Al parecer, el emperador de México daba poco a sus vasallos, a excepción de vagas promesas de ayuda en caso de hambruna. Además, las ciudades cercanas a México obtenían algunos beneficios al proporcionar trabajadores para las obras públicas y sus cultivos prosperaban. Pero las dependencias lejanas, como Cempoallan, no contaban con tales beneficios.[39] Una consecuencia de la sumisión a Tenochtitlan se veía en lo que ocurrió con Cuetlaxtlan, de la que, tras haber sido conquistada, se requería anualmente diez largos de tela de algodón, piedras verdes y pieles de jaguar moteado. Sus habitantes se rebelaron y, una vez sofocada la rebelión, se vieron obligados a aumentar su cuota anual: veinte largos de tela más, mil trozos pequeños de tela, algunas serpientes, pieles de animales blancas y piedras rojas y blancas.

Cortés se encontraba lejos de haber formulado del todo sus planes. Mas el resentimiento de los indios le tranquilizó.[40] Seguramente sabía que la reconquista de Granada por los Reyes Católicos resultó más fácil gracias a las divisiones internas entre los moros.

Mas, aunque le animaron las pruebas de rivalidades entre los indios, se habían producido también algunas disputas entre los castellanos, debidas parcialmente a la prolongada inactividad. El propio Cortés tenía mucho que hacer. Él y sus amigos, Pedro de Alvarado, los tres hermanos de éste, Portocarrero, Escalante, Olid, Luga, Ávila y el joven Gonzalo de Sandoval, hablaron probablemente de cómo tratar a los emisarios de Moctezuma (cuándo ser brutales, cuándo ser corteses) y del futuro a largo plazo. Sin duda se divertían con chistes sobre Diego Velázquez.

No obstante, algunos miembros de la expedición deseaban regresar a casa. Amigos o protegidos de Velázquez, todos creían que Cortés estaba a punto de hacer algo para lo cual no contaba con autorización. Entre estos últimos se encontraban el pariente del gobernador, Velázquez de Léon, su ex mayordomo, Diego de Ordás, Francisco de Montejo y el antiguo alguacil de Baracoa, Juan Escudero, enemigo de Cortés desde 1514, así como fray Juan Díaz, el sacerdote de Sevilla, que parece haber convertido en costumbre reñir con sus comandantes (había tenido problemas con Grijalva).

Lo primero que causó una fisura entre Cortés y estos hombres, así como la creación de dos grupos en la expedición, fue que se dijo que se había visto a varios soldados trocando objetos castellanos por oro con los indios. ¿Por qué lo permitía Cortés?, preguntaron. Añadieron que Velázquez no había organizado esa gran expedición para que unos meros soldados se llevaran el oro. Creían los amigos del gobernador de Cuba que todo lo obtenido debía exponerse a fin de separar el quinto de la corona. En un primer momento Cortés estuvo de acuerdo y encargó la supervisión a su protegido, Gonzalo de Mexía, un extremeño de Jerez de los Caballeros.[41] Éste, que poseía una propiedad en la Trinidad, Cuba, era un hombre afortunado, pues los indios de Cuba le habían perdonado la vida en una de las pocas derrotas sufridas por los conquistadores en una batalla cercana a un lugar que, debido al gran número de castellanos muertos, se conocía como Matanzas.[42]

Esta división sirvió de advertencia: Cortés se dio cuenta de que no podía salirse con la suya a menos de que organizara a sus amigos.

Pero antes de que el asunto llegara a un punto decisivo los hechiceros y magos de Moctezuma habían puesto manos a la obra. Llegaron sin problemas al campamento de Cortés, en el cual debía haber ya tantos sirvientes indios, mexicanos y totonacas, que ningún obstáculo impedía la entrada. Los magos intentaron toda índole de trucos, mas se percataron de que «... una pulga que les picaba que luego se levantaban a buscarla y la mataban y que en toda la noche no cesaban de hablar y que no era bien amanecido cuando ya estaban en pie y que todos subían a sus caballos...», de que su piel era tan dura que era imposible saber dónde se hallaba su corazón. Regresaron a Tenochtitlan con una triste noticia para Moctezuma: «¡No somos sus contendientes iguales! ¡Somos como unas nadas!»[43]

Poco después Teudile visitó a Cortés por tercera vez. Nuevamente llevaba artículos de algodón, de pluma y cuatro hermosas piezas de jade. Pero dijo a Cortés que se marchara del país, pues era fútil que intentara ver a Moctezuma. Cortés contestó que se quedaría hasta haberlo visto. Teudile, sin duda molesto, le dijo que no insistiera y se fue, llevando consigo los dos mil indios que habían cuidado de los españoles desde que los visitara por primera vez. También se acabaron las provisiones que los mexicas habían estado aportando regularmente a los castellanos. Los expedicionarios empezaron a carecer de comida, pues ya el pan cazabe «amargaba de mohoso, podrido y sucio de fátulas». De no ser por la gran cantidad de crustáceos y de mariscos que pescaban habrían realmente padecido hambre.[44]

Cortés dio por sentado que los mexicas se preparaban para una batalla. Por consiguiente, hizo cargar en los barcos todas las ropas y todos los objetos. Envió a Alvarado, acompañado de cien soldados, quince ballesteros y seis arcabuceros a buscar maíz en el interior. A unos catorce kilómetros tierra adentro, a orillas de un río, encontraron una aldea abandonada en cuyo centro se hallaba una gran casa decorada con oro. Había también un templo, en cuyo altar los castellanos vieron nuevos indicios —sangre y cuchillos de sílex— de recientes sacrificios humanos. En ésa y en otro par de aldeas abandonadas, Alvarado y sus hombres encontraron abundantes provisiones. Por medio del pregonero ordenó a sus hombres que no tocaran más que la comida. Y ésta se la llevaron.[45] Como siempre, Alvarado permitió a sus hombres comportarse con violencia. Él mismo capturó a dos guapas indias. Más tarde explicaría: «e sy, algún pueblo se quemo e algo se robo yo no lo vide ni supe dello ni menos fue ni se fizo por mi mandado... e no es en manos del capitán de los resystir e defender ni de otra persona aunque sobre ello se haga e haze algunas vezes mucho castigo».[46] Sin embargo, varios testigos en el juicio de residencia de Alvarado, años más tarde, insistieron en que Alvarado se había comportado de forma brutal. En un juicio de residencia posterior, Bernardino Vázquez de Tapia afirmó que él y Alonso de Grado, miembros del cabildo de la Villa Rica de la Vera Cruz, «querían proceder contra él por el dicho mal tratamiento, e el dicho Hernando Cortés no consyntyo e esta causa se queda syn castigo».[47]

La mente de los conquistadores se centró en la vista repetida de indicios de sacrificios humanos, práctica que no habían visto ni entre los taínos de La Española o de Cuba, ni entre los indios caribes de las Antillas Menores, aunque estos últimos tenían la reputación (en gran medida injustificada) de ser caníbales. Los portugueses habían hallado también caníbales entre los indios tupinamba de Brasil. Los castellanos en México se dieron cuenta del peligro que corrían si, por desgracia, caían en manos de los mexicas. Esto los impresionó profundamente. Por ello sus relaciones con los indios se agriaron y los castellanos adoptaron una actitud inflexible en sus negociaciones. El sacrificio humano no era, ni de lejos, un mero pretexto para su intervención. Aguilar (no el intérprete, sino un miembro de la expedición) lo puso de manifiesto: «y digo cierto que en ninguna de éstas he leído ni visto tan abominable modo y manera de servicio y adoración como era la que éstos hacían al demonio, y para mí tengo que no hubo reino en el mundo donde Dios nuestro Señor fuese tan deservido, y adonde más se ofendiese que en esta tierra, y adonde el demonio fuese más reverenciado y honrado.»[48]

Todo ello daba mayor peso a los argumentos de quienes creían que convenía regresar a Cuba, pues (decían) el caudillo había hecho lo que se le había requerido: había visto más cruces en el Yucatán, liberado a un cautivo castellano, viajado a San Juan de Ulúa, obtenido mucho más oro e incrementado sobradamente lo que sabían los castellanos de la naturaleza del reino mexicano.[49]

Pero existía también un punto de vista alternativo: el de los amigos de Cortés. Éste, antes de salir de Cuba, había hablado abiertamente de la posibilidad de fundar una colonia, idea que contaba con el apreciable apoyo de numerosos compañeros suyos. El piloto Alaminos, que no era precisamente un paladín de Cortés, diría más tarde que «toda la gente se juntan e le requieren que se poblasen dichas tierras».[50] Lo mismo recordaría Portocarrero que, no cabe duda, le apoyaba.[51] Muchos de los hombres que fueron a las Indias a fin de hacer fortuna se habían desilusionado en Castilla del Oro y en Cuba y quizá también en La Española. Con «Yucatán» o «San Juan de Ulúa» existía la expectativa de compensarlos por los reveses de la suerte. Era imposible pasar por alto su opinión. Acaso esta situación fuese más importante de lo que creen los historiadores.[52] Y tal vez, ya en Cuba, hubiesen tenido la impresión de que hasta Velázquez estaba a favor de la colonización.[53]

Cortés manipuló astutamente la situación para quedar en una situación en que parecía que se dejaba influir por los cautos. Incluso explicó a los amigos que hacían presión para poblar la zona que no tenía el poder necesario.[54] ¿Acaso no se limitaban las órdenes de Velázquez a buscar a Grijalva... y nada más?[55]

Dejó que los amigos de Velázquez creyeran que lo habían convencido de regresar a Cuba. Les dijo que, dado que ya no tenían provisiones y que ni Velázquez ni los jerónimos en Santo Domingo le habían dado instrucciones de fundar una colonia, convenía que, cuanto más pronto se dirigieran a Cuba, tanto mejor. Ordenó un embarco general.

Esto levantó las protestas de sus amigos o, más bien, de los de la idea de quedarse. Los hermanos Alvarado, Portocarrero, Sandoval, Alonso de Ávila, Juan de Escalante y Francisco de Lugo le acusaron de haberlos engañado antes de partir de Cuba, pues, según ellos, ya allí había hablado de fundar una colonia. Le reclamaron inmediatamente que, «en nombre de Dios y del rey», creara un asentamiento y desafiara a Diego Velázquez. Después de todo, los mexicas ya no los dejarían nunca más pisar tierra, mientras que, tan pronto como se estableciera una buena ciudad en ese territorio tan lleno de riquezas, los colonos de Castilla competirían entre sí por el permiso de vivir en ella y así servirían tanto a Dios como al rey. ¿Por qué no permitir que regresaran a Cuba los que así deseaban hacerlo y que los de espíritu aventurero se quedaran? Además le exigieron que dejara de negociar por oro como había hecho hasta ese momento, ya que si continuaba haciéndolo el país se arruinaría. ¿Por qué habrían de permanecer quietos ellos, sus leales soldados, viendo cómo recaudaba todo el oro que sólo le beneficiaría a él o, peor aún, a Diego Velázquez?[56]

Cortés dio la impresión de vacilar, fingió estar decidiendo el curso de la acción. Sin embargo, y al mismo tiempo, empezó a buscar un lugar adecuado para una población;[57] un lugar que contara con un buen puerto; a su modo de ver, a la larga el de San Juan de Ulúa no sería adecuado; en cambio, lo que más tarde se conocería como Veracruz podía convertirse, precisamente a largo plazo, en uno de los puertos más importantes de las Américas. Por tanto mandó dos bergantines, con cincuenta hombres cada uno, costa arriba en busca de un lugar más apropiado. Francisco de Montejo, uno de los cabecillas de «los de Velázquez», capitanearía una nave, y Rodrigo Álvarez Chico, extremeño del que el caudillo se fiaba, la otra.[58] El piloto Alaminos iría con la primera. Cortés envió también a Velázquez de León al interior, en una expedición de tres días.[59] Es probable que no quisiera fundar un poblado hasta no estar seguro de cuán próspera era la zona; y —según lo dicho, años más tarde, en un juicio—, al ver la riqueza de la tierra y su disponibilidad, además de la buena voluntad con que le acogieron los naturales, se decidió.[60] Entonces se dedicó a buscar el modo de llevar legalmente a la práctica lo decidido. No se sabe con certeza si ya tenía pensado llegar hasta Tenochtitlan. Lo seguro es que ni él ni ningún expedicionario se preguntó si era moral fundar una colonia en territorio totonaca o mexica. Ni siquiera los dominicos habían empezado a pensar que los principados indios (y no los indios individualmente) tenían derecho a la tierra.

Mientras estuvieron fuera Montejo y Velázquez de León, Cortés llevó a cabo lo que sólo se puede describir como un golpe de estado. La ausencia de ambos hombres en ese momento era demasiado conveniente para ser una coincidencia y es muy probable que la mayoría de los cincuenta hombres que iban con Montejo fueran también amigos del gobernador de Cuba. Por supuesto, Cortés quería saber si existía un buen puerto costa arriba, pero el que Montejo y Velázquez de León no estuvieran presentes en el momento decisivo era de gran ayuda. Y eso porque, según explicaría Joan de Cáceres en una probanza posterior sobre las acciones de Cortés, en esos días «don Hernando Cortés fue elexido por Xusticia mayor en estas partes, e hasta que Su Magestad otra cosa proveyese; e por Capitan, ansí mesmo, por los Alcaldes e rrexidores de la dicha *Villa de la Vera Cruz*, e por toda la xente de la Armada, que truxo».[61]

Este extraordinario golpe se llevó a cabo como sigue: Cortés convocó una asamblea. Explicó a los que insistían en fundar un poblado en México que, como lo que más le interesaba a él era servir al rey, dejaría de comerciar por oro, aunque con ello había esperado recuperar lo que había gastado en equipar la flota. Luego, haciéndose rogar, acordó fundar una ciudad que llamarían Villa Rica de la Vera Cruz (por ser una tierra rica y porque así se recordaría que habían llegado allí en Viernes Santo). La población estaría compuesta de expedicionarios.

Al parecer habló a continuación con sus hombres. Era obvio, dijo, que «ya veían cuánta merced les había hecho Dios en guiarlos y traerlos sanos y con bien a una tierra tan buena y tan rica, según las muestras y apariencias habían visto en tan breve espacio de tiempo, y cuán abundante de comida, poblada de gente, más vestida, más pulida y de razón, y que mejores edificios y labranzas tenía de cuantas hasta entonces se habían visto ni descubierto en Indias». Que debían construir muros y fortificaciones, como habían hecho los portugueses en África (y como Las Casas había sugerido que se hiciera en la costa norte de Sudamérica); que, una vez construida la villa, podrían descargar todas sus pertenencias y enviar los barcos a Cuba; que podían comerciar con los cempoaltecas y con otros pueblos enemigos de México.[62] Todos los expedicionarios serían *vecinos* del nuevo municipio, con derecho a votar en las elecciones del consejo municipal. Sabía bien lo que hacía: seguía el estilo de Velázquez en la creación de los poblados cubanos. El propio Cortés había sido a menudo el escribano que escrituraba el plan.[63] Pero hizo algo más, algo original: como había estudiado en Salamanca y había trabajado para un escribano y ejercido luego esta profesión, creía poder demostrar que, en ausencia de una autoridad constituida, la autoridad revertiría a la comunidad, que, a su vez, podría elegir legalmente sus propios representantes.[64]

Varios hombres de confianza de Cortés fueron los primeros alcaldes y regidores de la villa. Al parecer, hubo una elección, probablemente a brazo alzado. Tanto Andrés de Tapia como Martín Vázquez, testigos que llevó Cortés para declarar a su favor en la probanza instituida en su contra en 1535, insistieron que «fue la dicha elección de un parecer de todos», y Vázquez añadió: «queste testigo dio su voto e parecer en ello». Por su parte, Tapia afirmó que «fue un boto de la dicha elección».[65] En un escrito de 1555 el historiador oficial de Carlos V, Juan Ginés de Sepúlveda, dice expresamente que se llevó a cabo una «asamblea».[66] De hecho, Cortés los nombró o sólo se aprobaron los que él recomendó. Una auténtica elección seguramente ni se planteó.[67] Así, los funcionarios de la nueva villa eran casi todos extremeños.[68] Portocarrero (de Medellín) era uno de los dos alcaldes mayores; Alvarado (de Badajoz) y Alonso de Grado (de Alcántara), regidores; Francisco Álvarez Chico, otro *cortesista* incondicional (hermano de Rodrigo y oriundo de Oliva, cerca de Medellín), procurador general; el joven Gonzalo de Sandoval (de Medellín), uno de los favoritos de Cortés, alguacil; Gonzalo de Mexía (de Jerez de los Caballeros), tesorero (en esos tiempos estaban en buenas relaciones con Cortés, si bien más tarde se convertiría en su enemigo). El escribano, Diego de Godoy, tenía un apellido extremeño, apellido muy conocido en Medellín, aunque nació en Pinto, cerca de Toledo. Los únicos que no eran extremeños eran Ávila y Olid, de Ciudad Real y Baena, respectivamente; Escalante, probablemente de Huelva; Montejo, de Salamanca, que aún se hallaba costa arriba en su viaje de reconocimiento, fue nombrado alcalde mayor, junto con Portocarrero, a fin de implicarle en la conspiración.

Los cargos eran idénticos a los que habrían tenido en la lejana Castilla, de ser miembros de un regimiento (la institución deliberante tanto de la Villa Rica de la Vera Cruz como en Castilla). Cortés recordaba, por supuesto, cómo funcionaban las comunidades: tanto su padre, Martín Cortés, como su abuelo, Diego Alfon Altamirano, habían tenido uno de estos cargos en Medellín. Alvarado, además de regidor, fue nombrado «capitán-general de entradas» (incursiones en el interior del país), lo que demuestra la debilidad, un tanto imprudente, de Cortés por lo caballeresco. No obstante, en esa época, el confidente y adjunto de hecho de Cortés, *Tonatiuh*, era el más atractivo de los dirigentes.[69]

Los regidores de Villa Rica de la Verza Cruz pidieron a Cortés que les enseñara las instrucciones de Velázquez. Cortés así lo hizo y ellos (sobre todo Alvarado, Escalante, Portocarrero, Grado, Olid y Ávila), tras haber estudiado el documento, decidieron que Cortés ya no tenía autoridad y declararon que su misión había llegado a su fin. Por tanto, el caudillo renunció a sus cargos; renuncia que, si bien legal, no era sino una charada, pues en seguida, e indudablemente por acuerdo previo, el regimiento le nombró justicia mayor de Villa Rica y capitán de las armadas reales, hasta que el rey decidiera otra cosa.[70]

Al hablar de estos nombramientos, Cortés se refería siempre a una «elección». Insistió que no hizo nada para poblar México hasta que el nuevo regimiento le autorizó a hacerlo y que desde ese momento procedía de ese organismo.

La expedición cambió, pues, totalmente de carácter. Cortés alegó haber salido de Cuba sin más intención que buscar a Grijalva, haberse dado cuenta de que México era una tierra maravillosa, que tanto Dios como el rey se alegrarían mucho y que los impuestos y las rentas reales aumentarían muchísimo si se fundara un poblado. Por consiguiente, y con la autoridad que le confirió el nuevo regimiento, se dedicó a «poblar» el lugar, sin necesidad de obedecer a Diego Velázquez.[71]

Sus enemigos afirmaron posteriormente que se trataba de una rebelión, que Cortés y sus cómplices bien podían haber arreglado las cosas de modo de tomar las riendas en nombre de su majestad y que, por no querer hacer uso del poder que Velázquez había otorgado a Cortés, sus acciones eran ilegales.[72]

Sin embargo, Cortés alegó que, según la ley medieval española tradicional, resumida en *Las siete partidas* del rey Alfonso X el Sabio, el pueblo podía formar un «ayuntamiento de todos los hombres comunalmente».[73] Además, los hombres cabales de una comunidad podían exigir la derogación de cualquier ley. En México, la expedición misma constituía la «comunidad», en la que los amigos de Cortés superaban a los de Velázquez. Es cierto que, de momento, la Villa Rica de la Vera Cruz no existía aún como entidad, pero no tardaría en hacerlo, por muy escueta que fuera.[74] Además, Cortés tenía intención de crear no sólo una nueva comunidad, sino también, según expresaron sus amigos (o tal vez el propio Cortés) en una carta dirigida al rey, una villa en la que hubiese «justicia»: la primera sociedad de las Américas de la cual se podría decir eso.[75]

Ninguno de los conquistadores, desde el primer viaje de Colón, había pensado hacer lo que estaba haciendo Cortés. Núñez de Balboa había pensado en independizarse de Castilla, pero no en afirmar su autonomía, por así decirlo, aunque pasando por encima de los gobernadores de Santo Domingo e insistiendo en depender directamente de la corona. En Cuba, Diego Velázquez había fundado ciudades que fueron adquiriendo personalidad propia; pero había consultado con las autoridades de La Española antes de poner sus planes en marcha. Cortés seguramente conocía, de sus tiempos en Salamanca y Valladolid, las disposiciones contenidas en *Las siete partidas* para estos asuntos. Tal vez existía un ejemplar en Cuba o incluso en la Villa Rica de la Vera Cruz. En todo caso, quizá recordó que, en 1494, en Medellín, su padre Martín Cortés había pasado por encima de la autoridad local del conde de Medellín solicitando al rey y a la reina que le garantizaran el derecho a una propiedad en un pueblo llamado Valhermoso.[76] No obstante se puede ir demasiado lejos en los alegatos jurídicos, por más interesantes que éstos sean. Con una cuidadosa lectura de *Las siete partidas* se podría afirmar que Cortés merecía la horca por traición.[77] Tal vez el hecho de que más tarde se le oyera decir ocasionalmente: «sin las leyes se abían quebrantar por reinar, se han de quebrantar, le que ansí mismo decía Ceasar»,[78] demuestra que sabía que estaba violando la ley.

Tras veintidós días de navegación y poco después del «artificio» (descripción un tanto incisiva de Pedro Mártir) de la renuncia de Cortés y de su nuevo nombramiento, Montejo y Alaminos regresaron de su viaje al norte.[79] No habían tenido gran éxito: casi al partir de San Juan de Ulúa se vieron atrapados en una tormenta que los llevó a unas ciento cincuenta millas costa arriba; las corrientes contrarias los llevaron casi la misma distancia de vuelta. Sin embargo informaron que podría considerarse la fundación de un poblado en un pequeño puerto junto a un acantillado a unas cuarenta millas al norte.[80]

Montejo, claro, encontró la situación política y su propia posición transformadas. Como dijo ante el Consejo de Castilla al año siguiente, durante su ausencia «la gente había hecho pueblo».[81] Además, le habían nombrado alcalde mayor. Cortés, que sabía que es tan fácil comprar a aristócratas como a plebeyos, se aseguró su colaboración, según se dijo, con un soborno de dos mil pesos,[82] otro de sus «artificios».

Cuando los miembros del regimiento hubieron conferido a Cortés los importantes cargos citados, hicieron otra cosa poco común. Decidieron que, además de descontar el quinto del rey de los tesoros que esperaban hallar, Cortés podría descontar un quinto de lo restante para sí mismo.[83] Estas deducciones significaban que tendrían que fundir casi todo el oro del que se apoderaran, razón por la cual existen actualmente tan pocas joyas mexicas. Los impuestos, y no por última vez, provocaron actitudes filisteas.

Al hablar posteriormente de su sistema, Cortés explicaría «que hasta estar de asiento y conocidos en la tierra, no tenían de que mantenerse sino de las provisiones que él traía en los navíos; que tomase para sí y para sus criados lo que necesitase o le pareciese, y lo demás se tasase en justo precio, y se lo mandase entregar para repartir entre la gente; que a la paga todos se obligarían, o lo sacarían de montón, después de quitado el quinto del rey...» La gente pagaría a Cortés lo que él le proporcionaba (por ejemplo, un caballo, un medicamento o una espada) o lo deduciría de lo que les tocaría del botín al fin de la aventura. Según Cortés, los hombres de la expedición le pidieron que hiciese tasar la artillería y los navíos, a fin de que su coste le fuese reembolsado. Además querían mandar pedir vino, pan, ropa, armas, caballos, etc., de Cuba, «porque así les saldría más barato que trayéndolo mercaderes».[84]

Pero Cortés descartó estas sugerencias como meros detalles. Afirmó que los expedicionarios debían alimentarse y armarse a expensas del propio Cortés, que nadie debía pensar en pagar nada de momento. En el futuro esa aparente magnanimidad originaría disputas, como suele ocurrir cuando el donante es temerario.

Esas conversaciones entre Cortés y «los expedicionarios» se limitaban a Cortés y los miembros del regimiento. Los demás sin duda no participaron en ellas. Tal vez asistieran a una «asamblea» que, indudablemente, no era sino una reunión dirigida. Más tarde algunos dirían que Cortés había hecho lo que no debía hacer, pero que no lo mencionaron por miedo a ser condenados a la horca.[85] Otros hablaron sin rodeos: manifestaron que Cortés no debió ser nombrado capitán sin el consentimiento de todos y que preferían regresar a Cuba antes que quedarse bajo su mando. El caudillo los aplacó con una mezcla de amenazas y dádivas.[86] Es probable que Cortés hablara mal del obispo de Burgos, Juan Rodríguez de Fonseca, siempre una buena cabeza de turco.

Una vez despachados todos esos asuntos, Cortés decidió fundar la Villa Rica de la Vera Cruz en Quiahuiztlán, el lugar recomendado por Montejo. Todas las provisiones y la mayor parte de la artillería fueron embarcadas y enviadas por mar al puerto propuesto. El propio Cortés fue allí por tierra, a la cabeza de cuatrocientos hombres, los caballos y dos medios falconetes probablemente.[87] Hasta su llegada, la expedición fue un regimiento sin villa: caso excepcional, si bien una villa sin gobierno se ve con bastante frecuencia.[88]

15. RECIBIÉRONLE CON TROMPETAS

Después vino el marqués a Cempoal y recibiéronle con trompetas

Historia de los mexicanos por sus pinturas, c. 1535

El fracaso de los magos y hechiceros en su intento por perturbar a los españoles inquietó, por supuesto, a los tenochcas. Nuevamente Moctezuma no ocultó su ansiedad. En Tenochtitlan «hay juntas, hay discusiones, se forman corrillos, hay llanto, se hace largo llanto... andan cabizbajos. Entre llantos se saludan; se lloran unos a otros al saludarse». El pánico pasó. Aceptando que los castellanos cumplirían probablemente su amenaza e irían a Tenochtitlan, Moctezuma decidió disuadirlos poniendo toda índole de obstáculos en su camino. «No hizo más que resolverlo en su corazón, no hizo más que resignarse; dominó finalmente su corazón, se reconcomió en su interior...»[1] Por consiguiente, en los caminos apostó mensajeros que iban y venían interminablemente para llevarle noticias de lo que estaba aconteciendo. Al menos estaría bien informado.

La primera noticia de importancia que debió recibir fue que, hacia el 7 de junio de 1519, Cortés había emprendido la marcha hacia Quiahuiztlán, el puerto sugerido por Montejo y que, antes de partir, tomó posesión del nuevo territorio del modo ya acostumbrado, o sea, ordenando a Diego de Godoy, el escribano, que leyera el requerimiento. A Cortés no le preocupaba que el año anterior y muy cerca de allí hiciera lo mismo Grijalva, al que despreciaba.[2]

Había unos sesenta y cinco kilómetros hasta Quiahuiztlán, o sea, dos días de caminata en línea recta. Pero Cortés y sus hombres tardaron mucho más, pues a medio camino, costa arriba, se encontraba Cempoallan, capital de los totonacas, con cuyo señor, enemigo de Moctezuma, Cortés había decidido trabar amistad.

La primera noche después de salir de San Juan de Ulúa, la expedición durmió a orillas del río (probablemente en lo que se conoce ahora como La Antigua, donde se construiría posteriormente la segunda Veracruz [Veracruz-Llave]).[3] Se lo habían recomendado los totonacas de Cempoallan, que les suministraron alimentos ya familiares para ellos: pavos y tortillas. En el camino los castellanos habrían visto seguramente campos cuidadosamente sembrados, hilera tras hilera de maíz, alimento que, según un conquistador, usan «a modo de garbanzo», aunque sin duda había visto la planta en las Antillas.[4]

Cien totonacas de Cempoallan vinieron a darles la bienvenida y también trajeron pavos. Le dijeron que su señor lamentaba no poder dar personalmente la bienvenida a Cortés, pero era demasiado gordo para poder moverse. A los españoles les encantó pensar en la prosperidad que tal incapacidad ocultaría. Comieron los pavos y esa tarde se dirigieron a Cempoallan, en un entorno lleno de jardines y huertos bien regados.

Cempoallan fue uno de los numerosos lugares donde los indios creyeron, en un primer momento, que los jinetes hacían uno con sus monturas, cual si fuesen centauros. Mas los españoles eran víctimas de otra fantasía. Varios jinetes se adelantaron y fueron recibidos a las puertas de la ciudad; regresaron y informaron a Cortés haber visto casas cubiertas de plata. Éste les ordenó volver e investigar, sin dejar ver ninguna emoción, ni siquiera sorpresa (los hidalgos de Castilla no debían considerar nada como extraordinario). La plata resultó ser encalado reluciente bajo los rayos del sol.[5]

Cuando Cortés arribó, «recibiéronle con trompetas», o sea con grandes conchas perforadas (atecocoli), y el señor cempoalteca, ciertamente gordo, le dio la bienvenida. Se decía que, de los habitantes de la ciudad, unos veinte mil a treinta mil tenían la obligación de pagar tributo a México. Eso significa que la población total era de unos doscientos mil. La primera cifra, de ser realista, seguramente incluía a los residentes de un territorio dependiente cercano.[6] No obstante, según otro cálculo contemporáneo, más verosímil, en Cempoallan vivían catorce mil personas.[7]

El señor llamado, al parecer, el Tlacochcálcatl, rogó a los castellanos que se quedaran, invitación alegremente aceptada por el nuevo justicia mayor. Lo mismo había ocurrido con Hernández de Córdoba en el Yucatán. Alojaron a los visitantes en un palacio vaciado expresamente para ellos y propiedad de una viuda fea y rica, sobrina del Tlacochcálcatl, a la que los castellanos llamaron «Catalina» (nombre de la madre y de la esposa de Cortés). Les proporcionaron esteras para dormir y comida. Tan calurosa recepción hizo temer a Cortés que le estaban tendiendo una trampa. Para no correr riesgos, convirtió el palacio en fortaleza: colocó cañones a la entrada y apostó guardias toda la noche. Al día siguiente, el Tlacochcálcatl los visitó, trajo más comida, además de los ya habituales obsequios; objetos y joyas de oro y de plumas, así como mantas. A los jefes castellanos los agasajó esa noche con «un convite muy singular con diversos potajes y regalos».[8] Durante varios días, los españoles se limitaron a examinar la primera ciudad del imperio mexicano a la que se les había invitado.

Cortés, acompañado de cincuenta hombres, hizo una corta visita formal al jefe gordo (así lo llamaron insistentemente los españoles), con numerosas prendas de algodón a modo de regalos.

Gracias, nuevamente, a la interpretación de Marina, de Aguilar y de dos totonacas que hablaban náhuatl, los dos hombres sostuvieron un diálogo, probablemente lento (pero Cortés no tenía prisa). El señor manifestó su irritación por tener que pagar tributo a Moctezuma; alegó que los mexicas se lo llevaban todo, que llegaron inicialmente so pretexto religioso, se apoderaron de todas las armas del país y esclavizaron a muchas personas; antes, el principado había vivido en «perpetua paz».

Tal vez fuese un tanto injusto: Alonso de Zorita, el imparcial juez castellano, alegaría posteriormente que, «en todo esto [las condiciones tributarias de los mexicas] habia gran concierto para que no fuesen unos más agraviados que otros y era poco lo que cada uno pagaba, y como la gente era mucha, venia a ser mucho lo que juntaba; y en fin todo o que tributan era de poca costa, y con poco trabajo y sin vejación alguna...».[9] Pero los pueblos sometidos no ven nunca con buenos ojos su subordinación.

Habló también de la fuerza de Tenochtitlan y de cómo se la consideraba inexpugnable por estar construida sobre el agua. Le informó de que los pueblos de Tlaxcala y de Huexotzinco odiaban tanto a los mexicas como los totonacas. Ixtlilxóchitl, el candidato rival al trono de Texcoco, era también enemigo de Moctezuma y, según Tlacochcálcatl, podía también ayudar a Cortés. Afirmó que si Cortés podía aliarse con estos cuatro pueblos, derrotaría con facilidad a Moctezuma.[10]

De hecho, su información no era muy exacta. No era igual la situación política de Tlaxcala a la de Huexotzinco, ambas situadas en una zona templada a dos terceras partes del camino de Cempoallan a Tenochtitlan, y a unos dieciséis kilómetros entre ellas. Si bien llevaban mucho tiempo siendo «enemigas de la casa» —así se llamaban las ciudades que habían librado «guerras floridas» contra Tenochtitlan—, Tlaxcala se oponía ya abiertamente a Tenochtitlan. La posición de Huexotzinco, enemiga de Tlaxcala, era más ambigua.

No obstante, las revelaciones de Tlacochcálcatl, las más interesantes que hubiese oído Cortés hasta ese momento, ponían de manifiesto el motivo de su calurosa acogida: deseaba un amigo. La sugerencia de que los castellanos se aliaran con los totonacas y otros pueblos contra Moctezuma indicó a Cortés, por primera vez, cómo podía llevar a cabo un ataque en regla contra el imperio mexicano. Cierto es que hacía tiempo que aspiraba a fundar un poblado en la costa; sin embargo, al parecer, no se le había ocurrido la idea de coordinar una alianza contra México. El corpulento señor de Cempoallan, por consiguiente, desempeñó un papel decisivo en la aventura del extremeño. Tal vez contara una o dos anécdotas. Todavía recordaba, por ejemplo, cómo Cuetlaxtlan, la ciudad de Teudile, había sido sometida tras una terrible rebelión durante la cual sus habitantes encerraron a los administradores mexicanos en una casa antes de prenderle fuego.[11] El propio Cortés añadió que había llegado a esa tierra, entre otras razones, para aplacar las disputas y destruir las tiranías; se presentó, pues, como cabeza de una fuerza pacificadora cristiana, concepto más asombroso que el que fuese embajador de Carlos V. Quizá evocó las intervenciones de un representante de la corona en Medellín para dirimir las disputas provocadas por las actitudes del conde.[12]

Al recorrer Cempoallan, los castellanos vieron un recinto ceremonial, compuesto de lo habitual: templo, gradas, pirámide y alojamiento palaciego para los sacerdotes. (En irreverente opinión de Bernal Díaz del Castillo, los sacerdotes locales se asemejaban a dominicos o canónigos.) En las inmediaciones del recinto se hallaba un impresionante *tzompantli* (o sea, un «edificio» o una estructura en que se colocaban, atravesados por unas varas y formando hileras, los cráneos de los sacrificados, definido como «hileras de calaveras» u «osario» por los conquistadores e historiadores), si bien éste sólo contenía modelos de barro horneado, pintado de blanco. Varias de estas espléndidas estructuras existen todavía hoy día, aunque en ruinas e invadidas por la vegetación. Tal vez uno o dos castellanos observaron una ceremonia de sacrificio en Cempoallan. Bernal Díaz del Castillo así lo asegura: «... cada día sacrificaban delante de nosotros tres o cuatro o cinco indios...».[13]

El propio Cortés se topó con cinco esclavos destinados al sacrificio y ordenó que los liberaran. El *Tlacochcálcatl*, horrorizado, exclamó que «... si les hacíamos deshonor a sus dioses o se los quitábamos, que ellos perecerían, y aun nosotros con ellos»; si no ofrecían más sacrificios, añadió, sus dioses enfurecidos mandarían plagas que devorarían los cultivos, granizo para aplastarlos, sequía para quemarlos y lluvias torrenciales para inundarlos. Los españoles, por consiguiente, le devolvieron los esclavos, pues de momento era preferible conservar su amistad a fin de evitar la futura enemistad del señor. Los dos sacerdotes de la expedición, fray Olmedo y fray Díaz, juzgaron «que por entonces no era tiempo de impedirles contra su voluntad que practicaran los ritos antiguos».[14]

Cortés y los expedicionarios pasaron cómodamente dos semanas en Cempoallan.[15]

Luego, hacia el 1 de junio, siguieron costa arriba hasta llegar a Quiahuitzlan. El señor de Cempoallan ofreció cargadores para el viaje y Cortés aceptó, dando pie a un aspecto muy importante, a una incalculable ventaja: a partir de ese momento, la expedición contó casi siempre con la ayuda de unos cuatrocientos cargadores nativos y muy rara vez tuvieron que llevar a cuestas sus equipos, regalos, armas, tiendas y camastros.

En Quiahuiztlan, en una colina con vistas al mar, ya existía una aldea totonaca. Cuando Cortés llegó, se enteró de que, si bien él se había retrasado, sus navíos aún no habían llegado. Decidió, por tanto, entrar en la aldea e insistió en que los jinetes subieran el escarpado camino sin desmontar: los hidalgos debían dar la impresión de ser capaces de hacer cualquier cosa, además de no sorprenderse por nada, como hemos visto.

El señor de Cempoallan había enviado un mensajero para advertir a los habitantes de la aldea de la llegada de los castellanos, por lo que éstos fueron bien recibidos y entraron en la plaza mayor del pueblo. Los aldeanos, por su parte, mostraron gran interés por las barbas de los visitantes; recordemos que cualquier adorno interesaba a los indios. La acogida de Cortés por el señor del pueblo fue la apropiada para recibir tanto a dioses como a grandes inesperados: se sentaron juntos frente a un brasero. Lo perfumaron con incienso. El señor le explicó los problemas locales y comentó que las exigencias de los recaudadores mexicanos lo estaban volviendo tan loco como al señor cempoalteca; que los mexicas cogían hasta los hijos y las hijas de los aldeanos para convertirlos en sirvientes o en víctimas de sacrificio. Este señor no cometió el error de creer que los visitantes, fueran o no dioses, se preocupaban únicamente por los principios. Los excesos impositivos constituían un tema de conversación igualmente aceptable.[16]

En ese momento, por coincidencia, una delegación compuesta de *cacalpixque* (intendentes) mexicas llegaba a Quiahuiztlan ricamente vestidos con mantas y bragueros labrados, el cabello brillante alzado. Cada uno, apoyado en un bordón en forma de garabato, llevaba rosas en las manos e iba oliéndolas (teniendo en cuenta que aspirar el aroma de ciertas flores se restringía a la clase alta, se deduce que estos *cacalpixque* pertenecían a ella); los acompañaban mosqueadores moviendo grandes abanicos.[17] Pasaron frente a los castellanos sin prestarles atención. El señor de Quiahuztlan temblaba.

El aspecto de estos importantes funcionarios fascinó a Cortés y a sus amigos. El caudillo afirmó amablemente estar seguro de que Moctezuma estaría encantado con la acogida que el señor del pueblo le había dispensado a él (Cortés) y a sus amigos. Pero el señor no compartía su convicción. Fue a hacer arreglos para recibir a los *cacalpixque* del modo acostumbrado: con más flores, pavos y chocolate. Pero Cortés le detuvo. Sugirió que arrestara a los funcionarios, los atara a palos y los apresara en una habitación adjunta a la de él, con lo que sus hombres podrían vigilarlos. El señor de Quiahuiztlan se quedó pasmado, pero le obedeció.

Durante la noche, Cortés, tortuoso, ordenó a sus guardias que liberaran secretamente a dos de los emisarios y se los trajeran. Exigió que Aguilar y Marina fingieran intentar averiguar su misión. Los dos funcionarios afirmaron ser recaudadores mexicanos de impuestos y añadieron que los sorprendía la forma de tratarlos, pues solían recibir toda suerte de atenciones. Creían que los castellanos habían instigado en el pueblo de Quiahuiztlan tan imprudente conducta y temían por la vida de sus compañeros, los demás *cacalpixque*, antes de poder informar a Moctezuma de su aprieto. Los habitantes de la costa, explicaron, eran bárbaros y podrían alzarse contra Moctezuma a la menor oportunidad, cosa que enfurecería al emperador y le obligaría a meterse en gastos y esfuerzos para reprimirlos.

Cortés dijo haberlos liberado, pues no le agradaba la idea de que los emisarios fueran maltratados; a él le gustaba lo que había oído decir de Moctezuma y les agradecería que le dijeran al emperador que veía en Moctezuma un amigo; esperaba que Moctezuma no despreciaría su amistad como, según creía, lo había hecho el insensato Teudile; confiaba en el deseo de Moctezuma de verle y convertirse en hermano del rey de Castilla. Finalmente, aseguró que haría lo posible por evitar el asesinato de los demás recaudadores y liberó a los *cacalpixque*. En plena oscuridad, unos marineros los llevaron en un pequeño barco costa arriba hasta salir del territorio totonaca, de donde los emisarios regresaron a Tenochtitlan con la mayor presteza posible.

El señor de Quiahuiztlan se enfureció cuando, por la mañana, vio que dos prisioneros habían escapado y probablemente habría hecho matar a los demás funcionarios de no ser por la intervención de Cortés, quien observó que, como probablemente se habían limitado a cumplir las órdenes de sus superiores, según el «derecho común» no se les podía ejecutar. Sin duda recordaba algún dicho de Aristóteles aprendido en las aulas de la lejana Salamanca. Se ofreció a mantenerlos prisioneros en uno de sus barcos, recién llegado al puerto, solución que fue aceptada. Los *cacalpixque* fueron llevados, encadenados, a una nao.

El éxito de las acciones en contra de los funcionarios mexicanos animó al pueblo de Quiahuiztlan, donde se llevó a cabo una discusión, seguramente limitada a los ancianos.[18] Al menos aparentaron consultar, cosa que no solía ocurrir en las ciudades europeas antes de una rebelión contra un emperador. El señor del pueblo anunció finalmente que les encantaría rebelarse contra Moctezuma, a condición de que Cortés los encabezara. Es difícil saber si en ese momento a éste le agradaba dicha petición; quizá habría preferido mantener por algún tiempo una relación ambigua con Moctezuma. No obstante afirmó que si los totonacas lo deseaban, él los mandaría y los protegería, pues valoraba su amistad más que la de Moctezuma. Preguntó cuántos hombres podría reunir el señor de Quiahuitztlan. «Cien mil», fue la alentadora respuesta.[19]

Estos acontecimientos dieron gran confianza a Cortés. Probablemente en ese momento decidió que tan pronto como fuera posible, con el derecho común o sin él, marcharía contra México con tantos enemigos tributarios de los mexicas como pudiese juntar. Nada hace pensar que tan alocada idea, ciertamente sacada de las páginas del *Amadís de Gaula*, le hubiese pasado antes por la mente.

Pero primero debía acabar de fundar el nuevo poblado, la Villa Rica. Para entonces toda su flota había llegado y la expedición podía ir a la costa y concentrarse en la planificación del asentamiento. No se fue de Quiahuiztlan sin llevar a cabo la pintoresca ceremonia, en presencia, nuevamente de Godoy, por la cual nombraba vasallo del rey de España al señor de la ciudad, que, al parecer, no puso mucho reparo al uso preciso de las palabras; es de suponer que con ello creía haber conseguido un poderoso aliado contra los mexicas. Tampoco le molestó que Cortés cambiara el nombre de la aldea por el de Archidona (una ciudad homónima cerca de Málaga, se hallaba igualmente en un monte), denominación que no conservó durante mucho tiempo.[20]

La Villa Rica de la Vera Cruz fue formalmente fundada el 28 de junio de 1519, fecha apropiada, pues ese mismo día, a nueve mil millas de distancia, en Frankfurt am Main, Carlos de Austria, hasta entonces don Carlos I de España, fue finalmente, y gracias a sobornos sin precedentes, elegido Carlos V, emperador del Sacro Imperio Romano, transición imperial de la cual Cortés y sus expedicionarios tardarían meses en enterarse.

No es fácil reconocer ahora el emplazamiento de la primera Villa Rica de la Vera Cruz. Sin duda se hallaba en la costa, cerca de lo que se conoce como Laguna Verde, la primera central nuclear del México moderno. Allí los montes llegan casi al mar, dunas de arena bordean la costa y la brisa proporciona cierto frescor. Cortés disfrutó trazando la plaza mayor de la nueva villa, rodeada de la iglesia, el ayuntamiento, los cuarteles, el matadero y ese elemento imprescindible de todo imperio, la cárcel. Se ha dicho incluso que Cortés ayudó a cavar el sitio donde echarían los cimientos. Hizo colocar un almacén en la plaza, como recuerdo de que estaban construyendo una sociedad civilizada.

Aunque ninguna fuente lo mencione, las tareas más arduas en la construcción de la nueva ciudad —cavar, cortar árboles para madera y fabricar ladrillos— recayeron probablemente en los sirvientes cubanos de Cortés o de sus capitanes.

La llegada de nuevos embajadores de Moctezuma, de mayor rango que los anteriores, creó cierta confusión. A la cabeza de los emisarios iba Motelchiuh, un *uiztznahuátl* (cargo militar en Tenochtitlan); le acompañaban dos sobrinos de Moctezuma, cuatro asesores ancianos y numerosos sirvientes para atender a las necesidades personales de los funcionarios. Dijeron llegar en nombre de Cacama, rey de Texcoco, y de Moctezuma.[21] Traían el casco castellano que tanto había gustado a Teudile, casco que, a sugerencia de Cortés, le devolvieron lleno de oro en polvo. Moctezuma lo mandaba para curar la misteriosa enfermedad de Cortés y sus hombres. Debido a la amabilidad de Cortés al salvar a los recaudadores del emperador, dijeron los sobrinos, éste había decidido pasar por alto la falta de tacto mostrada por el forastero al convivir con un pueblo tan malvado como el cempoalteca. Moctezuma, añadieron, enviaba más regalos, incluyendo ropas y plumas; se hallaba enfermo, lo que no le impedía ocuparse de varias guerras y negociaciones. No sabían cuándo Cortés podría reunirse con el monarca, pero aseguraron que tal reunión se llevaría indudablemente a cabo; hasta entonces, si Cortés deseaba realmente ir a Tenochtitlan, le recordaron que más valía hacerlo lentamente. Habría guías dispuestos a servirle a lo largo del camino y lo único de lo que tendría que ocuparse Cortés era de su propia salud.

Cortés dio una buena acogida a la delegación; les proporcionó alojamiento, seguramente mucho más humilde, dadas las circunstancias en la nueva villa, de lo acostumbrado para esos altos funcionarios. La prueba de que los españoles estaban resueltos a permanecer en el país debió de asombrarlos. Cortés les regaló, también a ellos, parte de su aparentemente interminable provisión de cuentas de cristal azul y verde y pidió a Alvarado que preparara una exhibición de jinetes galopando por la playa.

Luego convocó secretamente al señor de Quiahuiztlan y, por medio de sus incansables intérpretes, le dijo que ya debía considerarse libre de su servidumbre hacia Moctezuma; esperaba, añadió, que no se molestaría si liberaba a los recaudadores y los entregaba a los embajadores del emperador mexica, para que éstos los llevaran a México. Cualquier deseo de Cortés, su nuevo capitán, sería aceptable, contestó el señor totonaca.

Cuando el señor de Quiahuiztlan regresó a su ciudad, difundió la noticia de que un dios, o al menos un señor, había llegado del este para liberar a las ciudades que debían tributo a México.[22] Y, al mismo tiempo, Motelchiuh regresó feliz a México con los recaudadores liberados. La diplomacia de Cortés había dado resultado.

Al poco tiempo, Cortés tuvo que cumplir con su compromiso de apoyar a los totonacas: en un mensaje, el señor de Cempoallan le informaba que los mexicas tenían una guarnición en Tizapancingo, una ciudad en los montes, a treinta y dos kilómetros al sudeste.[23] Cuando las ciudades tributarias se declararon independientes, casi todos los recaudadores fueron allí. Al parecer, se estaba organizando un ejército mexicano a fin de reprimir la rebelión de los totonacas.

Cortés reaccionó de inmediato. Se dirigió a Tizapancingo, en compañía de la mayoría de los conquistadores, sus dieciséis caballos y un cuerpo de totonacas de Quiahuiztlan. Miguel de Zaragoza, el hombre de la expedición de Grijalva que había permanecido oculto entre los totonacas hasta la llegada de Cortés, se disfrazó de indio. Cargando dos cubos, al estilo habitual de los indios, descubrió los dispositivos indios.[24] Los mexicas fueron al encuentro de Cortés en atavío de combate: plumas, pintura, escudos y conchas. Mas a la vista de los castellanos, es decir tanto de sus barbas como de sus caballos, huyeron, espantados. Por más exigua que fuera, la caballería de Cortés los siguió y les cortó el camino. Los caballos, sin embargo, no pudieron escalar las escarpadas rocas; Cortés y otros expedicionarios desmontaron, abrieron a la fuerza las puertas de la ciudad con sus espadas, desarmaron a los pocos mexicanos que quedaban y los entregaron, junto con la ciudad, al señor cempoalteca, a condición de que no mandara matar a nadie. Cortés y sus hombres regresaron a la Villa Rica de la Vera Cruz.

La rápida victoria impresionó mucho a los totonacas y, por supuesto, tuvo por efecto extender su rebelión.[25] Sirvió asimismo para aumentar aún más la confianza de Cortés en sí mismo, ya que él y sus compañeros creyeron que los mexicas, pese a su fama, poseían pocas cualidades militares, ningún arma secreta y poca disciplina.

De camino a la Villa Rica de la Vera Cruz tenían que pasar por Cempoallan. Cortés aprovechó la oportunidad que le proporcionaba la victoria para insistir en la destrucción de los ídolos en los templos, a la cual seguía oponiéndose Tlacochcálcatl. Cortés le amenazó con matarle a él y a sus adjuntos si no lo hacían; ordenó a cincuenta hombres suyos derribar los dioses en lo alto del templo mayor; los españoles le obedecieron al momento. Según la descripción de Bernal Díaz del Castillo, «cuando así los vieron hechos pedazos, los caciques y papas que con ellos estaban lloraban y tapaban los ojos, y... les decían que les perdonasen y que no era más en su mano ni tenían culpa...»[26] Los adjuntos de Tlacochcálcatl empezaron a atacar a los españoles, pero su jefe intervino, pues debió de pensar que la supervivencia bien merecía una misa y, tras unos momentos bastante difíciles, evitó el conflicto. La insistencia de los castellanos asombró a los cempoaltecas, pues estaban acostumbrados a ver destruidos los dioses de los derrotados, pero tal concesión era impensable para los victoriosos, y eso eran, en su opinión. Lo fuesen o no, los castellanos (entre ellos Bernal Díaz del Castillo) se sintieron muy satisfechos al arrojar los grandes ídolos por las gradas del templo mayor y al persuadir a la fuerza a los sacerdotes que se cortaran su cabello largo, negro, mugroso (a menudo lleno de sangre seca), cuya vista solía turbarlos. Aún no se habían percatado de que someterse voluntariamente a «la mugre» significaba la sumisión a los poderes sagrados.[27]

Los castellanos colocaron en el templo una cruz y una imagen de la Virgen y lo blanquearon. Fray Olmedo celebró una misa. A continuación un cordobés anciano y cojo, Juan Torres, fue nombrado «ermitaño» (vigilante) del nuevo altar. Simultáneamente Cortés obligó a cuatro sacerdotes indios a cortarse el cabello y les exigió que cuidaran del altar y lo mantuvieran limpio. Nadie advirtió este acontecimiento asombroso, probablemente uno de los más notables en la vida de Cortés, pues estaba poniendo un altar cristiano a cargo de cuatro sacerdotes totonacas que ni siquiera habían sido bautizados y probablemente, según el punto de vista de Cortés, seguían creyendo en el diablo.[28]

En esta ocasión, y quizá por primera vez, los castellanos enseñaron a los indios a fabricar velas, esa inapreciable lección, en opinión de los naturales, merecía realmente una misa. Las antorchas apestosas y humeantes de los indios causaban muchos daños, pues eran frecuentes los incendios; en cambio, las velas eran más seguras y eficaces. Tenemos ahí uno de los primeros ejemplos de la adopción ventajosa de la tecnología europea a sus necesidades.[29]

Para intentar adaptar la innovación espiritual cristiana, los cempoaltecas la absorbieron. Ninguna comunidad mexicana se negó a recibir a la Madre de Dios en sus templos, pues solían acoger a toda nueva divinidad. El «jefe gordo», a fin de probar que, habiéndoselo pensado, no se hallaba permanentemente angustiado, regaló a Cortés ocho mozas de la clase alta; iban elegantemente ataviadas, con collares y orejeras de oro. Cortés las hizo bautizar, les puso nombres cristianos y las distribuyó entre sus capitanes. El señor cempoalteca le presentó, para su uso personal, a su propia sobrina, «Catalina», una mujer fea. Cortés fingió estar complacido. Al parecer Portocarrero lo estaba realmente con «Francisca».

Es inconcebible que, en el fondo, los totonacas aceptaran la derrota de sus dioses. Sin duda su señor y los consejeros de éste creyeron que liberarse de Moctezuma bien valía una concesión verbal de la que podían retractarse con facilidad.

A su regreso a la Villa Rica de la Vera Cruz, hacia el 1 de julio, Cortés vio, encantado, que habían llegado refuerzos de Cuba: una carabela con sesenta hombres y varios caballos (incluyendo algunas yeguas), al mando de Francisco de Saucedo, conocido como *el Pulido* (debido al placer que le proporcionaba cuidar su apariencia), oriundo de Medina de Rioseco, ciudad perteneciente a los famosos Enríquez (familia para la cual había trabajado), la ciudad señorial más rica de España.[30] Esa carabela era la que Cortés había comprado y dejado en Santiago, pues la estaban carenando. Saucedo, amigo de Cortés desde sus tiempos en La Española, era uno de los comandantes que Velázquez tenía en mente para la expedición original. Entre sus compañeros, el más importante era Luis Marín, de Sanlúcar de Barrameda, de una familia de origen genovés (los Marini), buen conversador, pese a un ligero ceceo, que no tardaría en ser un miembro notable del pequeño ejército dirigido por Cortés.[31]

Los refuerzos fueron bienvenidos, mas las noticias de Saucedo no lo eran tanto: en primavera se recibió una carta en Cuba, por la cual el Consejo de Castilla, reunido en Zaragoza el 18 de noviembre (día de la partida de Cortés de Santiago), otorgaba al gobernador de Cuba, Diego Velázquez, «licencia y facultad para que podáis descubrir y descubráis, a vuestra costa, qualesquier yslas e tierras e tierra firme que hasta aquí no están descubiertas...», pero, por supuesto, fuera de los límites otorgados al rey de Portugal por el Papa. El permiso se refería al territorio alrededor de Cozumel y del Yucatán (la comunicación empleaba el nombre que le había puesto Hernández de Córdoba, «Santa María de los Remedios»). El documento era tan alentador para Velázquez como desalentador para Cortés, si bien otorgaba al primero menos de lo que deseaba, pues no le confería el cargo de adelantado y, por tanto, continuaría siendo vicegobernador de Cuba, lugarteniente de Diego Colón, almirante de las Indias, y continuaría sujeto a la Audiencia de Santo Domingo. No obstante, le concedía numerosos derechos en el Yucatán: las ganancias de la expedición serían para él y para sus herederos y, una vez descubiertas cuatro islas, recibiría a perpetuidad una vigésima parte de las ganancias y, si encontraba oro, al principio sólo debería enviar un diezmo a la corona.[32]

Dada la solución imperfecta (a ojos de Velázquez), fray Benito Martín, su capellán y representante en España, continuó negociando, adulando y, sin duda, sobornando. Habló con el obispo Fonseca, con todo cortesano flamenco influyente al que lograba acercarse y a los importantes funcionarios de la Casa de la Contratación en Sevilla. El fraile era un buen intrigante y, para cuando Saucedo llegó a la Villa Rica de la Vera Cruz, a Velázquez se le había otorgado el cargo de *adelantado* del Yucatán y de México, si bien no cambiaba su cargo en Cuba (por consiguiente, su cargo sería, desde ese momento, «Adelantado Diego Velázquez, lugarteniente de nuestro gobernador de la Ysla Fernandina, capitán y repartidor della»).[33] Pero este nombramiento, esa victoria, se produjo en mayo de 1519 y ni Velázquez ni Saucedo se habían enterado aún de ello.[34] El obispo Fonseca había conseguido, además, el nombramiento de un obispo para Cozumel, un dominico erudito, latinista y confesor suyo, fray Julián Garcés. No se sabía muy bien en qué beneficiaría su erudición a los habitantes de Cozumel, pues no tenía intención inmediata de ir allí. Fray Benito Martín se había asegurado el cargo, de rango inferior desde su punto de vista, pero igualmente absentista, de «abad de Culhúa».[35]

Las noticias de Saucedo el Pulido convencieron a Cortés de la necesidad de enviar directamente a España su propia delegación, con informaciones, regalos y peticiones para el nuevo rey.[36] Para esta misión escogió a dos hombres: primero, a su viejo amigo Portocarrero y después, al nuevo amigo, aún de poco fiar, Montejo. Cortés sabía que, si bien Portocarrero no se había distinguido en las batallas de Potonchan y Champoton, podía confiar en él, pues, aun siendo de Medellín, sabía cómo comportarse en la corte, gracias a su familia y a sus relaciones (no se olvide que era sobrino de un prominente juez de Sevilla, el licenciado Céspedes, y primo del dificilísimo conde de Medellín). Tal vez le echaría a faltar en las conversaciones, pero nunca en los combates. Además, era sensato alejar de México a Montejo, aun cuando el antiguo cabecilla de los amigos de Velázquez se había percatado de los beneficios potenciales de la penetración en el imperio mexicano y se había convertido temporalmente en aliado de Cortés. Era un hombre hábil, capaz de pensar a gran escala, cosa que demostraría su posterior conquista del Yucatán. Poseía la imaginación necesaria para ver los beneficios que se derivarían de los planes de Cortés y para apreciar el liderazgo de Cortés; pero su confianza en sí mismo hubiese podido hacer de él un rival desconcertante. No obstante, Cortés estaba seguro de que hablaría positivamente en la corte. Pensaba enviar a estos hombres a casa en su nao capitana con el piloto Antonio de Alaminos; su principal misión consistiría en obtener la aprobación del rey por lo que estaba haciendo.

Sin embargo, Portocarrero y Montejo no regresaban a España únicamente en calidad de emisarios de Cortés, pues su cargo de procuradores (representantes) del regimiento de la Villa Rica de la Vera Cruz era mucho más respetable: los miembros de las Cortes de Castilla o de Aragón eran procuradores de su ciudad y no simples delegados.[37] En esa época casi todas las ciudades importantes de Castilla enviaban dos procuradores a las Cortes. Las ciudades de La Española y de Cuba contaban también con sus procuradores y éstos solían reunirse anualmente a fin de hablar de sus problemas mutuos y nombrar (al menos a veces) un procurador general encargado de formular personalmente las solicitudes de la colonia en cuestión ante el rey de España.[38] Al nombrar a sus emisarios procuradores, Cortés pretendía encajarlos —y con ellos, su empresa— en las normas establecidas. En su propia ciudad, la tarea de los procuradores consistía fundamentalmente en votar los servicios (impuestos); la de los de la Villa Rica de la Vera Cruz sería conseguir el reconocimiento de su ciudad.

Cortés mandó con sus procuradores tesoros y documentos, entre éstos varias cartas dirigidas al rey (y a la pobre reina Juana, teóricamente reina conjuntamente con su hijo). Para escribirlas seguramente discutió la situación de la patria con las personas de su entorno llegadas a las Indias más recientemente que él, pues sus conocimientos de la corte databan de antes de 1506. No había presenciado el extraño trato dado a la reina Juana, ni la muerte del rey Fernando, ni el resentimiento en Castilla hacia el rey Carlos y sus cortesanos flamencos. Portocarrero, Montejo, Vázquez de Tapia (cuyo tío había sido miembro del Consejo de Castilla y que contaba con otros buenos contactos), Velázquez de León y, quizá el más importante de todos, fray Bartolomé de Olmedo debieron de ayudarle. Pero ni siquiera ellos estarían enterados del caos que, en 1519, amenazaba con asolar Castilla a consecuencia de las exigencias de las comunidades castellanas.

Parece que eran tres las cartas dirigidas al rey: primero, una del regimiento de la Villa Rica de la Vera Cruz describiendo lo ocurrido hasta entonces a la expedición;[39] segundo, una del ejército en la villa, firmada por todos, o casi todos, los que habían estado bajo el mando de Cortés;[40] y, finalmente, una privada de Cortés al rey. La primera ha sobrevivido, las demás, no. Se han planteado dudas acerca de la existencia de la tercera o, en todo caso, de su entrega.[41] Lo más probable es que el propio Cortés redactara las tres, incluyendo la que, en teoría, era el regimiento,[42] pues el estilo insinuante de ésta es el mismo que caracteriza las posteriores cartas del caudillo, aun cuando ocasionalmente en ella se emplea ingeniosamente el «nosotros», como para recordar los supuestos autores al lector.

Los procuradores llevaban también sus propias instrucciones: treinta y siete apartados en un documento lúcido, escrito también, sin duda, por Cortés;[43] documento que ha sobrevivido.

En la Carta del regimiento se resumían escuetamente los viajes de Hernández de Córdoba y de Grijalva; se explicaba cómo se había creado el regimiento de la Villa Rica de la Vera Cruz y cómo éste había otorgado a Cortés sus más importantes cargos de mando; se solicitaba tanto del rey Carlos como de la reina Juana, su madre, que le confirmaran en dichos cargos; se les pedía igualmente un juicio de residencia de Velázquez como gobernador, por entender que había administrado mal los asuntos de la isla; se les rogaba no otorgar al gobernador ni un adelantamiento ni otro cargo gubernamental y, de haberlo hecho ya (y así era), revocarlos; se afirmaba que la tierra estaba tan llena de riquezas como aquella donde Salomón cogió el oro para construir su templo en Jerusalén y que en ella existían toda clase de animales de caza, además de leones y tigres; se extendía en la inquietante práctica del sacrificio humano, dando a entender que dicha práctica justificaba casi cualquier acto cuyo fin fuera proteger a los indios; pero añadía que, a excepción del sacrificio humano, los totonacas eran más políticos y racionales que cualquier otro pueblo encontrado por los conquistadores en las Indias;[44] en opinión de los conquistadores, «la devoción, fe y la esperanza...» de este pueblo en su religión podía desviarse, podía descansar en el divino poder del verdadero Dios. Si sólo sirvieran al Dios cristiano con «... tanta fe y fervor y diligencia...» como servían a Tlaloc y otras divinidades, obrarían muchos milagros. (Por contraste, en una carta enviada a Lisboa en 1502, cuando fue a Brasil con Américo Vespuccio, Pedro Vaz da Caminha alegaba que los pueblos allí eran tan inocentes que podían convertirse en buenos cristianos.)[45]

Por más entusiasta que fuese la Carta del regimiento, en ella se insistía en que todos, sólo los hombres se supone, eran sodomitas, declaración sin fundamento alguno. Se dirigía tanto al rey Carlos como a la reina Juana, en términos anticuados, «muy altos y muy poderosos excelentísimos príncipes, muy católicos reyes y señores», seguidos del más moderno «vuestras majestades», sinónimo de «altezas» en ese contexto.[46] En ella se explicaba que la carta tenía por motivo dar a conocer a los monarcas la realidad de la tierra en la cual podían establecer un feudo, vocablo castellano inequívocamente imperialista, aunque medieval en su implicación. Indudablemente, su autor —o autores— deseaba(n) subrayar los horrores de la religión mexicana a fin de justificar cualquier intento de controlar el territorio; pero eso no significa que no estuviesen sinceramente escandalizados por las prácticas descubiertas.

La segunda carta, la del ejército, se conoce únicamente por las alusiones a ella que figuran en otros documentos. Pero, por lo visto, acababa en términos triunfantes, afirmando que los hombres de Cortés se hallaban dispuestos a morir y mantener el territorio recién descubierto en nombre del rey, hasta recibir la respuesta del monarca a la carta.[47]

Es posible que algún día se descubra, en algún archivo abandonado, la tercera carta, en manos de Portocarrero y de Montejo, la llamada «primera» carta de relación de Cortés. Sin embargo se puede deducir algo de su posible contenido: por ejemplo, en otra carta dirigida al rey en setiembre de 1520, el propio Cortés recordaba que en ella «certifiqué a vuestra alteza que lo habría [a Moctezuma] preso o muerto» pero súbdito del rey.[48] Esto constituía una clara indicación de la intención de Cortés de llegar a Tenochtitlan y dominar el imperio mexicano; tal vez mencionara también otro proyecto: fijar, en un futuro, su atención en el Mar del Sur.[49]

En sus instrucciones a los procuradores, Cortés insistía en el celo que mostraba en servir a su rey; repetía que, bajo ninguna circunstancia, debía otorgársele a Velázquez el cargo de adelantado, pues tal nombramiento sería fatal para los intereses del rey; que solicitaba permiso para conceder encomiendas a los conquistadores, como se había hecho en La Española y en Cuba, pero proponía tratar a los indios mejor de lo que habían hecho sus antiguos benefactores, Ovando en La Española y Velázquez en Cuba; que pedía para los conquistadores de México —término que empleó sin ningún recato—, por un período de diez años, tanto la exención de impuestos sobre exportaciones e importaciones (almojarifazgos; concesión otorgada a menudo) como la reducción del quinto del rey a un diezmo (concesión recientemente otorgada a Velázquez, de la cual Cortés seguramente se enteró por Saucedo); que a los acompañantes originales de Cortés se les cedieran solares en la Villa Rica de la Vera Cruz; eso, sin contar varios permisos adicionales: fundar hospitales y alentar cofradías, comprar esclavos y esclavizar a los naturales, y fundir y marcar el oro y la plata, actividad generalmente monopolizada por la corona. Afirmaba que Velázquez no había costeado ninguna parte de la expedición, afirmación que no resistiría al análisis.

Dejaba claro que Cortés no esperaba regresar a Cuba. La presencia de su esposa en esa isla no parece haberle importado mucho. La alusión al buen tratamiento de los indios daba una indicación de los deseos de Cortés, quien había visto personalmente la destrucción de la población en La Española y en Cuba. Desde un punto de vista práctico, era lo bastante inteligente para darse cuenta de que unos indios bien cuidados no morirían tan fácilmente y podrían trabajar.[50] Algo debía saber de los intensos esfuerzos de Las Casas (le conocía de La Española y de Cuba) por lograr cambios, por razones morales, en el modo de tratar a los indios.

Cortés envió también una carta —o poder— a través de Juan Bautista, capitán de la *Santa María de la Concepción* y de hecho dirigida a él; en ella pedía el envío directo de ciertos bienes y apoderaba a su padre, Martín, para representarle. Seguramente acompañó la comunicación con una orden verbal tanto al capitán como a los procuradores de contactar con ciertos comerciantes que conociera en Sevilla y con los que había mantenido relaciones desde La Española y Cuba (por ejemplo Luis Fernández de Alfaro y Juan de Córdoba, a quienes representaba en Santo Domingo Gerónimo de Riberol, conocido mercader genovés). Bautista era un hombre experimentado, yerno de otro conocido mercader de Sevilla, Diego de Padilla, y Cortés podía contar con él para que diera a conocer sus opiniones y sus esperanzas.[51] Pedía también a los procuradores que entregaran oro y un relato de sus aventuras a sus padres.

Mandó igualmente algunas cartas privadas; una de ellas, dirigida por un criado desde Nueva Sevilla a su amo en España, fechada el 28 de junio de 1519, ha sobrevivido. Este documento, un tanto exagerado, proporciona una viva impresión del entusiasmo que debió de sentir en esa época un expedicionario de menor importancia: describía el Yucatán como la tierra más rica del mundo, en la que había oro sin comparación, mucha ropa de algodón con figuras ricamente bordadas, hermosas mujeres, camas endoseladas, palacios señoriales de mármol, ciudades más grandes que Sevilla, jardines con hermosas mesas para banquetes; los naturales criaban abejas, comían melocotones y adoraban ídolos. Pero aún no se sabía si el territorio se encontraba en el continente o no.[52]

Además de las cartas, Cortés envió al rey de España y la reina Juana gran cantidad de tesoros.[53]

El regimiento de la Villa Rica de la Vera Cruz había ordenado que se reunieran todos los tesoros obtenidos (atavíos y objetos de algodón y de plumas, así como oro y plata) en la plaza del pueblo; es de suponer que en esos tiempos la plaza era un espacio arenoso, con vistas al mar y rodeado por unas cuantas casas de madera a medio levantar y una iglesia igualmente de madera en plena construcción. Los tesoreros calcularon que el oro y la plata, únicamente por su peso, valdrían unos veintisiete mil ducados.[54] En su poco inteligente opinión, los bienes de plumas y de algodón no podían valorarse.

Gonzalo de Mexía, tesorero del ejército, y Alonso de Ávila, el tesorero encargado de recaudar el quinto del rey, se negaron a distribuir las ganancias entre los miembros de la expedición, alegando que debían reembolsar a Cortés la financiación de toda la empresa. Cortés descartó esta leal propuesta con ademán señorial; propuso, a su vez, entregar al rey todo lo reunido; pero después de deducir su parte como capitán del ejército. Tal vez ya hubiese cogido lo que le interesaba.

Estas ambigüedades continuaron durante una interminable serie de discusiones acerca de cómo repartir el botín de México. En todo caso, posiblemente empaquetaron el casco lleno de polvo de oro, las ruedas de oro y plata, las figuras y la mayor parte de los artículos de plumas para ser llevados al rey. Según López de Gómara, enviaron también «algunos libros de figuras por letras, que usan los mexicanos, cogidos como paños, escritos por todas partes» —tal vez parte de los que Cortés halló en un templo camino de Cempoallan—.[55] (Quizá estos libros constituyan el llamado Códice Vindobonensis Mexicanus, de probable origen mixteca, que se encuentra actualmente en la Biblioteca Nacional de Viena, y el Códice Nuttall, llamado también Códice Zouche [por su último propietario privado], que se encuentra ahora en Londres.)[56] Seis indios: cuatro mozos y dos mozas, todos ellos salvados del sacrificio, probablemente en Cempoallan, completaban el tesoro que se enviaba a Castilla.

Cortés se percató de la belleza de estos tesoros. Al referirse a las joyas, escribiría más tarde que eran «tan al natural lo de oro y plata, que no hay platero en el mundo que mejor lo hiciese, y lo de las piedras que no baste juicio comprender con qué instrumentos se hiciese tan perfecto, y lo de pluma, que ni de cera ni en ningún bordado se podría hacer tan maravillosamente...»[57]

Ahora bien, con toda probabilidad no todo lo que había recibido Cortés desde su llegada a México fue entregado al rey. No se mencionan, por ejemplo, los regalos que le ofrecieron en San Juan de Ulúa.[58] No concuerdan del todo las listas de objetos que figuran en distintos textos,[59] ni las valoraciones: La Carta del regimiento de la Villa Rica de la Vera Cruz lleva adjunto un recibo de los procuradores del quinto del rey, que asciende a dos mil castellanos; por tanto el total debió ascender a diez mil castellanos. Pero el total de lo expuesto ante los dos tesoreros ascendía, como hemos dicho, a veintisiete mil ducados, o sea, veinte mil castellanos.[60] Por tanto, el rey recibió un diezmo y no un quinto de los bienes declarados.

La larga lista de los artículos enviados (que se halla actualmente en archivos españoles) es árida pero abrumadora: «dos collares de oro y pedrería, que el uno tiene ocho kilos [*sic:* hilos] y en ellos doscientos treinta y dos piedras coloradas y ciento sesenta y tres verdes, y cuelgan por el dicho collar por la orladura de él, veintisiete cascabeles de oro, y en medio de ellos hay cuatro figuras de piedras grandes, engarzadas en oro, y de cada uno de ellos dos, en medio, cuelgan pinjantes sencillos y de las de los cabos cada cuatro pinjantes doblados. Y el otro collar tiene cuatro hilos que tienen ciento dos piedras coloradas y ciento setenta y dos piedras que parecen verdes, y a la redonda de las dichas piedras, veintiséis cascabeles de oro, y en el dicho collar diez piedras grandes engarzadas en oro, de que cuelgan ciento cuarenta y dos pinjantes de oro, más dos pájaros de plumaje verde con sus pies y picos y ojos de oro, que se ponen en una pieza de las de oro que parecen caracoles» y un largo etcétera: muchas líneas cuidadosamente escritas a mano.[61] Tal vez uno de estos penachos que los indios se encasquetaban cual si fuesen conchas fuese el que se encuentra actualmente en Viena, compuesto de quinientas plumas de quetzal de noventa centímetros de largo, encajadas en una banda semicircular.[62]

Portocarrero y Montejo llevaban cuatro mil pesos para sus gastos y un poco menos para el padre de Cortés, siete mil quinientos en total, digamos; cifra que, al cambio normal, representaría unos siete mil castellanos; esto, añadido al quinto real de dos mil pesos, casi alcanzaría el valor total de lo declarado y expuesto.

Ambos procuradores eran alcaldes mayores de la Villa Rica de la Vera Cruz, por tanto necesitaban sustitutos: Alonso de Ávila, el experimentado capitán oriundo de Ciudad Real que participara en la expedición de Grijalva y al que Cortés había llegado a respetar pese a su carácter intratable, y Alonso de Grado, de Alcántara, Extremadura, un encomendero de La Concepción en La Española, a quien Cortés admiraba en ese entonces por ser buen escritor y músico, si bien posteriormente se burlaría de él, tildándolo de cobarde inmoderado. Ambos habían sido regidores. Vázquez de Tapia fue nombrado regidor.

Tal vez el acceso de más amigos de Cortés al regimiento provocó una grave conspiración; el caso es que, una vez nombrados los procuradores pero antes de que partieran, estalló el complot largo tiempo pendiente de los «amigos de Velázquez».[63] Tal vez se hiciera del dominio público el contenido de la carta de Cortés (posteriormente perdida), es decir, los planes del caudillo de capturar o asesinar a Moctezuma. Fuese cual fuese la razón, algunos expedicionarios dejaron claro que no deseaban participar en la entrada; querían regresar a Cuba, a sus haciendas, a sus familias. Los sentimientos de amistad por Velázquez daban paso al temor por el futuro. Juan Jaramillo, un conquistador de Fresno, recordaría que «vido que muchos rrehusan la dicha entrada, y el dicho don Hernando se lo rrenya y rretraya, y este testigo paresciendole mal e cosa muy cobarde lo rretruxo a muchas personas...»[64]

Cortés, como siempre, manejó la situación con astucia. Les dio su permiso, por supuesto, de embarcar; autorizó a un conocido jinete, Morón, a que vendiera su caballo. Actuó como si realmente deseara permitir a sus enemigos regresar, mas, dadas las circunstancias, no creía poder hacerlo y revocó su visto bueno. Según él, el regimiento había resuelto prohibir toda partida, pues todos eran necesarios.

Varios amigos de Velázquez decidieron retarle. Pretendían apoderarse de un bergantín, asesinar al capitán y regresar a Cuba, dando tiempo suficiente a Velázquez para interceptar a Portocarrero y a Montejo en su viaje a España. Eso significaba que el tesoro para los reyes pasaría primero por manos de Velázquez, hecho que Cortés no dejó de mencionar en una carta posterior a Carlos V.[65] Un tal Bernardino de Soria le puso sobre aviso.[66] Cortés arrestó a los sublevados: entre ellos, fray Juan Díaz, Velázquez de León, Diego de Ordás, Escobar (ex paje del gobernador Velázquez y enemigo desde siempre de Cortés), Escudero (ex alguacil de Baracoa), además de Diego Cermeño (piloto) y algunos marineros como Gonzalo de Umbría y Alfonso Peñate y sus hermanos oriundos de Gibraleón, una población a medio camino entre Huelva y Sevilla, que habían acordado llevar el bergantín a Cuba.

El caudillo decidió dar un castigo ejemplar a los cabecillas a fin de cortar de cuajo cualquier asomo de complot; seguramente sus amigos, entre ellos Alvarado y Sandoval, le alentaron a mostrarse duro. Eligió como cabecillas de la conspiración a Escudero y Cermeño. Sin duda no fue mera coincidencia que el primero fuese un viejo enemigo suyo: unos años antes, siendo alguacil de Baracoa, le había arrestado cuando Velázquez le perseguía. Se celebró un consejo de guerra contra ambos hombres —presidido, al parecer, por Cortés [67] y organizado por el regimiento de la villa, cuyos nuevos alcaldes mayores, Ávila y Grado, eran, claro está, amigos íntimos de Cortés—. El consejo sentenció a Escudero y a Cermeño a la horca; a Gonzalo de Umbría le cortaron parte de un pie —castigo de lo más extraño, ocasionalmente impuesto a los esclavos y cuyos detalles no se han hallado—; [68] Peñate y sus hermanos recibieron cien latigazos cada uno. Según su propia impresión, de no haber sido clérigo, fray Juan Díaz habría sido ahorcado también. A los demás los mantuvieron vigilados y bajo arresto en la nao capitana, hasta que varios días más tarde hicieron las paces con Cortés. En el futuro, Ordás alegaría haber creído, mientras permanecía arrestado, que Cortés le iba a degollar, cosa que no ocurrió. Posiblemente por gratitud, él y varios conspiradores se convirtieron en incondicionales del caudillo. [69]

El ambiente en el campamento fue de temor durante un tiempo. Un año después, el cadalso donde ahorcaron a Escudero se hallaba todavía en su lugar. [70] Juan Álvarez declaró en 1521 que, en su opinión y en la de muchos más, Cortés no debió comportarse de ese modo, pero que no se atrevieron a decirlo por temor a ser también ahorcados. [71] A fines de los años veinte, se le acusó, entre otras cosas, de no dar oportunidad de defenderse a los condenados, [72] mientras que en 1521 se dijo que los que juzgaron a los supuestos malhechores eran parciales, pues Cortés los había escogido y se habían «alzado» con él contra Velázquez. [73] En respuesta, Cortés alegó que la conspiración había sido peligrosa y «robar una carabela» constituía un crimen que merecía la pena capital; [74] que, como comandante de la expedición, tenía derecho de actuar de juez.

A continuación el caudillo sorprendió a todos, hasta a sus amigos, por su audacia. Ordenó a los capitanes de nueve de los doce barcos anclados en la Villa Rica de la Vera Cruz que «vengan a la costa y romperlos», [75] o sea, desguazarlos, arrancar los hierros, los clavos, los cordajes, las armas, quitar los altares portátiles y las imágenes de la Virgen y barrenar los cascos. Todo tendría un uso distinto: pensaba emplear la madera, cuando fuera posible, en la construcción de casas. Declaró los barcos innavegables, opinión lealmente confirmada por Portocarrero en un posterior testimonio en España.[76] Sin duda Cortés tuvo que pagar una fuerte suma a los capitanes por llevar a cabo un acto que, por supuesto, iba contra su instinto.[77] Ellos y sus marineros pasaron a formar parte del ejército.[78]

Con esto Cortés esperaba dar fin al derrotismo «a los chises e los corrillos e las pláticas» de quienes (sobre todo amigos y criados de Velázquez) hablaban de regresar a Cuba[79] y obligar incluso a los más recalcitrantes a apoyarle, a darse cuenta de que su única opción, si no querían morir como hombres,[80] consistía en ir al interior. De no haberlo hecho, tal vez «no pudiera el dicho don Hernando sacar del puerto a mucha de la gente» que le acompañó en su viaje al interior.[81]

Los capitanes cumplieron su misión: pusieron fuera de uso todos los barcos, a excepción de tres (una nao y dos bergantines). En palabras posteriores del propio Cortés, a los expedicionarios «ya no les quedaba otro rremedio sino sus manos, e procurar de vencer e ganar a Tierra, o morir».[82]

Cortés corría un riesgo considerable; por tanto, aunque sólo por ese motivo, él y sus amigos explicarían siempre el acto con grandilocuencia: el abogado que le representó en la probanza de 1529 lo llamó un servicio a Dios, uno de los más sobresalientes desde la creación de Roma.[83] Posiblemente el plan se le ocurrió porque, unos años antes, en lo que es ahora Nicaragua, Gonzalo de Badajoz (tal vez hermano de Gutierre de Badajoz que acompañaba a Cortés) había encallado sus barcos para evitar la huida de Nombre de Dios de ochenta marineros.[84]

Todos cuantos lo vieron aseguraron y el propio Cortés escribiría que se habían encallado los barcos; no se les había prendido fuego. La famosa frase, «el incendio de los barcos», conocida en el mundo entero, se imprimió por primera vez en la segunda mitad del siglo XVI; al parecer, la primera referencia se encuentra en el *Diálogo sobre la dignidad del hombre* del historiador Cervantes de Salazar publicado en 1546 y dedicado a Cortés, que todavía vivía.[85] Tal vez el error se deba a que en los primeros documentos se empleaba el vocablo quebrando y Cervantes pudo haber leído, gracias a la mala letra de un escribano, quemando.[86]

Cortés pronunció luego un discurso, tal vez en otra asamblea del ejército (como la describió Sepúlveda, el historiador oficial). Explicó que unas bromas (moluscos que se introducen en las maderas bañadas en agua) habían vuelto los barcos inútiles. No se sabe si sus oyentes señalaron el doble sentido implícito en el engaño.[87] En lo que fue al parecer su primera mención pública del plan, declaró que ése era el momento oportuno para emprender la entrada de México-Tenochtitlan: «... ¡ea señores, que muy buena tierra tenemos donde sirvamos a Dios e al rey, nuestros braços nos quedan para ganalla e pacificalla!» No podía creer, alegó, que hubiese hombres tan pusilánimes como para dar más importancia a su vida que a la de él, ni de corazón tan débil como para dudar si lo acompañaban o no; de haberlos, podían regresar a Cuba, con la bendición de Dios y en el único barco que quedaba, si bien, en su opinión, no tardarían en enfadarse con sí mismos por las aventuras que se perderían. La vergüenza (y el temor a la reacción de Cortés) se apoderó de los vacilantes y todos acordaron seguirle hasta la muerte y le alabaron; nadie volvió a hablar, por un tiempo al menos, de regresar a Cuba.[88] Salvo los marineros, los hombres a los que apelaba Cortés eran todos aventureros como él mismo y querían hacer fortuna.

El problema de Cortés consistía en explicar lo que iba a hacer la expedición en Tenochtitlan. Años más tarde, en la residencia de Cortés, Joan de Cáceres dio la impresión de que casi todos creían que iban a ver el sitio: «Don Hernando procuró de entrar la tierra dentro para ver las cosas della e lo que se dezia de la grandeza del dicho Moteçuma...» Alonso de Navarrete lo confirmaría: «... a pocos días del dicha elección, don Hernando dixo e publico a los compañeros que queria entrar en la tierra adentro para saver las cosas de la dicha tierra, e ver las grandezas del dicho Montecuma, de quien se dezia mucho»,[89] cosa poco probable, si bien el Cid había dicho a sus hombres que debían seguir su camino:

A la tornada, si nos falláredes, aquí:
si non, do supiéredes que somos yndos conseguir
por lanças e por espadas avemos de guarir
si non, en esta tierra angosta non podriemos bivir.

Y dijo también:

Ya cavalleros dezirvos he la verdad:
qui en un lugar mora siempre,
lo so puedo menguar.

Es de suponer que coger a Moctezuma vivo o muerto se había convertido en un compromiso, desde que lo había mencionado en una carta dirigida al rey.

Probablemente, Cortés pensó que, no se sabe cómo, él, sus nuevos aliados y otros (los misteriosos tlaxcaltecas, por ejemplo) lograrían, por medio de la diplomacia y la cortesía, ganarse la confianza de Moctezuma, con lo que Cortés podría hacer las veces de primer ministro del monarca (como Álvaro de Luna con Juan II), en vez de luchar con él. Tal vez, él y Alvarado habían concebido la arriesgada idea de capturar a Moctezuma y obligarle a representar los intereses españoles, cosa que habían hecho el Cid con los jefes moros y (paralelismo renacentista), en 1468, Carlos el Temerario, duque de Borgoña, con Luis XI de Francia en Péronne. Carlos el Temerario era, después de todo, suegro del emperador Maximiliano, abuelo de Felipe el Hermoso y bisabuelo de Carlos V, recuerdo tal vez vivo en la corte española cuando Cortés residía en Valladolid. Pero, de habérsele ocurrido tan alocado plan, no lo habría revelado.

Mas sí es posible que Cortés y Alvarado contasen con suficiente información sobre Moctezuma y su reino para saber cómo reaccionaría ante la llegada de los castellanos armados. Andrés de Tapia anotó en su registro que Marina había explicado a Cortés que «Muteczuma y sus antecesores fuesen extranjeros de esta tierra donde él señoreaba; y obiesen entrado en ella so especie de religión, y creció mucho su partido, estando metidos en una isla que se hacía donde agora es la ciudad de México y lo de alrededor era agua y acequias hondas... y [a] los que se les deban de paz sin querer pelear con ellos tomaban de ellos tributos y parias...»[90] Esta información confirmaba la del señor de Cempoallan. Si aprovechaba el sentimiento de recién llegados de los mexicas, Cortés podría asegurarse, sin luchar, la aceptación de la supremacía de los nuevos recién llegados: la victoria sin lucha constituyó un objetivo tanto de la antigüedad como de Clausewitz (y de Lenin).

Seguramente se daba cuenta de que la conquista de un importante reino era, desde el punto de vista tanto legal como moral y estratégico, muy distinta de la ocupación de una isla inhabitada o de una isla caribeña con sociedad tribal, no digamos de una cabeza de playa como la que, desde Colón, habían establecido todos los conquistadores. En ese aspecto, Cortés había aprendido de la experiencia de Colón, que no parece haber pensado en lo que haría al llegar a Hang-chen. ¿Acaso habría marchado a Pekín, la capital de los Ming, como pensaba hacer Cortés con respecto a Tenochtitlan?

Portocarrero y Montejo partieron hacia España, probablemente el 16 de julio,[91] en la única nao que quedaba, la *Santa María de la Concepción*. Montejo dejaba atrás no sólo a Marina la intérprete, su amante (o quizá ex amante), sino también al hijo que había tenido con su amante sevillana, Montejo el Mozo.

Cortés ya estaba llevando a cabo los últimos preparativos para la entrada, la marcha hacia Tenochtitlan. Pensaba dejar a su amigo Juan de Escalante en la Villa Rica de la Vera Cruz, en calidad de gobernador, con ciento cincuenta hombres, dos caballos y dos arcabuceros. El principal objetivo de Escalante consistiría en proteger la villa de cualquier expedición enviada por Velázquez contra Cortés. En comparación, los indios locales representaban un peligro secundario.

Muchos de los hombres que permanecieron con Escalante eran marineros de los barcos desguazados, la mitad de ellos enfermos o viejos; al parecer, las escasas castellanas se quedaron también con Escalante. Las únicas personas importantes eran Pedro de Ircio, que llegara con Saucedo, y Francisco Álvarez Chico. Éste, extremeño amigo de Cortés, nuevo procurador de la villa en ausencia de los que habían partido a España, exigió a Cortés su palabra de que los que debían vigilar la villa recibirían su parte de las ganancias de la expedición. Cortés accedió solemnemente. Ircio se quedó porque padecía de una pierna y aburría a todos con las anécdotas de la época en que fuera mayordomo del intransigente (y pronto insurgente) aristócrata andaluz, Pedro Girón.

Se confirmó igualmente el acuerdo según el cual Cortés recibiría un quinto del botín una vez descontado el quinto del rey,[92] acuerdo criticado posteriormente, por presuponer que Cortés se equiparaba al monarca. Sin embargo, de haberse cumplido con honradez el arreglo, los demás expedicionarios habrían recibido el sesenta y cuatro por ciento del total y no la tercera parte que habían previsto.[93] Los señores de Cempoallan y Quiahuiztlan se comprometieron a suministrar alimentos a la nueva colonia y expresaron satisfacción al enterarse de que los castellanos deseaban cambiar el nombre de Cempoallan a «Nueva Sevilla», si bien, como en el caso de «Archidona» en lugar de Quiahuiztlan, el nuevo nombre pasó al olvido al poco tiempo.[94]

16. ¿SI LA IRIA YO Á GANARE?

Dígasme tú, el palmerico
¿si la iria yo á ganare?
—No vades allá, al buen Rey
Buen Rey, no vades alláe
Porque Mérida es muy fuerte...
Allí hablara Oliveros
Allí habló Don Roldane.
—Miente, señor, el palmero,
Miente, y no dice verdade...

Romance del peregrino de Mérida a París
Biblioteca de autores españoles, X, 157-158

Hacia el 8 de agosto de 1519,[1] emprendieron el viaje a Tenochtitlan Cortés y su «santa compañía», compuesta de unos trescientos conquistadores españoles,[2] entre ellos unos cuarenta ballesteros y unos veinte arcabuceros. Iban divididos en compañías de unos cincuenta hombres, capitaneadas por Alvarado, Velázquez de León, Olid, Ávila y el más joven y menos experimentado metilense, Sandoval; el alférez era Cristóbal del Corral. Sobre el acostumbrado sayo (túnica), casi todos llevaban armadura y no se la quitaban ni para dormir.[3] Pero la mayoría de las armaduras eran de algodón, al estilo mexicano. Cortés llevaba probablemente unos ciento cincuenta indios cubanos (los sirvientes) y, lo más importante, unos ochocientos totonacas de Cempoallan y otros lugares, encabezados por un cacique llamado Mamexi. «... fueron los dichos yndios de la sierra del dicho pueblo gran ayuda... asy de guerra como de gente suelta para llevar el fardage e mantenimientos e... les dieron guyas que los guyasen por la tierra....», comentaría unos años más tarde Joan de Cáceres, el mayordomo de Cortés, no sin razón, pues cargaban el equipo, los víveres y las municiones y tiraban de la artillería (posiblemente sólo tres piezas).[4] Era una tradición establecida por Colón en La Española, pero no una con la que se podía contar siempre. Probablemente Mamexi y los otros señores fueron tomados como rehenes para asegurar el buen comportamiento de los cempoaltecas una vez que se marchara la expedición.[5]

Los cañones eran, al parecer, falconetes de hierro forjado, de poco más de un metro de largo, capaces de disparar balas o piedras de entre novecientos y mil trescientos cincuenta gramos y, quizá, una culebrina de bronce, más pesada, que disparaba balas de entre ocho y trece kilos.[6] Sin duda Cortés haya mandado construir carretillas con ruedas a Diego Hernández, carpintero de Saelices (ahora Sanfelices) de los Gallegos, pueblo próximo a Ciudad Rodrigo.

Serían los primeros vehículos con ruedas de las Américas, y en ellos iban los cañones antes de romperse y, arrastrados por los totonacas, debieron de sorprender a los indios, tanto como los caballos.[7]

Los totonacas «... buscaban e trayan de comer a los españoles, e hazian rancho o casa donde los españoles se metiesen a aluxasen cuando era menester». «Servyan con muy buena voluntad e tomaban qualquier trabajo que se le ofrecía.»[8] (Los ejércitos mexicanos solían viajar con un *tamame* por dos soldados.) [9]

Cortés llevaba unos quince caballos, reservados, por supuesto, para los «capitanes». Eran numerosos sus perros y de gran ayuda para los españoles, pues estaban entrenados para luchar.[10] Muchos espías mexicanos, tal vez *pochtecas* —o sea, hombres que comerciaban en lugares lejanos—, viajaban con los totonacas. Ciertamente, Moctezuma estaba muy bien informado acerca de los movimientos de Cortés.

El maestresala de Cortés, Cristóbal de Guzmán, y su mayordomo, Cáceres, cargaban una manta y una estera sobre las que su amo podía echarse una siesta después de comer, en ocasiones a la sombra de árboles o de la ladera de un monte. Cortés dormía poco e insistía con exageración que «no reposaré hasta ver el dicho Moctezuma» y haber observado la calidad de su territorio.[11]

Si bien Cortés llevaba indudablemente uno o dos relojes de arena de cristal veneciano en su barco, éstos no le habrían sido de utilidad en el interior,[12] a diferencia de la brújula, instrumento que impresionó a los indios, quienes creían que veía el futuro en ella.[13]

Antes de emprender la marcha, Cortés pronunció una alocución ante sus hombres, «diciendo a la xente e compañeros que ya no le quedaba otro rremedio sino sus manos, e procurar de vencer e ganar la tierra, o morir», según Bernal Díaz del Castillo. «Vencer o ganar la tierra, o morir» se convirtió en su lema; [14] lema que debió de sorprender a la mitad del ejército, cuya única opción consistía en apoyar al caudillo, que lo deseara o no. Según Bernal Díaz del Castillo, Cortés retomó el tema de la Roma de la antigüedad y sólo nos resta especular sobre cuántos de sus seguidores entendieron la comparación entre el propio Cortés y César al cruzar el Rubicón, si de hecho hizo alusión a tal acontecimiento. El historiador se basaba sin duda en un romance sobre el tema.[15]

Cortés habló también de los motivos religiosos detrás de la *avanzada*. En una carta posterior, alegaba que Dios sería servido «si por mano de vuestras reales altezas estas gentes fueran introducidas en nuestra muy santa fe católica y conmutada la devoción, fe y la esperanza que en estos sus ídolos tienen, en la divina potencia de Dios».[16] El sacrificio humano representó un pretexto para la expedición y ayudó a Cortés a asegurarse el apoyo de hombres que habrían vacilado ante una entrada normal. El propio Cortés habría afirmado que la expresión burlona de Las Casas, «la sacra compañía» no tenía sentido.

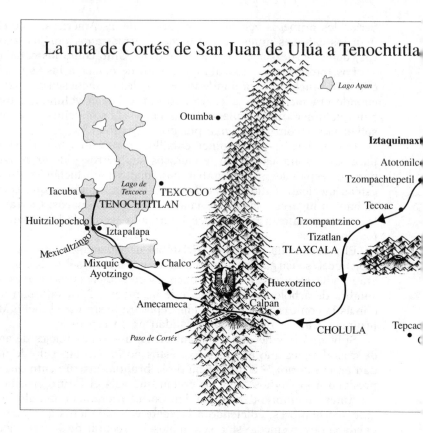

La ruta de Cortés de San Juan de Ulúa a Tenochtitlan

Lago Apan

Otumba

Iztaquimax[

Atotonilc[

Tzompachtepetil

Tacuba   *Lago de Texcoco*   TEXCOCO

TENOCHTITLAN   Tecoac

Huitzilopochco   Tzompantzinco

Iztapalapa   Tizatlan

Mexicaltzingo   TLAXCALA

Mixquic   Chalco

Ayotzingo

Huexotzinco

Amecameca   Calpan

Paso de Cortés   CHOLULA   Tepcac

Por supuesto, le era fundamental hablar con sus hombres en esos términos, pues, pese a los poderes otorgados por el regimiento de la Villa Rica de la Vera Cruz, su control se fundamentaba más bien en antiguas costumbres de Castilla, cuando el capitán de una compañía reconocía sus obligaciones hacia su comandante, a cambio de que éste respetara su dignidad y le consultara acerca de las decisiones importantes. Todas las expediciones del tipo de la de Cortés consistían en compañías libres, unidas en su búsqueda de ganancias y bajo la ligera disciplina del comandante; los conquistadores no bromeaban al llamarse mutuamente compañeros.[17]

La distancia entre Cempoallan y México-Tenochtitlan, a vuelo de pájaro, es de cuatrocientos kilómetros. El camino varía mucho. La primera etapa es plana, caliente, tropical, húmeda y fértil; y en el siglo XVI, con abundancia de bosques, si bien salpicada de cuidados campos de maíz. Más allá de Jalapa el terreno asciende de repente a mil ochocientos metros y el clima se vuelve templado en una región coronada por dos montañas, Nauhcampatepetl (actualmente conocida por Cofre de Perote), de más de cuatro mil metros

266

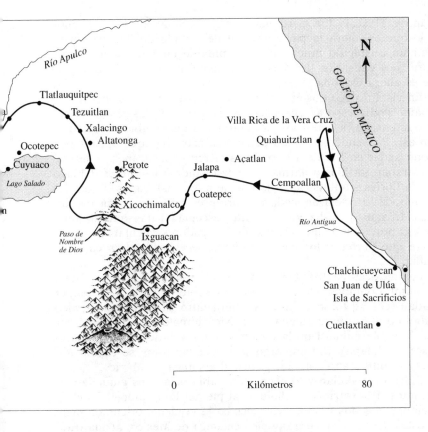

de altitud, y Citlatepetl (ahora monte Orizaba), de más de cinco mil cuatrocientos metros de altitud.

La siguiente etapa cubre una desolada llanura, en esa época dominada por un lago salino y una tercera montaña, Matlalcueye (actualmente, Malinche), que se eleva a unos cuatro mil quinientos metros. Entre esa llanura y la ciudad de Tenochtitlan se encuentra otra cordillera, de cuyas montañas los volcanes Popocatepetl (el nombre significaba «montaña que humea»), de casi cinco mil cuatrocientos metros de altitud, e Iztaccihuatl («mujer blanca») de poco más de cinco mil metros, se vislumbran a muchos kilómetros de distancia. El paso entre ambos volcanes se eleva a poco menos de cuatro mil metros y el terreno desciende hacia el gran lago de Tenochtitlan, a una altitud de dos mil doscientos metros.

Cortés, por supuesto, no conocía el camino, mas contaba con guías mexicanos y algunos cempoaltecas. Se ha dicho que los primeros llevaron premeditadamente a los españoles por las rutas más difíciles[18] y, según un comentario sin fundamento de fray Durán, al principio del trayecto los guiaron al borde de un precipicio.[19] Si bien no existe forma de saber si eso es cierto, la decisión de ir vía

Jalapa y Tlaxcala fue ciertamente muy extraña: los lagos salinos de lo que es ahora la parte oriental del estado de Puebla constituían un obstáculo mucho más formidable en esos tiempos que ahora. Los emisarios de Moctezuma solían ir vía Cuatlaxtlan y lo que es ahora Orizaba.

En vista de que Cortés insistía en que era embajador del rey de España, podía esperar una pacífica recepción de las ciudades por las que pasaba, a condición de limitarse a los caminos aceptados. Aun así, los senderos debían de ser tan estrechos que apenas permitían andar en fila de a uno. A los ejércitos mexicanos se les suministraban tortillas y harina de maíz tostada y los indios del ejército de Cortés suministraban lo mismo a los castellanos. Según los cálculos de los mexicas, cada hombre precisaba más o menos dos litros de agua por día y, por tanto, escogían rutas que aseguraban esa provisión a sus ejércitos. Los cargadores calculaban seguramente que Cortés y los conquistadores necesitarían una cantidad similar.[20]

Los mexicas controlaban casi todo el territorio entre la costa y la capital. Contaban, claro, con un representante en Cuetlaxtlan, en Acatlán (ciudad totonaca a unos veinticuatro kilómetros al nordeste de lo que es ahora Jalapa) y en Xicochimalco (la principal ciudad de habla náhuatl de la región, a unos veinticuatro kilómetros al sur de Jalapa). Sin embargo, más allá de éstas se encontraba Tlaxcala, interesante ciudad, principal enemiga de México.

Entre Cempoallan y Tenochtitlan había otras dos ciudades importantes: Huexotzinco y Cholula (al pie del Popocatepetl y del Iztaccihuatl, los dos grandes volcanes en la vertiente orientada hacia la costa). Huexotzinco era también enemiga de México, aliada tradicional de Tlaxcala, si bien ahora las relaciones entre ambas eran malas. Pero, como se ha visto, estas antiguas enemistades y amistades se habían modificado.[21] Huexotzinco y Cholula eran más antiguas que Tlaxcala y ambas sostenían una relación equívoca con México.

El ambiente político de la región estaba caldeado. Tanto Huexotzinco como Cholula habían ayudado a Tenochtitlan a derrotar a Azcapotzalco en 1424; su papel fue, por tanto, importante en el incremento del poder mexicano. Cortés, como la mayoría de los generales, necesitaba un guía histórico y geográfico y los de Cempoalla no estaban capacitados en ese aspecto; no obstante, uno de ellos recomendó ir por Tlaxcala, donde, en su opinión, Cortés hallaría probablemente amigos entre los enemigos mortales de Moctezuma.[22] Un prudente cacique totonaca, un tal Teuche, informó haber ido de pequeño a Tenochtitlan y estar seguro de que los castellanos morirían si se proponían luchar contra los mexicas, pero, añadió, si ellos iban, él los acompañaría.[23]

Cortés tuvo que atravesar este territorio en verano, cuando llovía cada tarde, los caminos solían ser fangosos, y el descanso, imposible.

Ante esta nueva prueba de la determinación de Cortés de ir a Tenochtitlan, Moctezuma se sumió en un nuevo ataque de angustia. Su código le impedía prepararse para la guerra contra los castellanos, pues eso significaba celebrar toda índole de rituales, enviar misiones diplomáticas, advertir al enemigo que más valía someterse y regalarle palos y escudos; y, por parte de los *calpultin*, organizar formalmente y reclutar soldados, además de distribuir tareas especiales a *cacalpixe* y mayordomos. La guerra suponía preparar cuidadosamente un ejército, poner sacerdotes blandiendo ídolos a la cabeza de las columnas, ordenar a los reclutas en largas filas preparadas de antemano y, ante todo, ajustarse a la temporada apropiada para la guerra según el calendario y faltaban varios meses para esa temporada. No obstante, Cortés se hacía pasar por embajador, no parecía ser un enemigo; por tanto, pese a sus dudas y su instinto, Moctezuma se limitó a consultar los hermosos libros, a hablar con sus consejeros, a sacrificar algunos seres humanos, a comer, tal vez, setas sagradas y a esperar.

La expedición de Cortés había llegado a Cempoallan (Nueva Sevilla) y se disponía a marchar hacia Jalapa. Un mensajero enviado desde la costa por Juan de Escalante informó que unos barcos castellanos habían sido avistados en las costas de la Villa Rica de la Vera Cruz. De hecho, resultó ser una flotilla de cuatro naves bajo el mando de Alonso Álvarez de Pineda, en nombre de Francisco de Garay, el inquieto gobernador de Jamaica que seguía creyendo que podía desempeñar un papel importante en el futuro del continente. Para establecer contacto con los recién llegados, Escalante ordenó a un jinete galopar por la playa con una capa roja. Los miembros de la flotilla lo vieron y varios de ellos llegaron a la costa en una pequeña embarcación. Los hombres de Escalante capturaron a tres de ellos. Uno, el escribano Guillén de la Loa, se mostró poco prudente al afirmar que venía de parte de Álvarez de Pineda con el fin de presentar a Cortés unos documentos que le exigían compartir México con De Garay.[24] Éste, todavía muy rico gracias al oro que había conseguido en Santo Domingo, tenía las miras puestas en el extenso territorio al norte de la Villa Rica de la Vera Cruz, al que, tras el descubrimiento de un río por parte de Grijalva, se llamó Pánuco. Álvarez de Pineda, que había navegado desde la Florida y cruzado a la desembocadura del Mississippi, conocía el tamaño del territorio reclamado por De Garay. No se sabe muy bien de qué clase de documentos habló el escribano.

Cortés regresó a la costa a toda prisa con cien hombres y dejó al resto de su ejército en Cempoallan bajo el mando de Pedro de Alvarado y Gonzalo de Sandoval (con gran irritación de Antonio de Ávila que se consideraba el comandante de mayor rango después del caudillo).[25] Cortés sugirió amablemente a los intrusos que volvieran a su barco e invitaran a su comandante visitar la Villa Rica de la Vera Cruz. La Loa alegó que no podía hacerlo.[26] Entonces

Cortés los mandó arrestar a todos y los convenció de que se unieran a su ejército. Entre estos hombres se encontraban Andréz Núñez, carpintero, y maese Pedro, arpista.

Al poco tiempo desembarcaron otros miembros de la expedición de De Garay y ellos también cayeron en la trampa y se rindieron. Álvarez de Pineda se marchó. Conocía a Cortés desde Santo Domingo y sabía, por experiencia, que no sería fácil superar las tácticas del metilense una vez que éste tuviera autoridad.

Cortés volvió al lado de su ejército; probablemente llevó a uno o dos hombres de De Garay y dejó el resto con Escalante. La expedición reemprendió su marcha el 16 de agosto. Al día siguiente llegó, al parecer, a un punto cerca de lo que es ahora Jalapa, en esos tiempos probablemente más cerca del mar que la ciudad actual.[27] Moctezuma había requerido a las autoridades de ese lugar que atendieran a los visitantes. Los españoles permanecieron quizá un día o dos antes de seguir rumbo al sur, desvío cuyo fin era evitar la punta más escarpada de lo que es ahora el Cofre de Perote. Su ruta los llevó por Coatepec (relativamente lejos de la ciudad que se llama así actualmente) y luego por Xicochimalco, ciudad fortificada, construida en una buena posición defensiva varios kilómetros más arriba de la bonita aldea moderna de Xico.[28] Allí también recibieron una buena acogida, si bien sólo podían entrar a pie.[29] De allí procedieron hasta Ixguacan[30] y subieron por el borde del Cofre de Perote, a través de un paso que llamaron Nombre de Dios. Ahora, a fines del siglo XX, es fácil encontrar el camino, pero es poco transitado. Constituía y constituye un viaje solitario y frío; la niebla baja mucho antes de llegar a la cima y el viajero piensa que ha dejado el trópico para entrar en Escandinavia. Varios indios cubanos de la expedición de Cortés murieron de frío.[31] Cortés mandó una vanguardia compuesta de ciento cincuenta hombres bajo el mando de Alvarado.[32]

El camino se allanaba finalmente y, a primera vista, el nuevo paisaje debió de representar un bienvenido alivio después de los desolados senderos montañosos. Al menos habría algunas filas de maguey, ese cacto tan fundamental en la antigua sociedad indígena, capaz de sobrevivir en cualquier clima y en cualquier tierra, cuyas espinas se convertían en agujas y clavos, cuya savia, fermentada, daba pulque y de cuyas fibras se hacían cuerdas. Aquí Alvarado se reunió con Cortés. Pero la travesía de esa llanura fue peor que el ascenso. El lago salino dominaba el territorio; no había agua potable; era una tierra tributaria de México y sin embargo parecía que en ella no se cultivaba nada.

A fin de evitar esta zona árida, Cortés la rodeó rumbo al norte. No se sabe con seguridad si pensó y rechazó la idea de ir al sur. Tal vez el camino fuera más corto, pero habría hallado otros obstáculos. Ningún relato, ni siquiera las múltiples denuncias contra Cortés, menciona el asunto, ni del motivo de esta decisión.

Para empezar, el camino hacia el norte era estéril también. Los relatos describen tres días sin agua y sin comida.[33] A continuación, los expedicionarios se dirigieron hacia el oeste, a través de Altotonga, Xalacingo, Tezuitlán y Tlatlauquitepec, ciudades identificables hoy día (aunque probablemente no se encuentran exactamente en el mismo sitio que las de entonces). A diferencia de la ruta de Jalapa al lago, los caminos son buenos. En Xalacingo, los castellanos recibieron un collar de oro, algunas telas y dos mujeres.

Después de Tlatlauquitepec, la expedición cogió rumbo al sur y, tras andar al borde de una cordillera, se encontró en terreno montañoso. Atravesaron otro paso alto, el de la Leña y luego un estrecho pero hermoso valle, hasta llegar a Zautla. Es imposible saber a qué se debió esta nueva desviación. ¿Al deseo de enfrentarse al cacique de Zautla? ¿O a los caciques de las ciudades valle abajo, rumbo a Tlaxcala? ¿Fue un desvío premeditado por los guías? Quizá también la cordillera que ahora parece, con mucho, ser la ruta más sensata (a través de los pueblos actuales de Xonocatlán, Cuyuaco y Ocotepec), en ese entonces parecía inadecuada, por encontrarse demasiado cerca de la costa oeste del lago salino. Esta última explicación es verosímil.

Sin embargo, tal vez la última etapa del viaje hacia Zautla no sea muy distinta hoy de lo que era en 1519. Existe un camino que no es mucho más que un sendero, hasta llegar al río Apulco, en el valle. El camino serpenteante a través del bosque de pinos parece interminable. No obstante, Cortés llegó allí el 24 de agosto, apenas más de una semana después de haber salido de Cempoallan, semana que seguramente pareció a los expedicionarios la más larga de su vida.[34]

El cacique de Zautla, Olintecle, fue la primera persona importante que hallaron los castellanos desde su partida de Cempoallan. Este potentado, un tributario de los mexicanos, les dio una calurosa bienvenida. Se supone que, cumpliendo las órdenes de Moctezuma, les proporcionó tanto alojamiento como una modesta cantidad de víveres.[35] El placer de dormir bajo techo por primera vez desde su partida de la Villa Rica de la Vera Cruz se mitigó cuando vieron, en una plaza, uno de esos extraordinarios *tzompantlis*, que se encuentran habitualmente frente a los templos de las ciudades mexicanas. En ésta se exponían también fémures y otras partes del cuerpo humano.[36] Al observar esta visión espeluznante, Cortés preguntó a Olintecle si era vasallo de Moctezuma, provocando sorpresa en el cacique. ¿Acaso existía alguien que no fuera vasallo o esclavo de Moctezuma? ¿Acaso no era Moctezuma el rey del mundo? [37] Sin duda Olintecle había ido a Tenochtitlan, en calidad de visitante secreto, y había visto, oculto tras un biombo de color de rosa, los espectaculares sacrificios de las fiestas. Cortés repitió su ya familiar sermón acerca de la superioridad de la religión cristiana y habló de los intereses del rey de España; pidió al cacique que renunciara a los sacrificios de personas y prohibiera a sus súbditos comer carne humana, pues Moctezuma y todos los pueblos de ese territorios se convertirían pronto en vasallos de Carlos V; si bien no explicó cómo ocurriría tan asombroso acontecimiento. Le sugirió que aceptara de inmediato el vasallaje, lo que, insistió, le beneficiaría mucho; podría ser castigado, añadió, si no lo hacía; como señal de su integración al servicio del rey Carlos y de la reina Juana, le rogó que le entregara oro.

Olintecle reconoció tener un poco de oro, mas se negó a dárselo sin el consentimiento de Moctezuma. Cortés decidió no retarle, probablemente gracias al consejo de fray Olmedo; pero, le avisó, pronto exigiría a Moctezuma que le hiciera entregar su oro; tampoco expuso una imagen de la Virgen, pues, según fray Olmedo, sería prematuro hacerlo.[38]

La intransigencia de Olintecle se debió seguramente a la presencia en Zautla de una guarnición mexicana.[39] El cacique informó que Moctezuma contaba con treinta vasallos importantes, cada uno de los cuales estaba al mando de cien mil hombres; que sacrificaba veinte mil hombres por año y residía en el sitio mejor defendido y más hermoso del mundo.

Durante la estancia de los castellanos en Zautla, un mastín de Francisco de Lugo ladró casi toda la noche.[40] Los habitantes de Zautla preguntaron a los cempoaltecas si se trataba de un león, de un tigre o simplemente de un animal entrenado para matar a los indios; los castellanos llevaban perros, respondieron los de Cempoalla, a fin de matar a cualquiera que los molestara. Los de Zautla formularon también preguntas sobre los caballos y los cañones; al parecer, al oír que los caballos podían perseguir y alcanzar a cualquier persona y los cañones matar de lejos a cualquier persona escogida por los castellanos, Olintecle comentó con cautela: «Luego desa manera teules deben de ser.» Los aliados nativos, los totonacas no dijeron nada para modificar esa impresión. Finalmente, Olintecle regaló a Cortés algunos objetos de oro de baja ley: tres collares, cuatro colgantes y unas lagartijas de oro forjado, así como telas y maíz, además de cuatro mujeres para preparar pan.[41] Por curiosidad, algunos caciques de ciudades cercanas fueron a ver a Cortés y también le ofrecieron mujeres y collares. Al propio Olintecle no le faltaban mujeres: tenía treinta esposas y cien criadas.[42]

Desde Zautla Cortés envió a cuatro caciques de Cempoallan a Tlaxcala: debían informar a los señores de dicha ciudad de su próxima llegada y entregarles cartas de cortesía acompañadas de símbolos de paz: «un chapeo velludos de seda», de esos «que antiguamente se usaban», una espada y una ballesta; debían avisar que Cortés llegaba en nombre del rey de Castilla con el fin de ayudar a Tlaxcala en su admirable lucha contra la tiranía de Moctezuma, el carnicero; añadió un corto sermón acerca de la supremacía del Dios cristiano, probablemente en una carta que los tlaxcaltecas no podrían leer.[43]

Cortés permaneció varios días en Zautla en esta incómoda situación. Al parecer se celebró un festival en el que Olintecle sacrificó a cincuenta hombres, con abundante derramamiento de sangre. Cortés no menciona haber sido testigo del espectáculo. Los habitantes de la ciudad llevaron a Cortés y a sus amigos a dar una vuelta en hombros o en hamacas.[44] Antes de reemprender la marcha, el caudillo preguntó a Olintecle cuál era la mejor ruta hacia México; éste le sugirió ir vía Cholula. Mamexi, el jefe de los cempoaltecas que acompañaban a Cortés, insistió repetidamente en que eso sería fatal; era mejor ir por Tlaxcala, pues allí los castellanos encontrarían probablemente amigos.[45] Sin embargo, ir a una ciudad no significaba dejar de ir a la otra, pues Cholula se hallaba más allá de Tlaxcala, ciudad esta imposible de evitar desde donde se encontraban en ese momento.

Ciertamente, en cuanto a su recorrido inmediato, los castellanos no tenían más opción que bajar por el valle del río Apulco hasta Iztaquimaxtitlán, ciudad localmente importante en la montaña, de varios miles de familias y con una guarnición mexicana y, según un exagerado comentario de Cortés, «con la mejor fortaleza que hay en la mitad de España y mejor cercada de muro».[46] En Iztaquimaxtitlán, Cortés y sus hombres se quedaron, nuevamente a instancias de Moctezuma, a expensas del cacique local, uno de los que había visitado a los conquistadores en Zautla y les había regalado mujeres y collares.

La hospitalidad que daban a los castellanos debió de ser ruinosa para los señores y los habitantes locales. Sin duda se vieron obligados a hacer uso de las reservas de maíz que conservaban para caso de hambruna o sequía. En comparación con esta experiencia, las famosas estancias de la reina Isabel en las grandes mansiones de Inglaterra son modestas.

Cortés esperó en Iztaquimaxtitlán el regreso de sus emisarios y, al no tener señales suyas,[47] emprendió la marcha valle abajo, acompañado de más de mil soldados locales.[48] Unos kilómetros al sur se enfrentaron a una muralla de casi tres metros de altura, veinte pasos de ancho y varios kilómetros a través del valle, de una cima de la montaña a otra; el muro tenía una puerta, pero, como en ciertas fortalezas renacentistas europeas, se tenía que doblar a la derecha al traspasarla. Se trataba de la frontera mexicana que el pueblo de Iztaquimaxtitlán había construido para protegerse de los tlaxcaltecas. Los muros escaseaban en el México antiguo, y la barrera indicaba cuán feroces eran los sentimientos entre Tlaxcala y México. El lugar donde Cortés topó con el muro era probablemente Atonilco. En opinión de los castellanos, la fortaleza era inútil.[49] Quizá su uso fuese más simbólico que táctico; no obstante, en las guerras europeas los símbolos tenían también su importancia.

Al traspasar este obstáculo, Cortés mencionó de nuevo su lema preferido de Constantino: «Señores, sigamos nuestra bandera, que es la señal de la santa cruz, que con ella venceremos.»[50]

Continuaron viajando, con Cortés y unos jinetes al frente. Ya habían pasado el lugar donde se encuentra actualmente la ciudad de Terrenate y se hallaban probablemente en las cuestas de la montaña Matlalcuéyatl, cuando dos jinetes encontraron un pequeño escuadrón compuesto de unos quince exploradores tlaxcaltecas; éstos huyeron al ver los caballos, pero Cortés los alcanzó e intentó razonar con ellos, afirmando, por medio de señas, su deseo de negociar. Mas los indios sólo se detuvieron cuando los jinetes los adelantaron. De donde estaban, llamaron al grueso del ejército tlacalteca, que se hallaba más abajo en el valle y, con sus espadas de filo de obsidiana, mataron a dos caballos (uno de ellos el de Olid) e hirieron a tres más.[51]

Entonces llegó un cuerpo mucho más numeroso de soldados tlaxcaltecas, más de cien mil según Andrés de Tapia, cuyo fuerte no era la exactitud numérica (al igual que ocurría con muchos de sus compañeros).[52] Pero, números aparte, la mayoría llevaba la cara pintada, dando la ilusión de una terrible mueca. Al ver tantos enemigos, sus alocados brincos, al oír sus gritos de guerra, algunos castellanos se acobardaron y algunos insistieron en confesarse con los frailes Olmedo y Díaz.[53] Pero para entonces habían llegado los demás jinetes, entre ellos Alvarado, Ávila, Sandoval y Lugo, que se encargaron decididamente de los indios, mataron a algunos —entre dieciséis y sesenta— y obligaron al resto a retroceder.[54]

Cortés mandó enterrar a los caballos muertos para impedir que sus enemigos descubrieran la anatomía de los animales. Aun así, es evidente que los tlaxcaltecas se habían enterado de que los caballos, al menos, eran mortales.[55]

La victoria de un puñado de jinetes sobre un gran número de indios no se debió únicamente a los caballos y los hombres que los montaban, sino también, como siempre, a las tácticas de los indios, cuya tradición consistía en atacar de frente. Por consiguiente, sólo la primera fila podía luchar; cuando ésta era derrotada, la seguía la segunda y luego la tercera. A condición de poder resistir, nada impedía a un puñado de adversarios despachar a centenares e incluso miles de hombres. La artillería era importante también en este aspecto, pues matar a distancia significaba la deshonra para los indígenas, delicadeza que no afectaba a los castellanos, a quienes les era indiferente el modo de matar a un enemigo: lo importante era matarlo.[56]

A los tlaxcaltecas, como a los mayas de Potonchan y, de hecho, a los indios de toda la zona, les interesaba menos matar a los enemigos que capturarlos: encontrar una «estrella» más para sacrificar en honor del sol, para nutrir su fuego con sangre. Esta limitación resultó ser fatal. Además, las espadas de filo de obsidiana, si bien podían herir, se rompían rápidamente contra el hierro de las espadas y las armaduras de los europeos; esas espadas de hierro de los castellanos fueron muy eficaces, lo mismo si las blandían soldados de infantería que los pocos de caballería. Finalmente, el concepto de la disciplina militar no formaba parte de la mentalidad indígena. Los conquistadores no eran prusianos, ni mucho menos, pero sabían cumplir órdenes.

Ésta era, por supuesto, la primera verdadera batalla que libraba Cortés desde la de Potonchan. La victoria se vio disminuida por la pérdida de dos caballos y lo peor fue darse cuenta de que sería necesario luchar. Los totonacas le habían hecho creer que los castellanos encontrarían unos aliados admirables en los tlaxcaltecas. Y ahora, por exagerado que fuera su cálculo del número de enemigos, Cortés y sus capitanes comprendieron por vez primera que los indios podían atacarlos con un enorme ejército.[57] El recelo de los capitanes aumentó con el regreso, al poco tiempo, de dos de los cuatro emisarios cempoaltecas que Cortés había enviado a Tlaxcala; dijeron que quienes habían luchado contra los castellanos eran de unas comunidades otomíes autónomas del este y no tlaxcaltecas como tales. Estos últimos, afirmaron, deseaban pagar por los caballos muertos.

Los castellanos curaron sus heridas con la grasa de un indio muerto, pues no tenían aceite. Reemprendieron la marcha. Esa noche, probablemente el 31 de agosto, la expedición durmió a campo abierto, a orillas de un riachuelo cerca de un lugar que llamarían posteriormente La Noria. Como todavía escaseaban los alimentos, comieron crías de perro de la cercana ciudad.[58] Se hallaban a unos treinta kilómetros de Tlaxcala.

Después de Tenochtitlan, Tlaxcala era el lugar más interesante del antiguo México. Geográficamente diminuta, probablemente más aun incluso que el actual pequeño estado de Tlaxcala, su densa población tenía tres raíces: los pinomes, los primeros habitantes conocidos de la región, considerados bárbaros e ignorantes; los otomíes, igualmente despreciados por su supuesta barbarie y su idioma considerado primitivo, pero apreciados como guerreros; y los tlaxcaltecas propiamente dichos, de raíces chichimecas, de habla náhuatl, llegados de las montañas del norte aproximadamente al mismo tiempo que los mexicas al Valle de México. De hecho, se suponía que ellos también fundaron su capital en ese lugar guiados por un pájaro, en su caso, una garza blanca. Habían creado y conservado la estructura política del lugar, cuya población total, en 1519, alcanzaría unos ciento cincuenta mil habitantes.[59]

La actitud tradicional en México hacia los otomíes se resume en un pasaje del Códice Florentino. Al hablar con ellos, los mexicas los trataban de idiotas: «Tú eres otomite, tú eres otomitazo.

Otomite, como no entiendes. ¿Eres otomite?... No sólo te pones como otomite, sino que eres otomite, con toda seguridad eres otomite. Otomitazo, cabeza inmadura, cabeza de pedernal, cogote de hiel.»[60] El Códice Florentino, reflejo del enfoque mexicano, insistía en que los otomíes dedicaban demasiado tiempo a pensar. De hecho, esos comentarios eran impropios, pues los otomíes eran valientes, resistentes y componían versos buenos, aunque simples:

> *El río pasa, pasa:*
> *nunca cesa.*
> *El viento pasa, pasa:*
> *nunca cesa.*
> *La vida pasa;*
> *nunca regresa.*[61]

O bien:

> *En el cielo una luna:*
> *en tu cara una boca.*
> *En el cielo muchas estrellas:*
> *en tu cara sólo dos ojos.*[62]

Decíase que las mujeres otomíes se pintaban de azul la piel de pechos y brazos, se engalanaban de la cabeza a los pies con plumas vistosas y que habían «inventado» algo muy «de moda» entre los mexicas: el desollar a un enemigo y luego vestir su piel en las ceremonias. Se contaba que, al preparar fibras de maguey a orillas del río, una aristócrata otomí despellejó a un tolteca llamado Xiuhcozcatl y se puso su piel. Por primera vez, la piel tolteca sirvió de atavío.[63]

De hecho, más que un estado, Tlaxcala era una federación militar, hostil a los mexicas, de unos doscientos asentamientos, a los que apenas se podría llamar ciudades. La misma Tlaxcala, a poca distancia al norte de la ciudad actual del mismo nombre, estaba dividida en cuatro distritos. Maxixcatzin, el señor de Ocotelolco, uno de estos distritos, era el jefe militar de la federación. Él y Xicoténcatl, el señor de Tizatlán, otro distrito, gobernaban conjuntamente la región.[64] En 1519, los dos eran ya de edad muy avanzada. Algunos cronistas alegan incluso que fue Maxixcatzin quien propuso al *cihuacoátl* Tlacaelel la idea de la «guerra florida» en los años cuarenta del siglo XV,[65] afirmación un tanto inverosímil. En todo caso, es seguro que estaba vivo cuando esos conflictos «floridos» se intensificaron. Maxixcatzin, Xicoténcatl, Temiloctecatl y Citlapopocatzin (señores de los otros dos distritos, Tepeticpac y Quiahuiztlan, respectivamente) eran las cabezas de dinastías distintas en las que, a diferencia de la de los mexicas, la sucesión pasaba de padre a hijo,[66] y cuya antigüedad databa de unas siete generaciones. El modelo tlaxcalteco existía, pues, desde el siglo XIV.

En el pasado, Tlaxcala había sido una importante ciudad comercial, cuyos mercaderes llegaban tanto al Pacífico como al golfo de México. Como los mexicas, los tlaxcaltecas aspiraban también a la grandeza: su destino, les había dicho su dios Camaxtli, consistía en dominar el mundo.[67] Mas a principios del siglo XV, y por razones comerciales, se enemistaron con los mexicas, pues éstos restringieron de hecho sus actividades. Por consiguiente se habían empobrecido. No disponían de algodón y, por tanto, carecían de vestimentas de este material. Tampoco tenían sal, y eso seguramente aumentó su resentimiento debido a su proximidad a los lagos salinos de Alchichica que controlaban los mexicas. En Tlaxcala no se encontraban ni piedras preciosas, ni plumas hermosas ni oro. Como consecuencia de la extraña convención, es decir las «guerras floridas», que rigió más o menos entre 1450 y 1510, Tlaxcala evitó ser absorbida por el imperio mexica, pero, al parecer, su aislamiento comercial aumentó. A los tlaxcaltecas no se les consideraba personas de fiar: por ejemplo, habían alentado a los habitantes de Cuetlaxtlan a resistir a los mexicas, pero no los apoyaron cuando los mexicas los atacaron. No se les quería; no obstante, a veces se los admiraba.[68]

Conservaban alta la moral. El imperio mexicano los rodeaba, pero ellos estaban convencidos de que eran libres. Su modo de cultivar la tierra recordaba el de Europa: los peones las labraban y pagaban en especie a los señores, quienes, a su vez, conservaban el derecho natural al agua y a los bosques, entre otros. Los tlaxcaltecas habían resistido en varias ocasiones a los ejércitos mexicanos, a veces mucho más numerosos de los que ellos podían reunir. No sólo eran libres, sino que habían instituido la costumbre de consultas entre las ciudades del territorio, por lo que Cortés los comparó con grandilocuencia a las repúblicas libres de Génova o Venecia (a las que no conocía directamente).[69] En palabras aún más imaginativas de Pedro Mártir, Tlaxcala era «como en algún tiempo la república romana antes de que se convirtiera en violenta monarquía».[70] No consta en ningún documento la reacción del papa León X, a quien fue dirigida más tarde esta comparación. Venecia y Génova eran estados depredadores, mas no podían competir, en cuanto al sacrificio humano, con Tlaxcala: se dice que en su festival anual, celebrado en marzo en honor del dios Camaxtli, en el templo de Matlaluege, a diecinueve kilómetros de la ciudad, los tlaxcaltecas sacrificaron a ochocientos prisioneros y comieron sus extremidades condimentadas con chile (pimiento).[71]

Ahora bien, había dudas sobre si era real la independencia de Tlaxcala. En Tenochtitlan, Moctezuma dijo a Andrés de Tapia que podría haberla conquistado de haberlo deseado, pero prefería dejarla aparentemente libre, como codorniz enjaulada, para evitar que su pueblo olvidara cómo hacer la guerra y a fin de contar con suficientes personas para los sacrificios. Los tlaxcaltecas negaban esto

17. NO HABÍAN DE DEJAR NINGUNO DE NOSOTROS A VIDA

Supimos de cierta que esta vez venían con pensamiento que no habían de dejar ninguno de nosotros a vida

BERNAL DÍAZ DEL CASTILLO, acerca de la batalla contra Tlaxcala

Al llegar a Tlaxcala a fines de agosto de 1519, los emisarios cempoaltecas enviados por Cortés fueron llevados ante algo semejante a un consejo general de caciques, a los que habían de dar su mensaje, cosa que hicieron. Después les proporcionaron comida y los mantuvieron bajo vigilancia, mientras los caciques discutían el asunto de los castellanos.

Maxixcatzin habló en favor de aceptar la oferta de paz de los forasteros. Como muchos tlaxcaltecas, creía, al parecer, que los recién venidos eran dioses y, por tanto, la respuesta adecuada era la paz.[1] Los que defendían los intereses mercantiles de la comunidad le apoyaron. Mas se opusieron los comandantes militares, encabezados por Xicoténcatl el Joven, cuyo padre, Xicoténcatl el Viejo, gobernante conjunto de la región con Maxixcatzin, ya era un anciano, ciego, y todo indica que en esos tiempos dejaba a su hijo hablar en su nombre. Luego Temilotecatl, el señor del tercer distrito, propuso una estrategia que permitiría a los tlaxcaltecas acoger a los castellanos, pero con cautela y, a la vez, dar largas a un acuerdo formal. Entre tanto Xicoténcatl el Joven prepararía un numeroso ejército, compuesto sobre todo de otomíes, para sorprender a los intrusos cuando éstos se hubiesen confiado. Si Tlaxcala ganaba, se celebrarían los acostumbrados banquetes y sacrificio de prisioneros. Si perdía, las autoridades podían echar la culpa a sus súbditos otomíes. El consejo aprobó con entusiasmo ese tortuoso plan.

Así pues, el primer encuentro con los jinetes no fue accidental: los asaltantes eran otomíes de Tecoac y se había planeado cuidadosamente el enfrentamiento con el fin de aprender todo lo posible sobre los españoles.

En otro consejo, después de esa primera escaramuza, los caciques decidieron, como hemos visto, pagar por los caballos muertos, y no por arrepentimiento, sino para ver en cuánto valoraban los castellanos sus caballos.

Eso significa que Cortés se enfrentaba a adversarios taimados. Según el Códice Ramírez, hasta entonces los castellanos dependían de un guía mexicano que esperaba que los otomíes los destruyeran.[2]

Al amanecer, tras descansar esa noche a orillas del río cerca de

Terrenate, Cortés y sus hombres reemprendieron la marcha. Al parecer hubo un debate sobre las tácticas en el que participaron todos los expedicionarios y de la cual concluyeron que, en caso de ataque, los jinetes galoparían hacia adelante intentando dispersar al enemigo, con las lanzas hacia arriba y no horizontales, a fin de evitar la captura de quienes las cargaban.

Al poco rato, los castellanos se encontraron en una aldea donde hallaron a los otros dos emisarios cempoaltecas enviados por Cortés a Tlaxcala. Los habían atado, explicaron llorando, para sacrificarlos y comerlos, mas habían escapado.[3]

No lejos de allí apareció otro ejército indio compuesto nuevamente de otomíes. Cortés se acercó en son de paz y él mismo les leyó un requerimiento,[4] con la ayuda de Marina y Aguilar y en presencia de su escribano, Diego de Godoy. Pero visiblemente no causó ningún efecto: los otomíes no prestaron atención a su explicación de quién era el Papa, la relación entre Cortés y el rey de España y la oferta de vasallaje para los indios; atacaron con flechas y dardos arrojados con dispositivos para lanzar dardos que llamaban *atlatl*. Los castellanos avanzaron y se entabló la batalla. «*¡Santiago y cierra España!*», el antiguo grito de guerra contra los moros, retumbó en las desconocidas laderas.[5] Después de varias horas de furiosa lucha, los españoles y sus aliados obligaron a los otomíes a retirarse y avanzaron hacia un barranco, donde cayeron en una trampa: a ambos lados del barranco había muchos más otomíes colocados por Xicoténcatl. Según un cálculo de Cortés, alcanzaban la cifra mágica de cien mil.[6] Según su biógrafo, con quien hablaría a menudo años más tarde, mataron «infinitos tlaxcaltecas», y Bernal Díaz del Castillo (como siempre más modesto) habló de cuarenta mil.[7] Todo esto es sin duda exagerado.[8]

A los antiguos mexicanos —y en esto los otomíes y los tlaxcaltecas se asemejaban a los amos del valle— los fascinaba la idea de las emboscadas, mas no como método de asalto desde una posición oculta, actitud deshonrosa, sino para obtener una confrontación más espectacular.[9]

En esta batalla los otomíes se esforzaron mucho por capturar un caballo y lo lograron finalmente. Atraparon una yegua (propiedad de Juan Núñez Sedeños) que montaba Pedro de Morón, quien resultó gravemente herido. Morón, uno de los velazquistas deseosos de regresar a Cuba, murió unos días más tarde. La pérdida de la yegua representó, claro está, un fuerte golpe para Cortés; pero se angustió aún más al enterarse de que los tlaxcaltecas la habían sacrificado junto con el chapeo de tafetán rojo: para los sacerdotes de Tlaxcala el sombrero era algo parecido al *tecpilotl*, el penacho de plumas engarzadas en una banda de cuero rojo, que los mexicas solían entregar al señor con quien habían decidido luchar.[10]

Los castellanos lograron abrirse camino por el barranco. Diego de Ordás, montado en su caballo, fue el primero en salir, cosa que subrayó en una pesquisa que él mismo organizó dos años más tarde para beneficio propio.[11] Los aliados totonacas fueron de gran ayuda. Los seis cañones, los cuarenta ballesteros y los cinco o seis arcabuceros también causaron una fuerte impresión en los otomíes. Además, la muerte de varios caciques otomíes al principio de la batalla resultó ser otro factor importante para los indios. Para ellos, la muerte de un comandante, con la consiguiente desaparición del estandarte que llevaba atado a la espalda, equivalía a una derrota y a veces los inducía a abandonar el campo de batalla.[12]

Cortés y los expedicionarios españoles pasaron la noche en la cima del monte Tzompachtepetl, donde había un pequeño templo con ídolos al que pronto bautizarían Victoria.[13] Allí permanecerían dos semanas, escasos de alimentos y de ánimos, bebiendo agua de lluvia, comiendo frijoles y luchando esporádicamente.[14]

Al día siguiente, los otomíes no salieron. Cortés envió otro mensaje de paz; dejó a Ordás al mando del campamento y, con más o menos la mitad de su ejército, o sea unos doscientos castellanos de infantería y varios centenares de indios, se dedicó a saquear, incendiar y capturar prisioneros.[15] Tanto Juan Álvarez como Francisco Aguilar dirían posteriormente, y por separado, que los castellanos perpetraron numerosos actos de crueldad innecesaria, como cortar narices, orejas, brazos, piernas y testículos, además de arrojar a los sacerdotes desde lo alto de los templos.[16] Sin embargo, Bernal Díaz del Castillo, insistió en que: «los amigos [tlaxcaltecas] como son crueles...» fueron los que cometieron esas indignidades. Sin duda tanto castellanos como indios fueron los responsables. El cortar las orejas era un castigo bastante común. Por ejemplo, desde La Española el juez Zuazo escribió al rey, diciéndole que, a fin de atemorizar a los indios, «azoté a unos, corté las orejas de otros, y ya no ha venido más queja».[17] En cuanto a Cortés, las pruebas parecen indicar que emprendió estos actos fríamente, con el fin de causar temor. Conmocionado por la resistencia de un pueblo del que esperaba ayuda, si no amistad, enfurecido por las dificultades para conseguir alimentos, se vengó en los civiles, la primera acción de este tipo que ordenaba. Cabe suponer que quienes informaron de ello a los tlaxcaltecas lo hicieron en tono incrédulo, pues ni siquiera los mexicas hacían eso. Cortés recordaba probablemente la eficacia de tales tácticas en La Española y en Cuba.

Cuando regresó esa noche, recibió la contestación de los capitanes tlaxcaltecas: al día siguiente le darían su respuesta. Cortés y sus hombres pasaron una noche inquieta: casi todos durmieron totalmente vestidos y armados, listos para un ataque nocturno, que no llegó. Muchos se confesaron y rezaron con los frailes pidiendo que no los derrotaran. Por la mañana, les sorprendió recibir de los tlaxcaltecas una cantidad sustanciosa de alimentos; alimentos que no representaban una ofrenda caritativa. «Enviémosles de comer, —pensaron los tlaxcaltecas—, que vienen hambrientos, no digan después que les tomamos por hambre y por cansados.» Y así les enviaron luego trescientos gallipavos y doscientas cestas de bollos de centli, que es su pan ordinario, que pesaban más de cien arrobas; lo cual fue gran refrigerio y socorro para la necesidad que tenían. Al cabo de poco rato dijeron: «Vamos a ellos que ya habrán comido, y nos los comeremos, y nos pagarán nuestros gallipavos y nuestras tortas, y sabremos quién los mandó entrar aquí; y si es Moctezuma, que venga y los libre; y si es su atrevimiento, que lleven el pago.»[18] En opinión de Cortés, los que traían la comida eran espías, cuyo interés residía en examinar su campamento.[19]

Los tlaxcaltecas reunieron, en palabras de fray Aguilar, «unos indios y tantos que cubrían el sol»[20] en el valle frente al campamento castellano. Por supuesto, quienes escribieron posteriormente acerca del acontecimiento, incluyendo a Cortés, exageraron.[21] En todo caso, el ejército tlaxcalteca, compuesto en esta ocasión no sólo de otomíes, era ciertamente el mejor que podían reunir: escuadrones de hombres que lucían plumas y pintura de guerra, con armadura de madera, de cuero y de algodón, y armas ya conocidas: espadas de obsidiana, arcos y flechas, dardos y *atlatls*. En cada escuadrón había quienes tañían el *teponaztli* (una especie de tambor hecho de un tronco vaciado, que tenía en la parte superior dos aberturas alargadas, sobre las cuales se tocaba con dos varitas con bolas de goma en los extremos) y quienes tocaban la concha.[22] Era una impresionante formación. Siguió una batalla. El propio Cortés, aparte de afirmar que lo atacaron ciento cuarenta y nueve mil hombres (cifra de una precisión asombrosa), se mostraría más tarde reticente cuando de este combate se hablaba y dedicó apenas unas líneas a la batalla más importante y probablemente la más difícil que hasta entonces hubiesen librado los castellanos en las Indias.[23] Otros escritores proporcionaron más información. Tal vez sea Bernal Díaz del Castillo quien, con su descripción de «esta peligrosa y dudosa batalla..., medio desbaratado nuestro escuadrón», mejor explica la razón del silencio de su comandante, pues éste probablemente no querría recordar los momentos difíciles con que se enfrentaron los castellanos. Las órdenes de Cortés no se oían; la lluvia de piedras arrojadas con las hondas indias, las afiladas jabalinas y las espadas de filo de obsidiana constituyeron durante un tiempo un grave peligro; y los castellanos sólo pudieron salvarse «a puras estocadas [que] los hicieron conocer [a los indios] cuánto cortaban las espadas de hierro» de los conquistadores.[24]

No obstante, la victoria española se debió a varios motivos, además de los que, una semana antes, habían cambiado su suerte (la esgrima, los caballos, el interés de los indios por tener prisioneros y no muertos, el uso de «rayos llameantes» de los cañones). Los tlaxcaltecas se dejaron llevar por el pánico ante el acoso a que los sometieron; las balas de los cañones, si bien de tiro poco preciso, causaban estragos al caer en medio de la multitud; entre los tlaxcaltecas había divisiones: los dos principales jefes militares, Xicoténcatl el Joven y su lugarteniente, Chichimecatecle, se envidiaban mutuamente; los castellanos habían recibido instrucciones detalladas e inequívocas: no sólo habían de apuntar a los ojos del enemigo con sus lanzas, sino que los espadachines habían de apuntar a sus entrañas, y los mosqueteros y los ballesteros habían de emplear cuántos menos pertrechos pudieran.

Aun así, cuando los tlaxcaltecas se retiraron finalmente del campo de batalla, los castellanos, «que tenían los brazos cansados de matar indios»,[25] experimentaron un gran alivio. Si bien, como en conflictos anteriores, pocos de ellos habían muerto (probablemente uno o dos durante la batalla), unos sesenta hombres y todos los caballos resultaron heridos.[26] Esa noche volvieron a dormir junto a la torrecilla en la cima del monte Tzompachtepetl y curaron a los heridos con la grasa del cuerpo de los indios muertos.

Al día siguiente, Cortés emprendió otra expedición punitiva. Quemó diez pueblos, uno de ellos con una población superior a los tres mil habitantes, y mató a muchos indios.[27] En esta ocasión sus razones eran también, al parecer, conmocionar tanto a los indios que, por temor, se rindieran. Al terminar, regresó al campamento, justo a tiempo, por lo visto, pues los tlaxcaltecas se encontraban preparando otro ataque. La batalla —no decisiva— de ese segundo día debió de semejarse mucho a la anterior.

Más o menos en esos días Cortés recibió la visita de más emisarios de Moctezuma: cinco o seis caciques acompañados, como de costumbre, de numerosos criados. Al emperador, le dijeron los mensajeros, le entusiasmaba la gran victoria de los castellanos sobre los tlaxcaltecas; le causaba gran regocijo ver que se encontraban tan cerca de su ciudad; enviaba a Cortés regalos por valor de unos mil castellanos de oro, algunas prendas de algodón y varios adornos de plumas. Moctezuma hizo transmitir también el mensaje según el cual le encantaría convertirse en vasallo del rey español; rogaba a Cortés decirle cuál sería, en su opinión, el tributo adecuado y prometía pagarlo anualmente en forma de telas, oro, plata o jade, por ejemplo. Sin embargo había un obstáculo: le exhortaba a no ir a México; no es que al emperador no le hubiese alegrado ver a los visitantes, sino que los caminos eran malos, atravesaban terrenos muy accidentados y, además, la ciudad carecía de provisiones; no le gustaría ver sufrir a los castellanos.[28]

Los emisarios añadieron que Cortés no debía, bajo ninguna circunstancia, fiarse de los tlaxcaltecas, pues eran traidores y seguramente matarían a los castellanos; Cortés replicó que estaba resuelto a ir a Tlaxcala. En su fuero interno le encantaba enterarse de cuán malas eran las relaciones entre mexicas y tlaxcaltecas. «Omne regnum in se ipsum divisum desolabitur» («Pues si un reino se divide en partidos contrarios es imposible que subsista tal reino»), comentó en latín, citando más o menos a san Marcos.[29]

Tras estos reveses, los tlaxcaltecas celebraron otra asamblea. Nuevamente hubo discusiones: Xicoténcatl el Joven tachó a su colega Chichimecatecle de ser un general incapaz; como respuesta, este último se negó a seguir luchando y amenazó a Xicoténcatl. Los sacerdotes, convocados, insistieron en que los acontecimientos probaban que los castellanos eran hombres y no dioses; después de todo, comían pavo, perro, pan y fruta. Sus cañones no producían rayos, y el perro de Francisco de Lugo no era un dragón. Mientras tanto los indiscretos emisarios cempoaltecas, que seguían insistiendo, como todos los totonacas, en que los conquistadores eran dioses, revelaron que sus poderes decaían con la noche. Por consiguiente, Xicoténcatl el Joven preparó un ataque nocturno. Primero mandó a cincuenta amigos suyos a examinar el campamento castellano, so pretexto de negociar la paz. Llevaban consigo cuatro miserables ancianas y sugirieron que tal vez los castellanos quisieran sacrificarlas y comerlas. Por respuesta, Cortés indicó haber llegado especialmente para suplicarles, en nombre de Cristo y del rey de España, que se abstuvieran de llevar a cabo sacrificios humanos; él y sus amigos, dijo, no eran dioses, sino hombres de carne y hueso y como tales se les debía tratar.[30]

El espionaje no era el fuerte de los emisarios; Teuch, el cempoalteca, se dio cuenta de que eran espías; Cortés también «se receló de ellos»[31] y mandó apartar e interrogar a uno de ellos. El hombre confesó que esa noche Xicoténcatl planeaba atacar el *real* esa misma noche. Según dijo, pretendía prender fuego a las chozas de los españoles y después atacarlos; otros cinco espías estuvieron de acuerdo con el primero. Cortés los apresó a todos, cortó la mano derecha de unos, los pulgares de otros y, según un conquistador, las orejas y la nariz de otros; les colgó esos tristes trofeos del cuello[32] y los envió de vuelta a Tlaxcala con un mensaje: «Decid a vuestros principales que no es de hombres esforzados o egregios en el valor guerrero echar mano de estos ardides desleales. Vosotros, ministros de la perfidia, que vinisteis a nosotros como enemigos so capa de parlamentarios, pagad esta pena de vuestra iniquidad: os han cogido para autores de tamaño crimen, pero os volvéis con las diestras cortadas. Hacedles saber que nosotros estamos preparados en cualquier hora que vengan, ya nos acometan de noche, ya vengan a la luz del día, aprenderán lo que son estos pocos a quienes intentan perturbar.»[33] Ese comportamiento era desacostumbrado entre las convenciones castrenses del antiguo México, pero no desconocido. Por ejemplo, en una de las primeras batallas contra Xochimilco, el emperador Itzcóatl cortó una oreja a cada cautivo.[34]

Los tlaxcaltecas no parecían demasiado afectados por el trato que recibieron sus agentes y continuaron preparando el ataque nocturno. Los castellanos se encontraban, como habían prometido, dispuestos; de hecho, fueron los primeros en atacar. Nuevamente, ver los caballos y oír los cañones tuvo su efecto. Cortés hizo colocar cascabeles a los caballos, provocando un extraño sonido.[35] Según la descripción de los mexicas, los españoles «... muy bien los arruinaron, totalmente los vencieron. Los dividieron en bandos, hubo división de grupos. Los cañonearon, los asediaron con la espada, los flecharon con sus arcos. Y no unos pocos sólo, sino todos perecieron».[36] La batalla fue corta; los tlaxcaltecas huyeron a su ciudad, pasando por los campos de maíz.[37]

Tras este encuentro Cortés no se movió de su campamento en varios días. Como fray Olmedo y muchos de sus hombres, tenía fiebre. Ingirió varias pastillas de camomilla que había traído de Cuba[38], pero no le sirvieron de mucho. Lo que pareció curarle, al menos temporalmente, fue un ataque, el tercer día, llevado a cabo por tres grandes compañías de indios. Montó su caballo y luchó todo el día; al siguiente, parecía haber mejorado.[39]

Todo indica que a la noche siguiente Cortés dejó de nuevo el campamento con cien soldados de infantería, todos los jinetes y algunos aliados indios. No se habían alejado mucho cuando se produjo un acontecimiento misterioso: primero, el caballo de Cortés se cayó, luego cinco más y todos se negaron a continuar avanzando. Cortés los envió de vuelta al campamento, donde no tardaron en recuperarse. Unos seguidores del caudillo urgieron el regreso, pues vieron en ello un mal presagio. Cortés, con su optimismo inextinguible, aunque en este caso absurdo, insistió que se trataba más bien de un buen presagio. Él y sus colegas siguieron a pie y se desorientaron.[40] Antes del alba, Cortés asaltó dos ciudades y mató a numerosos indios. Al amanecer se encontró en una ciudad más grande, probablemente Tzompantzinco,[41] en la cual se hallaban durmiendo muchos guerreros otomíes. Por medio de sus intérpretes, Cortés logró convencer a los caciques de la comunidad de que no venía con intención hostil y les pidió alimentos que tanto necesitaban los castellanos. El rumor del cambio en su comportamiento se difundió en las aldeas cercanas; éste resultó ser mucho mejor como propaganda que las brutales expediciones anteriores. Sin embargo, con ello se labró una reputación de ser imprevisible; los dioses, por supuesto, lo eran.[42]

Los castellanos regresaron al campamento, para alivio de sus hombres, pues llevaban más tiempo fuera de lo previsto y muchos supusieron que los habían matado o capturado; o sea, que se habían portado como Pedro Carbonero, un imprudente guerrero español del siglo XV que había penetrado demasiado lejos en territorio moro, donde los mataron a él y a todos sus hombres.[43]

Sin embargo la alegría por el retorno de Cortés no tardó en agriarse. Aunque milagrosamente, pocos conquistadores habían muerto en acción desde su partida de Cempoallan, muchos habían perdido la vida a causa de heridas o enfermedades: cuarenta y cinco, según Bernal Díaz del Castillo; cincuenta y cinco desde que se marcharan de Cuba, según Alonso de Grado.[44] Cortés no negó estas cifras. Los hombres pasaban frío, tenían poca comida y varios estaban enfermos; empezaban a preguntarse el resultado de tanta batalla. Si los tlaxcaltecas eran tan buenos luchadores, ¿cómo les iría a los castellanos contra los mexicas, enemigos sin duda más formidables? Nadie sabía lo que estaba ocurriendo en la Villa Rica de la Vera Cruz; los planes de Cortés no eran nada claros; había desaparecido la abrumadora confianza que experimentara el propio Cortés en la batalla contra los mexicas en la costa; de haber repetido que pretendía coger a Moctezuma, vivo o muerto, se habrían burlado de él. De nuevo y por supuesto, los que habían dejado familia, casa e indios en Cuba, fueron los más elocuentes. Encabezaba a los disidentes el alcalde mayor de la Villa Rica de la Vera Cruz, uno de los compañeros más importantes de Cortés, Alonso de Grado reconoció que Dios había ayudado a los expedicionarios hasta entonces, pero seguramente sería insensato provocarle demasiado; sugirió regresar a la Villa Rica de la Vera Cruz y construir un barco que fuese a Cuba para pedir ayuda; le parecía una pena haber destruido todas las naves; ni siquiera Alejandro Magno ni César, por mencionar los héroes de los hidalgos que se respetaban a sí mismos, se habían atrevido a lanzar una tropa tan pequeña como la de Cortés en una guerra contra una población tan evidentemente numerosa como la de México.[45] Hablaba como propietario de una hacienda e indios en La Española. «¡Que Dios me lleve a Castilla!», fue el tema de su discurso.

Cortés tuvo éxito con su respuesta. Confiaba, alegó, en que la guerra contra Tlaxcala ya había terminado; defendió la destrucción de los barcos; en su opinión, afirmó, si regresaban a la Villa Rica de la Vera Cruz sin ir a México, los aliados totonacas se volverían en contra de los castellanos; si una opción era mala, la otra era peor; era mejor, insistió, morir por una buena causa que vivir sin honra: «Es mil veces preferible la muerte que la vergüenza de la retirada» (una de sus citas preferidas de *La canción de Roldán*).[46] Con ello aplazó la rebelión, pero era obvio que, a menos de lograr muy rápidamente una victoria contra los tlaxcaltecas, los ánimos decaerían de nuevo. Pedro Carbonero fue evocado otra vez: los castellanos sabían que, de ser derrotados y capturados, sufrirían una suerte aun peor que la suya.[47] (Según su capellán, Cortés citó cuatro proverbios en su discurso: «¿... adonde irá el buey que no are?», «... andáis buscando cinco pies al gato», «... no vamos a lado ninguno que no hallemos tres leguas de mal camino» y «... cuantos más moros, más ganancias».

Afortunadamente, Cortés no tuvo que esperar mucho antes de quedar satisfecho, aunque fuera provisionalmente.

En Tlaxcala se estaba llevando a cabo un prolongado debate sobre si debían continuar la guerra o no. Sacrificaron a dos adivinos para que los caciques pudiesen concentrarse. Maxixcatzin y ahora Xicoténcatl el Viejo abogaron con vehemencia por la paz; pero

Xicoténcatl el Joven seguía estando a favor de la guerra. Mas las derrotas los habían conmocionado a todos; el que casi todos los muertos fuesen otomíes inquietaba mucho a los tlaxcaltecas, pues los otomíes «¿Muy macho y muy valiente es el otomí?, en nada lo tuvieron, como nada lo miraron... ¡Todo con una mirada, todo con un volver de ojos acabaron con el infeliz *macehual*».[48] Finalmente, tras varios días,[49] los dos caciques mayores ganaron la discusión.

Por consiguiente, Xicoténcatl el Joven fue al campamento de Cortés a pedir perdón porque su pueblo se había alzado contra los castellanos.[50] Se supone que alegó que no debía maravillarse, pues ellos no habían reconocido nunca rey ni habían estado sometidos a nadie, y que estimaban tanto la libertad que desde antiguo habían sufrido mucho por no someterse a Moctezuma, y que se habían visto privados de vestidos de algodón, y de sal por ello..., pero que si ahora aceptaba su amistad prometían hacer lo que se les mandara. Añadió que no había oro ni plata en Tlaxcala, pero los tlaxcaltecas estaban dispuestos incluso a ser vasallos del rey de Castilla. En tanto Xicoténcatl hablaba unos emisarios ofrecieron alimentos, plumas, incienso y esclavos. «Esto os envía el capitán Xicotenga, que comáis si sois teules, como dicen los de Cempoal; e si queréis sacrificios, tomad esas cuatro mujeres que sacrifiquéis, y podéis comer de sus carnes y corazones; y porque no sabemos de qué manera lo haceis, por eso no las hemos sacrificado ahora delante de vosotros; y si sois hombres, comed de las gallinas, pan y fruta; y si sois teules mansos, aquí os traemos copal [que ya he dicho que es como incienso] y plumas de papagayos; haced vuestro sacrificio con ello», dijeron. Invitaron, con los habituales cumplidos, a los castellanos a quedarse en Tlaxcala: «Os habéis fatigado, señores nuestros..., habéis llegado y habéis entrado a vuestra tierra, es vuestra casa Tlaxcala. Es vuestra casa la Ciudad del Águila, Tlaxcala.»[51] En suma, Tlaxcala se puso a disposición de los castellanos.

Cortés replicó con dureza que los tlaxcaltecas tenían la culpa de sus propios problemas; había llegado, dijo, creyendo que se encontraría con amigos; así se lo habían asegurado los cempoaltecas; él había enviado emisarios para dar a conocer sus intenciones pacíficas a los tlaxcaltecas; pero éstos le habían atacado y habían matado dos caballos, tras lo cual había habido muchos días de lucha; sin embargo los perdonaba de buen gusto; era un hombre, insistió, no un dios; era importante, añadió, que la paz fuese duradera. Xicoténcatl contestó que entendía que era necesario; él y sus colegas se ofrecían a permanecer con los castellanos como rehenes. Después de varios días, Cortés acordó ir a Tlaxcala.[52]

Los emisarios mexicanos que habían permanecido con los castellanos durante la última parte de la batalla, pidieron a Cortés que esperara hasta que recibieran un nuevo mensaje de Moctezuma antes de ir a Tlaxcala. Cortés estuvo de acuerdo; primero porque todavía tenía fiebre y, segundo, porque se daba cuenta de que podría ser cierto lo que decían los mexicanos acerca de la poca fiabilidad de los tlaxcaltecas.[53]

Al cabo de seis días, los emisarios mexicanos recibieron respuesta de su emperador, quien aconsejaba nuevamente a los castellanos no tener tratos con los tlaxcaltecas,[54] gente pobre que no poseía buena tela de algodón y que robarían a los castellanos por ser éstos amigos de Moctezuma. El emperador acompañaba el consejo de más regalos: oro por valor de tres mil pesos y doscientas piezas telas de algodón.[55] Sin embargo, Cortés ya había decidido aceptar la invitación de los tlaxcaltecas, cuyos dirigentes lo visitaron al día siguiente, le ofrecieron alhajas de oro y piedras y repitieron la invitación. Cortés se bajó del caballo, hizo una profunda reverencia, abrazó a Xicoténcatl el Viejo y afirmó, en un hábil discurso, querer garantizar la libertad de los tlaxcaltecas; no sólo aceptó la invitación, sino que los acompañó y los tlaxcaltecas hasta llevaron las armas de los españoles. Siguieron festejos y celebraciones.[56]

Durante esos días, el acercamiento de los misteriosos intrusos seguía preocupando a Moctezuma, pero sin duda lo que más le afectaba era saber que se aproximaba el momento del mes conocido en México como «barrimiento de caminos». El festival correspondiente se celebraba en honor a *Toci* (también *Teteo innan*, «nuestra abuela», «la madre de los dioses»). La referencia a barrer era una alusión a las lluvias invernales que marcaban el principio de la temporada de guerras. El simbolismo y la pompa eran elaborados: durante cuatro días, delante de la Casa de los cantos, los bailarines danzaban alrededor de la esclava elegida para representar a *Tetei innan* o *Toci*. Primero la importunaban, luego la adornaban y, finalmente, la sacrificaban. La desollaban, un sacerdote vestía su pellejo y perseguía a los guerreros antes de inaugurar la temporada de las guerras. El emperador solía correr con los guerreros y, a continuación, presentar insignias a los caballeros del águila y del jaguar, ataviados éstos con plumas de quetzal. Sin duda ese año Moctezuma cumplió esta obligación con pesar; debió de temer que la guerra que pronto debería librar sería todo lo contrario de florida.[57]

Tal vez fue entonces cuando Moctezuma encargó nuevas obras de arte: una representación de la «atadura de los años», por ejemplo, con la cabeza en forma de cráneo del dios de la muerte. Cierto es que 1519 no era, en absoluto, un año de enlace, con la ceremonia del fuego nuevo, mas quizá Moctezuma creyera que los sacerdotes se habían equivocado en sus cálculos y que deberían cambiar el calendario a fin de ajustarlo a la llegada de los misteriosos visitantes. A fin de cuentas, en el pasado las sequías habían cambiado las fechas de las ceremonias del fuego nuevo. En la escultura figuraba una araña cayendo del cielo, y la araña simbolizaba los *tzitzime*, monstruos de la destrucción que habrían de bajar señalando el fin del mundo. Moctezuma, hombre piadoso, estaba preparado para casi cualquier cosa.[58]

Mapa de Tenochtitlan, publicado en Nurenberg, 1524, con la primera edición
en latín de la segunda carta de Cortés dirigida a Carlos V. Se dice que Cortés
lo inspiró, mas quien lo dibujó probablemente era alemán. Tal vez estuvo influido
por el proyecto de Albrecht Dürer para la «ciudad ideal».

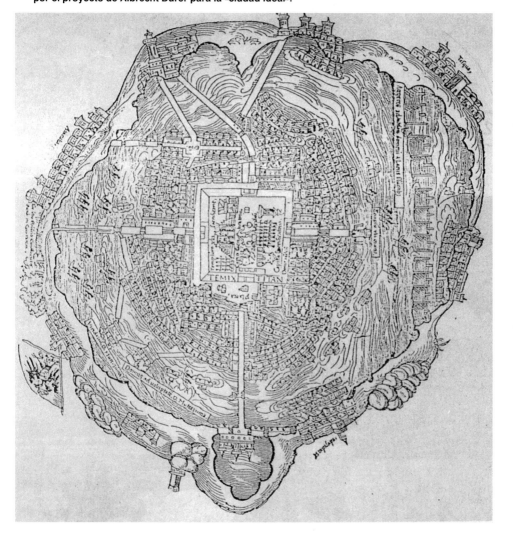

Izquierda: **Una importante diosa de los mexicas fue Coyolxauhqui, probable representación de la luna. Su colosal cabeza de piedra pretendía atemorizar.** Derecha: **Xipe Topec, «Nuestro cortado», representaba la fertilidad. Dios de los orfebres, con la piel de una víctima del sacrificio.** Abajo: **Los mexicas creían también en los augurios, como, por ejemplo, los cometas, que Moctezuma contempla desde una azotea.**

SANTA:MARIA:DI:OSREMEDIOS

Izquierda: **Los conquistadores rezaban a la Virgen María, en sus distintas y numerosas representaciones; entre ellas, la Virgen de los Remedios, en la catedral de Sevilla (***c.*** 1400), era una favorita de Cortés.** Abajo: *La Virgen de los Navegantes*, de Alejo Fernández (1514), en la que figuran Colón (al fondo, a la izquierda), tal vez el obispo Fonseca, «Ministro de las Indias» y una nao, una de las embarcaciones que conquistaron el mundo.

El héroe de los mexicas era el guerrero águila (*c.* 1500).

El de los españoles era un caballero, representado aquí por Christoph Weideitz (*c.* 1528), montando el tipo de caballo que se empleaba en las Américas.

Arriba: **El sacrificio humano, a fin de asegurar el cumplimiento de las normas de la sociedad, constituía la culminación de las ceremonias mexicanas, representado aquí en el Códice Magliabecchiano (*c*. 1540). Abajo: Castilla era gobernada mayormente por nobles residentes en castillos como el de Medellín, Extremadura, ciudad natal de Hernán Cortés.**

A la izquierda: **Los mexicas creían que la vida se hallaba predestinada, siguiendo un complicado calendario, como éste de piedra (*c.* 1480).** Abajo: **Los españoles veían las ruedas de la fortuna con casi igual asombro (detalle de tapicería flamenca fabricada para la coronación de Carlos V en 1520).**

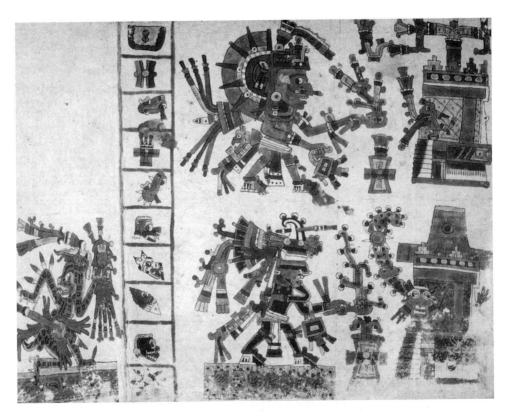

Arriba: **El Códice Cospi** es un raro ejemplo de manuscrito mixteca iluminado anterior a la conquista. Derecha: **Los españoles contaban con la gran ventaja del alfabeto latino. Este manuscrito, un juicio real español de 1488, menciona en la línea 12 a Martín Cortés, padre de Hernán.**

Hernán Cortés, retratado (*c.* 1528), por Christoph Weiditz; es el único retrato hecho en vida del conquistador (en el *Trachtenbuch* del pintor). Detalle: Grabado de Cortés a los 63 años, justo antes de su muerte.

18. ESA SU CRUELDAD RESTABLECIÓ EL ORDEN

Era tenuto Cesare Borgia cruedele: non dimanco quella sua crudeltà aveva racconcia la Romagna, unitola, ridottola in pace e in fede

NICCOLÒ MAQUIAVELLI, *El príncipe* (1513)

Cortés y su expedición entraron en Tlaxcala el 18 de setiembre de 1519.[1] Los caciques tlaxcaltecas los acogieron calurosamente, vistiendo ropa de tela roja o blanca hecha de fibras de henequén o de maguey: recordemos que no disponían de algodón debido al bloqueo mexicano. Los seguían unos sacerdotes con capuchas blancas en la cabeza y llevando los habituales braserillos de carbón ardiente para honrar a los visitantes divinos. Los sacerdotes, como de costumbre, causaron mala impresión a los conquistadores, pues como los demás que habían visto llevaban el cabello largo, enmarañado y pegoteado de costrones de sangre, y las uñas horriblemente largas.[2]

Los señores tlaxcaltecas alojaron a los castellanos en «unas muy lindas casas y palacios», cerca del Templo Mayor.[3] Proporcionaron comida tanto para los conquistadores como para los totonacas y demás aliados indios; hasta los perros y los caballos recibieron su parte de pavo y maíz.[4] Los castellanos sabían que la ayuda de los totonacas en las anteriores batallas, ayuda de toda índole incluyendo luchar, era fundamental. «... fue la gente [indiana]», declararía posteriormente y con franqueza un allegado de Cortés, Francisco de Solís, al referirse a dichas batallas, «... mucha parte para ganar las dichas provincias e que paresçe a este testigo que sin la ayuda dellos no ganaran las dichas provincias».[5] (Los soldados de Iztaquiaxtitlán habían regresado a sus hogares al ver que los visitantes hacían las paces con los enemigos tradicionales de los mexicas.)

Cortés y sus hombres permanecieron veinte días en Tlaxcala; estancia tan importante en la historia de la conquista de México como cualquier batalla campal, pues les permitió descansar. Las quejas de los nostálgicos castellanos desaparecieron cuando se dieron cuenta de que habían superado nuevamente, y con poquísimas víctimas, a un numeroso ejército. La acogida de los tlaxcaltecas parecía ser sincera y la ciudad los deslumbró; el propio Cortés, al dirigirse más tarde al rey, diría «... es muy mayor que Granada».[6] De hecho, probablemente no lo fuera y sus edificios de una sola planta y tejado plano seguramente no podían competir en cuanto a belleza. Pero, claro está, la mezcla de originalidad y semejanza constituía el elemento más notable. «Hay en esta ciudad un mercado en que casi cotidianamente todos los días hay en él de treinta mil ánimas arriba, vendiendo y comprando...», añadiría Cortés, exagerando como siempre.[7] Y, ante todo, «es gente de toda razón y concierto, tal que lo mejor de África no se le iguala».[8] ¡Y allí quedaba la voluntad de Isabel la Católica! El comentario del caudillo resulta un tanto ilógico viniendo de un comandante que había matado tan implacablemente a tantos, pero quizá se convenciera de que los muertos eran casi todos otomíes.

Fue en Tlaxcala donde los castellanos vieron por primera vez el estilo de vida de los habitantes de las zonas templadas de México. Al recorrer apresurados las limpias calles aprobaron sin duda la vestimenta de los tlaxcaltecas: hombres con capa de fibra de maguey anudada en el hombro derecho (casi como los romanos) sobre taparrabos o bandas anchas que bajan hasta los muslos y cubren las desnudeces *(máxtlatl)*, prenda esta indispensable para hombres de todas las clases sociales; y otra casi tan fundamental: una tela cuadrada que cubría las caderas, separada en diagonal, alrededor de la cintura y atada a un lado. Seguramente no tardaron en percatarse de que los tlaxcaltecas vestían casi todas las indumentarias conocidas: una versión especial de falda escocesa, así como capas, y túnicas abiertas y cerradas, incluso los magníficos trajes de guerra con los que se enfundaban las extremidades, semejantes a los pantalones.[9] También les habrán gustado las mujeres, con su falda blanca de fibra de maguey, la prenda femenina básica, cubierta generalmente por una blusa larga *(huipilli)*, si bien las mujeres pobres solían ir con el pecho desnudo. Probablemente vieron tan pocas mujeres en las calles de Tlaxcala como en las de Sevilla, pues su lugar era el hogar; tal vez las observaron tejer en los patios de las manzanas de casas. Por la noche, incluso en el palacio donde se alojaban, quizá vieron a tlaxcaltecas durmiendo debajo de sus capas.

Cortés se enteró de cómo ir a Tenochtitlan: en ese momento su expedición había recorrido mucho más de la mitad del camino entre el mar y esa ciudad, pero antes de llegar allí habían de atravesar las montañas. El Códice Florentino da una idea de las conversaciones entre conquistadores y tlaxcaltecas: «¿Dónde es México? ¿Qué tan lejos es?», preguntaban los primeros y los segundos contestaban: «Ya no es lejos. Tal vez en tres días se llegará. Es muy buen lugar. Y muy valientes, muy guerreros, conquistadores. Por todo lugar andan conquistando.»[10]

Sin embargo el factor más importante de la estancia de Cortés en Tlaxcala fue la alianza duradera que estableció, fundamentada en lo que sorprendentemente parece haberse convertido en amistad entre el caudillo y los ancianos caciques, Maxixcatzin («anillo de algodón») y Xicoténcatl («anillo de avispa») el Viejo. Xicoténcatl el Joven, de cara áspera y espinillosa, no compartía el entusiasmo de su padre por los forasteros; él había estado al mando del ejército derrotado por Cortés y no creía que una alianza con los visitantes beneficiaría a los tlaxcaltecas. Pero, al menos de momento, sus reservas carecían de importancia, pues cuando el país se encontraba en paz su padre y Maxixcatzin le dominaban.

Gracias a su fuerte personalidad, Cortés logró inspirar un cierto respeto en Maxixcatzin y Xicoténcatl el Viejo. Desde la efímera relación de Colón con los guacanagarí de La Española, era la primera vez que un comandante castellano había intentado formar alianza con caciques indios, y no digamos conseguir hacerlo. Esta hazaña de Cortés demuestra su faceta de político consumado. Su éxito se vio confirmado tanto por la insistencia en que sus seguidores no cogieran sino lo que se les daba como por la prohibición de que entraran en ciertas partes de la ciudad, por ejemplo, el templo. Pero también convenció a los tlaxcaltecas cuando les dijo que había llegado a ayudarlos.[11] Ellos, a su vez, creían poder utilizarlo para sus propios propósitos.

Hicieron mella asimismo la cortesía y el afecto de los caciques tlaxcaltecas al hablar.[12] Parecían comprender lo que decían cuando aceptaron convertirse en vasallos del rey de España.[13] En realidad, era tanta su hostilidad hacia los mexicas que habrían hecho casi cualquier concesión (y, por supuesto, de ser necesario, faltar a su palabra) con tal de hallar un aliado de fiar en contra suya. Además, los caciques debieron darse cuenta, con todo realismo, de la fuerza castrense de los españoles. Según Bernal Díaz del Castillo y del historiador tlaxcalteca Camargo, Xicoténcatl el Viejo insistió en que uno de sus dioses les había dicho, a través de los sacerdotes, que «sabían de aquellos sus antecesores que les había dicho su ídolo en quien ellos tenían mucha devoción, que vendrían hombres de las partes de hacia donde sale el sol y de lejanas tierras a les sojuzgar y señorear; que si somos nosotros, holgarán de ello, que pues tan esforzados y buenos somos...»[14] Posiblemente hayan elaborado o repetido (o incluso inventado) el mito a fin de darse confianza contra los mexicas o de asegurar que su pueblo (los partidarios de Xicoténcatl el Joven, por ejemplo) mostrara su hospitalidad a los recién llegados.

Los tlaxcaltecas deseaban cimentar la alianza con un intercambio de regalos, pero debido nuevamente al bloqueo mexicano (buen pretexto para cualquier falta), poco podían dar, a no ser alimentos y mujeres.[15] El historiador Camargo mencionó «trescientas mujeres hermosas de muy buen parecer [y] muy bien ataviadas»,[16] a las que añadieron una o dos hijas de los caciques de Tlaxcala. Cortés las aceptó y las repartió entre sus hombres (a los capitanes les tocaron las mujeres nobles). Los tlaxcaltecas pensaban que sus hijas criarían así una «generación de hombres tan valientes y temidos».[17] A cambio, Cortés mandó traer de Cempoalla algunas cosas que allí había dejado: capas, telas, sal, etc., bienes bien recibidos por los tlaxcaltecas, «porque carecían de todo» debido, como ya se ha dicho, al permanente bloqueo mexicano.[18]

Cortés se lo pensó mejor en cuanto a la aceptación de las mujeres, tal vez tras haber hablado con fray Bartolomé de Olmedo. Apreciaba el gesto, dijo, pero deseaba que las esclavas trabajaran para Marina y que las de cuna noble permanecieran con sus padres. Los tlaxcaltecas preguntaron la razón de este cambio de actitud y Cortés contestó que el rey de Castilla deseaba que sus anfitriones se deshicieran de sus ídolos y abandonaran la práctica del sacrificio humano; les enseñó imágenes del Niño Jesús y de la Virgen María. Si querían ser hermanos de los castellanos y que éstos aceptaran a sus hijas, alegó, deberían empezar a adorar al Dios cristiano y abandonar a sus ídolos; de no hacerlo, irían al infierno al morir y allí arderían por siempre jamás; en ese caso, la nueva raza no se crearía.

Pese a asistir a una misa de agradecimiento por la paz, celebrada por fray Juan Díaz, Maxixcatzin y Xicoténcatl contestaron, como era de prever, con una pregunta: ¿Cómo podían pensar en abandonar a sus dioses? ¿Qué dirían sus hijos y sus sacerdotes? El pueblo se sublevaría. Ante esto, fray Olmedo dijo sabiamente a Cortés: «... no es justo que por fuerza los hagamos ser cristianos... No quisiera yo que se hiciera hasta que tengan conocimiento de nuestra santa fe». Varios de los hombres con quienes Cortés solía hablar, Lugo, Velázquez de León y Alvarado, estaban de acuerdo. Los caciques tlaxcaltecas afirmaron creer que, con el tiempo, podrían convertirse en cristianos, pero sólo después de haber visto más costumbres españolas.[19] Mientras tanto, los castellanos convencieron a sus anfitriones de que limpiaran y quitaran los ídolos de un templo, para poner el lugar a disposición de los cristianos; naturalmente colocaron allí las imágenes de la Virgen y una cruz. Según el comentario de un descendiente de Moctezuma, hecho en el siglo XVII, lo hicieron en contra de los consejos de los frailes Olmedo y Juan Díaz.[20]

Durante las dos semanas siguientes Cortés habló sin parar de los beneficios del cristianismo. Camargo anotó una larga y evidentemente fantasiosa conversación entre los caciques tlaxcaltecas y Cortés acerca de los objetivos de la expedición, de su origen. ¿Eran hijos de Dios o de hombres?, inquirieron los primeros, y por respuesta Cortés explicó largamente la relación de la religión cristiana y los poderes terrenales. Criticó la práctica del sacrificio humano y repitió que los castellanos eran seres humanos, como los tlaxcaltecas; la única diferencia era que ellos eran cristianos.[21]

Según la leyenda, Cortés acabó por inducir a los cuatro caciques principales de Tlaxcala —Maxixcatzin, Xicoténcatl el Viejo, Citlalpopocatzin y Temilotecutl— a aceptar el bautismo de manos de fray Juan Díaz, y a recibir el nombre de don Lorenzo, don Vicente, don Bartolomé y don Gonzalo, respectivamente. A continuación, al parecer, numerosos tlaxcaltecas se convirtieron: los que habían de llamarse Juan fueron bautizados un día; Pedro, otro; seguidos de muchas Juanas y Marías.[22]

No obstante, ninguna declaración anterior a 1550 confirma que este acontecimiento tuviera lugar en ese entonces.[23] Esta falta de pruebas indica que la idea es tan fantasiosa como aquella según la cual una cruz se materializó milagrosamente en el lugar donde los cuatro caciques tlaxcaltecas dieron la bienvenida a Cortés.[24] El concepto de un Dios cristiano como otra divinidad más, poderosa pero indudablemente no única, no inquietaba a los caciques de la ciudad. Mas Cortés y sus dos consejeros espirituales no podían hacer comprender a través de sus intérpretes la de un Dios celoso y sin rivales, un Dios que exige todo el amor y la devoción del converso. Seguramente de haberse llevado a cabo la conversión en esos tiempos, la habría recordado el dominico fray Aguilar (que mucho antes de volverse fraile era conquistador en la expedición). Sin embargo, en sus memorias no lo menciona. Ni siquiera Cortés alardeó de ello, cosa que habría hecho, por supuesto, de haber ocurrido. Por otro lado, los sermones de Cortés al parecer sí que impresionaron a los caciques tlaxcaltecas.

No obstante, las mujeres nobles de Tlaxcala fueron sin duda bautizadas antes de pasar a manos de los capitanes de Cortés. Así, Tecuelhuatzín, una hija de Xicoténcatl, «doña María Luisa», fue entregada a Alvarado; la hija de Maxixcatzin, «doña Elvira», fue a Juan Velázquez de León, mientras Sandoval, Olid y Ávila recibieron encantados otras tantas mujeres. A partir de ese momento los oficiales de mayor rango tendrían una mujer indígena; en el caso de Cortés era Marina y, a las pocas semanas, muchos soldados encontrarían una también. Juan de Nájera, que estuvo con Cortés, diría posteriormente que «muchos de ellos casaron».[25] Los mestizos, fueran o no una «raza de guerreros», no tardaron en llegar.

A lo largo de la estancia de los castellanos en Tlaxcala los emisarios de Moctezuma permanecieron en compañía de Cortés, quien siguió tratando con ellos, pues aún esperaba poder «ir a México sin tener guerra».[26] Por ello Cortés continuó escuchándolos expresar diariamente su sorpresa ante el deseo de los castellanos de quedarse con los tlaxcaltecas, pueblo pobre, malvado, ladrón y traicionero. En una ocasión Moctezuma llegó incluso a rogarles que se dirigieran sin retraso a Tenochtitlan, a fin de evitar que permanecieran más tiempo con los tlaxcaltecas. Cada día los embajadores mexicanos iban a decirle al caudillo que debía salir de Tlaxcala a la mayor brevedad posible e ir a Cholula, cuyos señores eran aliados de los mexicas. Y cada día los tlaxcaltecas insistían en que, al contrario, debían evitar ir a Cholula, pues la mejor ruta hacia Tenochtitlan era por Huexotzinco, cuyo pueblo era *su* aliado.[27]

Al final, Cortés decidió seguir el consejo de los mexicas, pero aceptó también la oferta de más cargadores y guerreros tlaxcaltecas. Así conseguía nuevamente mostrarse afable con ambas partes. Además, hizo arreglos para enviar a dos hombres suyos a Tenochtitlan, antes de ir él mismo. Éstos —Pedro de Alvarado, el lugarteniente más allegado a Cortés en ese tiempo, y Bernardino Vázquez de Tapia, de Oropesa, conquistador muy bien relacionado y antaño alférez de Grijalva— debían hablar, de ser posible, con «el gran Moctezuma».

Debió de ser un viaje extraordinario. Los dos hombres recorrieron a pie los noventa y seis kilómetros que separan, a vuelo de pájaro, Tlaxcala de Tenochtitlan, pues Cortés no quería prescindir de ningún caballo. La visión de dos conquistadores españoles, probablemente cubiertos de la tradicional armadura y con espada al cinto, caminando por primera vez por territorio mexicano, sin duda asombró a los habitantes de las aldeas indias por las que pasaban. Por supuesto, viajaban con guías mexicanos. Los tlaxcaltecas recelaban de la aventura y, según Vázquez de Tapia, intentaron matarlos más de una vez en el camino. El viaje fue indudablemente desagradable, pues los mexicanos creían a menudo que los dos castellanos no iban suficientemente a prisa y, en partes del recorrido, tiraban de ellos. Fueron primero a Cholula, a la misma altitud que Tlaxcala, al pie de las montañas, y luego rumbo al sur, hacia el volcán Popocatepetl y finalmente a Texcoco, frente a Tenochtitlan, al otro lado del gran lago.[28] Una vez allí se encontraron, al parecer, con una delegación de Tenochtitlan, entre cuyos miembros se hallaban un hijo de Moctezuma y Cuitláhuac, el señor de Iztapalapa y hermano del emperador que más se había opuesto a permitir la visita de los castellanos. Cuitláhuac explicó que «Moctezuma estaba malo y en una ciudad cercada de agua, que ni podíamos entrar a él ni verle sin gran peligro nuestro». Vázquez de Tapia diría más tarde que, en su opinión, uno de esos caciques indios podría haber sido el propio Moctezuma, disfrazado.[29] De este viaje de reconocimiento, los españoles aprendieron como mínimo que sus amigos no exageraban al hablar de las dimensiones de Tenochtitlan.

Mientras tanto Cortés preparó su expedición a Cholula. Había decidido hacerlo unos días antes de partir de Tlaxcala y, por tanto, envió mensajeros por delante. Lo que le motivaba a ir a Cholula era probablemente una cuestión de estrategia: no quería dejar entre su ejército y el mar un lugar tan poderoso como se suponía que era esa ciudad.

Los tlaxcaltecas advirtieron nuevamente a Cortés de los indudables complots en su contra en Cholula.[30] Las calles de dicha ciudad, añadieron, ya estaban bloqueadas; así, una vez en ella los castellanos serían fácilmente capturados. Los cholultecas habían escondido piedras en los tejados planos (las azoteas) de sus casas para, desde allí, atacar con ellas a los expedicionarios.[31] Cortés se enteró también de que uno de los comandantes tlaxcaltecas, tal vez hermano de Xicoténcatl el Joven, se estaba confabulando con los cholultecas para asesinar a todos los castellanos.[32] Fue Alvarado quien se lo dijo, y éste, a su vez, se había enterado de ello por «doña María Luisa» estando con ella en la cama. Cortés hizo estrangular en secreto al traidor jefe[33] y envió a Cristóbal de Mata, acompañado de otros, a reconocer el terreno. Éstos regresaron con algunos señores cholultecos de menor importancia, quienes se disculparon por no atender a Cortés so pretexto de haber estado enfermos.

Cortés se mostró arrogante: habían de volver al cabo de tres días con señores «principales», dignos de tratar con los representantes del rey de Castilla. De no ser así, consideraría que Cholula se rebelaba abiertamente: declaración asombrosa aun en tiempos de los conquistadores, pues los cholultecos no podían rebelarse, ya que aún no habían aceptado el vasallaje. Existía, como siempre, es cierto, un precedente: Alfonso XI de Castilla había manifestado al Papa que los reinos de África pertenecían a España, «por derecho real».[34] Los propios mexicas veían rebeldes en todo pueblo independiente y cercano a Tenochtitlan, dado que ellos, los mexicas, eran descendientes de los toltecas, y cualquier pueblo dominado por éstos era parte de su imperio y, si no los obedecían, lo consideraban sublevado.[35]

Las amenazas de Cortés acarrearon algunos efectos positivos. Varios señores importantes de Cholula visitaron al ejército de Cortés; su renuencia anterior, alegaron, se debía al temor de la traición tlaxcalteca. Aceptaron, bajo juramento y con prontitud, ser vasallos del rey de España, diría Cortés más tarde; juramento que prestaron en presencia del escribano Godoy y que, sin duda como muchos otros pueblos, creían poder romper cuando así lo consideraran necesario.[36]

Cholula se encuentra a cuarenta kilómetros de Tlaxcala, refugio que Cortés y sus hombres, acompañados por numerosos tlaxcaltecas, tal vez miles, dejaron el 12 de octubre.[37] Los caciques de Tlaxcala dieron a Cortés un consejo espeluznante: si libraban una batalla contra los mexicas, debía matarlos a todos, «... que no quedasen con las vidas, al mancebo porque no tome armas, al viejo porque no dé consejos».[38]

La expedición acampó en campo abierto la primera noche después de partir de Tlaxcala. Cortés durmió cerca de una acequia próxima al río Atoyac. Al día siguiente, varios caciques de Cholula llegaron con una numerosa escolta, además de maíz y pavos.[39] Temían, afirmaron, que a la expedición le hubiesen contado muchas cosas desfavorables acerca de Cholula; Cortés no debía creerlas, insistieron. Algunos sacerdotes se presentaron también «trayendo braser con incienso, con que zahumaron» a Cortés y a sus capitanes con incienso distribuido en cuencos; otros soplaron conchas y tocaron flautas.[40] Estos dignatarios vestían túnicas de algodón sin mangas, algunas de ellas cerradas al frente cual «marlotas», con flequillos de algodón en los costados.

Cortés pronunció su habitual sermón acerca de la iniquidad de los ídolos, de la vileza del sacrificio humano y de los beneficios que reportaría adorar al Dios cristiano. «E respondieron que aún no hemos entrado en su tierra e ya les mandamos dejar sus teles... que no lo pueden hacer.»[41]

Esa noche los expedicionarios entraron en Cholula, donde se los alojó y bien y se les ofreció alguna comida. Se ha entablado una controversia acerca de la cantidad de comida que se les proporcionó. Según Andrés de Tapia era suficiente al principio,[42] pero según Cortés fue poca desde el principio y escaseó más cada día.[43] El mayordomo de Cortés, Joan de Cáceres, diría que «quando les pedían mayz para los caballos trayan agua, e quando les pedian yerva trayan otra cosa y en muy poco cantidad a manera de burla».[44] Mientras tanto los tlaxcaltecas y los totonacas se alojaron en las afueras de la ciudad, si bien los cholultecas permitieron, con gran imprudencia, la entrada de algunos —cinco mil es la cifra inverosímil de Cortés—, pues llevaban los cañones y demás equipos de los castellanos.

Cholula estaba habitada desde hacía mil años. En los primeros tiempos, se dice, hubo un largo período de tiranía de olmecas venidos de la zona tropical próxima a Coatzacalcos; mas a fines del siglo XIII, al parecer, ciertos caciques llegaron de Tollan, expulsaron a los olmecas e inauguraron el culto a Quetzalcóatl, en el interior de cuyo templo —emplazado donde se halla ahora la iglesia de San Francisco y la capilla de los Reyes— se encontraba, al parecer, la ya mencionada gran estatua de Quetzalcóatl con barba larga, barba que rara vez se conseguía en México hasta una edad muy avanzada. (Si bien Quetzalcóatl en la caja de Hamburgo también tiene barba.)[45] En Cholula se le relacionaba con el ciclo de Venus, la estrella matutina. Había también un templo en honor de Huitzilopochtli.

Todavía hoy se puede ver la pirámide más grande de Cholula, coronada en esos días por el templo en honor de Tlaloc. La rodeaban numerosos altares, era más alta que la de Tenochtitlan (ciento veinte escalones contra ciento catorce), cubría una superficie de quinientos mil pies cuadrados y era, por tanto, la más grande del mundo, haciendo de Cholula uno de los centros religiosos de América. Según un funcionario español del decenio de 1580, los dos caciques de Cholula debían otorgar su aprobación a los de toda la región y añadió que Cholula era la Roma o La Meca de su mundo y de su época. Por muy exagerado que fuera el comentario, ciertamente indica la importancia de la ciudad.[46]

Andrés de Tapia, quien tendría posteriormente una *encomienda* cerca de Cholula, escribiría en su versión de la conquista que fue entonces cuando a la expedición española le explicó el papel de Quetzalcóatl en Cholula: ese «dios principal», «Quetzalquate», era un hombre de tiempos lejanos, había fundado Cholula y «les mandaba que no matasen hombres, sino que al criador del sol y del cielo le hiciesen casas a do[nde] le ofreciesen codornices y otras cosas de caza... y diz que éste traía una vestidura blanca, como túnica de fraile, y encima una manta cubierta de cruces coloradas por ella. Y aquí tenían ciertas piedras verdes».[47] Veremos que las túnicas descritas por Tapia no diferían en mucho de las que, según Cortés, llevaban los sacerdotes de Cholula, y que, a diferencia de los que posteriormente embellecieron el mito de Quetzalcóatl, Tapia no dijo que el dios era blanco, ni barbado, ni que se esperaba su regreso.

En cuanto a la población, según fray Aguilar, Cholula contaba con cincuenta mil o sesenta mil casas de tejado sólido y con pozos de agua dulce.[48] Un regidor español de Tenochtitlan afirmó posteriormente, con más realismo, que los cholultecas podían enviar unos veinticinco mil hombres a la guerra.[49] Estas cifras sugieren que había entre ciento ochenta mil y doscientos mil habitantes, cifra un tanto elevada; mas es probable que hubiese más habitantes allí que en cualquier otro lugar entre Tenochtitlan y el mar. El propio Cortés dijo que, siendo «muy torreada», Cholula era «la ciudad más hermosa de fuera que hay en España».[50] Desde la cima de la Gran Pirámide observó cuatrocientas treinta torres (o sea, pirámides): una más de sus cifras inquietantemente precisas. En opinión de Bernal Díaz, Cholula se asemejaba a Valladolid, un cumplido en esos tiempos.[51] En ella había un inmenso mercado (tiánquez), renombrado sobre todo por sus prendas de plumas, su alfarería y sus piedras preciosas: Moctezuma insistía, se decía, en comer en la fina loza de Cholula, muy superior a la del resto de México.

Dos hombres que vivían en casas adjuntas al templo de Quetzalcóatl[52] gobernaban la ciudad: Tlaquiac, «el Mayor Señor de lo alto», y Tlalchiac, «el Mayor de lo bajo del suelo».[53] Al estilo mexicano, de los cuatro señores que los apoyaban, dos serían sus sucesores. Los cholultecas hablaban náhuatl y reconocían la soberanía de los mexicas, a quienes pagaban tributo.[54] No obstante eran orgullosos y tenían razón de serlo, pues no imaginaban circunstancia alguna que representara peligro en la que Quetzalcóatl no los protegería.[55]

Entretanto los emisarios mexicanos intentaron de nuevo disuadir a Cortés de seguir hacia Tenochtitlan. Moctezuma moriría de temor, dijeron, si los castellanos llegaban y, además, insistieron, el camino era intransitable a partir de allí; sería imposible encontrar provisiones; el zoo de Moctezuma se hallaba lleno de feroces animales o reptiles, como cocodrilos, que harían pedazos de los castellanos si se los soltaba.[56] Pero nada de lo que alegaban impresionó a Cortés. Es de suponer que Alvarado y Vázquez de Tapia ya habían regresado y su comandante tenía una idea del terreno que tendrían que recorrer.

No existe ninguna certeza sobre lo que ocurrió entonces en Cholula. Obviamente, o a la ciudad le era difícil suministrar alimentos para el ejército cortesiano o no deseaba hacerlo. Sin duda se trataba de lo primero. En todo caso, al tercer día los cholultecas sólo llevaron agua y leña.[57] Fray Aguilar recordaría que a los tlaxcaltecas se les pidió que ayudaran a buscar comida.

Los señores de la ciudad seguían negándose a ir a ver a Cortés, quien convocó al *tlaquiach*, el señor secular; estaba demasiado enfermo para salir, mandó decir éste.[58] Los miembros de la expedición se percataron de que, como los habían advertido en Tlaxcala, los cholultecas empezaban a bloquear las calles y a amontonar piedras en los tejados.[59] Unos tlaxcaltecas y cempoaltecas informaron que los cholultecas se estaban confabulando con los mexicas y con algunos criados cubanos de la expedición para matar a los españoles.[60] Luego afirmaron que se había preparado una emboscada para cuando los castellanos partieran de Cholula. Al parecer, una mujer noble de Cholula dijo a Marina que el ejército de Moctezuma se encontraba cerca y que, si quería evitar la muerte, la ocultaría. Después podría vivir con ella y casarse con su hijo.[61]

En medio de este ambiente cada vez más lleno de suspicacias, Cortés convocó a dos sacerdotes que se hallaban en el cercano Templo Mayor; inquirió por qué todos se hallaban tan nerviosos; al no recibir respuesta, les mandó llamar nuevamente al *tlaquiach*, quien se presentó en esa ocasión. Cortés le formuló la misma pregunta. El señor se sentía abochornado, pero acabó por explicar que Moctezuma había ordenado no proporcionar ninguna ayuda a los españoles.[62]

Cortés volvió a convocar a los dos sacerdotes e inquirió si sabían lo que estaba ocurriendo; al parecer, un magnífico regalo de jade, además de la tortura («por premio e tormentos que les hizo», como reconocería años más tarde Juan de Limpias Carvajal, conquistador sevillano quien se hallaba presente), los obligó a soltarse de la lengua: el nerviosismo de la ciudad era culpa de Moctezuma.[63] El emperador sabía que los castellanos se dirigían a Tenochtitlan, mas todavía no había decidido lo que hacer al respecto; cambiaba de opinión constantemente: un día pensaba acoger a la expedición pacíficamente; al otro quería matar a todos los expedicionarios. Esto da probablemente una buena idea del estado de ánimo de Moctezuma.

En todo caso, continuaron explicando los sacerdotes, una formación de veinte mil guerreros (es inevitable pensar que tal vez fueran más bien dos mil) se hallaba esperando en el camino hacia México. Los mexicas tenían pensado tender una emboscada a los conquistadores cuando salieran de la ciudad rumbo a las montañas; para ello, los cholultecas debían ofrecer a los castellanos muchas hamacas y porteadores y, cuando todos los enemigos se hallaran en las hamacas, llevárselos a Moctezuma. Por supuesto, el objetivo era capturarlos, no matarlos. Dejarían a veinte castellanos en Cholula, para que los cholultecas los sacrificaran. Las casas próximas al lugar de la emboscada ya contaban con provisiones de palos largos, cuerdas y collares de cuero, con los que podrían llevar a los castellanos atados a la capital de México.[64] Casi todas las mujeres y los niños habían sido sacados de la ciudad para que no se encontraran en medio de la batalla; además, ya habían sacrificado siete víctimas en honor de Huitzilopochtli, el dios de la guerra; así los dioses se mostrarían benignos.

Cortés discutió el asunto con sus capitanes, algunos de los cuales (tal vez Grado y quizá Ordás) opinaban que debían retirarse a Tlaxcala; otros creían mejor cambiar la ruta y llegar a México vía la amistosa ciudad de Huexotzinco; otros (probablemente Alvarado, Olid y Sandoval) preferían la ofensiva. Los tlaxcaltecas, sin saber muy bien lo que apoyaban, estuvieron de acuerdo con esta recomendación e incluso insistieron en ella.[65]

Y fue este punto de vista el que ganó: Cortés preparó un castigo ejemplar, no sin antes pedir a sus aliados indios que se pusieran alguna señal (probablemente una flor) en el tocado para poder reconocerlos si había lucha.[66]

El caudillo requirió a los señores de Cholula que fueran al patio del templo en honor de Quetzalcóatl —lugar donde solían llevar a cabo sus asambleas— para despedirse de ellos antes de emprender la marcha hacia México.[67] Llegaron, desarmados, más de cien hombres, incluyendo el *tlaquiach*.[68] Los españoles cerraron las puertas del patio y Cortés preguntó por qué los cholultecas querían matarlos, a él y a los demás expedicionarios, si lo único que habían hecho era advertirlos contra los ídolos y los sacrificios humanos. Sabía, dijo, que las afueras de la ciudad se encontraban llenas de guerreros mexicanos; los señores lo reconocieron; pero Moctezuma lo había ordenado, dijeron. Luego, Cortés aludió, como de costumbre, a las leyes de España según las cuales, afirmó, una traición de esa índole debía castigarse y, por tanto, los señores de Cholula tenían que morir.[69]

Ordenó que se disparara un arcabuz a modo de señal y, en dos horas, los castellanos y sus aliados tlaxcaltecas y cempoaltecas mataron no sólo a los aproximadamente cien señores, sino que «ansi metidos, sin haber cabsa alguna, mandó a los españoles que matasen los dichos indios que ansi abia traydo...» (el propio Cortés dio la cifra de tres mil):[70] «Pues cuando todos se hubieron reunido, luego cerraron las entradas: por todos los sitios donde había entrada. En el momento hay acuchillamiento, hay muertes, hay golpes. ¡Nada en su corazón tenían los de Cholula!... No más con perfidia fueron muertos, no más como ciegos murieron, no más sin saberlo murieron.»[71] Los tlaxcaltecas y los totonacas saquearon la ciudad y prendieron fuego a las casas y a los templos más importantes. El templo en honor de Huitzilopochtli (el dios cuya presencia, por supuesto, ponía de relieve la soberanía mexicana) ardió durante dos días, según Andrés de Tapia.[72] Muchos sacerdotes se arrojaron desde su cima para evitar ser capturados o morir en manos de los tlaxcaltecas.[73] Los aliados indios disfrutaron obviamente de la oportunidad y «mataron mucha gente e servieron muy bien como buenos e leales vasallos de su majestad», comentaría en 1565 un conquistador sevillano, Martín López.[74]

Sólo dos días más tarde Cortés puso fin al saqueo.[75] Muchas gentes fueron apresadas y llevadas al sacrificio en Tlaxcala; sólo los escasos cholultecas que habían colaborado con los castellanos se libraron. A continuación el caudillo repitió su famosa prédica y ordenó a los sacerdotes que quedaban blanquear los templos (para poder colocar allí cruces e imágenes de la Virgen) e hizo destruir todos los ídolos de Cholula, orden cuyo cumplimiento los sacerdotes iban retrasando; actitud comprensible, pues, como dijo fray Olmedo «era por demás a los principios quitarles sus ídolos, hasta que van entendiendo más las cosas». Cortés no insistió.[76]

El botín era considerable, pues en Cholula había mucho oro, muchas piedras preciosas y asombrosas prendas de pluma.[77] Los castellanos hallaron también cárceles en forma de jaula hechas de anchas tablas de madera y llenas de indios, algunos de ellos niños, a los que estaban engordando para el sacrificio. Cortés los liberó.

Según el historiador Juan Ginés de Sepúlveda, con el que Cortés habló del asunto años más tarde, Cortés conversó una última vez con los pocos señores supervivientes en Cholula: regresó a la plaza donde los tenían detenidos y los censuró por su perfidia; ellos, a su vez, echaron la culpa a Moctezuma y le pidieron perdón; si aceptaba sus disculpas, dijeron, le servirían de allí en adelante y harían lo posible para que la gente que había huido regresara. Cortés, que creía haber castigado suficientemente ya a la ciudad y haber hecho lo bastante para atemorizar a la población, liberó a dos señores. Algunos de los que habían huido regresaron. Luego Cortés los liberó a todos, contando, dijo, con que se comportaran bien en el futuro.[78]

La matanza de Cholula constituyó uno de los acontecimientos más controvertidos de la vida de Cortés; de hecho, no se ha dejado de discutir sobre ella. En su famosísima polémica, *La brevísima relación de la destrucción de las Indias*, Las Casas le dio mucha publicidad. Insistió, por ejemplo, en que el propósito de la matanza era sencillamente reducir la capacidad de resistencia de los indios por medio del terror.[79] Era una táctica; recordó la matanza de Xaragua en La Española y la de Caonao en Cuba; incluso sugirió que, desde el tejado donde observaba, Cortés recitó un romance famoso en esos tiempos:

Mira Nero de Tarpeya
a Roma cómo se ardía;
gritos dan niños y viejos,
y él de nada se dolía.[80]

Es realmente inverosímil que ocurriera esto. Sin embargo, el fondo del alegato de Las Casas era indudablemente acertado. Hasta Juan González Ponce de León (un hijo del amigo de Cortés y descubridor de Florida, Ponce de León) convino en el juicio de residencia del caudillo que era «útil e provechoso el castigo que se hizo» para atemorizar a los habitantes de esa tierra.[81] Francisco de Flores, otro amigo de Cortés, tal vez oriundo de Medellín y en todo caso extremeño, dijo que el castigo era adecuado para obtener la pacificación del país.[82] Según un conquistador de un pueblo cercano a Jaén, Alonso de la Serna, «el dicho castigo les cobraron mucho themor para que adelante no se atreviesen... a cometer semejantes trayciones». Ginés Martín, quien también estuvo presente, describió en 1525, cómo Cortés «e los españoles que con el yban, viendo que los yndios del dicho pueblo estaban de mal arte, y por darles la guerra, mataron mucha gente dellos hasta que quedó pacífico el dicho pueblo».[83]

En 1581, Gabriel Rojas, corregidor español en esa época, comentó que «... aunque los naturales [de Cholula] niegan el haberle ordenado traición, y sólo dan por excusa q[ue], por no haberle acudido con la comida necesaria, hizo aquella mortandad en ellos, lo cual no es de creer».[84] Otros, entre ellos Motolinía, insistieron en la existencia de alguna conjura.

Afirmar lo contrario significaría sugerir un nivel bastante elevado de colaboración y de imaginación en el relato de este asunto por Cortés y por Bernal Díaz del Castillo, y eso es un tanto inverosímil: Cortés menciona que los tlaxcaltecas encontraron barricadas, piedras en los tejados, caminos cerrados o llenos de baches.[85]

Así pues, debió de existir una conspiración (si bien no hay forma de saber cuál hubiese sido el resultado), probablemente inspirada y, hasta cierto punto, pensada por los mexicas; tal vez los cholultecas, que tenían tanto sentido histórico como los demás pueblos de la región, recordaron que, según sus leyendas, se habían asentado tras haber matado a traición a unos gigantes que antes vivían allí.[86] Puede que el rumor del plan llegó a oídos de los tlaxcaltecas, quienes lo utilizaron como pretexto para inducir a los castellanos a destruir una ciudad enemiga; y que Cortés, al evocar la eficacia de las matanzas en La Española y en Cuba (según recordó Las Casas), «aprovechó la oportunidad para conseguir una propaganda por la hazaña».[87] En palabras del mayordomo de Cortés, Joan de Cáceres, se trataba de un «castigo» de objetivo disuasivo.[88] Los expedicionarios se hallaban seguramente más nerviosos, cansados y desorientados de lo que indican sus cronistas. Tal vez estuviesen hartos de los alimentos poco familiares; quizá Cortés creyera beneficioso darles una batalla y ésta, una vez empezada, resultara imposible de contener, aunque sólo fuera porque los tlaxcaltecas veían en ella la posibilidad de vengarse. Ahora bien, es probable que dicha venganza alcanzara un nuevo nivel, que tenía poco que ver con las matanzas del pasado. Tal vez Cortés pretendiera matar sólo a unos cuantos señores de Cholula; pero, una vez iniciado el derramamiento de sangre, algo como una sed sanguinaria se apoderó de sus hombres y éstos mataron a cientos de indios. Ninguno de los conquistadores que participaron en el acontecimiento parece haber realmente deseado hablar posteriormente de él.

Cortés tuvo que encargarse también de los emisarios mexicanos que, medio muertos de miedo, habían permanecido en sus aposentos, temblando.[89] Les explicó que los señores cholultecas atribuían su traición a Moctezuma y, como esto demostraba que el emperador no había cumplido su palabra, los castellanos habían cambiado de plan: tenía pensado ir a Tenochtitlan en son de paz, como amigo; pero ahora, anunció fríamente, entraría en el territorio de Moctezuma en son de guerra y causaría tantos estragos como lo haría un enemigo.

Los atemorizados embajadores alegaron no tener noticia alguna de que su emperador hubiera alentado a los cholultecas a oponerse a Cortés; pidieron permiso para enviar un mensaje a Moctezuma a fin de enterarse de la verdad. Cortés, fingiendo estar apaciguado, aceptó.[90] Un mensajero recorrió a toda velocidad los noventa y seis kilómetros hasta Tenochtitlan. Cuando se enteraron de lo ocurrido, el pánico hizo presa nuevamente tanto en Moctezuma como en su pueblo, «... la gente humilde no más está llena de espanto. No hace más que sentirse azorada. Es como si la tierra temblara... tal como si le diera vueltas a uno cuando hace ruedos».[91] La consecuencia de esas revelaciones no dejaba lugar a duda: ya no podían creer que Cortés fuera una reencarnación de Quetzalcóatl, el dios moderado, pues no habría actuado con tal brutalidad en el patio del templo del propio dios. De ser un dios, Cortés era un dios de la guerra y la brutalidad, quizá Tezcatlipoca o incluso Huitzilopochtli.

Pero lo más alarmante era que Quetzalcóatl no hubiese hecho nada; las trompetas de caracol de sus sacerdotes sonaron, pero él no hizo nada; no sólo abandonó a los cholultecas a su suerte, sino que permitió que los enemigos allanaran su sagrada casa, asesinaran a sus sacerdotes y destruyeran sus efigies. En todo caso, a partir de entonces, ya no se habla de Cortés como reencarnación de Quetzalcóatl. La noticia de la matanza debió de ser catastrófica, pues ya nada era seguro, nada era sagrado.

El mensajero de los embajadores mexicanos regresó a Cholula al cabo de seis días. Le acompañaban hombres que traían «mil quinientas ropas de algodón, algunas piezas de pluma y mil castellanos de oro»[92] y comida en cantidad. En su mensaje, Moctezuma se mostraba pródigo en disculpas por la supuesta rebelión. Él no tenía nada que ver con ella; la culpa era de los jefes de las guarniciones mexicanas locales (en Izúcar y en Acatzinco), amigos de los señores de Cholula. Repetía que enviaría a Cortés lo que éste deseara, si no iba a México; alegaba tener problemas para proporcionar comida a los castellanos, pues, para alimentarse, la ciudad dependía de lo que traían los cargadores.[93] Cortés le envió una de sus retorcidas respuestas: él también tenía un problema: había de mandar un informe sobre Moctezuma y su reino a su propio monarca, el rey Carlos V. Moctezuma contestó de modo igualmente retorcido: si Cortés no iba a Tenochtitlan, él, Moctezuma, estaría encantado de verlo.[94] No obstante se dedicó inmediatamente a buscar el modo de evitarlo.

19. OTRO NUEVO MUNDO DE GRANDES POBLACIONES Y TORRES

Y luego otro día, vino el dicho Ordaz, el cual... dijo que había visto otro nuevo mundo de grandes poblaciones y torres, y una mar, y dentro de ella una ciudad muy grande edificada, y que a la verdad al parecer, ponía temor y espanto

Fray AGUILAR, *Relación breve de la conquista de la Nueva España*

México-Tenochtitlan se encuentra sólo a ochenta y tres kilómetros de Cholula, a vuelo de pájaro. Ambas ciudades se hallan a unos dos mil doscientos metros sobre el nivel del mar. Pero entre ellas, una cordillera, cuyas cimas más altas son las de los volcanes Iztaccihuátl y Popocatepetl, constituye una protección y un obstáculo. Varios pasos atraviesan esta cordillera: cuando fueron a Texcoco, Alvarado y Vázquez de Tapia siguieron uno, al sur del Popocatepetl; otro, al norte del Iztaccihuátl, sigue el curso del río Atoyac desde Huexotzinco hasta llegar casi al nacimiento del río y desciende, siguiendo el curso de otra corriente de agua, pasando cerca de Chalco. Ésa ha sido la ruta de México a Veracruz durante casi toda la historia moderna. Una tercera vía, más fácil, un poco hacia el norte, pasado el lago Apan, baja al Valle de México cerca de Otumba. El cuarto itinerario, el más difícil, pasa entre los volcanes. Todavía hoy en gran parte de su recorrido no es sino un sendero, se desliza a través de pueblos perdidos, más allá de Cholula antes de llegar, a poco menos de cuatro mil metros sobre el nivel del mar, a una depresión conocida como el Paso de Cortés, pues fue ésta la ruta que tomaron los conquistadores para llegar a Tenochtitlan por primera vez. Cortés la eligió por ser la que los mexicas menos esperarían que los castellanos recorrieran y, por tanto, no la bloquearían.

Cortés salió de Cholula probablemente el 1 de noviembre de 1519. Fue cuando perdió sus primeros aliados indios, los totonacas y los cempoaltecas, que regresaron a sus pueblos cargados de regalos de Cortés (muchos de ellos se los había obsequiado Moctezuma). En lugar de esos naturales, lo acompañaban ahora unos mil tlaxcaltecas, más que dispuestos a ayudar a sus nuevos aliados: a cargar o tirar de los cañones (tarea de los totonacas hasta entonces), a hacer tortillas (tarea de algunas de las trescientas muchachas que Maxixcatzin y Xicoténcatl habían regalado a Cortés (y que éste había devuelto).[1] También le acompañaban el pequeño grupo compuesto por los embajadores mexicanos y sus criados.

Al partir, Cortés envió a diez hombres bajo el mando de Diego de Ordás a fin de observar el volcán Popocatepetl que entonces soltaba un humo peligroso. En años recientes, ese volcán había entrado en erupción en varias ocasiones, la última en 1509. La mayoría de los conquistadores veía por primera vez un volcán, aunque algunos tal vez vislumbraran el monte Etna o el Vesubio, y quizá uno o dos de ellos, los volcanes de las islas Canarias.

En todo caso, cuando Ordás llegó cerca del volcán, el Popocatepetl soltaba una nube de humo que ascendía «como una flecha»[2] y arrojaba piedras muy calientes. No obstante, Ordás casi llegó a «dos lanzas de distancia» de la cima. Pero el humo y el frío, así como las rocas y las cenizas le obligaron a retroceder. (Hoy día, ningún viajero intentaría recorrer el último tramo del ascenso en la nieve sin garfios; y, de ser cierta la versión de Ordás, las lanzas debieron de ser extraordinariamente largas.) De hecho, regresó con información valiosa acerca del mejor camino para llegar al gran lago y relatos interesantes acerca de la superficie rocosa de la lava recién arrojada; su compañero Gutierre de Casamori mencionó haber visto carámbanos, cosa difícil de creer.[3] Gracias al aire transparente, Ordás vio el lago y las ciudades del Valle de México extendidas mucho más abajo: otro mundo nuevo de grandes poblaciones y torres, y una mar, y dentro de ella una ciudad muy grande edificada.[4] Quizá pensara en la tentadora vista de Nápoles que tuvo el rey Alfonso, según un conocido romance, y cuya captura sabía que le costaría la vida de miles de hombres. Así también en *El cantar del Mio Cid*, éste y sus hombres:

> miran Valencia cómo yaze la cibdad
> el del otro parte a ojo han el mar
> miran la huerta, espessa es e grand;
> alçan las manos por a Dios rrogar
> d'esta ganancia cómo es buena e grand.[5]

Cuando, en 1525, Ordás recibió permiso de tener su propio escudo, hizo figurar en él el humeante volcán.[6]

Mientras tanto, la casi totalidad de la expedición se marchó muy animada de Cholula. Debió alentarle ver que no había ni querellas ni miedo durante el camino hacia el paso:[7] Velázquez de León parecía tan contento como Ordás de acompañar a Cortés. Se habían olvidado del gobernador de Cuba.

Para los mexicas, los castellanos en movimiento representaban una atemorizante visión. Los informantes de Sahagún recuerdan cómo «... ya se pusieron en marcha, ya van hacia México. Van en una círculo, van en son de conquista. Van alzando en torbellino el polvo de los caminos. Sus lanzas, sus astiles, que murciélagos semejan, van como resplandeciendo. Y en cuanto a sus espadas, como el agua hacen ondas. Así hacen también estruendo. Sus cotas de malla, sus cascos de hierro; haciendo van estruendo. Algunos van llevando puesto hierro, van ataviados de hierro, van relumbrando. Por esto se les vio con gran temor, van infundiendo espanto en todos: son muy espantosos, son horrendos. Y sus perros van por delante, los van precediendo; llevan sus orejas en alto, llevan tendidas sus narices: van de carrera: les va cayendo la saliva».[8]

El primer día después de dejar Cholula, los expedicionarios llegaron a Calpan, una ciudad bastante grande, antaño aliada de Huexotzinco. Varios señores de Huexotzinco fueron allí a ver a Cortés y, como los de Tlaxcala, le aconsejaron no ir a Tenochtitlan, pues ésta era demasiado poderosa y no se la podía conquistar; pero, si insistían en seguir pese a sus consejos, debían saber que, al llegar a la cima del paso entre los volcanes, encontrarían dos caminos: uno bloqueado por árboles cortados, cactos y matorrales; el otro, libre. Debían ir por el camino bloqueado, pues los mexicas seguramente tendrían lista una emboscada en el otro.[9] Una vez dado el consejo, los emisarios de Huexotzinco regresaron probablemente a su ciudad, contentos de haber evitado una visita de los castellanos y dando gracias a su dios, *Camaxtli*. Seguramente estaban en pleno proceso de preparación del festival en honor de este dios que se celebraba el 15 de noviembre.

Al día siguiente la expedición emprendió la marcha temprano, recorrió dieciséis kilómetros, ascendió otros cientos de metros y, poco antes del mediodía, llegó a la cima entre los volcanes. Es allí dónde, según una leyenda, el dios Quetzalcóatl se detuvo al huir de Tula, y donde sus enanos y jorobados murieron congelados.[10] Fue también allí donde, pocos años antes de la llegada de los castellanos, un diplomático huexotzinca compuso un poema cuando iba a pedir a los mexicas ayuda contra los tlaxcaltecas:

> *Subo, llego hasta acá:*
> *el inmenso lago, azulverdoso,*
> *ya permanece apacible, ya se agita,*
> *ya hace espuma y canta entre las piedras.*[11]

Este poema sugiere que en esos tiempos no existían árboles que impidieran ver el lago; mas el poeta debió de escribir sus versos en primavera, pues allí noviembre suele estar nublado, lluvioso y brumoso. Ni Cortés ni los demás castellanos parecen haber recordado ver desde el paso Tenochtitlan y su lago, ese 2 de noviembre de 1519. El tiempo debió de impedírselo.

No obstante, lo que sí vieron fue la bifurcación de que había hablado el emisario de Huexotzinco; y, como había anunciado, el camino se hallaba bloqueado por un lado y libre por el otro. Cortés preguntó con voz sedosa a los emisarios mexicanos por qué había dos caminos, y uno de ellos estaba bloqueado. Los sufridos servidores de Moctezuma, al no poder influir a sus compañeros de viaje y temerosos por su vida una vez en Tenochtitlan, explicaron que el propósito del camino bloqueado era disuadir a la gente de recorrerlo, pues soplaba mucho viento, era menos directo y estaba lleno de tramos difíciles. Cortés, sin embargo, insistió en ir por allí y ordenó a los tlaxcaltecas que quitaran los árboles y demás obstáculos. Los indios acabaron rápidamente la tarea. El ejército de Cortés tomó ese camino.[12] Empezó a nevar poco antes de que los expedicionarios llegaran a Huehuecalco, pero en esa ciudad los castellanos encontraron un refugio enorme donde podían pasar la noche y donde había alimentos almacenados, tal vez para uso del ejército mexicano yendo rumbo a una «guerra florida».[13] Montaron guardia, necesariamente numerosa, según Cortés, pues cabía la posibilidad de un ataque.[14]

Aquí, Cortés soltó otro de sus implacables discursos a unos indios locales, que llegaron educadamente a verle: «Sabed que estos que conmigo vienen no duermen de noche, y si duermen es un poco cuando es de día; y de noche están con sus armas, y cualquiera que ven que anda en pie o entra do[nde] ellos están, luego lo matan; y yo no basto a lo resistir; por tanto, hacedlo así saber a toda vuestra gentm e decidles que después de puesto el sol ninguno venga do[nde] estamos, porque morirá, y a mí me pesará de los que murieren.»

Pese a la advertencia, algunos indios locales no pudieron resistir la curiosidad de ver lo que hacían los castellanos de noche. Los mataron, como había prometido Cortés, y no se volvió a mencionar el asunto.[15]

Al día siguiente el tiempo había mejorado y los castellanos pudieron ver, desde la cima de la sierra, gran parte del Valle de México: el lago azul a unos dieciséis kilómetros de distancia y un indicio de una gran ciudad dos veces más lejos; muchos otros pueblos, donde el humo salía de las casas; verdes campos cultivados de maíz y frijoles en la fértil zona más cercana al sitio donde estaban. De ser ciertas las leyendas de los mexicas, más de doscientos años atrás la entonces pequeña tribu habría contemplado el mismo paisaje, si bien desde otra dirección.[16] La alegría de los conquistadores se veía, naturalmente, teñida de inquietud; e incluso entonces en opinión de algunos sería mejor regresar a Tlaxcala hasta ser más numerosos.[17] Sin embargo, esta desazón no hizo mella en Cortés. Ya para entonces la expedición se encontraba en el territorio de los chalcas, cuya principal ciudad, Chalco, se hallaba en la ensenada al sudeste del lago.

Los chalcas habían sido compañeros de los mexicas en los inicios de la migración. Con Xochimilco [en este caso, la «x» se pronuncia «s»], su territorio era el más fértil del Valle de México.[18] Fueron los chalcas quienes enseñaron a los mexicas, se dice, a hacer pulque de la savia del maguey.[19] El estilo de su escultura fue a la vez anterior al de los mexicas y más delicado; probablemente en este arte influyeron también sobre ellos. Posteriormente resistieron a los mexicas, lucharon contra ellos y fueron derrotados; el tributo que debían pagar incluía, al principio, tanto piedras como trabajadores para la construcción o reconstrucción de partes de Tenochtitlan; en 1519, como tributarios, tenían que suministrar cantidades sustanciosas de varios artículos: ochocientas capas largas dos veces al año y, anualmente, dos trajes de guerrero con escudos; seis recipientes de madera llenos de maíz, dos de frijoles y dos de salvia.[20]

Nada más entrar en territorio chalca los castellanos se encontraron con una nueva misión de Moctezuma, encabezada por un noble llamado Tziuacpopocatzin. El emperador le había ordenado vestirse como si fuera el propio Moctezuma y fingir ser el monarca. Al parecer, Moctezuma quería convencerse de que los castellanos se retirarían cuando viesen al que suponían ser el objeto de su curiosidad.[21] Algunos de los nigrománticos en quienes Moctezuma había confiado anteriormente seguían al jefe de la delegación, quien llevaba, además, regalos: serpentinas de oro, plumas de quetzal, collares de oro. Los castellanos estaban encantados con esos objetos. Según Sahagún: «se les puso risueña la cara, se alegraron mucho, estaban deleitándose. Como si fueran monos levantaban el oro, como que se sentaban en ademán de gusto, como que se les renovaba y se les iluminaba el corazón. Como que cierto es que eso anhelan con gran sed, se les ensancha el cuerpo por eso, tiene hambre furiosa de eso. Como unos puercos hambrientos ansían el oro. Y las banderas de oro las arrebatan ansiosos, las agitan a un lado y a otro, las ven de una parte y de otra. Están como quien habla lengua salvaje; todo lo que dicen, en lengua salvaje es».[22]

A primera vista, Tziuacpopocatzin impresionó a los castellanos, quienes preguntaron a sus aliados tlaxcaltecas si era Moctezuma; cuando éstos respondieron que no, que no era él, hicieron la misma pregunta al mexicano y «dijo él: Sí; yo soy tu servidor. Yo soy Motetecuhzoma». Los castellanos se rieron y Cortés, al parecer, exclamó: «¡Fuera de aquí!... ¿Por qué nos engañas? ¿Quién crees que somos? Tú no nos engañarás, no te burlarás de nosotros. Tú no nos amedrentarás, nos nos cegarás los ojos. Tú no nos harás mal de ojo, no nos torcerás el rostro. Tú no nos hechizarás los ojos, no nos los torcerás tampoco. Tú no nos amortecerás los ojos, no nos los atrofiarás. Tú no echarás lodo a los ojos, no los llenarás de fango.» Y, según las fuentes indígenas, añadió: «Tú no eres... ¡Allá está *Motecuhzoma*! No se podrá ocultar, no podrá esconderse de nosotros. ¿Adónde podrá ir? ¿Será ave y volará? ¿O en la tierra pondrá su camino? ¿Acaso en lugar alguna ha de perforar un cerro para meterse en su interior? Nosotros hemos de verlo. No habrá modo de no ver su rostro. Nosotros oiremos su palabra, de sus labios la oiremos.»[23]

Entretanto, los nigrománticos probaron ser tan inútiles como sus predecesores cuando Cortés se hallaba aún en la costa. Lo que es peor, dicen que tuvieron una experiencia desagradable: al regresar del *real* castellano se encontraron (eso es, al menos lo que dijeron a Moctezuma) con un borracho de Chalco, atado con ocho cuerdas alrededor del pecho, que los reprendió: «¿... para qué volvéis vosotros de nuevo acá? ¿Qué es lo que Motecuzuma pretende hacer contra los espeñoles por vuestro medio? Tarde ha vuelto sobre sí, que ya está determinado de quitarle su reino, su honra y cuanto tiene, por las grandes tiranías que ha cometido contra sus vasallos».

Los nigrománticos explicaron a Moctezuma que se habían apresurado a construirle un «altar de piedras y tierra, cubriéndolo con yerbas y flores de las que por allí hallaron». Pero el chalca no quiso ni mirar lo que habían hecho y empezó a reñirles con más furia, e injuriarlos con más altas voces diciéndoles: «¿A qué habéis venido aquí, traidores? No tenéis remedio. Volveos y mirad hacia México. Veréis lo que ha de venir sobre ella antes de muchos días.» Los nigrománticos así lo hicieron y vieron todos los templos, los palacios y las casas en llamas y luchas en todas partes de la ciudad. Concluyeron que el borracho debía de ser el dios travieso, Tezcatlipoca,[24] dios que, probablemente en opinión del propio Moctezuma, desempeñaba un papel importante en el desenredo de todos estos asuntos. Cuando iban a hacer más preguntas al hombre, éste había desaparecido. Regresaron a Tenochtitlan y contaron su experiencia a Moctezuma, quien contestó casi fuera de sí: «¿Qué remedio, mis fuertes? ¡Pues con esto ya fuimos aquí!... ¿Acaso hay algún monte donde subamos? ¿O acaso hemos de huir?... Dignos de compasión son el pobre viejo, la pobre vieja y los niñitos que aún no razonan. ¿En dónde podrán ser puestos en salvo?... ¿Cómo hacer y hacia dónde?... Ya se nos dio el merecido.... Comoquiera que sea, y lo que quiera que sea... ya tendremos que verlo con asombro.»[25]

Dígase lo que se diga sobre la experiencia de los nigrománticos, es al menos posible que hubiesen recurrido a las setas sagradas, algunas de las cuales crecían en las pendientes por las que bajaban con tanta renuencia. Sus visiones, como las de Moctezuma y otras relatadas anteriormente, hacen pensar en efectos semejantes de los alucinógenos modernos.[26]

Moctezuma se reunió de nuevo con su consejo supremo. Entre los presentes se hallaban, como de costumbre, su hermano Cuitláhuac, y su sobrino Cacama, rey de Texcoco. Siguió otra larga discusión sobre si habían de recibir o no a los castellanos y cómo recibirlos. Tanto Cuitláhuac como Cacama y casi todos los caciques se opusieron a ello; pensaban que debían defenderse contra los forasteros cada palmo del camino a Tenochtitlan. De hecho, parece que el propio Moctezuma se inclinó durante un tiempo por una posición más clara: no habían de esconderse ni huir, ni ser cobardes, ni imaginar que la gloria de México perecería, se dice que comentó, añadiendo que estaban resueltos a morir en defensa de Tenochtitlan. En todo caso, no duró ese estado de ánimo.[27] Al poco tiempo «le había cometido el recibimiento de los españoles... apercibir en la ciudad comida y regalos...»[28]

Para entonces las festividades de fines de octubre, o sea del mes mexica Tepeílhuitl, y la fabricación de pequeñas figuras hechas de semillas de amaranto y representando a los dioses de la montaña (símbolos del agua) ya habrían terminado en Tenochtitlan. Ya habrían sacrificado, tras una procesión acompañada de cantos y danzas, a las mujeres que representaban a dichos dioses y al hombre que representaba una serpiente. México empezaba a preparse para seis meses sin lluvias. Seguramente había quien consideraba propicio el que los españoles llegaran desde las montañas, pues tal vez se trataba de mensajeros del dios de la lluvia, Tlaloc y no de Quetzalcóatl. (Según los mexicas, existían tantos pequeños Tlaloc, «tlaloques», como montañas y, por ello, en ocasiones especiales sacrificaban a niños que los encarnaban, pintados de azul, sugiriendo el agua, y dejándolos morir a veces en una cueva sagrada.)[29]

Continuaba el inexorable y, desde el punto de vista mexica, aún inexplicable avance de Cortés hacia Tenochtitlan. La expedición siguió bajando sin detenerse a examinar los numerosos altares mexicanos que salpicaban las pendientes de las montañas. Cruzaron robledales y bosques donde había también alisos, acacias y cipreses. Probablemente verían numerosos venados de cola blanca que constituían casi toda la provisión de carne del México antiguo, cosa de la cual los castellanos no tardarían en enterarse.[30] Ocasionalmente, a través de los árboles y a lo lejos, vislumbrarían brillantes campos de color lila y amarillo.

El día después de la llegada de los emisarios, cuando Cortés dejó atrás el paso, la expedición llegó al pie del sendero al nivel del lago de México, y pasó la noche en Amecameca,[31] una de las numerosas poblaciones fundadas en el siglo XIII por tribus de chichimecas nómadas (de las cuales los mexicas fueron los últimos en llegar), y la única de la que los depredadores nómadas expulsaron a la población indígena.[32] La mayor parte de estos pueblos eran gobernados por familias reales de ascendencia tolteca y, por tanto, parientes lejanos de los monarcas mexicanos. En Amecameca, cuya población alcanzaría unos tres mil habitantes, a Cortés y a sus hombres los alojaron en «unas muy buenas casas» propiedad del señor local. Éste, sin duda primo de Moctezuma, dio a Cortés toda la comida que necesitaba, algo de oro y cuarenta esclavas, «muchas mozas, hermosas muchachas de muy poca edad, todas muy galanas y bien vestidas y aderezadas», según fray Durán.[33] El caudillo aceptó esos regalos sin la hipocresía que mostró al recibir obsequios semejantes en Tlaxcala.[34] Al parecer, la expedición permaneció dos noches en Amecameca, las del 3 y el 4 de noviembre.[35]

Allí también Cortés oyó con satisfacción cómo se quejaban las gentes locales de que los recaudadores de Moctezuma les robaban sus posesiones. No podía liberarlos inmediatamente de dicha carga, les dijo, pero esperaba hacerlo más tarde. Era obvio que los mexicas pretendían matar a todos los castellanos poco después de su llegada, afirmaron los jefes; pero Cortés descartó alegremente la idea y alegó que debía ir a la ciudad para explicar a Moctezuma lo ordenado por el Dios cristiano.[36]

Al día siguiente, los castellanos prosiguieron la marcha y pasaron la noche en Chalco, la primera ciudad que vieron a orillas del lago, pero en una pequeña ensenada, y cuya población duplicaba la de Amecameca, a saber, unos seis mil habitantes. Esa noche Cortés tuvo que dispersar, con unas cuantas descargas de arcabuces, a varias canoas «llenas —según uno de sus seguidores— de espías». Tal vez estuviesen simplemente llenas de curiosos.[37]

Mientras Cortés se encontraba en Chalco, Moctezuma celebraba en Tenochtitlan otra reunión con los reyes de Texcoco y de Tacuba, entre otros; seguramente le inquietaba la presencia de Cortés en Chalco, pues esta ciudad tributaria se había rebelado más a menudo que ninguna otra desde su conquista.[38] ¿Acaso no había escrito un poeta chalco, hace cincuenta años, los siguientes versos?

> *¡Meditadlo, pensadlo, oh príncipes de Chalco,*
> *oh, los de Amaquemecan!*
> *¡Una niebla de escudos hay sobre nuestras casas:*
> *una lluvia de dardos!*
> *¿Cuál ha sido el fallo del que da la vida?*
> *¡Ya está abrasada en llamas la ciudad de Chalco:*
> *ya corren dispersos tus vasallos!*
> *¡Baste ya con esto; quede cumplida*
> *la sentencia del que da la vida:*
> *tenga el dios piedad!*
> *En el campo de los cascabeles:*
> *en el campo de la batalla,*
> *las cañas de los dardos están quebradas:*
> *aquí en Chalco el polvo amarillea,*
> *las casas han comenzado a humear...*
> *Oh, tú que imperas entre espadañas,*
> *tú, Motecuzoma [Moctezuma], y tú, Nezahualcóyotl:*
> *tú destruyes la tierra, desbaratas a Chalco:*
> *¡sienta piedad tu corazón!*[39]

Mas esos monarcas no tuvieron piedad. Sin duda Moctezuma II, biznieto del Moctezuma del poema, sabía del odio hacia los mexicas que había existido bajo la superficie a lo largo de dos generaciones de chalcas.

Moctezuma habló con los reyes de Texcoco y Tacuba en los extraños términos siguientes: «Poderosos señores, lo que os quiero [decir] es, después de que es justo que todos tres recibamos a los dioses, consolarme con vosotros y saludaros y despedirme de vosotros y consolar vuestros pechos atribulados. Ya veis cuán poco hemos gozado de nuestros reinos y señoríos, los cuales nos dejaron nuestros antepasados reyes y grandes señores, saliendo de esta vida con paz y concordia, sin pena ni pesadumbre... Pero, ¡ay, desdichados de nosotros...! ¿Qué merecimos? ¿En qué ofendimos a Dios? ¿Cómo fue esto? ¿De dónde vino esta calamidad y zozobra y este desasosiego? ¿Quiénes son estos que han venido? ¿De dónde han venido? ¿Quién los enseñó acá? ¿Cómo no sucedió esto en tiempo de nuestros antepasados? El remedio que hay es, señores, que os esforcéis y animéis a sufrir lo que os viniere, pues ya lo tenemos a la puerta.»

Se dice que varios caciques lloraron de angustia. Moctezuma prosiguió, reprochando a los dioses haber traído a sus pueblos tan temible suerte y «esta lamentosa plática y querella hizo delante de los dos reyes y delante de todo el pueblo, con muchas y abundosas lágrimas, dando a entender a todo el pueblo la pena que recibía de la venida de estas nuevas gentes, pidiéndoles a esos mismos dioses se apiadasen de los pobres, de los huérfanos y de las viudas, de los niños y de los viejos y viejas, con otras muchas peticiones que pidió, ofreciendo sacrificios y ofrendas con mucha devoción y lágrimas y sacrificándose y sacando la sangre de sus brazos y orejas y de sus espinillas, todo para mostrar su inocencia y lo que de la venida de los españoles se dolía».[40] Pero este discurso lacrimoso no le impidió seguir pensando en engañar e incluso asesinar a los visitantes. No obstante, obviamente se apoderó de él un temor sin nombre, aprensión por lo que había de ocurrir, reacción comprensible en vistas de que, después de todo, aún corría el año-caña, mal año para los reyes. Además, no quedaba claro lo que harían los extranjeros. Si se los trataba como embajadores, ¿se comportarían como tales?

Moctezuma continuó intentando aplazar su llegada. Estando Cortés en Chalco le envió otra delegación, encabezada por cuatro jefes mexicanos que, como siempre, llevaban oro y telas.[41] El emperador, le dijeron, lamentaba no haber venido a saludarle personalmente, pero, por desgracia, se encontraba enfermo. Ellos, por otro lado, se ponían a disposición de los castellanos. A Moctezuma le preocupaban las dificultades a las que se habían enfrentado al venir de tan lejos para verle; ya había enviado a Cortés mucho oro y jade para el rey cristiano y para los dioses en los que, sabía, creían los cristianos; le rogaba nuevamente que no fuera a Tenochtitlan, pues no había realmente comida para los expedicionarios; el camino era atroz y la mejor forma de llegar era por canoa, cosa peligrosa; el pueblo entero estaba protestando ante la idea de una estancia de los castellanos; si Cortés se avenía a regresar a su país, Moctezuma se comprometía nuevamente a enviarle cada año tributos en forma de oro, depositados donde quisiera Cortés.[42]

Cortés les ofreció las habituales cuentas de cristales y afirmó estar sorprendido ante la inconsecuencia de Moctezuma; él y su ejército habían viajado desde muy lejos y se encontraban casi a la vista de Tenochtitlan, ¿cómo podían dar marcha atrás? De hecho, si de él dependiera, alegó con su acostumbrada falacia, podría pensar en regresar, en consideración a los sentimientos de Moctezuma; mas si lo hacía, él y sus hombres serían vistos como unos cobardes. Cortés se hallaba resuelto a ver a Moctezuma, pues el rey de Castilla se lo había ordenado y le había exigido que le contara lo que estaba pasando. Pero, por supuesto, una vez que hubiese entrado en la capital, si la presencia castellana era molesta, regresaría por donde había llegado. En cuanto a la comida, acaso resultara un problema para los mexicas, lo comprendía pero insistió en que él y sus hombres podían sobrevivir con poca cosa.[43]

Los castellanos pasaron la noche siguiente a apenas unos ocho kilómetros de Chalco, en Ayotzingo, donde encontraron tanta inmundicia humana que supusieron que un ejército mexica se hallaba cerca, preparándose para atacarlos.[44] Temprano, por la mañana del día siguiente, salieron de Ayotzingo. No tardaron en acercarse cuatro caciques mexicanos, quienes afirmaron que Cacama, sobrino de Moctezuma y rey de Texcoco, venía de camino para verlos. Y así era: transportado en una litera finamente adornada de plumas verdes, con bordes de plata y repujados de oro, dio a Cortés un mensaje sumamente contradictorio, dirigiéndose a él como Malinche (amo de Marina):[45] «Malinche, aquí venimos yo y estos señores a te servir, hacerte dar todo lo que hubieres menester para ti y tus compañeros, y meteros en vuestras casas, que es nuestra ciudad; porque así nos es mandado por vuestro señor el gran Montezuma, y porque está mal dispuesto lo deja, y no por falta de muy buena voluntad que os tiene.»[46]

Cortés respondió con otro discurso y ofreció a Cacama tres perlas: tesoros aparentemente conservados para una ocasión de esta índole (seguramente venían de la isla Margarita, cerca de las costas de Venezuela y se las había proporcionado Juan Riberol, el agente genovés en las Indias del famosísimo platero y comerciante de perlas sevillano Juan de Córdoba, con quien el caudillo ya había tenido tratos).[47] Los castellanos viajaron parte del camino en compañía de Cacama. Éste, si bien sentía instintivamente hostilidad hacia Cortés y no se dejaba llevar por las dudas espirituales de Moctezuma, poseía suficientemente el tradicional sentido mexicano de la hospitalidad para saber que había de tratar bien a alguien que alegaba ser embajador de un monarca extranjero. Lo que no sabía, por supuesto, era que el rey de Castilla no tenía idea de lo que estaba haciendo Cortés, que ni siquiera sabía quién era Cortés y no le había encargado ninguna misión.

La expedición pasó por Mixquic, una pequeña aldea, capital de una diminuta nación, los mixquicas, conquistada por los mexicas

313

antes de fines del siglo XIV. Mixquic, «una ciudad la más hermosa, aunque pequeña, que hasta entonces habíamos visto»,[48] con muchas torres, parecía haber sido construida en parte sobre el agua. Cerca de allí se cultivaban chinampas. Cortés se enteró de que el camino a Tenochtitlan, probablemente una especie de calzada construida en el siglo anterior, como castigo, por los xochimilcas, se hallaba libre y no representaba ninguna dificultad. Muchos años más tarde Juan de Nájera recordaría que los tlaxcaltecas «fueron acompañando y sirviendo al dicho [Cortés] y su gente, llevandoles el jato e dándolles de comer e todo lo necesario».[49] Es de suponer que echaron mano de todo ello en las ciudades por las que pasaban.

A unos seis kilómetros y medio de Mixquic llegaron al principio de una calzada —tan ancha «como es larga una lanza»— que llevaba a una isla en la que se había construido la ciudad de Cuitláhuac, capital de otra pequeña nación (de unos tres mil habitantes) conquistada por los mexicas poco después de su llegada al poder. Había quienes consideraron que pese a ser ahora tan pocos sus vecinos, se trataba del emplazamiento de la legendaria Aztlán.[50] Los señores rogaron a Cortés que pasara la noche allí y éste se sintió tentado de hacerlo; mas los guías mexicas querían que recorrieran en seguida otra calzada que llevaba a la península de Culhuacan. Cortés aceptó, pues temía que pusieran obstáculos antes de llegar a su destino.[51]

Estas poblaciones, Mixquic, Cuitláhuac y Culhuacan, eran las fundadoras de la cultura del Valle de México. Esta última, que en los primeros tiempos derrotó a los mexicas antes de que éstos la derrotaran a su vez, constituía una dependencia muy especial. Se decía que la antigua casa real de Tula había huido a Culhuacan tras la caída de su ciudad. En 1519 se suponía que los monarcas de Culhuacan tenían aún lazos de sangre con esa familia real. Todavía se hacían respetar, aunque no obedecer, por los monarcas de otras ciudades. En 1519 una hija de Moctezuma se casó con Tezozomoc, el señor de Culhuacan.[52] Los mexicas, tras ser expulsados de Chapultepec, vivieron durante un tiempo en Tizapan, ciudad de tierra firme, en ese entonces dependencia de Culhuacan. A menudo decían ser culhúas, debido a la sangre culhúa (y, por tanto, tolteca) de su primer monarca, Acampichtli. Al acercarse a este territorio, a Bernal Díaz del Castillo le pareció tan extraño el paisaje lleno de pirámides («torres»), calzadas y agua, que «decíamos que parecía a las cosas y encantamiento que cuentan el libro de Amadís, por las grandes torres y cues [templos indígenas] y edificios que tenían dentro en el agua, y todas de cal y canto; y aun algunos de nuestros soldados decían que si aquello que aquí si era entre sueños».[53] Declaración que, por muy citada que haya sido, demuestra que Bernal Díaz del Castillo, aun siendo vecino del autor, había olvidado o no había leído el Amadís de Gaula, pues en ese romance existen pocas descripciones de torres o ciudades hermosas.[54] Por otro lado, en el *Amadís* el rey Perión «soñaba que entraba en aquella cámara por una falsa puerta, y no sabía quién a él iba y le metía las manos por los costados, e sacándole el corazón, le echaba en un río...» ¿Acaso se trataba de una profecía sobre Tenochtitlan escrita en Medina del Campo?[55]

Esa noche los conquistadores se alojaron en Iztapalapa, ciudad culhuaca, a orillas del lago frente a Tenochtitlan. Los ancianos, incluyendo el señor de la ciudad y hermano de Moctezuma, Cuitláhuac (cuyo nombre era el mismo que el de la cercana población), habían salido a recibirlos en «el monte de la estrella», un volcán extinto de gran importancia en la tradición mexica, donde celebraban cada cincuenta y dos años la ceremonia del fuego nuevo, a fin de «atar los años» e inaugurar un nuevo «siglo» o, en palabras de Sahagún, «una gavilla de años» —la última, como ya se ha visto, se había celebrado en 1507—.[56] Al parecer el Monte de las Estrellas fue la capital de los famosos toltecas antes de que se fueran a Tula. De allí que el lugar fuese sagrado.

Iztapalapa tendría una población de entre doce mil y quince mil habitantes; la mitad de las casas se hallaban construidas sobre pilotes en el agua y la otra mitad sobre tierra.[57] Se encontraba a sólo ocho kilómetros, a vuelo de pájaro, de Tenochtitlan, cuyos asombrosos edificios se veían a lo lejos. En opinión de Cortés, las casas de dos plantas donde se alojaban eran «tan buenas como las mejores de España, digo de grandes y bien labradas, así de obra de cantería como de carpintería...», con espléndidas habitaciones de piedra, tejados de cedro y patios cubiertos con toldos de algodón. También los impresionaron, a él y a sus compañeros, las flores, los estanques de agua dulce, el vivero de peces y los huertos de hortaliza; Bernal Díaz del Castillo vio que las canoas podían entrar en el huerto a través de verjas especiales.[58] Desde aquí Cortés habría visto, al norte, el dique de Nezahualcóyotl, que medía dieciséis kilómetros y, sin pasar por Tenochtitlan, llegaba a la orilla septentrional del lago, en Atzacualco. Ese dique, inspirado por Nezahualcóyotl, se construyó en los años cuarenta del siglo XV como medida de seguridad, a fin de evitar una inundación como la que antes causara tantos daños.[59]

Al día siguiente, el 8 de noviembre, Cortés inició la marcha en orden de formación por la principal calzada hacia México-Tenochtitlan:[60] al frente, cuatro jinetes luciendo la tradicional armadura europea (probablemente Alvarado, Sandoval, Olid y Velázquez de León), luego el alférez (Cristóbal del Corral), un contingente de infantería blandiendo sus espadas, encabezado por Diego de Ordás a pie y unos cuantos jinetes con armadura de algodón y lanza; el siguiente contingente estaba compuesto de ballesteros con sus aljabas colgando de un lado, armadura de algodón y cascos coronados de plumas. Los seguían los últimos jinetes y los arcabuceros. El propio Cortés iba en la retaguardia, rodeado de un pequeño grupo de jinetes y unos cuantos alféreces seguidos presumiblemente por los criados de Cortés encabezados por su mayordomo, Joan de Cáceres y, finalmente, los aliados indios, vestidos y pintados para la guerra; algunos llevaban cargas, otros arrastraban dos o tres lombardas, probablemente sobre las carretas de madera fabricadas por Diego Hernández en la costa.[61]

Esta asombrosa formación salió de Iztapalapa y recorrió la calzada, primero rumbo al oeste. A su izquierda yacía la península de Culhuacan, al sur de la cual se hallaba Mexicalzingo, la más pequeña de las aldeas culhúas, cuya población alcanzaba tal vez tres mil familias. Esta «calzada de piedra que tiene la anchura de dos picas»,[62] tenía una extensión de algo más de tres kilómetros, llegaba a poco más de un kilómetro y medio de Coyoacan y se unía a la principal calzada norte-sur que iba de muy cerca de Coyoacan a Tenochtitlan. Antes de doblar hacia el norte, los castellanos vieron sin duda Coyoacan y Huitzilopochco, ciudades considerables con «muy buenos edificios de casas y torres...»[63] En ese punto los conquistadores se hallaban a casi dos kilómetros y medio de las primeras casas de la capital. Indudablemente experimentaron una intensa emoción; pero Cortés insistió en que se mostraran imperturbables.

Coyoacan había sido uno de los aliados tepanecas de Azcapotzalco antes de ser conquistada, hacia el decenio de 1420, por los mexicas, quienes la destruyeron y la convirtieron en una gran ciudad-jardín de amplias propiedades en manos de nobles mexicanos, que esclavizaron a gran parte de su población. En 1502 el emperador Ahuítzotl, en una de sus últimas acciones autoritarias, hizo estrangular al señor de Coyoacan por darle un importuno consejo: que sería imprudente desviar las aguas de la cercana Huitzilopochco.

La larga y ancha calzada llevó finalmente a los castellanos a su destino; según Cortés, ocho jinetes podían cruzar los unos al lado de los otros esa calzada, de la misma altura y el doble de ancho (cuarenta y dos metros) que la de Iztapalapa.[64]

Moctezuma, en un débil intento de probar, simbólicamente, que no quería dar la bienvenida a los visitantes, supuestamente ordenó a su pueblo no salir a observar la llegada de los forasteros; por tanto, no había nadie en el campo, pero al parecer no obedecieron su orden en los caminos y en el lago.[65]

Naturalmente la expedición castellana causó una fuerte impresión. Sahagún describiría más tarde cómo los caballos daban vueltas, avanzaban y retrocedían repetidamente, piafaban con cada alto, sudaban y hacían tintinear los cascabeles que llevaban de adorno; cómo los jinetes miraban atentamente a su alrededor; cómo los grandes perros corrían adelante, husmeando los olores desconocidos y jadeando; cómo Corral, el principal alférez, caminó a solas, haciendo su estandarte, haciéndolo dar vueltas y blandiéndolo de un lado a otro; cómo, «Por sí sola viene delante, viene precediendo, sola ella enhiesta viene al frente la bandera...»; cómo a veces Corral la hacía temblar, la giraba de un lado a otro. Las resplandecientes espadas y lanzas de acero impresionaron mucho a los mexicas, quienes contemplaron también a los ballesteros y arcabuceros blandiendo sus armas y fingiendo probarlas. Detrás de Cortés, los aliados indios de los españoles daban gritos de guerra con el golpear de sus labios, iban haciendo gran algarabía, como si se estuvieran preparando para la guerra. Es de suponer que los tlaxcaltecas vestían sus capas blancas y rojas [66] e indudablemente no tenía límite su placer al entrar triunfantes en la ciudad de sus enemigos.

Pero Cortés y sus hombres también estaban asombrados, pues frente a ellos se extendía una ciudad tan grande como cualquiera que hubiesen visto, si bien Nápoles y Constantinopla, con más de doscientos mil habitantes cada una, eran casi tan importantes como Tenochtitlan. Tal vez uno o dos expedicionarios, los veteranos «italianos» y los griegos, por ejemplo Andrés de Rodas, habían visto esas ciudades; pero la mayoría no habían ido a ninguna mayor que Sevilla. En el Viejo Mundo, sólo la dimensión de las ciudades chinas (que ningún miembro de la expedición conocía, por supuesto) podría haber superado la de la capital de México. También impresionó a los castellanos la enorme cantidad de canoas en el lago, muchas de ellas grandes, algunas con sesenta personas a bordo, todas fabricadas de troncos de árbol ahuecados, y varias acercándose a la calzada a fin de permitir a sus propietarios observar a los visitantes.[67] Los conquistadores creyeron que las numerosas pirámides estucadas, tanto en las islas como en Tenochtitlan, con templos en la cima y plataformas para los altares de los dioses eran, en palabras de fray Aguilar, «templos que entendieron ser algunas fortalezas torreadas para defender la ciudad, y ornato de ella, o que fuesen algún alcázar o casas reales, llenas de torres o miradores, según era la hermosura y altura que desde lejos demostraba...»[68]

También debió de desconcertarlos que, si bien era ancha la calzada había en ella tramos sustituidos por puentes de vigas de madera obviamente separables y cuyo propósito principal era dejar pasar las canoas de un lado del lago al otro. Pero tenían también un objetivo defensivo; defensa que seguramente se pondría pronto en práctica.

Aproximadamente dos kilómetros antes de la entrada principal de la ciudad, la expedición llegó a un lugar conocido como Acachinanco, donde se hallaban las primeras casas de la ciudad y se acababa la calzada. Allí acogían tradicionalmente a los héroes que regresaban; fue allí, por ejemplo, donde el emperador Ahuízotl daba la bienvenida a los «comerciantes de vanguardia» que habían viajado a lugares lejanos. Allí también se encontraba un punto conocido como Malcuitlapilco, «fin de los prisioneros», hasta donde debió llegar la fila de los que iban a ser sacrificados en la inauguración del Templo Mayor en 1487.[69] Seguramente se hallaba más o menos donde ahora se halla la ermita de San Antonio Abad.[70] De allí partía otra calzada en dirección sudoeste hasta llegar a Coyoacan. Allí también se encontraba un fuerte con dos torres, cada una rodeada por un muro de seis palmos de espesor y lo que a Cortés le parecieron parapetos con almenas. Una multitud de nobles mexicanos vestidos suntuosamente salió a recibir a los castellanos, y, como siempre, tocaron el suelo con las manos y se las besaron. No miraron al caudillo, sino al suelo, habitual señal de respeto hacia los reyes. Según Cortés, esperó una hora a que terminaran y después entraron todos juntos en Tenochtitlan.[71]

Pese a todo, Moctezuma había decidido por fin recibir, en compañía de sus consejeros, a Cortés. Por más dudas que tuviera sobre las intenciones de éste o sobre su condición humana o divina, la tradición mexicana de hospitalidad le obligaba a ello: «era la costumbre entre los indios; alojaban muy bien a los forasteros».[72] Hasta los mexicas habían recibido este trato en sus legendarios viajes. Un precedente debió parecer ominoso: el rey Achitometl de Culhuacan había hospedado a los mexicas durante la larga peregrinación de éstos; pero, como Moctezuma, lo hizo porque los temía.[73]

Moctezuma llegó sobre una litera con dosel de plumas verdes bordado con hilos de plata y de oro intercalados con jade. Unos nobles cargaban la litera y otros iban delante, barriendo el suelo. Un hombre caminaba frente al emperador con un cayado en la mano en señal de autoridad.[74] El propio Moctezuma probablemente llevaba una capa bordada, un tocado de plumas verdes y sandalias decoradas con oro y, en el empeine, piedras preciosas. Flores, incluyendo capullos de cacao, en sartales y guirnaldas y collares de oro adornaban la litera. El emperador venía bien preparado con obsequios. La bienvenida la dio primero otro grupo de señores que formaban dos columnas. Todos ellos vestían buena ropa, pero cada uno a su manera. Entre ellos se encontraban Totoquihuatzin, rey de Tacuba; Cacama, rey de Texcoco e Itzuauhtzin, el anciano gobernante de Tlatelolco. Ellos también se besaron las manos tras tocar el suelo, que barrieron antes de extender unas mantas a sus pies. Todos, menos Moctezuma (y seguramente Cacama y Cuitláhuac), iban descalzos.[75]

Moctezuma se apeó de la litera. Cortés se bajó de su caballo y se acercó para saludar al emperador; hizo ademán de saludar a Moctezuma al estilo español (con un abrazo, probablemente), pero unos criados le detuvieron. En todo caso, le estrechó la mano.[76] Moctezuma le dio la bienvenida. Aguilar y Marina tradujeron sus palabras, aunque tal vez (como ya hemos visto) ella no comprendiera muy bien lo dicho por Moctezuma, pues su dialecto de Coatzacoalcos seguramente tenía poco que ver con el lenguaje más elegante del emperador.[77] Según Cortés y otros testigos españoles, el saludo fue formal. Al parecer, Cortés preguntó: «¿Acaso eres tú? ¿Es que ya tú eres? ¿Es verdad que eres tú Motecuhzoma?» Y éste le contestó: «Sí, yo soy.» (El saludo más espectacular que, según Sahagún tuvo lugar en la calzada, debió de ser posterior.)[78] Pero hemos de suponer que Moctezuma, una vez resignado a dar la bienvenida a Cortés, habría empleado expresiones comunes entre los mexicanos, como «me inclino ante ti» o «beso tus pies» y terminado con el igualmente habitual «eso es todo».[79] Los españoles reconocían fácilmente estas expresiones, suponiendo que la interpretación fuera correcta. Cuando Cortés habló con Moctezuma se quitó un collar de perlas («diamantes de cristal», según su propia descripción), aparentemente perfumado de almizcle y lo colocó en el cuello del emperador. A su vez, Moctezuma ordenó por señas a un criado que diera a Cortés dos collares de conchas de caracol rojo, de los que colgaban ocho camarones de oro, relacionados casi seguramente con Quetzalcóatl.[80]

Ningún castellano habría admirado el bezote de piedra pulida con la figura de un colibrí azul que el emperador llevaba en el labio inferior; ni habría aprobado sus grandes orejeras y los ornamentos de turquesa para la nariz; pero sin duda les asombraron los tocados de pluma que llevaban tanto el emperador como los nobles, y los trajes de jaguar de los guerreros más importantes, con una cabeza del animal en la suya propia.[81]

Moctezuma pidió a su hermano Cuitláhuac que permaneciera con él al encabezar la entrada a la ciudad. Los siguieron todos los nobles en dos filas, tocaron el suelo con las manos, se las besaron y saludaron a Cortés. Ninguno miró a Moctezuma. Todos recorrieron lentamente la ancha y recta calle bordeada, primero de casas de adobe blanqueado y, luego, de palacios. En todas las azoteas había gente admirando lo que veía.[82] «¿Quién podrá decir la multitud de hombres y mujeres y muchachos que estaban en las calles e azoteas y en canoas en aquellas acequias, que nos salían a mirar?», exclamaría Bernal Díaz del Castillo años más tarde, añadiendo: «Era cosa de notar, que ahora, que lo estoy escribiendo se me representa todo delante de mis ojos como si ayer fuera cuando esto pasó», palabras familiares para los lectores de romances.[83]

Llevaron a Cortés y sus hombres al palacio de Axayácatl, el hogar y cuartel del padre de Moctezuma, el penúltimo emperador antes de éste. Tal vez fuese el único alojamiento amplio disponible; sin embargo, el alojarlos allí era un acto imbuido de simbolismo, pues aunque los mexicas no adoraban a sus antepasados, sí los respetaban. En ese lugar, al llegar al fin de su extraordinario viaje, los arcabuceros dispararon una salva y llenaron el ambiente de humo y de un olor acre.[84] También dispararon los cañones a fin de señalar el sentimiento de triunfo que, si bien provisional, todos experimentaban al llegar a la ciudad.[85] Sin duda los pocos valencianos del ejército de Cortés disfrutaron especialmente con tan familiar forma de celebrar. El valenciano Rodrigo Borgia señaló su llegada a Roma como Papa, bajo el nombre de Alejandro VI, de igual manera. Las celebraciones valencianas se han caracterizado siempre por ser muy ruidosas, sobre todo por los fuegos artificiales. Estas salvas aturdieron a los asombrados mexicas.

A los ojos de Cortés, el palacio de Axayácatl era una casa grande y hermosa cerca de la plaza mayor.[86] Al parecer lo construyeron los cholultecas para Moctezuma I, como parte del tributo que habían de pagar una vez vencidos; tal vez por mujeres de Chalco, si es cierto que quedaban pocos hombres vivos después de las batallas.[87] Seguramente era muy amplio, si en él cabían Cortés y su séquito. Moctezuma llevó a Cortés a una amplia habitación que daba al patio y le propuso sentarse en un gran trono; y allí le dejó, diciéndole que esperara hasta que dieran alojamiento a todos sus hombres, incluyendo los cholultecas y los tlaxcaltecas.[88] Se dirigió a él con el título que empleaban todos los mexicas al referirse a Cortés, «Malinche», afirmando que él [Cortés] y sus «hermanos» estaban en casa; les pidió que descansaran,[89] y afirmó que regresaría después de la cena. Entonces llevaron comida para los visitantes: pavo y tortillas, como siempre, pero también hierba para los caballos; sin contar las mujeres que habían de hacer las tortillas.[90]

Fray Aguilar escribiría, al hablar de los aposentos, que eran grandes y cosas muy de ver, y dentro muchos aposentos, cámaras, recámaras, palacios, salas muy buenas; había camas cercadas con sus colchones hechos de mantas grandes y almohadas de cuero, de la lana de árboles, y sus colchas buenas, y pellones blancos admirables y muy mejores asientos de palo hechos muy de ver, y sus esteras buenas; su servicio era grande como de un gran príncipe y señor»[91] o de un hombre «que naciera en brocados».

Moctezuma cumplió su promesa y, después de cenar, regresó al palacio donde se hospedaba Cortés y pronunció un discurso. Diez meses más tarde, en una carta dirigida a Carlos V, Cortés explicaría, tal vez con la ayuda de Marina y Aguilar, lo que dijo el emperador mexicano en esta ocasión. Su intención era insistir en que Moctezuma había hecho un increíble acto de sumisión, un acto formal, desde el punto de vista de Cortés, por lo que tenía derecho a considerar las hostilidades posteriores de los mexicas como una rebelión, igual que la de los cholultecas.

Según Cortés, Moctezuma empezó con la repetición del saludo habitual en ocasiones formales en México: «Señor nuestro: te has fatigado, te has dado cansancio: ya a la tierra tú has llegado. Has arribado a tu ciudad: México.» Parte de la calurosa acogida de Moctezuma venía de los buenos modales característicos de los mexicas. De hecho, la parte central de la expresión citada («te has dado cansancio») se empleaba en toda clase de ocasiones.[92] ¿Acaso tenía razón Emerson al decir que la cortesía es una virtud perdida? ¿O bien la tendría Goethe al insistir en que no existe ninguna forma externa de cortesía sin una base profundamente moral? En el caso de los mexicas, seguramente se trata de esto último. No obstante es posible que el saludo fuera más caluroso porque Moctezuma se encontraba realmente deslumbrado por el brillo, la energía, la confianza en sí mismos y el poder de los castellanos, características que ya había visto personalmente. El enfoque de los españoles hacia su religión, su rey, su país, y su familia nos podrían parecer convencionales ahora; pero a los mexicas tan controlados, los visitantes debieron de parecerles terriblemente extravagantes. Probablemente Moctezuma deseaba ser amigo de un monarca que, como Carlos V, podía, desde lejos, suscitar la lealtad de hombres como los recién llegados. Los monarcas a menudo experimentan un sentimiento de solidaridad entre sí.

Dada la lentitud de la interpretación, Cortés bien pudo creer que estas declaraciones de Moctezuma probaban que estaba dispuesto a aceptar no sólo la amistad, sino también la soberanía de Carlos V; o, lo que es aún más probable, la expresión de amistad podría haber sido tan retorcida que, sin ser abiertamente una mentira, diera a entender que Moctezuma hacía tales concesiones. Los castellanos sabían que «ésta es su casa» no se ha de tomar siempre en un sentido literal. Hay menos diferencia de lo que puede parecer entre «decidle a vuestro rey que soy su muy obediente y humilde servidor», una frase que no tiene ningún significado formal, y «decidle a vuestro rey que soy su leal vasallo», que representa una cesión de autoridad.[93]

Lo que Moctezuma dijo a continuación es tema de controversia; por ello es necesario interrumpir el relato a fin de hablar de las fuentes (recordando un análisis anterior de los motivos de Moctezuma). En la ya mencionada carta dirigida a Carlos V diez meses más tarde, Cortés afirmaba que, en su discurso de noviembre de 1519, Moctezuma había reconocido que el caudillo y su santa compañía encarnaban dioses o dirigentes perdidos, cuyo regreso esperaba y temía; y que también había admitido que los mexicas eran forasteros al principio, y que los había llevado al Valle de México «un señor cuyos vasallos todos eran, el cual se volvió a su naturaleza y después tornó a venir dende mucho tiempo y tanto, que ya estaban casados los que habían quedado con las mujeres naturales de la tierra y tenían mucha generación y hechos pueblos donde vivían y queriéndolos llevar consigo, no quisieron ir ni menos recibirle por señor y así se volvió y siempre hemos tenido que los que de él descendiesen habían de venir a sojuzgar esta tierra y a nosotros como a sus vasallos».[94] Según Cortés, Moctezuma no mencionó a Quetzalcóatl en ese momento (o al menos, no se recordaba que lo hubiese hecho o que la interpretación lo mencionara); por tanto, puesto que los castellanos venían del este, donde sale el sol, y ya que habían hablado mucho de un gran rey (Carlos V) que, a entender del emperador, había oído hablar de ellos (los mexicas),

Moctezuma consideraba que Carlos V era su señor natural.[95] Todavía en palabras de Cortés, Moctezuma había añadido: «Vos sed cierto que os obedeceremos y tendremos por señor un lugar de ese gran señor que vos decís y que en ello no habrá falta ni engaño alguno y bien podéis en toda la tierra, digo que en la que yo en mi señorío poseo, mandar a vuestra voluntad, porque será obedecido y hecho y todo lo que nosotros tenemos es para vos de ellos quisiéredes disponer. Y pues estáis en vuestra naturaleza y en vuestra casa, holgad y descansad del trabajo del camino y guerras que habéis tenido.» Cortés explica a continuación que Moctezuma dijo tener conocimiento de las batallas en Potonchan y contra Tlaxcala y que, al contrario de lo que suponía que le habían dicho a Cortés camino de Tenochtitlan, él, Moctezuma, no era un dios sino un ser humano, y para probarlo levantó su ropa para señalar su humanidad; que deseaba señalar además que las paredes del palacio no eran de oro (cosa que también creía se le había asegurado a Cortés), sino de piedra, cal y adobe, como casi todos los edificios de la ciudad.[96]

Esta versión se reflejó, naturalmente, en la biografía de Cortés inspirada por éste y escrita por quien posteriormente sería su capellán, López de Gómara. En los años cincuenta del siglo XVI, este último habló de la ocasión en casi los mismos términos, si bien, según él, Moctezuma había dicho también que reconocía que Cortés y los castellanos eran mortales, que sus caballos semejaban venados mexicanos, y hasta que sus rifles recordaban las cerbatanas mexicanas. El historiador oficial de Carlos V, Sepúlveda, que habló posteriormente con Cortés, pulió el relato aún más. Según él, Moctezuma dijo: «Ahora estamos convencidos de que ese Gran Rey de España, que, como dices, te ha enviado, es del linaje de aquel primer rey nuestro...»[97]

Los otros conquistadores que hablan del asunto difieren en su versión. Así, Bernal Díaz del Castillo, que escribió también en los años cincuenta del siglo XVI, pero en Guatemala y no en España, dedica al discurso pocas palabras: «Ahora que nos tiene ya consigo para servirnos y darnos de todo lo que tuviese. Y que verdaderamente debe de ser cierto que somos los que sus antepasados muchos tiempos antes habían dicho, que vendrían hombres de hacia donde sale el sol a señorear aquestas tierras, y que debemos de ser nosotros.»[98] El monje agustino fray Aguilar, otro testigo presencial, que escribió en El Escorial en los años sesenta del mismo siglo y que en 1519 era soldado, fue aún más lejos que Cortés en su descripción de cómo Moctezuma se rebajó, anunciando, según él, ante un escribano que era vasallo del rey de Castilla, nada menos y declaró que le serviría como serviría a su propio señor, diciendo que los castellanos eran muy bienvenidos, pues habían llegado a su casa, y que sus antepasados habían dicho siempre que unos hombres armados y barbados llegarían un día de donde sale el sol, que no había que luchar contra ellos, pues eran los futuros señores de la tierra; añadió que Moctezuma «teníanos por hombres inmortales y llamábannos teules, que quiere decir dioses...»[99] Pero es posible que Aguilar confunda esta ocasión con otra que tuvo lugar en enero de 1520 y de la cual hablaremos más adelante.

Según un tercer conquistador, Andrés de Tapia, Moctezuma pronunció efectivamente un discurso (casi en los mismos términos), pero unos días más tarde, después de que Cortés hallara un tesoro de oro oculto.[100]

Ninguno de los testigos a favor o en contra de Cortés en su juicio de residencia mencionaron la ocasión. Pero no se les pidió que lo hicieran.

En varias obras de fines del siglo XVI se menciona la ocasión. Así, fray Sahagún (según quien Moctezuma pronunció su discurso en la calzada) escribió que, tras la habitual y convencional bienvenida («Señor nuestro, te has fatigado, te has dado cansancio»), Moctezuma habló con lirismo: «Ya a la tierra tú has llegado. Has arribado a tu ciudad: México. Allí has venido a sentarte en tu solio, en tu trono. Oh, por tiempo breve te lo reservaron, te lo conservaron, los que ya se fueron, tus sustitutos...» A continuación enumeró los emperadores de México que le habían precedido: «Los señores reyes Itzcoatzin, Motecuhzomatzin el viejo, Axayác, Tízoc, Ahuítzotl. Oh, que breve tiempo tan sólo guardaron para ti, dominaron la ciudad de México. Bajo su espalda, bajo su abrigo estaba metido el pueblo bajo.» Y añadió: «¿Han de ver ellos y sabrán acaso de los que dejaron, de sus pósteros? ¡Ojalá uno de ellos estuviera viendo, viera con asombro lo que yo ahora veo venir en mí! Lo que yo veo ahora: yo el residuo, el superviviente de nuestros señores. No, no es que yo sueño, no me levanto del sueño adormilado: no lo veo en sueños, no estoy soñando... ¡Es que ya te he visto, es que ya he puesto mis ojos en tu rostro!... Ha cinco, ha diez días yo estaba angustiado: tenía fija la mirada en la Región del Misterio. Y tú has venido entre nubes, entre nieblas. Como que esto era lo que nos iban dejando dicho los reyes, los que rigieron, los que gobernaron tu ciudad: Que habrías de instalarte en tu asiento, en tu sitial, que habrías de venir acá... Pues ahora, se ha realizado: Ya tú llegaste, con gran fatiga, con afán viniste. Llega a la tierra: ven y descansa; toma posesión de tus casas reales; da refrigerio a tu cuerpo. ¡Llegad a vuestra tierra, señores nuestros!»[101]

Finalmente, parece que la llamada *Crónica X* (perdida), probablemente escrita en los años treinta del siglo XVI por un mexicano, en náhuatl, incluía algún discurso similar pronunciado por Moctezuma. Todas las obras que supuestamente derivan de esa *Crónica* incluyen una declaración semejante, si bien en palabras menos líricas que las de Sahagún. Fray Durán, por ejemplo, sugirió no sólo que Moctezuma dijo que era un gobernante interino del reino que el padre de Cortés, Quetzalcóatl, había abandonado, sino que (fun-

damentándose en lo explicado por fray Aguilar, testigo del acontecimiento), además, aceptaba convertirse tanto en vasallo del rey de
España como en cristiano; el Códice Ramírez, por su lado, derivado también de la *Crónica X*, afirma que Moctezuma declaraba meramente estar al servicio del rey de España y ponía todo su tesoro
a disposición de Cortés.[102]

Dejemos de lado asuntos de poca monta: si Moctezuma se reunió con Cortés en la calzada; si un escribano se hallaba presente
cuando el emperador pronunció su discurso; a qué se refería Moctezuma al decir que era un mortal y que su palacio no estaba hecho
de oro. Se ha alegado que tanto este discurso de Moctezuma como
uno posterior eran «apócrifos»;[103] «muy probablemente ficticios»;[104]
y reflejaban un «anacronismo histórico-mítico».[105] También se ha
sugerido que Cortés se dejó influir por el *Nunc Dimittis* en cuanto
a la redacción de la parte del discurso donde Moctezuma insiste
que es un mortal, no un dios.[106]

Cortés era implacable, imaginativo, tortuoso y voluble. No obstante es difícil creer que haya inventado el discurso en su totalidad
sin referirse siquiera a lo realmente dicho por Moctezuma. Después
de todo, éste aceptó finalmente rebajarse en manos de los castellanos. Sin duda en este primer encuentro fue más allá de la exagerada cortesía habitual. Algún sorprendente elemento de implícita sumisión debió de contener su comportamiento, indubitablemente influido por la propaganda visual de la expedición española y el
conocimiento de las brutalidades cometidas en Cholula.

De haber sido Cortés tan inventivo como alegan algunas personas, sus propios camaradas lo habrían denunciado posteriormente.
El impresor alemán Jacob Cromberger publicó en 1522, en Sevilla,
la carta dirigida por Cortés al rey, en la que describía lo ocurrido
(la segunda *Carta de relación*); esta carta tuvo una gran difusión:
muchas personas, entre ellas numerosos conquistadores, la leyeron.
De haber existido una auténtica diferencia de opinión en cuanto a
lo sucedido, aún quedaban vivos suficientes hombres que conocían
la verdad y que habían llegado a odiar a Cortés, para dejar pasar
cualquier engaño. Uno de los dos intérpretes en ese primer encuentro, fray Gerónimo Aguilar, testificó en contra de Cortés en la pesquisa llevada a cabo en 1529. Si Cortés hubiese mentido, Aguilar,
por entonces su enemigo, no habría vacilado en acusarle de false-
dad acerca de algo tan importante.

Además, Bernal Díaz del Castillo y Aguilar no podrían haberse
confabulado con Cortés a fin de dar la misma versión. Díaz del
Castillo escribió en los años cincuenta del siglo XVI, después de la
muerte de Cortés, y en Guatemala. Aguilar escribió en el monasterio agustino de El Escorial, en el decenio siguiente. Es muy difícil
creer que cualquiera de los dos habría deseado colaborar con fray
Sahagún, que en ese entonces se encontraba en México, o con otras
personas que hicieron un gran esfuerzo por recopilar lo que, en su

opinión, eran las impresiones sinceras de los indígenas sobre lo ocurrido.[107]

Ciertamente, es posible que ya en el decenio de 1560 el mito de la sumisión de Moctezuma se hallara tan arraigado que nadie lo pusiera en duda, ni siquiera aquellos presentes que podrían haber conocido una versión distinta. Pero Bernal Díaz del Castillo no servía a nadie y uno de sus objetivos, al escribir su obra, consistía en poner a Cortés en su sitio.

El abuso, probablemente voluntario, que hacía Cortés de la acostumbrada cortesía mexicana —incluso del comentario de Moctezuma en el sentido de que ponía su tesoro a disposición de los castellanos— puede explicar las supuestas concesiones hechas por el emperador a la soberanía castellana. Al sugerir que Moctezuma hizo tales concesiones, el caudillo usaba como pretexto que había sido excepcionalmente cortés. Probablemente se aprovechó del discurso de Moctezuma con la resolución de quien ve que su oponente ha cometido un error en el ajedrez. No era un ingenuo al utilizar las palabras de Moctezuma para su propio provecho. Mas, en sus informes, probablemente no se alejó tanto de los verdaderos comentarios de Moctezuma como se ha supuesto.

En todo caso, es posible creer que Cortés respondió con dignidad, a través de las interpretaciones de Marina y de Aguilar: «Tenga confianza Motecuhzoma, que nada tema. Nosotros mucho le amamos. Bien satisfecho está hoy nuestro corazón. Le vemos la cara, le oímos. Hace ya mucho tiempo que deseábamos verlo.»

Como en el caso de Teudile y de los totonacas de la costa, ver a Marina interpretando sorprendió seguramente al emperador y a los nobles mexicanos tanto como los caballos y las armas de fuego. Sin duda conocían la existencia de Marina gracias a los informes de los emisarios, pero no la habían visto ni la habían oído y el que fuese mujer los habría asombrado tanto como a los portavoces de la costa.

Fuera lo que fuera que dijera o no dijera Moctezuma, el ánimo de los mexicas era obviamente distinto al sugerido por el emperador. Nadie de importancia podría no haberse percatado de que los españoles, quienes llegaron a la Villa Rica de la Vera Cruz en el año 1-caña, el de Quetzalcóatl, habían decidido entrar en la capital en el día 1-viento, el signo de Quetzalcóatl en su papel de torbellino, pero quizá su interpretación de lo que significaba Quetzalcóatl bajo este signo fuera distinta de la del emperador. Los ladrones y los hechiceros lo consideraban un signo positivo; se esperaba de estos últimos que aprovecharan ese día para hipnotizar a sus víctimas mientras dormían, establecerse en sus casas, comer sus provisiones, vigilar a las mujeres, y, actuando también como ladrones, robar sus tesoros.[108] «Todo esto era así como si todos hubieran comido hongos estupefacientes, como si hubieran visto algo espantoso. Dominaba en todos el terror, como si todo el mundo estuviera descorazonado. Y cuando anochecía, era grande el espanto, el pavor se tendía sobre todos, el miedo dominaba a todos, se les iba el sueño, por el temor.»[109] Sin duda ese 8 de noviembre, los mexicas amortiguaron el sonido de flautas y «bocinas» que tocaban en su casa y, en las escuelas para los jóvenes humildes, donde se solía cantar y bailar cada tarde, hubo sólo silencio.

No obstante, a la medianoche, habrían resonado las «bocinas» como siempre, desde la cima del Templo Mayor y en los pequeños altares de las montañas; y, sin ser vistos por los españoles, los sacerdotes de la ciudad y de lugares lejanos probablemente se hicieron sangrar para asegurar que, con Castilla o sin ella, el sol saliera en unas horas.[110]

IV. Cortés y Moctezuma

20. LA IMAGEN DE QUETZALCÓATL

Aquellos hechizeros que se llaman Temacpalitotique... *cuando querían robar alguna casa, hazían la imagen de* ce ehécatl, *o de* Quetzalcóatl, *y ellos eran hasta quinze o veinte los que entendían en esto e iban todos bailando a donde iban a robar. E íbalos guiando uno que llevava la imagen de* Quetzalcóatl *y otro que llevava un brazo desde el codo hasta la mano de alguna muger que hubiese muerto del primer parto...*

Códice Florentino, libro IV, c. 31

Si bien en Tenochtitlan la noche del 8 de noviembre de 1519 fue desacostumbradamente silenciosa, el amanecer del 9 fue probablemente normal. Si alguno de los conquistadores se hubiese levantado temprano, habría visto muchachos caminando apresurados en la oscuridad por las calles cerca del palacio de Axayácatl, cargando *copil* para añadirlo a los braseros en la cima de las pirámides; o mozas llevando tortillas a los sacerdotes; o bien comerciantes en canoas que regresaban de lugares lejanos, siempre antes del alba a fin de evitar la publicidad, con los bienes producto del trueque. Habría oído a los sacerdotes saludar el nuevo día con las conchas. Más tarde, los expedicionarios habrían oído el repiqueteo de un tambor proveniente de la cima del templo redondo dedicado a Quetzalcóatl para marcar la salida del sol, la triunfal resurrección del «príncipe turquesa, el águila que planea en las alturas», el comienzo del día de trabajo.

Ese nuevo día debió de llevar a Cortés y sus compañeros a especular sobre su posición. Opinando retrospectivamente,[1] Cortés daría a entender más tarde que, por el mero hecho de haber entrado en Tenochtitlan, había conquistado el imperio. Tal vez ése fuese su plan, mas su situación en ese momento, en esa ciudad impredecible y en apariencia medio mágica, era increíblemente peligrosa.

De momento, los mexicas satisficieron todas las exigencias de los castellanos: tortillas blancas, pavos, huevos, agua potable; granos para los caballos y cualquier otra cosa solicitada por sus amos, hasta lechos de flores;[2] y un trato igualmente bueno para los perros. Incluso para una ciudad grande acostumbrada a recibir visitantes, la necesidad de alimentar a los forasteros debió de ser considerable. Pero de momento esas demandas no causaron ni resentimiento ni problemas, pues había suficientes reservas de alimentos.

Cortés y sus seguidores pasaron varios días descansando y visitando la ciudad, en compañía de los sirvientes de Moctezuma.[3] Casi todos los conquistadores, claro está, eran provincianos que no habían vivido nunca en una capital y por ello su fascinación resultaba mayor. Así, la red de estrechas callejuelas en las que dos personas apenas podían caminar codo a codo, los asombró tanto como las anchas avenidas de tierra bien batida, con canales en medio y vías para peatones a ambos lados. Observaron admirados las amplias casas con patios y jardines, en muchos de los cuales cultivaban frutas y verduras, además de árboles ornamentales. Contemplaron el flujo constante de gente entrando y saliendo de las casas, superiores, incluso en opinión de un conquistador tan duro como Diego de Ordás, a las de España.[4] Se dieron cuenta de que los tejados de todos los edificios eran planos y que una típica morada consistía en un recinto cercado por un muro o una verja que rodeaba varias viviendas separadas, cada una con numerosas piezas pequeñas que daban a un patio abierto, viviendas ciertamente no muy distintas de las de Sevilla. (En una morada media solían vivir unas quince personas y eso también constituiría algo familiar para un sevillano de principios del siglo XVI.)[5] Quizá habrían entrado en las casas de los mexicanos medios y visto que «no tienen en sus casas mueble ni vestuario más que el que traen sobre sus personas, que es muy pobre, e una o dos piedras de moler maíz, e unas ollas para lo cocer, e una estera [*pétatl*] en que duermen».[6] Cada casa contaba con una figura de terracota representando un dios y en las de los ricos había varias de estas figuritas de piedra o de madera. Las casas mismas estaban hechas de adobe (ladrillos de barro secado al aire); el tejado, de hojas de maguey o madera de pino; el suelo, de arcilla o de un conglomerado volcánico, y las paredes, recubiertas de barro. Sin duda había mucho humo, sobre todo por la mañana, cuando las mujeres preparaban tortillas para la comida principal (como en Castilla, en México no se conocían las chimeneas); el hogar era el centro de actividad de toda familia y las tres piedras sobre las que se quemaba la leña eran sagradas. Más tarde en el día, a las mexicanas se las veía tejer: tarea constante de las mujeres, fuera cual fuese su edad y su posición social.

Los mexicanos ricos enlucían su residencia con cal o estuco. Los conquistadores se habrían percatado de que a veces dos reducidas familias emparentadas vivían juntas;[7] y de que, así como las familias prósperas de España colocaban su escudo de armas encima de la puerta, los ricos de Tenochtitlan solían adornar su casa. Quizá se sorprendieran al ver las calles, sobre todo las de las afueras de la ciudad, salpicadas de chinampas, en las que las familias cultivaban verduras (la mayoría de las familias, hasta las que no poseían estos jardines, cultivaban flores en su azotea o en su patio, y muchas de ellas poseían un pavo, un loro, conejos y tal vez un perro, animales que engordaban para su posterior consumo). Los españoles habrían visto los incontables vendedores de chocolate humeante, la bebida preferida de la clase alta mexica; habrían oído tanto a hombres como a mujeres agitar continuamente distintas clases de calabazas en preparación de algún festejo.

Por supuesto, habiendo pasado dos semanas en Tlaxcala, parte de lo que veían ya les resultaba conocido, pues la vestimenta de mexicas y tlaxcaltecas era semejante, salvo que en Tlaxcala, debido al bloqueo mexicano, hasta la clase alta se veía obligada a vestir mantas de fibra de henequén (una especie de agave) en vez del algodón que preferían los mexicas. Es de suponer que los españoles ya se habían familiarizado con las capas locales atadas en el hombro derecho, llevadas sobre los taparrabos, pero que, entre los mexicas, eran de distintos colores y diseño, según la clase social de quien las vestía. Seguramente no tardaron en distinguir las pequeñas diferencias con que (en Tenochtitlan y no en Tlaxcala) se distinguían los nobles: ropajes más largos, con borlas, bordados, flecos. Sin duda había más mujeres en las calles de Tenochtitlan que en las de Tlaxcala.

De hecho, en la ciudad no escaseaban las prostitutas, quizá descendientes de una tribu vencida; en el Códice Florentino, la típica «puta es mujer pública y tiene lo siguiente... Púlese mucho, y es tan curiosa en ataviarse que parece una rosa después de muy bien compuesta... Tiene también de costumbre teñir los dientes con grana, y soltar los cabellos para más hermosura y a las veces tener la mitad sueltos y la otra mitad sobre la oreja... y trenzarse los cabellos y venir a poner las puntas sobre la mollera, como cornezuelos; [un estilo elegante] y después andarse pavoneando y muy erguida... Tiene también de costumbre... llamar con la mano... y querer que la codicien».[8]

Las otras mujeres que habrían visto en las calles llevarían el cabello trenzado o atado con cintas de colores; normalmente no se habrían pintado la cara, pues su madre les habría advertido en contra de tal vicio, aunque tal vez, con índigo, se habrían teñido el cabello de azul oscuro. (Los numerosos conquistadores que tomaron a indias como amantes descubrirían también que muchas mujeres en Tenochtitlan, sobre todo las otomíes, se tatuaban o pintaban elaboradamente el cuerpo, con fines eróticos.)[9]

Entre la gente con que se cruzaban en la calle, los conquistadores podían observar alguna que vestía únicamente un taparrabo de *amatl*: eran hombres o mujeres que habían confesado sus pecados (por ejemplo el adulterio) ante Tlazoltéotl, la diosa de la confesión y de la carnalidad, y que hacían penitencia por ello, cantando y bailando en público. (Tlazoltéotl, «comedora de cosas suzias» —o sea, los pecados—, pero podía también «alimpiar de ellos», los pecados.) La mayoría de los penitentes serían ancianos, dado que sólo se permitía una confesión en la vida y que una recaída en el pecado acarreaba la muerte a pedradas. Por la noche, los castellanos habrían visto lo mismo que en Tlaxcala: hombres y mujeres dormidos sobre esteras y cubiertos de mantas, y a veces de plumas.[10]

La actividad debió de parecerles asombrosa. La orilla del lago, por ejemplo, se hallaría salpicada de hombres que cazaban pájaros con redes en marco de madera, pescadores con sus arpones o sus dardos (lanzados con el *atlatl*, empleado también en la guerra). Para algunos el sonido producido por los remos de las innumerables canoas sumergidos rítmicamente en el agua podría constituir un tranquilizador recuerdo del Guadalquivir.

Seguramente vieron a muchos mexicas bailar, no sólo en los bailes ceremoniales, en los festejos, sino en bailes floridos, bailes de los pueblos sometidos, bailes sobre zancos e incluso bailes de paralíticos, bailes bajo la lluvia, bailes tradicionales y nuevos, cada noche a la luz de las antorchas, en público y en casas particulares.[11]

Se puede perdonar a los castellanos por creer que habían llegado a una versión exótica de Venecia, ciudad de la que habrían oído hablar, aunque probablemente no la conocieran; y no únicamente «otra Venecia», sino una «gran Venecia» y hasta «Venecia la rica».[12] Por supuesto que se percatarían de la importancia de la religión en México, si bien sin duda encontraban sus manifestaciones, incluso las matemáticas, alarmantes y complejas.

Bernal Díaz del Castillo se dio cuenta de que no sólo las canoas cargaban excremento humano para ayudar en la manufactura de sal, el curtido del cuero y fertilizar la tierra, sino que en todos los caminos había refugios hechos de juncos, paja o hierba, para que la gente entrara en ellos a fin de purgar sus intestinos en privado.[13] El lago hacía las veces de alcantarillado, aunque tal vez no fuese muy eficaz, pues, si bien existía, la corriente era modesta. Los mexicas transportaban también la basura en canoa a los confines de la ciudad, extendiendo así aún más el terreno.

Es imposible saber lo que pensaban los mexicas de los castellanos; no obstante, aparte de la admiración, el interés y el temor que sentían, seguramente se daban cuenta de que la mayoría de los castellanos rara vez se bañaba. Después de todo, los mexicas se lavaban siempre, en agua que traía el acueducto o en el lago e iban a menudo a los numerosos baños públicos con vapor logrado con piedras calientes (donde también azotaban con hierbas o daban masajes). Allí se lavaban el cabello con jabón hecho de pulpa de aguacate, de la fruta del *copalxocotl* (árbol de mediana estatura cuya pulpa tiene las mismas propiedades que el jabón) o de raíces de la llamada *Saponaria americana*.[14] En opinión de los castellanos, los mexicas eran tan conscientes de la necesidad de bañarse como los moros; por otro lado, para los mexicas, los conquistadores seguramente apestaban (y a menudo considerarían deseable rezar a la diosa del agua, *Chalchihuihtlicue*, «su falda es de chalchihuite», compañera de Tlaloc, el dios de la lluvia).

Los seguidores de Cortés, nacidos en Sevilla o Medellín, Cuéllar o Medina del Campo, se habrían percatado de que se hallaban en el centro de una comunidad sólida, próspera, limpia y organizada. Los ejércitos de barrenderos, los que mantenían limpios los canales, los que colocaban las fogatas a intervalos regulares por la noche, los que recogían excremento humano para fertilizar la tierra o curtir el cuero, todos ellos parecían estar asombrosamente bien organizados.

Seguramente los conquistadores se dieron particular cuenta de otro aspecto, similar a lo que conocían en Europa, pero a la vez diferente. Los primeros en escribir sobre lo que veían, entre ellos Cortés, describieron los templos como mezquitas y compararon los trajes de los mexicas con los de los moros.[15] Después de todo, estos conquistadores eran de una generación acostumbrada a la idea de conquistar otras culturas, si no por sus padres en Granada, entonces por sus bisabuelos de sus bisabuelos en Sevilla y Córdoba. Los castellanos vencedores del Islam empleaban el término «conquistador». En esa época se hallaban vestigios de el Andalus en todas partes de España. ¿Acaso el viajero alemán Thomas Münzer no había escrito en 1492, al referirse a Sevilla, que «aún ahora quedan en ella numerosísimos monumentos y vestigios de la antigua dominación»?[16] La iglesia de San Salvador en Sevilla estaba en la que fuera la principal mezquita, casi indemne. Algunos de los muros de la nueva catedral de Sevilla habían formado parte de otra mezquita. No hacía falta ir a Granada para conocer la existencia de los hermosos jardines moriscos (ningún expedicionario era de Granada), pues el alcázar de Sevilla (reconstruido por Pedro el Cruel) era uno de los castillos preferidos de la familia real.

Este recuerdo de otra civilización conquistada apuntalaba la confianza española en su improbable situación en Tenochtitlan. Es posible que para ellos no hubiera gran diferencia entre un bezote de oro de México y un pendiente de oro de, digamos, Jaén; entre los textiles bordados de el Andalus y los de Texcoco; entre los excelentes cuencos de arcilla vidriada del califato hallados en el valle del Guadalquivir y los de Cholula. El *tiánguez* (mercado) de Tlatelolco se parecía al *souk* de Granada. El recuerdo de la conquista de el Andalus habría permanecido en la memoria de Cortés gracias a la sombra del gran castillo de Medellín (construido originariamente por los moros; ¿acaso la violenta condesa Beatriz no había mantenido preso a su hijo en el pozo moro?), así como por la presencia de una activa minoría mora, que celebraba su feria anualmente en noviembre en una calle cercana a aquella donde él nació. Además, cuando Cortés era niño, Mahoma Rondé y Maray, un moro, poseía un pequeño viñedo próximo al de la familia Cortés a orillas del río Ortigas.[17] Si podían vencer a Mahoma, ¿por qué no conquistar también a Huitzilopochtli?

Sin duda, Cortés y sus compañeros eran conscientes en todo momento de que poseían la ventaja de una religión superior. Algunos, y Cortés con toda seguridad, vieron además que la capacidad de escribir les proporcionaba otra razón de sentirse superiores.[18] Los mexicas se comunicaban a menudo, pero por medio de la palabra; Cortés, en cambio, escribía constantemente dando órdenes o información. A un escribano —el término mismo definía la naturaleza de su misión—, como lo era él, debió de parecerle obvia la ventaja de un alfabeto.

Cortés no podía saber cuál sería su próximo paso. «Tomar Moctezuma vivo o muerto» era una promesa que sonaba bien en la costa, mas como política, una vez en Tenochtitlan, debió de parecer extrema. Probablemente centró su atención en la dimensión de la ciudad, la cantidad de mexicas y la protección proporcionada por los puentes levadizos. Trescientos castellanos y unos millares de aliados sin entrenamiento e impredecibles, con los que no podía hablar directamente, no constituían precisamente una combinación muy poderosa frente a una población de al menos cincuenta mil adultos. Y era sustancial la guardia de Moctezuma, fueran cuales fuesen las concesiones verbales que hiciera el emperador.[19]

Cortés no tardó en ver cuán grande era la ciudad; cómo se hallaba dividida en cuatro barrios (Tlatelolco constituía el quinto);[20] cómo amplias avenidas partían de la plaza mayor y separaban estos distritos; cómo cada uno tenía su propio templo mayor, los centros de operaciones (huehuecallis) de cada gobernador del distrito;[21] y cómo estos distritos se dividían a su vez en distritos más pequeños —cuya relación con las antiguas divisiones tribales, los calpultin, es tema de controversia entre expertos, aunque sí es seguro que cada uno tenía un templo que hacía las veces de algo parecido a un centro cívico.[22] Sin embargo tardó más en enterarse de la extensión del imperio de Moctezuma: sabía que llegaba hasta el golfo de México, pero le hizo falta tiempo para ver que se extendía también hasta el «mar del Sur»; creía que el territorio era casi tan grande como España, «era su señorío casi como España», según sus propias palabras, un cálculo que sobreestimaba la empresa, pues el imperio mexicano parece haber tenido una superficie de unos doscientos mil kilómetros cuadrados, comparada con la de quinientos cinco mil de España.[23] Pero si ese «nuevo mundo» incluyera Tlaxcala, Michoacán y Yucatán, o sea la superficie total, con una cultura comparable a la del antiguo México, sería de más de setecientos mil kilómetros cuadrados.

El día después de su llegada a la capital mexicana, Cortés y varios allegados suyos visitaron a Moctezuma en su palacio, en el extremo opuesto de la gran plaza frente al templo mayor; con él iban cuatro capitanes: Velázquez de León, Diego de Ordás, Pedro de Alvarado y Gonzalo de Sandoval; los dos primeros representaban, en cierta forma, a los seguidores del gobernador Velázquez, y los últimos eran amigos suyos. Los acompañaban cinco soldados (entre ellos Bernal Díaz del Castillo, según el relato de éste).[24]

El palacio de Moctezuma, el tecpan, era un edificio nuevo; antes de su reinado y de la reconstrucción de gran parte de la ciudad tras la inundación de 1502, los emperadores vivían en el palacio donde se alojaban Cortés y sus expedicionarios. El nuevo palacio era de piedra; desde fuera parecía ser de mármol, pero de hecho era de alabastro, jaspe, pórfido y piedra negra con vetas rojas y blancas, al parecer decorado con pinturas de águilas y jaguares.[25] En el interior, muchos techos eran de madera, con buenos acabados, a veces con tallas representando ramas de árboles, y muchas de las paredes se hallaban pintadas. Encima de la puerta principal, el símbolo de un conejo marcaba el día en que se había acabado de construir el edificio. En la planta baja se hallaba el centro administrativo del imperio, que incluía talleres para los artesanos, entre ellos alfareros, orfebres y plumajeros. Era, por tanto, enorme; cubría casi dos hectáreas y media (más que el tamaño del edificio del Alcázar de Sevilla) y contenía al menos cien grandes piezas, entre ellas oficinas, centros de culto, cocinas y habitaciones para numerosos miembros de la familia y criados de todo tipo. El suelo de muchas estancias se encontraba cubierto de esteras, mientras que en el de las habitaciones más importantes había algodón, pieles de conejo y plumas. En una pieza figuraban pinturas que representaban escenas de las bellezas de México.[26] En la segunda planta se hallaba el alojamiento del emperador. Sus criados, aduladores, solicitantes, así como tesoreros y contadores, se apiñaban en tres patios, en uno de los cuales había una elegante fuente. El ambiente era, para los conquistadores, de carácter extrañamente mediterráneo.[27]

Por la noche, en este palacio ardía fuego en altos braseros de cobre, que los sirvientes alimentaban por turnos. Esta sociedad, que no contaba con velas, dependía de antorchas que encendían en estos braseros; el que uno de ellos se apagara constituía no sólo un delito, sino también un mal presagio. En el vestíbulo del palacio se hallaba un brasero, otro en un patio que hacía las veces de sala de espera y un tercero en la habitación donde dormía Moctezuma.[28] Numerosos biombos y esculturas adornaban el edificio; en los almacenes se guardaban muchos objetos de pluma y numerosas mantas. Las habitaciones o dependencias secundarias del palacio principal alojaban un sinnúmero de organismos especiales; por ejemplo, la casa del canto, donde grupos de mexicas bailaban constantemente, por placer o ensayando para un gran acontecimiento; y la Casa de la Serpiente de las Nubes, algún enorme armario donde se guardaban los trajes y los instrumentos para todas las ceremonias concebibles, ya fuesen seculares o religiosas, populares o aristocráticas.

Moctezuma recibió a la delegación castellana con cortesía, y dio a Cortés un lugar en una estera, a su derecha. El emperador solía sentarse sobre un asiento hecho de juncos tejidos de tal manera que formaban un trono normal con respaldo (si bien es posible que éste hubiese sido sustituido por una famosa piedra de templo, una escultura compleja, que Moctezuma había mandado esculpir durante la última ceremonia del fuego nuevo, en 1507).[29]

Gracias a Marina y a Aguilar, Cortés pronunció una versión pulida de su acostumbrado discurso acerca de los beneficios del cristianismo. Dijo que los cristianos adoraban al único y verdadero Dios; explicó que Jesucristo, el hijo de Dios, había sufrido muerte y pasión en una cruz a fin de salvar al mundo; que este Cristo había resucitado tres días después de su ejecución y luego había ido al cielo; que Él y su Padre habían creado todo; y que los seres que los mexicas consideraban dioses eran, en su opinión, demonios, cuyo aspecto era feo y cuyos actos eran aún peores.

Explicó también la versión cristiana de la creación y que los cristianos creían que todos los hombres eran hermanos, por ser descendientes de Adán y Eva, incluyendo a los mexicas. (El año siguiente, Paracelso propondría su teoría herética de que hubo dos creaciones, una en Occidente y otra en Oriente,[30] pero Cortés no sabía nada de eso, como tampoco conocía las actividades, en la ciudad alemana de Wittenberg, del aún desconocido monje Martín Lutero.)

Continuó diciendo que esperaba que Moctezuma dejaría pronto de sacrificar a otros indios precisamente porque todos, sacerdotes y víctimas, eran hermanos; que su rey pronto enviaría hombres mucho más santos que él, Cortés: la primera alusión a los frailes franciscanos y dominicos que, dada su experiencia en el Caribe, Cortés deseaba atraer (a diferencia de curas como fray Juan Díaz); tal vez explicara igualmente que venía a Tenochtitlan no sólo a presentar los respetos de su propio monarca, sino a enterarse de quién tenía la culpa de las disputas entre mexicas y tlaxcaltecas.[31]

Moctezuma escuchó atentamente estos extraordinarios comentarios interpretados. ¡Sería fantástico saber cuáles fueron los errores que cometieron en su interpretación Aguilar y Marina, cuáles fueron los matices que añadieron o pasaron por alto!

Uno de los sobrinos del emperador ofreció entonces algunas joyas de oro y diez cargas de fina tela a Cortés y sus cuatro capitanes, respectivamente. A los soldados que los acompañaban les dio dos collares de oro y dos cargas de capas. Obviamente, Moctezuma se había informado en cuanto a los rangos y las clases castellanas antes de decidir cuáles serían los obsequios.[32] Regaló también a Cortés muchas mantas de algodón con hermosos bordados, asombrosas según Cortés, «considerada ser toda de algodón y sin seda» (ese matiz revela su preferencia por esa tela).[33] Según Bernal Díaz del Castillo, Moctezuma repitió lo dicho en su discurso de bienvenida, a saber, que daba por cierto que los castellanos eran aquellos que vendrían de donde sale el sol, según la predicción de los antepasados de los mexicas, y atribuyó a los malos consejos su anterior renuencia a recibirlos.[34]

Cortés y su séquito se marcharon amistosamente, diciendo: «Ya es hora que vuestra merced coma.» Es de suponer que oyeron el ruido producido por los pasos de los criados, así como el conocido sonido producido por la preparación de platos. De hecho, cuando salían vieron que el emperador empezaba a cenar.[35] Después Cortés dijo a sus seguidores: «Con esto cumplimos, por el primer toque.»[36]

Dos o tres días tras su llegada a Tenochtitlan, el caudillo fue al mercado de Tlatelolco, del que seguramente había oído hablar mucho a los conquistadores que ya lo habían visitado.

Las dimensiones de este emporio asombraron a los españoles. Según Cortés, el gran espacio comercial rodeado de arcadas era dos veces más amplio que la plaza mayor de Salamanca.[37] Otros expedicionarios que afirmaban haber ido a Constantinopla y recorrido Italia, incluso Roma, dijeron no haber visto nunca nada parecido.[38]

Claro está que los conquistadores vieron el mercado desde una perspectiva castellana y lo compararon con los que conocían en Castilla. Sin duda subestimaron el aspecto ceremonial implícito en todo intercambio de bienes. No obstante, Tlatelolco constituía el centro del comercio mexicano, el lugar de trueque más importante de las Américas.[39] Se fundó durante el reinado de Cuauhtlatoa, un rey de Tlatelolco, a mediados del siglo XV, quien, según insistían los tlatelolcas, fue el verdadero responsable de las victorias atribuidas equivocadamente a su coetáneo, Moctezuma I, emperador de México. Fue allí donde se inició el comercio en fina tela de algodón y en muchas otras cosas.[40] Fue allí también donde ocurrieron varios incidentes que llevaron a las guerras de 1475 contra los tenochcas, desastrosas para los tlatelolcas.[41] Debido a la derrota de 1475, los emperadores de México cerraron el gran templo de Tlatelolco, si bien no se atrevieron a hacer lo mismo con el *tiánguez*; o tal vez no quisieron hacerlo.

Miles de personas llegaban allí a diario para intercambiar bienes; generalmente se trataba de trueque, y sólo cuando no se ponían de acuerdo acerca del valor de una mercancía recurrían a granos de cacao o a mantas.[42] Por eso, en el *tiánguez* de Tlatelolco (y, por consiguiente, en todos los más pequeños del país) no se trataba primordialmente de obtener ganancias, en el sentido clásico del término, sino de un método fácil de redistribución aprobado por las autoridades.[43] El mercado se abría cada cinco días y entonces llegaba el doble de personas que en los días normales. En opinión de los castellanos, lo que lo diferenciaba de los de su país era que en él, como en tantas otras características de la vida en Tenochtitlan, había «mucho orden».[44] «El señor también cuidaba del *tiánguez*, y de todas las cosas que en él se vendían, por amor de la gente popular y de toda la gente forastera que allí venía, para que nadie los hiziese fraude o sinrazón en el *tiánguez*... y elegían por esta causa oficiales... los cuales tenían cargo del *tiánguez* y de todas las cosas que allí se vendían... tenía uno de estos cargos para poner los precios de las cosas que se vendían, y para que no hubiese fraude entre los que vendían y compraban.»[45] Tres oficiales se sentaban en el mercado y arbitraban inmediatamente en las disputas. Si alguien trataba de vender objetos que se sabía habían sido robados, lo ejecutaban, salvo si decía quién se los había vendido. Cada producto tenía su propio lugar de venta, igual que en el gran mercado de Medina del Campo, pensaba Bernal Díaz del Castillo.[46] Al parecer, el mercado era fuente de placer tanto allí como en el viejo mundo: «son los mercados tan apetitosos y amables a esta nación y de tanta fruición que acude a ellos... gran curso de gente...»[47] Allí llegaban numerosos bienes importados por individuos de fuera del imperio sin el permiso explícito del gobierno; de hecho, el control del gobierno sobre el comercio era bastante tenue. Sin embargo, allí se recaudaba un impuesto sobre objetos de oro y cobre, cuando no se había recaudado directamente de los productores.[48]

Existían unas cincuenta secciones dedicadas a la venta de metales preciosos, alfarería, ropa, comida, cuchillos, piedras y materiales para el hogar, como esteras, cal e incluso tejados. Los bienes manufacturados y las materias primas se vendían por separado. Los comerciantes a tiempo completo y los que recorrían largas distancias intercambiaban bienes de lujo, mientras que incontables familias, cuya principal obligación consistía en trabajar su granja, vender *tamales* (bollos de masa de maíz y otros componentes, envueltos y cocidos en hoja de maíz) o *atolli* (papilla de maíz molido). Había puestos para aves, animales y pieles. La sal y las mantas de algodón eran los productos más codiciados y también tenían su zona.[49] Cortés afirmó que había un sector donde se vendía mucho más algodón que seda en el mercado de seda de Granada.[50] Todos los bienes se vendían por número y tamaño, y no por peso, pues en el antiguo México no se conocían los pesos: por ejemplo, el polvo de oro (importado, ya que no lo había en el Valle de México) se vendía en el cañón de las plumas de ganso.[51] Numerosas áreas del mercado proporcionaban servicios: peluquería, por ejemplo; en otra se vendían esclavos sujetos a palos por el cuello, método bastante semejante al que usaban los portugueses en Lisboa para atar a los esclavos de Guinea. Los precios variaban: «Los esclavos que ni cantaban ni danzaban sentidamente, dábanlos por treinta mantas; y los que danzavan y cantaban sentidamente y tenían buena disposición, dábanlos por cuarenta... mantas.»[52] Canoas llenas de excremento humano se vendían para curtir pieles.[53] Al igual que en casi todos los mercados, al de Tlatelolco acudían en busca de clientes prostitutas y jugadores. Una gran pirámide con un templo en lo alto dedicado a Huitzilopochtli dominaba el mercado, a un lado de la plaza.[54] Moctezuma lo había vuelto a abrir tras treinta años de descuido después de la guerra entre Tlatelolco y Tenochtitlan en 1475, años durante los cuales había hecho las veces de retrete pú-

blico y vertedero. Pero Moctezuma necesitaba el apoyo de los mercaderes (*pochtécah* [*pochtécatl* en singular]), cuyo centro de operaciones se hallaba en Tlatelolco, por lo que les dio trato de favor e
incluso les otorgó el honor de ir nuevamente a las guerras de la
Triple Alianza (en apoyo del propio Moctezuma). Sin embargo
aún debían pagar tributo, como pueblo conquistado,[55] y, en vez de
un monarca independiente, tenían un gobernador militar *(cuauht-
latoani)* nombrado por Moctezuma, cargo que un solo hombre desempeñaba desde hacía cuarenta años, después de la derrota de
los tlatelolcas. No obstante, el templo había vuelto a ser eso: un
templo.[56]

Cortés regresó a Tenochtitlan y a su Templo Mayor.[57] Él y sus
colegas se detuvieron ante este monumento, intentando, sin duda,
como todo hidalgo que se preciara, no demostrar sorpresa. El edificio, con escaleras paralelas de ciento trece gradas, construido a
un ángulo de 45⁰, demasiado empinado para escalarlo con facilidad, era «más alto que la iglesia mayor de Sevilla», insistiría Cortés con su habitual actitud comparativa.[58] (La Giralda de Sevilla
en esos tiempos se alzaba ochenta metros y la pirámide de Tenochtitlan, unos cuarenta y seis metros.)[59] De hecho, esta pirámide no
era tan alta como la de Cholula y, con sus setenta y cinco metros
de lado en la base, era considerablemente más pequeña que la pirámide del Sol de Teotihuacan, que Cortés, por supuesto, no conocía.[60] Como casi todos los templos de la región, tenía en la cima
una plataforma de piedra y, sobre ésta, dos santuarios, uno, al
norte, dedicado a Tlaloc, y el otro, al sur, a Huitzilopochtli. Estos
dos dioses, el de la lluvia y el del sol, las fuerzas que determinan
la prosperidad de la tierra, eran objetos de devoción conjunta en la
cima de un templo construido por un pueblo antaño nómada y
ahora sedentario.[61] El interior de cada santuario contenía sus propios ídolos y en el exterior figuraban ídolos guardianes. La existencia de ambos santuarios reflejaba un compromiso ya antiguo entre
los sacerdotes de Tlaloc, que ya se encontraban en el valle antes de
la llegada de los mexicas, y los de Huitzilopochtli, dios de los mexicas.

Probablemente, en su construcción, la pirámide recordaba el
monte de Coatepec («monte de serpientes»), sagrado para los mexicas, donde naciera Huitzilopochtli, o quizá la tierra misma. Simbolizaba el orden celestial de los mexicas, pues la soportaban cuatro
plataformas; las tres inferiores comprendían doce secciones cada
una y la superior constituía la decimotercera y más pequeña sección, sobre la cual se encontraban los templos. Tanto la pirámide
como los templos eran nuevos; se habían inaugurado en 1487, con
la suntuosa ceremonia descrita en un capítulo anterior de la presente obra. Pero este monumento se había construido encima de
cuatro edificios más antiguos, levantados a su vez en diferentes momentos desde la fundación de la ciudad. Su sola dimensión tenía

por propósito abrumar; pero, aunque hubiese impresionado a Cortés, éste estaba resuelto a no demostrarlo.

Como en el caso de todos los edificios importantes de esta naturaleza, el templo contaba con criados permanentes: sacerdotes (y algunas sacerdotisas) vestidos de negro, con los lóbulos de las orejas desgarrados de tanto habérselas sangrado en ceremonias menores de sacrificio, el cabello enmarañado y atado, el rostro ceniciento de tanto ayunar y ofrecer sangre (la mayoría de los sacerdotes se sangraban al menos una vez al día como acto de penitencia).[62] De su cuello colgaba la concha con cuyos sones señalaban el amanecer y el atardecer. Cortés informó que a las mujeres no se les permitía la entrada en estos templos, pero le habían informado mal; tal vez no pudo identificar a las sacerdotisas en sus túnicas negras; y, de hecho, desempeñaban un papel secundario.[63]

El propio Moctezuma acompañó a sus visitantes en esta parte de su recorrido. Unos sacerdotes le ayudaron a subir «las gradas de chalchihuite», nombre que se les daba simbólicamente, y cuya inclinación aseguraba que los cuerpos de las víctimas muertas cayeran sin obstáculos. Mas Cortés rechazó la ayuda que le ofrecían los sacerdotes a él y a sus compañeros, si bien probablemente vestía cuando menos armadura ligera. Empezó a subir sin ayuda, pisó sin duda la monumental imagen en relieve, a la sazón pintada con intensos colores, de la muerta y fracturada Coyolxauhqui, la luna, hermana de Huitzilopochtli, en el suelo de piedra justo en frente de la pirámide («da mesa de Huitzilopochtli»), y sobre el cual caían los cuerpos de los sacrificados cuando se los arrojaba escalones abajo.[64] Al pasar, como los millares de víctimas que subieron antes que él (y bajaron ya muertas), frente a ambas cabezas de serpiente que separaban ambos lados de las gradas y a las esculturas representando ranas a un lado del templo, Cortés no tenía sin duda una idea clara de lo que le esperaba.

En la cima, Moctezuma comentó: «Cansado estaréis, señor Malinche», frase obligatoria, como hemos visto, en la «etiqueta» mexicana, «de subir a este nuestro gran templo». Cortés respondió que él y sus amigos «nunca se cansa[ba]n», jactancia que debió de parecer tan inadecuada como grosera, especialmente para los sudoros castellanos a su lado.[65] Su primera vista de la cima sería la figura reclinada y policromada de un *chacmool*, mensajero divino entre sacerdote y dios; y la segunda, la piedra verde del sacrificio, *téchcatl*, frente a los santuarios.[66] Por supuesto, habrían visto los altares de tejado de paja en la parte posterior, al este de la plataforma, cada uno coronado por «un pretil muy galano, de unas piedras pequeñas, negras como azabache, puestas con mucho orden y concierto, revocado todo el campo de blanco y colorado, que lucía de abajo extraordinariamente».[67] Parece que Cortés encontró las capillas (los altares) «muy linda[s]».[68] Dos figuras de piedra, cubiertas de joyas de turquesa y de carey, con máscaras de oro, cinturones de oro representando serpientes, y collares de cráneos humanos, también de oro, vigilaban los santuarios.[69] Posiblemente una de las dos esculturas fuese Coatlicue, la diosa de la tierra («su falda es de serpientes»), madre de Huitzilopochtli, la más importante de las esculturas mexicanas que se conocen.[70] Encima, y es de suponer que en el centro de ambos santuarios, se hallaba una colosal figura de diorita, con dos serpientes entrelazadas como cabeza, de Coyolxauhqui, encarnación de la noche, cuya efigie desmembrada, en relieve, se hallaba también al pie de los escalones. Mariposas de piedra (símbolo del sol) rodeaban el altar de Huitzilopochtli, y conchas (símbolos del agua), el de Tlaloc.

Moctezuma disfrutaba de las alturas. Se hacía cargar a menudo a Chapultepec (monte del chapulín [saltamontes]), pasando frente a los bajorrelieves de sus antepasados (y ahora también de él), para contemplar la espléndida vista desde la cima.[71] Orgulloso, enseñaba a sus huéspedes las dos ciudades, unidas por calzadas, con sus *tiánguez* que hormigueaban de gente y sus calles rectas, muchas de ellas con canales; las grandes casas de tejados planos (azoteas) a menudo plantados de jardines;[72] las numerosas pirámides secundarias coronadas por templos menores; el gran zoo (parecido a los más pequeños de Europa que sólo algunos príncipes italianos poseían), donde Moctezuma guardaba animales sagrados, como jaguares, de especial importancia para la familia real; la vegetación a menudo exótica y de brillantes colores; las calzadas al norte, este y oeste; el hermoso lago, cuya superficie se hallaba como sembrada de canoas; los pueblos, grandes y pequeños, al otro extremo del gran lago; a lo lejos, la sierra, con sus majestuosos volcanes; el paso que el propio Cortés había cruzado con su «santa compañía». El aire puro y el cielo claro y azul en esa época del año habría sido para los conquistadores tan vigorizante como el increíble esplendor del paisaje.

Cortés, impresionado, pero resuelto a no demostrarlo, sugirió a fray Olmedo, quien le acompañaba, que tal vez ése era el momento indicado para ver si Moctezuma les permitiría construir una iglesia en ese lugar que dominaba el valle. No era una idea del todo ridícula: el propio Moctezuma había hecho construir un templo especial (el *coacalco*) dentro del Templo Mayor para alojar a los dioses de los pueblos conquistados. Mas fray Olmedo dudó pensando que sería precipitarse. Entonces Cortés pidió ver el santuario y Moctezuma ordenó a los sacerdotes que los dejaran entrar.

Al parecer, los conquistadores entraron en el santuario meridional, el de Huitzilopochtli, en el cual había dos altares, uno de ellos presidido por el propio Huitzilopochtli, y el otro dedicado al misterioso y escurridizo Tezcatlipoca. Era la primera vez que los castellanos veían estos alarmantes ídolos de tan cerca. En la oscuridad, es probable que vislumbraran poco más que los dibujos tallados en las esculturas, que debían hallarse enterrados, por así decirlo, en la penumbra. Habrían visto los ojos de piedras brillantes; Huitzilopochtli llevaba un arco de oro en la mano izquierda y flechas de oro en la derecha, para recordar que era el dios de la guerra y de la caza. Colgaban de su cuello objetos de oro que representaban rostros y corazones de humanos cuyos corazones eran de plata.

Detrás de las efigies de los dioses principales se encontraba una figura más pequeña, de granito, de algo que parecía ser mitad hombre y mitad lagartija, cubierta por una manta de piedras preciosas. Frente a los ídolos se hallaban braseros, en los cuales había todavía los corazones calientes de los cautivos que habían sacrificado ese mismo día. Las paredes, como siempre, estaban salpicadas de sangre y despedían un fuerte hedor. Entre las sombras, los sacerdotes tañían lúgubremente con las manos un tambor vertical *(huéhuetl)*.

Obviamente, estas horribles figuras, cuyo propósito era justamente aterrorizar, si bien casi nadie las veía aparte de los sacerdotes, perturbaron a los españoles. Dado que los ídolos no han sobrevivido, no se sabe a ciencia cierta de qué eran: tanto Cortés como su amigo Andrés de Tapia (quien subió unos meses más tarde) afirmaron que las estatuas más importantes eran de semillas amasadas con la sangre de los humanos sacrificados; Tapia añadió, para no quedarse corto, que era sangre de niños. Pero el cronista fray Durán escribió que la estatua de Huitzilopochtli era de madera y que el dios se hallaba sentado en un banco —cual una litera— de madera azul, y que en el santuario al norte, la estatua de Tlaloc era de piedra, con «la cara muy fea, a manera de sierpe, con varios colmillos muy grandes, muy encendida y colorada, a manera de un encendido fuego...»[73]

Cortés dijo a Moctezuma: «Señor Montezuma, no sé yo cómo un tan gran señor e sabio varón como vuestra merced es, no haya colegido en su pensamiento cómo no son estos vuestros ídolos dioses, sino cosas malas, que se llaman diablos. Y para que vuestra merced lo conozca y todos sus papas lo vean claro, hacedme una merced, que hayáis por bien que en lo alto desta torre pongamos una cruz, y en una parte destos adoratorios, donde están vuestros Huichilobos y Tezcaptepuca [sic], haremos un apartado donde pongamos una imagen de Nuestra Señora... y veréis el temor que dello tienen estos ídolos que os tienen engañados», irritando así a los dos sacerdotes presentes. El propio Moctezuma no estaba muy contento tampoco y contestó: «Señor Malinche, si tal deshonor como has dicho creyera que habías de decir, no te mostrara mis dioses; aquellos tenemos por muy buenos y ellos dan salud y aguas y buenas sementeras, temporales y victorias, y cuanto queremos, e tenémoslos de adorar y sacrificar. Lo que os ruego es, que no se digan otras palabras en su deshonor.»[74] Al parecer, Cortés se disculpó, cosa rara en él. Su biógrafo, López de Gómara, cita un hermoso discurso que pronunció, pero suena más a ficción que a historia.

Lo que disgustó a Moctezuma probablemente no fuera la presentación de la Virgen María como candidata al trono, sino la exclusividad del cristianismo, como habría inquietado a un griego o a un romano de la antigüedad. Cortés y los castellanos bajaron, dejando a Moctezuma atrás, rezando.

Tal vez el emperador rezó por los pobres: «¡Oh señor piadosissimo!... Habed... misericordia, señor, de los pobres misérrimos que no tienen qué comer ni con qué cubrirse ni en qué dormir, ni saben qué cosa es un día bueno; todos sus días pasan con dolor y aflicción...»[75] Pero lo más probable es que, en ese oscuro momento de la historia de los mexicas, recordara una oración pronunciada en ocasión de su investidura como monarca, dieciséis años antes: «¡Oh señor nuestro, humanísimo, invisible, impalpable!... Os suplico tengáis por bien de abrirle los ojos, darle lumbre y abrirle las orejas... le inspiréis lo que ha de hacer y le infundáis en su corazón el camino que ha de llevar, pues que le habéis hecho vuestra silla... y también le habéis hecho como flauta vuestra... y no permitáis que... se ensoberbezca o altivezca; mas antes tened, señor, por bien que asesogadamente y cuerdamente rija y gobierne a... la gente popular.»[76] Sin duda también hizo sacrificar a unos cuantos en penitencia por el pecado cometido al permitir a sus entrometidos huéspedes entrar en el templo.

Al regresar a la sede de los antiguos emperadores, Cortés decidió insistir en que se construyera una capilla española donde se alojaban los españoles. Hasta entonces habían asistido a misa en circunstancias improvisadas. Moctezuma estuvo de acuerdo y proporcionó para ello la ayuda necesaria: carpinteros, albañiles y pintores. Al cabo de dos días se había establecido un santuario cristiano en el palacio y a partir de entonces los españoles oían misa con regularidad.[77] El que Cortés tuviese que hacer esta modesta petición sugiere que Moctezuma aún no había aceptado ser vasallo en el sentido que los europeos daban al término.

Mientras se construía la capilla, Alonso Yáñez, uno de los carpinteros de Cortés, se dio cuenta de que habían bloqueado recientemente una habitación del palacio. Cortés ordenó que se abriera. Adentro encontraron varias habitaciones en las cuales, en baúles de mimbre, los españoles hallaron una cantidad colosal de joyas e ídolos de oro, plumas, algunos objetos de jade y algunos platos (cuatro de ellos grandes) y tazones.[78] Este método de ocultar las cosas era frecuente en el antiguo México.

Se extendió por el campamento castellano la noticia de la existencia de este tesoro, pero Cortés decidió no dejárselo saber a Moctezuma.[79] No obstante, más tarde, le informó de ello y el emperador le dijo que podía guardar el oro, mas le pidió que dejara las plumas, propiedad de los dioses. A los castellanos eso no los molestó, pues aún no se daban cuenta del esplendor de la plumajería mexicana y sólo el oro les importaba.

Cortés era probablemente el conquistador con mejor ojo para lo artístico. En las cartas que dirigió a Carlos V se ve cierta capacidad para apreciar el arte: «¿qué más grandeza puede ser que un señor bárbaro como éste tuviese contrahechas de oro y plata y piedras y plumas, todas las cosas que debajo del cielo hay en su señorío, tan al natural lo de oro y plata, que no hay platero en el mundo que mejor lo hiciese, y de lo de las piedras que no baste juicio comprender con qué instrumentos se hiciese tan perfecto, y lo de pluma, que ni de cera ni en ningún bordado se podría hacer tan maravillosamente?»[80] En esto, como ocurría muy a menudo, la valoración de Cortés era correcta. Pero estas obras de arte no conmovieron a su emperador tanto como él esperaba.

21. LAS ABEJAS Y LAS ARAÑAS HACEN OBRAS DE ARTE

*Pues aunque algunos de ellos (aztecas) demuestren cierto ingenio
para ciertas obras de artificio, no es éste argumento de prudencia
humana, puesto que vemos a algunos animalillos, como las abejas
y las arañas, hacer obras que ninguna industria humana puede
imitar cumplidamente. Porque el hecho de tener casas y algún
modo racional de vida y alguna forma de comercio, es cosa a que
la misma necesidad natural induce y sólo sirve para probar que
no son ni osos ni monos y que no carecen totalmente de razón.
Pero, por otro lado, tienen de tal modo establecida su república,
que nadie posee individualmente cosa alguna, ni una casa, ni un
campo de que pueda disponer, ni dejar en testamento a sus
herederos, porque todo está en poder de sus señores, que
impropiamente llaman reyes, a cuyo arbitrio viven más que al suyo
propio, atenidos a la voluntad y capricho de éstos y no a su propia
libertad, y el hacer todo esto no oprimidos por la fuerza de las
armas, sino de un modo voluntario y espontáneo, es señal
certísima del ánimo servil y abatido de estos bárbaros*

GINÉS DE SEPÚLVEDA, *Democrates Alter*

La ociosidad después del gran esfuerzo que representó la larga marcha desde la costa sentó mal al ejército castellano. La aprensión empezaba a sustituir al asombro ante el carácter de la ciudad. Varios capitanes, incluyendo los que habían visitado a Moctezuma con el caudillo (Diego de Ordás, Velázquez de León, Pedro de Alvarado y Sandoval) fueron a ver a su comandante. Los tlaxcaltecas, muchos de los cuales, al parecer, se encontraban aún en Tenochtitlan, les habían dicho que nunca podrían salir de la ciudad con las joyas y el oro que habían cogido y que los mexicas tenían pensado matarlos.[1] Varios españoles comenzaron a hablar de «una tela de araña».[2] Ordás afirmó haber observado desde el tejado cuán fácil les sería a los mexicas cortarles la retirada por el sencillo método de alzar los puentes levadizos. Los españoles no contaban con barcos en los cuales huir. Varios aliados los habían advertido que les esperaba la destrucción si iban a Tenochtitlan. Además, ¿quién sabía lo que estaría pensando el emperador mexicano por debajo de la cortesía y el servilismo?[3] Gerónimo de Aguilar, el intérprete, dijo que los tlaxcaltecas afirmaron que los mexicas estaban dejando de ser amables.[4] Tal vez ese estado de ánimo se debiera únicamente a que la novedad se estaba disipando. Pero también es posible que la impresión reflejara algo más grave. Mirando hacia el sur desde el tejado del palacio de Axayácatl, a Cortés le pareció que ya habían izado uno o dos puentes levadizos de la calzada por la que habían llegado él y su expedición.[5]

En la pesquisa sobre su comportamiento celebrada en 1529, el propio Cortés afirmó que: «dende á pocos días, vista la grandeza e fortaleza della, e la mucha xente; que cada vez que quisiesen los naturales, le podrian matar a él e a quantos con él estaban, sin tener defensa alguna, buscó manera para la siguridad».[6] En vista de que Cortés ya había dicho al rey que cogería a Moctezuma, vivo o muerto, caben pocas dudas de que ya en la Villa Rica de la Vera Cruz había formulado un plan como el que puso en marcha. Sin embargo, en su memoria fray Aguilar insistió en que Diego de Ordás creyó oportuno tomar a Moctezuma como rehén y que Cortés alegó, al menos al principio, que no debían hacerlo, pues Moctezuma había aceptado ser vasallo del rey de España.[7] No obstante cabe pensar que Ordás, sabiéndolo, estuviese expresando lo que Cortés tenía en mente.

Al parecer, Cortés se hallaba valorando las ventajas de atacar a Moctezuma en ese momento, cuando recibió malas noticias de la costa. Los tlaxcaltecas le informaron que Juan de Escalante, su lugarteniente en la Villa Rica de la Vera Cruz, seis castellanos más y muchos totonacas habían sido asesinados. Qualpopoca, el representante de Moctezuma en Nauhtla (bautizada por Grijalva como «Almería»), a unos ochenta kilómetros costa arriba de la Villa Rica de la Vera Cruz, había exigido en nombre de los mexicas el habitual tributo semestral a ciertos lugares próximos a Cempoallan. Estos pueblos mayormente totonacas se negaron a pagar el tributo, alegando que «Malinche lo había prohibido». Qualpopoca amenazó con represalias. Escalante envió mensajes a los mexicas pidiéndoles no robar o molestar a los habitantes de estos pueblos. Los mexicas no hicieron caso a su advertencia y Escalante, imitando a Cortés, fue con sus aliados locales a retar a Qualpopoca y, además, le pidió oro. Qualpopoca se negó a dárselo; se entabló una batalla cerca de Nauhtla-Almería, durante la cual los aliados abandonaron a Escalante, quien, mortalmente herido, tuvo que retirarse (pero no sin primero prender fuego al pueblo) y dejar atrás un tal Juan de Argüello, un corpulento leonés, como prisionero. Los mexicas sacrificaron a Argüello y enviaron su cabeza —grande decíase— de barba negra y rizada, a Moctezuma como trofeo.[8] A Moctezuma lo aterrorizó el obsequio y ordenó que lo llevaran a otra ciudad; quizá acabara en Tula, enterrado al lado de las «galletas» del barco de Grijalva.[9]

Cortés decidió aprovechar el incidente en Almería como «pretexto» para el acto arbitrario, audaz y probablemente premeditado desde hacía tiempo del que hablara Diego de Ordás.[10] Existía una justificación estratégica: para no perder la colaboración de los totonacas hacía falta una acción contundente.

El 14 de noviembre Cortés solicitó audiencia con Moctezuma;

como siempre, le acompañaban varios capitanes de mayor rango (Alvarado, Sandoval, Velázquez de León, Lugo y Ávila), además de unos treinta hombres, todos armados, y los intérpretes Marina y Gerónimo de Aguilar.

Al llegar a la sala donde se hallaba el trono de Moctezuma, Cortés empezó a bromear con el emperador, quien, sin percatarse de que estaba a punto de ocurrir algo extraño, le ofreció unas joyas, una de sus hijas, «una fruta deliciosa», y las hijas de varios nobles para los hombres de Cortés. Éste se mostró agradecido mas, como en Tlaxcala cuando alegó no poder tomar por consorte a alguien sin bautizar, afirmó en tono igualmente sentencioso no poder tomar a la hija de Moctezuma por esposa, pues ya tenía una (fue la primera vez que el caudillo mencionaba a Catalina Suárez desde su salida de Santiago de Cuba).[11]

Entonces cambió abruptamente de tema: le asombraba, dijo, que Moctezuma hubiese enviado a sus capitanes a Nauhtla para atacar la guarnición que él, Cortés, había dejado en la Villa Rica de la Vera Cruz; había hecho todo lo posible por ayudar a Moctezuma, añadió, pero lo ocurrido iba en contra de sus deseos; exactamente la misma serie de acontecimientos tuvo lugar en Cholula, observó fríamente, y enseñó a Moctezuma una carta enviada desde la costa por Pedro de Ircio, quien, dijo, culpaba al emperador por la muerte de los castellanos.[12] Se encontraba dispuesto, dijo, a perdonarlo todo si Moctezuma se avenía a acompañarle al alojamiento de los castellanos; pero si gritaba o hacía cualquier clase de ruido, sus capitanes le matarían al momento.[13] Con un comentario característico en él, el caudillo achacó a sus amigos la propuesta y alegó estar haciendo lo mínimo que se esperaba de él; si Moctezuma no hacía lo que le pedía, insistió, «los que conmigo vienen se enojarían».[14]

Esto aterró a Moctezuma. Era desagradable la idea de que se irritara Juan Velázquez de León, con su larga barba negra y voz grave. Pero igualmente espantosa era la alternativa. Dando muestra de un buen grado de sentido de justicia, contestó: «No es persona la mía para estar presa, y ya que yo lo quisiese, los míos no lo sufrirían.»[15] Por consiguiente hubo una discusión. Según el mayordomo de Cortés, Joan de Cáceres, «el dicho razonamyento duró mucha parte de un día»; más de cuatro horas, según Tapia; y media hora, según Cortés.[16] Él no había ordenado un ataque contra los conquistadores en la costa, insistió el emperador; averiguaría inmediatamente lo ocurrido y, si algo malo había pasado, castigaría a los culpables. Se quitó del brazo (aparentemente un brazalete) una pequeña figura representando a Huitzilopochtli, la dio a unos emisarios, a quienes envió a la costa a fin de investigar el asunto.[17] Cortés dijo que deseaba enviar tres hombres suyos con los emisarios; por consiguiente, Francisco Aguilar, Andrés de Tapia y Pedro Gutiérrez de Valdelomar partieron también.[18]

Pero «los capitanes» ya se mostraban nerviosos; Velázquez de León exigió a Moctezuma escoger entre ir con ellos o ser muerto al instante; Moctezuma preguntó a Marina lo que había dicho Velázquez y ella le aconsejó acompañar a los castellanos a su alojamiento sin causar problemas; lo tratarían con el debido respeto; pero si no lo hacía, estaba segura de que lo matarían. Moctezuma ofreció a su hijo y dos hijas como rehenes: con ello Cortés podría evitar hacerle tal afrenta, pues ¿qué dirían sus consejeros al ver que le llevaban preso? Pero Cortés insistió en que no había alternativa;[19] Moctezuma tendría que permanecer con los castellanos hasta que se supiera la verdad acerca de lo acontecido en Nauhtla. Entretanto, desde el palacio de Axayácatl, el emperador podía seguir gobernando su imperio.[20]

Finalmente Moctezuma aceptó acompañar a Cortés. No queda nada claro cómo y por qué logró salir delante de sus guardias; pero sí es obvio que su decisión se debió a la combinación del temor y la fascinación que le inspiraba Cortés. Si iba, insistió, no se debía a la amenaza del uso de la fuerza, sino a su buena voluntad. A sus guardias, consejeros y parientes les explicó que había hablado con el dios Huitzilopochtli, quien le dijo que sería bueno para su salud vivir un tiempo con los castellanos. Por tanto, estaba decidido. Cruzó la ciudad en una litera cargada por sus nobles,[21] varios de los cuales le preguntaron si debían luchar contra los castellanos, y Moctezuma repitió que, por amistad, iba a pasar unos días con los forasteros.[22] El propio Cortés alegó tener mucho que decirle a Moctezuma acerca de la naturaleza del Dios cristiano.[23] Moctezuma continuó gobernando su imperio, aunque «a manera de preso», como diría años más tarde Cortés.[24] Sin embargo su pueblo debió darse cuenta de la posición de su monarca, pues una guardia armada castellana permaneció con él día y noche.[25] De hecho, el historiador Ixtlilxóchitl recordaría que ese comportamiento tan asombroso de Cortés espantó a todos en la ciudad.[26]

Fue un golpe brillante, un ejemplo de la enorme «maña» de Cortés,[27] una confirmación del punto de vista renacentista de que con audacia se pueden obtener muchas victorias. Nada en la ideología de los mexicas, nada de lo que había aprendido Moctezuma en el *calmécac*, daba a entender que se rindiera de modo tan abyecto. De hecho, seguramente habría recordado los sermones de los ancianos, aconsejando lo contrario; si pretendía llevar a cabo un sutil engaño, lo ocultó muy bien.

Bartolomé de Las Casas preguntaría más tarde a Cortés «por qué ley» había apresado a Moctezuma. Cortés respondió con una de esas citas que parecían surgir tan fácilmente de sus labios y que convenció a Las Casas de que era «un buen latinista»: *«Qui non intrat per ostium fur est et latro»* («Quien no entra por la puerta principal es un ladrón y un salteador»), y añadió: «Oigan vuestros oídos lo que dice vuestra boca»,[28] haciendo reír a todos los

presentes, salvo a Las Casas, quien, según su propia versión, lloró
ante otra evidencia de la insensibilidad de Cortés.[29]

Pero la realidad es que este comportamiento, que lo hubiese sugerido recientemente Ordás o que Cortés lo hubiese planeado mucho
tiempo antes, fue determinante en la historia de la expedición. El
secuestro —eso parece ser— proporcionaba a Cortés una estrategia: permitiría a Moctezuma seguir gobernando el imperio, pero él,
Cortés, gobernaría a Moctezuma.

Nada indica que Cortés se haya planteado dudas sobre si era
justo invadir el territorio de Moctezuma. Creía que con ello servía
a la Iglesia, al rey y, a la larga, a los mexicas a quienes esperaba
ofrecer un mundo nuevo tanto en lo político como en lo espiritual:
«Por cuanto yo, don Fernando Cortés, capitán general y gobemador de esta nueva España y sus provincias por su majestad, pasé
a estar partes con ciertos navíos y gente para la pacificar y atraer
las gentes de ellos al Dominio y servidumbre de la Corona Imperial de su majestad», alegaría.[30] Un diálogo en *Democrates Alter*,
escrito años más tarde por un conocido suyo, el filósofo Ginés de
Sepúlveda,[31] daría una idea de lo que tal vez Cortés tenía en mente:
así, en esta obra de ficción, un tal Leopoldo pregunta si el que los
cristianos hicieran la guerra contra unos mortales inocentes que no
les habían hecho ningún mal se ajusta a la justicia y a la piedad
cristiana.

Sepúlveda, hablando por boca de su protagonista, Demócrates,
responde: «Y para no entretenerte más en este asunto, puede bastar para conocer la índole y dignidad de estos hombres, el sólo
hecho y ejemplo de los mejicanos, que eran considerados los más
prudentes y valerosos. Su rey era Moctezuma, cuyo imperio se extendía vastamente en aquellas regiones, y habitaba la ciudad de
Méjico, situada en una extensa laguna, ciudad muy defendida por
su situación geográfica y fortificaciones, semejante a Venecia, según
dicen, pero casi tres veces mayor, en extensión y en población. Al
tener éste conocimiento de la llegada de Hernán Cortés, siguiendo
alguna de sus victorias, y de la intención que tenía de tener con él
una especie de conferencia en Méjico, trataba por todos los medios
de apartarle de ese propósito. A pesar de todas sus maquinaciones, no pudo conseguirlo, y presa de terror recibió en la ciudad a
Cortés acompañado de una escolta de unos trescientos españoles.
Ahora bien, Cortés, habiéndose apoderado de este modo de la ciudad, despreció aquella gente, tanto, que no sólo obligó, por medio
del terror, al rey y a los príncipes que le estaban sujetos, a recibir
el yugo y dominio del rey de los españoles, sino que al mismo rey
Moctezuma, por sospechas que tuvo de que en cierta provincia había
tramado la muerte de algunos españoles, le puso en la cárcel, cundiendo en la ciudad el terror y sobresalto, sin atreverse nadie a
tomar las armas para libertar a su rey.»[32]

De hecho, Moctezuma parece haberse acostumbrado muy pronto a sus carceleros. Esta índole de adaptación ocurre a menudo en la historia de los secuestros. Además, al emperador le simpatizaban no sólo Cortés, sino también sus guardias, pues le hacían reír.[33] Apreciaba sobre todo a un paje de Cortés, un muchacho llamado Orteguilla, que ya había aprendido a hablar un poco de náhuatl. De él Moctezuma aprendió algo sobre España y sus costumbres, pero Orteguilla aprendió mucho más acerca de la naturaleza del régimen mexicano, conocimientos que transfirió a Cortés.[34] El propio Cortés hablaba incesantemente con Moctezuma de Dios Padre, del rey de España y de la compleja relación entre ambos.[35]

Izquauhtzin, el anciano gobernador de Tlatelolco, y quizá algunos miembros de su consejo supremo acompañaron a Moctezuma al palacio de Axayácatl.[36]

La mayoría de los nobles de México no se dejaron engañar; muchos de ellos se negaron a visitar a Moctezuma en su «cárcel». «Los ciudadanos de Tenochtitlan continuaron proporcionando alimentos y agua para los visitantes y sus animales; pero los principales... ya no le hacían caso [a Moctezuma], sino que estaban airados, ya no le tenían acatamiento. Ya no era obedecido.»[37] Tal vez la mayoría de los ciudadanos informados creían que Cortés había hipnotizado a Moctezuma a fin de tranquilizarle y poder dedicarse a robar, como se esperaba que hicieran los ladrones del signo 1-viento.

La crisis era enorme, pues el emperador resultaba indispensable para gobernar la sociedad mexicana. El emperador no era únicamente «el que ha de regir y gobernar», sino también «el corazón de la ciudad», «un precioso zafiro», «una pluma de quetzal», «un gran árbol de algodón de seda» y «una pared, un parapeto», detrás de cuya sombra el pueblo se refugiaba. Sus palabras eran consideradas «preciosos chalchihuites» y se suponía que hablaba en nombre de los dioses, de los cuales era «la silla, la flauta, los colmillos y el oído».[38] Su obligación consistía no sólo en gobernar a los mexicas, sino también, al menos eso se suponía, en mantener vivo el universo. Y ahora se encontraba, físicamente, en manos de un grupo de visitantes del todo impredecibles de los cuales nadie sabía nada: si eran dioses o demonios, embajadores de una gran potencia o simplemente terroristas como los chichimecas.

El cambio en la posición del emperador ocasionó, evidentemente, gran ansiedad: «Dominaba en todos el terror, como si todo el mundo estuviera descorazonado. Y cuando anochecía, era grande el espanto, el pavor se tendía sobre todos, el miedo dominaba a todos, se les iba el sueño, por el temor.»[39]

Sin duda la gente recitaba antiguos poemas:

> *Sólo venimos a dormir;*
> *Sólo venimos a soñar;*
> *No es verdad, no es verdad*
> *que venimos a vivir en la tierra.*[40]

Tenochtitlan se hallaba aún más conmocionada tras el regreso de la costa de los emisarios de Moctezuma, que traían presos a Qualpopoca, sus hijos y quince caciques mexicanos más. Los entregaron a Moctezuma, quien, mostrando su debilidad, los entregó a su vez a Cortés. Qualpopoca explicó a Cortés que era vasallo de Moctezuma, pero insistió en que, al luchar contra Escalante, no seguía órdenes de Moctezuma. Más adelante, probablemente bajo la tortura, se contradijo y afirmó haber actuado por orden de su emperador. Cortés fue a ver a Moctezuma y le dijo que le creía culpable de ordenar esos actos; pero aun así, él, Cortés, se había encariñado tanto con Moctezuma que por nada en el mundo quería hacerle daño.

Esta técnica, bondad seguida de brutalidad, aseguró la continua colaboración de Moctezuma, pues justo después de esas agradables palabras, Cortés ordenó que Qualpopoca, sus hijos y los otros quince caciques fuesen quemados vivos en la plaza frente a la Gran Pirámide.[41] La hoguera había de hacerse con un montón de flechas y vainas de espada, todo de madera cogidas del arsenal del palacio: un método útil para inspeccionar y menguar el arsenal y, a la vez, humillar a Moctezuma,[42] a quien llevaron a presenciar la ejecución. Cortés lo hizo encadenar «porque no hubiese ningún impedimento».[43] Los mexicanos observaron la ejecución en silencio total.[44]

En esa época la ejecución en la hoguera era una práctica utilizada ocasionalmente en Europa, especialmente para los condenados por la Inquisición. En Cuba, en 1511, Diego Velázquez, con la probable presencia de Cortés en calidad de secretario, había quemado vivo en la hoguera a Hatuey, el jefe taíno. Entre los mexicas, se «asavan vivos» a los que, cuando todavía asistían al *calmécac*, bebían pulque o cometían adulterio.[45] El demoniaco Tlacaelel había inventado el llamado «Fuego Divino», en el que sacrificó a los cautivos de Cholula en 1467.[46] Nezahualpilli ordenó quemar viva a su infiel reina en 1499. Dícese que Moctezuma II dejó de usar tan selectivamente el «Fuego Divino» como castigo. No obstante, debido a la dureza del castigo, a la rapidez con que se cumplió (los prisioneros probablemente murieron sin el beneficio de los alucinógenos) y a la importancia social de las víctimas, la muerte de Qualpopoca escandalizó a los mexicas. En algún momento, sin duda, Moctezuma debió de decirse: «No convendría, señor, que os olvidásedes de... los soldados y hombres de guerra que en algún tiempo los havréis de menester...» para escapar a la gran prueba a que su pueblo se vería sometido.[47] Y sin embargo vaciló.

Cortés ordenó que quitaran las cadenas de los tobillos del emperador y, de acuerdo con su propio relato, le dijo que ya era libre. Mas Moctezuma, quien ya se hallaba espantado por la reputación que, se daba cuenta, había adquirido entre sus súbditos, prefirió, cual un pájaro salvaje atrapado por seres humanos, permanecer de momento con sus captores.[48] Si se iba, explicó a Cortés, era posible que «los señores de la tierra sus vasallos le importunasen o le induciesen a que hiciese alguna cos contra su voluntad, que fuese fuera del servicio de vuestra alteza».[49] Que sea cierto o no lo contado por Cortés acerca de su voluntad de liberar a Moctezuma, el ver al monarca angustiado mientras uno de sus lugartenientes era brutalmente asesinado, debió de significar un nuevo hito en la descomposición de su régimen.

Ahora bien, la decadencia no era explícita, pues durante unas cuantas semanas más pareció que Moctezuma seguía gobernando, un estado de cosas extraño tanto para los castellanos como para los mexicanos. Se bañaba, ingería sus ostentosas comidas, contaba con la presencia constante de sus súbditos más importantes, y continuaba reuniéndose en secreto con sus mujeres especiales; como siempre, se levantaba a la medianoche a fin de observar, desde el tejado, la estrella del norte, la Osa Mayor, las Pléyades y demás constelaciones y les ofrecía su sangre; recibía a numerosos cortesanos, nombraba jueces y «... mirávase mucho en que estos tales no fuesen borrachos, ni amigos de tomar dádivas, ni fuesen acetadores de personas, ni apasionados».[50] Rezaba, daba banquetes; a veces salía de la ciudad con los castellanos a cazar aves, a pescar o, sencillamente, a observar el país —sin duda visitaba sus propiedades en distintas ciudades—. Probablemente se dedicaba a la halconería, a la caza con cerbatanas (cañuto con boquilla de oro, con el que disparaban bolas de barro cocido), con arcos y flechas o con redes. Según informaría Cortés, Moctezuma, con estas distracciones, estaba «alegre y contento» en los aposentos que le habían asignado. Los bufones todavía le «decían chocarrerías», maravillosos malabaristas hacían bailar troncos sobre las plantas de los pies; enanos tullidos saltaban y danzaban, mientras otras personas cantaban al acompañamiento de flautas, tambores, cascabeles y campanas.[51] En ocasiones, visitaba su zoo para observar los jaguares, los ocelotes y los humanos disformes; en otras, presenciaba el popular juego de la pelota, o sea, *tlachtli* (que se practicaba dentro de un recinto estucado al sur del Templo Mayor), si bien es poco probable que ya volviera a ponerse la cincha de cuero en las caderas para jugar, como acostumbraba hacer, contra sus sobrinos y primos.[52]

Conocemos la popularidad de este juego en el antiguo México por las dieciséis mil pelotas de goma que las ciudades del golfo enviaban anualmente a Tenochtitlan; estas pelotas seguramente constituyeron una de las más asombrosas novedades de Tenochtitlan para los castellanos, quienes probablemente sólo las habían visto de plumas o de cuero.[53] El juego agradaba especialmente a la nobleza, que, cuando no se encontraba librando guerras, lo practicaba sin cesar y, si los nobles ya eran demasiado viejos para hacerlo, apostaban grandes sumas, a juzgar por las descripciones de los montones de mantas, bezotes de *chalchihuite* y orejeras de oro que se colocaban en el suelo a modo de apuesta.[54] Como en el caso de casi todo en el antiguo México, no era exactamente lo que parecía ser, pues constituía más una ceremonia que una diversión, más un recrear que un recreo. Desde allí se hacían observaciones astronómicas.[55] Quizá el vuelo de la pelota representara el movimiento del sol en el cielo, y el recinto, el cosmos.

Moctezuma obsequiaba a menudo joyas y muchachas a sus guardianes castellanos y éstos, a su vez, le trataban con respeto. En una ocasión, un marinero llamado Trujillo y un ballestero llamado Pedro López violaron las reglas de cortesía y el caudillo los castigó.[56]

Mientras tanto la ciudad volvía a lo que podría tomarse por normalidad. Por la noche los alumnos de las escuelas estatales danzaban y cantaban; las trompetas de concha resonaban desde las pirámides y, en respuesta, desde las cercanas montañas; y se celebraban fiestas iluminadas por antorchas en los palacios y en las chozas. Los conquistadores veían a gente cargando regalos —flores o tortillas—, pues era una ofensa no llevar algo a quien uno visitaba. Los *calpulleque* iban a diario al tradicional lugar de reunión, el *calpixcalli*, donde esperaban las instrucciones de los funcionarios del emperador.[57] En los tribunales se llevaban a cabo juicios y la vida de los plebeyos continuaba, con dos comidas al día, una por la mañana y la otra cuando el sol más calentaba, ambas con tortillas como alimento principal, a las que algunas veces añadían pescado, carne de caza o, tal vez, sopa de amaranto. A intervalos regulares seguían llegando a Tenochtitlan los tributos de los contribuyentes (salvo, es de suponer, de los de la costa que Cortés había «liberado»).

Moctezuma no cesó tampoco de ordenar sacrificios. Y Cortés, por más que los deplorara, era incapaz de evitarlos; por tanto, fingía no darse cuenta y, según Bernal Díaz del Castillo: «... no podíamos en aquella sazón hacer otra cosa sino disimular con él».[58] Los mexicas no podían pasar por alto los festivales y un festival sin sacrificio habría equivalido a una fiesta española sin corrida de toros. Seguramente Moctezuma creía que sin sacrificios el mundo llegaría a su fin.

Así, la fiesta de la caza, del mes de las «plumas preciosas» (*quecholi*), dio paso al más importante del «despliegue de banderas» (*panquetzalitztli*), seguido del *atemoztli*, «salto del agua» y del *títitl*, «estrechamiento». Como parte de la celebración del *panquetzalitztli* se sacrificaban numerosos cautivos.

Los sacerdotes siguieron hojeando ruidosamente los manuscritos iluminados, mientras los agoreros *tonalpouhque* seguían prediciendo, gracias a la conjunción de fechas, el destino y la personalidad de los recién nacidos, consultando el libro de las adivinanzas, el *tonalámatl*, y diciendo a quienes los consultaban, «has venido a ver el espejo donde está la declaración del agüero...».[59]

Pese a la aparente continuidad, la personalidad de Moctezuma parecía cambiar: desaparecieron el orgullo, la arrogancia, la dureza que le habían caracterizado. El nuevo Moctezuma se convirtió en un hombre dócil, indeciso y servil, aunque tal vez, en el fondo, sutil y de quien uno no se podía fiar.

En cuanto a la vida de los castellanos, durante muchas semanas, fue también normal, tanto como se podía esperar en esas circunstancias. Cortés iba a misa cada día en su cuartel general y ordenó a sus hombres hacer lo mismo. Cuando el vino se acabó, hacia las navidades, se limitaron a rezar.[60] Cortés solía participar en juegos mexicanos con Moctezuma. El *totoloque*, por ejemplo, era un juego que consistía en lanzar, desde cierta distancia, unos pequeños bodoques de oro fundido sobre unos tejos, también de oro. O bien el *patolli*, algo parecido al de los dados o al *backgammon*, que consistía en marcar sobre una tela fina un cuadro en el cual se trazaban dos diagonales y dos líneas transversales, sobre la que se echaban cuatro grandes frijoles perforados y con un símbolo numérico.[61] A diferencia del juego de pelota, éste era popular en todas las clases y algunas personas vivían (y morían) apostando. Los padres concienzudos trataban de convencer a sus hijos de que no participaran en él.

En estos juegos entre españoles y mexicanos, Alvarado era a veces el tanteador en nombre del emperador e incluso hacía trampas a su favor. A Moctezuma le encantaba apostar, inclinación que compartía con la mayoría de los mexicanos. Si Cortés ganaba, entregaba sus ganancias a unos sobrinos del emperador; si éste ganaba, entregaba sus ganancias a los soldados castellanos.[62] Joan de Cáceres, el todavía mayordomo de Cortés y, por tanto, testigo ocular constante, informó que «siempre el dicho don Hernando trataba bien al dicho Motezuma, e asy mandaba a los españoles que le hablasen tratasen e honrrasen, e que el dicho don Hernando simpre lo hazia asy, e que este testigo vio que el dicho Moteçuma vas plazer e pasatiempos con los dichos españoles, jugando a la ballesta con el dicho [Cortés] e con otros españoles e con don Pedro de Alvarado, e jugaba otros juegos de plazer e pasatiempo...»[63] En ocasiones fray Olmedo instruía al emperador en la fe cristiana. Quizá el mercedario tomaba el entusiasmo afable de Moctezuma por auténtico interés. Moctezuma decía a menudo que quería a Cortés como a un hermano.[64] Ocasionalmente le explicaba cómo gobernaba a los mexicanos; durante este periodo, le dijo que su pueblo «no se quería tratar por amor sino por temor»; que en el gobierno el orden era necesario. Alonso de Navarrete recordaría que «el dicho Montecuma daba avisos de las cosas de la tierra al dicho don Hernando»; según Alonso de Tapia, estas «cosas» se referían «especialmente de cómo se avian de tratar los naturales, e orden que se avia de tener en gobernarllos».[65]

Entretanto, los aventureros de la «santa compañía» se acostumbraban a la comida y al horario mexicanos. Así pues, esperarían hasta las diez de la mañana para el almuerzo, consistente en tamales, una especie de empanadillas de maíz envueltas en hojas de maíz, bien endulzadas con miel, bien picantes y servidas en platos de barro rojo o negro de Cholula. Bebían cacao, endulzado también con miel, en unas pequeñas calabazas pintadas. Comían a mediodía, cuando hacía demasiado calor para salir; y, mientras los mexicanos se contentaban con tamales, frijoles y tomates, sin duda ofrecían a los españoles carne de venado, de perro, de pavo o de animales de caza (faisán, perdiz, jabalí, iguana, pato y alguna de las cuarenta especies de aves acuáticas del lago); además de cardos y ratas con salsa, tritones, huevos de moscas acuáticas, renacuajos, hormigas, ranas y gusanos de maguey, si bien el silencio que guardaron al respecto quienes escribieron sus memorias sugiere que estos alimentos no les gustaron. Sin embargo parecen haber descubierto que las larvas de salamandra eran tan buenas como las anguilas y que el sabor del verdín del lago se asemejaba al del queso manchego.[66] No obstante, muchos de ellos probablemente echaban de menos el vino tinto español e incluso la carne de vaca salada y, por ello, sufrían. Al parecer, a nadie le agradó el pulque (aun cuando, en opinión de Jacques Soustelle, sabe a sidra). Es de suponer que a Cortés lo trataron regiamente: mujeres que, con toda probabilidad se habían pintado de azul y untado de incienso de copal los pies, le llevaban agua en calabazas para que se lavara.

Los modales de los mexicanos al comer eran austeros: a los niños les ordenaban que: «hagáis viajes, ni estéis retozando, ni comáis sin cuidado, glotones y ávidos, ni engulláis de prisa, sino poco a poco; masticad bien y engullid bien, sin repletaros la boca de una vez... Y si tenéis que comer mole, o tenéis, que beber agua, no hagáis ruido jadeando..., no comáis con todos los dedos, sino con tres dedos, y hacedlo con la mano derecha».[67] Aquellos que hubiesen aprendido estas reglas en los *calmécac*, ciertamente no se habrían sentido a gusto con el modo de comer de los españoles que, como en el caso de la higiene, no estaba a la altura de las normas mexicanas.

Aquellos que escribieron sus memorias guardan silencio igualmente en cuanto a si los mexicas ofrecieron a los castellanos productos alucinógenos, como el peyote o las setas sagradas. Por más desaprobadores que se mostraran los frailes que llegaron más tarde al hablar del interés de los naturales por tales sustancias, para los conquistadorse extremeños no debían constituir una sorpresa: el estramonio, la mandrágora y la belladona se empleaban con el mismo fin en el campo europeo y, es de suponer, extremeño, aun cuando sus resultados fuesen menos espectaculares.[68] Algunos castellanos que habían adquirido en Cuba el hábito de fumar tabaco después de cenar lo hacían al modo de los señores mexicas, con pipas de junco o de arcilla horneada (el tabaco en México solía mezclarse con carbón y liquidámbar).

Abundaban las apuestas, alentadas por los jefes: si bien no se habían traído naipes, Pedro Valenzuela, uno de los primeros conquistadores oriundo de Palencia, pintaba hermosos naipes sobre cueros que se usaban para los tambores.[69] Otra diversión la proporcionaban unas trescientas mexicanas que Moctezuma había entregado a los castellanos en calidad de sirvientas *(naborias)*.[70] Al parecer Cortés, además de mantener su relación con su intérprete, Marina, disfrutaba también del afecto de una hija («doña Ana») y de una sobrina («doña Elvira») de Moctezuma, pese a sus propios comentarios reprobadores al respecto de pocas semanas antes.[71]

Claro que Cortés tenía problemas. Por ejemplo, recibió noticias adversas sobre Alonso de Grado, a quien había enviado como sucesor de Escalante en el cargo de comandante de la guarnición de la Villa Rica de la Vera Cruz. De él se decía que se las daba de gran señor, apostando, comiendo bien y, a la vez, exigiendo joyas y mujeres bonitas de sus vecinos totonacas. Cortés, que recordaba cómo Grado le había retado durante la campaña en Tlaxcala, sospechaba que éste se disponía a hacer un trato con Diego Velázquez, si ese gobernador decidía interferir en las actividades de Cortés en México. Por tanto nombró en su lugar a Gonzalo de Sandoval, cuya desagradable misión consistía en enviar a su predecesor, encadenado y escoltado por Pedro de Ircio, a Tenochtitlan. Allí, Alvarado lo acogió con rudeza antes de que lo expusieran en una picota durante dos días.[72]

A mediados de noviembre, otra decisión de Cortés, de importancia casi tan grande como el secuestro de Moctezuma, consistió en tratar de compensar su posición estratégicamente expuesta con la construcción de barcos con los que, según él mismo diría, «podrían llevar a trescientos hombres y los caballos a tierra firme cuando así lo desearan».[73]

Habló de ello con sus capitanes, quienes propusieron a un tal Martín López, sevillano, como el más apto para supervisar la construcción de los «bateles».[74] Éste sugirió que se fabricaran bergantines, pues podían navegar en el lago tanto con velas como con remos (e incluso con pagayas). Formuló los planes y convino en supervisar la empresa, dado que, si bien nunca había construido un barco, algunos de sus sirvientes sí tenían conocimientos de tal arte.[75]

Este Martín López no era un carpintero de barcos corriente. Había nacido en la parroquia de San Vicente, en Sevilla, contaba a la sazón veinticuatro años y era descendiente de un famoso caballero medieval, Pedro Álvarez de Osorio, uno de los primeros en asentarse en Sevilla tras su liberación por san Fernando[76] y, además, era pariente lejano de la familia Ponce de León. Había traído una buena cantidad de pertrechos: «dos pipas de vino, dos o tres caxas de rropa, y mucho matalotaje de pan y vinagre y azeite», a bordo de su barco al salir de Cuba rumbo a esta nueva tierra, así como dos ebanistas, los hermanos Pedro y Miguel La Mafla, por sirvientes.[77] Varios conquistadores pobres solían comer con él y a su costa. Martín López fue una excelente elección para la construcción de los bergantines, pues era muy hábil e inteligente —según insistirían posteriormente varios amigos suyos en un pleito judicial—, dispuesto a ir a cualquier sitio y a hacer cualquier cosa, «a cualquier hora del día o de la noche».[78]

Cortés le encargó cuatro bergantines, por lo que reunió un pequeño equipo de artesanos (Pedro Hernández y Hernán Martín, herreros; Diego Hernández y Sebastián Rodríguez, aserradores; Andrés Núñez, carpintero; y los hermanos La Mafla, ebanistas). Sandoval envió de la Villa Rica de la Vera Cruz mucho material de los barcos encallados: cadenas para las anclas; mástiles, jarcias, brea y una brújula.[79] Moctezuma, a quien hicieron creer que los barcos eran para su placer, proporcionó los servicios de algunos carpinteros naturales. Cortaron madera de roble de Texcoco y cedro de Tacuba.[80] Al final, los bergantines medían poco menos de doce metros de eslora. Cada uno podía cargar cuatro cañones de bronce y setenta y cinco hombres.[81] Los gastos en que incurrió López (nunca pagados, al parecer) para los cuatro barcos sumaban unos dos mil pesos, en los cuales se debían incluir supuestamente sus honorarios y el pago a los artesanos.[82] Ésta fue la primera ocasión en que los mexicanos observaron carpintería europea: clavos, tornillos, sierras y, probablemente, carros. La impresión debió de ser profunda.

Invitaron a Moctezuma a uno de los barcos tan pronto como estuvieron listos. Él y Alvarado, con varios capitanes castellanos (Velázquez de León, Olid, Ávila), cruzaron el lago a fin de ir de caza a la pequeña isla de Tepepolco (posteriormente llamada El Peñón del Marqués), cerca de Iztapalapa,[83] escoltados por numerosos soldados y con varios cañones a bordo. Todo a cargo de Mesa, veterano de las guerras de Italia. Moctezuma disfrutó. La caza, generalmente con arco y flechas, pero también con trampas, era algo a lo que sólo los de la clase alta mexicana se dedicaban, normalmente para obtener pieles y comida, si bien la caza real tenía también como motivo la captura de animales para el zoo. No pareció perturbar a Moctezuma el que los bergantines, con sus velas, navegaran a una velocidad mucho mayor que sus mejores canoas. Para Cortés, la expedición representó una prueba del funcionamiento de los bergantines.[84] A partir de entonces, los bergantines navegaron constantemente por el lago, sobre cuya naturaleza, vegetación, puertos y profundidad obtuvieron información inapreciable los conquistadores.

Así se percataron de que en el valle existían de hecho cinco lagos interconectados y no uno grande: hacia el norte, los dos llamados Xaltocan y Zumpango; en el centro, el de Texcoco; hacia el sur, los de Xochimilco y Chalco. Descubrieron que solían ser poco profundos (una profundidad de entre unos noventa centímetros y unos tres metros como máximo) y que todos se interconectaban únicamente durante una parte del año. Se enteraron de que el lago de Texcoco se encontraba en el punto más bajo y, por tanto, recibía todo el drenaje; que los de Xochimilco y Chalco se hallaban a unos tres metros más arriba que el de Texcoco. El de Xochimilco iba a dar al Texcoco todo el año y, en consecuencia, su agua era fresca (además, había muchos pequeños manantiales en sus orillas). Los lagos de Xaltocan y de Zumpango se encontraban más altos que el de Texcoco, pero iban a dar en éste sólo en ciertas temporadas y, por ello, eran más salinos que los otros más pequeños.[85]

La salinidad debió llamar la atención de los conquistadores, puesto que un tramo de la orilla occidental estaba dedicado a la producción de sal: hecho que alguien debió de comunicar a Pedro Mártir en España, pues éste informó al poco tiempo al papa León que la endurecían, la transportaban a acequias a fin de espesarla y aglomerarla, y luego la hervían, antes de convertirla en terrones redondos.[86]

El imperio mexicano siguió funcionando normalmente durante casi todo este periodo: los tributos llegaban, los mercaderes que recorrían largas distancias continuaban comerciando. En *urbis et orbis* se conservaron el «concierto y [el] orden», expresión admirativa de Cortés en uno de sus estados de ánimo positivos.

22. A ALGO NOS HEMOS DE PONER POR DIOS

Yo prometo mi fe de gentilhombre, y juro por Dios que es verdad que me parece agora que el marqués saltaba sobrenatural, y se abalanzaba tomando la barra por en medio a lo más alto de los ojos del ídolo, y así le quitó las máscaras de oro con la barra, diciendo: «A algo nos hemos de poner por Dios.»

ANDRÉS DE TAPIA en su *Relación*, c. 1539

El año de dieciocho meses mexicano empezaba en febrero, por lo que enero, una época de heladas y sequías, marcaba el final del año. La principal preocupación, a principios de 1520, como en casi todos los años, se centraba en si llovería y cuándo. Podemos imaginar a los mexicas, incluyendo aquellos con los que los castellanos tenían contacto constante, dedicándose sobre todo a rezar al «benigno adivino», Tlaloc:

«¡Oh, señor nuestro humanísimo, y liberal dador y señor de las verduras y frescuras, y señor del paraíso terrenal, oloroso y florido, y señor del incienso o copal! ¡Ay dolor, que los dioses del agua vuestros sujetos se han recogido y escondido en su recogimiento... y dejaron escondidos todos los mantenimientos necesarios a nuestra vida, que son piedras preciosas, como esmeraldas y zafiros; y lleváronse consigo a su hermana [Chicomecóatl] la diosa de los mantenimientos, y también se llevaron consigo la diosa del *chilli* o *ají*. ¡Oh, señor nuestro, dolor de nosotros que vivimos, que las cosas de nuestro mantenimiento por tierra van, todo se pierde y todo se seca, parece que se está empolvarizado y revuelto con telas de arañas por la falta de agua!»[1]

No obstante, los mexicas ya no tenían tan sólo esas preocupaciones tradicionales. Su aceptación de los castellanos como visitantes llegó a su fin debido a las disputas entre mexicas y castellanos acerca de la religión y sobre ese perenne motivo de derramamiento de sangre en el Nuevo Mundo: el oro. Sin contar la cuestión de quién controlaba realmente el imperio: los mexicas o los castellanos y sus aliados.

Las riñas acerca de la religión se debían a los sacrificios y la ingestión de restos humanos. Cortés, a la vez que jugaba con Moctezuma al *totoloque* y conversaba después de la cena, continuaba hablando de las «cosas de Dios»[2] e insistiendo en que Moctezuma abandonara esa práctica. Los conquistadores eran capaces de casi cualquier crueldad, pero el canibalismo, aun cuando fuese ritual, los horrorizaba. El arrancarle los intestinos a un hombre con una pica era tolerable, pero guisar un pie significaba insultar a Dios. Las exigencias de Cortés de poner fin a esa costumbre no dieron resultado. Entonces, recurriendo a una técnica que había empleado a menudo, la de dar crédito (o culpar) a otros por tal o cual iniciativa, afirmó que sus «capitanes» anhelaban esta reforma y deseaban todavía colocar un crucifijo y la imagen de la Virgen en la cima del Templo Mayor. A medida que pasaba el tiempo, se haría evidente, creía, cuánto beneficiaría esto el alma de los mexicas. Moctezuma, por su parte, decía: «¡Oh Malinche, y cómo nos queréis echar a perder a toda esta ciudad! Porque estarán muy enojados nuestros dioses con nosotros, y aun vuestras vidas no sé en qué pararán. Lo que os ruego, que ahora al presente os sufráis, que yo enviaré a llamar a todos los papas y veré su respuesta.»[3]

Cortés cambió entonces el tema de conversación y le preguntó cuáles eran las zonas del imperio donde había minas de oro. El emperador se lo dijo. Probablemente hizo un resumen especial de las fuentes de este tributo o bien permitió a los españoles estudiar uno ya existente. Los conquistadores se habían fijado en que «un gran cacique, que le pusimos por nombre Tapia» (quizá por su parecido al sombrío veedor *real* en La Española, llamado Tapia) «tenía cuenta de todas las rentas que le traían al Montezuma, con sus libros hechos de su papel, que se dice *amatl*, y tenía destos libros una gran casa dellos...»;[4] los consultaron para enterarse de cuáles eran las provincias de las que obtenía oro como tributo, dónde se hallaban las minas, el cacao y dónde fabricaban las mantas de algodón.

Como hemos visto, el oro significaba menos para los mexicas que para los castellanos. Era, para ellos, un bien más reciente que las plumas o el jade. De haber preguntado Cortés de dónde se abastecían de esos productos, e incluso del papel, posiblemente la respuesta hubiese sido menos satisfactoria (el papel era un elemento esencial en incontables festivales, además de que en él se anotaba la matrícula de los tributos mencionada por Díaz del Castillo). De todos modos, Moctezuma ocultó las fuentes de algunas de las provincias que suministraban oro.[5] Dijo que el oro venía de Zacatula, una zona mixteca en el sur, en lo que es ahora Oaxaca; no lejos de allí se hallaba Malinaltepec, una zona chinanteca controlada por los mexicas, también en el sur. Citó tres sitios: Tututepec, en el sudoeste, en lo que es ahora Guerrero; Coatzacoalcos, en el golfo de México; y Tochtepec, en lo que es ahora el sur de Oaxaca.[6] Había, además, otra zona prometedora hacia el nordeste, en lo que se llegó a conocer como el Pánuco. En todos esos lugares se extraía oro con batea: el metal se sacaba de riachuelos y ríos auríferos, de modo muy semejante al empleado durante la fiebre del oro en la California del siglo XIX; luego se trataba en un crisol trípode, procedimiento que representaba evidentemente una forma primitiva de fundición.

En cuanto al labrado del oro, los mixtecas eran los mejores orfebres indígenas. Su territorio se componía de un laberinto de pequeñas monarquías. Si bien las habían conquistado casi todas, los mexicas daban rienda suelta a sus gobernantes. Como los tarascos, los mixtecas parecían cultural y políticamente menos «avanzados» que los mexicas: no contaban con una gran ciudad ni con una autoridad central. Pero producían admirables objetos de alfarería policroma; eran maestros en la talla de jade, ónice, conchas y piedras, y orfebres de gran talento, que fabricaban adornos de oro de una delicadeza rara vez igualada, cuyo estilo constituía una imitación de las pinturas de los códices. De hecho, los adornos mixtecas semejaban dibujos transportados al oro.[7] Sus hermosas campanas, sus anillos y su dependencia del simbolismo cósmico como tema convertían estos objetos en algo único. La joyería, que empezaron a fabricar hacia el año 1000, y que, según afirmaba la tradición mexica, se originó en Tollan, bien podría haber sido importada al principio del sur, incluso del Perú.[8]

Cortés despachó a la primera zona a Gonzalo de Umbría, uno de los marineros que había castigado durante los acontecimientos en la Villa Rica de la Vera Cruz en mayo. De hecho, se dijo que le cortaron los dedos de los pies, pero, pasara lo que pasara con sus pies, se había recuperado muy bien, aunque se supone que, en esta expedición, montaba un caballo. Camino de Zacatula, él y sus amigos vieron edificios fortificados, más sólidos y mejor construidos que el castillo de Burgos, según diría Cortés más tarde con su habitual tendencia a exagerar.[9]

A la zona próxima a Coatzacoalcos, al sudeste, a fin de buscar oro y un nuevo puerto, Cortés envió a Diego de Ordás con diez castellanos. Ordás halló muy poco metal precioso (el equivalente de cincuenta pesos). En cuanto al puerto, el río Coatzacoalcos era tan ancho y al parecer sin corrientes que al principio daba la impresión de ser un estrecho que diera al «Mar del Sur» —una de las cosas por las que el caudillo se interesaba, por supuesto—. Mas Ordás informó que el canal se convertía en un río normal a pocas millas del mar; por tanto tendrían que buscar el estrecho en otra parte.[10] Ordás aprovechó la ocasión para fundar una granja fortificada cerca de lo que es ahora San Miguel de Malinaltepec, a fin de establecer una presencia castellana (y, de paso, capturar formalmente el territorio), cultivar maíz, cacao y frijoles, y criar patos.[11]

De momento, Cortés pasó por alto algunos de los lugares que le mencionara Moctezuma. No obstante mandó a Pánuco a Andrés de Tapia y a Diego Pizarro, pariente suyo por parte de su madre (de él sabemos poco más que su nombre), tal vez con la intención de ver si De Garay, el gobernador de Jamaica, había vuelto a desembarcar allí.[12]

Parece que, gracias a las órdenes de Moctezuma, los expedicionarios fueron bien tratados por los habitantes de esas regiones. Cosa extraordinaria en esos viajes: los forasteros no toparon con ningún peligro y recibieron muchas joyas y mucho oro: innumerables pequeñas figuras, modelos de pájaros y orejeras, bezotes, collares, pendientes y broches en forma de animales grotescos.

Cuando Umbría regresó de la región mixteca explicó que existían seguramente minas de oro en la parte central de Oaxaca y hacia la costa oriental. Tapia y Pizarro volvieron del nordeste con oro por un valor de unos mil pesos y con la tranquilizadora información de que los habitantes de esos lugares hablaban mal de los mexicas, a quienes odiaban cordialmente. Ordás, por su parte, llegó sin haber descubierto un buen puerto, si bien traía algunos regalos para Cortés. Tochel, cacique de una población cercana a Coatzacoalcos (relativamente próxima a Potonchan, escenario de la primera victoria de Cortés), se ofreció, «por servidor» del rey de Castilla y se mostró dispuesto a pagarle tributo a partir de ese momento.[13] Hernán de Barrientos fundó otra granja al sur de Tenochtitlan, en el territorio de los chinantecos, de la región de los zapotecas, asentamiento que parece haber controlado a solas durante más de un año.[14]

A principios de 1520 Cortés solucionó, a su entera satisfacción, la cuestión de la autoridad suprema en Tenochtitlan. Sin embargo es dudoso que Moctezuma lo viera como una solución.

Cortés había insistido con frecuencia en que Moctezuma aceptara el rey de Castilla como señor. Mas la necesidad de asegurarse esta aceptación se volvió aguda debida al intento, a fines de 1519, de Cacama, rey de Texcoco, de rebelarse tanto contra su tío Moctezuma como contra los forasteros que parecían haber capturado el alma de Moctezuma.

Existen relaciones diferentes sobre el acontecimiento, pero la más aceptable es la del historiador de la familia real de Texcoco, Fernando Alva Ixtlilxóchitl. Generalmente a favor de los españoles o, al menos, del cristianismo, este escritor de fines del siglo XVI da la impresión de que todo acontecía debido a un único acto de intemperancia por parte de Cortés. Según él, dos de los numerosos hermanos menores de Cacama, Nezahualquentzin y Tetlahuehuequititzin, se hallaban mostrando a Cortés el poder, la riqueza y la grandeza de Texcoco. Habían llegado a la casa del difunto monarca, Nezahualcóyotl, cuando se presentó un mensajero de Moctezuma. El emisario llevó a Nezahualquentzin aparte y le dijo que esperaba que trataría bien a los castellanos y les daría todo su oro. Los castellanos malinterpretaron el comportamiento del emisario y sospecharon duplicidad. Apresaron a Nezahualquentzin y lo llevaron a Cortés, quien ordenó ahorcarle por conspiración. Moctezuma intervino, lloró, y el castigo no se aplicó.[15] Mas el incidente enfureció a Cacama, que llevaba mucho tiempo subordinado a su tío, y se rebeló abiertamente. Tal vez la quema de Qualpopoca le hiciera ver la locura de su aquiescencia anterior. En todo caso, reprochó a los mexicas haber aceptado las exigencias de los españoles. Salió en secreto de Tenochtitlan, pues en su opinión los mexicas carecían de ánimo para resistir, al menos bajo el mando de Moctezuma. Regresó a su propia ciudad y proyectó liberar a su tío y a toda la nobleza mexicana de la servidumbre a que se habían rebajado. Ixtlilxóchitl, hermano de Cacama y otrora rival suyo para el trono, estaba de acuerdo en que algo debía hacerse; sugirió que fueran al cercano bosque de Tepetzinco, desde donde se podía bloquear Tenochtitlan. Hacía falta viajar en canoa para llegar allí. Cacama convino ir con su hermano. Entró en la canoa con Ixtlilxóchitl y otro hermano, Coanocochtzin, si bien hubiera debido saber que la enemistad que profesaba Ixtlilxóchitl a Moctezuma le había convertido en un eficaz agente de Cortés; la embarcación no fue rumbo a Tepetzinco, sino a Tenochtitlan, donde entregaron Cacama a Cortés.[16]

Según otra versión, Cacama pidió una reunión con los señores de Coyoacan, Tacuba, Iztapalapa, Toluca y Matalcingo, a fin de pleanear el derrocamiento de Moctezuma y la destrucción de los castellanos. Estuvieron de acuerdo en rebelarse, pero no en quién heredaría el trono de Moctezuma. El señor de Toluca, guerrero reputado, se dio cuenta de que lo pasarían por alto y se quejó con Moctezuma, quien, al verse amenazado, según esta versión, informó a Cortés de ello. Éste sugirió un ataque conjunto de castllanos y mexicanos contra Texcoco. Moctezuma se negó a colaborar. Entonces Cortés trató de convencer a Cacama para que adoptara una actitud más favorable hacia los castellanos. Pero el texcocano dijo que no quería oír más halagos de Cortés y deseaba no haberle conocido. Hubo más conversaciones. Cacama insistió ante Moctezuma que los castellanos no eran dioses, sino hechiceros que, por medio de encantamientos habían robado la fuerza y el corazón de su tío. Alentó a los mexicanos a declarar la guerra, pues creía que podrían matar a todos los castellanos en una hora y que, al poco tiempo, los mexicanos se encontrarían comiendo carne castellana. Pero, antes de que pudiera tramar el complot, los mexicanos le raptaron en una hermosa casa del lago y, a partir de entonces, los conquistadores le mantuvieron preso junto a Moctezuma.[17]

Sea cual sea la versión que uno crea, es obvio que Cacama acabó en manos de Cortés, quien le apresó, junto con el señor de Toluca, el señor de Iztapalapa, el rey de Tacuba y otros y los hizo atar con una cadena de hierro a las cadenas de las anclas de los barcos encallados en la Villa Rica de la Vera Cruz. El hermano de Cacama, Coanacochtzin, fue nombrado rey de Texcoco.

Pero no acabó aquí la trágica historia de Cacama, quien trató posteriormente de reconciliarse con Cortés, es de suponer que para conseguir su libertad. Por tanto, pidió a Cortés que enviara unos hombres a ver a su mayordomo en Texcoco. Cortés mandó a Rodrigo Álvarez Chico y Vázquez de Tapia, entre otros, a la otra orilla del lago. Regresaron con quince mil pesos en oro, sin contar numerosos escudos y mucha ropa. Esto hizo pensar a Alvarado, y así se lo dijo a Cortés, que había más oro en Texcoco. Cortés envió a Cacama, encadenado y acompañado de Alvarado, a Texcoco. Pero no regresaron. Cortés mandó a Vázquez de Tapia y a Rodrigo Rangel para hacer volver al ex rey, a Alvarado y tanto oro como pudiesen reunir. Cuando los dos castellanos llegaron a Texcoco, vieron que Alvarado había atado a Cacama a una estaca y le estaba quemando con tizones ardientes de una hoguera; así fue como le sacó ocho mil o nueve mil pesos adicionales.[18]

La idea de que quemaron a Cacama parece demasiado detallada para ser un invento; sin embargo, Pedro Sánchez Farfán, un testigo en un juicio de residencia de Alvarado, alegó haber visto a Cacama regresar a Tenochtitlan sin ninguna herida.[19] El propio Alvarado insistió en que no había quemado a Cacama y alegó que, «si algún mal tratamiento se hizo al dicho cazique, seria por la burla grande que nos avia fecho e por quel e los suyos tuviesen gran temor e por que no me matase a mi e a los que yvan con migo e con todo esto medio unos bezotes de muy poco valor».[20] Otro testigo en el mismo juicio (Cristóbal Flores) afirmó haber oído decir que a Cacama le habían torturado para que dijera dónde se encontraba el oro; mas él no había presenciado esa tortura.[21]

Al parecer esta «rebelión» de Cacama persuadió a Cortés de regular de una buena vez la situación de los españoles en México. Como diría posteriormente su capellán, López de Gómara: «si hubiera muchos Cacamas no sé cómo fuera...»[22]

Según Cortés y sus amigos, el caudillo convenció a Moctezuma, probablemente a principios de enero de 1521, de que convocara a los principales señores del imperio mexicano. Los señores vinieron. Joan López de Jimena, uno de los testigos castellanos, se referiría más tarde a esta reunión con el término «junta».[23] Probablemente se trataba de los señores que ya se encontraban en el palacio, o sea, los que Cortés hiciera encadenar unos días antes. La «junta» tuvo lugar en la habitación donde tenían preso a Moctezuma. Además de Cortés y su escribano, Pero Hernández, se hallaban presentes: Orteguilla, el paje, y varios conquistadores más: Juan Jaramillo, Andrés de Tapia, Alonso de Navarrete, Alonso de la Serna y Francisco de Flores, así como Joan López de Jimena. Según Francisco de Flores,[24] Moctezuma explicó (quizá por primera vez) a sus lugartenientes la leyenda de cómo sus tierras serían «soyulgadas, mandadas e gobernadas» por un gran señor que vendría del este y traería grandes beneficios; aceptó ser vasallo de Cortés, quien representaba al rey de España; y preguntó a los señores presentes si estaban dispuestos a hacer lo mismo «e que todos rrespondieron al dicho Monteçuma e la mayor parte dellos que como el lo mandava hera byen hecho, e que asy ellos lo avian por byen, e que daban la obidiençia a su magestad, e se davan por sus vasallos, e asy se dieron juntamete con el dicho Monteçuma, e queste testigo cree que se asento el dicho abto en forma como la pregunta lo dize, porquel dicho don Hernando syenpre traya el escrivano consygo para asentar las cosas que pasaban...»[25] Alonso de la Serna y Juan Jaramillo creían también, y posteriormente lo jurarían, que los señores habían aceptado obedecer la petición de Moctezuma. Según Alonso de Navarrete: «... todos rrespondieron al dicho Monteçuma, e que lo que rrespondian este testigo no lo entendia, pero que parecsçia segun las lenguas dezian que otorgavan e avian por vueno lo quel dicho Monteçuma les dezia, e questo save desta pregunta, e ansy lo vido este testigo».[26]

Cortés, según su propio relato, pronunció un discurso en el que recordaba también las antiguas escrituras que predecían que los mexicas estaban destinados a convertirse en súbditos de un señor de lejanas tierras, y que ese señor le había enviado a él, Cortés. De acuerdo con esta versión, Moctezuma contestó que los jefes de la Triple Alianza no deseaban quejarse, que se alegraban de haber nacido en una época en que podían ver a los cristianos y oír hablar del rey de Castilla, que estaban encantados de rendir homenaje a ese monarca y vivir bajo su protección y, en palabras de Joan de Cáceres, el mayordomo de Cortés: «se daba por esclavo» suyo.[27] Andrés de Tapia coincidió. Vio que Moctezuma prometía obediencia al rey de Castilla y a los señores allí presentes, «cada uno por sí se dio por vasallo de su majestad».[28] Joan López de Jimena afirmó haber oído al intérprete, Aguilar, decir que los señores aceptaban por «auto» la obediencia y el vasallaje.[29] El historiador oficial del reino de Carlos V, Ginés de Sepúlveda, quien escribió en los años cincuenta del siglo XVI, presentó todas estas conversaciones, como es de esperar, sin ninguna floritura y, en su excelente latín ciceroniano, llegó hasta poner en boca de Moctezuma las siguientes palabras: «seguro de que el soldado español ha llegado aquí con la autoridad de los dioses para reclamar los derechos del antiguo rey».[30]

Tanto Tapia como Cortés declararon también que Moctezuma hizo juramento con hartas lágrimas. Tras una breve interrupción de la junta (debida a las lágrimas), el emperador, el rey y los nobles, según Alva Ixtlilxóchitl, dieron en rehenes hermanos, hijas e hijos a los españoles como garantía de su juramento.[31] Tal vez, para esta audaz acción, influyó en Cortés el saber que, cuando san Fernando conquistó Sevilla en 1248, los mahometanos de la ciudad otorgaron formalmente sus mezquitas a los castellanos. Siendo, como era, abogado, vio la necesidad de justificar legalmente sus actos. Trató entonces de consolar a los mexicanos y les aseguró que los trataría siempre bien e incluso prometió a Moctezuma que juntos conquistarían otras tierras extendiendo el imperio más allá del mexicano.[32] Con ello pensaba complacer a Moctezuma y tal vez lo logró. Pero esto también podría haber representado una auténtica ambición de Cortés, si bien fugaz: ¿por qué no habría el ejército de Moctezuma, con las armas de Cortés, de conquistar la China, que todos creían cercana?

Como ya eran vasallos del rey Carlos, les dijo Cortés, deberían completar el proceso de transformación y convertirse en cristianos. Al parecer, Moctezuma ya conocía algunas oraciones, como el padrenuestro, el avemaría y el credo (en latín, por supuesto). Para alguien que, como él, se había criado en un *calmécac*, memorizar no representaba ningún problema; mas el emperador parece haber decidido, con tacto y, sin duda por razones de táctica, que deseaba esperar hasta la Pascua a que le bautizaran.[33]

La clave de estas asombrosas conversaciones se halla, como señalaría quince años más tarde el historiador Oviedo, en el hecho de que (según Cortés) lloró tanto el emperador después de su juramento que el propio caudillo y sus amigos lloraron también. Oviedo, de mentalidad sensatamente escéptica, escribió que: «Y en la verdad, si como Cortés lo dice e escribió, pasó en efecto, muy grand cosa me paresce la consciencia y liberalidad de Montezuma en esta su restitución e obidiencia al Rey de Castilla, por la simple o cautelosa información de Cortés, que le podía hacer para ello. Mas aquellas lágrimas con que dice que Montezuma hizo su oración e amonestamiento despojándose de su señorío, e las de aquéllos, con que le respondieron, aceptando lo que les mandaba y exhortaba, a mi parescer su llanto quería decir o enseñar otra cosa de lo que él y ellos dijeron; porque las obediencias que se suelen dar a los príncipes, con risa e con cantares, e diversidad de música e leticia en señales de placer, se suele hacer, e no con lucto ni lágrimas e sollozos, ni estando preso quien obedesce...»[34]

Se puso en entredicho la autenticidad de esta escena. Igual que con el discurso que pronunció Moctezuma en la noche de la llegada de Cortés a Tenochtitlan, ha sido descartada como otra «obra de ficción» escrita por Cortés en su papel de novelista con imaginación. Pero Cortés no fue el único testigo. Al menos seis conquistadores más (Joan de Cáceres, Alonso de Tapia, Juan Jaramillo, Alonso de Navarrete y Joan López de Jimena) presenciaron el acontecimiento y testificaron en los años treinta de aquel siglo, en el juicio de residencia de Cortés, y sus testimonios confirman ampliamente el de Cortés. Hablaron bajo juramento. No todos eran amigos de Cortés. Alonso de la Serna disintió posteriormente con Cortés en puntos importantes. Si todos mentían, significaría una considerable conspiración que habrían descubierto y de la que habrían sacado mucho provecho los verdaderos enemigos de Cortés, numerosos y activos ya por entonces.

Así, Joan de Cáceres declaró que «Moteçuma... daba por esclabo del emperador nuestro señor»; Andrés de Tapia, quien por entonces ya «entendia alguna cosa de la lengua... vido... quel dicho Monteçuma dio la abidencia e su señorio a su magestad... y anst lo a escrito el duicho escrivano por avto, e vido que todos los señores e princiales que alli estavan presentes puestos en manera de presyion, otorgaron e concedieron lo que dicho Monteçuma avia dicho, e cada uno por si se dio por vassallo de su magestad...»

De hecho, como ocurría a menudo, en su explicación Cortés ni mintió ni dijo toda la verdad. Convenció con amenazas a los mexicas de que aceptaran su idea. Moctezuma, bajo la influencia del temor y del encanto, deseaba todavía complacer. Como se ha visto, los otros señores se hallaban encadenados y poco podían hacer, excepto asentir. Los mexicanos aceptaron las exigencias de Cortés, en palabras de un distinguido historiador moderno, gracias a la superstición o al terror.[35] No hace falta creer que Cortés mintió al hablar de los acontecimientos, sería poco sutil. ¿Por qué mentir cuando se puede intimidar?

También tiene su importancia otro aspecto: el que Marina y Aguilar fuesen capaces de hacer entender a Moctezuma la naturaleza del «vasallaje». Juan Cano (conquistador de Cáceres que se casaría más tarde con la hermosa Tecuichpo, hija de Moctezuma y de Tecalco, la esposa oficial del emperador) dijo en una ocasión no estar seguro de que Moctezuma entendiera la ceremonia debido a la mediocre interpretación.[36] En todo caso, se desdiría posteriormente y, aunque ya no era amigo de Cortés, afirmó que Moctezuma había entregado voluntariamente sus dominios a Cortés.[37]

De hecho, el sentido español del «vasallaje» no difería tanto de la relación entre los señores mexicanos y Moctezuma para que éste no comprendiese el concepto. Quizá el término fuese complicado en cuanto a sus diversos significados e imposible de entender del todo fuera del contexto local. Ahora bien, si Moctezuma lloró, debió de hacerlo porque comprendía, en su conjunto, las palabras. Muchos años más tarde, un nieto de Moctezuma pidió ser nombrado grande de España, alegando que, de haber poseído Moctezuma otros nuevos mundos, seguramente habría renunciado a ellos a favor del rey de España.[38]

Estas escenas permitieron a Cortés afirmar, primero, que Moctezuma había aceptado al rey de España como señor y, segundo, que podía castigar como rebelión cualquier acto de resistencia a su expedición. Así pues, se había dado un marco legal a su aventura. Un esquema ya puesto a prueba en Cholula. Existían precedentes medievales e incluso más recientes para sus acciones: por ejemplo, cuando, en 1488, los españoles aplastaron una rebelión en la Gomera, isla canaria, alegando que los guanches se habían alejado del camino del vasallaje a su señor.[39]

La ceremonia, por más que pareciera una farsa, proporcionó también a Cortés un buen pretexto para exigir más oro. Unos días después, por ejemplo, mencionó los fuertes gastos del rey de Castilla en sus guerras en Italia y demás empresas. Por tanto, añadió, sería una buena idea que todos en México contribuyeran algo a estos sustanciales gastos.[40] Moctezuma, pese a la insolencia, parece haber comprendido la exigencia y mandó una nueva delegación cuya misión era insistir en una entrega especial de oro. Italia quedaría servida.

Las aventuras en el interior eran una cosa, y otra en el mismo Tenochtitlan. A fin de satisfacer lo que Moctezuma parecía aceptar como una demanda legítima, los criados del emperador llevaron a Andrés de Tapia y otros amigos de Cortés al *totocalli* (la «Casa de las Aves», situada aproximadamente donde se construiría la iglesia de San Francisco y, por tanto, cercana al palacio donde se alojaban los conquistadores).[41] Cortés ya había visto el zoo en los primeros días de su estancia en Tenochtitlan; de hecho, se había mostrado extasiado con las baldosas, el enrejado, el gran cuidado que recibían las aves y los animales allí guardados.[42] Con la gran cantidad de aves tropicales, el ambiente debía de ser encantador. A continuación les enseñaron otra amplia colección de oro en placas, barras y joyas. Tapia le habló a Cortés de ello y el caudillo llevó el tesoro a sus propios aposentos.[43]

Había allí muchas mantas y muchos «artefactos tejidos de pluma»; pero, como siempre, los castellanos no hicieron gran caso de ellos. En palabras de Sahagún: los españoles «mucho le rebuscaban y mucho le requerían [a Moctezuma] el oro. Y Motecuhzoma luego los va guiando... y cuando hubieron llegado a la casa del tesoro, llamada *Teucalco*, luego se sacan afuera todos los artefactos tejidos de pluma, tales como travesaños de pluma de quetzal, escufos finos, discos de oro, los collares de los ídolos, las lunetas de la nariza, hechas de oro, las grebas de oro, las ajorcas de oro, las diademas de oro. Inmediatamente fue desprendido de todos los escudos el oro, igual que de todas las insignias... lo redujeron a barras, y de los *chachihuites* todos los que vieron hermosos los tomaron: pero las demás de estas piedras se las apropiaron los tlaxcaltecas... tal como si unidos perseveraran allí, como si fueran bestezuelas, unos a otros se daban palmadas: tan alegre estaba su corazón... por todas partes se metían, todo codiciaban para sí, estaban dominados de avidez. En seguida fueron sacadas todas las cosas que eran de su propiedad exclusiva [de Moctezuma]; lo que a él le pertenecía, su lote propio...»[44] Gran parte del tributo que durante muchos años se pagaron al imperio mexicano fue probablemente entregado así a los forasteros.

Al parecer Marina ya había decidido compartir la suerte de los españoles. En todo caso, tras ese insolente comportamiento, subió a una azotea, quizá la de la Casa de las Aves y, añadiendo injuria al insulto, gritó: «Mexicanos, venid acá: ya los españoles están atribulados. Tomad el alimento, el agua limpia: todo cuanto es menester, que ya están agotados, ya están por desmayar...» Cuando vio que nadie se movía, preguntó: «¿Por qué no queréis venir? Parece como que estáis enojados.» Pero «los mexicanos absolutamente ya no se atrevieron a ir allá. Estaban muy temerosos, el miedo los avasallaba, estaban miedosos, una gran admiración estaba sobre ellos. Ya nadie se atrevía a venir por allí: como si estuviera allí una fiera, como si fuera el peso de la noche...» Al final, llevaron comida, pero «no más venían temerosos, se llegaban llenos de miedo y entregaban las cosas. Y cuando se habían dejado, no más se volvían atrás, se escabullían de prisa, se iban temblando».[45] Sahagún intentó posteriormente justificar el comportamiento de Cortés en el saqueo del palacio alegando que así satisfacía a sus intranquilos capitanes.[46] Pero a él no le faltaba interés por el botín.

Durante las expediciones hacia el interior y el amontonamiento de oro en la ciudad, y mientras Cortés sentía todavía que controlaba el trono y el imperio de su cautivo, la cuestión de los sacrificios en el Templo Mayor salió nuevamente a colación.[47] Andrés de Tapia testificó, y escribió posteriormente, que él, Cortés, y otros se paseaban por la plaza del Templo Mayor, el lugar más importante, con sus numerosas torres, de Tenochtitlan. Era un gran espacio: de unos cuarenta metros cuadrados, rodeado de numerosos edificios sagrados (algunos funcionales, como, por ejemplo, la celda donde mantenían a los niños que sacrificarían en honor a Tlaloc; o la contigua, de mayor tamaño, para adultos, empleada también como cocina, donde guisaban las extremidades de las víctimas del sacrificio).[48] Había igualmente hileras de calaveras; las dos piedras redondas sobre las cuales algunos cautivos de guerras participaban en combates de gladiadores; manantiales de uso sagrado, y un jardín de rocas en el que se creía que vivía el espíritu del dios Mixcóatl.

Es dudoso que estos conquistadores se hallaran allí matando el tiempo; algo debían haber proyectado. En cualquier caso, según Tapia, Cortés le sugirió que subiera a la cima de la pirámide y viera lo que había en ella.[49] Tapia subió, escoltado por unos sacerdotes, asombrados, pues ningún mexicano se habría atrevido a ir allí sin que se lo pidieran. Una vez arriba, el intrépido conquistador atravesó una cortina de cáñamo de la cual colgaban muchos cascabeles, y se encontró con un templo, presumiblemente el de Tlaloc: eso explicaría la diferencia entre su descripción y lo observado anteriormente por Cortés.[50] Vio la estatua de piedra de Tlaloc, con sus ojos saltones, y otra estatua que no se ha podido identificar. Del cuello de cada una colgaba otra cabeza de forma humana y despellejada. Como en el altar a Huitzilopochtli que Cortés había observado también en una visita anterior, ambos ídolos se hallaban manchados de sangre, en algunas partes «de grosor de dos o tres dedos». Por fea que fuera su efigie, Tlaloc era el creador de la belleza:

> *¿Dónde están las bellas, perfumadas flores,*
> *con las cuales daré yo deleite a vuestros*
> *semejantes?*

369

Luego con estrépito me respondieron:
—¡Aquí te las mostraremos oh cantor:
acaso con ellas en verdad deleites
a nuestros semejantes los reyes![51]

Cortés «subió como por pasatiempo», detrás de Tapia, según la expresión sorprendente de éste, con unos diez castellanos y otros sacerdotes que habían oído sonar los cascabeles. El caudillo exigió a los sacerdotes que colocaran inmediatamente las imágenes de Cristo y de la Virgen y limpiaran las paredes a fin de quitar todo rastro de sangre. Los sacerdotes se rieron: de hacerlo, alegaron, el imperio en su totalidad, y no sólo Tenochtitlan, se alzaría contra los españoles. Cortés mandó a uno de sus hombres a los aposentos de Moctezuma a fin de «tener a buen recaudo» al emperador y ordenó que entre treinta y cuarenta hombres fuesen al templo. Pero aun antes de que éstos llegaran, el caudillo «enojóse de [las] palabras que oía, y tomó con una barra de hierro en los ídolos de pedrería; y yo prometo mi fe de gentilhombre, y juro por Dios que es verdad que el marqués saltaba sobrenatural, y se abalanzaba tomando la barra por en medio a dar en lo más alto de los ojos de los ídolos, y así le quitó las máscaras de oro con la barra, diciendo: "A algo nos hemos de poner por Dios."»[52] Aun cuando Cortés insistiera que sólo estaba matando el tiempo, seguramente fue un acto calculado, fingió enfadarse y envió a Tapia a la cima de la pirámide para reconocer el terreno.

Moctezuma no tardó en enterarse de lo sucedido y mandó pedir a Cortés permiso para ir allá y, además, que no dañara más los ídolos, de momento. Cortés aceptó.[53] Cuando Moctezuma llegó, sugirió, que no exigió, poner sus dioses a un lado de los altares, y los de los castellanos, al otro. Cortés se negó a este compromiso casi anglicano y Moctezuma afirmó que haría todo lo posible por satisfacer las exigencias de Cortés, a condición de dejar que los mexicas llevaran sus divinidades a donde quisieran; si bien los mexicas no eran originarios del valle, añadió, habían llegado hacía mucho tiempo y, por tanto, posiblemente hubiesen cometido algún que otro error en cuanto a sus creencias.[54] Quizá Cortés, al haber llegado tan recientemente, estuviese mejor informado. Cortés estuvo de acuerdo con el plan de Moctezuma. «Ved —le dijo al referirse a los ídolos que había empezado a destruir— que son piedra, e cree[d] que Dios hizo el cielo y la tierra, y por la obra conoceréis al maestro.»[55]

Al parecer, tres o cuatro días más tarde, varios centenares de sacerdotes llegaron con cuerdas y rodillos, como los que empleaban los europeos para varar sus embarcaciones. Subieron con esteras y mantas de fibra de maguey, con las que formaron un largo lecho para envolver a los ídolos (es de suponer que ambos, Tlaloc y Huitzilopochtli), para evitar que se rompieran. «Hicieron esto con tan gran concierto y tan sin voces, que no suelen hacer nada sin ellas, que puso en espanto á los nuestros... no pudieron abaxar estos ídolos con tanta destreza que por su pesadumbre y grandeza no se quebrasen algunos pedazos muy pequeños, los cuales los sacerdotes y los que más cerca se hallaron cogieron y envolvieron en los cabos de sus mantas, como reliquias de algunos sanctos.»[56]

Al pie de las gradas pusieron los ídolos sobre literas y sacerdotes y nobles los llamaron y escondieron, de tal modo que los castellanos no volvieron a verlos. Nadie quería revelar su paradero, ni siquiera por dinero.[57] Al parecer los ocultaron en un santuario del palacio de Moctezuma y, posteriormente, en el de un noble mexica llamado Boquín de Azcapotzalco. Pero, a fin de cuentas, desaparecieron.[58]

Cuando ya no hubo ídolos, Cortés hizo limpiar los templos en lo alto de la pirámide. Derrumbaron algunas paredes, convirtiéndolos en una iglesia más amplia. Mientras se dedicaban a estos menesteres, los castellanos encontraron, en un espacio detrás de los demás dioses, una efigie subsidiaria de tamaño natural de Huitzilopochtli, hecha de maíz y otros vegetales, amasados con sangre. Ésta era la efigie que, durante los festejos, sacaban y decoraban con oro y piedras preciosas, pero que no adornaban el resto del tiempo. Así, sin adornos, resultaba aún más alarmante.[59] Los castellanos no corrieron riesgos esta vez: Cortés, «estando en este dicha ciudad echó de un templo de los Yndios ciertos ydolos»,[60] y se apoderaron de las joyas; sin embargo, dejaron «... otros ydolos que estaban pintados e encorporados en las paredes, que estos no se podia quytar, syn derrocar las paredes».[61] En las grietas de la cima de la pirámide descubrieron también oro, junto con las cenizas de los predecesores de Moctezuma. Generalmente, el sucesor de turno los hacía enterrar en la grada más elevada de la estructura y luego añadía dos gradas más.[62]

Poco después los castellanos colocaron, en ambos altares en lo alto de la Gran Pirámide de Tenochtitlan, imágenes de la Virgen María y de san Cristóbal. (El culto a san Cristóbal se había extendido por la Europa de fines del medievo. Como patrón de los viajeros, parecía adecuado que tuviera un lugar en Tenochtitlan. Los mexicas seguramente se sentían confusos ante la gran cantidad de divinidades menores que adoraban los cristianos: no sólo san Cristóbal, sino también san Antonio (patrón de los amantes), san Humberto (contra la rabia), san Benito (para los maridos descarriados), etcétera.

Los españoles celebraron la ocasión con un tedeum, mientras los frailes Olmedo y Juan Díaz subían pausadamente las gradas del templo, encabezando una procesión de cristianos armados. A partir de entonces dijeron misa (habían conseguido vino de la Villa Rica de la Vera Cruz). Al cabo de unos días, llegaron unos mexicanos «a traer ciertas manadas de maíz verde y muy lacias», con la esperanza de que los dioses cristianos les dieran la tan ansiada lluvia. Cortés tuvo suerte de nuevo: al día siguiente llovió.[63]

Cortés ordenó que no se practicaran más sacrificios humanos. «En todo el tiempo que yo estuve en la dicha ciudad nunca se vio matar ni sacrificar criatura alguna.»[64] Probablemente no se hizo en el Templo Mayor, mas seguramente sí en alguno de los templos menores. Ahora bien, Cortés podía seguir dando por sentado que no existía lo que no veía. De lo que sí se aseguró fue de que, como en Cempoallan, los «sirvientes del diablo» (así consideraba a los sacerdotes indígenas) cuidaran el altar cristiano; puso un viejo soldado español de guardia y pidió a Moctezuma «que mandase a los papas que no tocasen en ello salvo para barrer y quemar incienso y poner candelas de cera ardiente de noche y de día, y enramarlo y poner flores».[65] De nuevo, como ocurrió en Cempoallan, se les enseñó a hacer velas, que eran la más aceptable de las importaciones españolas, la más aceptable en las Indias.

El historiador Oviedo comentó, en 1540, este extraordinario suceso: «pero para mí yo tengo por maravilla, e grande, la mucha paciencia de Montezuma e de los indios principales que así vieron tractar sus templos e ídolos. Mas su disimulación adelante se mostró ser otra cosa, viendo que una gente extranjera de tan poco número les prendió su señor, e por qué formas los hacía tributarios, e se castigaban e quemaban los principales, e se aniquilaban e disipaban sus templos e secta en que ellos e sus antecesores estaban. Rescia cosa me paresce comportarla con tanta quietud; pero adelante, como lo dirá la histora, mostró el tiempo lo que en el pecho estaba oculto en todos los indios generalmente...»[66]

A principios de 1520 los expedicionarios evaluaron sus finanzas. Calcularon el valor del oro, tanto el que les habían regalado como el incautado, en ciento sesenta mil pesos; por tanto, el quinto real alcanzaba treinta y dos mil pesos; y esto sin tener en cuenta las joyas de oro y plata, por valor de cien mil ducados o más, según Cortés.[67] La plata valía unos quinientos marcos y, en consecuencia, el quinto real era de unos cien marcos.[68] Cortés guardó para sí un quinto de lo que quedaba de oro (unos ciento veintiocho mil pesos), o sea veinticinco mil seiscientos pesos.[69] Eso dejaba, para repartir entre los conquistadores, ciento dos mil cuatrocientos pesos. Pero Cortés tenía que recuperar sus gastos, incluyendo los sueldos de los marineros, los alimentos y los caballos; precisaba asignar dinero a los dos frailes, a los agentes de Cortés en España y a los setenta hombres que habían permanecido en la Villa Rica de la Vera Cruz. Restaba, pues, muy poco para repartir, si bien algo sí se distribuyó, y hasta uno o dos soldados quedaron satisfechos.[70] Los oficiales de mayor rango, como Andrés de Tapia, recibieron quinientos pesos por cabeza,[71] y los soldados rasos, cien pesos cada uno; la mayoría lo consideró un insulto y, al parecer, Cortés los tranquilizó dándoles dinero en secreto.[72] Casi todos los cálculos se hicieron una vez fundido el oro, incluyendo gran parte de las joyas, de acuerdo con la práctica habitual y, de hecho, con la ley (si bien Cortés no podía saber que el 14 de setiembre de 1519, en Barcelona, se había previsto la fundición del oro, porque de otro modo sería imposible saber su peso o calcular su valor).[73] Sin duda los mexicanos se sorprendieron al ver la destrucción de sus tesoros, empero no parecen haberse quejado de ello: que se sepa, el único jefe indígena de las Indias que lo hizo fue el hijo de Comogre, un cacique de Panamá, quien reprochó a Balboa que fundiera máscaras de oro.[74] (Cortés había llevado consigo varios especialistas, como Antonio de Benavides, para efectuar la fundición y las tasaciones.)

Posteriormente, se puso en tela de juicio el valor del botín (ciento sesenta mil pesos): los enemigos de Cortés calcularon que alcanzaba al menos a setecientos mil pesos.[75] En una demanda de 1529 se llegó a decir que Moctezuma había dado a Cortés ochocientos mil pesos en oro, objetos de plumas, telas y plata.[76] Probablemente nunca se podrá llegar a la verdad en lo referente a este asunto.

En comparación con lo que otros conquistadores habían ido acumulando (y entregando a la corona), éstas eran unas cantidades importantes. Por ejemplo, en su propiedad de Puerto Rico, Ponce de León acumuló, en trece años (de 1509 a 1521) poco menos de veintidós mil pesos, de los cuales envió poco menos de cuatro mil al rey.[77]

Hubo más disputas. En su juicio de residencia, años más tarde, se acusó a Alvarado de haberse apoderado de treinta mil pesos, así como de plumas, jade, telas y cacao, sin pagar el quinto del rey.[78] Luego Velázquez de León y Gonzalo de Mexía, tesorero del ejército (el encargado de asegurarse de que los hombres de la expedición recibieran su parte justa del botín), riñeron por unas placas de oro que este último había encargado a unos orfebres de Azcapotzalco (muchos capitanes hicieron encargos semejantes). Mexía reclamó un quinto del coste para la corona, y Velázquez alegó que Cortés le había regalado el oro, y, por tanto, no debía el quinto. Sacaron sus espadas; pelearon; ambos resultaron heridos. Posteriormente, se diría de Mexía que había «perdido» tres mil pesos.[79]

Cortés hizo encadenar y encarcelar a ambos conquistadores en una habitación cercana a la de Moctezuma. El emperador oyó a Velázquez de León gemir por el peso de las cadenas al caminar. A través de Orteguilla, el paje, se enteró de lo ocurrido y pidió clemencia a Cortés (un cambio extraordinario en la personalidad del inflexible emperador). Cortés asintió. Primero envió a Velázquez de León a Cholula en busca de más oro y luego le ordenó seguir a Ordás y fundar una ciudad en Coatzacoalcos.[80] Ésta no fue la única ocasión en que Moctezuma intervino en favor de los castellanos que Cortés deseaba castigar.

Mexía permaneció confinado un tiempo más. Estaba furioso y

dijo: «no se contenta Hernando Cortés con llevar lo de la Comunidad sino llevar lo del Rey también». Cuando Cortés se enteró del comentario, «lo prendió y estobo muchos dias en una casilla pequeña [vigilada por Joan de Cáceres], con guardas, e dándole humon, e no le consentia ver a persona nenguna...»[81] Posteriormente, para explicar el encarcelamiento de Mexía, Cortés alegaría que el tesorero había cometido un fraude. Mexía, un extremeño, antaño favorito de Cortés, nunca se lo perdonó.[82]

Un día de marzo de 1520 Orteguilla fue a ver a Cortés. Moctezuma deseaba verle, le informó; añadió que se había dado cuenta de varias discusiones secretas entre Moctezuma y sus señores, por lo que creía que estaban planeando un complot. Cortés, con Olid, otros cuatro capitanes y los dos intérpretes, exigió ver al emperador. Ese día Moctezuma parecía un hombre nuevo. Sus dioses, tanto tiempo silenciosos, le habían mandado «que os demos guerra», por haber robado oro, entre otras cosas, haberlo aprisionado, a él y a otros señores, además de imponer la colocación de María y un crucifijo en sus lugares sagrados.[83] Afirmó que por haberse encariñado tanto con los castellanos deseaba que se marcharan antes de ser atacados; que el caudillo le pidiera cualquier cosa antes de partir.[84] Le ofreció dos cargas de oro para él y una para cada uno de sus hombres. No mencionó el dios o jefe perdido y desaparecido en el pasado, ni la leyenda según la cual regresaría a gobernar el imperio; tampoco habló del juramento que Cortés había insistido que tomara, ni del rey de España.

Probablemente la recuperación de Moctezuma de cierta agresividad se debía probablemente, en parte, a que su propio pueblo empezaba por fin a convencerle de que expulsara o matara a los castellanos a consecuencia de las afrentas que tenían que aguantar y eso a pesar de lo bien que los habían acogido.[85] Comenzaban, quizá por primera vez en la historia del imperio, a poner en entredicho la opinión de su monarca. Y lo más importante: el día 14 de febrero, según el calendario occidental, se había iniciado un año nuevo de los mexicas. El fatal 1-caña, malo para los reyes, daba paso al 2-pedernal, mucho más prometedor.

El pedernal, o *tecpatl*, se relacionaba con los inicios, los orígenes. El cuchillo de pedernal (y, cuando se hablaba de pedernal u obsidiana generalmente se hablaba de cuchillo) se identificaba con el origen de los mexicas. Se decía que el primer cuchillo de obsidiana había caído del cielo nocturno sobre Chicomoztoc, la mitológica montaña de las Siete Cuevas, el lugar de origen de los mexicanos. De ese cuchillo surgieron mil seiscientos dioses. Además, el cuchillo de pedernal era el símbolo de los mexicas. 1-pedernal se relacionaba con Huitzilopchtli, 2-pedernal sería un año menos propicio que 1-pedernal, pero inmensamente mejor que 1-caña.[86] Ya no haría falta aplacar a Quetzalcóatl.

Lo que sí se requería, entretanto, era aplacar a Tlaloc, el dios de la lluvia. Había que alimentarlo, darle objetos valiosos, gente, niños y niñas (pequeños, como los tlaloques, servidores de Tlaloc), en varios festivales.[87] Los niños debían llorar a fin de indicar al dios exactamente lo que le solicitaban; para ello, a veces llegaban a arrancarles las uñas y arrojarlas al lago donde las engulliría el monstruo, Ahuítzol, que se alimentaba de las uñas de las personas ahogadas.[88] Al parecer, los niños eran hijos de nobles, si bien probablemente estos últimos podían evitar la obligación de entregarlos ofreciendo esclavos para el sacrificio.[89]

Durante el segundo mes del año mexicano, *tlacaxipeualitztli*, o sea «desollamiento de hombres», del 6 al 15 de marzo según el calendario occidental, se llevaban a cabo complejas ceremonias a fin de celebrar el equinoccio primaveral. Sin duda Moctezuma ansiaba participar en estos festejos, entre los cuales había un combate al estilo de los gladiadores, en el cual dos hombres disfrazados de tigre y dos de águila luchaban contra los que habían de sacrificarse, estos últimos con espadas de filo de pluma por única arma, vistiendo los pellejos de los desollados en días anteriores y personificando al menos nueve dioses (entre ellos Quetzalcóatl); el sacrificio de estos cautivos por el misterioso Youallaun, «El que bebe la noche» (porque llegaba primero de noche), un sacerdote que representaba a Xipe Totec; y un baile, en el que se esperaba que Moctezuma vistiera el pellejo de un señor enemigo capturado.[90] Si el emperador se hallaba preso y no podía participar en estos festejos, ¿qué ocurriría con la lluvia?

También cabe la posibilidad de que Moctezuma empezara a lamentar el encarcelamiento y sufrimiento de su sobrino, Cacama. Además, el encanto de Cortés, que tantas victorias le había conseguido, podía estar desvaneciéndose. Pero quizá el motivo más importante, el tener que alimentar diariamente de dos a tres mil huéspedes, incluyendo los tlaxcaltecas, se estaba convirtiendo en una pesada carga, hasta para los mexicas ricos.[91]

Para entonces, habían tomado algunas iniciativas militares sin decírselo a los españoles. Así pues, a principios de año, unos miembros de la administración habían ido a ver a los monarcas tributarios para pedirles que ayudaran a Tenochtitlan, tanto en lo militar como en otros aspectos, a fin de expulsar a los intrusos. La idea debió de ser de un miembro del consejo del reino que no se hallaba preso y que había podido comunicarse en secreto con Moctezuma; éste, hemos de suponer, intentaba coordinar todas las iniciativas que había puesto en marcha. Entre los que acudieron en ayuda de Cuauhtémoc, joven primo del emperador, antaño señor de Ixtatecpan que desde hacía algún tiempo ocupaba un cargo político en Tlatelolco.[92] Se estaba llevando a cabo un serio esfuerzo por formar un nuevo ejército mexicano, si bien la temporada de guerra (según los calendarios) se había acabado, y pese a que los castellanos habían interrumpido la cadena de mando al apresar al emperador.[93]

Volvamos a la reunión entre Moctezuma y Cortés. Los castellanos podían irse de Tenochtitlan, por supuesto, contestó el caudillo, mas, por desgracia, no podían salir del territorio dado que no tenían barcos. Por tanto pidió a Moctezuma que, de ser posible, controlara a sus seguidores hasta que hubiese construido tres barcos en la costa y le preguntó si podía proporcionarle carpinteros. Moctezuma se mostró encantado y, además, le dijo que no se apresurara. Pero su entusiasmo ante la perspectiva de ver la espalda de sus incómodos huéspedes menguó cuando Cortés le explicó que si los castellanos iban a abandonar esa tierra, insistiría en llevarse a Moctezuma a ver al rey de Castilla.[94]

Se inició el proyecto de construir los barcos. Cortés pidió que Martín López, quien había fabricado los bergantines en el lago de México, fuese con Alonso Yáñez a Cempoallan para empezar la tarea a mediados de marzo. Los carpinteros indios cortaron la madera necesaria en las faldas del monte Orizaba y la llevaron a los «astilleros» en la Villa Rica de la Vera Cruz. Cortés pensaba contar pronto con al menos un barco para enviar el oro y demás tesoros a España.[95] Quería también enviar un buque a Santo Domingo, con el fin de comprar más caballos y armas y reclutar a más hombres con los cuales consolidar sus conquistas. Seguramente no pensó en ningún momento en salir de Tenochtitlan. Según su propio relato, ordenó a Martín López: «... cumple que se hagan navíos; id con estos indios por vuestra fe, y córtese harta madera, que entretanto, Dios nuestro Señor, cuyo negocio tratamos, proveerá de gente, socorro y remedio para que no perdamos esta buena tierra; y conviene mucho que pongáis la mayor dilación posible, pareciendo que hacéis algo, no sospechen ésos mal, para que así los engañemos y hagamos acá lo que nos cumple. Vais con Dios, y avisadme siempre cómo estáis allí y qué hacen o dicen ésos».[96] Al poco tiempo casi habían acabado de construir un barco en el río Actopan, cerca de Cempoallan.[97] No obstante, el plan consistía en mantener a Moctezuma contento o, al menos, en la incertidumbre.

Fuesen cuales fueran los proyectos de Cortés con respecto a estos barcos, una noticia inquietante los alteró a principios de abril. Un indio cubano al servicio de Alonso de Cervantes, probablemente extremeño, que se hallaba en la costa con Sandoval, llegó e informó que lo que parecía ser un barco español había aparecido frente a la costa cerca de la Villa Rica de la Vera Cruz. Casi todos los hombres de Cortés creyeron que habían llegado refuerzos, como resultado de las gestiones en España de los procuradores Montejo y Portocarrero a favor de Cortés. Mas el caudillo era menos optimista: quizá Diego Velázquez, enfurecido, enviaba a esos castellanos.

V. Los planes de Cortés arruinados

23. EL REY, NUESTRO SEÑOR, MÁS REY QUE OTRO

... el Rey, nuestro señor, mas Rey que otro; mas Rey, porque tiene mas y mayores reynos que otros; mas Rey, porque es mas natural Rey, pues es no solo Rey e fijo de Reyes, mas nieto y subcesor de setenta y tantos Reyes, y asi ama a sus Reynos como a sy mismo

Ruiz de la Mota, en Santiago de Compostela, abril de 1520

La aparición de la flota de Pánfilo de Narváez frente a la costa de México en abril de 1520 era consecuencia de la partida de ese territorio, nueve meses antes, de Alonso Hernández Portocarrero y Francisco de Montejo.

Como recordaremos, estos dos conquistadores se habían hecho a la vela hacia España en el *Santa María de la Concepción*, en calidad de procuradores de la recién fundada Villa Rica de la Vera Cruz. Su piloto era el experimentado Antonio de Alaminos y su patrón, el mismo Juan Bautista que había navegado con Cortés de Cuba a la Villa Rica de la Vera Cruz. «La nao capitana» de Cortés y última embarcación grande en la costa mexicana cargaba tesoros y documentos trascendentales. La misión de los procuradores consistía en persuadir al joven rey de España, Carlos V, de que reconociera a Cortés como gobernador y capitán general del nuevo territorio, territorio aún no conquistado. Cortés les había ordenado ir directa y discretamente a España, a toda velocidad. Por tanto, Alaminos decidió navegar al norte de Cuba y luego seguir la Corriente del Golfo, ruta que descubriera seis años antes como miembro de la expedición de Ponce León en busca de la fuente de la eterna juventud. El haber hallado esa corriente bien podría considerarse una buena compensación por no haber encontrado la sagrada fuente.

Según el plan de Alaminos, se dirigirían con rumbo nordeste hacia las Lucayas (el nombre en esa época de las Bahamas), antes de emprender la larga travesía del Atlántico. Diego Velázquez, enfadado, escribiría posteriormente a su amigo, el obispo Fonseca, que era una ruta peligrosa que no debían haber tomado.[1] Sin embargo se convirtió muy rápidamente en la ruta convencional hacia España desde Cuba y México.

Pese a las órdenes de Cortés, Montejo convenció a sus compañeros de que habían de detenerse en Cuba, actitud comprensible, pues Montejo poseía una propiedad en Mariel y sería poca la desviación de la ruta. Además, se dijo que Portocarrero se encontraba enfermo.[2] El 23 de agosto, tras un viaje increíblemente largo desde la Villa Rica de la Vera Cruz (navegaron, supuestamente, por la costa del Yucatán), anclaron frente a Mariel, donde se aprovisionaron de agua, pan cazabe y cerdos.[3] Allí permanecieron tres días, tiempo que Montejo aprovechó para poner sus asuntos en orden. Durante esta estancia, Francisco Pérez, un criado de Montejo, vislumbró el tesoro que llevaban a España, una cantidad infinita de oro, tanta que no había a bordo más lastre que oro.[4] Posteriormente exclamaría que nunca había visto tanta riqueza. Supuestamente, Montejo le hizo jurar que mantendría el secreto; pero, dadas las circunstancias, no podía esperarse que cumpliera su promesa.[5] Tal vez Montejo deseara realmente hacer saber la riqueza de que disponía México para alentar a los colonos cubanos a ir allí. La lealtad de Montejo parece un tanto dividida: ¿debía informar a su viejo amigo, Velázquez, o bien ser leal a su nuevo amigo, Cortés? Lo mejor sería probablemente mantener contacto con ambos. Cortés habría hecho lo mismo en una situación semejante. En todo caso, el administrador de Montejo mandó a Francisco a Santiago, a ver a Velázquez. Había, le dijo al gobernador, doscientos setenta mil o incluso trescientos mil castellanos en oro a bordo del barco de su amo.[6]

Durante los seis primeros meses después de la partida de Cortés, Diego Velázquez no se había apenas quejado. Como hemos visto, se enfadaba con suma facilidad, pero perdonaba con igual rapidez. Cierto es que había confiscado las propiedades de Cortés y de otros conquistadores en Cuba.[7] Nada más. La esposa de Cortés, Catalina, debió sufrir por ello. Entretanto, ya se había cosechado la modesta cantidad de caña de azúcar, se había hallado más oro, se había cosechado, con éxito, más tabaco y la pequeña corte del gobernador en Santiago había sobrevivido. La población nativa seguía disminuyendo, pero el tráfico de esclavos de Castilla del Oro, llevado a cabo por Pedrarias, contrarrestaba las consecuencias económicas de esto. Velázquez había aprendido a apreciar la suerte por pequeña que fuese.

Su única preocupación se debía a lo ocurrido en La Española ese verano y esa primavera. Los débiles jerónimos habían perdido el poder en diciembre de 1518. Los había sustituido Rodrigo de Figueroa, un juez de residencia convertido en alcalde mayor. Extremeño y pariente del conde de Feria (como Vasco Pocallo), era un factor desconocido para Velázquez. Llegó de España en el verano de 1519. Una de sus misiones consistía en llevar a cabo una probanza acerca de las acciones de sus predecesores. Al declarar que había dos clases de indios: los que aceptaban el cristianismo y la soberanía castellana, y los que se resistían al uno o a la otra y, por tanto, podrían ser matados por ser caribes, no se asemejaba ni a Las Casas ni a Cisneros, afortunadamente en opinión de Velázquez.[8]

Empero, en La Española ocurría algo aún más inquietante: los procuradores de los colonos de La Española se habían reunido en enero, casi como si fuesen el parlamento de la isla, inspirados tanto por el descontento generalizado frente a las exacciones de los funcionarios, sobre todo las del viejo amigo de Velázquez, Miguel de Pasamonte, como por acontecimientos similares en Castilla.[9] Pasamonte, es verdad, había conseguido en junio un nuevo permiso de la corona para capturar esclavos en Venezuela que trabajarían en un ingenio azucarero que pensaba establecer.[10] No obstante, la situación política parecía claramente preocupante.

Sin embargo, Velázquez había recibido también una buena noticia. En abril, Pánfilo Narváez, segundo en el mando (después de Velázquez) en la conquista de Cuba, que de momento estaba en España, había conseguido de la corona todas las reales cédulas que necesitaba Velázquez para la conquista del Yucatán y el territorio que conocía como «Culúa».[11] El representante de Velázquez en España, fray Benito Martín, le había logrado en la corte (en Barcelona) una auténtica independencia frente a Diego Colón, si bien es improbable que lo supiera ya en agosto.[12] Ese mes, fray Martín obtuvo la aprobación real para el nombramiento de Pablo Mexía, ciudadano de Trinidad y amigo suyo, así como de Velázquez, como «factor» oficial real que en las Indias recaudaba las rentas y tributos en especie pertenecientes a la corona) de las dos «islas nuevas», Yucatán y Cozumel.[13]

Pero la satisfacción de Velázquez no duró: de pronto, con la noticia de la llegada de Montejo, tenía las pruebas de que *Cortesillo* había encontrado una suma colosal de dinero y de ricos objetos, proporcionándole perspectivas de grandeza inimaginables. El que Cortés enviara directamente a la corona una cantidad «infinita» de oro, pasando por encima de Velázquez, constituía un acto de insolencia sin paralelo, un insulto personal de alguien al que el gobernador había considerado como seguidor («criado mío de mucho tiempo»). Había confiado en Cortés, le escribió a Rodrigo de Figueroa en Santo Domingo, y por ello le había otorgado el mando en vez de dárselo a otras personas igualmente merecedoras, incluyendo a algunos parientes suyos.[14] Y ¿qué obtenía a cambio?

Consumido por el deseo de vengarse, resuelto a apoderarse del oro y a detener como fuera a Cortés, Velázquez envió primero a Gonzalo de Guzmán, antiguo benefactor de Cortés en La Española, con Manuel de Rojas, conciudadano de Cuéllar (y sobrino político), a fin de retener a Montejo y Portocarrero en mar abierto.[15]

Pero Guzmán y Rojas no encontraron a su presa.[16] Alaminos ya había llevado a los emisarios de Cortés más allá de las Bahamas. Así las cosas, el 7 de octubre, Velázquez se remitió a la ley. Organizó una probanza en Cuba, con trece preguntas a diez testigos, quienes, bajo juramento, apoyaron la opinión del gobernador acerca del comportamiento inicuo de Cortés.[17] En el curso de la probanza se presentaron numerosos detalles sobre el viaje de Montejo y Portocarrero, alegando que había a bordo más oro de lo imaginable, que el tesoro incluía «dos ruedas como de carreta, redondas, la una de oro, la otra de plata».[18] Velázquez y sus amigos lanzaron también un ataque legal contra Montejo y Portocarrero por medio del cual se los había de detener por fraude contra el rey.[19] Guzmán emprendió viaje a España el 15 de octubre a fin de iniciar los trámites.[20] Llevaba una carta oficial dirigida al obispo Fonseca, explicando lo ocurrido y rogándole que frustrara los planes de Cortés.[21] Velázquez acompañó esta carta con otra privada, también dirigida al obispo, más detallada y apasionada, refiriéndose a la conducta de Cortés. Llegó incluso a pedir a Rodrigo de Figueroa, en Santo Domingo, que escribiera al rey hablando de la rebelión.[22]

Por otra parte, proyectó una expedición cuya misión sería perseguir y castigar a Cortés y por un tiempo pensó encabezarla él mismo, mas, a su edad, no le entusiasmaba mucho tal empresa. Para colmo, en octubre, una epidemia de *Variola major* asoló Cuba.

Fue la primera epidemia a gran escala procedente de Europa en el Nuevo Mundo. Al parecer se inició en 1519, en Sanlúcar de Barrameda y otros pueblos del sudoeste de España[23] y de allí llegó a La Española, donde constituyó una verdadera calamidad. El organismo de los pocos indios que habían sobrevivido en La Española no tenía defensas contra tal enfermedad. Esto fue el golpe final para los frailes jerónimos. Éstos confesaron haber fracasado en su misión cuando murió una tercera parte de los indios que transportaron a nuevos pueblos.[24] En mayo de 1519 los funcionarios de Santo Domingo tuvieron que informar «que murieron todos los más de los indios» a consecuencia de estas «viruelas». Para fines de 1519 la enfermedad había acabado casi del todo con la población indígena.[25]

En noviembre la epidemia ya había llegado a Cuba, donde la población también disminuyó drásticamente y, en consecuencia, la producción cubana de oro, que dependía del trabajo de los indios. Dadas las circunstancias, Velázquez, según su propio relato, se sentía obligado a permanecer en Cuba, con su gente, en vez de ir al Yucatán y a «Culúa».[26] Probablemente decía la verdad. Velázquez tenía muchos fallos; sin embargo poseía el sentido del servicio público. Encabezar una expedición para enfrentarse a Cortés le hubiese proporcionado un buen pretexto, de haberlo deseado, para alejarse de una tierra asolada por una epidemia.

Por tanto, encomendó a Pánfilo de Narváez, quien acababa de llegar de España, que organizara un ejército y obligara a Cortés a recuperar la sensatez.[27] En Castilla del Oro, Pedrarias había demostrado la forma de hacer frente a los advenedizos: en enero había mandado ejecutar a Balboa, y eso mismo haría Narváez con Cortés.[28]

Portocarrero y Montejo, que ignoraban los detalles de la reacción de Velázquez, pero imaginaban sus probables características, habían llegado, a fines de octubre de 1519, a Sanlúcar de Barrameda, navegando por la boca del Guadalquivir. Tal vez se apropiaran en secreto de un poco de oro. El 5 de noviembre ya se encontraban en Sevilla, cuyo puerto era «un bosque de velas» y cuyo famoso Arenal era «una feria permanente».[29] No se los recibió como héroes, como descubridores; de hecho, en cuanto el *Santa María de la Concepción* atracó en el puerto de Sevilla, Juan López de Recalde, protegido del obispo Fonseca y contador de la Casa de Contratación, confiscó el tesoro y se apoderó de cuatro mil pesos de oro que llevaban los dos conquistadores para sus gastos en España y los del padre de Cortés, Martín.[30] Fray Benito Martín, capellán de Diego Velázquez, fue quien inspiró tal arbitrariedad. Es de suponer que, la primavera anterior, hubiese oído a Velázquez hablar del modo como Cortés salió de Santiago; además, un barco capitaneado por un tal Luis de Covarrubias había llegado a Sevilla procedente de Cuba, casi al mismo tiempo que el de los procuradores. (Si bien en él iban cartas de Velázquez, es difícil creer que fuese más veloz que el de los procuradores. Por otra parte, llevaba también oro enviado por Andrés de Duero al padre de Cortés: prueba interesante de que, en opinión incluso de las personas más allegadas al gobernador Velázquez, merecía la pena conservar la relación con el nuevo caudillo de «Culúa».)[31] En todo caso, fray Martín pidió a la Casa de Contratación que enviara el *Santa María de la Concepción* de vuelta a Diego Velázquez y otorgara al gobernador plena autoridad para castigar a Cortés.

Puesto que a fines de otoño Castilla se hallaba en una situación casi caótica, las peticiones de fray Martín no se escucharon de inmediato. En junio habían elegido al joven rey monarca del Sacro Imperio Romano; la ambición de su nuevo canciller, Mercurino Gattinara, un piamontés erudito, perspicaz e inteligente, era que Carlos volviera a unir, bajo un solo reino, a la cristiandad. Había aconsejado al emperador que se preparara para este destino en Alemania, el corazón de su imperio. Pero el rumor de una nueva partida del monarca estaba causando en España más furia que desasosiego.

Dada la situación, le era muy fácil al experimentado obispo Fonseca controlar la política de las Indias, como llevaba haciéndolo desde hacía un cuarto de siglo. Estaba dispuesto a aceptar cualquier cosa que prometiera continuidad. Cierto: le había quitado al afable aragonés, Lope de Conchillos, el cargo de secretario. Quizá su sentido de la autoconservación le había hecho ver que sería imprudente seguir protegiendo a un converso tan impopular. El año anterior, una fuerte oleada de antisemitismo se había abatido sobre la corte cuando se propagó un rumor según el cual se reformaría la Inquisición.[32] Fonseca y su nuevo secretario, Francisco de los Cobos, protegido de Conchillos pero cristiano de siempre, oriundo de Úbeda, cerca de Jaén, ya no se otorgaron a sí mismos ni a sus colegas en España encomiendas ni repartimientos en las Indias, como había hecho Conchillos en 1514 (de hecho, habría sido muy difícil hallar suficientes indios en las Antillas para formar una encomienda). Tampoco volvieron a falsificar documentos reales, cosa que habían hecho sin problemas en los últimos años del reinado de Fernando el Católico.[33] No obstante, el obispo conservó su poder. Los Cobos, hombre astuto que había triunfado por su propio esfuerzo, era un burócrata tan ambicioso y tan persistente como Conchillos. Los amigos de Fonseca podían contar aún con ser nombrados para cargos influyentes. El rey, a excepción de su concentración en el viaje del portugués de Sanlúcar, Magallanes, que él mismo había financiado en agosto y cuya misión consistía en buscar una ruta alrededor del mundo, seguía mostrando poco interés en las Indias.

En noviembre de 1519 Fonseca ya había logrado establecer un grupo de hombres suyos en el Consejo de Castilla, de modo más o menos permanente, bajo su presidencia, que se encargaría de los asuntos de las Indias relacionados con el imperio. Así pues, a fines de marzo de 1519, los documentos del Consejo de Castilla se referían todavía a «los de mi consejo que entienden las cosas de las Indias».[34] En setiembre, algo parecido al futuro Consejo de Indias se había creado, si bien aún fragmentario, sin sede, ni funcionarios permanentes ni aprobación formal.[35]

Entretanto, el emperador confiaba tanto en Fonseca que le encargó la organización de una gran flota que la llevaría el año siguiente, acompañado de su corte, a los Países Bajos.[36]

Todo esto da a entender una consolidación de la posición de Fonseca; no obstante, en España existía oposición a una auténtica consolidación, fuese de lo que fuese. En casi todo el centro de Castilla, entre el Duero y el Tajo, los procuradores de los pueblos intentaban afirmar su influencia en la política real.

Aunque al emperador no le interesaban mucho las Indias, el canciller Gattinara sí que les dedicaba tiempo.[37] En realidad, tenía tiempo para todo. Quería dar al Sacro Imperio Romano, al que ahora le tocaba servir, una forma práctica. En cuanto a las Indias, Gattinara dejó muy claro que sólo por su tolerancia conservaba Fonseca su cargo: controlaba los asuntos del día a día relacionados con las Indias, pero lo que sucedió bajo el gobierno de Cisneros, parecía dar a entender Gattinara, podría ocurrir nuevamente, por el solo hecho de que él, Gattinara, era ahora quien lo supervisaba.

Aquellos interesados en cambiar el modo en que se habían administrado los dominios españoles en las Indias se hallaban muy ocupados en esa época. Por ejemplo, el historiador Oviedo, antaño colono en Castilla del Oro, propuso a Fonseca la creación en Santo Domingo de un «priorato-fortaleza» de la Orden de Santiago, con cien caballeros para vigilar los confines del imperio e impedir tanto la brutalidad como la indisciplina. Las Casas sugería a Diego Colón (que creía todavía tener derechos permanentes sobre toda América) una versión revisada de una de las ideas contenidas en el escrito que le dirigiera a Cisneros dos años antes, o sea, el establecimiento de una serie de fortalezas semejantes, a cien leguas de distancia entre sí, a lo largo de la costa norte de Sudamérica, que éstas serían «zonas felices», donde los indios estarían protegidos, en vez de vendidos, violados o raptados.

Al enterarse de lo que intentaban hacer los representantes de Cortés en Sevilla, a Fonseca le habría agradado mandarlos ahorcar por rebelión.[38] Pero a Gattinara y al obispo de Badajoz, el doctor Pedro Ruiz de la Mota, limosnero del rey en el Consejo de Castilla y presidente de las Cortes, así como a Francisco de los Cobos, secretario del rey, los impresionó la cantidad y la calidad del oro enviado, según entendían, por Cortés. Ellos y otros de la corte empezaron a comentar cuán contentos se hallaban de que se hubiera descubierto un nuevo mundo de oro. Desde hacía años, Ruiz de la Mota había sido enemigo tenaz de Fonseca. Por tanto, Fonseca contemporizó, cosa imprudente desde su punto de vista, pues Portocarrero y Montejo hablaron, naturalmente, de lo que habían visto. También lo hicieron Alaminos y otros miembros de la tripulación del *Santa María de la Concepción*. El oro confiscado y demás tesoros que traían de México se exhibió en la Casa de Contratación. Fernández de Oviedo, el historiador, lo vio pocos días antes del final de 1519, a punto de partir hacia La Española: «Todo era mucho a ver», meditó, cual alguien que asistiera a una exposición en nuestros días. En Sevilla, donde preocupaban tanto como en Castilla los levantamientos políticos, la gente quedó extasiada ante la prueba del descubrimiento de Cortés de un reino tan rico, por fin un posible equivalente en las Indias del supuesto reino asiático del legendario monje cristiano Preste Juan. En 1518, antes incluso del descubrimiento de México, Zuazo escribió desde La Española en términos triunfales que los dominios españoles eran «superiores a los de Alexandre e romanos».[39]

Montejo y Portocarrero hicieron causa común con el padre de Cortés, Martín, que al parecer vivía en ese momento en la capital andaluza, en una casa del barrio antaño judío, cerca de Santa María La Blanca,[40] tal vez para poder contar con información acerca de las aventuras de su hijo, información que quizá había recibido por carta; o acaso para evitar los constantes disgustos a que se veía sometido en Medellín. A Juan Núñez de Prado, el septuagenario amigo de la familia Cortés (y enemigo del conde), se le había acusado un año antes de asesinato.[41] En Medellín y en la mayor parte de Extremadura (a excepción de Cáceres y Plasencia) no se rebelarían los comuneros: único aspecto sereno del panoramora. Probablemente ese territorio había sufrido ya demasiado a causa de las guerras civiles a finales del siglo XV.

Ese invierno Martín Cortés y los procuradores conversaron largamente. Sin duda cumpliendo con lo que les había pedido Cortés, se pusieron en contacto con algunos mercaderes prominentes: Fernando de Herrera, de Medellín; Juan de Córdoba, el platero y comerciante en perlas, amigo de Colón, que había participado en la carga de la flota de Ovando en 1502 (tal vez vendiera indirectamente a Cortés las perlas que éste diera a Cacama); y Luis Fernández de Alfaro, el capitán de barco convertido en mercader, quien había arreglado el primer viaje de Cortés a Santo Domingo. Estos hombres convinieron en enviar de vuelta el *Santa María de la Concepción* a «las nuevas tierras» con las provisiones que Cortés les pedía en una carta: vino, aceite, harina e incluso ropa interior, así como seis yeguas que se habían de comprar en Santo Domingo. Juan de Córdoba y Fernández de Alfaro se ocuparon de la creación de la «compañía de Yucatán», cuya misión consistiría precisamente en comerciar con el «Yucatán».[42] Para financiar la compra de mercancías adicionales, los procuradores y Martín Cortés pidieron también dinero prestado, basándose presumiblemente en el tesoro confiscado, a un tal licenciado Juan de la Fuente.[43]

Mientras se hallaban en Sevilla los procuradores se movieron con total libertad y los funcionarios de la Casa de Contratación no intentaron arrestarlos, cosa que hubieran podido hacer fácilmente. Si bien Fonseca había nombrado a estos funcionarios, tal vez sintieran una necesidad instintiva de hacer la vista gorda, incluso cuando se trataba de gente a la que Fonseca se oponía, con el fin de cuidarse en esos tiempos tan inciertos. El tío de Portocarrero, el licenciado Céspedes, en ese momento juez de las Gradas (o sea de todo asunto referente al mercado) de Sevilla, una relación muy útil, también protegió a los procuradores. Mientras tanto, su principal enemigo, fray Benito Martín, se había apresurado a ir a consultar al obispo Fonseca, quien a su vez había marchado de Barcelona a fin de organizar la flota del rey en La Coruña.[44] Fray Martín pagó su viaje con parte del dinero confiscado por la Casa de Contratación a los procuradores.[45] Así pues, México empezaba a formar parte de la economía española.

En algún momento de enero, Montejo y Portocarrero partieron de Sevilla, rumbo a la corte, que, debido a la peste en Barcelona, se había establecido a unos kilómetros de esa capital, en Molins de Rey. Tuvieron que cruzar un país que en ese tiempo parecía más bien un continente y algunas de cuyas regiones se hallaban en rebelión abierta. Para cuando Portocarrero y Montejo, acompañados ahora por Martín Cortés, llegaron a Barcelona, la corte se hallaba en Burgos. Pero el emperador se había ocupado de algunos aspectos importantes referentes a las Indias. Por ejemplo, escuchó el relato de Las Casas sobre la maldad con que los castellanos trataban a los indios del Caribe; trato que, de haber sido siquiera una décima parte de lo violento que lo representaba Las Casas, bastaría para impresionar mucho al monarca.[46] Había publicado también una cédula real mediante la cual la Casa de Contratación en Sevilla debía entregar el tesoro traído por Montejo y Portocarrero del Nuevo Mundo a Luis Veret, guardián de las joyas de la corona. Más importante todavía, envió un mensaje amistoso a los emisarios de Cortés, en el cual afirmaba estar contento por su llegada y les ordenaba ir a la corte, «a donde yo estoviera»,[47] y llevar con ellos los indios totonacas y tratarlos bien. El rey Carlos se refirió a estos esclavos totonacas como jefes, y no como posibles víctimas del sacrificio. Ordenó especialmente que, habiendo llegado por lo visto sin ropa caliente, se los vistiera bien, con sobrepellices de terciopelo de brillantes colores, capas escarlatas, jubones sencillos, medias y camisas de hilos de oro. Estos indios habían de presentarse ante el monarca montando buenos caballos.[48]

El tono moderado de estas cartas, y el hecho de que el rey expresara placer ante la idea de conocer a los procuradores de Cortés (a quienes, cosa asombrosa, se refirió como tales), indicaba claramente que el poder de Fonseca menguaba. Este cambio de actitud podía deberse a Las Casas directamente, a Gattinara o a Francisco de los Cobos.

Al parecer, fray Benito Martín llevó las cartas de vuelta a Sevilla y salió inmediatamente rumbo a Cuba para informar a su jefe, el gobernador, de que los procuradores de la Villa Rica de la Vera Cruz habían llegado y, probablemente, que Francisco de Montejo se comportaba más como emisario de su nuevo jefe, Cortés, que como aliado de su jefe de antes, Velázquez.

Mientras tanto, Carlos V no dejó de prestar atención a los asuntos de las Indias, aun cuando se encontrara viajando: desde el monasterio de Santo Domingo de la Calzada, a tres días de Burgos, despachó una carta a Diego Velázquez acerca de la muerte reciente de Amador de Lares, contador principal de Cuba y antiguamente amigo de Cortés.[49]

Los partidiarios de Cortés tenían mucho que hacer en Barcelona, pese a la partida del rey. Se pusieron en contacto con Francisco Núñez, primo de Hernán Cortés y sobrino de Martín Cortés (era hijo de aquella Inés Gómez de Paz, hermanastra de Martín Cortés, en cuya casa de Salamanca se había hospedado el Cortés adolescente). Como su padre, Francisco Núñez era abogado. Se unió a los amigos de Hernán Cortés y viajó con ellos a Burgos.[50] Los procuradores lograron igualmente reunirse en Barcelona con el muy experimentado consejero real, Lorenzo Galíndez de Carvajal, historiador y abogado, oriundo de Plasencia, primo de Cortés por parte de los Monroy. Había presenciado la muerte de Fernando el Católico y en 1503 había escrito para la corona «avisos de lo que convendría hacerse para evitar algunos abusos en el gobierno», un verdadero acto de valor.[51] Sus anales del reino de Fernando e Isabel no carecen de interés. No tardó en apoyar a Cortés, por una parte sin duda debido a su parentesco con los Monroy y, por otra, al haberse enterado gracias a los procuradores de la verdadera riqueza de México. Los extremeños solían apoyarse mutuamente y Galíndez de Carvajal había participado en las riñas en Trujillo (pueblo donde vivió su padre a no más de sesenta y cinco kilómetros de Plasencia) a favor de los Altamirano, parientes, claro, de Cortés por parte de su madre. Galíndez era un hombre seco, crítico de la corrupción de Fonseca y los suyos. Por tanto, el apoyo a su primo lejano no necesariamente requería el soborno.[52]

Burgos representaba también una ilusión para los amigos de Cortés. La corte había sido siempre ambulante y seguiría siéndolo durante el reinado de Carlos V. Ni siquiera su abuelo Maximiliano de Habsburgo había tenido una capital fija. Para cuando Montejo, Portocarrero, Martín Cortés y Núñez llegaron a esa ciudad, Carlos y su corte se habían ido a Valladolid. La brevedad de su estancia enfureció a los habitantes de Burgos, que suponían que las Cortes de Castilla se reunirían allí. Mas Carlos había convocado esta reunión en Santiago de Compostela, decisión que asombró incluso a sus amigos. ¿Acaso no había predicho san Isidro que el día que las Cortes se reunieran en Galicia el reino estaría condenado a la desaparición?[53]

La partida de Burgos tenía, de hecho, todo el aspecto de una huida. Al rey le faltaba tiempo y por ello ni siquiera recibió a los tres frailes jerónimos que habían regresado, en enero de 1520, a España tras su desdichada estancia en Santo Domingo (y que se marcharon enfurecidos a sus respectivos monasterios).[54] El emperador deseaba irse a Alemania a la mayor brevedad posible, pues creía que se le necesitaba más allí. Y según su criterio, tenía razón: «las vellaquerías de Lutero» (la descripción que haría Diego de Ordás de la reforma alemana) constituían claramente un reto más importante a la misión imperial de los Habsburgo que los regimientos de las comunidades de Castilla.[55] Aun cuando lo habían elegido emperador del Sacro Imperio Romano, Carlos no podía considerarse tal hasta no haber sido coronado, ceremonia que proyectaba celebrar en Aquisgrán en verano.

Montejo y Portocarrero, acompañados por Martín Cortés y Núñez, alcanzaron a la corte en Valladolid. No eran los únicos. Camino de Santiago se hallaban igualmente los procuradores cada vez más agresivos de treinta importantes ciudades de Castilla y el Consejo de Castilla. Los procuradores de Hernán Cortés, quienes creyeron tal vez que su cargo los hacía sospechosos a ojos del monarca, presentaron al Consejo una petición del padre de Cortés. En ella pedían los fondos que habían traído de la Villa Rica de la Vera Cruz, embargados en Sevilla. Además, Martín Cortés solicitaba a la corona tanto liberar el *Santa María de la Concepción*, en el que los procuradores habían regresado a España, a fin de cargarlo con las provisiones compradas con dinero de su hijo, como el nombramiento de Cortés como gobernador y alcalde mayor del nuevo territorio «por tanto tiempo e años cuanto durare en se acabar la conquista de la dicha tierra».[56] La petición demostraba la intención de Cortés de conquistar todo México y no sólo de crear asentamientos en la costa. Sin duda la redactó el licenciado Francisco Núñez, mas la información en ella contenida venía, claro está, de Montejo o Portocarrero.

Esta petición bien pudo haberse traspapelado entre la inmensa cantidad de documentos que recibía a diario el emperador. Éste dedicó gran parte del tiempo en Valladolid a asuntos como la apelación de Pedro Girón —esposo de Mencia de Guzmán, hija esta en primeras nupcias del duque de Medina Sidonia—, que reclamaba en nombre de su esposa las extensas tierras de ese ducado, amenazando con apoderarse de ellas por su propia mano, si no se le hacía justicia.[57] Entretanto, no lejos de allí, en Salamanca, un grupo de franciscanos, dominicos y agustinos ayudaban a los regidores salmantinos a preparar un programa para la próxima asamblea de las Cortes, que se convertiría en un programa a favor de una revolución de las comunidades de España.[58] Según este proyecto, lo más importante era que el emperador no fuese a Flandes, pero también (y esa preocupación por los asuntos de las Indias debió de sorprender al monarca) que la Casa de Contratación permaneciera en Sevilla (y ciertamente que no se instalara en los Países Bajos), y, finalmente, que no se otorgaran a extranjeros (o sea, flamencos) cargos remunerativos que tuviesen que ver con las Indias y con Castilla.

El emperador —ese príncipe en cuyo nombre Cortés hablaba tan a menudo, bajo circunstancias tan poco prometedoras y en una tierra tan lejana, a los mexicanos que no le entendían— contaba entonces apenas veinte años. Su aspecto no impresionaba. Adriano de Utrecht no había logrado hacerle aprender latín; aún no hablaba español, aunque lo entendía. Parecía ser un joven inexperto pero serio. Era de baja estatura, de rostro pálido y ojos inmóviles. A consecuencia de un defecto en su larga mandíbula, bien conocida gracias a los numerosos retratos suyos, tenía la boca muy a menudo abierta, tanto que al atravesar Calatayud, el año anterior, un trabajador se le había acercado y le había dicho alegremente que cerrara la boca, pues las moscas de ese país eran traviesas.[59] Era tan reservado, hablaba tan pausadamente (hasta en francés, idioma que hablaba bien) que se ponía en entredicho su inteligencia: después de todo, su madre era Juana la Loca...[60] Su dignidad reservada había impresionado en Inglaterra, adonde fue a los trece años en visita de Estado. Pero los ingleses se dejaban impresionar con facilidad. Los españoles querían un rey que fuese más que un mero aristócrata borgoñés que hablaba de modo incoherente.

No obstante, por más que Borgoña pareciese limitar al emperador, también le había formado. A Borgoña debían él y Europa sus principios, su porte caballeresco, su estilo de vida, el de un príncipe internacional, lo ceremonioso de su corte, y el sentirse obligado a luchar por su honor, parte integrante del código de la Orden del Toisón de Oro.[61] Pero todo eso se vería en el futuro. De momento era difícil imaginarlo como el inspirador de la lealtad y aún el vasallaje en Tenochtitlan.

Pero esa primavera en Valladolid, el Nuevo Mundo formaba firmemente parte del programa de Castilla, por así decirlo. Para empezar, el 3 de marzo, después de la misa (era domingo), la corte admiró por primera vez tanto las maravillosas obras de arte enviadas por Cortés desde México, como los totonacas que acompañaban estos objetos. Luis Veret, guardián de las joyas de la corona, había llevado el tesoro en cajas meticulosamente construidas. En el convento de Santa Clara lo expusieron, así como los cinco totonacas (tres hombres y dos mozas), todos vestidos por conocidos sastres y joyeros reputados de Sevilla con ropas elegantes y de brillantes colores, en cumplimiento de la curiosa petición del rey: los documentos dejan entrever que a esta orden se había añadido terciopelo azul y verde. Montados en mulas, con las manos enguantadas debido al frío invierno castellano (los cinco pares de guantes costaron ciento veinte maravedís, según una cuidadosa contabilidad)[62] y escoltados por Domingo de Ochandiano, sobrino político del tesorero de la Casa de Contratación, seguramente se hallaban agotados al llegar, pues no sólo había sido largo el viaje desde Sevilla, sino que primero fueron a Valencia, luego rumbo norte a partir Linares, donde se dieron cuenta de que el monarca iba hacia el nordeste y no hacia el este.[63] Según los documentos disponibles, sin embargo, parece que el monarca aún no había visto el tesoro.

Tres personas que sí lo vieron en Valladolid anotaron sus impresiones: el legado papal, Giovanni Ruffo di Forlì, arzobispo de Cosenza; Bartolomé de Las Casas y Pedro Mártir.

Al arzobispo no le simpatizaron los indios. Para su gusto, las mozas eran de baja estatura, desagradables y poco atractivas, aun cuando una de ellas hubiese aprendido a hablar bien el español. Le escandalizó ver las perforaciones y los cortes en los cuerpos de los hombres. Como a la mayoría de los europeos, le desconcertaban los bezotes en el labio inferior. Por otro lado, le agradó oír que los indios deseaban convertirse al cristianismo. Admiraba las grandes ruedas de oro y de plata y las otras joyas. También le gustaron los libros que formaban parte del tesoro y se alegró al enterarse que la escritura de estos libros era «muy probablemente india».[64] Pero es difícil saber a qué escritura se refería.

Las Casas también vio a los indios y el tesoro en Valladolid, según lo anotó en su *Historia*, en la cual comentó extensamente lo del tesoro, diciendo, entre otras cosas, que «estas ruedas eran, cierto, cosas de ver».[65] No obstante no dice nada de los indios. (Dice también haber visto los tesoros el mismo día que el emperador;

pero el emperador no los vio antes de llegar a Tordesillas. Error comprensible después de tantos años.)

Pedro Mártir, cortesano perspicaz, se mostró más entusiasta que nadie. En una carta al papa León X, escribió: «Entre todas las alabanzas que en estas artes ha merecido el ingenio humano, merecerán éstos llevarse la palma. No admiro ciertamente el oro y las piedras preciosas; lo que me pasma es la industria y el arte con que la obra aventaja a la materia; he visto mil figuras y mil caras que no puedo describir; me parece que no he visto jamás cosa alguna, que por su hermosura, pueda atraer tanto las miradas de los hombres.»[66] Le interesaron particularmente los libros que había enviado Cortés. Mártir había estado en Egipto y conocía los logros de los egipcios con el papiro. Y hete aquí que en la exposición había algo comparable: «No solamente encuadernan los libros, sino que también extienden a lo largo esa materia hasta muchos codos, y la reducen a partes cuadradas, no sueltas, sino tan unidas con un betún resistente y tan flexible, que, en comparación de las tablas de madera, parece que han salido de manos de hábil encuadernador. Por dondequiera que se mire el libro abierto, se presentan dos caras escritas; aparecen dos páginas, y se ocultan bajo ellas otras dos como no se extienda a lo largo, pues debajo de un folio hay otros muchos folios unidos.»

El impacto de la carta de Mártir fue considerable. León X, el papa Médicis, probablemente la hizo leer en voz alta, siguiendo su costumbre, durante una cena con sus cardenales y su hermana. Al poco tiempo —ciertamente antes de fines de 1520— se publicó. Indudablemente mucha gente vio la exposición en Valladolid. Pero con la carta de Mártir muchas más leyeron u oyeron hablar de su contenido. Como resultado de este acontecimiento, se pusieron de moda lo que el propio Mártir había denominado en otra ocasión, esas tierras ricas y auténticamente elíseas.[67] Y sobre todo en Europa se empezaron a conocer tanto los «libros» como el oro mexicanos.

Desgraciadamente no sabemos nada de lo que pensaron de sus anfitriones los indios que llegaron a España. Montaigne, en su ensayo sobre los caníbales, menciona una conversación entablada en 1562, gracias a unos intérpretes, con indios de Brasil. Éstos expresaron su sorpresa de que hombres tan fuertes como los de la guardia real suiza aceptaran un rey tan débil como Carlos IX de Francia; los impresionó también la desigualdad de la sociedad francesa.[68] Carlos V podría haber provocado igual asombro y los contrastes de la vieja España podrían haberle parecido formidables también a un totonaca. Pero en 1520 no había ningún intérprete adecuado; los indios que decían haber aprendido español no parecen haber hablado mucho, y no se registró ninguna conversación con ellos.

La exposición no constituyó únicamente una ocasión para que

la corte se enterara de los tesoros de México. Proporcionó una oportunidad a los procuradores de conocer la corte. Mártir y Las Casas hablaron largo y tendido con ellos y Mártir con el piloto Alaminos.

Hubo algo más que tal vez contribuyó al cambio de actitud de los europeos hacia el nuevo Elíseo: el relato del viaje de Grijalva, escrito por fray Juan Díaz, el fraile que participó tanto en la expedición de Grijalva como en la de Cortés. Se publicó el 7 de marzo.[69] Su *Itinerario* fue un libro muy leído. Fray Benito Martín, el agente de Velázquez en España, hizo arreglos para su publicación, pues en su opinión demostraría que había sido el sobrino del gobernador, Grijalva, quien había descubierto la nueva tierra y oído hablar por primera vez del nuevo reino. Pero le salió el tiro por la culata. La publicación despertó interés, pero hizo que las actividades de Cortés parecieran aún más fascinantes.

Diez días más tarde, el 17 de marzo, otro acontecimiento influyó en la actitud del mundo hacia México: el conocido editor Friedrich Peypus imprimió en Nuremberg un folleto que hablaba de las expediciones de Fernández de Córdoba, Grijalva y —por vez primera— de Cortés. Se suponía que este librillo, *Ein Auszug ettlicher Sendbrieff*, era un extracto de las cartas recibidas por el rey. Pero el autor bien podría haber conseguido su información de Alaminos o de un miembro de la tripulación del *Santa María de la Concepción*.[70] Según una de las interesantes afirmaciones en él contenidas, los mexicas sacrificaban al menos cinco mil niños por año. No obstante, Peypus insistió en que los mexicas serían cristianos convencidos, cuando se les enseñara a serlo, si es que se les enseñaba.

Para entonces el emperador había salido de Valladolid. De hecho, le expulsaron. A los procuradores de la ciudad se les había hablado del programa radical de los monjes de Salamanca y propusieron sentarse con representantes de todas las clases sociales. La ciudad era hervidero de rumores. Se decía que Carlos pensaba ir a Tordesillas, apoderarse de su madre Juana (presa allí) y llevársela a Alemania. Por error, la gran campana de la iglesia de San Miguel repicó, señal habitual de un desastre. Varios millares de ciudadanos salieron con palos y piedras y se dirigieron hacia el palacio. Carlos huyó, no sin una escaramuza en la puerta meridional de la ciudad, bajo una lluvia torrencial. De hecho, sí fue a Tordesillas, a unos treinta kilómetros al sudeste.[71] Fueron también los miembros de la corte, los de las Cortes, los amigos de Hernán Cortés y los totonacas en sus trajes de terciopelo. Y allí, en sus aposentos de Tordesillas, el rey vio por fin todo lo que se le había enviado desde el «Yucatán»: incluyendo los tres indios y las dos indias. Al ver que el frío los hacía sufrir, pidió que los enviaran a la mayor brevedad posible de vuelta a Sevilla.[72] No existe ninguna prueba de que Carlos recibiera allí a los procuradores, al padre y al consejero legal de Cortés. Pero es probable que lo haya hecho, aun cuando fuera por mera formalidad y con actitud distante. Al menos eso dio a entender Montejo en su declaración en el juicio de residencia de Cortés: «el se hallo en la corte e hizo relación de todo ello a su majestad, e visto por su magestad e por los de su rreal consejo se dio por bueno todo lo susdicho». La entrevista, suponiendo que tuviera lugar, fue casi seguramente posible gracias a la intervención del paladín y pariente de Cortés, Galíndez de Carvajal, el miembro extremeño del Consejo de Castilla. Una vez pasados los saludos, los representantes de Cortés podrían establecer buenas relaciones con el Consejo.[73]

El emperador y su corte emprendieron el camino hacia Santiago, la última etapa del viaje a La Coruña y a la flota que Fonseca estaba preparando allí. El tesoro le acompañó, junto con la delegación de Cortés. Los totonacas regresaron a Sevilla.

El recorrido imperial debió de ser incómodo. El rey se detuvo catorce veces para pasar la noche. Algunos pueblos (Benavente, Astorga, Ponferrada y Sarriá) eran adecuados para la corte, pero difícilmente podría decirse lo mismo de otros (Villapando, Bañeza, Mellide), aun cuando la segunda parte del viaje consistió en recorrer el camino de Santiago, en el cual había algún tipo de alojamiento disponible. Es agradable saber que desde Astorga Carlos envió un mensaje especial a Sevilla, recordando a la Casa de Contratación que debía «tratar muy bien [a los totonacas] para que estén muy contentos».[74] Camino de Sevilla y debido al obvio interés del rey, el acompañante de los indios, Domingo de Ochandiano, les compró guantes y capas de lana, además de una jaca; también hizo arreglos para que lavaran sus camisas.[75] No obstante, uno de los indios (a quien ya habían dado el nombre de Systan) murió; le enterraron en Sevilla. Ochandiano envió a los demás (ahora llamados Tamayo, Carlos y Jorge), en un barco capitaneado por el conocido sevillano Ambrosio Sánchez, no a su propio país sino a Cuba, feudo de Velázquez. Al parecer llegaron, si bien desaparecieron después, añadiendo tal vez una gota de sangre totonaca a la ya mestiza población de Cuba.[76]

El 26 de marzo la corte llegó a Santiago, donde el obispo Fonseca, experto en la organización de tales celebraciones, recibió al monarca «con abundancia de pescado, frutas, vino y todo lo necesario».[77] La corte permaneció allí cinco semanas, hasta el 3 de mayo.[78]

En el monasterio de San Francisco, el obispo de Badajoz, el doctor Ruiz de la Mota, presidente de las Cortes de Castilla y limosnero del monarca, inauguró, en presencia del rey, la sesión con un discurso verdaderamente sorprendente. Pasó por alto la agitación en Castilla y la actitud expectante de los miembros de las Cortes. Alegó que «el rey, nuestro señor [es] más rey que otros», distinto a los demás reyes, pues España representaba apenas «un tercio de vuestro pan». Era rey de reyes, por ser descendiente de setenta reyes. Afirmó lamentar la tristeza del pueblo español, pero el rey había sido elegido emperador, había aceptado el cargo y debía acudir a la ceremonia de su coronación. ¿Por qué? ¿Por ambición? Al contrario: para mayor gloria de España. Así como este país había enviado mucho tiempo antes a Adriano y a Teodosio a gobernar en Roma, ahora el imperio buscaba nuevamente su emperador en España. «Nuestro rey de España», añadió, se había convertido no sólo en rey de los romanos, sino en «emperador del mundo», evocando con ello los días del abuelo de Carlos V, Fernando el Católico, a quien ciertos franciscanos, inspirados por la obra del abad medieval Joachim de Fiore, consideraban el último emperador del mundo.

El discurso aludió a «otro nuevo mundo de oro fecho para él, pues antes de nuestros días nunca fue nascido», una bonita exageración [79] muy útil para los amigos de Hernán Cortés.

Entonces el rey tomó la palabra. Lamentaba tener que marcharse, pero regresaría en tres años; ningún forastero, aseguró, ocuparía un cargo público en Castilla. Esto no impresionó a los miembros de las Cortes, pero acabaron por votar los impuestos necesarios. En su discurso, el obispo no dejó claro si él y el emperador englobaban la cristiandad en el imperio, ni si tenían algún objetivo político. El debate persiste entre historiadores. Para los procuradores de Castilla, la consecuencia fue una fuerte subvención que permitiría al emperador pagar algunas deudas contraídas con banqueros alemanes a fin de conseguir el título imperial. Pero la actitud en Santiago se volvió repentinamente favorable a los procuradores de la Villa Rica de la Vera Cruz. Un gobierno falto de dinero no aprecia nada tanto como «otro nuevo mundo de oro».

En Santiago, el 30 de abril, cuando las Cortes hubieron acabado de tratar los temas principales, el Consejo recibió a los procuradores. Debió de ser en ese momento, y no antes, que entregaron las cartas dirigidas al emperador.

Los miembros del Consejo de Castilla que «entienden en las cosas de las Indias» eran hombres importantes. Entre ellos se hallaban el cardenal Adriano de Utrecht, antaño maestro del rey, erudito y piadoso, convertido ahora en obispo de Tortosa; Gattinara, el canciller imperial; Jean de Carondelet, arzobispo de Palermo y el más prominente de los cortesanos flamencos de Carlos todavía supervivientes; Antonio de Rojas, arzobispo de Granada; Hernando de Vega, comendador mayor de Castilla, casado con Blanca Enríquez de Acuña, prima del difunto Fernando el Católico, el hombre que había recibido (*in absentia*, por supuesto) la mayor encomienda de indios taínos cuando, en 1514, Albuquerque practicó la redistribución en La Española,[80] y, claro está, el obispo Fonseca.

Presentes se encontraban también varios funcionarios, entre ellos el doctor Diego Beltrán, quien ya llevaba cierto tiempo trabajando con o en torno al Consejo de Castila, tras pasar doce años (de 1504 a 1516) como director de la Casa de Contratación en Sevilla y que, en 1523, sería el primer miembro pagado del Consejo de Indias; Luis Zapata, hombre diminuto, favorito del rey Fernando; el licenciado García de Padilla, el licenciado Francisco de Aguirre; el primo de Cortés, Lorenzo Galíndez de Carvajal; Juan de Samano, funcionario real que, en esa época, redactaba a menudo las cartas del monarca; y Francisco de los Cobos, secretario del rey.[81] La representación ante el Consejo debió de ser difícil para los procuradores de la Villa Rica de la Vera Cruz, mas afrontaron la prueba muy bien, gracias a la defensa de Francisco Núñez y al apoyo de Galíndez de Carvajal.

A Montejo y a Portocarrero les hicieron muchas preguntas. En esta ocasión Montejo no dio muestras de amistad hacia Diego Velázquez. Por ejemplo, aceptó que los barcos destruidos por Cortés eran viejos e insistió en que Cortés había aportado más dinero que Velázquez para financiar y equipar la flota que iría al Yucatán. Portocarrero, por su parte, dijo que Cortés había aportado más de dos tercios del coste de la flota (mientras Velázquez había proporcionado tres barcos, Cortés proporcionó siete).[82] Según ambos conquistadores, el gobernador de Cuba no había hecho más en favor de la expedición de lo que haría un comerciante al vender sus productos. Causaron una buena impresión.[83]

Al parecer, los miembros del Consejo de Castilla entrevistaron también a Gonzalo de Guzmán, quien, haciéndose eco de acusaciones previas de Fonseca, alegó que los amigos de Cortés no eran sino «desertores, ladrones y reos de lesa majestad».[84] Fonseca deseaba todavía que Cortés fuese condenado por rebeldía y condenado a la horca. Mas ya habían acabado los días en que la palabra del obispo era ley. De hecho, su influencia iba disminuyendo por varias razones y eso pese a que, en ausencia del rey, su hermano Antonio, el comandante de las milicias, había sido nombrado capitán general de Castilla.[85]

Finalmente, el Consejo decidió dejar para más tarde la decisión acerca del nombramiento de Cortés como gobernador o alcalde mayor de México: en palabras de Pedro Mártir, se aplazaban tanto el castigo como la recompensa hasta oír la versión de ambas partes.[86] No obstante permitieron a Martín Cortés, Portocarrero y Montejo hacer uso del dinero que habían traído de México, según juzgaran conveniente, por ejemplo, para proporcionar nuevas provisiones para Cortés, o preparar la defensa de Cortés en cualquier demanda civil que Velázquez presentara contra él. El 10 de mayo el rey envió instrucciones concretas a los funcionarios de la Casa de Contratación, mediante las cuales dejaba clara esta decisión, y las confirmó el 14 de mayo.[87] Por añadidura, el retraso significaba que el Consejo aceptaba como necesario decidir a favor de Cortés o de Velázquez, como si fuesen de igual posición. No nombraban a Cortés, pese a sus deseos y los de su padre, capitán general, pero se referían informalmente a él como capitán de la isla de Culúa

[Yucatán].[88] El ambiente en Santiago influyó indudablemente en esta decisión.

Un aspecto aún más importante de las decisiones del consejo fue probablemente que sus miembros se percataron de que el tesoro enviado por Cortés sería muy útil; de hecho, ya el 10 de abril, el contador de la Casa de Contratación, López de Recalde, ordenó enviar al virrey de Mallorca mil ducados del oro traído por Portocarrero y Montejo.[89] Esa misma fuente proporcionaría también dinero para el bey de Túnez, uno de los tributarios de Castilla en la costa septentrional de África.[90] Es de suponer que el prudente secretario, Los Cobos, llamó la atención del rey y de los consejeros sobre este aspecto prometedor de las actividades de Cortés.

Esto supuso casi una victoria para los amigos de Cortés. La sugerencia de que Diego Velázquez podría verse reducido a presentar una demanda civil contra Cortés constituía una concesión de enorme importancia. Seguramente los hábiles representantes de Cortés habían repartido dinero entre los funcionarios. El doctor Diego Beltrán, que en el pasado había apoyado siempre a Velázquez (antaño benefactor suyo), tuvo que confesar muchos años más tarde, durante un juicio de residencia acerca de la actuación del Consejo de Indias, que había recibido dinero de Cortés.[91] Por tanto sorprende que, en una carta dirigida posteriormente a Carlos V, Galíndez de Carvajal hablara de él con dureza, alegando que ni su linaje, ni su estilo de vida lo hacían digno de ser consejero de un señor ni, mucho menos, de un emperador.[92]

El Consejo continuó tratando varios asuntos durante los últimos días antes de que el emperador y la corte se marcharan el 20 de mayo. La corona hizo algunas concesiones. Por ejemplo, en una cédula el monarca aceptaba no nombrar a extranjeros para ningún cargo que tuviese que ver con la corona, incluyendo los referentes a las Indias.[93] Las Casas recibió permiso para crear una colonia pacífica en Cumaná, Venezuela. Diego Colón se aseguró la prolongación de su mandato (a cambio de un préstamo al rey).[94] La querella presentada contra Pedrarias en Darién se aplazó (sin duda una desgracia tanto para los castellanos como para los indios). El 17 de mayo el Consejo decidió formalmente diferir indefinidamente la cuestión de la posición de Cortés.[95]

Posiblemente Carlos se marchó de España sin leer las cartas de Cortés.[96] Sin embargo se llevó gran parte del tesoro, incluyendo las dos grandes «ruedas» de oro y de plata de Moctezuma. Al parecer, cuatro mil pesos del oro enviado por Cortés desde México ayudaron también a financiar la flota real.[97]

Mucho antes de todos estos acontecimientos, Diego Velázquez había emprendido lo que suponía sería una acción decisiva contra el caudillo rebelde. Había reunido todos los hombres que pudo y los había enviado, bajo el mando de Pánfilo de Narváez, a los nuevos territorios. Narváez era un típico conquistador de la segunda generación. Nacido hacia 1475, o sea casi diez años antes que Cortés, en Navalmanzano, cerca de Cuéllar, ciudad natal de Velázquez, probablemente fue amigo de infancia del gobernador. Había ido a las Indias hacia 1498.[98] Hizo dinero en Santo Domingo antes de partir a Jamaica, como segundo de Juan de Esquivel y luego de Velázquez, en Cuba. Hombre alto y robusto, rubio (como Alvarado), con una larga barba rojiza y, según Bernal Díaz del Castillo, voz muy profunda y ronca, «como que salía de bóveda...» Era descuidadamente brutal en casi todo y a veces brutalmente descuidado,[99] convencional, y daba la impresión de ser prudente; pero existen pocas pruebas de esta característica. Después de la matanza en Caoano, en Cuba, Narvaéz, sentado sobre su caballo, preguntó a Las Casas: «¿Qué parece a vuestra merced destos nuestros españoles, qué han hecho?», como si no tuviese nada que ver con el asunto. «Que os ofrezco a vos y a ellos al diablo», respondió Las Casas, según el cual, «estaba el descuidado Narváez siempre viendo hacer la matanza, sin decir, ni hacer, ni moverse más que si fuera un mármol, porque si él quisiera, estando a caballo, y una lanza en las manos como estaba, pudiera estorbar los españoles que diez personas no mataran».[100] Desde el punto de vista de Velázquez, era la persona adecuada para encabezar la expedición a México. Pero en vista de los obstáculos que podría encontrar tanto por parte de los indios como de Cortés, no podía haberlo sido menos. Se hallaba en España cuando, en 1518, Velázquez pidió a Cortés que encabezara la tercera expedición a los nuevos territorios. No obstante, el gobernador le había pedido dinero prestado a fin de aportar su participación en los gastos de Cortés.[101]

Narváez tenía cierto conocimiento de cómo comportarse en la corte de Castilla. De hecho, él y el primo del gobernador, Antonio Velázquez de Borrego, habían sido procuradores generales de Cuba de 1515 a 1518. Pero falló a sus representados, pues no logró la aprobación de su petición de comercio libre entre las colonias españolas en las Indias. Con Antonio de Velázquez había decidido retar a Las Casas y le acusó de hablar de algo que no conocía en absoluto y recomendó que no se hiciera caso de su informe.[102] El gobernador Velázquez le había otorgado una *encomienda* sustanciosa en Cuba, con ciento cincuenta y nueve indios. Pero Narváez no se conformó con eso.

Salió de Cuba en marzo de 1520. Como veremos, iba acompañado de numerosos y conocidos aventureros caribeños, atraídos por las perspectivas que se presentaban en esa nueva tierra. Pero iba también con él alguien a quien deseaba no llevar: el licenciado Lucas Vázquez de Ayllón, oidor de La Española enviado por la audiencia de Santo Domingo para evitar luchas entre españoles, o sea, entre Narváez y Cortés.

La presencia de Vázquez de Ayllón en la expedición era inesperada. Oriundo de Toledo, fue uno de los numerosos conversos protegidos por el obispo Fonseca. A los cincuenta años, desempeñó un papel importante en la trágica historia de Santo Domingo, pues tras haber llegado a las Indias hacia 1504, fue, en 1513, el oidor responsable de la supervisión del reparto de indios en la isla, de la cual era uno de los encomenderos más importantes.[103]

En diciembre de 1519, los más altos funcionarios de Santo Domingo se enteraron de que Velázquez se hallaba reuniendo hombres para perseguir a Cortés, además de tratar de acosarle por medio de las instituciones de Castilla.[104] Estaba reuniendo comerciantes, mineros y hacendados para ir a «las nuevas tierras». Cuba, por tanto, quedaría indefensa. Juan Carrillo, el acusador público de Santo Domingo, sugirió a la mayor autoridad de la isla, la audiencia, que enviara a alguien para poner fin a esos preparativos.[105] Del 3 al 8 de enero de 1520 el juez de residencia y gobernador *de facto* de La Española, Rodrigo de Figueroa, que, por ley, tenía más autoridad que Velázquez, presidió una probanza.[106] El 15 de enero Figueroa, prudente, afirmó que la expedición no beneficiaría a la corona y que habría lucha entre los dos conquistadores. Ordenó a Vázquez de Ayllón que fuera a Cuba con dos barcos y unos cuantos funcionarios (el alguacil mayor de Santo Domingo, Luis de Sotelo y el escribano de la audiencia, Pedro de Ledesma) a fin de detener la expedición de Narváez.

Ayllón era un hombre inflexible: en 1517 insistió en que los indios de La Española no eran capaces de subsistir por sí solos, que no habían adquirido el arte de convivir con los españoles. Un largo memorándum redactado por los frailes jerónimos en 1517, influidos por Ayllón, daba a entender que los indios tenían suerte de que se los convirtiera en esclavos.[107] Era, no obstante esto, la personificación misma de la disciplina y la lealtad a Castilla.

Ayllón no deseaba ir a México, en parte porque, como protegido de Fonseca, probablemente estaba a favor de Narváez. Pero una de sus características era que obedecía siempre a sus superiores. Por tanto, cumplió con sus instrucciones. Llegó a la Trinidad, en Cuba, el 24 de enero. Alcanzó la flota de Narváez en Xaraguas (ahora Cienfuegos). Ordenó, en tono brusco, a Narváez que no fuera a México; éste no le hizo caso y afirmó no reconocer en él autoridad alguna para darle órdenes. Ambos partieron, pues, muy mal humorados y en barcos separados, al punto de reunión de Narváez, Guaniguanico, frente a la costa sur de la isla.

Volvieron a encontrarse, esta vez en presencia de Velázquez, en el barco de Narváez. Ayllón notificó formalmente a Narváez y a Velázquez los poderes que le habían sido otorgados. Se negaron a escucharle; sin embargo, el secretario de Ayllón, Pedro de Ledesma, leyó en voz alta las instrucciones, entre las cuales se les advertía de cuán peligroso era sacar a tantos hombres de Cuba, pues eso reduciría los ingresos del rey. Eso era cierto.[108] Al parecer, sólo quedaron diez españoles en Trinidad.[109] Según Ayllón, sería mejor que el emperador decidiera qué hacer con Cortés. El 18 de febrero, Ayllón entregó a Velázquez una copia del documento. Dos días más tarde, ordenó a Narváez obedecer las instrucciones si no deseaba una multa de cincuenta mil ducados. Sugirió que Velázquez desmantelara la expedición y enviara unos cuantos barcos con provisiones para Cortés, además de unos hombres discretos para hablar con él, a fin de disuadirle en su rebelión. En cuanto al resto de la flota, ¿por qué no enviarla en una expedición de descubrimiento, a Cozumel por ejemplo?[110]

Mas Narváez ya había adelantado demasiado sus planes. Dos amigos de Velázquez —Manuel Rojas, el sobrino político que había intentado interceptar a Montejo y a Portocarrero, y Vasco Porcallo, quien se había unido a Narváez— insistieron en que Velázquez tenía más autoridad que Ayllón.[111] Por tanto, Velázquez ordenó que Narváez siguiera con su proyecto. Ayllón, obstinado, enfadado y sintiéndose insultado, decidió acompañar a Narváez con sus dos barcos.[112] Así, Narváez convirtió un aliado en potencia en un enemigo. Ayllón era un hombre inteligente, experimentado, que gozaba de buenos contactos; pero también era corrupto, pretencioso y despiadado. Narváez ofendió también a Pedro de Ledesma, otro aliado potencial, que apoyaba fuertemente la idea de mantener a los indios en esclavitud perpetua.[113] (Ledesma, que había comprado la escribanía del tribunal de apelación de Santo Domingo de Lizaur, antaño amigo de Cortés, fue el escribano en el juicio de residencia del humanitario juez Zuazo que se llevó a cabo en Santo Domingo durante el gobierno de los jerónimos.)[114]

Mientras tanto, en Sevilla y pese a las rebeliones en Castilla, Martín Cortés pudo vender el *Santa María de la Concepción* (al parecer Juan Bautista seguiría siendo su capitán) por treinta mil maravedís: una cantidad equivalente a seis veces sus ingresos anuales,[115] y el cardenal Adriano se ocupó, entre otras cosas, del nombramiento de fray Juan Garcés como obispo del Yucatán (al que se refería alegremente como «Carolina»). En una carta fechada en setiembre de 1520, Adriano pedía a Velázquez, como gobernador de las «islas» Culhuacán y Cozumel, que se encargara de que fray Garcés llegara a salvo: «... yo vos mando que pasando y rresidiendo alla al dicho obispado le hagais dar y deis la posesyon del dicho obispado...» y que le garantizara el pago acostumbrado.[116]

Al vender el barco, Martín Cortés iba en contra de las instrucciones explícitas de su hijo, pero pensaba compensarlo con el envío no sólo de los alimentos y la ropa que había solicitado, sino también de numerosas armas.[117] Los detalles de esta transacción no son muy claros, en parte debido a los disturbios en Castilla, pero

24. VOZ MUY VAGOROSA E ENTONADA, COMO QUE SALÍA DE BÓVEDA

... era Narváez al parecer de obra de cuarenta y dos años, e alto de cuerpo e de recios miembros, e tenía el rostro largo e la barba rubia, e agradable presencia, e la plática e voz muy vagorosa y entonada, como que salía de bóveda

BERNAL DÍAZ DEL CASTILLO refiriéndose a Pánfilo de Narváez

Pánfilo Narváez salió de Cuba el 5 de marzo de 1520, con unos novecientos hombres, once naos y siete bergantines.[1] Iban con él numerosos «caballeros, hijosdalgos, señores de indios que en la isla de Cuba tenían muy buenos repartimientos y otros... de Santo Domingo», muchos de los cuales Cortés y sus compañeros conocían desde hacía años.[2] Debido a la disminución de la población indígena en ambas islas, las encomiendas ya no constituían una inversión segura y gran parte de los expedicionarios acompañaban a Narváez con la esperanza de recuperar su fortuna en las nuevas tierras. Cortés alegó que casi todos los hombres de Narváez se habían visto obligados a ir con él, pues temían que, si se negaban, Velázquez les confiscaría los indios que les había otorgado. Es cierto que algunos fueron reclutados a la fuerza,[3] pero el comentario de Cortés estaba lejos de ajustarse a la verdad.

Un aventurero típico de los que acompañaban a Narváez, Juan Bono de Quejo, oriundo de San Sebastián, se había mudado a Palos y ya cerca de los cuarenta y cinco años, había participado, como Alaminos, en el desastroso cuarto viaje de Colón. Había capitaneado el barco de la expedición de Ponce de León que, en 1513, descubrió la Florida.[4] Después de 1515, se convirtió en traficante, primero de esclavos y luego de perlas, desde la costa venezolana a Cuba, apoyado económicamente por comerciantes genoveses, como los hermanos Grimaldi. Su expedición en 1516 en busca de esclavos en Trinidad fue particularmente desastrosa: «Juan Bono, malo»[5] fue el sencillo blanco de un ataque por parte de Las Casas. Había sido un favorito del obispo Fonseca desde que testificara contra Diego Colón en una demanda presentada en 1513.[6] En esta expedición había otros hombres distinguidos: Andrés de Duero, secretario de Velázquez, pero amigo de Cortés (la situación en Cuba debía ser realmente mala para que una persona de posición económica tan acomodada emprendiera tal viaje); Leonel de Cervantes, miembro de una familia aristocrática de Extremadura, que pretendía que, por su actuación en las guerras de Italia, le habían honrado con el título de comendador de la Orden de Santiago, si bien existen dudas al respecto (su abuelo, Diego, consejero en Sevilla, era primo del obispo Fonseca); [7] Gerónimo Martínez de Salvatierra, un cobarde fanfarrón de la provincia de Burgos, cuyo cargo era el de *veedor*; un sobrino de Diego Velázquez, el gobernador, del mismo nombre e igualmente afable (aunque se le había acusado de asesinar en la calle a un tal Juan de la Pila, sin que se llegara nunca a una decisión al respecto); [8] el cuñado de Diego Velázquez, capitán Francisco Verdugo, el alcalde de Trinidad que había ayudado tan inesperadamente a Cortés dieciocho meses antes; Gaspar de Garnica, amigo del gobernador Velázquez, encargado el año anterior de secuestrar a Cortés en La Habana; el alguacil mayor de Cuba, Gonzalo Rodríguez de Ocaña; Baltasar Bermúdez, de Cuéllar y sobrino político de Velázquez, al que éste había pedido encabezar la expedición que finalmente encabezó Cortés; Juan González Ponce de León, hijo del descubridor de la Florida y que, en varias aventuras asombrosas, había participado en la conquista de Puerto Rico. Según una declaración de 1532, había sido «intérprete en la armada mandada por... Ovando para la conquista de San Juan Borinquen [Puerto Rico] y con el disfraz de ponerse en cueros, tiznándose todo su cuerpo y llevado porción de flechas mató a otros muchos de sus caciques...»[9] Otro brutal conquistador con Narváez fue Juan de Gamarra, lugarteniente que había sido de Pedrarias.

Por tanto, Narváez llevaba consigo la «vieja guardia» de conquistadores del Caribe, de experiencia tan abundante como dudosa era su reputación.

Al parecer, al igual que todos los miembros de la expedición de Cortés y de casi todas en el Nuevo Mundo de esa época, una tercera parte de los de la de Narváez eran oriundos de Andalucía; un ocho y un veinte por ciento respectivamente, de Extremadura y de Castilla la Vieja; [10] de esta región eran la mayoría de los capitanes de Narváez y los funcionarios de Velázquez en Cuba. Pero también había algunos *conversos*: Bernardino de Santa Clara, cuyo padre o tío había sido tesorero de La Española; Hernando Alonso, herrero de Niebla, próxima a Huelva, casado con Beatriz, hermana (seguramente ilegítima) de Diego de Ordás.[11] El encargado del economato de Narváez era Pedro de Maluenda, comerciante conocido de una familia de conversos comerciantes de Burgos, quien parece haber trabajado tanto para Narváez como para sí mismo.[12]

Numerosos expedicionarios abandonaron a su esposa y su encomienda en Cuba: Narváez hizo arreglos para que su esposa, María de Valenzuela administrara sus propiedades.[13] Sin duda algunos conquistadores se sintieron aliviados de salir de Cuba debido a la epidemia de viruela; probablemente otros se hallaban angustiados por la amenaza que representaba esa enfermedad para su familia, aun cuando generalmente los castellanos, si llegaban a la madurez, eran ya inmunes a esa dolencia. Nadie pensaba en el hecho de que podrían estar transportando un germen mortal.

Dícese que a fin de aprovisionar la expedición Diego Velázquez se apoderó de gran cantidad de pan cazabe de los ciudadanos de La Habana, sin pagarlo. Envió también «muchos yndios e yndias» de Cuba, por más que hubiese prohibido a Cortés hacer lo mismo.[14]

Narváez cruzó el estrecho de Yucatán y, siguiendo la costumbre de los aventureros españoles de la zona, hizo una primera parada en Cozumel. Allí rescató a ochenta expedicionarios que, bajo el mando de Alonso de Parada, salmantino amigo de Velázquez, habían naufragado. Dejó a muchos de ellos en la ya tan visitada isla para fundar una colonia,[15] cuya población se transformó al poco tiempo como consecuencia de la llegada de la viruela. Nadie se percató de la importancia de ello; de hecho, no fue sino más tarde cuando se dieron cuenta de la magnitud de la epidemia.

A continuación, Narváez navegó a lo largo de la costa, primero rumbo al oeste y luego rumbo al sur, como lo habían hecho Hernández de Córdoba, Grijalva y Cortés. Había mal tiempo y avanzó lentamente. El 7 de abril, o sea Sábado de Gloria, se hallaban todavía en la boca del río llamado Grijalva. Allí desembarcaron, como lo habían hecho Grijalva y Cortés. Potonchan y los pueblos cercanos al río se hallaban desiertos. Los pocos indios con los que Narváez pudo establecer contacto se mostraron hostiles y dispuestos a librar combate. Esto se debía, y el nuevo comandante se alegró al enterarse de ello, al mal trato de que fueron objeto cuando Cortés pasó por allí. Juan Bono de Quejo dijo que el temor de un regreso de Cortés paralizaba a los naturales que vio a orillas del río.[16] Narváez prometió ser más tolerante que su predecesor; siendo los naturales vasallos del rey de España, afirmó, tenían derecho a ser tratados bien y con dignidad.[17]

Un día o dos más tarde, emprendió camino hacia San Juan de Ulúa; tardó diez días en recorrer las trescientas millas, pues al iniciar la etapa una fuerte tormenta se abatió sobre él y su flota. Perdió un barco; cuarenta hombres se ahogaron (incluyendo Cristóbal de Morante, capitán del barco perdido y propietario de uno de los tres buques de la expedición de Hernández de Córdoba). Seis barcos resultaron dañados.[18] Narváez no llegó a San Juan de Ulúa antes del 19 de abril.[19] Para gran irritación suya, el oidor Ayllón había llegado tres o cuatro días antes.[20] Como señal de la confianza en el futuro de México, llevaba a bordo de uno de sus dos barcos al comerciante Juan de Herrera, cuya misión era vender bienes que le había confiado otro comerciante de Santo Domingo, Juan de Ríos, agente de una empresa burgalesa.[21] Lo vendió todo a Pedro de Maluenda y murió al poco tiempo.[22]

Ayllón había recibido un visitante inesperado: Francisco Serrantes, carpintero de navíos quien había acompañado a Cortés a Tenochtitlan y luego al primo de éste, Diego Pizarro, a la provincia de Pánuco. Mas, con una muestra de independencia que no agradó a Cortés cuando se lo contó Pizarro, había permanecido allí a fin de establecer una hacienda. Por ello, Serrantes se había convertido en feroz crítico de Cortés. Al parecer, cuando oyó los rumores sobre la proximidad de Narváez, se aseguró de encontrarse en San Juan de Ulúa cuando llegara la nueva expedición.[23] Se acercó en canoa al barco del oidor Ayllón, con el fin de hablarle de los logros de Cortés y de las características de Tenochtitlan. Cortés, afirmó, había recibido mucho oro, del cual había guardado un quinto y repartió mal el resto; además, no tenía intención de obedecer a Velázquez (ni a nadie, por cierto) y estaba esperando a ver la reacción del rey a las propuestas de sus procuradores. Hizo una vívida descripción de Tenochtitlan; creía, añadió, que de ser necesario, Cortés podría contar con cincuenta mil indios para luchar contra Narváez.[24]

Ayllón, hombre responsable, no se guardó la información; mandó a Serrantes a ver a Narváez, que se encontraba todavía frente a la costa. Serrantes contó lo mismo a Narváez; si deseaba establecer una colonia, alegó, el mejor lugar sería cerca de Coatzacoalcos, pues allí la tierra era mejor. Narváez no hizo caso de su recomendación, pero absorbió, por supuesto, todo lo que le decía Serrantes y fue en una pequeña embarcación a visitar a Ayllón.

Dijo que desembarcaría con todos sus hombres al día siguiente. Ayllón le aconsejó no hacerlo, en vista de que crearía sin duda problemas entre los indios. Narváez insistió en la necesidad de desembarcar, pues sus barcos se hallaban muy dañados. Siguió adelante con su plan y puso en marcha un proyecto ideado mucho antes: fundar un pueblo que pretendía llamar San Salvador, aproximadamente donde ahora se halla Veracruz, a unos noventa y seis kilómetros de la Villa Rica de la Vera Cruz.[25] Como Cortés antes que él, nombró inmediatamente alcaldes y regidores: Baltasar Bermúdez, alcalde mayor [26] y Francisco Verdugo, uno de los demás alcaldes, cargo que ostentaba en Trinidad, Cuba. Entre los regidores se hallaban casi todos los capitanes de la expedición: Salvatierra, Juan de Gamarra y dos sobrinos de Diego Velázquez, Pedro y Diego. Empezaron a construir casas, una iglesia, una plaza y una prisión, siguiendo las normas habituales.

Narváez hizo todo lo posible por mostrarse amable con los totonacas y demás pueblos que encontró en su camino, actitud indudablemente difícil para él, pues el sentido de superioridad y el desprecio aún mayor por los indígenas le consumían como a nadie. Algunos de sus capitanes, como Juan de Gamarra, superviviente de varias brutales expediciones con Pedrarias en Castilla del Oro, padecían de características semejantes. No obstante, la dimensión de las fuerzas de Narváez, obviamente mayor que la de Cortés, impresionó a los totonacas. Cortés y los suyos eran hombres malos que venían a robar y capturar prisioneros, declaró Narváez pasados unos días, por medio de su pregonero; él, Narváez, iría pronto a Tenochtitlan a liberar a Moctezuma,[27] declaración que no agradó a todos los castellanos. El propio tesorero de Narváez, Bernardino de Santa Clara, por ejemplo, insistió en que era un escándalo hablar así de Cortés cuando era evidente que esa tierra estaba en paz.[28] Además, si bien muchos de los expedicionarios compañeros de Cortés ignoraban los objetivos de su comandante, no todos los de Narvaéz tenían muy claros los planes de su propio jefe.

Al principio, la estancia de Narváez en San Juan de Ulúa fue tan pacífica como la de Cortés. Durante más de tres semanas, los indios llevaron, sin quejarse, pan, pollos y frijoles.[29] Los totonacas aceptaron a Narváez, diríase, con tanto entusiasmo como habían aceptado a Cortés.

De haber inquietud, ésta era del propio Narváez, quien no tardó en percatarse de las distintas opiniones en cuanto a cómo enfrentarse a Cortés. Ayllón veía todavía como una ofensa a la audiencia de Santo Domingo la negación a obedecerle por parte de Narváez, y no se reservaba su opinión. Peor aún, empezó a hablar favorablemente de Cortés e incluso le escribió una carta, en la cual explicaba su posición.[30] Mientras tanto Narváez se ganó la antipatía de algunos de sus seguidores por guardar para sí los regalos de los jefes locales, regalos que también habían presentado a Grijalva y a Cortés.

Decidió que Ayllón era el responsable del creciente descontento. Cierto: la presencia del oidor era un tanto extraña. Narváez ordenó a los funcionarios de San Salvador aprisionarle y embarcarle, con sus criados y su secretario, Pedro de Ledesma, en el barco en el que había llegado y dio instrucciones al capitán de la embarcación de llevarle a Cuba.[31] En otro barco envió a algunos de los seguidores de Ayllón.[32] También hizo aprisionar a dos conquistadores por hablar bien de Cortés: Gonzalo de Oblanca, hidalgo leonés, quien murió en menos de una semana debido a la incomodidad de su improvisada prisión tropical; y Sancho de Barahona, probablemente soriano, que sobrevivió, luchó y fue testigo en varios juicios. Cinco amigos de Vázquez de Ayllón abandonaron el *real* de Narváez y fueron al de Sandoval, representante de Cortés en la costa, so pretexto de que al oidor se le había faltado el respeto.[33]

Ayllón no fue a Cuba. Informó al capitán y a los tripulantes del barco que si le llevaban allí, los haría condenar a la horca; por otro lado, si le llevaban a Santo Domingo, se aseguraría de que conservaran su libertad. Sabía convencer mejor a los marineros de que le obedecieran que a los procónsules. Así, se dirigieron a Santo Domingo. El trayecto fue atroz, lleno de tormentos y peligros desconocidos hasta entonces. Finalmente llegaron a San Nicolás, pequeño puerto en el oeste de La Española. Desde allí, Ayllón recorrió a pie, en condiciones de lo más desagradable, los cuatrocientos ochenta kilómetros hasta Santo Domingo. Cuando llegó a la civilización, halló un blanco para su ira. Envió cartas a España, censurando el trato que le habían dado Narváez y Velázquez. Era una afrenta, insistió, tanto para la corona como para él. Como veremos, estas cartas fueron de gran ayuda para los amigos de Cortés en Castilla.[34]

Narvaéz, por su lado, se alegró ante la llegada a su *real* de cuatro desertores del de Cortés: Cervantes «el chocarrero», el bufón de Velázquez, y tres hombres que habían ido con Pizarro y Serrantes a Oaxaca. Todos ellos disfrutaron, por poco tiempo, claro está, de cierta fama con sus vívidas descripciones de las maravillas de Tenochtitlan y de la iniquidad de Cortés.[35] Hicieron las veces de intérpretes entre los castellanos recién llegados y los indios, aunque es difícil creer que su dominio del totonaca estuviese a la altura de esta prueba.[36]

Un quinto desertor nunca llegó al *real* de Narváez: Cristóbal Pinedo, antaño criado suyo, quien había ido a México el año anterior con Cortés y que, al enterarse (ya explicaremos cómo) de que su antiguo patrón había desembarcado, salió sin permiso de la capital para unirse a él.[37] Cortés envió indios de México, probablemente mexicas, para capturarlo antes de que llegara a la costa.[38] Los mexicas le alcanzaron; Pinedo se resistió y, en la refriega, murió. Llevaron su cuerpo a Tenochtitlan en una hamaca.[39] Posteriormente acusarían a Cortés no sólo de planear el asesinato de Pinedo, sino también, con ello, de permitir que los mexicas se enteraran de que los castellanos eran mortales y no dioses. Cortés negó ambas acusaciones. Mucho antes, alegó, los indios de México sabían que los españoles eran seres mortales y que, desde el pecado de Adán, todos habían de morir.[40] Negó también haber sabido que los indios matarían a Pinedo.[41] Mas Jerónimo Aguilar, el intérprete, declaró haber oído a Cortés ordenar a unos indios llevar a Pinedo de regreso y, de no poder convencerle, matarle.[42]

El principal representante de Cortés en la costa, en la Villa Rica de la Vera Cruz —a un día al norte de San Juan de Ulúa— era, por supuesto, su compañero de Medellín, Gonzalo de Sandoval. Diríase que no se enteró muy pronto de la llegada de Narváez, cosa extraña, en vista de lo rápidamente que le llegó la noticia a Serrantes, quien se hallaba más lejos. Tal vez el retraso indicara el modo en que las opiniones de los totonacas variaban con el viento. Pero, como hemos visto, el propio Cortés recibió un mensaje de Alonso de Cervantes, quien cumplía en la costa una misión no concretada; un mensaje indicando que se había visto un barco frente a la costa de San Juan de Ulúa. Podemos asumir que se trataba de una de las dos embarcaciones de Vázquez de Ayllón, que llegaron antes que Narváez.

Desde Tenochtitlan, Cortés mandó cinco hombres de su ejército (Diego García, Francisco Bernal, Sebastián Porras y Juan de Limpias, encabezados por Francisco de Orozco, antaño capitán de artillería en Italia) para enterarse de quién había llegado y cuáles eran sus intenciones. Ordenó a sus hombres dividirse después de atravesar las montañas que protegen México del mar: un grupo había de ir por el norte, ruta seguida por el mismo Cortés en su llegada a Tenochtitlan; el otro, hacia el sur, por lo que es ahora Orizaba. De no encontrar a nadie viniendo de la costa, habían de dirigirse al lugar donde habían desembarcado los recién llegados y, disfrazados, descubrir todo lo que pudieran. Al mismo tiempo, dos de las expediciones de Cortés en el sudeste, una encabezada por Velázquez de León en Coatzacoalcos, y la otra por Rodrigo Rangel en Chinantla, recibieron instrucciones de estar dispuestos para ir a la Villa Rica de la Vera Cruz, de ser necesario.[43]

Pero no supo nada más durante dos semanas. Quien recibió con toda presteza la información fue Moctezuma.

Los agentes del emperador parecen haberse encontrado siempre alerta a otras posibles incursiones a lo largo de la costa. La noticia de la llegada de Narváez llegó a Moctezuma en forma de lienzo, sobre el cual figuraban dieciocho barcos, cinco de ellos destrozados y hundidos en la arena..., y esto, antes de que la flota llegara a San Juan de Ulúa. Después, otro mensajero llevó un segundo lienzo con la noticia del arribo de unos navíos al puerto.[44]

Moctezuma no informó inmediatamente a Cortés de estos mensajes. En vez de eso, por medio de corredores se puso en contacto directo con Narváez, quien dejó claro que él y Cortés no estaban de acuerdo. Al haberse enterado, por medio de Serrante y otros castellanos de lo ocurrido en Tenochtitlan, incluso alegó que la expedición de Cortés estaba compuesta de hombres viles y que él había llegado para capturarlos y liberar al emperador; [45] a diferencia de Cortés, afirmó, él no tenía ningún interés por el oro; cuando hubiese liberado a Moctezuma y capturado a Cortés saldría del país. Tal vez como consecuencia de ello, el mensajero que envió Moctezuma a Narváez (un tenochca a quien el caudillo bautizó «Cortés»), declaró, por cuenta propia, que Narváez era bienvenido y se quejó en nombre de Moctezuma de que Cortés le tenía preso y le maltrataba.[46] Según un testigo en el juicio de residencia de Cortés, Moctezuma comentó que quería que a Cortés se le matara o se le apresara. Envió a Narváez alimentos, telas y oro y dio instrucciones a sus hombres en la costa de proveerlo de alimentos; le envió igualmente un medallón de oro.[47] Olvidó el afecto probablemente superficial que brindaba a Cortés, la aceptación del vasallaje de Carlos y la aspiración a ser bautizado durante la Semana Santa.

Narváez, presumiblemente después de consultar con sus capitanes, contestó contradiciendo lo dicho anteriormente: el rey le había enviado a México, aseguró, con el fin de poblar la tierra; liberaría a Moctezuma, le devolvería lo que se le había robado y no mataría a nadie.[48] Sugirió un intercambio de nombres: él, Narváez se llamaría Moctezuma y éste, a su vez, se llamaría Narváez.[49] Esta extraña propuesta se debía a una costumbre que solía agradar a los jefes nativos de La Española: «Narváez les dezia que venyan a soltar a Monteçuma e darle la tierra, y a matar al dicho don Hernado e a todos los españoles que con el estavan, porque heran malones e ladrones.»

Pero, a fin de cuentas, Moctezuma no pudo mantener el secreto de la llegada de Narváez. Quizá creyó que Cortés le castigaría si se enteraba por su cuenta de la noticia. Le enseñó los lienzos pintados y le exhortó a marcharse de Tenochtitlan.[50] «¿Cómo, no sois todos de un Señor, cómo queréis ir contra ellos?», preguntó. Ahora Cortés tenía a su disposición muchos barcos, señaló, ya no necesitaba construir más y podían regresar todos juntos a Castilla; ya no tenían excusas. Cortés ya se había enterado, gracias a Cervantes, de la llegada de dos barcos, pero, al parecer, le sorprendió saber que había más. «Y el dicho don Hernando Cortés le dixo, "que todos heran de un Señor"; pero que los que venían, que heran mala xente, vizcaynos, e que entraria a matallos y hechallos de la Tierra.»[51]

Se percató de inmediato que los intrusos eran probablemente amigos de Diego Velázquez, no gentes venidas directamente de España. No obstante, como aún no contaba con información directa al respecto, despachó a su amigo y confesor, fray Bartolomé de Olmedo; según contó más tarde, en una carta al rey, dirigió una misiva a los recién desembarcados. «Les pedía por merced me hiciesen saber quiénes eran y si eran vasallos naturales de los reinos y señoríos de vuestra alteza, me escribiesen si venían a esta tierra por su real mandado o a poblar y estar en ella o si pasaban adelante o habían de volver atrás, o si traían alguna necesidad, que les haría proveer de todo lo que a mí posible fuese y que si eran de fuera de los reinos de vuestra alteza, asimismo me hiciesen saber si traían alguna necesidad, porque también lo remediaría pudiendo. Donde no, le requería de parte de vuestra majestad que luego se fuesen de sus tierras y no saltasen en ellas, con apercibimiento que si así no lo hiciesen, iría contra ellos y con todo el poder que yo tuviese, así de españoles como de naturales de la tierra y los prendería y mataría como extranjeros que se querían entremeter en los reinos y señoríos de mi rey y señor.»[52]

Esperaba, además, que Narváez no interrumpiría ni obstaculizaría la tarea de convertir a los indios.[53] Simultáneamente envió a Andrés de Tapia, ahora uno de sus confidentes más allegados, a consultar con Sandoval en la Villa Rica de la Vera Cruz. Tapia tardó tres días y medio en llegar a esa ciudad, caminando de día y, de noche, en una hamaca cargada por indios (éstos también a pie).[54]

Para cuando llegó, Sandoval ya había asestado el primer golpe contra Narváez. Había reunido primero a todos los habitantes del puerto, ese puerto cuya construcción aún no se había terminado, y les hizo jurar que no aceptarían por gobernador a nadie más que a Hernán Cortés. Luego envió a los heridos y enfermos, así como a uno o dos ancianos, a Papalotla, a unos veinticinco kilómetros tierra adentro, al pie de la sierra.

Uno o dos días más tarde se presentó una delegación de Narváez en la Villa Rica de la Vera Cruz, compuesta del escribano, Alfonso de Vergara; un fraile, Antonio Ruiz de Guevara y Antonio de Amaya, por lo visto otro pariente de Diego Velázquez. Llevaban cartas de Narváez dirigidas a varios miembros de la expedición de Cortés pidiéndoles su apoyo para el comandante recién llegado.[55] Con ellos iban otros tres castellanos y unos cuantos indios. Nadie salió a recibirlos. Sandoval permaneció en su casa.

Los hombres de Narváez fueron primero a rezar en la nueva iglesia, edificio muy primitivo y sin protección contra el viento. A continuación se dirigieron a la casa de Sandoval, que no era probablemente más que una gran choza. Saludaron amistosamente al conquistador. Fray Guevara le dijo que venía en nombre de Narváez, quien, al haber sido nombrado capitán general por Diego Velázquez, acababa de llegar al territorio. Le sugirió que se entregara inmediatamente, pues Cortés y sus amigos eran traidores. Sandoval contestó: «Señor padre, muy mal habláis en decir esas palabras de traidores; aquí somos mejores servidores de su majestad que no Diego Velázquez ni ese vuestro capitán; y porque sois clérigo no os castigo conforme a vuestra mala crianza. Andad con Dios a México, que allá está Cortés, que es capitán general y justicia mayor de esta Nueva-España y os responderá.» [56]

Suponiendo que Sandoval hablara verdaderamente de la Nueva España, ésta era la primera ocasión en que se empleaba la expresión, si bien se volvió corriente en los meses siguientes, como resultado de una decisión tomada por Cortés, quien se inspiró en la prosperidad del lugar, así como ciertas semejanzas físicas entre ambos países. «Nueva España» y no «Nueva Castilla»: pues los reinos de Castilla y Aragón se habían unido y lo que fuera una expresión geográfica ya podía emplearse. Al menos lo harían los imperialistas en tierras extranjeras.[57]

Fray Guevara pidió al escribano Vergara que leyera los documentos en los que se insistía en que Cortés se sometiera a Narváez. Sin duda se trataba de documentos redactados por uno de los abogados de Velázquez y firmados por el procónsul. Sandoval, temerario, replicó: «Si tal leyéredes... yo os haga dar cien azotes», y añadió que «no sabía si eran provisiones u otras escrituras... porque ni sabemos si sois escribano del rey o no; ... y tampoco sabemos si son originales de las provisiones o traslados u otros papeles». De todos modos, si no era escribano, no tenía derecho de leer los documentos allí, aun cuando fuesen auténticos.[58] Vergara vaciló.

Pero Guevara, hombre «soberbio, dijo muy enojado: "¿Qué hacéis con estos traidores? Sacad esas provisiones y notificádselas"».

Sandoval ordenó a sus soldados arrestar a los hombres de Guevara y llevarlos a Tenochtitlan. Algunos totonacas que se hallaban construyendo la fortaleza los metieron en las jaulas de madera fabricadas especialmente para los cargadores (tamemes) y los llevaron a cuestas a la ciudad del lago, bajo mando del alguacil de la Villa Rica de la Vera Cruz, un burgalés, Pedro de Solís (conocido como «Solís de tras-de-la-puerta» por su tendencia a mirar a escondidas lo que ocurría en la calle). Viajaron cuatro días sin detenerse. Según Bernal Díaz del Castillo, los castellanos, asombrados por los pueblos y las gentes que lograban vislumbrar, «iban pensando si era encantamiento o sueño».[59] Llegaron a su destino antes incluso del regreso de fray Olmedo y de los otros cinco emisarios enviados por Cortés.[60]

Éste fue muy astuto con los pasmados visitantes: los liberó; salió de Tenochtitlan para recibirlos y organizó un banquete en su honor. Con su acostumbrada habilidad para culpar a otro de los problemas, criticó a Sandoval por tratarlos con tal rudeza. Los alojó bien y luego se entrevistó con ellos a solas.[61] Por su parte, ellos le revelaron todo lo que precisaba saber de la misión de Narváez: la posición del licenciado Ayllón; cuántos hombres constituían la expedición y la identidad de los comandantes. No sólo eso: al cabo de dos días había logrado ganárselos, gracias a regalos, promesas y sobornos. La visión deslumbrante de Tenochtitlan reforzó sus argumentos. Guevara y Vergara reconocieron que Narváez no era del todo popular (bienquisto, en términos de la época) entre sus capitanes y sugirieron que Cortés haría bien en mandar oro o cadenas de oro, pues las «dádivas quebrantan peñas». Cortés aceptó la idea. De hecho, además del oro que les regaló para ellos mismos, también les dio más para los otros. Así empezó a comprar la lealtad del ejército de Narváez. Fuesen cuales fueran los documentos que llevaran consigo el escribano, el fraile y Amaya no se los enseñaron; por tanto, años más tarde, en su juicio de residencia, Cortés pudo alegar con toda veracidad que «nunca... sopo quel dicho Narváez truxiese Provisiones de Su Magestad, ni tal vino a su noticia; e que puesto caso que las viera y sopiera..., fuera obligado a obedecerlas e las obedeciera como del Rey Nuestro Señor... y estaba claro que si [Su] Magestad la verdad sopiera [de lo que ocurría en México], no le diera tal previsión, si alguna le dio...»[62]

Tras dos o tres días, envió a fray Ruíz de Guevara, Amaya y Vergara de vuelta a Narváez.[63] Los acompañaba un tal Santos, criado de Cortés, con una yegua cargada de oro.[64] Cuando llegaron a la costa se percataron, por supuesto, de que fray Olmedo había llegado, de que Narváez había leído la primera carta que le dirigiera Cortés, cosa que provocó a Salvatierra, su lugarteniente, a reprenderle por rebajarse tanto. Mas los relatos de fray Olmedo habían impresionado a otros hombres del *real*. Y ahora Guevara, Amaya y Vergara añadieron sus descripciones del tamaño y la riqueza de Tenochtitlan. Muchos de sus oyentes empezaron a anhelar llegar a la capital mexicana; la ciudad en el lago sólo podía ser, ¡por fin!, El Dorado. ¡Sería maravilloso dejar atrás los mosquitos y el calor de la costa..., hallarse en una Venecia de montaña, con su riqueza y su belleza nunca soñadas! ¡Esa expedición era digna de lo que habían leído en los romances caballerescos! Cortés tenía a su disposición la ciudad más rica del mundo, un paraíso terrenal y daría oro a quien le apoyara, insistió Guevara.[65] Santos comenzó a repartir los regalos y la gente empezó a sugerir que Narváez llegara a un acuerdo con Cortés: el país era lo bastante grande para ambos. Narváez se enfadó al oír los comentarios y resolvió no hacer caso de ellos; siguió dedicándose a la construcción de San Salvador y, a mediados del verano, había levantado entre ochenta y noventa casas y una iglesia de madera.[66] Pero tanto Ruiz de Guevara como Vergara y Santos ya se hallaban ocupados repartiendo el oro de Cortés; posiblemente el jefe de artillería de Narváez, Rodrigo Martínez, recibiera unos mil castellanos; Francisco Verdugo, unos mil quinientos pesos, y Baltasar Bermúdez, una cantidad desconocida.[67]

Mientras tanto, el 4 de mayo, Narváez envió su nao capitana a Cuba, sobre todo para informar a Velázquez de la situación, pero también para llevar cartas privadas de los hombres de Narváez. Así, en esa isla las noticias de lo que ocurría en México iban de boca en boca: Cortés vivía en una gran ciudad semejante a Venecia; en paz con los indios; de hecho se profesaban amor mutuo; poseía abundante riqueza de oro y plata; y Narváez y los suyos no tenían nada y pretendían vengarse y apoderarse de una parte de esa riqueza.[68]

Al parecer, en su carta a Narváez, entregada por Guevara, Cortés aseguraba estar encantado de la llegada de su viejo amigo de La Española y de Cuba, pero también sorprendido de que no le hubiese escrito, sobre todo si se tenía en cuenta que se había puesto en contacto con varios miembros de su expedición [la de Cortés] con el fin de convencerlos de rebelarse; y se sorprendía también de que se hiciera llamar capitán general y hubiese nombrado regidores y alguaciles en un territorio propiedad del rey y ya formalmente colonizado.[69]

Narváez no respondió. Cortés supo que había capturado a sus cinco emisarios y que los totonacas habían decidido tomar partido por los recién llegados; incluso el primer aliado de Cortés, Tlacolchcalcatl, el jefe gordo de Cempoallan, se había inclinado ante la atracción del poder.[70]

Frente a estas señales de que Narváez, en su aparente posición superior, no tenía intención de llegar a un compromiso con él, Cortés se reunió con sus amigos más allegados para ver lo que habían de hacer. Cortés les preguntó «qué les paresçia... y entonces le rrespondió la dicha xente, "qué os parece a Vos, Señor, que se debe fazer", y entonces el dicho don Hernando Cortés les dixo: "que muera él e quien le arguya"».[71] Acordaron ir «sobre el Narváez» y atacarle a la mayor brevedad posible. Después de todo, la suerte favorecía a los valientes.

411

25. DE CORTAR LAS OREJAS AL DICHO DON HERNANDO

... e personas del dicho Narbaez dezian los de su conpanya muchas cosas mal dichas en perjuizio del dicho don Hernando e de los que con el estavan, e que uno que se dezia delante del dicho Narbaez de cortar las orejas al dicho don Hernando e comersela una dellas...

Testimonio de ANDRÉS DE TAPIA en el juicio de residencia de Cortés

A principios de mayo de 1520, Hernán Cortés parecía encontrarse en una posición vulnerable. Había dividido su pequeño ejército en cuatro cuerpos: dejó unos doscientos hombres en Tenochtitlan; Velázquez de León y Rangel, con unos ciento treinta cada uno, se hallaban en el interior; y Sandoval, con cien, en la costa. Cierto que Moctezuma y un número desconocido de señores mexicanos se hallaban presos, pero no se sabía cuánto tiempo podía continuar esa situación. Diríase que Moctezuma se había vuelto más resistente que en los meses anteriores. El Domingo de Pascua, 8 de abril, ya había pasado.[1]

No obstante, Cortés no albergaba ninguna duda en cuanto a enfrentarse a Narváez en la costa y, de ser necesario, luchar contra él. Ordenó a Velázquez de León y a Rangel reunirse con él en Cholula, a sabiendas de que la orden significaba poner a prueba su habilidad política, pues el primero era no sólo pariente de Diego Velázquez, sino también cuñado de Narváez, quien seguramente se habría puesto en contacto con él (efectivamente, así era).

Cortés salió de Tenochtitlan a principios de mayo, con unos ochenta soldados, casi todos con la armadura de algodón con la que se protegían los mexicas.[2] Alvarado, en ese entonces incuestionablemente lugarteniente de Cortés, tenía ciento veinte hombres, muy pocos para mantener preso a Moctezuma y defender los aposentos castellanos.[3] Mas contaba también con numerosos aliados indios, sobre todo tlaxcaltecas. Los castellanos que se quedaban atrás se vieron obligados a jurar sobre una biblia que obedecerían a Alvarado y le serían leales:[4] se sospechaba, con razón o sin ella, de deslealtad hacia Cortés entre muchos soldados bajo el mando de Alvarado. A Alonso de Escobar, capitán de uno de los barcos que partiera de Cuba con Cortés en 1518, se le reservó un importante papel, pues se le suponía velazquista. Cortés se había granjeado su apoyo y le había encargado la custodia del oro y las joyas acumuladas por la expedición: aparentemente unos ciento treinta

y dos mil pesos de oro fundido y tal vez cien mil más en joyas.[5]
Antes de marcharse de Tenochtitlan, Cortés abrazó calurosamente a Moctezuma. Aún no sabía que éste había tenido contacto directo con Narváez. Había de ir a la costa para encargarse de Narváez y sus «bascos», le explicó; pues, de no hacerlo, éstos maltratarían a los totonacas y a los mexicanos de la costa.[6] Moctezuma se mostró triste, pero la intérprete Marina afirmó que fingía. El emperador ofreció cien mil guerreros, si fueran necesarios, y además de treinta mil tamemes para cargar los aparejos.[7] Lo único necesario, sostuvo Cortés por toda respuesta y en tono severo, era la ayuda de Dios. Pidió a Moctezuma, o más bien a sus sacerdotes, que se encargaran de la imagen de la Virgen en el Templo Mayor y se aseguraran de que estuviese rodeada siempre de flores y velas de cera, pues se supone que los mexicas ya habían aprendido [asombrosamente] a fabricarlas y que algunos sacerdotes estaban dispuestos a llevar a cabo las tareas que se les encomendaban.[8] Moctezuma prometió hacerlo y proporcionar a Alvarado y los que con él se quedaban todo lo que precisaran, además de vigilar atentamente las posesiones de los castellanos o del rey de Castilla.[9] Le rogó que le informara si los recién llegados resultaban ser hostiles; de ser así, Moctezuma le enviaría guerreros a fin de expulsarlos.

Cortés se dirigió a la costa por la ruta entre los volcanes, ruta que conocía de su recorrido en sentido inverso en noviembre.[10] Una vez en Cholula mandó pedir cuatro mil hombres a los tlaxcaltecas, pero ninguno deseaba luchar contra castellanos. Se limitaron a enviarle veinte cargas de aves. Impávido, Cortés escribió a Sandoval en la Villa Rica de la Vera Cruz, exhortándole a reunirse con el ejército expedicionario antes de que éste llegara a la costa.

Esperó en Cholula hasta la llegada de los doscientos sesenta hombres encabezados por Rangel y Velázquez de León. Este último le enseñó una carta en la que Narváez solicitaba su ayuda.[11] Pero él había decidido mantenerse fiel a Cortés, actitud que naturalmente constituyó un alivio para el caudillo. Entonces, con una respetable fuerza de unos trescientos cincuenta hombres, Cortés prosiguió su camino. Por primera vez desde su partida de Cempoallan el año anterior, no contaba con criados. Todo indica que dejó atrás los cañones y los arcabuceros, pero no los ballesteros. Los únicos indios que, gracias a los esfuerzos diplomáticos de Pero González de Trujillo, estaban dispuestos a ayudarle fueron los huexotzincas: le ofrecieron cuatrocientos hombres.[12] Pero Cortés no los aceptó.

Para entonces Narváez había ido con su ejército desde «San Salvador» a Cempoallan, donde se impuso como huésped de Tlacochcalcatl, el cacique gordo que había hecho amistad con Cortés y que ahora se mostraba muy inquieto. Narváez confiscó lo que Cortés había regalado a los suyos el año anterior. El jefe se quejó, por supuesto. El *veedor* de Narváez, Salvatierra, expresó su sorpresa ante la fama adquirida por Cortés. En Cuba recordaban a *Cortesillo* como una «nonada».[13]

Unos días después de salir de Cholula, Cortés se encontró con fray Olmedo y un pequeño grupo de hombres que regresaban del *real* de Narváez. El fraile le explicó lo que estaba ocurriendo allí; habían enviado al licenciado Ayllón a Cuba; Narváez y Moctezuma habían intercambiado regalos; Narváez había afirmado que conquistaría todo el territorio para sí[14] y había tratado a Sandoval con rudeza y desdén; sin embargo, éste había logrado entregar dádivas y cartas a los que, en su opinión, podían sobornarse: Andrés de Duero, por ejemplo.

Lógicamente, la relación entre Moctezuma y Narváez enfureció a Cortés; de hecho, fue decisiva en su actitud posterior hacia el emperador. Pero apenas tuvo tiempo de asimilar la información antes de que, al llegar a Quechula, topara con otra delegación de Narváez, compuesta, entre otros, por Alonso de Mata, escribano de Quintana Rico (Santander); Bernardino de Quesada, de Baeza, igualmente escribano según algunos.[15] Sus instrucciones eran las mismas que las de fray Ruiz de Guevara y Vergara. Alonso de Mata, valiente pero imprudente, trató a Cortés como si fuese un alguacil imponiendo una multa. Sacó unas cartas de su bolsillo y empezó a leerlas. Cortés le interrumpió, exigiéndole que «exhibiese su título». Mata alegó no poder hacerlo, pues había dejado los documentos importantes en el *real*. De hecho, no era sino un escribano corriente, no un escribano del rey. Cortés los hizo arrestar a todos y los mantuvo bajo vigilancia varios días, sin pretender causar escándalo en su ejército. Luego los liberó, les «untó las manos» y les habló en tono convincente; a tal grado que, como en el caso de fray Ruiz de Guevara, le ensalzaron al regresar al *real* de Narváez.[16]

Cortés prosiguió por Orizaba, la ruta preferida de los mexicas, que le llevaba al oeste de la montaña que hoy se llama así. El ejército llegó a Tanpaniguita (entre Huatusco y Cempoallan, a unos cuarenta kilómetros de esta última ciudad).

Parece que, una vez allí, Cortés tomó la precaución de repartir entre sus hombres un poco del oro traído del sudoeste por Rodrigo Rangel. Obviamente lo hacía para mantener el buen ánimo en caso de que tuviesen que luchar contra compatriotas, a algunos de los cuales, como sabían varios miembros de su propia expedición, Cortés había regalado oro. Debió de repartir entre cinco mil y quince mil pesos.[17] Insinuó también, con cierta temeridad, que la derrota de Narváez traería consigo toda índole de beneficios. Les dio a entender que, tras la conquista de México, muchos de sus amigos serían duques, condes y «señores de dictados».[18]

En Ahuilizapan (Orizaba), Cortés reincorporó a su hueste a los espías que había enviado a enterarse del significado del desembarco de Narváez y que habían sido liberados o se habían escapado.

Éstos pudieron hablarle del estado de ánimo en el «San Salvador» de Narváez.[19]

Tuvo que permanecer allí debido a una fuerte lluvia. Mandó a uno de sus amigos extremeños, Rodrigo Álvarez Chico, con el escribano Pero Hernández, a fin de exigir imperiosamente a Narváez que se sometiera a las órdenes del caudillo. Si Narváez tenía órdenes especiales del rey, perfecto; pero si no, no debía hacerse pasar por capitán general ni por justicia mayor; tampoco debía ejercer ninguna de las funciones de dichos cargos, de no querer exponerse a un castigo. Insistió igualmente en que los que acompañaban a Narváez debían someterse al mando de Cortés. Si no lo hacían, procedería en su contra. Narváez se limitó a apresar a los mensajeros.[20]

Parece que la única motivación de Cortés al hacer esto consistía en justificar legalmente la acción militar que ya tenía pensado llevar a cabo. Sus instrucciones eran una especie de requerimiento. No se olvide que los castellanos de esa época, tanto en las guerras civiles como las conquistas, se regían por la ley. Los mensajeros tuvieron suerte, pues habrían podido sufrir un castigo peor que el encarcelamiento.[21]

No obstante faltaban algunas intrigas antes de que ambas partes blandieran las espadas, algunas de ellas mero espionaje como cuando Sandoval despachó unos soldados castellanos al *real* de Narváez disfrazados de indios; tuvieron la satisfacción de vender unas ciruelas al lugarteniente de Narváez, Salvatierra, y de robarle dos caballos.[22] A continuación Narváez tomó la iniciativa: Andrés de Duero, viejo amigo de Cortés, fray Ruiz de Guevara, otro fraile de la expedición de Narváez, fray Juan de León y algunos criados llegaron al *real* de Cortés. Duero sugirió una entrevista entre ambos caudillos, acompañados cada uno de diez hombres. Al parecer, Cortés le dio vueltas a la idea,[23] pero fray Olmedo le convenció de que haría bien en no aceptarla.[24] De hecho, Narváez tenía pensado ocultar unos jinetes, encabezados por Juan Yuste, detrás de una colina cercana al lugar donde se llevaría a cabo la entrevista. Éstos habrían atacado a Cortés y le habrían capturado o matado, en cuanto se iniciaran las «conversaciones».[25] Posteriormente los amigos de Narváez presentarían un alegato nada convincente cuando éste fue acusado de proyectar el asesinato de Cortés durante la cita: no era cierto que Narváez hubiera sugerido una entrevista, afirmaron para empezar; además, cualquier autoridad legalmente constituida tenía derecho a arrestar a cualquier malhechor y Cortés lo era.[26]

Duero llevaba también una carta de Narváez cuyo contenido consideraba un compromiso: Cortés entregaría a Narváez el mando del territorio que había descubierto y, a cambio, Narváez le entregaría barcos en los cuales podría ir adonde quisiera con sus hombres. Si la propuesta venía del rey, contestó Cortés solemnemente, la expondría ante los alcaldes y regidores de la Villa Rica de la

Vera Cruz; pero, naturalmente, no podía responder de su reacción.[27]

Por supuesto, no ocurrió lo que deseaba Narváez. Cortés ya se había ganado a fray Ruiz de Guevara; desde el punto de vista económico a Andrés de Duero le interesaba el éxito de Cortés; y ya se veía que fray Juan de León sería también fácil de sobornar.

Duero regresó al *real* de Narváez y el ejército de Cortés se vio reforzado por la llegada de Sandoval, Tapia y unos sesenta hombres de la Villa Rica de la Vera Cruz. Los cincuenta hombres de que disponía originalmente Sandoval recibieron el apoyo de Pedro de Villalobos y otros desertores a quienes había desagradado el trato que diera Narváez al licenciado Ayllón. Por añadidura, se presentó, procedente de Chinantla, un soldado de gran experiencia en las guerras de Italia, un tal Tovilla, quien a solicitud de Cortés, había convencido a unos carpinteros indios de que fabricaran unas lanzas muy largas de punta de cobre.

Cortés envió a fray Olmedo de vuelta a la costa con otra carta dirigida a Narváez. El tono de esta comunicación era distinto del de las anteriores: describía todo lo que él y sus hombres habían hecho durante el año anterior, cómo habían capturado ciudades, fortalezas y a Moctezuma, el monarca supremo del territorio, y cómo habían hallado mucho oro y muchas joyas. Pedía a Narváez que explicara el objetivo suyo y de sus capitanes y que le dijese en qué los podía ayudar. De negarse a explicar sus intenciones, Cortés se vería obligado a exigirles que se marcharan del territorio y, si no partían, los atacaría, los capturaría o los mataría, cual si fuesen forasteros en el reino de su rey y señor. Hizo firmar la carta a sus capitanes y numerosos soldados.[28]

Fray Olmedo llevó este inflexible mensaje a Narváez en compañía de Bartolomé de Usagre, extremeño, y uno de los primeros compañeros de Cortés, pues se había descubierto que un hermano de Usagre tenía a su cargo la artillería de Narváez. Entregaron sin contratiempos la misiva a Narváez, que pensó en la posibilidad de apresarlos, pero Duero le disuadió. Por tanto Narváez sugirió a Bartolomé de Usagre invitar a su hermano a comer y descubrir exactamente lo que tenía planeado Cortés. Tal vez estos huéspedes proporcionaron alguna información interesante para Narváez, mas pudieron también hablar, frente a Bartolomé, con varios viejos amigos de Cortés, entre ellos Bernardino de Santa Clara (quien ya había criticado la actitud de Narváez hacia Cortés). Aparte de las cartas de Cortés que llevaba para varios que habían sido amigos de Cortés (Salvatierra, Juan de Gamarra, Juan Yuste y Baltasar Bermúdez, todo ellos capitanes y regidores de «San Salvador»), fray Olmedo desembolsó más oro para sobornarlos: el caudillo les ofrecía veinte mil castellanos si se unían a él. Un año más tarde, Juan Bono de Quejo afirmaría que en el *real* de Pánfilo de Narváez «andaban muchas piezas de oro» de las que se decía que provenían de «el dicho Fernando Cortés».[29]

Nuevamente Narváez quería encarcelar a Olmedo, pero Andrés de Duero le convenció de que le invitara a comer, por ser embajador de Cortés y «un religioso». Narváez le convidó y ambos se entrevistaron antes de la comida. Olmedo pronunció un discurso de lo más engañoso: Narváez no contaba con servidor más leal que él, alegó, y los capitanes de Cortés estaban todos dispuestos a entablar relaciones con él.

Hasta ese momento no había tenido oportunidad de entregar a Narváez la carta más reciente de Cortés. Narváez se la pidió y Olmedo dijo haberla dejado «en su posada» y querer ir a buscarla; de hecho, la llevaba consigo. Se trataba de un mero pretexto para hablar con numerosos capitanes con los cuales regresó a ver a Narváez. Luego leyó la carta en voz alta. Con esta astucia logró que todas las personas importantes oyeran las propuestas de Cortés. Narváez y Salvatierra explotaron, furiosos. Pero el daño estaba hecho y varios capitanes se rieron.

El siguiente movimiento en este intercambio bizantino fue otra visita de Andrés de Duero a Cortés, acompañado esta vez por Bartolomé de Usagre y seguido por unos cuantos indios. Duero y Usagre describieron el comportamiento de fray Olmedo en el *real* de Narváez.

El propósito verdadero de Duero en esta segunda visita consistía probablemente en recordar a Cortés que, en 1518, en Cuba, habían acordado compartir las ganancias de la expedición. Cortés reconoció su contrato con Duero. Una vez muerto o preso Narváez, él y Duero, aseguró, gobernarían conjuntamente la Nueva España y dividirían entre sí todo el oro disponible. Cargó a los indios cubanos de regalos para sus amos y sugirió a Duero que negociara con Bermúdez para apoderarse del liderazgo del ejército de Narváez. (Bermúdez ya había aceptado algunas dádivas de Olmedo o Guevara y Cortés le creía sobornable.) Duero acordó negociar con Bermúdez. Al despedirse de Duero, Cortés dijo: «Que vaya con Dios, y mire, señor Andrés de Duero, que haya buen concierto de lo que tenemos platicado; si no, en mi conciencia (que así juraba Cortés), que antes de tres días con todos mis compañeros seré allá en vuestro real, y al primero que le eche lanza será a vuestra merced si otra cosa siento al contrario de lo que tenemos hablado.» Duero se rió y contestó: «No faltaré en cosa que sea contrario de servir a vuestra merced.» [30]

Un último emisario enviado por Cortés fue Juan Velázquez de León, quien se dirigió al *real* de Narváez con un marinero, Antón del Río.[31] Este capitán, como ya hemos mencionado, era generalmente considerado como protegido de su pariente, el gobernador Velázquez. Narváez le había escrito, pidiéndole que se uniera a él. Por ello Cortés sabía que sería bien recibido y, efectivamente, así fue.[32] Las gentes de Narváez admiraron mucho las joyas que llevó Velázquez de León, mas éste afirmó haber venido únicamente para ver si Narváez se hallaba dispuesto a hacer la paz. Narváez, airado, contestó riendo: «cómo que tales palabras le había de decir de tener amistad ni paz con un traidor». Velázquez, indignado, espetó que Cortés no era un traidor sino un fiel servidor del rey, dándole oportunidad a Narváez de intentar sobornar a su oponente: le ofreció un cargo de mando y no dinero. En cuanto Cortés se encontrara muerto o prisionero, prometió, Velázquez de León tendría a todos los hombres de Cortés bajo su mando, en calidad de lugarteniente: la misma oferta que le había hecho Cortés a Duero, mas tratándose de los hombres de Narváez. Velázquez de León se negó a traicionar a Cortés y Narváez decidió arrestarle. De nuevo Duero, Bermúdez y los frailes desleales, Ruiz de Guevara y León, le convencieron de que no actuara de modo tan contundente. Así, como hiciera con Olmedo, Narváez le invitó a comer, con la esperanza de que pudiese mediar. Después de todo, Velázquez de León era pariente no sólo suyo sino de varios capitanes del ejército de Narváez y quizá con los recuerdos, la noche tropical y el vino del Guadalcanal, del cual la expedición de Narváez tenía buena provisión, podría hacerlo entrar en razón. Antes de la comida, Narváez hizo desfilar a su ejército ante Velázquez.[33] Hizo disparar los cañones a fin de impresionar a los indios que se arremolinaban alrededor del *real*. Prometió públicamente una recompensa económica por la captura de Cortés, vivo o muerto, como había hecho Cortés en el caso de Moctezuma. Al parecer Teudile, el recaudador de Moctezuma en Cuetlaxtlan, para entonces muy confundido, entregó a Narváez mantas y oro en nombre de su emperador e incluso juró servirle.[34]

El plan de Narváez de seducir a Velázquez de León no funcionó mejor con éste que con Olmedo. Las noches veraniegas inspiran no sólo abrazos, sino también riñas. Una disputa entre Velázquez de León y su pariente, Diego Velázquez el Mozo, sobrino del gobernador, puso en entredicho el honor de la familia. Poco faltó para que se enzarzaran en un duelo. Ambos se hallaban igualmente agraviados y seguros de representar la auténtica herencia de los Velázquez: tal vez el espíritu del legendario caballero medieval, Ruy Velázquez, el Cid Campeador, tema de tantos romances. Ordenaron a Velázquez de León que se marchase inmediatamente del *real*.[35] Y eso hizo, sin haber logrado ningún compromiso y acompañado por fray Olmedo y Antón del Río. Pero antes de partir, entregó mil pesos adicionales a Rodrigo Martínez, artillero de Narváez, para que taponara con cera los fogones de los cañones de Narváez.[36]

Según un cálculo, cuando Velázquez de León salió del *real* de Narváez, ciento cincuenta hombres se hallaban bien dispuestos hacia Cortés.[37] Algunos parecen haber informado a Cortés de ello.[38] Ni Cortés ni Narváez habían pensado nunca en un compromiso. Las entrevistas y los mensajes no eran sino meras maniobras a fin de contar con una posición moral superior.

Velázquez de León y Olmedo encontraron a los hombres de Cortés descansando a orillas de lo que es ahora el río de la Antigua, a pocos kilómetros de Cempoallan. Entregaron al caudillo una última carta de Duero. Cortés la hizo leer en voz alta a sus capitanes, componentes en teoría del regimiento de la Villa Rica de la Vera Cruz. En ella, Duero pedía a Cortés que tuviese cuidado, pues seguramente llevaba a sus hombres al matadero. Al parecer en esta ocasión Cortés pidió nuevamente la opinión de sus capitanes; ésta no había cambiado desde la partida de Tenochtitlan: o sea, que hiciera lo que *él* considerara más adecuado, ante lo cual Cortés citó un proverbio castellano: «Muera el asno o quien lo aguija»[39] «y luego comenzó un parlamento por tan lindo estilo y plática, tan bien dichas (cierto, otras palabras más sabrosas y llenas de ofertas que yo aquí no sabré escribir)», según Bernal Díaz del Castillo. Estaba resultando ser un político y jefe militar brillante. Volvió a explicar que Diego Velázquez le había enviado en calidad de comandante, si bien reconoció que había entre quienes le escuchaban hombres igualmente eficaces. El año anterior había deseado ir a Cuba a fin de rendir cuentas a Diego Velázquez sobre lo que había visto, pero su ejército le exhortó a fundar una ciudad. Una vez hecho eso, los propios habitantes de la ciudad le habían nombrado capitán general y justicia mayor hasta que el rey decidiese lo contrario. Por supuesto, la tierra era tan buena que lo adecuado sería entregársela a un infante o a un gran señor...

Estaba seguro, añadió, de que sus seguidores se hallaban resueltos a no abandonar la empresa a menos de ver la firma real en un documento que les exigiera hacerlo. Recordó las dificultades y los peligros de la expedición y habló de Narváez, quien había puesto a Cortés y sus hombres fuera de la ley, cual si fuesen moros. ¡Trágico error! Sabía que los seguidores de Narváez superaban en número cuatro veces a los de Cortés, pero no estaban tan acostumbrados a las armas como los del caudillo, muchos de ellos no sentían ninguna lealtad por su capitán y algunos se encontraban enfermos. Él, Cortés, creía que Dios les otorgaría la victoria. Y citó nuevamente uno de sus proverbios preferidos: «Más vale morir por buenos que vivir afrentados» (de *La chanson de Roland*) y exclamó: «Así, señores, pues nuestra vida y honra está, después de Dios, en vuestros esfuerzos y vigorosos brazos.»[40] «Y así, lo tomamos en los hombros muchos de nosotros, hasta que nos rogó lo dejásemos..., y gritaron "Viva el capitán, que tan buen parecer tiene".»[41] Fray Olmedo y Velázquez de León amenizaron la velada con groseros relatos acerca de la inconsistencia en el *real* de Narváez; las numerosas comidas sin éxito de Narváez indudablemente fueron tema de comentarios chuscos. Olmedo era buen mimo y se burló hasta de sí mismo.[42]

Entonces Cortés dividió sus hombres en cinco compañías: sesenta bajo el mando de su primo, Diego Pizarro, cuya misión era apoderarse de la artillería; ochenta, encabezados por Sandoval, habían de capturar a Narváez y matarlo si se resistía.[43] (El «mandamiento» entregado a Sandoval se refería a éste como «alguacil mayor desta Nueva-España».)[44] Con un tercer grupo de sesenta, Velázquez de León capturaría al primo con quien había reñido, Diego Velázquez el Mozo. Ordás encabezaría una cuarta compañía de unos cien soldados con instrucciones de capturar a Salvatierra. Finalmente, con el resto, Cortés permanecería a la espera, dispuesto a ir donde se le necesitara.

El ejército se preparó para dormir, aunque no descansó mucho debido a la lluvia y a la expectación ante lo que sería obviamente una batalla.[45] Cortés prometió mil castellanos para el primero que pusiera la mano sobre Narváez y seiscientos, cuatrocientos y doscientos pesos para los segundo, tercero y cuarto que lo hicieran, respectivamente.[46]

Mientras tanto Narváez había declarado abiertamente la guerra a Cortés. Alguien sugirió que cortaran las orejas de Cortés y se las comieran;[47] agradable compromiso, diríase, entre las menos agradables costumbres de España y de México.

Narváez organizó su artillería, sus jinetes, arcabuceros y ballesteros en una planicie a kilómetro y medio de Cempoallan.[48] Pero seguía lloviendo con intensidad. Al cabo de unas horas, los capitanes de Narváez, empapados hasta los huesos y hartos de esperar un ataque que, en opinión de la mitad, nunca llegaría, decidieron regresar a Cempoallan. Dejaron sus caballos y pertrechos en las afueras del pueblo. La confianza en sí de los amigos de Narváez era tal que les impedía imaginar un posible revés. El propio Narváez no creyó, ni siquiera cuando se lo dijeron sus exploradores, que Cortés se encontraba a apenas unos cinco kilómetros de distancia. El señor de Cempoallan, que conocía y temía a Cortés, les explicó que el caudillo atacaría cuando menos se lo esperaran. Pero los capitanes Bono de Quejo y Salvatierra se rieron y preguntaron: «Pues ¡cómo, Señor! ¿Por tal tiene a Cortés, que se ha de atrever con tres gatos que tiene a venir a este real; por el dicho deste indio gordo?»[49]

Narváez tomó precauciones, según él buenas, para la noche: subió a lo alto del templo mayor; dejó en el patio a veinte jinetes; en la plataforma superior, lo cubrirían unos arcabuceros y los tres lugartenientes más importantes, Salvatierra, Bono de Quejo y Gamarra; frente al cuartel improvisado colocó cañones. Entonces el ejército de Narváez durmió. Pero antes de eso y en medio de gritos de alegría, un heraldo anunció que, de producirse un ataque, el que matara a Cortés o a Sandoval recibiría dos mil pesos, más de lo que ofreciera Cortés por la muerte de Narváez.[50]

Llegó la batalla tanto tiempo temida y esperada. Era la noche del 28 al 29 de mayo de 1520, domingo de Pentecostés.[51]

Cortés había explicado a sus hombres que Narváez los esperaba probablemente al amanecer y, visto que les costaba dormir, tanto daba empezar antes. Salieron de su *real* en plena oscuridad; la lluvia amortiguaba el ruido producido por sus movimientos.[52] Justo antes de llegar al *real* de Narváez se toparon con los dos centinelas de éste, Gonzalo Carrasco y Alonso Hurtado. Éste huyó y el primero fue apresado. El propio Cortés casi le estranguló en su esfuerzo por sacarle información: la caballería y los pertrechos se hallaban en las afueras de Cempoallan, mientras Narváez, sus capitanes y la mayoría de sus hombres, dormían en el recinto del templo. No necesitó más explicaciones, pues conocía bien el centro de ese pueblo, gracias a su estancia allí el año anterior.[53]

Sandoval, con sus sesenta hombres, partió inmediatamente hacia allá. Seguramente ya no llovía, pues Cortés recordaría posteriormente las luciérnagas: «andaban allí muchos cocuyos y pensaron que eran mechas de arcabuz».[54] Los mexicas describían sus poemas como «luciérnagas en la noche», pero sus enemigos eran más prosaicos al pensar en esos insectos.

Dejaron caballos y pertrechos en una zanja en las afueras de Cempoallan, al cuidado del paje Orteguilla y de Marina. Los expedicionarios, arrodillados en el oscuro bosque a orillas del río, oyeron misa y fray Bartolomé de Olmedo leyó la confesión general.[55]

Mas el centinela Hurtado había corrido a toda prisa a su *real*; subió apresuradamente las gradas de la pirámide, despertó a su comandante, quien dormía bajo el altar de tejado de paja, y le dijo que Cortés iba de camino.[56] Por tanto, Narváez se sentó sobre su cama y empezó a vestirse y armarse. Probablemente había pensado que Cortés dudaría antes de atacarle.[57] Después de todo, si bien en La Española y en Darién hubo una o dos riñas entre grupos de conquistadores, nunca se había librado una batalla en toda regla en las Américas. Tal vez esperara una rendición.[58] Juan Bono de Quejo diría más tarde que Narváez no deseaba luchar contra Cortés, por ser un hombre temeroso de Dios y porque veía en Cortés (del cual había sido compañero en Santo Domingo y en Cuba) a un hijo.[59]

Narváez ordenó a sus amigos que se prepararan. Uno de sus hombres, Alonso de Villanueva, oyó el grito, «Al arma, al arma», y supo que quien gritaba era Narváez. Pero Juan de Salcedo (conquistador casado con la amante cubana de Cortés) oyó a los hombres de Cortés gritar «Viva el rey, Espíritu Santo».[60] Villanueva se dirigió a la pirámide y vio que Sandoval y Andrés de Tapia ya habían llegado con sus hombres. Habían subido silenciosamente las gradas de la pirámide y apartado sin dificultad los guardias afuera del aposento de Narváez. Sobre la pequeña plataforma en lo alto de la pirámide empezaron a luchar contra Narváez y unos treinta hombres que habían dormido cerca de allí. «Tapia vido Narváez con unas coraças vestudas, e yba darga ebbracada, e su espada en la mano.»[61] Narváez blandía con destreza, pero, dada la oscuridad, sin gran resultado, un enorme sable de doble empuñadura llamado montante. Sandoval y los suyos le obligaron a retroceder con sus amigos a uno de los recintos interiores difíciles de penetrar donde solían guardarse los ídolos en los templos mexicanos. También se libraba combate en las gradas de la pirámide. Tanto el alférez de Narváez, Diego de Rojas, como Diego Velázquez el Mozo resultaron gravemente heridos.[62]

En lo alto de la pirámide, los hombres de Narváez eran presa de la confusión: golpeaban a ciegas y al azar.[63] Tras unos momentos alocados, se oyó a Narváez gritar: «Santa María, váleme; que muerto me han y quebrado un ojo.» Efectivamente, uno de los piqueros de Sandoval, Pedro Gutiérrez de Valdomar, oriundo de Illescas, pueblo cercano a Toledo, le había sacado el ojo derecho.[64] Se oyó a Sandoval gritar que quemaría el «cu» si no se rendía. Como no hubo respuesta, Martín López, «el de los bergantines», hombre alto, prendió fuego al tejado de paja.[65] Rodeados de llamas, Narváez y sus hombres se entregaron a Pedro Sánchez Farfán (que luego reclamó la recompensa que ofreciera Cortés por la captura de Narváez). El fuego quemó los pies de este conquistador.[66]

Con la sangre saliendo a chorros de su ojo, Narváez pidió un cirujano; los amigos de Cortés (Ávila, Sandoval y Ordás) se mostraron inconmovibles y le lanzaron entre otros graves insultos el de traidor y le dijeron que se fuese al diablo. Le llevaron adonde se hallaba Cortés, quien «dixo al dicho Narváez o traydor rebolvedor de huestes más mal que ese avíades de ver e merescíades e quel dicho Narváez dixo a Fernando Cortés en vuestro poder me teneys por amor de Dios que no consyntays que estos hidalgos me maten». Cortés le dejó al cuidado de Sandoval y mandó encontrar a maese Juan, el cirujano personal de Narváez.[67]

Narváez guardaba los documentos más importantes debajo de su camisa. Alonso de Ávila, con ayuda de Sandoval y Diego de Ordás, se los arrancaron.[68] Narváez exclamó entonces que todos eran testigos de que Alonso de Ávila le había quitado las *provisiones* del rey.[69] Ávila se los entregó inmediatamente a Cortés y posteriormente afirmaría que no eran instrucciones reales: «no son sino unos papeles» sin importancia, unas cuantas cartas viejas.[70] No obstante, varios amigos de Narváez jurarían que esos «papeles» incluían las instrucciones de Velázquez.[71] Cortés mandó vigilar a Narváez, Salvatierra, Gamarra y otros, todos «en grillos» en un templo, y se dedicó a tratar con el resto del ejército enemigo.[72]

Los artilleros de Narváez habían disparado algunas piezas de artillería, pero, debido a la oscuridad, apuntaban demasiado alto. La cera colocada en los cañones gracias al soborno de que se beneficiara Martínez, el jefe de artillería, y el que la lluvia hubiese mojado la pólvora debió de ayudar también a los agresores.[73] En plena confusión, Pizarro y sus hombres se apoderaron de los cañones. En cuanto a la caballería, Cortés logró hacer cortar las cinchas de muchos de los caballos de Narváez y los jinetes cayeron en el momento de montar.[74] Varios caballos salieron galopando del real sin montura, aunque fueron rápidamente capturados, «robados» en palabras posteriores de los amigos de Narváez.[75] Pero en el *real* ya se alzaba el grito de: «¡Viva Cortés, que lleva victoria.»[76] No obstante, varios seguidores de Narváez se hicieron fuertes bajo el mando del malherido Diego Velázquez el Mozo[77] en un templo convertido en improvisada capilla con una imagen de la Virgen.[78] Cortés la destrozó con la artillería del propio Narváez, probando así que no toda la pólvora se había humedecido, y los advirtió que mataría a todos los prisioneros si no se rendían. Se alegraron por la oportunidad de rendirse y abandonaron las armas.[79] No obstante no se olvidó fácilmente la acusación de que Cortés había atacado una iglesia.

Cuando se difundió la noticia de la captura de Narváez, todos los capitanes de éste, ahora sin jefe, se rindieron también, con una sensación de alivio. Cortés los recibió dando muestras de tolerancia. Los conocía a casi todos, como ya hemos mencionado, y los exhortó a dejar atrás enemistades pasadas. Ambas partes se alegraron. Sentado sobre una «silla de caderas», luciendo «ropa larga de color como anaranjada» (tal vez un regalo de Moctezuma) y su armadura de algodón debajo de ésta, Cortés los entretuvo con descripciones de la riqueza de Tenochtitlan.[80] Un bufón negro de Narváez, llamado Guidela, comentó sarcásticamente de su capitán: «Mirad que los romanos no han hecho tal hazaña» (evocación de la exclamación del bufón del duque de Borgoña, Carlos el Temerario, tras su derrota en la batalla de Granson, de que los habían anibalizado en esta ocasión). Cortés fue a ver a Narváez en el lugar donde le mantenían preso y éste le dijo: «Señor capitán Cortés, tened en mucho esta victoria que de mí habéis habido y en tener presa mi persona.» A lo cual Cortés respondió «que daba muchas gracias a Dios, que se la dio, y por los esforzados caballeros y compañeros que tenía, que fueron parte para ello». Y añadió, en un tono algo grosero, «que una de las menos cosas que en Nueva España» había hecho era «prenderle y desbaratarle».[81] Al parecer, a partir de entonces la actitud de Narváez hacia Cortés cambió por una de gran respeto: más tarde, hablando con Francisco de Garay, gobernador de Jamaica, siguiendo la moda de citar a los clásicos, le dijo que «tan en ventura, cada uno en lo que tuvo entre manos, como Octaviano, y en el vencer como Julio César, y en el trabajar y ser en las batallas más que Aníbal».[82]

Cortés se apresuró a sacar provecho de la victoria. Envió a Francisco de Lugo a San Juan de Ulúa para ordenar a los pilotos y maestres de la flota en la que había navegado Narváez que fuesen a verle en la Villa Rica de la Vera Cruz. A continuación, para vigilar estas embarcaciones, nombró «almirante y capitán de la mar» a Alonso Caballero, maestre de un navío de Narváez, pero también amigo del propio Cortés (era de una familia muy conocida de mercaderes conversos de Sanlúcar de Barrameda).[83] Le ordenó descargar los aparejos, la gran cantidad de vino, harina, tocino y pan cazabe; todo ello iría a formar parte de una valiosísima reserva para el ejército de Cortés. Además, mandó varar casi todas las naves, como había hecho con sus propios barcos el año anterior. Desembarcaron todos los aparejos, incluyendo las velas y el timón. Se apoderó igualmente de todos los bienes de los barcos, botín que incluía ropa y oro.[84] Dejó en estado de navegar a dos barcos, pues pensaba enviarlos a Jamaica a fin de comprar yeguas, becerros, ovejas, pollos y cabras. Pedro de Maluenda, intendente de Narváez, se ocupó vendiendo algunos de los productos que había traído por su cuenta. Uno de los hombres de Cortés, Juan de Cuéllar, recordaría haberle visto «en el puerto de la Vera Cruz con cosas de mercadería». Al poco tiempo trabajaría para Cortés, a quien serviría con eficacia durante el resto de la expedición. Los marineros le exigieron pago y Cortés les prometió dárselo, si bien nada indica que cumpliera su promesa, al menos no durante muchos meses, lo cual le acarreó un nuevo grupo de críticos con el que vérselas.

En términos de bajas, la victoria no fue muy costosa: probablemente murieron quince entre los partidarios de Narváez y dos en los de Cortés,[85] incluyendo el alférez Rojas; un joven capitán, Fuentes, probablemente Diego Velázquez el Mozo y Alonso Carretero, uno de los hombres de Cortés que se habían pasado al bando de Narváez. Varios resultaron heridos, entre ellos Narváez naturalmente, Escalona (otro de los que se había pasado al bando Narváez) y Tlacochcalcatl, el señor de Cempoallan, apuñalado al encontrarse en medio de la batalla.[86] Los vencedores azotaron salvajemente a Cervantes el Chocarrero.

Según un historiador mexicano, el triunfo de Cortés se debió más al uso del oro que al del acero.[87] No cabe duda de la habilidad de Cortés en su empleo del soborno. Pero la táctica de la sorpresa, la determinación, la experiencia de sus hombres y la lealtad de éstos también fueron importantes. Narváez y su ejército se dejaron engañar por su superioridad numérica y confiaron demasiado en ella.

Cortés pronto liberó a los prisioneros, a excepción de Narváez y Salvatierra. Les devolvió armas y caballos, a condición de que se alistaran en su ejército. Todos se mostraron encantados de ir con él «al más rico pueblo de Indias».[88] Esta generosidad creó malestar entre sus propios capitanes: «parecía que quería remedar a Alejandro Macedonio, que después que con sus soldados había hecho alguna gran hazaña, que más procuraba de honrar y hacer mercedes a los que vencía que no a sus capitanes y soldados, que eran los que lo vencían», aseveró amargamente Alonso de Ávila.[89] Esta alusión a los clásicos no impresionó a Cortés. Quien no le quisiese seguir, contestó, no tenía por qué hacerlo: «que las mujeres han parido y paren en Castilla soldados», a lo cual Ávila replicó: «que así era verdad», pero que lo que precisaban eran «soldados y capitanes e gobernadores».[90] Mas Cortés se hallaba decidido a hacer uso de los médicos y otros especialistas que acompañaban a Narváez, así como de los escribanos, quienes le explicaron exactamente cómo había de dirigirse al nuevo rey-emperador Carlos V: ya no se le llamaba «Vuestra Alteza», sino «Vuestra Cesárea Majestad».[91]

No obstante, por medio de un heraldo Cortés insistió en que todos los que habían apoyado a Narváez debían ahora aceptarle a él como capitán general y justicia mayor.[92] Desmanteló el pequeño pueblo de San Salvador, incluyendo la iglesia, y reclutó a sus habitantes en su ejército.[93] Finalmente, a fin de evitar más críticas de amigos como Ávila, obligó a recorrer a pie el camino hasta México a los capitanes de Narváez, Salvatierra, Pedro de Aguilar, Antonio de Amaya, Juan de Ayllón, Juan de Gamarra y Juan de Casillas, o sea —la vieja guardia del Caribe—, casi todos los que habían prestado juramento como oficiales y regidores de la desafortunada nueva población de «San Salvador».

Esto los enfureció. Eran hombres de buena familia, hombres de honor y no acostumbraban andar a pie.[94] Mas ése resultó ser el menor de sus problemas. En un desfiladero a medio camino de México, cerca de Tepeaca, unos mexicanos y texcocanos los capturaron o mataron, a ellos y a algunos de los hombres de Cortés que los iban custodiando.[95]

El señor de Cempoallan, aunque herido, deseaba hacer las paces con Cortés y le ofreció hospedarle en su casa. Pero Cortés prefirió quedarse en la casa de «doña Catalina», la fea sobrina con quien se había alojado el año anterior. Al parecer en Cempoallan celebraron la victoria en grande.

Cortés envió a Juan Velázquez de León, con ciento veinte hombres (incluyendo ciento de Narváez) a seguir «poblando» la costa más allá del río Pánuco, medida que seguramente impediría al gobernador de Jamaica, Francisco de Garay, continuar llevando a cabo incursiones en la zona; Diego de Ordás había de ir a Coatzacoalcos, con otros ciento veinte hombres (también con ciento de Narváez); su misión consistía en establecer otra colonia.[96]

Estos dos capitanes ya habían emprendido camino y lo que quedaba de los dos ejércitos se hallaba recuperándose de la batalla, cuando Botello Puerto de Plata, santanderino «muy hombre de bien y latino» que «había estado en Roma, y decían que era nigromántico»,[97] se acercó a Cortés y le dijo: «Señor, no os detengáis mucho, porque sabed que don Pedro de Alvarado, vuestro capitán que dejáste[is] en la ciudad de México, está en muy gran peligro, porque le han dado gran guerra y le han muerto un hombre, y le entran con escalas, por manera que os conviene dar prisa. Todos se espantaron como aquél lo sabía y decíase que tenía familiar.»[98] Este «familiar» era, según la creencia popular, el demonio que acompaña a un brujo o hechicero y adopta generalmente la forma de un gato negro; pero probablemente se tratase de un emisario tlaxcalteca. Cortés no había decidido cómo reaccionar ante este «nigromántico», cuando cuatro señores de Tenochtitlan se presentaron, sollozando, en nombre de Moctezuma. Según su versión, Alvarado era el causante de la lucha, pues había matado y herido a numerosos indios durante unos festejos que el mismo Cortés había autorizado.[99]

26. LA SANGRE DE LOS GUERREROS CUAL SI FUERA AGUA CORRÍA

... Otros escalaban los muros: pero no pudieron salvarse. Otros se metieron en la casa común: allí se pusieron a salvo. Otros se entrometieron entre los muertos, se fingieron muertos para escapar. Aparentando ser muertos, se salvaron. Pero si entonces alguno se ponía en pie, lo veían y lo acuchillaban. La sangre de los guerreros cual si fuera agua corría...

Códice Florentino, libro XII, capítulo 20

Recordemos que Cortés había dejado en Tenochtitlan a Pedro de Alvarado, *Tonatiu* o sea, «el sol»), con unos cien castellanos. Con él se hallaban varios conquistadores conocidos: Francisco Álvarez Chico, Bernardino Vázquez de Tapia, así como fray Juan Díaz y *Francisquillo*, el intérprete mexicano de Coatzacoalcos. Alonso de Escobar, velazquista cuyo apoyo Cortés se había granjeado en la Villa Rica de la Vera Cruz, tenía el cargo de custodiar los tesoros acumulados en los seis meses de estancia castellana en la capital.

La partida de «Malinche» hacia la costa provocó excitadas expectativas entre los mexicas. En las calles y en las plazas próximas a los aposentos españoles se respiraba un ambiente de intranquilidad, cambiante; abundaban los rumores y las preguntas: ¿Acaso había muerto Cortés? ¿Quiénes eran esos misteriosos *bascos* que, según se decía, habían llegado? La situación se puso al rojo vivo durante las fiestas de «las calendas del mes que se llamaba Toxcatl».[1]

Éste era uno de los festejos mexicanos más importantes. En generaciones anteriores no era más que otro ruego por lluvia, relacionado con el dios Tezcatlipoca. Luego, como en el caso de muchos otros festivales, se había relacionado con el dios Huitzilopochtli (más bien los sacerdotes lo habían convertido en un festival en su honor).[2] El punto culminante de la celebración consistía en el sacrificio de un joven que personificaba a Tezcatlipoca *(tlacauepan)*. Al final de los festejos del año anterior, habrían elegido por su belleza y su porte a la víctima del festival siguiente. Durante ese período, la existencia del elegido habría sido casi la de un dios.

Antes de que Cortés partiera de México, Moctezuma pidió autorización para celebrar el festival y él dio su visto bueno.[3] Varios días antes del principio de la fiesta, Moctezuma volvió a pedir permiso, pero esta vez a Alvarado. Éste también se lo concedió, a condición de que no se llevase a cabo ningún sacrificio humano.[4] Varios mexicanos preguntaron si podían colocar nuevamente en el templo de la gran pirámide la imagen de Huitzilopochtli, pero Alvarado negó su autorización a esto.[5]

Al parecer, durante los últimos días antes del inicio de los festejos, los tlaxcaltecas que se hallaban en la ciudad (muchos de los cuales conservaban amargos recuerdos de las anteriores fiestas de Toxcatl en las que habían sido sacrificados muchos de los suyos) infundieron toda suerte de temores en los castellanos.[6]

El que los mexicanos dejaran repentinamente de suministrar alimentos a los castellanos constituyó el primer indicio de los problemas por venir. Una muchacha que solía lavar la ropa de los conquistadores y que alegó que tenía que comer fue hallada ahorcada.[7] El motivo de ello, concluyeron los castellanos, era atemorizar a los demás criados y evitar que trabajaran para ellos. A partir de entonces, uno de los hombres de Alvarado, Juan Álvarez, compró los alimentos en el mercado. La situación no era precisamente ideal, mas sí soportable.

Y entonces, una mañana, Alvarado salió a la plaza principal frente al Templo Mayor, donde habían de llevarse a cabo la mayor parte de las celebraciones del festival. Observó unos «toldillos» encima del recinto y estacas clavadas al suelo y una más grande encima del *cu* principal. Pidió una explicación del significado y un tlaxcalteca (se supone) le dijo que en ellas atarían a los castellanos para sacrificarlos y que la más grande era para el propio Alvarado.[8]

Según afirmaría Alvarado, vio también que se estaban practicando varios sacrificios humanos, mas eso es improbable: los sacrificios constituían una ceremonia solemne y no un gesto ocasional.[9] No obstante, un conquistador, Álvaro López, declararía más tarde haber observado la preparación de muchos cacharros y hachas y haber escuchado a los indios decir que se preparaban para cocer y comer a los españoles con ajo.[10]

Alvarado, muy nervioso, encontró luego unas mujeres dando los últimos toques a una imagen de Huitzilopochtli, en el estilo habitual para esta clase de ceremonias: un armazón de palos de *mízquitl*, relleno de una masa de semillas de chicalote [amaranto] «llamada *tzoalli*», «fecha de masa e sangre e muchas maromas e aparejos para lo subir en alto», esta sangre era la de cautivos recién sacrificados. La adornaban con orejeras de mosaico de turquesa en forma de serpiente y una nariguera de oro; cubrían «sus vergüenzas» con el clásico *maxtle* y, encima de eso, dos *mantas*: una de hojas de ortiga y otra pintada de calaveras y huesos humanos. Encima de todo ello, un chalequillo, pintado igualmente de extremidades y genitales humanos. Sobre la cabeza llevaba un tocado de plumas y el rostro decorado con rayas transversales. La mano derecha portaba un estandarte de papel teñido de sangre y un escudo de bambú; la izquierda, cuatro flechas, símbolos del dios de la guerra. Ese año los adornos fueron especialmente elaborados, pues, «todos los hombres, los guerreros jóvenes, estaban como dispuestos... para... mostrar y hacer ver y admirar a los españoles y ponerles las cosas delante».[11] La masa era una sustancia muy apreciada. Los ídolos hechos a base de semillas comestibles (amaranto) representaban alimentos para los hombres; a su vez, los hombres, o más bien su corazón y su sangre, representaban alimentos para los dioses.[12] También presentes se encontraban las efigies de Tlaloc y de Tezcatlipoca: los tres ídolos, sobre sendas literas.

Participaban igualmente muchachas que habían ayunado durante veinte días y hombres que habían sobrevivido sin apenas comer en el curso de un año. Los capitanes de las guerras mexicanas, conquistadores de Soconusco o ciudades próximas a Cempoallan, se preparaban, disfrazándose y pintándose. A las futuras víctimas del sacrificio también las arreglaban: seguramente persistía ese ritual, pese a la prohibición de Cortés y de Alvarado.[13]

Alvarado habló con uno de los cautivos, quien le aseguró (en presencia de Andrés de Rodas, el conquistador griego) que los mexicas sustituirían las imágenes de la Virgen en el templo por una nueva efigie de Huitzilopochtli.[14] Alvarado había visto ya la preparación de las sogas y demás instrumentos que se emplearían para izar el ídolo a lo alto de la pirámide. Según su informante, los sacerdotes ya habían quitado los «reredos» de la Virgen.[15] Alonso López, uno de los hombres de Alvarado, observó las manchas negras hechas por dedos sobre la imagen: prueba clara de que un sacerdote ya había puesto manos a la obra (recordemos que los sacerdotes solían teñirse de negro),[16] de haber sido ése el caso, daba a entender que los «reredos» resistieron milagrosamente los intentos de los mexicanos por moverlos; pero lo más probable era que la imagen se hallara firmemente clavada a la pared y los mexicanos no conocían los clavos.

Alvarado se topó con otros tres indios con la cabeza rapada, ataviados con ropa nueva, sentados delante de cada uno de los ídolos y atados a ellos, al parecer preparados para ser sacrificados. Los llevó a sus propios aposentos, bajo vigilancia. Seguramente eran prisioneros cautivos y no mexicanos. En todo caso, en el palacio de Axayácatl los torturaron: sobre el estómago les colocaron troncos de árboles de hojas perennes al rojo vivo, con el fin de obligarlos a revelar lo que tramaban los mexicanos. Uno de ellos se negó a confesar y, después de una larga sesión de tortura, los españoles se rindieron y le arrojaron del tejado del palacio. Otro confesó (por supuesto, según la interpretación inadecuada de *Francisquillo*) que, al cabo de diez días, los mexicanos se levantarían contra los conquistadores. Alvarado torturó también a dos parientes de Moctezuma, según el testimonio posterior de Vázquez de Tapia. Hablaron igualmente de la posibilidad de rebelión. Según otras pruebas del juicio de residencia de Alvarado, entre estos parientes de Moctezuma había uno de sus hijos; pero no hacía mención de la tortura.[17]

Es difícil tomar estas confesiones en serio, pues las preguntas de Alvarado a Francisco eran del estilo de: «dizen que nos an de guerra de aquí a diez dias» y la inevitable respuesta era «sy señor».[18]

A continuación, Alvarado fue a ver a ese «perro de Moctezuma», que ya no le trataba con el debido respeto. Le explicó lo que había oído y le pidió que evitara esos posibles acontecimientos.[19] Pero por encontrarse preso no podía hacer nada al respecto, alegó el emperador. Alvarado tenía los nervios a flor de piel, lo cual se acentuó por las acusaciones de «don Hernando», texcocano convertido al cristianismo, quien insistió que los mexicas no tardarían en matarlos, a él y a los demás castellanos; [20] estaban preparando escaleras, afirmó, para escalar el palacio y liberar a Moctezuma. Según otro tlaxcalteca, los indios ya se hallaban perforando los muros posteriores del palacio. Alvarado temía que eso les permitiría entrar en poco tiempo.[21] Podría perdonársele que se hubiese creído que el regreso de Huitzilopochtli al templo era una señal para la rebelión. Los criados de Moctezuma en el palacio de Axayácatl contaban con palos para matar a los conquistadores, y se encontró un palo chapado en oro debajo de la cama del emperador, según aseguraría más tarde el propio Alvarado.[22]

Así, en la víspera del festival se percibía un ambiente de enorme excitación. La ciudad en fiesta debió inspirar a los mexicas y desconcertar a los castellanos. Había pocos hombres bajo el mando de Alvarado en México; no eran los de mayor iniciativa entre los conquistadores en el país y estaban desanimados. Alvarado no era, ni de lejos, un comandante tan sutil como Cortés. Entretanto, éste se hallaba a punto de enfrentarse, en la costa cerca de la Villa Rica de la Vera Cruz, a un grupo mucho más numeroso de guerreros españoles, cuyo comandante, sin tener en cuenta sus dudas personales en cuanto a luchar contra Cortés, había señalado a Moctezuma que Cortés y sus hombres eran criminales fugados. Cortés había humillado con persistencia tanto a Moctezuma como a su sobrino, Cacama. Los españoles se habían comportado con brutalidad en varias ocasiones. Los mexicas eran orgullosos; si bien su concepto del honor era distinto en el antiguo México del de España, hemos de aceptar que cualquier pueblo con un mínimo de autoestima buscaría la menor oportunidad para recuperar su independencia.

No obstante no existe ninguna prueba fehaciente de la existencia de un complot. En el Códice Aubin figura una conversación entre Moctezuma y el jefe de armas del monarca, Ecatzin (los textos españoles posteriores lo llamaban «general Martín Ecatzin»), quien, dicen, advirtió al emperador que se cuidara de los españoles y, recordándole la matanza de Cholula, propuso que escondieran los escudos dentro del muro (o sea, en los muros del tempo donde las principales celebraciones iban a tener lugar. Pero se supone que Moctezuma respondió: «¿Estamos acaso en guerra? ¡Que sea poca cosa!»[23] De hecho, con Moctezuma preso, era difícil organizar una oposición a los castellanos. La voluntad colectiva era la que reinaba y el emperador era quien decidía cuál era la voluntad colectiva. Sin él, no existía quien tomase la iniciativa.

Más tarde Cortés haría hincapié en que, de no ser por Narváez, el orden habría seguido reinando en Tenochtitlan. Algo de cierto tiene esta opinión.[24]

Una explicación verosímil de lo ocurrido es que los tlaxcaltecas y tal vez algunos enemigos texcocanos de los mexicas convencieron a los nerviosos castellanos de que los tenochcas estaban preparando un complot. Luego Francisco Álvarez Chico, hombre allegado a Cortés, insistió en que los españoles atacaran antes de que lo hicieran los mexicanos.[25] Alvarado era no sólo impetuoso, sino también irascible: exactamente el tipo de comandante que supondría (o se dejaría convencer de) que, de ser inevitable una batalla, más valía librarla en sus propias condiciones.[26] Era un comandante de talento, tan resuelto como valiente y, como Cortés, implacable. Mas tendía a anticiparse a los problemas, y Cortés tendía a darles la vuelta. (Carece de verosimilitud la acusación de que, al ver bailar a los mexicas, Alvarado se vio repentinamente presa del deseo de contar con los adornos de la nobleza. Él y sus amigos ya habían acumulado una buena cantidad de oro.)[27]

Los primeros días del festival se celebraron sin peligro. Los mexicas bailaron sus areitos (bailes) tradicionales en los lugares sagrados de la ciudad. El hermoso joven, un *tlacauepan*, que personificaba al dios Tezcatlipoca, fue presentado a sus ocho pajes.[28] De rostro alargado, boca ancha, nariz recta y cejas próximas a los ojos, encarnaba el ideal físico mexicano.[29] Habían preparado cuidadosamente a sus criados, quienes ayunaron durante un año. Luego cortaron el largo cabello de «Tezcatlipoca», lo ataviaron al estilo de un capitán *tolnauácatl* (guerrero que había capturado a cuatro enemigos en la guerra). Le presentaron además cuatro mujeres hermosas, cada una de las cuales personificaba una diosa, incluyendo *Xochiquétzal* («pluma enhiesta florida»), diosa del acto carnal.

Al «dios» le entregaron una flauta y una caracola; los sacerdotes «entintábanle el cuerpo y la cara; emplumábanle la cabeza» y lo preparaban para el sacrificio. Éste, como de costumbre, había de llevarse a cabo, en el cuarto día del festival en el templo de Tlacochcalco, en la isla de Tepepulco, en medio del lago, cerca de Iztapalapa.[30] El sacrificado debía dar la impresión de haberse ofrecido voluntariamente. De hecho, para estos rituales seguramente existía cierto grado de cooperación. Sin duda solían dar al dios una ración especial de «agua de obsidiana» (pulque) o de setas sagradas. Ahora bien, lo fundamental consistía en que, si bien le vigilaban mientras le llevaban en canoa a la isla, no podían arrastrar al joven; éste había de subir voluntariamente las gradas de la pirámide y, una vez en la plataforma en lo alto de la estructura, volverse, contemplar el lago y romper su flauta. A continuación se efectuaba el sacrificio, símbolo de la vida en la tierra: «De esta manera acababa su vida este que había sido regalado y honrado por espacio de un año. Decían que esto significaba que los que tienen riquezas y deleites en su vida, al cabo de ellas han de venir en pobreza y dolor.»[31] Tocaban una trompeta de concha y las flautas del nuevo *tlacauepan* (la víctima que representaría a Tezcatlipoca), elegido ya para el festival del año siguiente (en este caso, 1521) resonarían por toda la ciudad.

El ritual representaba la fragilidad del amor, lo efímero de la belleza, y la rapidez con que se desvanece la grandeza.

En el momento en que se oían las nuevas flautas había de empezar el areito en el recinto del Templo Mayor. En 1520, esto ocurrió probablemente el 16 de mayo.

La efigie de Huitzilopochtli permaneció al pie de las gradas de la Gran Pirámide. Los que habían ayunado iban a la cabeza, seguidos por los capitanes. Los bailarines vestían «mantas muy ricas» entretejidas de piel de conejo y plumas, encima de taparrabos de algodón bordado; sus sandalias *(cutaras)* de piel de tigre (en los textos de la época el ocelote suele figurar como tigre) tenían suelas de cuero de venado y se ataban con correas de cuero; en los tobillos llevaban grebas, también de piel de tigre, de las cuales colgaban sonajas de oro; de los cortos mechones de la cabeza (por lo demás calva) colgaban borlas de plumas *(quetzalilpiloni)*. Llevaban también collares de jade o de concha; brazaletes de oro en los brazos; bandas de concha en la frente para sostener los penachos de pluma; correas de suave piel que colgaban, con jade engarzado, en la muñeca; orejeras en las orejas; turquesa u otras piedras preciosas en las ventanillas de la nariz; bezotes de ámbar o cristal; plumas de martín pescador en la mano.[32] Iban aderezados con plumas variopintas, adornos y tintes.

Los instrumentos musicales más importantes eran, claro está, los tambores, dos tipos de los cuales tañían en esta ocasión: el *huéhuetl*, vertical, semejante al timbal o el atabal: una madera ahuecada y tallada, con parche de piel de venado o *amatl* pintado y estirado sobre la parte superior, que se tañe con las manos; y el *teponaztli*, horizontal, generalmente de una madera rojiza de vetas negras, también tallada y tañido con baquetas de punta de goma. Otros instrumentos musicales en estos festejos eran: flautas, caracolas y «huesos hendidos con los que silban muy fuerte».[33]

«Pues así las cosas, mientras se está gozando de la fiesta, ya es el baile, ya es el canto, ya se enlaza un canto con otro, y los cantos son como un estruendo de olas», según los informantes de Sahagún. Habría unas cuatrocientas personas bailando y varios miles de espectadores, probablemente batiendo palmas o participando de algún otro modo. El baile principal era el de la serpiente, el *macehualixtli*, término derivado de *macehual* y cuyo significado era «merecimientos con trabajo»,[34] baile a menudo visto en los festivales y no sólo en el toxcatl. Los que bailaban eran todos hombres, pues las mujeres nunca bailaban en público. Cogidos de la mano, bailaban tan alocadamente que sorprendía, rodeando los tambores en grandes círculos concéntricos. Al que quería salirse, le amenazaban con un bastón de pino. La disciplina había de mantenerse hasta el final. El menor error o el no seguir el orden de los pasos tradicionales (o desviarse del ritmo al tocar su instrumento) acarreaba un castigo.[35] Entre los mexicas, como señalaría Motolinía más tarde, el baile no constituía únicamente una diversión o un ritual, sino que con él pedían el favor de los dioses, con él los servían y les rogaban con todo el cuerpo.[36] Ya antes de este festival, los conquistadores españoles opinaban que los areitos mexicanos eran «cosa digna de ver, y mejor que la zambra de los moros, que es la mejor danza» de la España de la época.[37] No obstante, algunos de estos bailes ofendían a los buenos cristianos; por ejemplo, la *cuecuexicuacatl*, danza que hace cosquillas y da comezón, en la que, según el comentario pudibundo de fray Durán, los danzarines se retorcían tanto, provocaban y coqueteaban indecentemente con la mirada que era más bien un baile para mujeres desvergonzadas y hombres propensos a la lujuria.[38]

Los danzantes en este festival iban encabezados por *titlahuacan*, una sombra de Tezcatlipoca, que habría crecido junto a su compañero sacrificado y ahora simbolizaba el lado oscuro y revoltoso del dios. Él también sería sacrificado más tarde.[39] Le seguían los señores de los mexicas, incluyendo numerosos parientes de Moctezuma: la aristocracia del país.

Los mexicanos se percataron de la llegada de los castellanos con armadura, escudo y espada, encabezados por Alvarado. Pero no hicieron nada. ¿Qué podían hacer? Una vez empezado el baile, un éxtasis colectivo se apoderaba de los mexicanos; eso sin contar con que cada movimiento obedecía a las reglas del ritual. Continuaron danzando y entonando cantos sagrados, alabando a sus dioses y rogándoles que les dieran paz, hijos, salud y sabiduría. Algunos de estos bailes duraban horas enteras y a los danzantes se les permitía, en momentos especiales, dejar el areito, a fin de comer y descansar, antes de regresar.

Algunos españoles y sus aliados indios, entre los cuales había seguramente tlaxcaltecas, bloquearon las tres entradas del recinto: la Entrada del Águila, en el palacio menor; la Punta de la Caña y la de la Serpiente de Espejos. En cada una se apostaron unos diez españoles.[40] Alvarado y los demás se mezclaron entre la multitud. Tal vez los mexicas que los vieran opinaban que interpretaban el papel de los caritraviesos vestidos estrafalariamente que a veces se abrían paso entre los danzantes para proporcionarles alivio cómico.[41]

Alvarado había dividido sus hombres en dos grupos: sesenta vigilarían a Moctezuma y matarían a los numerosos señores que le

atendían. Los otros sesenta irían al templo para matar a los aristócratas mexicanos que participaban en el baile. En el juicio de residencia de Alvarado celebrado en 1529, Vázquez de Tapia insistió
en que le había dicho que no había de hacerlo, pues era una maldad, pero nadie apoyó esta afirmación: ningún otro testigo recordó
tal declaración.[42] Fray Juan Díaz, de quien cabía esperar que diera
voz a la petición de misericordia, parece haber guardado un notable silencio; si bien en una declaración posterior confirmó la versión de Alvarado.

Cuando hubieron cerrado bien las puertas del templo, Alvarado
ordenó: «¡Mueran!» Sus hombres se lanzaron sobre los que bailaban, empezando con un joven capitán de Tolnahuac disfrazado de
diablo, llamado Cuatlazótl.[43] Seguramente era obvia la importancia
del papel que desempeñaba en el ritual, dado el espacio que le dejaban los demás mientras bailaba. Luego los castellanos se dedicaron a los sacerdotes que tañían los tambores. La descripción de los
informantes de Sahagún es vívida: «... Cercan a los que bailan, se
lanzan al lugar de los *atabales*: dieron un tajo al que estaba tañen-
do: le cortaron ambos brazos. Lo decapitaron: lejos fue a caer su
cabeza cercenada. Al momento todos acuchillan, alancean a la gente
y les dan tajos, con las espadas los hieren. A algunos les acometieron por detrás: inmediatamente cayeron por tierra disparadas sus
entrañas. A otros les desgarraron la cabeza: les rebanaron la cabeza, enteramente hecha trizas quedó su cabeza. Por a otros les dieron tajos en los hombros... A aquéllos hieren en los muslos, a éstos
en las pantorrillas, a los de más allá en pleno abdomen. Todas las
entrañas cayeron por tierra...»[44] Un castellano, Nuño Pinto, cerce-
nó la nariz de oro de la efigie del dios Huitzilopochtli.[45]

Tras matar a los que bailaban, Alvarado se dedicó a los espectadores. Ningún mexicano contaba con armas, los tomaron por sorpresa. Ninguno había visto las espadas de acero en acción, si bien
algunos pudieron haber oído a los otomíes hablar de ellas, esos otomíes que lucharon contra los castellanos en nombre de los tlaxcaltecas. «Otros escalaban los muros: pero no pudieron salvarse. Otros
se metieron en la casa común: allí se pusieron a salvo. Otros se
entremetieron entre los muertos, se fingieron muertos para escapar», escribiría Sahagún, quien debió de hablar con los supervivientes. «La sangre de los guerreros cual si fuera agua corría... los españoles andaban por doquiera en busca de las casas de la comunidad: por doquiera lanzaban estocadas, buscaban cosas... todo lo
escudriñaos.»[46] Un sacerdote intentó reorganizar a los mexicas: «Mexicanos ¿no vamos a la guerra? ¡Quién tiene confianza!...» Entonces atacaron a los conquistadores solamente con palos de abeto,
que poco pudieron contra las espadas de Toledo.[47]

Mientras tanto Juan Álvarez había ido a la ciudad con el fin de
cumplir su misión diaria de conseguir alimentos. Al regresar del
tianguis de Tlatelolco al palacio de Axayácatl, sin duda con portea-

dores tlaxcaltecas, observó indios salir heridos del recinto del templo, seguidos de castellanos corriendo: entre ellos Alvarado, quien ordenó que todos se resguardasen inmediatamente en sus aposentos. Álvarez preguntó qué pasaría con la comida, a lo cual Alvarado replicó, «que diese al diablo la comida... voto á dios que hemos dado en estos vellacos pues que ellos nos querian dar comenzamos nosotros los primeros» y le explicó que «quedaban muertos dos ó tres mil que de ruin á ruin el que primero acomete, vence».[48]

La batalla se generalizó en las calles alrededor del templo. Los mexicas hicieron un llamamiento a la guerra, tañeron los tambores en lo alto de la gran pirámide. Los *calpullec* convocaron a todos los hombres (en todo caso a los que se habían salvado de la matanza): habían de ir a los arsenales (en cada una de las cuatro entradas del templo) para recibir armas.[49] Algunos señores pudieron dirigir un contraataque y gritaron: «Capitanes, mexicanos.. venid acá. ¡Que todos armados vengan: sus insignias, escudos, dardos...! ¡Venid acá de prisa, corred: muertos son los capitanes, han muerto nuestros guerreros!... Han sido aniquilados, oh capitanes mexicanos.»[50] El propio Alvarado resultó herido en la cabeza de una pedrada.

Por su parte, al regresar a sus aposentos, los castellanos se encontraron con que sus compatriotas encargados de vigilar a Moctezuma habían participado también en la matanza: habían asesinado a muchos de los señores que atendían al emperador, incluyendo el rey de Texcoco, Cacama. Al parecer, murieron casi todos los caciques encadenados por los castellanos en enero. Moctezuma y aquellos compañeros suyos que habían sobrevivido, por ejemplo, su hermano Cuitláhuac, el gobernador de Tlatelolco Itzquauhtzin y quizá el *cihuacóatl*, se hallaban encadenados.[51] Alvarado, cubierto de sangre, se acercó a Moctezuma y tuvo la desfachatez de decir al desdichado emperador: «Mira que me an fecho tus vasallos.» Moctezuma contestó: «Alvarado, sy tu no lo comenzaras mis basallos no ovieran fecho eso o como vos aveys echado a perder a vosotros e a mi tambien.»[52]

Afuera, los mexicas avanzaban una y otra vez, intentando escalar el palacio y prender fuego a la puerta. Los tlaxcaltecas demostraron su lealtad a sus aliados españoles «mojando sus propias mantas, con lo cual lo ayudaron a matar el dicho fuego». Ese día o el siguiente incendiaron los cuatro bergantines, hasta aquel en que Moctezuma había ido de caza, impidiendo así la huida de Alvarado por el lago y echando a perder los planes de Cortés.[53]

La batalla continuó. Los castellanos no avanzaban, pese a sus cañones y ballestas. En un momento dado, no prendió fuego la mecha del cañón principal situado en la puerta del cuartel. De hecho, se disparó por equivocación inesperadamente aunque con oportunidad.[54] En otra ocasión, según alegarían posteriormente, los indios vieron no sólo a una mujer de Castilla (presumiblemente la

Virgen), sino también al inconfundible Santiago montando su corcel blanco. Se trataba probablemente de María de Estrada, conquistadora de gran energía, acompañada de uno de los jinetes de Alvarado, posiblemente Álvarez Chico.[55] Se supone que un mexicano dijo: «Si no tuviéramos miedo a una mujer y al del caballo blanco, ya estaría derribada vuestra casa, y vosotros cocidos, aunque no comidos, pues no sois buenos de comer, que el otro día lo probamos, y amargáis; mas os hemos de echar a las águilas, leones, tigres y culebras, que os traguen por nosotros; pero con todo esto, si no soltáis a Moctezuma y os vais en seguida, pronto seréis muertos santamente, cocidos con *chilmolli* y comidos por animales salvajes, pues no sois buenos para estómagos de hombres; porque siendo Moctezuma nuestro señor y el dios que nos da mantenimiento, os atrevisteis a prenderle y tocar con vuestras manos ladronas y a vosotros, que cogéis lo ajeno, ¿cómo os aguanta la tierra, que no os traga vivos? Pero andad, que nuestros dioses, cuya religión profanasteis, os darán vuestro merecido; y si no lo hacen pronto, nosotros os mataremos y despojaremos después, y a esos hijos de ruines y apocados de Tlaxcallan, vuestros esclavos, que no se irán sin castigo ni alabándose porque cogen las mujeres de sus señores y piden tributo a quien pechaban.»[56]

Cuando ni siquiera esos milagros dieron resultado, Alvarado regresó al lado de Moctezuma y, apuntándole el pecho con su cuchillo, le exigió ordenar a los suyos que desistieran de la batalla.[57] Por tanto, el emperador subió a la azotea con Itzquauhtzin e hizo todo lo posible por convencer a los mexicanos que dejaran de luchar. Navarrete, quien se hallaba presente, recordaría más tarde que: «se tomo por medio de rrogar al dicho Monteçuma que mirase que mal se azia e como no se guardava la palabra de paz por los principales y señores y davian dado, que lo rremediase, y el dicho Monteçuma dixo que a el le pesava, e que no era mas sumano pues que lo azian contra su voluntad, pero quel rremedeara lo que pudiese e ansy luego salio a una açote, e de alli habló a todos los que peleaban, y envio a los principales con mensajes e desta manera se ceso la guerra...».[58] Itzquauhtzin habló también, al parecer en tono conciliador: «Mexicanos, tenochcas: os habla el rey vuestro, el Señor Motezuhzoma: os manda decir: que lo oigan los mexicanos: pues no somos competentes para igualarlos, que no luchen los mexicanos. Que se deje en paz el escudo y la flecha. Los que sufren son los viejos, las viejas dignas de lástima. Y el pueblo de clase humilde. Y los que no tienen discreción aún: los que apenas intentan ponerse en pie, los que andan a gatas: los que están en la cuna y en su camita de palo: los que aún de nada se dan cuenta. Por esta razón dice vuestro rey... que se deje de luchar. A él lo han cargado de hierros, le han puesto grillos a los pies.»[59] Este discurso dio resultado: el combate se calmó durante un tiempo.

Cabe la posibilidad de que los prisioneros no se hubiesen comportado así, de no haberse enterado Moctezuma, por medio de sus agentes en la costa, de la derrota de Narváez en manos de Cortés.[60]

No obstante, numerosos mexicanos se mostraban renuentes a dejar de luchar. Se daban cuenta, y con razón, de que ésa era su oportunidad de acabar con los forasteros. Así, se libraron combates esporádicos a lo largo de los días siguientes. Pero aún no contaban con un jefe y no hallaban a nadie que pudiera guiarlos. La nación que vivía en «orden y concierto» no podía producir tan fácilmente un dirigente. Mas eso no evitó la indignación ante la actitud cobarde de Moctezuma. A un hombre se le oyó exclamar: «¿Qué es lo que dice el puto de Motecuhzoma? ¡Ya no somos sus vasallos!»

Moctezuma nunca recuperó su autoridad: tanto los mexicas como los conquistadores se dieron cuenta más tarde de que Vázquez de Tapia tenía razón al afirmar que, de no haber hecho Moctezuma lo que se le exigía, todos los hombres de Alvarado habrían muerto.[61]

En México, cuando los guerreros morían en batalla, se incineraba su cuerpo en la plaza frente al Templo Mayor, después de celebrar velatorios privados a lo largo de cuatro días. Los amigos solían ir a casa del muerto y ofrecer regalos al cadáver: por ejemplo, un perro (símbolo de Xolótl, el compañero de los mexicas en su etapa cazadora), al que se mataba en un ritual, a fin de que el muerto contase con un compañero en el mundo subterráneo. Al cadáver le ofrecían las insignias, lo teñían y le cortaban el cabello al estilo del dios del que era más devoto. Tras la incineración, la familia llevaba a casa mechones del muerto, metía sus cenizas en una urna; finalmente llevaban la urna ya sea al monte Yohualichan (próximo a Culhuacan) o a Teotihuacan. Si la posición en vida del muerto era importante, metían las cenizas entre las grietas del Templo Mayor. Seguían ocho días de luto, durante los cuales a la viuda se le prohibía lavarse. Una vez terminado el periodo de duelo, raspaban la mugre acumulada en el cuerpo de la viuda y, envuelta en *amatl*, la entregaban a un sacerdote.[62] Sería pueril pensar que tras la matanza se habría abreviado cualquiera de estas costumbres: más bien las habrían ejecutado con mayor cuidado.

Alvarado se encontraba en una situación difícil. Los mexicanos ya no traían alimentos para él y sus hombres. A cualquier mexica sorprendido trayendo tortillas a los castellanos le mataban en el acto; sin embargo, Juan Álvarez pudo salir de vez en cuando en busca de comida, pues sabía a donde ir.[63] Los tenochcas convirtieron los canales en peligrosos; levantaron varios puentes y tornaron las calles intransitables, por si Alvarado intentaba escapar.

En la ciudad continuaba un ambiente frenético: las mujeres y los niños llenaban la noche de lamentos, que parecían levantar ecos en las montañas. Según un informante indígena, el ruido debería haber hecho llorar a las piedras; hicieron trizas de entre ocho y diez mil hombres que no habían hecho nada para merecer ese destino... Los lamentos formaban sin duda parte de un ritual, mas constituían también una natural expresión de su auténtica indignación ante el comportamiento tan atroz de los huéspedes de Moctezuma.

Después de todo, Alvarado había asesinado a la flor de la aristocracia mexicana, a todos los hombres que habían estudiado en el *calmécac*, que habían aprendido a sentir orgullo por su tierra, su sistema de gobierno, los increíbles logros de su pueblo, sus rituales y sus dioses, su poesía y sus bailes, sus flores e, indudablemente, sus sacrificios.

Una vez terminado (en esta ocasión con tal brutalidad) el festival de Toxcátl, los sacerdotes solían prepararse para el mes de Etzalqualiztli, la culminación de la temporada de sequía, y casi se apoderaban por entero de la capital. Se les permitía insultar y maltratar a cualquier persona con que se encontraran mientras recogían juncos para los «sentaderos» que se usarían en las ceremonias. Sacrificaban a cautivos, esclavos y niños, y arrojaban su corazón en un sumidero llamado Pantitlán. Los esclavos vistiendo la indumentaria propia de los «criados de Tlaloc» y con los ojos agrandados con pintura, iban de casa en casa, pidiendo *etzal* (guiso de maíz con frijol), y con ello se daba a entender que esa temporada no había alimentos. Empezaba a llover de nuevo, hacia fines de mayo.[64]

27. CUAL CANTO VINISTEIS A LA VIDA, MOCTEZUMA

Cual canto vinisteis a la vida,
como flor abristeis la corola

ÁNGEL MARÍA GARIBAY, *Historia de la literatura náhuatl*

Cortés iba de regreso de la Villa Rica de la Vera Cruz a Tenochtitlan. Su ejército se hallaba reforzado por los mejores hombres, caballos y buenos pertrechos de la milicia de Narváez. Había dejado a éste en la Villa Rica de la Vera Cruz, encarcelado y vigilado por Francisco de Saucedo el Pulido, Juan Rodríguez de Escobar y Francisco de Terrazas.[1] Antes de recibir el inquietante mensaje de Tenochtitlan había despachado a Velázquez de León y Rodrigo Rangel, cada uno con cuatrocientos hombres de Narváez, a colonizar los lugares en los que estuvieron antes de la batalla de Cempoallan. Pero ahora mandó pedir a esos capitanes que se reunieran con él en Tlaxcala tan pronto como pudieran hacerlo.

Cortés y sus hombres llegaron agotados a Tlaxcala. Carecían de alimentos, pues de nuevo, como en el primer recorrido, los habitantes de la zona del lago salado se mostraron poco hospitalarios. Varios hombres se hallaban en el umbral de la muerte debido al hambre y a la sed.[2] Dos miembros del ejército original de Cortés, el portugués Magallanes y Diego Moreno, procuraron comida para el comandante en la próspera ciudad de Tepeaca, situada en la ruta occidental entre Tenochtitlan y la Villa Rica de la Vera Cruz. Los caciques de Tlaxcala se mantuvieron a la expectativa; se habían enterado del revés sufrido en la capital mexica por su propio pueblo y los españoles, pero se habían comprometido demasiado con Cortés para romper la alianza. Xicoténcatl el Mozo sin duda insistió repetidamente en que lo había previsto, mas, de ser así, sus comentarios no constan.

Velázquez de León, Rangel y sus hombres se unieron a Cortés en Tlaxcala. Si bien dejó atrás una pequeña guarnición bajo el mando de un tal Juan Páez, sin duda llegó a la gran ciudad del Valle de México con más de mil españoles y el doble de tlaxcaltecas (Alonso de Ojeda y Juan Márquez les habían proporcionado un entrenamiento rudimentario).[3]

Todos quedaron perplejos por la ausencia de observadores y espías en el camino. Diríase que el país se hallaba desierto. No había rastro del ejército que Cortés temía que se hubiera formado para atacarlo.[4]

En esta ocasión, los expedicionarios pasaron por Texcoco, donde, comprensiblemente, la población no los acogió con entusiasmo. Los señores parecían haberse ausentado, a excepción de Ixtlilxóchitl, que todavía se consideraba aliado de Cortés. Por él Cortés supo que aún existía la guarnición que había dejado en Tenochtitlan bajo el mando de Alvarado,[5] a quien mandó inmediatamente un mensaje por canoa. Pero antes de que la embarcación regresara, llegó otra con dos hombres de Alvarado: el escribano Pero Hernández y un joven llamado Santa Clara. Le explicaron que Alvarado y casi todo su ejército estaban vivos, que sólo seis castellanos habían muerto; no obstante, dijeron, se hallaban rodeados y, cuando conseguían comida, lo hacían arriesgándose mucho y por un precio excesivo.

Hernández y Santa Clara llevaban igualmente un mensaje de Moctezuma, quien insistía que lo ocurrido le apenaba tanto como sin duda apenaba a Cortés. Él no era responsable, afirmaba, y rogaba al caudillo que no se enfadara y fuera a vivir en la ciudad como antes.

A continuación Cortés rodeó el lago por el norte, a fin de acercarse a la capital mexicana por el oeste: pensaba entrar por la calzada más corta, la de Tacuba, pues las demás estaban cortadas. Pero tenía otro motivo: quería reconocer el terreno por si fuera necesario luchar allí.

En Tacuba algunos caciques locales fueron a ver a Cortés, deseosos de estar en buenas relaciones con él. «Señor quedaos aquí en Tlacuba o Cuyoacan o en Tescuco —sugirieron—, y envía por don Pedro de Alvarado y Motecsuma, señor de la tierra, porque estando en aquellos llanos y tierra firme, si se quisieren alzar los indios mejor nos defenderemos que no metidos en el alaguna.»[6] Cortés no hizo caso de este acertado consejo y al día siguiente, 24 de junio, el día de san Juan Bautista, por la mañana, él y su ejército entraron galopando en la capital «tirando muchos tiros y escopetas... y haciendo mucho estruendo y alegría»,[7] celebrando su victoria y su regreso. «Alzaban mucho polvo: y acaso su cara estaba blanca de polvo, ceniciente de polvo. Traían cara de cal, todos llenos de tierra», recordarían los informantes de Sahagún.[8]

En el camino los españoles vieron un mexicano colgando de un árbol sobre un terreno plano en el cual varios centenares de pavos comían un gran montón de pan. En la calzada, un casco del caballo de Pedro de Solís quedó atrapado entre dos vigas de uno de los puentes y se rompió. El adivino Botello, que esos días se hallaba de muy buen humor (y su porte correspondía a su ánimo), consideró ambos sucesos como de mal agüero.[9]

Cortés envió a Tapia por delante «para que dixese a Monteçuma como venya, e que le rrogaba questoviese muy aegre e bien a ver como venya que venyan todos de rrecozijo con el como siempre avia estado con el, que no tenya henojo alguno e que le rrogaba mucho que le saliese».

Al llegar a Tenochtitlan los castellanos se encontraron con algo peor que los agüeros: el silencio. La población se había ocultado; nadie salió a acogerlos: «... los mexicanos se pusieron de acuerdo en que no se dejarían ver, sino que permanecerían ocultos, estarían escondidos. Era como si reinara la profunda noche, ya nadie habla palabra. Pero estaban atisbando por la rendija de las puertas, o en huecos de los muros, o en agujerillos. Hicieron agujeritos para ver por ellos».[10] La quietud se explicaba probablemente en parte por los ochenta días de luto. Pero el silencio daba a Tenochtitlan el aire de uno de esos días en que un ejército mexicano hubiera perdido una guerra, un día en que los habitantes tenían órdenes de boicotear a los soldados supervivientes. En esta época, en México solía celebrarse un festival florido, acompañado de banquetes y festejos: muchachas con guirnaldas atendían a la víctima del sacrificio que personificaba a Huiztocihuátl, la diosa de la sal, quien a su vez formaba parte de los tlaloques, los pajes de Tlaloc. Para entonces el festival habría terminado; si no, seguramente lo habían anulado.

El incremento del ejército castellano significaba que los hombres de Cortés precisaban alojamientos adicionales. Moctezuma se los ofreció en el cercano templo dedicado a Tezcatlipoca. Los demás se hospedaron, como antes, en el palacio de Axayácatl.[11]

Naturalmente, Alvarado y los suyos estaban encantados de ver a Cortés. No obstante, posteriormente insisitieron en que solos habían defendido su posición en la ciudad durante treinta y cinco o cuarenta días. Se hallaban casi muertos de hambre y su condición no les habría permitido resistir un nuevo ataque. Recientemente habían cavado un pozo en el patio, aliviando un poco la escasez de agua; pero ésta era salada: «Bebian el agua salida de los pozos que hazian en los aposentos.» Alvarado explicó al caudillo lo ocurrido: según él, el levantamiento tenía por causa el que Cortés hubiese colocado la imagen de la Virgen y una cruz en el templo de Huitzilopochtli. Unos indios habían intentado, sin resultado, quitar estos símbolos del cristianismo. Varios tlaxcaltecas le habían hecho saber que, después del festival, los mexicanos pretendían atacarlo y él había decidido anticiparse.[12] «Pues hanme dicho que os demandaron licencia para hacer el areito y bailes», contestó Cortés. Alvarado alegó «que así era verdad, e que fue por tomarles descuidados, e que porque temiesen y no viniesen a darle guerra, que por esto se adelantó a dar en ellos». Al oír eso, Cortés, muy enfadado, replicó «que era muy mal hecho, y grande desatino y poca verdad; e que plugiera a Dios que el Montezuma se hubiera soltado, e que tal cosa no la oyera a sus oídos».[13]

Pensando en aplacar a Moctezuma y los mexicanos, Alvarado le sugirió fingir que se encontraba enfadado con él, que le amenazara con arrestarle y castigarle.[14] Pero Cortés se negó: nunca pudo reprocharle nada a Alvarado. Al parecer, tuvo serias dudas durante un tiempo sobre quién era realmente responsable de la matanza.[15]

Posteriormente, culparía de ello a Narváez y sus intrigas con Moctezuma. Ahora había guerra con los mexicas. Mas antes, como declararía Navarrete en el juicio de residencia de Cortés, «toda la tierra estaba muy pacifica... y un español, si hera necesario, andava seguro por ello».[16] En cuanto a Alvarado, Cortés apreciaba todavía sus cualidades, y la lealtad hacia él no era la menos importante. Mas Alvarado nunca más ocupó un cargo preeminente, nunca más fue su «segunda persona». Sandoval, hombre de más confianza, más emprendedor y menos llamativo, le sustituyó.

Moctezuma también dio la bienvenida a Cortés. Seguramente pensó que, por más fallos que tuviera, podía confiar en que el caudillo no sería tan temerario como Alvarado. Mas Cortés se negó a hablar con él.[17] Desesperado y con el orgullo herido, Moctezuma regresó a sus aposentos. Nuevamente se dejó llevar por el temor, como lo había hecho antes de que los castellanos llegaran por primera vez. Envió otro mensaje a Cortés, rogándole que se marchara de la ciudad. Cortés reaccionó: no hablaría con «ese perro de Moctezuma» a menos que le diera veinte mil castellanos.[18]

Moctezuma continuó pidiéndole que le fuera a ver y el caudillo siguió rechazando la invitación. Varios capitanes castellanos (Velázquez de León, Lugo, Olid, Ávila) le rogaron templar su ira, mas Cortés se mostró renuente: «¿Qué cumplimiento tengo yo de tener con un perro que se hacía con Narvaéz secretamente, e ahora veis que aun de comere no nos da?» A fin de cuentas, ¿no había enviado Moctezuma a Narváez un medallón a la vez que fingía estar en buenas relaciones con Cortés? Por tanto, el caudillo se negó incluso a recibir a un hijo de Moctezuma, aunque ese príncipe fue a verle con un ruego conmovedor.[19]

El auténtico motivo de la furia de Cortés consistía, por supuesto, en que había fracasado su proyecto de conquistar Tenochtitlan sin luchar y entregar el imperio mexicano, como una institución en funcionamiento, al emperador Carlos V. Ahora debía idear no sólo una nueva estrategia, sino también una nueva campaña. Cierto: aún permanecían las innovaciones más importantes sobre las que Cortés había insistido durante su estancia anterior: la imagen de san Cristóbal se hallaba todavía en el Templo Mayor (incluso Juan González de León lo vio allí el 24 de junio).[20] Cortés contaba, por cierto, con la mayoría de los soldados y caballos de Narváez, además de su propio ejército.[21] No obstante, a fines de junio su mundo era muy distinto del de principios de mayo.

Pero también lo era el de Moctezuma. Había perdido una considerable dosis de autoestima por el abandono de Cortés. Como se ha sugerido, Moctezuma sentía el tipo de afecto por Cortés que desarrolla una víctima por su secuestrador. Por ello era todavía más difícil soportar la herida que le había asestado Cortés. Dado que le había entregado su voluntad, le costaba más vivir sin su atención. La posición de que disfrutaba Moctezuma ante su pueblo se había derrumbado del todo como resultado de la matanza en el templo. Por consiguiente, existía un vacío de poder en México. Casi todos los dirigentes alternativos habían sido asesinados y nadie podía buscar un nuevo gobernante por iniciativa propia. En una sociedad atada por las tradiciones no cabía la improvisación. En el siglo XIX, un funcionario amonestó a un joven escritor en Viena: ¿acaso creía que el imperio era un palomar en el cual los alumnos podían revolotear donde y cuando quisieran? ¡Cuánto más difícil sería imaginar que se encontrara un nuevo emperador en México cuando todavía vivía uno!

En todo caso, sin proponérselo, Cortés favoreció la causa de los mexicanos. Se encontraba furioso por el cierre (debido tal vez al luto) del *tiánguez* de Tlatelolco. Ahora bien, el que su ejército no dispusiera de los productos de ese emporio representaba un inconveniente, pero además la admiración de los soldados de Narváez se desvaneció cuando se dieron cuenta de que no podía mostrarles la riqueza de la famosa plaza, más grande, según su descripción, que la de Salamanca o la de Medina del Campo y más rica que Granada. Para colmo, había dicho a los nuevos reclutas que ya podrían dormir en paz. Sin embargo, el día después de esa afirmación tuvo que reconocer que los mexicas estaban levantando casi todos los puentes sobre las acequias [22] y el silencio que rodeó a los españoles a su llegada parecía una derrota personal.

Por medio de la interpretación de Marina, exigió a Moctezuma que ordenara la apertura del mercado. Moctezuma, a su vez, contestó que nada podía hacer al respecto, que lo mejor sería permitir hacerlo a uno de los señores que se encontraban aún con él. Cortés le dijo que escogiera a quien quisiera y Moctezuma eligió a su hermano, Cuitláhuac, señor de Iztapalapa, que se había opuesto desde el principio a dejar entrar los españoles en Tenochtitlan. Quizá Cortés no lo supiera, o acaso no le importaba. En todo caso, a Cuitláhuac se le permitió salir del palacio de Axayácatl.

Tan pronto como se halló libre, el príncipe se dedicó a organizar la resistencia mexicana. No se sabe a ciencia cierta si en ese momento le eligieron por emperador, o si Moctezuma se percataba de la consecuencia de lo que había hecho. Sin embargo, a partir de entonces, los mexicas contaban con un «señor de la guerra».[23]

El día mismo en que Cuitláhuac fue liberado, el 25 de junio, un soldado castellano llegó de Tacuba, ciudad a la que Cortés le había ordenado escoltar a varias indias, incluyendo una hija de Moctezuma, que supuestamente «eran de Cortés» y que, por razones desconocidas, Cortés había dejado en Tacuba al ir al encuentro de Narváez.[24] Los mexicanos atacaron la pequeña expedición, se apoderaron de las muchachas e hirieron al castellano; probablemente éste, de no haberlas abandonado, habría sido capturado y sacrificado. Se decía que Alonso de Ojeda y Juan Márquez fueron atacados también al ir a comprar provisiones.[25] Ese día Cortés envió un mensajero, Antón del Río (el marinero que acompañó a Velázquez de León al real de Narváez) a la Villa Rica de la Vera Cruz para informar a los habitantes de esa ciudad que los españoles bajo los mandos de Alvarado y de él mismo se encontraban a salvo. Del Río pensaba llegar a su destino en tres días de caminata, mas regresó al cabo de media hora. No había podido salir; le habían atacado, apaleado y herido. Todos los mexicanos de la ciudad, comentó, se preparaban para la guerra. La pesadilla de Cortés en ocasión de su primera visita a Tenochtitlan se estaba convirtiendo en realidad: se hallaba cercado.[26] Entonces Cortés envió a Diego de Ordás, con doscientos soldados, algunos arcabuceros, caballos y casi todos sus ballesteros. No quedan nada claras sus motivaciones; posiblemente deseaba estudiar la situación y calmar a los mexicas sin luchar. Pero lo más probable es que quisiera hacer ver su estandarte e insistir en que los españoles eran todavía una potencia de la que había que cuidarse, por así decirlo.

Ordás no había llegado muy lejos en la calle que llevaba a la calzada de Tacuba antes de que los mexicanos le arrojaran piedras desde los tejados de las casas. Cuatro o cinco castellanos murieron, y casi todos los demás, incluido el propio Ordás, resultaron heridos.[27] Los mexicas siguieron a los castellanos, arrojándoles piedras y flechas, hasta el palacio de Axayácatl, edificio al cual prendieron fuego de nuevo. El humo y el calor representaron un grave problema antes de que los españoles echaran tierra, partes de las paredes y de los techos sobre las llamas; también se formó un hueco en el muro, por el cual habrían podido entrar los mexicas de no ser por los arcabuceros y ballesteros allí apostados.[28] Los indios que hablarían posteriormente con Sahagún atestiguaron acerca de la eficacia de los ballesteros: «... bien sabían en donde la flecha clavaban; veían bien en aquellos en quienes lanzaban sus dardos. Y el venablo al ir volando iban como zumbando, iban rezumbando ruidosas, muchas de ellas silbaban. Y no hubo dardo que no diera en su blanco».[29]

Más de ochenta soldados de Cortés, incluyendo a éste y a Ordás, resultaron heridos. Desde los tejados de las casas cercanas, aún caída la noche, los mexicanos continuaron gritando a sus huéspedes, ahora repudiados, quienes se dedicaban a tapar los huecos en las paredes y a curar heridas.[30] Con aceite, lana de Escocia y, según los heridos, ensalmos, dos italianos hicieron milagros.[31]

Las batallas duraron varios días. El único cambio consistió en que los castellanos empezaron a salir al amanecer a fin de intentar apoderarse de las casas cercanas. Mas esto no dio gran resultado, pues, al regresar de noche al palacio de Axayácatl, generalmente con varios heridos y uno o dos muertos, los mexicas recuperaban sus casas. Los conquistadores empezaron a creerse sitiados por el agua. No obstante carecían de agua dulce, pues para beber contaban sólo con el agua fétida y salada del improvisado pozo en el patio principal.[32] Desde las azoteas próximas, los mexicas «no entendían otra cosa sino en echar varas por encima de la cerca de los aposentos, y piedras, por manera que por el patio no osábamos andar sino arrimados a las paredes que allí no caía...»[33] La eliminación de los puentes en las calzadas de las calles principales hacían imposible el uso de los caballos. Es más, los cañones ya no representaban gran diferencia. Los castellanos, es cierto, se percataron de que apenas habían de apuntar las lombardas y las culebrinas, pues era muy sencillo disparar contra las multitudes de mexicas. No obstante, esto no daba resultados notables en vista de que, si bien cada cañón mataba diez y hasta veinte mexicanos, los huecos se llenaban de inmediato.[34] La tecnología superior no contaba en las batallas callejeras.

Según las apreciaciones un tanto exageradas de los soldados que habían luchado en Italia contra los franceses o los turcos, «guerras tan bravosas jamás habían visto... ni gente como aquellos indios con tanto ánimo».[35] Los mexicas recurrieron también a la guerra psicológica: cada noche, sus hechiceros se las arreglaban para que, al mirar por las ventanas, los castellanos vieran cosas espantosas: una cabeza caminando, enganchada a un pie; cabezas humanas saltando; cuerpos decapitados rodando y gimiendo. Un soldado preso temporalmente en la iglesia improvisada del palacio de Axayácatl afirmó, al hablar con sus guardianes, haber visto hombres muertos saltar y su propio cuerpo encima del altar.[36] Estas visiones se fundamentaban sin duda en el alarmante fantasma mexicano, *youaltepuztli* o hacha nocturna, un «hombre sin cabeza, que tenía cortado el pescuezo como un tronco, y el pecho teníale abierto y tenía a cada parte como una portecilla, como que se abrían y cerraban juntándose en el medio y, al cerrar, decían que hacían aquellos golpes que se oían lejos...»[37] Hacha Nocturna trastornaba a los castellanos, sobre todo a los soldados de Narváez, quienes maldecían y renegaban: ¡cuán felices eran en Cuba antes de seguir tan tontamente primero a Narváez y luego a Cortés![38]

Los mexicas, por su parte, libraban una guerra distinta a las acostumbradas: desconocían las batallas callejeras, al menos del alcance provocado por la guerra en su ciudad. No habían contado con tiempo suficiente, ni tal vez con el deseo de preparar las elaboradas tácticas ofensivas en las cuales habían confiado en el pasado. En estas batallas, si poseían escudos, los soldados no esperaban a que sus mujeres los rodearan de plumas; ni se adornaron con collares de oro; tampoco confiaban en las mantas de plumas principescas o de plumas de garza blanca. No es que despreciaran todos estos símbolos y de vez en cuando los jefes se adornaban con el fin de alentar a sus hombres. Pero en general luchaban como podían, sin instrucciones, con la disciplina instintiva que los caracterizaba y siguiendo los consejos de Cuitláhuac y de los pocos jefes supervivientes de la matanza de Alvarado.

Los españoles hicieron todo lo posible por apoderarse del palacio de Moctezuma en el extremo más alejado del recinto del templo. Andrés López, conquistador de unos cincuenta años en esa época, recordaría más tarde los detalles de lo acontecido: «... quando salieron de los aposentos con Gonzalo de Sandoval trezientos cristianos para tomar la casa de Motencuma [*sic*]... y quando allegaron cerca de la dicha casa de Motencuna, vieron como los caciques e yndios que estavan dentro avian quitado una puente de madera levadiza, que tenian por adonde entravan dentro, y una sola viga que avian dexado de la dicha puente le havian pegado los yndios fuego, y estava ardiendo a muy grandes llamas, por muchos cabos, y para pasar a la otra parte de un muy gran patio, avia una cava y calle de agua muy grande y honda, y vido este testigo como en el dicho patio avian muchos señores, y todo lleno de gente de guerra, armada muy rrycamente, con mucho oro y plata, y rryca pedrerya en todas sus devisas e armas, y vido este testigo como dicho el dicho Juan Gonçalés Ponce de León [hijo del descubridor de la Florida y compañero de Narváez] que sy le segian que el se aventurarya a pasar por aquella viga ardiendo a la otra vanda, y entrar en el patio donde estavan toda la gente de guerra y vido este testigo como lugo tomo el dicho Juan Gonçales... un dalle y una rodela en las manos y muy bien armado su cuerpo, y drerrybo la vista a su celada, y encomendandose a Dios y al capitan y apostol Santiago arremetio con muy gran denuedo, y a pesar de todos los enemigos que le defendian muy rreziamente el paso entro y paso por la dicha viga que estava ardiendo, y salto en el patio alanceando con el dicho dalle a mucha gente de los enemigos y como los enemigos lo vieron de la otra parte, y solo, cargo mucha gente sobre el, tirandole muchas varas con harpones de pedernales, e otros con lanças, y de todos se defendia e sustuvo granr rato solo, syn que nynguno le podimos yr a socorrer, hasta que traximos tres vigas grandes, y las pusymos por adonde paso la gente al dicho patio adonde estava peleando el dicho Juan González, vido como tenia muertos a la rredonda del a quinze o diez y sys señores de aquellos de las armas y devisas rrycas, y hallaron al dicho Juan González... muy mal herydo de tres lançadas y de cuatro varazos por los muslos, y por las piernas que no llevaba tan armadas como la cabeça y querpo, y luego como entro toda la gente de cristianos desbarramos todos los señores y yndios, y les tomamos la casa del dicho Montecuma...» Pero pronto tuvieron que retirarse.

El 26 de junio a Cortés se le ocurrió construir «ingenios de madera, cuadrados, cubiertos y con sus ruedas... Cabían en cada uno veinte hombres con picas, escopetas y... un tiro», ballestas y arcabuces, o sea un mantelete, versión primitiva de un tanque, que servía de resguardo contra los tiros del enemigo; mecanismo utilizado a menudo en Europa para sitiar castillos. Unos soldados cargarían estos ingenios sobre los hombros, cual si fuesen carrozas con el

Cristo y la Virgen en Semana Santa. Así podrían disparar a través de las aperturas y «ventanillas», permitiendo a «los zapadores... derrocar casas y albarradas».[39] Durante la noche del 26 al 27 de junio empezaron a fabricar entre tres y cuatro de estas «torres».[40] El objetivo no era tanto asegurar una vía de escape de la ciudad como asegurar una zona segura alrededor del palacio de Axayácatl.

Pero antes de que pudieran poner estas máquinas a prueba, pasaron por un momento de lo más difícil. Cortés vio unos doce mexicanos, vestidos con plumas e insignias, adornados con oro y plata, y llevando escudos chapados en oro. Al parecer, dirigían a sus compatriotas y todos trataban a uno de ellos con gran reverencia. Cortés supuso que se trataba de Cuitláhuac. Pidió a Marina que preguntara quiénes eran a Moctezuma, cuya respuesta fue muy vaga: podrían ser parientes suyos, entre ellos los señores de Texcoco e Iztapalapa (este último, por supuesto, era Cuitláhuac). Mas el emperador no creía que, mientras él estuviese vivo, los mexicas elegirían un sucesor al trono.[41] Entonces Cortés le pidió, esta vez con la ayuda de Aguilar y de Marina, que subiera a la azotea del palacio y hablara con los que reconociera.[42] Moctezuma se negó al principio: el abandono de Cortés le había humillado. «¿Qué quiere de mí ya Malinche? Que yo no deseo vivir ni oírle, pues en tal estado por su causa mi ventura me ha traído?» Cristóbal de Olid y fray Bartolomé de Olmedo hablaron con él, en el tono afectuoso que solían emplear, y le convencieron de que haría lo correcto al dirigirse a su pueblo. Así, Moctezuma convino en hacerlo, si bien señaló que la petición llegaba un poco tarde.[43]

Como solía suceder al intentar recordar los acontecimientos de esos días, divergen las opiniones acerca de lo sucedido a continuación. Al parecer, el comendador Leonel de Cervantes y Francisco Aguilar (futuro monje agustino y escritor) llevaron a Moctezuma a la azotea.[44] Los dos castellanos y tal vez otros le rodearon con escudos, para protegerle de la lluvia de piedras. Moctezuma tenía pensado hacer un llamamiento a los mexicas, o lo hizo (en una carta dirigida al rey en la que explicaba los acontecimientos, Cortés afirmaba que antes de que hablara el emperador, una piedra le golpeó).[45] Según unos observadores se produjo un momento de silencio cuando los mexicas vieron a Moctezuma y éste llamó a amigos y primos. Probablemente pretendía repetir que había ido a vivir con los conquistadores por voluntad propia y que podía regresar a su palacio en cuanto así lo deseara y, por tanto, la guerra no tenía sentido; e incluso que los castellanos habían prometido marcharse de la ciudad.[46]

Algunas fuentes afirman que los capitanes mexicanos reaccionaron con ánimo y resolución. En el Códice Ramírez, por ejemplo, se dice que uno de los jóvenes primos de Moctezuma, Cuauhtémoc, al parecer cacique de Tlatelolco, preguntó: «... qué es lo que dice ese bellaco de Motecuczuma, mujer de los españoles, que tal se puede llamar, pues con ánimo mujeril se entregó a ellos de puro miedo y asegurándose nos ha puesto todos en este trabajo? No le queremos obedecer, porque ya no es nuestro rey, y como a vil hombre le hemos de dar el castigo y pago...»[47] (Los mexicas, al igual que los españoles, equiparaban la femineidad con la cobardía,[48] error que cometían también en cuanto a la homosexualidad. No obstante, esta versión del discurso tan característicamente español podría reflejar la realidad de lo que se dijo.) Sin embargo, según Bernal Díaz del Castillo, quien presenció los acontecimientos, tras las habituales muestras de cortesía, los capitanes mexicanos afirmaron haber elegido a Cuitláhuac como nuevo monarca; que la guerra debía proseguir y que habían jurado continuar luchando hasta que muriesen todos los intrusos castellanos.

En todo caso, el discurso que Moctezuma pronunció (o intentó pronunciar) acarreó una lluvia de pedradas a la azotea donde se encontraba. Los guardias no pudieron protegerle. Diríase que del cielo caían piedras, flechas, dardos y varas. El emperador recibió tres golpes —«en la sien», según fray Aguilar, y «tres pedradas e un flechazo en la cabeza y otra en un brazo y otra en una pierna», según Díaz del Castillo—. Los castellanos le bajaron rápidamente.[49]

Trataron de curar las heridas de Moctezuma, más éste o se negó a que le curaran o ya no quería vivir.

Mientras tanto, la batalla continuaba. Cabe la posibilidad de que hubiese más conversaciones entre Cortés y los mexicas, presumiblemente con la interpretación de Marina (quien, al parecer, ya hablaba el español lo bastante bien para poder interpretar sin la ayuda de Aguilar). Cortés les propuso la paz, pero sus condiciones eran arrogantes: debían saber «cómo, por cariño a Moctezuma que se lo rogaba, no les había ya derribado y asolado la ciudad, como a rebelde y obstinada; más puesto que ya no tenía a quien tener respeto, les quemaría las casas y los castigaría si no cesaba la guerra y eran sus amigos». Contestaron con dignidad: no dejarían las armas hasta no verse libres y vengados; le matarían si no se iba.[50]

Este desafío representó un estímulo para Cortés. El 28 de junio, al amanecer, sacó sus tres manteletes del palacio de Axayácatl y se dirigió hacia uno de los puentes. Detrás de los ingenios iban muchos ballesteros y arcabuceros, así como cuatro cañones, tirados por tlaxcaltecas. Pero si bien el cortejo llegó a su destino, eran tantos los que defendían el puente y tan grandes las piedras arrojadas desde las azoteas que inutilizaron los manteletes y los españoles no pudieron avanzar. Entonces, tras luchar toda la mañana, se retiraron, arrastrando sus nuevas armas.[51] Esa noche Cortés salió de su fortaleza y, tomando a los mexicanos por sorpresa (pues no solían luchar de noche), prendió fuego a muchas de las casas desde las cuales, con tanto éxito, los tenochcas habían arrojado piedras contra su ejército.

Al día siguiente, Cortés dirigió su atención al templo de Yopico, aledaño a sus aposentos, que hacía las veces de fortaleza y cuya altura lo convertía en un valioso puesto de vigilancia, así como un sitio idóneo desde donde arrojar piedras sobre los castellanos.[52] Este templo estaba dedicado al culto de la tierra y abajo había un agujero con una cámara interior: allí iba a parar la piel seca de las víctimas del sacrificio, símbolo de la cáscara de las semillas, una vez terminados los festivales primaverales, sobre todo el de Xipe Totec, dios de los orfebres, con su escudo y su manta de oro. Probablemente allí se hallaba la famosa piedra del sol, en la actualidad todavía el símbolo más conocido de la cultura mexicana.

Los castellanos se dirigieron hacia este monumento con sus máquinas para sitiar, ya reparadas. Cortés da a entender que sólo le acompañaban un puñado de hombres, pero eran probablemente al menos cuarenta, encabezados por Pedro de Villalobos.[53] Libraron numerosos, pero cortos combates; los mexicas lanzaban piedras desde los pisos superiores de las casas cercanas. No obstante, los castellanos llegaron al pie de la pirámide protegidos por sus ingenios que acabaron totalmente destruidos. Cortés ordenó rodear y asaltar el templo. Los ballesteros y los arcabuceros subieron «muy con tiento», seguidos de los soldados de infantería con sus espadas.[54] En las gradas se hallaban muchísimos mexicas, quienes libraron una prolongada batalla con «mazas de encino» de punta tan afilada, en opinión de Cortés, como la de las lanzas castellanas. El caudillo y sus hombres se abrieron paso hasta lo alto, no sin unos cuantos muertos y heridos y varios retrocesos.[55] Cortés, al menos según su propio relato, luchó sin cesar y eso pese a que una herida sufrida el día anterior le impedía usar la mano izquierda. Al parecer, faltó muy poco para que dos mexicanos le arrojaran desde lo alto de la pirámide.[56]

«¡Oh que pelear y fuerte batalla que aquí tuvimos! Era cosa de notar vernos a todos corriendo sangre y llenos de heridas», recordaría Bernal Díaz del Castillo.[57] Se trataba de luchas cuerpo a cuerpo, muchas de ellas en las vertiginosas gradas. Cuando hubieron llegado arriba, los españoles, como de costumbre, «echaron [violentamente] a rodar hacia abajo» a los ídolos y prendieron fuego a los que no podían mover; «los guerreros mexicanos se arrojan hacia abajo por las terrazas del templo: cual hormigas negras se despeñaban» en palabras de uno de los informantes de Sahagún.[58] Sin embargo cautivaron a dos sacerdotes. Por primera vez murieron tantos castellanos, unos veinte, en esa arriesgada salida. El propio Cortés recordaría, años más tarde, que «estava con muchos de sus compañeros para subir en las torres de Uchilobos [Huitzilopochtli], porque estavan encima d'ellas muchos señores los más principales de la tierra hechos fuertes, vido venir al dicho Juan Gonçales Ponce de León muy armado con un dalle y una rodela en las manos, y este testigo rryñó muy mal con el, y que se tornase a los aposentos a curar, y no quiso syno antes le dixo que no hera aquel dia para

449

estar nadie en la cama, syno morir o ganar honra, y vido este testigo que tomo el dicho Juan Gonçales la una de las escaleras arryba y este testigo por la otra, y que muy presto subiose arryba el dicho Juan Gonçales, y a unos señores que venian para arronjar unas muy grandes vigas que tenian a los bordes de las escaleras los mato, y subio arryba prymero de todos, y cuando este testigo y los compañeros acaçaron de subir, avia ya saltar por las espaldas de la dicha torre a la mitad de la gente que estaba arryba, y sy caso fuera que los yndios nos echaran las vigas todos quantos yvamos muryeramos hechos pedaços de las vigas, y alli hiryeron muy mal dicho Juan Gonçales en la cabeça y de tres lançadas, y luego lo mando llevar de alli en una tabla...».[59]

Parece que Cortés y los mexicas conversaron una vez más acerca de una posible paz. Cortés habló desde lo alto de la torre, en términos tan elevados como siempre: deseaba la paz porque le afligía ver el daño que había padecido la ciudad. Mas los mexicas, con sus nuevos señores, ya no estaban dispuestos a aceptar tal retórica, aun cuando comprendieran lo que decía Cortés. En cuanto los castellanos se marcharan de su tierra, afirmó un portavoz, la guerra acabaría; si no, lucharían hasta la muerte. Trataron de convencer a Cortés de que abandonara el palacio de Axayácatl y fuera a Tacuba. Pero él pensó, sin duda con razón, que se trataba de una treta a fin de cortarles la retirada en la calzada y matarlos tranquilamente. Se dice también que los mexicas señalaron que, aun cuando murieran veinticinco mil mexicas por cada castellano, acabarían por destruir a los conquistadores.[60]

La guerra continuó, y esa noche los castellanos prendieron fuego a las casas que se hallaban en el camino a la única calzada que, lo habían visto desde lo alto del templo, permanecía abierta, o sea la de Tacuba hacia el oeste. Pero incluso allí los mexicas habían destruido algunos puentes. Cortés ordenó a sus aliados tlaxcaltecas que llenaran los huecos con las ruinas de las casas y las paredes quemadas.

Moctezuma murió posiblemente al día siguiente, 30 de junio, por la mañana. Los castellanos atribuyeron su muerte a las heridas causadas por las pedradas.[61] Pidió a Cortés que cuidara de sus tres hijas, sobre todo la mayor, por ser, a su entender, su heredera, cosa nada acostumbrada, pues a un emperador mexicano lo sucedía generalmente un hermano o un primo, no un hijo y ciertamente no una hija.[62] Sin duda se refería únicamente a sus posesiones. Moctezuma (hipnotizado hasta el final por Cortés —tal vez sobre todo al final, cuando ya no podía depender de nadie—) no sólo pidió, según comentaría más tarde el caudillo, que bautizara a sus hijas, sino que aseguró que, si tenía la suerte de vivir y si Dios le permitía derrotar a quienes rodeaban el palacio, demostraría «largamente» su deseo de servir a su majestad, el rey de España.[63] Cortés parece haber perdonado a Moctezuma su coqueteo con Narváez, pues no

450

dejó de afirmar que éste era el único responsable de la guerra tan brutal que Cuitláhuac libró contra él y Moctezuma y de creer que éste no tenía nada que ver con la rebelión de los mexicas.[64]

Una interpretación posterior insiste en que, «estando en el artículo de la muerte, [Moctezuma] pidió agua del bautismo y fue bautizado y murió cristiano».[65] Pero esto no puede ser cierto, pues de ser así es inconcebible que Cortés y otros conquistadores no lo hubiesen mencionado en tono triunfalista. Lo más probable es que, aun cuando le hubiesen ofrecido los últimos sacramentos, el emperador prefiriera pasar la última media hora de su vida con sus propios dioses.

Existe una versión opuesta, pero no por ello menos difundida: fueron los conquistadores quienes asesinaron a Moctezuma.[66] Todo es posible y los conquistadores no eran ni compasivos ni agradecidos, mas esta explicación es igualmente improbable.

Por otro lado, al parecer tras la defunción de Moctezuma Cortés mandó matar *ipso facto* a todos los veinte o treinta señores que aún quedaban en el palacio, empezando por Itzquauhtzin, el gobernador de Tlatelolco nombrado por los tenochcas.[67] Así los castellanos ya no tendrían que preocuparse por vigilarlos y había más hombres disponibles para luchar. Uno de los muertos en ese momento fue el *tlacatecatl*, Atlixcaztin, un hijo del finado emperador Ahuítzotl, probablemente el candidato más viable al trono. Aguilar describió gráficamente la escena: «... Cortés... mandó matar sin dejar ninguno... los cuales llevaron ciertos indios que habían quedado que no mataron, y llevados sucedió la noche, la cual venida allá a las diez ni vieron tanta multitud de mujeres con hachas encendidas y braseros y lumbres que ponía espanto.... Y así como las mujers conocían a sus deudos y parientes (lo cual veíamos los que velábamos en el azotea con la mucha claridad), se echaban encima con muy gran lástima y dolor y comenzaron grita y llanto tan grande que ponía espanto y temor; y el que esto escribió, que entonces velaba arriba, dijo a su compañero [probablemente Leonel de Cervantes]: "¿No habéis visto el infierno, y el llanto que allá hay?, pues si no lo habéis visto, catadlo aquí." Y es cierto que nunca en toda la guerra... tuve tanto temor como fue el que recibí de ver aquel llanto tan grande.»[68]

Cortés mandó informar al sumo sacerdote, el *cihuacóatl*, de la muerte de Moctezuma, del pesar de los castellanos y de su deseo de que le enterrasen como el gran rey que era, mientras sus herederos negociaban la paz.[69] Al parecer los castellanos sacaron el cuerpo de Moctezuma del palacio, para que fuese entregado a los mexicas.

De haber hablado de un entierro, el caudillo habría demostrado su ignorancia, pues en Tenochtitlan solían incinerar el cuerpo de los emperadores, nobles, guerreros y, de hecho, casi todos los tenochcas. La incineración significaba que el espíritu del muerto o de la muerta iría al cielo, a vivir con el sol. Sólo enterraban a ciertas personas: las mujeres muertas de sobreparto, los que morían ahogados o a causa de la gota, la lepra o la hidropesía: o sea, aquellos que los dioses de la lluvia o del agua se llevaban.

En México el funeral de un emperador solía ser una ocasión solemne: durante días las mujeres gritaban golpeándose los labios con las manos; vestían al muerto con su ropa más fina; colocaban en su boca un trozo de jade, símbolo de un corazón que perduraría eternamente; mientras el muerto estaba de cuerpo presente, preparaban hasta veinte cuerpos más; sacrificaban al sacerdote privado, a los bufones, enanos, jorobados y criados del emperador difunto, para que le sirvieran en el otro mundo, así como unos cien prisioneros; algunas de sus concubinas preferidas probablemente se ofrecían para acompañarlo en su oscuro viaje; invitaban a la incineración a los monarcas y señores de las ciudades cercanas, incluso los de ciudades enemigas, como Tlaxcala. En la plaza principal, un sacerdote representaba el mundo subterráneo y presidía la ceremonia, mientras colocaban al emperador sobre una «pira divina».

Tras ochenta días de luto (el mismo lapso que para cualquier mexicano), durante los cuales se llevaban a cabo varios sacrificios, incineraban una efigie del emperador, junto con algunos restos auténticos (su cabello, por ejemplo), en una ceremonia semejante a la primera, si bien en menor escala.[70]

En el caso de Moctezuma, las ceremonias tradicionales fueron, al parecer, suprimidas, debido a las circunstancias sin precedente de su muerte y al descrédito en que había caído al final. Únicamente sabemos que: «lo llevaron en brazos, lo transportaron a un lugar llamado Copulco. Allí lo colocaron sobre una pira de madera, luego le pusieron fuego, le prendieron fuego. Comenzó a restallar el fuego, crepitaba como chisporroteando. Cual lenguas se alzaban las llamas, era un haz de espigas de fuego, se levantaban las lenguas de fuego. Y el cuerpo de Moctecuhzoma olía como carne chamuscada, hedía muy mal al arder». Hubo quien recordó la reputación de Moctezuma antes de la llegada de los castellanos: carnicero, sumo sacerdote inflexible, reformista resuelto, general y disciplinario: «Ese infeliz en todo el mundo infundía miedo, en todo el mundo causaba espanto, en todo el mundo era venerado hasta el exceso, le acataban todos estremecidos. Ése es el que al que en lo más pequeño lo había ofendido, lo aniquilaba inmediatamente. Muchos fingidos cargos a otros atribuía, y nada era verdad, sino invenciones suyas.»[71] Pero al gobernador de Tlatelolco, Itzquauhtzin, le incineraron con todos los honores en el patio del templo de su ciudad.[72]

Moctezuma fue un personaje trágico. Joven inflexible que hacía de la inflexibilidad una virtud, perdió el poder a causa de un acto sin precedentes e imprevisible: su secuestro en noviembre de 1519, convirtiéndole en un instrumento pasivo. Como sucede a menudo en tales circunstancias, se enamoró de sus capturadores y sobre todo de Cortés. Debido a este cariño, dio la impresión de ser cobarde. Era imposible ver en el aterrado emperador que a veces reía tontamente en el palacio de Axayácatl, al poderoso autócrata de hacía diez años. No obstante, tales cambios de personalidad ocurren a menudo con la vejez. Quizá nunca sepamos si el mito de Quetzalcóatl, Tezcatlipoca o cualquier otro dios ejerció una influencia decisiva sobre sus opiniones. Pero era excepcionalmente supersticioso, hasta para un mexicano. Ciertamente parece haber acariciado, al menos durante un tiempo, la idea de que Cortés era un señor perdido en el este, no necesariamente Quetzalcóatl. Tal vez en el subconsciente justificara su indecisión con la suposición de que se enfrentaba a la reencarnación de Quetzalcóatl. Probablemente transigió, a fin de aplacarle temporalmente, ante la exigencia de Cortés de que él y sus señores aceptaran la autoridad suprema de Carlos V. Sin duda creía también que, cuando la ocasión lo exigiera, podría recobrar o desdecirse de lo que regalaba o revelaba a consecuencia de la coacción. En marzo de 1520, cuando pidió a Cortés que saliera del país, había recuperado obviamente parte de su valor, posiblemente por la naturaleza del año 2-pedernal. Finalmente, tras la matanza llevada a cabo por Alvarado, vio que ya no podía negociar. Rechazado por los suyos, tuvo que resignarse a ser un mero títere de los invasores.

28. LA FORTUNA VUELVE DE PRESTO SU RUEDA

... digamos cómo la adversa fortuna vuelve de presto su rueda,
que a grandes bonanzas y placeres siguen las tristezas

BERNAL DÍAZ DEL CASTILLO, al referirse a «la noche triste»
de 1520

... todo fue cabsa el dicho Alvarado por matar sin razón los dichos
señores

RODRIGO DE CASTAÑEDA, en el juicio de residencia de Alvarado

Para entonces había entre los castellanos una sensación creciente de que debían salir como fuera de Tenochtitlan. Escaseaban la comida y la pólvora; además, el palacio de Axayácatl se hallaba acribillado de agujeros. Quedaban menos de cien de los numerosos tlaxcaltecas que habían regresado con Cortés el 24 de junio.[1] El agua que bebían los conquistadores y sus aliados continuaba siendo fétida. El astrólogo Botello dijo a Alonso de Ávila que los espíritus con quienes mantenía milagrosamente contacto le habían informado que los mexicas los asesinarían a todos si no salían esa misma noche.[2] Ávila, a su vez, se lo comentó a Cortés. Pedro y Gonzalo de Alvarado, Rodrigo Álvarez Chico y Diego de Ordás creían igualmente que debían marcharse. Al principio Cortés afirmó que antes que dejar la ciudad, prefería que le cortaran en pedazos.[3] De hacerlo perdería gran parte del oro y de las joyas que le habían regalado.[4] Si les faltaban balas de cañón, podrían hacerlas con la gran cantidad de oro y plata de que disponían, dijo a Tapia, bromeando: «... yd aziendo en de plata de oro de lo myo para que se hagan pelotas con que defendamos».[5] Le era intolerable una retirada. ¿Acaso no había prometido entregar la ciudad al rey y, a fin de cuentas, a Dios? Sin embargo, finalmente y con renuencia, aceptó que no tenían alternativa.[6] Por primera vez quienes se oponían a su opinión eran hombres temerarios y no, como en ocasiones anteriores, tímidos amigos del gobernador Velázquez. Además, Botella había estado en Roma y, como astrólogo, debía tenerlo en cuenta.

Cortés decidió partir esa misma noche por la calzada que llevaba al oeste, la de Tacuba, que conocían por haber luchado en ella. Salieron, pues, de noche, a sugerencia de varios capitanes, pues a los mexicanos no les gustaba combatir en la oscuridad.[7] Según otros capitanes, si envolvían los cascos de los caballos escaparían sin ser detectados. En opinión de otros, debían construir pontones portátiles de madera y colocarlos, uno por uno, sobre los «ojos» (las brechas) de la calzada, asegurándose así un paso seguro hacia la tierra firme a orillas del lago.

Proyectaron salir del palacio de Axayácatl a medianoche. A la cabeza irían Sandoval, Ordás, Francisco Acevedo, Antonio de Quiñones (zamorano en quien Cortés había empezado a confiar mucho en las últimas semanas), Tapia y Lugo con unos doscientos soldados, «mancebos sueltos» y valientes (la descripción es de Cortés), casi todos hombres de Cortés, y no tantos de Narváez, si bien ya casi no se distinguía la diferencia. Con ellos iría un pequeño grupo de acompañantes: las amantes de Cortés y de Alvarado, Marina y Luisa, los frailes Olmedo y Díaz.[8] Seguiría Cortés con el grueso del ejército, bajo el mando táctico de Antonio de Ávila y Olid. Detrás de éstos irían los tlaxcaltecas supervivientes y los prisioneros que aún no habían sido asesinados, entre ellos Chimalpopoca, hijo de Moctezuma, Coacatzcatzin, el rey títere impuesto a Texcoco por Moctezuma y Cortés, y dos hijas de Moctezuma, «doña Ana» y «doña Leonor».[9] Finalmente, al mando de la retaguardia y de sesenta jinetes, Velázquez de León y Pedro de Alvarado. Justo detrás de Cortés irían Alonso de Escobar y Cristóbal de Guzmán, el mayordomo del caudillo y custodio del oro. Al principio Cortés pensaba ir con la retaguardia, pero Alvarado le disuadió: más valía que fuera con la vanguardia, pues habría más resistencia allí y todos lucharían con más entusiasmo si le veían.[10]

Los conquistadores dedicaron sus últimas horas en el palacio de Axayácatl a decidir qué hacer con el tesoro.[11] El propio Cortés, en una carta dirigida al rey, explicó que colocaron el oro del monarca a lomos de una yegua escoltada por servidores de confianza. Dio permiso a todos para coger el resto del oro, cosa que hicieron: llenaron bolsas enteras.[12] Habían fundido casi todo el oro convirtiéndolo en barras.[13] Un soldado, Gonzalo Ruiz, por ejemplo, diría más tarde que cogió tres barras de oro, por un valor aproximado de seiscientos pesos, y que de este modo se repartieron cincuenta mil pesos.[14] Los castellanos dieron a los tlaxcaltecas todas las plumas de quetzal que les habían regalado o que habían acumulado desde su llegada a Tenochtitlan.[15]

Mucha gente fue testigo de estos arreglos: así, en una habitación del palacio, Alonso de Villanueva advirtió un gran montón de oro que, según supo más tarde, acabó a lomos de una yegua.[16] Martín Vázquez observó cómo cargaban el oro a lomos de la yegua.[17] Según Tapia, fueron ocho cestas y ocho o diez cajas de madera las que cargaron.[18] Andrés de Duero vio una yegua cargada de cajas que, le dijeron, estaban llenas de oro y pertenecían al rey Carlos V y a la reina Juana.[19] Posteriormente se alegaría que se precisó mucho tiempo para ensillar y cargar a la yegua.[20] Andrés de Monjaraz afirmó haber visto a Velázquez de León con una yegua cargada de oro y que Alonso Pérez le dijo que el oro pertenecía al rey.[21] Fray Juan Díaz notó cómo Alonso de Escobar se encargaba del oro, en ausencia del tesorero.[22] Otros conquistadores asegurarían que el tesoro real estuvo a cargo de un criado de Cortés, Terrazas.[23] Rodrigo de Castañeda declararía haber observado a Cortés cuidar de su propio tesoro y convocar al escribano, Pero Hernández, para testificar que los tlaxcaltecas llevaban a cuestas oro por valor de trescientos mil pesos, bajo el mando de un cacique llamado Calmecahua.[24] Una pregunta de la probanza secreta contra Cortés, en 1529, sugería que el caudillo había robado cuarenta y cinco mil pesos propiedad del rey.[25] Diego de Ávila, testigo siempre hostil hacia Cortés, declaró haber oído a Cortés ordenar a Pero Hernández dejar atrás el oro del rey y llevar únicamente el suyo, el de Cortés.[26] Las barras de oro que nos ocupan eran muy planas y medían menos de treinta centímetros de largo; cinco, de ancho; y algo más de uno, de grosor: tamaño idóneo para poder llevarlas debajo de una armadura española.[27]

El propio Cortés explicaría más tarde que había ordenado a cuatro o cinco españoles de confianza a quienes había dejado el oro que se preocuparan por el tesoro del monarca y no del suyo (el de Cortés).[28] Aunque nos adelantemos a los hechos, hemos de decir que dos meses más tarde Benavides, el fundidor de la expedición, diría que los castellanos se llevaron ciento treinta y dos mil cuatrocientos pesos[29] y Cortés diría aún más tarde, que había salvado setenta y cinco mil pesos para sí mismo.[30] Todas estas declaraciones son engañosas: probablemente, se perdió y se salvó más.[31]

Según Juan Jaramillo, conquistador extremeño, Cortés encontró otra amante la noche antes de partir: «doña Francisca», una hermana de Cacama.[32] Pero también rezó a la Virgen de los Remedios: esta combinación permite suponer una conciencia tranquila.

La retirada de los conquistadores empezó silenciosamente a medianoche del 1 de julio de 1520, bajo llovizna. Nadie hablaba.[33] Un capitán, Francisco Rodríguez Magariño, y sesenta ayudantes cargaron un pontón portátil de madera hecho de vigas y tablas. Todos confiaban en el pontón, cual si fuese un arma secreta.[34] Lo colocaron sobre el primer «ojo» de la calzada, llamada Tepantzinco, al límite de la ciudad. Sandoval era el responsable de organizar la carga de tablas adicionales que se colocarían en otros «ojos» de las calzadas. Todos los «pontones» provenían de las vigas del techo del palacio de Axayácatl.[35]

Casi todos los expedicionarios habían cruzado los cuatro primeros puentes, todos ellos dentro de los confines de la ciudad, y estaban a punto de cruzar el lago, cuando los vio una mujer que iba a sacar agua.[36]

La mujer gritó: «Mexicanos... ¡Andad hacia acá: ya se van, ya van traspasando los canales vuestros enemigos...! ¡Se van a escondidas!» Unos minutos más tarde un hombre, acaso un sacerdote, gritó desde lo alto del templo de Huitzilopochtli: «Guerreros, capitanes, mexicanos... ¡Se van nuestros enemigos! Venid a perseguirlos. Con barcas defendidas con escudos...»

Al parecer, a ningún mexicano se le ocurrió que los conquistadores se irían de noche. Pero en ese momento tañeron el tambor de guerra en lo alto de la gran pirámide. Los tenochcas, una vez despertados, llevaron a toda prisa sus canoas al canal principal: «Luego se ponen en plan de combate... Siguen, reman afanosos, azotan sus barcas, van dando fuertes remos a sus barcas.» «Y sus flechas llovizaban como acachapulines [especie de grillo que vuela y zumba como flecha].»[37] Taltecatzin, príncipe tepaneca, guiaba y dirigía a los mexicas.[38] En medio de la confusión del ataque nocturno y tal vez a causa de su ira, los mexicanos parecen haber pasado por alto su antigua táctica, la de no matar. Según todas las fuentes, si bien capturaron a algunos castellanos, también mataron a muchos, generalmente a pedradas en la nuca: así mataban a los criminales.[39]

Pese a estos asaltos, tanto la vanguardia castellana como Cortés y sus compañeros de la segunda sección de la retirada lograron llegar a una aldea llamada Popotla, en tierra firme, justo antes de Tacuba. Tuvieron que cruzar a nado los dos últimos canales, abiertos desde su última salida de reconocimiento. Cortés dejó allí a unos cuantos afortunados soldados, Marina, «María Luisa», fray Olmedo y fray Díaz bajo el mando de Juan Jaramillo. Regresó a la calzada con cinco jinetes (Olid, Sandoval, Ávila, Morla y Gonzalo Domínguez) a fin de ayudar a los que quedaban detrás.[40] No obstante era más fácil planear esta ayuda que llevarla a cabo, pues toda la calzada se hallaba bajo el asalto por ambos lados de incontables canoas. Todos los puentes se encontraban alzados; las tablas de los castellanos, destrozadas, y numerosos hombres, muertos o heridos. Se perdieron los cañones, muchos caballos y gran parte del oro. Nunca más aparecieron Alonso de Escobar, la yegua con el oro del rey y los tesoros del imperio mexicano.[41] Pedro Gutiérrez de Valdelomar afirmó haberse hallado un momento detrás de la yegua en la calzada y haberla perdido de vista.[42] El recuerdo del animal obsesionaría a los españoles durante años.

El mayor desastre tuvo lugar en el canal de los toltecas, el puente de la matanza, en palabras de Francisco de Flores. Se trataba de la segunda brecha en la calzada fuera de la ciudad (aproximadamente donde ahora se encuentra la iglesia de San Hipólito). «... fue como si se derrumbaran, como si desde un cerro se despeñaran. Todos allí se arrojaron, se dejaron ir al precipicio. Los de Tlaxcala, los de Tliliuhquitépec, y los españoles, y los de a caballo y algunas mujeres. Pronto con ellos el canal quedó lleno... Y aquellos que iban siguiendo, sobre los hombres, sobre los cuerpos, pasaron y salieron a la otra orilla».[43] Naturalmente, dadas las circunstancias, tanto los caballos como los cañones resultaban inútiles.

Alonso de la Serna explicaría que «en la rreçaga donde este testigo venya con el dicho Pedro de Alvarado cargo de mucha gente en gran manera, e les davan gran trabajo donde matavan e heran muchos españoles al paso de una puente donde estava puesta sola una viga, e alli caya edrrocaba e matavan muchos españoles, e que alli peleando los naturales con los españoles rrompieron el hilo de la gente, e atacaron muchos españoles que venyan, los quales todos perecieron, porque como los tomaron la delantera tan gran golpe de gente, no pudieron tonar a rronper, e se dicxo que viendose perdidos, se bolvieron a los aposentos donde todos murieron».

Lo único seguro de esta noche, sombría para los castellanos, es que era más fácil que murieran los que salieron cargados de oro, que los hundía con su peso, que los que no llevaban sino armadura de algodón.[44]

Cortés y casi todos sus capitanes lucharon interminable y valientemente, pero, a fin de cuentas, en vano. Joan de Cáceres recordaría que «don Hernando dexo la vanguardia al dicho Quiñones e Sandoval e volvio por la calçada adelante e rrecoxo todos los españoles que pudieran salir e de alli el dicho don Hernando llevo la rretaguardia hasta el pueblo de Tacuba peleando...» Tapia vio a Cortés regresar y le preguntó adónde iba. El caudillo respondió: «... buelvo alla, y a socorrer lo que pudiera, que antes quero morir, que por poco prober nadie peligro e muera».[45] A un momento dado, el propio caudillo cayó al agua y se halló rodeado de mexicas (normalmente buenos nadadores, sin duda mejores que los conquistadores), que se lo habrían llevado a fin de sacrificarle triunfalmente, de no ser por la ayuda oportuna de Cristóbal de Olea y Antonio de Quiñones.[46] Se dice que la única española combatiente, María de Estrada, «se mostró valerosamente... haciendo maravillosos y hazañeros hechos con una espada y una rodela en las manos...» Mas en esta ocasión los mexicas no vieron en ella la Madre de Dios.[47] Por lo demás, «nadie tenía a la sazón cuydado mas de salvar su persona», como recordaría años más tarde, amargamente y con razón, fray Juan Díaz.[48] Sin embargo hubo quienes, como Ruy González, conquistador llegado con Narváez, insistirían al reclamar un escudo de armas, que habían hecho mucho por ayudar a los otros.[49]

En medio de la oscuridad, el ruido y la confusión, Velázquez de León y Alvarado perdieron el control de la retaguardia. Alvarado llegó a reconocer que era tal la confusión que ya ni siquiera podía capitanear a sus hombres.[50] Su caballo murió, pero siguió luchando hasta encontrarse solo, añadió. Posteriormente le acusarían de saltar el tercer «ojo» de la calzada, el de Petlacalco. En su juicio de residencia, lejos de tomar este acto por heroísmo, se alegó que había evadido su responsabilidad, abandonando a sus hombres y huido del enemigo. Ahora bien, el «salto de Alvarado» nunca tuvo lugar.[51] El conquistador caminó sobre una viga y, con dificultad, logró saltar «a las ancas» del caballo de Cristóbal Martín de Gamboa, caballerizo mayor de Cortés: «Martín de Gamboa vido quel dicho Don Pedro estava a pie e questo testigo le tomo a las ancas de su cavallo e llevo hasta donde agora esta en la dicha calzada una alcantarilla de piedra.» [52] Por supuesto, Cortés se alegró de verle, pero le preguntó: «¿Capitán, ques de la gente que os dexe?» Alvarado respondió: «Señor, todos estan ya aca, e si algunos quedan no hagays quenta dellos.» [53] ¡El informe era de lo más engañoso.

Alvarado negó que hubiese sido el responsable del desastre: «... los que dizen que yo fue la cabsa e culpa de aquello digo que mas verdaderamente se pueden dezir quellos fueron la cabsa dello por me aver dexado y siendo yo el postrero mal se puede dezir e contra verdad yo ser a cargo de los que asy murieron pues fue una guerra mui cruel e de noche e los [que] escaparon fue mucha maravilla».

Alvarado tuvo más suerte que el otro compañero al mando de la retaguardia, Velázquez de León, uno de los hombres de quien no se supo más (según Juan Jaramillo, se quedó con el oro del rey),[54] además de Francisco de Saucedo el Pulido, Botello el nigromántico, Lares el Buen Jinete y el criado de Cortés, Terrazas. El hijo de Moctezuma, Chimalpopoca (prisionero de Cortés) y su hermana «doña Ana» perecieron.[55] Algunos señores mexicanos que formaban parte del séquito de Cortés murieron también en manos de sus compatriotas: entre ellos, Xiuhtototzin, gobernador de Teotihuacan que había tomado partido por Ixtlilxóchitl en la guerra por el trono de Texcoco.[56] Murieron también dos hijos y probablemente varias hijas del difunto rey Nezahualpilli; al parecer, una de ellas, «doña Juana», había sido amante del metilense Juan Rodríguez de Villafuerte.[57]

Algunos de los soldados de la retaguardia lograron llegar a tierra firme, entre ellos Francisco de Flores.[58] Pero muchos, al percatarse de que no podrían cruzar la calzada, decidieron desandar el camino y volver a su cuartel en Tenochtitlan. Presumiblemente a los que lo consiguieron resistieron uno o dos días, los capturaron, padecieron mucha hambre y fueron sacrificados. Según Alonso de la Serna, «don Hernando queria volver otra vez a la çibdad e que alli los que con el se hallaron se lo estovaron, diziendo que no fuese ala que mororian todos».[59] Corrió otra versión según la cual, debido a la confusión, hasta doscientos setenta castellanos no se enteraron de la decisión de partir de Tenochtitlan y se quedaron en sus aposentos hasta ser finalmente capturados y sacrificados.[60] Tal vez Alonso de Ojeda, a quien se le había encomendado la tarea de despertarlos, olvidó llamar a algunos de los hombres de Narváez en el templo de Tezcatlipoca.[61]

Los mexicanos calcularon un total de cuatrocientos castellanos muertos (incluyendo doscientos jinetes; eso es imposible, pues llevaban únicamente cien caballos),[62] y Juan Cano habló de mil ciento setenta.[63] Probablemente acertara Martín Vázquez al declarar, en 1525, que esa noche seiscientos españoles murieron o se perdieron.[64] Según un testigo español, Juan de Nájera, «de casi mil indios [tlaxcaltecas] no quedaron ciento».[65]

Cortés estuvo en su mejor forma tras este revés: se mostró resuelto en todo momento a capturar de nuevo la capital y, por tanto, el imperio mexicano. Dadas las circunstancias, su determinación rozaba la locura, pero así se portan los hombres poseídos y por eso tienen seguidores. Dejó claro que quería todavía reprimir la «rebelión» (término que seguía utilizando, por más raro que parezca) de los mexicas. Contaba aún con casi todos los hombres en quienes confiaba al principio de la expedición: los Alvarado, Olid, Sandoval, Tapia, Ordás, Ávila, Grado y Rangel. Muchos de los muertos habían formado parte de la expedición de Narváez. Ni Marina ni Gerónimo de Aguilar, los tan necesarios intérpretes, resultaron heridos. Al llegar a tierra firme por segunda vez, Cortés preguntó si había sobrevivido su constructor de barcos, Martín López, ese hombre tan hábil e ingenioso, según la definición de sus amigos, que había construido los bergantines y que había estado construyendo barcos en la Villa Rica de la Vera Cruz justo antes de la llegada de Narváez. La respuesta: sí, pero gravemente herido. Cortés no preguntó por nadie más, se limitó a comentar: «Bamos, que nada nos falta»,[66] declaración extraordinaria y significativa no sólo de la voluntad de supervivencia del caudillo, sino también de su resolución de regresar para conquistar. En una campaña de esa naturaleza, tal sangre fría lo vale todo.

El caudillo, como todos los hombres de su época, conocía bien el mito de la rueda de la fortuna. Tras hablar con algunos participantes en estos acontecimientos, Pedro Mártir escribió al piadoso papa Adriano VI: «... digamos cómo la adversa fortuna vuelve de presto su rueda, que a grandes bonanzas y placeres siguen las tristezas...»[67] La fortuna vuelve sus ruedas y sube sus copas, algunas llenas, otras vacías, comentaba la Celestina. Bernal Díaz del Castillo evocaría la misma diosa de la fortuna cuando, años más tarde, escribía acerca de esta batalla. En ese momento, rodeado de una banda de hombres exhaustos en las afueras de Tenochtitlan, Cortés debió de pensar que esa divinidad ciega había dado una vuelta demasiado brusca. Mas no perdió el ánimo y alentó en sus compañeros el mismo deseo de sobrevivir y conquistar.

En ese mismo momento, a mediados de verano de 1520 y para conmemorar la próxima coronación del emperador Carlos V, los trabajadores del taller bruselense de Pieter Van Aelst tejían un magnífico tapiz llamado *Honores* que representaba la rueda de la fortuna. En él la diosa Fortuna, con los ojos vendados, recorre el cielo montando un corcel, esparce rosas con la mano derecha y arroja piedras con la izquierda. Abajo: su famosa rueda propulsada por una mujer. Arriba: los atributos del imperio: corona, espada, cetro. A la derecha, entre los afortunados: galeones; a Julio César, ese héroe tan popular en esa época, le llevan remando a la costa. Viste como se habría vestido Cortés y está rezando.[68]

VI. La recuperación española

29. SÓLO QUIERE MI CORAZÓN LA MUERTE DE OBSIDIANA

Corazón mío no temas:
en medio a la llanura quiere mi corazón
la muerte de obsidiana:
sólo quiere mi corazón
la muerte en guerra

Poema sobre la guerra, GARIBAY, *Historia de la literatura náhuatl*

La derrota de los castellanos en los puentes de Tenochtitlan era el peor revés sufrido hasta entonces por los europeos en el Nuevo Mundo. Los mexicas, naturalmente, no lo sabían. Pero al colocar en hileras los cuerpos de los conquistadores muertos «cual los blancos brotes de las cañas, como los brotes del maguey, como las espigas blancas de las cañas», creían que ya no verían más a los intrusos. Aparte del montón de cuerpos, hallaron y sacaron del fondo del lago numerosas espadas, empuñaduras de espadas, ballestas, lanzas y arcabuces, saetas, flechas, puntas de flecha de acero, cascos, cotas y corazas, petos y espaldares, gorgueras y escudos de madera, cuero y hierro, sillas de montar y trozos de armadura y testeras para caballo, cuchillos, dagas y alabardas, así como una o dos armaduras acanaladas tan de moda en Alemania. También incontables barras de oro, *chalchihuites* y collares, que volvieron a sus antiguos dueños. En el fango del lago debía haber algunos documentos: las instrucciones de Velázquez para Cortés, los documentos por medio de los cuales se establecía la existencia de la Villa Rica de la Vera Cruz, los documentos que Grado y Ordás habían quitado a Narváez. Entre los cuerpos de los tlaxcaltecas y demás aliados indios se hallaban, por supuesto, muchísimos tocados y mantas de plumas.[1]

A los mexicas que capturaban prisioneros les permitían cortarse la «vedija en el cogote» en señal de honra. Si capturaban por sí solos a un prisionero, en una ceremonia, se les teñía el cuerpo y las sienes de amarillo y la cara de rojo y se les entregaba una manta color amarillo rojizo de ribete a rayas e insignias en forma de escorpión.[2]

Los mexicas arreglaron los templos, limpiaron el polvo, la basura y, en algunas calles, los escombros. Intentaron recuperar su estilo de vida normal, por así decirlo. Prepararon el gran festival de los señores, a fines de junio, o sea, *Huey Tecuílhuitl*, el séptimo mes del calendario mexica. Como en años anteriores, el monarca, en esta ocasión Cuitláhuac, se disponía a distribuir parte del maíz almacenado en el *petlacalco*, el almacén del palacio real donde se guardaban los depósitos de maíz, pues normalmente ésta era temporada de escasez de alimentos. Generalmente en este festival se celebraba el poder del emperador y su generosidad con el maíz indicaba su papel dominante.

Tras una victoria, solían bailar de noche al pie del Templo Mayor. Iluminados por «muchas lumbreras como grandes hachas de tea, y... braseros y hogueras» cargados por «mancebos». Los «capitanes y otros valientes hombres ejercitados en las cosas de la guerra», ese año, victoriosos en «la batalla de los puentes», bailarían «de dos en dos hombres, y en medio de cada dos hombres una mujer», una de las llamadas compañeras de los soldados solteros, prostitutas cuya posición social mejoraba indiscutiblemente en estas ocasiones, que «traían el cabello suelto» e «iban... muy ataviadas con ricos *huipiles*». Todos llevaban orejeras de turquesa y los guerreros «que habían hecho alguna cosa señalada en la guerra» llevaban bezotes en forma de ave o de nenúfar. Sin duda el propio Cuitláhuac participó en esta sagrada celebración.[3] Los españoles, al recordar su derrota, la llamarían «la noche triste»; pero para los mexicas era una noche de triunfo.

Probablemente hubo quien propusiera sacrificar a algunos de los castellanos cautivos, junto con cholultecas, tlaxcaltecas y huextzozincas.[4] Acaso entre los primeros figurarían algunos de los jefes de la expedición: Alonso de Escobar, quien había vigilado la yegua con el tesoro del rey; o Juan Velázquez de León, cuyos ojos se habían posado en la infancia sobre el gran castillo de Albuquerque en Cuéllar y que ahora (si no es que ya había muerto) se cerrarían eternamente bajo el brillante cielo azul de Tenochtitlan. Una vez extraído el corazón («la flor del águila que brota») con cuchillo de pedernal[5] de estos conquistadores y cercenada su cabeza, los sacerdotes arrojarían el cuerpo por las empinadas gradas del templo, como lo había hecho (o eso creían los sacerdotes) Huitzilopochtli con su hermana Coyolxauhqui desde lo alto de la montaña.

No queda claro, ni mucho menos, si la captura de castellanos era considerada como un triunfo tan importante como la captura de tlaxcaltecas, ni tampoco si a los españoles los equiparaban a los huaxtecas de la costa, esa «gente baja». Esto último es lo más probable y, en ese caso, no les habrían ofrecido ni «vino de obsidiana» (pulque) ni alucinógenos para sedarlos antes de morir.

Tampoco se sabe con certeza que estos castellanos hubiesen muerto «como una flor», expresión de los mexicas para definir a quien moría dignamente. El silencio de los cronistas acerca de este tema hace pensar que, tras la batalla, probablemente se hubiesen dejado de lado los rituales concernientes a los prisioneros. Por ejemplo: en el pasado, el que capturaba se consideraba padre del prisionero y lo llevaba al *malcalli* (la «casa de cautivos», un sótano del palacio real). Allí el prisionero era tratado con lujo hasta el momento de la fatídica ceremonia. Quizá, al calor del momento, suspendieran esta costumbre. ¿Acaso pintaron a los cautivos con rayas longitudinales rojas y blancas, como solían hacer con las víctimas? ¿Los habrán convencido de llevar banderolas de papel con las que se identificaban como candidatos a la piedra del sacrificio? ¿Los habrán arrastrado por el cabello hacia arriba (seguramente no habrán subido voluntariamente)? Hemos de suponer que, como siempre, arrojaron el corazón tanto de los castellanos como de los indios en un *cuauhxicalli* («vasija del águila») y que los que los habían capturado comían un muslo de la víctima mientras que el otro iba a parar al palacio. «Cuando entre dos o tres o más cautivaban a uno de los enemigos [cosa muy probable en esta batalla de "los puentes"], dividíanle de esta manera: el que más se había señalado en este negocio, tomaba el cuerpo del cautivo y el muslo y pierna derecha; y el que era segundo, tomaba el muslo y pierna izquierda; y el tercero tomaba el brazo derecho; y el cuarto, el izquierdo; esto se entiende desde el codo arriba; el que era quinto tomaba el brazo derecho, desde el codo abajo; y el que era sexto tomaba el brazo izquierdo, desde el codo abajo.»[6] El torso era arrojado a los animales del zoo o llevado a un lugar apartado del lago para consumo de los buitres.[7] Su cabeza y las de los caballos capturados se exhibirían, por supuesto, en el *tzompantli* (osario).

Los mexicas seguramente no sintieron compasión por estos castellanos, pues, al morir en la piedra del sacrificio, se habían convertido en *quauhtecatl*, o sea «habitantes del país del águila», que atenderían al sol durante cuatro años, entonando cantos de guerra y participando en simulacros de batallas, antes de reencarnarse en colibrí. Mas seguramente ni las víctimas ni sus compañeros supervivientes podían valorar estos privilegios.

Ahora bien, pese al ambiente triunfante, los conquistadores habían causado un enorme daño al imperio mexicano. Por ejemplo, el emperador perdió la lealtad incondicional de su pueblo. Los pueblos sometidos de la costa se habían rebelado con asombroso entusiasmo. La entrega de productos tropicales por parte de los totonacas estaba en entredicho. Alvarado había asesinado a la flor de la nobleza, de los sacerdotes y de los guerreros. Los éxitos de un puñado de conquistadores y sus armas devastadoras habían sacudido los ánimos. Dos de los principales monarcas de la Triple Alianza que habían gobernado el imperio durante años, así como el tío de Moctezuma, gobernador militar de Tlatelolco, habían muerto violentamente. Las llamas habían asolado gran parte de Tenochtitlan y los hermosos jardines de las casas entre el palacio de Axayácatl y el lago estaban destrozados. La «armonía y [el] concierto» que los mexicas se habían esforzado tanto por preservar habían sido devastadoramente alteradas.

Cierto: contaban ahora con un nuevo y aparentemente valiente monarca, Cuitláhuac, hermano de Moctezuma. En todo caso, había inspirado una gran victoria y, por ello, la ceremonia de coronación de este nuevo emperador fue, según parece, tradicional. Como en el caso de sus predecesores, ataviado únicamente con un taparrabo, le habrían hecho subir las funestas gradas del Templo Mayor, escoltado por dos nobles; como sus predecesores, habría visto en su semidesnudez el símbolo de un regreso a la sencillez; como a sus predecesores, una vez en la plataforma, un sacerdote lo habría teñido de negro antes de vestirlo con, según la descripción de uno de los informantes de Sahagún: «una xaqueta de verde obscuro y pintada de huesos de muerto... luego le ponían a cuestas colgada de las espaldas una calabazuela llena de *picíetl* [tabaco], con unas borlas verde obscuras, y poníanle delante de la cara una manta verde obscura atada a la cabeza, pintada de huesos de muertos... y calzábanle unas cotarras también verdes, obscuras, y poníanle en la mano derecha un incensario de los que ellos usaban, pintado de cabezas de muertos...».[8] Habría escuchado la advertencia del sumo sacerdote: el «concierto» dejado por sus predecesores no se había conseguido en un solo día. A continuación, acompañado por el son de las trompetas de concha, se habría retirado a «la casa de las armas» *(tlacochcalco)* a fin de ayunar y meditar durante cuatro días,[9] período interrumpido por otras dos visitas al altar de Huitzilopochtli, donde «iba a incensar y ofrecer sangre» que se sacaba con púas de cacto. «Acabada la penitencia», saldría refrescado y listo para las responsabilidades de su cargo y para la celebración de su coronación. El rey de Texcoco incrustaría un *chalchihuite* en un agujero de la nariz de su primo, le pondría brazaletes y ajorcas de oro en los tobillos; después le llevaría al solio del águila: un trono decorado de plumas de águila y piel de ocelote. Los seguía un largo cortejo hasta el templo de Yopico, ese templo aledaño al palacio de Axayácatl que Cortés había tomado por asalto. Esta visita era el símbolo de la comunión con la tierra. Allí los sacerdotes sacrificarían codornices y ofrecerían incienso; el emperador ofrecería nuevamente su propia sangre real.[10]

Pero no acabaría allí la ceremonia. El emperador regresaría a su palacio, donde se pronunciarían varios discursos. Los reyes de Texcoco y Tacuba empezarían, pero también tomarían la palabra otros señores. Invocarían primero a Tezcatlipoca: «¡Señor nuestro, humanísimo, amparador y defensor, invisible e impalpable...», hablarían al emperador de sus antepasados y le exhortarían a ser prudente, sensato, valiente y austero: «... nos ha dado... una lumbre y un resplandor del sol, que sois vos; él os señala y os demuestra con el dedo y os tiene escrito con letras coloradas, y así está determinado allá arriba y acá abajo, en el cielo, y en el infierno, que vos seáis el señor y poseáis la silla y estrado y dignidad de este reino... brotado a la raíz de vuestros antepasados que pusieron muy profunda y plantaron de muchos años...».[11]

En tiempos normales se habría librado una guerra y el emperador habría traído (en teoría) muchos cautivos a Tenochtitlan. A éstos los sacrificarían en una gran ceremonia de confirmación y bailes. En 1520 tal vez hubiesen bailado, aunque no es seguro, pero no hubo guerra para celebrar la coronación. ¿Cómo podía haberla?

Estos acontecimientos tenían por motivo identificar al emperador con la ciudad y sus monumentos y ofrecer al pueblo una ceremonia que fuera el símbolo del lugar de Tenochtitlan en el mundo.

Tradicionalmente, el nuevo emperador solía consultar con diversas clases de consejeros, pues, como bien sabían los mexicas, un hombre sabio y prudente era «un espejo de dos haces... una hacha [antorcha] muy clara, sin ningún humo», alguien que conocía todo lo que había en el cielo y en la región de los muertos. Un mexicano sabio no sólo consolaba y animaba, sino que también auxiliaba y curaba a todos.[12]

El problema, sin embargo, residía en que los sabios se preocupaban más por los agüeros y «señalaban el día afortunado» para tal o cual acontecimiento, que por las preparaciones militares o por averiguar lo que harían a continuación los castellanos. Al hombre sabio se le definía como quien llevaba consigo las tintas roja y negra, los manuscritos y los dibujos. En eso consistía la sabiduría.[13]

¿Había tenido razón Moctezuma II al dar a entender, por medio de sus comentarios y su comportamiento, que los mexicas habían llegado a la fatal era 4-movimiento, cuando terminaría el ciclo del Quinto Sol, el sol mexicano; cuando se podía esperar el terremoto final que acarrearía la muerte de todos. Ésa era la principal pregunta que habían de responder los sabios.

Según todos los indicios, los sabios, los sacerdotes y el nuevo emperador rechazaron tan fatalista conclusión. Los españoles eran difíciles de tratar, pero no eran dioses. En Champotón, los mayas habían luchado contra ellos y con éxito. Los mexicanos habían luchado contra ellos sobre «los puentes». Lo harían de nuevo, de ser necesario, y el enemigo podría ser derrotado y morir.

Imaginemos a los mexicanos celebrando el descalabro de los castellanos con fiestas públicas y privadas. Estas últimas se habrían semejado a los «convites de los mercaderes», en los cuales «los servidores y oficiales andaban con gran solicitud... barriendo y allanando los patios... otros colgaban espadañas donde se había de hacer el areito; otros entendían en pelar gallinas, otros en matar perros y chamuscarlos, otros en asar gallinas, otros en cocerlas, otros metían los perfumes en las cañas... Las mujeres... entendían en hacer tamales... unos se hacían con harina de frijoles otros con carne... otras traían agua, otras quebrantaban cacao, otras lo molían, otras mezclaban el maíz cocido con el cacao, otras hacían potajes»[14] y asaban chiles.

Cuando llegaban los convidados «juntábanse», empujábanse y amontanábanse «y luego se asentaban por su orden».[15] ¡Cuán familiar nos parece otra descripción: desorden, dispersión, disputas; los convidados correteaban como tontos, se apresuraban, se inquietaban. «Luego comenzaban los que tenían el cargo de servir las cosas... ponían luego cañas de humo con sus platos delante de cada uno de los convidados; luego poníanles flores en las manos, y poníanles guirnaldas en las cabezas y echábanles sartales de flores al cuello; y luego todos los convidados comenzaban a chupar el humo de las cañas y a oler las flores... Luego venían los que servían el cacao, y a cada uno le ponían su palillo...»; «hacen el cacao y lo levantan al aire y dan a los que han de beber...». Probablemente servían pavos y perros asados; en las lujosas fiestas de los mercaderes ricos tal vez los servían juntos. «Después de haber ellos bien bebido y comido estábanse en sus asientos un ratillo, reposando... y a la noche, los viejos y viejas juntábanse y bebían *pulcre* [pulque]. Para hacer esta borrachería ponían delante de ellos un cántaro de *pulcre*, y el que servía echaba en una jícara... a las veces daban *pulcre* blanco, y otras veces daban *pulcre*, hechizo de agua y miel... En estando borrachos, comenzaban a cantar; unos cantaban y lloraban... Otros no cantaban, sino parlaban y reían y decían gracias, y daban grandes risadas cuando oían los que decían gracias»,[16] se quedaban allí, sentados, agotados por la risa... Diríanse perros ladrando. En casa de cada noble había cantos y alegría. Sin duda, en esta celebración contarían chistes sobre los castellanos, sobre su absurda exigencia de oro, su hipocresía, su pálida diosa, sus horribles caballos y su olor.

Mas no dieron muestras de sensatez con estos «convites», pues el enemigo se hallaba todavía cerca. Cuitláhuac no hizo ningún esfuerzo por perseguir a los castellanos: seguramente los suponía definitivamente quebrantados.

En el primer lugar donde se reunieron los expedicionarios, bajo el que se conoce como «el árbol de la "noche triste"»,[17] en Tacuba, en una arenga dirigida a su maltrecho ejército, Cortés dejó claro que la derrota de la noche triste no era, a su entender, sino un revés táctico. Con gran calma insistió en que pretendía todavía entregar Tenochtitlan como premio al rey de España. De momento, los supervivientes irían a Tlaxcala y, esperaba, se recuperarían allí en compañía de sus amigos. Habiendo fallado su plan de capturar la ciudad sin pelear, pero —eso sí—, por medio de la intimidación desde arriba, encontraría una alternativa y haría mejor uso de los tan resentidos tributarios de los mexicas. Probablemente en ese momento no contaba sino con un plan rudimentario, y precisaría tiempo, implacabilidad y, por supuesto, suerte, para salir con bien. Pero la diosa Fortuna sin duda le volvería a favorecer en poco tiempo. Sin duda estaba ideando un plan, incluso durante los primeros días después de la derrota en los puentes.

La noche de la retirada Cortés se encontraba, naturalmente, decaído. Hasta se le vieron lágrimas en los ojos. Contaba con cuatrociento soldados y apenas treinta caballos,[18] casi todos (hombres y caballos) heridos. No obstante se reanimó lo suficiente para explicar a los tlaxcaltecas que si estaba triste y afligido no era por falta de valor, sino por la emoción, pues el propio Santiago y un Dios benevolente le habían salvado, y por la pérdida de tantos queridos compañeros y amigos. Él no temía a los mexicas: no «estimaba en nada su vida, porque cuando a él le matasen y a todos los que con él iban, no faltarían otros cristianos que los sojuzgasen, porque la ley evangélica se había de plantar en esta tierra».[19]

Con esa seguridad, Cortés y sus hombres emprendieron camino al amanecer a lo largo de la costa septentrional del lago, por la misma ruta que habían seguido, apenas una semana antes, tras su victoria sobre Narváez.[20]

La primera noche después del repliegue, los castellanos descansaron un rato en un templo de Otoncalpulco, donde después se construiría una iglesia conocida como Nuestra Señora de los Remedios, nombre que también se había dado por un tiempo a la «isla» del Yucatán, en honor de la madona de la catedral de Sevilla a la que había rezado Cortés antes de salir del palacio de Axayácatl. Fueron atacados constantemente, pero sin coordinación. A la medianoche, más bien a primeras horas del 2 de julio, tras descansar unas horas, los castellanos siguieron su marcha. Unos años más tarde, al hacer una declaración sobre Juan González Ponce de León, Cortés describiría esta batalla: «La noche que salimos desbaratados d'esta cidad, mando a diez amigos y compañeros suyos quese fuesen con el, y que no le dexasen ni desamparasen, y que por los mahizales de Tacuba estaban todos los señores e yndios de la tierra aguardandonos, y por allí mataron los yndios a muchos cristianos, y este testigo [Hernán Cortés], con la mitad de gente de cavallo andava peleando en la delantera, y que para rrecojer a su gente tomo un *cu* que lo puso en el una imagen de Nuestra Señora de los Remedios, y ally començo a rrecojer a toda la gente que venia muy malherydos todos los mas, y desde a mucho rrato le vinieron a dezir como el dicho Juan Gonçales avia saltado de la hamaca en que lo llevaba, y quitado a los yndios a un Gonçalo Carrasco y a Peñalosa y a Diego de Sopuerta y a el padre Juan Dias, que estavan matando, y que allí aguardando a la rreçaga, porque dis que ally hera muy mal paso, y avian muerto por ally a la rredonda a muchos cristianos, y luego este testigo enbio a veynte de cavallo que los traxesen, porque dis que estava todo muy lleno de sangre, y lo mando meter en su tienda y lo hizo luego curar y que mirasen por el...» Otro testigo, Andrés López, viejo criado del explorador Ponce de León, padre de Juan González de León, diría que: «si no fuera por el dicho Juan González, que tanbien los mataran como a los demas que havian muerto, porque andavan los indios tan encarniçados y ardiles, que hizieron mucho más daño que lo que havia hecho, sy el dicho Juan González no allegara aquel tiempo por ally, yporque aquel hera mal paso adonde los yndios estavan matando a los cristianos, se detovo alli cantidad de dos horas poco mas o menos, rrecojiendo a todos los cristianos que venian desbaratados de los patios de la poblazon de Tacuba, y alli peleava el dicho Juan González Ponce de León, y este testigo, y mas de otros cien cristianos que avia rrecojido, y no se quiso quitar de ally hasta que no avia ya cristiano que pasase, y ally hizo mucho daño en los enemigos, el tiempo que ally se detuvo, y vido este testigo como ally se le solto la sangre de algunas de las herydas al dicho Juan González, y en tanta cantidad que pensaron que ally se les mureyra...»

Durante estas escaramuzas, Tapia encontró a un español que le dijo que prefería morir «que no pasar el trabajo que pasaba en pelear, porque yba herido e ansi se quedo e aparto donde este testigo no lo vido mas».[21]

El resto del día se fue en andar con guías tlaxcaltecas hacia Teocalhueycan. Aquellos que aún eran capaces de luchar iban al frente y en la retaguardia, y los heridos en medio, con un pequeño grupo a ambos lados para protegerlos. Pese a la corta distancia (apenas ocho kilómetros), les era inevitable ir a paso lento debido a los heridos y a la lluvia constante de piedras y flechas lanzada por los mexicas de los alrededores. La expedición hizo alto por la noche en una torre, una casa fortificada de Teocalhueycan, protegida por una barrera de rocas, en la cima de un pequeño monte. Los habitantes eran tepanecas, quienes, conquistados en los años 30 del siglo XV por los mexicas, habían padecido la atención de Moctezuma. Así pues, el cacique les dio la habitual y atenta bienvenida mexicana: «Habéis llegado a vuestra casa, os habéis cansado, os habéis fatigado, descansad», y los habitantes les dieron «pastura para las bestias», agua, maíz (elotl), tortillas, huevos, tamales y rebanadas de calabacines. Este apoyo les dio ánimo tanto psicológico como físico.

A un momento dado, Cortés creyó haberse perdido. «Villafuerte —preguntó—, ¿por donde os paresce que yremos mejor?» Rodríguez de Villafuerte, metilense como él, contestó: «Señor por aquel camyno de otaba yremos mejor.»[22]

Al día siguiente Cortés se dirigió hacia Tepozotlán, ciudad a orillas de un lago y a veinticuatro kilómetros hacia el norte de Tenochtitlan. Los habitantes de esta ciudad eran tepanecas también y no tenían nada en común con los mexicas a los que habían de pagar tributo; sin embargo habían huido hacia las montañas al enterarse de la llegada de los castellanos; lo dejaron todo, incluyendo sus reservas de alimentos. Los castellanos comieron y pernoctaron en «las casas reales», «rrepegados unos a otros, todos hechos bola. Pues estaban medrosos, tenían grande miedo».[23]

El tercer alto de lo que para los conquistadores resultaba un

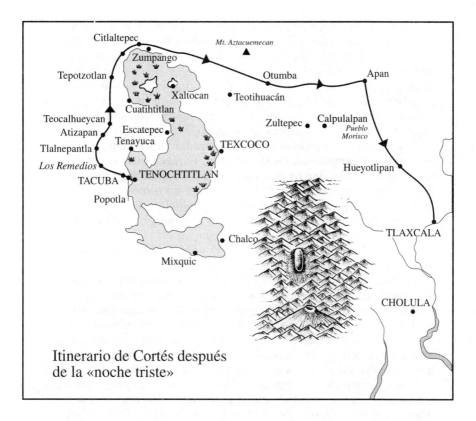

Itinerario de Cortés después
de la «noche triste»

calvario fue en Citlaltepec, otra ciudad a orillas del lago, dependiente de Zumpango, cuyas canteras de piedra caliza habían proporcionado el material para la construcción de Tenochtitlan. En el
trayecto se enfrentaron a más ataques esporádicos. Una vez allí,
encontraron «otra torre» redonda (templo) donde pasar la noche.
Pero también allí «quedaron abandonados» y, en esta ocasión, sin
comida.[24] Al día siguiente continuaron por la costa este del lago;
nuevamente hubo ataques esporádicos y una piedra hirió a Cortés
en la cabeza. A un momento dado, los mexicanos mataron el caballo de Cristóbal Martín de Gamboa, el mismo con que supuestamente se había salvado Pedro de Alvarado en «la noche triste». Por
tanto, y por primera vez desde la derrota, los castellanos comieron
carne.[25]

Así prosiguió el viaje, al pie del monte Aztacuemecan y pasando por varios pueblos hostiles. En ocasiones, lo único que tenían
por comida era pasto. Los castellanos continuaron su camino reco-
rriendo a menudo muy pocos kilómetros al día y siempre asediados.
Varios morían cada día a consecuencia de las heridas. Al parecer,
su número se había reducido ya a trescientos cuarenta soldados,
casi todos heridos, y veintisiete jinetes.[26] Justo más allá del famo-

so Teotihuacan (cuyas ruinas no podían ver, pues se hallaban cubiertas por matorrales y árboles), empezaron a subir rumbo al paso más septentrional de las montañas, hacia Tlaxcala. Llegaron a una ciudad llamada Otumba, famosa en mejores tiempos por la obsidiana que cerca de allí se extraía y por una leyenda según la cual su gobernador, acusado de haber cometido un crimen, compuso un poema cuando le iba a juzgar el rey de Texcoco, Nezahualcóyotl: al llegar, lo recitó y el monarca le perdonó.[27]

Fue entonces cuando el nuevo emperador Cuitláhuac, que había seguido a los castellanos en su retirada, parece haber decidido, por fin, acabar de una buena vez con Cortés y los conquistadores. Así que montó un gran ejército.[28] Sin embargo no tomó el mando, sino que se lo encargó a su lugarteniente, el *cihuacóatl*.

Según Tapia, «acometieron la gente con tan gran alarido e grito que parescia que rrompian el cielo, llegavan pie a pie a los españoles, peleaban con ellos...» González Ponce de León dijo que había «mas yndios que yerbas en el campo».

La batalla agotó a los conquistadores. Como siempre, con sus espadas de filo de obsidiana, los mexicas no pretendían matar, sino capturar. Así, hubo pocos muertos entre los castellanos. Mas los mexicas, por ser tan numerosos, fatigaron a los ya cansados soldados de Cortés. Lucharon cuerpo a cuerpo durante varias horas.[29] La pequeña banda de acorralados españoles no parecía tener la menor oportunidad de escaparse: «a de ser la gente tanta que a este testigo parescia que era ynposible contalla, e acometer en todas partes e con tanta fercidad que el dicho don Hernando andava herido», escribiría Alonso de Navarrete,[30] era «poca [la] resistencia que en nosotros hallaban por ir, como ibamos muy cansados y casi todos heridos», explicaría Cortés en su informe.[31] Gaspar de Garnica, vasco y amigo de Velázquez que había llegado a la «Nueva España» con el ejército de Narváez, recordaría que hacia el mediodía, tras varias horas de lucha, Cortés se dio cuenta de que su gente «que la animo que estaba muy desmayada» entre su gente.[32]

Por consiguiente, hacía falta una acción decisiva para no desperdiciar el esfuerzo de la retirada. El propio Cortés la llevó a cabo. Había visto a lo lejos a varios capitanes mexicanos ataviados con brillantes plumas. En los relatos de la época no figura si llevaban las insignias de plumas de quetzal comprimidas, la insignia del sol de plumas negras y blancas o algún otro «atavío» de la amplia gama de túnicas militares mexicanas.[33] En todo caso, resplandecían. Cortés dejó a Ordás al mando de los soldados de infantería y, con cinco jinetes (Sandoval, Olid, Alonso de Ávila, Alvarado y Juan de Salamanca, oriundo de Fontiveros, cerca de Ávila), se lanzó al ataque con lanzas. Cabalgaron directamente hacia ellos, pasaron a través de las filas sin disciplina de los mexicas y asaltaron a los sorprendidos jefes mexicanos.[34] Los atuendos de guerrero de los mexicanos, además de ser incómodos y pesados, estaban diseñados para abrumar y espantar. A menudo eran de cinco colores (como símbolo de los cuatro puntos cardinales y del centro). Pero no daban ya resultado con los castellanos. Cortés derribó al *cihuacóatl*; Juan de Salamanca le mató con su lanza, recogió su tocado de plumas y su estandarte y se los dio a Cortés, quien, a su vez, le devolvió esos trofeos. Francisco Flores recordaría que «la gente se enpeçó a rretirar».[35] La pérdida del estandarte tanto como la del jefe (o más) tuvo una consecuencia adversa para los mexicas,[36] debido en parte a los efectos psicológicos, pero, además, el estandarte, montado en un marco de bambú en la espalda del jefe, indicaba al ejército a donde debía ir y su desaparición creó bastante confusión.[37]

Hubo quien afirmó que el caballo de Cortés en esta aventura era un «rocín de arria [de carga] muy bronco, que no servía más que para llevar el fardaje».[38] La gran dama del ejército de Cortés, María Estrada, sevillana de nacimiento, participó igualmente en esta batalla, con una lanza en la mano, cual si fuese «uno de los más valerosos hombres del mundo».[39] Bernal Díaz del Castillo reconoció también la ayuda de los perros: «con qué furia los perros peleaban...», comentó, demostrando que algunos habían sobrevivido a la «noche triste».[40] Los mexicas perdieron la batalla por estar mal organizados. No eran capaces de enfrentarse a un ataque en campo abierto, por más exhaustos que se encontraran sus enemigos.

El ejército mexicano se replegó en desorden, aun cuando poco faltaba para que venciera por segunda vez a los castellanos. La de Otumba se ha considerado siempre, y con razón, una de las batallas que más honró a Cortés. Figura en su estatua en la plaza central de Medellín, donde debería haber otra estatua: la del caballo de Castilla, pues si alguna vez ese animal ha cambiado la suerte en una batalla, sin duda fue allí.

Cuando describió por primera vez este acontecimiento, Cortés afirmó haber perdido dos dedos de la mano izquierda en Otumba, ligera exageración suya, aunque parece no haber faltado demasiado a la verdad.[41] Posteriormente sólo daría a entender que se trataba meramente de una herida, que le impedía asir firmemente las riendas de su caballo.[42]

La derrota mexicana en Otumba permitió a Cortés continuar el lento recorrido por un paisaje desolado rumbo a Tlaxcala. Y entre los mexicas causó una nueva crisis: se formaron dos facciones en Tenochtitlan. Una quería castigar duramente a los amigos de los castellanos, a cualquiera que hubiese tenido algo que ver con ellos durante su larga estancia en la ciudad. La otra se componía de supervivientes de los antiguos consejeros de Moctezuma. Al parecer, durante días hubo discusiones entre ambas y ganaron los que abogaban por mostrarse implacables. Se ha dicho que varios amigos y parientes de Moctezuma, incluyendo algunos de sus hijos, fueron muertos.[43] Luego, bajo el mando de Cuitláhuac, los mexicas se entregaron a los festejos de Huey Tecúilhuitl. El pueblo se dedicó nuevamente a adornar a los ídolos con plumas, máscaras de turquesa y collares.[44] No podían concentrarse en la amenaza que sobre ellos pendía. Después de todo, aún se hallaba muy lejos el invierno, la temporada de guerras, y los castellanos continuaban en retirada.

Mientras tanto, después de Otumba, los conquistadores pernoctaron en Xaltepec, ciudad desde la cual vislumbraban las montañas de Tlaxcala, donde creían que estarían a salvo.[45] El 9 de julio, apenas diez días después de la «noche triste», cruzaron las montañas y recorrieron lentamente el largo camino a Hueyotlípan, primera ciudad del reino de Tlaxcala, donde se los recibió calurosamente,[46] bienvenida que supuso un inmenso alivio, sobre todo para Cortés, pues de otro modo habría podido perder el mando de un ejército desalentado, agotado y hambriento, muchos de cuyos miembros cojeaban y a cuyos pocos arcabuceros y ballesteros vivos les faltaban pólvora y flechas. En Hueyotlípan les recibieron alimentos, y allí descansaron durante tres días. Los amigos de Cortés, Maxixcatzin, Xicoténcatl el viejo y Chichimecatecle, jefe militar segundo en importancia, salieron a saludarlos.[47]

El ejército español se hallaba aún en Hueyotlípan convaleciendo cuando Cortés promulgó una orden de lo más impopular: todos cuantos habían salvado su oro durante la retirada debían entregárselo a él o a Pedro de Alvarado, so pena de muerte.[48] Se trataba de volver a llenar los cofres de la expedición. No se sabe con certeza si se cumplió con esta exigencia ni lo que ocurrió exactamente con el oro en cuestión. Hubo quien alegó, en 1529, que se recuperó oro por valor de cuarenta y cinco mil pesos y que Cortés se lo guardó.[49] En 1521 Diego Holguín, testigo en una probanza llevada a cabo en Cuba por Diego Velázquez, afirmó que Cortés mandó ahorcar a quienes no lo entregaron, mas no existe ninguna prueba de ello. No obstante, unos meses más tarde el caudillo tenía dinero para enviarlo a algunos de sus seguidores en España.[50] Esta orden provocó una más de esas pequeñas rebeliones que tantos problemas habían dado a la empresa.

Entretanto, en Tlaxcala se habló largo y tendido sobre cómo tratar a los castellanos, ahora que regresaban de Tenochtitlan. La discusión se debió a un mensaje de México: Cuitláhuac envió seis emisarios con algodón, plumas y sal de regalo y la promesa de más donativos si los tlaxcaltecas negaban su ayuda a Cortés. El mexica más anciano presentó los dones. A continuación él y sus compañeros sostuvieron una reunión con los caciques tlaxcaltecas. Los mexicas y los tlaxcaltecas compartían los mismos antepasados, la misma lengua y los mismos dioses, señaló el mensajero al mando de la embajada. Tenían intereses en común. Cierto: en años recientes había habido diferencias por cuestiones religiosas; mas era el momento de volver a los tiempos pasados más pacíficos. Posiblemente el embajador recordó los comentarios del mensajero mexicano que tratara de convencer a los tlaxcaltecas de que fueran a la coronación de Ahuízotl: «Hay tiempos donde se ha de tratar de enemistades y tiempo donde se debe tratar de la obligación natural que nos tenemos.»[51] Los forasteros, observaron los mexicanos, constituían una amenaza para ambos pueblos, pues cometían excesos, robaban las riquezas del país, intentaba rebajar a los grandes monarcas a una posición de vasallos y violaban templos. Ofrecieron una alianza permanente, probablemente semejante a la que unía México, Texcoco y Tacuba.[52]

Xicoténcatl el Mozo quería aceptar, pues nunca dejó de sentir una hostilidad implacable hacia Cortés. Quizá, como sugirió fray Aguilar, los mexicas le habían presentado obsequios especiales.[53] Exhortó a los tlaxcaltecas a matar a tantos castellanos como fuese posible, algo fácil de hacer, en su opinión, pues los veía vencidos y agotados.[54] Sin embargo, su padre y Maxixcatzin estaban a favor de conservar la alianza con Cortés. No sería correcto, declararon al parecer, mostrarse tan crueles y traicioneros con hombres tan necesitados a los que habían jurado amistad tan poco tiempo antes. Las dos partes casi llegaron a las manos, pero finalmente Maxixcatzin ganó al evocar con gran lujo de detalles la traición habitual, la crueldad continua y la arrogancia acostumbrada de los mexicas. Pese a su avanzada edad, Maxixcatzin empujó a Xicoténcatl el Mozo gradas abajo del templo mayor. Así, él y sus colegas fueron a recibir a los castellanos con la calidez que tanto apreció Cortés.[55] Según fray Aguilar, uno de los supervivientes de la «noche triste», Maxixcatzin saludó a Cortés con las siguientes palabras: «Seáis señor muy bien venido, ya yo os dije la verdad cuando íbades a México y no me quisíste[is] creer. A vuestra casa venís donde descansaréis y holgaréis del trabajo pasado.» Como de costumbre, ofrecieron a los castellanos pavos y tortillas en abundancia.[56] Los emisarios mexicanos partieron apresurada y sigilosamente.

No obstante hubo un toma y daca. Los caciques de Tlaxcala pretendían imponer duras condiciones a cambio de proporcionar tan gran ayuda a Cortés. Para empezar, querían la garantía de que los castellanos les entregarían Cholula; en segundo lugar, tras la futura derrota final de los mexicas, exigían la construcción en Tenochtitlan de una fortaleza especial de la cual ellos se encargarían, pues así evitarían cualquier ataque de los mexicas; en tercer lugar, deseaban que los castellanos compartieran con ellos cualquier botín obtenido y, en cuarto lugar, no querían nunca más pagar tributo a quien gobernara en Tenochtitlan.[57] Mediante Marina y Aguilar, Cortés aceptó todas las condiciones, «en nombre del emperador nuestro señor y de la corona real de Castilla». Como resultado, lo recibieron bien después de tres días en Hueyotlipan.[58] Los servicios de los tlaxcaltecas merecían casi cualquier precio: tuvieron razón quienes, en la probanza de 1529 acerca de la actuación de Cortés, alegaron que si los tlaxcaltecas se hubiesen rebelado contra los españoles, éstos habrían muerto todos, pues muchos de ellos se hallaban muy malheridos.[59] Numerosos conquistadores, incluyendo el principal fundidor de Cortés, Antonio de Benavides, declararían que, de no ser por los tlaxcaltecas, ningún español hubiese escapado de los mexicas, pues no había ningún otro lugar a donde ir.[60]

Los castellanos tuvieron mejor acogida en Tlaxcala que en Hueyotlipan, aun cuando la ciudad se hallaba de luto por los numerosos tlaxcaltecas muertos en los puentes.[61] Los expedicionarios permanecieron allí veinte días, igual que el año anterior, tal vez porque los tlaxcaltecas no contaban con reservas de alimentos suficientes para más tiempo. Durante ese periodo, Cortés y casi todos los que, como él, se hallaban heridos se curaron. Es posible que los tlaxcaltecas curaran una herida en la cabeza de Cortés, por medio de un método por el cual eran famosos, parecido a la trepanación. Sin embargo, unos cuatro españoles murieron a consecuencia de las heridas y otros precisaron más tiempo para curarse.

Esta etapa de la gran aventura de Cortés se resumió unos cuarenta años más tarde en una probanza acerca de los servicios proporcionados por el pueblo de Tlaxcala: «... estando dicho [Cortés] y su gente en el dicho pueblo de Hueyotlipan, en siendo avisado de ello los cuatro señores de Tlaxcala, luego le vinieron a ver los dichos señores de las cuatro cabeceras y los demás principales de la dicha provincia, los cuales mostraron gran pena de lo que les había sucedido y le consolaron, y le ofrecieron su ayuda y favor para volver sobre México y llevaron á el y a su gente a Tlaxcala y en el camino los salieron a recibir mucha gente, hombres y mujeres, chicos y grandes, y niños con muchas lágrimas, doliéndose de sus trabajos, é lo llevaron a la dicha ciudad donde fueron muy bien aposentados, e curados, reglados y servidos de todo lo necesario, y estuvieron allí algunos días».[62]

Rechazado por los tlaxcaltecas, Cuitláhuac hizo todo lo posible por encontrar un nuevo aliado. Abordó a los tarascos; envió emisarios a ver a su *cazonci* (monarca) Zuangua, con elaborados regalos (turquesa, plumas verdes, escudos redondos bordeados de oro, mantas, cascabeles y espejos de obsidiana). Como resultado, los tarascos se percataron de que los mexicas necesitaban terriblemente su ayuda. Los embajadores dijeron que «el señor de México...»[63] «nos envía, y otros señores, que no sé qué gentes es una que ha venido aquí y nos tomaron de rrepente: habemos habido batallad con ellos, y matamos de los venían en venados caballeros doscientos, y aquellos venados traen cazados cotarros de hierro y traen una cosa que suena como las nubes y da un gran tronido, y todos los que topa mata, que no quedan ningunos y nos desbaratan y hannos muerto mucho de nosostros y vienen los de Tlaxcala con ellos...»[64]

El *cazonci* meditó y consultó a sus consejeros: «¿... qué haremos? ¿Ques lo que nos ha acontecido?»[65] En su opinión el mensaje era grave, pues «No habemos oido en otra parte que haya otra gente: aquí serviamos a los dioses. Aqui propósito tengo de inviar la gente a México porque de continuo andamos en guerras, y nos acercamos unos a otros los mexicanos y nosotros y tenemos rencontres entre nosotros... Mira que son muy astutos los mexicanos en hablar y que son arteros a la verdad.»[66]

Así las cosas, el *cazonci*, a su vez, se limitó a dar regalos a los emisarios: mantas, platos hechos de calabaza, chaquetillas de guerra de cuero.

Un poco más tarde oyó decir a unos otomíes que, efectivamente, se había librado una terrible batalla en Tenochtitlan, que «todo México es hediendo de cuerpos muertos...»[67] Tras hacerles más preguntas, comentó que «Nunca habemos oído cosa semejante de nuestros antepasados; si algo supieron, no nos hicieron saber... que había de venir otras gentes: ¿de dónde podían venir, si no del cielo, los que vienen?... aquellos venados que dicen que traen, ¿qué cosa es?

El cauteloso Zuangua envió a México mensajeros cuya misión consistía en investigar la situación. Los mexicas les dieron una buena acogida; los llevaron incluso a la cima de la montaña, más allá de Texcoco (quizá el Iztaccíhuatl, pues de haber sido el Popocatepetl, habrían mencionado el nombre) y les enseñaron dónde se encontraban los castellanos, en un amplio y plano claro. Los mexicas sugirieron una alianza formal contra los intrusos: los tarascos irían por un camino y los mexicas, por otro, y así cercarían a los castellanos. A fin de cuentas, insistieron (pensando en las flechas de punta de cobre), «por qué no los mataremos? Porqué oímos de vosotros, los de Michoacan, que sois grandes flecheros, tenemos confianza en vuestros arcos y flechas».[68]

El *cazonci* volvió a dudar al oír el relato de sus emisarios: «A qué habemos de ir a México? Muera cada uno de nosotros por su parte: no sabemos lo que dirán despuees de nosotros, e quizáas nos venderan a esas gentes que vienen y nos harán matar... haya aquí otra conquista por si vengan todos a nosotros con sus capitanías: matenlos a los mexicanos, que muchos días ha que viven mal, que no traen leña para los cúes mas oímos que con solos cantares honran a sus dioses... ¿qué aprovecha los cantares solos?» Qué razón tendrían los extraños para ir a México sin una causa, preguntó. Obviamente los debía haber enviado un dios. Los tarascos debían cumplir bien con las tareas encomendadas por los dioses, evitando así que éstos se enfadaran con ellos; acabó afirmando que de ninguna manera ayudarían a los mexicas.[69] Confiaba en la metalurgia superior de su pueblo que les permitiría estar por encima de las batallas en cuanto a Tenochtitlan. Esa decisión selló probablemente el destino de los reinos del antiguo México.

Así pues, el nuevo emperador Cuitláhuac no tuvo éxito al abordar a los tarascos, por lo que tomó iniciativas desesperadas, como, por ejemplo, anunciar que «suspendía los tributos y toda clase de pecho, por un año, más el tiempo que la guerra durase, a todos los señores y pueblos a él sujetos, si mataban a los españoles o los echaban de sus tierras».[70] Mas esta oferta no parece haber dado más resultado que su plan de aliarse con sus antiguos enemigos.

En el valle en Tlaxcala, Cortés ignoraba los ardides de los mexicas en las montañas a sus espaldas. Pero se enfrentaba a cuatro problemas: tuvo que enviar un mensajero a la Villa Rica de la Vera Cruz con el fin de explicar lo ocurrido en Tenochtitlan sin mencionar el número de muertos, pero pidiendo que le enviaran cuantos soldados y municiones pudiesen. Ordenó a Alonso Caballero, su «almirante» al mando de los barcos en la costa, que «mirase que no fuese ningún navío a Cuba ni Narváez se soltase». Siete hombres llegaron de la costa, con provisiones, bajo el mando de un tal Pedro Lencero, uno de sus primeros seguidores. Pero todos ellos se hallaban enfermos, del hígado o con hinchazones en el cuerpo. El término «el socorro de Lencero», cuyo significado socarrón era «ayuda inútil», pasó a formar parte efímera del vocabulario de la época.[71]

En segundo lugar, llegaron noticias de otro revés. Cortés había dejado en Tlaxcala unos criados enfermos, plata y alguna ropa. En junio, justo antes de salir de Tenochtitlan, había enviado a uno de sus capitanes, Juan de Alcántara, a la costa sur, a buscar provisiones y traer de Tlaxcala lo que había dejado allí. Alcántara había juntado provisiones y tesoro y emprendido camino a la costa, con unos cuarenta y cinco soldados de infantería, cinco de caballería (entre ellos un capitán de Narváez conocido por Juan Yuste, antiguo regidor de la desafortunada ciudad de «San Salvador»), y unos doscientos tlaxcaltecas. Llevaban dos cofres con oro por valor de dos mil pesos, así como pequeños objetos de oro, por valor de catorce mil pesos, que Velázquez de León había llevado a Tenochtitlan. Sin embargo, a unos kilómetros al oeste de Hueyotlipan, en Calpulalpan (lugar conocido posteriormente como Pueblo Morisco), estos hombres cayeron en una emboscada y los mataron a todos.[72]

Tras el desastre que aconteció a Salvatierra y demás hombres de la expedición de Narváez cerca de Tepeaca, ésta era la segunda calamidad que sufrían los castellanos en el curso de una o dos semanas, eso sin mencionar la trágica derrota de la «noche triste». Parece que estos acontecimientos en Pueblo Morisco fueron una de las razones que provocó, durante las semanas siguientes, que Cortés llevara a cabo una campaña de castigo particularmente cruenta contra los tributarios de los mexicas, para poner fin a esos «crímenes», o sea, matar castellanos cuando ya habían aceptado ser vasallos de Carlos V.[73]

En tercer lugar, Cortés se vio obligado a reprender a uno de sus propios hombres, Juan Páez, a quien había dejado en Tlaxcala antes de partir hacia Tenochtitlan el 24 de junio. Cuando los tlaxcaltecas se enteraron de que se estaba librando una batalla en la ciudad del lago, le ofrecieron cien mil hombres para rescatar a Cortés, pero Páez contestó que tenía orden estricta de permanecer allí.

No sería ésa la última ocasión en que un comandante recurriría a instrucciones obsoletas para justificar su cobardía.[74]

El cuarto problema que se presentó en Tlaxcala consistió en otra protesta de los castellanos, no pocos de los cuales querían regresar a la costa o a Cuba. Naturalmente, muchos de ellos pensaban así desde el principio, sobre todo los que eran conocidos como amigos de Diego Velázquez. Pero las asombrosas victorias de la última mitad del año anterior habían acallado sus protestas. Ahora, gran parte de estos supervivientes empezaban a hacer causa común con los supervivientes de la expedición de Narváez. En esta ocasión los encabezaba el habitualmente taciturno Andrés de Duero, viejo amigo de Cortés y de Velázquez, que había llegado acompañando a Narváez. Él y sus compañeros no confiaban tanto como Cortés en los tlaxcaltecas ni en la posibilidad de vencer a los mexicas. Duero estaba furioso de haber tenido que entregar, por órdenes de Cortés, el oro que algunos habían logrado salvar durante la «noche triste». La inquietud de estos hombres se aunaba al miedo. «Estamos descalabrados, tenemos los cuerpos llenos de heridas, podridos, con llagas, sin sangre, sin fuerza, sin vestidos: nos vemos en tierra ajena, pobres, flacos, enfermos, cercados de enemigos», alegaban. Alonso de Navarrete recordaría «que la gente española llegó tan atemorizada de lo pasado que muchos platicaban o dezian que querian bolber a las yslas».[75] Entregaron a Cortés la siguiente solicitud por escrito:

«Muy magnífico señor: Los Capitanes y soldados de este exército de que vuestra Merced es General, parescemos ante vuestra Merced y decimos que ya á vuestra Merced le es notorio las muertes, daños y pérdidas que habemos tenido, así estando en la ciudad de México, de donde ahora venimos, como al tiempo que della salimos, é después de salidos, en todo el camino hasta llegar á esta ciudad donde al presente estamos; y como la mayor parte de la gente del exército es muerta, juntamente con los caballos, é toda la artillería perdida y las municiones gastadas é acabadas, é que para proseguir la guerra y conquista comenzada nos falta todo, y demás desto, en esta ciudad, donde, al parescer, se nos ha hecho buen acogimiento y mostrado buena voluntad, tenemos entendido, y aun es cierto, que nos quieren asegurar é descuidar con figidas palabras é obras, é cuando menos pensáramos, dar sobre nosotros é acabarnos, como han comenzado y tenemos por la experiencia visto, porque no es de creer ni se debe tener por cierto que estos indios nos guarden fee ni palabra, ni vayan contra sus mismos naturales y vecinos en nuestra defensa, antes se debe entender que las enemistades y guerras que entre ellos, ha habido se han de volver en amistades y paces, para que, haciéndose un cuerpo, sean más poderosos contra nosotros y nos destruyan y acaben; de todo lo cual habemos visto y entendido principios y ruines señales en los principales desta ciudad, como ya á vuestra Merced le constará é habrá entendido; y demás desto vemos que vuestra Merced, que es nuestra cabeza y General, está mal herido y que los cirujanos que le curan han dicho que la herida es peligros é que temen poder escapar della; todo lo cual, si vuestra Merced bien lo quiere mirar y examinar, son bastantes causas é razones para que salgamos luego desta ciudad y no esperemos á peores términos de los que al presente los negocios tienen; é que porque tenemos noticia que vuestra Merced pretende y quiere, no advirtiendo bien en las urgentes y bastantes causas que hay para que esta conquista cese, llevarla adelante y proseguir la guerra, lo que, si así fuese, sería nuestra fin é total destruición; por lo dicho é otras cosas que dexamos: Por tanto, á vuestra Merced pedimos y suplicamos y si es necesarios, todas las veces que de derechos somos obligados, requerimos que luego salga desta dicha ciudad con todo su exército é vaya á la Veracruz, par que allí se determine lo que más al servicio de Dios y de Su Majestad convenga, y en esto no ponga vuestra Merced dilación, porque nos podría causar mucho daño, cerrando los caminos los enemigos é alzando los bastimientos y dándonos cruel guerra, de suerte que no seamos después parte para defendernos y salir desta tierra; que si así fuese sería mayor daño que dexar la guerra en el estado en que está; é de como así lo pedimos y requerimos, vos, el presente Escricano, nos lo dad por testimonio, é protestamos contra vuestra Merced y sus bienes todos los daños, muertes y menoscabos que de no hacerlo así se nos recrescieren; é á los presentes rogamos que dellos nos sean testigos, é de como así lo pedimos, requerimos y protestamos y para ello, etc.»[76] Andrés de Duero, que gracias a su larga experiencia con Velázquez sabía redactar documentos de esta índole, probablemente fue el autor de esta astuta petición.

Cortés reaccionó ante este nuevo reto con su acostumbrado aplomo. Según su propio relato dirigido al rey, explicó que mostrar a los naturales y, sobre todo, a sus aliados, que los castellanos carecían de valor, sólo provocaría una enemistad más rápida por parte de los indios; y «acordándome que siempre a los osados ayuda la fortuna[77] y que éramos cristianos y confiando en la grandísima bondad y misericordia de Dios, que no permitiría que del todo pereciésemos y se perdiese tanta y tan noble tierra como para vuestra majestad estaba pacífica y en punto de pacificarse, ni se dejase de hacer tan gran servicio com se hacía en continuar la guerra, por cuya cause se había de seguir la pacificación de la tierra como antes estaba, acordé y me determiné de por ninguna manera bajar los puertos hacia la mar; antes pospuesto todo trabajo y peligro que se nos pudiesen ofrecer, les dije que yo no había de desamparar esta tierra, porque en ello me parecía que, demás de ser vergonzoso a mi persona y a todos muy peligroso, a vuestra majestad hacíamos muy gran traición. Y que antes me determinaba de por todas las partes que pudiese, volver contra los enemigos y ofenderlos por cuantas vías a mí fuese posible».[78] Al requerimiento de sus hombres Cortés contestó, según su capellán López de Gómara (hemos de suponer que el caudillo se lo comentó años más tarde): «Qué nación de las que mandaron el mundo no fue vencida alguna vez?... ¿Qué capitán, de los famosos hablo, se volvió a casa porque perdiese una batalla?... ¿Hay alguno de nosotros que no tuviese por afrenta si le dijesen que huyó?» Dando muestras de impertinencia si se tiene en cuenta su acuerdo con ellos, afirmó que los tlaxcaltecas «más quieren ser vuestros esclavos que súbditos de mexicanos». En cuanto a sus propias heridas, él ya se consideraba curado.[79]

Cortés recurrió llanamente a ese sentido del honor que, lo sabía, conservan los castellanos en lo más recóndito de la mente.[80] Como solía suceder, su elocuencia dio buen resultado. Aplacó la rebelión. Pero no quería correr riesgos y, por tanto, emprendió de inmediato y, como en el caso de Cholula y Tenochtitlan, a insistencia de los tlaxcaltecas, una nueva campaña.[81] Su escenario fue la provincia de Tepeaca.

30. FUE CONVENIENTE HAZERSE
EL DICHO CASTIGO

*...e a este testigo le paresçio que fue convenyente hazerse el dicho
castigo para la paçificaçion de la tierra, e por ser la cosa tan nueva
conbenya hazerse aquello que se hizo e mucho mas, para poner
temor a los naturales, para que no hiziesen daño en los españoles,
e no quebrantasen las palabras de paz que diesen; e questo save
desta pregunta e ansy fue publico*

FRANCISCO FLORES, declaración en el juicio de residencia de Cortés

Tepeaca, una fortaleza en la cima de un monte, era el centro de
tributo de la Triple Alianza en la zona llana que se extendía del
Popocatepetl hasta las faldas del monte Orizaba. Durante el siglo
anterior y por largo tiempo, había luchado contra su incorporación
al imperio mexicano. En 1520 sus habitantes más ancianos probablemente recordaban todavía el subsiguiente sacrificio de un gran
número de víctimas en honor a Huitzilopochtli. Tepeaca se hallaba en la mejor ruta entre Tenochtitlan y la Villa Rica de la
Vera Cruz; de allí la enorme importancia estratégica de conseguir
que formara parte de la alianza castellano-tlaxcalteca (pues en
eso se había convertido la expedición cortesiana).[1] Puede observarse su carácter económico si se examina la lista de tributos que
había de pagar anualmente a Tenochtitlan: cuatro mil cargas de
cal, cuatro mil de caña gruesa, ocho mil de cañas para fabricar
flechas y doscientos ganchos para cargar bultos en la espalda.[2]
Como en el caso de Tlaxcala, la gobernaban cuatro señores de igual
jerarquía.[3]

Cortés quería una victoria impresionante sobre una de las dependencias más útiles de Tenochtitlan, y eso por varias razones:
primero, por el impacto que causaría en otros aliados; segundo, por
las consecuencias perjudiciales en el ánimo de los tenochcas; tercero, por conservar el carácter de la alianza con Tlaxcala; y cuarto,
por proporcionar trabajo a su dividido ejército, en el cual los
hombres de Narváez tramaban con los amigos de Diego Velázquez
que quedaban la conformación de una oposición interna.

Fueron los tlaxcaltecas quienes idearon la campaña; sus intrigas
los equiparaban, en cuanto a la expedición española, al Yago de
Otelo. Más de un testigo del juicio de residencia de Cortés diría, en
defensa de éste, que, de no haber atacado Tepeaca, Tlaxcala se
habría sublevado, poniendo así fin a la expedición.[4] Recordemos,
del capítulo sobre los acontecimientos de Cholula en 1519, que Cortés y otros, como Francisco de Flores, reconocieron abiertamente

que el uso intencional del terror desempeñó un papel muy importante en la estrategia psicológica de los españoles.

El pretexto para Cortés, en 1520, fue el asesinato en Quechula, cerca de Tepeaca, de unos doce capitanes de Narváez (la casi totalidad del regimiento del San Salvador de Narváez, explicaría Cortés con cierta hipocresía) que iban a Tenochtitlan a pie, enviados por el caudillo. Se suponía que los habitantes de Quechula se habían convertido en vasallos del rey de España, por ser tributarios de Tenochtitlan. Por tanto, según la definición de Cortés, el asesinato constituía una rebelión.[5] (La insistencia en la ley, dadas las circunstancias, es uno de los aspectos más extraños, a la vez conmovedor y ridículo, de esta campaña. El observador moderno no sabe, como Las Casas, si reír o llorar al oír hablar del requerimiento.

Quería investigar el motivo de esas muertes, informó Cortés a los tepeacas; además, deseaba saber por qué vivían tantos mexicas en Tepeaca y en ciudadas cercanas.[6] (Probablemente se debiera a que la conquista de Tepeaca, setenta años antes, tuvo como consecuencia una feroz proscripción, y por ello el imperio temía aún una rebelión.)

Hacia el primero de agosto, después del descanso de veinte días, la mayor parte del ejército fue a Tepeaca con Cortés. Con unos cuantos hombres llegados de la Villa Rica de la Vera Cruz, la expedición ascendía a poco más de quinientos soldados, unos diecisiete jinetes y seis ballesteros. Dejaron en Tlaxcala a varios heridos, además de Alonso de Ojeda y Juan Márquez, quienes debían continuar entrenando a los tlaxcaltecas o trabajar con ellos.[7] Como iban a luchar contra un pueblo enemigo desde hacía mucho tiempo, los tlaxcaltecas enviaron con Cortés al menos dos mil guerreros, tan deseosos de provisiones como de un botín.[8] También los acompañaban otro señor tlaxcalteca, Tianquizlatoatzin y varios hijos de Xicoténcatl, aunque no Xicoténcatl el Mozo, de quien podemos suponer que permaneció en su tienda, resentido por haber visto rechazados sus argumentos en favor de actuar contra Cortés.

Tepeaca se encontraba a sólo unos sesenta y cinco kilómetros al sudoeste de Tlaxcala, a vuelo de pájaro. Pero para llegar allí lo mejor era desviarse varios kilómetros y rodear la falda este del monte Matlalcueye (Malinche). Por tanto, los expedicionarios pasaron la primera noche después de salir de Tlaxcala en Tzompantzinco, pueblo de la provincia de Tlaxcala. La segunda noche pernoctaron en Zacatepec. Tuvieron una escaramuza con mexicas y tepeacas, estos últimos al parecer opuestos a cualquier compromiso con los conquistadores.[9] El cuarto día Cortés se detuvo en Acatzinco, ciudad cuyo gobernador era súbdito de los señores de Tepeaca.

Desde allí Cortés envió un mensaje a los tepeacas, exigiendo una explicación por su actitud hacia los españoles y por el asesinato de los capitanes de Narváez. Los tepeacas, por su parte, exigieron, desafiantes, la retirada de los castellanos, de lo contrario se darían todo un festín con carne castellana como pieza de resistencia. Cortés, como de costumbre, aprovechó la ocasión para ordenar a su escribano Pero Hernández que redactara un documento señalando que, pese a la lealtad que habían jurado los mexicas al rey de Castilla, habían matado a ochocientos setenta castellanos y sesenta caballos, por lo cual los españoles los venderían a ellos y a los aliados de Tenochtitlan como esclavos.[10]

Dos días más tarde, los castellanos atacaron a los tepeacas. La batalla se libró en un campo de maíz y de maguey a las afueras de la ciudad. El efecto que causaron los pocos caballos fue tan asombroso allí como antes de la lucha fracasada en Tenochtitlan. Los tlaxcaltecas lucharon con gran energía a fin de capturar tepeacas y convertirlos en esclavos (en el sentido mexicano más moderado que el europeo implacable). Murieron unos cuatrocientos.[11] Cortés se instaló en el centro de la ciudad, el *tlatoani* local ofreció lealtad formal al emperador Carlos V y, el 4 de setiembre de 1520, Cortés fundó, en el centro de la fortaleza de la cima del monte, una nueva villa propia, llamada en honor a la antigua ciudad fronteriza de Andalucía antes de la caída de Sevilla, Segura de la Frontera (probablemente con el fin de recordar a los conquistadores de Extremadura el gran castillo de Segura de la Orden, desde el cual se veía, al nordeste, hacia Medellín y el Serena, una vista inspiradora y asombrosamente semejante a la que desde Tepeaca se obtenía de Cholula y los volcanes. (Un tal Rodrigo de Segura se encontraba entre los conquistadores, aunque no se sabe si era de la ciudad del mismo nombre.)[12] Establecieron un regimiento compuesto de amigos de Cortés.[13] En el acto de toma de posesión de este organismo se denunciaron especialmente la blasfemia y los juegos de apuesta: actitud insípida comparada con las matanzas que acompañaron la caída de la ciudad.[14]

La proscripción después de la batalla fue dura. Cortés esclavizó a esposas e hijos de los muertos tanto en el campo de batalla como después: un desvío de las prácticas anteriores.[15] A casi todos estos nuevos esclavos los marcaron con hierro candente en la mejilla.[16] Los vendieron por diez pesos y, a partir de entonces, su esclavitud tomó el sentido europeo o caribeño: se convirtieron del todo en propiedad de sus amos, la mayoría de estos españoles, y sus hijos serían igualmente esclavos. Los perros pronto laceraron (o «aperrearon», odioso término que volvió a ser de uso corriente) a algunos tepeacas. Otros fueron indiscriminadamente lanceados o atravesados por picas.[17] Cortés continuó utilizando la útil excusa de que ese pueblo se había rebelado. En cuanto a marcar con hierro a la gente, era un castigo común en España: en 1484 el inquisidor general, Torquemada, decretó que quien no pudiera justificar una reclamación de propiedades confiscadas recibiría cien latigazos y sería marcado con hierro candente en la cara.

Según los enemigos castellanos de Cortés, los aliados tlaxcaltecas de éste sacrificaron y se comieron los cuerpos de numerosos derrotados. El primer rumor en este sentido se oyó tras la batalla en Zacatepec.[18] Mas después de la de Tepeaca, Cortés parece haber hecho la vista gorda a tal práctica. Los tlaxcaltecas querían su recompensa, al precio que fuese: ni siquiera Shylock, el vengativo prestamista de *El mercader de Venecia*, hubiese pedido tanto; pero Cortés necesitaba su ayuda.

Posteriormente se presentaron muchas acusaciones. Así, en la probanza llevada a cabo el año siguiente en Cuba, según Diego Holguín y Juan Álvarez, quienes se encontraban ambos con Cortés en estas contiendas, Cortés permitía a los tlaxcaltecas que, después de matar a los enemigos, se llevaran cuantas partes de los cuerpos quisieran, para asarlas o hacer con ellas otros guisos y comérselas.[19] Diego de Ávila afirmó que Cortés invitó a los tepeacas a subir a las azoteas y, desde allí, mandó arrojar a muchos de ellos a la plaza, de donde los tlaxcaltecas se los llevaban para comérselos.[20] Hubo quien alegó que cerca del *real* castellano había tajos y carnicerías en las cuales se aderezaban para su posterior consumición los cadáveres de tepeacas.[21] Abundaban los rumores de que al menos un castellano comió carne india.[22] Bono de Quejo aseguró que los cuerpos de los indios muertos se echaban a los perros y que los tlaxcaltecas comían estos perros.[23] Tanto él como Diego de Vargas declararon haber oído que muchos castellanos llevaban tepeacas muertos a las carnicerías de Tlaxcala, a cambio de pollos y tela y que en fastuosos festines «los yndios de tlascaltecle tomaban a los yndios de tepeaca y los comían».[24] Bono de Quejo, siempre dispuesto a difundir rumores desfavorables a Cortés, comentó también haber oído que un castellano se había comido el hígado de un indio.[25] No consta nada que fundamente estas afirmaciones hechas en la probanza de 1521: diríase que Bono de Quejo y sus colegas recordaban con gran lujo de detalle un relato en el cual Américo de Vespucio describía cómo había visto carne humana salada colgando de una carnicería.[26] Por otro lado, los conquistadores tenían hambre. En 1525 Juan Ruiz declaró que «quien alcançava un pedaço de perro pensava que le hazia Dios merced».[27]

A continuación Cortés se dedicó a la conquista de la provincia entera. Su tratamiento de las ciudades de la misma se asemejó al de Tepeaca. Pero no fue todo obra suya. Se dijo que Cristóbal de Olid engañó de modo escandaloso a los habitantes de Quechula. Esta ciudad era una de las pocas del antiguo México que contara con muros. Al llegar allí pocos días después de la batalla de Tepeaca, Olid encontró a sus habitantes en los maizales: los hombres iban armados; les dijo que no lucharan contra los castellanos, pues, si lo hacían, éstos los matarían. Los quechultecas decidieron que más valía ser discretos, depusieron las armas y fueron a hablar con los castellanos. Olid ordenó a Domingo García de Albuquerque que escoltara a toda la población a Tepeaca, al *real* de Cortés, donde éste mandó apartar a los hombres (dos mil al decir de algunos) y asesinarlos; unos cuatro mil niños y mujeres fueron esclavizados. La versión de Gonzalo de Ocaña, antaño alguacil de Santiago de Cuba y superviviente de la expedición de Narváez, fue distinta: vio todo lo ocurrido en esta batalla y el «aviso que dio para matar los que ally estaban de la guarnición de la ciudad de México, que se dezian que heran treytan mil hombres, e... este testigo se hallo en el dicho desbarato e guerra, e vido el aviso que los de Guacachula [*sic*] dieron, a causa del qual se obo vitoria de la dicha guarnición que ally estaba, e fueron muertos e desbaratados».[28]

Hubo quien dijo que se cometieron atrocidades semejantes en Izúcar, ciudad que, una vez muertos, esclavizados o dispersados los mexicas de la localidad, aceptó también jurar lealtad al emperador Carlos V. Al parecer varias ciudades más (Tecamachalco, Acapetlahuacan) fueron reducidas con las mismas tácticas que Tepeaca y Quechula: matanza, esclavitud, marcaje al hierro candente y probablemente una oportunidad para los tlaxcaltecas de practicar el sacrificio caníbal; y otras (Huexotzinco e incluso Cuetlaxtlan) se sometieron a Cortés sin luchar.[29] Los enemigos de Cortés le acusaron de haber matado entre quince mil y veinte mil indios de Tepeaca y sus alrededores, mientras que «los yndios de Taxaltecle se llevaron veinte mil ánimas» para sacrificarlas y comérselas, según la descripción de los aliados que, en 1521, hizo Diego de Vargas.[30]

Aunque estas cifras son indudablemente exageradas, esta campaña fue a la vez la más tediosa, la más brutal, la más importante y la más olvidada de las que libró Cortés en la Nueva España. En el curso de ella dominó a más de la mitad del país, destruyó los nexos de los mexicas con la costa oriental, les cortó la fuente de los vegetales y las frutas tropicales tan preciados y, por medio del temor que inspiraba, obligó a miles de indios a apoyarle y a aceptar ser vasallos del rey de España (fuese cual fuese el significado de este concepto tan extraño para ellos).[31] Además, estableció una base segura.

Cortés escribió una carta de relación que, si se tienen en cuenta las acusaciones en su contra, reconocía en gran medida estas brutalidades: «Y entrando por tierra de la dicha provincia, salió mucha gente de los naturales de ella a pelear con nosotros y pelearon y nos defendieron a la entrada cuanto a ellos fue posible, poniéndose en los pasos fuertes y peligrosos. Y por no dar cuenta de todas las particularidades que nos acaecieron en esta guerra, que sería prolijidad, no diré sino que, después de hechos los requerimientos para que viniesen a obedecer los mandamientos que de parte de vuestra majestad se les hacían acerca de la paz, no los quisieron cumplir y les hicimos la guerra y pelearon muchas veces con nosotros y con la ayuda de Dios y de la real ventura de vuestra alteza siempre los desbaratamos y matamos muchos, sin que en toda la dicha guerra me matasen ni hiriesen ni un español... en obra de veinte días hube pacíficas muchas villas y poblaciones a ella sujetas y los señores y principales de ellas han venido a ofrecerse y dar por vasallos de vuestra majestad... he echado de todas ellos muchos de los de Culúa que habían venido de esta dicha provincia a favorecer a los naturales de ella para hacernos guerra y aun estorbarles que por fuerza ni grado no fuesen nuestros amigos... En cierta parte de esta provincia, que es donde mataron aquellos diez españoles, porque los naturales de allí siempre estuvieron muy de guerra y muy rebeldes y por fuerza de armas se tomaron, hice ciertos esclavos, de que se dio el quinto a los oficiales de vuestra majestad; porque, demás de haber muerto a los dichos españoles y rebelándose contra el servicio de vuestra alteza, comen todos carne humana, por cuya notoriedad no envío a vuestra majestad probanza de ello. Y también me movió a hacer los dichos esclavos por poner algún espanto a los de Culúa y porque también hay tanta gente, que si no se hiciese grande el castigo y cruel en ellos, nunca se enmendarían jamás.»[32]

La versión de otros escritores españoles fue más sosa. Bernal Díaz del Castillo (que se hallaba enfermo en Tlaxcala) casi no habla de estas acciones, salvo para decir que los hombres de Narváez al mando de Cristóbal de Olid casi convencieron a éste de que se replegara. Fray Aguilar, al escribir en los años sesenta del siglo XVI, parece haber olvidado los acontecimientos brutales en que había participado cuarenta años antes: «La ciudad de Tepeaca en donde sin guerra se dieron de paz y la obediencia al rey», relata. «Desde aquí el capitán enviaba otros capitanes con gente a apaciguar, y que dejasen la parcialidad de los mexicanos y tomasen la del rey; y así lo hicieron muchos pueblos, que sin darles guerra se daba de paz, y por los dichos capitanes y capitán eran bien tratados, los cuales no consentían que nada se les tomase por fuerza, solamente querían les diesen de comer, y esto ellos lo daban de voluntad; y de esta manera se apaciguaron muchas provincias y pueblos dando la obediencia al rey, y otros que de lejos venían ni más ni menos a darse de paz.» [33]

Tal vez los enemigos de Cortés exageraron el sacrificio antropófago de los tlaxcaltecas haciéndolo parecer canibalismo a gran escala.[34] De lo que no cabe duda es de que se derramó mucha sangre. Al parecer Cortés estaba resuelto a crear una zona en el centro de México que le obedeciera incondicionalmente y no existía acción que no estuviese dispuesto a aceptar para alcanzar su meta. Comparado con otros conquistadores, Cortés se había comportado bastante bien con los indios (a excepción de los de Cholula), hasta su derrota en Tenochtitlan. Pero en Tepeaca y en la campaña que tuvo por base esa ciudad una vez conquistada, con toda premeditación observó que, bajo ciertas circunstancias, del terror se puede conseguir buenos resultados. Y también debió de contar su deseo de venganza tras la «noche triste».

En cuanto a los sacrificios y los festines de los tlaxcaltecas, Cortés probablemente ignoraba lo que ocurría. En guerras europeas del siglo XX se han visto tales distracciones políticas. Después de todo, a los españoles los acompañaron, según la descripción de un conquistador, Guillén de Laso, a «usanza entre los yndios amigos... [a] buscar de comer y robar y destruyr lo que pueden sin quel capitán e españoles lo puedan resistir».

Mientras tanto Cuitláhuac hacía todo lo posible por mejorar el ánimo, restablecer las defensas y la fuerza del imperio mexicano. Mandó reconstruir el destruido Templo Mayor (teocalli) y colocar nuevamente los ídolos en sus antiguos santuarios. Hizo restaurar también calles, casas y calzadas. Celebró su coronación en setiembre, coincidiendo con los festejos de Ochopaniztli, en el cual probablemente fueron sacrificados prisioneros castellanos y tlaxcaltecas. Como de costumbre, los cráneos de estas víctimas fueron a parar en el gran tzompantli. Los mexicas creían que los caballos de los conquistadores se asustarían al ver los cráneos de otros caballos y, por ello, fijaron cuidadosamente unos junto a otros los cráneos de hombres y caballos. Por supuesto, quitaron del Templo Mayor las imágenes de la Virgen y de san Cristóbal.

No obstante, nada de esto tenía que ver con la guerra. Los mexicas habían probado la diplomacia, sin éxito, y quizá se dieran cuenta de que Cortés sería una amenaza mientras permaneciera vivo. Pero al no contar con una política dada, sin embargo, se permitieron vivir en una especie de paraíso de ilusos. Consideraron más importante la opulencia que la defensa. Aun así, algo se hizo: construyeron nuevas fortificaciones, cortaron largas lanzas, como las que Cortés se hizo fabricar para usarlas contra la caballería de Narváez. Pero nadie sabía cuándo las precisarían.

En su real de Tepeaca/Segura de la Frontera, Cortés tomó tiempo para evaluar su situación jurídica. El 20 de agosto, sirviéndose del método de preguntas y respuestas de miembros seleccionados de la expedición, método que tan buenos resultados había dado, redactó un documento que relataba formalmente los esfuerzos llevados a cabo por cuidar del oro del rey durante la huida de Tenochtitlan, además de culpar firmemente a Narváez de la trágica «noche triste».[35]

Después convenció a varios amigos suyos de que le pidieran que solicitara la confiscación de las propiedades de Narváez y Velázquez, en vista de los terribles estragos que habían causado en México. Si bien cuatro conquistadores prominentes apoyaron formalmente tal petición,[36] y otros nueve (incluyendo un miembro de la expedición de Narváez)[37] la avalaron por cuestión de principios. Seguramente Cortés no se hacía ilusiones en cuanto a su éxito. Pensaba apoderarse de los barcos, pertrechos y provisiones de Narváez, y creía que esta demanda constituiría una justificación.

Redactó también, en setiembre, un tercer documento en el cual describía los acontecimientos del último año y medio. Se trataba de una carta conjunta del ejército firmada por los quinientos treinta y cuatro españoles que se hallaban con él en Tepeaca.[38] En ella, todos opinaban que sería ventajosa la continuidad de Cortés en el desempeño de sus cargos de capitán y justicia mayor, cargos para los cuales le había nombrado el regimiento de la Villa Rica de la Vera Cruz. En 1521 Diego Holguín insistiría en que Cortés se las arregló, con unos amigos (Juan de Sarmiento, Domingo García de Albuquerque —recién nombrado *procurador* de Segura— y Cristóbal del Corral, regidor de esta villa), para conseguir la firma de casi todos los expedicionarios. Estos hombres, según Holguín, fueron de casa en casa pidiendo a todos que firmaran un papel en blanco, sin indicarles su futuro contenido.[39] Diego de Vargas afirmaría que, en dos ocasiones, cuando caminaba frente al alojamiento de Domingo García de Albuquerque, éste le pidió que firmara varios documentos sin dejarle leerlos para enterarse de lo que trataban (no firmó la segunda vez).[40] La mayoría aceptó, generalmente por temor, pues se extendió en el *real* un rumor según el cual se había proclamado públicamente en Sevilla, tal vez por el juez de las gradas, tío de Alonso Hernández Portocarrero, que el castigo para quien dijera que Cortés era un traidor sería la horca.[41]

Un cuarto documento, redactado a principios de octubre por el abogado vasco Juan Ochoa de Elizalde, a quien Cortés había empezado a utilizar para sus fines, se refería a los gastos de Cortés para la expedición inicial al «Yucatán» (Ochoa era hijo de un empresario de Guipúzcoa y había vivido en Santo Domingo antes de participar en la conquista de Puerto Rico y de Cuba).[42] Este escrito (nuevamente un cuestionario y catorce testigos) tenía por motivo justificar la causa de Cortés frente a la de Velázquez si el asunto llegaba a estudiarse en España.[43] Aunque los castellanos en México se habían enterado de que Carlos I de España se había convertido en el emperador Carlos V del Sacro Imperio Romano y en rey de Alemania, todavía no contaban con noticias acerca de las actividades en España (para ellos más importantes) de los dos procuradores de la Villa Rica de la Vera Cruz, Francisco de Montejo y Alonso Hernández de Portocarrero.

Finalmente Cortés dirigió una segunda carta de relación al rey de España, explicando sus actividades durante los quince meses transcurridos desde que le había dirigido su carta anterior junto con la del regimiento de la Villa Rica de la Vera Cruz. La firmó el 30 de octubre, pero tal vez cambió de opinión sobre cuándo mandarla a España. Quizá dijera la verdad al asegurar posteriormente que el mal tiempo retrasó el envío hasta marzo de 1521, cuando finalmente la remitió con un amigo metilense, Alonso de Mendoza, quien, en 1518, había sido, conjuntamente con Cortés, alcalde de Santiago de Cuba.[44]

Ya habíamos mencionado la carta de Cortés al referirnos a la campaña de Tepeaca. En ella, la derrota en Tenochtitlan figuraba como un mero revés transitorio. Al parecer sin consultar a los demás y sin ninguna otra preparación, Cortés insinuó que el emperador Carlos V debía considerarse también emperador de la «Nueva España» (nombre que Cortés empleó por primera vez formalmente). El concepto de imperio era nuevo en Castilla, donde pensadores y funcionarios sólo creían en un emperador de la cristiandad, el del Sacro Imperio Romano, y el Papa solía confirmar este título, coronando él mismo al monarca. Como hemos visto, en su extraño discurso en Santiago de Compostela, el obispo Ruiz de la Mota ya había hablado en abril de la posibilidad de que Carlos V fuese también «emperador del mundo». Es cierto que, en 1508, Sevilla había ofrecido una corona imperial al rey Fernando el Católico.[45] El mismo Papa a veces se refería a la cristiandad como a un imperio.[46] Pero afirmar, como lo hizo Cortés en esta ocasión, que Carlos V podía llamarse emperador de este reino con «no menos mérito que el de Alemaña»,[47] representaba un salto hacia un territorio intelectual desconocido; y, en opinión de algunos, un salto inadecuado y extraordinario, ya que ni Castilla ni España constituían un imperio: no eran sino un grupo de reinos. En éste, como en muchos otros aspectos, Cortés resultó ser un hombre del Renacimiento, pues el concepto del imperio universal de Roma era exclusivo, hasta entonces, de los autores italianos.

Lo era igualmente la preocupación por la gloria de la cual Cortés escribió extensamente en esta carta, alegando que, de haber muerto en la empresa, habría conseguido «harta gloria» y que, con las luchas por venir, lograría «la mayor prez y honra» obtenida hasta entonces por cualquier generación anterior.[48] Podría decirse que era una observación característica del más puro Leon Battiste Alberti, de haber conocido alguien de su entorno la obra de ese autor, *La famiglia.*

Al parecer Cortés adjuntó un bosquejo de mapa de Tenochtitlan, una representación muy inadecuada, posteriormente publicada en numerosas ocasiones y que subestimaba flagrantemente las dimensiones tanto de la ciudad como del lago. No obstante es interesante. En opinión de un erudito actual, la ortografía de ciertos lugares sugiere que el propio Cortés lo dibujó. Pero es más probable que lo hiciera un alemán, fundamentándose en las descripciones de Cortés.[49]

Finalmente, hemos de recalcar que en la carta Cortés se dirigió a Carlos V en términos correctos: «Sagrada Majestad» y «Emperador», y no simplemente «Altísimo y poderoso señor»: se había enterado de los cambios en España gracias a un abogado que encontró entre los hombres de Narváez y, por tanto, sabía demasiado bien que ya no debía relacionar al rey con Juana la Loca como había hecho en otras comunicaciones.

Mientras preparaba, jurídica y políticamente, su posible defensa cara a España, Cortés hacía público su plan de volver a tomar la ofensiva contra los mexicas, plan que se tradujo en su decisión de volver a construir bergantines, con los cuales podría modificar el equilibrio de fuerzas en el lago. Posiblemente ya lo tenía en mente al término de la «noche triste» cuando, recordémoslo, preguntó si Martín López seguía con vida y recibió una respuesta afirmativa. En todo caso, le encargó nuevamente la construcción de bergantines, tarea de mayor envergadura en esta ocasión que en las anteriores.[50] «Yd a ciudad de Tlaxcala con vuestras herramientas y todo lo nescesario y busca donde podáis cortar mucha madera de rroble y enzina y pinos y atabialdas en manera que podamos hazer treze vergantines», le ordenó.[51]

Un bloqueo naval fue de gran ayuda al rey Fernando III el Santo al sitiar y capturar Sevilla en 1248.[52] Según la sugerencia de Andrés de Tapia en una demanda presentada con posterioridad, el propio López probablemente tuvo la idea de entrar en la ciudad por el lago.[53] López era descendiente directo de Pedro Álvarez Osorio, uno de los héroes de la liberación de Sevilla por san Fernando y, por tanto, quizá la historia de su familia le diera la idea.

López se estableció en Tlaxcala («no fue a conquistar la dicha provincia de Tepeaca, porque quedo haciendo los dichos bergantinos») con varios ayudantes, entre ellos su criado Miguel de Mafla (Pedro había muerto), Juan Martínez Narices su primo y diversos artesanos.[54] Algunos habían colaborado en la construcción de los anteriores bergantines y del barco en la Villa Rica de la Vera Cruz (incompleta a la llegada de Narváez). Se tomó mucho trabajo para conseguir alimentos adecuados para sus hombres, incluyendo aceite, vino y queso («des daba vino blanco y tinto y todo lo que avian necesario», diría Lázaro Guerrero, uno de esos artesanos),[55] provisiones que pagó de su propio bolsillo y cuyo coste exigiría a Cortés en una demanda que presentaría más tarde); «si alguna vez el dicho [Cortés] les dava alguna cosa de los yndios, hera si se lo davan un dia no se lo davan veynte y quatro, tenyan que mantenerse asi».[56] Cortaron la madera en las faldas del pico de Malinche y la transportaron a Tlaxcala. Sin duda numerosos tlaxcaltecas y huexotzincas (al menos, eso afirmarían éstos cuarenta años más tarde) participaron en esta imaginativa operación. Las cuadernas de un bergantín que habían dejado en la Villa Rica de la Vera Cruz fueron llevadas a Tlaxcala para servir de modelo a los constructores: «... en lo demás de lauazó, y estopa, y xarcia, y lo demas necesario, hizo traer el dicho [Cortés] de los navios que envio Diego Velázquez con Narváez, questavan dado al través en el arenal de San Juan de Lua... porque este testigo lo vido ansi que lo trayan yndios... del dicho puerto...»[57] Transportaron la madera a Tlaxcala y de allí a la orilla del río Zahuapan, a poca distancia de Tizatlán.

López impulsó la empresa. Posteriormente, uno de sus trabajadores diría de él que «trabajo mucho en los hazer y en todo lo demas, que via como de noche y con candelas estava trabajando en los hazer, y que antes que amaneçiese muchas veces tornaba a trabajar en ellos muy rreziamente trabajando el en ellos y haziendo otras cosas y dando yndustria a los que trabajaban con mucho cuidado y diligencia como cosa que convenya...»[58] Fue él también quien ideó el plan de construir un dique en el río Zahuapan para formar un pequeño lago con el fin de asegurarse, en febrero (la estación seca), de que los bergantines flotaran. Debió decidir igualmente la dimensión de los barcos: unos doce metros de eslora, como los que había construido en el lago de México, excepción de la «nao capitana», que mediría casi quince metros de eslora.[59] La idea era que, una vez cortada, la madera, se transportara por tierra hasta Texcoco, en el lago de México.

Al llegar a Tlaxcala, Martín López encontró que el aliado y amigo de Cortés, Maxixcatzin, había contraído la viruela y se hallaba al borde de la muerte.[60] Maxixcatzin era un hombre muy anciano, es cierto. Pero la enfermedad que padecía era desconocida hasta entonces allí.

Esta epidemia de viruela empezó, en cuanto al Nuevo Mundo, en La Española. Allí, a fines de 1518, dio el golpe de gracia a la ya diminuta población nativa. En consecuencia, las reformas ligeramente benignas de los jerónimos parecían irrelevantes, además de haber llegado demasiado tarde.[61] A fines de 1519, el virus se había extendido a Cuba con tal virulencia que, como ya hemos indicado, convenció a Velázquez de permanecer en la isla (indicación de su sentido de responsabilidad social o de su apatía) y entregar a Pánfilo Narváez el mando de la trágica expedición para cortarle las alas a Cortés. Narváez, o tal vez Alonso de Parada, llevó la viruela a Cozumel, aunque la enfermedad no se convirtió en epidemia hasta su partida. Los mayas del Yucatán creían que los maléficos dioses de la enfermedad, los tres niños Ekpetz, Uzannkak y Sojakak, portaban la nueva enfermedad de un lugar a otro por la noche.

Fue considerable la devastación en el territorio de los mayas. El rey Hunyg y su hijo mayor, Ahpop Achí Balam, murieron ese invierno. Lo mismo le ocurrió a otro señor, Vakaki Ahmak. Por la descripción de la enfermedad que hace un cronista, diríase que no se trataba de la viruela, mas sus consecuencias fueron semejantes: primero, tos, hemorragia nasal y problemas de vejiga. Era horrible, hubo muchos muertos... Poco a poco las sombras y la oscuridad de la noche envolvieron a todos. Los muertos apestaban, la mitad del pueblo huyó a los campos donde los perros y los buitres devoraron sus cuerpos.[62]

Al parecer, el primer caso en la Nueva España misma, el de uno de los cargadores negros de Narváez, Francisco de Eguía, se dio en Cempoallan.[63] Contagió a la familia de la casa donde se alojaba y, a partir de entonces, la enfermedad se extendió de una familia a otra, de una ciudad a otra, de un pueblo a otro. Diezmó a los desafortunados totonacas, los primeros aliados de Cortés. Infectó a toda la zona cálida y se extendió tierra adentro. En muchos lugares murieron familias enteras, no sólo porque la enfermedad era desconocida y, por tanto, no eran inmunes, sino también porque, para curarlos, los indios solían bañar a los enfermos: baños fríos después de baños calientes. Les untaban una suerte de hollín; la gente llegaba de todas partes a los templos para que se les untara esta «medicina divina»; probablemente usaban pulque (solían vertirlo en toda herida abierta); pero nada dio resultado.[64] En el pasado las enfermedades de los mexicanos se debían a los alimentos echados a perder o a la carencia de alimentos.[65] Padecían de gota, cáncer, piedras en el riñón, parálisis; muchos se volvían cojos o ciegos; sufrían de enfermedades del estómago e inflamación de las glándulas. Para todo ello contaban con tratamientos, muchos a base de las mismas plantas alucinógenas que sacerdotes y hechiceros empleaban en sus tareas divinas. También hacían uso de alucinógenos y del tabaco para que el médico o el paciente averiguaran la causa de tal o cual enfermedad, o sea, la magia negra que podría haberla ocasionado. Pero en el antiguo México no se conocían los virus.[66]

Existían enfermedades de la piel e incluso enfermedades venéreas, hemorroides y furúnculos, ¿como castigo del dios Mauilxochítl (5-flor) por romper la abstinencia sexual en tiempo de ayuno? Durante los rituales en honor a la diosa Xochiquetzal («flor de pluma de quetzal») todos debían bañarse en el río; quien no lo hiciera podría padecer furúnculos, lepra y malformación de las manos.[67] Según las creencias de los mexicas, Tezcatlipoca o Xipe castigaban con otras enfermedades de la piel. Sin duda algunos creían que esta epidemia probaba que Cortés estaba en contacto con los dioses, aun cuando no los reencarnara (Xipe, se suponía, castigaba con ampollas, granos, pústulas y enfermedades de los ojos). A un adivino especial, un *tlaolchayaulqui*, se le pidió, como siempre, que determinara la causa de la nueva enfermedad por medio de la observación del dibujo formado por granos de maíz o frijoles esparcidos sobre una manta de algodón blanca. En esta ocasión debió de quedar perplejo.[68] Seguramente probaron suerte con los antiguos remedios: «Para la enfermedad de los empeines... será necesario hacer un pegote de *ocótzotl*, pegándolo muchas veces para que salga la raíz, y poner encima cierto animalejo carraleja [una especie de escarabajo de color negro]... y exprimirlo encima del empeine...»[69] Pero la viruela se resistía al escarabajo, cosa que no sorprende, y la enfermedad se vio acompañada por una sensación de calamidad descrita por los mexicas como la pérdida del alma.

Si en México se creía generalmente que los dioses enviaban las enfermedades como castigo, la conclusión inevitable respecto a la epidemia era que seguramente se habían cometido muchos crímenes. Pero ¿cuáles eran? De hallar respuesta a esta pregunta, podrían ofrecer la penitencia acorde: festines con los menús apropiados para los dioses apropiados, peregrinajes a los idóneos lugares remotos cargando braseros encendidos sobre la cabeza, o algún tipo de sangría, o bien podrían sacrificar la cola de zarigüeya. Hay quien dice que se empleaban mil doscientas plantas con fines curativos en el antiguo México; alguna resultaría sin duda efectiva.[70]

Sin embargo se despobló una aldea tras otra. En muchas calles se veían cuerpos, pues no contaban con los métodos necesarios para recogerlos. Funcionarios, ansiosos sobre todo de no contaminarse, enterraban a los muertos, derrumbaban las casas sobre ellos, cuando podían hacerlo.[71] Había tanto hedor como desesperación; y el sufrimiento era mayor que cualquiera que hubiesen causado hasta entonces los conquistadores. Los que no murieron, pero padecieron la enfermedad, espantaban a quien los mirara por las «cacrañas» que les quedaron en el rostro y en el cuerpo. En algunos sitios la mitad de la población murió.[72] A la epidemia le seguía a menudo la hambruna, debido en parte a que, cuando las mujeres enfermaban, no había quien moliera el maíz (sugerir que lo hicieran los hombres habría sido como pedir a los castellanos que comieran seres humanos). No existe ninguna prueba de que se celebrara en 1521 el tradicional festival de Ochpaniztli, el de la cosecha, con su familiar exposición del pellejo azotado de una mujer sacrificada, «sustituta» de la diosa Centeotl.

La enfermedad llegó a Chalco, en el Valle de México, en setiembre de 1520 y duró setenta días y acarreó muchísimo más perjuicio del que pudiera haber pensado ocasionar el ejército de Cortés. Llegó a Tenochtitlan a fines de octubre.[73]

Naturalmente, no respetó ni a los amigos de los mexicas ni a sus enemigos, ni siquiera a los amigos de los españoles. Así, además de Maxixcatzin en Tlaxcala, fulminó a Cuitláhuac, el sucesor de Moctezuma como emperador de México. Su muerte fue rápida y su nombre pasó con igual prisa al olvido. De hecho, no se sabe nada de su carácter, de su aspecto ni de su situación social. Lo único que sabemos de él es que se opuso siempre a acoger a los castellanos, aun antes de su llegada; que inspiró un extraordinario ataque nocturno contra los conquistadores en retirada; que no aprovechó su triunfo; y que, como diplomático, no tuvo éxito. Dejó una esposa, Papantzin, hija de Nezahualpilli, rey de Texcoco, un hijo, Axayacatzin (quien, de viejo, sería uno de los informantes del historiador Ixtlilxóchitl) y dos hijas.[74] Algunos escritores afirman que se casó también con la jovencísima Tecuichpo, hija de Moctezuma; pero de ser cierto, lo hizo sólo de palabra, no de hecho.[75]

Entre los demás muertos se hallaban Totoquihuatzin, el rey de Tacuba (y suegro de Moctezuma), el rey de Chalco y luego, en el lejano Tzintzuntzan, Zuangua, el *cazonci* de los tarascos.[76]

El aspecto insólito de esta epidemia fue que, si bien «... milagrosamente Nuestro Señor los mató [a los indios] y nos los quitó delante», los castellanos se salvavan.[77] Naturalmente, los mexicas creyeron que los dioses iracundos los estaban castigando. Esta insinuación de que los dioses se inclinaban por los conquistadores confirmaba la creencia de que, aunque éstos no fueran dioses, eran al menos sobrehumanos, una especie de gigantes destinados a triunfar.[78] A la mayoría de los castellanos no los alcanzó la muerte, porque a los veinticinco o treinta años edad, los extremeños o los sevillanos eran ya inmunes a la enfermedad, por haber sobrevivido numerosas epidemias —y no sólo de viruela— en su país de origen. Sería injusto no tener en cuenta el hecho de que, al declarar en su juicio de residencia, Alvarado dijo que cuidó al «cacique de *Papalo*», añadiendo que «... para sus enfermedades, yo le socorrí con las medecinas necesarias». (Se le acusaba de haber tomado a la hija de este cacique, contra su voluntad; Alvarado dijo que la moza, una criada y no una princesa, sobrevivió y regresó más tarde a su hogar.)

Evidentemente, en 1520 la viruela no echó a perder sólo el festival de Ochpanztli, sino la cosecha misma. No se recolectó el maíz. Se decía que una diosa relacionada con los festejos, Atlan Tonnan, provocaba enfermedades de la piel y también las curaba. El hecho de que no pudiera o no quisiera resolver esta crisis debió de constituir un elemento más en el desánimo de los mexicanos.[79]

Al parecer, los castellanos no se dieron cuenta del daño que ocasionó esta enfermedad entre los indios. En todo caso, en la tercera carta de relación dirigida a su rey y emperador —su «doble emperador»—, Cortés mencionó la epidemia, mas no dio muestras de haber percibido la devastación que provocara.[80] No obstante, en la obra *Chilam Balam* de Chumayel, escrita en el Yucatán asolado por la pandemia unos meses antes, se habla de ella como de un auténtico hito en la historia de las Américas. Al referirse a los tiempos anteriores a 1519, se dice: «Saludables vivían. No había entonces enfermedad; no había dolor de huesos; no había fiebre para ellos, no había viruelas, no había ardor de pecho, no había dolor de vientre, no había consunción. Rectamente erguido iba su cuerpo, entonces. Pero vinieron los *Azules* y todo lo deshicieron. Ellos enseñaron el miedo; y vinieron a marchitar las flores.»[81]

Una de las consecuencias de la enfermedad fue que, en la región de Tepeaca y del macizo central, donde Cortés había establecido firmemente su control político, se empezó a verle como un creador de reyes. Cuando moría el señor de una villa, era Cortés quien sugería su sucesor. Así, cuando sucumbió el señor de Izúcar, Cortés decidió que su sucesor fuese un sobrino de Moctezuma.[82] Lo mismo ocurrió en Cholula, donde murieron a consecuencia de la viruela los pocos señores que habían sobrevivido a la matanza del año anterior. El caudillo se convirtió en el dirigente de una gran alianza después de ser el jefe de una banda de guerrilleros. Su posición en México cambió gracias a su estancia en Tepeaca/Segura de la Frontera. Entre tanto, los tlaxcaltecas «buscaban la comida é la daban a los españoles como si fueron sus esclavos, y esto graciosamente é de su voluntad, sin les apremiar para ello los dichos españoles».[83]

La diosa de la fortuna empezaba a sonreír a Cortés en otros asuntos. Por ejemplo, comenzó a recibir ayuda externa: en el transcurso de esas semanas, seis pequeñas expediciones llegaron a San Juan de Ulúa o a la Villa Rica de la Vera Cruz. Primero un barco, capitaneado por Pedro Barba, llegó de Cuba con trece soldados, un caballo y una provisión de pan cazabe. Lo enviaba Diego Velázquez a fin de socorrer a Narváez: no se había enterado todavía del desastre sufrido por ese conquistador. («...ay menos nuevas aquí que ni en Santo Domingo, ni allá en Sevilla», se quejó un mercader de Santiago de Cuba en una carta enviada a Castilla en julio de 1520.) Seguramente Velázquez, quien se había establecido provisionalmente en la villa cubana de Trinidad, confiaba en Barba, su «teniente» en La Habana. (Recordemos que Barba había ido al Yucatán con Grijalva.) Barba llevaba una carta de Velázquez a Narváez. En ella le decía «que si acaso no había muerto a Cortés, que luego se le enviase preso a Cuba...» Mas Barba, que en 1518 había vendido quinientas raciones de pan a Cortés, era, desde siempre, «muy amigo» de éste.[84]

En la Villa Rica de la Vera Cruz, el sanluqueño «almirante» de Cortés, Alonso Caballero le engatusó, convenciéndole de que se rindiera y le envió a Segura, donde Cortés le sorprendió al saludarle calurosamente y «le hizo capitán de ballesteros», además de darle responsabilidades en batallas posteriores.[85] Barba nunca más mostró lealtad hacia Velázquez.

Otro «navío chico» procedente de Cuba, y capitaneado por Rodrigo Morejón de Lobera, medinés como Bernal Díaz del Castillo, ancló en la Villa Rica de la Vera Cruz. Alonso Caballero le engatusó también. Morejón fue a Segura, con ocho soldados, seis ballesteros, una yegua y «mucho hilo para cuerdas» que resultó muy útil para fabricar arcos de ballestas.

Una tercera expedición, capitaneada por Diego de Camargo, llegó a la Villa Rica de la Vera Cruz. Este conquistador había partido a principios de año, como parte de otra flota organizada por Francisco de Garay, el inquieto gobernador de Jamaica. La meta de De Garay consistía en labrarse un porvenir en Pánuco, territorio que veía como mítico, aunque para Cortés no fuese sino la tierra caliente cercana a la costa, al norte de la Villa Rica de la Vera Cruz. Álvarez Pineda encabezaba esta expedición como lo había hecho con la de 1519, descubridora del río Mississippi. La flota, compuesta de tres barcos, salió de Jamaica con ciento cincuenta hombres, siete caballos, algunas armas, cañones y material para la construcción de una fortaleza. Pero, aunque los expedicionarios habían desembarcado y comenzado a levantar una villa, los indios locales los derrotaron. Reembarcaron, mas uno de los navíos se hundió. Álvarez Pineda, veterano de incontables viajes en esos mares, y con él muchos castellanos murieron frente a la costa. Camargo, el comandante, se presentó en la Villa Rica de la Vera Cruz. La mayoría de los sesenta hombres de su compañía se hallaban enfermos; no obstante fueron a Tepeaca y se unieron a la expedición de Cortés sin vacilar: les parecía seguramente mejor una guerra de conquista en tierra firme que un viaje de descubrimiento en el mar.[86]

De Garay mandó un cuarto navío, capitaneado por Miguel Díez de Aux, a fin de relevar a Álvarez Pineda. Díez de Aux era un hombre enérgico, arrogante, rico y gordo, amigo íntimo de De Garay desde que, veinte años antes, encontraron por azar un gigantesco yacimiento de oro en el río Ozama, en La Española. Fue uno de los primeros colonizadores de Puerto Rico, del cual fue alguacil mayor y factor de San Juan. En 1511 se le había otorgado una muy codiciada concesión real que autorizaba a su esposa cacereña, Isabel Carrión, llevar a las Indias ropa de seda y vestirla.[87] Fue uno de los pocos aragoneses que se aventuraron a ir al trópico.[88] En esta ocasión navegó costa abajo; no «halló ni pelo de la armada de Garay» en el misterioso puerto de Pánuco, la tierra prometida que imaginaba De Garay. Entonces ancló frente a la Villa Rica de la Vera Cruz. De allí él, sus cincuenta soldados y siete caballos fueron a Tepeaca, donde recibieron una calurosa bienvenida de Cortés, que conocía a Díez de Aux de La Española. Contaba más de cuarenta años, pero resultó ser «el mejor socorro» para la expedición: tenía el don de hacer amistad con sus antiguos rivales.[89]

Un quinto navío, capitaneado por Francisco Ramírez el Viejo, miembro también de la expedición de De Garay, llegó con cuarenta soldados, diez caballos, numerosas ballestas y otras armas.

Una ayuda adicional llegó a la Villa Rica de la Vera Cruz, procedente de las islas Canarias: un gran bajel propiedad de Juan de Burgos. De hecho, el navío venía de España en respuesta a la solicitud del padre y de los amigos negociantes de Cortés en Sevilla. La *nao* iba cargada de «muchas hazienda, e cavallos e armas e otras cosas necesarias de la guerra», incluyendo mosquetes, pólvora, ballestas y saetas de ballestas. El isleño Burgos y el patrón del barco, Francisco de Amedel, fueron, con otro par de aventureros, a Texcoco y con sus inapreciables pertrechos se unieron durante un tiempo al ejército de Cortés.[90]

Al parecer llegó otro barco, el *Santa María*, capitaneado por Juan de Salamanca, enviado por Luis Fernández de Alfaro y Juan de Córdoba desde Sevilla, pasando por Santo Domingo. En este navío tal vez hubiera armas; y posible también el mercader genovés, Gerónimo de Riberol(o), el «factor» de Fernández de Alfaro en Santo Domingo, siguiendo los planes ideados en Sevilla. El valor del cargamento ascendía a de más de un millón y cuarto de maravedís.

Así se añadieron doscientos hombres y quizá unos cincuenta caballos a la expedición; la situación de estos hombres era incómoda: tanto la primera oleada de conquistadores que llegaron con el caudillo en 1519 como los supervivientes del ejército de Narváez les cogieron antipatía y los ridiculizaron con toda índole de apodos, como «los de los lomos recios» o «los de las albardillas».

Al llegar uno de estos «bateles», alguien dijo a Cortés que a bordo se encontraba un «pesquisador» real. Al parecer, Cortés comentó «que la caravela fuese bien venida e en buen ora, e quel pesquisador que fuese quien fuese, que a cartas, cartas, e a palabras, palabras; e que si esto no bastase, que bastarian hierros de lanzas, que no venia ninguno que no le demos tanto de palos, como dimos a Narvaez».[91] Tal vez no fueran ésas sus palabras pero probablemente expresan su estado de ánimo.

Cortés mismo despachó también dos expediciones a comprar más pertrechos. La primera, compuesta de cuatro barcos, salió hacia La Española, al mando de Francisco Álvarez Chico y del astuto Alonso de Ávila; su misión consistía en adquirir caballos, ballestas, cañones, pólvora y, de ser posible, reclutar a más hombres. Viajaron en una de las embarcaciones de Narváez requisadas por Cortés. El caudillo dirigió una carta al presidente de la audiencia, Rodrigo de Figueroa, en la cual relataba lo ocurrido en México y le pedía que se abstuviese de ponerle obstáculos, aun cuando no quisiera ayudarle.[92]

La otra expedición fue a Jamaica a comprar yeguas, bajo el mando de Francisco de Solís, uno de los amigos íntimos de Cortés, pese a ser montañés, que llevaba dos apodos: «el de la huerta» y «el del chaquete de seda», combinación que indica características rurales y urbanas rara vez unidas en esa época en un solo hombre.[93] Cortés no estableció ninguna comunicación con Cuba, donde el gobernador y otros castellanos se hallaban desesperados por la falta de información. Esa isla se encontraba en muy malas condiciones. En el verano de 1520, un mercader informó, exagerando naturalmente, que no había hombres en la isla, ni indios en las minas, sólo mujeres.[94]

Finalmente, Cortés organizó una expedición en la misma Nueva España, cuya meta era salvaguardar sus provisiones y su sistema de comunicación. En diciembre, Sandoval, el capitán de la confianza de Cortés, encabezó una fuerza de doscientos soldados, doce ballesteros y veinte caballos. Fueron al territorio que habían recorrido el otoño anterior, justo antes de la batalla contra los tlaxcaltecas. Era preciso, opinaba Cortés, conquistar Zautla y Xalacingo, pueblos que se hallaban en el camino de la Villa Rica de la Vera Cruz a Tlaxcala y en los que los mexicanos habían establecido recientemente sendas guarniciones, que convertían en peligrosa la ruta de México a la Villa Rica de la Veracruz por el norte.

Treinta días más tarde, tras varias escaramuzas, Sandoval se reunió con Cortés. Había obligado a los señores de ambos pueblos a «dar obediencia» al emperador Carlos V (en Zautla aún gobernaba el anfitrión de los castellanos, Olintecle) y había recuperado varias bridas y sillas de montar que los habitantes robaron a los españoles a su paso por la zona. Regresó también con «todas las indias, muchachas y muchachos» que habían «habido» como botín; a estos esclavos los mandaron herrar. Únicamente ocho castellanos resultaron heridos y tres caballos muertos en esta *entrada*. Los efectos de estas victorias en el norte de Tlaxcala fueron iguales a los de la campaña librada al sur y al oeste de Tepeaca. Varias ciudades antes vacilantes en cuanto a su lealtad pidieron paz a cambio de jurar fidelidad al rey-emperador de España.[95] Cabe poner en tela de juicio el que los señores de estas comunidades tuviesen la mínima sospecha del uso que haría posteriormente Cortés de sus declaraciones. De momento, el juramento significaba una promesa verbal de pagar tributo a Cortés en vez de enviarlo a México.

Dada la nueva confianza en su propia fuerza, Cortés no puso objeción alguna a que varios miembros de su expedición, sobre todo capitanes de Narváez, regresaran a Cuba. Estos hombres continuaban resentidos por la arbitrariedad con la cual Cortés trataba a quienes habían acumulado oro en Tenochtitlan. Algunos afirmaban haber visto al propio Cortés ordenar que se marcara el oro con el escudo real, sin el permiso de la corona.[96] Otros acusaron a Alvarado de haberse apoderado del oro ganado por sus compañeros en juegos de naipes (las apuestas eran formalmente ilegales) y de mandar azotar a un tal Gonzalo Bazán por haberse quejado. (En su juicio de residencia, llevado a cabo en 1529, Alvarado reconoció haber mandado azotar a Bazán, pero alegó que se debía a que éste era un blasfemo, jugaba con naipes marcados y contaba historias escabrosas.)[97]

Entre los que regresaron a Cuba se encontraban Andrés de Duero (el antiguo colaborador de Cortés y portavoz de los rebeldes en Tlaxcala), Baltasar y Agustín Bermúdez (quienes, dos años antes, habían rechazado la oferta de su pariente Velázquez de encabezar la expedición), Juan Bono de Quejo (el brutal expedicionario que, en 1513, había participado en la conquista de la Trinidad), Bernardino de Quesada (escribano que Narváez enviara a ver a Cortés cuando éste arrestó a Ruiz de Guevara), Leonel de Cervantes, el Comendador (quien habiendo prometido a Cortés regresar a la Nueva España con sus siete hijas y casarlas con sendos conquistadores, cumplió su promesa), y otros que, como Juan Álvarez, declararían en el juicio de residencia organizado por Diego Velázquez el año siguiente y a quien los historiadores han de estar agradecidos, aunque no lo estuviera Cortés.[98] Éste los envió con alimentos (perro salado, maíz y pavo), oro (una buena parte de éste con Andrés de Duero, tal vez con el fin de que lo hiciese llegar a Martín Cortés), joyas y cartas (entre éstas, la última dirigida a su esposa Catalina y al hermano de ésta, Juan Suárez); las joyas y el oro for-

31. MI PRINCIPAL MOTIVO E INTENCIÓN
PARA LIBRAR ESTA GUERRA

... que en nombre de Su Majestad por mi mandado hubieren de ir,
que su principal motivo e intención sea apartar y desarraigar de
las dichas idolatrías a todos los naturales destas partes, y
reducillos, o a lo menos desear su salvación, y que sean reducidos
al conocimiento de Dios y de su santa fe católica...

Decretos militares de Cortés, Tlaxcala, 22 de diciembre de 1520

A Cuitláhuac, el emperador desconocido que murió a consecuencia
de la viruela, le sucedió su primo Cuauhtémoc, hijo de Ahuítzotl,
tío de Cuitláhuac y de Moctezuma. Este príncipe (título que le
daban, correctamente, los españoles autores de memorias) contaba
a la sazón unos veinticinco años. La descripción que de él hacen
los escritores españoles son impresionantes: «de muy gentil disposición, así de cuerpo como de facciones, y la cara algo larga y alegre y los ojos más parecían que cuando miraba que eran con gravedad y halagüeños, y no había falta en ellos... y el color tiraba
más a blanco que al color y matiz de esotros indios morenos».[1]
Era resuelto y valiente. Ya había tenido varios triunfos en guerra.[2]
Era también tan implacable como sus enemigos. Al parecer hizo
matar al hijo —Axoacatzin— o quizá a varios hijos de Moctezuma,
al estilo turco: no se trataba únicamente de deshacerse de rivales
en potencia (pues el trono en México no se heredaba de padre a
hijo), sino también de deshacerse de los posibles portavoces de los
partidiarios del apaciguamiento.[3]

La madre de Cuauhtémoc era Tiacapantzin, heredera del trono
de Tlatelolco (o sea de Moquihuix, el último rey de ese territorio).[4]
Al parecer, Cuauhtémoc se crió en Ixcateopan, en lo que es ahora
el estado de Guerrero, habitado por mayas chontales. Pero habría
regresado a Tenochtitlan unos años antes de la llegada de los castellanos,[5] y pronto fue un jefe muy popular de Tlatelolco, a edad
relativamente temprana.[6]

Los señores encargados de elegir al emperador se decidieron por
él porque, siendo joven, valiente y resuelto, era el dirigente natural
de los mexicas en estas nuevas y extraordinarias circunstancias. Es
de suponer que fueron pocos los candidatos. Varios miembros de
la familia imperial habían muerto, como el mismo Cuitláhuac,
debido a la viruela, o en la matanza en el recinto del templo, o
bien durante la violencia interfamiliar posterior a la batalla de
Otumba. Pero Cuauhtémoc había dado pruebas de sus aptitudes
en la batalla que siguió a la matanza llevada a cabo por Alvarado.

Según una fuente indígena, fue él quien arrojó la piedra que hirió a Moctezuma, acto que, de ser verdad, poseía un significado simbólico de gran importancia.[7] Su fama de valiente contrarrestaba la implicación de mala suerte de su nombre, que en náhuatl significa «el sol en ocaso» o «águila que desciende». Además, representaba los intereses de Tlatelolco, aspecto importante para los responsables de defender a ambas ciudades.[8] En todo caso, es extraño que los mexicas, tan preocupados por el simbolismo, en esta crisis escogieran a alguien con el nombre de Cuauhtémoc. Por otro lado, tal vez pensaron que eso, precisamente, los salvaría del fin humillante que parecía predecir.

Hemos de suponer que Cuauhtémoc había seguido todas las etapas acostumbradas en la educación de los miembros de la clase alta: años en el *calmécac*, con sus estrictas normas, la sangría habitual con puntas de agave a modo de penitencia, el endurecimiento deliberado del cuerpo como defensa contra el frío, el aprendizaje de memoria de los cantos a los dioses y de otros textos, el trabajo manual en los templos, el conocimiento del calendario, de la historia y de las tradiciones.[9] Hemos de suponer igualmente que su elección formal fue acompañada por el mismo tipo de discursos pronunciados en el pasado por los señores y «principales» del reino reunidos en la plaza frente al Templo Mayor.[10] Quizá los señores fuesen nuevos, pero los discursos habrían sido semejantes. Así, Coanacoatzin, el nuevo rey de Texcoco, que por su cargo era un elector principal, probablemente pidió a sus colegas que eligieran a un espejo en el cual se reflejaran todos, una madre que cargara a todos en hombros y un príncipe que gobernara. Seguramente los electores dijeron a Cuauhtémoc lo que el rey Nezahualpilli dijera a Moctezuma, en 1502: «En cuanto al oficio sois como dios. Aunque sois nuestro prójimo y amigo, hijo y hermano, no somos iguales, ni os consideramos como a hombre... [el dios] dentro de vos habla, y vuestra boca es suya, y vuestra lengua es su lengua y vuestra cara es su cara y vuestras orejas...»[11]

A continuación habrían llevado a Cuauhtémoc, vistiendo un atuendo de sacerdote, frente a la imagen de Huitzilopochtli, como lo habían hecho con Cuitláhuac unos meses antes. El nuevo emperador habría ofrecido incienso y habrían sonado las trompetas de caracoles. Los cuatro consejeros principales habrían ofrecido incienso también. En resumen, se habría repetido el acostumbrado ritual.

En Tacuba también eligieron un rey: Tetlepanquetzatsin, hijo del monarca difunto y cuñado de Moctezuma, y su coronación seguramente consistió en una versión menos ostentosa de las mismas ceremonias.

A Cuauhtémoc le eligieron como portavoz de la implacable oposición a los españoles. Había alzado la voz en su contra, había criticado a Moctezuma por su política de pacificación. Estaba casado, claro está, y con una hija de Moctezuma. De hecho, existen pruebas de que se casó con dos hijas de Moctezuma: Xuchimatzatzin (posteriormente llamada «María»), una mujer probablemente adulta como él, con quien tuvo hijos; [12] y Tecuichpo, de apenas once años, hija legítima de Moctezuma y de su principal esposa, de quien se sabía que era la favorita de su padre. (Tal vez este matrimonio no se consumara.) Según un marido posterior de esta princesa (¿y quien podía proporcionar mejores pruebas?), se llevaron a cabo todas las formalidades de la boda, hasta la de atar el nudo ritual de la blusa de la novia con la manta del novio y la colocación del *chalchihuite* sagrado y de plumas de quetzal sobre la cama conyugal, símbolo de los hijos que tendrían.[13] Sin duda este matrimonio era, como en Europa en circunstancias semejantes, una estrategia política. (Se ha dicho que tanto Cuitláhuac como Atlixcatzin, el *tlacatecátl*, asesinado en mayo o junio y antaño posible candidato a suceder a Moctezuma, habían pasado por la misma ceremonia con Tecuichpo.)[14]

La misión de Cuauhtémoc consistía en luchar, pero también, como en el caso de sus predecesores, en buscar aliados. Por tanto, como Cuitláhuac, envió emisarios a los monarcas de ciudades cercanas. Mas éstos continuaban dudando: no sabían si debían ayudarle o no, ya por temor a Cortés, ya por su odio hacia México.

Lo que sucedió con los tarascos era típico de la situación. Como Cuitláhuac, Cuauhtémoc mandó mensajeros a Tzintzuntzán a fin de pedir ayuda al nuevo *cazonci*, Tzinzicha. Al igual que Zuangua, su padre, Tzinzicha desconfiaba de las intenciones mexicanas. Sabemos cuál es su verdadero interés, dijo, que los embajadores sigan a mi padre al otro mundo y le presenten su petición. Los emisarios mexicanos se enteraron de esta respuesta y replicaron que, si había de hacerse, que se hiciera rápidamente. Tzinzicha los sacrificó. De ninguna manera quería ayudar a los viejos enemigos de su pueblo.[15] El emperador de México envió otros embajadores a otras ciudades, pero la respuesta fue la misma. Se percató de que el antiguo poder de los mexicas dependía del temor y ese temor se encontraba en vías de desaparición.

Para colmo, y pese a su educación militar, Cuauhtémoc no estaba preparado para el conflicto que le esperaba; ningún mexicano, por más astuto y valiente que fuese, podía estarlo; pues ellos, como Cuauhtémoc, habían respetado siempre las reglas. La experiencia será .familiar para quienes recuerdan que el estado mayor francés no reaccionó ante el reto de los alemanes en 1940: «*d'un est affaire de routine et de dressage; l'autre, d'imagination concrète, de souplesse dans l'intelligence et peut-être de caractère...*»[16] El de México constituía un ejemplo más extremo del respeto a las normas. Cortés, por su parte, incluso teniendo en cuenta el modelo español, daba muestras de ser implacablemente poco convencional: se hallaba planeando algo del todo incompatible con el concepto mexicano de la guerra: un sitio al estilo europeo, acompañado de un bloqueo. No pensaba en una batalla: no tenía intención de que los caballeros águila y jaguar (o sea, los guerreros) se encontraran con Cortés y sus capitanes en un combate cuerpo a cuerpo. Presionaría a toda la población mexicana; debilitaría a posta al enemigo cortándole el suministro de alimentos y agua. Todavía quería tomar la hermosa Tenochtitlan sin luchar y ofrecerla «como joya, como pluma» (la expresión que habría utilizado de ser mexica) a su emperador. Seguramente se inquietó al enterarse del enorme daño hecho a los edificios próximos al palacio de Axayácatl durante la batalla llevada a cabo en junio de año anterior. Gracias a su nueva estrategia esperaba evitar una mayor destrucción.

Quizá estos métodos nos muestran a un Cortés resuelto a hacer uso de nuevas técnicas; un Cortés que ya no se preocupaba por imitar las tácticas probadas en las guerras contra los moros. ¿Acaso no había conseguido el Gran Capitán Hernández de Córdoba su primer triunfo en Atella en 1495, derrotando al ejército de Montpensier con una combinación de ataques y cuidadosos atrincheramientos? ¿No había ocurrido lo mismo en 1503, en Cerignola, donde indujo al enemigo a atacar un bien preparado puesto español? Cierto: el *condottiere* italiano Fabrizio Colonna había comentado sarcásticamente, al referirse a esta batalla, que la victoria se debía a únicamente una zanja, un parapeto y un arcabuz.[17] Sin embargo, nada de eso importaba a condición de que el estandarte español ondeara de noche en la ciudadela del enemigo. Al parecer, Cuauhtémoc no pudo adaptarse de igual manera.

Durante los últimos meses de 1520, Cortés formuló hábilmente sus planes. Gracias a los navíos que habían llegado a final de verano y principios de otoño, contaba ahora con ochenta ballesteros y arcabuceros, así como cuarenta caballos y ocho o nueve cañones de campaña, si bien escaseaba la pólvora. En total, disponía de quinientos cincuenta soldados de infantería (incluyendo mosqueteros y ballesteros), a los cuales dividió en nueve compañías de sesenta hombres.[18] Al mando de estas compañías se hallaban Alvarado, Olid, Sandoval, Gutierre de Badajoz, Verdugo, Rodríguez de Villafuerte, Ircio, Andrés de Monjaraz y Andrés de Tapia. Se nota que los capitanes de anteriores batallas, García de Albuquerque, Lugo, Ordás y Ávila, ya no formaban parte del mágico círculo de mando. La superioridad de los extremeños (aparte de Cortés, Alvarado, Sandoval, Badajoz y Rodríguez de Villafuerte) se había reducido ligeramente. Ahora había dos andaluces (Ircio y Olid), un vasco (Monjaraz), un castellano (Verdugo) y un leonés (Tapia, quien posiblemente fuese metilense).

Contaba adicionalmente con los aliados. Cortés lamentó mucho la muerte debida a la viruela de su principal aliado tlaxcalteca, Maxixcatzin. No obstante podía fiarse casi tanto de Xicoténcatl el Viejo, quien al poco tiempo fue bautizado «con la mayor fiesta que en aquella sazón se pudo hacer» y se le puso «don Lorenzo de Vargas» por nombre. Al heredero de Maxixcatzin (un niño de doce años nacido en la extrema vejez del padre) le pusieron por nombre «don Lorenzo».[19]

Los tlaxcaltecas ofrecieron a Cortés un numeroso ejército. Como siempre, un cálculo acertado resulta difícil. Según López de Gómara, «... salieron con él más de ochenta mil hombres, y la mayoría de ellos con armas y plumajes... pero él [Cortés] no quiso llevarlos consigo todos... pues tenía por dificultoso mantener tanta muchedumbre de gente por el camino y en tierra de enemigos. Todavía llevó veinte mil de ellos».[20] Probablemente llevó diez mil tlaxcaltecas, quienes hicieron las veces de cargadores y criados de los soldados castellanos.[21] El comandante tlaxcalteca era Chichimecatecle, el lugarteniente de Xicotencátl el Mozo, que se había peleado el año anterior con este último después de terminada la lucha contra los españoles. Se convirtió al cristianismo antes de partir. Sin duda él y sus hombres se daban cuenta de que se estaban embarcando en un combate mucho más serio que cualquier de los que ellos y sus antepasados habían conocido. Respondieron con energía y lealtad. La perspectiva de destruir a los mexicas era embriagadora. Dado su acuerdo con Cortés seguramente veían en el conflicto la gran guerra contra los mexicas para la cual habían logrado aliarse a unos hábiles técnicos, a quienes tal vez pudieran rechazar después de la victoria, despachándolos a su país con su Virgen y su san Cristóbal.

La expedición compuesta de castellanos y tlaxcaltecas se reunió en la plaza frente al templo mayor de Tlaxcala. Cortés, que vestía una corta prenda de terciopelo, les habló.[22] Su discurso probablemente tenía relación con lo que afirmó, en una carta dirigida en mayo de 1522 al rey: a saber, que luchaban contra un pueblo bárbaro; que, a fin de servir al rey, debían protegerse y que tenían aliados poderosos. La causa de los castellanos, insistió, era buena y justa.[23] Los mexicas, alegó, se habían rebelado, declaración cuya validez dependía, por supuesto, de la reunión llevada a cabo en enero del año anterior entre Cortés, Moctezuma y los señores de éste. No pretendía, aseguró, faltar a la famosa concesión que supuestamente hiciera en esa ocasión. Pero, añadió, «la causa principal por la que venimos a estos lugares es por ensalzar y predicar la fe de Cristo, aunque juntamente con ella nos viene honra y provecho que pocas veces caben en un saco».

Terminó su discurso con uno de sus amenos y característicos comentarios: podían combinarse el servicio al rey y a Dios con el enriquecimiento: «... honremos a nuestra nación, engrandezcamos a nuestro rey, y enriquezcámonos nosotros, que para todo es la empresa de México».[24] Luego ordenó a Antón García, su pregonero, leer «algunas ordenanzas de guerra, tocantes a la buena gobernación y orden del ejército», quizá redactadas por su nuevo secretario y acaso pariente lejano suyo, Juan de Ribera «el de un ojo», extremeño oriundo de Ribera del Fresno.

Este documento criticaba la veneración de los ídolos y sostenía que la guerra contra México tenía como propósito dar a los naturales «conocimiento de Dios y de su santa fe católica; después por los sojuzgar e supeditar debajo del yugo e dominio imperial e real de Su Sacra Majestad, a quien jurídicamente el señoría de todas estas partes...» pertenece. No podía expresar su meta más directamente: quería conquistar. Ya habían pasado los meses de engaño en cuanto a sus intenciones.

Después figuraban diecisiete instrucciones. La más importante precisaba que se multaría la blasfemia (un tercio de la multa iría a la primera hermandad de Cristo, club religioso de legos en formación); se prohibían los duelos, reírse de los capitanes y dormir fuera del real. Durante la marcha, todos habían de permanecer juntos. Cuando empezara la batalla, nadie debía ocultarse entre los pertrechos (extraordinaria prohibición que revelaba lo ocurrido en el pasado reciente). «Que no forzasen a las mujeres. Que nadie cogiese ropa ni cautivase indios, ni hiciese correrías, ni saquease sin licencia suya y acuerdo del cabildo [de la Villa Rica de la Vera Cruz, esta útil entidad a la cual podía recurrir cuando precisaba llamar la atención sobre un asunto, y también olvidar tranquilamente, pues sus regidores solían recorrer territorios alejados]. Que no injuriasen a los indios de guerra amigos, ni pegasen a los de carga.» El saqueo sólo podía llevarse a cabo después de la victoria y la expulsión de todo enemigo de las ciudades afectadas. Se agregaban instrucciones en cuanto a cuándo se había de tañer los tambores, a cómo mantener la disciplina y a la prohibición de robar las pertenencias de los indios. Debía entregarse a Cortés el oro, la plata, las perlas y piedras preciosas, la plumajería, las telas y los esclavos obtenidos, y el caudillo descontaría de ello el quinto real. «Puso, además de esto, tasa en el herraje y vestidos, por los excesivos precios a que estaban.» Finalmente, prohibía los juegos de apuestas, con una injusta excepción: en los aposentos de Cortés se podía jugar «moderadamente» a los naipes.[25]

El caudillo pronunció otro discurso, esta vez para los aliados: a cambio de su apoyo, prometió «quitar de sobre vuestra cerviz el yugo de servidumbre que os tienen puesto los de Culúa [los mexicas] y hacer con el emperador que os haga muchas y muy crecidas mercedes».[26]

Si bien Cortés partía con un ejército tan numeroso (aunque tal vez superior en calidad) como el que llevara a Tenochtitlan catorce meses antes, su estrategia era distinta de la anterior. En 1519 esperaba imponer su personalidad y hacer de Moctezuma un títere; ahora pensaba derrotar en una guerra al sucesor de Moctezuma.

El elemento crítico del proyecto del caudillo, o sea, la construcción de los bergantines, aún no se hallaba terminado. Cuando, el 27 de diciembre de 1520, Cortés salió de Tlaxcala rumbo a Tenochtitlan, Martín López continuaba trabajando en esas embarcaciones en el río Zahuapan. Cuando se hallaba todavía en Tlaxcala, Cortés ya planeaba establecer una base en Texcoco, en la costa oriental del lago de México; allí esperaría a que los bergantines fuesen ensamblados una vez sus piezas se transportaran por tierra. Esta táctica era tan asombrosa como su plan de campaña: sabía que, pese a la epidemia de viruela, dispondría de la mano de obra precisa para tan colosal esfuerzo. Existen pocos equivalentes, aparte del de una vía férrea que mandó construir *lord* Kitchener a fin de derrotar al *mahdi* del Sudán.

La primera noche tras su partida de Tlaxcala, la expedición de Cortés pernoctó en Texmelucan, comunidad cercana a la moderna San Martín de Texmelucan, antaño dependiente de Huexotzinco.[27] Luego, con el fin de cruzar la sierra que protege el gran lago, continuaron su camino por el paso conocido hoy día como Río Frío, a través de la cabecera del río Atoyac, a medio camino entre el «Paso de Cortés» (que cruzaran los expedicionarios en noviembre de 1518) y otro paso más al norte, el de Xaltepec-Apan (ruta que recorriera Cortés en su retirada de junio de 1520).[28] A la sazón, este paso central era más empinado y abrupto que las demás entradas al Valle de México. Cortés suponía que allí cogería desprevenidos a los mexicas y que, por tanto, opondrían poca resistencia.[29]

No tenía razón del todo. La expedición pasó la noche del 28 de diciembre en el paso, sin interferencias pero con frío; pasar la noche en pleno diciembre al aire libre y a una altitud de más de tres mil quinientos metros resultaría un tormento para cualquiera.[30] Mas al día siguiente hallaron el camino bloqueado por árboles recién cortados y se toparon con emboscadas de poca importancia.[31] La vanguardia, encabezada por el hijo del explorador Ponce de León, tuvo la impresión de que detrás de cada árbol había un enemigo. Sin embargo, los tlaxcaltecas quitaron los troncos y, al poco tiempo, los castellanos tuvieron una nueva oportunidad de maravillarse de la vista del lago, de Tenochtitlan a lo lejos y de la gran actividad al pie de la sierra.

En esta ocasión, Bernal Díaz del Castillo no evocó el precedente de Amadís de Gaula. Seguramente sabía que los esperaba una lucha más feroz que cualquiera de las que figuraban en las altisonantes páginas de ese romance. En vez de ello, anotó que todos los miembros de la expedición anterior se entristecieron al recordar a los compañeros muertos desde su última llegada al Valle de México. Según él, todos «prometimos, si Dios fuese servido de darnos mejor suceso en esta guerra, de ser otros hombres en el trato y modo de cercarla». Una vez tomada esa resolución tautológica (pues si no salían victoriosos sólo podían esperar la muerte), siguieron andando alegremente, cual si de un viaje de placer se tratase. Vieron que «los enemigos hacían muchas ahumadas» para advertir «a los que guardaban los otros caminos» de la llegada de los castellanos. Pero esto no evitó que, por la noche del 29 de diciembre, los expedicionarios llegaran a Coatepec, pequeña población centro de una provincia muy poblada y gobernada por un *calpixqui* nombrado por Texcoco.[32] (Según una leyenda, Coatepec había sido uno de los primeros asentamientos de los mexicas. Una vez construida una elegante ciudad, Huitzilopochtli les ordenó irse. Los mexicas dudaban, actitud apoyada por la hermana de Huitzilopochtli, Coyolxauhqui, «sus mejillas están pintadas de cascabeles». Huitzilopochtli la decapitó en el *tlaxtli* (el recinto del juego de pelota) y los mexicas prosiguieron su viaje).

Esa noche, Ixtlilxóchitl, hermano de los reyes de Texcoco Cacama y Coanacochtzin y rival descontento de ambos, en su aspiración a la corona, fue a ver a Cortés; confirmó su intención de luchar a su lado contra México y le regaló una cadena de oro en señal de paz. A partir de entonces, Ixtlilxóchitl fue un persistente y, en ocasiones, influyente aliado de los castellanos («nunca, en ochenta días que los españoles estuvieron sobre México, jamás faltaron Ixtlilxóchitl»), aunque no se sabe de cuántos hombres disponía: a veces parecía tratarse de una familia con sus numerosos criados; otras de un ejército.[33] Sin duda él, como los tlaxcaltecas, creía tener la expedición en sus manos y que era una suerte contar con consejeros tan serviciales como los castellanos.

Los soldados de caballería que Cortés envió por delante, como siempre, regresaron al día siguiente, el 30 de diciembre. Habían visto un escuadrón encabezado por siete señores de Texcoco ondeando estandartes dorados de paz. Los señores no tardaron en presentarse y el de mayor jerarquía se dirigió a Cortés: «Malinche, Cocoyoacin, nuestro señor y señor de Tezcuco, te envía a rogar que le quieras recibir a tu amistad, y te está esperando de paz en su ciudad de Tezcuco, y en señal dello recibe esta bandera de oro...», y añadió «que los escuadrones que allí estaban en las barrancas y pasos malos, que no eran de Tezcuco, sino mexicanos, que los enviaba Guatemuz [Cuauhtémoc]». Cortés se alegró y, claro está, aceptó el regalo. Mas tanto él como sus capitanes vieron un ardid en esa muestra de amistad. Después de todo, Coanacochtzin, hermano y sucesor de Cacama, era amigo y aliado de Cuauhtémoc.

Cortés y su expedición pernoctaron en Coatlinchan, una antigua ciudad a unos ocho kilómetros de Texcoco y vasalla de ésta. A los texcocanos les habría agradado que los castellanos permanecieran allí. Pero si la estrategia de Cortés había de triunfar, los españoles debían aposentarse en Texcoco con su fácil acceso al lago. Por tanto, al día siguiente se encaminó apresuradamente hacia allá.

Los castellanos no sabían muy bien cómo los recibirían en Texcoco. Creyeron, hasta el último momento, que probablemente habría un combate. Sin embargo, los emisarios de Coanacochtzin habían prometido alojarlos en el centro de la ciudad. Y el 31 de diciembre de 1520, cuando llegaron, Cortés se dio cuenta de que, efectivamente, habían cumplido su promesa. El palacio de Neza-

hualpilli, donde se alojarían, se hallaba en el corazón de la ciudad.
Era tan grande que, según Cortés, podrían aposentarse allí el doble
de castellanos. No obstante, su acogida resultó ominosa, pues no
había nadie en las calles.[34]

Como Cortés no deseaba provocar problemas, dio instrucciones
a su pregonero para que ordenara al ejército invasor permanecer
en sus aposentos, so pena de muerte.[35] Asimismo, envió a Alvarado y a Olid, con un pequeño destacamento, a lo alto del templo
mayor, desde donde tenían una buena vista del lago. Vislumbraron, alarmados, a gran parte de la población salir de la ciudad en
canoas. Y al poco rato se enteraron de que Coanacochatzin había
huido también a México.[36]

Esta fuga irritó a Cortés; por tanto, permitió el saqueo de la
ciudad. Tal como había ocurrido en Tepeaca, los castellanos mataron a los pocos hombres que hallaron y capturaron a niños y mujeres con el fin de venderlos en pública subasta.[37] Posteriormente,
Ixtlilxóchitl afirmaría haber intentado impedir tales brutalidades,
pero los tlaxcaltecas no le hicieron caso.[38]

Texcoco, por supuesto, era la segunda ciudad en importancia
del imperio mexicano: cubría unas cuatrocientas cuarenta y cinco
hectáreas y su población alcanzaba unos veinticinco mil habitantes.[39] Sus gobernantes, parientes cercanos de los de Tenochtitlan,
evocaban igualmente el mítico fundador que, unas diez generaciones antes, había sacado a sus antepasados de las cuevas y los bosques, guiándolos hasta el lago. Su historia era más pacífica que la
de los mexicas: en varias ocasiones los informantes de Sahagún indicaron, como hicieron los austriacos al referirse a Federico III, que
tal o cual «señor de Tezcoco... poseyó el señoría setenta años; no
se hizo... en su tiempo cosa digna de memoria».[40] Los texcocanos
conservaban el recuerdo de su rey Nezahualcóyotl, filósofo y poeta,
el «Harum al-Raschid mesoamericano», un príncipe que pensó en
la posible existencia de un solo dios, acostumbraba salir «a solas y
disfrazado, a reconocer las faltas y necesidad que había en la república para remediarlas»,[41] trazó varios jardines hermosos, incluyendo uno en Tetzcotzinco, a unos kilómetros al sudeste de Texcoco,
en el cual sus jardineros trataban de aclimatar plantas de toda la
región; allí había un teatro al aire libre y allí solía dormir en una
habitación redonda de techo alto con una vista asombrosa del lago.
Esta bóveda de placer contenía muchas de las bellas esculturas de
piedra por las que eran famosos los mexicas; una de ellas, una gran
palangana esculpida.[42] En Tetzcotzingo Nezahualcóyotl realizaba
concursos de música y poesía, escuchaba a las aves enjauladas traí-
das de regiones remotas y «que hacían una armonía y canto que
no se oían a las gentes...»[43] (Hoy día pueden verse todavía algunos *ahuehuetes* en estos jardines.)

Muchos de los numerosos y grandiosos edificios de Texcoco eran
tan hermosos como los de «da Gran Venecia» del lago. Varios con-

taban con patios, alrededor de los cuales se hallaban, como en Andalucía, las habitaciones principales. Algunos se habían construido sobre terrazas y otros (sin duda también aquel donde se aposentaron Cortés y su expedición), sobre estructuras de troncos descansando sobre pilares que se apoyaban, a su vez, sobre una base de piedra; esos troncos eran tan gruesos que podían soportar salas de hasta ciento diez metros cuadrados o más. «Estaban estos alcázeres con tan admirable y maravillosa hechura y con tanta diversidad de piedras, que no parecían ser hechos de industria humana»,[44] y la mayor parte enjalbegados por fuera: de no estar prevenido de antemano, quien los viese de lejos podría pensar que estaba mirando montecillos cubiertos de nieve.[45] En un plano contemporáneo se veía la disposición de un edificio típico, en el centro de cuyo patio principal se hallaban dos braseros, de los que se encargaban las ciudades vasallas.[46] El templo mayor de Texcoco tenía cuatro o cinco gradas más que el de Tenochtitlan.[47] La tierra adyacente cultivada por los texcocanos era fértil, pues la atravesaban varios riachuelos. En el imperio mexicano, Texcoco había sido importante: sus grandes reyes, Nezahualcóyotl y Nezahualpilli, padre e hijo, habían reinado entre los dos más de cien años, uno después del otro, y solían dar buenos consejos a sus primos, los emperadores al otro lado del lago. Se habían unido con entusiasmo a las guerras de conquista mexicanas.[48] De hecho, algunos cronistas han atribuido a Texcoco algunas de las conquistas mexicanas e incluso, a un momento dado, mayor jerarquía en la Alianza: «El cuarto señor de Tezcoco se llamó Nezahualcóyotl... y en tiempo de éste comenzaron las guerras y..., siendo señor de los de México Iztcoatzin..., entrambos hicieron guerra... y en tiempo de [Nezahualpilli] se hicieron muchas guerras y se conquistaron muchas tierras y provincias...»[49] Si el entusiasmo por la poesía y el arte, sin mencionar la elegancia en el idioma, significara superioridad, entonces la reputación de Texcoco era merecida. Era famosa por sus tejidos y su alfarería, sobre todo las tazas redondas para chocolate. Como sus colegas en Tenochtitlan, los «oficiales» de estas artesanías vivían en barrios especiales. Un rey de Texcoco, a principios del siglo XV, había alentado a los alfareros de otros lugares a ir a su ciudad y ahora se habían organizado en algo parecido a un gremio.[50]

El alto nivel de vida de Texcoco se debía en parte al sistema de tributos. Durante seis meses quince ciudades satisfacían las necesidades de palacios y templos y, durante los seis meses siguientes, lo hacían otras quince ciudades.[51]

Los castellanos permanecieron tres días en Texcoco sin que nadie fuese a verlos. Evidentemente, el temor causado por la matanza de los hombres y la esclavitud de mujeres y niños, provocó una feroz restricción. Los conquistadores se alimentaron del saqueo de las reservas que no eran, ni mucho menos, sustanciosas; de ello podía deducirse que hacía mucho que los texcocanos habían planeado su retirada.[52] Los tlaxcaltecas se dedicaron a prender fuego a dos hermosos palacios, ambos propiedad del difunto rey Nezahualpilli, y con ello destruyeron archivos reales, mapas, códices y registros genealógicos de los imperios mexicano y texcocano.[53]

Pese a este vandalismo, los castellanos lograron imponer a un monarca títere: Tecocoltzin, uno de los hermanos ilegítimos de Coanacochtzin. Mas ese príncipe sobrevivió sólo un mes. Entonces Cortés recurrió a un chico, Huaxpitzcactzin, otro hermano, más joven y también ilegítimo, del rey difunto. A este chico, «el primer cristiano de Texcoco», le llamaron (con optimismo) «Fernando Cortés». Estuvo bajo la influencia castellana, tuvo a Antonio de Villarroel (metilense) por maestro y a Pedro Sánchez Farfán (sevillano) y el soltero Ortega (probablemente astigitano) por guardias.[54]

Pasados esos tres días, los señores de dos ciudades de la provincia de Texcoco, Huexotla y Coatlinchan (donde los españoles pernoctaron antes de llegar a Texcoco) y uno de Chalco (Tenango), fueron a ver a Cortés. Sollozaron en su presencia: en el pasado habían luchado contra su voluntad, por órdenes de los mexicas, contra Cortés, dijeron. Le rogaron que los perdonase; a partir de entonces le obedecerían en todo. Cortés no sabía exactamente a qué se referían, mas supuso (y con razón) que ellos fueron quienes montaron las emboscadas en el paso de Río Frío. Así pues, con la ayuda de Marina, declaró que creía haber tratado bien a esas ciudades en el pasado, pero que tenía entendido que las mujeres y las familias de los habitantes de los pueblos de estos señores habían huido a la sierra. Si los señores y sus súbditos deseaban su amistad, debían obligarlos a regresar. Eso desagradó a los caciques.

Cuauhtémoc se irritó también al enterarse (y, por supuesto, fue muy pronto) de estas negociaciones. Envió emisarios a decir a esos caciques que debían ponerse de su parte en lo que todo indicaba que sería una guerra y que fueran inmediatamente a Tenochtitlan. Los castellanos, afirmó, serían vencidos. Los caciques capturaron a los mensajeros y los llevaron ante Cortés. Éste, aun cuando se daba cuenta de que los mexicas pretendían librar una guerra, deseaba a toda costa presentarse ante los pocos habitantes que permanecían en Texcoco como un hombre de paz, pues aún esperaba aliarse con ellos y usar su territorio como *real*. Por tanto, envió a estos embajadores a Tenochtitlan con mensajes para Cuauhtémoc: quería ser amigo de los mexicas, como antes; los señores contra quien había luchado habían muerto. El pasado, pasado estaba y debía olvidarse. No deseaba luchar contra ellos, pues no quería tener que verse obligado a destruir sus tierras y sus ciudades. Los señores de Coatlinchan y Huexotla se mostraron satisfechos. Desde ese momento se unieron a Cortés quien, en nombre del emperador Carlos V, les perdonó solemnemente sus delitos.[55]

Estas ciudades acogieron bien a Cortés, en parte por razones comerciales. Los mercaderes de la zona eran expertos, pero en las

32. TODOS ERAN SEÑORES

... hice señal a los nuestros que estuviesen quedos, y ellos también,
como vieron que yo les quería hablar, hicieron callar a su gente,
y díjeles que por qué eran locos y querían ser destruidos. Y si
había allí entre ellos algún señor principal de los de la ciudad, que
se llegase allí, porque le quería hablar. Y ellos me respondieron
que toda aquella multitud de gente de guerra que por allí veía, que
todos eran señores, por tanto, que dijese lo que quería

CORTÉS, Tercera carta de relación dirigida a Carlos V, 1522

Antes de recibir una respuesta al mensaje que había enviado a
Cuauhtémoc, Cortés inició un viaje de reconocimiento alrededor del
lago, con el propósito inmediato de hallar alimentos para sus aliados tlaxcaltecas. Pero también era deseable una expedición por razones militares. Conocía el territorio al norte del lago, mas, aparte
de su recorrido de las calzadas cuando llegó a Tenochtitlan en noviembre de 1519, no sabía lo que ocurría al sur. Así, dejó unos
trescientos cincuenta castellanos en Texcoco bajo el mando de Sandoval (quien desempeñaba cada vez más el cargo de lugarteniente,
si bien técnicamente no era sino un alguacil) y emprendió camino
con doscientos soldados (dieciocho de caballería, diez arcabuceros
y treinta ballesteros) y, según los cronistas, entre tres y cuatro mil
aliados. Olid y Andrés de Tapia ocuparon conjuntamente el cargo
de lugartenientes de esta expedición. Siguieron primero por la orilla sudeste del lago de Texcoco y luego la del sur, hasta llegar a
Iztapalapa, una ciudad de importancia estratégica, antaño feudo del
finado emperador Cuitláhuac, donde, el año anterior, los expedicionarios habían pasado la última noche antes de cruzar la calzada
en la última etapa de su viaje a Tenochtitlan.[1]
Algo más de treinta kilómetros separaban Texcoco de Iztapalapa.
Cuando los castellanos se aproximaban a esta última ciudad, se les
enfrentaron guerreros armados. Como parecía posible que el combate fuese difícil, los mexicas tomaron una decisión desesperada: a
poca distancia de la ciudad, hacia el norte, abrieron una brecha en
la calzada de Nezahualcóyotl que llevaba a Atzacualco y separaba
la parte salina del lago de la de agua dulce. Con ello provocaron
que se precipitara un torrente de agua salina desde el este del lago
de Texcoco a la parte occidental, más pequeña y de agua dulce.
Pretendían inundar Iztapalapa (de todos modos, dos tercios de la
ciudad estaba construida sobre el agua) y así ahogar a los castellanos.
Según los mexicas, esta drástica acción destruiría la ofensiva

castellana. Mas no dio resultado. Cortés y sus aliados entraron en la bonita ciudad, mataron a numerosas personas, expulsaron a las demás y se retiraron antes de que el agua subiera hasta el punto de impedirles escapar. De haber pernoctado en Iztapalapa, siguiendo sus planes, los castellanos se habrían ahogado. De todos modos, perdieron casi toda la pólvora de sus arcabuces. Cortés empezó a exagerar el número de enemigos muertos, señal segura del creciente salvajismo del conflicto. Mas culpó a los tlaxcaltecas de la matanza: «los indios, nuestros amigos, vista la victoria que Dios nos daba, no entendíen en otra cosa, sino en matar a diestro y siniestro...» El aliado texcocano de Cortés, Ixtlilxóchitl, se batió en una especie de duelo con uno de los señores de Iztapalapa a quien se le había encargado capturarlo y llevarle vivo a Tenochtitlan. Cuando Ixtlilxóchitl hubo capturado a su oponente, mandó que le ataran de manos y piernas y le quemaran vivo en una «hoguera divina». Un solo conquistador español murió.[2]

Finalmente, los expedicionarios pasaron la noche al aire libre cerca de la ciudad. Al despertar vieron que el agua del lago occidental fluía en el otro. Los dos lagos se hallaban ya casi al mismo nivel. El oriental se encontraba repleto de guerreros mexicanos en canoas, quienes esperaban capturar a la expedición en su totalidad. Cortés regresó a Texcoco, luchando durante casi todo el camino. Los mexicas creyeron haber derrotado a los castellanos, pues ellos nunca se retiraban voluntariamente de las posiciones ganadas. La suposición los alegró, por más que se fundamentara en conclusiones erróneas.[3]

Las semanas siguientes pasaron de modo semejante. Por ejemplo, los señores de Ozumba y de Tepecoculuco (ambas ciudades de la provincia de Chalco) y luego el de Mixquic, la ciudad que el año anterior los castellanos habían comparado con una pequeña Venecia «Venezuela», en la orilla sur del lago, fueron a pedir perdón a Cortés y a hablar de la posibilidad de convertirse en vasallos del emperador cristiano al que servía Cortés. Éste los reconvino por su falta de lealtad en el pasado, pero aceptó su solicitud.[4]

No obstante no existía ninguna seguridad aún en las ciudades de la orilla del lago. Los señores de Coatlinchan y de los demás lugares que se habían sometido en enero de 1521 dijeron a Cortés que los mexicas los estaban amenazando, pues habían empezado a cortar maíz para los castellanos. Los mexicas, que necesitaban ese producto y solían confiscarlo o exigirlo como tributo, estaban atacando a los *macehuales* en los maizales. Cortés despachó pequeñas unidades (compuestas de cincuenta tlaxcaltecas, digamos, y tres o cuatro castellanos) para proteger los campos.

Los señores de Chalco y de Tlamanalco mandaron decir que ellos también deseaban hacer las paces con Cortés, mas no podían hacer nada al respecto, pues aún había guarniciones mexicanas en sus ciudades.

La oferta de paz de Chalco representó un hito realmente importante. Por tanto, Cortés envió a Sandoval y a Francisco de Lugo, con un ejército tan numeroso como el que él había llevado a Iztapalapa, a fin de «que procurasen de romper y deshacer en todas las maneras a las guarniciones mexicanas». Afuera de Chalco, en los maizales cuyo producto los mexicas no querían de ninguna manera perder, Sandoval libró varios combates difíciles y, como de costumbre, salió victorioso y con pocas pérdidas humanas. Al parecer los aliados tlaxcaltecas combatieron con especial energía en estas contiendas, tal vez como resultado del rudimentario entrenamiento en los modos militares europeos que les había impartido el invierno anterior Alonso de Ojeda. Después pudieron apoderarse de las telas de algodón y de la sal de las cuales la larga pugna con los mexicas los había privado.

Entonces Chalco volvió a ser, por primera vez en medio siglo, al menos formalmente, una ciudad independiente sin necesidad de pagar tributo a México. El cambio fue asombroso. Un señor de la ciudad insistió en regresar a Texcoco con Sandoval para dar personalmente las gracias a Cortés, a quien dijo que el monarca recién fallecido a consecuencia de la viruela, como tantos otros, había expresado antes de morir el deseo de que Cortés impusiera a sus hijos como señores de la ciudad, pues dijo saber de antemano que llegarían unos hombres barbudos a reinar en estos territorios desde detrás de donde sale el sol. Cortés llevó alegremente a cabo las ceremonias de coronación: el hijo mayor se convirtió en señor de Chalco, y el menor, en el de Tlamanalco y Ayotzingo.[5]

Tras esta operación, Cortés envió ocho prisioneros mexicanos (capturados por Sandoval en Chalco) a Tenochtitlan. Su misión consistía en sugerir la paz; si Cuauhtémoc la aceptaba, Cortés le perdonaría. Pero Cuauhtémoc no contestó; estaba resuelto a luchar hasta el final, sin concesiones, aunque también estaba preparado para hacer cuantas ofertas tácticas fuesen necesarias a las ciudades sometidas al imperio; por ejemplo, la exoneración de los tributos, a cambio de una alianza contra los intrusos. Sin embargo, ninguna ciudad parece haberle dado una respuesta afirmativa. La posible caída de los mexicas, así como el magnetismo de Cortés y sus amigos tenían deslumbrados a los señores de todas ellas.[6]

A fines de enero Cuauhtémoc tomó formalmente posesión del trono. Se dedicó a reforzar las defensas de Tenochtitlan, preparando la ciudad para una batalla sin precedentes, protegiéndola con trincheras, haciendo más profundas las acequias debajo de los puentes, fabricando dardos y varas, así como lanzas aún más largas, a las que los mexicanos podían sujetar algunas de las espadas castellanas capturadas el año anterior.

Como todos los monarcas mexicanos, Cuauhtémoc empezó su reinado con una iniciativa militar. Mas no había nada de ritual en su campaña en la orilla este del lago. Tenía por motivo castigar a las ciudades que, como Coatlinchan, habían establecido buenas relaciones con los castellanos, y así logró convencer a dos ciudades de que le apoyaran. No obstante, Cortés, con doscientos soldados de infantería y dos pequeños cañones de campaña, dispersó nuevamente a sus enemigos y prendió fuego a los edificios de estos aliados de los tenochcas. Entonces los señores de ambas ciudades fueron, como tantos otros, a pedirle perdón y rogarle que los dejara en paz, a cambio de no tener ya nada que ver con los mexicas. Cortés los perdonó, pues aún precisaba aliados.

A fines de enero Cortés supuso que los bergantines estarían listos y encargó al Sandoval, tan de fiar como siempre, trasladar esas armas secretas a Texcoco (los tlaxcaltecas las habrían de llevar a cuestas, naturalmente). Sandoval fue a Tlaxcala por la ruta más septentrional.

El alguacil emprendió la marcha, acompañado de un pequeño ejército de castellanos y texcocanos. De camino se detuvieron a fin de ejecutar un castigo ejemplar en Calpulalpan (ciudad fronteriza entre Tlaxcala y Texcoco que los castellanos conocían como Pueblo Morisco). Allí, en ocasión del sitio del año anterior, los mexicas habían tendido una emboscada y ejecutado a cuarenta y cinco castellanos que iban hacia la Villa Rica de la Vera Cruz, bajo el mando de Juan de Alcántara. Cuando tomó el templo de esta ciudad, Sandoval halló toda suerte de indicios del sacrificio: «cueros de caballo curtidos» y sangre de castellanos. En la pared de la prisión un mensaje rezaba: «Aquí estuvo preso el sin ventura de Juan Yuste...» Yuste, oriundo tal vez del serenísimo pueblo que lleva ese nombre en la sierra de Gredos, había formado parte de la expedición de Narváez, quien le había nombrado alcalde de San Salvador, el asentamiento fantasma fundado por Narváez,[7] y le había encomendado encabezar, cerca de Cempoallan, la traicionera trampa que nunca logró tender a Cortés.

Nadie criticó el comportamiento de Sandoval. Las campañas se ganan por medio tanto del castigo como de la guerra: «... sin los semexantes castigos, no se puede facer la guerra».[8] Antes de partir, Sandoval preguntó a Cortés qué hacer si los indios de Pueblo Morisco se presentaban en son de paz. Al parecer, Cortés respondió: «Aunque os salgan de paz, los matad.» Entre los que iban con Sandoval se encontraban González Ponce de León y Gonçalo Xuárez, quien diría posteriormente que: «hallegamos a un pueblo mysco que estava cerca de la rraya de los yndios de Tlaxcala, hallamos ally muchos yndios que estavan en guarniciones esperando al dicho Juan González y a los que con él venían, para matarlos y tomalles los bergantinos y quemallos porque ansy los confesaron los yndios que tomamos bivos, y matamos mas de tres mil de los yndios de guerra...»[9]

Acto seguido, Sandoval continuó su camino con treinta hombres. Apenas había llegado a Hueyotlipan cuando «topó con toda la madera y tablazón de los bergantines, que traían a cuestas sobre ocho mil indios», Martín López, el «maestro que cortó la madera y dio la cuenta para las tablazones», el comandante tlaxcalteca, Chichimecatecle, y dos mil *tamames* cargando alimentos para Texcoco.[10] Así, Sandoval y una fila de cargadores de casi diez kilómetros de largo entraron en Texcoco, hacia el 15 de febrero. Fueron recibidos con el tañer de tambores y trompetas de caracol, así como de gritos de aliento y de curiosidad: «¡Viva, viva el emperador, nuestro señor...» y la extraña combinación de «Castilla, Castilla, y Tlascala, Tlascala!».[11] Transportar navíos por tierra y por una distancia tan larga constituía una hazaña asombrosa, por más que, en 1516, porteadores nativos recorrieron unos noventa y cinco kilómetros del istmo de Panamá con cuatro pequeños barcos a cuestas, capitaneados por Núñez de Balboa. Pero la dedicación que mostraban los tlaxcaltecas por la lucha contra sus primos mexicas era aún más sensacional. Con ello demostraban que no sólo los holandeses sabían que «cuanto menos diferentes somos, más odiamos».

Los castellanos que quedaron en Texcoco mientras se llevaban a cabo todas esas expediciones, bajo el mando de Cortés o de Sandoval, alrededor del lago, se habían dedicado a la cavazón de canales por los cuales podrían navegar los bergantines hasta orillas del lago. En las siguientes semanas se entregaron a las tareas de terminar estos canales y ensamblar los bergantines. Cortés solía decirles que, si hacían bien su trabajo, podían esperar recompensas (promesa que, como muchas de las que se hacen en tiempos de guerra, olvidaría).[12] Entre los que se encargaban de estas tareas se hallaba Hernando Alonso, el herrero *converso* de sesenta años, conocido como el «maja-hierros», que había llegado a la Nueva España con Narváez, sobrevivido a la «noche triste» y a la muerte de su esposa Beatriz de Ordás (a consecuencia de una fiebre) durante la campaña contra Tepeaca.[13]

Entretanto Cuauhtémoc tuvo otro indicio de las tácticas de Cortés, cuando, en febrero, éste organizó otra expedición de reconocimiento, esta vez por el norte del lago. Nuevamente Cortés salió con Alvarado, Olid y aproximadamente la mitad de su ejército (veinticinco soldados de caballería, trescientos de infantería, seis pequeños cañones de campaña y «todos los tlacaltecas»).[14] Los atacaron unos escuadrones de mexicas, pero sin resultado. El segundo día, después de dormir al aire libre, entraron en Xaltocan, pueblo construido en una isla frente a la orilla y gobernado a la sazón por el *tlatoani* de la cercana Guautitlan. A fines del siglo xiv, los tepanecas habían atacado esta ciudad, antaño capital otomí, con mercenarios mexicas y la habían capturado. Los mexicas la habían controlado durante muchos años. Ahora pretendían protegerla del modo más evidente: destruyendo la calzada que la unía a Tenochtitlan. Mas dos indios, probablemente otomíes, revelaron el plan y señalaron a Cortés una vieja calzada en mal estado. La infantería castellana pudo cruzar el lago así y saquear la ciudad; sin duda la trataron con más brutalidad que los anteriores conquistadores mexicas. Regresaron a tierra firme y pernoctaron a orillas de lago, de nuevo al aire libre.[15]

Al día siguiente, Cortés llegó a la capital de la provincia, Guautitlán, situada en el extremo occidental del lago. Esta población, amplia y hermosa, se hallaba desierta: el pueblo había huido a los montes próximos o a Tenochtitlan.[16]

Las dos ciudades que «visitaron» los castellanos habían sido también feudos tepanecas: Teneyuca, sita en la orilla al norte de Tenochtitlan y la antigua capital tepaneca, Azcapotzalco, ciudad de los orfebres. Es de suponer que en Tenayuca los castellanos vieron y pasaron frente a la elegante réplica de la ya conocida pirámide de Tlatelolco. En Azcapotzalco seguramente saquearon los talleres de los orfebres, mas, si bien gracias a su estancia anterior en Tenochtitlan, tenían conocimiento de la riqueza de la ciudad (¿acaso no había mandado Velázquez de León, entre otros, fabricar una cadena allí?), esta riqueza no figura en ningún texto. Tal vez los orfebres lo habían ocultado todo. Esta ciudad era conocida por ser gobernada por dos *tlatoani*, un tepaneca y un mexicano. Pero ninguno se hallaba presente cuando Cortés se presentó; tampoco había señal alguna de los esclavos por cuyo mercado Azcapotzalco era renombrada.

Finalmente, al quinto día de haber marchado de Texcoco, los castellanos llegaron a Tacuba, el tercer miembro de la Triple Alianza, el más pequeño y menos importante, que, con Tenochtitlan y Texcoco, hacía la grandeza del imperio mexicano y, por tanto, era la meta de Cortés.

Tacuba se encontraba en la parte más cercana a la tierra firme de la calzada occidental de Tenochtitlan. Allí fue donde «repararon» Cortés y su ejército después de la «noche triste». Pese a ser pequeña, era la principal ciudad tepaneca y, por ello, se hubiese podido esperar que se uniese a la causa antimexica, pues los tepanecas no habían olvidado su derrota, noventa años antes, frente a los mexicas. En el Valle de México, pocos pueblos olvidaban el pasado ni las emociones de él derivadas. No obstante, el año anterior, no se había hecho patente esta memoria. Tampoco lo hizo en 1521, probablemente debido al estrecho vínculo entre los reyes de Tacuba (impuestos) y la casa real mexicana: el nuevo monarca, Tetlepanquetzatzin, era el primer suegro de Moctezuma. Así las cosas, en vez de recibir a los castellanos en son de paz, se libró una dura lucha antes de que los castellanos entraran en la ciudad y se aposentaran en una amplia casa que recordaban del año anterior. Los tlaxcaltecas se enfrascaron en su pasatiempo preferido: prender fuego a lo que quedaba de esta ciudad largo tiempo hostil, como castigo por ayudar a México.[17]

Al día siguiente Cortés regresó a la calzada donde habían muerto tantos amigos suyos. La habían reconstruido los mexicas quienes, por supuesto, ya conocían todos sus movimientos e intentaron provocar a los castellanos para que fueran a un punto donde pudieran rodearlos desde el lago y desde la tierra. De hecho, los conquistadores llegaron más lejos de lo que dictaba la prudencia, al alcance de las piedras que los mexicanos lanzaban con *atlatl* desde los tejados. Varios castellanos murieron antes de que Cortés, quien en un momento dado se creyó perdido, ordenara la retirada.[18]

Cortés permaneció seis días en Tacuba. Allí, él y sus hombres lucharon en varias escaramuzas. Varias veces se aventuró con éxito por la calzada, improvisando nuevas tácticas para esta índole de lucha; se percató de cuán diferente sería la situación si contase con la ayuda de los bergantines en el lago. Los aliados tlaxcaltecas gritaban a menudo y estruendosamente a sus viejos enemigos en Tenochtitlan. Se prepararon para una guerra al estilo tradicional entre Tlaxcala y Tenochtitlan. Con banderas, plumas y pinturas eran «sin duda cosa para ver». Las plumas ondeaban, pero la guerra iba en serio.

Cortés tuvo varios intercambios con los mexicas. Posteriormente diría que uno de los principales motivos que lo llevó a Tacuba era convencer a Cuauhtémoc de la necesidad de conversar, cosa nada fácil de lograr. Los mexicas eran tan orgullosos, a su modo, como los españoles. En una ocasión, desde el otro extremo de la calzada, los mexicas le gritaron que entrara e hiciera lo que le apeteciera; le preguntaron si creía que existía otro Moctezuma que le dejaría hacer lo que quisiera. Una mañana Cortés díjoles «que por qué eran locos y querían ser destruidos. Y si había allí entre ellos algún señor principal de los de la ciudad, que se llegase allí, porque le quería hablar». Un mexicano respondió en un tono que debería haber causado admiración entre los castellanos, «que toda aquella multitud de gente de guerra que por allí veía, que todos eran señores, que por tanto, dijese lo que quería». Uno de los hombres de Cortés gritó que los mexicas morirían de hambre y un mexica contestó que cuando necesitaran alimentos, comerían castellanos y tlaxcaltecas. Otro echó a Cortés unas tortillas de maíz y exclamó desdeñoso, que las comiera si tenía hambre. Que a ellos no les hacían falta.[19]

Habiendo comprobado nuevamente la posición estratégica de Tacuba, Cortés regresó a Texcoco por el mismo camino que había tomado de ida; se detuvo en Guautitlán y Acolman, luchando casi todo el tiempo contra mexicas resueltos aunque mal organizados. No lejos de Acolman le tendieron una emboscada (probablemente cerca de Teotihuacan), mas Cortés y sus soldados de caballería sorprendieron un numeroso cuerpo de mexicas y los obligaron a retirarse. Los castellanos acometieron contra ellos con sus lanzas. «... fue cosa muy hermosa», recordaría el caudillo al hablar de esta estimulante victoria.[20] ¿Acaso no había hecho lo mismo Aquiles con los troyanos?

El regreso de Cortés a Texcoco coincidió con otras ofertas de vasallaje de ciudades descontentas con el gobierno mexicano (por ejemplo, Tuxpan, Matalcingo y Nauhtla, ciudades costeras al norte de la Villa Rica de la Vera Cruz). Mas Cortés no podía ofrecerles el apoyo que pedían a cambio. Hasta Chalco y Tlamanalco, poblaciones más importantes desde el punto de vista estratégico, seguían pidiendo ayuda tras su adhesión formal a la causa castellana, pero muchos españoles se hallaban heridos, agotados o sencillamente cansados de llevar la armadura puesta constantemente.[21]

Más o menos en estos días, el caudillo se enfrentó a una nueva y peligrosa amenaza a su autoridad. Un soldado llamado Rojas le advirtió que varios conquistadores (trescientos, según Cervantes de Salazar) pensaban asesinarle y sustituirle por uno de los comandantes, Francisco Verdugo, cuñado de Diego Velázquez y antaño alcalde de La Trinidad (en Cuba). El cabecilla del complot era un amigo de Narváez y Velázquez, Antonio de Villafaña, zamorano, tesorero de la expedición de Grijalva y miembro de la de Narváez a Nueva España. Ahora era el custodio de las posesiones de los difuntos, tarea de estilo casi mexicano, pero muy importante entre los castellanos, pues todos ellos tenían herederos, aun cuando no siempre pertenencias.[22] El plan de Villafaña consistía en que, mientras Cortés se hallase comiendo con sus capitanes y favoritos (Alvarado, Lugo, Olid, Tapia, Sandoval, Marín e Ircio), le llevarían una ficticia carta de su padre. En tanto Cortés leyera el documento falsificado, los conspiradores le apuñalarían a él y a sus amigos íntimos (era esencial distraer a Cortés, pues éste, como todo caballero español, comía con la espada al alcance). En la Villa Rica de la Vera Cruz, Narváez escaparía e iría a Cuba en una carabela de su ex intendente, el *converso* burgalés Pedro de Maluenda (si bien éste ya ostentaba el cargo de intendente de Cortés).[23]

Cuando el soldado hubo informado a Cortés de esta conspiración un tanto romana, el caudillo fue inmediatamente, acompañado de Sandoval y otros, a los aposentos de Villafaña. Sandoval, en su calidad de alguacil, le arrestó y le quitó «el memorial... con las firmas de los fueron en el concierto». Le procesaron ante el regimiento: el maestre de campo (Olid), los alcaldes mayores (Marín e Ircio) y el justicia mayor (Cortés) presidieron el juicio y le condenaron a la horca, condena que se ejecutó tan pronto como el prisionero se hubo confesado con fray Díaz.

Cortés dio a entender que Villafaña se había tragado la lista de conspiradores y fingió no saber quiénes eran. De hecho, en la lista confiscada figuraban los nombres de catorce enemigos «principales», nombres que Cortés nunca reveló, pero que habrían sido fáciles de adivinar. Estos hombres continuaron confabulándose, mas casi todos partieron hacia Cuba unas semanas más tarde. Verdugo, sin embargo, dijo no saber nada de la trama de Villafaña. Y posiblemente fuese cierto: al fin y al cabo los que se benefician de las conspiraciones no siempre apoyan a los que hacen el trabajo sucio por ellos.[24]

Aparte de Villafaña sólo hubo una baja más: Diego Díaz, patrón del barco propiedad de Juan Bono de Quejo, quien había acordado llevar a Narváez y otros a Cuba, a cambio de una gratificación de trescientos pesos. El regimiento de la Villa Rica de la Vera Cruz, presidido por Alonso de Ávila, le juzgó y condenó a la horca.[25]

Entonces Cortés «acordó tener guarda para su persona, y fue su capitán... Antonio de Quiñones, natural [como Villafaña] de Zamora», un amigo en quien confiaba y en el que se había fijado cuando le salvó durante la retirada de Tenochtitlan en la «noche triste»; después de eso, se dijo, Cortés durmió siempre con la armadura de malla puesta.

Más o menos por esos días otra expedición se unió a Cortés: la séptima desde la retirada de Tenochtitlan, compuesta de un pequeño grupo de conquistadores de Santo Domingo, enviado como resultado de los esfuerzos de Francisco Álvarez Chico por captar el interés de los castellanos por las actividades de Cortés. Un colonizador de Santo Domingo que había escuchado atentamente el relato del emisario de Cortés fue Rodrigo de Bastidas, conquistador sevillano experimentado que había iniciado su carrera en Triana y había descubierto, en 1500, el golfo de Uraba, con el famoso piloto Juan de la Cosa. Pese a ser uno de los pocos hombres de la época del que Las Casas hablara bien en su *Historia*, Bastidas era tratante de esclavos y encomendero, propietario de unos cuantos indios, de ganado y de mucha tierra en La Española.[26] Fue el primero en llevar a cabo una búsqueda sistemática de perlas en la costa norte de Venezuela.[27] Debió conocer a Cortés antes de 1510. Era ahora el principal recaudador en Santo Domingo de un impuesto llamado almojarifazgo, uno de los tres constructores de barcos más importantes de la isla y socio de los más ricos financieros genoveses de Sevilla. Se enfrentaba a problemas económicos debidos tanto a la vertiginosa disminución de la población como a la situación en España.[28] Probablemente uno de los ricos mercaderes genoveses establecidos en La Española compartió los costes y los riesgos inherentes a esta ayuda: uno de ellos, Jacome de Castellón estaba convirtiendo el ingenio azucarero de Azúa (donde el caudillo había vivido gran parte de su segundo decenio) en una empresa próspera. Los genoveses contribuyeron mucho a la financiación de la colonización de otras partes del imperio español. Sorprendería que no tuviesen participación en los asuntos de la Nueva España.[29]

En cualquier caso, Bastidas se encargó de equipar una importante expedición para auxiliar a Cortés, compuesta de tres barcos (una nao de ciento cincuenta toneladas, la *María* y dos carabelas más pequeñas) en los cuales iban numerosos arcabuceros, una amplia provisión de pólvora y espadas, doscientos hombres, sesenta caballos y un franciscano de Sevilla, fray Melgarejo de Urrea.[30]

El fraile llevaba bulas de cruzada por medio de las cuales, en caso de que hubiesen hecho algo que debían confesar, los expedicionarios quedaban absueltos. Predeciblemente, cuando el buen fraile regresó a España era un hombre «rico y compuesto».[31] Pero antes de irse de la Nueva España entabló una estrecha amistad con Cortés y, tal vez, durante un tiempo sustituyó a fray Bartolomé de Olmedo como confesor del caudillo.

Un aventurero burgalés, Gerónimo Ruiz de la Mota, miembro también de una familia de conversos, antaño chambelán de Diego Colón, hijo de un regidor de Burgos y primo del entonces influyente obispo de Badajoz y limosnero de Carlos V, capitaneaba uno de los barcos de Bastidas.[32] Llegó igualmente un vasco, Hernán de Elgueta, quien causó sensación al recorrer el camino desde la Villa Rica de la Vera Cruz montando una yegua alazana. Al parecer también se presentó, en su propio barco, el cuñado y socio de Cortés, Juan Suárez.[33]

Ahora bien, de todos los que llegaron con Bastida, el más importante era Julián de Alderete, natural de Tordesillas (donde aún puede verse su asombrosa tumba en la iglesia de San Antolín), nombrado tesorero oficial de Cortés por las autoridades de La Española. Alderete había sido camarero del obispo Fonseca, antecedente algo amenazador para Cortés. Mas, en realidad, su presencia, aunque aburrida, dio a entender al caudillo que las autoridades de Santo Domingo empezaban a comprender la importancia de lo que hacía.

La visión de México desde Texcoco deslumbró a Alderete. Durante un tiempo fue un humilde admirador de Cortés, pero más tarde se tornó en un foco de disensión. No obstante, al principio seguramente proporcionó a Cortés información importante acerca de la situación política en España; por ejemplo, que la reina Juana era maltratada y se hallaba presa en el castillo de su ciudad (Alderete).[34]

Cortés se enteró asimismo que «todos los demás que estaban en las islas morían por venir a servirle, pero que Diego Velázquez lo impedía a muchos».[35] El creciente éxito de la expedición de Cortés constituía una obvia atracción para los castellanos pobres, tanto de La Española como de Cuba, poseyeran tierras o no. Mas Cuba sufría las consecuencias de la prohibición por parte de Velázquez del comercio con «el Yucatán». Todavía en febrero de 1521 nadie en Santiago sabía lo que le había ocurrido a Narváez y su expedición; el poderoso mercader sevillano Hernando de Castro creía incluso que había triunfado.[36]

Justo después de la arribada de Alderete, Cortés envió a España, por fin, la segunda carta de relación dirigida al emperador Carlos V, así como parte del oro y de los demás regalos que había expropiado después de la «noche triste», a cargo de Alonso de Mendoza, extremeño de Medellín otrora intendente suyo en Cuba. Diego de Ordás, leonés firme partidario de Velázquez al principio y ahora de Cortés, y Alonso de Ávila, franco capitán con quien Cortés no simpatizaba por más que le respetara, acompañaron a Mendoza. Ni Ordás ni Ávila habían sobresalido en los combates más recientes (si bien Ordás encabezó una compañía en la campaña de Tepeaca). Por su parte, Ordás era mal jinete y Cortés había ascendido a hombres más jóvenes a cargos de mando, considerándole más apto para las negociaciones que para la guerra. Estos hombres partieron el 5 de marzo de 1521 en un barco propiedad de Mendoza. Ordás llevaba quinientos pesos que Cortés le había dado para gastos, además de oro y algunos obsequios, como, por ejemplo, doscientos pesos de oro que Sandoval enviaba a su padre.[37] En el barco iban también los conquistadores descontentos que Cortés había mandado de Tenochtitlan a la Villa Rica de la Vera Cruz el año anterior. Al parecer fueron primero al Yucatán y de allí a Matanzas, en la costa norte de Cuba, donde desembarcaron los miembros recalcitrantes de la expedición. Ordás se encontró con que Velázquez le había confiscado su encomienda en la Trinidad.[38] A continuación navegaron hasta Santo Domingo; allí Ávila se encargó de otros asuntos de Cortés mientras se exponían los regalos destinados a España; entre quienes los vieron se hallaba el juez Zuazo.[39] Seguramente algún conquistador —probablemente Ordás— contó historias increíbles a este observador sobrio y de considerable experiencia, pues escribió una carta sensacionalista sobre la exposición a su antiguo jefe, fray Luis de Figueroa. Los mexicas eran todos sodomitas, explicó; comían carne humana y no creían en Dios. Describió unas sierras altas al sudoeste de Tenochtitlan, donde vivían gigantes de «maravillosa estatura». Ordás llevaba el hueso de uno a España. Añadió uno de los cuentos más delirantes de la época: «detrás de las dichas sierras está una grand casa á manera de monasterio de mujeres, donde está una dama principal que llaman los castellaños Señora de la plata: dicen cosas acerca desto que yo no las óso escribr á V. R. porque son cosas increibles: baste que diz que tiene esta señora tanta plata, que diz que todos los pilares de su casa son hecho della, cuadrados, ochavados, torcidos, é todos macizos de plata...»[40] Posiblemente se tratara de una alusión indirecta a Michoacán, donde había plata, efectivamente, y al *cazonci*, a quien acaso confundieran con una mujer.

Además de estos relatos, Ordás organizó una probanza acerca de sus hazañas en la Nueva España, a fin de impugnar la confiscación de su encomienda. Con ello retrasó hasta fines de setiembre su regreso a Sevilla, pero no el de Mendoza.[41]

Con la exposición de los regalos se pretendía despertar el interés de España. Entre ellos había tres atuendos de guerrero de plumas y tocados de animales feroces: una buena combinación para quien deseara que fuesen ciertos los viejos romances; mantas de plumas en ambos lados tan bien arregladas que parecían piel; escudos de oro y de piel de tigre; el «hueso de un gigante»; algunos objetos de madera tallada y varias joyas con forma de mariposas, abejorros, aves y follaje.[42] Tres indios e indias formaban parte de la carga del barco.[43] Había regalos no sólo para el rey, sino también para quienes Cortés creía que podían serle útiles: por ejemplo, para doña María, la esposa de Diego Colón y hermana del duque de Alba. Según un enemigo del caudillo, Cortés quería ser confirmado como gobernador de la Nueva España y sabía que, a fin de satisfacer esta ambición, se podían recorrer muchos caminos.[44]

Hubo quien dijo que en el barco iban cuatro mil pesos para los reyes; veinticinco mil para la familia de Cortés, a repartirse entre su olvidada esposa Catalina y sus padres; treinta mil para amigos y partidiarios en Cuba y en España; y treinta mil de otros conquistadores.[45] No obstante, más tarde se diría en Cuba que había más oro: al menos cien mil pesos [46] o tal vez ciento cuarenta mil.[47] De ser cierto, sin duda estaban destinados a sobornos en España. A más del oro, los regalos y los indios, había unas treinta cargas de granos de maíz: la primera exportación comercial de México a Europa y la primera exportación al viejo mundo de un producto más importante aún que el oro y la plata de todas las Indias.[48]

Finalmente, aparte de la «segunda carta de relación», la expedición de Mendoza llevaba probablemente un documento del caudillo solicitando a los reyes que enviaran frailes y curas a fin de reforzar la conversión de los mexicas.[49]

Entretanto, en las orillas del lago, Cortés había imitado a los mexicas: pidió ayuda, o al menos neutralidad, a los tarascos. Según los indicios, en algún momento de febrero envió una pequeña delegación a Michoacán. A fines de febrero o principios de marzo varios soldados de caballería, encabezados probablemente por Francisco de Villadiego, llegaron a Tzintzuntzan. Fueron bien acogidos por el *cazonci* Zincicha, quien, aconsejado por un noble llamado Timas, acababa de asesinar a sus hermanos, confirmando así cargo. Los tarascos contaban con una excelente tradición metalúrgica, pero, en otros aspectos eran inferiores a los mexicas, quienes nunca se cansaban de señalar que no llevaban «con qué tapar sus vergüenzas, sino las jaquetillas con que las encubrían y todo el cuerpo, las cuales llegaban hasta las rodillas... que son a manera de *huipiles*»; desconocían las mantas, y las mujeres, pese al frío relativo, «traían sus naguas... angostas y cortas... y no traían *huipiles*», o sea, andaban con el pecho desnudo.[50]

A fin de impresionarlos, el *cazonci* organizó una cacería y presentó cinco venados a los visitantes castellanos, a quienes hizo vestir con la indumentaria de sus dioses: guirnaldas de oro en la cabeza, mantas en el cuerpo y escudos redondos de borde dorado en los brazos: más o menos como los naturales habían ataviado a Grijalva y a Cortés cuando éstos llegaron a la Villa Rica de la Vera Cruz. Les ofreció pulque, pan y frutas. Los conquistadores deseaban hacer trueques con cosas como los finos objetos de plumas verdes que traían. El *cazonci* expresó su entusiasmo, pero ordenó que nadie hiciera intercambios privados. Los castellanos le presentaron diez cerdos y un perro: el perro podía proteger a su reina, observaron, y se marcharon después de que el *cazonci* les hubo ofrecido los habituales obsequios tarascos: mantas, cuencos hechos de calabaza y chaquetas de guerrero de cuero.

Ni el perro ni los cerdos asombraron al *cazonci*: «¿Qué son éstos? ¿Son ratones....?», preguntó. Los mandó matar. Antes de partir, los visitantes le pidieron también mujeres de su familia y él se las regaló. Villadiego y sus amigos durmieron con ellas camino de regreso a Tepeaca. Los indios que viajaban con ellos los llamaron *tarascue* («yernos» en purépecha, el idioma de Michoacán; aunque su auténtico significado es «pueblo»). Los castellanos, por su parte, adoptaron el término para el pueblo de Michoacán y, desde entonces, se le ha llamado «tarasco».[51]

Mientras tanto Sandoval había regresado a la orilla oriental del lago. A lo largo de varias semanas de escaramuzas y negociaciones, él y su amigo Luis Marín, el sanluqueño de origen genovés, convencieron, castigaron y recibieron obediencia de otros numerosos pueblos pequeños. Con frecuencia se decía que se estaba organizando un ejército mexicano y los pueblos lacustres se hallaban en un estado de preocupación constante; sin embargo, en unas pocas semanas se había estado deshaciendo la red de autoridad de los mexicanos en este gran valle y Cortés había empezado a comportarse como jefe supremo, con los tlaxcaltecos como cipayos.

De estas escaramuzas de Sandoval, la más importante se libró en marzo y le abrió a una zona templada al sur del Popocatepetl hasta casi Cuauhnahuac (Cuernavaca: la pronunciación, según los castellanos, del nombre mexica), al sur de Tenochtitlan y al otro lado de la sierra. El *tlatoani* de esa ciudad era miembro de la familia real mexicana y su posición era superior a la de los otros diecinueve *tlatoani* de la provincia de Tlalhuic. Los tlalhuicas, quienes hablaban un dialecto del náhuatl, enviaban un sustancioso tributo al señor de Texcoco. Había una guarnición mexicana en esa región densamente poblada en 1521 (aunque probablemente asolada por la viruela del año anterior). Los mexicas apreciaban mucho Cuernavaca, pues allí se cultivaba algodón; además, les era de gran importancia estratégica, por encontrarse en el camino hacia Xochicalco, una hermosa ciudad sagrada, situada en un monte, con una legendaria tradición de bellas esculturas, convergencia de las culturas maya y mexica. Su nombre hace referencia a las flores y, según la leyenda, era la sede del paraíso perdido, Tamoanchan, la brumosa tierra de turquesa, donde se inventó el calendario mexica, donde un árbol marcaba el lugar en el cual habían nacido los dioses, donde crecían las setas sagradas y de donde derivó casi todo lo vivo.[52] Un poema náhuatl insistía en que:

> *En Tamoanchan*
> *en alfombra florida*
> *hay flores perfectas,*
> *hay flores sin raíces:*
> *desde los tesoros preciosos*
> *tú estás cantando.*[53]

Otro poema afirmaba de quién iba a este paraíso:

> *llora y canta cuando llega:*
> *en medio a la primavera*
> *fragantes son las flores,*
> *fragantes son los cantos:*
> *¡toda contienda se hace aquí!*

Tamoanchan, con sus nueve ríos, el delicado color de sus cielos y sus nueve paraísos, estaba dedicado a Quetzalcóatl, del que se creía que había vivido allí antes de ir a Tula.[54] Constituía la *raison d'être* de unos de los festivales mexicanos más extraños, en el que se pedía a todos los dioses (por medio de los sacerdotes) que visitaran a Xochiquetzal, la diosa del amor y de la fecundidad. Sacrificaban a una mujer que personificaba a la diosa, un sacerdote «vestía el pellejo de esta que matavan», colocaban árboles floridos en cuyas ramas trepaban niños pequeños vestidos de mariposa y pájaro, mientras, abajo, los sacerdotes-dioses fingían dispararles con cerbatanas.[55] Tales celebraciones, probablemente aún en 1521, constituían una prioridad para los mexicas.

Parece que en numerosas leyendas era lo mismo Tamoanchan que Tlalocan, donde vivía el gran dios de la lluvia, Tlaloc. Se decía que en sus hermosos ríos los pescadores encontraban peces de *chalchihuite.*

Con doscientos hombres, veinte jinetes, una docena de arcabuceros, unos cuantos mosqueteros, y el apoyo de aproximadamente mil aliados de Chalco y de Tlaxcala, la expedición de Sandoval se dirigió al umbral de esta tierra encantada. Llegaron primero a Oaxtepec, tributaria de Cuernavaca, por el camino de Tlamanalco y Chimalhuacan. Más allá de esta última se toparon con un ejército mexicano. La caballería lo dispersó con facilidad. Una contienda semejante se libró en Yecapixtla, desde donde Sandoval envió un mensaje pidiendo, como lo haría su comandante Cortés, que los habitantes de la ciudad expulsaran a la guarnición mexicana si no querían que les declarara la guerra. La respuesta, igualmente característica, sostenía que los castellanos podían ir cuando quisieran, pues los de Yecapixtla esperaban hacer un festín con su carne; los castellanos proporcionarían numerosos sacrificios. El señor de Chalco, que acompañó a Sandoval durante toda la campaña y probablemente le servía de guía, aseguró que eso significaba que allí había un numeroso ejército mexicano. Algunos de los componentes de la compañía se oponían a otra batalla, mas el sanluqueño Luis Marín insistió en que una retirada sin derrotar al enemigo equivaldría a buscarse problemas. Sandoval estuvo de acuerdo y encabezó a los aliados de Chalco y Tlaxcala en el asalto a la ciudad. Luego regresó a Texcoco, con un enorme botín, compuesto sobre todo de mujeres bonitas, y con una sola baja.[56]

Apenas había regresado Sandoval cuando arribaron unos emisarios chalcas: veinte mil mexicas habían llegado en orden de batalla a Chalco, cuyos señores pedían más ayuda. Cortés se enfadó porque Sandoval no había terminado con la misión de pacificar las ciudades lacustres y le despachó a Chalco. Mas antes de que éste llegara los chalcas ya habían demostrado que habían perdido su miedo a los mexicas. Sin el sostén de los castellanos (pero sí alguno de los huexotzincas) habían logrado al menos detener a los mexicas. Esta contienda demostró, por encima de todo, que los mexicas, aun bajo el mando de Cuauhtémoc «el águila que va cayendo», se hallaban en proceso de decadencia.[57]

No obstante, el 25 de marzo, o sea diez días más tarde, hizo falta el socorro de los castellanos contra el embate de otro ejército mexicano. En esta ocasión Sandoval permaneció allí varios días. Retornó a Texcoco con cuarenta prisioneros mexicas, a quienes Cortés interrogó. Por ellos supo algo de las intenciones de Cuauhtémoc y, sobre todo, que planeaba ir hasta el fin en la guerra. Les preguntó si había entre ellos alguien que pudiese llevar un mensaje a Cuauhtémoc en el sentido de que esperaba que los mexicas se sometieran al rey de España, como ya lo habían hecho anteriormente; no deseaba aniquilarlos sino ser su amigo y encaminarlos hacia el cristianismo. Los embajadores temían que, de volver con tal mensaje, los matarían. Finalmente, dos prisioneros regresaron, escoltados parte del camino por cinco soldados de caballería.[58] Por única respuesta, Cuauhtémoc intentó atacar nuevamente Chalco. No se conoce el destino de los emisarios. Así, el 5 de abril, tras celebrar la Pascua (el 31 de marzo de 1521), Cortés, con trescientos soldados de infantería y veinticinco de caballería, se dirigió a Chalco para defenderla. Pernoctaron en Tlamanalco. Pero la amenaza mexicana parecía haberse desvanecido.

Mas al llegar a Chalco, Cortés informó a sus nuevos aliados que no tenía intención de quedarse allí: quería revisar de nuevo el sur del lago más cuidadosamente que cuando llegara a Texcoco por primera vez y ver con sus propios ojos algunas ciudades conquistadas —provisionalmente, temía— por Sandoval. Estaba decidido a pacificar la región. Tal vez su plan de volver a examinar el flanco meridional del imperio mexicano se debiera en parte a su deseo de impresionar al tesorero del rey, Julián de Alderete, y a su compañero, fray Malgarejo, quienes, además de capitanes experimentados como los hermanos Alvarado, Tapia y Olid, le acompañaron. Sandoval permaneció al mando en Texcoco.

Otro motivo de la expedición consistía, como la de Sandoval, en «hacer una entrada» muy al sur del lago en territorio xochimilca, cuya lealtad no era nada segura, y quizá capturar Cuernavaca, antes de regresar al lago en Xochimilco propio. Después retornaría a Texcoco pasando por Tacuba y Acolman. Con ello obtendría un considerable conocimiento del Valle de México antes de atacar Tenochtitlan.

Las primeras etapas de este ambicioso plan se llevaron a cabo con éxito. Desde Chalco, la expedición fue primero a Chimalhuacán, al sur de Amecameca.[59] Un gran contingente de aliados de Chalco, Texcoco y Huexotzinco se reunió con Cortés. Según Bernal Díaz del Castillo alcanzaban veinte mil guerreros; «... nunca vi tanta gente de guerra de nuestros amigos como ahora fueron en nuestra compañía. Ya he dicho otra vez que iba tanta multitud dellos a causa de los despojos que habían de haber, y lo más cierto, por hartarse de carne humana si hubiese batallas, porque bien sabían que las había de haber; y son a manera de decir como en Italia salía un ejército de una parte a otra, y les seguían cuervos y milanos y otras aves de rapiña, que se mantenían de los cuerpos muertos que quedaban en el campo cuando se daba alguna muy sangrienta batalla...»[60]

Después de dormir en Chimalhuacan, el ejército reforzado se desplazó a Cuernavaca. Pero en un peñón de Tlayacapan (una ciudad del valle más próxima a Oaxtepec que a Chimalhuacán), se encontró con los escurridizos mexicas, que se habían establecido en territorio xochimilca. Cortés, impetuoso, ordenó a cuatro capitanes que atacaran directamente. Éstos, Rodríguez de Villafuerte (metilense cuyo apellido haría pensar a cualquiera que era un hidalgo de fuerte parentesco salmantino, y que se estaba convirtiendo rápidamente en íntimo suyo), Francisco Verdugo (ex alcalde de la Trinidad y previsto beneficiario inocente de la conspiración de Villafaña), Pedro de Iricio y Andrés de Monjaraz, encabezaron unos cuarenta o cincuenta soldados de infantería en el asalto a la posición mexicana. El alférez de Cortés, Cristóbal del Corral, subió a la parte más empinada del peñón, a la cabeza de otra compañía compuesta de unos sesenta soldados de infantería.[61] El asalto falló, varios castellanos murieron y la expedición pasó la noche en el valle escuchando los tambores y las trompetas de caracol del enemigo. Su situación era un tanto difícil, pues no disponían de agua.[62] Al tesorero del rey, Alderete, no le causó buena impresión, ni mucho menos, aunque resultó ser un buen ballestero.

Al día siguiente la situación mejoró para los castellanos: salieron victoriosos de su asalto a un segundo peñón. Los mexicas del primer peñón se rindieron, pues ellos también precisaban agua. Tras refrescarse en un manantial del segundo peñón, los dos grupos de mexicas aparentemente aceptaron la obediencia al rey de España; no queda claro en qué forma la aceptaron, pero, en todo caso, fue suficiente para que Cortés pudiera tratarlos de rebeldes si decidían cambiar de opinión.[63] Tras esta victoria la expedición descansó dos días y siguió su camino bajando hacia Oaxtepec, cuyos señores se rindieron sin luchar. Ésta era y es una región fértil, con abundancia de flores, frutas y verduras, ya casi en la zona templada, donde también se encontraba el mejor de los jardines botánicos que Moctezuma I había empezado a trazar, llenándolo de raras especies árboles y arbustos traídos de la costa. La expedición acampó allí. «... el tesorero Alderete y el fraile fray Pedro Melgarejo, y nuestro Cortés desque entonces la vieron y pasearon algo della, se admiraron y dijeron que mejor cosa de huerta no habían visto en Castilla... es la mejor que había visto en toda mi vida...», escribiría Bernal Díaz del Castillo.[64]

En el curso de estos combates fray Melgarejo había empezado a distinguirse: mostraba tanto valor y tanto celo que estuvo presente en todos ellos con un crucifijo en la mano; pronunció sermones ante el ejército en numerosas ocasiones, tarea nada insignificante, pues era muy difícil lograr que los soldados permanecieran calmados y se controlaran, ya que abundaban las oportunidades para la codicia, la crueldad hacia los indios y para desobedecer a su capitán. La energía de este santo fraile era muy necesaria si había de enseñarles doctrinas saludables.[65]

Las siguientes poblaciones camino de Cuernavaca eran Yautepec y Xiutepec.[66] Un numeroso ejército mexica huyó de Yautepec; pero los castellanos y sus amigos lo atraparon y mataron a casi todos sus efectivos en Xiutepec, donde, según informaría Cortés a Carlos V, «alanceamos y matamos muchos. Y en este pueblo hallamos la gente muy descuidada, porque llegamos primero que sus espías, y murieron algunos, y tomáronse muchas mujeres y muchachos, y todos los demás huyeron; yo estuve dos días en este pueblo, creyendo que el señor de él se viniera a dar por vasallo de vuestra majestad, y como nunca vino, cuando partí hice poner fuego al pueblo, y antes que de él saliese, vinieron ciertas personas del pueblo antes, que se dice Yautepeque, y rogáronme que lo perdonase, y que ellos se querían dar por vasallos de vuestra majestad. Yo los recibí de buena voluntad, porque en ellos se había hecho ya buen castigo».[67]

El 13 de abril Cortés salió temprano rumbo a Cuernavaca. En la última etapa hacia este importante centro, la expedición, al igual que muchos viajeros más tarde, se detuvo primero en Teputzlan (Tepotzlán hoy día), cuya población era famosa por beber pulque: su patrón era *Tepoztecatl*, el dios de los excesos alcohólicos. Los conquistadores recordarían este pueblo por ser un lugar donde «se hubieron muy buenas indias», pese a la prohibición de tal indulgencia.[68] El pueblo era y es conocido por el hermoso templo construido en las afueras por el predecesor de Moctezuma, Ahuítzotl, como símbolo de autoridad.[69] De allí los españoles fueron a Cuernavaca, ciudad que encontraron rodeada de barrancos, derrotada finalmente por Ahuítzol y conocida por ser un lugar donde se rendía culto a Xochiquetzal, diosa relacionada en Tamoanchan, como se ha visto, con el amor. Probablemente estos cultos locales seducían a los puritanos conquistadores mexicanos a la vez que les parecían peligrosos.[70]

No había forma otra de entrar en la ciudad que por los puentes que los habitantes ya habían destruido. Pero nuevamente Cortés convenció a algunos indios locales de que traicionaran a su ciudad. Éstos le avisaron que más adelante existía un pasaje por el que podían pasar los de a caballo. Al mismo tiempo, algunos castellanos (Olid, Tapia) cruzaron uno de los puentes rotos. Otras atravesaron los barrancos, después de tender troncos sobre ellos. Tomados por sorpresa, los defensores huyeron, pero no antes de que la mitad de la ciudad, incluyendo el templo construido por Ahuítzol, se incendiara misteriosamente. En consecuencia, la ciudad cayó sin gran dificultad; los castellanos se aposentaron en otra hermosa huerta, propiedad del *tlatoani*, y «... se hubo gran despojo, así de mantas muy grandes como de muy buenas indias».[71] Los señores locales se rindieron y «dieron obediencia a su majestad» el misterioso Carlos V, del que Cortés no cesaba de hablar. Los españoles «prendieron» algunos esclavos, probablemente más por meter miedo a los naturales que por que fuesen necesarios.[72]

Seguramente la ciudad le gustó a Cortés, pues más tarde mandaría construir allí un palacio y establecería una extensa encomienda. Según fray Durán, aún en su tiempo, era uno de los lugares más hermosos del mundo («si no fuera por el mucho calor»).[73] En ella abundaba el algodón. Mas en esta ocasión Cortés no permitió a su ejército rezagarse y, al día siguiente por la mañana, todos se dirigieron hacia el lago de Texcoco rumbo a Xochimilco, pasando por la sierra probablemente por un camino próximo a la carretera actual entre Cuernavaca y la ciudad de México. Unos ochenta kilómetros, a vuelo de pájaro, separan ambas ciudades. Si bien Cortés salió temprano, decidió pasar la noche a medio camino en unas alquerías en un pinar. Hacía frío y los expedicionarios carecían de agua potable.[74]

La siguiente batalla, la de Xochimilco, resultó ser mucho más difícil de lo que preveía el caudillo. Xochimilco se hallaba en una isla del lago, a unos ochocientos metros de la orilla sur. Los xochimilcas habían sido antaño una poderosa tribu, se habían aliado a los tepanecas y, a fines del siglo XV, los mexicas los habían conquistado, despojado de sus tierras y repartido entre los conquistadores tanto a los xochimilcas como quienes para ellos trabajaban. Gran parte de la población, como la de la cercana Coyoacan, había sido condenada a la esclavitud perpetua. Entre otras tareas, tuvieron que construir la calzada hasta Tenochtitlan y, tal vez, esculpir con diorita la colosal cabeza de Coyolxauhqui, hermana de Huitzilopochtli, para la consagración del Templo Mayor en 1487 —cabeza que había de semejarse a Chantico, la diosa de Xochimilco, lo cual constituía una humillación adicional—.[75] Pagaban con regularidad tributo a Tenochtitlan, compuesto sobre todo de verduras y flores que cultivaban en las chinampas a lo largo de la orilla meridional del lago.[76] En años recientes los xochimilcas se habían ganado también fama de «artífices lapidarios».[77]

La ciudad era conocida también por un cuento según el cual, al cazar en unos jardines cercanos, Moctezuma había cometido el error de recoger una espiga de maíz cuando ésta ya se había formado. El campesino se quejó y le preguntó «cómo, siendo tan poderoso, le robaba una espiga de maíz y si no existía una ley que condenara a muerte a quien robara una espiga de maíz» Dícese que Moctezuma recompensó la valentía del hombre nombrándole señor de Xochimilco.[78] De ser cierta la historia, ese señor, por lo visto llamado Yaomahuitzin, seguía en el cargo cuando llegaron los españoles.

El ataque español fue, para empezar, directo. Los ballesteros y los arcabuceros destruyeron las defensas y, tras el avance por la calzada, casi toda la ciudad fue capturada. A continuación los xochimilcas siguieron una táctica dilatoria: pidieron paz, aun cuando esperaban la ayuda de los mexicas. Éstos acudieron por la tarde y trataron de cortar el paso de los castellanos atacando la calzada por la que habían llegado Cortés y sus hombres. La treta no sirvió de nada gracias, de nuevo, a los caballos. Mas los mexicanos no estaban derrotados aún. Muchos de ellos llevaban lanzas acondicionadas con el filo de Toledo de las lanzas castellanas capturadas; otros llevaban *montantes*, esas espadas «hechas de a dos manos de navajas» que tanto agradaban a Pánfilo de Narváez y que los mexicas habían recogido en la «batalla de las puentes». Cercaron a la vanguardia castellana, encabezada por el propio Cortés; el caballo del caudillo, *el Romo*, se desplomó y Cortés se cayó. Seguramente de haberse contentado con matarle, los mexicanos habrían salido victoriosos. Pero, como de costumbre, ansiaban capturarle a fin de sacrificarle, actitud fatal para ellos. Eventualmente le salvaron un tlaxcalteca desconocido y Cristóbal de Olea, conquistador medinense de cabello rizado, conocido por sus rápidos reflejos. No obstante, los mexicas capturaron a varios castellanos (entre otros, Juan de Lara, probablemente cordobés, y Alonso Hernández). Cuauhtémoc mandó sacrificarlos y repartir sus piernas y brazos «a muchos pueblos [cercanos] nuestros amigos de los que habían venido de paz»[79] para demostrarles que los mexicas estaban ganando la guerra.

Esa noche los castellanos se quedaron en Xochimilco, pero no fue precisamente una noche de descanso. Cortés ordenó a los ballesteros «que alistasen todas las saetas que tuviesen y las emplumasen y pusiesen sus casquillos». Los arcabuceros ya no tenían pólvora y, por tanto, no podían dormir. Cortés, por su parte, vigiló a los aliados indios, a quienes mandó rellenar los huecos en las calzadas con los escombros de las casas destruidas, técnica que había empezado a emplear el año anterior en Tenochtitlan.

Al día siguiente, los mexicas lanzaron un violento ataque, tanto en el lago como en tierra firme. Cortés y sus capitanes subieron a lo alto de la pirámide, cuyo *cu* estaba dedicado a la diosa Chantico. Como en otros templos en su honor, la sala central en lo alto de las funestas gradas era tan negra como el carbón pues no contaba con ventanas; en ella los sacerdotes solían deslizarse subrepticiamente por una diminuta puerta. Pero Cortés no tenía tiempo para investigar los secretos del templo, pues desde la plataforma él y sus capitanes vieron unos doce mil mexicanos, tal vez mil en canoa, gritando «¡México, México!» y «¡Tenochtitlan, Tenochtitlan!»[80] Siguieron una oleada tras otra de asaltos desde tierra firme y desde el lago.

La caballería castellana pudo moverse por la calzada reparada y detuvo a los guerreros en tierra firme. Los ballesteros, por su parte, resistieron a los ataques de los guerreros en canoas. Los castellanos y sus aliados prendieron fuego a las casas de la ciudad, excepción hecha de aquellas en que se aposentaron «y como nuestros soldados fueron a las casas y las hallaron llenas de ropa, y no había guarda, cárganse ellos y muchos tlacaltecas de ropa y otras cosas de oro». Después de tres días en la ciudad, Cortés decidió continuar su avance, dio instrucciones de que todo el botín se quedara atrás. Sus hombres protestaron y, finalmente, cargando su botín, ese fundamental fruto de cualquier guerra, los «fardajes» y los heridos, los expedicionarios emprendieron la marcha rumbo a Coyoacan. La caballería iba repartida, la mitad en vanguardia y la otra mitad en retaguardia.[81]

La batalla de Xochimilco había sido inesperadamente dura, mas de ella los castellanos aprendieron varias lecciones importantes: en particular que cuando los mexicas abrían huecos en las calzadas, los tlaxcaltecas podían llenarlos, permitiendo así que los caballos pasaran sin dificultad; al parecer, no se habían dado cuenta de ello el año anterior durante su estancia en la capital.

La ciudad de Coyoacan estaba situada a unos trece kilómetros del nordeste de la orilla del lago; de allí partía la principal calzada hacia Tenochtitlan. La gobernaba un monarca tepenaca llamado Coapopocatzin y era el centro donde se recaudaban los tributos de la Triple Alianza. Cortés imaginaba poder contar con una amistosa acogida, pues el emperador mexicano Ahuítzol había asesinado a un reciente rey de Coyoacán por haberle dado un buen consejo en cuanto a su política de riego. Mas los habitantes de Coyoacan se mostraron cautelosos. Cuando, el 18 de abril, el caudillo llegó, la ciudad se encontraba vacía: los habitantes y sus señores habían huido a Tenochtitlan. Cortés se aposentó en la amplia casa de Coapopocatzin y permaneció allí dos días. Sus seguidores se dedicaron a destruir ídolos y quemar templos, a curar a los heridos, a fabricar saetas para los ballesteros, a examinar el trazado exacto de las calzadas y a hablar de las posibilidades de establecer allí el *real* desde donde llevarían a cabo el asalto a la capital.[82]

Cortés regresó apresuradamente a Texcoco por las orillas occidental y septentrional del lago, ruta que ya conocía bien. Pasó por Tacuba, sin detenerse, aunque allí estaban librando combates. De camino trató de tender una emboscada a un pequeño destacamento mexicano, mas fue él quien cayó en una celada. Escapó sin heridas, pero perdió a dos «mozos de espuelas», el sevillano Pedro Gallejo y el vasco Francisco Martín Vendaval. Ambos fueron capturados y, presumiblemente, sacrificados. Cortés, «muy triste», llevó a los recién llegados Alderete (el tesorero real) y fray Melgarejo, a lo alto del templo para que viesen Tenochtitlan desde allí. Se maravillaron al contemplar lo imponente del lugar. Mas Cortés se dolió de sus «mozos». El licenciado Alonso Pérez, probablemente el único universitario auténtico del ejército (excepción hecha de los curas), le dijo: «Señor capitán, no esté vuestra merced tan triste; que en las guerras estas cosas suelen acaecer, y no se dirá por vuestra merced:

Mira Nero, de Tarpeya,
A Roma cómo se ardía;
gritos dan niños y viejos
y él de nada se dolía. [83]

Como respuesta a tal zalamería de jurista, Cortés contestó que él, Pérez «ya veía cuántas veces había enviado a México a rogarles paz, y que la tristeza no la tenía por una sola causa, sino en pensar en los grandes trabajos en que habíamos de ver hasta tornala [a Tenochtitlan] a señorear, y que con la ayuda de Dios presto lo pondríamos por la obra».[84]

El ejército regresó, pues, a Texcoco por el norte del lago. Asaltaron con éxito al menos una vez a una fuerza mexicana y Cortés afirmó haber matado más de cien señores, todos magníficamente ataviados.[85] Los mexicas probablemente creyeron de nuevo que habían repelido un ataque. De hecho, Cortés había llevado a cabo una expedición de reconocimiento, provechosa por más difícil que fuera, preparándose así para sitiar a la capital mexicana.

Posiblemente los mexicas estuviesen a la sazón tan ocupados con los festejos del mes *Etzalqualiztli* como con los preparativos para la guerra. En esta época del año, como parte del ritual, los sacerdotes solían bañarse en el lago. «... comenzaban de hablar uno de los *sátrapas* [sacerdotes], que se llamaba *chalchiuhquacuilli* y decía... "éste es el lugar de culebras, el lugar de mosquitos, y lugar de patos y lugar de juncias". En acabando de decir esto el sátrapa, todos los otros se arrojaban en el agua; comenzaban luego a chapotear en el agua con los pies y con las manos, haciendo grande estruendo, comenzaban a vocear y a gritar, y a contrahacer las aves del agua; unos a los ánades, otros a unas aves zancudas del agua que llaman *pipitztin*, otros a los cuervos marinos, otros a las garzotas blancas, otros a las garzas... cuatro días arreo hacían de esta manera».[86] Diríase un planeta distinto de aquel en que Martín López y sus amigos se hallaban preparando meticuosamente los bergantines. No obstante se trataba del mismo lago.

VII. La batalla de Tenochtitlan

33. ACORDAOS DEL VALEROSO CORAZÓN Y ÁNIMO

Valerosos mexicanos: Ya veis cómo nuestros vasallos todos se han
rebelado contra nosotros, Ya tenemos por enemigos no solamente
a los tlaxcaltecas y cholultecas y huexozincas, pero a los
tezcucanos y chalcas y chuchimilcas y tepenecas, los cuales todos
nos han desamparado y dejado y se han ido y llegado a los
españoles y vienen contra nosotros.
Por lo cual os ruego que os acordéis del valeroso corazón y ánimo
de los mexicanos chichimecas, nuestros antepasados, que siendo
tan poca gente la que en esta tierra aportó, se atreviese a acometer
y a entrar entre muchos millones de gentes y sujetó con su
poderoso brazo todo este nuevo mundo y todas las naciones, no
dejando costas ni provincias lejanas, que no corriesen y sujetasen,
poniendo su vida y hacienda al tablero, por sólo aumentar
y ensalzar su nombre y valor

Arenga de CUAUHTÉMOC, según fray Durán

Cuauhtémoc, con los nuevos monarcas, Tetlepanquetzatzin de Tacuba y Coanacochtzin de Texcoco, había estado fortificando con habilidad la hermosa capital. Tenochtitlan conservaba toda su majestad. Pero el imperio estaba en ruinas. La pérdida de Chalco fue una catástrofe. Otras ciudades del Valle de México y de alrededor del lago, para no hablar de las de tierra templada, como Oaxtepec, Cuernavaca y Hueuxotzinco, habían acordado la paz con Cortés, y esto permitía prever lo que podía seguir. «Malinche» había tratado brutalmente Texcoco. Tal vez por el miedo que esto causó, aumentaba allí la colaboración con él. Tenochtitlan sentía los efectos de la falta de pago de los tributos, pues no sólo no se entregaban mantas, piedras preciosas y oro, sino que no llegaba la diversidad de alimentos a los cuales estaban acostumbrados los mexicas. Pocos abastecimientos habían podido entrar en Tenochtitlan, desde el otoño anterior, procedentes de la rica zona costera.

La idea de una guerra a comienzos del verano, y de una guerra verdadera, desafiaba, como ya ocurrió en 1520, todas las convenciones mexicanas. En esos meses, los mexicas solían dedicarse a sembrar y sus festivales de la temporada tenían todos por objeto propiciar a los dioses de la fertilidad. El desafío a estas rutinas dañaba la moral de los mexicanos, y también lo hacían, desde luego, otras tácticas poco convencionales de los castellanos, como el matar a sus enemigos, el no hacer prisioneros, el luchar de noche y el combatir sin previo desafío.

Los mexicas no parecen haber reducido sus acostumbradas actividades rituales, al menos en la medida en que lo permitían la falta de ingredientes esenciales para los ritos, la suspensión del pago de tributos o la escasez, debida a las viruelas, de personalidades para oficiar. Pudieron incluso intensificar algunas ceremonias, con el fin de propiciarse a los dioses. Parece que se encargaron algunas nuevas obras de arte, en diorita o jadeíta, como por ejemplo la escultura conocida hoy por *El bebedor de pulque,* con boca de esqueleto, cosa muy apropiada dados los tiempos que corrían.[1] Otro producto de esos meses puede haber sido una bandeja de cerámica con trípode con un águila y un jaguar entrelazados, exhortación, acaso, a los caballeros de estas dos órdenes a permenecer unidos hasta la muerte.[2] Tal vez fuera Cuauhtémoc quien encargó una hermosa estatuilla de Quetzalcóatl, en jadeíta, con exquisitas figuras en bajorrelieve, que ahora está en Stuttgart. La estatuilla tiene en su base glifos que eran signos de desastre: 4-viento, la fecha de la anterior destrucción del mundo por huracanes enviados por Quetzalcóatl, y 9-viento, en referencia a los nueve niveles del infierno, fecha que se consideraba entera y profundamente maligna. Se ha interpretado esta efigie en el sentido de que quería mostrar a Quetzalcóatl como estrella de la noche que llevaba el sol hacia el infierno.[3] Y esto con el fin de impedir que estas cosas ocurrieran, mediante su descripción ceremonial previa, en piedra.

En las semanas anteriores al bloqueo de la ciudad ordenado por Cortés, Cuauhtémoc inició una gran ofensiva diplomática, prometiendo remisión de tributos a numerosas ciudades sometidas. Pero el resentimiento contra el imperio seguía siendo fuerte. Los pueblos antaño sujetos se percataban de que estaba cercano el fin del imperio. Tal vez creían que era inminente la hora de los tlaxcaltecas. Cuauhtémoc no consiguió impresionar a sus antiguos tributarios con la idea de que, si los castellanos vencían, tenían tanto por perder como los mexicas. ¿No sería acaso una victoria tlaxcalteca? Los tarascos de Michoacan, en particular, seguían negándose a ayudar.

Es posible que Cuauhtémoc cometiera algunos errores tácticos. Por ejemplo, llenó Tenochtitlan de soldados y armas, pero dejó a la ciudad con pocos alimentos.[4] Pudo ser que esto fuera porque no dispusiera de medios para encontrar rápidamente comida y otros abastecimientos esenciales. Además, no tenía idea de lo que estaban planeando los castellanos. Sabía por sus espías que Cortés pensaba emplear embarcaciones. Por esto ordenó que se clavaran estacas aguzadas en el fondo del lago, en las cercanías de la ciudad, y también ordenó a su gente que preparara su flota de canoas. Los mexicas habían usado canoas con fines militares desde hacía generaciones. Pero no las utilizaban para librar combates en el agua, sino para transportar guerreros de un lado a otro del lago.[5] La noción de un cerco anfibio estaba ausente de la experiencia mexica, aunque hubieran podido recordar que, en 1428, su victoria sobre las gentes de Azcapotzalco, sus predecesores en el dominio del valle, había resultado de un sitio, pero de todos modos entonces el asalto final se dio por tierra.[6] En realidad, la idea de una guerra larga, defensiva, y hasta de una guerra que durara más allá de unos cuantos días, no les era propia. En el pasado, los mexicas hacían incursiones, en las cuales, tras los debidos rituales y desafíos, ponían a prueba su fortuna en un combate abierto. Probablemente Cuauhtémoc pensaba que sus enemigos lanzarían un ataque frontal.

Desde luego, los mexicas apelaron a sus dioses, para que les dieran la victoria o, simplemente, para que los ayudaran. Pero los sacerdotes parecen haber estado muy asustados. Dijeron que los dioses habían enmudecido o habían muerto, puesto que los nuevos hombres, divinos o no, habían llegado para arrebatarles su fuerza. Al parecer, Cuauhtémoc dirigió una arenga a sus partidarios principales: «Valerosos mexicanos: ya veis cómo nuestros vasallos todos se han rebelado contra nosotros. Ya tenemos por enemigos no solamente a los tlaxcaltecas y cholultecas y huexotzincas, pero a los texcucanos y chalcas y xuchimilcas y tepanecas, los cuales todos nos han desamparado y dejado y se han ido y llegado a los españoles y vienen contra nosotros. Por lo cual os ruego que os acordéis del valeroso corazón y ánimo de los mexicanos chichimecas, nuestros antepasados, que siendo tan poca gente la que en esta tierra aportó, se atreviese a acometer y a entrar entre muchos millones de gentes y sujetó con su poderoso brazo todo este nuevo mundo y todas las naciones, no dejando costas ni provincias lejanas que no corriesen y sujetasen, poniendo su vida y hacienda al tablero, por sólo aumentar y ensalzar su nombre y valor. Por tanto, oh mexicas, no os desaniméis ni os acobardéis. Al contrario, fortaleced vuestros ánimos y vuestro corazón... y no me despreciéis por mi juventud.»[7] Como se acostumbraba antes de las batallas, los nobles supervivientes sin duda bailaron, cantaron y, para fortalecer su valor, probablemente consumieron setas, cacto peyote, semillas de datura y de enredadera. «Recordad el valeroso corazón» era el llamamiento esencial. El brillante pasado debía iluminar el oscuro presente.

En el viejo México no había ejército permanente. Los soldados eran trabajadores, *macehualtin*, o siervos, *mayeques*, que si bien habían sido adiestrados en la escuela en algunas artes marciales, no recibían paga y confiaban en el botín para compensarse por el tiempo de alejamiento de sus campos o de su actividad ordinaria, como artesanos, por ejemplo. Esos soldados estaban organizados por los *calpultin*, reunidos en compañías de un centenar de hombres, cada una con su propio estandarte.[8] Los jefes de los *calpultin* eran responsables de que cada compañía estuviese preparada, de que las mujeres dispusieran los uniformes, las armas y los alimentos necesarios. Existía, sin embargo, un cuerpo de oficiales y guardias profesionales. Los primeros eran todos nobles o personas que en el pasado se habían distinguido en los combates. Los oficiales constituían un consejo militar para asesorar al emperador y a sus generales. Los miembros de las órdenes de caballeros eran también profesionales, y dos de ellas, como se ha visto, la de las águilas y la de los jaguares, admitían sólo a nobles. Las otras órdenes, la otomí y la *quachic*, estaban formadas por hombres de todas las clases sociales que habían jurado nunca batirse en retirada.

Podemos imaginarnos a Cuauhtémoc consultando con esos jefes, y no cabe duda que las tácticas que se decidieran eran responsabilidad de todos ellos.[9] Pero nadie sugirió que las nuevas estrategias de los invasores debían enfrentarse con radicalmente nuevas tácticas de los mexicas, por ejemplo empleando como armas los cuchillos de sílex que se usaban para los sacrificios ceremoniales. Nadie propuso que las pequeñas ruedas que a veces se veían en los juguetes mexicanos podían adaptarse al transporte de pertrechos necesarios para la lucha. Estaba muy extendido el sentimiento de que se habían acabado los viejos tiempos. Se dijo que los preparativos de Cuauhtémoc se completaron durante el invierno arrojando los restos del tesoro de Moctezuma a una parte profunda del lago, Pantitlan, donde había un remolino.[10] Los pocos nobles que sobrevivieron a la matanza de Alvarado del verano anterior y a las viruelas del otoño anterior, debieron de recordar el triste poema de Nezahualcoyotl:

> Yo, Nezahualcoyotl, lo pregunto:
> ¿Acaso de veras se vive con raíz en la tierra?
> No para siempre en la tierra:
> sólo un poco aquí.
> Aunque sea de jade se quiebra,
> Aunque sea de oro se rompe,
> Aunque sea plumaje de quetzal se desgarra.
> No para siempre en la tierra:
> sólo un poco aquí.[11]

Nada de reflexiones melancólicas en Cortés y sus barbudos soldados. La Castilla de América no era la Francia de Villon. Los bergantines estaban preparados. Los aliados esperaban su desquite del imperio que tanto les había arrebatado. Los tlaxcaltecas, los totonacas, los chalcas y otros aliados (hasta los cholultecas y los huexotzincas) se mostraban ciegos ante la intolerancia de los castellanos; incluso diríase que se sentían cada vez más atraídos por su dureza, su fuerza física, su simpatía, su energía y, también, su aparente inmunidad a la enfermedad.

A los aliados debió de impresionarlos también la habilidad con que Cortés organizó la construcción de los bergantines. Miles de hombres de las ciudades próximas a Texcoco, dirigidos por Ixtlilxochitl, trabajaron por turno, acuciados por Cortés o por Martín

López, para cavar un canal de doce pies de profundidad y doce de anchura desde Texcoco hasta la orilla del lago, a lo largo de cosa de tres kilómetros. Cortés mismo dijo que «los vergantines fueron muy gran parte y ayuda... porque se escusó que no muryeron muchos más cristianos de los que muryeron».[12] López seguía trabajando «como un esclavo», del alba al ocaso.[13] Los navíos se montaron tierra adentro, para protegerlos de los posibles sabotajes mexicanos. Si se hubiese hecho en la orilla, los mexicas, con sus miles de canoas, hubieran podido frustrar o dificultar la empresa.[14]

El 28 de abril se botaron doce bergantines. De fondo plano, con velas y remos, podían maniobrar en las partes poco profundas del lago sin peligro de encallar. Cada uno tenía capacidad para veinticinco o treinta hombres.[15] La nao capitana medía unos veinte metros, las otras, unos diecisiete metros, o sea, que eran algo más largas de lo planeado.[16] Cada una llevaba en la proa un pequeño cañón de bronce, probablemente enviado de Sevilla y traído en el barco de Juan de Burgos. Pero el buque insignia, en el que esperaban navegar Cortés y Martín López, cargaba un cañón de hierro más pesado. La mitad de esos navíos tenía un mástil, y la otra mitad, dos.[17] A cualquier marinero europeo experimentado, la vista de esos bergantines le hubiese hecho pensar en los navíos del imperio romano. De ser así, constituían una triunfante concesión a la historia clásica, digna de la afición del caudillo a las citas latinas.

Pero Texcoco no era sólo un astillero. En mayo de 1521, la ciudad era también un taller donde se realizaban múltiples trabajos. Se afilaban lanzas y espadas. Pedro Barba, comandante de los ballesteros, se ocupaba de que sus hombres estuvieran bien provistos no sólo de flechas y puntas de flecha, sino asimismo de cuerdas de arco de recambio, tornillos y la pasta que se usaba para reparar los arcos (para lo cual empleaban una especie de pegamento local, el *zacotle,* que algunos especialistas consideraban mejor que el de Castilla).[18] Se pulían y arreglaban las armaduras. Los comandantes estudiaban con Cortés las posibles tácticas del enemigo.

Cortés dirigió un llamamiento a sus aliados, pidiéndoles que enviaran tantos hombres como pudieran con el fin de lanzar un asalto a la ciudad, no tanto para luchar como para servicios auxiliares. Pidió que estuvieran presentes antes de diez días. Pidió también a algunas ciudades que proporcionaran flechas de madera con puntas de cobre, tomando como modelo las castellanas. Los aliados contestaron con premura. Durante años habían rezongado contra los mexicas: los tlaxcaltecas los veían como gentes nacidas para no descansar jamás, para no dejar en paz a nadie;[19] los otomíes los consideraban «sumamente malos, no hay nadie que sobrepase en maldad al mexicano».[20] Ahora había llegado el momento de poner a prueba si estas observaciones respondían a la realidad o eran simples desahogos. A los ocho días estaban ya allí las flechas. Esos pueblos se habían comprometido tanto en su amistad con los castellanos que sabían que debían vencer si querían vivir.

El plan estratégico de Cortés comprendía diversas sanciones. Su principal elemento consistía en matar de hambre Tenochtitlan, cortando el abastecimiento de la ciudad mediante la destrucción de las canoas y la ocupación de las calzadas. No se arriesgarían vidas castellanas. Pocos jefes militares de la historia se han mostrado tan renuentes a perder hombres como Cortés. Por eso, todos se daban cuenta de la importancia de los bergantines.

La botadura de los navíos dio motivo a una ceremonia con música, salvas del cañón, estandartes desplegados y gritos de entuasismo de indios y castellanos. Fray Olmedo dijo misa a orillas del lago.[21]

Poco después, Cortés reunió a sus tropas para un desfile. Los distintos pueblos aliados formaron con sus estandartes al viento, flechas y arcos, espadas, jabalinas, lanzas y, lo que no debía nunca olvidarse, silbatos. Una vez más los señores indígenas ataviados con plumas se hicieron eco de los gritos de «¡Viva el emperador!» y «¡Castilla, Castilla, Castilla! ¡Tlaxcala, Tlaxcala, Tlaxcala!»[22] Se decía que en el viejo México el hogar de un individuo podía identificarse por la disposición en su cuerpo de las cicatrices dejadas por las heridas sacrificiales autoinfligidas.[23] La diversidad de tales cicatrices, en este desfile, debió de ser asombrosa.

Cortés pronunció una de sus homilías, que, a través de la interpretación de Marina, debió de ser tan elocuente como de costumbre. Recordó las disposiciones que había adoptado en Tlaxcala y señaló cuantos éxitos tuvo con tan pocos hombres. Insistió en que los castellanos luchaban para extender la fe cristiana y que su propósito político era el de someter «de nuevo» al rey de Castilla el pueblo y las tierras que «se habían rebelado». Cortés creía que con esta arenga animó tanto a sus hombres que estaban otra vez dispuestos a vencer o morir.[24]

Es imposible determinar el número de aliados. Cortés dijo que tenía a cincuenta mil de Tlaxcala y que el conjunto de su ejército era de ciento cincuenta mil. Su capellán y biógrafo, López de Gómara, se refirió a sesenta mil texcocanos y a doscientos mil de otros lugares. Los investigadores modernos han sumado las distintas aportaciones de los aliados hasta llegar a quinientos mil.[25] Todas estas estimaciones han de ser muy exageradas. Ni los mexicas ni los castellanos seguían un método fiable para calcular las masas humanas. Sin embargo, en las batallas que se acercaban, Cortés dispondría con toda evidencia de un gran número para ocuparse de las labores de intendencia, como construir alojamientos provisionales, acarrear alimentos, rellenar fosos, tender puentes y también incendiar casas de los enemigos. Los texcocanos (lo mismo de la ciudad que de sus poblaciones aledañas) y los tlaxcaltecas estaban en vanguardia, los primeros porque deseaban desahogar un antagonismo reciente con los mexicas, los segundos porque estaban decididos a acabar de una vez por todas con sus enemigos. Millares de personas de otras ciudades se dieron cuenta súbitamente de que era posible que los mexicas fueran destruidos pronto y, ansiosas de ponerse al lado de los nuevos dueños del valle, se inclinaron por convertirse en guerreros.

Los texcocanos y los tlaxcaltecas tenían jefes que los mandaban, Ixtlilxochitl y Chichimecatecle respectivamente, que trataron de organizar la inesperada masa de voluntarios para luchar contra los mexicas.[26] Parece que Ixtlilxochitl recurrió en Texcoco y sus ciudades dependientes a la costumbre bien establecida en el Valle de México del reclutamiento a través de los *calpultin* o su equivalente, sistema que funcionaba probablemente en la mayor parte de las ciudades de la región. Muchos conquistadores recordaron a estos aliados, y en especial los tlaxcaltecas, como «compañeros y hermanos», según los llamó Francisco Rodríguez en la información de 1565 sobre Tlaxcala.[27]

Sólo un jefe indio entre los aliados de Cortés parece haber albergado dudas acerca de la decisión de su pueblo. Fue Xicotencatl el Mozo, el comandante que en octubre de 1519 había conducido a los tlaxcaltecas contra Cortés, y que desde entonces tuvo que someterse a las decisiones de su anciano padre y del ahora ya fallecido Maxixcatzin. En 1521 era de nuevo uno de los comandantes superiores de los tlaxcaltecas. Había contestado a la llamada hecha por Cortés y con su colega y rival de antaño, Chichimecatecle, había traído a varios millares de soldados. Cuando estaba a punto de empezar la principal operación contra Tenochtitlan, Xicotencatl abandonó a sus hombres y con algunos amigos regresó a Tlaxcala. Cortés envió a algunos texcocanos y a dos capitanes tlaxcaltecas para que le convencieran de que regresara. Xicotencatl les dio una respuesta hostil y lamentó que su padre y Mexixcatzin hubieran aceptado por amigo a Cortés. Éste envió luego a Tlaxcala a dos hombres que habían ayudado a adiestrar a las tropas tlaxcaltecas, Alonso de Ojeda y Juan Márquez, con órdenes de que regresaran a toda prisa con el rebelde. Así lo hicieron. Cortés mandó que Xicotencatl fuese ahorcado delante de todos los indios que estaban en Texcoco. Pedro de Alvarado pidió clemencia para el señor tlaxcalteca, sin obtenerla. Tal vez había algo de Alvarado mismo en el carácter de Xicotencatl para dar al confidente de Cortés cierto sentido de comunidad con él. Además, la amante de Alvarado, «María Luisa», era hermana de Xicotencatl. No fue ésta la única ocasión en que Alvarado, a menudo tenido por implacable, intervino en favor de lo que consideraba una causa justa. Así, cuando Cortés ordenó que se ahorcara a un español llamado Mora, por haber robado un pavo a unos indios, Alvarado le salvó de la muerte cortando la soga.[28]

Los indios se sintieron apenados, pero evidentemente Cortés dio esta orden, como otros en circunstancias similares, *pour découra-*

ger les autres. Diego Camargo, historiador de Tlaxcala, escribió que la deserción de Xicotencatl de las huestes concentradas en Texcoco no tenía nada que ver con la política, sino con el amor del supuesto rebelde por una muchacha de Tlaxcala. También se dijo que Cortés tomó su dura decisión sólo la tercera vez que Xicotencatl se ausentó de su puesto. Pero todo sugiere que el caudillo se hubiera alegrado de hacer ahorcar a este señor tlaxcalteca aunque sólo hubiese ido de pesca.[29]

Era más fácil, evidentemente, contar los castellanos que sus aliados. Cortés disponía, gracias a recientes refuerzos, de casi noventa jinetes, unos ciento veinte ballesteros y arcabuceros, unos setecientos infantes, tres cañones grandes de hierro y quince cañones pequeños, éstos en los bergantines, pero no tenía bastante pólvora (sólo unos diez quintales).[30] Casi cada soldado se había equipado con una armadura bien almohadillada, guardacuellos y polainas, así como casco de acero, escudo y espada. Gran parte de este equipo, y no sólo los cañones, había llegado a México con el cargamento de Juan de Burgos. Se dieron instrucciones de que nadie durmiera sin estar completamente equipado y con las sandalias puestas, y de que nadie fuera a las aldeas cercanas en busca de comida; se prohibió que se jugaran a los naipes caballos o alimentos, que se apoderaran de botón o que se maltratara a los aliados o se apoderara de botín. El castigo por dormirse estando de guardia o por desertar era, como en la mayoría de los ejércitos, la pena de muerte.

A fines del siglo XVI, fray Sahagún propaló el rumor, por razones difíciles ahora de adivinar, de que en ese tiempo Cortés se reunió con Cuauhtémoc en Acachinanco, pequeña fortaleza a medio camino en la calzada de norte a sur entre Iztapalapa y Tenochtitlan. Se decía que Cortés explicó por qué debía librar la guerra y que Cuauhtémoc no dio respuesta alguna salvo que aceptaba la lucha. No hay pruebas de esta entrevista. De haber ocurrido se hubiera sabido. Es algo similar a la conversación descrita por Schiller entre María, reina de Escocia, e Isabel, reina de Inglaterra, que sin duda hubiera debido tener lugar, pero que es casi seguro que no ocurrió.[31] Lo más probable es que Cortés tratara de provocar una división en las filas de los mexicanos invitando al pueblo de Tlatelolco a traicionar a sus aliados de Tenochtitlan, intento que no encontró respuesta alguna.[32]

En la reunión final, Cortés organizó sus fuerzas en cuatro cuerpos: tres para luchar en tierra y el cuarto bajo su propia dirección en los bergantines. Los tres mandos de tierra estaban a cargo de los que ahora eran ya experimentados capitanes: Pedro de Alvarado, Sandoval y Olid, dos extremeños y un andaluz. De ellos, Alvarado y Olid pasaban de los treinta, igual que Cortés, mientras que Sandoval tenía poco más de veinte. Cada capitán mandaba a veinticinco o treinta jinetes, quince ballesteros y arcabuceros y ciento cincuenta infantes, así como a una numerosa cohorte de aliados indios.[33] Cortés tenía trescientos castellanos para los bergantines, o sea, veinticinco hombres en cada navío, más seis ballesteros y arcabuceros.[34]

Los oficiales de Alvarado eran su hermano Jorge, Gutierre de Badajoz (de Ciudad Rodrigo) y Andrés de Monjaraz; tenía también con él a fray Juan Díaz, a Bernal Díaz y a su amante, pues era sabido que «el dicho Pedro de Alvarado siempre truxen en su compañía a la dicha doña Luisa».[35] Los oficiales de Olid eran Andrés de Tapia, Francisco Verdugo y Francisco de Lugo (un leonés y dos castellanos), y los de Sandoval eran Pedro de Ircio y Luis Marín (un sevillano y un saluqueño). Todos ellos, como Cortés y Alvarado, sin duda tenían muy cerca a sus amantes.

Se ordenó que las tres columnas ocuparan las tres principales entradas a Tenochtitlan: Alvarado en la calzada de Tacuba, Olid en la de Coyoacán y Sandoval en la de Iztapalapa. La cuarta calzada, la de la colina de Tepeyac, al norte, en la cual había un famoso altar a la diosa madre, quedó abierta, como un «puente de plata» por el cual acaso Cuauhtémoc y los mexicas se sintieran tentados de retirarse bajo la presión del cerco.[36] Cortés habría probablemente preferido combatir en tierra en lugar de hacerlo en «la fortaleza grande que tenían en el agua».[37]

En cuanto a los bergantines, parece que no se nombró a los capitanes sólo entre los que tenían experiencia naval, pues algunos recibieron su cargo por razones políticas (por ejemplo, Ruiz de la Mota, primo del obispo de Badajoz). Cerca de la mitad de esos capitanes eran hombres que estuvieron con Cortés desde que desembarcó por primera vez en San Juan de Ulúa en 1519.

El caudillo había confiado en que hubiera bastantes voluntarios para tripular esos navíos a los que daba tanta importancia. Pero no se presentaron muchos, porque el puesto no ofrecía ocasiones de lucimiento militar, sino trabajo duro y peligroso. Por tanto, Cortés destinó a los bajeles a cuantos habían sido marineros y, no sin cierta arbitrariedad, a cuantos hubieran nacido en los puertos andaluces de Palos, Moguer, Triana, Sanlúcar de Barrameda o Puerto de Santa María.[38]

Cortés habló de nuevo a sus fuerzas en la plaza de Texcoco. Explicó que confiaba mucho en los bergantines, pues con ellos podrían destruir las canoas enemigas y encerrar a los mexicas en sus canales. Creía que los mexicas eran tan incapaces de vivir sin sus canoas como sin comer. Encomendó la victoria a Dios, pues esta guerra era suya.[39]

El 22 de mayo Alvarado y Olid partieron hacia el norte, para establecer cabezas de puente en las calzadas de Tacuba y Coyoacán. Olid llevaba la fuerza más numerosa de texcocanos, ahora al mando de Tetlahuehuequititzin, uno de los muchos hijos del rey Nezahualpilli. Se decidió que Sandoval partiría unos días después hacia Iztapalapa y que luego Cortés saldría con los bergantines.

La primera etapa del asedio de Tenochtitlan por los castellanos no fue nada edificante. Se había ordenado a Alvarado y a Olid que se detuvieran la primera noche en Acolman, ciudad texcocana próxima a Teotihuacan, que tenía su propio *tlatoani* y que hoy es renombrada por su hermoso convento agustino, construido en los años cuarenta del siglo XVI, con púlpito exterior y notables pinturas murales. En aquella época era un lugar donde podían comprarse pequeños perros castrados y comestibles; era «tierra medianamente sana y de mal sereno».[40] En las tradiciones mexicanas, se la consideraba el lugar donde se crearon los primeros hombres y mujeres mediante un flechazo mágico del sol.[41] Cerca de ese lugar famoso, Alvarado y Olid se disputaron sobre dónde debían pasar la noche. Los soldados de las dos columnas empezaron a amenazarse unos a otros. Sólo la intervención de fray Melgarejo y de Luis Marín, enviados por Cortés en cuanto se enteró de la situación, evitó que ésta pasara a mayores.[42]

Afortunadamente no hubo disputas entre los dos capitanes, las dos noches siguientes, cuando se detuvieron primero en Citlaltepec y luego en Cuauhtitlan, en la orilla norte y noroeste del lago, antes de llegar a Tacuba «a la hora de vísperas», el tercer día de la salida de Texcoco. Las dos columnas se instalaron en el palacio del rey de Tacuba, donde unas semanas antes había estado Cortés. Los tlaxcaltecas de Alvarado fueron inmediatamente a inspeccionar la calzada hacia Tenochtitlan y sostuvieron varias escaramuzas con los mexicas, antes de la caída de la noche.

Al día siguiente, después de la misa celebrada por fray Juan Díaz, el capellán de Alvarado, los dos comandantes dejaron Tacuba. Con una pequeña fuerza de jinetes fueron al otro lado de la bahía, donde, en la colina de Chapultepec, la «colina del saltamontes», ocuparon la fuente que, por el gran acueducto, había proporcionado agua a Tenochtitlan desde los días de Moctezuma I.[43] Rompieron los caños, de modo que a partir de entonces los mexicas dependieron de la poca agua que podían obtener de los pozos de la ciudad.[44] En Chapultepec se había dado muerte Huemac, el último rey de la legendaria Tula, y allí los reyes mexicas hicieron esculpir a menudo su efigie; allí se detuvieron los mexicas antes de llegar a Tenochtitlan, y allí simbólicamente, sufrieron la peor derrota cuando, antes de llegar a Tenochtitlan, su rey Huitzilihuitl fue capturado y conducido a Culhuacan, donde murió en la esclavitud. En el Códice Vaticano A hay una vívida representación de los tepanecas apoderándose de mujeres mexicas en Chapultepec.[45]

Al concebir esta táctica, Cortés pudo haber recordado, por lo menos, un precedente español. La misma acción se llevó a cabo cuando las fuerzas del rey Fernando, al mando del marqués de Arcos, asediaron a los moros en Ronda, en 1485, y cortaron el abastecimiento de agua de la ciudad sitiada, procedente de una fuente al pie de un desfiladero.

Alvarado y Olid pasaron unos días tratando de nivelar la calzada hacia Tenochtitlan, que no era exactamente la misma por la que se retiraron en desorden el año anterior, sino una más al norte, que pasaba por la isla de Nonoalco. Pero avanzaron poco, pues, como hubieran podido prever, fueron atacados por mexicas en canoas que los hostigaban por ambos lados de la calzada. Parece que una treintena de castellanos resultaron heridos por piedras lanzadas con singular destreza por los mexicas. Al día siguiente, sin embargo, Olid emprendió el camino, con sus aliados texcocanos, hacia su puesto en la calzada de Coyoacán, unos ocho kilómetros más allá. Dejó a Alvarado en Tacuba, donde permanecería muchas semanas, tratando de vez en cuando de rellenar las brechas abiertas repetidamente en la calzada por los mexicas, que querían impedir lo que Alvarado deseaba, o sea, que por ella pudieran transitar los caballos. Olid pronto descubrió que en la calzada de Coyoacán se llevaba a cabo la misma operación defensiva de apertura de zanjas. Durante varios días hubo luchas esporádicas en campo abierto, cuando los hombres de Olid y Alvarado se apoderaron de cuanto maíz pudieron en las granjas situadas entre sus dos reales, con frecuentes lanzadas a los campesinos a los que sorprendían desprevenidos.[46]

El 31 de mayo, día de Corpus, Sandoval emprendió el camino de Texcoco a Iztapalapa, al frente de su columna.[47] La distancia de la marcha no debió ser menor de cuarenta kilómetros, pero, al anochecer, él y sus hombres estaban ya instalados en las casas donde Cortés se alojó en dos ocasiones anteriores. Al llegar, los había atacado la pequeña guarnición mexicana, que se retiró apenas se dio cuenta de la fuerza que llevaba Sandoval con sus aliados indios. Después de retirarse, mandaron señales de humo desde lo alto de la cercana colina de Huitzilopochtli, el Cerro de la Estrella, como la bautizarían al poco los españoles. Se interpretaron como una llamada a que se concentraran todas las canoas mexicas.[48]

El 1 de junio, finalmente, se izaron en los bergantines las velas que «hizieron de toldos de yndios». La configuración del lago se había visto afectada de modo permanente por las acciones mexicanas de los meses anteriores, al abrir la calzada de Nezahualcóyotl durante la lucha en Iztapalapa, lo que permitió ahora a la flota española tratar el lago como un único campo de batalla.

Cortés no nos dejó los pensamientos que le embargaban mientras este notable nuevo tipo de bajel se deslizaba por el hermoso lago, a fuerza de remos y velas, en dirección al proyectado real de Sandoval en Iztapalapa. Pero el esplendor de la escena, la transparencia del aire, la audacia de la empresa que encabezaba, bien debieron de hacerle reflexionar sobre el asombroso encadenamiento de hechos que le había llevado hasta allí. Con Cortés en el buque insignia estaba Martín López, cuyo genio había dirigido su construcción, y que ahora tenía el cargo de piloto mayor de la flota.[49]

Detrás de ella iba el general supremo de Texcoco, Ixtlilxochitl, a la cabeza de lo que su descendiente, el historiador del mismo nombre, afirmó con desmesura eran dieciséis mil canoas indias.[50]

Cortés no navegó directamente hacia Iztapalapa, pues amainó al ver que en lo alto de la pequeña isla rocosa de Tepepolco, a unos cinco kilómetros de la costa, se habían reunido muchos mexicanos que lanzaban señales de humo a sus compatriotas de Tenochtitlan. La isla era, a todas luces, un centro de lo que ahora llamaríamos inteligencia militar. Tenía, además, un papel importante en el ritual mexica, pues era allí que en el cuarto día de la fiesta de Toxcatl (la misma que Alvarado había interrumpido de modo tan salvaje en 1520), el hombre designado para personificar al dios Tezcatlipoca se presentaba «voluntariamente» en la cima para que lo sacrificaran en el templo de Tlacochcalco. Cortés desembarcó con ciento cincuenta hombres, trepó por la colina, tomó las fortificaciones y mató a todos los habitantes, menos mujeres y niños. Fue, dijo, «muy hermosa victoria», también estratégicamente muy útil.[51]

Después de este triunfo, informó Cortés, «quinientas canoas... comenzaron con mucho ímpetu de encaminar su flota hacia nosotros. Pero a obra de dos tiros de ballesta, reparáronse y estuvieron quedo». Dos mundos se enfrentaron en silencio, por un momento, en el lago.

Cortés dijo que «como yo deseaba mucho que el primer reencuentro que con ellos tuviésemos fuese de mucha victoria y se hiciese de manera que ellos cobrasen mucho temor de los bergantines, porque la llave de toda la guerra estaba en ellos, y donde ellos podían recibir más daño, y aún nosotros también, era por el agua, plugo a Nuestro Señor que, estándonos mirando los unos a los otros, vino un viento de tierra muy favorable para embestir contra ellos, y luego mandé a los capitanes que rompiesen por la flota de canoas, y siguiesen tras ellos hasta encerrarlos en la ciudad de Temixtitan».

Pero no todo marchó según la planeado. Cuando se alzó el viento favorable, el buque insignia estaba al frente de la flota. Los mexicas prestaron especial atención a ese navío, sin duda porque vieron que Cortés iba en él y porque por su volumen se dieron cuenta de que era importante. Pero antes de que comenzara la lucha, su capitán, Rodríguez de Villafuerte, dejó que el buque encallara. Este individuo era paisano de Cortés, es decir, de Medellín; en el juicio de residencia de Cortés se le describió como «amigo e persona muy piadosa del dicho don Hernando Cortés».[52] Pero tenía también la reputación de ser un tipo irresponsable de poco juicio.[53] No hay duda de que se comportó como tal en el lago. Numerosos mexicas se lanzaron sobre el buque. Rodríguez de Villafuerte dio orden de abandonarlo, pero Martín López se negó a seguir estas descorazonadas instrucciones. Con un pequeño número de amigos suyos, luchó, despejó de mexicas la cubierta en una verdadera hazaña de esgrima y luego, distinguiendo por sus plumas, a poca distancia, al capitán de los mexicas en su canoa, le mató con un tiro de ballesta. Lázaro Guerrero, que había trabajado con Martín López, recordó en 1534 que «vido como el dicho Juan Rodríguez de Villafuerte dexo la dicha nao cobardada, y que la conbatian los enemygos y vido como se vino della el dicho Juan Rodríguez en una canoa, y quedó en ella el dicho Martín López e ciertos compañeros y le libro después del ayuda de Dios de los enemygos y le puso en salvamento porque como estaba cobardado lo conbatían los enemygos muchos de todas partes y vido que para la salbar y a la gente que en ella estaba, el dicho Martín López trabajo mucho». Pablo de Retamal recordó también que «en un paso de una puente estava un señor yndio que parescia persona principal, con mucha gente y muy feroz, el dicho Martyn López le mató con una saeta que le tiró y le derribó, y le toma la devisa y penacho quel dicho principal traya y otros muchos que con el principal estauan los mató». No sabemos dónde se hallaba Cortés en aquellos momentos, pero es indudable que López desplegó un gran heroísmo individual. El hecho de que Cortés no le citara y de que en sus cartas al rey no hablara nunca de las hazañas de López, indica que el caudillo, por muchas cualidades que tuviera, no estaba ciertamente exento de celos o envidia, pues, como dijo alguien, «si alguna parte le dio "Cortés", que este testigo no lo vido ni lo oyo».[54] Parece que a partir de entonces, López actuó como comandante de toda la flota de bergantines, a pesar de que formalmente Rodríguez de Villafuerte seguía teniendo precedencia.[55]

Diríase que no se prestó mucha atención a todo esto, de momento. Cortés describió la batalla como un triunfo: «Y como el viento era muy bueno, y quebramos infinitas canoas y matamos y ahogamos muchos de los enemigos, que era la cosa del mundo más para ver. Y en este alcance les seguimos bien tres leguas grandes, hasta encerrarlos en las casas de la ciudad; y así, plugo a Nuestro Señor darnos mayor y mejor victoria que nosotros habíamos pedido y deseado.» Gran parte del éxito se debió al hábil empleo de los pequeños cañones de bronce que cada bergantín llevaba a bordo, y cuyas explosiones causaron tanto temor como muerte. Las ballestas y arcabuces fueron también eficaces para matar a innumerables mexicas. Sandoval dijo luego en Iztapalapa que, «como vieron todas las trece velas por el agua, y que traíamos tan buen tiempo, y que desbaratábamos todas las canoas de los enemigos, según después me certificaron, fue la cosa del mundo de que más placer hubieron y que más ellos deseaban».[56] El capellán de Cortés, probablemente después de hablar con éste, dijo que «fue una señalada victoria, y estuvo en ella la llave de aquella guerra, porque los nuestros quedaron señores de la laguna, y los enemigos con gran miedo y perdida. No se perdieran así, sino por ser tantas, que se estorbaban unas a otras; ni tan pronto, sino por el tiempo».[57]

Esta victoria indujo a Cortés a cambiar sus planes. Había previsto que después de ayudar a Sandoval en Iztapalapa, iría a Coyoacán para combinar sus acciones con las de Olid. Pero en lugar de esto, fue en seguida a por la fortaleza de Xoloc, situada en la calzada principal de Iztapalapa a Tenochtitlan, en un punto llamado Acachinanco. Fue así el primero en aprovechar la oportunidad, que los propios mexicas habían creado, de cruzar el viejo dique de Nezahualcoyotl. Al anochecer del mismo día, desembarcó en la calzada, con treinta hombres, para apoderarse de los dos pequeños templos de piedra de Xoloc. Una vez más, Martín López fue el primero en la refriega: saltó del buque insignia a la muy bien construida calzada, lanzando el grito tradicional de los castellanos: «¡Victoria, victoria para el rey de España!»[58] Siguió una violenta lucha que terminó con bien para los castellanos. Se debió en parte a que Olid, protegido al este por los bergantines, había avanzado por la calzada desde Coyoacán. Cortés, entonces, desembarcó sus tres grandes cañones de hierro y disparó con uno hacia el norte, sin causar daños, pero sí mucha alarma.[59] Mas el agua a ambos lados de la calzada seguía llena de canoas y no se pudo disparar otra vez el cañón, pues el artillero había empleado en el primer disparo toda la pólvora disponible a bordo. Cortés mandó un bergantín a Iztapalapa, para que le trajera la pólvora que Sandoval tenía allí. Un castellano que consideró que se había distinguido mucho en esta jornada fue el carpintero Diego Hernández, quien, según él mismo contó más tarde, demostró poseer una notable capacidad para arrojar balas de cañón, al estilo mexicano, contra las filas enemigas, con lo que «no hacía menos daño ni lugar que si la echara un tiro de artillería».[60]

La batalla continuó hasta más allá del crepúsculo; los mexicas lanzaron un contraataque, a medianoche, hora inusual para ellos, pues les desagradaba combatir en la oscuridad. En el espíritu de los mexicanos, las noches estaban llenas de monstruos, de mujeres enanas con la cabellera flotando, de cabezas de muertos que perseguían a los viajeros, para no hablar de las criaturas sin cabeza ni pies que rodaban amenazadoramente por el suelo, como las que habían visto los castellanos el año anterior durante los ataques al palacio de Axayácatl. Se decía que en los cruces de caminos acechaban animales feroces. Pero aquella noche estuvo llena de monstruos aún peores para los mexicas. Pues varios bergantines más se unieron al de Cortés, disparando sus cañones contra las canoas mexicanas, mientras los arcabuceros y ballesteros de a bordo disparaban también. Finalmente, los mexicas se retiraron y dejaron que los castellanos durmieran, inquietos pero triunfantes. Cortés había previsto pasar aquella noche en Coyoacán, pero se quedó en Xoloc. Sus servidores instalaron allí, como siempre, todas las comodidades posibles. Entretanto, los capitanes de los bergantines hicieron planes para el día siguiente: revisar «donde se entra, donde se sale en los barcos. Donde es buena la entrada en las acequias, si están lejos; si no están lejos, no vaya a ser que encallen en algún lugar»,[61] y cortar eventualmente la llegada de agua y alimentos para los mexicas, así como toda posible ayuda de las pocas ciudades que todavía les permanecían leales.

Este desembarco a mitad de la calzada principal era una improvisación que, a seguido de la acción anfibia de Tepepolco y de la victoria naval, mostraba la capacidad de Cortés para cambiar rápidamente de planes.

Alvarado había sido más convencional. Envió infantes que avanzaron cautelosamente por la calzada de Nonoalco, hacia la capital, dejando en tierra firme a sus jinetes, para proteger la retaguardia, temeroso de que le atacaran por detrás desde algunas de las ciudades cercanas.

En ambas acciones, Cortés y sus capitanes fueron bien secundados por sus aliados indios. Ixtlilxochitl, en particular, estuvo siempre al lado de Cortés.[62]

Cuauhtémoc, dándose cuenta de la táctica de su enemigo, dividió su defensa en cuatro sectores, para hacer frente a los castellanos en otros tantos frentes: por la calzada del norte hacia Tepeyac, donde hasta entonces no había habido acción alguna; por Tacuba, contra Alvarado; contra Cortés, Olid y Sandoval en Acachinanco, y una cuarta fuerza para defenderse de cualquier intento de desembarco desde los bergantines. Cuauhtémoc se hizo llevar en canoa de lugar en lugar, para supervisar la defensa.[63] Furioso por la muerte de tantos de sus guerreros y rabioso porque sus aliados de antes (Texcoco, Chalco) le abandonaban, estaba decidido a no mostrar ninguna debilidad. Ordenó que las mujeres empuñaran las espadas de sus esposos, si éstos morían. Había algo así como una movilización general.

A la madrugada siguiente, Cortés mandó a buscar refuerzos de la división de Olid, en Coyoacán; se le unieron en Xoloc unos cincuenta infantes, siete u ocho jinetes y quince ballesteros. Precisamente cuando llegaban, los mexicas lanzaron un ataque desde la capital y desde las canoas a ambos lados de la calzada. Los mexicas gritaban tan fuerte que Cortés observó escuetamente que «parecía que "se" hundía el mundo».[64] Pero consiguió ventaja, pues logró abrir provisionalmente el puente al sur de Xoloc, y esto hizo posible que algunos bergantines penetraran en el lado oeste del lago. Cuatro lo hicieron y, cercanos a la calzada, ayudaron a los infantes y jinetes a progresar por el norte, hacia la capital. Los castellanos cruzaron el canal, cuyo puente habían quitado, empleando un bergantín a modo de pontón. Luego, una vez en el lado norte, con cañones y caballos, hicieron retroceder a los mexicas hasta las primeras casas de la ciudad. Algunos bergantines avanzaron cautelosamente, a fuerza de remos, más allá de las estacas que se habían plantado en los canales para obstruir su paso. Las tripulaciones incendiaron las casas del lado sur de la ciudad, abriendo así una nueva y drástica dimensión de la guerra. Si Cortés sintió algún remordimiento, se lo guardó para sí. Y pudo sentirlo, puesto que había llegado al mismo punto de la calzada en que, dieciocho meses antes, le acogió con cortesía el «gran Montezuma».

Los cuatro bergantines del lado oeste de la calzada norte-sur acudieron a apoyar a Alvarado, que parecía embotellado con su división en la corta calzada de Nonoalco, que iba de este a oeste. Otros dos buques partieron para apoyar a Sandoval en Iztapalapa. Se les empleó como puentes o pontones para cruzar las brechas abiertas en la calzada, y así esta división se trasladó a Coyoacán, mientras Olid transfería su base de operaciones a Xoloc.

Las semanas que siguieron a estos éxitos del primer día del cerco fueron lentas, penosas y difíciles para los castellanos. Los mexicas encontraron rápidamente otros medios de hacer frente a las nuevas amenazas. Cavaron zanjas en las calzadas, abrieron pozos, emplearon nuevas lanzas con hojas toledanas capturadas, hasta adaptaron las hoces castellanas para usos militares, lanzaron jabalinas y, desde luego, usaron constantemente arcos y flechas. En el frente de Alvarado, la mayoría de los castellanos estaban heridos. Los que tenían caballo, no querían exponerlo en combate.[65]

La lucha en la calzada del sur distaba mucho de decidirse. Todos los días, los tlaxcaltecas u otros aliados llenaban las zanjas y brechas abiertas de noche por los mexicas en la calzada. Recuérdese que este procedimiento se había probado ya, unas semanas antes, en la batalla por Xochimilco. Luego, escoltados por bergantines a ambos lados de la calzada, los españoles avanzaban hacia las primeras casas de la ciudad, matando a muchos mexicas, pero de noche se retiraban a su real de Xoloc. Los mexicas, entonces, volvían a la calzada, cavaban zanjas y obligaban así a los castellanos (mejor dicho, a sus aliados indios) a reanudar el día siguiente el trabajo de rellenar esas zanjas. Es cierto que los bergantines continuaban acosando las canoas de los mexicas. Cortés controlaba, pues, el lago. A menudo los bergantines penetraban en la ciudad y sus tripulantes incendiaban las casas a ambos lado de los canales.[66] Pero para ellos también era lento el avance, pues parecía que hubiera una reserva ilimitada de mexicas para atacarlos con piedras, dardos y flechas.

Hay un toque fantasmagórico en esos combates: se luchaba todo el día, pero los castellanos no avanzaban apenas ni perdían apenas hombres. La explicación debe ser que en esos primeros días eran los aliados indios quienes soportaban el peso de la lucha. Cortés seguía mirando por sus hombres, como, por ejemplo, lo hizo Montgomery con los suyos en la segunda guerra mundial.

Alvarado informó a Cortés que los mexicas entraban y salían de Tenochtitlan por la calzada norte, que conducía de Tlatelolco a la colina de Tepeyac. Cabía suponer que acumulaban alimentos. No era esto, claro está, lo que Cortés deseaba; se habría alegrado si hubiesen huido por este camino, pero le contrariaba que entrara comida en la ciudad. Envió, pues, a Sandoval, desde Iztapalapa, vía Coyoacán y Tacuba, hacia el camino del norte, con órdenes de bloquear el paso por él. Tras algunas escaramuzas en el trayecto de Iztapalapa a Coyoacán, Sandoval llegó con veintitrés jinetes, dieciocho ballesteros y un centenar de infantes. Luego le asignaron tres bergantines. Una vez hubo tomado posiciones, Tenochtitlan se encontró completamente cercada.[67]

Con estas decisiones, en cierto modo improvisadas e imprevistas, Cortés cambió la naturaleza del asedio. Los mexicas ya no tenían un puente de plata por el cual escapar, de haberlo deseado. Al permitir a los bergantines incendiar las casas, había comenzado la destrucción de la ciudad. Tenochtitlan no era una ciudad abierta y los conquistadores no eran estetas ni historiadores de la arquitectura. Pero Cortés había alabado su «suntuosidad» y había esperado entregar al emperador Carlos V una joya y no una ruina. Esto significó un segundo gran cambio en su estrategia. El primero había sido cuando, al regresar a la ciudad en junio anterior, se convenció de que no podía obtenerla sin librar una batalla.

Con el fin de tratar de llegar a un desenlace lo más pronto posible, sin causar más daños, Cortés, tras otros diez días, decidió, sobre el 10 de junio, iniciar un avance coordinado tan profundo como pudiera hacia el corazón de la ciudad. Tomó el mando de los doscientos infantes que en el plan original se habían asignado a Olid. Contaba, claro está, con el apoyo de los bergantines a ambos lados de la calzada. Dio orden a Alvarado y Sandoval, al oeste y al norte, de que se encontraran con él cerca del Templo Mayor o del palacio de Axayácatl, donde los españoles habían tenido su cuartel general en 1520. Cortés emprendió la marcha. Detrás de los castellanos, por la calzada, iba un ejército que Cortés describió como de ochenta mil indios, aunque en realidad sería sorprendente que llegaran a ser una décima parte de esta cifra. Pero, aun así, era una fuerza considerable.

A lo primero, la ofensiva tuvo éxito. Cortés llegó al final de la calzada, hasta delante de la Puerta del Águila (Cuauhquiyauac), en la cual se veían las figuras de un águila, un ocelote y un lobo, para marcar la entrada a la ciudad.[68] El puente de este punto había sido levantado, pero los bergantines, colocados cuidadosamente como pontones, permitieron a Cortés y una formación de jinetes e infantes atravesar la brecha hasta la ciudad misma. Los aliados entonces empezaron a derribar las casas cercanas y a utilizar las ruinas para llenar la brecha.

Una vez traspuesto este primer obstáculo, los castellanos prosiguieron hacia el norte por el interior de la ciudad, aproximadamente siguiendo lo que ahora se conoce como avenida José María Pino Suárez. Había más defensas; se había improvisado una barricada y levantado otro puente sobre un canal. Éste se hallaba defendido por un amplio muro de adobes y piedras. Esto debía ser cerca del actual cruce de San Antonio Abad con la calle de Fray Servando Teresa de Mier. Cortés ordenó que se dispararan dos cañonazos por la calle hacia las defensas de tierra. La conmoción consiguiente dio a los castellanos tiempo suficiente para cruzar el canal y capturarlo. Los mexicas huyeron hacia la plaza del Templo Mayor. Los castellanos siguieron presionando y después de cruzar el puente sobre el acueducto, que los mexicas no habían levantado (pues no creían que Cortés se adentrara tanto), se encontraron pronto al borde de la plaza. Aquí, Cortés hizo emplazar uno de sus cañones y ordenó disparar varios cañonazos, que causaron mucho daño, según su propio informe. Los mexicas retrocedieron hacia el recinto del templo. Los castellanos los persiguieron y llegaron al recinto, por primera vez desde que lo dejaron en julio del año anterior. Pero allí el número de mexicas prevaleció. Cuando vieron que los jinetes castellanos habían regresado a sus cuarteles, los mexicas echaron a los castellanos no sólo del recinto del templo, sino de la plaza misma, hacia la calle recta que conducía a la calzada. Los *macuauhuitls* mexicanos, de filo de obsidiana, y los garrotes parecieron, en aquel momento, tan eficaces como las espadas castellanas. Cortés tuvo que abandonar el cañón que había disparado desde la plaza. Los mexicas lo arrastraron hacia el lago y lo arrojaron a él. No tenían pólvora y no sabían manejarlo.[69] Pero entonces algunos jinetes castellanos regresaron a la plaza y, al anochecer, Cortés pudo recobrar, por un rato, el recinto del templo.[70]

Pero como era muy tarde en la jornada, Cortés ordenó la retirada. Esto fue la señal para un gran ataque de los mexicas, que lanzaron o dejaron caer desde los tejados innumerables piedras, de modo que, aunque la calle era ancha, resultaba casi imposible no verse alcanzado por uno de esos improvisados proyectiles. Los castellanos, mientras se retiraban, incendiaron muchas casas, para que la siguiente vez que entraran no tuvieran que enfrentarse a este terror desde lo alto.[71] Estos actos de represalia todavía redujeron más la esperanza de Cortés de entregar una «gran Venecia», en su original estado, a su lejano rey.

Alvarado y Sandoval lanzaron ataques similares en el oeste y el norte, aunque no llegaron ni con mucho cerca del centro de la ciudad.[72] También a ellos los contuvieron las tradicionales armas mexicanas, arcos, flechas, lanzas, empleadas con eficacia en la defensa. Cuando los dos comandantes dieron orden de retirada, se hallaban todavía a cinco y siete kilómetros, respectivamente, del centro.

Para entonces, los capitanes de los bergantines en las afueras de la ciudad habían incendiado tantas casas que las canoas mexicanas casi no podían operar. Cortés consideró que esto permitía liberar a varios de los bergantines que protegían el real de Xoloc y enviarlos a reforzar a Alvarado y a Sandoval; recibieron tres cada uno, con instrucciones de que cruzaran día y noche para impedir la entrada de alimentos. Fue un bloqueo eficaz, aunque, al cabo de cosa de una semana, los mexicanos consiguieron tender una trampa a dos bergantines y matar a sus capitanes, Pedro Barba y Juan Portillo.[73]

Entretanto, los numerosos aliados indios, de Cholula, Tlaxcala, Texcoco y Huexotzinco se atareaban rellenando las brechas de las calzadas y hasta de las calles dentro de Tenochtitlan. Un día o dos antes había llegado de Texcoco un nuevo contingente de aliados, al mismo tiempo que llegaban otros de Xochimilco y de varios pueblos otomíes del norte, que se ofrecieron como vasallos del rey de España, pidiendo perdón por haber demorado tanto en hacerlo. Cortés se mostró benévolamente dispuesto a perdonar. Los chalcas y los xochimilcas ofrecieron también toda clase de ayuda, incluso comida (pescado y cerezas) y canoas. Propusieron asimismo construir casas en las calzadas, como albergue provisional para los castellanos.[74] El texcocano Ixtlilxochitl hizo de intermediario entre Cortés y esos pueblos.[75]

El 15 de junio se lanzó otro fuerte ataque, del mismo tipo que el del día 10. Durante varias jornadas apenas si se había operado. De manera que, como era de prever, los mexicas habían vuelto a abrir brechas en las calzadas. Pero, una vez más, los bergantines protegieron por ambos flancos a los castellanos y sus aliados, que cruzaron las brechas utilizándolos como pontones, y una vez más entraron en la ciudad (algunos de ellos a nado, a pesar del engorro de su armadura de algodón) por una zanja delante de la puerta del Águila, y volvieron a destruir una barricada de tierra cerca de lo que es ahora la calle de Fray Servando Teresa de Mier. Una vez más llegaron a la plaza mayor, aunque ahora encontraron mayor oposición que la vez anterior. El número, la energía y la disciplina de los mexicanos resultaban notables.

Después de esta operación, los castellanos volvieron a retirarse y esta vez el contraataque fue menos eficaz, pues los aliados habían limpiado toda la ancha calle, de manera que por ella pudieran galopar los jinetes.

La evidente decisión de los mexicas de luchar hasta la muerte convenció a Cortés de dos amargas realidades: primero, que él y sus camaradas no recobrarían nada o muy poco del oro y otras riquezas perdidas en la «noche triste», y segundo, y más importante, que dada la resistencia mexicana, no quedaba otra alternativa que «destruir la ciudad», como en su *Historia* diría Sepúlveda, con su habitual franqueza.[76] Cortés dijo que esta decisión «me pesaba en el alma y pensaba qué forma tenía para atemorizarlos de manera que viniesen en conocimiento de su yerro y del daño que podían recibir de nosotros».[77] Como advertencia, Cortés dio orden a los capitanes de varios bergantines que penetraran por los canales adecuados e incendiaran no sólo al gran palacio de Axayácatl, donde estuvieron acuartelados el año anterior, sino también la Casa de las Aves de Moctezuma. Esto apenó a los mexicas, pero no por ello desistieron de continuar la guerra. Un ultraje, como han descubierto muchos generales modernos, tiene tantas probabilidades de enardecer la resistencia como de ponerle término. Por esto, Cortés y sus capitanes, según explicó fray Sahagún, «se dieron la palabra de que iban a destruir a los mexicas y acabar con ellos».[78]

Años más tarde se preguntó a Cortés sobre esta estrategia y si no se había mostrado innecesariamente destructor. Le defendieron lealmente varios de quienes estuvieron con él. Luis Marín, por ejemplo, insistió en que si no se hubiera arrasado Tenochtitlan, no se habría podido tomar, pues si los castellanos no hubiesen destruido la mayor parte de los edificios que capturaban, los mexicas habrían regresado a ellos de noche, de manera que al día siguiente habría sido necesario librar otro combate por la posesión del mismo lugar. El método de Cortés había sido el único medio de conquistar la ciudad. Alonso de Navarrete estuvo de acuerdo en que «si no se derrocara, no se podiera acabar de ganar, a lo menos tan presto».[79] Juan López de Jimena dijo que fue conveniente y necesario actuar de aquel modo porque había grandes edificios desde cuyos tejados los mexicas atacaban a los españoles. Gaspar de Garnica, uno de los socios de Velázquez que había llegado con Narváez, declaró que «bio que fue necesario hazerse, e para ello fue rrequerido, porque veya el daño que les hazian los enemigos a cabsa de no derrocaer las casas que se ganaban en un dia, porque otro dia las hallavan fortaleçidas y puestas en guerra», y Pedro Rodríguez de Escobar afirmó que «fue nescesario para ganalla, destruylla y derrocarla». Otros aseveraron lo mismo.[80]

Sin embargo, el precio fue terrible. Tenochtitlan no quedó destruida por azar, sino como consecuencia de una táctica deliberada, aplicada cuidadosa y metódicamente, con toda la energía de una guerra europea y sin pensar en que se arruinaba una obra maestra de diseño urbano. Los tlaxcaltecas estaban jubilosos. Tal vez Ixtlilxochitl aconsejó a Cortés que «todas las casas que se ganasen se derribasen por el suelo» y que no tuviera remordimientos por lo que hacía.[81] Probablemente cuantos no eran mexicas se regocijaban con la idea de arrasar Tenochtitlan. Todos los pueblos del valle deseaban pasar cuentas con los mexicas. Sólo los castellanos parecen haberse lamentado de la táctica decidida por su comandante, pero estas lamentaciones se expresaban en voz baja.

Inmediatamente se notó un cambio como resultado de la nueva táctica de Cortés: además del ruido de los cañonazos y arcabuzazos, de los gritos de guerra de los mexicas y del relinchar de los caballos, había el sonido de la destrucción por el fuego de grandes edificios, el hedor del polvo, los lamentos de hombres y mujeres enterrados por los muros que caían.

El día siguiente al de la segunda entrada de Cortés en el recinto del templo, su ejército regresó a la ciudad con el alba, esperando que sería antes de que los mexicas hubieran podido volver a abrir las brechas. Pero, con todo, durante la noche, habían cavado las zanjas y los castellanos se encontraron con las mismas dificultades que antes. La mayoría del ejército tuvo que vadear a nado la brecha abierta entre el final de la calzada principal y la puerta del Águila. Pero una vez dentro de la ciudad, se hallaron en mejores condiciones que antes, pues los mexicas ya no podían atacarlos como antes desde los tejados, puesto que la mayor parte de las casas del camino hacia la plaza mayor estaban en ruinas. Después de demostrar que podían ir y venir a su gusto por la plaza mayor, los castellanos se retiraron de nuevo. Algunos de los capitanes de Cortés pensaban que convendría establecer en seguida el real en la plaza. Mas Cortés les recordó cómo el año anterior se había visto encerrado en Tenochtitlan. En consecuencia, se negó. Además, el establecimiento del real en la plaza mayor habría exigido que los castellanos lucharan durante todas las noches. No habrían podido guardar los puentes. Esto habría sido peligroso de presentarse la necesidad de retirarse. Finalmente, todavía quedaban muchos edificios cerca de la plaza mayor que los mexicas podrían emplear como fortalezas.[82]

Cortés prefirió proseguir con una serie de ataques de desgaste, entrar en la ciudad del mismo modo todos los días y atacar a sus habitantes cada vez en tres o cuatro puntos diferentes. Lo hizo así, escoltado siempre, al principio, por los bergantines, y durante unos días, a fines de junio, por las canoas facilitadas por los aliados. A partir del 20 de junio, Cortés ya no se detenía en la plaza mayor, sino que iba más allá, dando vuelta a la izquierda por la calle que conducía a la calzada de Tacuba, con el fin de poder reunirse pronto con Alvarado.[83]

Los ataques de éste habían continuado también sin descanso. Cada día, como la del caudillo, su fuerza avanzaba en formación regular por la calzada, y aunque la atacaban con persistencia, siempre ganaba algo de terreno. Pero parecía que los mexicas disponían de reservas inagotables de hombres para lanzar al combate, con el fin de impedir que el avance fuese rápido. Al final de la jornada, los castellanos consideraban necesario retirarse a su real, donde tratarían sus heridas con aceite y, si era preciso, las vendarían, y donde podían cenar con tortillas, verduras y tunas, la fruta del nopal que madura a mediados de junio. Muchos de los soldados, incluyendo a Alvarado, aprovecharían la noche para dormir con sus amantes. Durante la oscuridad, una fuerza de mexicas, probablemente formada en parte por mujeres, reaparecería para cavar de nuevo las brechas que los castellanos habían rellenado el día antes.[84]

El 23 de junio, la vanguardia de la columna de Alvarado avanzó demasiado, varios bergantines quedaron inmovilizados por las estacas clavadas por los mexicas en el fondo de los canales, y los españoles tuvieron que retirarse en desorden, encontrándose con que una de las brechas de la calzada que habían atravesado antes, no fue rellenada adecuadamente. Dejaron por lo menos cinco castellanos vivos en manos del enemigo, que los sacrificó. De no haber sido por la entrada en acción, en el último momento, de jinetes y cañones, el desastre hubiera resultado mayor. Alvarado afirmó más tarde que nadó para ayudar a algunos de los que habían quedado cercados y que, si no lo hubiese hecho, habrían muerto: «Estado yo de esotra parte de la calzada a cavallo, viendo el daño que los enemigos hazian en los españoles, yo me eche a nado en el agua con mi cavallo e armas, e como vieron los de mi compañía lo que hazia se echaron a nado tras de mi e socorrimos a los cristianos.»[85]

Cuando noticias de lo sucedido llegaron a Cortés, éste se inquietó. Mandó una carta a Alvarado, diciéndole que nunca debía dejar sin rellenar una zanja en la calzada, y que podía hacerlo, por ejemplo, con los adobes o maderos sacados de las casas destruidas. Agregaba que los jinetes debían dormir, por descontado, en la calzada, dejando sus monturas ensilladas.

Alvarado siempre regresaba a la ciudad de Tacuba a la caída de la noche, con el fin, según él decía, de asegurarse que hubiera bastantes ballestas y demás pertrechos disponibles para el día siguiente. Pero se rumoreaba (y de ello le acusaron en su juicio de residencia) que era ante todo para acostarse con «María Luisa».[86]

En este periodo de fines de junio hubo otro contratiempo. Dos bergantines avanzaban a remo por canales interiores cuando uno, mandado por Cristóbal Flores, encalló y los mexicas lo atacaron. Parece que capturaron a quince de los castellanos que iban a bordo, y que muchos otros fueron gravemente heridos, pero el buque se salvó gracias a la intervención de los hombres del otro bergantín, al mando de Gerónimo Ruiz de la Mota, que lo desencallaron.[87]

Sin embargo, Cortés parecía hallarse ya en una abrumadora posición de superioridad. Tenía el apoyo de casi todas las ciudades de las orillas del lago. Huitzilopochco, Culhuacan y Mixquic, por ejemplo, se habían dado cuenta de cuál iba a ser el desenlce de la guerra y trataban de salvarse, según creían, ofreciendo vasallaje al emperador Carlos V. Las gentes de esas ciudades se mezclaban libremente con los españoles, en sus reales. Algunas acudían para servirlos, otras para hurtar, no pocas para comer, muchas para mirar y otras todavía para construir más chozas a lo largo de la calzada que llevaba al cuartel general de Cortés.[88] Un millar de gentes dormían allí, y muchas más en Coyoacán, que se convirtió en la primera de las vastas villas de miseria que surgieron, posteriormente en el siglo veinte, por toda América Latina. En una ocasión, Cortés convenció a varios millares de esos hombres que marcharan en canoas de Coyoacán a Tenochtitlan, para atacar la capital desde distintas direcciones y quemar edificios y causar tanto daño como pudieran.[89] Probablemente, para entonces, el abrumador número de aliados constituía un estorbo para Cortés y Alvarado, puesto que no resultaba fácil decirles cómo podían participar en la acción, aparte de rellenar las brechas de las calzadas y servir a la mesa, pues los capitanes españoles continuaban cenando todos los días con mucha ceremonia, aunque el menú fuese monótono.

Cuando Cortés entró en la ciudad, el 23 de junio, se encontró con que los mexicas se habían retirado en orden de la zona entre la puerta del Águila, ahora en ruinas, y la plaza mayor. Varios miembros del ejército español comenzaron a despejar el camino del oeste hacia Tacuba. Cortés fue en bergantín a ver a Alvarado y comprobar lo que había avanzado por la calzada. Quedó impresionado y decidió que, a fin de cuentas, no debía hacerle objeto de una reprimenda por su imprudente ataque y las importantes pérdidas causadas por el mismo. (Como ya se ha dicho, a Cortés siempre le resultaba difícil criticar a Alvarado, lo cual constituía una grave debilidad en él.) Alvarado le dijo que pensaba transferir su real a una pequeña plaza dentro de Tenochtitlan, dejando atrás, en Tacuba, a los panaderos indios, así como a los aliados tlaxcaltecas, los jinetes y es de suponer que a las amantes.

De modo que a fines de junio parecía estar cerca la victoria definitiva. Cortés pensaba que Cuauhtémoc se rendiría pronto. Los castellanos habían conquistado la mitad de la capital. Estaban a punto de converger las fuerzas de Cortés, Alvarado y Sandoval. Quedaban ya en el pasado el suministro de alimentos desde tierra firme así como del agua de Chapultepec. Muchas de las chinampas de cultivo intensivo, del interior de la ciudad, de las cuales tantas familias dependían para verduras y frutas frescas, habían sido destruidas u ocupadas. Los bergantines interrumpían y a menudo impedían la pesca y la caza en pequeña escala que antes ocupaban tanto tiempo a los habitantes comunes y corrientes de la ciudad y que contribuían considerablemente a su sustento. Al asegurar el bloqueo, los millares de canoas de los aliados empezaban a desempañar un papel casi tan importante como el de los bergantines. Cierto que los mexicas contaban todavía con los almacenes que en el pasado se llenaban de maíz para hacer frente a las amenazas de sequía o hambruna. Y que habían abierto pozos. Pero nada de esto impedía que fuera necesario un racionamiento estricto.

Había, además, problemas entre los mexicas mismos. Otros dos de los hijos de Moctezuma, Axayaca y Xoxopehualoc, encabezaban un grupo de nobles que deseaba que se iniciaran negociaciones con los castellanos. Se cree que Cuauhtémoc los hizo ejecutar. En represalia, algunos de sus partidarios parece que mataron a los sumos sacerdotes de Huitzilopochtli y Tezcatlipoca. Estas sangrientas divisiones ponían de manifiesto una debilidad más en el régimen mexicano.[90]

Sin embargo, a los castellanos les esperaban todavía muchas cuitas.

34. UNA GRAN COSECHA DE CAUTIVOS

Y se oyó el grito: «¡Mexicanos, ahora es cuando! ¿Quiénes son esos salvajes? ¡Que se dejen venir acá!» Al momento comenzó la contienda para atrapar hombres. Fueron hechos prisioneros muchos de Tlaxcala, Acolhuacan, Chalco, Xochimilco. Hubo gran cosecha de cautivos, hubo gran cosecha de muertos

Códice Florentino (Garibay), IV, 148

Los mexicas siguieron mostrando una gran resistencia. Cada noche volvían a cavar los zanjas en las calzadas que los españoles o sus aliados habían rellenado el día anterior. Todavía parecían capaces, día tras día, de hacer frente a los ataques en tres frentes. Supieron adaptarse con gran habilidad a enfrentarse a los caballos, los cañones, hasta las espadas de hierro, y supieron infligir mucho más daño del que los españoles pudieron suponer con sus espadas de filo de obsidiana, sus piedras, sus flechas y sus garrotes. Es verdad que raramente mataban. Sus armas no estaban hechas para esto. Pero a menudo herían. Lograron contener con notable eficacia los avances de los españoles y sus aliados, haciendo imposible, al cabo de un mes de sitio, que los españoles pudieran avanzar por una calle cuyos edificios no hubieran antes despejado o quemado.

Una explicación de esta resistencia era la de que ahora daba resultado la gran educación recibida en los *calmécac*. Cuando los niños se preparaban para ir a estas escuelas, sus padres les decían: «Mi hijo, que no vas a ser honrado, no vas a ser obedecido ni estimado. Has de ser humilde y menospreciado y abatido; y si tu cuerpo cobrase brío o soberbia, castígale y humíllale. Mira que no acuerdes de cosa carnal. ¡Oh desventurado de ti si por ventura admitieres dentro de ti algunos pensamientos malos o suzios!»[1] Cierto que la educación en el *telpochcalli* era menos severa. Pero, de todos modos, era una educación para la acción colectiva. Todo allí se hacía con el fin de preparar a los muchachos a la guerra, para la cual la retórica había dispuesto sus mentes.

En ambas instituciones, los chicos aprendían de memoria cantos acerca de combates del pasado, de guerreros muertos antaño y de legendarios vencedores en conflictos homéricos. Y en 1521, la educación mexicana demostró su eficacia.

Podía ser también que ciertas drogas sostenían a los mexicas. Por ejemplo, la droga favorita de los chichimecas era el *peyotl*, un pequeño cacto blanco parecido a una trufa. «Los que lo comen o beben ven visiones espantosas, o de risas; dura esta borrachera dos o tres días y después se quita. Es como un manjar que los mantiene y da ánimos para palear y no tener miedo, ni sed, ni hambre, y dicen que los guarda de todo peligro.»[2] También pudieron comer setas sagradas, cuyo resultado era provocar sensaciones que elevaban el coraje hasta la insensatez.

Muchos días, a fines de junio de 1521, Cortés condujo ataques al amanecer ciudad adentro, y tal vez en la bruma de primeras horas, tan característica, en esa estación, de las orillas del lago, conseguía incendiar muchas casas y palacios. Todos los días, después de que los aliados llenaron las zanjas, aparecieron los jinetes castellanos y «dieron vueltas, hicieron giros, se volvieron a un lado y a otro». Al ocaso, se retiraban. Cortés no iba más allá de la plaza mayor y del recinto del templo, por temor a verse rodeado y aislado. La misma táctica seguían Sandoval y Alvarado con sus huestes. Pero todas las noches, los mexicas volvían a cavar zanjas en las calzadas. Sus antepasados habían construido la ciudad. A ellos les tocaba conservarla. Tapia contó que «los puentes o calles de agua que se ganaban un dia e las cegavan e dexaban llamas, otro dia los tornaban a hallar ny mas ny menos que de pronto estavan aun mas fuertes e demas obra, por donde avia necesidad otro dia de pelear en lo mesmo que avia peleado el dia antes, e que a esta causa conbino derrocar las casas y hedificios lo mas que se pudo hazer porque para ganar la dicha cibdad ansi convenya por ser tan fuerte como hera».

Cortés consultó con sus capitanes si convenía intentar otra ofensiva combinada con Alvarado y Sandoval, para que, por ejemplo, las tres fuerzas se lanzaran hacia la plaza del mercado de Tlatelolco.[3] Si se tomaba esta plaza, poco les quedería a los mexicas por defender. Divididos, tendrían que escoger entre rendirse o morir de hambre y sed.

A Cortés no le seducía este plan. A fin de cuentas, suponiendo que los castellanos lograran establecerse en la plaza de Tlatelolco, podrían verse rodeados. No parecía que el enemigo anduviera escaso de hombres. Para llegar a Tlatelolco había que cruzar una de las varias calzadas que, por anchas que fueran, podían cortarse. En la plaza, los bergantines no podrían sostenerlos. Los sitiadores acaso se convirtieran en sitiados. Pero los capitanes de Cortés (probablemente Verdugo, Olid, Tapia, Lugo y el alférez Corral) insistían en el plan. Alvarado y sus capitanes repetían que querían llegar a la plaza antes que los remolones hombres de Cortés. Se unió a este parecer Alderete, que dijo que todos los castellanos estaban en favor del plan. Cortés tomó muy en cuenta esta opinión del tesorero del rey, más, acaso, de lo que debiera hacerlo. Finalmente, y en contra de su propio parecer (por lo menos, según su relato), estuvo de acuerdo en emprender el 30 de junio el ataque combinado.[4]

Antes de que este ataque se iniciara, hubo un cambio importante (y que nunca se ha llegado a comprender) en la posición de los mexicas. Este cambio afectó la fuerza relativa de Tenochtitlan y Tlatelolco. Hasta ese momento habían sido los hombres de Tenochtitlan quienes llevaron el mayor peso de la lucha, y habían sido las casas de Tenochtitlan las que ardieron. La ciudad del norte, Tlatelolco, sus suburbios y dependencias, y sus habitantes, casi no habían sido dañados. Esta indiferencia era la culminación de años de insolencia por parte de los gobernantes de Tenochtitlan. La gente de Tlatelolco se quejaba: Tenochtitlan no parecía saber que ellos, los de Tlatelolco, eran también mexicas. Había tenido que pagar tributo a sus vecinos imperiales desde que éstos la conquistaron en 1473: todos los años, ochenta atavíos de guerra, ochenta escudos, sesenta y cuatro mil capas y más de seiscientos cestos. Y, claro está, lo resentían.[5]

Ahora, Tenochtitlan necesitaba de Tlatelolco: su mano de obra, su situación geográfica, la energía de sus habitantes. Cuauhtémoc pidió ayuda a Tlatelolco. Sus señores decidieron apoyar al emperador. Pero parece que insistieron en que esto tuviera su precio: a partir de entonces, Tenochtitlan debería renunciar a administrar el imperio; Cuahtémoc podría seguir siendo el general de las fuerzas que combatían a los castellanos, pero Tlatelolco dominaría.[6] Para Cuauhtémoc esto era aceptable, tal vez a causa de su sangre tlatelolca (recuérdese que era nieto del último rey de Tlatelolco), y también porque había sido un señor de esta ciudad cuando regresó al Valle de México antes de ascender a emperador.[7]

Cuauhtémoc transfirió su cuartel general a un edificio de Tlatelolco llamado Yacacolco (aproximadamente en el lugar donde hoy se alza la iglesia de Santa Ana). La efigie de Huitzilopochtli fue trasladada del Templo Mayor de Tenochtitlan a Tlatelolco. El ejército se trasladó allí también. Lo que quedaba de la población de Tenochtitlan hizo lo posible para retirarse a Tlatelolco. Cortés trató de aprovechar estos cambios, al enterarse de ellos. Buscó la manera de reunirse con los señores de Tlatelolco y, cuando pudo comunicarse con ellos, les hizo decir: «¿Qué piensan los mexicanos? ¿Es un chiquillo Cuauhtémoc? ¿Que no tiene compasión de los niñitos, de las mujeres?» Pero los de Tlatelolco no pensaban en rendirse, sino que creían que había llegado su hora de gloria.[8]

Durante unos días, hasta pareció que esto fuera posible. Tlapanecatzin, uno de los señores de Tlatelolco, capturó un estandarte castellano. ¿No era esto un augurio de triunfo? Además, la nueva ofensiva conjunta de Cortés terminó mal. Cortés había escrito a Alvarado y Sandoval que establecieran un real o campamento en el mercado de Tlatelolco. Sandoval debía unirse a Alvarado, pero dejando a sus jinetes al norte, para dar la impresión de que levantaba por completo sus reales. Esto permitiría a la caballería, en lo que había sido considerado como su calzada, atraer a los mexicas a una emboscada hacia el norte de la ciudad. Entretanto Alvarado avanzaría desde el oeste, en colaboración con los infantes de Sandoval.

Cortés dividió sus propias tropas. Avanzarían por la calzada del sur, como solían hacerlo. Una vez dentro de Tenochtitlan, se separarían en tres columnas. Una, mandada por Alderete, con setenta infantes y siete u ocho caballos, marcharía por la calle mayor, que los castellanos ya conocían muy bien, primero hacia la plaza mayor, delante del recinto del templo, y luego hacia el noroeste, en dirección a Tlatelolco. La apoyaría un buen número de los hombres de los aliados, para llenar las zanjas que Cortés preveía que se habrían abierto en las calles.[9] Andrés de Tapia y Jorge de Alvarado, con una fuerza similar, avanzarían por el camino transversal de este a oeste, hacia la calzada de Tacuba. Cortés mismo iría por el norte, con unos cien infantes y ocho caballos, así como con un contingente numeroso de aliados. Cada una de estas columnas debería, desde luego, atravesar los amplios canales que separaban Tenochtitlan de Tlatelolco, pero lo harían en puntos diferentes.[10]

Fray Olmedo dijo misa en Xoloc, los bergantines desatracaron, los siguieron las canoas de los aliados y los castellanos traspusieron la puerta del Águila, ahora en ruinas. Su fuerza se dividió en tres, como estaba previsto. La columna de Cortés capturó dos nuevos puentes y dos barricadas. Atravesó el canal que la separaba de Tlatelolco. Su avance se hizo más lento, porque Tlatelolco no tenía las amplias avenidas ni la división cuadrangular en barrios que caracterizaba a Tenochtitlan.[11] Cortés no conocía bien aquellas calles. Luego, tuvo que hacer frente a un fuerte contraataque mexicano y se vio obligado a detenerse. Regresó a comprobar que las zanjas seguían llenas y se encontró con que una importante, la que utilizó la columna de Alderete, o no había sido bien rellenada o había sido abierta de nuevo por el enemigo. Sea por lo que fuere, en vez de que el amplio canal entre las dos ciudades estuviera lleno de cascotes, troncos y tierra, había un foso de unos diez o doce pasos de anchura, en el cual el agua subía ya unos dos metros y medio. Cortés reprochó más tarde a Alderete este error, y Alderete hizo responsable a Cortés de lo sucedido. Lo más probable es que los mexicanos mismos tuvieran la brillante idea de una acción de lo que ahora llamaríamos un comando, después de que pasara la columna de Alderete.[12] Comoquiera que fuese, en unos pocos segundos el cariz de la batalla había cambiado en contra de los españoles.

Los hombres de Alderete se veían forzados a retroceder por el peso de la oposición mexicana. La retirada se convirtió de súbito en desbandada, cuando el inesperado obstáculo de la nueva zanja provocó el caos. En las atestadas calles, los conquistadores no podían emplear los cañones ni los caballos. La presión era continua, los aliados indios fueron presa del pánico, y los triunfantes mexicanos, al darse cuenta de lo que sucedía, enviaron sus canoas a la ancha zanja del camino. Allí sus tripulantes procuraron capturar a cuantos enemigos pudieron, a medida que los castellanos y sus aliados se echaban al agua tratando de nadar hasta la otra orilla. Cortés mismo estaba tan ocupado luchando —por lo menos, según su propio relato—, que no se dio cuenta del peligro en que se hallaba. Una vez más, como antes «sobre los puentes» y en Xochimilco en febrero, los mexicanos pudieron haberle matado, de no haber sido por su deseo institucionalizado de capturarle vivo para llevarle a la piedra de los sacrificios. Esta tan deseada captura habría podido conseguirse, de no haber sido (de nuevo, como en Xochimilco) por la acción de Cristóbal de Olea, el hábil espadachín de Medina del Campo. Una vez más, salvó a Cortés al cortar las manos de los mexicanos que le tenían sujeto. Pero ahora fue alcanzado y muerto después de salvar a su comandante. A partir de entonces, el jefe de la guardia de Cortés, Antonio de Quiñones, aseguró su supervivencia insistiendo en que tenía el deber de retirarse, pues, si no se salvaba él, se perdería la expedición.[13] Antes, en esa jornada, Cortés evitó la captura de Martín Vázquez, lo cual explica, sin duda, que siempre pudiera contarse con este conquistador de Llerena para atestiguar en favor del caudillo. El mismo Vázquez explicó que «yo... quedo herido de tress o quatro heridas peligrosas de que llegué a punto de muerte, e... handando peleando con los enemygos en la laguna, por el agua hasta la cinta, e a vezes a nado, me tuvieron los dichos yundios asy para me llevar a sacrificiar, de que Dios milagrosamente me escapo, e la una vez dellas me socorrió el dicho capitán Hernando Cortés, tirando por my de un braço para me sacar del agua donde estaua, e de poder de los dichos yndios, me dieron en un muslo una que casi me la hubieran de cortar».[14]

En esos confusos combates, los mexicas tuvieron también sus héroes. La mayoría, en esta fase de la batalla, fueron de Tlatelolco. Uno fue Ecatzin, que pertenecía a los otomilt, orden militar comparable a la de los caballeros del águila y el jaguar, compuesta de hombres juramentados para no batirse jamás en retirada. Ecatzin era un notable lanzador de grandes piedras, las «armas» que más daño causaban a los castellanos. Se mezclaba con los guerreros mexicanos a veces con el uniforme rutilante que tenía derecho a llevar por proezas pasadas, a veces disfrazado de soldado ordinario, y siempre con la cabeza descubierta, según la costumbre de su orden.[15]

Lo curioso de esta victoria mexicana es que ninguna fuente habla de que Cuauthtémoc interviniera en la lucha o se ocupara de ella, como si fuera el emperador remoto, el hombre que adopta decisiones, pero no aparece por ningún lado su papel en el conflicto. Nunca se le critica, pero es una ironía que en una nación organizada para la guerra, su comandante supremo parezca haber estado por encima de los combates.[16]

El daño sufrido por los españoles era importante. «Hubo gran cosecha de cautivos, hubo gran cosecha de muertos.»[17] Los castellanos que perdieron la vida debieron ser una veintena, entre ellos Olea. Pero probablemente más de cincuenta (cincuenta y tres, según una fuente) fueron capturados, entre ellos Cristóbal de Guzmán, chambelán de Cortés, que había estado con él durante toda la expedición. Se dijo que murieron también dos mil aliados indios. Se perdieron un cañón y un bergantín.[18]

Alvarado y Sandoval, entretanto, habían avanzado lentamente por las calles hacia la calzada del oeste. Operaban por separado, aunque estaban en contacto. Como ya era costumbre, el número de oponentes mexicanos retrasaba el avance. Hacia el atardecer, los jefes de estas dos columnas españolas vieron que se les acercaban nuevas fuerzas mexicanas. Llevaban en alto las barbudas y sangrantes cabezas cortadas de prisioneros castellanos recién muertos. Arrojando esos «trofeos» delante de ellos, los mexicas dijeron a las tropas de Alvarado: «Así os mataremos, como hemos muerto a Malinche y a Sandoval y a los que consigo traían.» A las fuerzas de Sandoval les decían lo mismo, pero cambiando el nombre de Sandoval por el de Alvarado.

Mientras escuchaban estas amenazas, los castellanos oían en la distancia el estruendo de los tambores, trompetas y cuernos que indicaban que se iba a sacrificar a algunos prisioneros. El ruido era tan ensordecedor que, según volvió a escribir Cortés, usando una expresión a la que era aficionado, parecía que el mundo llegaba a su fin.[19]

Alvarado, Sandoval, Lugo y Tapia, así como los comandantes de los bergantines, vieron, desde la calzada de Tacuba, cómo hacían subir al templo (probablemente el de Tlatelolco) a los prisioneros desnudos[20] y cómo «llevaban por fuerza las gradas arriba a rempujones y bofetadas y palos a nuestros compañeros que habían tomado en la derrota que dieron a Cortés, que los llevaban a sacrificar; y de que ya los tenían arriba en una placeta que se hacía en el adoratorio, donde estaban sus malditos ídolos, vimos que a muchos dellos les ponían plumajes en las cabezas y con unos como aventadores les hacían bailar delante de Huichilobos [sic], y cuando habían bailado, luego les ponían de espaldas encima de unas piedras que tenían hechas para sacrificar, y con unos navajones de pedernal les aserraban por los pechos y les sacaban los corazones bullendo, y se los ofrecían a sus ídolos que allí presentes tenían, y a los cuerpos dábanles con los pies por las gradas abajo; y estaban aguardando otros indios carniceros, que les cortaban brazos y pies, y las caras desollaban y las adobaban como cueros de guantes y, con sus barbas, las guardaban para hacer fiestas con ellas cuando hacían borracheras, y se comían las carnes con chilmole; y desta manera sacrificaron a todos los demás, y les comieron piernas y brazos, y los corazones y sangre ofrecían a sus ídolos, como dicho tengo, y los cuerpos, que eran las barrigas e tripas, echaban a los tigres y leones y sierpes y culebras que tenían en la casa de las alimañas».[21] Desde luego, la ceremonia del sacrificio estaba montada de modo que se viera desde lejos. En la tradición grecorromana, los espectadores miraban hacia abajo, pero en el viejo México el público miraba hacia arriba. El efecto era el mismo.

El Códice Florentino describe cómo en esta, para los castellanos, horrenda ocasión, «unos van llorando, otros van cantando, otros se dan palmadas en la boca, como es costumbre en la guerra...» Cuando llegaron al cuartel general de Cuauhtémoc, en Yacaculco, los pusieron en filas y los llevaron uno a uno a la pirámide donde los iban a sacrificar: «fueron delante los españoles... y en seguida van en pos de ellos todos los de los pueblos aliados de ellos... luego ensartaron en picas las cabezas de los españoles; también ensartaron las cabezas de los caballos. Pusieron estas abajo y sobre ellas las cabezas de los españoles».[22]

Poco a poco, los comandantes españoles se percataron de la magnitud de la derrota. Sandoval y Lugo fueron en canoa al campamento de Cortés para enterarse de lo sucedido allí, mientras que Cortés mandó por tierra a Tapia y otros tres jinetes (Juan de Cuéllar, Guillén de la Lo y Diego Valdenebro) al campamento de Alvarado con el mismo propósito. Al final, Sandoval fue a ver a Alvarado, y se supo, así, que los comandantes estaban todavía vivos y se pudo restablecer cierta medida de control trilateral. Pero eso fue todo. El continuo ruido de los tambores y trompetas, que espeluznaba a los castellanos, y los gemidos de los heridos convirtieron ese día en una de las peores jornadas de la expedición.

La mayoría de los indios aliados desaparecieron inmediatamente. Los que estaban llenando las zanjas o acarreando comida en un momento dado, al momento siguiente parecían haberse desvanecido. Se desvaneció también, en los días siguientes, el apoyo de las ciudades de la orilla del gran lago. Se disipó de nuevo el mito según el cual no se podía vencer a los extranjeros. Sólo se quedaron algunos de los aliados: Ixtlilxochitl y una cuarentena de sus familiares texcocanos, y un jefe de Huexzotzinco, también con cuarenta hombres, en el campamento de Sandoval; Chichimecatecle y dos hijos jóvenes del viejo Xocitencatl, con una cuarentena de tlaxcaltecas. Esto no era nada comparado con la vasta hueste que había estado allí hasta poco antes. Durante unos días, a comienzos de julio de 1521, la mayoría de los habitantes del Valle de México pensó probablemente que pronto resucitaría el imperio de los mexicas. ¿Acaso no había predicho Xicotencatl el Mozo, antes de que lo ahorcaran, que al final los mexicas matarían a todos los castellanos?[23]

Durante cuatro días, los conquistadores permanecieron en su real, protegido por los bergantines a ambos lados de la calzada, obligados a oír el ruido constante de los sacrificios, la fiesta y la exaltación. Un artillero que era además curandero, Juan Catalán, iba de un lado a otro murmurando plegarias y encanterios para los heridos. Varias mujeres castellanas actuaban como enfermeras en el real de Cortés, por ejemplo Isabel Rodríguez, de la que se decía que sabía atender muy bien a los heridos, y Beatriz de Paredes, una mulata que no sólo cuidaba a los heridos sino que, en ocasiones, luchaba en lugar de su marido, Pedro de Escoto.[24]

Era la gran oportunidad de Cuauhtémoc. Envió mensajeros a los señores de Chalco, Xochimilco, Cuernavaca y otros lugares; llevaban las cabezas desolladas de sus cautivos, sus manos y sus pies y también varias cabezas de caballo. Aseguró a esos señores que la mitad de los invasores habían muerto y los demás estaban heridos. Así pues, Huitzilopotchli no había abandonado a los mexicas. Señaló que los aliados sí que habían abandonado a Cortés de la noche a la mañana. Agregó que unos ballesteros capturados estaban enseñando a sus hombres a manejar las ballestas y hasta que cinco de esos ballesteros lucharían a su lado (eran sevillanos y entre ellos estaba Cristóbal de Guzmán). Esto no funcionó muy bien, pues cuando se reanudaron los combates, se les ordenó que dispararan contra sus paisanos; lo hicieron, pero al aire y entonces los mexicas los despedazaron.[25]

Cada día traía a Cortés noticias de lo que llamaba «rebeliones» de gentes que él creía, con razón o sin ella, tener firmemente a su lado. Pero de los señores de Cuernavaca llegó otro tipo de noticia. Habían aceptado el dominio de los castellanos cuando Cortés estuvo en su ciudad en la primavera, y hacía poco que un ejército de la contigua ciudad sagrada de Malinalco los había atacado. Pedían ayuda. La noticia inquietó a Cortés, pues Cuernavaca era la llave de las comunicaciones con la región productora de oro de lo que es ahora el estado de Oaxaca. Además, era política suya no rechazar ninguna petición de ayuda formulada por una de sus aliados indios.[26]

Envió, pues, a Andrés de Tapia, con ochenta infantes y diez caballos, hacia el sur, a través de las montañas del Ajusco, con instrucciones de restablecer la lealtad de Cuernavaca con él y con la corona española. Éste fue un momento decisivo en la lucha. Tapia condujo su campaña con notable eficacia, pues en unos diez días obligó a los señores de Malinalco a refugiarse en su espléndido pero remoto santuario.[27] Este santuario, un lugar mágico en las colinas al oeste de Cuernavaca, estaba consagrado al culto de los guerreros jaguar y águila. Su templo, excavado en la roca en tiempos de Moctezuma, a cien metros por encima del valle, tenía (y tiene) la entrada esculpida en la roca en forma de fauces de una serpiente. Allí aprendían sus artes los brujos.[28] Allí fue, según la leyenda, a donde Malinalxochitl («flor de maguey»), la hermosa hermana de Huitzilopochtli, condujo a un grupo de mexicas disidentes, camino al sur desde Pátzcuaro, y allí vivía desde entonces, conspirando sin cesar.[29] Psicológicamente, Cortés tenía buenos motivos para tomarse en serio cualquier amenaza procedente de este lugar.

Una expedición similar, mandada por el incansable Sandoval, acudió unos días después en ayuda de los otomíes contra los de

Matalcingo, cuyos señores se habían dejado influir por la vista de las cabezas desolladas de los castellanos que les envió Cuauhtémoc.[30] Venció, además, a una fuerza, potencialmente peligrosa, de gentes de Tula, que Cuauhtémoc esperaba que atacarían a Cortés por detrás. De igual modo, se envió a Alonso de Ojeda a Tlaxcala, en busca de abastecimientos, que llegaron, escoltados por Pedro Sánchez Farfán y su esposa María de Estrada.[31]

A mediados de julio, los castellanos se convencieron de que Cuauhtémoc no había aprovechado su victoria del 30 de junio para llevar la guerra a su terreno. No lanzó ningún ataque. Tal vez se lo impidió el agotamiento, pues los mexicas andaban escasos de comida y agua. Los bergantines, aunque se habían perdido cinco de ellos, seguían dominando el lago y el bloqueo se mantenía, por más que las canoas de los aliados se hubieran retirado. Los tlaxcaltecas regresaban poco a poco. Comenzaba a verse, y no sólo por los castellanos, que la victoria mexica del 30 de junio había sido su última oportunidad.

Esta manera de ver las cosas se confirmó cuando, en tanto que los castellanos seguían descansando, después de sus contratiempos, y mientras curaban sus heridas, Chichimecatecle y una pequeña fuerza de tlaxcaltecas hicieron una incursión en la ciudad, sin participación alguna de los españoles. No habían hecho nada semejante antes. Los tlaxcaltecas se portaron muy bien, sus arqueros atacaron un puente y lo capturaron, persiguieron al enemigo hasta dentro de la ciudad y hubo un intenso combate, antes de que, siguiendo la táctica de los castellanos, emprendieran una retirada estratégica a la caída de la noche, llevándose muchos prisioneros. Fue considerable el efecto psicológico de esto, en los españoles, los tlaxcaltecas y los demás aliados.[32]

35. LOS PERROS TAN RABIOSOS

Y aunque los enemigos vian que rescibian daño, venian los perros
tan rabiosos, que en ninguna manera los podiamos detener
ni que nos dejasen de seguir

CORTÉS, Tercera carta al rey

En junio de 1521, la expedición de Cortés creyó, por un momento, que iba a vivir una segunda «noche triste». La vista de sus compañeros sometidos al sacrificio hizo estremecer a todos. Pero el éxito de Tapia y Sandoval restableció la moral. A mediados de julio, los conquistadores comenzaban a lanzar nuevos ataques, por los mismos lugares que antes.

El trabajo de llenar las brechas lo efectuaron, durante un tiempo, los mismos españoles. Recibieron violentas respuestas de los defensores, más ansiosos que nunca de apoderarse de castellanos vivos. Pero se hizo evidente que a los mexicas les resultaba más difícil que antes enviar escuadrones de ayuda. Parecían también menos eficaces que antes en volver a abrir los canales y calzadas, por la noche, después de que los castellanos se retiraran. Esto no puede atribuirse a una mayor habilidad de los castellanos en cubrir las brechas, sino que debía tener algo que ver con la fatiga, la escasez de alimentos y las menguadas reservas de agua. Lanzaron un ataque nocturno contra Alvarado, pero lo desbarataron fácilmente.[1] Cortés, entretanto, parecía haber hecho acopio de renovadas energías. Según Bernal Díaz, el caudillo escribía al campamento de Alvarado para decirles lo que debían hacer y cómo debían combatir.[2]

Había empezado la estación de las lluvias. Todas las tardes, a las cuatro, caía un fuerte aguacero. Pero esto no impidió a los castellanos reanudar sus actividades de antes del 30 de junio, derribando y quemando casas, y llenando los canales. Aunque la lluvia hacía que estas actividades fueran más lentas de lo que hubiesen sido sin ella, las llevaban a cabo de otro modo. Deidieron arrasar todas las casas de las calles por las que solían avanzar, y llenar del todo los canales que cruzaban, por mucho tiempo que esto les llevara. Una vez más fueron los tlaxcaltecas y otros aliados quienes efectuaron estas tareas. Pedro Sánchez Farfán y Antonio de Villarroel, guardianes del joven rey títere de Texcoco, aportaron un número considerable de texcocanos, y también llegaron algunas gentes de Huexotzinco y Cholula.

Los mexicas seguían luchando con valor y volvían a ocupar de noche el territorio que de día perdían. Pero de repente, a mediados de julio, dejaron de abrir brechas en la calzada: «los enemigos nunca más la abrieron», dice Ixtlilxochitl.[3] No hay ninguna explicación indígena de esto, que ni siquiera se menciona en sus relatos. El hecho era que comenzaban a escasear los hombres. La única innovación de Cuauhtémoc fue la de tratar de ocultar esta creciente mengua de combatientes empleando como guerreros a mujeres vestidas de tales.[4] Algo así habría sido inaudito en el pasado, pues el cordón umbilical de las mujeres pertenecía a la tierra.

A la escasez de hombres se añadió pronto la de comida y agua. A mediados del mes, la columna de Alvarado llegó a la fuente que había proporcionado a los mexicas un modesto caudal de agua salobre. La destruyeron. Desde entonces, los mexicas sólo dispusieron de la fétida agua del lago. El Códice Florentino dice que muchos murieron a causa de un «flujo del cuerpo» (diarrea).[5] En cuanto a comida, las reservas de maíz y otros abastecimientos estaban ya casi agotadas.

Otro motivo de la renovada confianza de los castellanos fue la llegada de pólvora, ballestas y hasta soldados, enviados éstos desde la Vera Cruz, tras el arribo allí de un buque que había formado parte de la reciente expedición de Ponce de León a la Florida en busca de la fuente de la juventud.[6]

Francisco de Montano, oriundo de Ciudad Real, que había llegado a la Nueva España con Narváez, aportó otro refuerzo de material. Era lugarteniente de Gutierre de Badajoz, que mandaba una compañía en la hueste de Alvarado. Al ver que escaseaba la pólvora, se ofreció para subir al cráter del Popocatepetl, donde, con notable sangre fría, se hizo descender atado con una cadena hasta encontrar azufre, con lo que contribuyó considerablemente a las reservas de pólvora de Cortés. Unos años más tarde, Montano recordaba que «subyo... con Francisco de Mesa a la dicha sierra del Bolcan con otros dos españoles e vydo entrar al dicho Francisco de Mesa seys o syuete estado colgado de una guindaleasa, a sacar el dicho asufre dentro en la boca del dicho bolcan, y este testigo e un Diego de Peñalosa tenian al dicho Francisco de Mesa colgando de la dicha guindalesa mientras baxava a lo sacar, del cual dicho asufre rredundo mucho provecho a su majestad, por la cantydad de la polvora que con ello se fyso, porque en aquella sazón el dicho don Hernando Cortés se la avia acabado la polvora y en aquella sazón no la avia en la tierra ni venia d'España, y el dicho Mesa aventuró a yr al dicho bolcan a descobryr el dicho asufre para faser la dicha polvora, con mucho trabajo e rriesgo de su persona». Cortés, al anotar el hecho, escribió que los indios consideraron que era una hazaña. Y lo era, en efecto, pues nadie, en el siglo XX, se atrevería a intentar igualarla sin emplear tenazas de garfios y espoletas de escalador. Pero los indios debieron de haberlo hecho, en circunstancias muy difíciles, pues los mexicas habían visto cómo ese lugar estaba lleno de enormes abismos, como una red, como una parrilla o como una celosía, pero entre un abismo y otro, podían andar de frente dos hombres, y vieron cómo el humo, espeso y malo, salía de esos abismos como escarpados despeñaderos.[7]

Entretanto habíase establecido cierto grado de comunicación entre los mexicas y los conquistadores. Parece que los primeros sugirieron, de modo muy indirecto, que se podría llegar a la paz si los castellanos dejaban el país. Cortés no tomó en serio el ofrecimiento. Sospechaba que era una treta, porque los enemigos necesitaban comida. De todos modos, cualquier contacto parecía un avance. Durante esta negociación abortada, un viejo mexica, en el lado mexicano del canal que entonces separaba a las dos fuerzas, sacó provisiones de un morral y se las comió lentamente, a la vista de los castellanos, para darles la impresión de que no les faltaban alimentos.[8] Esto no pasaba de fanfarrona propaganda, pues la escasez era ya tal que los mexicas comían lagartos, golondrinas, paja y «grama salutrosa». Incluso el masticar «relleno de construcción... algunas yerbas ásperas y aún barro» comenzó a adquirir importancia en la vida de ese pueblo antes acostumbrado al bienestar.[9]

Uno o dos días después cuando los castellanos se dirigían a la plaza principal, ahora en escombros, y estaban ya casi ante el recinto del Templo Mayor, los mexicas les hicieron llegar el mensaje de que se detuvieran, pues deseaban la paz. Cortés ordenó a sus hombres que hicieran alto y pidió que compareciera Cuauhtémoc. Los mexicanos contestaron que iban a buscarle. Pero esta iniciativa fue otra treta y que los mexicas estaban lejos de desear la paz. Una vez los castellanos hubieron bajado la guardia, lanzaron otro ataque, con jabalinas, flechas y piedras.[10] Es posible, sin embargo, que se tratara de acciones contradictorias que reflejaban la confusión en el bando mexicano, y que distintos jefes dieran diferentes órdenes.

Poco después los castellanos capturaron a tres mexicanos prominentes y Cortés los envió a Cuauhtémoc para proponerle la paz. Debían decirle que Cortés sentía un gran respeto por Cuauhtémoc, aunque no fuera más que por su estrecho parentesco con su viejo amigo Moctezuma, y que era una tragedia que se destruyera una ciudad tan espléndida como Tenochtitlan, que había sido la más hermosa del mundo.[11] Cortés sabía que los mexicas no tenían comida ni agua. Los perdonaría a todos con tal de que Cuauhtémoc se rindiera. Suponía que sus dioses y sacerdotes le habían aconsejado mal y atribuía su conducta alocada a su juventud.[12]

Ixtlixochitl hizo prisionero a su propio hermano, Coanacochtzin, rey de Texcoco, que había actuado de jefe de una de las huestes mexicanas.[13] Cuauhtémoc se reunió con sus capitanes y otros consejeros, en su cuartel general de Yacacolco. Aunque furioso, parece que estaba ahora en favor de hacer la paz. Dijo que había probado todo lo que se le ocurrió para ganar la guerra y que había cambiado varias veces de modos de combatir. Pero los españoles siempre consiguieron la ventaja. Esta idea encontró una inesperada oposición. Sus capitanes se mostraron inflexibles. Le dijeron que en ningún caso debía negociar con «Malinche», pues no le consideraban de fiar. La paz de la que hablaba Cuauhtémoc, dijeron, era imaginaria. Era mejor morir que entregarse a quienes los harían esclavos o los torturarían para conseguir oro. En apoyo de esta actitud numantina, los sacerdotes prometieron que, al final, los dioses les darían la victoria.[14] Ninguno se atrevió a decir que el mundo de los mexicas llegaba a su fin, que se iba a hacer realidad el último acto predicho en la Leyenda de los Soles, y que el Quinto Sol, el Sol del Movimiento, estaba a punto de morir. Esta manera de pensar había sido desacreditada por Moctezuma y sus frívolos cortesanos. Sus sucesores eran de madera más dura.[15]

Cosa todavía más importante, las gentes de Tlatelolco acusaban de cobardía a sus colegas y primos de Tenochtitlan. Pues la retirada, *in extremis*, del emperador mexicano y su corte a la antaño despreciada ciudad de mercaderes, Tlatelolco, no parecía haber fomentado un espíritu de concordia entre las dos ciudades. En realidad, diríase que la retirada parece reanimó las viejas malas relaciones que Moctezuma II había hábilmente apaciguado. Los *Anales de Tlatelolco* dejan casi la impresión de que las luchas entre Castilla y México eran apenas peores que las que hubo antaño entre Tenochtitlan y Tlatelolco.[16]

Ahora, cada día traía nuevas victorias de los castellanos. Así, el 22 de julio, Cortés y Sandoval prepararon una emboscada espectacular con caballos ocultos en un palacio de la plaza principal: cayeron sobre los mexicas cuando éstos salían de sus escondites para atacar durante una fingida retirada.[17] El día siguiente, al amanecer, Cortés y sus aliados capturaron o mataron a muchos mexicas, entre ellos mujeres y niños que, en busca de comida, habían salido de Tlatelolco, ahora único reducto mexicano.[18] (Si los mexicas hubiesen sido pura y simplemente caníbales, hubieran dispuesto de abundante carne, con tantos muertos a su alrededor.)[19] El 24 de julio, los españoles conquistaron toda la calzada hasta Tacuba, de modo que Cortés y Alvarado pudieron ya comunicarse directamente por tierra. Los tlaxcaltecas incendiaron ese día el viejo palacio de Cuauhtémoc.[20] El 17 de julio, a primera hora de la mañana, Cortés, todavía en Xoloc, vio salir humo de la cima de la pirámide del templo de Tlatelolco, signo de que, por fin, tras un largo combate contra mercaderes y mujeres lo mismo que contra soldados, Alvarado había capturado la plaza del mercado de esa ciudad. Desde entonces, él y sus jinetes pudieron galopar alrededor de ella.[21] Gutierre de Badajoz, acompañado por el héroe del Popocatepetl, Francisco de Montano, ahora alférez de Alvarado, se había abierto paso luchando hasta colocar el estandarte de Cortés, con su cruz azul sobre fondo amarillo, en lo alto del templo, hazaña que un cronista dijo con exageración que era el acontecimiento más importante de la historia del sitio de la ciudad.[22]

Sin embargo, Alvarado se vio forzado a retroceder de nuevo, después de una lucha prolongada bajo los pórticos que rodeaban la plaza. Sólo al día siguiente, él y Cortés pudieron cabalgar por la plaza mayor de Tlatelolco y mirar los tejados de alrededor de la misma llenos de enemigos. Pero la plaza era tan amplia, que desde los tejados no podían causarles daño alguno. Cortés subió a lo alto del templo mayor. Desde allí, tras contemplar las cabezas de los castellanos sacrificados en semanas recientes, pudo comprobar que siete octavos de la ciudad estaban en poder de los españoles.[23]

Varias hazañas notables se relacionan con esta etapa de la guerra. Los mexicas se mofaron de Hernando de Osma blandiendo una espada española capturada; Osma quiso vengar el insulto lanzándose a caballo contra la masa de los enemigos. El viejo alférez de Cortés, Cristóbal del Corral, mostró gran energía al zafarse del adversario entre el que había caído. El montañés Rodrigo de Castañeda se vistió con ropas mexicanas y tuvo mucho éxito con la ballesta, al poder acercarse así al enemigo.[24]

Hubo también mexicanos que dieron pruebas de valor legendario. Ataviados con el traje de águila o de jaguar, los capitanes a la cabeza de sus tropas blandían con gran habilidad sus espadas de filo de obsidiana. Desde luego, se encontraron con que sus tocados de plumas no provocaban el miedo, sino la burla de los castellanos, pero tenían su efecto habitual entre los aliados mexicanos de Cortés. Escoltados por sus flautistas, los mexicas fueron siempre, incluso en sus peores momentos, dignos adversarios de los tlaxcaltecas o los texcocanos.

La sangre fría de sus enemigos continuaba asombrando a los castellanos. Por ejemplo, los mexicas se mofaban de los tlaxcaltecas por haber incendiado la ciudad. Si vencían, les decían, obligarían a los de Tlaxcala a reconstruirla, y si los castellanos vencían, éstos obligarían de todos modos a los de Tlaxcala a hacer lo mismo.[25]

Una vez más, los jefes mexicas se dirigieron a Cortés para decirle que Cuauhtémoc deseaba hablarle por encima del canal. Cortés fue al lugar señalado. Pero llegó el mensaje de que Cuauhtémoc se había olvidado de que podían matarle con las ballestas. Cortés ofreció garantías y hasta parece que sugirió que permitiría a los mexicas celebrar uno de sus festejos periódicos, pues, irónicamente, el 8 de agosto era la fecha del tradicional festejo de los niños muertos, el Miccailhuitontli. Los mexicas rechazaron el ofrecimiento.[26] Cortés dijo que si Cuauhtémoc se rendía, se le permitiría gobernar, como siempre lo hicieran los emperadores, con tal de que aceptara ser vasallo de Carlos V. Cuauhtémoc mandó contestar que daría la respuesta a los tres días. Pero los capitanes mexicas seguían decididos a luchar hasta el fin. Los partidarios de llegar a un acuerdo con Cortés estaban todos muertos o escondidos. Al cabo de los tres días, los mexicas lanzaron un poderoso ataque, que a los castellanos les costó mucho contener. Por una vez, la elocuencia de Cortés resultaba ineficaz.

Cortés se instaló en una tienda, con una cubierta carmesí, en el tejado de una casa del distrito de Amaxac, propiedad de un noble de Tlatelolco llamado Atzauatzin. Contempló con horror la sobrecogedora escena a sus pies. No hay motivo para dudar de la afirmación del historiador oficioso de Carlos V, Sepúlveda, de que el caudillo, a estas alturas, deseaba la rendición de los mexicas y que no hubiera más derramamiento de sangre.[27] Pero la zona dominada por los mexicas, aunque pequeña y en ruinas, seguía estando bien organizada para la defensa. Podían quedar pocos hombres, pero todavía tenían muchas piedras preparadas en los tejados.

La heroica resistencia de los mexicas no tenía precedentes recientes en la experiencia española en Italia o España misma. Boabdil amaba Granada, pero no prefirió verla destruida a entregarla al rey Fernando. A Cortés no le quedaban dudas acerca de su victoria, pues los aliados habían vuelto casi todos a apoyarle, pero todavía quedaban dificultades que superar. Los castellanos, por ejemplo, volvían a sufrir escasez de pólvora.[28]

En este estado de ánimo, Cortés se dejó influir por un tal Sotelo, un sevillano que había estado en Italia con el Gran Capitán. Sugirió la idea de construir una gran catapulta que lanzara piedras o balas de cañón al corazón mismo del reducto de Cuauhtémoc. La idea de una «nueva arma» siempre atrae a los jefes militares que buscan la manera de terminar una guerra. Claro que las catapultas no podían considerarse armas nuevas, puesto que los cartagineses ya las utilizaron. Pero en un ejército castellano siempre había que escuchar a un antiguo camarada del Gran Capitán. Cortés dio pleno apoyo a Sotelo. No se oponía a introducir en la guerra un nuevo elemento de terror. Tal vez la sorpresa de la catapulta haría percatarse a los mexicas de la necesidad de rendirse. Diego Hernández, el carpintero que había construido las primeras carretas de la Nueva España, hacía ya mucho tiempo, en Cempoallan, y que había trabajado con López en los bergantines, se ocupó de la nueva tarea.[29] Se construyó la catapulta. La colocaron en lo alto de la pirámide cuyo templo estaba dedicado al dios Momoztl. Pero los carpinteros, pese a su habilidad, no consiguieron que funcionara. Las grandes piedras se caían del mecanismo de lanzamiento. Cortés eludió tener que reconocer el fracaso ante sus aliados, diciendo que le dio lástima al pensar en el daño que la catapulta podía causar y que por esto decidió no emplearla.[30]

Los mexicas seguían negándose a negociar. La enormidad de lo que sucedía, la perspectiva de una derrota completa, la sospecha de que podía llegar, como predicho, el final de su ciclo, parecía haberlos como helado en una especie de valerosa obsesión. Cortés y Alvarado no tenían otra alternativa, según les parecía, que la captura paso a paso de Tlatelolco. El informe de Cortés a Carlos V, escrito un año más tarde, suena como un catálogo de males: al entrar en la ciudad encontraron las calles llenas de mujeres y niños hambrientos y los «muertos y presos pasaron de doce mil ánimas».[31] Todos los días, dijo más tarde Cortés, esperaban que pidieran la paz, que deseaban tanto como su propia salvación, pero no pudieron convencerlos de que lo hicieran. Alvarado tuvo el mando en la mayor parte de esos combates. Entró con sus jinetes en uno de los últimos barrios de Tlatelolco conservado por los mexicas. Por difícil que resulte creerlo, dada la debilidad de los defensores, se luchó una vez más con fiereza. Luego Cortés dio permiso a sus aliados para matar o capturar a los supervivientes, muchos de los cuales, sin duda, fueron sometidos al sacrificio y comidos.[32]

La respuesta de Cuauhtémoc al ataque de Alvarado consistió en nombrar a un guerrero «tecolote de quetzal». Ésta era habitualmente la acción final de los mexicas en guerra. Siempre, en el pasado, les había dado la victoria. El atavío de plumas lo llevó el conquistador Ahuitzotl, padre de Cuauhtémoc y antecesor de Moctezuma. El *cihuacoatl* Tlacotzin hizo un encendido discurso: «Ya tomáis mexicanos la voluntad de Huitzilopochtli, la flecha. Inmediatamente la haréis ver por el rumbo de nuestros enemigos, mucho la tenéis que lanzar contra nuestros enemigos.»[33] Cuántas veces, en el pasado, encallecidos guerreros habían temblado a la vista de tan heroica figura.

Según los informadores de Sahagún, los castellanos quedaron, a lo primero, sobrecogidos. El cuerpo del guerrero estaba oculto por las plumas del ave, hábilmente ensambladas en una tela o un marco. Las plumas y otros adornos eran tan grandiosos que parecía «como si se derrunbara un cerro». Los castellanos lucharon como si hubieran visto algo inhumano. En el combate, tres hombres, probablemente aliados y no castellanos, fueron capturados por el «tecolote quetzal». Cuauhtémoc en persona los sacrificó inmediatamente. Por un momento pareció que los castellanos se retiraban. Pero un aislado acto de valor no podía alterar la realidad del asedio. El «tecolote quetzal», luchando con sus lanzas y flechas, concentraba la mirada de sus compatriotas desde cierta distancia. Luego, según el Códice Florentino «bajó inmediatamente de la azotea» y no se le volvió a ver. Y entonces, a los mexicas, poco a poco «nos fueron replegando a las paredes, poco a poco nos fueron hacer ir retirando».[34]

Después de esto, el maíz fue tan escaso en Tlatelolco que se cambiaban esclavos por un puñado del precioso grano, y un puñado de oro se cambió por la ración de un día, con lo cual, desde luego, algunos sacaron provecho.[35]

Pero los señores mexicas todavía no cedían. Había un contraste aparente entre esta actitud y la de los prisioneros interrogados por los castellanos, que daban la impresión de que todos querían rendirse. Pero el mecanismo de la rendición no podía invocarlo la gente humilde, sino que debían ponerlo en marcha los jefes. La gente humilde seguiría las órdenes de los jefes. Uno de los capturados por Cortés le dijo que no comprendía por qué él (al que tomaba por el sol que da la vuelta a la tierra de alba a alba) no los mataba a todos y ponía así fin a los sufrimientos. Esto les permitiría ir al cielo y vivir con Huitzilopochtli.[36] En náhuatl, el verbo «morir» puede significar «casarse con la tierra».[37] Esta posibilidad no carecía de atractivo para la gente humilde que sufría.

En esta etapa de la guerra, los castellanos hicieron prisionero a un príncipe de Texcoco, que se había mantenido leal al viejo orden, uno de los muchos hijos del difunto rey Nezahualpilli. Cortés le envió a Cuauhtémoc para que tratara de convencerle de llegar a un acuerdo. Cuauhtémoc le hizo sacrificar y lanzó un nuevo ataque. Sus agotados y hambrientos guerreros tenían aún bastante energía para impedir que los castellanos pusieran fin de una vez al sitio de la ciudad.[38]

Un día, a comienzos de agosto, cuando Cortés regresaba desde Xoloc al centro de la ciudad, se encontró con que muchos aliados habían pasado la noche en la plaza mayor, acechando como lobos el momento de caer encima de los mexicas supervivientes y sus pertenencias. Cortés habló por encima de una barricada: ¿Por qué Cuauhtémoc no venía a hablar con él? Incluso ahora, si aceptaba la paz, se le recibiría con honores. Los mexicas lloraron, se fueron y regresaron para decir que Cuauhtémoc no podía venir, porque ya era tarde, pero que lo haría al día siguiente. Cortés ordenó que se colocara en la plaza una plataforma como las usadas por los mexicas para las ceremonias y que se dispusiera comida.[39]

Pero hubo más aplazamientos. Cuando Cortés fue a Tlatelolco al otro día, Cuauhtémoc envió a cinco personajes en vez de ir él mismo. Dijeron que Cuauhtémoc estaba enfermo y también temeroso de aparecer ante Cortés, pero ellos harían cuanto les dijeran los castellanos. Cortés los recibió afablemente y les dio de comer y beber. Les dijo que Cuauhtémoc no tenía nada que temer, y que si se rendía, no sufriría ninguna humillación ni se le haría prisionero. Los mexicas fueron a su cuartel general y volvieron trayendo atavíos para Cortés. Dijeron que de ningún modo el emperador acudiría a ver a Cortés. No servía de nada seguir discutiendo, pero Cortés insistió, señaló que Cuauhtémoc podía darse cuenta de que los había tratado bien. De modo que volvieran con él y trataran de convencerle. Prometieron hacerlo y quedaron en acudir el día siguiente.[40]

Nuevos aplazamientos. Los cinco personajes mexicas acudieron como se había acordado. Pidieron a Cortés que fuera al mercado de Tlatelolco, donde Cuauhtémoc se reuniría con él. Cortés fue y esperó cuatro horas sin que ocurriera nada. Furioso, Cortés ordenó a Alvarado que volviera a atacar. Alvarado, con sus jinetes, rompió fácilmente las últimas defensas. Los aliados indios, sobre todo tlaxcaltecas, lo siguieron por las angostas calles.[41] Mataron a mujeres y niños igual que a guerreros, con una ferocidad que estremeció a los castellanos. Cortés pensó que «esta crueldad nunca en generación tan recia se vio, ni tan fuera de todo orden en naturaleza, como en los naturales de estas partes».[42] Todos los relatos posteriores concuerdan en que los españoles trataron de impedir que sus aliados cometieran una matanza, pero no lo consiguieron.[43] En todas partes se veían huesos rotos, casas desvalijadas, tejados derrumbados, muros manchados de sangre, cuerpos sin enterrar por las calles. Cortés regresó a su real de Xoloc, contento de alejarse del olor de los cadáveres y de la vista de indios muriendo de hambre. Los españoles dijeron que aquel día, ellos o sus aliados capturaron o mataron a cuarenta mil.[44]

Al caer la noche del 12 de agosto de 1521, llovía a cántaros. Los mexicas afirmaron más tarde que vieron lo que tomaron por un portento: apareció en el cielo «como un remolino» que «se movía haciendo girar, andaba haciendo espirales... era como si un tubo de metal estuviera al fuego». Rodeó los restos del dique de Nezahualcoyotl, se dirigió hacia Coyoacán y se perdió en el centro del lago.[45] Sea lo que fuere lo que se piense de los portentos anteriores en el cielo y otros lugares que tanto perturbaron a Moctezuma, éste fue sin duda una racionalización, posterior a la conquista, de lo que los mexicas creyeron que debía haber sucedido. Pues no hay ninguna confirmación astronómica del fenómeno.

Cuauhtémoc se dio cuenta de que no podía evitar la derrota. Pero era incapaz de hacer el gesto de la rendición. Es cierto que unas semanas antes había pensado en negociar con los castellanos, pero no es probable que hubiese conseguido algo que Cortés hubiera podido o querido aceptar. Además, las últimas semanas habían visto una destrucción a escala inimaginable. Cuahtémoc no poseía la capacidad de concebir la catástrofe. Su entera educación se lo impedía. Se le crió en la convicción de que los dioses le salvarían, a él y a los restos de su imperio. Se hizo traer los últimos prisioneros y personalmente llevó a cabo los sacrificios que consideraba necesarios, de modo que ninguno quedara para los castellanos y, sobre todo, para los tlaxcaltecas.[46] Tuvo una reunión final, en un lugar llamado Tolmayecan, con los jefes que quedaban de su ejército: el *cihuacoatl* Tlacotzin, el *tlillancalqui* Perlauhtzin (el que ostentaba este cargo cuando Grijalva y Cortés le conocieron en 1518 y 1519, probablemente había muerto); el *uitznahuatl* Moletlchiuh, que dos años antes había conducido una misión enviada a Cortés en la Villa Rica de la Vera Cruz; el *tlacochcalcatl* o comandante del ejército Coyouteuetzin; el *tlacatectal* Temuiltzin; el juez supremo Aulelicotzin, y otros altos funcionarios.[47] La dificultad que el lector occidental encuentra en pronunciar sus nombres no debe conducirle a ignorar la importancia de sus cargos. Estaban también presentes el primo de Cuauhtémoc, Coanacoctzin, rey de Texcoco, y Tetlepanquetzatzin, rey de Tacuba.

Parece que se sostuvo una discusión, completamente irrealista, acerca del tipo de tributo que se podía ofrecer a los españoles y, otra más realista, «de qué manera nos someteríamos a ellos».[48] Cuauhtémoc aceptaba por fin que los mexicas no podían seguir luchando. Pero él, personalmente, no se rendiría. Dijo a sus consejeros que abandonaría la ciudad. Sin duda los mexicas y sus aliados recordaron una vez más cómo Azcapotzalco cayó, en 1428, tras un sitio de más de cien días, cómo a Maxtla, rey de la ciudad, le mataron en un baño y cómo la población fue diezmada por los conquistadores mexicanos (que no «dejaron casa enhiesta»).[49] Los castellanos debían de sentirse como en su casa, educados como estaban con las imágenes de la resistencia de los celtas en Numancia, donde «viendo el Scipio tan bravo y fuerte, / todos a no entregarse se dan muerte» y también recordando el famoso gesto de Guzmán el Bueno en Tarifa, debían sentirse como en su casa.[50]

Los sacerdotes no tenían respuesta. El *tlacochcalcatl* Coyouteuetzin dijo: «Habladle al huasteco, el sacerdote de Uitznauac.» Pero éste dijo: «Oíd lo que de verdad diremos: solamente y habremos cumplido ochenta días desde que la guerra comenzó y acaso es disposición de Huitzilopochtli de que nada suceda.»[51] Los mexicas se salvarían en el octagésimo día. Lo sugería la lectura de los libros. En consecuencia, el día siguiente recomenzó la lucha.

Mientras Alvarado se preparaba para volver a entrar en Tlatelolco, el emperador se disponía a marcharse en una canoa. Quiso hacerlo en secreto. Fue imposible. Unas mujeres le vieron y, en llanto, cantaron: «Ya va el príncipe más joven, Cuauhtemoctzin y va a entregarse a los dioses.»[52] Cuauhtémoc quería probablemente llegar a la otra orilla del lago, tal vez a Azcapotzalco, donde al parecer habían llevado la efigie de Huitzilopochtli. Una vez allí, hubiera podido tratar de levantar de nuevo el estadarte de los mexicas contra los castellanos. Con él iban en la canoa el rey de Tacuba, el soldado Tepotzitoloc, el paje Yaztachimal y el barquero Cenyaotl.[53]

Cortés, entretanto, mantenía la presión. En la mañana del 13 de agosto, se dirigió a la ciudad, acompañado por hombres que arrastraban tres pesados cañones. Se reunió con Alvarado y Sandoval, y acordaron que el disparo de un arcabuz sería la señal para que las huestes de Alvarado y de Cortés (éstas mandadas por Olid) entraran en las ruinas de Tlatelolco y empujaran a los combatientes mexicas que quedaran hacia la orilla del lago, donde los esperaría Sandoval con los bergantines (probablemente ocho). Todos tenían instrucciones de buscar a Cuauhtémoc: «Lo necesitamos vivo.»

Antes de que se volviera a combatir, les mexicas llevaron el *cihuacoatl* a Cortés, al que dijo que Cuauhtémoc prefería morir a entregarse. Cortés replicó fríamente que, de ser así, todos los mexicas morirían.

Cortés observó el avance de los castellanos desde su tienda escarlata de un tejado de Amaxac, en compañía de Luis Marín, Francisco Verdugo y algunos otros. Desde allí sólo pudieron ver a los hombres de Alvarado entrando en el último barrio de Tlatelolco sin encontrar resistencia.

El fin de la conquista de Tenochtitlan indujo, incluso en el corazón de Cortés, cierto grado de remordimiento, pues cuando los hombres de Alvarado entraron en las calles de Tlatelolco, aquella mañana del 13 de agosto, día de san Hipólito, patrón de los caballos (día muy apropiado teniendo en cuenta la ayuda que estos animales fueron para los conquistadores), los castellanos vieron tantas privaciones, según escribió el mismo Cortés, que «no bastaba juicio a pensar cómo lo podían sufrir, y no hacían sino salirse infinito número de hombres, mujeres y niños hacia nosotros. Y por darse prisa al salir, unos a otros se echaban al agua y se ahogaban entre aquella multitud de muertos, que según pareció, del agua salada que bebían y del hambre y mal olor, había dado tanta mortandad en ellos, murieron más de cincuenta mil ánimas. Los cuerpos de las cuales, para que nosotros no alcanzásemos su necesidad, ni los echaban al agua, porque los bergantines no topasen con ellos, ni los echaban fuera de su conversación, porque nosotros por la ciudad no volviésemos; y así por aquellas calles en que estaban, hallábamos los montones de muertos, que no había persona que en otra cosa pudiese poner los pies; y como la gente de la ciudad se salía a nosotros, yo había proveído que por todas las calles estuviesen españoles para estorbar que nuestros amigos no matasen a aquellos tristes que salían, que eran sin cuento».

Los aliados indios, especialmente los tlaxcaltecas, no tuvieron piedad. Cortés había ordenado que no se matara a los civiles. Pero, según dijo él mismo, sus aliados mataron a muchos y sacrificaron a no pocos. «No había entre nosotros ninguno cuyo corazón no sangrase al oír tanta matanza.»[54]

La mayoría de los mexicas se rindieron sin intentar luchar. Sandoval entró con sus bergantines en los amarraderos donde estaban las canoas mexicas.[55] Vieron a una cincuentena de grandes piraguas, a las que se dirigían muchos jefes mexicas, llevando tanto oro y otros tesoros como les quedaban, así como mujeres, niños y algunos enseres.

Uno de los bergantines estaba al mando de García Holguín, de Cáceres, hidalgo en quien Velázquez había pensado, hacía unos años, para que mandara la expedición en lugar de Cortés. Con éste había tenido problemas, pues se le oyó decir que Cortés no servía ni a Dios ni al rey.[56] Ahora se le presentaba su gran oportunidad. Observó que una de las canoas parecía llevar a bordo a personas de rango. Le dio caza; ordenó a los remeros que se detuvieran, no lo hicieron y Holguín preparó el cañón para bombardearla. Le indicaron por signos que no lo hiciera, pues llevaban pasajeros de categoría.[57] Cuauhtémoc, ya que se trataba de él, estaba dispuesto todavía a luchar. Pero «viendo que era mucha la fuerza de los enemigos, que le amenazaban con sus ballestas y escopetas, se rindió», aunque no rindió oficialmente su ciudad.[58] García Holguín se acercó. Uno de sus hombres, Juan de Mansilla, capturó al emperador de Tenochtitlan y al rey de Tacuba.[59]

Los triunfantes castellanos se dirigieron a presentar sus presas a Cortés. Sandoval alcanzó el bergantín de García Holguín y le ordenó, como su superior, que le entregara los prisioneros. García Holguín se negó. Siguió una disputa nada edificante, que Cortés mismo tuvo que cortar enviando a Luis Marín y Francisco Verdugo a calmar a las dos partes. Fueron ellos los que, a fin de cuentas, llevaron a Cuauhtémoc ante Cortés, en el tejado de la casa donde tenía su tienda carmesí.[60] Cortés, siempre deseoso de exhibir su educación humanista y su conocimiento de los romances populares, dijo a García Holguín y a Sandoval que su disputa le recordaba la de Mario y Sila con motivo de la captura de Yugurta, rey de Numidia.[61]

La conversación de esos tres extremeños, en las ruinas de Tenochtitlan, sobre Yugurta, Mario y Sila, en presencia de un Cuauhtémoc que no entendía de qué hablaban, ponía una nota final extravagante aunque clásica a la historia de la conquista. (Desde luego, la referencia era inadecuada, pues Mario y Sila fueron hombres de distinto rango que García Holguín y Sandoval, pero el jefe de las fuerzas romanas fue nada menos que Cecilio Metelo, padre del fundador de Medellín.)

Cortés recibió entonces a Cuauhtémoc como emperador, en una ceremonia tan teatral como apropiada. Cuauhtémoc hizo un discurso en el que dijo: «¡Ah capitán! Ya yo he hecho todo mi poder para defender mi reino, y librarlo de vuestras manos; y pues no ha sido mi fortuna favorable, quitadme la vida, que será muy justo, y con esto acabaréis el reino mexicano, pues a mi ciudad y vasallos tenéis destruidos y muertos.»[62] Cortés contestó con afecto, a través de Marina y Aguilar, cuyo papel fuera tan importante en conseguir este triunfo. Dijo que estimaba más al emperador por el valor con que defendió su ciudad, pero que deseaba que Cuauhtémoc hubiera hecho la paz antes de tanta destrucción. Ahora sugería que dejara descansar su corazón y sus capitanes, y después «a que mandara a México y sus provincias como de antes los solían hacer».[63] Según su propio relato de estos hechos, Cortés dijo a Cuauhtémoc que nada debía temer.[64] Todas estas palabras tranquilizadoras resultaron engañosas. Lo más que puede decirse de ellas es que no es probable que Cuauhtémoc las tomara en serio.

Cortés preguntó por la esposa de Cuauhtémoc, la hija de Moctezuma. El emperador le informó que estaba en su palacio, en poder de los castellanos. Cortés mandó por ella, la recibió con galantería, con sus acompañantes, y dio órdenes de que las atendieran bien, y, claro está, que las guardaran bien.[65]

Después de esos momentos dramáticos, cuenta Bernal Díaz, los soldados parecían haberse vuelto sordos, pues día tras día, en el largo sitio, se oyeron gritos, música, cuernos, tambores y el ruido de los edificios derrumbándose. Ahora, por primera vez en meses, Tenochtitlan estaba en silencio. Hasta las conchas cesaron de resonar por la noche. Una vieja oración mexicana decía: «Señor nuestro señor, nuestra ciudad es un bebé, un niño, tal vez ha oído...»[66] Había sucedido lo increíble. Tenochtitlan, maravilla del mundo, había caído, como cayeron mucho tiempo antes Tollan y Teotihuacan.

Llovía mucho. Tronaba. Los mexicas siempre creyeron que esto era porque se rompían las vasijas en que los pequeños Tlalocs azules, los enanos que servían al gran Tlaloc, guardaban la lluvia. Esos espíritus vivían en las montañas, rodeados de tesoros, y siempre estaban de fiesta. La lluvia demostraba que sobrevivían al desastre, y esto debió ser el único signo de aliento para los vencidos.

Hubo otra reunión formal, el día siguiente, entre Cortés y los personajes mexicanos. Estaban presentes muchos de los señores a los que Cuauhtémoc había consultado en los días finales del sitio. El emperador vestía una manta real de plumas de quetzal, pero estaba sucia. Las mantas que llevaban los reyes de Texcoco y Tacuba eran menos vistosas, de fibra de maguey «con fleco y ribete de flores, con flores labradas esparcidas por toda ella», también estaban sucias, como el ritual lo imponía después de una derrota.[67] Los mexicas observaban que los castellanos se tapaban la nariz con «pañuelos blancos». El abrumador hedor de la muerte los molestaba.[68]

En esta reunión se confirmó, por decirlo así, la victoria. No se pidió a los mexicas que firmaran documento alguno. Ni Cortés leyó el famoso requerimiento. Pero la reunión marcó el final del sitio y de la guerra.

Se habló de oro. Cortés preguntó: «¿Dónde está el oro?» Y entonces se entregó una gran cantidad del metal: barras, ajorcas para los brazos, bandas para las piernas, capacetes, discos. Los habían colocado en las canoas, cuando los señores mexicas trataron de huir por el lago. Cortés preguntó: «¿No más es esto el oro?» El *cihuacoatl* dijo que los castellanos se habían llevado el resto del oro cuando dejaron la capital el año anterior. Cortés contestó que «todo nos lo hicieron caer en el agua», aludiendo a la «noche triste». «Todo nos lo tenéis que rescatar», agregó amenazador. El *cihuacoatl* repuso que habían sido los tlatelolcas quienes lucharon aquella noche con los castellanos y sugirió: «¿No será que acaso ellos, de veras hayan tomado todo?» Cuauhtémoc corrigió esta versión de las cosas. De todos modos, parece que estalló una disputa entre los cautivos procedentes de Tenochtitlan y los procedentes de Tlatelolco. Marina, por orden de Cortés, la interrumpió: «¿No más ése es?» El *cihuacoatl* dijo que tal vez la gente del pueblo se había llevado el oro después de la «noche triste». Lo buscarían. Marina les dijo: «Tenéis que presentar doscientas piezas de oro de este tamaño», tamaño que indicó moviendo sus manos en un gran círculo. El *cihuacoatl,* siguiendo su argumentación anterior, dijo que «Puede ser que alguna mujercita se lo haya enredado en el faldín», y agregó nervioso: «¿No se ha de indagar? ¿No se ha de hacer ver?» El juez supremo mexica, por su parte, señaló que Moctezuma había poseído todo el oro de los mexicas y que lo había dado a los castellanos.

Se llegó así al armisticio. Pero la discusión se reanudaría más tarde.[69]

Para los derrotados, los días que siguieron a la caída de Tenochtitlan fueron atroces. Los tlaxcaltecas, los texcocanos y otros aliados de Cortés mataban indiscriminadamente. La ciudad estaba llena de cadáveres sin enterrar. El hedor era terrible. Todavía no había comida ni agua potable. Cuauhtémoc, cautivo, pidió a Cortés que permitiera a los mexicanos todavía vivos que salieran hacia las vecinas ciudades del lago, y el caudillo accedió. Durante días las calzadas estuvieron atestadas de refugiados de todas las edades, hambrientos, sucios, malolientes, enfermos. Dejaban sus viviendas en humeantes ruinas. «No quedó piedra en ella por quemar y destruir», escribía a su socio de Cuba Hernando de Castro el comisario de Narváez, que trabajaba ahora para Cortés, Pedro de Maluenda, y agregaba: «Cierto ay tanta diferencia destar en esta villa a estar la tierra adentro como destar en el infierno o paraíso.»[70] Las mujeres huían medio desnudas, apenas cubiertas con harapos. Pero corrió el rumor de que muchas ocultaban oro y piedras preciosas en algún lugar del cuerpo. Los conquistadores hurgaban en todas partes: «En este tiempo se hace requisa de oro, se investiga a las personas, se les pregunta si acaso un poco de oro tienen... o si acaso su bezote, su colgajo del labio o su luneta de la nariz...»[71] Se decía que las mujeres ocultaban oro entre los pechos o debajo de las faldas, y los hombres en la boca o entre las piernas. Esto motivó a no pocos castellanos a acosar a las mujeres, muchas de las cuales trataron de pasar inadvertidas ensuciándose la cara con lodo o tapándose con andrajos, aunque esta estratagema no tuvo mucho éxito.

En realidad, el único botín que los conquistadores obtuvieron fueron las mujeres mismas. Muchas, cuyos padres o maridos habían muerto, se alegraban de ir con los vencedores, asegurándose así, por lo menos, la comida. En el pasado, las mujeres tlaxcaltecas y otras habían satisfecho las necesidades de los conquistadores a este respecto. Ahora tenían a las mexicas.

Los vencedores se apoderaron también de hombres, para que les sirvieran de mensajeros, criados y cargadores. A algunos los marcaron con hierro candente.[72] Cortés estableció guardias en las puertas de la ciudad, para impedir que los mexicas y los castellanos se llevaran ilegalmente oro. Pero no había mucho oro, ni para el rey ni para los soldados.

En la estimación de las pérdidas, durante el sitio, siguieron presentes, como podía preverse, las discrepancias, fantasías y exageraciones que caracterizaron las estimaciones de toda la campaña. Así, el capellán y amigo de Cortés, fray López de Gómara, indica que los castellanos perdieron sólo cincuenta hombres y seis caballos, mientras que los mexicanos tuvieron cien mil bajas, y señala que «no cuento los que mató el hambre y pestilencia».[73] Este cronista atribuyó, sin duda con razón, muchas de las muertes de mexicas a los aliados, que no respetaban ningún mexica por mucho que se les reprimiera por ello. El Códice Florentino dice que más de treinta mil texcocanos murieron en la lucha y más de doscientos cuarenta mil mexicas, entre ellos casi todos los nobles.[74] Ixtlilxochitl da unos doscientos cuarenta mil mexicas muertos. Bernal Díaz cree que los castellanos muertos fueron entre sesenta y ochenta, mientras que fray Durán estimó que, al final de los combates, unos cuarenta mil mexicas se mataron arrojándose a los canales con sus mujeres e hijos.[75] Cronistas posteriores hicieron cálculos diferentes, aunque sólo fray Juan de Torquemada pensaba que los castellanos perdieron a más gente de la estimada por Díaz, pues dijo que fueron «menos de cien».[76] Pero Cervantes de Salazar y más tarde Antonio de Herrera consideraron que cincuenta bajas españolas era lo correcto.[77] Es difícil llegar a una estimación racional apropiada. Tal vez cien mil mexicas, como dijo López de Gómara, y cien castellanos muertos, serían cifras correctas para un largo sitio que duró casi tres meses. Probablemente hubo un millar de castellanos muertos en los dos años transcurridos desde 1519 a 1521, sobre un total de mil ochocientos que llegaron a México en ese lapso.[78] La diferencia entre el número de bajas de conquistadores y de mexicas puede considerarse que indica la superior técnica de los primeros en la lucha, pero muestra también el odio hacia los mexicas de los aliados de los españoles, así como la técnica de lucha de los mexicas, que trataban de herir y capturar y nunca de matar.

Los mexicas conmemoraron su derrota con un lamento:

> *Se llamaba Sol de Tigre*
> *En él sucedió*
> *Que se oprimió el cielo.*
> *El Sol no seguía su camino*
> *Al llegar el Sol al mediodía luego se hacía de noche*
> *Y cuando ya se oscurecía*
> *Los Tigres se comían a las gentes.*
> *Y en este Sol vivían los gigantes*
> *Decían los viejos*
> *Que los gigantes así saludaban:*
> *«No se caiga usted, porque quien se caía*
> *se caía por siempre.»* [79]

En cuanto a los castellanos, Cortés ordenó un banquete para celebrar la victoria. Tuvo lugar el día siguiente de la caída de Tenochtitlan, en la casa del señor de Coyoacán. Habían traído vino desde la Villa Rica de la Vera Cruz, adonde acababa de arribar otro buque procedente de España. Había cerdos de Cuba. No faltaban los pavos y el maíz mexicanos. Se invitó a los capitanes y soldados que se portaron bien, aunque no está claro cómo se decidió quiénes se portaron bien y quiénes no. ¿Cómo se portó Verdugo? ¿Y fray Díaz? No se hicieron remilgos. Se bebió mucho. Cuando los invitados llegaron, apenas un tercio de ellos pudieron sentarse. Después hubo quienes pasearon por encima de las mesas y quienes no encontraron el camino del patio. Algunos cayeron por la escalera hasta la calle. Hubo discursos de soldados que, dijeron, esperaban poseer caballos con sillas de oro, como los ballesteros esperaban disponer de flechas con la punta de oro. Cuando se apartaron las mesas, hubo juego y baile. Se reconoció el valor de las pocas mujeres que participaron en la expedición, como María de Estrada, que tanto admiró por su coraje en el combate de los puentes, en la «noche triste», o como Francisca, hermana de Diego de Ordás, o las dos muchachas llamadas ambas «la Bermuda». Estas aventureras bailaban con los hombres que todavía llevaban puesta la armadura.[80]

Al otro día hubo misa. Y una larga procesión de conquistadores siguió una imagen de la Virgen María y la cruz hasta una colina desde la que se veían el lago y las ruinas de la ciudad. Luego se cantó un tedeum.[81]

El sentimiento de triunfo que Cortés experimentaba en esos momentos no estaba exento de melancolía. Una y otra vez, en su relato del largo sitio de la ciudad emplea frases como «no nos dejaba pesar en el alma por ver tan determinados de morir a los de la ciudad».[82] Pesaba la destrucción de Tenochtitlan, pues había encendido su imaginación la perspectiva de capturar la hermosa ciudad de la que le hablaron cuando estaba todavía en la Villa Rica de la Vera Cruz. Ahora se hallaba en ruinas con los libros sagrados destruidos por centenares. Cortés había organizado el complicado asedio, había inspirado la idea de los bergantines, había establecido, con hábil diplomacia, una improbable alianza con los pueblos indios dominados. Hasta había conseguido una alianza entre extremeños y castellanos. Había visto morir a amigos. Había alcanzado una gran victoria a costa de sólo modestas bajas entre sus propios hombres. Sus compañeros conquistadores lucharon con valor contra lo que, en los comienzos, parecieron desventajas insuperables. Durante un tiempo, algunos mexicanos los vieron, a él y a sus compañeros, cuando menos como la reencarnación de dioses. Pero, a fin de cuentas, para ser sinceros, habían sido los mexicas quienes lucharon como dioses.

VIII.   Y después...

36. NOS DEJARON HUÉRFANOS

Continúa la partida de gentes,
todos se van.
Los príncipes, los señores, los nobles,
nos dejaron huérfanos.
¡Sentid tristeza, oh vosotros señores!
¿Acaso alguien vuelve,
acaso alguien regresa
de la región de los descarnados?...
Nos dejaron huérfanos.
¡Sentid tristeza, oh vosotros señores!

Atribuido a AXAYÁCATL, emperador de México, c. 1477

Cortés había conquistado un imperio. Había empleado bien su talento para el halago, la cortesía, la elocuencia, la decisión rápida, la improvisación, el engaño, el cambio súbito de planes. Su fuerza de voluntad y su valor en la adversidad fueron decisivos. Empleó el terror fría y eficazmente. Su ambición de llevar a cabo algo memorable hubiera debido verse satisfecha.

Cortés había cumplido con su tarea utilizando a hombres escogidos por él mismo. Sus capitanes más importantes fueron extremeños. A los dos más destacados, Alvarado y Sandoval (quizá Tapia), es probable que los conociera desde la infancia en Medellín. El caudillo se vio apoyado constantemente por un sólido grupo de hombres de esa parte de España, ya como capitanes, ya como miembros de su séquito: Rodrigo Rangel, Rodrigo de Villafuerte (ambos de Medellín), los otros hermanos Alvarado, García de Albuquerque, los hermanos Álvarez Chico, Joan de Cáceres, Alonso de Grado, su primo Diego Pizarro, los hermanos Sánchez Tarfán, de Oliva, pueblo cerca de Medellín de donde sería su nodriza, y García Holguín. Los pocos que eran de Castilla propiamente dicha (Tapia, Ordás, Ávila, fray Bartolomé de Olmedo, Verdugo, Lugo), o andaluces (Sánchez Farfán, Martín López, fray Juan Díaz, Olid), todos hombres destacados, nunca lograron formar su propio grupo en el equipo de mando. El triunfo fue, así, alcanzado por un clan de hidalgos de la baja Extremadura, aunque los hubiesen ayudado considerablemente algunos mercaderes y capitanes de nao de Sevilla: Juan de Córdoba, al parecer el principal partidario de Cortés en Sevilla, quizá el más importante de todos; Pedro de Maluenda, encargado de la intendencia del ejército español durante el último y crítico período de la campaña; Juan de Burgos, mercader que, en 1520, llevó a Vera Cruz un buque con pertrechos que fueron decisivos; el «almirante» de Cortés, Alonso Caballero, y Luis Fernández de Alfaro, otro mercader importantísimo en la vida de Cortés. La mayoría eran judíos conversos, pero de ello no es necesario sacar una conclusión conspirativa.

Pero se echaba de menos algo esencial. Ni Cortés ni nadie en la Nueva España sabía lo que su emperador pensaba de ellos. Aunque en aquel tiempo el viaje de España a las Indias Occidentales llevaba unos dos meses, habían transcurrido dos años desde de que los procuradores de Cortés marcharan a España. Cortés escribió una breve carta en agosto de 1521, en la cual explicaba que había conquistado la ciudad y dejaba para después un informe más completo. Esa nota llegó a España en marzo de 1522 y no está claro como llegó allí.[1] Durante meses reinó el silencio. Cortés creía haber alcanzado un gran triunfo. Pero la fama necesita que se la reconozca, que se la aplauda, que la aprueben duques y marqueses, que le sonrían las infantas y la acaten quienes hacen antesala en los salones del poder.

La realidad era ciertamente oscura.

Como se recordará, en mayo de 1520, el rey y emperador había salido de España para ir a sus dominios borgoñones, dejando a los amigos de Cortés con la esperanza de que su causa prosperaría. Carlos V fue a Flandes pasando por Inglaterra y finalmente llegó a Bruselas, llevando consigo no sólo su corte, sino también muchos funcionarios y gran parte del tesoro que Cortés le proporcionara, incluyendo las para entonces ya famosas ruedas de oro y plata, que tanto impresionaron a Pedro Mártir y a Las Casas cuando las vieron en Valladolid.

Carlos V no abandonó España por un frívolo descuido de su patrimonio. En Alemania tenía que hacer frente a la crisis más grave de la cristiandad occidental. En el verano de 1520, el papa León declaró hereje a Lutero y decretó su excomunión a menos que se retractara. Aquel otoño, Lutero lanzó su *Llamamiento a la nobleza cristiana*. El emperador, aunque joven, estaba convencido de que su deber consistía en salvar la unidad de la cristiandad. Además, debían coronarle en Aquisgrán el 23 de octubre.

Pero Carlos dejaba también en España otra crisis, la más grave que cualquiera que el país hubiese experimentado desde la formación del reino de Castilla en el siglo XIII.[2] La rebelión de las Comunidades de Castilla era una protesta contra la uniformidad de las formas políticas exigidas por la corte «flamenca» que rodeaba al nuevo rey-emperador. Y también expresaba el deseo de recobrar ciertas formas anteriores de organismos políticos, incluso era una anticipación del federalismo que nunca ha estado por completo ausente del orden del día político español. A semejanza de muchas otras revoluciones que parecen querer alcanzar un nuevo futuro, los regidores de las principales ciudades de Castilla, los comuneros, trataban de recobrar lo que veían como sus viejas libertades. En parte se lanzaban a la rebelión por razones de egoísmo fiscal; en parte unían a las antiguas ciudades contra la intrusión del monopolio de la ganadería lanar castellana, la Mesta. Muchos se unieron a la rebelión por sentirse desencantados por el gobierno o por los hombres que éste favorecía, como parece que sucedió con el corresponsal de Pedro Mártir, su antiguo alumno el culto marqués de los Vélez, adelantado mayor de Murcia.[3] Otros veían en el movimiento una aspiración a mayor libertad, una manera de acabar con la pobreza, hasta un modo de establecer en Castilla el sistema de ciudades libres que había caracterizado durante siglos a Italia.[4]

Se echó de lado a los procuradores de Cortés. No pudieron avanzar en sus reclamaciones, como tampoco lo pudieron sus contrarios, los amigos y agentes de Diego Velázquez. Si Montejo y Hernández Portocarrero hubiesen sido bastante ilusos para intentar influir en el obispo Fonseca, no habrían conseguido encontrarle. En el verano de 1520, ese prelado estaba huido. Su hermano Antonio era el comandante del ejército real en Castilla. Pero esto no ayudó al obispo ni tampoco a su sobrina, esa Mayor Fonseca con la que Diego Velázquez había hablado tan frívolamente de contraer matrimonio. Su casa de Medina del Campo fue incendiada por la multitud enfurecida contra la familia Fonseca.[5] Nada muestra mejor el carácter de la crisis de aquellos años en España que el hecho de que mientras quemaba la casa de Mayor, la hermana de ésta, María, de la que también se hablara como posible esposa de Velázquez, era la mujer del marqués de Cenete, que, debido a una querella familiar sobre propiedades, se había puesto al frente de los comuneros de Valencia.

Entretanto el obispo de Burgos huyó del obispado. Acusado por los rebeldes de sacar dinero de sus cargos públicos, iba en secreto de parroquia en parroquia de su diócesis, temiendo por su vida, hasta que, camino de Santiago, le dio asilo en Astorga el marqués de esta ciudad. De igual modo, su nuevo ayudante en asuntos imperiales, el converso madrileño Luis Zapata, diminuto pero melifluo viejo favorito del rey Fernando, había huido de Valladolid disfrazado de dominico.[6] A otros miembros del Consejo de Castilla se los acusaba de diversos delitos; al doctor Beltrán y a García de Padilla, por ejemplo, se les achacaba haber comprado sus cargos en 1516.[7] Palacios Rubio, autor del requerimiento, estaba en la cárcel, al parecer por parasitismo. El piadoso Adriano de Utrecht, el condestable de Castilla Íñigo de Velasco y el almirante de Castilla Fadrique Enríquez, que formaban la regencia, tampoco habrían sido fáciles de encontrar mientras trataban de mantener una ficción de autoridad real. El ascenso de Velasco y Enríquez a la regencia, al lado de Adriano, había sido una decisión acertada pero tardía del emperador. Hubo un momento en 1520 en que Adriano se encontró en Valladolid sin tropas y sin dinero. En contraste, la reina Juana tuvo un breve instante de triunfo, del que no quiso aprovecharse, cuando los comuneros pusieron la corona de Castilla a sus pies.

La audiencia de La Española enviaba cartas desde Santo Domingo sobre el trato brutal del licenciado Ayllón por Narváez.[8] Diego Colón, cuando regresó a La Española en noviembre de 1520, mandó al honrado juez Zuazo a abrir un juicio de residencia en Cuba a Diego Velázquez. Magallanes, en esos meses, pasaba por los estrechos que hoy llevan su nombre, entre el Atlántico y el océano que ya se conocía con el nombre de Pacífico. Las Casas se hacía otra vez a la vela en ruta a las Indias, con un nuevo plan de un imperio cristiano. Cortés se preparaba para el gran asalto a Tenochtitlan. Pero nadie prestaba atención a estas noticias; los informes de lo que ocurría en las Américas no interesaban a una Castilla vuelta brutalmente contra sí misma.

Con todo, había cierta comunicación de otra naturaleza, entre las distintas partes del imperio de Carlos, las viejas y las nuevas. Lejos de los tumultos de Castilla, en el Hôtel de Ville de Bruselas se montó una exposición de los extraños regalos que Cortés mandó al rey con Montejo y Portocarrero. Por un azar afortunado, Alberto Durero, entonces en la cima de su fama, se hallaba en Bruselas en ese momento, en un «viaje de ventas en gran escala», como ha dicho uno de sus biógrafos.[9] Como Mártir, Las Casas, Oviedo y el nuncio papal en España, Durero escribió sus impresiones sobre «las cosas que trajeron al rey desde la nueva tierra del oro», empleando la misma frase usada seis meses antes por el obispo de la Mota: «un Sol todo de oro, de una braza de ancho, igualmente una Luna toda de plata, también así de grande, asimismo dos como gabinetes con adornos semejantes, al igual que toda clase de armas que allí se usan, arneses, cerbatanas, armas maravillosas, vestidos extraños, cubiertas de cama y toda clase de cosas maravillosas hechas para el uso de la gente. Estas cosas han sido estimadas en mucho, ya que se calcula su valor en cien mil florines. Y nada he visto a todo lo largo de mi vida que haya alegrado tanto mi corazón como estas cosas. En ellas he encontrado objetos maravillosamente artísticos y me he admirado de los sutiles ingenios de los hombres de esas tierras extrañas».[10]

Los comentarios de Durero eran importantes, pues, siendo protegido por la archiduquesa Margarita, tía de Carlos, al que había hecho casi de madre, lo que el artista le dijera llegaría el emperador (aunque éste había ya examinado esos objetos mexicanos en Valladolid).[11] Durero, como hijo y yerno de renombrados joyeros de Nuremberg, y antaño aprendiz él mismo del joyero Wohlgemuth, sabía de lo que hablaba al alabar el arte de las piezas de oro. Se hallaba en Aquisgrán cuando coronaron al emperador el 23 de octubre. Tal vez habló con Carlos mismo sobre la exposición de Bruselas.[12] Pero parece extraño que Durero nunca pintara ni dibujara algo inspirado por lo visto en ella. En 1516 había dibujado un indio brasileño, así como un rinoceronte traído a Europa desde África por el rey de Portugal, aunque nunca lo vio personalmente. Mas esos tesoros que parecen haberle interesado tanto no dejaron huellas en su obra.[13] Puede que se debiera a que se concentraba en conseguir que el nuevo emperador continuara dándole la pensión que le otorgara el emperador Maximiliano.[14] Puede que Durero se sintiera tan cautivado por Erasmo, al que acababa de conocer, que no tuviera tiempo para otras emociones. La verdad es que los objetos mexicanos no parecen haber causado mucha impresión en el propio Carlos, cuyo silencio sobre toda la cuestión de las Indias constituye la más notable omisión de sus memorias.

Pero su hermana, la archiduquesa, conservó algunas de las piezas que le regalaron Carlos y el cortesano La Chaulx.[15] Su pintor de corte, Jan Mostaert, hizo, uno o dos años después, un cuadro muy espectacular con lo que parece ser una batalla mexicana, aunque se le conoce, con injusta inocencia, como *Escena de tema colonial*.[16] Otro recuerdo de la conquista de México puede ser una imagen de la Virgen de la Palma (o de la Victoria), terminada aquel mismo año para la catedral de Amiens, en la cual puede verse una feroz batalla entre indios de tez oscura y europeos en armadura, a orillas de un lago imaginario y en los escalones de una fantástica catedral.[17] El arquitecto del palacio del príncipe-obispo de Lieja, Erard de la Marck, estuvo probablemente influido por lo que viera en Bruselas, al esculpir los rostros de mexicanos en los capiteles.[18] Tal vez fue entonces cuando Carlos dio algunos objetos del tesoro mexicano a su hermano el archiduque (e infante) Fernando.[19]

Unos meses más tarde, Mártir publicó sus primeras impresiones de Nueva España, en el llamado *Enchridium* o *Epitome*.[20] Dedicada a la benefactora de Durero, la archiduquesa Margarita (a la que Mártir conoció cuando ella vivía en España casada con el infante Juan), esta obra en latín tuvo una considerable difusión. Incluía, sin duda con gran satisfacción del agente de Velázquez, fray Benito Martín, el texto del *Itinerario* de fray Juan Díaz. Pero también incluía un relato del viaje de Cortés hasta julio de 1519, basado en informaciones recogidas por Mártir de Portocarrero y sus compañeros. Allí se encuentran las impresiones de Mártir ante las ruedas de oro y plata. Como de costumbre, los buenos latinistas rechinaron probablemente de dientes por la prisa con que Mártir escribía, lo que daba a su latín cierta aspereza. Pero la obra constituyó un acontecimiento literario importante.[21] Mártir había escrito también una entusiasta carta privada a sus antiguos alumnos, los marqueses de los Vélez y de Mondéjar, fechada el 7 de marzo de 1520. En ella llamaba a Tenochtitlan «Venecia la rica» y hablaba prolijamente de cosas como los granos de cacao y los sacrificios humanos.[22]

La combinación de los escritos de Mártir y las descripciones de Durero alentaron cierto cambio de ambiente respecto a América en la corte de Carlos V, y la vuelta a lo que primero se pensó de ella, o sea, que era, a fin de cuentas, una «tierra del oro», llena de cosas extraordinarias, que superaban las fantasías de los romances. Todo esto inclinó las balanzas de la influencia en contra de Diego Velázquez, que cada vez más aparecía como un hombre de la generación pasada. El impacto artístico de México, como en general el de todas las Indias, seguía siendo, sin embargo, modesto, pues los europeos cultos, ocupados todavía en librarse de la influencia de la Edad Media, no se mostraban muy receptores con la «barbarie».[23]

La difusión de los hechos y del conocimiento de la magnitud de la tarea que Cortés se había fijado no impidieron, con todo, un nueva recuperación política del obispo Fonseca, una vez restablecida la autoridad tradicional. Los comuneros fueron derrotados en Villalar en abril de 1521. Aquel mismo mes, la reina Juana fue entregada otra vez a su odioso carcelero, el marqués de Denia, que la mantuvo a solas en una habitación a oscuras en Tordesillas durante los siguientes treinta años. A fines de abril, Fonseca, con el diminuto Luis Zapata, volvía a gobernar las Indias, al mismo tiempo que, haciéndose nombrar juez, se encargaba de juzgar a los acusados de haber simpatizado con los comuneros en la que fuera su vieja diócesis de Palencia. El obispo no sólo hizo encarcelar al amigo y procurador de Cortés Alonso Hernández Portocarrero, bajo la amañada acusación de haber seducido ocho años atrás a una tal María Rodríguez, antes de marcharse a las Indias, sino que pronto persuadió al agotado regente Adriano de Utrecht que nombrara a Cristóbal de Tapia, protegido de Fonseca, que era veedor (es decir, inspector real) en La Española, para que sustituyera a Cortés en el gobierno de la Nueva España.[24] La acusación contra Portocarrero parece todavía más escandalosa cuando se sabe que su colega Montejo había cometido el mismo pecado, al seducir en Sevilla a Ana de León, pese a lo cual se le dejó libre, clara indicación de que Fonseca esperaba atraerse al salmantino.[25] Portocarrero nunca salió de la cárcel, en la cual murió poco después.[26]

Las instrucciones a Tapia estaban redactadas en términos duros respecto a Cortés, al que se acusaba de codicia, ambición y desobediencia. Pero al mismo tiempo se acusaba a Narváez, en términos todavía más severos, de no haber seguido las instrucciones del licenciado Lucas de Ayllón, pues hombres como Ayllón debían tratarse «como si fueran nuestros ministros». Tanto a Cortés como a Narváez se los debía mandar a España para que se los juzgara.[27]

Tapia había ido a las Indias con Ovando en 1502. Era hijo de un sastre de la parroquia sevillana del Omnium Sanctorum, y comenzó su carrera como paje del obispo Fonseca cuando el prelado era sólo arcediano de aquella ciudad. También fue paje suyo Francisco de Tapia, hermano de Cristóbal, ahora alcalde en Santo Domingo. Otro hermano, Juan, vecino desde 1514 de Buenaventura, en La Española, acompañó a Narváez contra Cortés. Tapia parecía tener dotes para la supervivencia, pues había salido triunfante de una fuerte disputa con el gobernador Ovando, en 1520.[28] Poseía el sentido de los negocios y, pese a ser funcionario, fue de los primeros en invertir en la primera industria azucarera de La Española.

Adriano de Utrecht desconfiaba de Fonseca. Es sorprendente que accediera al nombramiento de Tapia. Pero su elegante espíritu estaba entonces ocupado en otras cosas. En abril de 1521 Lutero pronunció un gran discurso ante la Dieta de Worms, denunciando al que había sido alumno de Adriano, Carlos V. Ocurrían muchas cosas en la Iglesia, a cuyos intereses Adriano estaba consagrado. La rebelión de las comunidades le había sacudido, aunque esto quedaba ya en el pasado. Luego hubo un mes de graves motines por el pan, en Sevilla, cuando los pobres del barrio de la calle de Feria se apoderaron de las armas del palacio del duque de Medina Sidonia y adoptaron como estandarte una bandera mora verde que se guardaba en el templo del Omnium Sanctorum, la misma parroquia en que Tapia se crió.[29] La atención de Adriano, pues, debía de estar muy lejos de los asuntos de las Indias.

Las instrucciones a Tapia no parece que llegaran a Santo Domingo hasta fines del verano.

En otro documento europeo se trataba de la Nueva España en aquel mes de abril de 1521: la bula *Alias Felicis,* del papa León X. Tras insistir en que se diera trato humano a los indios del Nuevo Mundo, la bula autorizaba a dos franciscanos a ir a él. El interés de León X fue sin duda estimulado por las cartas de Pedro Mártir.[30] Esos franciscanos fueron fray Jean Glapion, un confesor flamenco del emperador y predicador famoso, y fray Juan de los Ángeles (Francisco de Quiñones en el mundo profano), un aristócrata español hermano del conde de Luna. Pero aunque desde Roma se dirigieron a España, les tomó mucho tiempo preparar su salida. Tanto, que Glapion murió antes de hacerse a la mar y fray de los Ángeles fue escogido para general de su orden, con lo que la misión espiritual se fue aplazando.[31]

Entretanto, en el otoño de 1521, Antonio de Mendoza y Diego de Ordás llegaron a Sevilla procedentes de la Nueva España. Arribaron por separado, pues Ordás quiso declarar sobre sus propios méritos ante un tribunal de La Española, y acaso también comprar perlas para venderlas luego en España, pues la pequeña escuadra de tres buques en que viajó llevaba perlas por valor de cuatrocientos ochenta y cuatro marcos.[32] Sin duda volvieron a encontrarse una vez en Sevilla. Mendoza llevaba la segunda carta de Cortés al emperador, junto con algunos tesoros y otros materiales. No habían asistido a la caída de Tenochtitlan, que tuvo lugar después de su salida de la Nueva España. Pero lo sabían todo de la ciudad, sus dimensiones, su riqueza y su grandeza. Eran los primeros que hablaban de ella por experiencia propia, aunque ignoraban que estaba siendo destruida. Sus relatos debieron de asombrar Sevilla.[33]

Ordás y Mendoza llegaron a una España que se estaba recobrando de la guerra civil. Sevilla misma había sido escenario de algunos combates. La incertidumbre del momento permitió a los mensajeros de Cortés ocultar gran parte del oro que transportaban en secreto para la familia de Cortés así como para financiar en España la causa de éste. Dejaron el resto en la Casa de Contratación de Sevilla. Confiscaron provisionalmente el oro que Sandoval había mandado para su padre. Por poco los detienen, pero pudieron escabullirse e ir a visitar al padre de Cortés, en Medellín, ciudad en la que no hubo disturbios de comuneros. Mendoza era de Medellín, y de todos modos hubiera deseado ir allí por su cuenta. Establecieron relación con Montejo y acaso con Portocarrero en la cárcel. Los tres (Mendoza, Montejo y Ordás) se fueron a ver al regente Adriano de Utrecht, que se había instalado en Vitoria. Tal vez los acompañaron Martín Cortés y Francisco Núñez. En Vitoria dieron, al parecer, a Adriano las cartas de Cortés. Como consecuencia de su lectura y también de la impresión que le hicieron, Ordás y Mendoza obtuvieron permiso para acusar al obispo Fonseca de prejuicio contra Cortés. Adriano estaba descontento por lo que le habían dicho sobre las actividades de Fonseca en Sevilla, y por esto parece que, en general, tomó partido por los amigos de Cortés contra Fonseca y Diego Velázquez. También debió de influir en él lo que le contó acerca de lo ocurrido en México el licenciado Lucas de Ayllón, que había viajado en el mismo buque que Ordás desde La Española. La coincidencia casual de Ordás y Ayllón con el influyente mercader burgalés García de Lerma pudo conducir a un importante intercambio de informaciones sobre la Nueva España, que después fue de gran valor para Cortés.[34]

Fuera de esto, el único signo de actividad de los amigos de Cortés, en lo que quedaba del año 1521, fue una petición del padre de Cortés, Martín, de que se le reembolsaran cuatro mil pesos que a comienzos de año había mandado para gastos al licenciado Céspedes, de Sevilla, tío de Portocarrero.[35] Tal vez este dinero ayudó a pagar los abastecimientos enviados a Cortés en el navío de Juan de Burgos, que tanto pesaron en la campaña del lago en sus últimas fases.

Entretanto el Consejo de Castilla dio un nuevo paso hacia el establecimiento de una base permanente para un comité de sus miembros que se conocería como Consejo de Indias, aunque formalmente no se constituyó hasta más tarde.[36] Alguien que fue a México en el invierno de 1521-1522 (tal vez Alaminos, que regresó allí, o Juan de Burgos) debió de explicarle a Cortés que ese consejo existía, pues el propio Cortés empleó esa expresión en mayo de 1522.[37]

Adriano podía adoptar una decisión definida sobre las reclamaciones de Cortés y sus peticiones. De haber sido el cardenal Cisneros, lo hubiera hecho así. Pero no lo era, y no lo hizo. Trasladó su corte de Vitoria a Zaragoza en marzo de 1522. Continuó investigando acerca de la situación en la Nueva España. Y su interés por Cortés quedó en entredicho por algo completamente inesperado: después de la muerte repentina, en diciembre, de León X, el último gran papa del Renacimiento, se eligió a Adriano para el trono de San Pedro, en enero de 1522.

Europa quedó asombrada, en primer lugar porque el emperador no se mostró muy activo en tratar de influir en el cónclave en favor del hombre que había sido la influencia dominante en su infancia (después de la archiduquesa Margarita); en segundo lugar, porque el colegio de cardenales había escogido, por una vez, como cabeza de la Iglesia de Roma, a un hombre serio, concienzudo y bondadoso, «muy estimado por su piedad».[38] Esta piedad, que tanto pesaba en la personalidad de Carlos V, le venía de Adriano. «Tenemos por cierto que Dios mismo ha hecho esta elección», escribió el emperador a Lope Hurtado de Mendoza.[39] Pero esta decisión romana sólo podía ser de efectos negativos en lo referente a Cortés. El lugar de Adriano en cuanto a los asuntos de las Indias fue ocupado por Francisco Pérez de Vargas, tesorero de Castilla, funcionario corrupto, protegido del duque de Alba; se le conocía por haber sido la persona enviada a apoderarse de todos los efectos de Cisneros, a la muerte de éste, y como el funcionario que, gracias a sus cargos, había acumulado más dinero que todos sus colegas juntos.[40]

Adriano se quedó algunos meses más en Zaragoza. Una cosa ocurrió que benefició a Cortés: Charles de Poupet, señor de La Chaulx, consejero flamenco de Carlos V (había tenido la costumbre durante su juventud de dormir en su cámara), fue a España para expresar a Adriano lo complacido que el emperador estaba por su elección.[41] Sin duda su propósito real era descubrir los planes para Roma del nuevo Papa. Pero como era amigo de la archiduquesa Margarita y sabía cuánto se apreciaron las joyas mexicanas cuando el año anterior se expusieron en Bruselas, y como era un sagaz juez de las prioridades financieras, La Chaulx fue un partidario convencido de Cortés. Y su presencia en España resultó favorable para la causa del caudillo.

Adriano partió para Roma en agosto de 1522. No se sintió feliz como Papa. Se burlaban de su piedad y le atribuyeron una epidemia de cólera. Encargó pocas obras de arte. Cellini anotó en sus memorias que durante su papado no le pidieron que hiciera casi nada, comparado con lo mucho que le encargaron durante el papado de León X.[42] Los italianos se rieron de que Adriano pidiera al capítulo de la catedral de Zaragoza que le enviaran la quijada de San Lamberto. Y se rieron también cuando al poco tiempo murió a causa de beber demasiada cerveza.

En la época en que Adriano partió para Roma, Cortés, olvidado o ignorado, llevaba ya un año como gobernante de facto del imperio mexicano. Fue un período marcado por seis cosas: la recuperación física de los conquistadores; el comienzo de la reconstrucción; la busca implacable de oro; la persecución; el eclipse de gran parte de la vieja religión, pero con una notable supervivencia de lo que quedaba de ella; el comienzo de la colonizacion de lugares de México distintos de Tenochtitlan.

La recuperación física fue fácil. Cortés mismo, con gran parte de su ejército, pronto dejó el gran campamento de la calzada de Xoloc. Se instaló en un palacio de Coyoacan, en el cual había pasado la primavera anterior, y que pertenecía al *tlatoani* de esta ciudad, al que desplazaron sin ceremonias. Allí estableció su gobierno provisional del imperio y recibió nuevos pertrechos, como los veinte caballos que Diego Halcón trajo de La Española.[43] Rodríguez de Villafuerte, su leal pero incompetente amigo de Medellín, que estuvo a punto de perder el buque insignia en la batalla del lago, fue el gobernador castellano de la casi desierta Tenochtitlan.

Para la administración del imperio mexicano, Cortés trató de mantener los viejos principios: el control se aseguraría gobernando a través de los señores, los *tlatoque*, como tributarios. En esto, Cortés seguía una política que debió de aprender de la memoria, transmitida oralmente, de cómo se administraron a lo primero las tierras conquistadas por los cristianos en Andalucía y Extremadura. Así, se aceptó que «para evitar una visita de los castellanos», cada señor de la provincia de Texcoco, pongamos por caso, debía pagar sesenta mil pesos anuales en oro, además de entregar cantidades fijas de maíz, pavos y presas de caza. Otros señores del viejo imperio recibieron el mismo trato, y sin duda el tributo que debían pagar se decidió después de estudiar la *Matrícula de tributos* de Moctezuma. En principio, Cortés trató de permitir que la mayor parte de las provincias gozaran de verdadera libertad, con las viejas costumbres intactas excepto para los sacrificios humanos.

Pero el control castellano se volvió —tal vez era inevitable que se volviese— a la vez directo y absoluto. Por más que los *tlatoque* locales continuaran a menudo funcionando, la vieja organización imperial mexicana se había hundido. Era necesario un sustituto castellano. Cuauhtémoc quedó como gobernante formal de Tenochtitlan. Un primo suyo, Aulelicotzin, uno de los señores de Texcoco, recibió el control de esta ciudad y el nombre cristiano de «don Juan». Tetlepanquetzatsin quedó formalmente como rey de Tacuba, pero de hecho estaba prisionero. Ya había un joven «don Fernando» como nuevo rey de Texcoco. En realidad, ninguno de esos hombres pintaba nada. Cortés mantuvo a Cuauhtémoc en prisión, en Coyoacan, y empezó a utilizar a su primo Tlacotzin, el emperador suplente, o *cihuacoatl*, como gobernante mexicano de facto. Tlacotzin, más preparado para ocuparse de la administración doméstica, mantuvo esta colaboración durante varios años. Bajo su dirección y ésta bajo la autoridad castellana general, la vida de México empezó a recobrarse lenta y vacilantemente.[44] Hubo franciscanos, como fray Toribio de Benavente («Motolinía»), que se quejaron más tarde de que «aun en el mismo México eran servidos y honrados los demonios. Ocupados los españoles en edificar a México y en hacer casas y moradas para sí, contentábanse con que no hubiese delante de ellos sacrificio de homicio público, que á escondidas y á la redonda de México no faltaban; y de esta manera se estaba la idolatría en paz, y las casas de los demonios servidas y guardadas en sus ceremonias».[45] Este juicio pudo ser exagerado con respecto a la realidad, pues numerosos miembros de la antigua casa real habían comenzado a hacer las paces con los conquistadores. Muchos se convirtieron al cristianismo. Varios cargos de *tlatoani*, entre los menos importantes, ya cristianizados, sobrevivieron durante generaciones.[46]

La confusión, y acaso la indignación, por todo esto se expresó en un poema que parece ser de la época:

¿Quién eres tú, quien te sientas junto al capitán general?
¡Ah, es doña Isabel, mi sobrinita!
¡Ah, en verdad, prisioneros son los reyes![47]

Era grave la escasez de alimentos, tanto de los que se exigían como tributo, con formalidades legales, como de cualesquiera otros. En 1521 no se habían sembrado los campos del Valle de México. De modo que durante la última parte de este año y de 1522, la falta de maíz fue tan grande que incluso los castellanos pasaron privaciones.[48] Hasta ese momento, el comercio con España y La Española había sido escasísimo y nulo con Cuba. De manera que no llegaban vino, ni harina ni telas.[49] Los sufrimientos de la población indígena del Valle de México, ya duramente castigada por la epidemia de viruela, debieron de ser considerables y es posible que continuaran durante años. En otros lugares, como Tlaxcala, Cholula, Oaxaca y Vera Cruz, el nivel de vida debió de ser muy superior.

Sin noticias de Castilla y hasta sin ninguna razón clara de su falta (Cortés no debía estar apenas enterado de la rebelión de los comuneros), era natural que el caudillo se condujera como si fuese un virrey o incluso un rey. No hay duda que dijo cosas exageradas durante esos primeros tiempos de la conquista. Por ejemplo, comentó, en presencia de muchos, que le gustaría nombrar treinta duques o condes y colocar bajo su dominio a la gente de la Nueva España.[50] Vázquez de Tapia le oyó decir que si el rey mandara a alguien a tomar la Nueva España y que si algunos querían aceptarlo, él, Cortés, ahorcaría a una docena para que los demás se estuvieran quietos.[51] Algunos contaron que vieron a Cortés «en la mano una espada sin vayna e que con ella les dio ciertos golpes de llano en la cabeza o en los hombros» a sus capitanes (Olid, Sandoval, Corral) y les dijo, en estilo real, «Que Dios y el apóstol Santiago os haga un buen caballero».[52] También se afirmó que había dicho que si «a esta tierra viniese el ynfante Don Fernando "el futuro emperador de Austria" por gobernador que no le daría ni entregaría la tierra».[53] (La mención de este príncipe, criado en España, era atrevida, pues había habido en Castilla un poderoso grupo de cortesanos, ahora dispersado, que esperó que el infante llegara a ser su rey en vez de Carlos.) En otra ocasión se atribuyó a Cortés que dijera: «La tierra que hemos conquistado es nuestra y si el Rey no nos la da, la tomaremos.»[54] Otros aseguraron haber oído a Cortés insistir en que le llamaran «Alteza». Y se oyó contar a amigos de Cortés que habían hecho juramento de no dar la tierra al rey a menos que Cortés fuese nombrado gobernador.[55] Gonzalo de Mexía, el desacreditado tesorero del ejército, dijo una vez en voz alta que don Hernando no se contentaría con gobernar la tierra aquella, sino que querría toda la autoridad del rey.

Todas esas observaciones pueden haber sido los comprensibles comentarios de un conquistador que había alcanzado un triunfo notable en todos los sentidos, y al que no parecían apreciar en su patria. No hay prueba alguna de que Cortés pensara en una declaración unilateral de independencia. Lo que deseaba era el favor real, vivir como un duque, ser un protector de las artes, coleccionar mujeres y joyas, emplear a muchos hombres a su servicio, ser amigo de los príncipes. Muchas declaraciones se hicieron en su favor en su juicio de residencia, lo mismo que hubo declaraciones en su contra. Francisco de Terrazas, por ejemplo, dijo que nunca había visto que Cortés no fuera un entusiasta defensor de la corona.[56] Juan de Ortega recordó que Cortés tenía en su casa de Coyoacan una tabla flamenca con los retratos de Carlos V, la reina y los hermanos y hermanas del rey, y que siempre se quitaba el sombrero cuando pasaba delante de ella.[57] ¿Pero dónde está el cuadro?

Pronto comenzó cierta reconstrucción, después de la caída de Tenochtitlan. En esto, Cortés utilizó al prisionero ex emperador Cuauhtémoc, primero para conseguir la colaboración de los mexicas en la reparación de los conductos de agua de Chapultepec a la ciudad, luego para desescombrar las calles y retirar de ellas los cadáveres, y finalmente para conseguir que algunos mexicas retornaran a vivir en lo que quedaba de la capital en ruinas, especialmente en sus barrios del norte, menos perjudicados que los del sur. Se construyó un nuevo puerto provisional sobre el lago, en el lado este de la ciudad y frente a Texcoco. Pedro de Alvarado, siempre dispuesto a servir a Cortés en tareas menores lo mismo que en empresas grandiosas, fue designado alcalde de los muelles. De todos modos, hasta fines de 1521, Cortés y sus amigos supusieron que eventualmente se abandonaría la vieja ciudad.

La represión continuó esporádicamente durante muchas semanas, después de agosto de 1521. No está claro cómo se decidió ni por qué ciertas personas fueron muertas y no otras. Probablemente no hubo ninguna orientación precisa. Pero la lista de los ahorcados después de la caída de Tenochtitlán comprende a dos de los cuatro *tlatoque* de las cuatro ciudades del antiguo principado de Culhua: Macuilxochitl, *tlatoani* de Huitzilopochco (más tarde Churubusco), y Pizotzin, *tlatoani* de Culhuacan.[58] En Tenochtitlan, el «sumo sacerdote que guardaba a Huitzilopochtli y el sacerdote que guardaba a Xipe Totec también fueron ahorcados (camino de Mazatlan, en el norte de Oaxaca).[59] Varios jefes mexicanos fueron arrojados a los perros, por ejemplo, el *tlacatécatl* (comandante militar) y el *tlillancalqui* (guardián de la Casa de las Tinieblas) de Tenochtitlan y de Cuauhtitlan.[60]

La represión, sin embargo, pronto se confundió con la desesperada busca de oro.

Esto representaba el problema más difícil. Muchos de los conquistadores estaban en la Nueva España, ante todo, porque deseaban riquezas. Pero había pocas disponibles. Como se dijo antes, los conquistadores las buscaban, individualmente, a menudo en vano, de brutales y diversas maneras. Con la creciente inquietud, la escasez de alimentos y la falta de noticias de Castilla, se comenzó a rumorear que Cortés se había apoderado de todo el oro. El palacio de Cortés en Coyoacan estaba rodeado de un muro enjalbegado. Se empezaron a escribir pasquines en él. Un día se pudo leer allí que Cortés había proporcionado a sus soldados una derrota peor que la que proporcionó a los mexicas. Al día siguiente apareció este pareado: «¡Oh qué triste está el ánima mea hasta que la parte vea!» Cortés, por un tiempo, se metió en el juego y un día, por ejemplo, escribió la frase: «Pared blanca, papel de necios.» Pero pronto se encolerizó ante la constante denigración de sus actos.[61] Claro que tal vez había ocultado una fortuna. Juan de Ribera, el no muy leal secretario de Cortés, diría a Pedro Mártir, en España, a fines de 1522, que Cortés tenía un tesoro secreto de tres millones de pesos.[62]

Algunos conquistadores en vez de oro encontraban facturas. La expedición de Cortés se montó como una empresa privada. Maestre Juan, el médico de Narváez que había permanecido con Cortés durante toda la expedición, después de la batalla de Cempoallan, y el farmacéutico Murcia, pedían sumas exageradas por sus servicios. Dos de los amigos de Cortés, Bernardino de Santa Clara, un colono converso de Cuba, y García Llerena, llegado recientemente pero consejero de confianza, fueron nombrados árbitros para fijar los precios de los bienes vendidos y también de los servicios médicos. Ordenaron que, en caso de que se careciera de dinero para pagar las deudas, se daría un plazo de dos años para satisfacerlas.[63]

Otros conquistadores decían que Cortés aspiraba al poder personal en México. ¿Por qué, si no, había establecido una fundición para la manufactura de nuevos artefactos de artillería? ¿No se usarían más bien contra los funcionarios del rey que contra los rebeldes indios?[64]

La desazón contante de los conquistadores encontraba eco en las exigencias de los funcionarios reales, en especial del tesorero del rey, Julián de Alderete. También él deseaba oro, para sí mismo tanto como para la corona. Finalmente Cortés aceptó que se llamara una vez más a los principales prisioneros y se les interrogara acerca de donde se encontraba «el tesoro de México». Nadie parece haberse dado cuenta de que la mayor parte del oro, el ámbar, las plumas, la jadeíta y otros tesoros del viejo México no estaban en los almacenes no del emperador, sino en los de los mercaderes, los *pochteca*. La empresa privada se hallaba más adelantada en México, en cierto modo, que en España.

Los que asistieron a la reunión con Cortés fueron Cuauhtémoc; Tlacotzin, el *cihuacoatl;* Motelchiuh, ahora mayordomo mayor de Tenochtitlan, y que como comandante había visitado a Cortés mucho tiempo atrás, en Cempoallan; Tetlepanquetzatzin, rey de Tacuba; Oquitzin, *tlatoani* de Azcapotzalco, la ciudad de los orfebres, y Panitzin, *tlatoani* de Ecatepec, ciudad del interior al norte de Tenochtitlan. Por medio de Marina, Cortés preguntó a esos señores dónde se encontraba el oro de México. Contestaron que todo el que poseían lo pusieron en la canoa de Cuauhtémoc y, por tanto, había pasado a manos de los castellanos. Hubo una discusión acerca de dónde pudo pasar el oro, de haber sido como decían, y de si realmente hubo tal oro en la canoa. Los mexicas se mostraron firmes en negar que hubiese más oro. Los castellanos insistieron en que debía haberlo. Por ejemplo, la estatua de oro de Huitzilopochtli, que sabían que existió, ¿dónde estaba?

Ante el silencio de los señores mexicanos, Alderete insistió en que se sometiera a tortura a Cuauhtémoc y al rey de Tacuba, para obligarlos a dar información sobre el oro.[65] Cortés dijo más tarde que se opuso a este acto inhumano, pero que no tenía poder para impedir que el tesorero del rey lo ordenara.[66] Dijo a Andrés de Tapia, por ejemplo, que esta acción siempre le atormentó. Francisco de Terrazas contó lo mismo, así como Salcedo, que agregó que Alderete fue especialmente a casa de Cortés a pedir permiso para la tortura.[67] Es justo decir que varios conquistadores pensaron que Cortés no quiso presionar a Alderete porque creía que el tesorero, si le contradecía, podría poner en peligro el oro que él había robado.[68] Esto no puede ser toda la verdad. Cortés era, entonces, bastante poderoso para impedir que Alderete hiciera algo que él no aprobara.

Esta acción inhumana iba, también, en contra de las promesas que Cortés hizo a Cuauhtémoc cuando éste se le rindió.

A Cuauhtémoc le ataron a un poste y metieron sus pies (y acaso sus manos) en aceite, al que prendieron fuego.[69] Antes, el desgraciado emperador «se colgó de un árbol para se ahorcar».[70] Los castellanos trataron de igual modo al rey de Tacuba. Éste no dejaba de mirar a Cuauhtémoc, con la esperanza de que se apiadaría de él

Quetzalcóatl (*c.* 1500), la serpiente emplumada, dios mexicano del viento, del intelecto y de la educación académica, posiblemente otrora rey de Tollán, al que, durante un tiempo, se creyó que Cortés reencarnaba.

En sentido contrario a
las agujas del reloj, a
partir de la derecha:
**La pobre reina, a la
sazón ya encarcela-
da por loca; el re-
gente Cisneros, tan
feliz ante el olor del
incienso como el de
la pólvora; el rey Car-
los a los diecisiete
años, posteriormen-
te emperador Carlos
V; Bartolomé de Las
Casas, historiador
y paladín de los in-
dígenas; el obispo
Fonseca, «Ministro
de las Indias».**

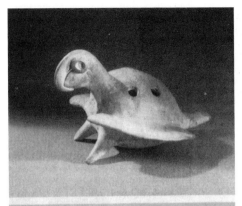

Los mexicas dedicaban mucho tiempo a la música y al baile. He aquí varios instrumentos (en el sentido de las agujas del reloj, a partir de la izquierda): **ocarina, flauta, silbatos y tambor**; además, **bezote y figura de bailarín.**

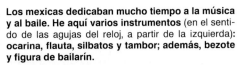

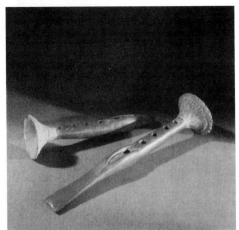

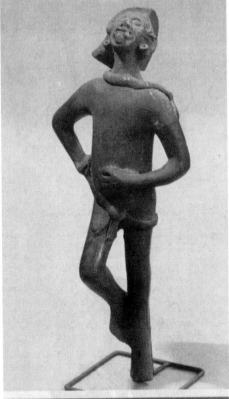

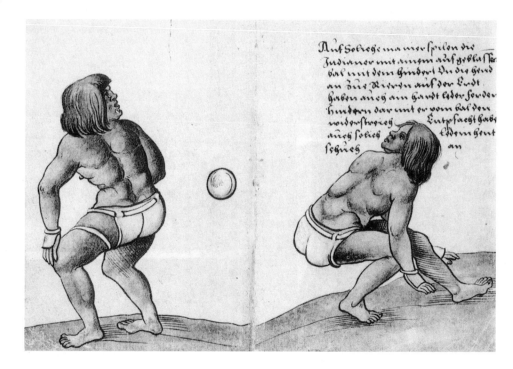

Los mexicas contaban con juegos de pelota de caucho. También hacían malabarismos con los pies con troncos de madera. El pájaro nos recuerda que los mexicas necesitaban plumas para sus mosaicos. Son todos dibujos al natural hechos por Weiditz (*c.* 1528).

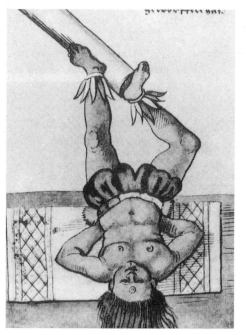

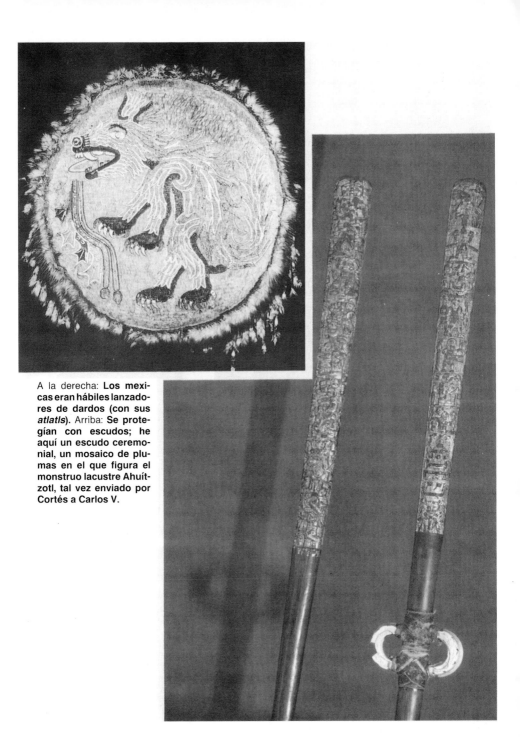

A la derecha: **Los mexicas eran hábiles lanzadores de dardos (con sus** *atlatls*). Arriba: **Se protegían con escudos; he aquí un escudo ceremonial, un mosaico de plumas en el que figura el monstruo lacustre Ahuítzotl, tal vez enviado por Cortés a Carlos V.**

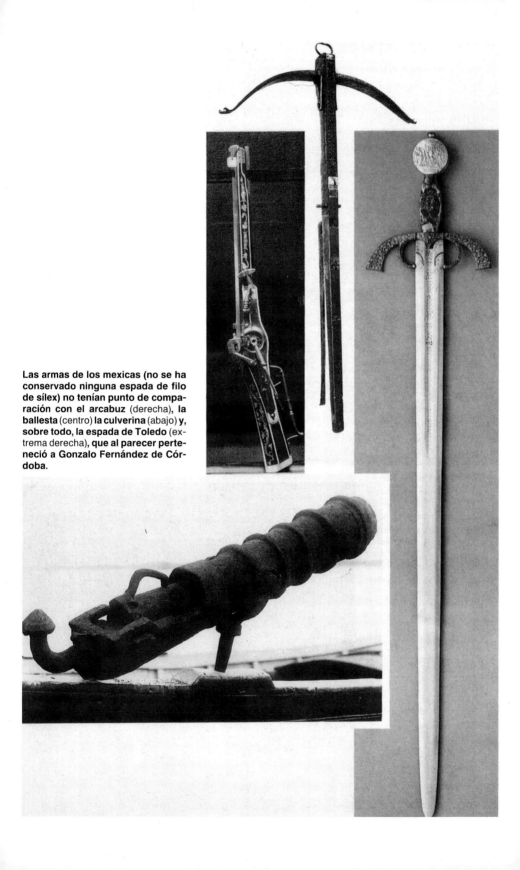

Las armas de los mexicas (no se ha conservado ninguna espada de filo de sílex) no tenían punto de comparación con el **arcabuz** (derecha), **la ballesta** (centro) **la culverina** (abajo) **y, sobre todo, la espada de Toledo** (extrema derecha), **que al parecer perteneció a Gonzalo Fernández de Córdoba.**

Los españoles contaban con dos armas secretas: los **bergantines** (izquierda), **que construyeron a fin de sitiar Tenochtitlan desde el lago, y la viruela** (abajo), **que se cobró miles de víctimas.**

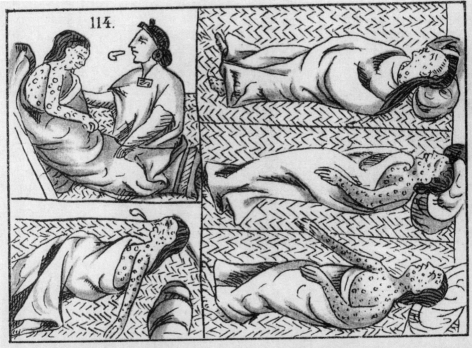

Abajo: **el pavo** *(guajolote)*, **contribución mexicana a la comida europea, representado en una tapicería basada en una pintura de Bronzino.** Izquierda: **rostro de un mexicano en lo alto de un capitel en un patio del palacio del príncipe-obispo en Lieja** (*c.* 1525), **titulado «alabanza en piedra a la locura».** Centro, izquierda: **el bebedor de** *pulque* (*c.* 1521), **de los cuales hubo miles, puesto que los mexicas se dieron a la bebida.** Abajo: **colgante de oro que representa el sol, una de las pocas joyas que sobrevivió de las que, al ser fundidas, fueron causa de la corrupción de la moneda española.**

y diría algo o le daría permiso para decir lo que sabía. Pero Cuauhtémoc le miró con dureza y se dice que le preguntó penosamente «si estaba él en algún deleite o baño».[71]

Pese al comentario posterior de un conquistador (Martín Vázquez, amigo de Cortés) de que la tortura había sido ligera,[72] la brutalidad fue evidentemente dura. Cuauhtémoc quedó tullido y cojeó. Las heridas del rey de Tacuba fueron, al parecer, peores.

Cuauhtémoc confesó finalmente que los dioses le dijeron, unos días antes de la caída de la ciudad, que la derrota era inevitable, y entonces ordenó que el oro de que se disponía fuese arrojado al lago. No dijo nada más. Unos buceadores castellanos fueron al lugar del lago donde Cuauhtémoc afirmaba que se arrojó el oro, pero sólo encontraron unos cuantos ornamentos sin imortancia. Probablemente, de haber ocurrido todo esto, tuvo lugar meses antes del final, como ya se indicó. En las ruinas del palacio de Cuauhtémoc, los castellanos encontraron, sin embargo, una gran rueda de oro, comparable a la que Moctezuma diera a Cortés.[73] También se descubrió una hermosa cabeza de jadeíta.[74]

Los castellanos interrogaron asimismo a varios sacerdotes mexicanos acerca del oro perdido en la «noche triste». ¿Dónde estaban, por ejemplo, las ocho grandes barras de oro reunidas en el palacio de Moctezuma cuando los conquistadores emprendieran la huida en la noche y que, al parecer, quedaron en manos de Ocuitecatl, el mayordomo de Moctezuma, muerto durante la epidemia de viruela? De las ocho barras, sólo se encontraron cuatro.

El resultado de todas esas brutalidades y rebuscas fue poco satisfactorio para todos. Se dijo que la suma total conseguida alcanzó entre ciento ochenta y cinco mil y doscientos mil pesos [75] (según parece, entre el 25 de setiembre de 1521 y el 16 de mayo de 1522 se fundieron ciento setenta y cuatro mil).[76] La suma pagada a la corona en concepto del quinto real fue de treinta y siete mil pesos. Cortés, pues, debió guardarse veintinueve mil seiscientos pesos como quinto de lo restante.[77] Quedaban, pues, para distribuirse, poco menos de ciento veinte mil pesos, que divididos entre, pongamos, setecientos cincuenta hombres, daban para cada uno alrededor de ciento sesenta pesos. Esto parecía una suma tan irrisoria, en comparación con los peligros afrontados, que algunos soldados, ya fuera por ironía, ya por filantropía, sugirieron que la suma se dividiera entre quienes habían perdido miembros, quedaron tullidos, paralizados o quemados por la pólvora o entre las familias de los muertos. Es cierto que había otro botín, como esclavos y objetos de oro y orfebrería que, cuando se fundieran, debían ser, en teoría, quintados. Muchos de esos objetos eran, a juicio de Cortés, tan bellos que no se podían describir y, por tanto, no hubieran debido fundirse.[78] Pero parece que se fundieron y se evaluaron en unos ciento cincuenta mil ducados.[79]

Cosa peor: se hicieron pagos especiales a los capitanes. Algunos de esos pagos resultan algo curiosos: seis mil pesos a Francisco de Montejo (al que se le guardarían, pues estaba en España, aunque participó muy poco en la campaña); tres mil pesos a Julián de Alderete y a Alonso de Ávila; dos mil a Diego de Ordás, Antonio de Quiñones, guardaespaldas de Cortés, y al licenciado Céspedes, abogado de Cortés en España (posiblemente por cuenta de Portocarrero, sobrino suyo); mil quinientos pesos a Juan de Ribera, secretario de Cortés, y a fray Pedro Melgarejo.[80] Un pleito posterior hace pensar que los verdaderos capitanes de la «santa compañía», Alvarado, Sandoval, Olid y Martín López, sólo recibieron cuatrocientos pesos cada uno, aunque muchos creyeron que habían podido reunir mucho más (cosa que, en todo caso, no parece cierta de López).[81] Uno de los nuevos amigos cercanos de Cortés, Diego de Ocampo, de Cáceres, otro conquistador más de Extremadura, «donde él es y tiene sus deudos», hermano del circunnavegador de Cuba, recibió seis mil pesos, suma difícil de explicar a menos que el dinero estuviera destinado indirectamente a Cortés mismo.

Después de todos esos pagos, los jinetes de la expedición recibieron ochenta pesos, los ballesteros, arcabuceros, mosqueteros y los de otras fuerzas especiales, entre cincuenta y sesenta, y los restantes, todavía menos.[82] Todos consideraron ridículas estas sumas en un momento en que una simple espada costaba cincuenta pesos y una ballesta sesenta.

Algunas de estas sumas se pagaron en razón del dinero invertido para equipar la expedición. Esto provocó mucha animosidad, y ello no sólo porque Cortés se había reservado tanto, sino porque se suponía que la suma real disponible era muy superior a los doscientos mil pesos reconocidos, hasta llegar a los trescientos ochenta mil, según sugirió Bernal Díaz, aunque sin ninguna prueba.[83] García del Pilar, uno de los enemigos de Cortés, que había aprendido náhuatl muy pronto, declaró en el jucio de residencia de Cortés, que un mexicano, llamado para entonces «Juan Velázquez», le condujo una vez a la isla de Xaltocan, donde vio una habitación llena de oro y pudo haberse llevado cuanto hubiese querido, antes de que Cortés se llevara lo restante, por valor de unos doscientos mil pesos.[84] Otro testigo, Marcos Ruiz, dijo que vio al mismo «Velázquez», con otros criados de Cortés, cargando oro con destino al caudillo.[85] Varios testigos más afirmaron que habían visto un lugar reservado de la casa de Cortés donde se fundía oro, y que allí indios trabajaban para él, haciendo barras de oro con joyas que no se declararon a Alderete.[86] Cortés negó enérgicamente esta acusación y adujo que los indios que vieron ir a su casa eran criados llevando frutas para doña Marina.[87] Otros hablaron de una gran fiesta en casa de Cortés, a la cual asistieron algunas muchachas castellanas; Cortés quiso hacerles regalos, fue a su habitación y se le vio abrir cuatro grandes cofres flamencos llenos de barras de oro y joyas.[88] Francisco de Orduña, que en 1522 era un aliado de

Cortés, pero que se volvió su enemigo años más tarde, declaró en 1529 que Cortés ordenó a su abogado, Ochoa de Lexalde, que enterrara doce mil o trece mil castellanos en barras.[89]

De Texcoco también se recibió oro. Aunque esta ciudad, bajo el mando de Ixtlilxochitl, fue aliada de Cortés, su ex monarca, Coanaocatzin, se consideró su enemigo hasta el final. Estaba preso. Le dolían mucho las llagas provocadas por las argollas en sus tobillos. Su hermano, Ixtlilxochitl, se lo dijo a Cortés, y éste le contestó que le rescatara. Ixtlilxochitl envió a Cortés todo su oro, pero el caudillo encontró que no era bastante. Ixtlilxochitl reunió entonces todo el oro que su familia poseía en cuatrocientas casas y aumentó el rescate. Parece que este oro fue directamente a Cortés.[90] Algo después, García del Pilar contó que había visto en la provincia de Oaxaca a algunos de los hombres de Ixtlilxochitl vendiendo carne humana, y que le explicaron que tenían que hacerlo con el fin de comprar oro para dárselo a Cortés.[91]

Al parecer, a algunos soldados se les pagó con la mercancía de trueque mexicana, los granos de cacao. Pero cuesta creer que el castellano corriente se dejara impresionar por una moneda que podía emplearse también como bebida.[92]

37. LOS CANTOS Y VOCES APENAS CESABAN

La séptima plaga fue la edificación de la gran ciudad de Tenochtitlan en la cual en los primeros años andaba gente que en la edificación de Jerusalém... y tienen la costumbre de ir cantando y dando voces, y los cantos y voces apenas cesaban ni de noche ni de día...

MOTOLINÍA, *Historia de las Indias*

Decidido a evitar que la desazón causada por la parquedad de las recompensas por la victoria se convirtiera en rebelión, Cortés buscó la manera de dar a sus hombres una *raison d'être*. Envió a varios de ellos a descubrir nuevas comunidades. En octubre, mandó a Sandoval al frente de una expedición a Tustepec, desde donde, tras establecer una pequeña colonia, prosiguió hacia Coatzacoalcos, cerca de la boca del río de este nombre, que parecía una posible alternativa, como puerto, al de Vera Cruz. Francisco de Orozco, comandante de Cortés en Tepeaca/Segura de la Frontera desde el año anterior, recibió la orden de ir a Oaxaca, de la que se sabía, por la *Matrícula de tributos* de Moctezuma, que era la principal región productora de oro. Diego de Pineda y Vicente López fueron a la conquista de Pánuco, región llana y caliente al norte de la Villa Rica, cerca de la costa que tanto atrajo a Francisco de Garay, gobernador de Jamaica. Rodrigo Rangel marchó a la Villa Rica para reforzar a Pedro de Ircio, que era allí el gobernador de Cortés. Un tal Juan Álvarez fue enviado a Colima, en tanto que el incompetente Juan Rodríguez de Villafuerte se dirigía a Zacatula en la costa del Pacífico. Cristóbal de Olid se encaminó al reino independiente de Michoacán, que ni siquiera los mexicas habían logrado conquistar. Poco después Pedro de Alvarado, «Tonatí», recibió orden de ir a Tututepec, una ciudad con guarnición mexicana próxima al Pacífico, que controlaba la comunidad tlapaneca de Ayotlan.[1] El interés por las nuevas conquistas muestra el «espíritu fronterizo» de esos conquistadores: después de Sevilla, Granada; después de Tenochtitlán, el Pacífico; después del Pacifico, China. «Creo que hemos de seguir adelante», habría dicho el Cid.

Pero antes de que estas expediciones alcanzaran sus objetivos, y en algunos casos hasta antes de que emprendieran la marcha, Cortés tuvo que enfrentarse a lo que fue el desafío más grave a su autoridad desde la llegada de Narváez. Fue como consecuencia del arribo a la Costa de Vera Cruz del veedor de La Española, Cristóbal de Tapia, a donde, a fines del verano de 1521, habían llegado de Castilla las instrucciones del obispo Fonseca de sustituir a Cortés.

La Audiencia de La Española no había visto con entusiasmo las instrucciones a Tapia. Deseaba avanzar en el juicio de residencia que, como se ha dicho, el juez Alonso de Zuazo había iniciado a Diego Velázquez sobre su actuación en Cuba, y eso aunque Zuazo estaba sujeto a un juicio semejante en Santo Domingo.[2] La Audiencia había indicado a Tapia que no fuera a la Nueva España, pues consideraba que su llegada allí, en aquel momento, «rompería el hilo» de la conquista mexicana.[3] Tapia echó de lado estas vacilaciones, porque sabía que sus instrucciones estaban firmadas por Fonseca y sus colegas, entre ellos el cardenal —y luego papa— Adriano.

Tapia llegó a San Juan de Ulúa, con una pequeña escolta, a comienzos de diciembre de 1521. Se presentó inmediatamente a los regidores, entre ellos Jorge de Alvarado, que acababa de sustituir a Rodrigo Rangel como representante de Cortés. Tapia enseñó sus credenciales e instrucciones a cuantos encontró en Vera Cruz. Consideraron que estaban en orden. Pero como Cortés controlaba la mayor parte del gobierno municipal en toda la Nueva España, le aconsejaron, prudentemente, que consultara al caudillo. Tapia escribió a Cortés, diciéndole que había acudido a la Nueva España como gobernador, en nombre del rey. Esperaba ver pronto a Cortés, aunque no podía emprender todavía el camino, pues sus caballos estaban enfermos a causa del viaje por el Caribe. ¿Podía Cortés preparar una entrevista?[4] Él, Tapia, estaría encantado de ir a Tenochtitlan, o acaso Cortés preferiría reunirse con él cerca del mar.

Cortés se enteró de la llegada de Tapia antes de recibir la carta de éste. Debía recordar perfectamente a Tapia de su estancia en La Española. Una vez más, Cortés jugó al juego de los regimientos o concejos municipales. Ordenó a Sandoval que se dirigiera directamente de Tustepec a «Medellín» (es decir, Nautla), en la costa cercana a Vera Cruz, y que constituyera allí formalmente un regimiento con todos los cargos de regidores y alcaldes, aunque probablemente ausentistas, puesto que se trataba de una ciudad exclusivamente totonaca, sin ningún habitante español. Al mismo tiempo, estableció un concejo o regimiento en Tenochtitlan, de modo que, con la Villa Rica de la Vera Cruz y Segura de la Frontera, había ahora cuatro ciudades castellanas en la Nueva España, con todas las cuales tendría que habérselas Tapia.[5]

Cortés escribió entonces al veedor Tapia una amistosa carta en la que le decía cuánto se alegraba de que hubiese llegado. ¿No habían vivido en casas contiguas, antaño, en La Española? No podía pensar en nadie mejor preparado que Tapia para gobernar la Nueva España. Sugirió que se reunieran en Texcoco.[6] Pero Tapia había escrito también al tesorero del rey, Alderete, informándole de sus instrucciones. (Alderete se había disputado recientemente con Cortés, pues le dijo que sólo daba oro a aquellos que le agradaban. Cortés contestó que mentía, y al oír esto, Alderete llevó la mano a la empuñadura de su espada, mas no la sacó, sino que salió de la casa. Antonio de Ávila, al verle salir, le comentó a Cortés que su mayor error había sido el de recibir a Alderete al principio.)[7] El tesorero del rey mostró la carta de Tapia a Cristóbal de Olid, que estaba descontento con Cortés como comandante por la modestia de su recompensa, y Olid estuvo de acuerdo en aceptar a Tapia como gobernador. Los dos hablaron con Francisco Verdugo y otros viejos amigos de Diego Velázquez. Todos los visitados por Alderete estuvieron de acuerdo en que si Cortés se negaba a reunirse con el nuevo gobernador, o daba muestras de no obedecerle, se alzarían en rebelión.[8] Inevitablemente, Cortés tuvo noticia de esta pequeña conjura, como la tuvo de todas las del pasado. De inmediato cambió de idea acerca de ver a Tapia en Texcoco y bruscamente quitó a Olid el bastón de mando que le calificaba como lugarteniente gobernador de Tenochtitlan.[9] Luego volvió a escribir a Tapia, diciéndole que como la conquista no estaba todavía terminada, y como cualquier cambio podía excitar a los indios, había pensado que mejor sería enviar a fray Pedro Melgarejo de Urrea para explicarle todo lo sucedido, examinar los documentos traídos por Tapia y preparar un buen plan para el futuro. Y fray Pedro, muy amigo de Cortés, emprendió el camino.

Poco después Cortés recibió una carta del regimiento de la Villa Rica de la Vera Cruz, explicándole lo sucedido y también que su demora en cumplir las órdenes del nuevo gobernador enojó a Tapia, que entonces «había tentado algunas cosas escandalosas» —probablemente vender mercancía que habría traído consigo—.[10] Cortés echó de lado esta carta y contestó que iría él mismo a la costa. Ante esto, los que eran formalmente, aunque con exageración, procuradores (delegados) de los regimientos de Tenochtitlan, Segura y Vera Cruz y que estaban en Coyoacan, pidieron a Cortés que, en consideración por la seguridad de toda la Nueva España, no abandonara el Valle de México, pues, de hacerlo, con toda seguridad que los mexicas se rebelarían. Creerían que Tapia era otro Narváez. En vez de que el caudillo fuera a la Costa, agregaron, irían ellos mismos a ver a Tapia.

Estos procuradores eran, desde luego, aliados de Cortés: Vázquez de Tapia, regidor de la Vera Cruz, Cristóbal del Corral, regidor de Segura de la Frontera y durante mucho tiempo portaestandarte de la expedición, y Pedro de Alvarado, alcalde mayor de Tenochtitlan. Cortés, con su bien ensayado aire de ceder con renuencia a una propuesta que sin duda había sugerido él mismo, aceptó este plan y renunció oficialmente a cualquier proyecto de marcharse de Coyoacan.[11]

Tapia se reunió con los conquistadores principales, primero en Jalapa y luego, el 24 de diciembre, en Cempoalla, el lugar donde

Narváez había perdido su ojo dieciocho meses antes.[12] Estos conquistadores eran Pedro de Alvarado, en representación del nuevo regimiento de Tenochtitlan; Corral, por Segura/Tepeaca; Monjaraz, por «Medellín», y Francisco Álvarez Chico, Jorge de Alvarado, Simón de Cuenca y Vázquez de Tapia, por Vera Cruz. Sandoval, Diego de Soto y Diego de Valdenebro representaban a Cortés.

Estos conquistadores debieron de causar a Tapia una poderosa impresión. Probablemente conoció a varios de ellos durante diez o más años en La Española. Los había visto, sin duda, como hombres modestos, con ambiciones, pero sin éxitos. Pedro de Alvarado debió de parecerle, entonces, el pariente prometedor de su compañero encomendero el brusco Diego de Alvarado, de Santo Domingo. Y ahora Pedro, como los otros que le acompañaban, era un hombre experimentado, que había vivido triunfos y tragedias. Esos conquistadores habían alcanzado victorias en lo que les parecerían sin duda circunstancias heroicas. Tenían plena confianza en sí mismos. En la vieja España podían verse como unos forajidos, pero en la Nueva España eran como paladines.

Adoptaron una actitud cortés pero decidida. Leyeron con atención las instrucciones de Tapia. Reconocieron que habían sido dadas en Burgos el 11 de abril anterior, y hasta besaron el papel en que estaban escritas y lo colocaron sobre la cabeza, puesto que eran órdenes del rey de España. Pero en cuanto a cumplirlas, tendrían que apelar al rey. Insistieron en que Tapia no sabía nada de la realidad política de la Nueva España y argumentaron que, pese a su formación jurídica, Tapia no era apropiado para gobernador, un cargo que, allí, exigía cualidades muy especiales. Sabían, desde luego, que Fonseca, obispo de Burgos, era hostil a todos ellos y también que daba órdenes inapropiadas en favor de su amigo Diego Velázquez, que con toda seguridad había informado mal al rey sobre las condiciones de la Nueva España. Probablemente Alvarado y Sandoval llevaron la voz cantante, por cuenta de Cortés, en esa reunión.

El veedor, a lo primero, trató de afirmar que estos procuradores de las nuevas ciudades de la Nueva España no tenían representación ninguna y exigió que obedecieran sus instrucciones. Pero los procuradores insistieron de nuevo (sin apego a la verdad, por lo que se sabe) en que la llegada de Tapia había ya causado disturbios. ¿Cuántos más provocaría si ocupaba el cargo?[13] Tapia no estaba físicamente en una posición fuerte para actuar contra las objeciones de los procuradores. Tal vez fray Melgarejo le había ya sobornado para que no molestara demasiado. Tal vez lo que esperaba de su viaje a la Nueva España era justamente un soborno para no hacer nada.[14] De hecho, accedió pronto a regresar a La Española a esperar el resultado de la apelación de los conquistadores a la corona. Con el fin de facilitar todavía más esta agradable conclusión de lo que pudo ser una situación peligrosa, le dieron algunos esclavos africanos y algunos caballos. Pidió que se levantara acta de la reunión, cosa que hizo Alfonso de Vergara, un escribano que había llegado con Narváez a la Nueva España. Fue él quien, en circunstancias muy diferentes, se había acercado a Sandoval, en la primavera de 1520, pidiéndole que se rindiera a él como representante de Diego Velázquez.

Tapia estaba preparando su retorno a La Española cuando llegó Alonso Ortiz de Zúñiga, también uno de los hombres de Narváez, y se presentó como agente del tesorero del rey, Julián Alderete (Ortiz de Zúñiga había obtenido permiso de Cortés para marcharse de México).[15] Traía para Tapia cartas de Alderete. No se sabe su contenido, pero sí que, al leerlas, Tapia cambió de idea y dijo que le gustaría quedarse en la Nueva España como simple vecino, hasta recibir nuevas instrucciones del rey.[16] Los amigos de Cortés no iban a aceptar, desde luego, esta mañosa maniobra. Francisco Álvarez Chico, como lugarteniente-gobernador de la Villa Rica, dio gravemente a Tapia la orden de embarcarse inmediatamente, como algo que sería ventajoso para el rey. Tapia trató de aplazar su salida, con el pretexto de que debía vender algunos esclavos, y Sandoval le contestó que «de echaría en una canoa por esa mar syno quería yrse en su navío como avia venido». Bernardino Vázquez de Tapia, entonces, le obligó a embarcarse y Sandoval vigiló el buque desde la orilla para estar seguro de que se hacía a la mar.[17]

Hecho esto, los procuradores regresaron a Coyoacan para informar a Cortés de lo conseguido. Al escucharlos, «don Hernando mostró mucho placer y alegría».[18] A partir de entonces, Cortés trató con dureza a quienes recibieron bien a Tapia. Olid, que había sido uno de sus favoritos, no volvió a recibir su bastón de mando de lugarteniente-gobernador de Tenochtitlan (aunque Cortés le envió, de todos modos, a Michoacan). Jorge de Alvarado perdió su cargo en el regimiento de la Villa Rica;[19] Pedro de Alvarado le dijo que era un cerdo y un bobo y que no volvería a llamarle nunca más hermano.[20] A Ortiz de Zúñiga no le permitieron embarcar para Santo Domingo, como había proyectado, sino que le llevaron de vuelta a Coyoacan, donde le tuvieron en una cárcel improvisada durante tres meses. Al parecer, Francisco Verdugo recibió el mismo trato. En los cargos a Cortés, en su juicio de residencia, se decía que, a partir de entonces, Cortés odió a esos hombres y trató de perjudicarlos.[21] De igual modo, fue abrupto al hablar con Alderete, que había mostrado tanta simpatía por Tapia y nunca más volvió a estar en buenas relaciones con él.[22] Parece como si a Cortés le dominara una especie de obsesión. A García del Pilar, que al saber de la llegada de Tapia dijo simplemente: «Ahora tenemos nuevo gobernador», también le metieron en la cárcel.[23]

El asunto de Tapia dejó a Cortés en una posición más fuerte que antes. Hasta hizo llamar a Narváez para enseñarle los restos de Tenochtitlan. Se halagaron mutuamente. Narváez, con la cortesanía que le era tan fácil, recordó lo que comentó Cortés después de capturarle, y dijo: «Señor capitán, ahora digo en verdad que la menor cosa que hizo vuestra merced y sus valerosos soldados en esta Nueva España fue desbaratarme a mí y prenderme, y aunque trajera mayor poder del que traje, pues he visto tantas ciudades y tierras que ha domado y sujetado, al servicio de Dios nuestro señor y del emperador Carlos V.» Y Cortés le respondió que «nosotros no éramos bastante para hacer lo que estaba hecho, sino la gran misericordia de Dios nuestro señor, que siempre nos ayudaba, y la buena ventura de nuestro gran César».[24]

Apenas había regresado Tapia a Santo Domingo, cuando llegó de Cuba un navío al mando del viejo, desacreditado pero tenaz conquistador del Caribe, el piloto vizcaíno Juan Bono de Quejo. Había llegado a la Nueva España, como se recordará, con Narváez. Sobrevivió a la «noche triste» y estuvo entre los amigos de Narváez (y de Diego Velázquez), a quienes se permitió retornar a Cuba a comienzos de 1520. Bono de Quejo hizo declaraciones hostiles a Cortés en la probanza de Velázquez de junio de 1521.[25] Ahora volvía, al parecer porque suponía que Cristóbal de Tapia estaba en el poder. Llevaba documentos y despachos del benefactor de Tapia y de él mismo, el obispo Fonseca.[26] Según Bernal Díaz, contenían promesas de «beneficios singulares» a quienes aceptaran a Tapia por gobernador. Bono llevaba incluso cartas firmadas por el obispo con espacios en blanco para los nombres de los destinatarios, para que las dirigiera a quienes él quisiera. Había también una carta a Cortés, prometiéndole grandes favores si dejaban pacíficamente el campo libre a Tapia.

Cortés fingió enojarse. Hasta sugirió que estas intervenciones de Bono de Quejo (y de Fonseca) estimulaban entre sus amigos la idea de formar una «comunidad» rebelde, como se hizo en Castilla, con el fin de mantener el orden «hasta que vuestra majestad fuese informado de la verdad».[27] Pero fue una suerte para el caudillo que Bono de Quejo llegara en enero de 1522 y no en diciembre de 1521, mes en que Tapia se hallaba aún en Vera Cruz, y cuando hubiera podido provocar problemas graves. Se quedó un tiempo en México y durante el verano se sentó con frecuencia a la mesa de Cortés, y hasta sugirió que Cortés debería, como hizo Velázquez, casarse con una de las sobrinas de Fonseca, propuesta tan inoportuna como inadecuada para un hombre casado.

Hubo una posdata de este asunto que resultó altamente satisfactoria para Cortés. Como se recordará, la Audiencia de Santo Domingo había aconsejado a Tapia que no fuera a la Nueva España, porque podía «romper el hilo» de la conquista. Al regresar, había caído en desgracia y la Audiencia se pronunció explícitamente en favor de Cortés. Dio a éste permiso para conquistar toda la Nueva España, permiso que, aunque tardío, era, por la naturaleza misma de las cosas, muy vago y que podía entenderse como cubriendo cualquier lugar del que Cortés quisiera ocuparse. Le dio también licencia para marcar esclavos, como lo había pedido por medio de Alonso de Ávila, y para asignar en encomienda indios a los conquistadores, como se había hecho en La Española, Jamaica y Cuba. Estas instrucciones serían válidas hasta que el rey decidiera otra cosa. Al parecer, la Audiencia había escrito al rey sobre estos asuntos, pero no al obispo Fonseca, pues estaba molesta por haber nombrado a Cristóbal de Tapia para la Nueva España.

Ávila, que se había quedado en Santo Domingo desde que Antonio de Mendoza y Diego de Ordás le dejaron allí en su ruta a España, el año anterior, retornó ahora a la Nueva España llevando estas noticias (aunque estaba todavía en Santo Domingo en setiembre de 1521, puesto que declaró allí en favor de Diego de Ordás).[28] Las decisiones de la Audiencia habían sido una victoria suya, pues desde que llegó a La Española trabajó para conseguirlas. Es imposible decir con seguridad si fueron también una victoria de los sobornos que por cuenta de Cortés debió distribuir. Pero cabe presumir que hubo oro mexicano que cambió de dueño y que la Audiencia quedó impresionada con lo que Ávila y Ordás contaban sobre México.

Cortés siempre agradeció a Ávila estos servicios. En abril de 1522 le nombró alcalde mayor de México. A fines del año, fue uno de los primeros en recibir una encomienda que le convirtió en dueño y, en teoría, en guía moral de millares de indios de Cuauhtitlan, ciudad tepaneca del lago al norte de Tenochtitlan. Pero aunque sentía gratitud por él, Cortés nunca consiguió que le agradara. Tal vez se lo impedía el origen castellano de Ávila, nacido en Ciudad Real. Se tiene la impresión de que Cortés sólo se encontraba a gusto con extremeños. El carácter franco, arrogante, discutidor y directo de Ávila no le simpatizaba. Aunque apreciaba sus servicios, siempre le mantuvo a distancia.[29]

La importancia de Ávila se vio en abril de 1522 cuando, justamente en su carácter de alcalde mayor, presidió una probanza que tenía por objeto investigar la apelación de Cortés contra el nombramiento de Cristóbal de Tapia. Todos los testigos dijeron lo que debían: que de haber llegado Tapia a ser gobernador, se habría perdido todo lo ganado con la conquista, pues no era el hombre adecuado para gobernar a México en aquel momento.

Se interrogó a los testigos, también, sobre las expediciones de Grijalva y Hernández de Córdoba, con el fin de asegurar que se rechazaría la pretensión expresada por Juan de Grijalva de haber descubierto el territorio por cuenta de su tío, Diego Velázquez, y de dar fuerza a la afirmación anterior del ahora ya difunto Francisco Hernández de Córdoba, de haberlo hecho antes en nombre del rey. Seis de los que declararon en 1521 dijeron que habían visto a Hernández de Córdoba saltar a tierra y proclamar la posesión del territorio por el rey. Si los conquistadores disponían de bastante tiempo para discutir esas cosas, señal de que su control de México debía de estar bien asentado.[30]

Una vez se deshizo satisfactoriamente del veedor Tapia, Cortés volvió a sus planes de exploración y viajes. Se proponía completar su victoria sobre una ciudad con la conquista de un país. Los proyectos más importantes eran el viaje de Alvarado a Tututepec, en el sudoeste, hacia Oaxaca, el de Sandoval a Coatzacoalcos, y el de Olid a Michoacan.

Alvarado dejó Tenochtitlan con unos doscientos hombres, cuarenta caballos y dos cañones pequeños. Después de una serie de negociaciones, traiciones y actos de arrojo, todo ello muy característico suyo, fundó una ciudad conocida provisionalmente (y también desorientadoramente) como Segura de la Frontera (la otra Segura, en Tepeaca, camino de la Villa Rica, se abandonó en esa época y su población se trasladó a la nueva ciudad). Alvarado, más tarde, se interesó mucho por esta región, donde, a fines de año, Cortés le concedió una extensa encomienda.[31]

Desde Tututepec, Alvarado siguió avanzando hacia el sur, donde estableció la presencia castellana en Tehuantepec, remota pero rica provincia del imperio mexicano, situada en el istmo, y cuyo *tlatoani*, un zapoteca pariente de Moctezuma, se había sometido a los españoles el año anterior.[32] Fue un viaje heroico, con muchas penalidades, incluso para su comandante. En Tehuantepec, Alvarado encarceló al *tlatoani*, pues sospechaba una conjura. Sospechando también una conjura castellana, ahorcó a dos de sus propios hombres (Salamanca y Bernaldino), para disuadir a los demás.[33] Envió a Cortés una cantidad importante de oro, que Cortés, al parecer, guardó para sí, lo que en 1528 dio origen a un indecoroso pleito entre los dos.[34]

Sandoval, después de tratar firme y duramente a la gente de Tustepec, se encaminó a la región de Coatzalcoalcos. Ningún español, y acaso tampoco ningún mexicano, se dio cuenta entonces de que aquella era la sede de la «cultura madre», el lugar donde la civilización tomó forma refinada en las Américas.[35] Las grandiosas sedes de los olmecas, con sus colosales cabezas oscuras con contorsionados rostros de niños, estaban cubiertas de densa vegetación. Era, sin embargo, como Cortés ya había descubierto, una zona densamente poblada. Se hallaba más allá de los límites del imperio mexicano, en lo referente a tributos. De modo que Sandoval trataba, de hecho, de extender el viejo imperio, tal como Cortés había sugerido a Moctezuma que podrían hacer juntos, durante el agradable periodo en que ambos estaban en Tenochtitlan. Diego de Ordás estuvo en la región en 1520, lo mismo que Rodrigo Rangel y Juan Velázquez de León. Establecieron buenas relaciones con los naturales, de modo que al principio no hubo hostilidad.

De todos modos, a esos naturales les desagradaba la idea de una presencia castellana permanente. Sandoval tuvo que luchar antes de fundar su ciudad, con regimiento y demás, a unos quince kilómetros de la boca del río Coatzalcoalcos. La bautizó Espíritu Santo por haber sido fundada un día después de que se celebrara esta fiesta y también porque era el nombre de la ciudad en que Sandoval vivía en Cuba.[36]

Tan pronto como estableció la ciudad, Sandoval concedió tierras e indios a los conquistadores que estaban dispuestos a vivir allí. Entre ellos, Luis Marín, muy amigo suyo y al que Cortés había encargado varias veces que mantuviera la concordia entre los conquistadores; Bernal Díaz, el cronista; Diego de Godoy, escribano de Pinto; Francisco de Lugo, castellano, uno de los jinetes que estuvo con Cortés desde el comienzo, y uno o dos hombres más que pronto figurarían entre los enemigos de Cortés, como Gonzalo de Mexía, ex tesorero del ejército, y Pedro de Briones, un salmantino fanfarrón, que pretendía, sin que hubiese verdad en ello, haber perdido parte de una oreja en las guerras de Italia, y que más tarde fue ahorcado por amotinarse.[37] Estas concesiones de tierras no eran formales y luego hubo que confirmarlas. Pero, de todos modos, fueron las primeras que se hicieron en la Nueva España.

Hubo también varias expediciones a Michoacan. La primera después de la conquista estuvo al mando de un tal Parrillas, en febrero de 1522, en busca de alimentos. Siguieron dos más, mandadas por Antón Caicedo y Francisco de Montano (el del volcán).[38] Este último, oriundo de Ciudad Rodrigo y uno de los hombres de Narváez, estableció buenas relaciones con el *cazonci*.[39] Finalmente hubo la expedición más importante mandada por Cristóbal de Olid en el verano de 1522. Olid llegó a la capital tarasca, Tzintzuntzan, con Andrés de Tapia y Cristóbal Martín de Gamboa, a la cabeza de unos veinte jinetes, veinte ballesteros y ciento treinta infantes.[40] El nombramiento por Cortés de este militar sin sensibilidad (del cual tenía motivos para desconfiar por su intervención en el asunto Tapia) es un ejemplo de los errores de juicio que a veces cometía, como lo es su constante fe en Alvarado. En todo caso, la idea de enfrentarse con Olid aterrorizó al *cazonci*, que, en vez de organizar la resistencia, huyó a Uruapan y hasta fingió, por un tiempo, que se había ahogado en el lago de Páztcuaro.

Los tarascos, como se los conocía por las razones ya expuestas, quedaron muy impresionados por los castellanos. Los llamaron *tucupacha*, dioses, o *teparachua*, hombres grandes, o *acaececha*, gente con sombrero. Pensaban que los curiosos trajes que llevaban debían ser pieles de hombres muertos, como las que cubrían a sus propios sacerdotes en algunas fiestas. Pensaban que los caballos eran como los modelos de ciervos que hacían con semillas de amaranto, con colas y crines, durante la fiesta de Cuingo. Supusieron, durante un tiempo, que los caballos tenían el uso de la palabra, puesto que los castellanos les hablaban. También imaginaron que su propia diosa Cueravapera, madre de todos los dioses, había dado a los castellanos las semillas y el vino que traían consigo. Pero aunque impresionados, estaban espantados. De ahí el deseo del *cazonci* de ocultarse.[41]

Esta cobardía estimuló la codicia de Olid. Hizo una demostración del poder de la pólvora, saqueó el palacio del *cazonci*, buscando oro, y mandó arrojar del templo los ídolos. El *cazonci*, entonces, regresó a Tzintzuntzan y, al parecer, aceptó formalmente la presencia castellana, aunque no llegó al punto de declararse vasallo. Le sorprendía de verdad el interés de los conquistadores por el oro, y se dijo que «débenlo de comer estos dioses por eso lo quieren tanto».[42] Olid envió el *cazonci* a Tenochtitlan, junto con varias cargas de oro y plata. Viajó como visitante, aunque temía ser prisionero. Pasó cuatro días en Tenochtitlan, donde le festejaron y atendieron tan bien que retornó a Michoacan como un títere castellano, más o menos voluntario, aunque mantuvo cierta semblanza de independencia. Dijo que los españoles eran tan generosos que no podía creerlo. Siguió, pues, sumiso, hasta que unos siete años más tarde le mataron durante una expedición de Nuño de Guzmán, cuya brutalidad hacía palidecer la de Olid.

Olid marchó hacia Colima, al oeste, tras reclutar a numerosos soldados tarascos para su expedición.[43] Cortés dio a Olid esta misión especial porque quienes había enviado antes en aquella dirección, Juan Álvarez y Juan Rodríguez de Villafuerte, fracasaron y no consiguieron establecer una presencia castellana en Colima. Ésta era una versión más modesta de la organización política de Michoacan y también centro de numerosas ciudades semiindependientes, donde se hablaban lenguajes que parecen haberse perdido.[44] Olid consiguió pacificar la región, pero en cuanto se marchó, estalló una rebelión. Sandoval acudió, lo cual condujo, a su vez, a una rebelión en Cotzatcoalcos, aplastada por Luis Marín.[45] Todo esto desembocó en la fundación de una colonia en Colima en 1523 y luego de un puerto y unos astilleros en Zacatula, en el mar del Sur (como todavía se llamaba el Pacífico). Esto era importante para los planes de Cortés.

El descubrimiento del mar del Sur en cuatro puntos distintos fue uno de los grandes acontecimientos del invierno de 1521-1522. El primero tuvo lugar en Zacatula, centro de otra región de ciudades-estado muy pobladas. Como Cotzatcoalcos, estaba fuera de la zona de tributarios de Tenochtitlan o de Michoacan. Francisco Álvarez Chico exploró la costa entre ese punto y Acapulco, a comienzos de 1522. Resultó desgraciadamente falsa la leyenda de que en Ciguatlan había una isla habitada por amazonas.

Sandoval estableció una colonia, que pronto se convirtió en la Villa de la Concepción de Zacatula. Llegaron de Vera Cruz carpinteros, herreros y marineros, así como áncoras, cuerdas, velas y poleas. Abundaba la madera en la región, y así pudieron construirse tres carabelas y dos bergantines, las primeras para descubrir y los segundos para costear.[46] Tenían varios objetivos, el más importante de los cuales era encontrar el estrecho entre el Caribe y el mar del Sur, en cuya existencia todavía se creía. Esta ambición devoró a muchos exploradores, como escribió Pedro Mártir al duque de Milán, pues «hay tal furor de buscar ese estrecho que se exponen a mil peligros...»[47] Pero acaso para entonces Cortés se había convencido ya de que no había tal estrecho. Lo que se proponía era abrir otro camino hacia el Catay, que a despecho de Magallanes, se creía aún cercano. Tal vez pudiera conquistar la misma China. ¿Cómo explicar, si no, que manifestara a Carlos V, en 1522, que sus planes para el mar del Sur eran más grandes que todas las Indias y que le harían «señor de más reinos y señoríos que hasta hoy en nuestra nación se tiene noticia».[48] En 1524 escribió al emperador que su aventura en el mar del Sur, con estrecho o sin él, abriría un camino muy bueno y muy corto para «la navegación desde la Especería para esos reinos de vuestra majestad».[49]

El viaje más importante, en esos meses, fue el del propio Cortés a la región del río Pánuco. Tal vez fuera cierto que, como dijeron sus críticos, decidió ir a ese territorio por temor a que su viejo amigo y enemigo, Garay, emprendiera otra expedición allí.[50] Cortés veía también la necesidad estratégica de proteger los puertos del Caribe, la Villa Rica de la Vera Cruz y San Juan de Ulúa. Había habido una peligrosa rebelión indígena más allá de Jalapa, en Tututepec,[51] que Cortés sofocó, derrotando a los llamados rebeldes en una batalla en Ayotochquitlan. Luego vendió como esclavos a algunos de los prisioneros, para pagar el coste de los doce caballos muertos.[52] Como Michoacan, Zacatula y Espíritu Santo, Pánuco no había sido tributario de la Triple Alianza. La región entera, igual que la mayor parte de esos nuevos territorios, era un mosaico de pequeñas ciudades-estado, que en el pasado se habían aliado unas con otras para resistir a los conquistadores de fuera. Los huaxtecas, que cuando entraron en contacto por primera vez con los castellanos debieron ser más o menos un millón, lucharon bien y de modo consistente contra Cortés. Le causaron muchos quebraderos de cabeza, como hicieron con otros conquistadores posteriores.[53]

La campaña ocupó a Cortés gran parte de la primera mitad de 1522. Hubo varios combates, no pocos momentos de ansiedad y algunos descubrimientos escalofriantes; por ejemplo, en un templo de una hermosa ciudad al borde de un lago, encontraron cabezas despellejadas de castellanos, trofeos de la victora huaxteca sobre una de las expediciones del gobernador Garay. Pero, de todos modos, se estableció una colonia castellana en San Esteban del Puerto, ciudad que todavía puede distinguirse en el lugar que hoy se llama simplemente Pánuco.[54] Pedro Vallejo, uno de los conquistadores a los que Cortés comenzaba a ascender, quedó de lugarteniente de Cortés, cuando el grueso de la expedición regresó a México.

Cortés afirmó, más tarde, que gracias a esta expedición pudo entregar a la corona una región extensa y fértil. Pero se lamentó de no haber recibido ninguna compensación por sus gastos, pues dijeron que sólo había ido allí para adelantarse a Garay. Aseguró haber gastado más de treinta mil pesos y que no hubo botín.[55]

Una característica notable de todas estas expediciones fue que tomaron parte en ellas indios, señores lo mismo que soldados: taxcaltecas, texcocanos y también mexicas. A los señores indios se les permitió montar a caballo, vestirse a la castellana y se les dio el rango castellano de capitán. Cortés hasta autorizó que los llamaran de «don», aunque formalmente no tuviera derecho a dar este permiso. Esos hombres tuvieron un papel importante en la conquista de las provincias exteriores de lo que pronto iba a convertirse en el virreinato de la Nueva España. Eran más que los cipayos de un nuevo imperio, pues al cabo de dos o tres generaciones, sus descendientes no podían distinguirse, en costumbres y habla, de los descendientes de los conquistadores. Parece que Cuauhtémoc dio cierto apoyo a estas campañas; por ejemplo, dicen que proporcionó quince mil soldados, y hasta puso a su mando a un primo suyo.[56]

Más importante aún que estas correrías fue la decisión de Cortés, ya a comienzos de 1522, de reconstruir Tenochtitlan y de hacerlo en su anterior emplazamiento. Esta decisión suscitó polémica. En parte, porque indicaba que Cortés había cambiado de parecer, pues al principio había dicho que despoblaría la ciudad y que se ahorcaría a cualquier mexicano que tratara de instalarse en ella. En aquel momento, pensó sólo en construir allí una fortaleza, donde pudieran protegerse sus valiosos bergantines y que dominara el lago en caso de que fuese necesario defender la ciudad. Esto podía tener algo que ver con el cumplimiento de la promesa hecha el año anterior a los tlaxcaltecas, a los que, de todos modos, trataba con cierto distanciamiento. Se construyeron, pues, dos fuertes torres, como atalayas para su posible utilización en una guerra defensiva. Entre ellas estaba un edificio con tres naves y una salida al lago para los bergantines.[57] El trabajo para todo esto se inició antes del final de 1521. Se empleó mano de obra mexica bajo la dirección de Tlacotzin, el *cihuacoatl*, con la intervención de los castellanos en el planteamiento. La arquitectura era de agradable estilo mudéjar.

Pero en enero o febrero de 1522, aun antes de salir hacia Pánuco, Cortés tomó la decisión de reconstruir la capital. Más tarde explicó al rey que había debatido en su fuero interno si no convendría más levantar otra ciudad en los lagos, pero que le pareció que era mejor reconstruir.[58] Las razones para ello eran en parte estratégicas, pues si los mexicanos habían podido resistir tanto tiempo a los castellanos, éstos podrían también mantenerse allí, de surgir la necesidad. Había asimismo una razón psicológica: si no se reconstruía, las ruinas quedarían como un monumento a la gloria de la antigua grandeza mexicana.[59] Pensaba que de no establecer la capital en México-Tenochtitlan, los indios podrían rebelarse.[60] Pero tal vez había una razón más personal. Deseaba recrear una de las maravillas del mundo, cuyo esplendor había descrito a menudo en sus cartas a España.[61] Ninguna ciudad de la vieja Europa, pensaba, era más bella de lo que había sido Tenochtitlan y convenía reconstruirla en mayor escala todavía.[62] Cortés, el príncipe del Renacimiento, crearía algo que haría que la Pienza de Piccolomini pareciera a su lado una simple aldea.

Más adelante se criticó la decisión de Cortés. Así, Vázquez de Tapia, que en 1522 era amigo del caudillo, pero que en 1529 era uno de sus enemigos, dijo que «todos quisieran que fuera la población en Cuyuacán», Tacuba o Texcoco. Vázquez agregó incluso que creía que Cortés puso la capital en su viejo emplazamiento porque esto le permitiría desafiar mejor a las autoridades del rey. Otros atacaron a Cortés con este argumento, en 1529,[63] pero en 1522 esos críticos se manifestaron menos que siete años después, si es que abrieron la boca para disentir. La oposición que se escuchó, entonces, procedía de soldados que pensaban que sería mejor construir en tierra seca, en un lugar sano, cerca de las montañas, donde se dispusiera siempre de agua.[64]

Durante el invierno de 1521-1522 se planeaba ya la reconstrucción. Cortés pidió a Alonso García Bravo —un soldado de Ribera que, en 1520, llegó a la Nueva España con Diego Camargo— que dibujara un plano, una traza.[65] García Bravo no era más arquitecto profesional que Martín López había sido constructor de buques. Su experiencia en la construcción se limitaba a haber ayudado a edificar la fortaleza de la Villa Rica y a construir un palenque que sirviera de hospital para conquistadores enfermos. Con base en esto, Cortés decidió que era un buen «jumétrico» (geómetra).[66] La traza seguía en cierta medida, al menos en el centro, las calles y canales de la vieja ciudad, que habían sido reconstruidas después de las inundaciones de 1501. Se respetó la distribución general de la villa, aunque no está claro si los nuevos arquitectos tenían algo que se pareciera a un plan para la misma. El centro de la ciudad se reservaría a los castellanos y las afueras a los naturales. Se adscribieron lotes a distintas funciones: catedral, prisión, palacio del gobernador, mercados, monasterios y demás, y se estableció la división en manzanas, que se ofrecerían a quienes se dijeran dispuestos a financiar un edificio. Hubo discusión acerca de la localización adecuada del nuevo matadero, del nuevo mercado de la carne, de los graneros, de las fuentes, de los puentes y calzadas, para no hablar de los albañales, conductos de agua y plazuelas. Los arquitectos dibujaron las fachadas de todos los edificios, e insistieron, inspirados por el mismo Cortés, en la uniformidad. Se rechazaron los planos de edificios que no encajaran en el modelo general. Años después se hablaba de casas construidas con tanta regularidad que ninguna se apartaba ni un dedo de la recta avenida que conducía a

Tacuba, con un canal en su centro.[67] Tal vez García Bravo adquirió alguna experiencia personal en su tierra de Castilla con las ciudades que allí se construyeron con plano cuadriculado. En todo caso, actuó como si la tuviera.[68]

El plan de García Bravo era de inspiración romana. Así, el agua no era sólo responsabilidad del municipio, sino que se conduciría a los edificios, cosa que en aquellos tiempos nunca se hacía en Castilla. La pavimentación sería responsabilidad del dueño de cada casa, lo mismo que la limpieza y conservación de la calle. Se fijó en catorce varas la anchura de las avenidas, a la vez que se ensanchaban y profundizaban algunos de los canales. Los cuatro barrios para los naturales, alrededor de la traza, serían de dimensiones similares a las de los cuatro barrios de Tenochtitlan. Pero a sus viejos nombres se les puso un prefijo cristiano: San Juan Moyotla, Santa María Tlaquechiucan, San Sebastián Atzacualco y San Pablo Teopan.[69] Se encargó la reconstrucción y repoblación de esos barrios a algunos señores mexicanos. Tlatelolco sobreviviría como Santiago Tlatelolco y se restauraría su mercado, a la vez que se excavaría de nuevo el canal de Tezontlalli, que separaba Tlatelolco de Tenochtitlan. Cortés mismo «señaló sitio en la plaça mayor para abdiencia, e casa de cabildo, e carcel, e carneceria, e fundición de oro».

Las obras se iniciaron a comienzos de 1522.[70] Se asignaron los solares, cosa que, una vez más, provocó polémicas. Se acusó al caudillo de haberse mostrado en esta distribución especialmente generoso con sus amigos y parco con sus enemigos, y se rumoreó que se había atribuido a sí mismo nada menos que cincuenta solares. También se criticaron más tarde las torres que Cortés y Alvarado levantaron en sus palacios (pues en Castilla había una ley que prohibía la construcción de torres si no se obtenía permiso previo, y se daba por descontado que esto se aplicaba a la Nueva España).[71] El palacio de Cortés estaba en el solar del antiguo palacio de Moctezuma; encontró un arquitecto en un tal Juan Rodríguez, pero los albañiles eran, al parecer, de Chalco, Huexotzinco, Tepeapuloco y Otumba, es decir, los mismos lugares de los cuales los mexicas trajeron, en el pasado, a los constructores de sus grandes palacios.[72] Otra queja era que Cortés, pese a su constante asistencia a misa, fue lento en la construcción de un templo y se contentaba con una capillita, en un porche, al lado, se decía, de un cuarto en que dormían indios, negros y perros y donde se hallaban sus caballerizas.[73]

Pero lo más impresionante de esos primeros tiempos de la reconstrucción de México-Tenochtitlan era lo hercúleo de la empresa. ¿Es que en la primavera de 1523 había realmente, como escribió Ixtlilxochitl, cuatrocientos mil mexicanos trabajando bajo la dirección de capataces texcocanos y la supervisión de un príncipe de Texcoco, «don Carlos Ahuaxpitzatzin» y del ex *cihuacóatl*?[74] Ya sabemos que las cifras del siglo XVI no son de fiar. Pero, de todos modos, muchos naturales de todas partes del Valle de México y de más lejos, trabajaron muy duro y por mucho tiempo en la obra. Impresionaba la imaginación de los mexicas que quedaban el saber que el hijo superviviente de Moctezuma, «don Pedro Moctezuma», como ya se le llamaba, tenía a su cargo la supervisión de los trabajos en un distrito. Todos esos hombres colaboraron con los conquistadores y ello hizo la tarea mucho más fácil de que lo que el caudillo pudo haber supuesto de antemano.

El franciscano fray Motolinía, que llegó a la ciudad en 1524, dijo que en esta gran empresa trabajaban más gentes que lo hicieran en el templo de Jerusalén[75] y que «los cantos y voces apenas cesaban ni de noche ni de día, por el gran fervor que traían en la edificación del pueblo los primeros días». Ningún plan de construcción, en la Europa del siglo XVI, se acercó a esta empresa mexicana por sus dimensiones, su ambición y su esplendor.

Fue sorprendente la rapidez con que los mexicanos se adaptaron a las técnicas europeas. Todo lo nuevo les parecía atractivo, de los clavos a las poleas, de las velas a los cuchillos afilados, de los carretones a los tornillos. El empleo de carretillas resultó especialmente interesante, pues en la construcción de la nueva ciudad, la rueda articulada en carros lo mismo que en carretillas se utilizó por primera vez en una sociedad de la que podía decirse que bien la necesitaba. Pronto llegaría un medio de movimiento todavía más importante: el mulo, la gran máquina de la sociedad mexicana durante los cuatrocientos años siguientes.[76] No hay duda que la sociedad mexicana antes de 1518 había sido «un mosaico de costumbres imitadas», imitadas de los toltecas y los mayas, los otomíes y los totonacas. Pero nada causó tanta impresión como las innovaciones europeas. «Son amigos de novedades», comentaron Luis Marín y Martín Vázquez, dos de los amigos de Cortés.[77] Herodoto encontró que los persas eran buenos para aprender las costumbres de otras gentes. Los mexicas también lo eran.

Pronto las almas mexicanas se verían igualmente capturadas por los frailes mendicantes europeos. En los meses que siguieron a la caída del viejo imperio, el trabajador mexicano corriente se encontraba desorientado. Ya no recibía las instrucciones a las que estaba habituado y que le indicaban los momentos favorables para sembrar y cosechar. Las conchas estaban silenciosas, los libros ilustrados, olvidados y muchos quemados. El trabajo sin un marco ceremonial era un trabajo carente de sentido y de la aprobación de los dioses.

38. LA CLÁUSULA DEL TESTAMENTO DE ADÁN QUE EXCLUYE A FRANCIA

Quisiera ver la cláusula del testamento de Adán que excluye a Francia de la división del mundo

FRANCISCO I DE FRANCIA

Cortés aún no había recibido ningún mensaje claro del rey ni tenía un conocimiento exacto de lo sucedido en Castilla. Debió enterarse (por ejemplo por Juan de Burgos o Alaminos, o por otros que navegaron desde la vieja España en 1521) de que la razón del silencio del rey era su ausencia en Flandes y su ambición de ese papel «cesáreo» del que Cortés mismo habló en varios documentos. Pero llevaban transcurridos ya tres años desde que Montejo y Portocarrero dejaron Vera Cruz y un año desde que la batalla de Villalar puso término a las aspiraciones de los comuneros. ¿Cómo era posible que no hubiera carta alguna de la Corona cuyo territorio tanto había extendido, como Cortés se decía a sí mismo y a quienes le rodeaban? El caudillo pudo no saber nada de cuán grave resultaría la derrota de los comuneros para espíritus libres como el suyo, ni de que, entre las consecuencias de la misma, estaría el hecho de que el rey o sus consejeros vieran que la Inquisición (ya fortalecida) podría emplearse para fines políticos tanto como espirituales.[1]

Por eso, Cortés mandó nuevas cartas. Primero una tercera *Carta de relación*, firmada en Coyoacán el 15 de mayo de 1522. Difería en los títulos dados a su destinatario de la segunda carta, la enviada desde Segura de la Frontera, de igual modo que ésta difería de la primera. Cortés la dirigió «al muy alto y potentísimo César e invictísimo Señor Don Carlos, emperador semper Augustus y Rey de España, nuestro Señor». Relataba en detalle la captura de Tenochtitlan. Constituía una de los relatos más vívidos de la literatrura española del siglo. El tesorero del rey, Alderete, Alonso de Grado y Vázquez de Tapia la endosaron como un relato fiel.[2] Hubo otra carta al rey, ésta privada (pues Cortés sabía que la *Carta de relación* se publicaría), cuyo punto principal era la siguiente reflexión: «Lo que a Vuestra Alteza quiero solamente hacer saber es que después de que en esta tierra estoy, que ha más de tres años, siempre he escrito e avisado a Vuestra Majestad y a los de su Consejo de las Indias cosas que importaban mucho a su servicio, y nunca hasta ahora de cosa de ellas he habido respuesta; la causa creo ha sido, o no ser bien recibidas mis cartas y servicios, o la distancia de la tierra, o la negligencia de las personas que solicitan mis negocios; y lo mismo ha acaecido a los pobladores y conquistadores de esta

Nueva España que allá tienen sus procuradores.»[3] Finalmente, parece que hubo una tercera carta en la que se sugería que Cortés podría explorar a su propio cargo toda la costa del Pacífico, a cambio de recibir un décimo de la riqueza obtenida y un señorío sobre tres de las islas que se descubrieran.[4]

Estas cartas iban acompañadas por un tesoro asombrosamente valioso, cuyas dimensiones hacen pensar que el caudillo no había sido precisamente muy claro en sus tratos con sus seguidores. Cortés decidió enviar todo esto a España bajo la guardia de su camarada, tan fiable como complicado, Alonso de Ávila y de Antonio de Quiñones, su propio guardaespaldas en la última parte de la guerra de México. Llevarían unos cincuenta mil pesos en oro, numerosas joyas, entre ellas perlas del tamaño de avellanas, mucha jadeíta, algunos huesos que se creían de gigantes (tal vez fuera de dinosaurios), y tres jaguares vivos, que Cortés describía como «tigres».

La lista de destinatarios era tan sorprendente como la de los regalos. Cortés, el hombre «nacido entre brocados», se presenta ahora como Mecenas del Nuevo Mundo. Ningún otro conquistador había conseguido hacer igual. En realidad, es dudoso que una masa de tesoros tan considerable hubiese sido enviada jamás a Europa desde el otro lado de los mares. La corona iba a recibir la parte del león: su quinto ascendía a algo más de nueve mil pesos.[5] Pero, de añadidura, Cortés no olvidó a ninguno de los miembros del Consejo de Castilla que tenían relación con los asuntos de las Indias. En primer lugar estaba el obispo Fonseca, su enemigo mortal, pero que, pese a sus prejuicios respecto a los aventureros, se interesaba por las artes, de modo que era mejor no recordar la enemistad pasada. Tampoco olvidó al hermano de Fonseca, Antonio, el desacreditado comandante del ejército castellano durante la reciente rebelión, el hombre que incendió Medina del Campo. Cortés, desde luego, envió un obsequio al obispo Adriano, cuya importancia como regente de Castilla conocía, aunque no previó que, para entonces, sería ya papa.[6] En la lista figuraban también Fadrique Enríquez, almirante de Castilla, y el condestable Íñigo Fernández de Velasco, que, en el verano de 1520, habían sido agregados a la regencia para evitar que la rebelión de los comuneros se convirtiera en una revolución. Estaba asimismo el obispo de Palencia, doctor Pedro Ruiz de la Mota, primo de uno de los capitanes de Cortés, que fue el orador que en 1520, como presidente de las Cortes de Castilla, se refirió a Carlos V como «emperador del mundo». Nadie se habría sorprendido de encontrar en la lista ese cortesano perpetuo, el comendador mayor de la orden de Santiago, Hernando de Vega, casado con una prima del difunto rey Fernando y cuyas peticiones al tesoro de las Indias han sido descritas por un hostil historiador moderno como «insaciables».[7] No se olvidó siquiera de los grises funcionarios de la Casa de Contratación (Sancho de Matienzo, Francisco Pinelo y Juan López de Recalde, respectivamente tesorero, administrador y contador de esa institución), que a lo largo de los años hicieron todo lo posible para entorpecer el camino de Cortés. Se incluían en la lista varios secretarios reales (por ejemplo, el doctor Luis Zapata, el burócrata tan apreciado por Fernando el Católico que a veces le llamaban «el rey chiquito».[8] Había también la estrella ascendente de la burocracia real, Francisco de los Cobos, aunque, cosa interesante, Cortés no incluyó ni a Lorenzo Galíndez de Carvajal, ni al doctor Diego Beltrán, que poco después serían los primeros empleados con paga del Consejo de las Indias, y no lo hizo porque los procuradores de Cortés se habían asegurado de antemano de su apoyo. También se favoreció con regalos a importantes aristócratas castellanos, por ejemplo, el duque de Alba, sobrino por matrimonio de Diego Colón, de quien era el mejor amigo en la corte. Se incluyó en la lista también al turbulento conde de Medellín, el señor de la propia ciudad de Cortés, como su hijo y heredero Juan; claro que este regalo se debía no al afecto, sino a la política local. La omisión más importante de la lista era la de los consejeros flamencos que tanta influencia tenían con el rey, pues ni tan sólo el consejero imperial Gattinara figuraba en ella.

Los obsequios a Fonseca resultan característicos de lo que eran todos los demás:

«Una capa a manera de muceta, el campo azul de argentería de oro y el collar de muchas labores e colores de plumas e la orladura blanca.

»Ítem una como capilla verde, este collar de muchas labores e colores de plumas e oro e orla de muchos monstruos labrados de plumas.

»Ítem cuatro rodelas, la una de un monstruo de muchos colores e oro en el campo azul; la otra el campo verde con un rubí en medio, labrada azul y oro; la otra con el campo azul e dos ruedas de oro en medio, e un monstruo en la una; la otra el campo azul con cuatro caracoles de oro en él y dos bandas de oro.

»Ítem un papagayo labrado de pluma que está echado encima de unas yerbas con el pico de oro.

»Ítem un papagayo labrado de pluma que está echado encima de yerbas.

»Ítem un cigarrón de pluma que está fecho a manera de vestales.

»Ítem un plumaje de cimera con unas plumas verdes largas, con unos cañones de oro que parecen una mata.

»Ítem uno como báculo de pedrería de muchos colores para él».[9]

También recibieron donativos muchas iglesias y capillas. Cortés siguió en esto buenos consejos —tal vez de fray Melgarejo, o de Olmedo o hasta de Alderete—, pues las destinatarias estaban sutilmente escogidas, aunque su número habría inquietado a cualquier corte austera. Había dos lugares favorecidos en Sevilla: primero, la capilla de La Antigua, en la catedral, con su hermosa Virgen con la rosa en la mano, cuyo techo hizo elevar, por la época en que Cortés dejó España, el cardenal arzobispo Diego Hurtado de Mendoza, con el fin de colocar allí su propia tumba (la imagen de la Virgen de la Rosa es de comienzos del siglo XV, pintada sobre lo que fuera el muro de la mezquita, cuando todavía se usaba por los cristianos como iglesia, y ha sido muy retocada a lo largo del tiempo, pero cabe presumir que la rosa se hallaba ya allí cuando Cortés estuvo en Sevilla); segundo, el gran monasterio cartujo de Las Cuevas, que, «exceptuando la cartuja de Pavía, no creo que hay mejor», según Tomás Münzer, con su jardín encantador y sus notables vergeles, justo fuera de los muros de Sevilla, en la orilla occidental del Guadalquivir, donde yacía entonces el cuerpo de Colón, y que, decía el embajador veneciano Andrea Navagero, daba a los monjes «un buen escalón para subir de allí al Paraíso».[10] Estos dos donativos a Sevilla eran posiblemente tácticos. No reflejaban los gustos de Cortés, que acaso hubiese preferido hacerlos a la Virgen de los Remedios más bien que a la de la Antigua. Pero ésta era la Virgen más popular de Sevilla, a juzgar por su frecuente empleo, en aquellos tiempos, en los nombres de los buques así como para bautizar a ciudades en el Nuevo Mundo, era, como ya se indicó, la Virgen más popular de Sevilla. Colón había dado su nombre a una de las Islas de Sotavento, en su ruta de España a La Española, nombre que, como es sabido, todavía conserva.[11]

Cortés no se olvidó de la capilla de San Ildefonso, en la catedral de Toledo, construida por el primado guerrero de este nombre en tiempos de Alfonso VIII, ni del convento de Santa Clara, de Tordesillas, donde, como debió de explicarle Julián de Alderete, estaba la tumba de Felipe el Hermoso, todavía objeto de los suspiros de su siempre enlutada viuda, la reina Juana. Otro obsequio fue al convento dominico de Santo Tomás, de Ávila, una residencia real construida, según se decía, con los bienes confiscados a los judíos expulsados; también allí había una tumba, la del llorado infante Juan, el único hijo del rey Católico (una tumba humilde construida por el tesorero del príncipe, Juan Velázquez de Cuéllar, primo del gobernador de Cuba). El donativo a Toro fue a la famosa iglesia románica de la Colegiata de Nuestra Señora del Portal, favorita de las poderosas familias de Deza y Fonseca, como acaso explicara a Cortés su nuevo mayordomo, Diego de Soto, oriundo de Toro. Y seguía la lista: la capilla del Crucifijo, de Burgos, cuya famosa imagen de Cristo se creía hecha, al estilo mexicano, con piel humana, aunque después se ha comprobado que era de piel de búfalo con cabello humano; el templo de San Francisco, de Ciudad Real, posiblemente por consejo de Alonso de Ávila, que era de esta ciudad; el monasterio jerónimo de Guadalupe, del que eran muy devotos los conquistadores extremeños; la catedral de Santiago de Compostela, la de San Salvador de Oviedo, y, desde luego, el nuevo monasterio de San Francisco, de Medellín, fundado en 1508 por el conde de este nombre en las afueras de la ciudad, a orillas del río Ortigas, no lejos del viñedo del padre de Cortés. Cada uno de esos lugares tenía un significado especial en la vida política y eclesiástica castellana de la época. La catedral de San Salvador, de Oviedo, por ejemplo, no sólo albergaba uno de los zapatos de san Pedro y una jarra con agua de la que Jesús cambió en vino, sino también las tumbas de los reyes de Asturias; era un templo tan famoso que en el siglo XV a la ciudad de Oviedo se la llamaba, más a menudo que por su nombre, por el de San Salvador.[12] Como en la lista de los regalos a personajes, en la de los dones a capillas había algunas omisiones curiosas: nada para Salamanca, nada para Valladolid, las dos ciudades donde se presume que Cortés aprendió el arte de vivir.

Todo este tesoro viajó con Ávila y Quiñones en dos buques. Había un tercero, el *Santa María de la Rábida*, que los acompañaba con Juan Bautista de capitán, el mismo que mandó la nao de Cortés en 1518 y la de Montejo en 1519 y que había regresado a México, acaso con Alaminos, en otro bajel, el *San Antonio*, a comienzos de 1522.[13] En este buque iban el fundidor de metales de Cortés, Antonio de Benavides, y Juan de Ribera, secretario de Cortés, que había aprendido algo de náhuatl.

El grupo llevaba varios documentos, además de las cartas de Cortés: un poder notarial en favor de Martín Cortés, padre del caudillo, y más dinero para él.[14] El regimiento de México mandaba, al parecer, una carta al rey reseñando los «grandes servicios» prestados por Cortés, pedía el envío, tan pronto como se pudiera, de obispos y monjes para ayudar a la conversión del país y agregaba que la Nueva España se perdería si se confirmara a Tapia como gobernador. El regimiento pedía al rey que no permitiera que el obispo Fonseca interfiriera en la administración de la Nueva España, pues «rompería el hilo» de muchos asuntos relacionados con la conquista.[15] (Fonseca había ordenado a Ysaga, nuevo contador de Cuba, y a Juan López de Recalde, su homólogo de la Casa de Contratación de Sevilla, que no enviaran armas a Cortés.) También esperaba el regimiento de México que Garay se quedara en Jamaica hasta que Cortés terminara su conquista de Pánuco, pues tener a dos capitanes allí podía ser peligroso. Y pedía al rey que no enviara más abogados a la Nueva España, pues pondrían el país patas arriba. Finalmente, esperaba que el rey retirara a Velázquez de Cuba y que le castigara por haber tratado de que mataran a Cortés. Esta carta reflejaba claramente el espíritu de Cortés, aunque la pluma no fuese la suya.

La mayor parte del tesoro iba en los buques con Quiñones y Ávila, y, según parece, Ribera y Benavides, en el *Santa María de la Rábida*, llevaban copias de las cartas y el dinero para Martín Cortés, así como algunos indios y algunas piezas menores de plumajería y orfebrería.[16] Los barcos se hicieron a la mar el 22 de mayo.

El viaje fue desastroso. En primer lugar, Julián de Alderete, tesorero del rey, convertido en enemigo de Cortés durante el asunto Tapia, iba también a bordo. Había dejado a Cortés estando en malas relaciones, puesto que le dijo que era un traidor al que ya no podía soportar y que tenía que ir a Castilla para decírselo todo al emperador, su señor.[17] Alderete enfermó poco después de que su buque dejara Vera Cruz y murió cerca de La Habana, envenenado, según algunos, y según otros, a causa de «una ensalada que le dieron al tiempo que se quería embarcar».[18] Luego, a mitad del Atlántico, uno de los jaguares escapó de su jaula, mató a dos marineros e hirió a otro, antes de saltar por la borda.[19]

Luego, tras un viaje sin más percances por el Atlántico, Antonio de Quiñones, el guardaespaldas de Cortés, fue muerto a puñaladas en la isla Terceira, de las Azores, durante una reyerta por una muchacha.[20]

Finalmente, a medio camino entre las Azores y España, el pirata francés Jean Fleury, de Honfleur, atacó la pequeña flota, con seis barcos y bajo el mando general del principal marino francés de la época, Jean Ango, de Dieppe. Ango probablemente se percató de las riquezas de la nueva «tierra del oro» al enterarse de los regalos de Cortés a Carlos V expuestos en Bruselas en 1520. En consecuencia, ordenó a Fleury que se pusiera al acecho, abordara los buques con el tesoro y los llevara a Dieppe, con el tesoro, Alonso de Ávila y los demás tripulantes.[21] Fleury fue el precursor de innumerables piratas que utilizaron las guerras de Francia con España para robar en alta mar, y fue también uno de los más eficaces.[22] Francisco I de Francia proporcionó la justificación: «Quisiera ver la cláusula del testamento de Adán que excluye a Francia de la división del mundo.»[23] Así se perdieron los grandes dones de Hernán Cortés. Y así entró Francia en la historia moderna de México.

En 1527 se pudo tener un último vislumbre de esos dones. Ese año, Ango dio una fiesta en su notable *manoir* renacentista de Varengeville, en las afueras de Dieppe. Acudieron a ella hasta gentes de París. Se representó una *masque*, titulada *Les Biens*, compuesta por uno de sus mejores marinos que era también hombre de letras, Jean Parmentier, un genio en su estilo.[24] Se presentaban simbólicamente todas las riquezas de la tierra y desfilaban los héroes de la antigüedad, ataviados con extraños vestidos que eran, seguramente, los robados a Cortés y a sus destinatarios españoles. Ahí estaba, por ejemplo, Alejandro Magno bajo un palio que se dijo que había sido hecho por indios. Delante de él iba un paje medio desnudo, con plumas, llevando una espada de dos empuñaduras. Había hojas de oro en forma de serpiente.[25] Luego, excepto por una compra por el almirante Philippe de Brion Chabot, de una gran pieza de jadeíta que tomó por esmeralda, los tesoros de Cortés se desvanecieron por completo.[26] Había terminado el gran espectáculo. Tal vez un día, en los jardines de Varengeville, que todavía existen, se encontrará algún vestigio de esas riquezas. Tal vez su venta ayudó a Ango a sufragar la reconstrucción de la iglesia de Saint Jacques, de Dieppe, o le permitió contratar a artistas italianos para decorar Varengeville con medallones italianos con las efigies de él, su esposa, el rey y la reina.[27] Pero la mayor parte del oro fue, sin duda, fundida, las turquesas desengastadas, y se dejó que las plumas se desintegraran en alguna arca olvidada de Varengeville.

Alguna influencia de lo que tan despreocupadamente se dispersó puede adivinarse en las figuras de la capilla de Ango en esa iglesia de Saint Jacques, así como en una de las máscaras que rodean la colosal tumba de su protector, el cardenal D'Amboise, en Rouen, terminada precisamente aquellos años.[28] Hay también la posibilidad de que un amigo del cardenal D'Amboise, el excéntrico cardenal obispo de Lieja, Erard de la Marck, se dejara influir por algunos de los tesoros de Fleury (o de Cortés); por ejemplo, en las máscaras emplumadas de los capiteles de su nuevo palacio episcopal, comenzado en 1526, una especie de *Elogio de la locura* en piedra, como ha sido ingeniosamente descrito.[29]

Cuando llegó a Cortés la nueva de la pérdida de este gran tesoro, probablemente a comienzos de 1523, se sumió, como es natural, en una honda melancolía. El «caballero corsario» de Cuba, de 1518, había sido superado por un verdadero profesional. Cuán perspicaz fue Isabel la Católica al declarar que los franceses eran un pueblo que aborrecía a la nación castellana.[30] Todos los donativos de Cortés habían sido preparados con cálculo para ganarle amigos. Eran una expresión de sus éxitos.[31] Este desastre constituyó el punto de partida de la idea de que las flotas con tesoros fueran escoltadas.[32] Pero esto ya era tarde para Cortés.

El tercer buque de la expedición, el *Santa María de la Rábida*, sin embargo, consiguió escapar al acecho de los franceses, y así Juan de Ribera, Antonio de Benavides y Juan Bautista arribaron a España el 8 de noviembre.

39. UN REY ABSOLUTO

GONZALO DE MEXÍA refiriéndose a Cortés, c. 1524

La situación en Castilla era tan diferente, en el otoño de 1522, de lo que fuera cuando Ordás y Mendoza llegaron a España en 1521 como lo había sido en este año respecto al momento de la llegada de Montejo y Portocarrero en 1519. El 1 de marzo de 1522 se habían recibido noticias de la caída de Tenochtitlan, de cuyo acontecimiento se imprimió, en setiembre, una breve reseña como posdata de la edición por Cromberger de la segunda carta de relación de Cortés (la redactada en Tepeaca).[1] Luego, en mayo, el nuevo papa Adriano, aunque preocupado por sus planes para hacer frente al desafío de Lutero (pues había hecho la asombrosa promesa de reformar la jerarquía de la Iglesia romana), dio a entender que no había olvidado los asuntos de las Indias al dar una bula en Zaragoza, *Exponi nobis fecisti*, en que repetía la decisión de su predecesor de enviar a México a frailes de la orden mendicante y «en particular los frailes menores de la orden regular». (Adriano sólo partió a Roma el 7 de agosto y entró en la Ciudad Santa el 29 de este mes.)[2]

En junio, el rey emperador Carlos, en su viaje de regreso de Alemania, mostró que él también se percataba de la importancia del descubrimiento de México al enseñar al rey Enrique VIII de Inglaterra algunos de los tesoros de Moctezuma.[3] El 17 de julio, Carlos llegó a Santander, y de allí fue a Palencia, donde recibió informes de las Indias, no simplemente de boca de los obispos Fonseca y La Mota, sino asimismo por la carta de Cortés del 30 de octubre de 1520 y por la breve y ahora perdida que había llegado en marzo de 1522.[4] El emperador descabalgó en Valladolid, la ciudad de la que hacía su capital en España, el 25 de agosto.[5] Iba a quedarse en España durante siete años, es decir, el período más largo de permanencia en un mismo lugar en toda su vida.

Aquel verano lo ocupó el emperador reorganizando los distintos consejos y subcomités de su reino español, reduciendo el Consejo de Castilla, despidiendo a muchos funcionarios y nombrando a otros. El Consejo de las Indias estaba a punto de convertirse en una institución especial y el doctor Diego Beltrán fue nombrado en mayo de 1523 miembro vitalicio del mismo, con lo que contaba ya con su primer funcionario pagado. «Agora y de aquí adelante para toda vuestra vida seades uno de los de nuestro Consejo de las Indias», como decía la real cédula correspondiente.[6] Carlos confirmó la decisión del papa Adriano de privar al obispo Fonseca del derecho automático de jurisdicción en el caso de Cortés, y parece que Fonseca recibió una reprimenda por haber ocultado informaciones sobre Cortés y sus peticiones.[7] Su protegido, el tesorero por largo tiempo de la Casa de Contratación, fue sustituido como resultado de las acusaciones de su nuevo colega, Aranda.[8] Carlos nombró un comité especial para que le asesorara en el asunto de Cortés. Fonseca no era miembro de él.

Este comité se componía del gran canciller, Mercurino Gattinara, que, tras la reciente muerte del príncipe de Cröy en Worms, era el supremo consejero del emperador; de dos consejeros flamencos, La Chaulx y De La Roche;[9] del inevitable Hernando de la Vega, comendador mayor de la Orden de Santiago; de Lorenzo Galíndez de Carvajal, del Real Consejo de Castilla, primo de Cortés, abogado e historiador, y de Francisco Pérez de Vargas, tesorero de Castilla.[10] Se reunieron en la residencia de Gattinara en Valladolid.[11]

Ni Cortés ni Fonseca podían sentirse seguros ni satisfechos del todo con un comité así compuesto. La Chaulx y Galíndez de Carvajal probablemente apoyarían a Cortés. Vargas, corrupto pero tolerante, y Hernando de Vega, príncipe de sinecuras y beneficios indirectos, eran ambiguos, como lo era De la Roche. Pero todos, en España, se daban cuenta de que Gattinara tenía el voto decisivo.

Los miembros de este comité debieron leer las cartas al rey de Cortés y de otros miembros de la expedición. También debieron ver las de Velázquez, Ayllón y Tapia. Examinaron sin duda otros documentos de la Audiencia de Santo Domingo y de Velázquez, entre ellos los que se derivaban de la probanza ordenada en junio del año anterior. Es seguro que leyeron una carta del tesorero de La Española, Miguel de Pasamonte, de enero de 1520, que decía al rey que si Cortés era culpable de rebelión, debería castigársele para disuadir a otros de cometer el mismo delito. Pero vieron también muchos documentos traídos de la Nueva España por Diego de Ordás; por ejemplo, las declaraciones firmadas en Tepeaca, en 1520, por numerosos conquistadores, en favor de Cortés.[12] Tal vez tenían sobre sus mesas los informes de las deliberaciones en México presididas por Ávila, ahora prisionero de los franceses. Debieron escuchar a las numerosas personas que sabían lo que estaba en juego entre Velázquez y Cortés, e indudablemente recibieron a los parientes de Diego Velázquez, de Cuéllar, como Manuel Rojas y Bernardino Velázquez, así como Andrés de Duero, el antiguo socio de Cortés y antiguo secretario de Velázquez, veterano de la «noche triste», que estaba ahora en España. Debieron hablar con el enérgico capellán de Velázquez, fray Benito Martín, de regreso de Cuba. Pero también recibirían probablemente a Martín Cortés, Diego de Ordás,

Antonio de Mendoza, Francisco de Montejo y Francisco Núñez, abogado y primo de Cortés.

Tal vez el comité estaba influido por el sentimiento de triunfo que embargaba a España después del regreso a Sanlúcar de Barrameda, en setiembre, de Juan Sebastián El Cano en su nao *Victoria*, con su carga de clavos de olor de las Molucas, tras dar la vuelta al mundo por primera vez en la historia, aunque el gran capitán Magallanes hubiese muerto antes de completarla. Debió de influir asimismo el oro enviado de México, por más que el último se hubiera perdido en manos de los franceses; como ya se vio, en 1520, los primeros envíos de oro de Cortés se utilizaron en Mallorca y en Túnez, mientras que en el invierno de 1522, el oro mexicano se empleó al servicio de las ambiciones europeas del emperador, por ejemplo, en el pago de una tropa en San Sebastián en noviembre.[13] Un aire de confianza reinaba en España a fines de 1522, una vez resuelta finalmente la cuestión de las comunidades, tras el trato relativamente benigno a los culpables de rebelión.[14] Emergían nuevas muestras de filantropía privada.[15] Seguramente que no dejó de influir en el comité la defensa de Cortés por Mártir, pues este erudito italiano lo presentaba, pese a todo, «como un gran hombre», que, si se le trataba adecuadamente, proporcionaría muchos ingresos a la corona.[16] Probablemente se tuvo en cuenta el hecho de que Diego Velázquez hubiera desobedecido las órdenes de la Audiencia al enviar a Narváez a México. Por eso criticaron a Narváez por haber encarcelado y desobedecido las órdenes de Ayllón. Y probablemente el comité recibió al propio Ayllón.

Sea como fuere, y no sin algunas vacilaciones acerca de lo que escucharon sobre el carácter de Cortés, el comité llegó a una decisión favorable al caudillo. Cierto que el comité consideraba que Cortés debía reembolsar a Velázquez lo que éste había gastado en la flota de 1518, pero todos los demás puntos contenciosos entre los dos deberían resolverse por los tribunales. Y, cosa importante, se indicó a Velázquez que no volviera a inmiscuirse en los asuntos de Cortés y se ordenó que pasara por la humillación de una probanza de su conducta.[17]

El emperador, al tener conocimiento de estas decisiones, el 11 de octubre de 1522 nombró oficialmente a Cortés adelantado, repartidor de indios y, por encima de todo, capitán general y gobernador de la Nueva España, y confirmó cuanto hizo antes el caudillo al servicio de la corona.[18] Una cédula del 15 de octubre daba instrucciones al nuevo capitán general acerca del trato a los mexicas y otros indios, de las concesiones a los procuradores y fijaba otras normas para una sistema colonial en regla.[19] Al nombrar a Cortés para esos cargos, el emperador le escribió una carta en la que hablaba calurosamente y con entusiasmo de sus éxitos.[20] Al mismo tiempo se nombró a Ordás para la Orden de Santiago.[21] Tal vez Carlos se regocijaba por el éxito de una gran empresa, pues por muy piadoso y responsable que fuera, siempre le impresionaron los relatos de grandes hechos de armas, como lo indica su afición a los libros de caballerías, por ejemplo *Le Chevalier Delivré*, de Olivier de la Marche.[22]

Pocos prestaron entonces atención a otra cédula del 15 de octubre que nombraba a cuatro personas para ayudar a Cortés en su gobierno de la Nueva España: Alfonso de Estrada, del que se decía que era hijo ilegítimo del rey Fernando, como tesorero; Gonzalo de Salazar, como administrador; Rodrigo de Albornoz, como contador, y Pedro Almíndez Chirino, como veedor. Esos hombres, entonces desconocidos, todos ellos castellanos, acabarían dando a Cortés tantos quebraderos de cabeza como se los dieran Velázquez y Narváez. A Albornoz le entregaron una clave con la que comunicarse con el Consejo de las Indias, pues esta institución ya temía lo que describían como «los astutos manejos de Cortés, su ardiente avaricia y casi manifiesta voluntad de alzarse con el mando».[23]

Una cédula del 20 de octubre fijaba los sueldos de Cortés y su personal. Son interesantes sus cifras. Cortés, en su calidad de capitán general, recibiría trescientos sesenta y seis mil maravedís anuales; el alcalde mayor, cien mil, mientras que los doctores, boticarios y cirujanos ganarían treinta mil. Los soldados de a pie, once mil ochocientos treinta y dos. Pero los nuevos funcionarios reales cobrarían quinientos cincuenta mil maravedís al año, lo que permitía adivinar los problemas que surgirían. No escaparía a la atención de Cortés que la suma fijada para él era la misma que la que se concedió veinte años antes a Ovando cuando salió hacia La Española, y también a Pedrarias al partir a Castilla del Oro. Aún teniendo en cuenta lo que en la corte se pensaba de Ovando y Pedrarias, parecería que los éxitos de Cortés merecían más.[24] Claro está que el presidente del Consejo Real, el arzobispo de Granada, Antonio de Rojas, recibía sólo trescientos cincuenta mil maravedís, el doctor Diego Beltrán, cien mil, y el piloto mayor de Sevilla, cincuenta mil, aparte de veinticinco mil para gastos.[25]

Así, cuando Ribera, Benavides y Bautista finalmente llegaron a Sanlúcar de Barrameda y luego a Sevilla, en noviembre de 1522, encontraron que el país había reconocido los méritos de Cortés y estaba pronto a honrarle. El mismo día que arribaron a España, Cromberger publicó en Sevilla la segunda carta de Cortés, la fechada el 20 de octubre de 1520, acompañada por la breve nota en que se informaba de haberse conseguido la victoria. Antes, la oposición de Fonseca no había permitido su edición. Los nuevos emisarios pudieron, claro está, completar esta carta con la tercera de Cortés, que describía el sitio y caída de Tenochtitlan. Ribera y Benavides pronto hablaron con el gran chismoso de Pedro Mártir sobre lo que ellos habían visto y sentido, para beneficio de los lectores de ese erudito. Un resumen de las cartas de Cortés se imprimió magníficamente en Milán, por los mismos hermanos Calvo que habían publicado nada menos que a Boccaccio y a Lutero.[26] Cortés no podía recibir mejor cumplido. Ribera entregó las cartas que traía a los funcionarios correspondientes; la propuesta de Cortés de explorar a su costa el Pacífico fue recibida, así, por el doctor Beltrán, que sugirió que se aplazara el estudio de esta idea.[27]

A comienzos del invierno de 1522 Ribera visitó a Martire, probablemente en Sevilla. Estaban presentes también el legado papal Marino Caracciolo y el ilustre embajador veneciano Gasparo Contarini. Caracciolo se esforzaba en lograr que se negociara con el elector de Sajonia respecto a Lutero, pero ello no le impedía interesarse por el Nuevo Mundo desde que fue secretario del cardenal Ascanio Sforza, cargo que le permitiera conocer las primeras cartas de Mártir acerca de Colón.[28] Contarini, por su parte, estaba probablemente preparando el primer borrador de su famoso ensayo en alabanza de su propio país y su gobierno.[29] Ribera, a pesar de que traía lo que Cortés hubiera considerado tesoros de poco rango, enseñó a los diplomáticos una asombrosa colección de collares de perlas, anillos en forma de pájaro, pendientes, vasijas, cadenas de oro, así como plumas, escudos, cascos y «la hermosura de dos espejos» de obsidiana, montados en oro y madera, según escribió Mártir. Luego les mostró telas de algodón, vestidos de plumas y de pelo de conejo, así como algunos mapas pintados. Finalmente, un mexicano vestido con una túnica de plumas, taparrabo de algodón, un pañuelo colgando de su cintura y calzando hermosas sandalias (huaraches), representó un combate en una batalla mexicana, empleando un *macuauhuitl*, pero sin los filos de obsidiana. Llevaba un escudo de juncos cubiertos de oro, bordeado de piel de ocelote y con hermosas plumas en su centro. Les mostró cómo se captura a un enemigo, y escenificó un sacrificio (el «enemigo» era un esclavo). Los mundanos y experimentados italianos salieron asombrados, seguros de haber vislumbrado un nuevo mundo, cuya captura por Cortés daba gloria tanto al emperador Carlos V como al papa Adriano.[30]

Las noticias de la decisión del emperador tardaron un tiempo desmedido en llegar a México. Parece que esto se debió a que los amigos de Cortés en España acordaron que dos de los primos del caudillo, Rodrigo de Paz, hijo de Francisco Núñez y de Inés de Paz, en cuya casa de Salamanca se alojara Cortés de muchacho, y Francisco de Las Casas, pariente por la rama de los Pizarro, llevaran las buenas nuevas. Pasarían por Cuba, donde darían a conocer las malas nuevas para Diego Velázquez. Pero Paz y Las Casas se demoraron en España muchas semanas, mientras otros viejos amigos y parientes del nuevo capitán general se preparaban para ir a hacer fortuna a la sombra del gran hombre al que vagamente recordaban de veinte años antes como un imprevisible jovenzuelo.

Cortés ya era capitán general, de hecho, a todos los efectos prácticos, aunque no de título. En verdad, hasta el título tenía, desde que en 1518 se lo dio el regimiento de Vera Cruz. Entre el envío de su famosa carta de mayo de 1522 y la llegada de la noticia de su nombramiento como autoridad suprema, transcurrieron dieciséis meses, lapso durante el cual fue él quien decidió las líneas generales del gobierno de la Nueva España. Finalmente, empezó a conceder a conquistadores (y a algunos mexicanos de alta cuna) encomiendas, es decir, tierras con los indios que en ellas vivían. Aunque más tarde muchas encomiendas cambiarían de manos, las decisiones de Cortés en el verano de 1522 establecieron el sistema de la tenencia de la tierra en México.

Cortés se había mostrado crítico, en el pasado, con el sistema por el cual los indios del Caribe se entregaban a los conquistadores. Los segundones de las familias empobrecidas de míseras regiones de Castilla no eran precisamente las personas ideales para presidir una revolución cultural, tecnológica y espiritual. Cortés sabía también (como le escribió al rey) que los indios de la Nueva España poseían «mucha más capacidad que los de las islas, que nos parecían de tanto entendimiento y razón cuanto a uno medianamente basta para ser capaz».[31] Se daba cuenta de que sería difícil obligar a esa gente a trabajar para los castellanos como se obligó a los taínos a hacerlo en el Caribe. Pero a menos de que hubiera algún lazo económico entre las dos razas, los conquistadores no podrían sostenerse. Cortés dijo que trató de encontrar alternativas a la encomienda, pero al final, una vez más, dejó que pareciera que su ejército le forzaba. Ahí estaban centenares de hombres que habían corrido toda clase de riesgos para ayudarle a conquistar un gran imperio, y ¿podía esperarse que se dieran por satisfechos con una recompensa de cincuenta o sesenta pesos en oro? Como todo conquistador, querían tierras, responsabilidad, riqueza, posición, hasta «suntuosidad». Así, a comienzos del verano de 1522, Cortés inició una política destinada a satisfacerlos. Se vio, dijo, «casi forzado» a depositar los señores y los naturales en manos de los españoles.[32] En su carta de mayo de 1522 explicó al rey que así iba a hacerlo: «para que, en tanto que otra cosa mande proveer, o confirmar esto, los dichos señores y naturales sirvan y den a cada español a quien estuvieren depositados, lo que hubieren menester para su sustentación. Y esta forma fue con parecer de personas que tenían y tienen mucha inteligencia y experiencia de la tierra; y no se pudo ni puede tener otra cosa que sea mejor, que convenga más, así para la sustentación de los españoles como para conservación y buen tratamiento de los indios, según que de todo harán más larga relación a vuestra majestad los procuradores que ahora van de esta Nueva España. Para las haciendas y granjerías de vuestra majestad se señalaron las provincias y ciudades mejores y más convenientes. Suplico a vuestra majestad lo mande proveer y responder lo que más fuere servido».[33] Es difícil ver quiénes podían tener esta experiencia de la tierra que no fueran ya quienes se aprovechaban de ella, como Alvarado, Olid y Vázquez de Tapia. El primer obispo de México, Juan de Zumárraga, escribió más tarde que Cortés tomó esta decisión «a importunación de Julián de Alderete», así como de otros (esto debió de ser antes de mayo de 1522, pues Alderete murió este mes).[34] Este método de «depositar» hombres lo mismo que tierras era similar al adoptado en Andalucía, Extremadura y Murcia durante la Reconquista. Pero en México no había órdenes de caballería que participaran en el reparto.

Los primeros encomenderos se designaron en abril de 1522. Entre este mes y mediados de 1523, el caudillo «enfeudó» a centenares. Muchas de las encomiendas reflejaban los límites de los antiguos señoríos indios. Un año más tarde, en 1524, toda la población del centro de México había sido distribuida «en depósito», como se decía, a Cortés, a sus compañeros de armas y a los pocos mexicanos que se convirtieron al cristianismo (por ejemplo, «doña Isabel» y «don Pedro Moctezuma», hijos del difunto emperador). Se colocó a cada señor indígena bajo la protección de un conquistador, cuya tarea consistía en conseguir que sus pupilos se convirtieran en cristianos y en vasallos del rey de España; es decir, «los yndustriarr en las cosas de nuestra Santa Fee catholica poniendo en ello la vigilancia e solicitud posyble y necesaria».[35] A cambio de esto, el encomendero tenía derecho a sus servicios y tributo.

Parece que la primera encomienda se dio, en abril, en Cholula, a un tal Gonzalo Cerezo, del cual no se sabe nada más; es probable que fuera un hombre de paja, probablemente de Andrés de Tapia, que más tarde aparece como su encomendero.[36] La primera concesión importante cerca de Tenochtitlan fue la ciudad y población de Xochimilco, asignada a Alvarado, en agosto de 1522.[37] La ciudad de Azcapotzalco, famosa por su orfebrería, recayó en Francisco de Montejo, el procurador de 1519 que todavía estaba ausente en España. Cortés retuvo Coyoacán, así como Ecatepec, Chalco y Otumba. Alonso de Ávila, que seguía prisionero en Francia, recibió una extensa encomienda, con Cuauhtitlan, Zumpango, Xaltocan y algunas otras comunidades del norte del lago. A Francisco Verdugo, a pesar de ser un enemigo apenas encubierto de Cortés, le tocó Teotihuacan, y a su sobrino, Juan de Cuéllar, Chimalhuacan. Martín López recibió Tequixquiac; Martín Vázquez, Xilotzingo, y el bachiller Ortega, Tepotzotlan. A «don Pedro Moctezuma», hijo del emperador, le dieron Tacuba, lo que era un hábil gesto político. Hasta conquistadores modestos recibieron su encomienda, como el herrero converso Hernando Alonso, a quien le tocó Actopan, a noventa y seis kilómetros al norte de Tenochtitlan, por lo cual no se mostró muy satisfecho.[38] Seis ciudades (Cuitlahuac, Culhuacan, Huitzilopochco, Iztapalapa, Mixquic y Mexicalzingo) se reservaron para el abastecimiento de México-Tenochtitlan, pero parece que, al principio, Cortés las puso al servicio de sus propios intereses.[39]

Más adelante, los mexicas, que pronto desentrañaron los laberintos de los pleitos españoles, se mostraron hábiles en explotar las reglas de estas concesiones, llevando ante los tribunales a sus encomenderos, acusándolos de toda clase de violaciones de la ley, como, por ejemplo, de descuidar sus responsabilidades religiosas. El sistema debía parecer a los mexicas una versión más dura de las antiguas prácticas. Los recaudadores de tributos de Moctezuma, a veces ejercían la misma función para los conquistadores. Pero éstos eran más exigentes que aquél.[40]

Una de las razones de que Cortés fuera partidario de la encomienda se ve claramente en sus propias concesiones. En la posterior probanza sobre él, se dijo con insistencia que se había asignado a sí mismo «un millón de almas», y «hasta un millón y medio».[41]

Cortés se daba cuenta, también, de la necesidad de desarrollo económico. A partir de 1522, intentó que se importaran de las islas del Caribe animales domésticos europeos (cerdos, ovejas, toros y vacas, cabras, asnos, yeguas). Los obtuvo de La Española y Jamaica, pues Cuba le estaba cerrada debido a su enemistad con Velázquez. Mandó traer de España caña de azúcar, moreras (para los gusanos de seda), cepas de vid, olivos, trigo y otras plantas. Su objetivo era liberar a la Nueva España de su dependencia respecto de las islas caribeñas, en las cuales estas demandas novohispanas producían escaseces, hasta el punto de que se pidió en ellas que se prohibiera exportar ganado.[42] Cortés deseaba que la Nueva España se bastara a sí misma incluso en seda. En 1525 Pedro Mártir escribía que el trigo ya se cultivaba bien.[43] Los cerdos proliferaban, como ocurriera en Cuba en los primeros años en que Cortés estuvo allí con Velázquez. Estos nuevos alimentos fueron muy bien recibidos en México, especialmente por los mexicanos, que se mostraron menos rígidos que los españoles en aferrarse a viejas dietas. Se decía que el cerdo, en particular, era muy apreciado, por lo que quedaba de la clase alta mexica, pues tenía un ligero sabor a carne humana.[44]

Cortés hizo cuanto pudo, en esos meses, para alentar a los conquistadores que sirvieron bajo su mando a que llamaran a México a sus esposas, hijas y otras damas.

El caudillo creía que los frailes mendicantes eran esenciales para la tranquilidad de una población tan numerosa. Por eso se alegró, en agosto de 1523 —mucho antes de que recibiera su título de gobernador—, de poder dar la bienvenida a tres frailes franciscanos flamencos voluntarios, Johann Van der Auwern, Johann Delckus y Pedro de Gante. El primero había sido profesor de teología en París, el segundo se decía descendiente de escoceses, y el tercero, el más importante de los tres, fue vecino y admirador intelectual de Erasmo. Era hombre de una hermosura legendaria y poseía una perspectiva más amplia del mundo que cualquiera, entonces, en la Nueva España. Esta perspectiva era justamente lo que se necesitaba. Fuera o no, como se rumoreaba, hijo ilegítimo de Felipe el Hermoso o del emperador Maximiliano, trajo consigo algo del mundo renacentista del difunto emperador a los nuevos dominios de su nieto.[45]

Así comenzaron cincuenta años de predominio de las órdenes mendicantes. En los dos lustros siguientes llegaron muchos más frailes, dominicos y agustinos, igual que franciscanos. Esos hombres, a menudo tan inteligentes como devotos, fundaron en México la Iglesia, suscitando conversiones por millares. Incluso si muchas de ellas eran superficiales y dejaban a los convertidos en estado de «nepantilismo», para emplear una palabra acuñada por un historiador moderno con el fin de describir el estado suspendido entre un pasado perdido y un presente comprendido sólo a medias,[46] esas conversiones constituyen uno de los triunfos más notables de la cristiandad.

Los frailes impresionaron especialmente a los tarascos. Los asombraba que vistieran de modo tan diferente de los otros castellanos, y por un tiempo supusieron que eran muertos y que sus hábitos eran mortajas. Imaginaban que, al acostarse, de noche, se convertían en esqueletos, que descendían al otro mundo, donde encontraban a mujeres. También suponían que el agua bendita servía para adivinar el futuro.[47]

Otra muestra de la imaginación del caudillo fue, en esa época, la manufactura de pólvora y de artillería. La primera seguía haciéndose con azufre, obtenido por hombres a los que descendían dentro de cestas al volcán Popocatepetl. La fabricación de piezas de artillería fue posible gracias al descubrimiento de hierro cerca de Taxco, en una zona de indios que hablaban chontal, al sudoeste de Cuernavaca. Este territorio fue conquistado primero por Miguel Díez de Aux y Rodrigo de Castañeda, en 1522. En Michoacan había cobre. Francisco de Mesa, que durante la campaña se había encargado de los cañones, junto con Rodrigo Martínez, que lo hiciera de la artillería de Narváez, empezaron a fabricar cañones poco después de la caída de Tenochtitlan. Era ilegal hacerlo sin licencia real, pero Cortés insistió en que resultaba indispensable.

Años más tarde, varios de los que participaron en todo esto declararon, como era de prever, que estaban convencidos de que Cortés inició estas industrias no para su posible empleo contra los mexicas y otros indios, sino para disponer de artillería propia con el fin de combatir al rey si éste no le nombraba gobernador. Alonso Pérez declaró incluso que había oído decir a amigos de Cortés exactamente esto. No hay, sin embargo, ninguna otra prueba de ello y parece verosímil.[48]

Cortés tuvo que afrontar dos crisis graves en estos meses antes de que recibiera noticia de su nombramiento oficial de capitán general. La primera siguió a la llegada, en junio o julio de 1522, de su esposa, Catalina Suárez, en un buque procedente de Cuba, que arribó a un pequeño desembarcadero llamado La Rambla, cerca de Ahualco (la actual Santa Ana), en el río Ayagualulco, al este de Coatzacoalcos. A bordo iban con doña Catalina, su hermana, su hermano, Juan Suárez, que antaño fuera el mejor amigo de Cortés y que había regresado a Cuba tras asistir a los postreros episodios del asedio de Tenochtitlan, pues, «a ruego del dicho marqués el dicho Juan Suarez bolbio por la dicha muger del dicho don Fernando Cortés y hermana del dicho Juan Suares». Ahora volvía con su esposa, *la Zambirana,* así como con numerosas doncellas que Catalina debió pensar que necesitaría en su calidad de virreina de un nuevo imperio. Sandoval, en cuyo territorio desembarcaron, los recibió a todos calurosamente. Francisco de Orduña los escoltó a México, donde Cortés la acogió también calurosamente. Entró en Tenochtitlan sobre las desnudas espaldas del guardaespaldas de Cortés, honor que el propio Orduña consideró inadecuado.[49]

Aunque Cortés había enviado a buscar a su esposa, su llegada debió de resultarle inconveniente, pues tenía varias amantes, aparte de su relación principal con Marina. Se decía que «infinitas mujeres» vivían o habían vivido en su casa, unas mexicanas y otras castellanas. Algunas de ellas, insistieron varios testigos en una probanza contra Cortés, como si esto fuera el mayor escándalo, eran parientes entre sí, y eso lo mismo de indias que de castellanas.[50]

Sin embargo, Catalina, a la que Joan de Cáceres recordaba que llegó «linda y en forma», se instaló en la casa de Coyoacan como la primera dama.[51] Tal vez Cortés estaba preocupado, a la sazón, por otras cosas. Pues fue por entonces que Marina dio a luz al hijo mayor de Cortés, al que bautizaron con el nombre de Martín, como el padre del caudillo, y que llegó a ser su predilecto.[52] Una sirviente, Ana Rodríguez, declaró más tarde, sin embargo, que a Catalina y Cortés «les vido fazer vida maridable como tal marido e muxer».[53]

Varios meses después, el día de Todos los Santos, se celebró un banquete en casa de Cortés, seguido de baile. Catalina parecía «alegre e recoxada e sana, sin enfermedad alguna».[54] Hubo algunas bromas entre ella y uno de los amigos de su marido, Francisco de Solís (llamado «el del vergel» o «el del sayo de seda»). Hablaban del trabajo de los indios y Catalina dijo que «vos os promete que antes de muchos días, haré de manera que no tenga nadie que entender con lo mío».[55] Y Cortés, al parecer en broma, replicó: «Con lo vuestro, señora, yo no quiero nada.»[56] Catalina se molestó y se marchó a sus habitaciones. Quizá había mostrado un interés por los indios que era inconveniente. Después se dirigió a la capilla, donde encontró, por azar, a fray Bartolomé de Olmedo. Cortés se quedó un rato con sus invitados y luego también se retiró.

A mitad de la noche, Cortés llamó a su mayordomo, Isidro Moreno, y a su tesorero, Diego de Soto. Catalina estaba muerta.[57] Moreno y Soto acudieron a la habitación, mandaron a llamar a las doncellas y enviaron un mensajero al hermano de Catalina, Juan Suárez, informándole de la muerte de Catalina, pero agregando, misteriosamente, que no acudiera a ver su cuerpo, pues creían que había ayudado a matarla con sus importunidades. También enviaron a buscar a fray Olmedo, para consolar a Cortés. Las doncellas entraron en la habitación. La mayoría de ellas después declararon cosas desfavorables para Cortés, dando a entender que la había estrangulado o asfixiado. Por ejemplo, Juana López dijo que había visto en el suelo las cuentas de un collar roto. Ana Rodríguez, que sabía que Catalina estaba celosa de las mujeres mexicanas de Cortés, afirmó que al irse a la cama Catalina le dijo que ojalá Dios se la llevara de este mundo. Otras doncellas insistieron en que había magulladuras en el cuello de Catalina y que la cabeza de ésta había azulado y la cama estaba mojada. María Hernández, que aseguraba haber conocido a Catalina desde hacía diez años, explicó que Cortés a menudo la echaba de la cama y que Catalina una vez le dijo a ella: «Ay señora, algún día me habéis de hallar muerta.»[58] Violante Rodríguez, con evidentes aficiones literarias, comparó el caso con lo sucedido al conde Alarcos en un viejo romance:

> Echóla por la garganta
> una toca que tenía.
> Apretó con las dos manos,
> con la fuerza que podía.[59]

Se dijo que Cortés insistió, en contra del consejo de fray Olmedo, en que se encerrase a su esposa en un ataúd, se clavara la tapa del mismo y se la enterrara. Nadie más vio su cuerpo, después de muerta.[60]

Pronto hubo acusaciones contra Cortés. En la probanza a la que se ha hecho ya referencia repetidas veces, se habló mucho de este asunto. Varios testigos, como Gerónimo de Aguilar y Joan de Tirado, declararon explícitamente que Cortés había asesinado a su esposa.[61]

Es imposible estar seguro de lo que sucedió aquella lejana noche de noviembre en Coyoacán. Algunos historiadores modernos han supuesto que Cortés estranguló a Catalina en un arrebato de ira provocado por sus reproches de infidelidad.[62] El modo de muerte no es el propio del «asma» al que se refiere Bernal Díaz. Ni parece probable que fuera «mal de madre» «matriz» (por otro nombre «pasión histérica»), una enfermedad de la matriz caracterizada por terribles dolores, aunque varios testigos presentados por Cortés, entre ellos el sobrino de Catalina, Juan Suárez de Peralta, sugirieron que ésta era la causa de la muerte.[63] Muchos testigos fueron favorables a Cortés, como el citado Suárez de Peralta, que explicó que era cosa sabida que Catalina tenía el corazón enfermo y que había sufrido ataques en Cuba; sus hermanas Leonor y Francisca murieron de igual modo que ella.[64] Varios testigos declararon (en relación con otro asunto) que Catalina había sufrido enfermedades en Cuba, donde se la consideraba de «salud delicada» y hasta «constantemente enferma».[65] Juan de Salcedo dijo que recordaba de una vez, en Baracoa, en Cuba, en que pareció que Catalina estaba muerta y Cortés tuvo que echarle un cubo de agua encima para reanimarla.[66] Muchos otros testigos dijeron cosas semejantes. Cortés mismo explicó las magulladoras como causadas por sus esfuerzos para despertarla sacudiéndola. Alonso de Navarrete dijo que era conocido de todos que Catalina tenía un corazón débil;[67] Juan Rodríguez de Escobar y Juan González de León recordaron que se desmayó y casi se murió dos semanas antes, durante la visita a una granja propiedad de Juan Garrido (famoso por ser uno de los primeros africanos libres que llegaron a América y aún más como el primer «español» que plantó trigo en México).[68] Por su parte, Gaspar de Garnica, amigo de Velázquez, señaló que la mala salud de Catalina se veía en su rostro.[69] En cuanto a que Cortés pareciera insensible a la muerte de su esposa, Ortega dijo que había visto cómo se le saltaban las lágrimas cuando hablaba de ella.[70] Gonzalo Rodríguez de Ocaña y Alonso de la Serna[71] vieron a Cortés apenado a causa de la muerte de Catalina. Cortés, por su parte, indicó, en 1534, que no podía creerse que mientras él y su mujer dormían juntos, si quiso estrangularla no se oyera nada desde las habitaciones contiguas, donde estaban las doncellas de ella y los pajes de él, pues algún ruido habría debido hacer. El hecho de que el propio Cortés enviase a Jesús Suárez para que fuera a buscar a Catalina a Cuba y la trajese a Nueva España, es otro argumento a favor del caudillo.[72]

Cortés era sin duda capaz de asesinar. Sus acciones en Cholula y Tepeaca lo muestran dispuesto a cometer brutalidades, aunque en este caso se trataba de actos de guerra. Un testigo, Andrés de Monjaraz, dijo que había visto a dos o tres indios ahorcados en Coyoacán porque habían «echado con la dicha Marina».[73] Pero parece que Cortés era, de acuerdo con sus luces, un cristiano convencido. Esto, cosa curiosa, lo reconocieron hasta sus enemigos; por ejemplo, un tal Marcos Ruiz declaró que consideraba a Cortés un buen cristiano que iba regularmente a misa, pero creía que no tenía temor de Dios, puesto que le consideraba capaz de haber asesinado a Catalina.[74] Cosa más importante: a Cortés le defendieron, en la probanza sobre su conducta, franciscanos bien conocidos, como el santo fray Motolinía y fray Pedro de Gante, así como fray Juan de Zumárraga, primer obispo de México, en una carta al emperador. Pedro de Gante, Motolinía y Luis de Fuensalida no contestaron a las preguntas sobre Catalina del cuestionario del juicio de residencia, pero contestaron a otras. Es inconcebible que lo hubiesen hecho de haber considerado a Cortés culpable de asesinato. Motolinía escribió a Carlos V, en los años de 1550, que «algunos que

murmuraron del marqués del Valle, que Dios tiene, i quieren enne-
grecer i escurecer sus obras, yo creo que delante de Dios no son
sus obras tan acetas como lo fueron las del marqués; aunque como
hombre fuese pecador, tenía fee i obras de buen cristiano y mui
grande deseo de emplear su vida i hacienda por anpliar i abmentar
la fee de Jesu-Cristo, i morir por la conbersion destos gentiles, i en
esto hablava con mucho espíritu, como aquel á quien Dios havia
dado este don i deseo i le havia puesto por singular Capitán desta
tierra de Ocidente; confesávase con muchas lágrimas i comulgava
devotamente, i ponia á su ánima y hacienda en manos del confesor
para que mandase i dispusiese della todo lo que convenia a su conciencia».[75] Otro fraile que defendió a Cortés, en una probanza distinta, fue fray Martín de la Coruña, el apóstol de Michoacan.[76]

Lo más probable es que cuando Cortés fue a la habitación de
Catalina, ésta le reprochara sus amantes. Tal vez él se enojó y la
agarró por el cuello, con el propósito de tratarla como hizo con aquel
espía de Narváez antes de la batalla de Cempoallan en 1520. Y entonces, tal vez Catalina tuvo un síncope y murió. Cortés trató de
reanimarla sacudiéndola. Al no conseguirlo, se dio cuenta de que
podrían acusarle y, por consiguiente, quiso de abreviar cuanto pudiera todo el asunto. El hecho de que Cortés nunca diera muestras
de remordimiento alguno constituye, acaso, una razón más para
creerle inocente de asesinato.

El asunto siguió acosando a Cortés. La acusación judicial se
abandonó, pero la madre de Catalina, *la Marcayda,* sostuvo un pleito civil, como hicieron también sus descendientes. Casi un siglo más
tarde, los descendientes de Cortés pagaban todavía dinero a los biz-
nietos de su primera suegra.[77]

La segunda crisis a la que se enfrentó Cortés se relacionaba
con otra tentativa de Garay, gobernador de Jamaica, de establecerse en Pánuco. Sería interesante saber por qué este procónsul pensaba con tanta persistencia que esta región, calurosa pero fértil, lo
llevaría a la fortuna y a la felicidad. ¿Se habría dado cuenta que
era rica en algodón? ¿Le atraía allí la leyenda de su abundancia de
alimentos y de la conducta licenciosa de sus habitantes? Los huaxtecos fascinaban a los mexicas por su afición a las bebidas fuertes
y por su culto del pulque. El Tajín, entre Nautla y Pánuco, era la
sede de una famosa pirámide. Pero a los conquistadores estas cosas
no les importaban mucho, ni tampoco otros refinamientos que Garay
apenas podía conocer, como que los huaxtecos hubieran perfeccio-
nado la escultura en tres dimensiones de curiosos símbolos o hubiesen iniciado los juegos de pelota. Pero es dudoso que Garay se
diera cuenta de esos refinamientos. El petróleo, que induce a los
mexicanos de hoy a ver con renuente respeto esta zona, no era entonces conocido y, de haberlo sido, no sería apreciado. Tal vez el
decidido, aunque ya viejo, gobernador de Jamaica suponía que la
fuente de la juventud podía hallarse allí más bien que en la Flori-

da. Acaso pensaba que el famoso estrecho que conducía a los mares del Sur pasaba por allí. O puede que el instinto le dijera que, en esta última zona desconocida de la costa oriental de las Américas, habría riquezas insospechadas.

Sea por lo que fuere, Garay no podía sacarse de la mente aquella región. En 1521, recibió permiso de España para colonizarla, con sus «amorosas» gentes, permiso que fue concedido en una época en que Fonseca podía hacer más o menos lo que le pareciera en esos asuntos.[78] Garay fue a Cuba para concertar sus planes con los de Diego Velázquez. Allí, se sabía ya de la prosperidad de Cortés y corría el rumor de que estaba en una misteriosa alianza con la fabulosa «señora de la plata», acerca de la cual escribiera el juez Zuazo, dueña de grandes palacios y minas más allá de las montañas al oeste de Tenochtitlan.[79]

En junio de 1523, Garay ya había organizado una gran flota: nueve naos y tres bergantines, con ciento cuarenta y cinco caballos y ochocientos cincuenta castellanos, así como algunos indios jamaiquanos. Llevaba doscientos arcabuceros y trescientos ballesteros. Llenó los buques de pertrechos y tomó el mando. Sin duda pensaba que el fracaso de las anteriores expediciones se debió a la falta de una jefatura hábil. Cortés escribió a Jamaica alentando a Garay a ir y aconsejándole que llevara una fuerza tan numerosa como pudiera, a la vez que insistía en que si encontraba dificultades, él, Cortés, le ayudaría.[80] Garay no se dejó impresionar. Creía que el ofrecimiento de Cortés era traicionero. Había sido alcalde mayor de Santo Domingo cuando Velázquez, con Cortés a su lado, había partido hacia Cuba en 1511.[81]

A fines de julio, Garay llegó al río de Palmas, al norte de Pánuco (fue allí para evitar enfrentarse a Cortés en Pánuco mismo), y fundó una ciudad que tuvo la temeridad de bautizar «Garayana».[82] Nombró a regidores y otros cargos más bien grandiosos: un Mendoza, gobernador de la colonia (Alonso, sobrino del caballerizo real Alfonso Pacheco); un Figueroa a su lado como asistente; un primo del duque de Alba, Gonzalo Oraglio, alcalde mayor. No sería, pues, una colonia cualquiera, sino de aristócratas y para aristócratas.[83] Garay se dirigió, luego, tierra adentro, hacia Pánuco. El viaje fue largo, el calor, abrumador, los mosquitos, exasperantes, la selva, sin caminos, los sufrimientos, terribles. Hubo muchos desertores. Algunos se alejaron de la expedición, hundiéndose en la selva, sin que se los volviera a ver. La moral se desmoronó. Garay envió a su lugarteniente Gonzalo de Ocampo a San Esteban, para saludar al representante de Cortés, Pedro Vallejo. Ocampo tenía experiencia de las Indias, pues vivió muchos años en La Española, donde poseía una encomienda. Vallejo le recibió con amabilidad, pero mandó una carta a Cortés pidiéndole instrucciones. Le dijo a Garay que no podía alimentar a tanta gente en San Esteban. Garay, en consecuencia, concentró sus fuerzas en Tacaluca, donde cometió la imprudencia de decir a los indios que había llegado para castigar a Cortés por haberlos perjudicado. Esto condujo a una riña entre los hombres de Garay y los de Vallejo, de la cual los segundos, más experimentados en la tierra y el clima, salieron vencedores.[84]

Ya estaban en setiembre. El día 13 de setiembre de 1523, Rodrigo de Paz y Francisco de Las Casas habían llegado por fin a México y entregado la cédula de octubre de 1522 que nombraba a Cortés capitán general y gobernador. También traían una cédula real de abril ordenando a Garay que no se estableciera en Pánuco, sino que fuera hacia Espíritu Santo o, mejor aún, más allá.[85]

Estos documentos no pudieron llegar en momento más oportuno. Cortés dijo que besó cien mil veces los pies de su majestad.[86] Entre los amigos de Cortés en Tenochtitlan hubo mucha dicha y muchas fiestas.[87] El caudillo pudo escribir a Garay anunciándole que la Corona le había dado autoridad sobre toda la región. Envió a Pedro de Alvarado, Gonzalo de Sandoval y un nuevo confidente, Diego de Ocampo, hermano del lugarteniente de Garay, para que hablaran del futuro. Los acompañaba Francisco de Orduña, que en su calidad de escribano podría pedirle oficialmente que obedeciera la cédula real.

Garay no tuvo más remedio que hacerlo, tanto más cuanto que sus hombres disminuían, por deserción de unos y muerte de otros. Vallejo se apoderó de sus buques (entre ellos uno cuyo capitán era el ya olvidado Juan de Grijalva), y Alvarado tomó sus cañones. En esta situación humillante, Garay marchó a México, como invitado del nuevo gobernador, que le recibió con tanta hospitalidad como hubiera podido mostrarle a su hermano, según dijo el propio Cortés. Se proyectó que el hijo de Garay casara con Catalina, hija ilegítima de Cortés, con una muchacha cubana.[88] Pero Garay murió, quejándose de un dolor de estómago, después de cenar con Cortés en Nochebuena, o tal vez de pena por la noticia de la muerte de su hijo en manos de los indios. Alonso Lucas, uno de los amigos de Cortés, oyó a Garay gritar en la noche, y al entrar en su habitación oyó al pobre gobernador de Jamaica que gritaba: «Syn duda yo estoy mortal.»[89] Entretanto, los hombres de Garay en la costa se entretenían matando indios, y luego muchos castellanos, entre ellos Pedro Vallejo, murieron como resultado de las represalias indias.[90]

El triunfo de Cortés era, ahora, completo. Por fin estaba legalmente al mando de todo. Cierto que la corona, entre otras propuestas para el buen trato a los indios, había prohibido las encomiendas, que él mismo criticara antaño, porque en las islas caribeñas habían conducido a «mal tratamiento y demasiado trabajo».[91] Cortés debía, además, rescindir cualquier concesión que hubiere hecho antes de que le llegara el documento real. Los indios de México debían quedar en entera libertad. Pero el caudillo apeló esta decisión. Y esta apelación fue tácitamente aceptada, a la luz de las realidades que Cortés señalaba. La súbita muerte de Garay permitió a sus enemigos acusarle, posteriormente, de un asesinato más. Pero pocas personas razonables tomaron en serio esta acusación. Hasta Cristóbal Pérez, alguacil de Garay, dijo que su jefe murió de pleuresía.[92]

Nadie puede decir cuál hubiera sido la conducta de Cortés si en 1522 o 1523 hubiesen nombrado nuevamente gobernador a Cristóbal de Tapia. Tal vez hubiera habido el peligro de una proclamación unilateral de independencia. Pero no es probable. Lo que Cortés deseaba era el favor real, no la enemistad real. Un hombre «nacido entre brocados» no podía aspirar a ser el monarca de una remota provincia, sino a ser el vicario del emperador Carlos. Y la decisión del emperador, en 1522, evitó, en todo caso, el riesgo o los beneficios de la independencia.

Los enemigos de Cortés estaban unos muertos, otros fracasados. Cristóbal de Tapia vivía en La Española, caído en una semidesgracia. Narváez se hallaba todavía confinado, aunque pronto Cortés, en un acto de gracia principesca, le dejaría en libertad. El obispo Fonseca ya no gozaba del favor real, en Castilla. La nueva ciudad de Tenochtitlan estaba ya a medio construir. Cortés podía, pues, esperar una larga carrera de gran procónsul benigno, filantrópico y rico.[93] La Española, Cuba y Jamaica se iban vaciando de colonos castellanos, a medida que todos se daban cuenta de las doradas perspectivas de la Nueva España, al modo como siglos antes, según el famoso poema, «veriedes cavalleros venir de todas partes irse quieren a Valencia a mio Cid el de Bivar».

Cortés empezaba a representar el papel de virrey. Uno de los oficiales de Garay, Cristóbal Pérez, contó a Pedro Mártir, en 1523 o 1524, y refiriéndose al caudillo, «que lleva un vestido ordinario, negro, pero de seda, y que no hace ninguna ostentación orgullosa, fuera de presentarse con numerosa familia, digo de muchos administradores, mayordomos, camareros, porteros, peluqueros, despenseros u otros cargos semejantes que corresponden a un gran rey.

»Cortés, a cualquier parte que se dirija, lleva siempre consigo cuatro caciques, a los que ha dado caballos; y yendo delante los pretores urbanos y los alguaciles con sus varas, cuando él pasa se postran cuantos indios le encuentran, según su antigua usanza. También dice que recibe apaciblemente a los que le saludan; gusta más del título de Adelantado, que no del de Gobernador, siendo así que el César le confió ambos cargos.

»Dice además que no tiene fundamento la sospecha popular de rebeldía contra el César, concebida por nuestra gente de corte; que ni él ni nadie ha visto en él indicio alguno de traición,[94] y que se quedaron allí preparadas tres carabelas para enviarlas con tesoros al César, juntamente con aquel cañón, que llaman culebrina, la cual declara que él examinó diligentemente, que le cabe una naranja, pero que, según su parecer, no tiene tanto oro como cuentan».

El término «adelantado» debía de sonar a gloria en los oídos de

Cortés, que recordaba, sin duda, cómo un adelantado de Castilla visitó Medellín con un espléndido séquito, cuando él estaba allí.[95] En labios de Cortés había a menudo una alusión clásica o el verso de un romance medio olvidado (cosa que agradaría más a su camarada Alvarado). Por esto Pérez agregaba que le complacía que le compararan con Alejandro o César y que Cortés vivía «como rey e señor asoluto».[96]

Pero Cortés sabía cuándo presentarse con humildad, por lo menos en público. Así, en el verano de 1524, doce franciscanos más, encabezados por fray Martín de Valencia, llegaron a Vera Cruz y recorrieron descalzos los cuatrocientos treinta kilómetros hasta la capital; el viaje duró del 13 de mayo al 18 de junio y fue terrible. Uno de los doce, fray Toribio de Benavente («Motolinía»), recordó que en sólo nueve kilómetros tuvieron que vadear veinticinco arroyos. El clima era duro, demasiado caluroso o demasiado seco; en la costa, los mosquitos atacaban a los frailes, y éstos tenían que guardarse de serpientes e insectos en las otras etapas.

Cortés, que llevaba mucho tiempo pidiendo el envío de más frailes, para que completaran con una conquista espiritual la conquista material de México, recibió a estos apóstoles en las afueras de la ciudad y de rodillas.[97] Más tarde, este momento se recordó como aquel en que «aquí principió la fe».[98] El general de la orden franciscana, fray Francisco de los Ángeles, había despedido a los doce con un sermón que terminó señalando que el día del mundo llegaba ya a su undécima hora y que a ellos el Padre de la familia los enviaba al viñedo.[99]

El jefe o «custodio» del grupo, Martín de Valencia, procedía de una pequeña ciudad, Valencia de Don Juan, en un remoto rincón del reino de León. Lo habían escogido como jefe de una casa de la orden franciscana, la de San Gabriel de Extremadura, devotamente reformadora de la hermandad, fundada a fines del siglo anterior por Juan de Guadalupe. Esta casa, en España y ahora en México, prestaba especial atención a la oración y al ejemplo de san Francisco. Los doce procedían del mismo lugar, todos eran fervorosos, todos se habían preparado para su tarea en el monasterio de Santa María de los Ángeles, en Sierra Morena.[100] Con esta preparación y devotos como eran, se consagraron con incomparable voluntad y energía a destruir viejos templos e ídolos.

En cuanto a los indios, en estos triunfales días de la posconquista de Cortés, cabe señalar que Cuauhtémoc seguía preso, con algunos otros señores mexicanos que habían sobrevivido a las batallas y la posguerra inmediata. Pero don Pedro Moctezuma, hijo del difunto emperador, y el emperador adjunto de antaño, el *cihuacoatl*, ayudaron a los españoles en la reconstrucción de la capital y desempeñaron otras funciones que, en generaciones muy posteriores se habrían calificado de «colaboracionistas». Muchos príncipes y nobles mexicanos que sobrevivieron se sometieron formalmente al cristianismo y se bautizaron, y hasta es posible que Cuauhtémoc estuviera entre ellos.[101] Los tlaxcaltecas y otros aliados indios pronto se percataron de que su colaboración con los castellanos no los llevaría a suceder a los mexicas como dueños del valle. Pero, debilitados por las enfermedades y por las pérdidas en los combates, no podían hacer otra cosa que quejarse; Ixtlilxochitl, de Texcoco, parece que acompañó a Cortés en la mayor parte de sus viajes. Un modesto intento de rebelión, en 1523, fue reprimido.[102]

A fines de junio de 1524 los franciscanos recién llegados sostuvieron una notable conversación con algunos sacerdotes mexicanos.[103] Los últimos hicieron una conmovedora defensa de su religión y de sus antiguos dioses, que, afirmaron, dieron a sus monarcas valor y capacidad para gobernar. Sus antepasados habían hablado de estos dioses:

Dejaron dicho que ellos son dioses por cuya ayuda vivimos; ellos hicieron méritos para que seamos gracia suya.

Ellos nos dan el sustento, el alimento nuestro y todo lo que se bebe y se come: el maíz, el grano, el frijol, los bledos, la chía. Ellos son a quienes pedimos agua, lluvia para que haya producción de la tierra.

Los franciscanos pidieron a los mexicas que siguieran las normas cristianas. Los sacerdotes preguntaron, con dignidad: «¿Es ya bastante que hayamos dejado, que hayamos perdido, que nos haya quitado, que se nos haya impedido la estera, el sitial "el mundo"... Haced con nosotros lo que queráis, esto es todo lo que respondemos, lo que contestemos a vuestro reverenciado aliento, a vuesytra reverenciada palabra, O señores nuestros.» [104] Aceptaban con realismo su desastre. No pedían piedad. Sólo querían que los olvidaran. Huitzilopochtli estaba, al parecer, tan completamente destruido como Tenochtitlan, Moctezuma y los guerreros mexicanos. Cortés pronto tendría una hija con la hija favorita de Moctezuma. Lo que quedaba de la vieja sociedad se expresaba solamente en unos versos elegiacos:

La gustosa flor del cacao viene abriéndose, exhala ahora, se esparce la fragante flor del Poyomatl.
Allí yo ando, yo cantor.
Se escucha, reverdece mi canto.[105]

EPÍLOGO

Todo lo que es verdadero,
(lo que tiene raíz),
dicen que no es verdadero,
(que no tiene raíz).
El Dador de la vida
sólo se muestra arbitrario.
¡Que nuestros corazones
no tengan tormento![1]

Después de la conquista, se colocó en lo alto de la gran pirámide de Cholula una imagen de la sevillana Virgen de los Remedios, con su sonrisa sienesa y su capa dorada. Con sus ciento veinte escalones, era la pirámide mayor del mundo. La nueva imagen estaba en el lugar apropiado, dada la importancia de Sevilla y de los sevillanos en la conquista. Pero era sólo la más espectacular de las nuevas manifestaciones. Pues los frailes franciscanos (cuya llamada «al viñedo» se describió en el capítulo 39) y sus colegas agustinos y dominicos, que llegaron poco después, llevaron a cabo una asombrosa hazaña al convertir al cristianismo a cientos de miles, acaso a millones de mexicanos. Fray Motolinía, uno de los doce franciscanos, afirmó que él mismo bautizó a más de trescientos mil. Pedro de Gante bautizaba a menudo a cuatro mil en un día, a veces a diez mil. Las amplias capillas abiertas de México son testimonio de esta gran empresa.[2]

Ésta tenía un precedente entre los moros después de la conquista de Granada.[3] Pero los documentos sugieren que, al menos a nivel superficial, el éxito de México fue aún más notable. Fray Jacobo de Testera, custodio entonces de la misión franciscana y más tarde inspector general de su orden para las Indias (hermano del camarlengo de Francisco I de Francia), escribía en 1533 que algunos de los bautizados entonaban canto llano, manejaban el órgano, tocaban contrapunto, escribían libros de cantos y enseñaban música a otros.[4] (La mención de este interesante personaje, que diseñó un catecismo pictográfico, debería recordarnos que muchos de los franciscanos de esta primera época de conversiones fueron franceses, con lo que iniciaron una larga historia de fructífera colaboración galomexicana.)[5] La afición de los indios por la música facilitó el reclutamiento de músicos de iglesia, que pronto aprendieron a leer y a escribir música religiosa. Las ocho horas canónicas de los franciscanos sustituyeron fácilmente las reglas tradicionales de los mexicanos. Levantarse regularmente de noche por penitencia no era cosa nueva para ellos. Las flautas mexicanas tocaban cánticos españoles. En los años de 1530 hubo incluso himnos en náhuatl escritos por indios. Un tlaxcalteca compuso una misa en canto gregoriano con «puro ingenio».[6] Julián Garcés, el primer obispo de Tlaxcala (a lo primero, una diócesis enorme), escribió, en 1535, al papa Paulo III elogiando la inteligencia de los indios mexicanos y afirmando que no eran ni turbulentos ni ingobernables, sino reverentes, tímidos y obedientes con sus maestros. La idea de que fueran incapaces de recibir las doctrinas de la Iglesia «de seguro que ha sido inspirada por el diablo».[7] Un biznieto de Moctezuma escribía en 1587 a familiares suyos en Iztapalapa, también de sangre real mexicana, y les deseaba «que el Espíritu Santo se aloje en vuestras veneradas almas, queridas señoras».[8]

Para entonces, los conquistadores habían cubierto el país con una red de monasterios, templos, altares y parroquias servidas primero por franciscanos, luego por agustinos y dominicos, finalmente por clero secular. Se hicieron populares las procesiones de Corpus y de Semana Santa, y también los autos sacramentales y las fiestas anuales de moros y cristianos. El punto decisivo de la historia de la iglesia mexicana fue cuando, los días 9, 10 y 12 de diciembre de 1531, la Virgen María, con tez cobriza, se apareció a un indio recién bautizado, «Juan Diego», en la colina de Tepeyac, al norte de Tenochtitlan. Así comenzó el culto de la Virgen morena de Guadalupe, cuyo nombre recordaba al monasterio extremeño de Guadalupe. Se demostró así que los mexicanos podían también tener sus divinas heroínas.

Pero esta conversión de los indios era menos honda de lo que parecía. En 1527 un joven tlaxcalteca, Cristóbal, fue torturado y muerto por su padre, Acxotecatl, porque trataba de convertirle al cristianismo.[9] A fines del siglo XVI, fray Durán tuvo la sinceridad de ver que los mexicanos, mientras asistían a misa y a las fiestas cristianas, parecían celebrar, bajo capa, las fiestas paganas. La práctica secreta de antiguos ritos religiosos continuó mucho tiempo, pero, al parecer, sin sacrificios humanos.[10] Lo mismo ocurrió con los ritos relacionados con nigromantes y adivinos, las setas sagradas y el peyote. Se rumoreó que la diosa Cihuacoatl había devorado un niño, en los años de 1530, en Azcapotzalco. Incluso en el siglo XVIII ciertos indios consideraban dioses a algunos ancianos «en quienes tienen harta confianza. Después de ofrecerles dones en sus ceremonias de culto y adoración, piden lluvia y que el sol brille...»

Entretanto continuaba esporádicamente la lucha con tribus indias fronterizas, en especial con los chichimecas. Hubo mártires cristianos, el primero de los cuales fue el franciscano fray Juan Calero, muerto en 1541 por unos indios recalcitrantes cerca de Tequila.[11]

Hubo también algunas denuncias públicas del nuevo régimen a cargo de viejos sacerdotes. Se encuentran ejemplos de ello en todo el país. Así, algunos conversos indios ancianos, en Coyoacán, se lavaron en público la cabeza, con lo que renunciaban al bautismo.[12] El juicio, en 1540, de «don Carlos Ometochtzin», señor de Texcoco, otro hermano del malhadado Cacama, fue tanto por rebelión política como por protesta religiosa; bien lo sabían sus acusadores y lo sugerían sus propias palabras: «Si yo viese que lo que mis padres y antepasados tuvieron conformaba con esta ley de Dios, por ventura la goardería y respetaría. Pues, hermanos, goardemos y tengamos lo que nuestros antepasados tuvieron y goardaron, y démonos á placeres y tengamos mujeres como nuestros padres las tenían.»[13] «Don Carlos» fue ejecutado. Tanto este juicio como otro anterior, el de «don Juan», señor de Matlatlan, en la sierra de Puebla, pudieron ser simples ejemplos de conservadurismo: «don Carlos» se rodeaba de concubinas, bebía pulque y no destruyó los ídolos locales ni convirtió sus hijos al cristianismo, y tampoco parecía tener prisa por construir un templo parroquial.[14]

Todavía en el siglo XVII seguían elevándose plegarias al rey de la lluvia Tlaloc y a la diosa de los vegetales Chicome Coatl:

> *Ven aquí,*
> *dadora de cosas con el signo del día 1-agua.*
> *Ya ha llegado la dadora de cosas,*
> *ahora llega la dadora de cosas,*
> *la princesa Chicome Coatl...*[15]

Estos actos de desafío no fueron los únicos. Los mayas del Yucatán no aceptaron plenamente el imperio español hasta finales del siglo XVII (si es que realmente lo aceptaron). Otros pueblos indígenas, como los yaquis del noroeste, continuaron su oposición hasta el siglo XVIII.

Los sesenta años que siguieron a la conquista fueron asombrosos en otros aspectos, aparte del espiritual. Se recordará que el amigo de Cortés, Martín Vázquez, señaló en 1535 cuán prontos se mostraban los mexicanos en imitar a los europeos. No sólo cumplían las órdenes de los frailes, sino que se anticipaban a ellas en la construcción de los grandes monasterios (muchos con escuelas adjuntas) y templos que todavía dominan el paisaje arquitectónico mexicano. Incluso si hoy albergan a escuelas, museos, oficinas gubernamentales u hoteles, siguen siendo silenciosos testimonios de una de las proezas más formidables de la Iglesia católica.

Los mexicas se adaptaron de prisa en otros aspectos. El náhuatl y otras lenguas indígenas pronto empezaron a emplear la escritura latina. Los mexicanos con nombres cristianos se aficionaron, como los españoles, a litigar ante los tribunales, adaptando con refinada habilidad sus propias prácticas a las formalidades españolas. Acogieron con entusiasmo la rueda; desde luego, probablemente la habrían acabado utilizando con fines tecnológicos, puesto que ya había juguetes con ruedas en Oaxaca y Pánuco,[16] pero acaso esta evolución hubiese tardado mucho tiempo. Los mexicanos también acogieron con agrado el mulo, el buey, la polea, el clavo, el tornillo y la vela de cera. Encontraron muy provechosas las puntas metálicas para los palos con que trabajaban la tierra.[17] El empleo por los mexicanos de técnicas españolas fue una de las razones de que la agricultura de chinampa no sólo floreciera, sino que incluso se extendiera durante el siglo XVI.[18]

Sin embargo, los españoles imponían tributos que en casi todas partes eran superiores a los que se pagaron a los mexicas por sus tributarios. La moral no sólo de los mexicas que quedaban, sino la de los demás pueblos del valle quedó anorreada por la esclavitud de numerosos indios, el trabajo forzado de otros, las ejecuciones de señores, la destrucción de monumentos, esculturas y libros como «obras del diablo». La mayor parte de las tradiciones indígenas declinaron a medida que los españoles alquilaron a indios dotados para que trabajaran a la manera española en los planes españoles.[19] Sólo la cerámica indígena se mantuvo, convirtiéndose en más refinada e interesante gracias a la combinación de diseños españoles con los propios. Tal vez esto fue así porque no se creyó que la posesión de cerámica indígena fuera signo de idolatría, como lo era la de ídolos, esculturas y libros.[20]

La mayor tragedia de la conquista de México por los europeos no fue la destrucción de Tenochtitlan. Por atroz que esto parezca, las ciudades pueden reconstruirse. Ni lo fue la brutalidad de los conquistadores, pues la combinación de una administración metropolitana cada vez más esclarecida (por lo menos, en teoría) y la persistencia de los frailes pudo mitigar la brutalidad en el curso de una generación. De hecho, hacia la cuarta década del siglo XVI, la educación en Santiago-Tlatelolco estaba ya creando una aristocracia de mexicanos nativos y hasta de intelectuales de cultura europea; el latín que hablaban algunos de los diplomados de esta escuela maravillaba a todo el imperio. Cierto que algunas de las medidas adoptadas por los españoles, por razones religiosas, tuvieron un efecto perjudicial en la dieta, que, por ejemplo, hicieron disminuir el consumo de la carne de perro y de semillas de amaranto, debido a que se asociaba al recuerdo de antiguos ritos, y con esto se privó a los indios de una fuente de proteínas[21] y se los indujo a excederse en la pesca en el lago.

El verdadero cataclismo se derivó de un tipo de catástrofe que nadie había previsto, que los castellanos no deseaban ni esperaban, y para la cual no hubo portentos anunciadores. Tenía un carácter demográfico. La calamidad procedía primariamente de las enfermedades del Viejo Mundo, que devastaron una población de gentes cuyo cuerpo no tenía capacidad de resistencia. Cierto que la muerte de los viejos dioses y creencias provocó desesperación y que las incesantes exigencias de oro y otros metales preciosos por parte de los conquistadores motivaron el abandono parcial de la antigua economía y las consiguientes hambrunas. Esto sólo era ya razón importante para el declive de la población en México, como antes ocurriera en el Caribe. Fray Motolinía y el juez Zorita, ambos excelentes fuentes de información, consideraron estos factores decisivos. Pero el verdadero significado de estos factores fue, probablemente, que hicieron que los mexicanos fueran mucho menos capaces de resistir las oleadas de infecciones que estuvieron a punto de destruirlos.[22]

En el apéndice I se estudia el número de habitantes de México antes de la llegada de los conquistadores. Supongamos que la estimación del juez Zorita fuera correcta, en números redondos. Consideraba que la población del país era en los años de 1560 de unos dos millones seiscientos mil habitantes, y que, por implicación, en 1518 había sido de ocho millones.[23] La disminución es escalofriante. En todas las relaciones, relatos y cuentas que Felipe II ordenó llevar a cabo, hay casos de ciudades que mueren y de aldeas abandonadas. La viruela de los años veinte del siglo XVI dejó el lugar al sarampión (1531-1532), a la peste (si esto era lo que se nombró *mezlazahuatl*), al *cocoliztli* (probablemente un tipo de gripe, en 1545 y 1576), a la tosferina y a las paperas.

De no haber sido por estas enfermedades, la historia de México habría podido parecerse más a la de la India que a la de la Nueva España[24]: una pequeña clase de señores coloniales blancos (a la Nueva España llegaron unos ciento cincuenta mil españoles, en la primera mitad del siglo XVI, casi la mitad de los cuales procedían de Andalucía),[25] una nutrida e inteligente población nativa.

Las enfermedades resultaron especialmente destructoras para la vieja clase alta mexicana, o lo que de ella había sobrevivido. Esto probablemente se debió a que se mezcló más con los españoles. El efecto fue más devastador que el de la «muerte negra», la peste importada de Asia que tanto afectó a la Europa del siglo XV.

Como había ocurrido en las islas del Caribe, se importaron, aunque en escala mayor, ganado lanar y vacuno, ovejas y caballos, y se criaron con apremio. Lo mismo se hizo con productos agrícolas europeos (sobre todo trigo) y hasta hierbas silvestres se importaron, como el trébol de flores blancas, el helecho, la juncia, que ya eran comunes a fines del siglo XVI, incluso las peligrosas, como la belladona y la hierba mora. Un historiador de la botánica ha afirmado que el trébol fue otro de los conquistadores.[26]

Sobre este fondo de enfermedad y decadencia, hubo una serie de notables laicos y eclesiásticos que, por distintas razones, trataron de dar una idea de lo que fue el viejo México antes de su muerte: fray Olmos, fray Motolinía, fray Bernardino de Sahagún, fray Diego Durán y el licenciado Zorita, para mencionar sólo a los del comienzo, trabajaron con denuedo y elaboraron, de manera más o menos científica, fascinantes relatos.

Al mismo tiempo, tras algunas disputas poco edificantes, a fines de los años de 1520, cuando la historia del país, con su salvajismo, cinismo y frivolidad, se parecía a la de alguna pequeña ciudad italiana medieval, México se convirtió en un virreinato. Durante casi tres siglos, nobles nombrados en Castilla atravesaron el mar para administrar un reino extraño, cerrado, hermoso, en el cual se combinaban lo excéntrico y lo convencional. Los viajeros extranjeros, incluso los piratas ingleses, eran excepcionales. La Nueva España enviaba a la metrópoli mucha plata, que se exhibía, bien labrada, sobre mesas de caoba de Nicaragua, en torno a las cuales se fumaban cigarros de Cuba y se hablaba de los estragos de la sífilis, otra de las importaciones del Nuevo Mundo. Así, los acontecimientos explicados en el presente libro acabaron pareciendo leyendas, y sus protagonistas, figuras míticas.

Es, pues, apropiado explicar ahora lo que sucedió a los diversos personajes que tuvieron un papel importante en la historia de la conquista.

Hablemos primero de los indios. Cuauhtémoc, trágico prisionero durante cuatro años, fue ahorcado por orden de Cortés en 1525, acusado de haber tenido parte en una rebelión. Murió en el curso de la expedición cortesiana a Honduras. En 1949 se afirmó, con base en indicios poco convincentes, que sus restos se encontraron en Ichcateopan, en la provincia de Guerrero.[27] Parece que dejó un hijo habido de su primera esposa, Xuchimacatzin («María»), al que, por improbable que parezca, se conoció como «Diego de Mendoza Austria y Moctezuma», a quien Cortés concedió una encomienda en 1527 y que recibió de Carlos V un escudo de armas en 1541. Tuvo, a su vez, tres hijos, bautizados con los nombres bíblicos de Melchor, Gaspar y Baltasar, de quienes hubo abundante descendencia.[28]

De los retoños de Moctezuma, la hermosa Tecuichpo vivió hasta los años de 1550, casada sucesivamente, después de la muerte de Cuauhtémoc, con tres conquistadores: Alonso de Grado, a quien Cortés encargó investigar las acusaciones de crueldad con los mexicanos, y que murió en 1527; Pedro Gallego de Andrade, y finalmente, Juan Cano, tras la súbita muerte de Gallego en 1530. Tuvo de Cortés una hija, Leonor, nacida poco después de su boda con Gallego, de quien tuvo un hijo. De Cano tuvo cinco hijos, entre ellos dos muchachas que hicieron voto de pobreza y entraron en el convento de la Concepción, de México. Tecuichpo, más tarde, recurrió a los tribunales para mejorar su situación, pese a que, en 1526, Cortés le había dado Tacuba, algunas aldeas de sus alrededores y doce granjas, en calidad de encomienda. A fines del siglo XVI, era la encomienda mayor de las que sobrevivían en el Valle de México. No debía, pues, ser precisamente pobre, aunque no podía vivir con la grandeza con que se crió como la hija favorita de un monarca. De ella dijo su marido Cano que «por su respecto y ejemplo mas quietud y reposo se imprimen en los ánimos de los mejicanos».[29]

Entre los otros descendientes de Moctezuma hubo varios casos desgraciados. Así, «Diego de Moteçuma» decía a sus sobrinas, en 1598, que informaría al rey Felipe II acerca de los nietos de Moctezuma que vivían en la pobreza.[30] Entretanto, la heroína o la villana de la conquista, Marina, la intérprete, cuyas servicios fueron tan importantes, pero de cuya fidelidad en las traducciones nunca estaremos seguros, vivió hasta 1551, casada con Juan Jaramillo; dejó una hija con él, además de un hijo con Cortés.[31] Los otros hijos de Moctezuma, Cacama y demás señores del Valle de México, se españolizaron en general. La familia de los condes de Moctezuma sobrevivió muchas generaciones en España, aunque ahora la línea se ha extinguido; su palacio, que lleva su nombre, es la sede (sin duda apropiadamente, dado el gran número de extremeños en la conquista) del archivo provincial de Cáceres, cerca de la casa de García Holguín, el comandante del bergantín que capturó a Cuauhtémoc. Un nieto de Moctezuma, «don Luis», parece que provocó en las autoridades de España unos momentos de inquietud, en los años de 1570, al sospecharse que quería reivindicar el trono de México, pero todo quedó en rumores y recelos. Los aliados de Cortés de las zonas templadas y tropicales desaparecieron de la historia, sin que nadie se comunicara con ellos ni los cantara, probablemente muertos por la viruela; los señores de los tlaxcaltecas y de los totonacas, por ejemplo, no parecen haber formulado quejas de que los extranjeros que a lo primero esperaron utilizar como aliados transitorios contra los mexicas, mostraron deseos de desear establecerse como los dueños permanentes del Valle de México.[32]

En cuanto a los españoles, Diego Velázquez falleció de «furia», según se dijo, en 1524, antes de que pudiera terminarse su juicio de residencia. Aunque murió pobre, dejó bastante dinero para que se dijeran trescientas misas por su alma, en la iglesia de San Francisco, de Cuéllar, así como para otras mandas en el convento de Santa Clara de la misma ciudad, cuyo coste se pagaría, cosa más bien sorprendente, con ganancias de Ulúa.[33] No hay pruebas de que de uno de los innumerables sobrinos que dejó en Cuba descendiera este Juan Velázquez, padre de la Jerónima Velázquez que, en Sevilla y en 1599, dio a luz a Diego de Silva Velázquez, el pintor al que se llamó habitualmente con el mismo apellido que al gobernador.[34] Pero en el último y más famoso de sus cuadros, *Las Meninas*, puede hallarse una alusión a México, pues una de las damas de honor de la izquierda ofrece a la princesa una pequeña pieza de cerámica mexicana, entonces muy de moda.[35]

La mayoría de los compañeros de Cortés se quedaron en México y murieron allí. Alvarado continuó mostrando su brutalidad ante la vida humana en numerosos lugares del creciente imperio, fue el primer gobernador de Guatemala y obtuvo el ambicionado título de adelantado y la admisión en la Orden de Santiago, a la que en su juventud había pretendido que ya pertenecía. Murió cuando todavía no cumplía los cincuenta años, mientras mandaba una campaña contra los indios de los alrededores de Guadalajara; pero la muerte fue a causa de las heridas recibidas al caer del caballo. Pánfilo de Narváez, al salir libre de la prisión, en México, regresó a España y luego mandó otra expedición en busca de la fuente de la juventud, en la Florida, donde tuvo una muerte horrible.

A Olid le ejecutaron, por rebelión, en 1525. Montejo fue el primer adelantado y gobernador del Yucatán, cuya conquista continuaron el hijo que le acompañaba en México, y su sobrino. Se le unió también Antonio de Ávila, una vez le dejaron salir de su prisión francesa. Diego de Ordás emprendió un viaje al río Marañón, el mayor afluente del Amazonas, cuya conquista le habría dado el dominio de la Costa de las Perlas, pero murió en mitad del Atlántico en 1532. A diferencia de muchos españoles de la época, Ordás admiraba los plumajes mexicanos y en una de sus últimas cartas pedía a Francisco Verdugo, en 1529, que le enviara algunas bellas plumas y una docena de espejos.[36] Ávila, Vázquez de Tapia, Andrés de Tapia y Martín López se instalaron en México. Excepto Andrés de Tapia, que siguió siendo un leal aliado de Cortés, todos ellos creían que sus servicios no habían sido debidamente reconocidos ni recompensados, por lo que dedicaron gran parte de su vida a sostener pleitos para demostrar la valía de sus actuaciones en la conquista. A fray Juan Díaz le mataron, al parecer, unos indios, cuando estaba destruyendo varios de sus ídolos.[37] Fray Olmedo murió pronto, en 1524, con gran pena, se dijo, igual de los indios que de los conquistadores. Nada menos que ocho de los compañeros de Cortés tomaron el hábito: cinco como franciscanos; uno, Aguilar, como dominico, y otro, Gaspar Díez, se hizo ermitaño en México y vivió lo bastante para que el obispo Zumárraga le dijera que debía llevar una vida menos austera. La mayoría de los mercaderes que trataron con Cortés, prosperaron. La familia de Pedro de Maluenda, que vivió el cerco de Tenochtitlan, se ocupaba todavía de negocios en la Sevilla de fines del siglo XVI. Alonso Caballero, «almirante» de Cortés en la Vera Cruz, también prosperó, como lo hizo su supuesto hermano Diego Caballero. (Alonso parece haber llevado a Sevilla, en 1523, cerca de tres millones de maravedís en oro.) Probablemente es el que se ve con Diego en la capilla del Mariscal en la catedral de Sevilla. Juan de Córdoba y Luis Fernández de Alfaro actuaban todavía en Sevilla en 1530, aunque probablemente nunca debieron hacer tantos beneficios como los que obtuvieron financiando a Cortés.[38]

En cuanto al caudillo mismo, su nombramiento de gobernador y capitán general de la Nueva España, en 1522, y su aceptación de estos cargos un año después, marcaron el apogeo de su existencia.

Tenía menos de cuarenta años. Pero aunque en 1525 le admitieron en la Orden de Santiago y recibió un escudo de armas, pocas cosas le salieron bien en el resto de su vida.[39]

Se sentía desasosegado incluso mientras se ocupaba de echar los fundamentos del gobierno de la Nueva España, de su agricultura y su sistema de tenencia de la tierra, que duró trescientos años. Aprovechó la rebelión de Cristóbal de Olid como pretexto para emprender, en 1524, una expedición a Honduras. Olid había sido ejecutado por los amigos de Cortés antes de que éste inciara el viaje, aunque él no lo sabía.

Cortés inició el viaje alegremente, al frente de una hueste de varios miles, entre ellos señores indios y juglares, franciscanos y bailarines, arpistas y bufones, jinetes y artilleros. Fue el desfile más numeroso que México había jamás visto, un masa feliz de, al parecer, hermanos de todas las razas. Dos años más tarde, una pequeña banda de apenas cien regresaron vivos a México-Tenochtitlan, tras abrumadoras pruebas en la selva, al borde de mares desconocidos, después de cruzar con grandes dificultades innumerables ríos y de enfrentarse a enfermedades, hambre, sed, soledad y motines.

Cuando Cortés regresó finalmente a la capital, a mediados de 1526, se indignó al ver cuán mal gobernaron la ciudad en su ausencia, los mismos funcionarios reales que habían sido enviados a México junto con su nombramiento de gobernador. Presumiendo que Cortés había muerto, torturaron y asesinaron a su primo, Rodrigo de Paz. Y cuantos defendieron sus intereses fueron perseguidos.[40]

Apenas el caudillo volvió, llegó de España un juez que le inició un juicio de residencia. El juez, Luis Ponce de León, murió, se dijo, tras comer tocino en la mesa de Cortés. Otro juez, el anciano Marcos de Aguilar, que había pasado años en La Española, murió inmediatamente después. Los chismosos, como el dominico fray Tomás Ortiz, murmuraron, desde luego, que Cortés hizo envenenar a ambos, y la gente recordó de la muerte repentina y conveniente de Catalina Cortés, de Francisco de Garay y de Julián de Alderete.

Aunque dueño de grandes haciendas que, como gobernador y capitán general, Cortés se había atribuido antes de salir hacia Honduras, ahora carecía de influencia. Supo, por sus amigos de España, que sus enemigos —unos ya antiguos y otros nuevos— trataban de influir contra él en la corte, haciendo circular el rumor de que «no ha obedecido bien los mandamientos de Su Majestad y ha usado a manera de soberano». Se oía decir que Luis Ponce de León y otros habían sido envenenados, pues «en cierta vianda se dice que les dio conque deste mundo pasasen al otro». Decidió regresar a España para exponer personalmente la situación a Carlos V. Deseaba poder gobernar, en nombre del emperador, el enorme territorio que había conquistado para él, e iniciar, con apoyo real, nuevas expediciones hacia el mar del sur.

El caudillo, pues, emprendió el regreso a su patria en marzo de

653

1528, en compañía de sus íntimos amigos Gonzalo de Sandoval y Andrés de Tapia. Viajó como lo hubiera hecho Moctezuma. Llevaba consigo a tres hijos de Moctezuma («don Martín», «don Pedro» y «don Juan»), un hijo de Maxixcatzin de Tlaxcala («don Lorenzo»), un descendiente de los reyes de Tlaltelolco, un hijo del rey de Tacuba y los señores de Culhuacan, Tlalmanalco y Cuitlahuac. Lo escoltaban otros nobles «indios e indias más blancos que alemanes».[41] Uno de ellos procedía de Cempoallan. Había también acróbatas y malabaristas, algunos enanos y jorobados. En total, unos cuarenta indios.[42] ¿Es que el conde de Benavente no poseía un elefante que alguien le mandó desde la India? Cortés tenía algunos jaguares, un armadillo, algunos pelícanos y una zarigüeya. Colón, a su llegada a Barcelona, presentó un desfile de naturales y muy poco oro. Cortés llevaba muchas prendas de plumas, abanicos, escudos, espejos de obsidiana, así como turquesas, jadeíta, oro, plata y algunas joyas de estos metales. Fue uno de los grandes despliegues públicos que tanto agradaban a Cortés. Fuera o no un buen latinista, sabía como se montaba un «triunfo» romano.[43]

Su cortejo llegó a Palos, a comienzos de mayo de 1528, tras cuarenta y dos días de viaje. Allí, Sandoval enfermó y murió. En su lecho de muerte, este vencedor de cien batallas en México estaba tan débil que no pudo evitar que un ladrón le robara su oro, en una culminación algo volteriana de su carrera. Cortés se dirigió primero al monasterio de la Rábida, donde la leyenda (aunque sin pruebas históricas) dice que por azar se cruzó con su primo lejano Francisco Pizarro, que se marchaba a la conquista del Perú. Luego se dirigió a Medellín, donde se encontró con que su padre, que siempre le apoyó, había muerto dieciocho meses antes. Saludó a su madre y se fue a Guadalupe, a dar gracias a la Virgen de Extremadura, a la que ofreció un escorpión de oro, que se conservó mucho tiempo en el tesoro del monasterio. Siguió camino para ver al monarca que figuró tan a menudo en sus discursos a los mexicanos, al «emperador del mundo» (según la expresión del obispo de la Mota) en cuyo nombre Cortés lo había llevado a cabo todo. En junio llegó a la corte, que estaba en Monzón, la capital de verano de Aragón. Allí conoció a los personajes del reino y también a los oscuros burócratas: el canciller Gattinara, el secretario real Los Cobos, el doctor Beltrán, el presidente del Consejo de las Indias, doctor García de Loaysa, así como los procuradores de las Cortes de Aragón.[44] Muchos de esos personajes habían leído y saboreado, sin duda, las copias de sus cartas desde México, que Cromberger publicara en Sevilla. Muchos de los enemigos de Cortés, como el obispo Fonseca, habían muerto. El triunfo se presentaba seguro: «... la persona del marqués ha sydo en esta corte y en toda España... muy tenida y estiumada».[45]

Carlos V le recibió con lo que parece haber sido un entusiasmo auténtico. Le tomó de la mano apenas Cortés puso rodilla en tierra ante él, le levantó y le sentó a su lado, le nombró marqués (del Valle de Oaxaca), le concedió la doceava parte de los beneficios de todas sus conquistas y aceptó que tuviera una encomienda de veintitrés mil vasallos, con lo que le convirtió en uno de los hombres más ricos del imperio español. Le encantó un espectáculo de danzas ofrecido en Valladolid por los indios. Confirmó a Cortés como capitán general de México, aunque no como gobernador, pues la tarea de gobernar la Nueva España se asignó a una audiencia presidida por uno de los enemigos de Cortés, Nuño de Guzmán. No quedaban, pues, muy claras las atribuciones de Cortés. También se le nombró gobernador de las islas y territorios que pudiera descubrir en el mar del Sur, aunque esta concesión era mucho menos de lo que en 1522 había solicitado.[46]

Carlos V aprobó también la boda de Cortés con Juana, hija de Carlos conde de Aguilar, sobrina del duque de Béjar, Álvaro de Zúñiga, justicia mayor de Castilla, uno de los hombres más poderosos del reino, y especialmente poderoso en Extremadura septentrional. Juana estaba bien relacionada por todos lados, pues no sólo tenía sangre de los Enríquez, los Mendoza y los Guzmán, sino que era también sobrina nieta de Juan de Zúñiga, gran maestre de la orden de Alcántara, cuya academia rural en Zalamea de la Serena debió de influir en la formación del Cortés adolescente. Aportó una dote importante: diez mil ducados.[47] El duque de Béjar, con trescientos caballos en sus cuadras y veintiocho mil florines de oro de renta, debió de parecerle a Cortés un protector ideal. Sólo seis nobles españoles eran más ricos que él.[48] Cuando, más tarde, Cortés cayó enfermo en Toledo, el rey lo visitó, honor nunca visto antes. Carlos hasta perdonó a Cortés que hubiera ocupado un asiento en el banco real de la capilla, delante de la mayoría de los nobles. El artista alemán Christoph Weiditz le dibujó, al parecer por sugestión del embajador polaco, Juan Dantisco, como le llamaban en España. También dibujó su escolta de mexicanos.[49] Como en 1520, el rey mostró interés por el bienestar de los indios y, una vez más, ordenó que les hicieran trajes de terciopelo.[50] (Carlos V había recibido en 1526 a varios nobles mexicanos, a quienes concedió encomiendas.)[51] Algunos de los indios permanecieron en Europa y fueron exhibidos en diversos lugares de los dominios de Carlos.[52]

Cortés regresó a México con su esposa, su madre y cuatrocientos españoles. Dejó Sevilla en la primavera de 1530 y llegó a Vera Cruz el 15 de julio. Muchos de sus indios habían partido antes, por orden real; tres murieron y algunos se quedaron. A uno, Benito Mazutlaqueny, le mandaron a Roma, donde el papa Clemente VII dijo gravemente que daba gracias a Dios de que en sus días se hubieran descubierto países como la Nueva España, tras lo cual legitimó a tres de los hijos ilegítimos de Cortés, pensando, recordando acaso, que él mismo era hijo ilegítimo.[53] Pero al llegar a México, se negó al caudillo la entrada a su casa de la capital, pues estaba bajo juicio de residencia. La Audicencia había incluso quitado de su palacio su escudo de armas, al enterarse de que lo habían hecho marqués. Su madre murió en Texcoco antes de poder darse cuenta de lo que realmente había llevado a cabo su hijo.

El caudillo se fue entonces a sus propiedades de Cuernavaca, donde se construyó un palacio y estableció un molino de azúcar, introdujo esclavos africanos, y cultivó trigo, vid y olivares.[54] Gran parte de su tiempo lo ocupó defendiéndose de acusaciones de haberse aprovechado personalmente de la conquista, de matar innecesariamente a indios, de asesinar a su esposa y de muchas otras cosas. Tuvo incluso que rebatir la afirmación pueril de Andrés de Monjaraz de que, en 1521, había atacado la hermosa ciudad de Huaxtepec sin antes leer el requerimiento.[55] Las probanzas en los tribunales mexicanos, los largos cuestionarios y las respuestas de innumerables testigos se prolongaron muchos años, enriqueciendo a numerosos escribanos y proporcionando un gran caudal de información a los historiadores que quisieran utilizarlo. Todo ello, amargado por el hecho de que muchos viejos camaradas, por envidia o decepción, se volvieron contra él. ¿Quién, exactamente, estaba y dónde, en la «noche triste»? ¿Qué ocurrió realmente en el palacio de Axayácatl cuando Cortés obtuvo de Moctezuma la concesión de poderes? ¿Cómo murió Catalina, la Marcayda? Incluso se acusó a Cortés, por Rodrigo de Castañeda, de desear conservar los templos e ídolos en sus propiedades, pese a la política de los franciscanos de destruirlos. Entretanto, la primera audiencia, formada por hombres de mente cerrada y presidida por el cruel Nuño de Guzmán, dejó el lugar a un grupo de clérigos de elevado espíritu, y éstos, a su vez, lo dejaron, en 1535, al primer virrey, Antonio de Mendoza, tan gran cortesano como gran administrador, miembro de la más ilustrada familia de Castilla, pero que no vaciló en mantener a Cortés en una posición secundaria.

El caudillo se lanzó a grandes expediciones hacia el Pacífico, no consiguió encontrar el famoso estrecho que, según se suponía, unía este océano con el Caribe y sin duda se convenció entonces de que tal estrecho no existía. Tal vez pensó que llegaría a las Molucas y hasta que descubriría, al alcance de la mano, hacia el norte, la misma China.[56] Consagró grandes sumas de su propio dinero a estas empresas, descubrió y bautizó California, acaso pensando en la reina Califia que figuraba en un romance entonces de moda. Una vez más, arrostró grandes riesgos, sufrió grandes privaciones, perdió a la mitad de sus hombres. Pero no encontró un atajo hacia China.

Se disputó con el virrey acerca de esos viajes al Pacífico y regresó otra vez a España, en enero de 1540, para defender su causa. Rebasaba ya, para entonces, la cincuentena. Se habían casi olvidado sus primeras grandes hazañas. Reinaba en el país un espíritu prosaico. La gente ya ni conocía el nombre de el Clavero Monroy, y recordaba con desagrado los primeros años de la conquista de América. Se había prohibido la publicación de las cartas de Cortés, que en los años veinte tanto se leyeron y que determinaron que la gente le envidiara y le temiera a la vez. Ofreció ayudar al emperador a capturar Argel, pero no se siguieron sus consejos, aunque él y su hijo tomaron parte en esa poco gloriosa expedición. Aburría al emperador con sus peticiones. Se quejó, cuando la corte estaba en Barcelona, de que no se le reconocieran sus méritos. Cortés mismo contó a Sepúlveda, el historiador, que Carlos le dijo: «Deja de jactarte de tus méritos, que no has recorrido una provincia tuya, sino de otro» (es decir, de Diego Velázquez). Y Sepúlveda anotó: «A lo que Cortés, como él me contó con gran pesar, respondió: "Conoce mejor, príncipe poderoso, mi situación; si averiguas algo de mí que merezca la pena capital, no voy a suplicar tu perdón."»[57] Así, acabó dándose cuenta de que no le necesitaban. Hombres de su temple ya no eran populares en la corte española.

Desde el punto de vista de un funcionario español, un letrado educado en Salamanca en una época en que lo principal era administrar, Hernán Cortés era de carácter demasiado independiente. Había establecido encomiendas sin la aprobación real, y luego hasta contra ella. Persistían numerosos interrogantes acerca de su conducta: la conveniente desaparición, en México, de muchos enemigos parecía alarmante, reflejaba una serie de coincidencias demasiado... italianas. Cierto que la habilidad de Cortés en maniobrar mejor que Velázquez, Narváez, Tapia y Garay se le podía perdonar debido a su victoria contra los mexicas. Mas si nadie mencionaba siquiera la matanza de nobles mexicanos cometida por Alvarado, todos sabían que Cortés no le reprochó este acto. Un hombre tan hábil como Cortés resultaría siempre un súbdito incómodo. Aunque fue meticuloso en su trato con los indios, después de la conquista, los acontecimientos de Cholula y Tepeaca sugerían en él una enorme capacidad para la brutalidad. Torturó a Cuauhtémoc. Era infinitamente más rico de lo que él mismo decía. No siempre se acordó del quinto real. Y al hacerse señor de tantas ciudades mexicanas, ¿no estaría buscando un grado de independencia que en España misma ya no era posible, ni siquiera a un noble de alto rango, ni tan sólo al conde de Medellín?

Dándose cuenta de que ya no era joven, Cortés, a mediados de los años de 1540, decidió sensatamente pasar el resto de su vida en Sevilla o cerca de ella. Visitaba a veces la corte y se le conocía por su animada participación en algunas de las tertulias de la ciudad. Exageraba tanto su pobreza como su edad en una carta privada al rey de 1544. Como le sucediera a Colón, pasó sus últimos años desilusionado. Murió en las afueras de Sevilla, en Castilleja de la Cuesta, en una casa que todavía se conserva, el 2 de diciembre de 1547, a la edad de sesenta y dos años, dejando en México una gran leyenda, vastas propiedades, riquezas enormes y numerosos hijos. Entre sus posesiones había dos camas cubiertas de brocado, que, tras su muerte, fueron a dar a manos del mercader florentino Jacome Boti, de Sevilla, para cancelar una hipoteca.[58]

Los restos de Cortés han sido trasladados varias veces, aunque con menos dramatismo que los de Colón. Primero reposaron en San Isidro del Campo, de Santiponce, una aldea de las afueras de Sevilla, en dos lugares distintos de la misma iglesia (1547-1550 y 1550-1566). Luego los llevaron a San Francisco, en Texcoco (1566-1629), y de allí a San Francisco, en la ciudad de México (1629-1794), aunque hubo una exhumación en 1716, cuando se reconstruyó el templo. Finalmente, se trasladaron a la iglesia de Jesús Nazareno, en la misma ciudad de México, donde sus huesos fueron escondidos, en 1823 y 1836, y expuestos en 1946.[59] Hoy se conmemora modestamente a Cortés en ese templo y apenas si en el resto de México, como si sus acciones hubieran sido a escala demasiado prometeica para que las absorbiera el país que dejó tras sí.

El impacto artístico de la conquista de México, como el de todas las Américas, siguió siendo insignificante en Europa. Los historiadores del arte se las ven y se las desean para encontrar indicios de su efecto en el siglo XVI, aparte de los ya citados capiteles con mexicanos de piedra en el palacio episcopal de Lieja y la máscara de la tumba del obispo en la catedral de Rouen. Para Europa, México era un lugar de cosas curiosas, pero no de realizaciones artísticas. Las piezas de plumajería adquiridas por Cósimo de Médicis se veían como objetos y no como obras de arte. Esta actitud persistió hasta el siglo XX. A un espejo de obsidiana mexicano, propiedad de un excéntrico inglés, se le conocía como «el espejo del diablo».[60] Incluso políticamente, durante treinta años la Nueva España parecía carecer de importancia. La cantidad de oro procedente de ella era menos que la de otros lugares incorporados por la corona española. Las patatas del Perú y el tabaco de Cuba parecían más interesantes que cuanto ofrecía México. Carlos V no atesoró mucho, pese a que su abdicación (acto inaudito en un monarca) pudo inspirarse en la abdicación de Lisuarte como rey de Inglaterra, en el *Amadís de Gaula*.[61] Sólo después de su muerte las grandes minas de plata de la Nueva España comenzaron a emplear un nuevo procedimiento en que intervenía el mercurio y, así, proporcionaron nuevas riquezas en gran escala.

Tal vez, se dirá, las desilusiones de la vejez de Cortés eran merecidas en un hombre que destruyó una civilización, aunque no hubiese tratado de hacerlo, sino sólo de ofrecer una joya a su rey. Pero según los valores de la España de su tiempo, los éxitos de Cortés fueron asombrosos. Cabe alegar que si Cortés no hubiese llevado a cabo su conquista, otro lo hubiese hecho. Esto no puede demostrarse. La conquista de 1520-1521 exigía la capacidad y decisión de Cortés de atraerse a los indios, sobre todo a los tlaxcaltecas. De no haber sido por su ayuda, como cargadores, consejeros y señores de lo que fue refugio para los castellanos, la expedición habría fracasado. Francisco de Montano, el de los volcanes, declaró en 1565 que «si no fuera por este hospedamiento y socorro que hallaron en los dichos tlaxcaltecas, todos los españoles murieran por ir heridos de muchas heridas», y Manuel López, el de los bergantines, dijo en la misma ocasión que «con su ayuda y favor "de los tlaxcaltecas", después de Nuestro Señor, se ganó este nuevo mundo». De no haber ocurrido así, ¿quién puede asegurar que los mexicas, bajo el mando de Cuauhtémoc, no habrían aprendido a manejar las armas españolas y hasta a utilizar los caballos? Incluso teniendo en cuenta la mortaldad causada por la viruela, pudieron haber sostenido una resistencia decidida hasta que España se cansara de hacer conquistas. Tal vez habrían creado su propia versión de lo que fue la era Meiji en Japón. Un procónsul español de las Filipinas ofreció a Felipe II conquistar China. Era un ofrecimiento característico del viejo espíritu fronterizo del andaluz. La idea fue rechazada por un rey prudente. Pudo haber hecho lo mismo con un México rejuvenecido por una dinastía de emperadores bien preparados.

La palabra que mejor resume las acciones de Cortés es «audacia»; contiene un rastro de imaginación, de impertinencia y la capacidad de llevar a cabo lo inesperado, cosas que la diferencian del simple valor. Un extremeño del siglo XIX dijo del antepasado de Cortés, *el Clavero* Monroy, que era rápido de palabra, hábil y atrevido en la acción, lleno de amenazas en la guerra que se convertían repentinamente en golpes decisivos, y que no se dejaba amilanar por el mal tiempo, las grandes distancias, los peligros ni los reveses. No era distinto su descendiente Hernán Cortés. Sin duda el Cid de los romances fue también una inspiración; leer acerca de la pequeña banda de jinetes de Cortés, de sus combates contra toda esperanza, de su captura de una rica ciudad perteneciente a un enemigo del Dios de los cristianos, de su lucha para conseguir la aprobación de su monarca, trae en mente en seguida las aventuras que condujeron al Mio Cid a la captura de Valencia. El Cid, con todo y su porte majestuoso, su valor en el combate y su gran barba, se mostró tan interesado como Cortés por las cuestiones jurídicas y por el dinero. Y no precisa creer en ninguna teoría especial según la cual los grandes hombres dominan la historia para ver que la combinación de inteligencia y prudencia, de valor y de buen juicio político propia de Cortés, fue decisiva en los extraordinarios acontecimientos de México entre 1519 y 1521. El ejemplo de Cortés inspiró a muchos. Alonso de Navarrete, que le acompañó en toda la campaña, comentó, en su juicio de residencia, refiriéndose a Otumba: «Si el dicho Don Hernando faltara en aquel rencuentro e batalla no se escapara español alguno... este testigo vido tantas cosas señaladas quel dicho Don Hernando hizo con su persona que a este testigo le parescia que en mucho papel no podia escrivir fielmente.»[62]

En 1524 Cortés envió a Carlos V un cañón de plata. La plata procedía de Michoacan. Lo llamó *el Fénix*. En él había hecho inscribir estos versos:

> *Aquesta nació sin par,*
> *Yo en serviros sin segundo,*
> *Vos sin igual en el mundo.*[63]

Como se apresuraron a señalar los celosos de Sevilla, la ofrenda era extravagante. Pero era, como hubiese dicho el viajero alemán Thomas Münzer, «suntuoso». Esta vez, el regalo llegó a España. Donde pronto lo fundieron para quedarse sólo con la plata.

El nombre del cañón no carecía de ironía. Pues Cortés había establecido un impuesto llamado «el fénix» sobre todo el oro y la plata extraídos en México, con el fin de compensar por las pérdidas del desastroso viaje a España de Ávila y Quiñones, abortado por los piratas franceses. No obstante era un nombre apropiado: hoy, los tomates y el maíz se cosechan en el valle del Guadiana donde nació Cortés; y una sociedad nueva y con el tiempo extraordinaria, poseedora de su propia magia, se alzó de las cenizas de la vieja Tenochtitlan.

Glosario

Náhuatl

amatl: papel hecho con la corteza de la higuera silvestre.

atlatl: lanzador de dardos o flechas.

Aztlán: «lugar de las garzas blancas»; lugar original de los mexicas, según la leyenda.

azteca: pueblo de Aztlán.

calmécac: «en la hilera de casas», escuela para la clase superior.

calpixqui: «el que guarda la casa» (plural, *calpixque*) mayordomo, capataz, funcionario encargado de cobrar los tributos.

calpulli (plural, *calpultin*): grupo social vinculado por parentesco, vecindad, profesión, religión, etc. Barrio en el que moraba este grupo. Templo de este grupo, ya en el barrio, ya en el recinto ceremonial central. Su jefe se llamaba *calpullec* (plural calpulleque).

cihuacóatl: «mujer serpiente», diosa, y emperatriz adjunta para las actividades domésticas. Daba siempre a luz mellizos.

Chicomoztoc: «en las siete cavernas», lugar que también se suponía originario de los mexicas.

chinampa: especie de jardín flotante sobre los lagos de Texoco y Chalco, donde su cultivaban flores y legumbres; descansaba sobre ramas que formaban balsas; probablemente estaba anclada al fondo limoso del lago y sobre la cual se practicaba la agricultura intensiva.

ezhuahuatecatl: «el que hace sangrar con sus garras», uno de los cuatro consejeros principales del emperador, entre los cuales normalmente se escogía a su sucesor.

huehuetl: gran tambor vertical con la boca cubierta de cuero tenso.

huey tlatoani: emperador o rey superior.

huipil (plural *huipilli*): larga blusa para las mujeres.

macauauhuitl: espada de madera con filo de obsidiana afilada por ambos lados.

macehual (plural *macehualtin*): obrero.

mayeques: clase baja por encima de los esclavos; siervos.

mexica: mexicano.

México: «en el ombligo de la luna».

náhuatl: lenguaje común de la mayor parte de los pueblos del Valle de México, c. 1519.

pilli (plural *pipiltin*): clase superior mexicana, «nobles».

pochtecatl (plural *pochteca*): mercader en territorios lejanos.

tamal: torta de maíz.

tamame: cargador.

tenochca: pueblo de Tenochtitlan (a diferencia de *tlatelolca* o pueblo de Tlatelolco).

Tenochtitlan: «lugar de la pera espinosa».

teponaztli: tambor horizontal vaciado en un tronco.

tlacatecatl: «matador de hombres», uno de los cuatro consejeros principales del emperador, entre los cuales se escogía normalmente al sucesor.

tlacochcálcatl: «jefe de la casa de las lanzas», uno de los cuatro consejeros principales del emperador, entre los cuales se escogía normalmente al sucesor.

tlatelolca: pueblo de Tlatelolco.

Tlatelolco: «sobre la montaña de arena», ciudad de los mexica, inmediatamente al norte de Tenochtitlan.

tlatoani (plural *tlatoque* y *tlaltatoque*): literalmente, «el que habla bien», portavoz, en realidad rey, señor.

tlatocan: corte, palacio de gran personaje.

tlatocanencentlallztli: audiencia real, consejo (por ejemplo para la guerra), asamblea, reunión de nobles.

Tlaxcala: «lugar de las tortillas» (tortas de maíz, parecidas en forma a las *crêpes*).

tlillancalqui: «guardián de la casa de las tinieblas», uno de los cuatro consejeros principales del emperador, entre los cuales normalmente se escogía al sucesor.

totocalli: «casa de las aves».

tzompantli: «hileras de cabezas», «hileras de calaveras», «osario», «edificio» en el que se colocaban, atravesadas por unas varas y formando hileras, los cráneos de los sacrificados, según los distintos historiadores y memorialistas.

Español

adelantado: comandante con funciones políticas.

alcalde: magistrado.

encomienda: concesión de personas a un conquistador para que las cuidara (de ahí *encomendero*, conquistador que recibía esta encomienda o concesión).

probanza: declaración o documento jurídico.

procurador: representante.

regimiento: consejo municipal, a menudo llamado también, al modo de Castilla, cabildo, especialmente ya avanzada la colonia; los traductores han preferido la primera forma, porque fue la más usada en la conquista.

residencia (juicio de): investigación judicial sobre la conducta de un funcionario.

veedor: inspector.

Apéndices

APÉNDICE I

LA POBLACIÓN DEL ANTIGUO MÉXICO

Es complicado estimar la población de México antes de la llegada de Cortés, como lo es para el resto de las Américas antes de 1492. Para la Hispaniola, véase la nota 45 del capítulo 5.

Los datos de la época son contradictorios. Esto no impidió un desvergonzado empleo de las cifras para la propaganda.[1] Cuando se comenzó a escribir la historia de esos temas, en el siglo XVIII, se estimó la población del antiguo México en relación con los puntos de vista que sostenían los historiadores sobre la naturaleza de la conquista. Así, Clavijero, el jesuita que en su amargo exilio de Bolonia empezó a crear la idea de una identidad mexicana, hablaba en términos de una población de treinta millones,[2] mientras que William Robertson insistía en que los españoles exageraron la dimensión de la población indígena con el fin de realzar la naturaleza de su éxito al conquistarla.[3] Desde entonces, actitudes similares han marcado a los historiadores. Pero las actitudes, aunque similares, no han sido exactamente las mismas. Los que, implícita o explícitamente, critican la conquista favorecen las cifras altas, pues éstas permiten que parezca que los españoles fueron responsables del mayor desastre demográfico de la historia, ya que es incontestable que la población de México había descendido a dos o tres millones hacia 1558. Los amigos de los españoles dan ahora cifras bajas.

En el siglo XX, el debate ha oscilado entre las estimaciones de los minimalistas, de unos cuatro millones, y las de los maximalistas, de unos treinta millones. Así, Karl Sapper, un gran erudito alemán, al que entonces se consideraba maximalista, decía en 1924 que México tenía una población de doce a quince millones.[4] Alfred Kroeber, en 1939, pensaba que la tierra cultivable de México había podido sostener unos diez millones, de los cuales restaba una quinta parte debido a la antigüedad, de modo que pensaba en términos de ocho millones.[5] Julian Stewart, en cambio, en un ensayo de 1949 en el *Handbook of South American Indians*, como George Kubler, el gran historiador de la arquitectura, en 1942, daban cifras bajas.[6] Angel Rosenblat, en su sumario de la población indígena de la antigua América, en 1954, estimaba que México tenía cuatro millones

667

y medio de habitantes en 1518 y todo el continente, en 1492, algo más de trece millones trescientos mil.[7]

Entretanto, los maximalistas de la Escuela de California preparaban su contraataque. Empleando primordialmente las estimaciones de los frailes (especialmente Motolinía) acerca del número de indígenas convertidos, y también las estimaciones militares de los conquistadores, Lesley B. Simpson, uno de los más importantes historiadores norteamericanos de México (autor del brillante *Many Mexicos*), y Sherburne F. Cook, profesor de psicología de la Universidad de California, argüían que la región contaba con nueve millones treinta mil habitantes en el momento del «contacto».[8] En 1957, Cook, esta vez con Woodrow Borah, distinguido profesor de historia de América Latina en Berkeley, tomaron en consideración las sesenta y cuatro ciudades mexicanas para las cuales se podían establecer cifras razonablemente acertadas de la población en 1552 y 1570. Encontraron que si bien las epidemias habían sido entonces menos desastrosas que antes, entre esas dos fechas hubo un descenso promedio de población de 3,8 por ciento. Aplicando esta proporción a la estimación general de Cook y Simpson para 1565, y extrapolando hacia atrás, alcanzaron una cifra, para el México central (es decir, el territorio entre el istmo de Tehuantepec y la frontera chichimeca) de veinticinco millones trescientos mil en 1520. Describieron esta cifra como «un cálculo sólo de significado teórico... presentado simplemente como un medio posible de plantear este problema».[9]

Aunque pronto aumentaron su estimación hasta treinta millones (empleando no sólo la técnica de extrapolación hacia atrás, sino también las estimaciones de tributos —la Matrícula de Tributos, el Códice Mendocino y el documento Scholes—), más tarde volvieron a una estimación para 1519 de veinticinco millones doscientos mil.[10]

Esos académicos sugerían, desde luego, que había habido en el siglo XVI una catástrofe demográfica de dimensiones sin precedentes. Su técnica parecía tan profesional que sus cifras ocuparon el terreno durante un tiempo. Henry Dobyns, por ejemplo, en un artículo muy leído, apoyaba a Cook y Borah, y en 1966 fue aún más allá, al sugerir también que la cifra de treinta millones dada por Clavijero resultaba probablemente correcta (sus métodos eran de una agradable brocha gorda).[11]

Pero la rueda de la fortuna dio una vuelta. William T. Sanders, en un excelente artículo publicado por William M. Denevan en su colección de artículos con distintas conclusiones,[12] hizo trizas los métodos de Cook y Borah: las listas de tributos eran aproximaciones y sin relación con la población; diferentes pueblos recibían de los mexicanos diferente tratamiento; el tributo se pagaba en especies; Texcoco y Tenochtitlan cobraban ambos tributos, pero Borah y Cook emplearon sólo la lista de tributos de Tenochtitlan; los autores daban por supuesto que había la misma proproción de personas exentas de tributo en 1519 que en 1548; existían divergencias entre las tres fuentes sobre las tasas de impuestos; el tributo, que no era un impuesto, no estaba relacionado con la capacidad de pagar. Sanders presentó entonces su propia técnica, basada en observaciones sobre las condiciones de vida en el valle de Teotihuacan (por ejemplo, el estudio de «desechos profesionales» y la capacidad de superficies concretas de tierra cultivada para sostener a la gente), método derivado a su vez de un estudio especial hecho en los años sesenta por la Pennsylvania State University. Estimó una población de México Central, para 1519, de once millones cuatrocientos mil (¡Denevan, su editor en ese libro, decidió diplomáticamente dar su propia estimación de dieciocho millones doscientos mil, como promedio entre las cifras más altas y las más bajas!)[13] Por la misma época, Pedro Armillas calculaba que la zona de chinampas del sur del lago cubría doscientas ochenta hectáreas,[14] territorio que Sanders estimaba que podía sostener unas diecisiete mil personas con un consumo de maíz per capita de ciento sesenta kilos. El número total de quienes vivían de la agricultura de chinampa podía ser, pensaba, unos trescientos mil, incluyendo la población de Texcoco y su llanura cultivada.[15] Carlos Rangel, en su famosa polémica *Du Noble Sauvage au Bon Révolutionnaire*, formuló una crítica inspirada: ¿cómo podían alimentarse tantas personas en Tenochtitlan? Creía que las estimaciones más plausibles sugerían que el imperio mexicano contaba solamente con un millón de habitantes.[16] Dos historiadores de Burdeos (Henri Enjalbert y Serge Lerat) expresaron la misma opinión.[17]

Pero los maximalistas no se dejaban vencer tan fácilmente. Cook murió en 1974. Antes había trabajado mucho más el tema y, en 1979, Borah pudo publicar un largo ensayo, obra de ambos, en el tercer volumen de *Essays in Population History: Mexico and the Caribbean*. En un capítulo muy erudito y admirable desde muchos puntos de vista, sostenían que la cifra de veinticinco millones doscientos mil que habían alcanzado para antes de la llegada de Cortés, habría podido sostenerse con el cultivo del 10 al 15 por ciento de la tierra disponible. Con esta respuesta, esos demógrafos antaño «revolucionarios» parecían dar por zanjada la cuestión.[18]

Pero esta estabilidad duró poco. Sanders, que dirigía un estudio de la Cuenca de México, arguyó en 1979 que esta cuenca contaba entre ochocientos mil y un millón cien mil habitantes, de los cuales, creía, la mitad vivía en Tenochtitlan. Con su equipo, calculó que la capacidad total de la zona para sostener a su población (área cultivable, producción por hectárea, etc.) era de un millón doscientas cincuenta mil personas.[19] Rodrigo Zambardino, en un ensayo de 1989, brillante pero poco citado, sugería que los mismos métodos usados por Borah y Cook podían llevar a encontrar una cifra más baja. Zambardino basaba su crítica en el hecho de que si Cook y Borah acertaron al sostener que México Central tenía en 1519 una población de algo más de veinticinco millones, la densidad promedia habría sido de ciento veinticinco personas por milla cuadrada (49 por kilómetro cuadrado) por toda la zona del Valle de México. Pero esta densidad de población sería superior a la de China o Japón. De modo que Borah y Cook insistían en una densidad de población mayor que la de cualquier lugar del mundo en aquella época.

Zambardino señaló que Borah y Cook usaban dos técnicas: una basada en los registros pictográficos de la Triple Alianza, y otro derivada de la extrapolación de estimaciones de años posteriores. Ambos métodos, decía, eran erróneos. El primero sólo tenía en cuenta cuatro de las once regiones; para tres regiones, se limitaron a añadir el 10 por ciento a las cifras estimadas para 1532; para otras dos regiones, los californianos asumieron que la población era igual en 1518 que en 1568, y para las dos regiones restantes, las cifras de 1568 se proyectaron simplemente hacia 1518, basándose en los datos de tributos de una provincia. De modo que en seis de las regiones las estimaciones de 1963 eran o bien arbitrarias o tenían escasa validez.

En cuanto a las cuatro primeras regiones, la conversión de las cifras de tributos en valores, y de éstos en cifras de población estaba evidentemente expuesta a muchos errores. Zambardino creía que las cifras de Cook y Borah, por ejemplo, podían interpretarse como dando un total de dos millones doscientos mil o de veintiocho millones. En conclusión, Zambardino sugería una cifra de seis millones, con variantes que daban un nivel posible de cinco o diez millones.[20]

La consecuencia de esta controversia ha sido que recientemente muchos especialistas han evitado comprometerse con cualquier cifra (por ejemplo, Inga Clendinnen, aunque acepta «más de doscientos mil» para Tenochtitlan).[21] Pero el profesor van Zantwijk, sin que al parecer conociera el artículo de Zambardino, habla de México Central poblado «al menos por veinte millones».[22] Esta cifra la repitió Mary Ellen Miller en The Art of Mesoamerica,[23] como lo hicieron Frances F. Berdan y Patricia Rieff Anawalt en su artículo «The Codex Mendoza», en The Scientific American (junio de 1992). Pero la confusión en lo referente a este tema se manifiesta en el hecho de que en ese excelente artículo los autores dicen que el 10 por ciento de la población vivía en Tenochtitlan, o sea, dos millones, pero en la página siguiente indican que la población de la capital debía de ser de unas doscientas mil personas.

La controversia, como con acierto dice Denevan, recuerda el comentario de Delbruck en el sentido de que si Herodoto tuvo razón y Jerjes dispuso de cinco millones doscientas ochenta y tres mil doscientas veinte personas en su ejército, la cola de éste hubiera estado todavía en el Tigris cuando su cabeza llegaba ya a las Termópilas.[24]

Veamos ahora el caso especial de Tenochtitlan. Cortés dijo simplemente que le parecía tan grande como Sevilla o Córdoba.[25] Ninguno de los miembros de su expedición se aventuró a dar una estimación y no se trató siquiera de este tema en su juicio de residencia. Su biógrafo López de Gómara, presumiblemente reflejando lo que decía Cortés, estimó que había sesenta mil casas en la ciudad.[26] El Conquistador Anónimo estimaba sesenta mil «gentes», tal vez una mala traducción de «vecinos» por el italiano al que debemos la supervivencia de este documento.[27] Oviedo decía que la ciudad era tan grande como Sevilla o Granada,[28] presumiblemente la misma cifra que López de Gómara. Muchos otros escritores de fines del siglo XVI dicen lo mismo y ninguno basó sus estimaciones en datos concretos. Casi todos hablan de cincuenta mil habitantes. Esto condujo a historiadores posteriores (por ejemplo, Vaillant) a multiplicar la cifra por cinco, número de miembros promedio de un hogar, con lo que llegaron a la cifra de trescientas mil personas.[29] Las Casas, como de costumbre, empleó grandes cifras: un millón de habitantes que vivían en cincuenta mil casas.[30]

No hubo otras estimaciones interesantes hasta el siglo XX, cuando Manuel Toussaint, Federico Gómez de Orozco y Justino Fernández estudiaron los mapas de la ciudad del siglo XVI y en 1938 sugirieron una cifra de sesenta mil para Tenochtitlan en una área de siete kilómetros y medio cuadrados.[31] Pero Jacques Soustelle, en *La Vie quotidienne des Aztèques*, en 1955, calculó entre quinientos mil y un millón de personas en una ciudad de entre ochenta mil y cien mil hogares.[32] Borah y Cook dieron la cifra de doscientos treinta y cinco mil para Tenochtitlan y de ciento veinticinco mil para Tlatelolco.[33] Luego, Borah a solas indicó en 1976 que el área de Tenochtitlan y Tlatelolco era de dieciséis kilómetros cuadrados.[34] William Sanders, entre tanto, pensaba que el producto de las chinampas podía sostener entre ciento cincuenta mil y doscientas mil personas.[35] En 1970 Edward Calnek, después de demoler la idea de que el llamado mapa de maguey era parte de Tenochtitlan, dijo que esta ciudad tenía doce kilómetros cuadrados, y para esta área estimó una población de ciento cincuenta mil a doscientas mil personas.[36] Más tarde William Sanders, con Jeffrey Parsons y Robert S. Stanley, estimaron en su admirable estudio que la población de la cuenca era de alrededor de un millón en 1518, la del «Gran Tenochtitlan» de medio millón y que la población lacustre entera ascendía también a medio millón.[37] En 1980 Miguel León-Portilla dio la baja cifra de setenta mil para la capital.[38] En 1986 José Luis de Rojas, un historiador español de gran asiduidad, después de un cuidadoso examen de casi todas las estimaciones previas, entre ellas las citadas aquí, parece haber concluido que era imposible decidir entre doscientos mil y trescientos mil en una ciudad de trece kilómetros y medio cuadrados de superficie.[39] Nigel Davies sugirió ciento cincuenta mil.[40] Inga Clendinnen, como se indicó, pensaba que unos doscientos mil sería acertado, como también lo creían Eduardo Matos Moctezuma y Patricia Rieff Anawalt y Frances F. Berdan.[41]

Todo lo que puede decirse de esos cincuenta últimos años de investigaciones y especulaciones es que ha habido muchos cálculos brillantes pero que, a fin de cuentas, nadie ha podido aventurar otra cosa que una suposición. Lo cierto es que cuando comenzaron a reunirse estadísticas, la población a fines del decenio de 1540, y aun más tarde, en el de 1560, era menor de lo que había sido. El juez Zorita dijo que en 1568 la población no era ni un tercio de lo que fuera en tiempos de la conquista. Dado que la población era de dos millones seiscientos mil en 1568, una de ocho millones en 1518 puede parecer evidente. Pero Zorita trataba de adivinar, como lo han hecho todos después.[42]

Nicolás Sánchez Albornoz, en 1976, resumió acertadamente la situación al decir que Tenochtitlan era la mayor ciudad del continente americano, que su superficie exacta estaba todavía en disputa, pero resultaba muy grande para esa época.[43] No creo que pueda mejorarse esta afirmación.

RESUMEN DEL TRIBUTO DE MOCTEZUMA

Fuente: el Códice Mendocino (1545), que es una buena copia de la Matrícula de Tributos contemporánea (c. 1511-1519). Las medidas son aproximadas, a causa de las distintas interpretaciones de los glifos originales. Los pagos se hacían cada ochenta días, o sea, cuatro veces y medio al año.

Plumas, etc.

trajes de guerra	625
túnicas de guerra	40
tocados	466
estandartes	200
escudos	665
plumas	33 680
sacos de plumón	20
insignias reales	2
abanicos	4
pieles de pájaro	320
águilas vivas	2

Vestidos

capas de algodón o fibra	123 400
taparrabos	8 000
túnicas y faldas de mujer	11 200

Productos agrícolas

canastas de maíz	28
canastas de alubias (frijoles)	21
canastas de hojas de salvia	21
canastas de verdolaga	18

cestas de harina de maíz y cacao	160
cestas de hojas de salvia	160
cargas de cacao rojo	160
cargas de cacao	820
balas de algodón	4 400
chile	1 600
cañas	16 000
cañas para lanzas	32 000
cañas para fumar	32 000
marcos para porteadores	4 800
troncos	4 800
tablones grandes	4 800
tablones pequeños	4 800
canastas de copal refinado	3 200
canastas de copal sin refinar	64 000
pastillas de liquidámbar	16 000
tarros de liquidámbar	100
cazuelas de barniz amarillo	40
sacos de cochinilla	65
cazuelas de miel de abeja	2 200
bolas de goma	16 000

Manufacturas

resmas de papel de maguey	32 000
cuencos de cerámica	1 600
vasijas	17 600
copas de cerámica	800
copas de piedra	800
sillas de transporte	8 000
esterillas de transporte	8 000
cajas	800

Minerales

máscaras de turquesa	10
collares de turquesa	1
discos de mosaico de turquesa	2
cuencos de turquesas pequeñas	1
paquetes de turquesas pequeñas	1
collares de jadeíta	21
cuentas grandes de jadeíta	3
clavijas para labio o bezotes	

(de cristal montados en oro)	40
clavijas o bezotes de ámbar	44
placas de ámbar	4
cargas de cal	16 800
panes de sal refinada	4 000

Oro

escudos	1
diademas	2
collares	2
tabletas	10
discos	60
cuencos de polvo de oro	60

Cobre

campanas	80
cabezas de hacha	560

Diversos

pieles de ciervo	3 200
pieles de ocelote	80
conchas	1 600

APÉNDICE III

CALENDARIOS MEXICANOS

Se empleaban dos calendarios. El primero, el *xihuitl*, tenía trescientos sesenta y cinco días, reunidos en dieciocho «meses» de veinte días, junto con cinco días extras llamados *nemontemi*, al final del año. Cada mes estaba probablemente asociado a la Luna y se celebraba con fiestas. El orden de los meses era el mismo en todo México Central, aunque había diversidad acerca del mes en que comenzaba el año. Meses y días tenían nombres y números. Cada año se denominaba, al parecer, según el último día del último mes. Los días comenzaban a mediodía y no a medianoche. Los mexicas no tuvieron lo que Alfonso Caso llamó una «corrección Juliana» o año bisiesto, pero probablemente encontraron otro medio de ajustar el calendario.

En México-Tenochtitlan, los meses y su equivalente europeo para 1521-1522 (para 1519 y 1522, un día más tarde), fueron:

Izcalli (resurrección), 24 de enero a 12 de febrero;

Atleohualo (dejan el agua), 13 de febrero a 4 de marzo;

Tlacaxipehualiztli (desollar de hombres), 5 de marzo a 24 de marzo;

Tozoztontli (vigilia corta), 25 de marzo a 13 de abril;

Hueytozoitli (vigilia larga), 13 de abril a 3 de mayo;

Toxcatl (cosa seca), 4 de mayo a 23 de mayo;

Etzalcualiztli (comida de maíz), 24 de mayo a 12 de junio;

Hueyeecuilhuitl (gran fiesta de los señores), 3 de julio a 22 de julio;

Tlaxochimaco (se dan flores) o Miccaihuitontli (pequeña fiesta de los muertos), 23 de julio a 11 de agosto;

Hueymiccaihuitl (gran fiesta de los muertos) o Xocotluetzi (cae la fruta), 12 de agosto a 31 de agosto;

Ochopanitztli (barrida), 1 de setiembre a 20 de setiembre;

Pachtontli (pequeño musgo), o Teoitlelco (llegada de los dioses), 21 de setiembre a 10 de octubre;

Hueypachtli (gran musgo) o Tepeihutl (fiesta de las montañas), 11 de octubre a 30 de octubre;

Quecholli (flamenco), 31 de octubre a 19 de noviembre;

Panquetzaliztli (hizar las banderas), 20 de noviembre a 9 de diciembre;

Atemoztli (cae el agua), 10 de diciembre a 29 de diciembre; Tititl (arrugado o encogido), 30 de diciembre a 18 de enero, y Nementemi, 18 de enero a 23 de enero.

Los años se indicaban con cuatro de los signos que distinguían los días: caña, pedernal, casa y conejo. Un «siglo», a cuyo final había una ceremonia de «renovación» (la «atadura de los años» descrita en los capítulos 1 y 10), tenía, por tanto, cincuenta y dos (cuatro veces trece) años. Los trece años europeos 1511-1523 fueron:

1511: 6-caña
1512: 7-pedernal
1513: 8-casa
1514: 9-conejo
1515: 10-caña
1516: 11-pedernal
1517: 12-casa
1518: 13-conejo
1519: 1-caña
1520: 2-pedernal
1521: 3-casa
1522: 4-conejo
1523: 5-caña
(1993 es 7-casa, y 1994 es 8-conejo)

Cocodrilo (Cipactli)	1	8	2	9	3	10	4	11	5	12	6	13	7
Viento (Ehecatl)	2	9	3	10	4	11	5	12	6	13	7	1	8
Casa (Calli)	3	10	4	11	5	12	6	13	7	1	8	2	9
Lagarto (Cuetpallin)	4	11	5	12	6	13	7	1	8	2	9	3	10
Serpiente (Coatl)	5	12	6	13	7	1	8	2	9	3	10	4	11
Muerte (Miquiztli)	6	13	7	1	8	2	9	3	10	4	11	5	12
Ciervo (Mazatl)	7	1	8	2	9	3	10	4	11	5	12	6	13
Conejo (Totchtli)	8	2	9	3	10	4	11	5	12	6	13	7	1
Agua (Atl)	9	3	10	4	11	5	12	6	13	7	1	8	2
Perro (Itacuintli)	10	4	11	5	12	6	13	7	1	8	2	9	3
Mono (Ozomatli)	11	5	12	6	13	7	1	8	2	9	3	10	4
Yerba (Malinalli)	12	6	13	7	1	8	2	9	3	10	4	11	5
Caña (Acatl)	13	7	1	8	2	9	3	10	4	11	5	12	6
Jaguar (Ocelotl)	1	8	2	9	3	10	4	11	5	12	6	13	7
Águila (Cuauhtli)	2	9	3	10	4	11	5	12	6	13	7	1	8
Buitre (Cozcacuauhtli)	3	10	4	11	5	12	6	13	7	1	8	2	9
Movimiento (Ollin)	4	11	5	12	6	13	7	1	8	2	9	3	10
Pedernal (Tecpatl)	5	12	6	13	7	1	8	2	9	3	10	4	11
Lluvia (Quiahuitl)	6	13	7	1	8	2	9	3	10	4	11	5	12
Flor (Xochitl)	7	1	8	2	9	3	10	4	11	5	12	6	13

El segundo calendario fue el *Tehalpohualli*, palabra que significa «cuenta de días», un ciclo de doscientos sesenta días denominados separadamente. Sus nombres se componían de una cifra y una palabra. Los números iban de 1 a 13 y había veinte palabras que componían trece signos de día (como se indica más abajo). Cuando se habían acabado las palabras, empezaba de nuevo el número 1, pero con un signo diferente. De modo que en este ciclo había doscientos sesenta signos de día. Los números se representaban con puntos. Uno de esos calendarios, en escritura occidental, se vería como está en la página 677.

Pequeñas diferencias regionales, el significado de ciertas divisibilidades, la naturaleza de ciertos dioses asociados con días o noches especiales, el papel de los días de buena o de mala suerte, etc., es decir, todo el trabajo de la vida entera de los intérpretes profesionales *(tonalpohualli)* se indican claramente y con profundo conocimiento por Alfonso Caso en su ensayo «El sistema de calendario de México Central» en el *Handbook of Middle American Indians*, vol. 10 (Austin, 1971), 333-349, ensayo al que este apéndice debe mucho.

LA MONEDA ESPAÑOLA c. 1520

La moneda habitual era el maravedí, una pieza de cobre igual a un noventa y seisavo de un marco de oro español, que a su vez equivalía a 230,045 gramos.

1 ducado = 375 maravedís
1 real = 34 maravedís
1 castellano = 485 maravedís
1 peso = 450 maravedís

Un sueldo (de *solibus*) era una ínfima suma *(sou)*, tal vez una manera de decir esto. Un marco de plata se suponía que valía cinco pesos de oro, pero se calculaba como si tuviera dos mil doscientos diez maravedís.

APÉNDICE V

LAS DAMAS DE CORTÉS

LEONOR PIZARRO: una «indiana» de Cuba. Casada más tarde con Juan de Salcedo. Cortés tuvo de ella una hija, Catalina.

CATALINA «LA MARCAYDA»: Cortés casó con ella en Cuba en 1514. Murió en México en 1522.

MARINA (MALINALI o MALINCHE): intérprete, de la que Cortés tuvo un hijo, Martín, nacido en 1522.

ELVIRA HERMOSILLO: casada más tarde con Juan Díaz de Real y más tarde con Lope de Acuña.

TECUICHPO (en realidad, IXCAXACHTIL), «DOÑA ISABEL»: hija de Moctezuma, de la que Cortés tuvo una hija, «Leonor Cortés».

«DOÑA ANA», «DOÑA INÉS»: hijas de Moctezuma, muertas en la «noche triste».

«DOÑA ANA»: hija de Cacama, casó luego con Juan de Cuéllar.

«DOÑA FRANCISCA»: hija de Cacama, muerta en la «noche triste».

JUANA DE ZÚÑIGA: sobrina del duque de Béjar. Cortés casó con ella en 1528 y tuvo de ella varios hijos.

Genealogías

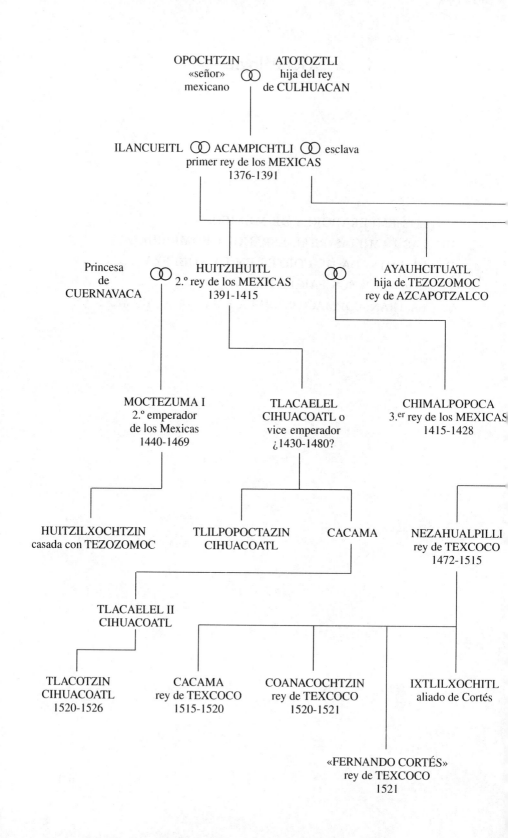

LOS EMPERADORES DE MÉXICO
y LOS REYES DE TEXCOCO
(genealogía probable)

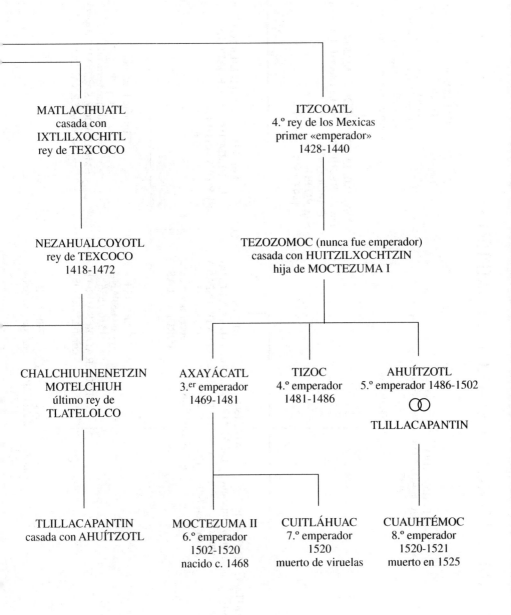

MATLACIHUATL
casada con
IXTLILXOCHITL
rey de TEXCOCO

ITZCOATL
4.º rey de los Mexicas
primer «emperador»
1428-1440

NEZAHUALCOYOTL
rey de TEXCOCO
1418-1472

TEZOZOMOC (nunca fue emperador)
casada con HUITZILXOCHTZIN
hija de MOCTEZUMA I

CHALCHIUHNENETZIN
MOTELCHIUH
último rey de
TLATELOLCO

AXAYÁCATL
3.er emperador
1469-1481

TIZOC
4.º emperador
1481-1486

AHUÍTZOTL
5.º emperador 1486-1502

TLILLACAPANTIN

TLILLACAPANTIN
casada con AHUÍTZOTL

MOCTEZUMA II
6.º emperador
1502-1520
nacido c. 1468

CUITLÁHUAC
7.º emperador
1520
muerto de viruelas

CUAUHTÉMOC
8.º emperador
1520-1521
muerto en 1525

LAS FAMILIAS REAL ESPAÑOLA E IMPERIAL

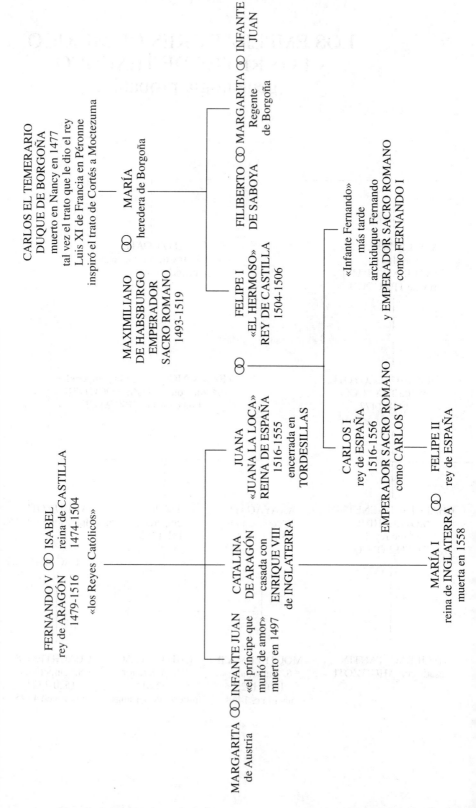

CARLOS EL TEMERARIO
DUQUE DE BORGOÑA
muerto en Nancy en 1477
tal vez el trato que le dio el rey
Luis XI de Francia en Péronne
inspiró el trato de Cortés a Moctezuma

MARÍA
heredera de Borgoña

MAXIMILIANO
DE HABSBURGO
EMPERADOR
SACRO ROMANO
1493-1519

FILIBERTO ⚭ MARGARITA ⚭ INFANTE
DE SABOYA   Regente   JUAN
               de Borgoña

FELIPE I
«EL HERMOSO»
REY DE CASTILLA
1504-1506

«Infante Fernando»
más tarde
archiduque Fernando
y EMPERADOR SACRO ROMANO
como FERNANDO I

FERNANDO V ⚭ ISABEL   reina de CASTILLA
rey de ARAGÓN   1474-1504
1479-1516
«los Reyes Católicos»

MARGARITA ⚭ INFANTE JUAN
de Austria   «el príncipe que
             murió de amor»
             muerto en 1497

CATALINA
DE ARAGÓN
casada con
ENRIQUE VIII
de INGLATERRA

JUANA
«JUANA LA LOCA»
REINA DE ESPAÑA
1516-1555
encerrada en
TORDESILLAS

CARLOS I
rey de ESPAÑA
1516-1556
EMPERADOR SACRO ROMANO
como CARLOS V

FELIPE II
rey de ESPAÑA

MARÍA I ⚭
reina de INGLATERRA
muerta en 1558

LA ENTRADA DE CORTÉS EN LA NOBLEZA

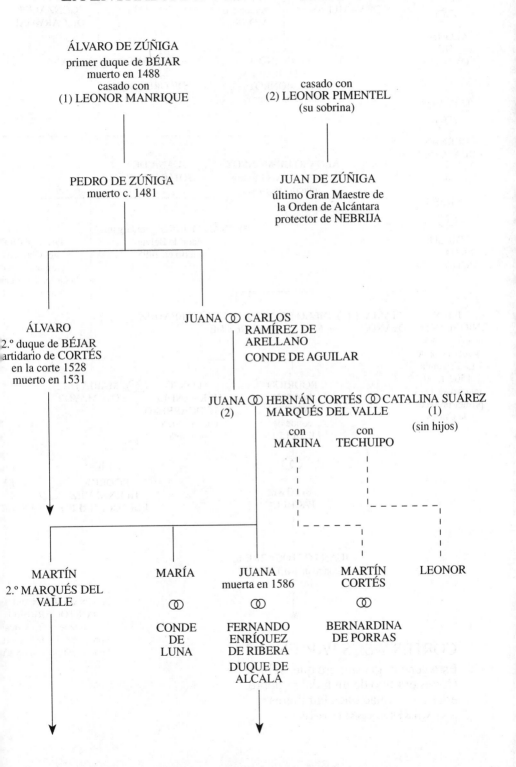

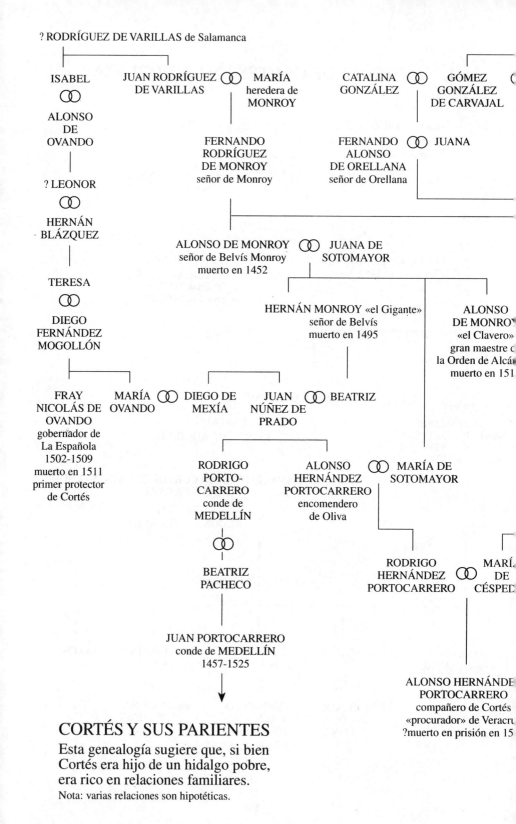

? RODRÍGUEZ DE VARILLAS de Salamanca

ISABEL ⚭ ALONSO DE OVANDO

? LEONOR ⚭ HERNÁN BLÁZQUEZ

TERESA ⚭ DIEGO FERNÁNDEZ MOGOLLÓN

JUAN RODRÍGUEZ DE VARILLAS ⚭ MARÍA heredera de MONROY

CATALINA GONZÁLEZ ⚭ GÓMEZ GONZÁLEZ DE CARVAJAL

FERNANDO RODRÍGUEZ DE MONROY señor de Monroy

FERNANDO ALONSO DE ORELLANA señor de Orellana ⚭ JUANA

ALONSO DE MONROY señor de Belvís Monroy muerto en 1452 ⚭ JUANA DE SOTOMAYOR

HERNÁN MONROY «el Gigante» señor de Belvís muerto en 1495

ALONSO DE MONROY «el Clavero» gran maestre de la Orden de Alcá... muerto en 151...

FRAY NICOLÁS DE OVANDO gobernador de La Española 1502-1509 muerto en 1511 primer protector de Cortés

MARÍA OVANDO ⚭ DIEGO DE MEXÍA

JUAN NÚÑEZ DE PRADO ⚭ BEATRIZ

RODRIGO PORTO-CARRERO conde de MEDELLÍN

ALONSO HERNÁNDEZ PORTOCARRERO encomendero de Oliva ⚭ MARÍA DE SOTOMAYOR

RODRIGO HERNÁNDEZ PORTOCARRERO ⚭ MARÍ... DE CÉSPED...

⚭ BEATRIZ PACHECO

JUAN PORTOCARRERO conde de MEDELLÍN 1457-1525

ALONSO HERNÁNDE... PORTOCARRERO compañero de Cortés «procurador» de Veracru... ?muerto en prisión en 15...

CORTÉS Y SUS PARIENTES

Esta genealogía sugiere que, si bien Cortés era hijo de un hidalgo pobre, era rico en relaciones familiares.

Nota: varias relaciones son hipotéticas.

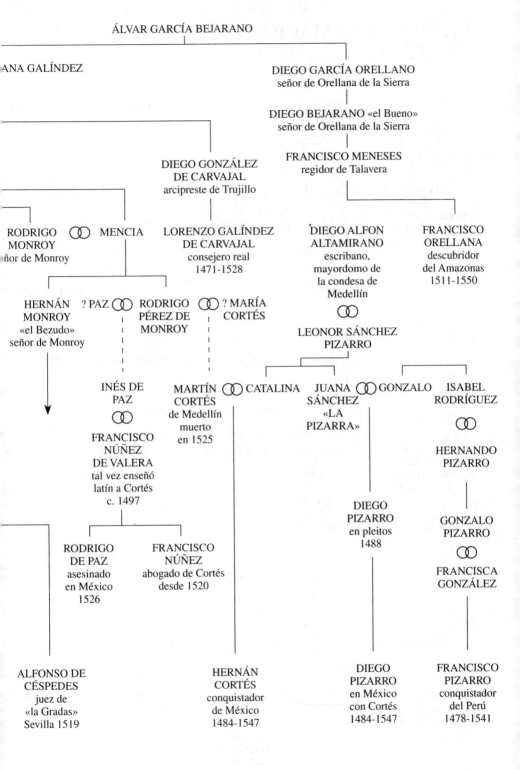

ÁLVAR GARCÍA BEJARANO

ANA GALÍNDEZ

DIEGO GARCÍA ORELLANO
señor de Orellana de la Sierra

DIEGO BEJARANO «el Bueno»
señor de Orellana de la Sierra

DIEGO GONZÁLEZ
DE CARVAJAL
arcipreste de Trujillo

FRANCISCO MENESES
regidor de Talavera

RODRIGO
MONROY
señor de Monroy

MENCIA

LORENZO GALÍNDEZ
DE CARVAJAL
consejero real
1471-1528

DIEGO ALFON
ALTAMIRANO
escribano,
mayordomo de
la condesa de
Medellín

FRANCISCO
ORELLANA
descubridor
del Amazonas
1511-1550

HERNÁN
MONROY
«el Bezudo»
señor de Monroy

? PAZ

RODRIGO
PÉREZ DE
MONROY

? MARÍA
CORTÉS

LEONOR SÁNCHEZ
PIZARRO

INÉS DE
PAZ

FRANCISCO
NÚÑEZ
DE VALERA
tal vez enseñó
latín a Cortés
c. 1497

MARTÍN
CORTÉS
de Medellín
muerto
en 1525

CATALINA

JUANA
SÁNCHEZ
«LA
PIZARRA»

GONZALO

ISABEL
RODRÍGUEZ

HERNANDO
PIZARRO

DIEGO
PIZARRO
en pleitos
1488

GONZALO
PIZARRO

FRANCISCA
GONZÁLEZ

RODRIGO
DE PAZ
asesinado
en México
1526

FRANCISCO
NÚÑEZ
abogado de Cortés
desde 1520

ALFONSO DE
CÉSPEDES
juez de
«la Gradas»
Sevilla 1519

HERNÁN
CORTÉS
conquistador
de México
1484-1547

DIEGO
PIZARRO
en México
con Cortés
1484-1547

FRANCISCO
PIZARRO
conquistador
del Perú
1478-1541

- - - - - - - ilegítimo

LA TRANSFORMACIÓN DE LA FAMILIA REAL MEXICANA

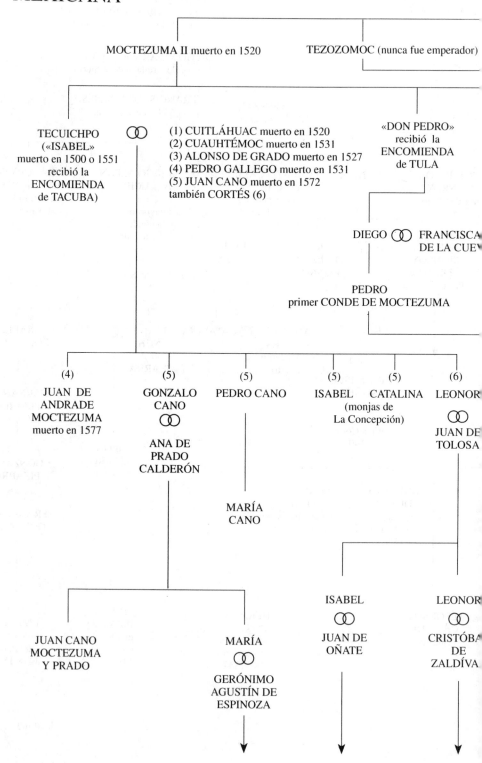

MOCTEZUMA II muerto en 1520   TEZOZOMOC (nunca fue emperador)

TECUICHPO («ISABEL» muerto en 1500 o 1551 recibió la ENCOMIENDA de TACUBA)

(1) CUITLÁHUAC muerto en 1520
(2) CUAUHTÉMOC muerto en 1531
(3) ALONSO DE GRADO muerto en 1527
(4) PEDRO GALLEGO muerto en 1531
(5) JUAN CANO muerto en 1572
también CORTÉS (6)

«DON PEDRO» recibió la ENCOMIENDA de TULA

DIEGO ∞ FRANCISCA DE LA CUEV

PEDRO primer CONDE DE MOCTEZUMA

(4) JUAN DE ANDRADE MOCTEZUMA muerto en 1577

(5) GONZALO CANO ∞ ANA DE PRADO CALDERÓN

(5) PEDRO CANO

(5) ISABEL CATALINA (monjas de La Concepción)

(6) LEONOR ∞ JUAN DE TOLOSA

MARÍA CANO

JUAN CANO MOCTEZUMA Y PRADO

MARÍA ∞ GERÓNIMO AGUSTÍN DE ESPINOZA

ISABEL ∞ JUAN DE OÑATE

LEONOR ∞ CRISTÓBA DE ZALDÍVA

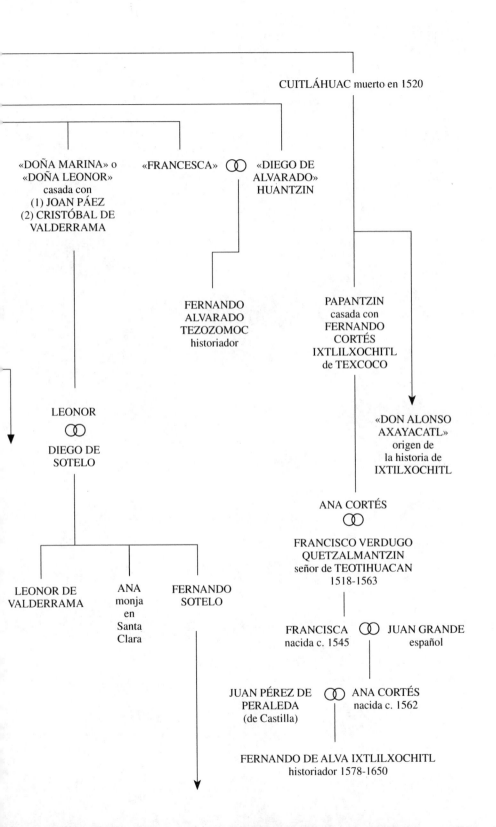

CUITLÁHUAC muerto en 1520

«DOÑA MARINA» o
«DOÑA LEONOR»
casada con
(1) JOAN PÁEZ
(2) CRISTÓBAL DE
VALDERRAMA

«FRANCESCA» ⚭ «DIEGO DE
ALVARADO»
HUANTZIN

FERNANDO
ALVARADO
TEZOZOMOC
historiador

PAPANTZIN
casada con
FERNANDO
CORTÉS
IXTLILXOCHITL
de TEXCOCO

LEONOR
⚭
DIEGO DE
SOTELO

«DON ALONSO
AXAYACATL»
origen de
la historia de
IXTILXOCHITL

ANA CORTÉS
⚭

FRANCISCO VERDUGO
QUETZALMANTZIN
señor de TEOTIHUACAN
1518-1563

LEONOR DE
VALDERRAMA

ANA
monja
en
Santa
Clara

FERNANDO
SOTELO

FRANCISCA ⚭ JUAN GRANDE
nacida c. 1545   español

JUAN PÉREZ DE ⚭ ANA CORTÉS
PERALEDA   nacida c. 1562
(de Castilla)

FERNANDO DE ALVA IXTLILXOCHITL
historiador 1578-1650

DOCUMENTOS INÉDITOS

En el curso de la preparación de este libro se encontraron muchos documentos interesantes. La mayor parte están en el Archivo de Indias (AGI), en Sevilla, y muchos se relacionan con el juicio de residencia de Hernán Cortés que empezó en 1529 y nunca terminó formalmente. Hay otros documentos en el Archivo de Protocolos de Sevilla y en el Archivo General de Simancas.

Algunos de estos documentos, que parecen de especial interés, se reproducen aquí.

1. *Martín Cortés, padre de Hernán, en Medellín*

Don Fernando e doña Ysabel etc. a vos, / el liçençiado Anbrosio de Luna, vezino de la / çibdad de Salamanca, salud e gracia; sepades que / Aluaro de Mendoça, por sy et en nonbre de Ihoan / Nuñes de Prado, et de Pero Mexia, et doña Blanca, et / doña Ysabel, fijos de Diego Mexia, e de Alfonso / Duran, e de Pedro de Pantoja, e de Fernando de Contreras, / e de Baltasar de Mendoça, e Luys d'Aluarado, e Pedro de / Busto, e Garçia de Vargas, e Iohan de Vargas, e de Rodrigo / Alfonso de Sosullar, e Iohan de Sayauedra, e de / Garcia de Vargas, e Iohan Rodrigues de Villalobos, et / Juan Rangel, e Pero Mexia, e Martyn Cortes, e de Pedro de / Sayauedra, e de Garcia de Vargas, e de Juan de Aualos, e Ysabel / Mexia, e Eluira Alvares de Mendoça, e doña Juana de / Sandoual, e Ysabel de Mendoça, e Maria de Sant- / -doual, e doña Ynes d'Aluarado, vezinos e naturales / de la villa de Medellin, nos fizo rrelaçion por su / petiçion diziendo que ellos han rresçebido e rresçiben / de cada dia del conde de Medellin e de sus finados / muchos agrauios e synrrasones, espeçial- / -mente del dicho conde, desde ocho años a esta parte / ha nonbrado e nonbra de cada un año los alcaldes / e rregidores de la dicha villa, quitandoles libertad / e facultad e forma de elegir los tales ofiçios / a los cauailleros e escuderos de la dicha villa, / contra la antygua e ynmemorial costunbre que guar- / -daron los otros seño-

res antepasados, que de la dicha / villa han sydo, et que pone
e nonbra por ofiçiales / a sus criados e otras personas, que
non son abiles / nin sufiçientes para los dichos ofiçios, et que
ha gasta- / -do et destribuydo, e gasta e destribuye / los propios e rrentas que la dicha villa / tiene, e que ha quebrantado
todas las / ordenanças e buenas costunbres usa- / -das e guardadas. Et asymismo, quel / dicho conde les ha quebrantado e
fizo / quebrantar una carta de seguro que de nos tenian, / e
que les ha fecho otros muchos agrauios e syn- / -rrasones, segund que en una petiçion que ante / nos en el nuestro consejo
fue presentada, que vos sea / mostrada firmada en las espaldas de Luys / del Castillo, nuestro escriuano de camara se con-
tyene. Por / ende, que nos suplicauan e pedian por merçed çerca
/ d'ello, con rremedio de justiçia les proueyesemos, / mandan-
doles desagrauiar, e enmendandoles del / dapno que ansy han
rresçibido, et para quel dicho / uso e costunbre antygua que
diz que tienen para / poder poner e nonbrar los dichos ofiçios,
e como / la nuestra merçed fuese e nos touimoslo por bien, et
/ confiando de vos que soys tal que guardereys nuestro serui-
cio / e su derecho a cada una de las partes, e bien et / deli-
gentement fareys lo que por nos vos fuere en- / -comendado,
es nuestra merçed de vos encomendar e cometer lo / susodicho, porque vos mandamos que luego vaya- / -des a la dicha
villa de Medellin, e a los terminos / e prados e pastos sobre
que es el dicho debate, et / sobre las otras cosas contenidas
en la dicha pe- / -tiçion, que ante nos fue presentada, enten-
days contra / el dicho conde e los dichos caualleros e escuderos, / e dueñas e donzellas, para los ygualar e conçertar / sobre
las cosas que dizen que estan agrauiados, / et sy no los pudie-
redes conçertar e ygualar, que lla- / -mades e oydas las partes
fagades vuestra pesquisa et / ynformaçion, e oydas las partes proçedays en el dicho / negoçio fasta ser concluso para sen-
tençia difi- / -nityua, et asy concluso, e çerrado e sellado, lo /
traed a nuestro consejo para que lo mandemos ver e so- /
-brello se faga lo que sea justiçia, / et mandamos a las partes
a quyen / lo susodicho atañe, e a otras / qualesquier personas
que para ello deuan / ser llamadas, e vengan e parescan / ante
vos a vuestros llamamientos, e enplasamientos / a los plasos,
et so las penas que les vos pusyeredes / o mandaredes faser
de nuestra parte, las quales nos por / la presente les ponemos
e avemos por puestas, / para lo qual fagades conplir vos damos
e asygnamos / plaso e termino de ochenta dias primeros siguientes, / durant los quales agades e lleuedes en cada un /
dia de los dichos ochenta dias, trezientos maravedis cada / dia,
e para el escriuano que con vos lleuaredes, ante quien / pase

lo susodicho, ochenta maravedis cada dia, los / quales mandamos que vos den e paguen e sean dados / e pagados, por los
dichos Aluaro de Mendoça e Juan / Nuñes, e sus partes, para
los quales aver e cobrar / d'ellos e sus bienes, e para les faser
sobrello to- / -das las preuendas e premisas, e porsyones, e
esecu- / -çiones e vençiones de bienes, e para faser la dicha
pes- / -quisa vos damos poder complido por esta carta, / con
todas sus ynçidençias e dependençias e mer- / -gençias e ane-
xidades e conexidades, et non / fagades ende al. Dada en la
noble villa de Valladolid, / a veynte e seys dias del mes de
nouiembre, año / del nasçimiento de Nuestro Señor Ihesuchristo de mill e quattrocientos / e ochenta e ocho años. Yo el
rrey, yo la rreyna, / yo Diego de Santander, secretario del rrey /
e de la rreyna, nuestros señores, la fise escreuir / por su mandado, don Aluaro Alfonso, doctor, An- / -tonyo, doctor. /

(Archivo General de Simancas: Registro General del Sello, agosto
de 1488.)

2. *El abuelo de Cortés, Diego Alfon Altamirano*

Se sabía que el abuelo materno de Cortés era Diego Altamirano, mayordomo de la condesa de Medellín. Pero un documento hallado en los archivos de la familia Medellín, ahora en el Archivo de
Medinaceli, indica que era también abogado.

... lo que dicho es el comendador / (?) de Mena e Garcia / Da-
valos e Alfon de Villanueba / e Albar Garcia de Fuentedecan-
tos / e yo, Diego Alfon Altamirano, / escrivano e notario del
rrey, / nuestro señor, e en toda su corte / e rreynos e señorios
presente / fuy en uno con los dichos testigos / quando el señor
conde otorgo lo aqui / contenido, e a su ruego del dicho / señor
conde este escrito fise escri- / -bir, e por ende fice aqui este
mio / signo a tal en testimonio de / verdad. Diego Alfon Altamirano / e yo, Alfon Nueñez de la Cuesta, / escrivano del rrey,
nuestro señor, / e su notario publico en la su cor- / -te e en
todos los sus rreynos, a lo que / susodicho es presente fui en
/ uno con los dichos testigos quando / el dicho señor conde de
Medellin / otorgo todo lo aqui contenido e...

(Archivo de Medinaceli, Medellín: leg. 1, doc. 9, f. sin numerar, al
parecer de 1488.)

3. *Viaje de Cortés a América en 1506*

Para los antecedentes de este documento, véase la nota 86 del capítulo 9.

Fernando Cortes, hijo de Garcia Martin Cortes, vecino de D. Benito, tierra de Medellin, se obliga a pagar a Luis Fernandez de Alfaro, maestre de la nao San Juan Bautista, once ducados de oro importe de su pasaje y mantenimiento en dicha nao hasta S. Domingo.

Sepan quantos esta carta vyeren, como yo Fernando / Cortes, fijo de Garçia Martines Cortes, vesyno de don Benito, / tierra de Medellin, otorgo e conosco que devo dar e / pagar a vos *Luys Fernandes de Alfaro*, vezino desta dicha çibdad, maestre / de la nao que Dios salue, que ha nonbre *San Ihoan Bautista*, que agora / esta en el puerto de Las Mulas, del rryo de Guadalquivir, desta dicha / çibdad, que escrivis publicamente, o a quien esta carta por vos mostrare e vuestro / poder ouiere, honze pesos de oro fundido e marcado, que son / para rrason del pasaje e mantenimiento que me avedes de dar en la / dicha vuestra nao, desde el puerto de Barrameda hasta la ysla Espa- / -ñola, al puerto de la villa de Santo Domingo, este viaje que agora / va la dicha nao, e rrenunçio que no pueda desyr, ny allegar que lo suso- / -dicho no fue e paso asy, e sy lo dixere o alegare que no / vale, que los quales dichos honze pesos de oro me obligo de vos dar / e pagar en la dicha ysla Española, en pas e en saluo, syn / pleyto e syn contienda alguna del dia que la dicha nao llegare. /

(Véase facsímil reproducido en pág. 695.)

(Archivo de Protocolos, Sevilla: oficio IV, lib. 29, 29 de agosto de... No se indica el año, pero el documento se halla en el libro correspondiente a 1506, entre dos otros documentos claramente marcados con este año.)

4. *Carta de Cortés desde México, 6 de julio de 1519*

Ha de leerse esta carta en relación con el envío por Cortés de dos procuradores, Francisco Montejo y Alonso Fernández Portocarrero, de la Vera Cruz a España, en julio de 1519. Parece que esta

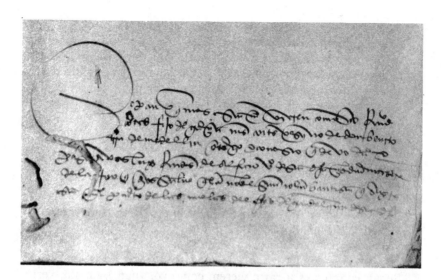

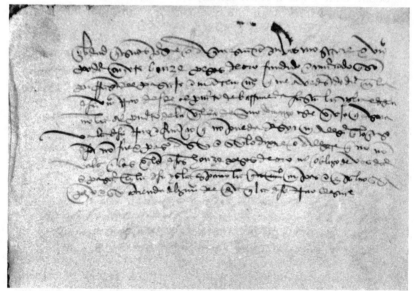

carta no se conocía con anterioridad. No es, desgraciadamente, la llamada «primera carta» de Cortés al rey, perdida, pero es la primera carta de Cortés desde México que ha sobrevivido, pues está fechada cuatro días antes de la llamada «carta del regimiento», la carta del ayuntamiento de la Villa Rica de la Vera Cruz.

Asunto: *Juan Bautista*, vecino de la Isla Fernandina, maestre de la nao «Santa María de la Concepción», en nombre de Fernando Cortés, capitán general y justicia mayor en las Islas nuevamente descubiertas por Sus Altezas, por virtud del poder que de él tiene y que se inserta en la escritura, y, Martín Cortés y Fernando de Herrera, vecinos de la villa de Medellín, se obligan todos cuatro mancomunados con Luis Fernandez de Alfaro, comitre de Sus Altezas y con Juan de Córdoba, platero, vecino de Seuilla en la collación de Santa María, para que estos dos últimos carguen en la nao citada, mercaderías por valor de 200 000 maravedíes compradas sólo por éstos y consignadas por ellos y Martín Cortés, Fernando de Herrera y Antón Ruago, a Fernando Cortés, capitán general y Justicia mayor, vecino de la tierra nueva.

Sepan cuantos esta carta vieren, como yo, Juan Bautista, vesino de / la ysla Fernandina que se llama de Cuba, maestre de la nao que Dios / salue, que ha nonbre Santa Marya de la Conçebçion, que agora esta en el / puerto de las Muelas del rrio de Guadalquiuir, desta çibdad de Seuilla, / por mi, e en nonbre e en bos de Hernando Cortes, capitan general e / justiçia mayor en las yslas nuevamente descubiertas por Sus Altesas, e por / virtud del poder que del tengo, el thenor del qual es este que se sygue: / Sepan quantos esta carta vieren, como yo Hernando Cortes, capitan / general e justyçia mayor en estas yslas nuevamente descu- / -biertas por sus altezas, otorgo e conosco que do e otorgo todo / mi poder conplido, libre e llenero, bastante, segund que lo yo he / e tengo e de derecho mas puede e deve valer, a vos, Juan Batysta, maestre, / vezino de la ysla Fernandina, e vezino desta villa, que soys presente, para / que podays ser e seays maestre de la nao nonbrada Santa Maria / de la Conçebçion, que al presente esta escrita presta para seguir / viaje en la baya e puerto que dizen de San Juan desta ysla, e poda- / -ys llevar e lleveys la dicha nao a los rreynos de Castylla, al puerto / de las Muelas del rryo de Guadalquivir, de la çibdad de Seuilla, e / alli la descargar de las joyas de oro e plata, e otras cosas que / en la dicha nao van para sus altezas, entregandolas a Alonso Fer- / -nandes Portocarrero e Francisco de Montejo, que por partes van, y hecho / lo susodicho podays adobar la dicha nao sy alguna cosa ouiere me- / -nester para que pueda bolver a esta dicha ysla, venyendo vos toda- / -via en ella por maestre como vays, e sy a vos paresçiere que con- / -viene despedir algun marinero o grumete de la dicha nao, lo / podays hazer, toman-

do otros de nuevo para que os ayuden a ma- / -rinar la dicha
nao, e por ello les prometer e dar la soldada e solda- / -das
que a vos paresçiere que pueden meresçer, hasta que ayan tra-
/ -ydo la dicha nao a la dicha baya e puerto de San Juan, o
a qualquiera puerto / desta dicha ysla donde vos les dixerades,
e otrosy vos doy e o- / -torgo mi poder conplido para que sy
Martin Cortes, mi padre, e el licenciado / Alonso de Çespedes,
nos pudieren despachar en breve tienpo e cargar en la / dicha
nao çiertas cosas que yo por una mi memoria les enbio a pe- /
-dir, que para alla nos detengays a cabsa de lo susodicho, /
podays en mi nonbre tomar o tomeys a canbio qualesquier
can- / -tydad de maravedis, *fasta en mill ducados* sobre la dicha
nao, e mercaderias, e sobre lo mejor parado que dello se sal-
vare, / y estos los destrebuyr o gastar o los que para el despacho / de la dicha nao fuere menester, con acuerdo e paresçer
del dicho / Martin Cortes, mi padre, e del liçençiado Alonso
de Çespedes, o de qual- / -quier dellos a quien van la memoria
de las cosas que para mi an de / conprar e cargar en la dicha
nao, e sy por caso por la larga nave- / -gaçion que de España
a estas partes ay el dicho canbio nos halla- / -se tan brevemente como sy para la ysla Fernandina fuesen, / podays tomar
en mi nonbre los dichos maravedis a canbio fasta qualquiera /
de los puertos de la dicha ysla Fernandina, e llegando alli la /
dicha nao sea conplido el dicho canbio, e devidos los dichos
maravedis / pasada la demora que trageren, con tanto que por
rrazon del dicho can- / -bio la dicha nao e mercaderias no sean
detenydas ni enbargadas / en nynguno de los dichos puertos
de la dicha ysla Fernandina, e sy, / lo que Dios no quiera,
vinyendo la dicha nao de la dicha ysla Fernandina / a esta
ysla se perdiera todavia sea obligado de pagar el dicho / canbio asy en la dicha ysla Fernandina como en esta o doquiera /
que fueren pedidos e demandados, e asy avidos los dichos /
maravedis a canbio con el ynterese que a vos paresçiere ser
justo / para la seguridad e paga dellos, me podays obligar e
obligue- / -ys mi persona con todos mis bienes avidos e por
aver, que lo con- / -plire e pagare segund que por vos el dicho
Juan Batysta en mi / nonbre os obligaredes, que vos obligan-
dos yo desde agora para estonçes e destonçes para agora me
obligo a lo pagar el plazo / e segund que en la carta de canbio
que sobrello otorgades se / contuuiere, e para que en rrazon
de lo susodicho e de qualquier cosa / e parte delo podays paresçer e parescays ante los señores / juezes de la casa de la Con-
trataçion, de la dicha çibdad de Seuilla, / e ante otros qualesquier alcaldes, juezes e justyçias, e ante ellos / e ante qualquier dellos podays fazer todas las demandas, pedimientos, /

rrequerimientos, abtos, protestaçiones, e enplazamientos, çita-
çiones, / e todos los otros abtos e / deligençias que convengan
e me- / -nester sean de se hazer, e que yo haria, diria, e rra-
zonaria, / presente seyendo aunque sean tales e de tal calidad
e / sustançia que segun derecho rrequieran e devan aver ansy
my / mas espeçial poder, e mandado, e presençia presonal, e
para / que en vuestro lugar y en my nonbre podays fazer e
sostytuyr / un precio o dos o mas los que quisyeredes, e aquellos rrevocar cada / que a vos bien visto sea, e que a conplido
e bastante poder / yo he e tengo para lo que dicho es, otro tal
e tan conplido, e ese / mysmo lo do e otorgo a vos el dicho
Juan Batysta, maestre, e a los / dichos vuestros sustytuto o
sustitutos, con todas sus ynçiden- / -çias e dependençias, ane-
xidades e conexidades, e con libre / e general administraçion,
e sy nesçesario es rrelevaçion / vos rrelievo a vos e a ellos de
aquella clausula del derecho «judiçius / yste judicatun solin»
con todas sus clausulas acos- / -tunbradas, e para aver por
firme lo que dicho es, obligo mi / persona e bienes, muebles e
rrayzes, avidos e por aver. / Fecha la carta en la villa Rrica de
la Veracruz desta ysla, / nuevamente descubierta, yntitulada
Qulna, myercoles / *seys dias del mes de jullio*, año del nasçimiento de nuestro / *salvador* Ihesuchristo de myll e quinientos e diez e nueve años, / testigos que fueron presentes a lo
que dicho es Anton de Alaminos, / piloto mayor, e Cristobal
Sanches, maestre, e Pablos de / Gusman, e Juan de Caçeres
estantes en esta dicha villa, e el / dicho Hernando Cortes, capitan general e justyçya mayor, lo firmo en el rregistro / desta
carta, e por mayor firmeza lo firmo en esta dicha carta de su
nonbre / Hernando Cortes, e yo Pero Fernandes, escriuano de
camara de sus altezas / e escriuano publico desta dicha villa,
doy fe de lo que dicho es e que en mi presençia / otorgo e
firmo esta dicha carta de poder, el dicho capitan general, e lo
es- / -criui e fiz aqui mio sygno, e soy testigo. Pero Fernandes,
escriuano publico. / Du 1519 E yo Martyn Cortes, e yo Fernando de Herrera, vesinos de la villa de Medellin, al qual / dicho
Hernando Cortes yo, el dicho maestre, obligo, conmigo e con
los dichos Martin Cortes / e Fernando de Herrera, en todo lo
de yuso contenido por vertud del dicho poder de suso / encor-
porado, nos todos que so de mancomun, e a bos de uno e cada
uno de / nos por el todo, rrenunçiando el «abtentia de duobus
rreys» de bender e al / benefiçio de la diuysyon, otorgamos e
conosçemos por vos, e en el dicho nonbre, a vos / *Luys Fernandes de Alfaro*, comitre de sus altesas, e a vos *Juan de Cordoua*, / platero, vesinos desta dicha çibdad en la collaçion de
Santa Maria, que somos presentes, / que por quanto para faser

buena obra al dicho Hernando Cortes, capitan general / e justiçia mayor de la dicha Tierra Nueva, e a ynstançia de my, el
dicho maestre, / e de nos, los dichos *Martyn Cortes, e Fernando de Herrera, e Antonio Rruego*, cargays / de vuestros propios dineros vos, los dichos Luys Fernandes, e Johan de Cordoua, dosyentos / mill maravedis en çiertas mercaderias, la memoria de las quales queda fyrmada / de nos, los dichos Martyn
Cortes e Fernando de Herrera, la qual dicha memoria e carga
son, e carta yo el dicho maestre he de lleuar en mi poder, las
quales / dichas mercaderias yo, el dicho maestre, por my e en
el dicho nonbre, e con los / dichos Martyn Cortes e Fernando
de Herrera, fasemos cargar en la dicha nao, e yo, / el dicho
maestre, las he de lleuar en my poder para las dar e entregar /
al dicho capitan Hernando Cortes, o a quien su poder ouye-
re, llamado Dios / en saluamento la dicha nao al puerto de
San Juan de la ysla de / Culoaca ques en Tierra Nueva que
agora se descubrio, e rresyde el dicho / capitan Hernando Cortes, este viaje que agora va la dicha nao al dicho / puerto,
donde por vosotros esta fletada, las quales dichas mercaderias /
han de yr a rriesgo e ventura de vos, los dichos Luys Fernandes e Juan de / Cordoua, de mar e de oçeano, e de mala
gente, e de todos los otros / peligros, e que los que sean sal-
vos de barateria de pago e de comenda- / -tario...

(Archivo de Protocolos, Sevilla: oficio IV, lib. IV, f. 3743, 1519.)

5. *La concesión de poder de Moctezuma, 1529*

En el curso del juicio de residencia de Cortés, se preguntó (pregunta 98) a quienes defendían a Cortés, lo que recordaban de la
ocasión, a comienzos de 1520, en que, según él, el emperador mexicano Moctezuma concedió poderes al rey de España. Contestaron
unos diez testigos. Uno de ellos fue Francisco de Flores, que, como
muchos de los íntimos de Cortés, era extremeño, acaso de Medellín
o tal vez de Fregenal de la Sierra. Luchó en toda la campaña de
México y fue compañero de Alvarado en la retirada de México-
Tenochtitlan durante la «noche triste».

Dixo que lo que sabe desta pre- / -gunta este testigo es queste
testigo yendo / con el dicho don Hernando un dia / a ver el
dicho Monteçuma, como otras / muchas vezes solia e acostumbraba / hazer, que alli el dicho don Hernando por las / lenguas le hizo al dicho Monteçuma / muchos rrazonamientos di-
ziendole de / las cosas de Dios, e de como el en- / -perador

699

nuestro señor hera el mayor señor del mundo lo enbiava a visitar / e ver estas partes, e como todos los / españoles que
con el venian y el, / heran vasallos del enperador nuestro /
señor, e sus criados, e otras / cosas a esto semejantes de que /
este testigo no tiene tan entera / memoria como a tanto tienpo, e / que cada vez quel dicho don Hernando / visitaba al
dicho Monteçuma / o las mas vezes le hablaba en estas / cosas
de las grandezas de su / magestad, e de las cosas de nuestra
fee, / anychilandole sus ydolos e diziendo- / -le la poquedad
dellos, e como / todos ellos no heran nada, ni valian / cosa
alguna, e que solo Dios / hera el hazedor de todas las cosas /
y el que nos dava vyda e nos avia / de dar el galardon segund
nuestras / obras, e otras cosas que como / a dicho este testigo
no se acuerda, e que / un dia estando el dicho don Hernando /
en estos rrazonamyentos, estaban / con el dicho Monteçuma
oyendo / muchos prençipales, e señores / de la tierra, a los
quales despues / el dicho Monteçuma les hablo / muchas cosas
entre las quales / les dixo e hablo, que el avia sabido / mucho
tiempo a, e tenia notiçias de / sus antepasados e antiguos /
señores que tenyan por sus / escryturas que avian de ser /
estas partes soyulgadas, man- / -dadas e gobernadas de un gran /
señor, questaba en la parte donde / salia el sol, e del qual
todos / los naturales dellas avian de rre- / -çibir muy grand
benefiçio, e que / agora le paresçio que todo hera / conplido,
como a el lo avia dicho / e revelado por secreto, e segund /
las nuevas e grandezas del en- / -perador nuestro señor que
dezia el / dicho don Hernando, en la parte donde / dezia que
venya, quel beya que hera / el, el que lo abia de mandar e /
gobernar todo e que supiese que / sabiendo esto, y esta çierto
dello / el avia dado su señorio al dicho don / Hernando en
nonbre de su magestad, / que les rrogaba todos que asy como /
todos sus antepasados le abian / sydo leales vasallos, amy-
gos e / vasallos, que asy lo fuesen ellos / en aver por byen lo
qual avia fecho / por sy y en nonbre de todos, e / que ansy lo
hiziesen ellos e que / toviesen al dicho don Hernando / en nonbre de su magestad por señor, / e obedeçiesen, e cunpliesen /
sus mandamientos como los suyos / propios, e que syenpre le /
fuesen leales vasallos, que el / les asegurava que avian de rreçe-
bir / grandes byenes e probechos / del enperador, nuestro (sic)
señor, / e del dicho don Hernando en su nonbre, e questo / e
otras cosas muchas semejantes / a estas dixo el dicho Monteçuma e / a los dichos señores e prençipales que / alli estavan,
que hera en mucha cantidad, / e que todos rrespondieron al
dicho Monte- / -çuma e la mayor parte dellos que como / el lo
mandava hera byen hecho, e que / asy ellos lo avian...

(Forencio de Flores, AGI: Justicia, leg. 223, p. 2, su testimonio está en los ff. 511-584.)

6. *Nuevos testimonios sobre la muerte de Catalina*

Catalina Suárez, primera esposa de Cortés, murió en circunstancias misteriosas tres meses después de su llegada a México, en noviembre de 1522. Se formularon muchas preguntas sobre su muerte y el asunto llegó a parecerse a una investigación por asesinato contra Cortés.

Entre los testigos en el juicio de residencia de Cortés figuró Juan de Salcedo. Había sido socio de negocios de Diego Velázquez, casó con Leonor Pizarro, de quien Cortés tuvo un hijo ilegítimo antes de dejar Cuba. Salcedo llegó a México con Pánfilo Narváez y después de la conquista recibió la encomienda de Tenancingo. Preguntado sobre Catalina, respondió:

Dixo que este testigo sabe / e vido que la dicha doña Catalunya / Xuarez, muger que fue del dicho / marques, hera muy enferma / del mal de la madre, e que muchas / vezes se amorteçia e caya en el / suelo como muerta, e que este / testigo lo sabe porque un / dia estando en Barucoa, que / es en la ysla de Cuva, ya que que- / -rian comer, vyno una yndia / del dicho marques dando vozes di- / -ziendo que esta muerta su señora, / e este testigo e el dicho marques / fueron a ber que cosa hera, e / hallaron a la dicha doña Catalunya / Xuarez cayda en el suelo como muerta, syn / pulso, tanto que este testigo / creyo ser muerta, e la tomo en / braços e la hecho sobre una cama, / e en esto el dicho marques hizo traer / agua, e se la echo en la cara, / de manera que estubo amortes- / -çida mas de una grand ora, hasta / tanto que haziendole muchos benefi- / -çios volbyo en sy.

(AGI: Justicia, leg. 224, p. 1, ff. 660v-722r.)

Otro testigo sobre este asunto fue Juan González Ponce de León, un conquistador al que, cuando su hijo Diego recibió el escudo de armas, en 1558, se le reconoció que fue el primero en subir a lo alto del templo principal de Tenochtitlan. Recibió una encomienda en Actopan, en el actual estado de Hidalgo, en compañía del herrero judío converso Hernando Alonso. González Ponce de León dijo que:

Dixo que la sabe como en ella / se contiene; preguntado / como la save, dixo que porque luego / como fallesçio la dicha doña Cata- / -lyna, entro este testigo e / lo bido todo como en esta / pregunta se contiene, como / otras vezes lo abia visto.

Dixo que la sabe como en ella / se contiene; preguntado / como la sabe, dixo que porque / lo bido e se hallo presente a todo ello.

Dixo / que la sabe como en ella se contiene; / preguntado como la sabe, dixo que por- / -que este testigo y otras personas estando / en Cuyuacan fueron con la dicha doña / Catalina Xuares a ver una huer- / -ta de Juan Garrido, e andando pase- / -ando por ella le dio tan rresio / el mal de coraçon o de madre que / cayo amorteçida en el suelo, e que / este testigo le atento el pulso mu- / -chas vezes e paresçia que estaba / muerta e muy fria, e a poder de / agua e con sebollas, que le rrefre- / -gaba por las narizes, dende a / mas de ora y media torno en / si como muerta, y estubieron este / testigo e los otros muy gran / preto con ella, e asta que torno / mas en si, e la llevaron al aposento del / dicho marques; e que esto sabe e bido desta / pregunta.

González Ponce de León dijo también:

Dixo / que la sabe como en ella se contiene; preguntado / como la sabe, dixo que porque este testigo / vido en la camara donde se acostaba el / dicho marques e la dicha doña Catalina, su muger, / muchas mugeres e pajes, e que aquella / noche que fallesçio vido este testigo / a la dicha doña Catalina Xuares sentada / a la mesa con el dicho marques e otros / cavalleros, mal dispuesta, e este testigo / e Juan Xuares, hermano de la dicha doña Ca- / -talina, estaban a las espaldas della / myrando una carta e joyas de oro, e que / le dixo el dicho su hermano que porque / no senava, y este testigo le dixo que con / codiçia de las joyas no queria senar, / e ella respondio que no era sino que / tenia el mal que le avia dado en la huer- / -ta quando este testigo e los otros fue- / -ron con ella, e que aquella noche a me- / -dia noche rremanecio muerta, e / que cree este testigo que de aquel / mal murio, e que asy es publico e / notorio.

Dixo / que la sabe como en ella se contiene; pregun- / -tado como la sabe, dixo que porque este testigo / vido al dicho marques hazer mucho sentimiento / por la muerte de la dicha doña Catalina Xuares.

Esta visita al vergel es interesante, pues Juan Garrido era no sólo el primer negro libre que llegó a la Nueva España, sino que se le considera como el primero que sembró trigo en las Américas. (AGI: Justicia, leg. 224, p. 2, ff. 722r-789v.)

En 1573 hubo en México una «Información de la filiación de los ascendientes y descendientes de Juan Suárez Davila». Parece que el original se perdió, pero hay una copia del siglo XVII que perteneció a la biblioteca de G.R.G. Conway, quien hizo una transcripción. La he encontrado en la Biblioteca de la Universidad de Aberdeen y en ella hallé una serie de afirmaciones muy interesantes, en el sentido de que Juan Suárez fue enviado por Cortés de México a Cuba en 1522, para traerle a Catalina, hermana de Suárez y primera esposa de Cortés. Parece, pues, falsa la sugerencia de que Catalina llegó de modo imprevisto. Varios testigos declararon en este sentido, el más conocido de los cuales fue Andrés de Tapia, entonces de sesenta años de edad. Su declaración dice así:

A la sesta pregunta dixo que lo que della sabe es que despues de ganada esta Ciudad de México a lo que a este testigo le parece y lo tiene para si por cierto vino el dicho Juan Juan (sic) Suárez en un navio que decian que era parte del suio y que oyo decir este testigo que avia traido ciertos pasajeros y que venide este testigo de las provincias de justepeque y otras comarcanas vio al dicho Juan Suárez en el pueblo del Cuioacan donde los Españoles a la sason estaban y vio que el dicho Don Fernando Cortés le rogo muchas vezes que tornase a Cuba por su muger del dicho Cortés hermana del dicho Juan Suárez.

(Universidad de Aberdeen, Departamento de Archivos y Colecciones Especiales, Conway, 2712, 8.)

7. *Arte y lealtad de Cortés*

Juan de Hortega, de Medellín, llegó a la Nueva España en 1523, formando parte de un grupo de extremeños que deseaban aprovechar el triunfo de su paisano. Casi inmediatamente le nombraron alcalde ordinario en México y recibió una encomienda en Tepozotlan. Declaró sobre las intenciones personales de Cortés y dijo:

Dixo que despues que es- / -te testigo vino a esta Nueba España, que fue / año de veynte e tres, comunyco con el / en publico y en secreto, syendo el dicho don Hernando / governador

en estas partes por su magestad, e sien- / -preeste testigo vio
e conosçio en el dicho don / Hernando, en sus obras e palabras, ser leal / vasallo de su magestad, porque sienpre en todas
sus / cosas ponya delante a su magestad, / su rreal serviçio,
teniendolo e mandolo / mucho, e asy lo publicava e dezia a
los yn- / -dios naturales destas partes que lo avia / de azer,
porque su magestad hera / señor del mundo, y el y todos heran /
criados e vasallos, y que este testigo no vido / otra cosa en
contrario, e sy lo obiera este / testigo lo viera e supiera por
tener tan- / -ta comunycaçion e conversaçion, e par- / -tiçipar
tanto de los secretos del / dicho don Hernando como los co-
munycava, e / antes vido un dia entrando en su cama- / -ra
una tabla pintada de Flandes, en la / qual estava la figura de
su magestad / pintada, e de la rreyna e ynfan- / -tas e rrey de
Ungria su hermano, e / este testigo via bien en estando el dicho
don / Hernando en la dicha su camara, e pasando se quito el
bone- / -te, y este testigo queriendo ver la dicha / tabla para
ver las ymagines que te- / -nya esculpidas, abrio una ventana /
e vido la dicha tabla, e pregunto al dicho / don Hernando
que heran las yma- / -gines de la tabla, y el le dixo que hera
la / figura de su magestad y ynfan- / -ta, como ha dicho este
testigo, que le avian tra- / -ydo pintada al principio, y que despues / dende en adelante este testigo myro / en ello, e vio que
el dicho don Hernando cada vez / que pasaba por delante de
las dichas / figuras de la dicha tabla quitaba el / vonete, ten-
yendo acatamyento a lo que / mostraban e representavan las
dichas / figuras, e este testigo lo tubo en mucho, e lo / guardo
en si syn dezir nada al dicho don / Hernando; e que esto sabe
desta / pregunta.

(AGI: Justicia, leg. 224, ff. 152r-189r.)

8. Los castigos de Diego Velázquez

Cortés fue primero protegido y luego enemigo de Diego Velázquez. El presente documento (fechado en 1524) forma parte del juicio
de residencia de Diego Velázquez y muestra que Cortés estuvo a
menudo en malos términos con él, antes de marcharse a México.

Al noveno capytulo, digo quel dicho adelantado sy / algunos
juegos consyntio en la ysla de naypes / fue al prinçipio de la
poblaçion de la ysla, / e no despues, porque la castygo e peno
a Alonso d'Esteve, e / Alonso de Mançelo, alcalde, e a Gonçalo Rodrigo d'Otano, / e a Juan de Çia, e a Francisco de Medi-

na, e a Pero Peres, e a *Hernando / Cortes*, e a Francisco de Carmona en diversas vezes, / e a otras muchas personas, porque jugaron, e si rri- / -ñia con el dicho Andres de Duero, fue porque esta / una provisyon de su magestad en esta ysla que las penas / que se aplicaren para la camara sea dublicada de lo de / Castylla, y el dicho alcalde a unos pobres marineros / sentencio, algunos d'ellos contra quien hizo proçesos / en la pena quintyplicada, e los demas questaban en- / -carados se le fueron a quexar, e por eso rrinyo con el / dicho Duero, no porque los penava, pero porque eçedia / de lo en la dicha çedula contenydo. /

(AGI: Justicia, leg. 49, f. 15.)

9. *Testimonio sobre Ponce de León*

Testimonio de Hernán Cortés, marqués del Valle, en la información de servicios de Juan González Ponce de León.

Juro el señor marques, XXV de junio y del dicho año. /

El dicho señor marques del Valle, testigo presentado por parte de / de Juan Gonçales Ponçe de Leon, despues de aver jurado en forma de- / -vida y de derecho, y sobre la señal de la Cruz, el qual prometio de dezir la / verdad de todo lo que supiere en este caso en que es presentado por testigo, / el qual dixo que puede aver que conoçe al dicho Juan Gonçales Ponçe de Leon pue- / -de aver veynte años, poco mas o menos, en esta Nueva España. /

Preguntado por las generales, dixo que no le enpeçe ninguna d'ella, y que / es de edad de mas de çinquenta años, y que sy toviere justiçia / que le valga y se la guarden. /

A la prymera pregunta y segunda y terçera y quarta y quinta y sesta / y setena y otava y novena y deçima y honzena y dozena y treze / preguntas dixo que no las sabe mas de lo que ha / oydo dezir a muchas personas, en espeçial a un Françisco Rodryges y a / Gonçalo Xuares y a Andres Lopez y a un Lucas Gallego y Alonso Valiente. /

A las catorze preguntas dixo este testigo que el mando a Gonçalo de Sandoval que / fue a tomar la casa de Motençuma con trezientos cristianos, por- / -que unos señores que estavan hechos fuertes en ella nos maltratavan, / y matavan algunos cristianos, le dixo el dicho Gonçalo de Sandoval y o- / -tros como el dicho Juan Gonçales se arronjo por una viga que estava ardiendo / en la puente levadiza que tenian para pasar a la dicha casa, y que no / pudo pasar otro español ni nadie por la viga, porque ardia, dis que / a grandes llamas, y que quando pasaron al patio adonde estava / el dicho Juan Gonçales por unas tres vigas que avia hecho traher, lo halla- / -ron muy malherydo con tres lançadas y con quatro varazos muy / malas, y este testigo lo mando a su medico y çirujano que lo curasen muy bien, / y que dis que tenia muertos a la rredonda del a diez y seys señores, / y por el dicho Juan Gonçales se tomo y gano aquel dia la casa de Motençu- / -ma, y que mataron a munchos señores de los que ally estan fuertes, y luego / este testigo mando pasar en ella a trezientos cristianos; y esto sabe. /

A las quinze preguntas dixo este testigo que estando que estava con munchos / de sus conpañeros para subir en las torres de Ochilobos, porque esta- / -van ençima d'ellas munchos señores los mas prynçipales de la tierra / hechos fuertes, vido venir al dicho Juan Gonçales Ponçe de Leon muy armado / con un dalle y una rrodela en las manos, y este testigo ryño muy mal con el, / y que se tornase a los aposentos a curar, y no quiso syno antes le dixo / que no hera aquel dia para estar nadie en la cama, syno moryr o ganar / honrra, y vido este testigo que tomo el dicho Juan Gonçales la una de las escaleras arryba, / y este testigo por la otra, y que muy presto subiose arryba el dicho Juan Gonçales, y a unos / señores que venian para arronjar unas muy grandes vigas que tenian a los / bordes de las escaleras los mato, y subio arryba prymero que todos, / y quando este testigo y los conpañeros acabaron de subir, avia ya hecho sal- / -tar por las espaldas de la dicha torre a la mitad de la gente que esta- / -va arryba, y sy caso fuera que los yndios nos echaran las vigas todos / quantos yvamos muryeramos hechos pedaços de las vigas, y alli hi- / -ryeron muy mal al dicho Juan Gonçales en la cabeça y de tres lançadas, y luego / lo mando llevar de alli en una tabla, y que lo curasen muy byen; y esto sabe. /

A las diez y seys preguntas dixo este testigo que la noche que salimos desbara- / -tados d'esta çibdad mando a diez amigos y conpañeros suyos que se / fuesen con el, y que no lo dexasen ni desmanparasen, y que por los ma- / -hizales de Taquba estavan todos los señores e yndios de la / tierra aguardandonos, y por alli mataron los yndios a munchos / cristianos, y este testigo con la mitad de la gente de cavallo andava / peleando en la delantera, y que para rrecojer a su gente tomo un qu que / le puso en el una imagen de Nuestra Señora de los Remedios, y ally / començo de rrecojer a toda la gente que venian muy malherydos todos / los mas, y desde a muncho rrato le vinieron a dezir como el dicho / Juan Gonçales avia saltado de la hamaca en que lo llevaban, y quitado a los / yndios a un Gonçalo Carrasco y a Peñalosa y a Diego de Sopuerta y a el pa- / -dre Juan Dias, que los estavan matando, y que alli mato a munchos yn- / -dios, y que no lo podian traher de alli aguardando a la rreçaga, / porque dis que ally hera muy mal paso, y avian muerto por ally a la / rredonda a munchos cristianos, y luego este testigo enbio a veynte de / cavallo que lo traxesen, porque dis que estava todo muy lleno de sangre, / y lo mando meter en su tienda, y lo hizo luego curar y que mirasen por el. /

A las diez y syete preguntas dixo este testigo que dize lo que dicho tiene / en las preguntas antes d'esta. /

A las diez y ocho preguntas dixo este testigo que se acuerda que quando / allego con todo el exerçito que lleba para la conquista de la çibdad de / Mexico, enbio desde Tezmoluca al dicho Juan Gonçales Ponçe de Leon y a otros / tres de pie, y a otros quatro de cavallo, para que descubryesen los pasos / de las syerras nevadas, y vido que todo lo que el dicho Juan Gonçales le dixo lo / hallo por verdad, y como se lo avia dicho. /

A las diez y nueve preguntas dixo este testigo que es verdad que el enbio / de Tezcuco al dicho Juan Gonçales y a Françisco Rodryges y a Lucas Gallego a la / çibdad de Taxcala por la madera de los vergantines, y que le a / dicho el capitan Gonçalo de Sandoval y otros que yvan a muncho rryesgo el / dicho Juan Gonçales, porque los yndios de gerra avian dado en los cristia- / -nos junto a la poza del agua a las haldas de la montaña, adon- / -de se despidieron del dicho Juan Gonçales. /

A las veynte preguntas dixo este testigo como el enbio al dicho / capitan Gonçalo de Sandoval con los trezientos cristianos por / el camino de Capulalpa, y pueblo morysco, para que a la rraya / avia de estar esperando el dicho Juan Gonçales con los vergantines, y / le dixo el dicho Sandoval y otros como en la rraya habian ha- / -llado munchas guarniçiones de yndios de gerra de los mexica - / -nos, que dis que estavan aguardando al dicho Juan Gonçales para matallos y / quemar a los vergantines, y que avian muerto muncha cantidad / d'ellos. /

A las veynte y una pregunta dixo este testigo que los verganti-nes fue / muy gran parte y ayuda para ganar a la çibdad de Mexico, por- / -que se escuso que no muryeron munchos mas cristianos de los que / muryeron, porque la çibdad esta çerca-da toda de agua, y tiene / a las entradas muy grandes calça-das que tienen munchas / puentes levadizas de madero, y que fueron muy grande alivio / y ayuda para ganar a la dicha çib-dad en ochenta dias. /

A las veynte y dos preguntas dixo este testigo que lo ha visto todo el / tienpo que lo conoçe que ha bibido muy bien y hon-rradamente, y / este testigo lo ha querydo muncho, y lo ha visto que syenpre ha ser- / -vido a su magestad muy bien con sus armas y cavallos y moços a / su costa, y ha visto que quan-do este testigo vino de Castilla por el año / de MDXXX lo hallo que hera allcalde mayor y juez de rresydençia en / la çibdad de la Veracruz, y que avia conquistado a çiertos pue- / -blos en la costa del norte, y este testigo lo hizo casar, y que fue el / prymero que se caso en esta Nueva España, y que tiene muger y / cargado de hijos; y esto sabe d'esta pregunta. /

A las veynte y tres preguntas dixo este testigo que lo ha teni-do y tiene / al dicho Juan Gonçales Ponçe de Leon por cava-llero, y ha oydo dezir a / munchas personas como es hijo ligi-timo de don Juan Ponçe de Leon y / de doña Beatriz de Luna, y que por tal hijo lo ha tenido syenpre y / lo tiene; y esto sabe. /

A las veynte y quatro preguntas dixo este testigo que lo que d'ella sabe / es que quando este testigo fue a la gerra a visy-tar a las Hibueras, en- / -byo a mandar al dicho Juan Gonça-les Ponçe de Leon que se fuese con / el a la gerra, y no lo hizo anque enbyo un mançebo en su lugar, / no le satisfizo, y por-que le avian dicho que el dicho Juan Gonçales Ponçe / de Leon avia aconsejado y estorvado a otros que no fuesen / con el a la gerra, en espeçial a un Andres de Tapia, y por aquel / enojo le suspendi y quite los yndios que le avia encomen- / -dado en nonbre de su magestad, con pensamiento de en bolbi- / -endo de la dicha gerra de tornarselos o de dalle a otros / muy mejo-res, porque los avia trabajado y mereçido muy bien, / y lo avia servido a su magestad en la conquista d'esta çibdad / y de muncha parte d'esta Nueva España, y quando este testigo vino / de las dichas Hibueras, hallo ya que su magestad avia pro-veydo a / Luys Ponçe de Leon por juez de rresydençia y go-vernador / d'esta Nueva España, y por esta causa no tovo lugar

/ este testigo de tornalle a proveher de sus yndios, ni de o- /
-tros, de lo qual este testigo se hallo muy pesante y muy con-/
-fuso por no poderle tornar sus yndios o otros, / y los pueblos
que este testigo le avia encomendado y le quito / heran Atucu-
pan y Chicaguasco y Tecaxique y Etecoma, / y sabe este testigo
que el dicho Juan Gonçales ha pasado trabajo porque / los
yndios que el tesorero Alonso d'Estrada le dio es una estan- /
-çuela de muy poca gente, y muy prove, que aun de comer / no
le dan. /

A las veynte y çinco preguntas dixo este testigo que lo que
dicho ha / es la verdad, y que en ello sa afirma por el juramento que / hizo, y firmolo de su nonbre, el marques. /

Va testado o diz treynta; e va testado o diz que; e va enmendado / o diz de; he va enmendado y en tres rrenglones o diz
seys; e va tes- / -tado o diz gover; e va enemendado y ençima
o diz sesta; e va / enmendado o diz dos y en tres rrenglones;
e va testado o diz / do; e va testado o diz to; e va en tres
rrenglones o diz quatro; / e va ençima o diz çinco; no le en-
pesca y pase por testado y en- / -mendado. (Firmado) Pedro
de los Rios, allcalde.

Yo, Rodrigo de Baeça, escriuano de sus magestades y escriuano publico / susodicho, a lo que dicho es presente / fue en
uno con los dichos testigos, e de pe- / -dimento del dicho Juan
Gonçales Ponçe de Leon, / e de mandamiento del dicho señor
allcalde que / aquy firmo su nonbre, esta escrytura / fyze es-
crevir e escrevi, e va escryta en estas / treynta y seys hojas de
papel con esta en que / va muy acostumbrado, y no en fin
de cada / plana, va una rrublyca mya acostumbrada, / e por
ende fize aquy este myo sygno que / es a tal. / (Signo) En
testimonio de verdad, Rodrigo de Baeça, escriuano publico.
(Firmado).

(AGI, México, 203, núm. 19, 1532.)

Ilustraciones

Carlos V (busto de terracota, mansión Gruuthuse, Brujas)

El obispo Fonseca (retablo de Jan Joest de Calcar, c. 1505, catedral de Palencia)

Instrumentos mexicanos (todos del Museo de antropología, México)

Figura de danzante mexicano (Museo de antropología, México)

Esbozos de juegos y malabarismos (todas de *Das Trachtenbuch* de Cristoph Weiditz, 1529. Edición del doctor Hampfe, Nuremberg, 1927)

Dardo y lanza-dardos [*atlátl*] (Museo Luigi Mignorini, Roma)

Escudo ceremonial (Museum fur Völkerkunde, Viena)

Armas de los mexicas (Museo de Tarragona)

Arcabuz (Museo de Vic)

Ballesta (Palacio real, Madrid)

Hoja de Toledo (Arsenal real, Madrid)

Bergantines y viruela (ambos en el *Códice Florentino*, Biblioteca Laurenziana, Florencia, libro XII)

Tapiz Bronzino (Museo degli Argenti, Florencia)

Claustro del palacio del príncipe-obispo (Lieja)

Bebedor de pulque (Museum fur Völkerkunde, Viena)

Colgante de oro (Museo de antropología, México)

Los dibujos reproducidos en las páginas que separan las partes de la obra proceden del Códice Florentino de la Biblioteca Laurenziana, a excepción del de la segunda parte (del *Buch der Natur* de C. von Megenber, Augsburgo, 1478, British Library) y el de la octava parte (frontispicio de la Segunda carta de relación de Cortés a Carlos V, Sevilla, 1522, British Library)

Notas

Las fuentes citadas a menudo se indican con abreviaturas. En los demás casos, la referencia se indica como sigue: en primer lugar, el título completo de una obra; luego, el libro, artículo u otras fuentes se indica citando entre corchetes, después del nombre del autor, el capítulo en el cual se mencionó por primera vez la fuente; después, el número de la nota. Así, por ejemplo, Garibay [1:13] indica que el título completo de la obra de Garibay se encontrará en el capítulo 1, nota 13. Las abreviaturas que siguen se refieren a las ediciones de las obras usadas, que no son necesariamente las mejores.

Abreviaturas

AEA:	*Anuario de Estudios Americanos.*
AGI:	Archivo General de Indias.
AGN:	Archivo General de la Nación (México).
AGS:	Archivo General de Simancas.
AHN:	Archivo Histórico Nacional (Madrid).
APS:	Archivo de Protocolos, Sevilla.
BAE:	*Biblioteca de Autores Españoles.*
BRAH:	*Boletín de la Real Academia de la Historia,* Madrid.
BAGN:	*Boletín del Archivo General de la Nación,* México.
C:	Hernán Cortés, *Cartas de relación. Historia 16,* Madrid, 1985, ed. Mario Hernández.
Camargo:	Diego Muñoz Camargo: *Historia de Tlaxcala,* ed. Germán Vázquez, Madrid, 1986.
C de S:	Francisco Cervantes de Salazar, *Crónica de la Nueva España.* The Hispanic Society of America, Madrid, 1914.
CDI:	*Colección de documentos inéditos, relativos al descubrimiento, conquista y organización de las posesiones españolas en América y Oceanía,* 42 vols., Madrid, a partir de 1864, ed. Torres de Mendoza, Joaquín Pacheco y Francisco Cárdenas.
CDIHE:	*Colección de documentos inéditos para la historia de España,* ed. M. de Navarrete, Madrid, 1842, 113 vols.
CDIU:	*Colección de documentos inéditos relativos al descubrimiento, conquista y organización de las antiguas posesiones españolas de Ultramar,* Madrid, 1884-1932, 25 vols.
CF:	Códice Florentino cuando se ha utilizado el texto español (Bernardino de Sahagún: *Historia General de las cosas de la Nueva España,* ed. Juan Carlos Temprano [Madrid, 1990, 2 vols.]). Si se utiliza la edición de Ángel María Garibay (México, 1992), se indica así: CF-G.

Cline-Sahagún: *Conquest of New Spain, by Fr. Bernardino de Sahagun*, revisión de 1588, traducción por Howard Cline con introducción de S. L. Cline, Salt Lake City, 1989. En las notas se indica así: Sahagún de Cline.

Cod. Ram.:   Códice Ramírez Conway: Papeles de Conway, en Aberdeen (Aber.), Cambridge (Camb.), Tulsa (Tul.) o en la Biblioteca del Congreso de Washington, D. C. (B del C).

D del C: Bernal Díaz del Castillo, *Historia verdadera de la Nueva España*, 2 vols. ed. Miguel León-Portilla, 2 vols. Madrid, 1984.

DIHE: *Documentos inéditos para la Historia de España*, Madrid, 1953-1957.

Docs. Inéditos: *Documentos inéditos relativos a Hernán Cortés y su familia. Publicaciones del Archivo General de la Nación*, México, 1935, vol. XXVII.

Durán: Fray Diego Durán, *Historia de las Indias de Nueva España*, 2 vols., ed. Ángel Garibay, México, 1967.

ECN: *Estudios de Cultura Nahuatl*, México.

Epistolario: Francisco Paso y Troncoso: *Epistolario de Nueva España, 1505-1818*, México, 1938-1942, 16 vols.

FC: *Florentine Codex, The General History of the Thing of New Spain*, de Fr. Bernardino de Sahagún, trad. Charles E. Dibble y Arthur J. Anderson, 12 vols., algunos revisados, School of American Research, University of Utah, a partir de 1952 (cuando no se ha podido utilizar el texto español).

G: Francisco López de Gómara, *La conquista de México*, ed. José Luis Rojas, Madrid, 1987.

García Icazbalceta: Joaquín García Icazbalceta, *Colección de Documentos para la Historia de México*, 3 vols., 1858-1866, reeditado en 1980.

HAHR: *Hispanic American Historical Review*.

HM: *Historia Mexicana*.

HMAI: *Handbook of Middle American Indians*.

Inf. de 1521:   *Información hecha por Diego Velázquez sobre la armada que costeó*, realizada en Santiago de Cuba en junio de 1521, publicada por Camilo de Polavieja en *Hernán Cortés*; véase más abajo en Polavieja (también se publicó en CDI, XXX, pero las referencias de página son de la edición de Polavieja).

Inf. de 1522:   *Información de 1522, México bajo la Presidencia de Alonso de Ávila*, publicada en BAGN, México, 1938, t. IX, n.º 2.

Inf. de 1565:   *Información recibida en México y Puebla, el año 1565*, México, 1875, publicada como vol. 20 de la Biblioteca Ibérica.

Ixtlilxochitl: Fernando Alva Ixtlilxochitl, *Historia de la nación chichimeca*, Madrid, 1985. Para la *Decimatercia relación*, del mismo autor, no hay abreviatura general.

J. Díaz y cols.:   Colección de testimonios de testigos presenciales, a saber, J. Díaz, Andrés de Tapia, Bernardino Vázquez de Tapia y Francisco Aguilar, en *La Conquista de Tenochtitlan*, ed. Germán Vázquez, Madrid, 1988.

JSAP: *Journal de la société des américanistes de Paris*.

Las Casas: Bartolomé de las Casas, *Historia de las Indias*, 3 vols., M. Aguilar, Madrid, 1927.

León-Portilla:	Miguel León-Portilla, *Visión de los vencidos. Relaciones indígenas de la conquista* (México, 1976). (Cuando se da el nombre del autor sin que le siga el de la obra, se entiende que se trata de ésta.)
MAMH:	*Memorias de la Academia Mexicana de la Historia.*
Martínez, *Docs.*:	José Luis Martínez, *Documentos cortesianos*, I (1518-1528), II (1526-1546), III (1528-1532), IV (1533-1548), México, 1990-1991.
Martyr:	Peter Martyr, *De Orbe Novo*, traducción y notas de F. A. MacNutt, Londres, 1912. (N. del t.: Cuando se cita esta fuente, se pone el nombre en inglés, porque se trata de la traducción inglesa del original en latín, pero cuando se refiere al personaje, se utiliza su nombre en italiano.)
Muñoz:	Colección de Juan Bautista Muñoz, Real Academia de la Historia, Madrid.
Oviedo:	Gonzalo Fernández de Oviedo, *Historia General y Natural de las Indias*, 5 vols. (vols. 117 a 121 en BAE), ed. Juan Pérez de Tudela, Madrid, 1959.
Polavieja:	General Camilo de Polavieja, *Hernán Cortés. Copias de documentos existentes en el archivo de Indias... sobre la Conquista de Méjico*, Sevilla, 1889.
RAMH:	*Revista de la Academia Mexicana de la Historia.*
R de I:	*Revista de Indias.*
REE:	*Revista de Estudios Extremeños.*
Rel. de Michoacan:	*Relación de las ceremonias y ritos y población y gobierno de los Indios de Michoacan, 1541*, traducción de José Tudela con introducción de Paul Kirchhoff, Madrid, 1956.
Res (Rayón):	Ygnacio López Rayón, *Documentos para la Historia de México*, México, 1852-1853. Documentos relativos al juicio de residencia de Cortés.
Res Alvarado:	*Proceso de residencia instruido contra Pedro de Alvarado y Nuño de Guzmán*, ed. Ignacio López Rayón, México, 1847.
Res Velázquez:	*Residencia tomada a Diego Velázquez, 1524*, en AGI, leg. 149.
RHA:	*Revista de Historia de América.*
RMEA:	*Revista Mexicana de Estudios Antropológicos.*
Sahagún:	Fray Bernardino de Sahagún, *Historia General de las Cosas de Nueva España*, ed. Juan Carlos Temprano, Madrid, 1990, 2 vols. Cuando se utiliza la versión de Cline, se indica así: Sahagún de Cline.
Sepúlveda:	Juan Ginés de Sepúlveda, *Historia del Nuevo Mundo*, ed. Antonio Ramírez Verger, Madrid, 1987.

Abreviaturas menores

c.: capítulo, o, si se refiere a fechas, *circa*
cit.: citado
ed.: editor, editado por
f.: folio
n.: nota a pie de página
intr.: introducción por
leg.: legajo
lib.: libro

N. F.: Neue Folge
n. s.: nueva serie
p.: pieza, documento (en archivos)
R.: ramo, sección (en archivos)
r.: recto (en folios)
tr.: traducción, traducido por
v.: verso (en folios)
vol.: volumen

PREFACIO

1. JSAP, n. s., XXXIX (1950).
2. Francisco Cervantes de Salazar, *México en 1554*, ed. Eduardo O'Gorman (México, 1963), 64, en boca de «Alfaro».
3. Durán, I, 260.
4. V. S. Naipaul, *The Overcrowded Barracoon* (Londres, 1972), 196.
5. Miguel León-Portilla, *Aztec Thought and Culture*, tr. (Norman, 1973); Rudolph Van Zantwijk, *The Aztec Arrangement* (Norman, 1985), XVII.
6. W. H. Prescott, *History of the Conquest of Mexico* (Londres, 1849), II, 439.
7. W. H. Prescott al conde Adolphe de Circourt, 19 de noviembre de 1850, en *The Correspondence of William Hickory Prescott*, ed. Roger Wolcott (Boston, 1925), 176.

CAPÍTULO 1

1. Fray Toribio de Benavente («Motolinía»), *Historia de las Indias de Nueva España*, en García Icazbalceta, I, 177.
2. El primer texto publicado en que se habla de México-Tenochtitlan, *Die Newe Zeitung von dem Lande das die Spanier funden haben...* (probablemente Augsburgo, comienzos de 1522), lo llama «una gran Venecia» (HAHR, 1929, 200).
3. Era tezontle. Francisco de Cervantes en *Tenochtitlan 1519* dijo al licenciado Vázquez de Ayllón, en 1520, que había «Treynta casas de cal y canto fuertes» (Polavieja, 81).
4. Una estimación reciente de Felipe Solís Olguín; «México-Tenochtitlan, capital de la Guerra y los lagos de jade», en *Arte precolombino de México*, Madrid, 1990, 100, daba doscientas cincuenta mil.
5. Sahagún dijo que había setenta y cinco edificios sagrados, pero esto no es posible en el área a que se refiere. Sin duda Soustelle y Éduard Seler tenían razón al pensar que se trataba del número de tales edificios en distintas partes de la ciudad; Jacques Soustelle: *La vie quotidienne des Azteques à la veille de la conquête espagnole* (París, 1955), 4, y Éduard Seler, cit. E. Hill Boone, *The Aztec Templo Mayor* (Washington, 1987), 37, n.º 13.
6. Miguel León-Portilla, *Cantos y crónicas del México antiguo*, 135.
7. Donación de Cortés en 1526 a Alonso de Grado e Isabel, hija de Moctezuma, AGI Justicia, 181, cit. Amada López de Meneses, «Tecuichpoctzin, hija de Moctezuma», en R de I, 1948, 471-495.
8. Durán, II, 335-336; Alonso de Zorita, *Breve relación de los señores de la Nueva España* (Madrid, 1992).
9. Sigo a Soustelle al traducir el término mexicano *Huey tlatoani*, literalmente «alto portavoz», por emperador. Traduzco *tlatoani* por rey o señor. Para el número de administraciones, véase Collier y cols., *The Inca and Aztec states 1400-1800* (Nueva York, 1982).
10. R. H. Barlow, *The Extent of the Culhua Empire* (Berkeley, 1949), 71.

11. La palabra «mosaico» la emplea Soustelle [1:5], 20.

12. CF, IX, c, 10, 507. Véase Jacqueline Durand Forest, «Cambios económicos y moneda entre los aztecas», ECN, IX (1971).

13. Camargo, 85. Para el náhuatl, véase Soustelle [1:5], 135, y Ángel Garibay, *Historia de la literatura náhuatl* (México, 1953, 2 vols.), I, 17. En el siglo XVIII, Lorenzo Boturini consideraba el náhuatl «superior en elegancia al latín» (cit. León-Portilla [Prefacio: 7]), mientras que Clavijero, aunque menos entusiasta, creía que los temas espirituales podían expresarse en náhuatl (Francisco Javier Clavijero, *Historia Antigua de México*, ed. Mariano Cuevas, México, 1964, 239). El náhuatl clásico del siglo XVI no ha sobrevivido, pero sí sus dialectos (por ejemplo, en Milpa Alta, cerca de la ciudad de México).

14. Existen más de doscientos poemas en náhuatl. Conservados en la memoria (tal vez con ayuda de algún tipo de guía pictográfica que daba las entradas), fueron transcritos (sin duda no siempre con fidelidad) después de la conquista.

15. Garibay [I:13], I, 90-91.

16. Garibay [I:13], I, 20.

17. Zorita [I:8] 107: véase Victor Wolfgang von Hagen, *The Aztec and Maya Papermakers* (Nueva York, 1943), 12.

18. Alfredo López Austin, *La Constitución Real de México-Tenochtitlan* (México, 1961), 141; Fernando Alvarado Tezozomoc, *Crónica Mexicayotl* (México, 1947), 137.

19. Los que tenían cargos pueden verse en Fernando Alvarado Tezozomoc, *Crónica Mexicana* (México, 1975), 268-269. Hacia el siglo XVI el colegio electoral parece haber consistido en trece altos dignatarios, funcionarios de distrito, algunos generales en activo y otros retirados, y sacerdotes principales. No había votaciones; como en las aldeas náhuatl supervivientes (y como con el PRI en el siglo XX), «surgía» un nombre. Tezozomoc dice que había catorce electores.

20. Durán, II, 249.

21. León-Portilla habla de esto en «Mesoamerica before 1519» en *Cambridge History of Latin America*, ed. Leslie Bethell (Cambridge, 1984), I, 21.

22. CF, VIII, c. 18, 473. Para esos cargos, véase el Glosario.

23. Véase Ross Hassing, *Aztec Warfare* (Norman 1988), 142; Rounds, «Dynastic succession and the centralisation of power in Tenochtitlan», en Collier y cols. [I:19], 70; Nigel Davies, *The Aztecs* (Nueva York, 1973), 43; Virve Piho, «Tlacatecutli, Tlacacoctecutli...», ECN, X (1972).

24. Nigel Davies, *The Toltec Heritage* (Norman, 1980), 340; para Tizoc, véase Juan de Torquemada, *Monarquía Indiana* (México, 1975), I, 185.

25. López Austin, *The Human Body and Ideology* (Salt Lake City, 1988, 2 vols.), I, 68-69.

26. Ángel Garibay, *Vida económica de Tenochtitlan* (México, 1961), 15, CF-G, IX, c. 4, 498.

27. Ross Hassing, *Trade, Tribute and Transportation* (Norman, 1985), 121; Van Zantwijk [Prefacio:7], 125-150; Miguel Acosta Saignes, «Los Pochteca», *Acta Antropológica* (México), 194.

28. Durán, I, 38.

29. *Codex Mendoza*, ed. James Cooper Clark (Londres, 1938), I, 89; FC IV, 3, y I, 200-204.

30. CF, VI, c. 31, 384-385.

31. «El Conquistador Anónimo», en García Icazbalceta, I, 373. Todas esas armas eran ya antiguas en el Valle de México; el arco, como el fuego, fue traído probablemente de Asia por los americanos originarios, entre treinta y cinco mil y ocho mil a. J.C., cuando llegaron de Asia por el puente de tierra prehistórico ahora cortado por el estrecho de Bering. Véase Edward McEwen,

Robert L. Miller y Christopher A. Bergman, «Early Bow Design and Construction», *Scientific American*, junio de 1991. El arco mexicano tenía hasta cinco pies (casi dos metros) de longitud, con cuero de ciervo o tendones de animal por cuerda. Las flechas tenían diversos tipos de punta: obsidiana, sílex, hueso, y no estaban envenenadas. Había otras versiones tanto de espadas (entre ellas una variedad de cuatro filos) como de lanzas (incluyendo una con tres puntas).

32. Durán, II, 236.
33. Moctezuma a Tlacaelel, en Tezozomoc [I:19], 287.
34. Miguel León-Portilla, *Ritos, sacerdotes y atavíos de los dioses* (México, 1958).
35. Durán, II, 236, Tezozomoc [I:19], 539-540; Hassig [I:23], 60, creían que «en una guerra ofensiva ordinaria», una ciudad de doscientos mil habitantes podía enrolar a cuarenta y tres mil guerreros, si se llamaba a todos los varones de veinte a cincuenta años de edad.
36. Durán, II, 357, dice que «nosotros no los fuimos a buscar: ellos nos incitaron».
37. Durán, II, 26, pensaba en los mexicas como en judíos; véase Alfonso Caso, «El Águila y el Nopal», en MAMH, V., n.º 2 (1946), 102.
38. CF, VI c. 40, 403.
39. Zorita [1:8], 120.
40. López Austin [1:18], 150, discute lo apropiado de esta palabra.
41. CF-G, VIII, c. 21, 478-479.
42. H. B. Nicholson, «Religion in Prehispanic Central Mexico», HMAI, 10 (Austin, 1971) (el mejor estudio general); Michel Graulich, *Mythes et rituels du Méxique ancien préhispanique* (Bruselas, 1982), 85-86. Véase Gordon Brotherston, «Huitzilopotchli and what was made of him», en Norman Hammond, *Mesoamerican Archeology: new approaches* (Londres, 1974).
43. Durán, I, 18-19.
44. La mejor introducción es Christian Duverger, *La conversion des Indiens de la Nouvelle Espagne* (París, 1987), 113.
45. Motolinía [1:1], 33-35.
46. Nicholson [1:42], 408-430.
47. *Historia de los mexicanos por sus pinturas, c. 1535*, en *Nueva Colección de Documentos para la Historia de México*, ed. Joaquín García Icazbalceta (México, 1941).
48. Cit. por León-Portilla, *Cantos y Crónicas del México Antiguo* (Madrid, 1986), 162. La dificultad para juzgar este culto estriba en que cuanto se conoce sobre él se deriva de los descendientes, para entonces cristianos, de este rey, ansiosos de sugerir que su antepasado estaba en camino de su Damasco.
49. Ángel Garibay, *Veinte himnos sacros de los nahuas* (México, 1958), 53.
50. Camargo, 155.
51. CF, X, c. 29, 611.
52. Alfonso Caso, *La religión de los Aztecas* (México, 1936), 7-8. Sin embargo, Fernando Alva Ixtlilxochitl, biznieto de este monarca, escribió a fines del siglo XVI (cit. Miguel León-Portilla, *Los antiguos mexicanos* [México, 1961], 137) que su antepasado consideraba falsos todos los dioses adorados en este país.
53. Un texto de 1547 describe como «*le diable abeusoyt leur faisant manger quelque herbe qu'ils noment naucatb*», *Histoyre du Mechique*, ed. Édouard de Jonghe, JSAP, n.º XI (1905), 1, 18. Motolinía [1:1] 25, da una descripción similar. Véase Francisco Hernández, que dijo que esas setas producían demencia temporal y risa desmesurada, mientras que otra variedad producía toda clase de visiones, guerras y demonios (*Obras completas*, México, 1958, II, 396). El CD (XII) muestra a un diablo danzando sobre una seta nanacatl. Véase el

comentario de Mercedes de la Garza, *Sueño y alucinación en el mundo náhuatl...* (México, 1990), 63. La principal seta alucinógena era la *Psilocyba mexicana.* El cacto peyote es la *Lophophora williamsii.* La maravilla es la *Ipomea violacea.* Otras plantas que provocan alucinaciones son el mezcal y la salviaheimia (de la que se decía que permitía recordar acontecimientos de años muy anteriores). Véase Richard Evans Schultes, «Hallucinogens in the Western Hemisphere», en Peter Furst, *Flesh of the Gods* (Nueva York, 1972), 2-11. V. P. y R. G. Wasson (*Mushrooms, Russia and History,* Nueva York, 1957) creen (286) que «todo el conjunto de la expresión artística anterior a la conquista debería... revisarse, por si hubiese escapado a la observación de que en ella figuraran setas divinas». Christian Duverger, *L'esprit du jeu chez les aztèques* (París, 1978), 107, sugiere que los indios norteamericanos trajeron de Siberia la afición a esas setas y que los mexicas encontraron esta práctica en el valle cuando llegaron a él.

CAPÍTULO 2

1.   CF-G, X, c. 29, 614.
2.   Patricia Rieff Anawalt y Frances F. Berdan, «The Codex Mendoza», *Scientific American,* junio de 1992, 45.
3.   CF-G, IX, c. 1, 489.
4.   Zorita [1:8], 90; Soustelle [1:5], 50.
5.   Véase López Austin [1:18], 99-109, y, por la defensa, *Códice Matritense:* Real Academia de la Historia (México, 1952), 78, 80.
6.   Zorita [1:8], 130.
7.   Carta de Gerónimo López, de 25 de febrero de 1545, con base en lo que Moctezuma dijo a Cortés, *Epistolario,* IV, 170.
8.   Códice Mendocino [1:29], I, 91.
9.   CF, II, c. 38, 182. Este códice (c. 28, 182) daba una vívida imagen del festival de Uahquiltamalqualiztli, en el que se permitía el pulque: *«Todos emborrachavan públicamente... muy colorados con el pulcre que bevían en abundancia. Y después de borrachos riñían los unos con los otros, y apuñávanse y caíanse por esse suelo de borrachos unos sobre otros, y otros ivan abraçados...»*
10.   CF-G, c. 1, 545-549 y c. 4, 551.
11.   HAHR (1919), IX, 199.
12.   Durán, II, 313.
13.   Zorita [I:18], 15.
14.   Paul Kirchhoff: «Land Tenure in Ancient Mexico», RMEA, XIII (1952), 351-361; H. R. Harvey, «Aspects of Land Tenure in Ancient Mexico», en *Exploration and Ethnohistory,* ed. H. R. Harvey y H. R. Prem (Albuquerque, 1984).
15.   Véase Charles Gibson, *The Aztecs Under Spanish Rule* (Stanford, 1964), 320 y 557, n.º 113; Pedro Armillas, «Gardens in Swamps», *Science* (1971), 174; Jeffrey Parsons, «The Role of Chinampa Agriculture in Food Supply of Aztec Tenochtitlan», en *Cultural Change...,* ed. Chas. E. Cleland (Nueva York, 1970); también Jeffrey Parsons y cols., *Prehispanic Settlement in the southern valley of Mexico* (Ann. Arbour, 1982).
16.   O sea, nueve mil hectáreas. Pedro Armillas [2:15], 653, sugiere que dos acres y medio de este tipo de tierra podían sostener a veinte personas. Garibay, I, 326.
17.   Hassig [1:17], 51.
18.   Ixtlilxochitl, 123; 8. Teresa Rojas Rabiela, «Agricultural Implements in Mesoamerica», en Harvey y Prem [2:14], encuentra tres tipos de aperos de mano y uno operado con el pie.

19. CF-G, X, c. 12, 558.

20. En su carta a Carlos V, del 6 de julio de 1519, el regimiento de Vera Cruz comentaba que «crían muchas gallinas tan grandes como pavos reales» (C, 66).

21. *Epistolario*, IV, 169-170. William T. Sanders y cols., *The Basin of Mexico* (Nueva York, 1979), 239, llama la atención hacia esto. Armillas [2:15], 660, pensaba lo mismo. La implicación de la carta en el epistolario es que esta innovación ocurrió bajo Moctezuma II.

22. Cifras en el Códice Mendocino, analizadas por N. Molins i Fàbregas, «El Códice Mendocino y la Economía...», en RMEA, XIII (1952-1953), 2 y 3.

23. Sanders [2:21] 486, da cifras que sugieren que la carne de venado representaba sólo el uno por ciento de la dieta, en comparación con un porcentaje mucho más alto en el pasado (remoto).

24. Oviedo, IV, 248-250, con base en entrevistas, dijo, sin duda erróneamente, que eran «la gente más pobre que hay entre muchas naciones que hasta el presente se saben en estas Indias».

25. Zorita [1:8], 102.

26. Ixtlilxochitl, 204.

27. CF, X, c. 15, 694.

28. CF, IV, c. 4, 551.

29. André Emmerich, *Sweat of the Sun and Tears of the Moon* (Seattle, 1965), XIX.

30. Motolinía [1:1], 212.

31. W. F. Foshag, «Minerological Studies in Guatemalan Jade», Smithsonian Misc. Collection, 135 (Washington, 1957), 5.

32. FC, IV, c. 2, 251-252.

33. CF-G, IV, apéndice, 260; H. B. Nicholson [1:42], 433.

34. Tanto en el Cod. Ram., 64, como en la «Relación de la Genealogía», en *Varias Relaciones de la Nueva España*, ed. Germán Vázquez (Madrid, 1991), 118, se dice que Acampichtli se casó con veinte mujeres mexicanas que eran «nobles, hijas de los señores del territorio... y de ellas descendieron todos los señores», presumiblemente hijas de los señores de los *calpullin*.

35. *Códice matritense de la Real Academia*, VIII, f. 168, citado por León-Portilla, *Cantos y crónicas del México antiguo*, 76.

36. CF-G, X, c. 29, 595.

37. Christian Duverger, *L'Origine des Aztèques* (París, 1987), c. II.

38. Paul Radin («The Sources and Authenticity of the History of the Ancient Mexicans», *University of California Publications in American Archeology*, XVIII (1920), 1.50) y Duverger [2:37], 344, arguyen que Moctezuma I fue el inventor, junto con Tlacaelel.

39. Edward Calnek, «Patterns of Empire Formation...», en Collier y cols. [1:9], 51. Véase Enrique Florescano, en HM, 155 (1990), 101-125 y 607-662.

40. H. B. Nicholson [1:42], 433.

41. Véase el admirable libro de Robert Stevenson *Music in Aztec and Inca territory* (Berkeley, 1968). No se conoce ninguna melodía de la antigüedad.

42. Durán, I, 151.

43. «Los primeros memoriales compilados con cuatro capítulos por Fray Bernardino de Sahagún como fundamento...», ed. Paso y Troncoso (Madrid, 1905), 54 r., cit. Thelma D. Sullivan, «Tlatoani and Tlatocoyotl in the Sahagún manuscripts», ECN, XIV (1980), 225.

44. Durán II, 235.

45. Referente al sacrificio como juego, véase Duverger [1:53], 134.

46. «*Toutes les foys qu'ils gagnoynt quelque bataille, lui sacrifyont le meilleur esclave que prenoynt...*» (*Histoyre du Mechique* [1:53], 14).

47. Miguel León-Portilla, «Tlacaelel y el sistema electoral...», en *Tolteca-*

yótl (México, 1980), 293-299. El Cod. Ram. 325 dice que el emperador «no hacía más que lo que Tlacaelel le aconsejaba».

48.   Durán, II, 171, le llama «audaz y astuto... el más diabólico inventor de prácticas crueles y temible». Pero véase *Tlacaelel*, de Antonio Velasco Piña (México, 1979).

49.   Se trata del Códice Telleriano, citado en *Codex Mendoza* [1:29], I, 37.

50.   Van Zanwijk [Prefacio: 5], 208-220, ofrece un buen análisis. Motolinía, en una carta a Carlos V, habla de que en 1487 fueron sacrificados ochenta mil cuatrocientos (CDI, II, 254). Durán, II, 340, da una cifra similar, basándose en lo que da a entender era lo que ahora se llama la Crónica X. Chimalpahin habla de dieciséis mil zapotecas, veinticuatro tlapanecas, dieciséis mil huexotzincas y veinticuatro mil tzuihcoluacas (*Relaciones originales de Chalco, Amecameque*, México, 1965). Cortés dijo a Carlos V que la cifra era de tres mil a cuatro mil al año (C, 67); Bernal Díaz calculaba dos mil (D del C, II, 455). Sherburne Cook calculó («Human Sacrifice and Warfare...», *Human Biology*, XVIII, mayo de 1946), que si a cada víctima se la liquidaba en dos minutos y que si los sacrificios continuaban cuatro días (con los sacerdotes trabajando por turnos), se habrían podido realizar once mil quinientos veinte sacrificios. Hay que mostrar la misma cautela al citar estas cifras que al hacerlo con las de muertos en combate. Walter Krickeberg, *Altmexanische Kulturen* (1956), 220, sugiere veinte mil. Woodrow Borah, sin duda exagerando, propuso quince mil al año en Tenochtitlan y ciento cincuenta mil para todo México Central. Burr Brundage, *The Jade Steps* (Austin, 1985), 252, sugirió entre cuatro mil y dieciséis mil; Duverger [1:53] 221, parece aceptar cuatro mil.

51.   Tapia, en J. Díaz, y cols., 108-109.

52.   Bernard Ortiz de Montellano, «Counting skulls», *American Anthropologist*, 85 (1983), 403-404. Un conquistador que habló con fray Durán (I, 23) dijo que las cabezas eran tantas que no pudo contarlas.

53.   Durán, II, 300.

54.   FC, II, c. 20. 96-99.

55.   Juan Alberto Román Berreleza, «Offering 48: Child sacrifice», en E. Boone [1:5], 135.

56.   Paul Westheim, *Arte Antiguo de México* (México, 1985), 195.

57.   El tema se estudia en Oswaldo Gonçalves de Lima, *El maguey y el pulque en los códices mexicanos* (México, 1956), 202.

58.   Durán, I, 140-141. Véase Francis Robicsek y Donald M. Hales, «Maya Heart Sacrifice», en *Ritual Human Sacrifice in Mesoamerica*, ed. Elisabeth Hill Boone (Washington, 1984), 40-87.

59.   Durán, II, 341.

CAPÍTULO 3

1.   Véase Geoffrey W. Conrad y Arthur A. Demarest, *Religion and Empire. The Dynamics of Aztec and Inca Expansionism* (Cambridge, 1984), 70; y Warwich Bray, «Civilising the Aztecs», en J. G. Friedman y M. J. Rowlands, *The Evolution of social systems* (Londres, 1977), 373.

2.   También Cacaxtla, entre Tlaxcala y Cholula, a sólo ciento cuarenta kilómetros al este de Tenochtitlan, cuyos hermosos murales se pintaron c. 790 a. J.C.

3.   FC-G, III, c. 1, 191.

4.   René Millon, Bruce Drewitt y George Cowgill, en *Urbanization in Teotihuacan* (Austin, 1973); la edición de Zelia Nuttall de la *Relación de Teotihuacan (Official Reports on the towns of Tequixistlan, Tepechpan, Acolman*

and S. Juan Teotihuacan sent by Francisco de Castañeda to HM Philip II and the Council of the Indies, 1580), Documentos del Peabody Museum, XI, 2 (1926), 68; Enrique Florescano, «Mito e historia en la memoria nahua», HM, 155 (1990), 622.

5. CF-G, VI, c. 9, 320 y c. 15, 340.

6. Miguel León-Portilla (ed.), *Cantos y Crónicas del México Antiguo* (Madrid 1986), 169.

7. CF-G, VI, c. 18, 345.

8. Sanders y cols., [2:21], 82.

9. Durán, II, 226.

10. Sanders y cols. [2:21], 184, sugirieron que la población pudo ser de ciento setenta y cinco mil en el Valle de México, en 1250, y de un millón o un millón doscientos mil en 1519.

11. Inga Clendinnen, *Aztecs* (Cambridge, 1991), 19.

12. Cifras derivadas del Códice Mendocino elaboradas por N. Molins i Fàbrega, «El códice mendocino y la economía de Tenochtitlan», RMEA, XIII (1952-1953), 2-3, 315.

13. Entre los tintes empleados había el rojo de la cochinilla, el almagre y la tierra roja; el azul de la turquesa y el amarillo del ocre amarillo.

14. Hassig, [1:27], 145; D del C, I, 146, 177, daba tres horas con un peso de dos arrobas. Durán, II, 367, habló de «un millón de indios cada ochenta días». Véase Frances Berdan, «Luxury Trade and Tribute», en Boone [1:5], 163.

15. Se han descubierto unos veinte juguetes con ruedas. Véase Duverger [1:53], 162.

16. Francisco Hernández [1:53] describe la producción de papel en Tepotzlán. Véase Von Hagen [1:17], 35-36. Su c. IV sobre el mito de que el papel se hacía con cactos de maguey es revelador. De estos registros, la Matrícula de Tributos (c. 1519) se halla en el Museo Arqueológico, México. Una copia, el *Códice Mendocino*, hecha c. 1454 para el virrey Mendoza, se halla en Oxford. Una tercera prueba se halla en la *Información sobre los tributos que los Indios pagaban a Montezuma*, año 1554, publicada por Frances V. Scholes y Eleanor Adams, en *Documentos para la historia de México colonial* (México, 1957). Véase también R. C. E. Long, «The payment of tribute in the Codex Mendoza», *Notes on Middle American Archeology and Ethnology*, n°. 10 (Washington, 1942); y R. H. Barlow, «The periods of tribute collection in Moctezuma's empire», en n°. 23 (1943).

17. Durán, III, 339.

18. Véase Edward Calnek, que en «The Sahagún texts as a source of sociological information», en *Sixteenth Century Mexico: the works of Sahagún*, ed. Mundo Edmondson (Albuquerque, 1974), 202, indica que podían llegar a decenas de millares a comienzos del siglo XVI.

19. Ixtlilxochitl, *Obras*, II, 127. Debo esta referencia a Nigel Davies [1:24].

20. Durán, II, 214.

21. Patricia Anawalt, «Customs and Control: Aztec sumptuary laws», *Archeology*, 33, I, 33-43, expresa dudas sobre la eficacia de estas normas. Véase J. Durand-Forest, ECN, 7 (1967), 67.

22. Zorita [1:8], 146.

23. Cod. Ram., 120, da las órdenes de Moctezuma.

24. Durán, I, 226.

25. Samuel Ramos, *El perfil del hombre y la cultura en México* (México, 1963), 35; del mismo parecer era Alfonso Caso en *The Aztecs: People of the Sun*, tr. (Norman, 1958), 96-97. Los mexicas, decía, carecían de un ideal progresivo que les hubiera permitido concebir la vida como algo más que la invariable y meticulosa repetición de ceremonias en honor de los dioses.

26. Pudieron haber descendido de mixtecas emigrantes. Véase Donald Robertson, *Mexican Manuscript Painting in the Early Colonial Period* (New Haven, 1959), 138.

27. CF-G, VI, c. 17, 344.

28. Zorita, CDIHE, II, 105; y C. de Molina en *Actas del Cabildo de México*, 54 vols., 1889-1916, XXIII, 144-145, cit. Gibson [2:15], 221.

29. Van Zantwijk [Prefacio: 5], 27.

30. Frances Berdan, *The Aztecs of Central Mexico* (Nueva York, 1982), 41. Véase Fred Hicks, «Mayeque y calpuleque en el sistema de clases...», en Pedro Carrasco y Johanna Broda, *Estratificación social en Mesoamérica* (México, 1976), 67; y Pedro Carrasco, «Los Mayeques», en HM, 153 (1989), 121-161.

31. Sebastián Ramírez de Fuenleal, presidente de la Audiencia (1532), en CDIHE, XIII, 256.

32. Yoloti González Torres, «La esclavitud entre los Mexica», en Carrasco y Broda [3:30], 75, resume estas controversias.

33. FC, XI, 270. Este pasaje se deriva del CF, libro XI, que no fue traducido por Sahagún. El náhuatl puede leerse en la traducción al inglés de Diblle y Anderson, XI, 270, nº. 70. Martyr (Madrid, 1989), 15.

34. CF, VI, c. 14, 333-334 y c. 4, 226-227.

35. Temozozoc [1:18], 117-121; sobre esta disputa, véase el brillante aunque negativo libro de R. C. Padden *The Hummingbird and the Hawk* (Nueva York, 1967), 78.

36. Los generales victoriosos recibían una parte del impuesto sobre lo que se vendía en la zona del mercado que se les asignaba. Esto era evidentemente una afirmación de la perdida Crónica X, como lo argumentó R. H. Barlow en RMEA, VII (1945), 1, 2 y 3. Véase también Barlow, «Tlatelolco como tributario de la Triple Alianza», en *Tlatelolco a través de los tiempos* (México, 1945), IV, 20-34.

37. La palabra «tarasco» era una adaptación española de un término purépecha. Véase *Rel. de Michoacan*, y J. Benedict Warren, *La conquista de Michoacan* (Norman 1985), c. I. Para la campaña, véase Hassig [1:23], 186-187.

38. Esto era una frase de la Crónica X, citada por Durán, II, 284.

39. Los mexicas, texcocas y hasta los tlaxcaltecas se consideraban chichimecas en origen. Se llamaban así en estilo heroico, pero a comienzos del siglo XVI ya no lo eran.

40. Durán, II, 359; Hassig [1:23], 119.

41. Durán, II, 236.

42. Fred Hicks, «Flowery War in Aztec History», *The American Ethnologist*, febrero de 1979. Nigel Davies, en *The Aztec Empire* (Norman, 1987), 238, señala que algo similar ocurría en Papuasia, Borneo y hasta Nueva Zelanda: guerra para conseguir cabezas y no territorio.

43. Se decía que tuvo muchos amantes, a los que mataba después de que le hicieran el amor. Mandaba hacer estatuas de esos amantes y las vestía lujosamente. Un día regaló indiscretamente a un amante una joya que le había dado Nezahualpilli. Éste llegó una noche, inopinadamente, a sus estancias, la halló en compañía de tres hombres, vio la joya y las estatuas y mandó ejecutar a los cuatro. (Ixtlilxochitl, 195.)

44. Ixtlilxochitl, 218-219.

CAPÍTULO 4

1. Cortés halló a una mujer jamaicana en 1519 en Cozumel. Véase c. 12.

2. Fray Toribio Motolinía, *Memoriales*, ed. E. O'Gorman (México, 1971), 115; G, 313.

3. Motolinía en García Icazbalceta, I, 65.

4. CF-G, V, 294.

5. «*Tuvo noticia de la llegada de cristianos por mercaderes que habían estado en las ferias de esas costas*», Fernando Alva Ixtlixochitl, *Decimotercia relación* (México, 1938), 7.

6. Para esas colonias véase c. 5. Véase también Ryszard Tomicki, «Las profecías aztecas de los principios del siglo XVI y los contactos maya-españoles...» (*Xochipilli*, Madrid, 1986, 1).

7. CF-G, V, 293 y XII, c. 1, 723.

8. Estos portentos aparecen, en una u otra forma, en la mayor parte de los relatos del siglo XVI, por ejemplo, CF-G, XII, c. 1, 723-724; *Historia de los mexicanos por sus pinturas* [1:47], 254; Camargo [1:13], 179-183; Domingo... Chimalpahin, *Séptima relación*, tr. Rémi Siméon (París, 1889), 181; Cod. Ram., 128; *Códice Aubin* (Códice de 1576), ed. Charles Dibble (Madrid, 1963); Torquemada [1:24], I, 324. Esta última obra habla de las visiones de la princesa Papantzlin, hermana del emperador, que regresó sobrecogida de los muertos, aterrada porque había visto a españoles en el infierno.

9. *Rel. de Michoacan*, 231-236; Camargo [1-13], 183-184; véase Diego Landa, *Relación de Yucatan*, ed. A. M. Tozzer (Cambridge, Mass., 1941), 42-43, especialmente n.º 214.

10. Durán, II, 459. Igual relato en Cod. Ram., 126.

11. Ixtlilxochitl, 212-213.

12. Durán, II, 459.

13. CF, V, c. 6, 318. Véase Ignacio Romerovargas, *Moctezuma el magnífico* (México, 1963, 3 vols.), I, 141, para sugestiones de tres eclipses de sol, nueve cometas y varias auroras boreales durante el reinado de Moctezuma II.

14. Francesco Flora y Carlo Cordiè, *Tutte le Opere di Niccolò Machiavelli* (Milán, 1949), I, 214.

15. Jacob Burckhardt, *La cultura del Renacimiento en Italia* (Barcelona, 1985).

16. Montaigne, *Oeuvres complètes* (París, 1962), 690.

17. Esta interpretación fue seguida con éxito por Felipe Fernández Armesto, en «Aztec auguries and memories of the conquest of Mexico», en *Renaissance Studies*, 6 (1992), 287-305. Señala los «rayos sin ruido», la luz y las carrozas en el cielo, los prodigios, las mujeres frenéticas en Lucano, en Josefo, en Plutarco, muchas de cuyas obras, indica, estaban ya en los años 1540 en la biblioteca de Santa Cruz de Tlateloco. Josefo era especialmente popular. (Roma, 1900.) Véase también Tzvetan Todorov, *La conquête de l'Amérique* (París, 1982), 97, que sugiere que, en la América de fines del siglo XVI, el presente sólo podía hacerse comprensible si se estaba seguro de que había sido predicho.

18. M. Minnaert, *The Nature of Light and Colour in the Open Air* (Nueva York, 1954). México está dentro de la zona de la aurora boreal.

19. *Códice Vaticano A* para 1489; A. Aveni, *Skywatchers of Ancient Mexico* (Austin, 1980), 26, y CF-G, VIII, c. 1, 449 para 1496; en cuanto a 1506, Lorenzo Galíndez de Carvajal, *Anales Breves del reynado...*, en CDIHE, XVIII, 316, y D. K. Yeomans, *Comets: a Chronological History of Observation, Science and Folklore* (Wiley, 1991), apéndice.

20. Aveni [4:19], 96.

21. Tezozomoc [1:19]; Davies [1:24], 127, advierte que «no es posible decir con certeza si Moctezuma subió al trono en 1501, 1502 o 1503».

22. Aguilar, en J. Díaz y cols., 181; Cod. Ram., 118.

23. Cod. Ram., 121; Codex Mendoza [1:29], I, 41; Durán, II, 407.

24. Así lo dice Sahagún refiriéndose a la reacción con ocasión de su entierro; Durán, loc. cit, escribió que «era el mayor carnicero que haya habido».

725

25. CF-G, VIII, c. 14, 466.

26. Así se lo dijo a Cortés (Gerónimo López, en *Epistolario*, X, 168).

27. Lo analiza Aveni [4:19].

28. Durán, II, 398, 414, sobre los que le eligieron.

29. Trescientos o cuatrocientos, según Cortés (C, 140), aunque las cifras de ese caudillo son fantasiosas.

30. Códice Mendocino [1:29)] II, 69.

31. Chimalpahin [4:8], 225; Tezozomoc [1:18], 125, 151.

32. Tezozomoc [1:18], 149-158, da los nombres de diecinueve hijos (y descendientes). Oviedo, IV, 262, indica que oyó hablar de ciento cincuenta. Véase Luis Cuesta y Jaime Delgado, «Pleitos cortesianos en la Biblioteca Nacional», R de I, enero-junio 1948, donde se hace referencia a los principales hijos. Juan Cano insistió en que su esposa Tecuichpo, «hija favorita» de Moctezuma (véase epílogo), era la heredera del emperador, sin duda por sus propias razones legales.

33. Véase C, 112; D del C, I, 322-329; CFG II, apéndice, 159; *El Conquistador Anónimo*, en García Icazbalceta, II, 382; Miguel León-Portilla, *Crónicas indígenas. La visión de los vencidos* (Madrid, 1985), 76; véase también Davies [1:23], 206-237.

34. CF, IX, c. 19, 663.

35. Esther Pasztory, *Aztec Art* (Nueva York, 1984), estudio admirable.

36. Durán, II, 439, recuerda haber visto en las calles, en los años 1550, restos de estos ídolos.

37. Tezozomoc [1:19], 682. Tezozomoc era hijo de Francisca Moctezuma, hija de Moctezuma II, y de Diego Huantzin, sobrino del último emperador. Nació alrededor de 1525 y conservaba los documentos de su familia que pudieron salvarse del cerco de Tenochtitlan.

38. Otra versión de esto es que el mayordomo supo lo que decía este confidente por medio de alguien que le escuchó a escondidas.

39. *Historia... por sus pinturas* [1:47], 254.

40. Este nigromántico era Martín Ocelotl, que después de la conquista enriqueció. Bautizado en 1526, los españoles le achacaron, con su hermano, el encabezar un movimiento contra la cristiandad. Le acusaron, en su juicio, en 1536, de haberse vanagloriado de que Moctezuma había ordenado que le cortaran a pedazos, pero que sobrevivió mágicamente entero. En 1537 la Inquisición le sentenció a prisión en Sevilla, pero su buque naufragó en ruta hacia España. Véase Luis González Obregón, «Procesos de indios idólatras y hechiceros», en *Publicaciones del Archivo General de la Nación*, 3 (1912), 17-35; y para un comentario, Jorge Klor de Alva, «Martín Ocelotl: clandestine cult leader», en D. G. Sweet y Gary B. Nash, *Struggle and Survival in Colonial America* (Berkeley, 1981).

41. Tezozomoc [1:19], 684.

42. Durán, II, 500.

43. Durán, II, 485.

44. R. H. Barlow [1:11], 91, n.º 1; Tezozomoc [1:19], 684, n. Probablemente se hallaba donde está ahora Boca del Río.

45. Tezozomoc [1:19], 684; Durán, II, 506; CF-G, XII, c. 2, 760.

46. Tezozomoc [1:19], 684-685; Durán, II, 505-507. León-Portilla 17, cit. Tezozomoc, que a su vez deriva del Códice X.

47. Tezozomoc [1:19], n.º 585. Lo que sigue se deriva también de Durán (que empleó la misma Crónica X), II, 507, y CF-G, XII, c. 2, 760. He supuesto que lo que Tezozomoc dijo que sucedió ahora, sucedió un año después.

48. CF-G, XII, c. 2, 761.

49. CF, XII, c. 2, 952.

50. Véase el abanderado de piedra, con seis vueltas de collar alrededor de su cuello, en el Museo de Antropología de México.

726

51. La mayor parte de esto procede de Durán, II, 507, pero Tezozomoc cuenta lo mismo.

52. CF, XII, c. 2, 952-953.

53. Durán, II, 267.

54. CF, XII, c. 3, 953; Cod. Ram., 131; Sahagún de Cline, 37. Durán, II, 507, dice que, ya para entonces, Moctezuma empezó a pensar que el forastero podía ser un dios, especialmente el dios Quetzalcóatl. Véase c. 14.

55. Todorov [4:17], 112.

56. Durán, II, 514-515.

CAPÍTULO 5

1. *Cancionero Juan del Encina*, Salamanca, 20 de junio de 1496, ed. E. Cotarelo (Madrid, 1928).

2. Hassig [1:27], 57. Para la vela véase c. 7. *Canoa* era una palabra caribe como lo eran *pulque, cacique, maguey* y *maíz*.

3. Durán, II, 128.

4. Véase S. K. Lothrop, *Archeology of Southern Veragua, Panama*, Peabody Museu, Memoirs, IX, n.º 3, 1958; y Doris Stone, *Introduction to the Archeology of Costa Rica* (San José, 1958).

5. Emmerich [2:29], 145.

6. Graulich [1;42], 68-69; Pasztory [4:35], 102.

7. Las Casas, III, 173; Carl Sauer, *The Early Spanish Main* (Berkeley, 1966), 212.

8. CDI, XI, 418. Stevenson [2:41] cree que el *teponaztli* llegó hasta La Española.

9. Irving Rouse, *The Tainos* (New Haven, 1992), 56-57.

10. En inglés se llamaron *turkeys* porque se importaron primero a España y luego a Inglaterra en una época en que se suponía que la tierra firme americana estaba frente a la costa asiática. Cf. *granturco*, el nombre italiano para el maíz, consecuencia de un error similar. Véase Hugh Honour, *The New Golden Land* (Londres, 1975), 39.

11. Cristóbal Colón, *Textos y documentos completos*, intr. Consuelo Varela (Madrid, 1982), 293; Fernando Colón, *The Life of the Admiral Christopher Columbus* (tr. Benjamin Keen, New Brunswick, 1992), 131; para la identificación del lugar, véase Mauricio Obregón, *Colón en el mar de los Caribes* (Bogotá, 1992), 235-236.

12. Ramón Ezquerra, «El viaje de Pinzón y Solís al Yucatan», en R de I, XXX (1970), 217-238. Pueden hallarse documentos relacionados con este viaje en CDI XXII, 5-13, y XXXVI, 210-221.

13. Ponce de León procedía de una familia sevillana, pero nació en Santervás de Campos, en la actual provincia de Valladolid. Era probablemente uno de los veintiún hijos naturales del conde Juan Ponce de León, y, por tanto, hermanastro del también ilegítimo marqués de Cádiz («el Ulises de la guerra contra Granada»). Véase V. Murga Sanz, *Juan Ponce de León* (San Juan, 1971), 23. Giménez Fernández [6:19], I, 84, n.º 247, ofrece una visión menos espectacular de los antepasados de Ponce de León. Uno de los hijos que tuvo con Beatriz de Luna sería compañero de Cortés, Juan González (Ponce) de León, para cuya vida véase AGI, México, leg. 203, n.º 19. Para el viaje, véase S. E. Morison, *The European Discovery of America: The Southern Voyages, AD 1492-1616* (Nueva York, 1974), y la excelente «Historia del descubrimiento de la Florida o Beimeino y Yucatán», de Aurelio Tío, en *Boletín de la Academia Puertorriqueña de la Historia*, II (8) (1972), 81-82. Tío argumentó que, como resultado de este viaje, Moctezuma tuvo la primera noticia de los castellanos.

14. Michael Closs, «New Information on the European Discovery of Yucatan», *American Antiquity*, 41, (1976), 192-195.

15. Martyr, I, 400 (carta al papa León X).

16. Peter Boyd-Bowman estimó que de los emigrantes españoles al Nuevo Mundo, entre 1505 y 1518, el 40 por ciento eran andaluces, el 18 por ciento de Castilla la Vieja, el 14 por ciento de Extremadura, el 8 por ciento de Castilla la Nueva, el 7 por ciento de León, y el 6 por ciento portugueses o vascos (*Índice Geobiográfico de más de 56 mil pobladores de América en el siglo XVI*, México, 1985). Pieter Jacobs Auke señala que ni Boyd-Bowman, ni Bermúdez Plata ni Chaunu toman en cuenta los viajes ilegales y tráfico desde otras ciudades que no fueran Sevilla; a comienzos del siglo XVI hubo un goteo de emigración desde La Coruña, Bayona (Galicia), Avilés, Laredo, Bilbao, San Sebastián, Cartagena, Málaga y Cádiz. José Luis Martínez, con los mismos porcentajes de Boyd-Bowman, estimó el total de la emigración española a las Indias, entre 1493 y 1519, en cinco mil cuatrocientos ochenta y una personas, de las cuales dos mil ciento setenta y dos de Andalucía, novecientos ochenta y siete de Castilla la Vieja y setecientos sesenta y nueve de Extremadura (*Pasajeros de Indias*, México, 1984).

17. Marie-Claude Gerbet, *La noblesse dans le royaume de Castille* (París, 1979), 367, indica que de los trescientos cincuenta y tres extremeños que marcharon a las Indias, entre 1509 y 1518, treinta y dos (el 9 por ciento) eran hidalgos.

18. Luis Arranza, *Emigración española a Indias* (Santo Domingo, 1979).

19. De Diego de Ordás a Francisco Verdugo, el 23 de agosto de 1529, AGI, Justicia, leg. 712, cit. Enrique Otte, «Nueve cartas de Diego de Ordaz», en HM, 53 y 54, V, XIV, julio-setiembre y octubre-diciembre de 1964, 115; Francesco Guicciardini en *Viajes de extranjeros por España y Portugal* (Madrid, 1952), 614.

20. Las Casas, III.

21. Once ducados era la tasa en 1506; equivalentes a cuatro mil ciento veinticinco maravedís, o sea, los ingresos de un año de un obrero no especializado en, pongamos por caso, un taller de Sevilla.

22. Marcel Bataillon, *Erasme et Espagne* (París, 1937), 65, n.º 1.

23. Carta del juez Zuazo al rey, 2 de enero de 1518 (CDI, I, 292). Jocelyn Hillgarth, *The Spanish Kingdoms, 1250-1516* (2 vols., Oxford, 1976), II, 424.

24. En Jehan Waquelin, *Histoire du bon roy Alexandre* (París, escrita c. 1448). Las verdaderas hazañas de Alejandro fueron eclipsadas por la leyenda. Véase J. Huizinga, *The Waning of the Middle Ages* (Londres, 1924), y *Circa 1492* (Washington, 1991), 122. Para una visión general véase Bartolomé Bennassar, *Inquisición española. Poder político y control social* (Barcelona, 1981), especialmente 17-21, en lo referente a cifras. Quienes comparan la Inquisición con los sacrificios en México han de recordar que el polémico historiador Llorente calculó que las personas muertas en la hoguera, entre 1479 y 1820 fueron treinta y una mil novecientas doce, y que esta cifra se considera exagerada por los historiadores modernos.

25. El primer libro impreso en España describía un sínodo en la diócesis de Segovia. Fue impreso por Juan Parix de Heidelberg, para el obispo Juan Arias Ávila, en 1472.

26. Huizinga, refiriéndose a cualquier libro impreso, en *Erasmus of Rotterdam* (Londres, 1924), 65. Véase también Irving Leonard, *Books of the Brave* (Nueva York, 1964).

27. Juan Aguilar, en J. Díaz y cols., 204.

28. Bataillon [5:23] escribió sobre los *Proverbios* de Santillana: «Pocos libros eran tan populares en España cuando Erasmo publicó en Venecia su

antología de citas...» Para las fechas de publicación, véase el *Catálogo de incunables* (Madrid, 1988-1990).

29.   Julio Valdeón Baruque, «España en vísperas del descubrimiento», *Historia 16*, 1989, 26. Para López, véase *Publicaciones del Archivo General de la Nación*, XII (México, 1927), 328.

30.   *Poema de Mio Cid*.

31.   *Amadís de Gaula*.

32.   J. Huizinga [5:25], 19.

33.   Varela, ed. [5:12], 302.

34.   Recordado en 1536 por Fernán Yáñez de Montiel, de Huelva, en Juan Gil, *Mitos y Utopías del Descubrimiento* (Sevilla, 1989), I, 47.

35.   Víctor Pradera, *El Estado Nuevo* (Madrid, 1941), 276.

36.   Antoine de Lalaing, «Primer viaje de Felipe el Hermoso», en *Viajes* [5:20], 483.

37.   Pierre y Juliette Chaunu contaron ciento ochenta y seis buques rumbo a Santo Domingo, doce a Puerto Rico y catorce a Cuba, *Séville et l'Atlantique, 1504-1660* (París, 1956, 10 vols.), 12, 101.

38.   Martyr, 103-104. Pese a Irving Rouse, *The Tainos* (New Haven, 1992), el estudio más completo sigue siendo el de S. Loven, *Origin of the Tainan Culture* (Göteborg, 1935). Véase también Rouse y José Juan Arrom, «The Tainos», en *Circa 1492* (Washington, 1992), 509-513.; y *La cultura taina* (Madrid, 1991).

39.   El mejor estudio de la expedición de Ovando es el de J. Pérez de Tudela, *Las Armadas de Indias y los orígenes de la política de colonización, 1492-1505* (Madrid, 1956), 192 y ss.

40.   Véase Ursula Lamb, *Fray Nicolás de Ovando, Gobernador de las Indias* (Madrid, 1956), 27; también Robert S. Chamberlain, *The Castilian Background of the repartimiento-encomienda* (Carnegie Institution, Washington, 1939), 39.

41.   Oviedo, II, 103; Las Casas, II, 27.

42.   Luis Arranz, *Don Diego Colón* (Madrid, 1982), I, 111.

43.   Cit. en Morison [5:14], 157.

44.   Esto era en tiempos del repartimiento de 1513. Véase CDI, I, 50-236. El volumen de la población de la Hispaniola en 1492 es una cuestión controvertida. He adoptado la modesta estimación de Angel Rosenblat en, por ejemplo, *The Native Population of the Americas in 1492*, ed. William M. Denevan (Madison, 1976), 48-49. Como Rosenblat, acepto que hubo un desastre demográfico, pero no creo que fuera en la escala a veces sugerida. Charles Verlinden, «Le Repartimiento de Rodrigo de Albuquerque à Hispaniola en 1514», en *Mélanges offerts à G. Jacquemyns* (Bruselas, 1968), sugirió de cincuenta y cinco mil a sesenta mil. Frank Moya Pons, «Datos para el estudio de la demografía aborigen en Santo Domingo», en *Estudios sobre política indigenista española en América* (Valladolid, 177), III, 15-18, habla en términos de cuatrocientos mil. El examen de la cuestión por Arranz en *Repartimiento y encomiendas en la Isla Española* (Madrid, 1991), 30-64, resulta convincente. Rouse elude cualquier cifra. Las Casas (en numerosas citas, véase Rosenblat, op. cit., 48-49) habla de una población de tres millones, en 1492, en la Hispaniola. Oviedo creía que era de un millón, como lo hace Zamardino en HAHR, 58 (4) (1978), 700-712. El juez Zuazo daba un millón cuatrocientos treinta mil. Pierre Chaunu, «La population de l'Amérique Indienne», en *Revue Historique* (julio-setiembre 1969), da tres millones. S. Cook y W. Borah, *Essays in Population History, Mexico and the Caribbean, Vol. I* (Berkeley, 1971), 408, se permitieron, no sin grave riesgo para su reputación, hablar de siete u ocho millones. Un excelente estudio de David Henige, «On the contact population of the Hispaniola. History as Higher Mathematics», HAHR, 58 (2) (1978), 217-237, descarta a Cook y Borah, y concluye que «es fútil ofrecer cualquier estimación numérica en base a la

información de que disponemos». La mayoría de los historiadores de la demografía han pasado por alto los archivos españoles utilizados por Arranz.
45. Rouse [5:39], 161.
46. José María Pérez Cabrera, «The Circumnavigation of Cuba by Ocampo», en HAHR, 18 (1938), 101-105.
47. Sauer [5:8], 189.
48. Martyr, II, 52.
49. Juan Ginés de Sepúlveda, *De Orbe Novo (Historia del Nuevo Mundo)* (Madrid, 1987), 80 (era el historiador oficial de Carlos V); I. A. Wright, *The Early History of Cuba* (Nueva York, 1916), 15.
50. Estos indios importados no eran legalmente esclavos, sino sirvientes permanentes, *naborías perpetuas*, a diferencia de los indígenas de La Española, que se suponía que debían trabajar dos tercios del tiempo.
51. Alfonso de Zuazo al príncipe de Croy (Chièvres), el 22 de enero de 1518, en CID, I, 316: «E pidióles que le diesen oro, si no que los quemaría ó los apperearía...»
52. Giménez Fernández caracteriza el lugar en aquellos días como de «transpersonalismo totalitario» en política, «regalismo cesaropapista» en religión, y corrupción total en la vida económica.
53. *Brevísima Relación de la Destruyción de las Indias,* ed. José Alcina Franch, en *Las Casas, Obra Indigenista* (Madrid, 1982). Se escribió en 1542 para informar al futuro Felipe II.

CAPÍTULO 6

1. Felipe Fernández-Armesto, *Columbus* (Oxford, 1992), 153.
2. Las Casas, I, 318-319; II, 383-385.
3. Cit. en Lewis Hanke, *The Spanish Struggle for Justice in the Conquest of America* (Filadelfia, 1949), 27.
4. Eloy Bullón Fernández, *Un colaborador de los Reyes Católicos: el doctor Palacios Rubios* (Madrid, 1927), 121.
5. Aristóteles, Libro IB en la edición de Ernest Baker (Oxford, 1946), 11-18.
6. Juan López de Palacios Rubios, *De las islas del mar,* ed. Silvio Zabala y Agustín Millares Carlo (México, 1954), cit. D. A. Brading, *The First America* (Cambridge, 1991), 80.
7. L. B. Simpson reproduce el texto en *The Encomienda in New Spain* (Berkeley, 1929).
8. Hanke [6:3], 23.
9. Bullón [6:4], 136.
10. La burla de Palacios Rubios fue señalada por Oviedo (III, 31-33), que habló con él en 1516.
11. Las Casas, III, 581.
12. Martín F. de Enciso, *Suma de Geografía* (Sevilla, 1519), V. Esto era cuando había estado con Pedrarias en 1515. Véase María del Carmen Mena García, *Pedrarias Dávila o «la ira de Dios»* (Sevilla, 1992), 65.
13. Mena García [6:12], 43. El primer *Requerimiento* se halla en AGI, Panamá, leg. 233, lib. 1, 49-50. Hay varias traducciones al inglés, por ejemplo en *Documents of West Indian History, 1492-1655,* ed. Eric Williams (Trinidad, 1963), 59-61.
14. Claudio Guillén, «Un padrón de conversos sevillanos (1510)», en *Bulletin Hispanique,* LXV (1963), 79; Américo Castro, *De la edad conflictiva* (México, 1961), 264; y Francisco Morales Padrón, *Historia de Sevilla* (Sevilla, 1989), 99. Rafael Sánchez Saus, *Caballería y linaje en la Sevilla medieval* (Cádiz, 1989),

137, sugiere un origen francés. Pero un buen medio de disfrazar los antecedentes familiares consistía en atribuir a la familia raíces extranjeras. A fines del siglo XVII, un monje preguntó en España a un muchacho cómo se llamaba, y la respuesta fue: «En casa, Abraham, padre. Fuera de casa, Francisquito».

15. Fray A. de Remesal, *Historia general de las Indias Occidentales*, BAE, (Madrid), I (1964), 142.

16. Raymond Marcus, «El primer decenio de Las Casas en el Nuevo Mundo», *Ibero-Amerikanische Archiv*, V, 21, N. F., 1977, 107.

17. Alcina Franch [5:54], 149.

18. Las Casas, II, 495.

19. Las Casas, III, 58-61; Manuel Giménez Fernández, *Bartolomé de Las Casas* (Sevilla, 1953 y 1960, 2 vols.), I, 51, una obra maestra a la que debo mucho.

20. Las Casas, III, 90.

21. No hay ninguna biografía moderna de Cisneros. Pero véase Rosario Díez del Corral Garnica, *Arquitectura y mecenazgo. La imagen de Toledo en el Renacimiento* (Madrid, 1987), 60-77.

22. Las Casas, III, 90.

23. Giménez Fernández [6:19], II, 553.

24. Wright [5:50], 70.

25. Las Casas, III, 89-97. Simpson [6:7], 191-205, reproduce las instrucciones de Cisneros a los priores. Figueroa era prior de La Mejorada, cerca de Olmedo (Valladolid), lugar favorito de descanso de la reina Isabel; Manzanedo era prior de Monte Marta (Zamora); Santo Domingo era prior de San Juan de Ortega (Burgos), Salvatierra era amigo de Figueroa, y Zuazo era un protegido de Palacio Rubios. En la Universidad de Valladolid figura Pardiñas, cerca de Segovia, como lugar de nacimiento de Zuazo. Véase Ana Gimeno Gómez, «Los proyectos de Alonso de Zuazo en búsqueda del estrecho», *Actas del Congreso de Historia del Descubrimiento* (Madrid, 1992), 4 vols.

26. Zuazo al emperador, el 22 de enero de 1518, CID, I, 310.

27. Véase su investigación sobre los colonos más importantes en CDI, XXIV, 201-229; y Emilio Rodríguez Demorizi, *Los Dominicanos y las encomiendas de la Isla Española* (Santo Domingo, 1971), 273-354.

28. Sus informes se hallan en CDI, I, 347-370, y XXXIV, 279-286. Una carta de Manzanedo a Carlos V se halla en Manuel Serrano y Sanz, *Orígenes de la dominación española en América* (Madrid, 1918), 567-575.

29. Zuazo [6:26], 312.

30. Más tarde se interesó por las perlas y el tráfico de esclavos; Pasamonte a Carlos V, el 10 de julio de 1517, en Serrano y Sanz [6:28], 558.

31. Rosenblat, en Denevan [5:45], 56.

32. Serrano y Sanz [6:28], 567-575.

33. Las Casas, II, 449.

34. Galíndez de Carvajal, CDIHE, XVIII, 384-385. Para la familia Velázquez (con la que estaban emparentados los Loyola a través de los Velascos), véase Caro Lynn, *A College Professor of the Renaissance* (Chicago, 1937), 225-226, y Alonso de Santa Cruz, *Crónica de Carlos V* (Madrid, 1922-1925), II, 126. Para el infante Juan, véase Oviedo, *Libro de Cámara del Príncipe Don Juan* (Madrid, 1870). Para los años que san Ignacio pasó con Velázquez en Arévalo, véase Leonard V. Matt y Hugo Rattner, *St. Ignatius of Loyola* (Londres, 1956), 9-10. Juan Velázquez resistió, con las armas, la concesión de Arévalo, Madrigal y Olmedo a la madrastra del rey, Germaine de Foix. Para Sancho Velázquez, véase José Antonio Escudero, «Los orígenes de la Suprema Inquisición», en A. Alcalá y col., *Inquisición española y mentalidad inquisitorial* (Barcelona, 1984), 100.

35. Balbino Velasco Bayón, *Historia de Cuéllar* (Segovia, 1974).

36. No pudo haber servido en Nápoles, como sugirió Gonzalo de la Torre de Trasierra en *Cuéllar* (Madrid, 1896), 2.ª parte, 217.

37. Oviedo, II, 112.

38. Las Casas, II, 168-169.

39. Las Casas, II, 452.

40. Levi Marrero, *Cuba, economía y sociedad* (San Juan, 1972), 30.

41. Las Casas, III, 470.

42. Para la población indígena véase Marrero [6:40], 56. Una cifra prudente puede ser la de sesenta mil. Las Casas iba con Narváez en este viaje, al parecer como soldado de infantería, y dejó un relato del mismo en III, 486-487. Escribió que un colono le explicó que sólo uno de cada diez cubanos sobrevivió después de tres meses. Esto es característico de su modo de manejar las cifras.

43. Baracoa, Santiago de Cuba, San Cristóbal de La Habana (a lo primero en la costa sur y no en la norte), Trinidad, Sancti Spiriti, San Salvador de Bayamo y Puerto Príncipe. Este último lugar fue luego trasladado de la costa al interior, donde está ahora, y se le cambió el nombre por el de Camagüey. Había también un poblado en Zagua (Cienfuegos).

44. «Relación de Alonso de Parada en 1527», en CDI, XL, 265.

45. Inf. de 1521, en Polavieja, 304. Era un mal juez de buena conducta.

46. Las Casas, II, 450. En los juicios de residencia contra él, después de su muerte, se le acusó de haber permitido que se le ofrecieran banquetes demasiado lujosos: véase AGI, Justicia, leg. 49, f. 112.

47. Las Casas, II, 476.

48. CDIHE, I, 196-200; véase también Ruth Pike, *Entreprise and Adventure* (Ithaca, 1966), 103.

49. François Chevalier, *Le Tabac* (París, 1948).

50. Para esta corte, véase Gabriel Maura, *El príncipe que murió de amor* (Madrid, 1953). Una instrucción real de 1516 ordenaba a Cuéllar y a su colega Andrés de Haro que entregaran el oro que tenían bajo su control. (AGI, Indif. Gen., leg. 419, lib. 6, f. 30, cit. en Giménez Fernández [6:19], I, 487). Para los excesos sexuales del infante, véase la carta de Carlos V a Felipe II, en 1542, en Karl Brandi, *The Emperor Charles V* (tr. Londres, 1949).

51. Las Casas, II, 475.

52. Las Casas, II, 476, lo describe como de sólo un codo de talla, pero muy sensato y silencioso, y que escribía bien. Para Duero, véase AGI, Indif. Gen., leg. 419, lib. 8, ff. 36v-37, y lib. 10, f. 289.

53. Véase mapa al final de la *Historia de Cuéllar*, de Velasco [6:35].

54. El repartimiento de Velázquez y quienes se beneficiaron con él está en *Epistolario*, II, 128-131.

55. La solicitud de traer a tres esclavos fue concedida el 22 de marzo de 1518. Véase *Epistolario*, I, 36.

56. El tenor de este comercio puede verse en las cartas de Hernando de Castro a Antonio de Nebreda, publicadas por Enrique Otte en «Mercaderes burgaleses en los inicios del comercio con México», HM, julio-setiembre de 1968.

57. Fr. Mariano Cuevas, ed., *Cartas y otros documentos de Hernán Cortés nuevamente descubiertos en el Archivo General de Indias* (Sevilla, 1915), 330; véase «Relación de... Parada» [6:44], 260.

58. Colón y Garay casaron con dos de tres hermanas, Felipa y Ana. Una tercera hermana, Briolanja, se casó primero con Miguel Moliart, un valenciano, y luego con un florentino, Francesco de Bardi.

59. Giménez Fernández [6:19], II, 316.

60. Para la familia Esquivel, véase Sánchez Saus [6:14], 167-176.

61. Martyr, II, 324, 346-348; Las Casas, III, 207. Para Garay véase Francisco Morales Padrón, *Jamaica Española* (Sevilla, 1952), 94-101.

62. Morison [5:14], 505, lo describe como joven, valiente y emprendedor, pero Las Casas le llamó el más brutal de todos los conquistadores. Y no era muy joven.

63. Oviedo, II, 103.

64. Sancho Velázquez procedía de Olmedo o de Arévalo, no lejos de Cuéllar, y su padre se llamaba Diego (monseñor Murga Sanz: *Historia Documental de Puerto Rico. Juicio de Residencia de Sancho Velázquez... 1519-1520*. Sevilla, 1957, XCVIII).

65. Carta de Núñez de Balboa, del 20 de enero de 1513, en Ángel de Altolaguirre, *Vasco de Balboa* (Madrid, 1914), 19. Véase también Demetrio Ramos, «Castilla del Oro, el primer nombre dado oficialmente al continente americano», AEA, XXXVII, 5-67.

66. Véase tabla en Edward Cooper, *Castillos señoriales en la Corona de Castilla* (2.ª ed., Salamanca, 1991, 2 vols.), II, 1034.

67. Su partida de Sevilla fue descrita por Alonso de Zuazo en una carta a Croy (Chèvres), de enero de 1517, cit. Sauer [5:8], 248-249.

68. Las Casas, II, 565.

69. Este conquistador remeda, pues, las acciones de Giovanni Maria Visconti, que también era «famoso por sus perros», no para cazar, sino para despedazar a seres humanos.

70. Zuazo [6:26].

71. Véase David Radell, «The Indian Slave Trade and Population of Nicaragua in the Sixteenth Century», en Denevan [5:45], 67.

72. Hanke [6:3], 9.

73. Mariano Alcocer Martínez, *Don Juan Rodríguez de Fonseca* (Valladolid, 1926), y Adelaida Sagarra Gamazo, «La formación política de Juan Rodríguez de Fonseca», en *Actas del Congreso...* [6:25], I, 611-642.

74. Martyr, I, 67.

75. Tomás Teresa León, «El obispo don Juan Rodríguez de Fonseca, diplomático, mecenas y ministro de las Indias», *Hispania Sacra*, 13 (1960), 251.

76. Teresa Jiménez Calvente, «Elio Antonio de Nebrija», *Historia 16*, (1992), 132.

77. Las Casas, III, 272.

78. «Consigue la recompensa por decirle la buena nueva al doctor Matienzo que en su abadía hay oro», fue el consejo de Hernando de Castro en una carta a Alonso de Nebreda, Santiago de Cuba, el 31 de agosto de 1520, en Otte [6:56], 123.

79. Ernest Schäfer, *El consejo real y supremo de las Indias* (Sevilla, 1935, 2 vols.), I, 18-19; también John Parry, *The Spanish Seaborne Empire* (Londres, 1966), 57.

80. Por ejemplo, Juan de Flandes y Michael Zittow (de Estonia). Véase Teresa León [6:75], 276-284; también *Reyes y Mecenas* (Toledo, 1992), 324-329.

81. Demetrio Ramos en «El problema de la fundación del Real Consejo de Indias y la fecha de su creación», en *El Consejo de Indias en el siglo XVI* (Valladolid, 1970), 11-48, advierte que no debe pensarse que este Consejo estuviera ya formado en 1519. Señala que no tuvo oficinas en Valladolid hasta 1524. Pero hay referencias anteriores. Así, una carta del rey del 10 de setiembre de 1521 (firmada por Fonseca, Luis Zapata y Pedro de los Cobos) al licenciado Zuazo referente a un juicio de residencia que debía hacerse al gobernador Velázquez, habla de «nuestro consejo de las Indias» como si fuera una institución bien asentada (AGI, Indif. Gen., leg. 4210, f. 2). Martire sugería que se «renovó» el Consejo en 1524 (carta 800 al arzobispo de Cosenza, en *Cartas sobre el Nuevo Mundo* (Madrid, 1990), 136). Parece que el Consejo tenía

una existencia informal hacia 1520, aunque no dispusiera de una base permanente. Véase Ramón Carande, *Carlos V y sus banqueros* (3.ª ed., Madrid, 1987), I, 430-433. Una cédula del 8 de mayo de 1523 (AGI, Indif. Gen., leg. 420, f. 15) nombra al doctor Diego Beltrán miembro vitalicio de ese cuerpo. Antonio de León, *Tablas cronológicas de los Reales Consejos* (Madrid, 1892), sugirió que el Consejo se fundó en 1511; Alcocer, en su biografía de Fonseca [6:73], decía que el Consejo se fundó en 1517, aunque no formalmente hasta 1524.

82. Giménez Fernández, «La juventud en Sevilla de Bartolomé de las Casas, 1474-1502», en *Miscelánea de estudios dedicados a Fernando Ortiz* (La Habana, 1956).

83. Giménez Fernández [6:19], I, 28-32, da un buen retrato de este funcionario cuya dependencia de Fonseca, según infiere, se derivaba del hecho de que era un converso, nativo de Ibdes, cerca de Calatayud.

84. El primer retrato es anónimo; el segundo fue probablemente obra del flamenco Joest de Calcar, uno de los protegidos del obispo. Otro retrato, idealizado, puede verse probablemente en una tabla de Alejo Fernández, *Virgen de los Navegantes*, actualmente en el Alcázar de Sevilla.

85. Fray Antonio Guevara, *Epístolas familiares*, en BAE (Madrid, 1850), XIII, carta 41, 137-139, fechada en Segovia el 12 de mayo de 1523.

CAPÍTULO 7

1. CDI, XI, 428.

2. Wright [5:50], 71-72; véase también Marshall H. Saville, «The Discovery of Yucatan by Francisco Hernández de Córdoba», *The Geographical Review* (Nueva York), VI, n.º 5 (noviembre de 1918); y H. R. Wagner, *Documents and Narratives Concerning the Discovery and Conquest of Latin America*, Cortés Society, n. s. I (Berkeley, 1942). Saville insistió en que la expedición tocó tierra en la Isla de Mujeres.

3. Véase Abel Martínez-Luza, «Un memorial de Hernán Cortés», en AEA, XXXV, suplemento (1988), 8.

4. Francisco López de Gómara, *Historia de las Indias* (México, 1965, 3 vols.), I, 244. Al explorador del Yucatán se le llama habitualmente Hernández de Córdoba, mientras que el Gran Capitán fue Fernández de Córdoba, pero esos nombres y patronímicos, que comenzaban con H o F, solían ser intercambiables en el siglo XVI. Así, Cortés era Fernán (y Fernando) y Hernán (y Hernando). Su nombre se deletrea de tres distintas maneras en una misma página del inventario de los manuscritos de la Biblioteca Nacional de Madrid.

5. Del griego *naus*, buque con uno o dos mástiles, en la Edad Media, pero que en el siglo XVI solía tener tres y con velas cuadradas. La nao, una «palabra peligrosa», según Pierre Chaunu, era el buque típico de la época del descubrimiento, de diseño fundamentalmente portugués.

6. El bergantín era un buque pequeño, de fondo plano, de hasta doce metros de largo, equipado para la vela y el remo. Solía tener dos mástiles, con velas latinas y entre ocho y dieciséis bancos de remo, en cada uno de los cuales había uno o dos remeros. Las partes principales podían llevarse desmontadas a bordo de buques mayores, y montarse, cuando convenía, en cualquier costa donde hubiera madera apropiada para la tablazón. Un buque de este tipo tenía poco calado (algo más de dos palmos, probablemente) y resultaba, pues, apropiado para remontar los ríos. Esos buques eran de construcción mucho más basta que los del mismo nombre del siglo XVIII. Véase Morison [5:14], 237, 551, 567.

7. D del C, I, 67.

8. Chaunu [5:38], II, 72. El único estudio sobre Alaminos es el de Jesús

Varela Marcos, «Antón de Alaminos, piloto del Caribe», en [6:25], II, 49. Explica por qué Alaminos no figura en las listas habituales de los marineros del cuarto viaje de Colón.

9. Cédula del 4 de julio de 1513, en *Colección Muñoz*, t. 80, f. 126.

10. AGI, Indif. Gen., leg. 419, lib. 6, f. 108: da licencia al gobernador para armar buques con el fin de descubrir las islas cercanas a Cuba.

11. Ramón Ezquerra, «Los compañeros de Hernan Cortés», en R de I, IX (enero-junio 1948), 37-95.

12. Bernal Díaz (D del C, II, 447) dijo que era hijo de Francisco Díaz del Castillo y de María Díez (o Díaz) Renjón. Pero en la lista de viajeros al Nuevo Mundo, en AGI Sevilla, hay un Bernal Díaz, de Medina del Campo, que marchó a las Indias en octubre de 1515 (seis meses después de que partiera Pedrarias), y que era hijo de Lope y Teresa Díaz, de aquella ciudad (Cristóbal Bermúdez Plata, *Catálogo de Pasajeros a Indias durante los siglos XVI, XVII, XVIII*, Sevilla, 1940, I, 1509-1534, 135). Cabe presumir que hubo dos Bernal Díaz (de Medina del Campo) que fueron a las Indias, y el cronista no debió de registrarse en el buque en Sevilla. Véase Carmelo Sáez de Santamaría, *Historia de una historia, Bernal Díaz del Castillo* (Madrid, 1984). Diego Díaz del Castillo, hijo del cronista, recibió un escudo en 1565 en honor de lo hecho por su padre (*Nobiliario de conquistadores* [Madrid, 1892], 69-70).

13. «estábamos algo emparentados» (D del C, I, 185). También afirmó ser «pariente cercano» de Gutierre Velázquez, oidor del Consejo de Indias en los años de 1550.

14. Las Casas, III, 126. Pero Cervantes de Salazar, que conocía a muchos conquistadores, dijo que el capitán, y no el piloto, escogía la ruta. Diego de Landa, *Relación de las cosas de Yucatán*, ed. Miguel Rivera (Madrid, 1985), da a entender que en su tiempo (pongamos, alrededor de 1560) todavía se discutía la cuestión de si Hernández de Córdoba se hizo a la mar en busca de esclavos o de nuevas tierras.

15. Relatos de testigos presenciales son los de Alaminos, al que interrogó Martyr en La Coruña en 1520 (véase Martyr, II, 6-11), y Díaz del Castillo (D del C, I, 16-20), que formaba parte de la expedición. Alaminos dio también cuenta de sus actividades en *Inf. de 1522*, 230-234. Las Casas era amigo de Hernández de Córdoba, del que dijo que le escribió una carta en su lecho de muerte (Las Casas, III, 125-131).

16. Las diosas eran Aichel, Ixchebelix, Ixbunic y Ixbuneita (Landa [7:14], 44, 178).

17. Para las velas, véase D del C, I, 69, y el comentario de Eulalia Guzmán, *La conquista de Tenochtitlan* (México, 1989), 160. En los buques se usaban primitivas velas para el mar, pero no en los lagos de México.

18. Landa [7:14], 73. Para la carga, véase la nota 369 en la página 58 de la ed. Tozzer de Landa.

19. Es difícil saber dónde se fabricaban esas cuentas. Toledo, África del Norte, Venecia, Alemania y Flandes son lugares posibles. Está todavía por escribir la historia de las cuentas de cristal europeas, que desempeñaron un papel tan considerable en el descubrimiento y conquista de América, a partir del regalo de una de ellas por Colón al «rey» de Tortuga, en diciembre de 1492.

20. Martyr, II, 7.

21. Landa [7:14], 41 n. Véase el análisis en la ed. de Tozzer [4:9], 4, ns. 15-17.

22. CDI, XXVII, 303; aquí Martín Vázquez dijo en 1529 que la tierra alcanzada se consideraba generalmente «Tierra Nueva».

23. Se siguió considerando frecuentemente a Yucatán como una isla hasta c. 1530. Así, Francisco de Montejo, en 1526, pidió que se le permitiera «colonizar y traer a Nuestra Santa fe católica las islas de Yucatán y Cozumel». Peter

Gerhard, *The South East Frontier of New Spain* (Princeton, 1979), 3, señala que Yucatán es una gran meseta de piedra caliza que sobresale del mar con «muchas características insulares». De todos modos, Martyr dijo ya en 1521 que si bien no se sabía si «es una isla o no», se creía que era parte del continente (II, 15). El 24 de setiembre de 1522, el embajador veneciano en España, Gasparo Contarini, amigo de Martyr, escribió (probablemente recogiendo informaciones de Alonso de Mendoza, sobre el cual véase c. 39) que «Don Hernando... ha encontrado que ese Yucatan, que se creía que era una isla, está unido a la tierra firme que se extiende hacia poniente» (Contarini a la Señoría, 24 de setiembre de 1522, *Calendar of State Papers and Manuscripts... in the Archives and Collections of Venice*, (Londres, 1869, III, 1520). Pero el mapa de Mercator de 1538 da a Yucatán una errónea conexión con la tierra firme. Sebastián Cabot, en su «planoesfera» de 1544, fue el primero que la trazó tal como es.

24. Michael Coe, *Deciphering Maya Script* (Nueva York, 1992).

25. Von Hagen [1:17], 10.

26. France V. Scholes y R. L. Roys (con R. S. Chamberlain y Eleanor B. Adams), *The Maya Chontal Indians of Alcalan Tixchtel* (Washington, 1948), 3.

27. Examinado en Linda Schele, «Human Sacrifices Among Classic Maya», en Boone [2:58], 7-45.

28. Landa [7:14], 54.

29. Scholes [7:26], 3. Véase Tozzer [4:9], 169-170.

30. Véase Ralph Roys en HMAI, I, 661. Gerhard [7:23], calculó un millón doscientos ochenta mil para 1511.

31. D del C, I, 70. Bernal Díaz puso de relieve esas consultas, independientemente de si eran realmente importantes.

32. La explicación para «Ciuthan» es el informe de Blas Hernández, un conquistador del Yucatán, en Landa [7:14], 41. La n. de Miguel Rivera en esa página de su ed. señala otros posibles orígenes de la palabra. Martyr recogió la penúltima explicación, basándose en los relatos que le hizo Alaminos; Bernal Díaz recogió la última explicación.

33. «el dicho Francisco Hernández y este testigo saltaron a tierra... y ante un escribano el dicho Francisco Hernández, en nombre de Su Majestad y de él mismo, como descubridor, tomó posesión de dicha tierra» (Alaminos en *Inf. de 1522*, 231). El *Inf. de 1522* se proponía destacar que Hernández tomó posesión en nombre del rey y no de Velázquez.

34. Sobre los pájaros, véase Landa [7:14], 176.

35. Véase Adolph Bandelier, *Art of war and mode of warfare of the ancient Mexicans* (Cambridge, Mass., 1877), 107-108.

36. Martyr II, 9, habla de cañones (como lo hace Landa [7:14] 45), pero la detonación debió proceder de arcabuces.

37. Mártir, 254, a base del testimonio de Alaminos.

38. D del C, I, 82. El gran Dragomán del Sultán, durante la embajada de Mártir, era un marinero de Valencia naufragado en la costa egipcia.

39. Landa [7:14], 72.

40. Alaminos contó esto a Oviedo (II, 114), que lo descartó como una fábula.

41. Patricia Anawalt, *Indian Clothing Before Cortés* (Norman, 1981), 173-192.

42. Landa [7:14], 74.

43. Los catalanes sostienen (Arnau de Vilanova, *Tractatus de vinos*) que ellos inventaron la destilación. Esta afirmación no es aceptada universalmente. Salerno es otro candidato.

44. Landa [7:14], 74.

45. Mártir, 255.

46. Emmerich [2:29], 121-123.
47. Angus McKay, *Spain in the Middle Ages* (Londres, 1877), 82.
48. Martyr, II, 9.
49. Durán, I, 50.
50. Martyr (II, 9) dice que el menú comprendía lobo, león, tigre y pavo real.
51. Esta teoría fue expuesta en relación con Cortés por Artemio Valle-Arizpe, *Andanzas de Hernán Cortés y otros excesos* (Madrid, 1940).
52. «*tuvimos temor*»: D del C, I, 73.
53. Según Landa [7:14], 54, n. 5, Champoton es Chakan Putun, término en que «Chakan» es un lugar, «put» es cargar y «tun» es piedras. Así, Champoton es un lugar al que se llevan piedras.
54. Al parecer, las instrucciones de Hernández se han perdido. Cortés incluyó esta prohibición (véase c. 11), aunque acaso se escribieron con la acción de Hernández en mente.
55. Landa [7:14], 45. Más tarde se sugirió que los mayas estaban mandados por un «desertor» español, Gonzalo Guerrero. Pero Guerrero vivía en otra parte del Yucatán. La idea implica que se suponía a los mayas incapaces de conseguir victorias por sí mismos. Sin embargo, lo que Guerero les explicó pudo tener importancia en este caso.
56. Las Casas (III, 133) escribió que el capitán Hernández fue a tierra y muchos indios se le acercaron con muchas armas y ciertas hachas de metal con las que suelen hacer su trabajo en el campo.
57. Landa [7:14], 45.
58. D del C (I, 75-6) escribió que cincuenta fueron muertos. Martyr, que, según Alaminos, fueron veintidós, y Landa [7:14], 20, que fueron veinte. Martín Vázquez, en una probanza de 1539, en favor de Bernal Díaz, dice que murieron veintiuno. Véase CF, X, c. 29, 764. Landa sugiere que los dos prisioneros fueron sacrificados.
59. Martín Vázquez (AGI, México, leg. 203, n.º 5) dijo en 1525 «*escapamos de los yndios nadando por la mar*», afirmación excepcional de que algunos conquistadores sabían nadar.
60. Las Casas, III, 255. Hernández dijo esto en una carta a Las Casas.
61. CDI, XXVII, 303.
62. D del C, I, 82.
63. Por ejemplo, FC, X, 37-38.
64. D del C, I, 53.
65. Véase instrucción de Velázquez a Cortés en 1518 (AGI, Patronato, leg. 15, R. 7).
66. La carta, fechada el 20 de octubre de 1517, está en CDI, XI, 556-559. Giménez Fernández, [6:19] I, 672-673, lo interpreta como parte de una conspiración de un converso. Este Santa Clara era hijo o hermano de aquel tesorero de la Hispaniola que en un banquete en Santo Domingo, el día de Corpus de 1517, hizo llenar con polvo de oro los saleros.

CAPÍTULO 8

1. Sumario por Cortés en ocasión de su residencia, CD, XXVII, 304-305.
2. D del C, I, 106.
3. Ixtlilxochitl, 224.
4. Se trata de una afirmación de Cortés. Según una interpretación, había esperado que se le pagaría en esclavos (Manuel Orozco y Berra, *Historia Antigua y de la Conquista de México* [México, 1880, 4 vols.], IV, 20).
5. Confirmó esta relación Antonio Velázquez Bazán, sobrino nieto de Ve-

lázquez, en una Relación en CDIHE, IV, 232 (también en CDI, X, 80-88). Herrera, como Las Casas, siguiéndole palabra a palabra, insisten erróneamente, que no era pariente de Velázquez.

6. Antonio de Herrera, *Historia General de los hechos de los Castellanos en las Islas: I Tierra Firme del Mar Oceano* (Madrid, 1936), IV, 200; Las Casas, II, 479. Herrera, como la familia de Velázquez, era de Cuéllar.

7. Epistolario, II, 130.

8. Para Bono, véase Las Casas, III, 106-109; Muñoz, t. 49, f. 35; y Tío [5:14], 37.

9. Oviedo, (II, 118), que pudo tener acceso a un diario llevado por Grijalva, D del C (I, 37), da ciento cuarenta, y Cortés (C, 6) da ciento tetenta. D del C describe la expedición como testigo presencial, pero omite una o dos cosas, etc., por lo que **Wagner** y otros han creído que no fue del viaje. Señalaron que, en una probanza de 1539, Díaz no dijo que había acompañado a Grijalva, sino que afirmó que lo hizo sólo más tarde, cuando ya no había supervivientes que pudieran contradecirle.

10. C de S, 11.

11. Este relato parece proceder de Garcilaso de la Vega, cit. Adrián Recinos, *Pedro de Alvarado* (México, 1952), 11.

12. Varios testigos (Francisco Verdugo, Bernardino Vázquez de Tapia, Pedro de Ovide, Rodrigo de Castañeda) declararon en el juicio de residencia contra Alvarado en 1529, que había oído que le llamaban comendador, cosa errónea en aquel tiempo (Res contra Alvarado, 420-444). El primo de Pedro, Diego, fue a las Indias en 1502, y en 1518 era alcalde de Santo Domingo. Era hombre duro. Se había quejado en una información de 1517 de que los indios, en su hora de descanso, pasaban el tiempo bailando. Creía que para impedir que derribaran el gobierno se les debía hacer trabajar hasta que quedaran agotados (AGI, Indif. Gen., leg. 624, R. 1, ff. 14-15). Hay una genealogía de los Alvarado en el *Libro de Genealogía*, en AHN, Madrid. No han de confundirse dos Diego de Alvarado, uno comendador (murió c. 1494 en Extremadura y acerca del cual véase Vicente Navarro, «Don Diego de Alvarado...», en REE, mayo-junio 1960, 575-595), y otro colonizador (que estaba vivo en Santo Domingo en 1528). Giménez Fernández [6:19], I, 313, pensaba que era hermano de Pedro. Todavía no he establecido si el Pedro de Alvarado de Cuba, México, etc., era el Pedro de Alvarado que en 1495 presentó una petición ante el Consejo de Castilla para que se cumpliera el testamento del comendador en favor de su padre (el de Pedro). Al parecer, esto no era posible, pues el Alvarado de las Indias habría tenido a la sazón sólo diez años de edad (AGI, Registro General del sello, 30 de junio de 1496, f. 105).

13. Ésta es la descripción que da D del C (II, 449). Véase J. Ignacio Rubio Mañé, *Monografía de los Montejos* (Mérida, 1930), 22, y del mismo «Los padres del Adelantado Montejo», *Diario de Yucatán*, 10 de abril de 1949.

14. Véase R. S. Chamberlain, *Conquista y colonización de Yucatán, 1517-1550* (Washington, 1948), 17, y una probanza sobre los méritos y servicios de Montejo en AGI, Escribanía de Cámara, leg. 1006A, p. 2.ª

15. D del C, II, 450.

16. C, 44.

17. Las Casas, II, 486.

18. D del C, I, 86.

19. Oviedo, II, 118.

20. C de S, 64. Los milaneses, florentinos y romanos todavía llevaban el cabello largo.

21. Oviedo, II, 118.

22. Andrés de Tapia («Relación de algunas cosas...», en J. Díaz y cols., 69) dice que eran dos mil, y López de Gómara, tres mil. Para Cozumel, véase

S. K. Lothrop, *An Archeological Study of East Yucatan* (Washington, 1924), 152-156.

23. Esto es lo que afirma Juan Díaz en su *Itinerario*. La edición más temprana de este libro que ha sobrevivido es una traducción italiana editada en Venecia en 1520 por Zorzi Rusconi Milanese, como apéndice al relato de un viaje al este y a África de Ludovico de Varthema, de Bolonia. Tal vez no hubo una edición española original y la versión italiana procede de un manuscrito. Hay dos versiones abreviadas, una de ellas en latín. Desconcertantemente, ambas agregan detalles que no se contienen en el original. Henry Wagner, en *The Discovery of New Spain* (Berkeley, 1842), compara las tres versiones. La edición que J. Díaz empleó y que se cita aquí es la de Germán Vázquez (Madrid, 1988).

24. Scholes [7:26], 52-53. Henry Wagner, *The Rise of Fernando Cortés* (Nueva York, 1944), 44-51, tiene un buen capítulo sobre Cozumel.

25. C de S, 64.

26. Oviedo, II, 32, 120.

27. J. Díaz y cols., 41.

28. Véase Tapia, en J. Díaz y cols. Ya en octubre de 1518 se conocía en Cuba la existencia de las cruces, tal vez por información de Pedro de Alvarado. Véase Martínez, Docs., I, 51, n.º 6.

29. Oviedo, II, 124.

30. Un tío de Vázquez era profesor en Salamanca y había sido miembro del Consejo de Castilla. Otro, Francisco Álvarez, abate de un rico convento de Toro, había sido inquisidor general de Murcia. Vázquez de Tapia, que tenía veintitantos años, como Bernal Díaz y Montejo, había pasado tres años en Castilla de Oro con Pedrarias, con quien llegó a las Indias en 1514. Luego, como Montejo, obtuvo una encomienda en Cuba. Más tarde fue enemigo de Hernán Cortés, a quien acosó ante los tribunales en dos continentes: véase Guillermo Porras Muñoz, «Un capitán de Cortés...», AEA (1948).

31. La ed. original italiana (1520) de Díaz dice: «*dentro tenia certe figure d'ossi & de cenis e de idoli*» (M, IIV). Wagner [8:23] insiste, basándose en una ortografía diferente en la versión abreviada de Díaz, en que «ossi», huesos, debe decir «orsi», osos, y que «cenis» debe ser una errata por «simie», simios hembra. Martyr (II, 13) habla también de «orsi» hechos de terracota. Pero todas las ediciones tempranas del *Itinerario de Díaz* (por ejemplo, las de 1526 y 1535) dan «ossi» y «ceni». «Ceni» puede ser una errata por «cemi», diablos.

32. Oviedo, II, 122.

33. Martyr, II, 14.

34. Landa [7:14], 169.

35. J. Díaz y cols., 42; Lothrop [8:22], 14, sugirió Tulum.

36. «*Habitada da donne che viveno senza homine. Se credi che siano da la stirpe de amazone*» (M, III V). Germán Vázquez sugiere con plausibilidad (en J. Díaz y cols., 42, n.º 20) que, dado que Oviedo no copió esto, y en cambio copió la mayor parte de las otras cosas de Díaz, esta frase debió de inserirla en el texto el traductor italiano.

37. D del C, I, 44; Oviedo, II, 129.

38. *Provinciae sive regiones in India Occidentali noviter repertae in ultima navigazione*, es una «copia» del itinerario de Fr. Díaz tr. al español, 1519, y al inglés por Wagner [8:23].

39. D del C, I, 91.

40. Juan de Cuéllar, AGI, Justicia, leg. 223, p. 2; Oviedo, II, 125-130; J. Díaz y cols., 45; y Martyr, II, 18. D del C (I, 43) habló de siete españoles muertos y más de sesenta heridos; el cuestionario en el juicio de residencia de Cortés habla de uno o dos muertos (CDI, XXVII, 306).

41. J. Díaz y cols., 42; FC, VII, 14.

42. Oviedo dedicó un capítulo (II, 130-131) de su historia a los errores de geografía de Alaminos; Chamberlain [8:14], 14.

43. J. Díaz y cols., 4. La primera ed. italiana de Fr. Díaz da «desiderato».

44. Scholes [7:26], 89.

45. En cuanto a si hubo en Xicallanco una guarnición mexicana, como lo sugirió Diego de Landa ([7:14] 54), véase Davies [3:42], 143.

46. Marshall H. Saville, *The Goldsmith's Art in Ancient Mexico* (Nueva York, 1920), 20.

47. D del C, I, 44-45.

48. Martyr, II, 16; J. Díaz y cols., 47; Las Casas, III, 183. Hay una lista de los regalos en Oviedo, II, 133, basada probablemente en el diario de a bordo de Grijalva.

49. Las Casas, III, 181.

50. J. Díaz y cols., 50; Oviedo, II, 137.

51. Tal vez Zelia Nuttall, «The Island of Sacrifices», *American Anthropologist*, n. s. 12, 1910, tenía razón al decir que fue Alvarado, que venía de cerca de Mérida, quien hizo esta identificación. Pero no es probable que fuera el arco de Mérida, pues los mexicas no tenían el sistema, que tuvieron los romanos, de construir arcos. Alvarado no era el único extremeño de la expedición.

52. La familia de Montejo insistió en señalar que él fue el primero en desembarcar («*el primer capitán que saltó a tierra*»). Lo dijeron en una probanza de sus actividades en 1583. Véase Joan de Cárdenas, BAGN, IX, 1 (enero-febrero de 1938), 101. Montejo, cuando se le concedió un escudo de armas, puso en él siete panes de oro y cinco estandartes.

53. Oviedo, II, 138; CDI, XV, 137. Bernal Díaz comete varios errores aquí; por ejemplo, habla de que vio que se levantaban banderas blancas en un «*río de Banderas*».

54. Martyr, II, 36. Esto fue lo que Mártir dijo de la expedición de Cortés, informado sin duda por Alaminos. Las ciudades amuralladas eran raras en México y en la región.

55. Henry Brumar, «The Culture History of Mexican Vanilla», HAHR, 28 (1946); Alain Ichon, *La religion des Totonaques de la Sierra* (París, 1969), 44-48.

56. R. H. Barlow [1:10], citó del *Codex Mendoza* [1:29], 92. He adoptado la regla de Frances Berdan sobre los supuestos ramos de plumas.

57. Frances Berdan, «The Economics of Aztec Luxury Trade and Tribute», en Boone [1:15], 171; Patricia Rieff Anawalt, «Memory Clothing...», en Boone [2:58], 174.

58. CF, X, c. 29, 764-765; C, 66.

59. Durán, I, 243-244.

60. Véase Duverger [1:44], 66-67; Peter Gerhard, *A Guide to the Historical Geography of New Spain* (Cambridge, 1972), 360, 363.

61. J. Díaz y cols., 51.

62. Hay una lista en G, 42-5. Véase también Mártir, II, 20-21, y Oviedo, II, 139.

63. Bernardino Vázquez de Tapia, en J. Díaz y cols., 133.

64. Motolinía [1:1], 144-145. Véase también Mártir, citado más arriba. Para la traducción de la palabra *teule*, véase c. 13, ns. 39 y 40.

65. J. Díaz y cols., 52.

66. J. Díaz y cols., 57.

67. «*sopra iu he morto uno che piu lucido e resplendente chel sole*» (última página del texto original). Esto es de Fray Díaz en J. Díaz y cols., 57, y aquí está como se publicó en 1520. Mártir (II, 8) hace una alusión similar, pero debía de estar copiando el texto de Díaz.

68. Landa [7:14], 89, señaló la razón de este error.

69. J. Díaz y cols., 52; Mártir (II, 18-19), cabe suponer que con base a informes de Alaminos, está de acuerdo. D del C (I, 101) y Vázquez de Tapia (en J. Díaz y cols., 133), que tenía sus propias razones para hacerlo, niegan que Grijalva impidiera a sus seguidores que se establecieran en Vera Cruz, factor de importancia cuando se trata de juzgar si los hombres de Cortés estaban inclinados o no a poblar, como los españoles decían, el año siguiente.

70. C de S (78-81) se refiere a esta discusión, acerca de la cual, dice, oyó hablar a «viejos conquistadores». Véase J. Díaz y cols., 52. Tanto Richard Kontezke, «Hernán Cortés como poblador de la Nueva España», R. de I (1948), 369, como Victor Frank I, «Hernán Cortés y la tradición de *Las siete partidas*», *Revista de la Historia de América* (1962), 33-34, toman en serio el discurso de Alvarado.

71. Andrés de Duero, en *Inf. de 1522*, en Polavieja, 109.

72. «Culhúa» o «Colhúa» se deriva de «abuelo» en náhuatl. Así, «Colhuacan» es el lugar de los que tienen abuelos, o sea, una ciudad con tradiciones. Culhua se asociaba con los habitantes urbanos toltecas del Valle de México, en contraposición a los nómadas chichimecas. Véase, Davies [1:24], 23. Oviedo dice que el día en cuestión era el 17 de junio.

73. G, 42.

74. G, 42-44.

75. G, 44.

76. J. Díaz y cols., 53.

77. J. Díaz y cols., 52-53.

78. Baltasar Dorantes de Salazar, *Sumaria relación de las cosas de la Nueva España* (México, 1862), 189.

79. J. Díaz y cols., 53.

80. Oviedo, II, 141.

81. J. Díaz y cols., 54. Bernal Díaz dice que el río era el Tonalá.

82. D del C, 104. Grijalva llevó de regreso a Cuba a cuarenta de ellos.

83. Esto se omitió en su primera ed. Véase Sáenz de Santa María, ed. de *Historia verdadera* (Madrid, 1982), 33.

84. J. Díaz y cols., 55.

85. Oviedo, II, 147.

86. CDI, XXVII, 307.

87. Éste es el argumento de Cortés (C, 47).

88. D del C, II, 102.

89. Las Casas, III, 193; Oviedo (II, 48), conocía a fray Martín y dijo que regresó a su casa en mayo.

90. CDI, XXVIII, 22.

91. En el juicio de residencia de Cortés, Alonso de Navarrete manifestó que Velázquez estaba muy apenado y lo mostró y lo reconoció en público y dijo que lo merecía por haber enviado *a un bobo* de capitán. (AGI, Justicia, leg. 223, p. 2, f. 424v).

92. En un informe a Carlos V, 1526.

93. C de S (78-79) dijo que Velázquez siempre pensó en enviar a Olid.

CAPÍTULO 9

1. Así lo llamó el nuncio papal en España, en su carta de marzo de 1520 a Pedro de Acosta, ed. en HAHR 9 (mayo de 1929). El primer «obispo de Yucatan» fue nombrado poco después. A fray Julián Garcés se le llamó «de La Carolina» (véase Muñoz, vol. 58, f. 140v).

2. Las Casas III, 193; C de S 388; Dorantes [8:78] 321; G, 19.

3. Giménez Fernández [6:19], II, 1102.

4. CDIU, I, 114; véase también el cuestionario del 22 de febrero de 1522 a Vasco, en Muñoz, vol. 58, f. 274.

5. D del C, I, 111.

6. Se acusó al gobernador de tener favoritos, ¡entre ellos a Cortés! «Es notorio en esta ysla... con que corregidores o cavalleros o otras personas tenía la dicha parcialidad para que hiziesen lo quel quería, dixo que con Hernando Cortés o Balltasar Bermúdez especialmente.» Véase AGI, Justicia, leg. 49, f. 27r.

7. Para Dávila, véase CDI, XXVIII, 16, y, si era el mismo Francisco Dávila, Arranz [5:45], 502-506.

8. Dávila en el juicio de residencia de Cortés, CDI, XXVIII, 23: «Don Hernando Cortés escribió una carta a este testigo diciéndole que Diego Velázquez le mandaba de capitán con algunos buques a Yucatan, de donde había venido el dicho Juan de Grijalva, y que había aceptado.» A Cortés en vida se le conoció más como don Hernando que como Hernán, forma esta última que se ha convertido en la usual.

9. Se suele dar como el año del nacimiento de Cortés el de 1485. Pero en 1532, en una probanza sobre los méritos de Juan González Ponce de León, Cortés juró que tenía entonces más de cincuenta años (AGI, México, 203, n.º 19, véase Documento 9). Por su parte, Wagner, que en [8:23], 9, señaló que al lado de un retrato de Cortés en *Cortés Valeroso* de Lasso de la Vega hay una incripción en la que se lee «*aetatis* 63» (véase ilustración 8), lo que significa que, dado que murió en 1547, no pudo haber nacido más tarde de 1484; y en una petición al emperador, fechada en 1544, Cortés dice que tenía sesenta años. Se ha supuesto (siguiendo el informe de Cortés al emperador en 1541, en CDIHE, IV, 219, del que se hace eco López de Gómara [G, 37]), que Cortés marchó a Santo Domingo en 1504. Pero un documento en APS muestra que el año 1506 es la fecha acertada. Véase Documento n.º 3.

10. Esto asume que el padre de Cortés era el Martín Cortés descrito como un simple hidalgo «*vecino de Don Benito, tierra de Medellín*» (Don Benito es un pueblo a pocos kilómetros de Medellín), y al que se describió también como soldado de infantería en 1489, 1497 y 1503 (AGS, Registro General del Sello, 27 de noviembre de 1488, f. 231, y documentos posteriores en el mismo lugar.) Parece acertada la identificación de este Martín Cortés con el padre de Hernán, puesto que en un recibo por el pasaje de Hernán Cortés a las Indias, en 1506, se le describe también como «*vecino de Don Benito, tierra de Medellín*» (APS, oficio IV, lib. III, f. 102).

11. Federico Gómez de Berrio, «¿Cuál será el linaje paterno de Cortés?», en R de I, XXXI-XXXII (enero-junio de 1948), 297-300; y del mismo, «Mocedades de Hernando Cortés», en RAMH (1952), 1 y 2.

12. Véase la intr. de Leonardo Romero a Alonso Maldonado, *Vida e historia del maestre de Alcántara, Don Alonso Monroy* (Tarragona, 1978). Para estas guerras, véase Luis Suárez Fernández, vol. XVII (c. VI), de la *Historia de España*, ed. Menéndez Pidal. Parece posible que hubiera una relación de sangre entre los Monroy, y por tanto Hernán Cortés, y el paladín francés Bayardo. Para este indicio intrigante pero inexplorado de genealogía, véase Manuel Villar y Macías, *Historia de Salamanca* (Salamanca, 1887), II, 61.

13. Dos personajes de Medellín fueron a la guerra contra Granada, el conde y su gran enemigo, Juan Núñez de Prado, cada uno de los cuales llevó consigo «gente de Extremadura». Lo más verosímil es que el jefe de Martín Cortés fuera Núñez de Prado: Ángel del Arco, *Glorias de la nobleza española* (Tarragona, 1899), 210-211.

14. «*el Infante partióse para Medellín: y allí le vinieron nuevas...*» Véase

Arnao Guillén de Brocar, *Crónica del serenísimo Rey Juan Segundo... corregida por Lorenzo Galíndez de Carvajal* (Logroño, 1517), f. XXXII, V.

15. Celestino Vega, «La hacienda de Hernán Cortés en Medellín», en un apéndice de REE (1948); Fernand Braudel, *The Mediterranean*, tr. Sian Reynolds (Londres, 1972, 2 vols.), I, 458, clasificaba como pobres los que tenían menos de siete mil quinientos maravedís (veinte ducados). Se necesitaban más de cincuenta y seis mil (más de ciento cuarenta ducados) para ser «razonablemente» acomodado. Un tejedor de Segovia, en esa época, ganaría unos doscientos maravedís al mes (Ramón Carande, *Carlos V y sus banqueros* [3.ª ed. Barcelona, 1987] I, 180), y un peón de los viñedos en tiempos de vendimia recibía sólo treinta y cinco maravedís al día. Véase Bartolomé Benasar, *Valladolid au siècle d'or* (París, 1967), 295. En una declaración a Carlos V, c. 1533, Cortés dijo que su padre le legó cuatrocientos mil maravedís de pastizales, presuntamente tierras que podían venderse por esta cantidad (Martínez, *Docs.*, IV, 70).

16. Véase testimonio de Diego López, en una probanza acerca de si Cortés tenía derecho a ser caballero de Santiago, en AHN (Santiago), publicada en BRAH (1892), 199, 220-221.

17. Diego Soto y Aguilar, «De la diferencia que hay entre el hidalgo y el escudero», *Hidalguía*, III, 1955, 299-304, y otros artículos de este mismo autor en esa revista.

18. Testimonio de Diego López, Juan de Montoya y Juan Núñez de Prado, en AHN (Santiago). Juan de Burgos Colchero y Alonso Herrera declararon de modo semejante respecto al hijo de Hernán Cortés, Martín, en el sentido de que la familia no era judía, ni de conversos, ni morisca. El escudo de armas, en el esbozo de Cortés por Christoph Weiditz, es analizado por Miguel J. Malo Zozaya en «Revelador hallazgo en la heráldica cortesiana», *Norte* (México), 3.ª serie, 242 (julio-agosto de 1971). Cuando se concedió un escudo de armas a Hernán Cortés, en 1525, se le informó que podía mostrarlo *«además del que habéis heredado de vuestros antepasados»* (Colección Harkness, Biblioteca del Congreso, 40).

19. Lucio Marineo Sículo, *De los memorables de España* (Alcalá de Henares, 1530), f. CCVII-CCXI, r. y v. en la sección «De los claros varones de España», en *Historia 16*, 108, 98. Había varios Cortés italianos, por ejemplo Antonio Cortes, librero de Florencia, que se estableció en Sevilla, y un literato de Roma, Paolo Cortese.

20. Morison [5:14], 198.

21. *«el padre y la madre del dicho Martín Cortés heran vesinos e naturales de la çibdad de Salamanca»*: AHN (Santiago), f. 8v. Núñez de Prado, que hubiera podido ser un decidido conquistador, de haber tenido cincuenta años menos, fue testigo de la boda de Gonzalo de Pizarro e Isabel de Vargas, en Trujillo, en los años de 1480, y contaba ochenta años en 1525. Había sido expulsado antaño de Medellín por el conde, pero parece que vivía sobre todo en esa ciudad en los años de 1480. Para sus muchas quejas respecto al conde, véase AGS, Registro general del Sello, casi *passim*, 1479-1499.

22. Alfonso Figueroa y Dalmiro de la Goma, en *Linaje y descendencia de Hernán Cortés* (Madrid, 1951), hablan de Hernán Cortés sin este comentario. Acepto su punto de vista de que Martín era hijo de Rodrigo y no de Hernando, «el Bezudo». Pero Gómez de Orozco parece acertar en su sugestión de ilegitimidad en «¿Cuál era el linaje paterno...?» [9:10]; véase también D. A. Franco Silva, *El señorío de Monroy*, y Elisa Carolina de Santos Canalejo, *Linajes y señoríos de Extremadura*, ambos en *Hernán Cortés y su tiempo*, «Actas del Congreso del V Centenario, 1485-1985» (Mérida, 1987).

23. Altamirano se cita como «escribano y notario del rey» en los papeles de Medellín (archivo de Medinaceli, Casa de Pilatos, Sevilla, leg. 1, doc. 9, f.

15 [sin numerar]: véase Documento). Juan Núñez de Prado, en la información de 1525 para el ingreso de Cortés en la Orden de Santiago, confirma que Altamirano había sido mayordomo de Beatriz. Para Trujillo, véase Ida Altman, *Emigrants and Society: Trujillo in the sixteenth century* (Berkeley, 1989), y David Vassberg, que en «Concerning Pigs: the Pizarros...», *Latin American Research Review* (1978), t. XIII 3, 47-62, muestra que el conquistador del Perú no fue necesariamente en su juventud un pastor de cerdos.

24. Testimonio de Juan de Montoya en AHN Santiago 1525, ed. BRAH, 1892. En Medellín puede verse cerca de la iglesia de Santa Cecilia una casa con el escudo de Altamirano (tres líneas de tres sudas).

25. Véase Miguel Muñoz de San Pedro, «Doña Isabel de Vargas, esposa del padre del conquistador del Perú», R de I, XXXXIII-XXXXIX (1951), 9-28.

26. Oviedo, V, 33. Entre los Altamiranos estaba fray Diego, un franciscano que llegó temprano a México y al que Cortés se refirió como su primo en una carta del 13 de mayo de 1526, CDI XII, 367. Véase Anastasio López, «Los primeros franciscanos en Méjico», *Archivo Ibero-Americano* (1920), XXXVII, 21-23. Para Diego Pizarro en México, véase c. 22.

27. Los antepasados Altamirano y Pizarro de Cortés no se han trazado todavía más allá de sus bisabuelos. Véase Genealogía III.

28. Cooper [6:66], II, 1095-1100, reproduce mucho material útil.

29. Véase Andrés de Bernáldez, *Historia de los Reyes Católicos*, en BAE, III, 345, 594-595. Manuel Fernández Álvarez, *La sociedad española del Renacimiento* (Madrid, 1970), 71, dice que, a fines del siglo XVI, había seiscientos dieciséis vecinos en Medellín (quinientos cuarenta y ocho contribuyentes, treinta y cinco hidalgos, treinta y un clérigos y diecisiete monjes).

30. Información sobre Medellín entre 1479 y 1520 en Simancas, en el registro General del Sello y en Castilla: Cámara.

31. Vicente Barrantes: *Discursos leídos ante la Real Academia de la Historia* (Madrid, 1872), 37.

32. Luis Suárez Fernández, *Historia de España*, ed. Menéndez Pidal (Madrid, 1970), XVII, 63.

33. Francisco García Sánchez, *Medellín, encrucijada histórica* (Cáceres, 1984), 117. Los judíos prominentes de Medellín eran Manuel Almale, Abraham Zumael, Mosen y Samuel Corcas, Aituin Alberi y Cege Folloquines. Los rabinos eran Fioraine Almale, Simón Almale y Mose Hadida; el primero era el concesionario de la recaudación de impuestos del conde de Medellín y el segundo su cobrador de alquileres. Folloquines se convirtió en 1492 y adoptó el nombre de Luis González, Moses Corcos el de Rodrigo de Orozco. El padre de Abraham Zumael había sido mayordomo de la condesa de Medellín, precediendo en este cargo al abuelo de Cortés.

34. En Lorenzo Galíndez de Carvajal, *Anales* (CDIHE, XVIII, 258), leemos: «8 de noviembre 1475, en Dueñas [la ciudad próxima a Palencia donde se casaron Fernando e Isabel] liberaron a Juan de Valladolid, negro, señor y mayoral de negros y negras, loros y loras [morenos, o sea, guanches de las Canarias], quien por contrato había traído a gran cantidad de ellos de Guinea a Sevilla...» Para esclavos en Extremadura, que podían obtenerse fácilmente debido a la proximidad con Portugal, véase Altman [9:22], 72.

35. Véase el famoso retrato de Nebrija enseñando en Zalamea, en la Bibliothèque National de París. También Américo Castro, *La realidad histórica de España* (México, 1962), 418.

36. Véase Owen Gingrich en su prefacio a *Skywatchers of Ancient Mexico*, de Aveni [4:19], XI. Véase la breve biografía de Zacuto por Harry Friedenwald (Londres, 1939). Expulsado de España en 1492 y de Portugal en 1497, Zacuto huyó a Túnez y murió en un acogedor Damasco en 1525.

37. G, 35.

38. López en AHN (Santiago, 1525). Juan Suárez de Peralta, *Tratado del descubrimiento de las Indias* (México, 1949), 82, dice que la iglesia era Santa Cecilia, pero este templo no estaba construido en la juventud de Cortés; pudo erigirse en el terreno de una sinagoga.

39. Rafael Varón Gabai y Auke Pieter Jacobs, «Peruvian Wealth and Spanish Investments: The Pizarro family», HAHR, 67 (noviembre de 1987).

40. Vega [9:15], 389.

41. Gabai y Jacobs [3:39], 685.

42. Considero a Núñez de Prado como la clave de las dificultades de Cortés en Medellín. Merece una monografía. AGI, México, leg. 203, n.º 12 (Inf. de Diego de Ocampo).

43. El conde de Puñonrostro, hermano de Pedrarias, casó con María Girón, hermana del conde de Medellín (Jesús Larios Martín, *Nobiliario de Segovia* [Segovia, 1956], I, 92).

44. Cooper [6:66].

45. Cit. M. Fernández Álvarez [9:29], 143.

46. Marineo [9:19], 100. Marineo estaba en aquel entonces en Salamanca. Otros dicen que Cortés tenía catorce años cuando fue a Salamanca. Parece posible que esa Inés marchara, acaso enviudada, a las Indias en 1513; n.º 1452 en la lista de Bermúdez Plata (Cristóbal Bermúdez Plata, *Catálogo de pasajeros a Indias en los siglos XVI, XVII, XVIII* (Sevilla, 1940). Cortés habló de Núñez como notario, en su réplica a un pleito contra él del hijo de Núñez (Martínez, *Docs*, IV, 307).

47. Marineo, [9:19], 100, fue el primero en decir esto. Le siguieron Las Casas (II, 475) y López de Gómara (G, 6). Pero ninguno parece tener noticia de los conocimientos jurídicos de Altamirano.

48. Barrantes [9:31], 43, se refirió a Salamanca como «no una Atenas española, sino una universidad extremeña». Mártir, que dio allí con gran éxito conferencias sobre Juvenal, en 1488, tenía en la mayor consideración la escuela de teología (véase Nicholas Rounds, «Renaissance Culture in Fifteenth Century Castile», *Modern Language Review*, I VII, enero-abril de 1962, 211).

49. «Este testigo estudió algún tiempo en el estudio donde Cortés estudió... y trató con él mucho y ambos hablaron mucho» [5:25].

50. Las Casas, II, 474.

51. Josefina Muriel, «Reflexiones...», en R de I (1948).

52. Sobre el latín de Cortés, véase José Luis Martínez, *Hernán Cortés* (México, 1990), 849.

53. Marineo [9:19], 100.

54. C de S, 98.

55. «*debaratar la barbarie por todas partes de España*» era la expresión de Nebrija.

56. Véase Caro Lynn, [6:34], c. V.

57. Jerónimo Münzer, «Viaje por España y Portugal», en *Viajes* [5:20], 391.

58. Carta del 24 de octubre de 1524, en B. N., mss. 10713, f. 33, ed. José V. Corraliza, en R de I, año VIII (diciembre de 1947), n.º 30.

59. Para la conexión, a la vez tenue y cercana, véase Genealogía III.

60. «Un Viriato tenía Lusitania, un Aníbal, Cartago, un Alejandro, Grecia, un Diego de Paredes, Extremadura»... (BAE, I, 392.)

61. Para Pedro de Monroy, al parecer un licenciado, véase Muñoz de San Pedro, *Diego García de Paredes* (Madrid, 1946), 424; también Marie-Claude Gerbet, *La noblesse dans le Royaume de Castile* (París, 1979), 370.

62. María de Ovando casó con Diego Mejía, hermano de Núñez de Prado, en segundas nupcias (de él).

63. Para la empresa, véase Pérez de Tudela [5:40], 200, 203.

64. Navagero, en *Viajes* [5:20], 883-884.
65. Münzer, en *Viajes* [5:20], 372-376.
66. Antonio de Lalaing, con Felipe el Hermoso, en 1501, en Viajes [5:20], 473.
67. Galíndez de Carvajal, *Anales breves del reinado de los Reyes Católicos*, en CDHIE, XVIII, 304.
68. G, 36.
69. Las Casas, II, 154.
70. G, 36.
71. Münzer en *Viajes* [5:20], 339, dijo que era «la capital del comercio del reino».
72. Véase Juan Luis Vives, *Valentinus e seu temps* (Valencia, 1992). Lalaing también estuvo allí con Felipe el Hermoso en 1501 (*Viajes* [5.20], 477), véase también María Purificación Benito Vidal, «La indumentaria valenciana en los años del 1470 al 1540, en *Juan Luis Vives*.
73. G, 36.
74. Para su comparación de Granada con Tlaxcala, véase c. 20; para el mercado de seda en Granada en 1501, véase Lalaing, *Viajes* [5:20], 474, y Carande, [9:15], I, 195; II, 321.
75. Suárez de Peralta [9:38], 82; para los notarios de Valladolid, Benassar [9:15], 365-371.
76. Victor Frankl [8:71], 53-54; y John Elliott, «The Mental Work of Hernán Cortés», *Transactions of the Royal Historical Society*, 5.ª serie, 17 (1967), 41-58.
77. No fue sino hasta 1548 que la actividad notarial se incluyó en las facultades de derecho. Véase Bernardo Pérez Fernández del Castillo, *Historia de la escribanía en la Nueva España* (2.ª ed. México, 1988), 32.
78. Lorenzo Vital, embajador valenciano, en *Viajes* [5:20], 706.
79. La conjetura de Demetrio Ramos en *Hernán Cortés* (Madrid, 1992), 33.
80. Münzer, en *Viajes* [5:20], 390.
81. «*tengo por mejor ser rico de fama que de bienes*»: carta del 26 de setiembre de 1526, en Mariano Cuevas [6:57], 29.
82. Las Casas, III; 200. El brocado no era desconocido en Medellín, pues el conde compró seda y brocados de los mercaderes florentinos Francesco Fabrini y Antonio Ridolfi (AGS, Registro General del Sello, 22 de setiembre de 1490, ff. 137-138, y 23 de diciembre de 1492, f. 193); acerca de ellos véase Consuelo Varela, *Colón y los florentinos* (Sevilla, 1988), 34. El conde era remiso en pagar.
83. Era el escudo de armas de Rodríguez de Varillas. Véase Malo Zozaya [9:18].
84. Leon Battista Alberti, «The Family», tr. Guido A. Guarino, en *The Albertis of Florence* (Lewisburg, 1971).
85. Suárez de Peralta [9:38], 82.
86. Véase Documento 3. La fecha enmendada da a Cortés dos años más en su España natal de lo que suele suponerse. López de Gómara afirma que Alfonso Quintero era el capitán del buque de Cortés, que en 1506 era el *Trinidad*, según APS, lib. del año 1506, oficio VII, lib. 1, última pág. del legajo; y Chaunu [5:38], II, 8. Llevaba un cargamento de telas. El *San Juan Bautista* tenía por capitán a Sancho de Salazar. Supongo que Cortés pensó ir con Fernández de Alfaro, y luego cambió por Quintero.

CAPÍTULO 10

1. Marineo escribió un relato de su viaje, pero confundió la tormenta con una de 1519. Cortés pudo tener relaciones extremeñas en las Canarias; véase Manuel Lobo Carrero, «Extremeños en Canarias», en *Hernán Cortés y su tiempo* [9:22], 193.

2. Como se ve, aunque he establecido una nueva fecha para la partida de España de Cortés, acepto que el poco fiable Quintero era su capitán, como se indica vívidamente en, por ejemplo, López de Gómara.

3. Fray Tomás de la Torre, *Desde Salamanca, España, a Ciudad Real, Chiapas, diario del viaje, 1544-1545*, ed. Franz Blom (México, 1945), 71-73, 113.

4. G, 36; Pérez de Tudela [5:40], 248, habla de un Pedro de Medina que era agente de un mercader aragonés, Juan Sánchez de la Tesoría, para el cual véase Muñoz, vol. V, 72, ff. 33 y 36 (era hermano de Alonso Sanchís, tesorero de Valencia, activo en el comercio de esclavos con las Canarias). Sánchez de la Tesoría fue responsable, con el genovés Riberol, en 1502, de la primera transacción privada de negocios entre España y América.

5. Miguel Muñoz de San Pedro, en un ensayo sobre Lizaur (BRAH, CXXIII [1948], 89), cita un manuscrito no publicado del siglo XVII con una historia de Brozas *(Noticias de los Brocas)*, en el cual se dice que Lizaur y Cortés se hicieron «*muy grandes amigos*», y que el primero afirmó, luego, que hizo mucho en favor de Cortés «con el Comendador», es decir, con Ovando.

6. Los acontecimientos de Xaragua (información de una rebelión india y la acción española para abortarla) no fueron muy diferentes de los que ocurrirían en Cholula (véase c. 18).

7. «*fue algo travieso sobre mujeres*», escribió Díaz del Castillo (D del C, II, 420), que llegó de oídas a esta conclusión. Juan Núñez Sedeño recordaba a Cortés como «*escribano de Azúa*» (*Docs. Inéditos*, 194).

8. C. de S, 99-100.

9. A Oviedo le desagradaban los abogados.

10. G, 10-11. Las descripciones de esta enfermedad se refieren a un «absceso»; un «tumor» (en su pierna derecha); y sífilis (C de S, 98). Para Nicuesa, véase Ángel de Altolaguirre, *Vasco Núñez de Balboa* (Madrid, 1914), IX.

11. Arranz [5:45], 256, da la cifra para 1513, en la época del repartimiento de aquel año; para la despoblación, véase Hernando Gorjiri, de Azúa, en Muñoz, vol. 58, f. 210.

12. El mapa, el más antiguo de la isla, está en la Universidad de Boloña y ha sido publicado por Arranz [5:45], 256; «Relación de... Parada», en CDI, XL, 261.

13. Zuazo al emperador, enero de 1518, CDI, I, 311.

14. Pike [6:48], 132-131. Pero el molino no había sido terminado en 1523; véase cédula del 26 de junio de 1523 en favor del licenciado Ayllón, que le permitía conservar la tierra aunque no hubiese cumplido su promesa de construir un ingenio (AGI, Indif. Gen.).

15. La porción fue decidida durante las guerras con los árabes, en el siglo XI. La práctica se derivaba de la costumbre de los árabes mismos. El Corán habla de ello: «Has de saber que de cualquier botín que tomes, un quinto es de Dios y del mensajero.» Véase A. J. Arberry, *The Koran: an interpretation* (Londres, 1980), 201.

16. G, 39.

17. La carta del 1 de abril de 1514 está en CDI, XI, 412-419.

18. «Relación de... Parada», CDI, XL, 261; Las Casas, II, 477.

19. La cédula que permitía a Velázquez hacer la división está fechada en 13 de mayo de 1513 (CDIU, VI, 2); Wright [5:50], 40-44.

20. D del C, I, 112.

21. De testimonios en el pleito de María de Marcayda en 1529 contra Cortés.

22. *Tributos y servicios personales de Indios para Hernán Cortés y su familia*, ed. Silvio Zavala (México, 1984), 3.

23. Las Casas, II, 476.

24. Véanse pruebas en *Tributos* [10:22], 2-7.

25. Así lo dijo a Las Casas (Las Casas, II, 240).

26. D del C, I, 73.

27. Las Casas, III, 477.

28. Probanza de 1531, en *Docs Inéditos*, 2; Sepúlveda, 93.

29. AGI, Justicia, leg. 49, f. 190. Fue alcalde de 1516 a 1518.

30. AGI, Justicia, leg. 49, f. 190. La abuela materna de Cortés era una Orellana. Véase Genealogía III.

31. Las Casas, II, 475. Aunque el gobernador le había castigado recientemente (probablemente con una multa) por jugar (véase Documentos).

32. Véase García del Pilar, en Res (Rayón), II, 216: *«oía misa devotamente, aunque al mismo tiempo se veían muchas mujeres en su casa»*.

33. *«esa nonada de Cortesillo...»* fue la frase de Salvatierra en 1520 (D del C, I, 406).

34. *«un Hernando Cortés, natural de Medellín, criado mío de mucho tiempo»* (carta a Fonseca, 12 de octubre de 1519); y en una carta a Rodrigo de Figueroa (17 de noviembre de 1519), hablaba de un tal Cortés que siempre pareció prudente y que había estado largo tiempo en la isla como criado suyo.

35. Suárez de Peralta [9:38], 82.

36. D del C, II, 420-421.

37. Esto se deriva de un examen en 1946 de sus supuestos huesos por dos comités independientes entre sí. Eulalia Guzmán dijo que los huesos mostraban a la vez sífilis congénita y adquirida; la primera acusación es especialmente interesante, pues la sífilis no se conocía en Europa en la época del nacimiento de Cortés.

38. Weiditz, nacido en Estrasburgo, pero residente en Augsburgo, era un protegido del embajador polaco, Johnan von Hoeven (Johannes Dantiscus), que se hizo amigo de Cortés. Véase la ilustración coloreada en *Das Tachtenbuch des Christoph Weiditz von seinen resien nach Spanien (1529) und der Nederland (1531-32)*, ahora en la biblioteca del Germanischemuseum en Nurenberg; hay edición facsímil de Theodor Hampfe, Berlín 1927; y Jean Babelon, «Un retrato verdadero de Hernán Cortés», en MAMH, XIII (julio-agosto 1954), 173-178. Ni Babelon ni Franz Blom, que escribió también sobre este retrato, en *Hernán Cortés y el libro de viajes de Christoph Weiditz* (Tuxla Gutiérrez, 1945), parecen haberse fijado en el color del cabello de Cortés en la pintura.

39. Las Casas, II, 475. Esta medalla, reproducida con frecuencia, está en París.

40. Marineo [9:20], 100. Este distinguido humanista escribió también una eulogía del obispo Fonseca (cit. en el apéndice 16 de un ensayo de Tomás Teresa León, en *Hispania Sacra*, 13 [1960], 52-54), de modo que acaso su juicio sobre la virtud no era siempre digno de confianza. Pero sin duda puede confiarse en un italiano en cuestión de colores.

41. G, 492.

42. D del C, II, 420.

43. CDI, XXVII, 308. Este relato es semejante al de G, 46, que se escribió con ayuda de Cortés (C, 48).

44. Diego Velázquez a Figueroa, 17 de noviembre de 1519, en Martínez, *Docs.*, I, 99.

45. El texto está en AGI, Patronato, leg. 15, R. 7. Se trata de una copia hecha el 13 de octubre de 1519 y enviada al obispo Fonseca con Gonzalo de Guzmán. Se ha publicado mucho, y de modo muy adecuado en Martínez, *Docs.*, I, 45-57. El original se lo llevó Cortés a México y cabe presumir que se perdió en la retirada de Tenochtitlan en 1520.

46. Andrés de Duero, *Inf. de 1521*, 310. Ramos [9:79], 93, sugiere la participación de Cortés.

47. Véase Néstor Meza, «La formación de la fortuna mobiliaria de Hernán Cortés», *Estudios sobre la conquista de América* (Santiago de Chile, 1971).

48. *Circa 1492* [5:39], 122.

49. José María Ots Capdequí, *El Estado español en las Indias* (México, 1941), 16-17. También Silvio Zavala, *Las instituciones jurídicas en la conquista de América* (3.ª ed., México, 1988), 117-118.

50. Wright [5:50], 55.

51. Oviedo, II, 147.

52. El primer obispo de México, Juan de Zumárraga, dijo, comentando esto, que con la aparición de Grijalva, la razón misma de la expedición de Cortés desaparecía. Por eso Cortés encontró otro propósito: carta a Carlos V, del 29 de agosto de 1529, en CDI, XIII, 106.

53. Sepúlveda, 92.

54. Ramos [7:79].

55. AGI, Justicia, leg. 985. *Probanza de Antonio Sedeño*, pregunta XXXI en el cuestionario, cit. Ramos [9:79], 59.

56. Véase mapa de 1511, publicado ese año con las *Décadas* de Mártir; y el mapa del mundo de Tolomeo de 1548, publicado en AEA, XLVII, 1990, 25.

57. Éste es el argumento de Ramos [9:79], 47-54.

58. D del C, I, 114.

59. Cédula del 29 de diciembre de 1516, en CDIU, I, 69-70.

60. CDI, XXVII, 309. Otros prestamistas a Cortés fueron Andrés del Duero, Pedro de Tieres (Jerez), Antonio de Santa Clara y Jaime y Jerónimo Tría. Los dos últimos le dieron, entre ambos, cuatro mil pesos en efectivo y cuatro mil pesos en efectos; los préstamos se garantizaron con los indios de Cortés y otras propiedades. Vázquez de Tapia dijo que invirtió su fortuna en la expedición. En octubre de 1520 Cortés dijo que pidió prestados más de diecinueve mil pesos, (AGI, Patronato, leg. 15, R. 16). Martínez lo publica en sus *Docs.*, I, 148-55.

61. Juan Jaramillo, testimonio en el juicio de residencia de Cortés, AGI, Justicia, leg. 224, p. 1, f. 464v.

62. «*Yo vine con cavallos e armas e otras cosas e vine por capitán de otra nao e gente a mi costa e misyon syn socorro de ninguna persona para ayudar a ganar estas partes e ponellas debaxo de la obediencia de vuestra magestad.*» Res. de Alvarado, 86.

63. Para Gómez de Alvarado, véase *Libro de Genealogía*, en la petición de Pedro de Alvarado para su admisión en la Orden de Santiago, en AHN, Órdenes Militares, Santiago. Tenía bienes en Medellín. Véase AGS, Registro General del Sello, 8 de agosto de 1498, f. 121.

64. Un testigo en una investigación ordenada por Velázquez dos años más tarde, describió a Alvarado, a su regreso, explicando que Grijalva «*quedaba muy amigo de los tecles y principales señores della...*»: Juan Álvarez, *Inf. de 1521*, en Polavieja, 250.

65. Velázquez en su testamento.

66. Las Casas, III, 194.

67. Las Casas, III, 196. La copla decía (D del C, I, 112): «*A la gala de mi amigo Diego, Diego, / ¿Qué capitán has elegido? / Que es de Medellín, de Estremadura, / Capitán de gran ventura. / Mas temo Diego, no se te alce con la armada; / Que le juzgo muy gran varón en sus cosas.*»

68. D del C, I, 113.

69. C de S, 82-83.

70. Parece que Cortés decía esto en su carta perdida, según lo cita Sepúlveda (93).

71. Las Casas, III, 194-195.

72. Información de los méritos de Francisco Rodríguez Magariño, en AGI, Patronato, leg. 54, n.º 3, R. I.

73. John Elliott en intr. a Anthony Pagden ed. de las *Cartas de relación* (*Letters from Mexico*) (Londres, 1972).

74. Hernández Portocarrero, La Coruña, 30 de abril de 1520, en AG Patronato, leg. 254, n.º 3 c, Gen. 1, R. 1, f. 4v.

75. La fuente de esto es el hijo del supuesto asesino, Juan Suárez de Peralta [9:38], 34-35. No parece que se haya investigado el asunto. Tal vez sólo la familia estaba enterada, si es que ocurrió. Suárez de Peralta deseaba congraciarse con la familia de Cortés, pero decir que el propio padre cometió un asesinato, cuando no lo hizo, parece exageradísimo, incluso teniendo en cuenta los niveles de adulación del siglo XVI.

76. Véanse las pruebas contra Cortés en su investigación, en CDI, XXVII, 310-311. La cifra de treinta cerdos se deriva del *Inf. de 1520* (véase Polavieja, 153), un documento redactado por insistencia de Cortés. Las Casas, III, 197, escribió que Cortés le contó lo sucedido, ya fuera en México en 1538, ya en España en 1542. Cortés, en una carta de 1542 a Carlos V, habla del incidente (véase la carta en CDIHE, IV, 219).

77. Véase la declaración de este funcionario en el juicio de residencia de Cortés (AGI, Justicia, leg. 224, p. 1, f. 294r).

78. Esta anécdota fue confirmada aproximadamente por el propio Cortés en su juicio de residencia en 1529 (CDI, XXVII, 311). También aparece en Las Casas, III, 123 y en G, 50.

79. Esta fecha se da en la probanza de un año más tarde (4 de octubre de 1519, en Tepeaca).

CAPÍTULO 11

1. Declaración de Dávila, en CDI, XXVIII, 26; CDI, XXVII, 312. Su capitán era Pero González de Trujillo.

2. Verdugo, en 1536, dijo contar unos cuarenta años en esa época (AGI, leg. 203, n.º 23, Inf. de Gerónimo de Flores) y tuvo un papel importante en la vida de Cortés, aunque acabó, como ocurrió con la mayoría de sus amigos, pleiteando contra él.

3. Oviedo, II, 388. Pedro de Ordás se había establecido en una hacienda en Trinidad.

4. Francisco Verdugo, cuñado de Velázquez, era sobrino suyo de una manera que no he establecido.

5. Diego Bardalés y Pedro López de Barbas, en la información de Ordás de 1521 (Santo Domingo), en CDI, XL, 91, 104. Diecisiete cartas suyas a su sobrino Francisco Verdugo, el Joven, se hallan en AGI, Justicia, leg. 712, de las cuales nueve fueron publicadas por Enrique Otte, en HM, XCIV, 102-129 y 321-338. Véase Florentino Pérez Embid, «Diego de Ordás, compañero de Cortés», AEA (Sevilla, 1950); y c. 2 de Demetrio Ramos, *El mito del Dorado* (Caracas, 1973).

6. Estas deudas, como las de Francisco de Morla, fueron inscritas por Andrés de Duero en un «*libro con cubierta de vitela*» del que se habló mucho en el juicio de residencia de Velázquez (AGI, Justicia, leg. 49, f. 100).

7. Tirado contra Cortés, en Conway (Camb.), Add. 7284.

8. D del C, 117-118; CDI, XXVII, 313. Véase también la declaración de Núñez Sedeño en su pleito contra Cortés muchos años más tarde, en *Tributos* [10:22], 10. En este pleito, el ubicuo testigo Bernardino Vázquez de Tapia dijo que, por órdenes de Velázquez, Ordás pidió a Núñez Sedeño que se uniera a Cortés.

9. Diego de Coria, que fue criado de Cortés durante años (así se describió a sí mismo en una investigación de Nuño de Guzmán en 1532), contó esto a C de S (157).

10. A veces se le da el nombre de Gonçalo y su apellido se ortografía en ocasiones Puertocarrero. Era hijo de Rodrigo Hernández Portocarrero y de María de Céspedes (APS, oficio IV, lib. 1, f. 274v.). Rodrigo era primo hermano del conde de Medellín, pero también pariente de los Monroy. Véase Genealogía III y Miguel Muñoz de San Pedro, «Puntualizaciones históricas sobre el linaje de Monroy» (REE [mayo-agosto de 1965], 213-229), así como Cooper [6:66], II, 1099. Rodrigo de Portocarrero pleiteó contra el conde de Medellín. Véase, sobre un pleito de 1504, los papeles de Medellín (Casa de Pilatos), en leg. 4, doc. 30.

11. Según Bernardino Vázquez de Tapia.

12. AGI, Indif. Gen. leg. 419, lib. 5, f. 183.

13. D del C, I, 117.

14. CDI, XXVII, 313. Parece que lo hizo cuando llegó a Macaca.

15. Los objetos se anotan en G, 42-45.

16. Juan de Cáceres en declaración en el juicio de residencia de Cortés, AGI, Justicia, leg. 223, p. 2, dice que al norte, pero no está claro cuándo ni por qué La Habana cambió, según Irene Wright en «The Beginnings of Havana», HAHR, 5, 1922.

17. CDI, XXVII, 315. Montejo siguió a Cortés desde Santiago en su propio buque, vía Jamaica, según su propio relato en AGI, Justicia, leg. 224, p. 1.

18. Tapia, en J. Díaz y cols., 68.

19. CDI, XXVII, 314; Tapia en J. Díaz y cols., 68; declaración de Martín Vázquez en CDI, XXVIII, 121; AGI, México, leg. 203, n.º 11 (Inf. de Juan de Cuéllar).

20. La orden de la Merced se fundó en 1218; era medio mendicante y medio militar y formaba un grupo pequeño pero eficaz: «*Los mercedarios son pocos pero se portan bien.*»

21. G, 50.

22. D del C, I, 126.

23. Tapia lo declaró, en respuesta a la pregunta 22 del cuestionario del juicio de residencia de Cortés, AGI, Justicia, leg. 223, p. 2. Lo repitió en términos muy parecidos en 1541; véase Tapia en J. Díaz y cols., 84. Tapia, nacido en León, pudo tener parientes en Extremadura, pues los Tapia eran una de las familias principales de Trujillo. Esto explicaría que Cortés confiara en él. Un Andrés de Tapia era residente de Medellín en 1492, cuando pidió al rey un salvoconducto, pues él y otra persona temían al conde de la ciudad (AGS, Registro General del Sello, 23 de junio de 1492, f. 126). Jorge Gurría Lacroix (BAGN, V, II) creía también que Tapia era de Medellín. En una información de 1570, Tapia dijo contar sesenta y cuatro años, por lo que debió nacer en 1506 (AGI, Patronato, leg. 57, n.º 1, R.1 (4).

24. Las Casas (III, 92), conoció a Grijalva en La Española en 1523, y el segundo contó esto al primero.

25. Juan de Salcedo en el juicio de residencia de Cortés, AGI, Justicia, leg. 224, p. 1, f. 660v. Salcedo tenía una propiedad compartida con Velázquez en Baitiquirí. Gómara dice que Cortés y Velázquez fueron nombrados conjuntamente «*capitán y armador*» (G, 47). La primera carta sobreviviente de Cortés al rey dice que no se obtenían nuevos permisos «*sin lo decir ni hacer nada a los padres Jerónimos*». No conocía la gestión de Salcedo.

26. El testamento de Velázquez está en *Epistolario*, I, documento n.º 59.

27. C, 49.

28. C, 48. El padre de Cortés, Martín, en una petición de 1520 a Carlos V, dice que su hijo costeó siete buques y Velázquez, tres (Martínez, *Docs.*, 102-103).

29. El cuestionario y las respuestas en AGI, Patronato, leg. 15, R. 16. Sólo el cuestionario se publicó en Martínez, *Docs.*, I, 148-165).

30. Ángel Losada, «Hernán Cortés en la obra de Sepúlveda», en R de I (enero-junio de 1948), 137.

31. Alaminos, en *Inf. de 1520*, 22.

32. Porras Muñoz en R de I (enero-junio de 1948), 333. Véase también Pedro V. Vives, «La conquista de Nueva España como empresa», ed. en *Historia 16* (diciembre de 1985).

33. Ots Capdequí [10:49], 16.

34. Los buques no se medían entonces por peso (toneladas), sino por capacidad (toneles). Un *Santa María de la Concepción*, de cien toneladas, partió de España rumbo a Cuba en 1516, al mando del capitán Juan del Castillo. Pudo ser el mismo navío que la capitana de Cortés, aunque la duplicación de nombres crea confusión.

35. Res. Alvarado, 87.

36. La cifra de quinientos treinta se deriva de declaraciones hechas independientemente unas de otras en el juicio de residencia de Cortés en 1529, en CDI XXVIII, 122, y CDI XXVII, 316. Otras fuentes tienen variantes; por ejemplo, Velázquez, en una carta al rey, dio seiscientos (Muñoz, A 103, f: 157), Bernal Díaz dio quinientos ocho, pero con cien marineros además de esta cifra. Tapia dio quinientos sesenta. López de Gómara (con Cervantes de Salazar siguiéndole en esto), dio quinientos cincuenta, de los cuales cincuenta marineros. Oviedo habló de quinientos hombres y dieciséis caballos. Mártir, que habló con Alaminos, también dio quinientos soldados. Cortés, en *Carta de Relación*, habla de cuatrocientos hombres. El primer relato publicado sobre México, «Ein Auszug...» (1520) da asimismo 400 soldados (HAHR de mayo de 1929).

37. Una culebrina era una pieza de artillería que se cargaba por la boca con balas de pequeño calibre; un falconete era parecido, pero más pequeño.

38. D del C, I, 122; Hassig [1:23], 237. Hay varias de estas piezas en el Museo del Ejército, de Madrid, de una de las cuales se dice que fue de las empleadas por Cortés.

39. D del C, I, 128.

40. Véase la lista de la tripulación de Ponce de León en su viaje a la Florida de 1511, en la cual hay dos marineros negros, ambos llamados Jorge (Murga [5:14], 104).

41. Boyd-Bowman [5:17], 36, estableció el origen geográfico de trescientos ochenta y tres de los quinientos hombres, más o menos, de Cortés. Hay percepciones interesantes en Francisco Castrillo, *El soldado de la conquista* (Madrid, 1992). Los nombres son difíciles de establecer, pues a veces a los hombres sólo se los conocía por un apodo, a veces por su lugar de origen, a veces por un apellido junto con un apodo. Se podía habitualmente elegir entre los apellidos de los cuatro abuelos.

42. Dorantes de Salazar [8:78], 320, dio los nombres de nueve, aunque tal vez, como Orozco y Berra, pudo confundir los que fueron en la expedición de Cortés con los de la posterior de Narváez.

43. Andrea del Castillo dijo en 1583 que no era menos conquistadora que ellos conquistadores, y agregó que a menudo las mujeres de su calidad, cuando se hallan en guerras y conquistas, se fortalecen con su visión especial y cumplen bien y sirven a sus monarcas y señores con más energía y valor que

los hombres; «Méritos y servicios del adelantado don Francisco de Montejo», en *BAGN*, IX, 1 (enero-febrero de 1938), 87.

44. Hijo de un médico, Ochaita, de Durango (Guipúzcoa), había marchado a las Indias en 1516. Véase José Castro Seoane, «El P. Bartolomé de Olmedo», *Misionalia Hispánica*, 6 (1948), 5-78. Hay una estatua suya en la calle mayor de Olmedo. Por un breve tiempo, en la infancia de fray Olmedo, el obispo Fonseca fue arcediano de Olmedo, y tal vez esto influyó en su decisión de buscar una nueva vida en las Indias (Sagarra Gamazo [6:73], 624).

45. Vázquez de Tapia en CDI, XXVI, 422.

46. Los griegos eran Andrés de Rodas, Manuel y Juan Griego, Andrés de Mol y Arbolenga; los italianos eran el piloto Lucas, Juan Lorenzo, Sebastián de Veintemillia (todos de Génova), Juan el Siciliano, Tomás de Rijoles y Vicencio Corcio, de Córcega; los portugueses eran Gonzalo Sánchez, un tal Magallanes, Alonso Martín de Alpedro, Juan Álvarez Rubazo, Gonzalo Rodríguez, Gonzalo Sánchez, Diego Correa y Rodrigo Cavallo.

47. Baltasar de Mendoza, alcalde ordinario de Trinidad, en una información del 20 de noviembre de 1520, dijo que sabía que Cortés «*sacó de esta isla, al tiempo que della partió, yndios... pero no sabe que cantidad que han llevado...*» (CDI, XXXV, 60). Varios testigos, por ejemplo Rodrigo de Tamayo, declararon que Velázquez había «dado licencia para llevar d'esta ysla ciertos yndios». En el mismo documento (CDI, XXXV, 63), Xoan de Valdecillo dijo que Cortés se llevó quinientos o seiscientos sesenta indios cubanos. Juan Álvarez dijo lo mismo en *Inf. de 1521* (en Polavieja, 263), y el haber permitido que esto sucediera fue una de las acusaciones contra Velázquez en su juicio de residencia (AGI, Justicia, leg. 49, f. 99). El Códice Florentino (FC, XII, 21) dice que se tomaba a los españoles por dioses, y a los negros de la expedición por «dioses sucios». Había en aquel entonces unos cuarenta mil esclavos negros en España y unos centenares en el Caribe. Véase Fernández Álvarez [9:29], 187.

48. Francisco de Icaza, *Conquistadores y pobladores de Nueva España* (México, 1969, 2 vols.), I, 98. Pudo llegar a México en 1520.

49. Xoan de Estacio en *Información* del 20 de noviembre de 1520, en Trinidad, CDI, XXXV, 74.

50. Lucas Fernández de Piedrahita, *Noticia Historial de la conquista del Nuevo Reino de Granada* (Bogotá, 1973, 2 vols.).

51. Todavía había dos estilos de cabalgar en España: a la brida, el viejo estilo español, con largos estribos, silla con respaldo bajo y perilla pequeña y con las rodillas del jinete apretadas contra los flancos del caballo, y a la jineta, derivada de los árabes y muy popular, irónicamente, justamente cuando los españoles completaban su Reconquista. En la guerra de Granada (McKay [7:47], 149) nos dice que había diez veces más jinetes (que cabalgaban a la jineta) que cabalgadores al viejo estilo. En 1519, el estilo a la jineta era el habitual de los caballeros españoles; «*mi país se ganó a la gineta*» escribió el Inca Garcilaso respecto a la conquista del Perú en los años de 1530. Lo mismo podía decirse de México. Para esto, véase Robert Moorman Denhardt, «The Truth about Cortés horses», HAHR 17 (1937), 525-535, y del mismo autor, «The Equine Strategy of Cortés», HAHR (1938), 500-555. R. B. Cunninghame Graham, *Horses of the Conquest* (Londres, 1930), da detalles sobre las sillas de montar.

52. Véase Oviedo, II, 103, y J. G. Vanner, *Dogs of the Conquest* (Norman, 1983). AGI, Justicia, leg. 49 (Francisco Benítez en Res. Velázquez).

53. «*Muy de palacio*», dice Castro Seoane [11:44], 37.

54. La descripción es de Torquemada.

55. Véase la genealogía de Álvaro de Lugo (que casó con una hermana de Juan Velázquez de Cuéllar), en Cooper [6:66], 447.

56.   Declaración de Juan de Cáceres, en AGI, Justicia, leg. 223, p. 2, f. 227r; véase su recomendación al rey en favor de su hijo Diego, en AGI, Indif. Gen., leg. 420, 22 de julio de 1523. Cáceres afirmó que no podía escribir, en el juicio de residencia de Alvarado, 150.
57.   D del C, 123; Núñez Sedeño en su pleito de 1529.
58.   Zavallos contra La Serna, en Conway (Camb), Add. Mss.
59.   Deduzco esto al examinar las declaraciones de edad de los testigos en los juicios de residencia de Cortés y Alvarado en 1529. La mayoría dijeron que eran entonces «*de hedad de treynta años más o menos*».
60.   Diego de Varas en *Información de 1521* (Polavieja, 289).
61.   Para Gamboa y Cáceres, véase *Información de 1531*, en *Publicaciones del Archivo General de la Nación*, vol. XII (México, 1927), 22. Para Suárez, véase Icaza [11:48], n.º 130.
62.   Fernando López Ríos, «Alimentación y dieta en las navegaciones», *Historia 16*, 198, 64.
63.   La armadura de algodón mexicana (*ichcahuipilli*) se hacía con algodón sin hilar tensado fuertemente entre dos capas de tela y con borde cosido de cuero. A veces se le empapaba de agua con sal, para hacerlo más fuerte. Como tenía un espesor de alrededor de dos o tres centímetros en sus diversos estilos (chaleco sin mangas, chaqueta atada a la espalda, etc.), sin duda era bastante fuerte para resistir flechas y lanzas.
64.   G, 51-2.
65.   La concesión de escudo de armas a Francisco Montano (1540) sugiere que el estandarte personal de Cortés era una cruz azul sobre campo gualda. Pero parece que los colores desconcertaban a esos conquistadores. Tapia dice que «*lleva el dicho marqués una bandera de unos fuegos blancos y azules y una cruz colorada en medio*» (Tapia en J. Díaz y cols., 67). Bernal Díaz (D del C, I, 114) dice que Cortés «*mandó hacer estandartes y banderas labradas de oro con las armas reales y una cruz de cada parte*», da a entender que todos los buques llevaban este estandarte. Cervantes de Salazar (C de S, 207) dice que la bandera era negra con signos azules y blancos, mientras que Motolinía habla de una cruz roja sobre campo negro en medio de fuegos azules y blancos (DCI, VII, 287). El lema «*In hoc signis vincis*» puede hallarse en la vida de Constantino por Eusebio.
66.   CDI, XXVI, 458; los comentarios de Vázquez de Tapia en CDI, XXVI, 408.
67.   Motolinía [1:1], 274.
68.   Otte [11:5], 320.
69.   Artículo V del testamento de Cortés, acerca del cual véase Martinez, *Docs.*, 313-314.
70.   Se han hecho muchos esfuerzos para enaltecer la conciencia religiosa de Cortés: por ejemplo, fray Fidel de Lejarza, OFM, «El espíritu misionero de Cortés», en AEA, VI (1949), 343-450.
71.   Vázquez de Ayllón, en CDI, XXV-XXVI.
72.   D del C, I, 126.
73.   D del C, I, 173.

CAPÍTULO 12

1.   Acerca del papel, siempre importante, de Alaminos, véase Jesús Varela Marcos [7:8], 99-101.
2.   G, 53.
3.   Esto es lo que relató Alvarado en su juicio de residencia (Res. Alvarado, 62-63).

4. Tanto Rodrigo de Castañeda (Res. Alvarado, 42), como Bernardino Vázquez de Tapia (Res. Alvarado, 34) estuvieron en el buque de Alvarado y declararon haberle visto tratar duramente a los indios.

5. D. del C, I, 127. La acusación de que Alvarado había robado varios pueblos sin causa alguna fue una de las que se le dirigieron en su juicio de residencia. Él lo negó.

6. D del C, I, 127. Declaración de Martín López, *Inf. de 1565*, 114.

7. Mártir, II, 27.

8. Joan de Cáceres, en AGI, Justicia, leg. 223, p. 2, f. 227; CDI, XXVIII, 124.

9. CDI, XXVII, 317; G, 54.

10. C, 123.

11. Mártir, II, 28.

12. G, 55.

13. D del C, 132.

14. G, 53-54.

15. Véase la declaración de Tapia en respuesta a la pregunta 43 del cuestionario en el juicio de residencia de Cortés, AGI, Justicia, leg. 223, p. 2; también en J. Díaz y cols., 69.

16. CDI, XXVII, 318.

17. Declaración de Vázquez de Tapia, CDI, XXVIII, 124.

18. CDI, XXVII, 319; Mártir, II, 28. Altares portátiles, con imágenes de la Virgen, se usaban lo mismo en la corte que a bordo de los buques.

19. Ésta es la afirmación de López de Gómara, sin duda por información de Cortés.

20. Probablemente mencionó esto en su perdida «primera carta», como sabemos por Sepúlveda, 83, donde habla de haberlo leído en los *commentarii* de Cortés, aunque no está claro dónde lo vio Cortés.

21. Al conceder tierras en 1526 a los hijos de Moctezuma, cit. Josefina Muriel, «Reflexiones sobre Hernán Cortés», R de I (1948), 233.

22. CDI, XVIII, 124.

23. G, 54-55.

24. CDI, XXVII, 319; Tapia en J. Díaz y cols., 70, dice que «*había hombres con barbas como nosotros, hasta tres o cuatro*».

25. Cuestionario de Ordás, en *Inf. de 1521* (Santo Domingo), declaración de Diego Bardalés, Antón del Río, Pero López de Barbas, Gutierre González y Alonso de Ávila, todos presentes (CDI, XL, 78 y ss.).

26. Declaración de Joan de Cáceres, AGI, Justicia, leg. 223, p. 2.

27. G, 57.

28. Tapia en respuesta a la pregunta 48, AGI, Justicia, leg. 223, p. 2.

29. Estaban presentes varios testigos del juicio de residencia de Cortés, y contestaron acerca de esto en respuesta a la pregunta 49, en el principal cuestionario de Cortés: por ejemplo, Joan de Cáceres, Tapia y Alonso de Navarrete, en AGI, Justicia, leg, 223, p. 2, f. 227v, f. 309v y f. 424v; véase también Tapia, en J. Díaz y cols., 70-71.

30. Mártir, II, 31.

31. CDI, XXVII, 322. Joan de Cáceres recordó este «rracionamiento primero o plática» entre Cortés y Aguilar (AGI, Justicia, leg. 223, p. 2).

32. Las Casas, III, 204.

33. D del C, I, 135.

34. Véase la explicación de Cortés al contestar a la pregunta 51 en 1534, en CDI, XXVII, 322 (donde a Guerrero se le da erróneamente el apellido «Morales»); véase Germán Vázquez en su intr. a Tapia en J. Díaz y cols., 71-73. Dado que Chactemal está en el sudeste del Yucatán, Guerrero no pudo ser el instrumento de la derrota de Hernández de Córdoba en el noroeste, en 1517,

como se indica allí. Pero pudo haber prestado otros servicios importantes a los mayas.

35. Véase Alejandro Lipschutz, «En defensa de Gonzalo Guerrero, marinero de Palos», en *Miscelánea de estudios dedicados a Fernando Ortiz* (La Habana, 1956); y más recientemente, Bibiano Torres Ramírez, «El Odisea de Gonzalo Guerrero en México», en *Congreso* [6:25], 369-386. Hay más material sobre la vida de Guerrero, «*que perdió su alma por una muchacha india*», en Eligio Ancona, *Historia de Yucatán* (Barcelona, 1889, 4 vols.), I, 209-218.

36. «*Y en Niebla con hambre pura / otra madre a un hijo muerto / también sacó la asadura...*»

37. Las Casas, I, 123.

38. G, 60-61.

39. Tapia, en J. Díaz y cols., 74. (Se dijo que el queso y el plato cayeron del buque de Alvarado.)

40. La pregunta 53 en el juicio de residencia de Cortés (CDI, XXVII, 323) habla de una «*perra en la dicha isleta...*»; Tapia en J. Díaz y cols., 74; G, 64-65.

41. Vanner [11:52], 60.

42. El cuestionario de Cortés (pregunta 53) y por lo menos un testigo (Joan de Cáceres, en AGI, Justicia, leg. 223, p. 2), dicen que la busca de Escobar llevó seis semanas. Estos textos están sin duda equivocados.

43. CDI, XXVII, 325.

44. Esta cifra es de Mártir (II, 33), que habló por lo menos con tres miembros de la expedición el mismo año o en 1520. El juicio de residencia de Cortés da la cifra de ochenta (CDI, XXVII, 329).

45. Mártir, II, 33; G, 66.

46. Mártir, II, 34.

47. La goma procedía del árbol de hule, que, si se le hacían cortes, exudaba espesas gotas blancas de resina. Las mezclaban, las trataban para que se endurecieran y luego el producto se empleaba con muchos fines.

48. Juan Álvarez, en *Inf. de 1521*, en Polavieja, 250.

49. Joan de Cáceres, en AGI, Justicia, leg. 223, p. 2, f. 227r; C, 55; G, 60.

50. Juan Álvarez, *Inf. de 1521*, en Polavieja, 250.

51. CDI, XXVII, 324-325.

52. G, 67.

53. Cuestionario de Ordás en *Información de Diego de Ordaz* (Santo Domingo, 1521) y declaración de Diego Bardalés (que habló de cuarenta mil). Gonzalo Giménez (uno de los que rescataron a Ordás), y Alonso de Ávila, en CDI, XL, 74 y ss.

54. CDI, XXVII, 329.

55. CDI, XXVII, 325, 326. Ramos [9:79], 67, cree que no se trata del famoso requerimiento de Palacios Rubios, sino uno escrito a la medida por los notarios de Cortés.

56. Joan de Cáceres, en AGI, Justicia, leg. 223, p. 2, f. 22.

57. Diego de Vargas, en *Inf. de 1521*, dijo que fueron muertos trescientos indios, pero los indios mismos decían que los muertos fueron dos mil, Polavieja, 271.

58. Joan de Cáceres, arquero, en esta operación, en AGI, Justicia, leg. 223, p. 2, f. 227r; CDI, XXVIII, 130, 131, y CDI, XXVII, 225-229; Mártir, II, 33; G, 69-72; D del C, I, 142-143; y Juan Álvarez, en *Inf. de 1521*, en Polavieja, 257.

59. Mena García [6:12], 43.

60. D del C, I, 145.

61. Al describir la batalla de Tenochtitlan, Bernal Díaz comenta (D del C, I, 454) que los castellanos a lo primero avanzaron poco, «*aunque estuvieran*

allí diez mil Hectores, Troyanos y otros tantos Roldanes...» Otra cita de Roldán en D del C, I, 157.

62. D del C, II, 100.

63. Barbara Price, «Demystification...», *American Ethnologist*, 5, n.º 1, febrero de 1978, 109.

64. G, 70.

65. CDI, XXVII, 329. Otras fuentes dan nombres diferentes como comandantes (por ejemplo, G, 71 da Pedro de Alvarado y Alonso de Ávila en lugar de García de Albuquerque y Gonzalo Alvarado; D del C, I, 43, da Alvarado y Lugo). Pero los nombres en el texto, dados diez años después y bajo juramento, parece que han de ser los correctos. Probablemente Cortés probaba diferentes comandantes para ver cómo se portaban.

66. Declaración de Rodrigo de Segura, que fue herido (AGI, Justicia, leg, 223, p. 1, f. 611v).

67. El mayordomo de Cortés Joan de Cáceres dijo (AGI, Justicia, leg. 223, p. 2, f. 227r) que había más de treinta mil contra ellos.

68. Los nombres de aquellos a los que se asignaron caballos —no siempre suyos—, sugiere quiénes comenzaban a destacar como jefes: Cortés, Olid, Pedro de Alvarado, Hernández Portocarrero, Escalante, Montejo, Ávila, Velázquez de León, Morla, Lares, Gonzalo Domínguez, Morón y Pedro González de Trujillo. Diego de Ordaz, que no era jinete, mandaba a los de a pie. El portaestandarte era Antonio de Villarroel.

69. CDI, XXVIII, 130-131.

70. Tapia fue de los que tomaron en serio lo de la intervención divina (J. Díaz y cols., 76). Sepúlveda, 102, sugiere que Cortés mencionó el caso en sus *commentarii*, o sea, su carta perdida. Denhardt [11:51], señala que, según Bernal Díaz, el caballo de Morla era zaino, de modo que debió de pedir uno prestado; Joan de Cáceres (AGI, Justicia, leg. 223, p. 2, f. 227). Alonso de Navarrete hizo también una descripción gráfica (ibíd., f. 424).

71. En la *Carta del regimiento* (C, 58) aparece doscientos, pero ochocientos dijeron los indios mismos a Cortés, citado por D del C, I, 151.

72. D del C, I, 152. Se ha sugerido que al inducir a sus caballos a relinchar en el momento apropiado, Cortés emulaba el modo como Darío, en circunstancias bien diferentes, llegó a emperador de Persia, y ello gracias a que había leído el *Epítome* de Justino, en que se relata este incidente, y que entonces era muy popular.

73. En náhuatl, amigo se dice *teicniuh*, y vasallo, *temaceual*.

74. «*Y se declararon y fueron recibidos por vasallos de su majestad*»: Joan de Cáceres, en AGI, Justicia, leg. 223, p. 2, f. 227r; CDI, XXVII, 333.

75. Ramos subraya este aspecto de las acciones de Cortés [9:79], 89.

76. Mártir, II, 35.

77. CDI, XXVII, 229-332; G, 65-69. Hay también relatos en Mártir, II, 36, y en Tapia, que en J. Díaz y cols., tiene el relato de Santiago. Véase Iztlilxochitl, I, 227.

78. Este testigo vio cómo rompían los ídolos y tomó parte en ello; Joan de Cáceres, en AGI, Justicia, leg. 223, p. 2, f. 227r; lo mismo dijo, en la misma investigación, Juan Jaramillo: AGI, Justicia, leg. 224, p. 1, f. 464v.

79. Ahora es la finca «El Coco», según Enrique Cárdenas de la Peña, en *Hernán Cortés*, ed. Alberto Navarro González (Salamanca, 1986), aunque Jorge Gurría Lacroix estaba seguro de que era en Bellota, la ruina arqueológica de la margen izquierda del río: *Cortés ante la Juventud*, ed. R. García Granados (México, 1949).

80. Martín Vázquez recordó que el Domingo de Ramos se dijo una misa solemne, hubo una procesión y se colocó una cruz en la plaza: CDI, XXVII, 333; también CDI, XXVIII, 32. Tapia habla asimismo de la procesión (en AGI,

Justicia, leg. 223, p. 2, f. 309v, en J. Díaz y cols., 77); G, 78; D del C, I, 156; C de S, 137.

81. La procesión de Semana Santa en Sevilla no adquirió su actual pompa hasta fines del siglo XVI, pero de todos modos había procesiones y existían algunas hermandades, aunque las manifestaciones de Carnaval, Corpus y la Asunción eran más importantes de lo que son ahora. Véase Morales Padrón [6:14], 268-272; Antonio del Rocío Romero Abad, *Las fiestas de Sevilla en el siglo XV* (Madrid, 1991).

82. Tapia describe cómo sucedió que pensaran en que Marina pudiera ser útil, en J. Díaz y cols., 78-79.

83. Para Marina y Cortés, véase la declaración de Gerónimo de Aguilar contra Cortés: «*el dicho Fernando Cortés se echó carnalmente con Marina la lengua e huvo en ella un hijo...*» (Conway, Camb. Add, 7286, 19). El doctor Cristóbal de Hojeda dijo lo mismo: «*el dicho Hernando Cortés... se hechaba con Marina, muxer desta tierra*» (CDI, XVIII, 494). Martín Vázquez dijo que «*el dicho Hernando Cortés la conquistó*» (CDI, XXVIII, 131). Véase también la declaración de Diego de Ordás y Alonso de Herrera respecto a una concesión de la Orden de Santiago a Martín Cortés hijo, en AHN (Santiago). El nieto de Cortés y Marina reconoció la relación al decir que en México Cortés tenía su corte y su casa con la dicha Marina, «*su aguela*» (Cuevas [6:57], 290). Para Marina, véase Germán Vázquez, *Malinali Tepenal, la mujer que conquistó México* (Madrid, 1986), y Ricardo Herren, *Doña Marina, Malinche* (Barcelona, 1992).

84. Véase la argumentación de Otto Schumann en la ed. de L. B. Simpson de Gómara, *Cortés: the Life of the Conqueror by his Secretary* (Berkeley, 1964), 100, n.º 4.

85. A menudo se la llama Malinche. Esto se deriva de un malentendido. «El mexicanismo *Malinche* deriva de la voz azteca *Malintzine*, un sustantivo que se forma con la raíz nahuatlizada del patronímico castellano Marina (los mexicanos pronunciaban la r como l) y dos posfijos: el reverencial *tzin* y el posesional *e*. La traducción correcta de *Malintzine* sería "Amo de doña Marina", y lógicamente no se usaba para designar a la bella princesa, sino al dueño de su corazón, el capitán Cortés», según la explicación que da Germán Vázquez, n.º 78 de su ed. de Aguilar (en J. Díaz y cols., 164). Véase también Orozco [8:4], IV, 110-111. Téngase en cuenta que el náhuatl meridional no tiene «tl» y la «p» se transforma en «b». Por esto, los españoles llamaban Huichilobos al dios mexicano Huitzilipochtli.

86. Así, cuando pasó por Coatzalcoalcos muchos años más tarde, perdonó a su madre su acto de traición. La madre y el hermanastro se hicieron cristianos y adoptaron los nombres de Marta y Lázaro.

87. Camargo, 184. Su información sobre Marina está llena de errores.

88. Joan de Cáceres habla de que la usaron incluso en Potonchan (AGI, Justicia, leg. 223, p. 2, f. 227r.) cuando dice que, disponiendo de intérpretes («lenguas») y de gentes que les hacían entender la verdad, muchos se separaron «de aquella errónea secta» (C, 67).

89. Stephen Greenblatt, *Marvellous Possesions* (Chicago, 1992), 145, recordando que Nebrija escribió que la lengua fue siempre la compañera del imperio, señala que Cortés había encontrado en Marina a *su* compañera. Cáceres, AGI, Justicia, leg. 223, p. 2.

90. CF-G, IV, c. 1, 224. Para el empleo de la palabra «cristianar», véase el c. 1.

91. D del C, I, 157. Hay otras versiones. Quien escribió la balada pudo sustituir Sena por Duero, porque así se entendería mejor en España.

92. Véase José Luis Martínez [9:52], 70, y Victor Frankl [9:76], que señalan la importancia del resto del poema y sugiere que Cortés, «el estadista

más grande producido por España», se hizo conscientemente dependiente del monarca, «encarnación del bien común», en contraposición al «comercialismo egotista», mostrándose así como el «símbolo máximo de la continuación de la Edad Media en el Renacimiento».

93. D del C, I, 157.

94. Este proverbio, sobre los moros, era uno de los favoritos de Cortés: G, 139. La alusión a Esparta es de Eurípides, fragmento 723, en el *Adagio* de Erasmo.

CAPÍTULO 13

1. Teudile también aparece como Teutliltzin o como Tendile.

2. G, 83. Sahagún y otros dicen que en esta ocasión los indios, por órdenes de Moctezuma, y como señal de honor, vistieron a Cortés con el atavío de Quetzalcóatl. Juan Álvarez, un testigo responsable, de cuarenta y cinco años de edad y que estaba presente en 1519, declaró en Cuba, en 1521, que Cortés estaba vestido con pompa, pero esto era dos o tres días más tarde (Polavieja, 252). Véase más abajo. Cervantes de Salazar también dice (IV, 146) que fue más tarde. Las Casas (III, 217) dice que dos expediciones de indios llegaron a ver a Cortés en el agua, llevando oro en ambas ocasiones. La idea de que los indios locales tenían dispuestas estas ricas vestimentas esperando a Cortés no puede creerse. El relato de Álvarez es el más digno de confianza. Era un enemigo de Cortés y no tenía nada que ganar mintiendo.

3. Hassing [1:23], 237.

4. Señales «*de amor*», pregunta 81 en el cuestionario de Cortés (CDI, XXVII, 334). Miguel de Zaragoza, perdido durante la expedición de Grijalva, afirmaba haber dicho a Cortés dónde desembarcar para evitar los indios hostiles. Esto se lee en Dorantes de Salazar [8:78], 189-190. Este autor fue más tarde un vecino de Zaragoza.

5. Frances Berdan, «The Luxury Trade», en Boone [1:5], 169.

6. Anawalt [7:41], 3.

7. Juan Álvarez, en *Inf. de 1521*, 252.

8. Álvarez, *Inf. de 1521*, 252.

9. C, 117.

10. G, 83.

11. «Hicieron muchas chozas», CDI, XXVII, 334; Mártir, II, 36; Álvarez, en *Inf. de 1521*, cit. en Polavieja, 252.

12. G, 83.

13. Esta embajada de Cortés, asumida por su cuenta, puede verse en, por ejemplo, Ixtlilxochitl, 229.

14. D del C, I, 162.

15. Las Casas, III.

16. D del C. I, 169.

17. CF, XII, c. 9, 962.

18. G, 84-85; Tapia, en J. Díaz y cols., 79.

19. Véase nota de José Corona Núñez, cit. en *Rel. de Michoacan*, 141.

20. Ixtlilxochitl, 119-130; G, 85.

21. G, 85; Ixtlilxochitl, 230; D del C, 163. Este lugarteniene era acaso el mismo esclavo Cuitlapitoc que llegó con Teoctlamacazqui. La sugerencia (en un documento publicado primero en García Icazbalceta II, 1-24, y reimpreso a menudo, por ejemplo en Martínez, *Docs.*, I, 60-76) de que Cortés fue saludado ahora por dos mexicanos, Tlamapanatzin y Atonalctzin que, por odio a Moctezuma, se ofrecieron como vasallos del emperador Carlos V, parece que es una falsificación.

22. Hassing [1:27], 51.

23. Durán, II, 5127.

24. CF-G, XII, c. 8, 766.

25. CF-G, XII, c. 6, 765.

26. Durán, II, 249.

27. CF-G, VI, c. 10, 323, 326.

28. CF-G, XII, c. 7, 766.

29. CF-G, XII, c. 7, 766.

30. CF-G, XII, c. 6, 766, c. 9, 768. Pero véase Sahagún, II, 938, y Durán, II, 517 y ss. La cronología en el Códice Florentino y en Sahagún debe estar algo equivocada, pues está bien probado que Teudile envió mensajeros a Moctezuma. Juan Álvarez dice que después de quince o veinte días Moctezuma envió a Cortés una rueda de oro y otra de plata.

31. CF-G, XII, c. 9, 768.

32. Con referencia a Uémac véase CF-G, III, c. 5, 197-198, c. 6, 198-199. Durán, II, 517 y ss. y Tezozomoc insisten en que Uémac, último rey de Tula, y también dios, controlaba ese lugar y que debía pedirse su permiso antes de que Moctezuma pudiera trazar un plan. Pero obtuvo el permiso y estaba en camino cuando un sacerdote le vio y le hizo avergonzarse de la idea. Durán dice que esta tentativa de huida ocurrió durante la visita de Grijalva. Véase comentario en Susan Gillespie, *The Aztec Kings* (Tucson, 1989), 159-160.

33. Sahagún (ed. Cline), 47, hace decir a los españoles mismos que éste era su propósito.

34. Cod. Ram. 134.

35. Mártir, II, 60, escribiendo en 1522 o comienzos de 1523, basándose en informaciones de Montejo, Portocarrero, Alaminos o Juan de Ribera (para este último, véase c. 37).

36. Fray Aguilar, en J. Díaz y cols., 165.

37. Marineo Sículo escribió en 1530 que los naturales de la costa, debido al buen trato de Cortés, creían que era realmente un dios o el mensajero de un dios ([9:20], 102). El Códice Chimalpopoca (*Anales de Cuauhitlan*), c. 1555, f. 68, dice: «los llamaban dioses, *teules*, con los nombres que daban a sus dioses: Cuatro Vientos, Tonatiuh (es decir, el Sol), Quetzalcóatl». Unos pocos años más tarde, algunos mayas yucatecos saludaron a ciertos españoles al mando de Alvarado como dioses (*Anales de los Cakchiques*, ed. Adrián Recinos, México, 1953, 121).

38. John Bierhorst, *Four Masterworks of American Indian Literature* (Nueva York, 1974), 327. León-Portilla, *Cantos y crónicas...* 68-69 (del *Códice Matritense del Real Palacio*, f. 132v-134v).

39. «*Teules, su nombre como sus dioses o cosas malas*»: D del C, I, 297.

40. Véase Richard Townsend: «Esta fuerza se manifestaba de modo preeminente en las fuerzas naturales —tierra, aire, fuego y agua—, pero podía encontrarse también en personas de gran distinción, en cosas y lugares de configuración misteriosa o excepcional»: «State and Cosmos in the art of Tenochtitlan» (Dumbarton Oaks, Washington, 1979), 28.

41. Tezozomoc [1:18], 687. Eulalia Guzmán, en *Relaciones de Hernán Cortés a Carlos V sobre la invasión de Anahuac* (México, 1958), 223. Romerovargas [4:13], II, 76, y, en menor grado, Wagner [8:23], 187-198, desechan casi todo esto como absurdo, puesto que no había pruebas, anteriores a la conquista, de la existencia de un mito de retorno.

42. C, 117.

43. C, 116 y 128. Esto es la pregunta 98 en CDI, XXVII, 341-342.

44. «Cuando Cortés llegó con los españoles, la gente de la tierra le recibió creyendo que era Orchilobos», éste era el nombre que los españoles daban a Huitzlipochtli; Oviedo, IV, 245-249. Oviedo dice que él no lo creyó.

45. CF-G, X, c. 29, 611-612.

46. Ixtlilxochitl [4:5], 7.

47. H. B. Nicholson, *Topilzin-Quetzalcóatl* (tesis de doctorado, Harvard, 1957), 361, 412-413, 428-430. Una de sus conclusiones (361) era que «son muy fuertes las pruebas de que existía la generalizada creencia en su regreso eventual, lo cual influyó materialmente Moctezuma II en sus tratos iniciales con los españoles». Otros conquistadores (Bernal Díaz, fray Aguilar) dicen que algo como esto ocurrió en Tenochtitlan en noviembre. La *Rel. de Michoacan* señala la sorpresa del *cazonci* (el rey de ese territorio) porque sus antepasados no le habían anunciado nada como la llegada de los españoles, aunque aceptaba que algún dios debió de enviarlos. Otras referencias al regreso de un dios pueden verse en *Historia Tolteca-Chichimeca*, ed. Paul Kirchhoff y cols. (México, 1976), n.º 10 y 33; Domingo... Chimalpahin, *2.ª Relación*, en Silvia Rendón, *Relaciones originales de Chalca Amecaqucan* (México, 1965), f. 18r; y el Códice Chimalpopoca (*Anales de Cuauhitlan*, tr. Bierharst [13:38]); los puntos de vista mayas pueden verse en *Popol Vuh*, ed. Adrián Recinos (México, 1953), 220-223; y *Anales de los Cakchiques* [13:37], 62, 67, 79. Para la discusión de todo esto, véase León-Portilla, «Quetzalcóatl-Cortés en la conquista de México», HM, XXIV, 1 (1974). Hay un resumen negativo en Gillespie [13:31], c. VI, mientras que lo hay positivo en David Carrasco, *Quetzatcóatl and the Irony of Empire* (Chicago, 1982).

48. Códice Chimalpopoca en Bierhorst [13:38], 28. Pero Van Zantwijk (Prefacio: 5), 51, cree que los seguidores de Quetzatcóatl practicaban los sacrificios humanos y los introdujeron entre los mayas. León-Portilla, *Cantos y crónicas...* 77 (de *Anales de Cuauhtlán*, f. 3-7).

49. León-Portilla, *Literaturas precolombinas de México* (México, 1964), 43.

50. *Relación de Cholula*, 1582, por Gabriel Rojas, corregidor, ed. Fernando Gómez de Orozco, *Revista Mexicana de Estudios Históricos*, I, 5 (setiembre-octubre 1927).

51. *Historia de los mexicanos por sus pinturas* [1:47], 153. El templo, descrito por Durán (II, 333 y ss.) y estudiado por Brundage ([2:50], 92), estaba donde luego se alzó el palacio del arzobispado. Había un patio en que se representaban farsas mexicanas. Véase Ángel María Garibay, «Poema de travesuras», *Tlalocan*, III, 2 (1952).

52. «La caja de Hamburgo», en el Hamburgisches Museum für Völkerkunde, tiene el glifo de 1-caña. Se estudia en Pasztory [4:35], 256. El mismo autor, «El arte mexica y la conquista española», ECN (1984), 110, sugiere la posibilidad de que ese Quetzatcóatl barbudo pudiera ser Cortés.

53. H. B. Nicholson ([13:47], 8-19) dice que este relieve del Cerro de la Malinche, la única imagen de Quetzalcóatl definitivamente anterior a la conquista, «es del siglo quince o comienzos del dieciséis». Eloise Quiñones Kleber, en «The Aztec Image of Topiltzin Quietzalcóatl», en *Smoke and Mist, Studies in Honour of Thelma Sullivan* (Oxford, 1988), sugiere que los mexicanos tallaron el relieve con el fin de crear una tradición histórica y así preparar el camino para que se grabaran las imágenes de sus propios monarcas en las rocas de Chapultepec.

54. *Códice Chimalpopoca. Anales de Cuauhtitlán* (México, 1992), 11.

55. Refiriéndose a la sugerencia de, por ejemplo, Eulalia Guzmán de que la identificación de Cortés con Quetzalcóatl fue una invención *post eventum* de, por ejemplo, los tlatelolcas deseosos de congraciarse con Sahagún, David Carrasco ([13:47], 48) escribió que «la creencia en el regreso de Quetzatcóatl, como se ve en numerosas... fuentes, tenía tal peso en la mente de los aztecas que, incluso decenios después de los acontecimientos descritos, se empleaba para comunicar la persistencia de la convicción de los aztecas en ciertos modelos cosmológicos del destino. Aunque es posible que los tlatelolcas refinaran

esta creencia, no creo que pudieran inventarla». Un buen estudio es el de Paul Kirchhoff, «Quetzatcóatl, Uémac y el fin de Tula», *Cuadernos Americanos*, (noviembre-diciembre de 1955). Argüía que Quetzatcóatl fue un soberano contemporáneo de Huemac.

56. Códice Chimalpopoca, en Bierhorst [13:38], 39. Esta manera de desvanecerse, que recuerda la de Moisés en Egipto, persuadió a Durán que los mexicanos debían ser judíos.

57. Luis Weckmann, *La herencia medieval de México* (México, 1984, 2 vols.), I, 392.

58. *Anales de Tlatelolco*, ed. Heinrich Berlin, intr. Robert H. Barlow (México, 1948).

59. *Historia de los mexicanos por sus pinturas* [1:47], 251.

60. Motolinía, en García Icazbalceta I, 65.

61. Esta carta estaba fechada el 6 de octubre de 1541 (Oviedo, IV, 252).

62. Por ejemplo, Juan Cano, *Relación* de c. 1532; *Historia de los mexicanos por sus pinturas* (c. 1535); y *Histoyre du Mechique* (c. 1543).

63. CF, XII, c. 3, 763; también *Historia General*, II, 953. Esto se omitió por Sahagún en su ed. de 1585. Véase la ed. de Sahagún por Cline, 34.

64. Cod. Ram, 131. El Códice Ríos (c. 1566-1589), basado en material reunido a comienzos de los años de 1560, dice lo mismo. La sugerencia de que Quetzalcóatl era un dios *blanco* apareció en 1598 en Gerónimo de Mendieta, *Historia Eclesiástica Indiana* (México, 1870), 92; Tapia (en J. Díaz y cols., 95-96), dice que «*traía una vestidura blanca, como túnica de fraile, y encima una manta cubierta con cruces coloradas*».

65. CF-G, I, c. 5, 32, y III, c. 3, 195-196. Esos forasteros resultaron ser los hijos de Quetzalcóatl.

66. CF-G, I, c. 3, 31-32, y III, c. 2, 194-195. Esta identificación fue sugerida por Martin Wasserman en «Montezuma's passivity: an alternative view without post-conquest distorsions of a myth», *The Masterkey* (1983), 85-93. La caprichosa naturaleza de esa deidad se estudia en Van Zantwijk [Prefacio, 5], 128.

67. Nicholson [1:42], 402.

68. CF-G, VI, c. 10, 324

69. CF-G, VI, c. 41, 414.

CAPÍTULO 14

1. Sahagún dijo que el jefe de la misión era un sacerdote, Yoallichan (CF, XII, c. 3, 725). D del C (164) dijo que se llamaba Quintalbor y se parecía a Cortés.

2. Durán, II, 518-521. Durán presenta este discurso como pronunciado durante la visita de Grijalva.

3. CF-G, XII, c. 4, 762-763; D del C, I, 161; Mártir, II, 45-46.

4. Durán, II, 507-508. Durán también da este relato de la visita de Grijalva.

5. H. B. Nicholson identificó en 1961 la estatua en ruinas. Véase su brillante estudio «The Chapultepec Cliff Sculpture of de Motecuhzoma Yoyocotzin», en *El México Antiguo*, 379-444; y discusión del tema en Pasztory [4:35], 127-128.

6. Pasztory [13:52], 110.

7. Todos cuantos aceptan esto describen los acontecimientos como teniendo lugar en el buque de Cortés. La imagen del FC también lo indica así. No habría dificultades sobre esto si hubiesen ido al buque a la llegada de Cortés. Pero esto no pudo ser así. La única versión española digna de confianza, por

Álvarez (*Inf. de 1521*, en Polavieja, 252), habla, como se indica, de que esos hechos ocurrieron «dos o tres días» después de la llegada.

8. CF-G, XII, c. 4, 763, y Sahagún de Cline, 41.

9. Durán, II, 521.

10. Álvarez, en *Inf. de 1521*, en Polavieja 252. En CF-G, XII, c. 4, 63 se habla de «una máscara de serpiente, de hechura de turquesas», y se afirma que el atuendo era de Quetzalcóatl; Andrés de Duero, que no se hallaba presente, pero era socio de Cortés, declaró en 1521 que a Cortés le dieron una cabeza de caimán de oro (*Inf. de 1521*, Polavieja, 310).

11. *Anales de Tlatelolco* [13:58], 149.

12. Para la vestimenta de Quetzalcóatl, ed. Miguel León-Portilla, *Ritos, sacerdotes y atavíos de los dioses* (México, 1961), 118-119.

13. Duverger [1:14], 247.

14. La razón por la cual Gómara y el propio Cortés no mencionaron el hecho pudo ser que el caudillo se quedó con las joyas por no considerarlas parte del botín del que debería retirarse el quinto real. Anales de Tlatelolco [13:58]

15. Duverger [1:44], 227.

16. *Anales de Tlatelolco* [13:58].

17. Una lombarda, como un falconete, era un cañón giratorio que se empleaba a menudo en los buques. Tenía un dispositivo de retrocarga móvil que le hacía perder fuerza. CF-G, XII, c. 5, 764.

18. La mejor fuente acerca de la reacción mexicana continúa siendo el CF-G, XII, c. 5, 764-765, pero, como antes, he utilizado también material de Sahagún (ambas versiones) allí donde difieren algo.

19. Hassig [1:23], 280. Para una descripción que hace parecer la Casa de los Caballeros del Águila a algo así como el Liceo de Barcelona, véase Durán, I, 106. Fue excavada en los años de 1980: véase Augusto Molina Montes, «Templo Mayor Architecture», en Boone [1:5], 102.

20. Para sus poemas, véase Garibay [1:13], I, 102. Era el suegro de Moctezuma.

21. Durán, II, 321.

22. Se estudia en Zorita [1:8], 143, 107.

23. López Austin [1:18], 95. Parece que hubo varios consejos, cuyos presidentes o jefes formaban parte del Consejo Supremo, cosa no diferente de lo que hallamos en un Estado moderno.

24. Tezozomoc [1:19], 388.

25. Guzmán [7:17], 98.

26. Donald Robertson, *Mexican Manuscript Painting in the Early Colonial Period* (New Haven, 1959), 138.

27. Edward Calnek, «The Internal Structure of Tenochtitlan», en *The Valley of Mexico*, ed. Eric Wolf (Albuquerque, 1976), 289-290.

28. Esta discusión en Ixtlilxochitl [4:5], 8.

29. CF-G, XII, c. 8, 769; Cod. Ram., 135; Sahagún de Cline, 48.

30. *Anales de Tlatelolco* [13:58]. G, 86.

31. Joan de Cáceres dice que los tuvo en sus manos y que eran de «cobre» y plata (AGI, Justicia, leg. 223, p. 2, f. 227v.), error curioso tratándose del mayordomo de Cortés. El cuestionario de Cortés los llama platos. Oviedo los vio en Sevilla y dice que el de oro pesaba cuatro mil ochocientos pesos, el de plata, cuarenta y ocho y medio marcos, cada uno tenía nueve palmos y medio de diámetro y treinta de circunferencia (Oviedo, IV, 10). Para la descripción de Durero, véase c. 37, y para la del embajador veneciano, véase c. 23. Que tenían una base de madera se ve en un documento en AGI, Contratación, 4675, en que se describen como ruedas de madera en las que se había colocado oro y plata. En España necesitaron clavos nuevos para mantener en su lugar los metales preciosos.

32. Emmerich [2:29], 140; Dudley Easby, «Fine Metalwork in Pre-Conquest Mexico», en *Essays in Pre-Colombian Art and Archeology*, ed. S. K. Lothrop y cols. (Cambridge, Mass., 1961), 35-42.

33. Graulich [1:42], 57.

34. Sahagún de Cline, 49.

35. CF-G, XII, c. 8, 766-767. Según la versión de Cline, 49, con ello los adoraría y aplacaría. Pero esto puede ser un argumento *ex post facto*.

36. CF-G, XII, c. 8, 767.

37. G, 86-87.

38. D del C, 166. Pero pudo equivocarse. En esa época no se producía en Florencia ningún vidrio digno de citarse. Debió de ser de Venecia. Sólo veinte años más tarde los florentinos hacían buen vidrio, inspirados en esta nueva actividad por el gran duque Cósimo I. Tal vez Bernal Díaz vio piezas florentinas a fines de los años 1540. Véase Detlef Heikampf, «Studien zur Mediceischen Glaskunst», en *Mittelungen des Kunsthistorischen Institues in Florenz*, XXX, Band 1986, Heft 1/2, 265-266.

39. Berdan [3:30], 38.

40. Ixtlilxochitl dice que su antepasado del mismo nombre envió también mensajes privados a Cortés, en ese tiempo, para decirle cuán tiránico era Moctezuma (Ixtlilxochitl, 232). Ninguna otra fuente se refiere a esta iniciativa.

41. D del C, 170, deseoso de poner de relieve el carácter popular de la expedición, dice que lo eligieron para este cargo por votación popular.

42. D del C, 117. Este Gonzalo de Mexía (o Mejía) pudo ser pariente del Mejía de Cáceres y, por tanto, del amigo y probablemente bienhechor de la familia de Cortés, Juan Núñez de Prado, cuyo padre y hermano se apellidaban Mejía. También se llamaba así la abuela de Alvarado, por lo que tenía tíos con este apellido. Gonzalo es diferente de otro del mismo apellido, pero sin partícula, apodado «Rapapelo, el saqueador», que estaba también en la expedición, nieto de un famoso bandido de Sierra Morena, y que fue muerto en el viaje de Cortés a Honduras, en 1525.

43. Durán, II, 552, y CF-G, XII, c. 8, 766.

44. D del C, I, 167.

45. D del C, I, 178-179. López de Gómara atribuye esta expedición a la iniciativa de Cortés.

46. Res Alvarado, 36.

47. Entre estos testigos estaban Bernardino Vázquez de Tapia y Rodrigo de Castañeda. Véase Res Alvarado, 36.

48. Aguilar, en J. Díaz y cols., 205.

49. D del C, I, 173. Wagner sugiere que los españoles vieron en los sacrificios humanos una excusa para conquistar a los indios, punto de vista que lo condujo a no prestar bastante atención a esa costumbre. Hubo, sin embargo, muchos relatos exagerados; por ejemplo, en *Die Newe Zeitung von dem Lande das die Spanier funden haben*, de 1522, en que se dice que antes de cada batalla se sacrificaban de doce a dieciocho niños y luego se comía su carne (HAHR [mayo de 1929], 199).

50. Alaminos, en *Inf. de 1522*, 223.

51. Informe de Portocarrero y Montejo, en La Coruña, en AGI, Patronato, leg. 254, n.º 3c, Gen. 1, R. 1, f. 4v.

52. Pero véase Luis Navarro en «El líder y el grupo en la empresa cortesiana», en *Hernán Cortés y su tiempo* [9:22].

53. Ésta es la argumentación de Ramos [9:79], 104, que cita a Oviedo (II, 147) en apoyo de la misma.

54. Véase la conversación de la que informa D del C (II, 173-174), y que este cronista dice que tuvo lugar delante de su choza, con Portocarrero, Escalante y Lugo (no dentro, pues sus compañeros eran de la banda de Velázquez).

55. García Llerena, CDI, XXVII, 203.

56. C, 60-61, pone este desafío como ocurrido antes, pero lo que se afirmó era lo mismo. Véase CDI, XXVII, 334-335, para el texto de las dos preguntas de Cortés (84 y 85), en su juicio de residencia, en que habla de la «*grande disposición que había de poblar*».

57. G, 92-93. La fuente para la conjura es D del C, I, 170-176.

58. Mártir, II, 37; C de S, 141. Los hermanos Álvarez Chico eran de Oliva, pueblecito cerca de Medellín.

59. C de S, 188-191, pudo estar informado de esto por Vázquez de Tapia.

60. Francisco de Zavallos en favor de Narváez, contra La Serna: Conway Camb., Add. Mss. I, 59.

61. Joan de Cáceres (AGI, Justicia, leg. 233, p. 2).

62. G, 92; C de S, 153.

63. Marrero [6:40], 108.

64. Manuel Giménez Fernández, en «Cortés y su revolución comunera en la Nueva España», AEA (1948), 91. Véase también del mismo autor *Las doctrinas populistas en la independencia de Hispanoamérica* (Sevilla, 1947), 15 y ss. Hay una abundante bibliografía sobre este tema, por ejemplo, Silvio Zavala, *Hernán Cortés ante la justificación de su conquista* (México, 1985).

65. Vázquez en CDI, XXVIII, 134; Tapia en AGI, Justicia, leg. 223, p. 2).

66. Sepúlveda, 111-112.

67. Lo dice claramente la *Carta del regimiento* (primera carta de Cortés, C, 61).

68. Lo señala Aguilar en J. Díaz y cols., 165.

69. Véase la acusación de Andrés de Monjara en CDI, XXVI, 540.

70. En una carta del 4 de julio de 1519 (véase Documento 4), Cortés se llama a sí mismo «*capitán general y justicia mayor*».

71. Así lo argumenta García de Llerena en CDI, XXVII, 203-204.

72. Ésta fue una acusación en el juicio de residencia. Véase CDI, XXVII, 8.

73. Partida II. Véase Francisco López Estrada y María Teresa García Berdoy, *Las siete partidas* (Madrid, 1992), 173.

74. Frankl [8:70] establece la conexión con *Las siete partidas* y sugiere la similitud de lenguaje entre la *Carta del regimiento* («nos pareció deseable... para la pacificación y concordia entre nos, y para nos gobernar bien, que era conveniente nombrar a un hombre...») y la ley II del título I de *Las siete partidas*.

75. C, 29.

76. Silvio Zavala (*Ensayos sobre la colonización española en América* [Buenos Aires, 1944], 211) sugiere que pudo haber un ejemplar en poder de la expedición a México. De ser así, habría sido de la (gran) edición de Sevilla de los años 1490. Ejemplares de ella habían llegado a La Española y probablemente a Cuba. AGS, RGS, 27 de abril de 1494.

77. Eulalia Guzmán desarrolla este punto de vista con su habitual empuje [7:17], 100.

78. Vázquez de Tapia dijo en la información sobre Cortés que escuchó a menudo al caudillo citar esto (CDI, XXVI, 414). Lo mismo dijo Juan de Tirado (Res. Rayón II, 40). Aludiendo a esto, Oviedo (II, 148) cita a Cicerón: «*Si violandum est jus, regnandi gratia violandum est.*» Recordó que Suetonio decía lo mismo en su vida de César. John Elliott [9:76], 46, piensa que Cortés pudo haber leído esta última obra.

79. Mártir, II, 38, después de una conversación con Montejo y Alaminos pudo estimar cuán fuerte era, independientemente del caudillo, el deseo de poblar.

80. Mártir, II, 37.

81. Martínez, *Docs.*, 114.

82. Así lo dice Bernal Díaz (I, 175). Giménez Fernández ([14:64], 73), acepta el hecho.

83. Luis Marín en CDI, XXVIII, 58.

84. G, 94.

85. Juan Álvarez, en *Inf. de 1521.*

86. D del C, I, 177.

87. G, 95.

88. Cf. Valdés, que dice que hay muchas repúblicas sin soberano, pero no hay nunca un soberano sin una república (cit. Rogerio Sánchez en su ed. de los proverbios de López de Mendoza [Madrid, 1928], 17). Giménez Fernández [14:64] argumenta que estas acciones eran una anticipación de la revolución de las comunidades de un año más tarde. Pero, como dice Joseph Pérez, es imposible sostener esta comparación.

CAPÍTULO 15

1. CF-G, XII, c. 9, 767-768.

2. Godoy se batió en duelo en 1524 con el cronista Bernal Díaz, quien, por tanto, no habló muy bien de él en su libro.

3. La Villa Rica de la Vera Cruz estuvo en Quiahuixtlan desde 1519 a 1525, cuando se cambió a Antigua. Se trasladó a los terrenos de la moderna Veracruz en San Juan de Ulúa alrededor de 1600.

4. *El Conquistador Anónimo*, en García Icazbalceta, I, 378.

5. D del C, I, 96-97; G, 123.

6. Garhardt [8:60], 365. El tributo pagado por Cempoallan no figura separadamente en la *Matrícula de tributos*, sino que estaba reunido al de Cuetlaxtlan. El viaje a Cempoallan se describe en G, 95-96; D del C, I, 180-181; C, 123; Aguilar en J. Díaz y cols., 88-89, y en Ixtlilxochitl, 233. Hay también una carta de un conquistador que describe parte de él, fechada el 28 de junio de 1519, y publicada por Marshall H. Saville, *Indian Monographs*, vol. IX, n.º 1 (Nueva York, 1920).

7. Catorce mil fue el comentario de Montejo, Hernández Portocarrero, Alaminos, etc., en Sevilla en noviembre de 1519, a un escritor desconocido que mandó una carta, el 7 de noviembre de 1519, a Juan de la Peña, en Burgos, publicada por Saville [15:6], 31-34.

8. Ixtlilxochitl, 233.

9. Zorita [1:8], 142.

10. Joan de Cáceres, AGI, Justicia, leg. 223, p. 2, f. 227r; G, 99-100.

11. Tezozomoc [1:18], 161.

12. Ixtlilxochitl, 234. Para Medellín, véase, por ejemplo, la comisión dada al licenciado Bernardo en 1493 (AGI, Registro General del Sello, 17 de mayo de 1493, f. 383).

13. S. Jeffrey Wilkerson, «In search of the mountain of foam...», en Boone [2:58], 103; la *Carta del regimiento* (C, 67) indica que algunos vieron los sacrificios y dijeron que era la cosa más cruel y horrible que se pueda ver. Bernal Díaz dice lo mismo (D del C, 198-200).

14. Mártir, I, 183.

15. D del C, I, 123 da a entender una estancia más breve.

16. G, 10-11.

17. D del C, I, 185-188, dice que había sólo cinco mexicanos; G, 105.

18. G, 105-106.

19. Véase CDI, XXVII, 338, para la pregunta 93 de Cortés en su juicio de residencia, sobre la alianza con los totonacas.

20. D del C, I, 188. Se parecía (por estar «construida en lo alto»: CDI,

XVIII, 30), a la sobria y limpia ciudad de Archidona, cerca de Antequera, que tuvo un papel importante en la guerra contra Granada. Hay otra Archidona cerca de Ronquillo, en la provincia de Sevilla. Es pobre y remota.

21. Ixtlilxochitl, 235.

22. Presumo que las dos delegaciones mencionadas por G (107) y Durán (II, 515) que llegaron en ese momento eran la misma. Hay una discrepancia acerca del consejo que los visitantes dieron a Cortés, pues G sugiere que lo conveniente era un aplazamiento y en Durán se mostraron más alentadores.

23. Esta población desapareció en el siglo XVI. Estaba probablemente cerca de Papalote de la Sierra, a medio camino de la ruta moderna entre Cempoala (Cempoallan) y Jalapa.

24. Véase *Nobiliario* [7:12], 232-233, donde se muestra el escudo de armas concedido al hijo de Zaragoza en los años de 1550, con «dos baldes en un fondo verde».

25. D del C (I, 200) niega que hubiera allí batalla alguna. Pero Diego Vargas, en el *Inf. de 1521*, sugiere que hubo una matanza (Polavieja, 272). Martín Vázquez, en una probanza sobre su propia conducta en 1525, habla de «cuatro o cinco días de combate» (AGI, México, leg. 205, n.º 5).

26. D del C, I, 199.

27. Clendinnen [3:11], 52.

28. D del C, I, 201. Véase Richard Trexler, «Aztec Priests for Christian Altars», en *Scienze, credenze, occulte livelli di cultura* (Florencia, 1983), 192.

29. Saco esto de una nota del señor Fernández del Castillo en Conway (Camb.).

30. C del S, 173. Se le llama también Salceda y Herrero Salcedo. Andrés de Tapia dudaba que hubiera setenta hombres o más de siete u ocho caballos. (AGI, Justicia, leg. 223, p. 2, f. 309). Bernal Díaz dice que había sólo diez soldados y dos caballos. Cortés, que de siete a nueve caballos. Ixtlilxochitl dice que quince. Me inclino por la cifra más alta, porque parece la más verosímil.

31. La familia Marini era de banqueros. Véase Carande [9:15], I, 73, 76, etc. Felipe Fernández-Armesto [6:1], 13, señala que Andalucía era tierra fronteriza de Génova lo mismo que de Castilla. Para los genoveses en la región, véase H. Sancho de Sopranis, «Los genoveses en la región gaditano-xericense...», *Hispania*, 8 (1949), 355-402. Entre los servicios de Luis Marín a Cortés pudo haber la confirmación de su seriedad ante los Marinis y otros genoveses, y por tanto ante todos los mercaderes de España con visión de futuro. También participaron en esta expedición Pero Rodríguez de Escobar y Dorantes de Salazar.

32. El texto en DCI, XXII, 38-52, y en Vicente de Cadenas, *Carlos I de Castilla* (Madrid, 1988), 109-111, firmado el 13 de noviembre de 1518 por el rey, el canciller Cobos y los obispos de Burgos y Badajoz, así como por Zapata. Para comentarios, véase Mario Hernández Barba en su ed. de Cortés (C, 17). Las Casas (III, 231-232) da un resumen.

33. AGI, Indif. Gen., leg. 420, f.

34. Véase Giménez Fernández [14:64], 53, 77, 86; Las Casas, III, CXXIV.

35. Empezó a referirse a sí mismo como «abate» (véase APS, octubre de 1519, oficio XV, lib. 2, f. 391).

36. John Elliott, intr. a la ed. de Pagden de las cartas de Cortés [10:73], XX.

37. L. B. Simpson, en su tr. de López de Gómara, *Cortés, the Life of the Conqueror, by his Secretary* (Berkeley, 1964), habla de «delegados», pero el sentido es otro.

38. Véase Giménez Fernández [6:19], I, 147-176.

39. Ésta es la carta cuyo original se ha perdido, de la cual hay una copia contemporánea (c. 1528) en el Códice Vindobonensis, Viena, publicada habitualmente como la primera carta en las *Cartas de relación* de Cortés. Es, formalmente, la *Carta del regimiento*.

40. Esta carta la describe Tapia en J. Díaz y cols., 85. Véase Giménez Fernández [14:64], 94, n.º 172.

41. Por ejemplo, por Valero Silva en *El legalismo de Hernán Cortés, instrumento de la conquista* (México, 1965). Se pregunta por qué Cortés habría debido escribir una carta al rey, cuando no tenía nada especial por decir y hubiera tenido que admitir su desobediencia respecto a Velázquez.

42. Bernal Díaz dice que la carta fue escrita independientemente de Cortés. Wagner [8:23], 8, 82, analiza esto. Para el estilo de Cortés, véase Beatriz Pastor Bodmer, *The Armature of the Conquest* (Stanford, 1992), 63-100. Manuel Alcalá, *César y Cortés* (México, 1950), y Frankl [8:70], se preguntan si la costumbre de poner los verbos al final de la frase no sugiere una educación latinizante.

43. AGI, Justicia, leg. 223, p. 1, f. 1. Primero se editó por Robert S. Chamberlain, en «Two Unpublished Documents of Hernán Cortés and New Spain», HAHR, 18, n.º 4 (noviembre de 1938). Se halla también en Martínez, *Docs.*, I, 77-85.

44. Carta del regimiento de la Villa Rica de la Vera Cruz.

45. William Greenlee, *The Voyage of Pedro Alvarez Cabral to Brasil and India* (Londres, 1938).

46. Fray Prudencio de Sandoval en su *Historia de la vida y hechos del emperador Carlos V* (Madrid, 1955), I, 123, indica que «majestad» era una innovación. Pero Juan II había empleado ya esta palabra. Véase José Manuel Soria, *Fundamentos ideológicos del poder real en Castilla* (Madrid, 1988).

47. Tapia en J. Díaz y cols., 85.

48. Carta de Cortés al rey, la llamada *Carta de relación* (C, 82). Oviedo también habla de esto al decir que hasta ofreció que Moctezuma sería prisionero o muerto (Oviedo, IV, 11). Tal vez vio la carta. C de S, 177, se refiere a la primera carta y cita también esta expresión. Sepúlveda hablaba de los *commentarii* de Cortés. Hay una aparente referencia a esta primera carta de relación de Cortés en su juicio de residencia, cuando, por ejemplo, Alonso de Navarrete dice que los procuradores fueron a España «con la dicha relación».

49. Véase Abel Martínez Luza, que en «Un memorial de Hernán Cortés», AEA, XLV, suplemento (1988), 1-3, argumenta convincentemente que una carta a Carlos V fechada en 1533 por fray Mariano Cuevas [6:57], 129-140, fue escrita realmente en 1522, y que en ella Cortés habla de que mencionó el asunto unos dos años y medio antes.

50. Martín Vázquez en respuesta a la pregunta 28 del segundo cuestionario, en CDI, XXVIII, 239-240.

51. Esta carta hasta ahora desconocida se publica como uno de los Documentos del presente libro.

52. Carta ed. por Saville [15:6]. La mención de una cuja o marco de cama la hace sospechosa, pues los totonacas no la usaban.

53. Véase John T. Lanning, «Cortés and his first official remission of treasure to Charles V», en *Revista de Historia de América*, 2 (México, junio de 1938), 5-29.

54. Compárese con la producción (declarada) de sesenta y dos mil pesos de oro en el cuatrienio 1511-1515, el quinto real de los cuales ascendía a doce mil trescientos cuarenta y siete; Wright [5:50], 69.

55. Antonio de Solís, *Historia de la conquista de México* (Madrid, 1849), 153-154, sin ninguna prueba.

56. Otto Adelhofer, en su ed. facsímil del *Códice Vindobonensis Mexica-*

nus I, 11-12. Parece que lo dio el emperador Carlos V a su cuñado el rey de Portugal, que se lo dio a su vez al cardenal Médicis, luego Clemente VII. Adelhofer se interroga acerca de cómo llegó a Viena. Lauran Toorians (*Codices manuscripti*, Heft 1, Jahrgang 9, 1983) sugiere otra ruta pero no convence totalmente. Zelia Nuttall, en su intr. (Cambridge, Mass., 1902) al códice llamado con su nombre, expone cómo el libro fue a dar al monasterio de San Marcos, en Florencia. En Mártir hay una descripción del libro. Véase Ascensión Hernández de León-Portilla, «Tempranos testimonios europeos sobre los códices del México Antiguo», en *El impacto del encuentro de dos mundos* (México, 1987), 45-54. Hay otros candidatos, entre ellos el Códice maya de Dresde, el más hermoso de todos.

57. C, 137.

58. Señalado por Maudslay en el apéndice I al vol. I de su ed. de Bernal Díaz [14:38], 300.

59. La lista en el AGI fue publicada por John T. Lanning [15:53] 24 y ss. Véase también en C, 711-776; G, 118-119; Mártir, II, 45; y CDI, I, 461-472, tr. de Marshall H. Saville [14:31], 21, 35. Véase también Torre Villar [15:56], I, 1-21, 55-84.

60. Estas cifras fueron bien elaboradas por Wagner [8:23], 120-121.

61. C, 71.

62. Durante años estuvo en el castillo de Ambras, que pertenecía al archiduque Fernando, casado con Felipina Welser de Augsburgo. Parece que figura en un inventario de 1596. Véase Ferdinand Anders, «Der Federkasten der Ambraser Kunstkamer», en *Jahrbuch der Kunsthistorischen Sammlungen in Wien*, LXI (1965), 119-132.

63. D del C, I, 204, pone la partida de los procuradores antes de los acontecimientos que se van a describir. Pero dado que ambos se refieren a acontecimientos en España en 1520, como lo hace Mártir, el orden debió ser al revés.

64. Declaración de Martín Vázquez en CDI, XXVIII, 134. Jaramillo, en AGI, Justicia, leg. 224, p. 1, f. 464.

65. C, 68.

66. Andrés de Monjaraz, en juicio de residencia, CDI, XXVI, 541.

67. Alonso de Navarrete, en AGI, Justicia, leg. 223, p. 2, f. 424v.

68. Juan Álvarez, Tapia, Alonso de Navarrete, Pero Rodríguez de Escobar y Gerónimo de Aguilar declaran que vieron cómo se ejecutaban las sentencias (Polavieja, 271; AGI, Justicia, leg. 223, p. 2, f. 309v; ibíd., f. 424; leg. 224, p. 1, f. 378r; y Res. [Rayón], II, 200). Una acusación en el juicio de residencia de Cortés (CDI, XXVII, 9) fue la de que a Umbría le cortaron el pie, pero a menudo se dice que los dedos del pie. Otros (Luis Marín en CDI, XXVIII, 29) hablan de «una parte de la pierna». Francisco Verdugo y otros, en 1529 (por ejemplo, Res. [Rayón], I, 389), dicen que en 1520 vieron cómo le cortaban el pie a Umbría. Este castigo se daba a veces a los esclavos fugitivos. López de Gómara dice que a Umbría simplemente le dieron de latigazos, lo cual pudo ser cierto, pues después llevó una existencia activa.

69. Diego de Vargas, en *Inf. de 1521*, cit. en Polavieja, 272.

70. Juan Bono de Quejo lo vio en abril de 1520 (véase Polavieja, 292).

71. Polavieja, 253.

72. CDI, XXVII, 9.

73. Polavieja, 174. Otros relatos sobre la conspiración fueron el de Diego de Ávila en 1521 (Polavieja, 123); C, 51; Mártir, II, 62; y CDI, XXVI, 503. Un testigo del juicio de residencia, Vázquez de Tapia (CDI, XXVI, 423), dijo que creía que Escudero y Cermeño fueron sometidos al látigo y no ejecutados, y que los enviaron de regreso a Cuba en el mismo bergantín que habían proyectado robar. Pero hubo tantos otros que los vieron ahorcados, que esta opinión carece de valor.

74. CDI, XXVII, 205.
75. Tapia, en J. Díaz y cols., 81. Cortés mismo dijo que declaró que los buques no eran seguros y los varó (C, 52).
76. La declaración de Portocarrero se reproduce en Martínez, *Docs.*, I, 113. En el pleito de Tirado contra Cortés (1529), Gerónimo de Aguilar dijo que se dio orden de desmantelar los palos de trinquete y arrojarlos al agua, para que no pudieran navegar (Conway, Camb., Add. 7284, 87).
77. Alva Ixtlilxochitl, 237, menciona esos pagos sin darles importancia.
78. Declaración de Joan de Cáceres, AGI, Justicia, leg. 223, p. 2, f. 227; creía que Cortés los consideraba necesarios en tierra.
79. Joan de Cáceres, en AGI, Justicia, leg. 223, p. 2, f. 227r. Muchos testigos del juicio de residencia de Cortés alaban como esencial esta acción del caudillo.
80. Francisco de Terrazas, AGI, Justicia, leg. 223, p. 2, f. 424v, respuesta a la pregunta 89.
81. Pero Rodríguez de Escobar, AGI, Justicia, leg. 224, p. 1, f. 378, respuesta a la pregunta 90.
82. CDI, XXVII, 337. El emperador Carlos se decidió a dar su aprobación, cuando en la concesión del escudo de armas a Cortés, en 1525, escribió que sus seguidores (de Cortés) no hubieran puesto todos sus esfuerzos ante los peligros de no haber sido varados los buques. Cit. en Biblioteca del Congreso, colección Harkness, vol. 3, ed. J. Benedict Warren (Washington, 1974).
83. García de Llerena, en CDI, XXVII, 204, 205.
84. D del C, I, 215. Gonzalo de Badajoz, a pesar de su apellido, procedía de Ciudad Rodrigo, pero la idea debió de circular en los círculos de hidalgos de las Indias. Para el precedente clásico, sin el cual no habría sido completa la acción de Cortés, véase lo que hizo Agatocles, tirano de Siracusa, en Cartago en 310 a. J.C., y su comentario por Juan Gil en «El libro grecolatino y su influjo en Indias», en *Homenaje a Enrique Segura*, etc. (Badajoz, 1986), 101.
85. Empezado por Maestro Oliva y terminado por Cervantes de Salazar, *Diálogo de la dignidad del hombre* (Alcalá, 1546). Las frases son oscuras. La frase clave es «*encendía a los unos y a los otros*» (*Epístola Nuncupatoria*, III y V). Cervantes cambió su posición en su libro (C de S, 180-182). La siguiente referencia a quemar vivo se halla en Juan Suárez de Peralta [9:38], 42, que en 1580 habló de «fuegos vivos».
86. Luis Marín (del que se habla erróneamente como Luis Martínez en CDI, XXVIII) en el juicio de residencia, dice que vio cómo los buques se dirigían a vela hacia la costa, donde se perdieron.
87. Sepúlveda, 122-123. Juan Cirujano, testigo en una información de 1525 sobre los méritos de Martín Vázquez, dijo que no sabía si Cortés varó los buques o si se los había tragado la *broma* (AGI, México, leg. 203, n.º 5).
88. Juan Jaramillo, AGI, Justicia, leg. 224, p. 1, f. 464. La mitad de los marineros quería regresar, porque prefería navegar a combatir (G, 91).
89. Cáceres (en AGI, Justicia, leg. 223, p. 2, f. 227). Alonso de Navarrete en el juicio de residencia de Cortés (ibíd., leg. 224).
90. Tapia, en J. Díaz y cols., 79.80. Ramos [9:79], 159, sugiere que Cortés debió de haber oído algo sobre el mito de un dios que desapareció en el mar, pero no hay pruebas de ello, y Cortés negó repetidamente que él y sus hombres fueran dioses.
91. C, 38. C de S da el 26 de julio.
92. CDI, XXIV, 5-16. Hay sobre esto un documento en AGI, Justicia, leg. 223, f. 23. Es posible que ésta fuera la primera vez que se mencionara el quinto para Cortés, aunque Cortés mismo declaró que se confirmó tres veces el plan. Véase Polavieja, 151-152.
93. Wagner [8:23], 135.

94. La dudosa «carta de un conquistador», ed. por Saville [15:6], está, sin embargo, fechada en Nueva Sevilla el 28 de junio de 1519.

CAPÍTULO 16

1. Las Casas, III, 209.

2. Considero como la versión «oficial» la estimación hecha en la concesión del escudo de armas a Cortés, en 1525, por Carlos V: Biblioteca del Congreso, Colección Harkness, vol. 3, ed. J. Benedict Warren (Washington, 1974). Cortés dijo que llevó trescientos cincuenta soldados de a pie, mil indios y quince jinetes. Ixtlilxochitl dice que había mil *tamemes* (porteadores) y mil trescientos soldados indios, con cuatrocientos españoles. López de Gómara dice que cuatrocientos españoles, quince caballos, trescientos indios, entre ellos algunos de Cuba, y tres cañones pequeños. D del C dice que solamente sesenta quedaron en la Villa Rica, pero Cortés afirma que ciento cincuenta, con dos caballos. Aguilar indica que quedaron de treinta a cuarenta. D del C dice también que treinta y cinco habían muerto desde que dejaron Cuba, cifra que no se encuentra en ninguna otra fuente. No han de olvidarse los sesenta, más o menos, que llegaron con Saucedo.

3. Véase Vidal [9:71], 210.

4. AGI, Justicia, leg. 223, p. 2, f. 227.

5. Véase la carta de Colón al rey en la que le dice su gente «es tal que no hay hombre bueno o malo que no tenga dos o tres indios para servirle y mujeres tan hermosas que son maravilla» (cit. Fernández-Armesto, [6:1], 133). Cortés lo dio a entender al decir que los prendía *«para más seguridad».*

6. El Gran Capitán, famoso por haber sido el primero que utilizó de modo decisivo a la vez pequeñas armas de fuego y fortificaciones.

7. Conway (Camb), Add. 7292. Hernández trabajó más tarde en bergantines en el lago de México, y pasó gran parte del resto de su vida pleiteando contra Cortés con el fin de cobrar lo que creía que se le debía por estas actividades.

8. Joan de Cáceres, AGI, Justicia, leg. 223, p. 2, f. 227r. Alonso de Navarrete, en *op. cit.*, f. 424v, rinde un homenaje similar.

9. Hassig [1:23], 64.

10. Sahagún, ed. Cline, 73.

11. Tapia, AGI, Justicia, leg. 223, p. 2, f. 309v.

12. Magallanes llevó dieciocho relojes en su viaje de 1520 (Morison [5:14], 163).

13. G, 356.

14. Esto procede de la pregunta 89 del cuestionario de Cortés en su juicio de residencia (CDI, XXVII, 337).

15. Debo agradecer a Felipe Fernández-Armesto esta sugerencia. Las canciones obvias, como las de Juan de la Cueva y Lasso de la Vega, son, sin embargo, de más tarde. D del C (I, 217) dice que el ejemplo del Rubicón se les ocurrió a los soldados. Menéndez Pidal escribió en su «¿Codicia insaciable? ¿Ilustres hazañas?» (*La lengua de Colón* [Buenos Aires, 1942], 98-99), que hasta hombres que habían leído poco, como Bernal Díaz, estaban empapados de ideas de gloria y fama, como las que leyeron en los viejos libros.

16. C, 67.

17. Véase CDI, XXVII, 299: *«por voluntad e consentimiento general de todos los compañeros».*

18. C de S, 184. El Códice Florentino dice lo contrario, según cita en León-Portilla [4:33], 75.

19. Durán, II, 527.

20. Hassig [1:23], 65, 73.

21. Gerhardt [8:60], 141-142; Aguilar en J. Díaz y cols., 69; Herrera [8:6], III, 360; y Torquemada [1:24], II, 282.

22. G, 94.

23. C de S, 331.

24. G, 93.

25. Juan Álvarez en *Inf. de 1521*, Polavieja, 266; D del C, I, 218.

26. Mártir (II, 643) dice que este mensaje se envió a Garay, que lo rechazó por su propia cuenta.

27. D del C, I, 222. Maudslay, el trad. de D del C (I, 211), pensaba, como Wagner ([8:23], 145), que era imposible viajar a Jalapa en un día, pero partiendo a las cinco de la madrugada y llegando a las nueve de la noche, los sesenta y cuatro kilómetros, a unos cuatro kilómetros por hora, no estaban fuera de la capacidad de los conquistadores, que habían descansado durante algún tiempo y que disponían de porteadores para cargar su equipo, y eso incluso con el aumento de altura a mil cuatrocientos metros.

28. Conocido también como Sochochima, Sicuchitimal y Sienchimalen.

29. C, 87-88.

30. Ahora es Izhuacan. Otras versiones dan Ceyxnacan (Cortés), Teoizhuacan e Ixhuacan.

31. Hay una descripción de este paso, de fines del XVI, por fray Alonso Ponce (Madrid, 1875).

32. Aguilar, en J. Díaz y cols., 167.

33. Por ejemplo, Ixtlilxochitl, 238, y Tapia en J. Díaz y cols., 86.

34. Zautla, el nombre moderno, fue llamado de modos muy diferentes. Ixtlilxochitl y C de S lo llamaron Zacatlan, D del C habló de Xocotlan y de Castilblanco (porque un portugués de la expedición opinó que se parecía a un Castel Branco que él conocía), Cortés lo llamó Caltamí (C, 89), Tapia, Çacotlan (en J. Díaz y cols., 86), y López de Gómara, Zacotlan.

35. C, 89, G, 121, e Ixtlilxochitl, 238, dicen que recibieron a los españoles con alegría; D del C, I, 223, dice que los recibieron mal.

36. D del C, I, 224, dice que los cráneos estaban tan bien ordenados que pudo contar cien mil. Es improbable. Un montón de tantos cráneos, a quince centímetros por cráneo, tendría más de ciento cincuenta metros de largo.

37. C, 89; G, 121; Tapia en J. Díaz y cols., 86, dicen lo mismo, como lo hace Oviedo, que informa detalladamente de una conversación sobre la grandeza de ambos emperadores.

38. D del C, I, 220; Ixtlilxochitl, 238, y G, 123, dicen que Olintecle permitió a Cortés arrojar a sus dioses desde lo alto del templo principal de la ciudad, pero esto es una idea inconcebible.

39. G, 122.

40. D del C dice que era una *lebrela*.

41. D del C, I, 224, y C, 89.

42. G, 120.

43. Camargo, 191, habla de «*sombrero de tafetán carmesí*» (tal vez, por tanto, de Córdoba). D del C, que estaba allí (226), dice «*un chapeo de los verdijudos colorados de Flandes*». El último indica que los mensajeros procedían de Xalacingo. Tanto C, 90, como Ixtlilxochitl, 238, dicen que de Zautla. Cortés no fue a Xalacingo después de Zautla. Habría sido absurdo. La descripción por D del C de esta parte del viaje es inadecuada.

44. G, 121.

45. D del C, I, 225-226.

46. C, 89. Esta ciudad figura ahora en el mapa como Ixtacamaxitlan. Está en el valle y no en la colina, pero pueden verse restos de la vieja ciudad. Véase, Harry Franck, *Trailing Cortés through Mexico* (Nueva York, 1935).

47. G, 97; C, 89.

48. C, 124.

49. C, 91; G, 123-124. Véase prefacio de la ed. del arzobispo Francisco Antonio Lorenzana de las cartas de Cortés (México, 1770), V-VIII. El texto parece indicar que el arzobispo lo vio. Hay en esa zona dos Atotonilcos, uno de cierta importancia urbana, cerca de Tlaxco, y el otro una aldea cerca de Terrenate. Fue probablemente en el segundo que Cortés encontró el muro.

50. D del C, I, 229.

51. Aguilar, en J. Díaz y cols., 165; D del C, I, 229, habla de treinta indios.

52. Tapia, en J. Díaz y cols., 87; D del C, I, 229, habla de sólo tres mil.

53. Aguilar, en J. Díaz y cols., 167.

54. C, 91-92; Ixtlilxochitl, 239; Mártir, II, 68-69, que ya no tenía la ayuda de Alaminos, Montejo y Portocarrero, copió aquí a Cortés casi palabra por palabra. Charles Gibson, *Tlaxcala in the 16th Century* (New Haven, 1952), dice que esta lucha tuvo lugar en algún lugar cercano a Quimichocan, que todavía no he identificado.

55. G (99) dice que uno de los españoles heridos murió más tarde, y da la cifra más baja relativa a los indios muertos. Cortés (C, 124) da la cifra más alta.

56. Véase Inge Clendinnen, «The Cost of Courage in Aztec Society», *Past and Present*, 107 (mayo de 1985), 90.

57. Wagner ([8:23], 154) habla de esta escaramuza como de un momento decisivo. Estoy de acuerdo con él. Eulalia Guzmán dice que ¡nunca tuvo lugar!

58. Este detalle procede de D del C, I, 230, lo mismo que la referencia a la grasa.

59. Véase Gibson [16:54], 9, 11, 13; Gerhardt [8:61], 324-327. Este cálculo de ciento cincuenta mil se deriva de una relación de 1544 en la cual Bartolomé de Zárate, regidor de México, dice que en los tiempos anteriores a Cortés «sacaba esta provincia 20 000 hombres de guerra» (*Epistolario*, III, 136). Otro informe, enviado al rey Felipe II de España el 15 de diciembre de 1575, afirma que, en 1521, cien mil tlaxcaltecas lucharon en favor de Cortés, pero debe tratarse de uno de los habituales y exagerados números redondos (reproducido en *Epistolario*, XV, 36-58).

60. Garibay [1:13], 234 (basado en el CF, X, c. 29, 759).

61. Garibay [1:13] 238-239.

62. Garibay [1:13], I, 239.

63. Walter Lehmann, *Die Geschichte der Königreiche von Colhuacan und Mexico* (Stuttgart, 1938), 104, cit. Arthur Anderson, «Aztec Hymns of Life and Love», *New Scholar*, VIII, 27. Para los otomíes, véase CF-G, X, c. 29, 602-605. Van Zantwijk [Prefacio, 5] pensaba que los otomíes podían ser antepasados de los mexicas.

64. Camargo, 123.

65. Ixtlilxochitl, 150-151; Juan Bautista Pomar, «Relación de Texcoco», en *Relaciones de la Nueva España* (Madrid, 1991), 74.

66. Camargo, 231.

67. Durán, I, 71-80.

68. Durán, II, 178.

69. C, 98. *El Conquistador Anónimo*, en García Icazbalceta, I, 59.

70. Mártir, II, 77.

71. Motolinía, en García Icazbalceta, I, 59.

72. Tapia en J. Díaz y cols., 93-94; Camargo, 148. Soustelle [1:5], 289, lo llama «el fatal error» de los mexicanos.

CAPÍTULO 17

1. Camargo, 192, reproduce el supuesto discurso de Xicotencatl.
2. Cod. Ram., 137; CF-G, XII, c. 10, 768.
3. G, 126.
4. En ocasiones anteriores, hizo que lo leyera otra persona. Pero el texto de la segunda carta de relación implica que lo hizo él mismo... con sus intérpretes (C, 92-93).
5. Este «Santiago y cierra España» pudo parecer algo fuera de tiempo a muchos españoles, pero no a las gentes de Extremadura, para las que la Orden de Santiago seguía siendo poderosa.
6. C, 92-93.
7. C, 93; D del C, 232. Vázquez de Tapia (en J. Díaz y cols., 138) dijo que «*en este lugar estuvimos más de treinta días que cada día venía sobre nosotros unos ochenta mil hombres*».
8. J. Huizinga, *The Waning of the Middle Ages* (Londres, 1924), 215. Agrega que los hombres de la Edad Media no podían prescindir ni por un momento de falsos juicios de lo más grosero, y que es a la luz de esto que debe verse el hábito general y constante de exagerar hasta el ridículo el número de enemigos muertos en combate.
9. Clendinnen [16:56], 269.
10. Soustelle [1:15], 207.
11. Cuestionaro en la información de Diego de Ordás (Santo Domingo, 1521), y declaración de Diego Bardalés, Antón del Río, Pero López de Barbas y Gonzalo Giménez, en CDI, XL, 74 y ss.
12. Eulalia Guzmán [13:41], 131, insistió en que no hubo lucha. Según ella, cuanto sucedió fue que Cortés mató a mucha gente en diversas ciudades, en busca de comida. Pero Tapia, Vázquez de Tapia, Aguilar y Díaz del Castillo se refieren todos a esos combates. Martín López, que no era precisamente amigo de Cortés, declaró en la *Inf. de 1565*, 114, que «*cuando entraron en la provincia de Tlaxcala, tuvieron algunos reencuentros con los naturales de la dicha provincia*». No se habrían unido a una conspiración de Cortés para deformar la historia.
13. Estaba cerca de Tecoatzingo (Teocacingo), y hoy es probablemente San Francisco Tecoac. Cuando visité aquella zona en 1990, me aseguraron que estaba cerca de Tzompantepec.
14. Aguilar, en J. Díaz y cols., 169.
15. C, 93; cuestionario en la información de Diego de Ordás (Santo Domingo, 1521).
16. Juan Álvarez, que estaba presente, en *Inf. de 1521*, Polavieja, 253; Aguilar, en J. Díaz y cols., 169.
17. D del C, I, 234. Zuazo a Carlos V, 2 de enero de 1518 (CDI I, 292).
18. Esto en G, 129. Ixtlilxochitl, 239. Cortés dice que esto ocurrió más tarde.
19. C, 94.
20. Aguilar a Durán, II, 529.
21. Cortés habla de ciento cuarenta y nueve mil, Díaz del Castillo, de cincuenta mil, López de Gómara, de ciento cincuenta mil.
22. G, 129-130.
23. C, 93.
24. D del C, I, 237.
25. G, 130.
26. Véase comentario de Francisco de Flores, AGI, Justicia, leg. 223, p. 2, f. 511v.

27. C, 92; G, 130.

28. C, 95; G, 134; D del C, I, 265.

29. San Marco, III, 25; C, 99-100. Elliott [9:76], 44, señala que ésta fue la única cita bíblica de Cortés, pero véase C, 251 para referencias a Jonás y David.

30. Tapia en J. Díaz y cols., 90.

31. Ixtlilxochitl, 246; C, 94; Mártir, II, 73.

32. Aguilar en J. Díaz y cols., 169, donde Germán Vázquez argumenta que no hubo atrocidades.

33. Mártir, II, 74.

34. Hassig [1:23], 115.

35. G, 134.

36. CF-G, XII, c. 10, 769.

37. Mártir, II, 74.

38. D del C, II, 258.

39. G, 134; Tapia en J. Díaz y cols., 88; C, 94.

40. C, 95; Aguilar en J. Díaz y cols., 170.

41. Vázquez de Tapia (en J. Díaz y cols.) hizo un relato como testigo presente, desfavorable a Cortés; C, 96; Ixtlilxochitl, 240; G, 136.

42. Aguilar, que estaba en la expedición, en J. Díaz y cols., 171; D del C, I, 250. Ixtlilxochitl, 240, dice que esta ciudad tenía veinte mil fuegos u hogares.

43. Tapia en J. Díaz y cols.; G, 111.

44. D del C, I, 247.

45. D del C, I, 254.

46. La *Chanson de Roland*, verso 128, dice: «*Mielz voeill murir que hunte nus seit retraité.*» El discurso está resumido en G, 112, y se halla *in extenso* en C de S, 226-227.

47. Tapia en J. Díaz y cols., 92.

48. CF-G, XII, c. 10, 769.

49. Gibson [16:54], 21.

50. C, 96; D del C, 266.

51. Tapia en J. Díaz y cols., 90; G, 131; Mártir, II, 76; Ixtlilxochitl, *Obras*, II, 212, y D del C, I, 252. CF-G, XII, c. 10, 769. El relato de Gómara impresionó a Montaigne, que ponderó el ofrecimiento en su ensayo sobre «la moderación».

52. Tapia en J. Díaz y cols., 90; Mártir, II, 76; C, 93. Durán (II, 530) hace la curiosa sugestión de que Cortés secuestró a los jefes tlaxcaltecas. Capturó sus almas y no sus cuerpos.

53. C, 94; Ixtlilxochitl (240-242) habla de una disputa entre los emisarios mexicanos y los tlaxcaltecas, en la cual éstos acusaron a los mexicas de establecer una brutal tiranía simplemente para comer y vestir bien.

54. Ixtlilxochitl, 241.

55. D del C, I, 271.

56. D del C, I, 264; Ixtlilxochitl, 244. Camargo, 194, también habla de la pompa con que se recibió a Cortés. Neglige antes la lucha, aparte de mencionar que, por un error, unos cuantos otomíes de la frontera atacaron a Cortés, que llegaba del nordeste.

57. CF, II, c. 11, 86-87, y c. 30, 131-136. Clendinnen [3:11], 201-203. No hay descripción explícita de esta ceremonia de 1519, pero tuvo que tener lugar.

58. Pasztory [4:35].

CAPÍTULO 18

1. C, 98; G, 142. Jorge Gurría Lacroix, *Códice «Entrada de los españoles en Tlaxcala»* (México, 1966), tiene una impresión de fines del XVII o del XVIII.
2. D. del C, 276.
3. Aguilar en J. Díaz y cols., 172.
4. *Inf. de 1565*, 114.
5. AGI, Justicia, leg. 224, p. 1, f. 95r.
6. Tal vez Cortés había leído el relato de la triunfal entrada de los españoles en Granada en la carta de Martyr al cardenal Arcimboldo de Milán, «*Alhambrum, proh dii immortales!...*».
7. C, 98-99; Aguilar en J. Díaz y cols., 172.
8. C, 98. Según Antonio Sotelo (*Inf. de 1565*, 188), Cortés escribió una carta a su amigo Roberto Rangel, que estaba en la costa, describiéndole la bienvenida de Tlaxcala.
9. Véase Anawalt [7:41], 61-80, y «Memory Clothing» en Boone [2:58], 180-188.
10. CF, XII, c. 11, 769.
11. Aguilar en J. Díaz y cols., 179.
12. D del C, 277.
13. Aguilar, en J. Díaz y cols., 179.
14. D del C, I, 274; Camargo, 192.
15. Camargo, 194, escribió que los tlaxcaltecas dieron a Cortés regalos muy refinados, pero esto parece improbable, teniendo en cuenta su pobreza. Escribía, desde luego, a fines del siglo XVI, para impresionar a la corona española con los servicios prestados por los tlaxcaltecas.
16. Camargo, 195.
17. G, 118; Camargo, 197.
18. Ixtlilxochitl, 245.
19. Tapia en J. Díaz y cols., 94; G, 146.
20. Diego Luis de Motezuma, SJ, *Corona Mexicana* (Madrid, 1914), 370.
21. Camargo, 198-208.
22. Camargo, 208.
23. Lámina VIII del Lienzo de Tlaxcala, de 1550, donde se ve el bautismo de los cuatro jefes, con Cortés sosteniendo una cruz y Marina contemplando la escena. Bernal Díaz lo afirmó en una probanza de los servicios de Pedro de Alvarado, en Joaquín Ramírez Cabañas ed., de *La historia verdadera* (México, 1967), 585. Véase también Camargo, que escribía c. 1576, 233.
24. Estos relatos se examinan en Gibson [16:54], 31-32.
25. *Inf. de 1565*, 81, Camargo, 197. Alvarado tendría un hijo y una hija con María Luisa, don Pedro y doña Leonor.
26. D del C, I, 279.
27. *Inf. del 1565*, 114.
28. Vázquez de Tapia dio este itinerario: Cholula, Guaquichula, Tochimiloc, Tetela, Tenantepeque, Ocuituco, Chimaloacan, Sumiltepeque, Amecameca y Texcoco.
29. Vázquez de Tapia en J. Díaz y cols., 139-142. Alvarado nunca mencionó este asunto. Cervantes de Salazar dijo que Alvarado fue solo, únicamente con un criado (I, 290).
30. *Inf. de 1565*, 115.
31. C, 101. El *Inf. de 1565* lo confirma. Camargo dice que los tlaxcaltecas enviaron a Cholula a uno de sus nobles, Patlahuatzin, para explicar que los forasteros barbudos y blancos eran gente que no les haría ningún daño, pero

que si se conducían estúpidamente, Cortés los destruiría. Los de Cholula, en respuesta, capturaron al mensajero, le despellejaron el rostro y los brazos hasta los codos, y le cortaron las manos en las muñecas, dejándolas colgando. En esta desagradable condición, le mandaron de vuelta a Tlaxcala, donde pronto murió (Camargo, 212-213). Tal vez esto sea la descripción de algo ocurrido en una guerra anterior entre las dos ciudades. Ninguna fuente española lo menciona.

32. G, 148.

33. G, 148. *El peregrino indiano*, de Antonio Saavedra de Guzmán (Madrid, 1589), contiene una historia similar sobre la muchacha india que estaba entonces con Jorge de Alvarado, tal vez, como dice Wagner, porque la esposa de Guzmán era una nieta de Jorge.

34. C, 100; Felipe Fernández-Armesto, *Ferdinand and Isabella* (Londres, 1975), 144.

35. Ixtlilxochitl, 190.

36. C, 101-102.

37. Tapia, en J. Díaz y cols., 99, dice que cuarenta mil. Cortés dijo que cien mil (C, 72); G, 125.

38. D del C, I, 278.

39. Ixtlilxochitl, 246, dice que la «escolta» era de más de cien mil.

40. Flautas de caña (*cocoloctli*) o flautas globulares parecidas a la ocarina (*huilacapitzli*).

41. C, 103; D del C, I, 285.

42. Tapia, en J. Díaz y cols., 95; Ixtlilxochitl, 246.

43. C, 104.

44. Joan de Cáceres, AGI, Justicia, leg. 223, p. 2.

45. *Relación de Cholula* [13:50], 161.

46. Ibíd., 162.

47. Tapia, en J. Díaz y cols., 96; Tapia tuvo una encomienda en Cholula después de la caída de Tenochtitlan y cabe presumir que se enteró entonces de esto (Gerhardt [8:61], 117).

48. Aguilar, en J. Díaz y cols., 174. Sepúlveda, aunque después de hablar con Cortés, dice que veinte mil, Ángel Losada, «Hernán Cortés en la obra del cronista Sepúlveda», R de I, IX (enero-junio de 1948), 127-162).

49. Relación de Bartolomé de Zárate, 1544, en *Epistolario*, III, 137.

50. C, 105 (esta estadística inspiró uno de los pasajes más famosos de Prescott); Aguilar estuvo de acuerdo (Aguilar, en J. Díaz y cols., 174).

51. C, 105.

52. *Relación de Cholula* [13:50], 160.

53. Camargo, 210.

54. Gerhardt [8:60], 114-117; Aguilar en J. Díaz y cols., 89.

55. Ésta es la versión nada imparcial de Camargo (Camargo, 211).

56. G, 126.

57. Declaración de Martín Vázquez en el juicio de residencia de Cortés, en CDI, XXVIII, 184; D del C, II, 6.

58. D del C, II, 6.

59. Martín López, en *Inf. del 1565*, 115.

60. CDI, XXVII, 386; Tapia, en J. Díaz y cols., 96.

61. Al informar de esto al rey el año siguiente, Cortés hizo su única referencia a Marina: «*la lengua que tengo que es una india de esta tierra que hubo en Potonchan*» (C, 73); G, 125; Tapia en J. Díaz y cols., 96; Juan de Jaramillo recordó el incidente con Marina (AGI, Justicia, leg. 224, p. 1, f. 464): eventualmente se casó con ella.

62. D del C, II, 9.

63. Juan de Limpias Carvajal en *Inf. de 1565*, 176.

64. D del C, II, 5.

65. Sepúlveda, que habló de esto con Cortés, pone de relieve la consulta (Sepúlveda, 141); *Inf. de 1565*, 113; Gibson [16:54], 22.

66. Ixtlilxochitl, 246.

67. Vázquez de Tapia en su declaración en el juicio de residencia de Cortés (CDI, XXVI, 417); CF-G, XII, c. 11, 732; Ixtlilxochitl, 247.

68. Declaración de Andrés de Tapia en AGI, Justicia, leg. 223, p. 2, en que cuenta que «vido este testigo quel dicho Don Hernando tomó ciertos principales en cantidad de más de ciento y les dixo como el savia la trayción que tenyan hordenada e muchos dellos cada uno por si confesar ser verdad».

69. Tapia, en J. Díaz y cols., 100.

70. C, 180; Sepúlveda (141) dijo que cuatro mil, Alva que cinco mil, Gómara que seis mil y Vázquez de Tapia que «más de veinte mil». Las Casas, en *De Thesauris in Peru* (Madrid, 1562, reeditado en 1958), 310-311, dijo que Cortés se reveló como un «nuevo Herodes», que mató sin piedad a quince mil inocentes. Una acusación en el juicio de residencia fue que Cortés «mató a cuatro mil sin causa» (CDI, XXVII, 27). Aguilar dijo que se mataron a dos mil, pero insistió en que eran los que llevaban la leña y el agua a los alojamientos de los españoles. Rosa Camelo Arredondo, en su no publicada *Historiografía de la matanza de Cholula* (México, 1963), 119, señala que todavía no está claro quién fue muerto.

71. CF, XII, c. 11, 769-770.

72. Tapia, en J. Díaz y cols., 100.

73. Camargo, 212.

74. *Inf. de 1565*, 116.

75. Tapia, en J. Díaz y cols., 99.

76. D del C, 295.

77. Ixtlilxochitl, 247-249.

78. Sepúlveda dijo que se entrevistó con Cortés en privado en Valladolid, probablemente entre enero y mayo de 1542, cuando el emperador estaba presente (Sepúlveda, 142-143). La versión del texto procede, sin embargo, de Losada, en «Hernán Cortés en la obra...» [18:48], 140.

79. Las Casas, *Brevísima relación de la destruyción de las Indias*, en José Alcina Franch, *Obra Indigenista* (Madrid, 1992), 93.

80. Este romance se atribuye a Velázquez de Ávila a finales del siglo XV. Véase BAE, X, 393-4. Lo recita Sempronio en *La Celestina*. Velázquez de Ávila era quizá pariente de Diego Velázquez de Cuéllar.

81. AGI, Justicia, leg. 224, p. 1, f. 722r.

82. AGI, Justicia, leg. 223, p. 2, f. 511.

83. AGI, Justicia, leg. 223, p. 2. f. 584v. La información de Alonso de la Serna en AGI, México, leg. 203, n.º 29, prueba que era vecino de Canena, cerca de Jaén. En cuanto a lo dicho por Ginés Martín, véase AGI, México, leg. 203, n.º 5, información de Martín Vázquez.

84. *Relación de Cholula* [13:50], 160.

85. C, 102; D del C, II, 9. Confirmado por varios testigos en *Inf. de 1565*.

86. Durán, II, 25.

87. Orozco [8:4], IV, 252, argumentó que la conspiración fue preparada por los tlaxcaltecas y que Marina inventó lo de la anciana que trató de «salvarla». Wagner acepta esta interpretación ([8:23], 176) y formula la pertinente pregunta de qué sucedió con el ejército mexicano del que se decía que tendió la emboscada a los castellanos cerca de Cholula. Germán Vázquez en su ed. de Aguilar (J. Díaz y cols., 175, n.º 37), es favorable a Cortés.

88. «Este castigo se sovo e fue publico entre los naturales» (AGI, Justicia, leg. 223, p. 2, f. 309v).

89. Mártir, II, 85.

90. C, 106. Tapia (en J. Díaz y cols., 98) y Díaz del Castillo dan versiones diferentes de esta conversación, en las que hacen decir a Cortés, dirigiéndose a los embajadores mexicanos, que no creía que Moctezuma dejara de intentar, bajo mano, matar a los españoles.

91. CF-G, XII, c. 11, 770.

92. G, 133.

93. D del C, II, 26.

94. C, 106-107.

CAPÍTULO 19

1. Las cifras, como de costumbre, difieren: D del C, II, da mil tlaxcaltecas, Cortés (C, 109), cuatro mil, López de Gómara e Ixtlilxochitl, seis mil, mientras que el *Inf. de 1565*, 73, dice que Cortés no tenía a su lado a ningún tlaxcalteca.

2. C, 107.

3. «*e cuando volvió traxo nieve de la dicha sierra...*»; véase cuestionario en Información de Diego de Ordás (Santo Domingo, 1521), y la declaración de Gutierre de Casamori (CDI, XL, 125 y ss.).

4. Aguilar, en J. Díaz y cols., 176. El viajero moderno no podrá ver nada del lago, debido a la contaminación atmosférica.

5. Para la balada, véase BAE, X, 534; *Poema del Mio Cid*, canto 83, verso 1613 (Barcelona, 1984); para la balada sobre Alfonso, BAE, XVI, 210.

6. C, 109.

7. Aguilar, en J. Díaz y cols., 176.

8. CF-G, XII, c. 11, 770. He tomado en cuenta la tr. de este pasaje en León-Portilla [4:33], 43, tanto como en el mismo Sahagún, II, 965.

9. D del C, II, 28-29.

10. Esta versión del mito procede de CF, III, c. 14, 231-232.

11. Ángel María Garibay, *La poesía lírica azteca* (México, 1937), 39.

12. CF-G, XII, c. 14, 772; Pedro de Solís, en el *Inf. de 1565*, dijo que los tlaxcaltecas lo hicieron, aunque otro testigo anterior en la misma investigación afirmó que no había ninguno con Cortés.

13. C, 109.

14. C, 109.

15. Tapia, en J. Díaz y cols., 100.

16. Para el punto de vista de los mexicanos, véase Enrique Florescano, «Mito e historia en la memoria nahua», HM, 155 (1989), 607.

17. Cod. Ram., 212.

18. Sonia Lombardo de Ruiz, «El desarrollo urbano de México-Tenochtitlan», HM, 86 (1972), 131.

19. Véase ilustración en el Códice Boturini, en Pasztory [4:35], 200.

20. Barlow [1:10], 75; Davies [1:24], 11; Gibson [16:54], 15-16.

21. CF-G, XII, c. 12, 770.

22. Miguel León-Portilla, 53; CF-G, XII, c. 12, 770. Los griegos creían que las lenguas de los no griegos eran como el aletear de los pájaros.

23. Cod. Ram., 139-140; León-Portilla, 56; CF-G, XII, c. 12, 771.

24. Cod. Ram. 139-140; Wasserman [13:66].

25. León-Potilla, 57; CF-G, XII, c. 13, 772.

26. Véase Gastón Guzmán en *The Sacred Mushroom Seeker*, ed. Thomas J. Reidlinger (Portland, 1990), 95, para la identificación del *Psilocybe Aztecorum* con el nanácatl mencionado en la *Histoyre du Mechyque* [1:53], 18; y 92-95 para la ingestión de setas «sagradas».

27. Sahagún de Cline, 63.

28. Cod. Ram., 211-212.

29. Nicholson [1:42], tabla 4.

30. Sanders [2:21], 87; véase su apéndice «Prehispanic meat consumption», 475.

31. C, 111; G, 136 dice que la expedición pasó la noche en Tlamanalco.

32. Gerhardt [8:61], 104.

33. Durán, II, 535, que dice que esas muchachas fueron ofrecidas a Cortés en Chalco.

34. C, 111. Se dijo que el oro valía tres mil castellanos.

35. Domingo... Chimalpahin, *Octava relación* (México, 1983), 145. Varias crónicas basadas en la Crónica X, es decir, Durán y Cod. Ram., afirman que ahora Cortés fue a Texcoco e indican que allí le recibió Ixtlilxochitl, quien dijo que había ido para comprender los misterios del cristianismo. Él y su familia se convirtieron, hecho que hizo enloquecer a su madre Yacotzín. Los acontecimientos descritos, si no fueron inventados, debieron ocurrir durante una visita a Texcoco hecha mucho más tarde por Cortés, probablemente en 1521, como lo sugiere Ixtlilxochitl en *Decimatercia relación* [4:5].

36. D del C, II, 31-32.

37. Tapia, en J. Díaz y cols., 101. Las referencias a «cuándo Cortés estuvo en Chalco», pueden indicar la provincia o el estado de ese nombre y no la ciudad misma.

38. Véase tabla de las ciudades rebeldes registradas en Hassig [1:27], 94.

39. Garibay [1:13], I, 220.

40. Durán, II, 535.

41. C (110) y D del C (I, 307) dicen que esta delegación estaba dirigida por Cuitláhuac, hermano de Moctezuma, y que había dos delegaciones, una mandada por el príncipe y la otra por Cacama.

42. Díaz del Castillo dice que Moctezuma ofreció dar cuatro cargas de oro a Cortés y una a cada uno de los miembros de su expedición, si se mantenían alejados. Pero si una carga era de cincuenta cincuenta libras, como solía ser, no podía haber tanto oro en todo México.

43. D del C, II, 34; C, 111.

44. Aguilar en J. Díaz y cols., 177. Fue Germán Vázquez quien identificó la ciudad, en la que, sugiere, había un depósito de estiércol humano.

45. Véase c. 12, más arriba.

46. D del C, I, 309.

47. Enrique Otte, *Las perlas del Caribe* (Caracas, 1977), 59.

48. Tapia, en J. Díaz y cols., 101; C, 112.

49. Durán, II, 112. Para las chinampas, en este caso, véase Pedro Armillas [2:15], 656. *Inf. de 1565*, 55.

50. Van Zantwijk [Prefacio: 5], 54-56. Las pruebas giran en torno a nombres muy comunes.

51. Tapia, en J. Díaz y cols., 101; G, 123.

52. Códice Chimalpopoca, *Anales de Cuauhtitlán y Leyenda de los Soles*, ed. Primo Velázquez (México, 1975), 61.

53. D del C, I, 311. Las expresiones de Bernal Díaz parecen haber sido casi rituales; así, cuando Felipe II fue a Inglaterra por primera vez (en 1554), uno de sus cortesanos dijo que Felipe mostró tanto entusiasmo por los jardines de Winchester, donde se alojaba, que creía hallarse en algún lugar acerca del cual «había leído en los libros de caballerías» (cit. en R. O. Jones, *The Golden Age: Prose and Poetry*, Londres, 1971, 54).

54. *Amadís de Gaula* (aunque tuvo una edición anterior portuguesa) parece haber sido escrito para su publicación por Garci Rodríguez (o Gutiérrez) de Montalvo, regidor de la ciudad mercantil de Medina del Campo, que era también la ciudad del cronista Bernal Díaz del Castillo, cuyo padre asimismo

fue regidor de ella. Cabe presumir que el «autor» del *Amadís* era pariente de los otros Montalvo de Medina, cuyo árbol de familia se halla en Cooper [6:60], 447, y así lo fuera lejano no sólo de Francisco de Lugo, uno de los capitanes de Cortés, sino también de Velázquez de Cuéllar. Un Montalvo de Medina del Campo, Francisco, tenía una encomienda en Cuba (Muñoz, VI, 72, f. 124). La ciudad era conocida en los años de 1480 por su legislación antisemita. Es apropiado que esta gran ciudad mercantil, famosa por sus abogados, produjera a los hombres que escribieron dos de los más célebres libros del siglo.

55. *Amadís de Gaula*, tr. R. Southey (Londres, 1872), 6. Véase Ida Rodríguez Prampolini, *Amadises de América* (México, 1948), y M. Hernández Sánchez-Barba, «La influencia de los libros de caballería sobre el conquistador», AEA, XIX.

56. Para la ceremonia, véase c. 1. La descripción por Sahagún es muy gráfica: «*Todos tenían muy grande miedo y estaban esperando con mucho temor lo que acontecería... porque tenían esta fábula... que si no él no tornaría a nacer o salir... de arriba vendrían y descenderían... unas figuras feísimas y terribles que comerían a los hombres y mujeres... Por lo cual todos subían a las azoteas, y a las mujeres preñadas encerrábanlas en los trojes, porque temían que si la lumbre no se pudiese hacer, ellas también se volverían fieros animales y comerían a los hombres y mujeres... De manera que todas las gentes no entendían de otra cosa, sino que en mirar hacia aquella parte* [la cima del Uixachetectatl]*... y cuando ésta sacaba la lumbre, todos se cortaban sus orejas con navajas y esparcían la sangre la hacia aquella parte de donde parecía la lumbre.*» (CF-G, VII, c. 10, 439-40; IV, apéndice, 258-260.) Otra descripción en Motolinía [1:1], 113.

57. Sanders [2:21] da «diez mil o más».

58. Tapia en J. Díaz y cols., 101; C, 113. Bernal Díaz (D del C, I, 311) dijo que había «*andenes llenos de rosas y flores*». Pero la rosa no había llegado todavía a México. El recuerdo de la escena lo llenaba de melancolía: «*Ahora toda esta villa está en el suelo perdida, que no hay cosa en pie.*»

59. C. Harvey Gardner, *Naval Power in the Conquest of Mexico* (Austin, 1959), 51-52.

60. Aguilar (J. Díaz y cols., 178) dice que «*el capitán había mandado que los soldados y gente de caballo fuesen en mucho concierto*».

61. CF-G, XII, c. 15, 773-774.

62. Maudslay, basándose en Cepeda y Carrillo, afirma que la calzada tenía cinco mil doscientas varas de longitud y once de anchura (Apéndice A a su tr. de D del C).

63. C, 114.

64. Una parte fue puesta al descubierto en 1961 y se confirmaron las dimensiones, que variaban entre cuarenta y cinco y cuarenta y ocho metros (Francisco González Rul y Federico Mooser «La Calzada de Ixtapalapa», en *Anales*, INAH, 15, 113-119, cit. en Pasztory [4:35], 107.

65. Sahagún de Cline, 65.

66. CF-G, XII, c. 15, 773-774; Hassig [1:23], 58. Wagner [8:23], 202, piensa que la descripción por Sahagún de la entrada de Cortés se basó en una pintura. Pero Sahagún habló con supervivientes del acontecimiento, cuya vista debió de causarles una gran impresión.

67. ¿Cuántas canoas? *Ein Schöne Newe Zeitung* de 1520, HAHR (1929), 208, sugiere (tal vez por lo que dijo Francisco Serrantes, de quien se habla en el c. 22) que eran setenta mil. Cervantes de Salazar sugirió cien mil. Había canoas que podían manejarse por un hombre solo. Muchas requerían seis guerreros. Se usaban constantemente para la pesca y el transporte de alimentos y de tributos. Eran de fondo plano, sin quilla, y más estrechas en la proa que en la popa. Véase Gardner [19:59], 54, para un resumen de los datos.

68. Aguilar a Durán, en Durán, I, 20.

69. En Veytía, II, 243, en los documentos de Muñoz, Madrid.

70. Véase el mapa de antes de la pág. 103 en Ignacio Alcocer, *Apuntes sobre la antigua México-Tenochtitlan* (Tacubaya, 1935), en que la calle San Antonio llega a la calle Pino Suárez, cerca de la calle Chimalpopoca.

71. Aguilar, en J. Díaz y cols., 170; C, 115; D del C, II, 40.

72. Durán, II.

73. Las consecuencias fueron desagradables. Con el fin de impedir que los mexicas se establecieran allí, Huitzilopotchli hizo que la hija de Achitometl, reina de los mexicas, fuese sacrificada como «Mujer de la Discordia», la hizo despellejar, vistió a un joven con su piel e invitó a Achitometl a asistir a una ceremonia en su honor, lo cual, como puede comprenderse, determinó que este monarca prometiera matar a todos los mexicas (Durán, II, 42).

74. Aguilar, en J. Díaz y cols., 178. Alvarado, en su juicio de residencia, recordó que Moctezuma *«nos salió a recibir de paz»* (Res Alvarado, 64).

75. Cortés dijo que todos, salvo Moctezuma, iban descalzos, pero es inconcebible que los dos otros reyes fueran sin calzar, como indica Eulalia Guzmán ([13:41], 211).

76. C, 86; D del C, II, 42.

77. Nicholson [13:47], 126.

78. Por ejemplo, Aguilar en J. Díaz y cols., 178; D del C, I, 319; Martín Vázquez, en CDI, XXXVIII, en el juicio de residencia de Cortés; y Vázquez de Tapia. Sahagún, en su versión de 1585 (Sahagún de Cline, 680-689), omite toda mención del discurso de Moctezuma. También lo hizo Tapia, aunque C de S, 274, coloca aquí el discurso.

79. Para esos saludos, véase Arthur J. O. Anderson y cols., *Beyond the Codices* (Berkeley, 1976), 30.

80. Un collar típico de Quetzalcóatl era de «caracoles marinos del oro» (León-Portilla [1:34], 117-118). Fray Díaz dice que el regalo a Cortés era una cadena de oro (declaración en Res Alvarado, 126). Véase la intr. de Mario Hernández a C, 113 (n.° 18), 114. Los regalos de Cortés parece que fueron un collar de perlas y de vidrio cortado. D del C (I, 314) habla de perlas de colores maravillosos.

81. Durán, I, 20; Aguilar le habló a Durán en los años de 1560 del *«día que entraron en la ciudad y vieron la altura y hermosura de los templos, que entendieron ser algunas fortalezas»*.

82. Aguilar, en J. Díaz y cols., 178.

83. D del C, I, 314-315. Cf. las primeras líneas de *La isla del tesoro*, de Stevenson.

84. CF-G, XII, c. 17, 776; también Martín Vázquez, en CDI, XXVIII, 138.

85. Cod. Ram., 141.

86. Por mucho tiempo se supuso que este palacio estaba al nordeste del templo, pero Ignacio Alcocer [19:70], 85-86, demostró que debió hallarse al oeste, aproximadamente en el lugar que ocupa ahora el Nacional Monte de Piedad.

87. Burr Brundage, *A Rain of Darts* (Austin, 1972), 145.

88. Tapia, en J. Díaz y cols., 101.

89. D del C, I, 315; Aguilar, en J. Díaz y cols., 178.

90. C, 87.

91. Aguilar, en J. Díaz y cols., 180.

92. León-Portilla, 67; CF-G, XII, c. 16, 775. Por ejemplo, un abuelo solía hablar así con su nieto: CF-G, VI, c. 34, 389.

93. Después de escribir esto, me complació encontrar que lo mismo se le había ocurrido a Eulalia Guzmán [7:17], con cuyos criterios raramente me hallo de acuerdo.

94. C, 117.

95. «*él sea nuestro señor natural*» (C, 117).

96. C, 116-117.

97. G, 164-166; Sepúlveda, 148, tiene casi el mismo relato, aunque mejor escrito.

98. D del C, 316-317.

99. Aguilar, en J. Díaz y cols., 179-180.

100. Tapia, en J. Díaz y cols., 104.

101. CF-G, XII, c. 16, 775. D del C (I, 312) habla del «gran y solemne recibimiento que nos hizo el gran Moctezuma a Cortés y a todos nosotros».

102. Durán II, 542. Aguilar dijo a Durán que no vio que bautizaran a Moctezuma, pero que creía que lo hicieron. Mas Durán no mencionó este dramático acontecimiento en sus posteriores y muy respetadas memorias. Durán debió entender mal lo que le decían.

103. Pagden, en su ed. de Cortés [10:73], 467.

104. Miguel León-Portilla, en «Quetzalcóatl-Cortés en la conquista de México», HM, XXIV, n.º 1 (1974), 35; véase también la frase de Inga Clendinnen en «Fierce and unnnatural cruelty», *Representations* (invierno de 1991), 33.

105. Vázquez, en J. Díaz y cols., 180, n.º 45. Estos comentarios comenzaron con la doctora Eulalia Guzmán, que insistió en que el discurso era una invención de Cortés para sus propios fines ([13:41], 216-233). El doctor Víctor Frankl dijo casi lo mismo («Die Cartas de relación de Hernán Cortés und der Mythos der Wiederkehr des Quetzalcóatl», *Adeva-Mittelungen*, cuaderno 10 [noviembre de 1966], 12).

106. Guzmán [13:41], 211.

107. Frankl no injuria a nadie más que a sí mismo cuando habla ([19:105], 16) de «la obra seudohistórica del grupo Cristoindígena de Sahagún».

108. Véase Pasztory [13:52], 115-117.

109. CF-G, XII, c. 167, 776. Orozco, el mejor de los historiadores mexicanos sobre este tema, concluyó que «el sentimiento religioso, la creencia en las predicciones acerca de Quetzalcóatl y la más estúpida de las supersticiones arrojaron al imbécil monarca a los pies del invasor y colocaron sin lucha al imperio bajo el yugo castellano» (Orozco [8:4], IV, 175). Cf. Octavio Paz, que llamó «vértigo sagrado» la fascinación de Moctezuma con Cortés, *México en la obra de Octavio Paz, I. El Peregrino en su Patria* (México, 1987), 87.

110. CF-G, VIII, c. 17, 472.

CAPÍTULO 20

1. Sobre el texto del regalo de Cortés a las hijas de Moctezuma, véase Josefina Muriel, «Reflexiones sobre Hernán Cortés», en R de I, IX (enero-junio de 1948), 229.

2. G, 168.

3. Ixtlilxochitl, 133: Tapia, en J. Díaz y cols., 102.

4. Ordás a Francisco Verdugo, el 23 de agosto de 1529 (Otte [5:20], 116).

5. Edward Calnek, «Settlement patterns and chinampa agriculture at Tenochtitlan», *American Antiquity*, vol. 37 (1972), I, 111.

6. Oviedo, IV, 249.

7. Véase Pedro Carrasco, «Estratificación social indígena en Morelos durante el siglo XVI», en Carrasco y Broda [3:30], y un ensayo similar de Pedro Carrasco, «Family structure in sixteenth century Tepotzlan», en *Process and Pattern in Culture*, ed. Robert Manners (Chicago, 1946). Los datos de Carrasco no se refieren a México y su posconquista, pero las conclusiones sirven para el viejo Tenochtitlan.

8. CF, X, c. 155, 562.

9. Ángel Garibay, «Paralipómenos de Sahagún», *Tlacocan*, II, 2 (México, 1947).

10. Aguilar, en J. Díaz y cols.

11. Soustelle [1:5], 173, y Brundage [2:50], 19, se ocupan de este aspecto de la vida mexicana.

12. El primer texto publicado que habla de México-Tenochtitlan, *Newe Zeitung von dem Lande*, de Ausburgo, 1522, se refiere a él como una «gran Venecia» (HAHR [1929], 200). Mártir (II, 108, 192) dijo en una carta a las marquesas de Los Vélez y de Mondéjar que los castellanos llamaban a Tenochtitlan «Venecia la rica». Sahagún dijo que México era «otra Venecia», y que los mexicas «*saber y policía son otros venecianos*» (CF, prólogo, 4). Incluso Gasparo Contarini, embajador veneciano en España, comparó también Tenochtitlan a Venecia en un informe al senado de su ciudad, del 15 de noviembre de 1525, en Eugenio Alberi, *Relazioni degli ambasciatore veneti al senato*, ser. I, vol. II (Florencia, 1840). Sepúlveda, que habló con Cortés, describió Tenochtitlan como «parecida a Venecia» (ciudad que él probablemente conocía), pero casi tres veces mayor tanto en extensión como en población (en *Democrates Alter*, publicado en BRAH, XXI [octubre de 1892], cuaderno IV, 310).

13. Véase William T. Sanders, «Settlement patterns in Central Mexico», en ĤMAI, X (1971), 7.

14. José Alcina Franch y cols., «El "temazcal" en Mesoamérica», *Revista Española de Antropología Americana*, X, 1980.

15. C, 30.

16. Münzer, en *Viajes*, [5:20], 372.

17. García Sánchez [9:33], 110.

18. Todorov [4:17] desarrolla este punto, y también lo hace Greenblatt [12:89], 9-11.

19. Según el biógrafo de Cortés, había seiscientos *pipiltin* presentes en palacio, cada uno con tres o cuatro hombres armados, o sea, un total de tres mil hombres (G, 145). El *Conquistador Anónimo*, en García Icazbalceta, I, 179, sugiere que había mil guardias.

20. Alfonso Caso , «Los barrios antiguos de Tenochtitlan y Tlatelolco», MAMH, XV, n.º 1 (1956), da una división de los cinco barrios en sesenta y ocho distritos con nombre, pero pudo haber ciento ocho.

21. Calnek [14:27], 297.

22. Edward Calnek, «The internal Structure of Tenochtitlan», en E. R. Wolf, ed., *The Valley of Mexico* (Albuquerque, 1978), 323.

23. C, 137.

24. D del C, II, 55.

25. Lombardo de Ruiz [19:18], 152.

26. Durán, II, 413.

27. G, 148.

28. Mártir, II, 205.

29. Pasztory [4:35], 166-167.

30. Paracelso pensaba que los nuevos indios fueron hallados en islas apartadas, a las que ningún descendiente de Adán había querido ir: «es muy probable que sean descendientes de otro Adán». Tal vez nacieron allí «después del diluvio y tal vez no tienen almas. Al hablar, son como loros» (*Philosophiae Sagacis*, Frankfurt, 1605, lib. 1, c. II, vol. X, 110, cit. Thomas Bendyshe, «The History of Anthropology», en *Memoirs read before the Anthropological Society of London*, 1863, I, 353).

31. Cod. Ram., 141-142. Volvió más tarde a este tema.

32. G, 160.

33. En su primer viaje, Colón ofreció un jubón de seda al primer hombre

que avistara tierra. Tal vez Cortés recordara el romance del conde Arnaldos que, cazando cerca del mar, vio una galera con velas de seda, cuyo marinero entonaba una canción mágica que hizo que el viento amainara, se calmara el mar, las gaviotas se posaran en los mástiles y los peces subieran a la superficie; el conde preguntó por el nombre de la canción y el marinero le contestó que sólo podía dárselo a quien se hiciera a la mar con él (C, 231). El tío de Alvarado, el comendador de Lobón, había fijado impuestos a las sedas del mercado de Granada, de modo que el lugar pudo salir en la conversación.

34. D del C, I, 320.

35. D del C, I, 321.

36. S del C, I, 319.

37. C, 132; *El Conquistador Anónimo*, en García Icazbalceta, I, 392, dice que era tres veces mayor.

38. D del C, I, 335.

39. Un punto de vista que lo considera irrisorio es el de Armando García Garnica en «De la Metáfora el Mito: la visión de las crónicas sobre el tianguis preshispánico», HM CXXXIII (1984-1985). Pero el artículo que sigue a éste en la misma revista, Janet Long-Solís, «El abastecimiento de chile en el mercado de México-Tenochtitlan en el siglo XVI», da al aspecto comercial del mercado su antiguo esplendor.

40. Soustelle [1:5], 60.

41. Clendinnen [3:11], 48-49.

42. Las Casas, *Apologética historia sumaria* (México, 1967), 68.

43. Sanders [2:21], 404-405, lo discute. Los contratados para esculpir la imagen del emperador recibirían (según Tezozomoc, [1:18] 668), trajes, chile, maíz y esclavos.

44. *El Conquistador Anónimo*, en García Icazbalceta, I, 394.

45. CF-G, VIII, c. 19, 475.

46. Véase C. Espejo y J. Paz, *Las antiguas ferias de Medina del Campo* (Valladolid, 1908-1912). Todavía existe la plaza en que se tenía el mercado de Medina, y todavía mide doscientos metros cuadrados, aunque el mercado mismo, las casas que lo rodeaban y los almacenes han desaparecido. Los notarios de Medina eran famosos. La reina Isabel solía decir que si tuviera tres hijos, uno la sucedería, uno llegaría a arzobispo de Toledo y el tercero sería notario en Medina del Campo.

47. Durán, I, 178.

48. Berdan, «Luxury Trade», en Boone [1:5], 179.

49. *El Conquistador Anónimo*, en García Icazbalceta, I, sólo habla de un metal, el oro, pero Cortés (C, 132) se refiere también a la plata, el plomo, el cobre, el latón y el estaño. Pero en México no se han encontrado ni plomo ni estaño, y el latón probablemente era cobre. Para las cincuenta secciones, véase CF, X, c. 17-26, 699-718.

50. C, 133.

51. C, 105; D del C, I, 322. Mártir, II, 206, puso de relieve el hecho de que los mexicanos tenían medidas, pero no pesos.

52. CF-G, IX, c. 10, 507.

53. D del C, I, 322. Un perspicaz análisis de todos los informes sobre este mercado, en que se anotan casi trescientos artículos separados (si se toman los pavos vivos como diferentes de los pavos muertos), se debe a José Luis Rojas, *México Tenochtitlan* (México, 1989), 163-169. Presenta (233-234) una lista de casi cien nombres de vendedores.

54. Sahagún de Cline, 124. Para un análisis, véase Eduardo Matos Moctezuma, *The Aztecs* (Nueva York, 1989), 205-208.

55. Durán, II, 419-420.

56. La pirámide se parecía a la hermosa que sobrevive en Tenayuca. Las

bases eran similares: véase Antonieta Espejo y Jamesa Griffin, «Algunas semejanzas entre Tenyuca y Tlatelolco», en *Tlatelolco a través de los tiempos* (México, 1944).

57.	D del C (I, 332) parece indicar que los castellanos subieron por la pirámide de Tenochtitlan, cuando dice que «*e así dejamos la gran plaza sin más a ver, y llegamos a los grandes patios y cercas donde estaba el gran cu y tenía antes de llegar a él un gran circuito de piedras*». Algunos interpretan esto como que los visitantes subieron a la pirámide. A pesar de nuevas investigaciones sobre las dimensiones del recinto del templo de Tlatelolco (para lo cual véase Matos Moctezuma [20:54]), no pudo ser así, dada la descripción de la vista desde lo alto y dado que las cenizas o huesos de los monarcas mexicanos estaban en el edificio, según se decía. Esto se confirma por Matos Moctezuma en «The Templo Mayor de Tenochtitlan», en Boone [2:58], 139, n.º 2. Véase también Pasztory [4:35], 115.

58.	C, 134 («*la iglesia mayor de Sevilla*»). Tapia habla de ciento trece escalones, Bernal Díaz, de ciento catorce.

59.	Alcocer [19:70], 28, para México; en cuanto a Sevilla, la vieja torre árabe tenía en lo alto, en 1500, una pequeña aguja cuya altura no era tanta como la de la torre actual con su Giraldillo de noventa y cuatro metros. La pirámide tenía una altura de cuarenta y seis metros y cincuenta y seis centímetros, mientras que la del Sol, en Teotihuacan, sin contar los templos de cima, medía sesenta y un metros.

60.	Para las dimensiones, véase Pasztory, «Reflections», en Boone [1:5], 457.

61.	Para este edificio, véase Eduardo Matos Moctezuma, *The Great Temple of the Aztecs* (Londres, 1988).

62.	Cecilia F. Klein, «Ideology of Autosacrifice», en Boone [1:5], 355. Torquemada dijo que había cinco mil sacerdotes ocupándose de este templo (Caso [3:25] 188-189).

63.	C, 134.

64.	Pasztory [4:35], 55. Fue el sensacional descubrimiento de este relieve, en 1978, lo que condujo a la formulación del Proyecto Templo Mayor.

65.	D del C, I, 333.

66.	FC, II, apéndice, 186. Versiones anteriores de este *chacmool* y una de estas piedras, tal vez la que servía a Huitzilopochtli, se excavaron en 1978. Véase Matos Moctezuma [20:61], 142. Johanna Broda, Eduardo Matos Moctezuma y Pedro Carrasco, *The Templo Mayor* (Berkeley, 1987), especulan sobre cómo se utilizó.

67.	Durán, I, 19-10.

68.	Lo dice G (188). Debió escuchárselo a Cortés.

69.	Tapia, en J. Díaz y cols., 170 (Tapia fue al templo más tarde).

70.	Jorge Gurría Lacroix, «Andrés de Tapia y la Coatlicue», ECN, XXVIII, 23-32.

71.	Francisco de Salazar, *Dialogue* (1554).

72.	Aguilar, en J. Díaz y cols., 182.

73.	C, 137; Tapia, en J. Díaz y cols., 107; Durán, I, 81.

74.	D del C, I, 336.

75.	CF-G, VI, c. 1, 301.

76.	CF-G, VI, c. 3-4, 304, 307-308.

77.	D del C, I, 340.

78.	Fray Aguilar se lo dijo así a Fray Durán.

79.	Tapia, en J. Díaz y cols., 102; G. 169; D del C, I, 341.

80.	C, 123.

CAPÍTULO 21

1. Ixtlilxochitl, 250-251.
2. Aguilar insiste en el papel de Ordás. Bernal Díaz dice que fue con los capitanes a señalar esas cosas a Cortés (D del C, I, 341).
3. Es el relato de López de Gómara.
4. D. del C, I, 343.
5. Tapia, en J. Díaz y cols., 102.
6. CDI, XXVII, 340.
7. Aguilar, en J. Díaz y cols., 182.
8. Juan Álvarez, en *Inf. de 1521* (Polavieja, 223); Aguilar, en J. Díaz y cols., 182; D del C, I, 344-346; y declaración de Juan de Tirado (que fue herido), en una información de 1525 (AGI, México, 203, n.º 3). Cortés escribió que Cualpopoca dijo que rendiría homenaje a Carlos V, pero que necesitaba una escolta para pasar por territorio enemigo; por esto, Escalante le envió cuatro españoles, de los cuales Cualpopoca mató a dos y los otros huyeron. Algunos prisioneros dijeron que Moctezuma había ordenado a Cualpopoca que se condujera así (c. 38). Ixtilxochitl (250) dijo que tenía una carta que demostraba que todo el asunto era una invención de los tlaxcaltecas.
9. D. del C, I, 346. Cortés explica (C, 118) que se decía que Moctezuma preguntó cómo era posible que, teniendo los mexicas varios miles de hombres y los castellanos poco más de un centenar, los primeros no derrotaran a los segundos. Los mensajeros de la costa dijeron que era porque los castellanos tenían a una gran dama *(tecleciguata)* de su país que luchaba con ellos. Se dijo que Moctezuma se convenció de que se trataba de María, Madre de Dios.
10. El biógrafo de Cortés (G, 193) escribe que el caudillo afirmó explícitamente que el asunto de Cualpopoca fue «*la ocasión o pretexto*» para hacer algo que ya había planeado. Fray Díaz, en Res. Alvarado (124) dijo que Cortes actuó «después de varios días» y después del incidente de Almería.
11. G, 194. Esta hija era «doña Ana», con la que más tarde Cortés tuvo relaciones (véase Muriel [20:1], 235). Varios conquistadores declararon más adelante que la vieron en la habitación de Cortés.
12. G, 193.
13. D del C, I, 348-350.
14. Tapia, en J. Díaz y cols., 102-103.
15. Tapia, en J. Díaz y cols., 103.
16. AGI, Justicia, leg. 223, p. 2, f. 227; Tapia, en J. Díaz y cols., 103, y G, 194, dijeron que duró unas horas.
17. Tapia, en J. Díaz y cols., 110.
18. Aguilar, en J. Díaz y cols., 182.
19. D del C, I, 348-350.
20. C, 120.
21. Martín Vázquez declaró que vio cómo llevaban a Moctezuma a través de la ciudad (CDI, XXVIII, 140).
22. C, 121.
23. CDI, XXVIII, 114.
24. Para las donaciones de tierra a las hijas de Moctezuma, en 1526, véase apéndice en Muriel [20:1] 241.
25. Tapia, en respuesta a la pregunta 96 del cuestionario de Cortés, dijo que pensaba que el engaño marchó perfectamente en relación con los mexicas (AGI, Justicia, leg. 223, p. 2, f. 309v).
26. Ixtlilxochitl [4:5], 9.
27. Alonso de Navarrete, en AGI, Justicia, leg. 223, p. 2, f. 424v.

28. Las Casas, III, 199-200; en 1540, en Monzón, cuando la corte estaba allí.

29. Las Casas, III, 199-200.

30. Cortés, *Donación de tierras de D. Isabel Montezuma*, en AGI, Escribanía de Cámara, 178.

31. Sepúlveda vio a Cortés varias veces en los años de 1540 y habló con él de estas cosas. Véase Sepúlveda [20:12], 311.

32. Sepúlveda [20:12], 311.

33. G, 193.

34. D del C, I, 390.

35. CDI, XXVIII, 141.

36. CF, XII, c. 16, 971. Se dice aquí que Cacama, rey de Texcoco, y Tetlepanquetzatzin, así como el mayordomo de Moctezuma, Topentemoctzin, fueron retenidos.

37. CF-G, XII, c. 17, 776.

38. CF-G, VI, c. 4-6 y 9-23, 306-312 y 319-331. Véanse las glosas de Thelma Sullivan, en «Tlatoani y Tlatocayotl in the Sahagún manuscripts», ECN, 14 (1980).

39. CF-G, XII, c. 17, 776.

40. Cit. en Garibay, [1:13], I, 91.

41. C, 121; D del C; G, 178.

42. Tapia, en J. Díaz y cols., 110.

43. Cod. Ram., 221, y Tezozomoc [1:19], 36, informan que Cualpopoca fue ahorcado; Juan Álvarez indica que le mataron a golpes y flechazos, en Chalco y en la fiesta Tlacacalli en honor de Tlacolteotl, la diosa de la tierra, pero Cortés (C, 90), Ixtlilxochitl (254) y Bernal Díaz dijeron que el castigo fue por el fuego. Los *Anales de Tlaltelolco*, cit. en León-Portilla [4:33], 150, dicen que Cualpopoca fue muerto cuando ocurrió la matanza por Alvarado (véase c. 26). Durán (II, 528) dice que Moctezuma lo hizo descuartizar.

44. G, 201.

45. CF, III, c. 8, 246.

46. Según el Cod. Ram., 65-66, 125-126, que sin duda exageraba, dice que fueron quinientos. Para el «fuego divino», véase Durán, II, 143.

47. CF-G, VI, c. 1, 301.

48. Tapia, en AGI, Justicia, leg. 223, p. 2, f. 309v.

49. C, 91-92.

50. CF-G, VIII, c. 17, 471.

51. CF-G, VIII, c. 10, 459-460.

52. La ausencia de patios de pelota supervivientes en México se explica por las construcciones que se levantaron luego en los lugares que ocupaban. También se jugaban partidas en espacios abiertos, como ocurre hoy con el fútbol. Las reglas de esos juegos se explican en Durán, I, 206.

53. Véase Vernon Scarborough y David R. Wilcox, *The Mesoamerican Ballgame* (Tucson, 1991), 13; y un análisis por Christian Duverger [1:44], especialmente 43-52.

54. FC-G, VIII, c. 10, 459. Una vez, un emperador de México apostó el mercado de Tenochtitlan contra un jardín en Xochimilco, y perdió; los soldados mexicanos acogieron al vencedor, le rodearon el cuello de flores con una correa entre ellas, y lo mataron.

55. El juego de palabras es de Duverger [1:44], 128: «*pour les aztéques la récréation doit toujours être une re-création*».

56. D del C, I, 358-359.

57. Torquemada [1:24], XIV, c. V. Véase Manuel Moreno, *La organización política y social de los aztecas* (México, 1931), 46.

58. D del C (I, 363).

59. CF, I, c. 12, 18, y V, c. 1, 312.

60. D del C, I, 340.

61. Véase CF-G, VIII, c. 10, 459-460, y las reglas en Durán I, 198. Imágenes de una partida con cuatro jugadores, en Códice Magliabecciano, y entre dos, en Weiditz, *Trachtenbuch* [10:38], donde dice que ese juego le recuerda la *morra* italiana. Las similitudes con el *backgammon* se examinan en A. L. Kroeber, en *Anthropology* (1948), 551. Las veía en términos de una coincidencia. Pero E. B. Taylor en 1891 pensaba que era baja la posibilidad matemática de que dos juegos tan similares se inventaran separadamente. Hay un análisis en Duverger [1:44], 53-59, que ve una relación entre *patolli* y *peyotl*, el cacto alucinógeno parecido a una trufa.

62. Véase Ixtlilxochitl, 1797; Soustelle [1:5], 160.

63. Joan de Cáceres, AGI, Justicia, leg. 223, p. 2, f. 227r.

64. Tapia, respuesta a la pregunta 97 en AGI, Justicia, leg. 223, p. 2, 309.

65. Gerónimo López, 25 de febrero de 1545, carta al emperador, *Epistolario*, IV, 168-169. Navarrete, en AGI, Justicia, leg. 223, p. 2, f 424. Tapia, ibíd., f. 309.

66. Sahagún anotó cuarenta tipos de aves de agua; D del C, II, 62. Véase también Soustelle [1:5], 150-151. G, 162, indica que la espuma sabía a queso: debió de decírselo Cortés.

67. *Huehuetlatolli*, Documento A, cit. Garibay [1:13], I, 443.

68. Richard Evans Schultes y Albert Hofmann, *Plants of the Gods* (Londres, 1979), 26.

69. D del C, I, 384. Este Valenzuela había sido castigado en Cuba, con Cortés y otros, por jugar a los naipes (véase Res. Velázquez, AGI, Justicia, leg. 49, f. 21). Tal vez pintó otras imágenes de la Virgen, que se necesitaban para tantos templos conquistados.

70. C de S, 125.

71. Declaración de Vázquez de Tapia, en CDI, XXVI, 423, como Mejía (Res. [Rayón], I, 99), que, como Gerónimo de Aguilar, dijo que era una hija: «Cortés fue con dos hermanas, hijas de Moctezuma.» Francisco Vargas dijo, como los otros testigos, que vio a doña Ana en la habitación de Cortés en palacio (Res. [Rayón], II, 141-143).

72. Ni Cortés ni Alvarado dejaron nunca de oír quejas derivadas de esto. Véase la declaración de Vázquez de Tapia en CDI, XXVI, 395, la de García Llerena en CDI, XXZVII, 218, y la de Francisco Dávila en CDI, XXVIII, 44-45; y la discusión de Grado en Res. Alvarado. Alvarado dijo que Grado, como era el contador, había adquirido mucho oro sin que hubiera que quintarlo. Grado tuvo éxito en los años siguientes y parece que su resentimiento sólo lo sintió más tarde. Cortés le arregló la boda con «doña Isabel», la hija mayor, más hermosa y favorita de Moctezuma. Véase CDI, XXVII, 358, para las preguntas 145 y 146 de Cortés sobre este asunto.

73. C, 132.

74. *Relación del conquistador Bernardino Vázquez de Tapia,* ed. Manuel Romero de Terreros (México, 1939), 35-36. Antonio Bravo dijo (*Inf. de 1540*), en Conway [Camb.], Add. 7242) que López fue voluntario.

75. Tapia habló más tarde con entusiasmo de López (fue el único que lo hizo entre los íntimos de Cortés). Véase Conway (L de C), I, 45. Martín López en *Inf. de 1565*, 118-119.

76. Véase la concesión de su escudo de armas, en 1550, donde se muestra que su genealogía se remonta hasta el bizarro Osorio (véase *Nobiliario*, Conway (Camb.), Add. 7242; AGI, Escribanía de Cámara, 178, y Guillermo Porras Muñoz, R de I (enero-junio de 1948). Esto le hacía pariente lejano del marqués de Astorga.

77. Cuestionario 2, en AGI, Patronato, leg. 57, N 1, R 1 (1).

78. Conway (L de C), I, 45, 139; la frase fue del carpintero Diego Ramírez, en Conway (Camb.), Add. 7289, 797.

79. D del C, I, 378-381.

80. Ignacio de Moral y Villamil, «Elementos para la Marina», en *Boletín de la Sociedad Mexicana de Geografía y Estadística*, México, 1.ª época, IX (1862), 301, cit. en Gardner [19:59], 67.

81. AGI, Patronato, leg. 57, R. I. n.º 1, ff. 3, 4, 6, 7, 8, 17.

82. Conway (L de C), I, 45, 118.

83. D del C, 363-365.

84. El comandante de los primeros bergantines parece haber sido Francisco de Flores, en *Información de los méritos y servicios de Francisco de Flores*, AGI, México, leg. 203.

85. Sanders [2:21], 84-85.

86. Mártir, II, pero Oscar Apenes describió en 1944 los últimos intentos de obtención tradicional de sal en «The primitive salt production of Lake Texcoco», *Thenos*, 9 (I), 25-40, cit. Sanders [2:21], 173.

CAPÍTULO 22

1. CF-G, VI, c. 8, 316.

2. Francisco de Flores en respuesta a la pregunta 57.

3. D del C, I, 389.

4. D del C, I, 325.

5. Esto resulta evidente en el análisis por Frances Berdan del Códice Mendocino, la Matrícula de tributos y ciertas relaciones geográficas en «Luxury trade and tribute», en Boone [1:15], 167.

6. C, 122. La lista de tributos y en oro de la Matrícula de tributos del Códice Mendocino registra que en el pasado se dio cada año a los mexicas por valor quinientos sesenta mil pesos (equivalente a casi dos toneladas), (Emmerich [2:29], 149). Barlow [1:10], 6-7, cree que la Matrícula de tributos, un libro de forma europea pero de estilo indígena, se hizo especialmente para Cortés o que lo tenía con él ese invierno de 1519-1520.

7. Emmerich [2:29], XXII, 128-135, argumenta que era la escasez de oro en México lo que inspiró un empleo tan refinado del que tenían. Para un sumario de lo que se encontró en la famosa Tumba 7 de Monte Albán, véase Alfonso Caso, «Reading the Riddle of Ancient Jewels», *Natural History* (Nueva York), XXXII, 5, 464-480. El c. XVI de Emmerich resume la tecnología.

8. Véase Ronald Spores, *The Mixtecs in ancient and colonial times* (Norman, 1984), c. 1 y c. 2.

9. C, 122.

10. Max L. Moorhead, «Hernán Cortés and the Tehuantepec passage», HAHR, 29 (1949).

11. Cuestionario en *Información* de Diego de Ordás (Santo Domingo, 1521) y declaraciones de Diego Bardalés, Antón del Río, Pero López de Barbas, Gonzalo Giménez y Gutierre de Casamori (en CDI, XL, 74 y ss.).

12. Andrés de Tapia lo dijo así (AGI, Justicia, leg. 223, p. 2, f. 309v.); véase CDI, XXVIII, 141, donde se afirma que «cuatro o seis» o hasta » diez o veinte» españoles salieron en diferentes direcciones; D del C, I, 375; C, 13. Diego Pizarro era probablemente hijo o nieto de *la Pizarra*, tía de Cortés, que tuvo cierto papel en los pleitos de Medellín a fines del siglo XVI: por ejemplo, en AGS, Registro General del Sello (28 de julio de 1485), f. 208, vemos cómo se concedió a *la Pizarra* y a su hijo Diego protección contra el conde de Medellín.

13.	CDI, XXVIII, 142; D del C, I, 376-378; C, 124.

14.	Véase Howard F. Cline, «Problems of Mexican Ethno-History: the ancient Chinantla», HAHR, 37 (1957), 274-295.

15.	Ixtlilxochitl [4:5], 10.

16.	Ixtlilxochitl, 256.

17.	D del C, I, 369-370; C, 127.

18.	Vázquez de Tapia, en Res. Alvarado, 35-36; véase también Ixtlilxochitl, «Sumaria Relación», en Obras Históricas, ed. Edmundo O'Gorman (México, 1985, 2 vols.), I, 389.

19.	La declaración de Sánchez Farfán está en Res. Alvarado, 138. Sánchez Farfán, aunque extremeño, estaba probablemente emparentado con la famosa familia de abogados sevillanos Farfán.

20.	Res. Alvarado, 65.

21.	Res. Alvarado, 133.

22.	G, 207.

23.	«Se hizo la junta de muchos señores», Joan López de Jimena, en respuesta a la pregunta 98, en AGI, Justicia, leg. 224, p. 1, ff. 12r-46v.

24.	Por su declaración, en Bermúdez Plata [9:46], parece proceder de Medellín o de Encinasola, en la sierra de Fregenal.

25.	Declaración de Francisco de Flores, en AGI, Justicia, leg. 223, p. 2, respuesta a la pregunta 98.

26.	Alonso de Navarrete, en AGI, leg. 223, p. 2, ff. 425-511.

27.	Joan de Cáceres, en AGI, Justicia, leg. 223, p. 2. El resto es del relato de Cortés al redactar la pregunta 98 de su juicio de residencia, CDI, XXVII, 341-342. Tapia coincide en esto. En su carta al rey, de setiembre de 1520, Cortés dice que la sesión se inició con Moctezuma, que hizo un discurso en términos parecidos a lo que dijo el 8 de noviembre (C, 128).

28.	Declaración de Tapia en AGI, Justicia, leg. 223, p. 2.

29.	Joan López de Jimena, en AGI, Justicia, leg. 224, p. 1, f. 1r.

30.	Sepúlveda, 158-159.

31.	Ixtlilxochitl, 257.

32.	Tapia, en J. Díaz y cols., 104. Véase también CDI, XXVII, 341-342 y XXVIII, 142, donde Martín Vázquez declara lo mismo.

33.	Moctezuma pidió que le bautizaran, pero se aplazó hasta Pascua (Joan de Cáceres en respuesta a la pregunta 102 [CDI, XXVII, 344], en AGI, Justicia, leg. 223, p. 2). Pero Rodríguez de Escobar dijo que sabía que Moctezuma pidió el bautismo, y Joan López de Jimena declaró que creía que fue bautizado. Juan Cano dijo lo mismo, aunque lo dijo a fines de los años de 1540, cuando, casado con una de las hijas de Moctezuma, trataba de convencer a la corona que le diera algo del oro mexicano (Epistolario, XV, 137-139). Para Cano, hidalgo de Cáceres, véase Amada López de Meneses, «Un compañero de Hernán Cortés: Juan Cano», REE (setiembre-diciembre de 1965), y Altman [9:23], 140. El tío de Cano, Diego, había estado con el historiador Oviedo en la famosa corte del infante Juan (Oviedo, IV, 259).

34.	Oviedo, IV, 42.

35.	Silvio Zavala, «Hernán Cortés ante la justificación de su conquista», Revista de Historia de América, 92 (julio-diciembre de 1981), 53.

36.	«Origen de los mexicanos», en Relaciones de la Nueva España (Madrid, 1990), 153.

37.	Juan Cano dice que por su voluntad se dio al marqués del Valle en nombre de su majestad, llegando a recibirlo en paz sin ninguna resistencia y también le dio mucho oro (Carta a Carlos V, del 1 de diciembre de 1547, en Epistolario, V, 62-63). Cano dijo que parte del oro pertenecía a Tecalco, madre de Tecuichpo.

38.	Historia del emperador Moctezuma, por P. Luis de Motezuma, nieto del emperador (c. 1560), cit. Silvio Zavala, *Las instituciones jurídicas de la conquista de América* (3.ª ed. México, 1988), 320.

39. Fernández Armesto [18:34], 158.
40. G, 186.
41. Cristóbal del Castillo, *Fragmentos de la obra general sobre la historia de los Mexicanos* (Florencia, 1908), 106.
42. C, 138.
43. Tapia lo afirma (J. Díaz y cols., 105). CF-G, XII, c. 17-18, 776-777, dice que Moctezuma mismo llevó a los españoles a este lugar. Juan Álvarez, en *Inf. de 1521*, indica que Cortés tomó él mismo la Casa de las Aves (Polavieja, 194).
44. CF-G, XII, c. 17-18, 776-777.
45. CF-G, XII, c. l8, 777.
46. Sahagún de Cline, 72.
47. Acepto aquí la cronología de Tapia, testigo presencial, más bien que la de otras fuentes.
48. Pasztory [4:35], 111-114.
49. Tapia, en AGI, Justicia, leg. 223. p. 2, f. 309. En su relato escrito dice que fue una sugestión y no una orden.
50. Matos Moctezuma [20:61], 65.
51. Ángel María Garibay, *Historia de la literatura náhuatl*, 261.
52. Tapia, en J. Díaz y cols., 111. Francisco de Flores tiene una frase parecida en su declaración en el juicio de residencia. La anécdota aparece en la biografía de Cortés por Marineo, c. 1530, cinco años antes de las declaraciones en el juicio de residencia. Inga Clendinnen, «Fierce and unnatural cruelty», insiste en que este incidente fue inventado. Pero, como en otros casos, no parece probable que mintieran bajo juramento no sólo Cortés, sino también Andrés de Tapia, Francisco de Flores, Martín Vázquez y otros que contestaron a la pregunta en el juicio de residencia de Cortés. La relación de Tapia es vívida y era ciertamente un protegido de Cortés, pero esto no significa que siempre hiciera lo que Cortés le indicaba. Esto se ve en su participación como testigo en favor de Martín López, que se quejaba de que Cortés lo había descuidado.
53. Francisco de Flores, que estaba con Cortés, no pudo recordar que llegara Moctezuma (en respuesta a la pregunta 102), AGI, Justicia, leg. 223, p. 2, f. 511v.
54. Éste fue el relato de Cortés (C, 135).
55. Tapia, en J. Díaz y cols., 112.
56. Memorándum de Alonso de Ojeda, aludido en C de S, 344. Este Alonso de Ojeda no debe confundirse con el descubridor de Venezuela del mismo nombre, como lo señala Gonzalo Miguel Ojeda, «Alonso de Ojeda en México», en MAMH, LXX (1960), 113-124. Flores da una versión algo diferente, sugiriendo que simplemente envolvieron a los ídolos y se los llevaron: «*fueron ciertos señores con muchas mantas y esteras y tomaron los ydolos y los enbolvyeron en las dichas mantes y esteras, y liados pusyeron vygas por cima de los escalones del qu, porque era alto, y por alli los baxaron e les pusyeron abaxo e asy quedaron los dichos ques desenbaraçados de los dichos yundios, y e se linpiaron todas las vellaquerías de sangre e sacrificios que alli estaban e heran en mucha cantidad e alli se hizo un altar e se puso la ymagen de Nuestra Señora e otras ymagenes*».
57. Alonso de Ojeda, en C de S, 344. Cortés (C, 106) dice que mandó arrojar los ídolos escalones abajo. López de Gómara (G, 210) afirma lo mismo, pero ambos debieron aludir al desmantelamiento en los templos y no a los ídolos mismos. Los relatos de Tapia, Ojeda y Flores coinciden en afirmar que, al contrario, se los llevaron. O bien Cortés no sabía lo que sucedió o no quería

admitir que los ídolos todavía podían guardarse en secreto. López de Gómara dice que todo esto sucedió cuando Cortés y Moctezuma fueron al templo después del secuestro del segundo. D del C, I, 389, tiene un relato menos dramático, pues indica meramente que Cortés pidió permiso para colocar las imágenes cristianas en el templo.

58. Al parecer, fueron devueltos más tarde a Tenochtitlan y todavía más tarde a Tula, donde se perdieron sus huellas. Padden [3:35], 254-274, estudia la busca emprendida por el obispo Zamárraga.

59. Durán tiene una vívida descripción, y sugiere que era la única estatua de Huitzilopotchli en el templo.

60. García del Pilar, Res. (Rayón), 215.

61. Joan de Cáceres, en AGI, justicia, leg. 223, p. 2, f. 227r.

62. Tapia, en J. Díaz y cols., 112.

63. Martín Vázquez (CDI, XXVIII; 144), dice que «queste testigo fue en ayuda de quitar los dichos ydolos e poner las dichas ymagenes». Tapia declaró, en respuesta a la pregunta 102, que recordaba que se celebró misa en el templo. Francisco de Solís y Juan Jaramillo también vieron cómo quitaban los ídolos (Ojeda, en C de S, 345).

64. C, 135.

65. D del C, I, 389.

66. Oviedo, IV, 48.

67. Una vez más, Wagner es un excelente guía.

68. G, 210, hace encajar las cifras. Mártir dice que Cortés, después de fundir el oro de los señores de Moctezuma en ligotes, escribió que el quinto real era de treinta y cuatro mil ducados.

69. En su juicio de residencia (CDI, XXVI, 427), se acusó a Cortés de haber tomado veinticinco mil pesos de oro en el primer reparto del botín, sin pagar el quinto real.

70. En el juicio de residencia de Alvarado, en 1529, Sánchez Farfán afirmó que vio cómo se fundía el oro y cómo se daban partes de él a los compañeros «y que a este testigo le fizieron su parte» (Res. Alvarado, 113).

71. Tapia, en AGI, Justicia, leg. 223, p. 2, f. 309v.

72. D del C, 385. Entre estos últimos Luis de Cárdenas, a quien Cortés dio trescientos pesos. Esto no le impidió quejarse de Cortés años después. Véase su carta a Carlos V, del 29 de agosto de 1527, en CDI, XL, 273-287.

73. Ley primera, cit. Cárdenas [15:32], 301-303. La Celestina dice, en la obra de ese nombre, que el oro fino, trabajado por la mano del dueño, es de mayor valor que el material.

74. Las Casas, II (BAE), 271-272.

75. Por ejemplo, Salvatierra en el campamento de Narváez (D del C, I, 413).

76. Esto está en Juan Tirado contra Cortés, en CDI, XXVII, 430.

77. Las cifras exactas de Murga son veintiuna mil novecientos treinta y ocho y tres mil novecientos treinta y nueve, en Juan Ponce de León [5:14], 230.

78. Res. Alvarado. Respecto al cacao, Alonso de Ojeda dijo lo mismo a C de S, 374.

79. García Llerena en el juicio de residencia de Cortés, CDI, XXVI, 211; Martín Vázquez, en DCDI, XXVIII, 154, y D del C, I, 386.

80. G, 217.

81. Vázquez de Tapia en el juicio de residencia de Cortés, CDI, XXVI, 395.

82. Declaración de Juan Jaramillo en AGI, leg. 224, p. 1, f. 464v.

83. Cabe presumir que Moctezuma no se refería a la toma por Cortés del tesoro en el teocalli, sino a la toma, por Ojeda y Alvarado, de seiscientas car-

gas de cacao (cada una de veinticuatro mil granos), que C de S, 107-108, anotó
en su crónica, o acaso al hecho de que Alvarado había cometido otros robos,
como lo indicaron, por ejemplo, Rodrigo de Castañeda (Res. Alvarado, 12-14),
y Francisco Verdugo (Res. Alvarado, 17).

84. D del C, I, 390-391.

85. G, 211.

86. Para el sílex, véase Debra Nagao, *Mexican Buried Offerings* (Oxford, 1985), 62-64.

87. CF-G, II, c. 1, 77; c. 3. 79; c. 7, 83; c. 16, 91-92; c. 25, 112-119; c. 31, 138-139.

88. CF-G, V, c. 29, 284, VII, c. 6, 436 y XI, c. 4, 648.

89. Motolinía [4:2], 63.

90. CF-G, I, c. 18, 45 y II, c. 2, 78; II, 44-57 y c. 21, 100-101, y XII, c. 29, 744; Durán, I, 95-103.

91. Sahagún de Cline, 73, dice que los mexicas comenzaban a pasar hambre debido a las exigencias de los españoles. G, 211, habla de este incidente, cabe suponer que por lo que le dijo Cortés mismo. Díaz del Castillo también se refiere a él, pero no lo hacen ni Cortés ni Tapia.

92. Esto se deriva de José Francisco Chimalpopoca, 1768, que se supone descendiente de Cuauhtémoc, cit. Josefina Muriel, «Divergencias en la biografía de Cuauhtémoc», *Estudios de Historia Novohispana*, I, 53-114. Este excelente estudio establece que la esposa de Cuauhtémoc era Xuchimatzatz, una hija de Moctezuma.

93. G, 212.

94. D del C, I, 391.

95. Declaraciones de fray Juan Díaz, fray Bartolomé de Olmedo y Gonzalo de Alvarado, etc., en Segura, agosto de 1520, en Conway (Camb.), Add. 7306, 24, 30.

96. G, 213.

97. Declaración de Clemente de Barcelona, en Conway (Camb.), Add. 7289, 497. En una información de 1544, Diego Ramírez, Hernán Martín, Rodrigo Nájera y Andrés Martínez dijeron que habían trabajado todos ellos en esos buques.

CAPÍTULO 23

1. Velázquez a Fonseca, el 12 de octubre de 1519, en CDI, XXVII, 346.

2. D del C, I, 208. En 1519 Mariel se llamaba a menudo Marién.

3. Luis J. Ramos, «El primer barco enviado por Cortés a España...», en *Hernán Cortés como hombre de empresa* (Valladolid, 1990), 63-76. Varela Marcos en su estudio de Alaminos [7:8], 63-76, también analiza este tema. Los procuradores probablemente se detuvieron en Yucatán.

4. Véase carta del administrador de Montejo, Juan de Rojas (uno de los primos Velázquez-Rojas), del 11 de setiembre de 1519, en CDI, XII, 155-160.

5. D del C, 208, dice que Montejo mandó a un marinero para decírselo explícitamente al gobernador. Pero él mismo no estaba allí.

6. Velázquez a Fonseca, CDI, XXVII, 346.

7. Martín Cortés le explicó esto a Carlos en marzo de 1520 (Cuevas [6:57], 4).

8. CDI, XI, 321.

9. Pasamonte fue el inspirador del repartimiento de 1514, que dio muchas propiedades en la Hispaniola a funcionarios reales y otros que vivían en España y que no tenían intención de ir nunca al Nuevo Mundo (véase Arranz [5:45] y AGI, Santo Domingo, leg. 77, R. 1, cit. en Giménez Fernández [6:19], II, 148 y ss.).

10. AGI, Indif. Gen., leg. 420, lib. 8, n.º 9 (19 de junio de 1529, Barcelona).

11. Culhúa era Culhuacan, una de las ciudades que los mexicas habían conquistado, pero cuyo nombre, por su conexión con Tollan, a veces empleaban. Véase también Giménez Fernández, [6:19], II, 274.

12. Esto lo consiguió de modo indirecto. No parece que hubiera una concesión concreta, pero una real cédula fechada el 5 de mayo de 1519 habla de Velázquez como adelantado, teniente del gobernador de Fernandina, capitán y repartidor de indios... (AGI, Indif. Gen., leg. 420, lib. 8, f. 60). Véase Giménez Fernández [6:19], 1-58; al escribir este capítulo he seguido sus referencias en el AGI, así como en el APS, y nunca las habría encontrado sin su guía.

13. AGI, Indif. Gen., leg. 420, lib. 8, f. 109.

14. Velázquez al licenciado Figueroa, en Martínez, Docs., 99.

15. Algunos textos sugieren que este Rojas era Gabriel, pero Gabriel, hermano de Manuel, conquistador del Perú, estaba entonces en Darién, y se le debió confundir con Manuel.

16. CDI, XXVII, 346.

17. Esta información, en Santiago de Cuba, el 7 de octubre de 1519, está en CDI, XII, 151-209.

18. Declaración de Pedro Castellar, en información de Santiago, (1519), en CDI, XII, 171.

19. CDI, XII, 204.

20. CDI; II, 435. Se llevó consigo una copia de las instrucciones a Cortés del año anterior, fechadas el 5 de octubre, presumiblemente las que están ahora en AGI.

21. CDI, XII, 246-251.

22. Esta información está en CDI, XII, 150-204.

23. Información... del adelantado Rodrigo de Bastidas, 22 de junio de 1521, Santo Domingo, en CDI, II, 373.

24. Sauer [5:8], 205.

25. Información de Bastidas, CDI, II, 373.

26. Velázquez a Figueroa, en García Icazbalceta, I, 390.

27. Velázquez había considerado a Narváez jefe de la expedición ya desde octubre, como lo sugiere su primera carta a Fonseca (CDI, XII, 250).

28. Que éste era el objetivo de Narváez lo declaró, por ejemplo, Leonel de Cervantes, «el comendador» (declaración del 3 de setiembre de 1520 en Segura, Conway (Camb.) Add. 7806, 49). Alonso de Vilanueva dijo que la armada fue organizada por Diego Velázquez «para apresar o matar el marqués»; CDI, XXVII, 486 (Cortés recibió un marquesado y a menudo se le llamaba marqués).

29. A. Domínguez Ortiz, Orto y ocaso de Sevilla (Sevilla, 1974), 56. Cartas enviadas de Sevilla a Burgos por criados o agentes a sus patronos mercaderes (por ejemplo, Juan de la Peña), describen su llegada, con informaciones sobre los descubrimientos. Así lo hace una nota dada a Gaspar Contarini, embajador veneciano en España, ed. en Calendar of state papers relating to Englishaffairs in the archives of Venice (Londres, 1869), III, 2878 (18 de noviembre de 1519). Tres de las cartas dirigidas a Burgos se publicaron, en su tiempo, en alemán, y fueron reproducidas por Marshall Saville en Indian Notes and Monographs IX, 1 (1920), 31-39. Una carta (al parecer copia de una de las otras) fue ed. como «Primeras noticias de Yucatán», por Cesáreo Fernández Duro, en Boletín de la Sociedad Geográfica de Madrid (Madrid, 1885), XIX, 336-342. Aurelio Tío [5:14], 67, insistió en que Ponce de León, de quien Alaminos fue piloto en 1513, debería considerarse como el padre de la Corriente del Golfo.

30. AGI, Castilla, leg. 101, f. 76-99. Martín Cortés se refiere a eso en un memorándum del 24 de junio de 1520, APS, oficio IV, lib. III.

31. APS, oficio IV, lib. IV, 29, 29 de noviembre de 1519. Este documento no está en el folio indicado en el índice (f. 3565). No ha tenido éxito la búsqueda del mismo. Creo, pero, que estoy justificado al citar la declaración tal como se halla en el sumario, en que se dice que Martín Cortés, residente de Medellín, reconoce que recibió del tesorero Luis de Medina, veinticuatro de Sevilla, ...ciento dos pesos de oro que le fueron enviados por Andrés de Duero en la nao de Covarrubias...

32. Véase una carta fechada el 24 de setiembre de 1519, enviada por Carlos V al Papa, diciendo que a su corte de Flandes se habían hecho propuestas por ciertos hombres que ofrecían mucho dinero, como soborno, a cambio de que se librara de la Inquisición (AGS, Consejo de la Inquisición, lib. XIV, f. 95, cit. en Giménez Fernández [6:19], II, 17). Estos rumores fueron probablemente propalados por los dominicanos.

33. D del C. 405-406. Giménez Fernández [6:19], II.

34. AGI, Indif. Gen., leg. 420, lib. 8, f. 46. Allí se describe cómo Juan Fernández de las Varas (mercader socio de los genoveses Grimaldi, pionero en organizar expediciones de esclavos a Las «islas inútiles», y enemigo de Fonseca) presentó una queja ante el Consejo de las Indias. Firmaban Fonseca, Gattinara, licenciado Zapata y licenciado García de Padilla.

35. AGI, Indif. Gen., leg. 420, lib. 8, f. 127. Este documento, una cédula real, fue firmado por Gattinara, Fonseca, Ruiz de la Mota, Zapata y García de Padilla. En mi argumentación he seguido a Schäfer ([6:79], I, 35), aunque, como ya se indicó, Demetrio Ramos («La fundación del Consejo de Indias», en El Consejo de las Indias en el siglo XVI (Valladolid, 1970), muestra que no se estableció de modo formal hasta 1524. El funcionamiento informal parece, sin embargo, confirmado por alusiones tanto en Las Casas como en Mártir, que fue miembro de «nuestro consejo». He encontrado también un documento en Sevilla (AGI, Indif. Gen., leg. 420), fechado el 10 de setiembre de 1521, en que se dice «visto e platicado sobre todo en nuestro consejo de las Indias».

36. Ramón Carande, Carlos V y sus banqueros (3.ª ed. Barcelona, 1987), III, 36-37.

37. Schäfer [6:79], I, 48.

38. Las Casas dice otro tanto (III, 229).

39. CDI, I, 292. Oviedo, II, 150, y III, 10. Una carta fechada en Sevilla el 3 de noviembre, pero enviada a Venecia por el «secretario Dedo» en Nápoles, cit. en Marini Sanuto, I Diari (Venecia, 1890), vol. 28, habla de «tanto oro che é meraveglia».

40. APS, Libro del año 1519, oficio IV, lib. IV, f. 3747: «Yo Martyn Cortés e yo Fernando de Herrera, estantes que somos en esta çibdad de Seuylla...».

41. Véanse los papeles de Medellín (en Casa de Pilatos, Archivo de la Fundación Medinaceli), leg. 4, n.º 30, para los pleitos de 1504; y Coopper [6:66], 1095-1100. La extraordinaria vida de Medellín en esos años puede seguirse en AGI, Castilla, Cámara, legs. 106, 114, 116, 117, 120, 127, 129-130, 141, 151-153.

42. APS, oficio IV, lib. IV, f. 3739, del 9 de diciembre de 1519, e id. f. 3565, del 19 de noviembre de 1519. Para el mercader converso Juan de Córdoba, que comenzó su comercio transatlántico en 150, véase Giménez Fernández [6:19], II, 963, y Ruth Pike, Aristocrats and Traders (Ithaca, 1972), 102 y también 75. Pike habla de los jueces de «las gradas». El trato en perlas de Córdoba y Luis Fernández de Alfaro puede seguirse en Otte [19:47], 67, 403, 421. Cortés, en la Hispaniola y en Cuba, pudo mantener contacto con esos mercaderes.

43. APS, oficio IV, lib. IV, f. Reg. Indias 34 (18 de diciembre de 1519).

44. Manuel Giménez Fernández, «El alzamiento de Fernando Cortés según las cuentas de la Casa de Contratación», en RHA (junio de 1951), 27.

45. AGI, Contratación, 4675, lib. 1, f. 113.
46. Las Casas, III, 321.
47. La frase, cit. Giménez Fernández [23:44], 28.
48. AGI, Indif. Gen., leg. 420, lib. 8, ff. 173 y 175. La frase se encuentra después de la lista del tesoro en Manual de Tesoro, en AGI, Sevilla (CDIHE, I, 472).
49. AGI, Indif. Gen., leg. 420, lib. 10, 7 de febrero, firmado por Cobos, Zapata, García y Gattinara.
50. Sus movimientros se reseñan en el pleito posterior de Núñez contra Cortés, ed. en Cuevas [6:57], 257-269.
51. CDIHE, LXXXVIII, 504, 6.
52. Véase Genealogía III. Para Galíndez de Carvajal, véase Joseph Pérez, *La révolution des «comunidades» en Castille* (Burdeos, 1970), 391-394. Núñez implica que presentó Galíndez de Carvajal, en Barcelona, a Montejo, Portocarrero y Martín Cortés: «A la saçon estaua yo allí con el doctor Caruajal», Cuevas [6:57], 261. Carvajal era un funcionario al que le parecía un delito el gasto público: véase su carta a Carlos V, cit. Carande [9:15], II, 77, en la cual imploraba al monarca «muy humildemente» pero con «tanta insistencia» como pudiera, que no gastara dinero. Esto no le impidió poseer minas por concesión real de 1511 (Carande [9:15], II, 350). Giménez Fernández [6:19] I, 130, le consideraba «el más recto y sagaz político de su época».
53. Mártir, carta 667, en DIHE, 12.
54. Las Casas, III, 340.
55. Otte [11:5], 113.
56. Martínez, *Docs*. I, 102-104.
57. Mártir, carta 666 del 5 de abril de 1520 a las marquesas de Los Vélez y Mondéjar, en DIHE, 12. Carlos dijo que si actuaba así, se le castigaría.
58. Pérez [23:52], 149.
59. Ramón Menéndez Pidal, *La idea imperial de Carlos V* (Buenos Aires, 1941), 15.
60. Mártir, II, 38.
61. Brandi [6:50], 61. La ilustración muestra a Carlos con el vellocino de oro.
62. AGI, Contratación, leg. 4675, f. CXX-V.
63. Los sastres eran Juan de Alcalá y Martín de Irure, la joyera, Beatriz Franca, y el tejedor de medias, Juan de Murga. Giménez Fernández lo explica ([23:44], 37).
64. La carta del arzobispo de Cosenza iba dirigida al protonotario apostólico Pedro de Acosta. Escrita en español, estaba fechada el 7 de marzo de 1520, y se ocupaba de muchas cosas, además de los asuntos mexicanos; fue tr. al latín por Fernando Flores de Fimbria (Femeren). El año siguiente se ed. como *Provinciae Sive regiones in India*; hay una tr. moderna al inglés por F. M. Carey, HAHR (agosto de 1929).
65. Las Casas, III, 220.
66. Carta al papa León X, del 13 de marzo de 1520, Mártir II, 45-46. Se ed. ya entrado el año 1520. Mártir escribió una carta similar, aunque menos entusiasta, el 14 de marzo, a las marquesas de Los Vélez y Mondéjar (en DIHE, 12, 18, y también en *Cartas sobre el Nuevo Mundo* (Madrid, 1990, 106). Otra comunicación desde Valladolid fue una carta del embajador veneciano, Francesco Corner, del 6 de marzo. Describía «una gran luna de oro», así como una de plata, y, como los demás, se mostraba mal impresionado por los engastes en los labios de los nativos. Pero reflejaba el estado de ánimo general al informar que «nel suo paese vi si trova oro e arzento assae»: Sanuto [23:39], 375-376.
67. Mártir, II, 25.
68. Montaigne [4:16], 241.

69. La primera publicación del *Itinerario* de Díaz fue en italiano, en Venecia, el 3 de marzo de 1520, en un apéndice del *Itinerario de Ludovico de Banthema bolognese ne lo Egypto, ne la Siria, ne la Arabia...* (Venecia, 1520). El texto original de Díaz se ha perdido. Las versiones modernas de Díaz, por ejemplo, en J. Díaz y cols., *La Conquista de Tenochtitlan* (Madrid, 1988), son trad. del italiano.

70. Se ed. en España en 1842 y en tr. inglesa por Ruth Frey Axe en HAHR, 9 (mayo de 1929), con notas de Henry Wagner. La única copia conocida del siglo XVI es la que está anexa a las copias mss. de tres cartas de Cortés en Viena, en el *Códice Vindobonensis*.

71. Carta de Mártir del 14 de marzo de 1520 a las marquesas de Los Vélez y Monéjar, en DIHE, 12, 17.

72. Carta al rey, del 9 de marzo de 1521, en AGI, Indif. Gen. leg. 420, lib. 8, f. 185, cit. Giménez Fernández [23:44], 39-40. Esta carta sugiere que el rey no había visto todavía los tesoros en Valladolid.

73. Montejo (AGI, Justicia, leg. 224, p. 1, f. 528v) dice que entonces «envió la carta» de Cortés. Herrera [8:6], dec. II, lib. IX, c. VII, dice que el emperador se maravilló por el número de nuevas provincias que, a la mayor gloria de Dios, se habían descubierto, pero se desconoce la fuente de esta anécdota y puede tratarse de una invención. Ramos [9:79], 188-189, cree que nunca tuvo lugar la presentación. Véase también AGS, Estado, Castilla, leg. 7 (Cuentas de la Casa de Contratación de los años 1515-1521).

74. AGI, Indif. Gen., leg. 420, lib. 7, ff. 185-186.

75. AGI, Contratación, 4675, lib. 1, f. 41v, cit. Giménez Fernández [23:44], 41.

76. Sabemos que llegaron a Cuba por una carta que se refiere a Ambrosio Sánchez, del 8 de agosto de 1520, escrita por el mercader de Santiago Hernando de Castro y dirigida a Alonso de Nebreda, de Sevilla, ed. por Otte [6:56], 120, 129. Luego se desvanecen en el anonimato.

77. Alonso de Santa Cruz, *Crónica del emperador Carlos V* (Madrid, 1920), 225.

78. Manuel Foronda y Aguilera, «Estancias y viajes de Carlos V», *Boletín de la Sociedad Geográfica de Madrid* (Madrid, 1910).

79. «Cortes... de León y Castilla» (RAH, Madrid, 1882, vol. IV, 293-298). Véanse Menéndez Pidal [23:59], 15, y Pérez [23:52], 156-158. Giménez Fernández [6:19], II, 343, dice que el discurso lo escribió el médico del emperador, Luigi Marlini, que acababa de ser nombrado obispo de Tuy.

80. Luis Arranz, *Repartimientos y encomiendas en la Isla Española*, 1991, 211.

81. CDIHE, I, 486.

82. La declaración de los procuradores el 29-30 de abril de 1520, en La Coruña, ante Galíndez de Carvajal y luego de Samano, en AGI, Patronato, leg. 254, n.º 3, R. 1. Se cit. en *Epistolario*, I, 44-50, y en Martínez, *Docs*, I, 109-113.

83. Mártir, II, 48.

84. Mártir, II, 48.

85. Giménez Fernández [6:19], II, 365.

86. Mártir, II, 49.

87. AGI, Indif. Gen., leg. 420, lib. 8, f. 200. Se firmó en La Coruña por Los Cobos, Zapata y Galíndez de Carvajal. A la confirmación del 14 de mayo hace referencia Martín Cortés en APS, oficio IV, lib. III, f. 1943, del 24 de junio de 1520.

88. AGI, Indif. Gen., leg. 420, lib. 8, f. 200.

89. AGI, Contratación, leg. 4675, f. 125v.

90. Cédula del 19 de abril de 1519, cit. Giménez Fernández [23:44], 50.

91. Hubo un juicio de residencia del consejo en 1542. Beltrán confesó

(AGI, Patronato, leg. 185, n.º 34), que había recibido dinero de Pizarro y Almagro así como de Cortés «rreçebió el dicho my parte con el dolo de Don Diego de Almagro y del marques del Valle...» Se le condenó a la pérdida de salario y cargo y se le multó. Arruinado, entró en el monasterio agustino de Nuestra Señora de Gracia, en Medina del Campo, donde permaneció hasta su muerte.

92. CDIHE, I, 125. La carta no está fechada, pero debe ser de más tarde.

93. AGS, Estado, Castilla, leg. 2, 8.

94. AGI, Indif. Gen., leg. 420, lib. 8, ff. 213 y ss., y AGI; Contratación, leg. 4675, lib. 1, donde se mencionan pagos a Diego Colón para el servicio del préstamo.

95. AGS, Estado, Castilla, leg. 7, f. 14. Esta reunión fue aquella en que se hace referencia al consejo como «*lo de las Indias*», como si el consejo estuviera ya entonces bien establecido.

96. Las Casas lo dice así (III, 340) y estaba presente. También dice, misteriosamente, que si Carlos hubiese leído la carta, las cosas no hubieran resultado tan favorables para Cortés.

97. Ramos [9:79], 179, dice que Fonseca ordenó que se pagara esta suma por la Casa de Contratación al financiero genovés Juan Bautista de Grimaldo.

98. Para un estudio malo y breve, Frank Goodwyn, «Pánfilo de Narváez», HAHR, 29, 150-156.

99. D del C, II, 452.

100. Las Casas, II, 484.

101. G, 47.

102. AGI, Patronato, leg. 252, R. 1, p. 2: «Bartolomé de las Casas, un clérigo que es persona liviana de poca autoridad... que habla de lo que no sabe y no ha visto.»

103. Arranz [5:45], 532; Bermúdez Plata [9:46], 36; Giménez Fernández [6:19], 326, 7.

104. Se lo dijeron quienes (Alonso de Morales Martínez, Gonzalo de Montoro, etc.) habían estado un mes antes en Santiago de Cuba (Polavieja, 22, 23).

105. Polavieja, 24.

106. AGI, Patronato, leg. 15, R. 10, 10.

107. Giménez Fernández [6:19], II; I, 573-590.

108. Xoan de Valdecillo, en Trinidad, 21 de noviembre de 1520, en CDI, XXXV, 61.

109. Joan Bernal, en CDI, XXXV, 65.

110. La declaración de Ayllón en Trinidad, noviembre de 1520, está en CDI, XXXV, 79-90.

111. Declaración de Luis de Sotelo, en información de enero de 1520, en CDI, XXXV, 196.

112. Conway (Camb.) Add. 7253, VII, 10.

113. CDIHE, I, 476, 495.

114. Giménez Fernández [6:19], II, 309, n.º 859.

115. APS, Libro del año 1520, oficio IV, lib. III, f. 2984, del 15 de setiembre de 1520. La venta fue a Pedro de Soria, que probablemente marchó pronto a las Indias, pues se le encuentra en Santiago de Cuba en 1521 (véase carta de Francisco de Herrera a Alonso de Nebreda, del 5 de noviembre de 1521, AGI, Justicia, leg. 712, cit. Otte [6:56], 268, 270).

116. AGI, Indif. Gen., leg. 14, del 10 de setiembre de 1520, firmado en Burgos por el cardenal, el condestable de Castilla, Fonseca, Pedro de los Cobos y el licenciado Zapata. AGI, Indif. Gen., leg. 420, n.º 4.

117. Para el cargamento de cañones, arcos, etc., y de pólvora enviado con Juan de Burgos, vía las Canarias, a fines del verano o comienzos del otoño de

1520, véase c. 31. Este cargamento parece ser distinto del mencionado en el texto y del que se habla en un documento en APS (libro del año 1520, oficio IV, lib. III, f. 2482, del 13 de agosto de 1520). Un documento en APS para el año 1522 (oficio IV, lib. II, f. 880) indica que Fernández de Alfaro pagó a Juan de Córdoba más de un millón de maravedís por mercancía enviada al Yucatán en 1520 en otra nave *Santa María*, perteneciente a Francisco Alcaparrero (patrón, Juan Salamanca). Giménez Fernández [6:19], 963, llamó a Córdoba «el financiero de Cortés».

CAPÍTULO 24

1. Como de costumbre, las fuentes no coinciden sobre el volumen de esta fuerza. Alonso de Villanueva, que estaba con Narváez, dice que había unos mil hombres con él (CDI, XXVII, 483). Diego de Ávila, otro compañero de Narváez, dijo en la *Inf. de 1521*, que Narváez tenía setecientos infantes y ochenta jinetes, además de artillería y arqueros (Polavieja, 203). La Audiencia de Santo Domingo, en una carta al rey del 30 de agosto de 1520, habla de seiscientos hombres (CDI, XIII, 337). Cortés, en su cuestionario de 1529, se refiere a noventa jinetes, ochenta arcabuceros, ciento veinte arqueros y más de seiscientos infantes. Díaz del Castillo (D del C, 183) habló de mil cuatrocientos soldados en diecinueve buques; Cortés, en su informe al rey (C, 123), de ochocientos, y Aguilar dijo que Narváez tenía cien caballos (Aguilar, en J. Díaz y cols., 186).

2. Aguilar, en J. Díaz y cols., 183.

3. Juan de Valdecillo, de Santiago, en una probanza de noviembre de 1520, dio los nombres de Juan Destacio, Porras, Medina y Coblanca como embarcados con grilletes (CDI, XXXV, 63-64). Xoan Destacio declaró en la misma probanza que intentó sin éxito escapar a las montañas, para evitar que le reclutaran.

4. Murga [5:14], 105.

5. Las Casas, III, 157.

6. Véase la declaración en *Inf. de 1521*, Polavieja, 290; Giménez Fernández [6:19], I, 301, n.º 300. Paso y Troncoso publicó cartas del rey a Diego Colón diciéndole que no perjudicara ni dañara a Juan Bono; las firmaba Conchillos (*Epistolario*, I, 11-12). Para la cruel expedición de Bono a Trinidad, en que paró una trampa a ciento ochenta indios, véase Las Casas, III, 107, y Giménez Fernández [6:19], II, 327, n.º 964. Hay un resumen de su vida en Otte [19:47], 133, n.º 650. Para su mando de la carabela *Barabola*, uno de los buques de Ponce de León en 1513, véase Tío [5:14], 142. Bono debió ver México o al menos Yucatán en ese viaje, dice Tío [5:14], 150.

7. John Schwaller, «Tres familias mexicanas», HM (1981), 183. Véase también AGI, Indif. Gen., leg. 133, n.º 3, para Diego de Cervantes.

8. AGI, Justicia, leg. 49, f. 98 (Res. Velázquez). Haber negligido castigar a Diego el joven fue una de las acusaciones dirigidas al gobernador. Pero los amigos de éste dijeron que el verdadero asesino huyó a las montañas (Pero Pérez, por el gobernador, en el juicio de residencia, f. 108).

9. AGI, México, leg. 203, n.º 19. Información de los servicios de Juan González Ponce de León.

10. Boyd-Bowman [5:17] identificó a doscientos setenta y dos de los novecientos hombres de Narváez.

11. Santa Clara debió de ser un plantador importante, pues en 1513 recibió permiso para sacar de Cuba su plata (véase Muñoz V, 72, f. 119). En cuanto a Alonso, véase G. R. G. Conway, «Hernando Alonso, a Jewish conquistador with Cortés in Mexico», *Publications of the American Jewish Histo-*

rical Society, 31 (1928), 11. La afirmación de Bernal Díaz de que casó con Beatriz fue confirmada por Bartolomé González, testigo ante la Inquisición en 1574.

12. Maluenda era un tipo del que un socio dijo que «*quiero más con él noventa que ciento veinte con otro*», proporción que si bien es extraña, resulta reveladora (Otte [6:56], 124). Era de una notoria familia de conversos, oriunda de Calatayud, emparentada con los Santa María y primo de su corresponsal, el mercader sevillano Alonso de Nebreda (E. Domínguez Ortiz, *Los judíos conversos en España y América* (Madrid, 1992), 167-168.

13. Wright [5:50], 88.

14. AGI, Justicia, leg. 49, f. 98 (Res. Velázquez).

15. Parada había sido juez en La Española. Lo doy por miembro de la familia sevillana de la que habla Cooper [6:66], 1076.

16. Bono, en *Inf. de 1521* (Polavieja, 291); Ayllón, en *Inf. de Trinidad*, noviembre de 1520, en CDI, XXXV, 90.

17. Así se formuló la pregunta 18 de la *Inf. de 1521*, y así la contestó Andrés de Duero (Polavieja, 310).

18. Tanto la carta de Hernando de Castro (en Otte [6:56], 121) como el relato de Ayllón dicen que se perdieron seis buques. De hecho, sólo debieron sufrir desperfectos, si, como ambos coinciden en indicar, únicamente murieron cuarenta hombres.

19. La fecha resulta evidente por una carta del mercader Hernando de Castro, en Otte [6:56], 121.

20. CDI, XXVII, 348.

21. AGI, Justicia, leg. 1004, n.º 5, R. 21, cit. Otte [6:56], 111.

22. Otte [6:56], 113.

23. *Inf. de Trinidad* [24:16], 43-44.

24. Declaración de Serrantes (a veces ortografiado Cervantes), a Ayllón, en CDI, XXXV, 140-146.

25. El relato de Ayllón en Polavieja, 39-49; Serrantes dio una versión en respuesta a preguntas en 1521, en Polavieja, 80-83.

26. Véase Sepúlveda, 165.

27. CDI, XXVII, 345. Uno de los amigos de Narváez, Diego de Ávila, declaró el año siguiente en Santiago de Cuba que su patrón nunca quiso luchar contra Cortés, sino que siempre deseó la paz. Esto resulta difícil de creer en vista de la declaración que se cita en el texto (*Inf. de 1521*, cit. en Polavieja, 203).

28. Declaración de Juan González Ponce de León, en AGI, leg. 224, p. 1, f. 722r. Éste, salmantino, había escrito en 1517 a Francisco de Cobos, describiéndole el viaje de Hernández de Córdoba.

29. Diego de Vargas, en *Inf. de 1521*, en Polavieja, 274.

30. CDI, XXVII; 348. Luis Marín (CDI, XXVIII, 38) recordaba haber oído decir a Cortés que le recibió.

31. Diego Ginovés, un marinero genovés del buque de Ayllón, en *Inf. de Santo Domingo*, 15 de octubre de 1520, en CDI, XXXV, 167. Otros testigos de esta información lo confirman.

32. Juan de Salcedo, que iba con Narváez, en AGI, leg. 244, p. 1, f. 660v; carta de la Audiencia de Santo Domingo al rey del 10 de noviembre de 1520, en Polavieja, 136-137.

33. CDI, XXVII, 356; CDI, XXVII, 43, y D del C, I, 405-406. Entre ellos, Pedro de Villalobos, un zamorano que después se distinguió al lado de Cortés.

34. *Inf. de Trinidad*, [24:16], 45-49.

35. Eran Diego Ramírez, Hernando de Escalona el Mozo, y Alonso Hernández de Carretero.

36. Andrés de Monjaraz, en CDI; XXVI, 542; D del C, I, 396.

37. El nombre del desertor se escribió con diversas ortografías: Pineda, Pinedo y Pinelo.

38. Lorenzo Suárez, en Res. (Rayón), II, 284, declaró que eran mexicanos.

39. Gonzalo Mejía, en CDI, XXVI, 502.

40. C, 123.

41. Bernardino Vázquez de Tapia en CDI, XXVI; 394; véase la respuesta de Cortés a través de García Llerena, en CDI, XXVII, 208.

42. En Tirado contra Cortés, Conway (Camb.), Add. 7284, 88. Juan de Masilla dijo que vio cómo llevaban el cuerpo de Pinedo envuelto en una capa. Vázquez de Tapia indicó que volvió muerto, con su ballesta.

43. C, 142; Andrés de Monjaraz, en Res. (Rayón), II, 459.

44. Tapia, en J. Díaz y cols., 144.

45. Luis Marín en el juicio de residencia de Cortés dice que oyó a Narváez hablar así. Véase CDI, XXVIII, 37. Lo mismo cuenta Cortés en CDI, XXVII, 352.

46. Diego de Ávila, en *Inf. de 1521*, en Polavieja, 293.

47. Pedro Sánchez Farfán, en Conway (Camb.), Add. 7306, 41.

48. Diego de Ávila, testigo hostil a Cortés, en *Inf. de 1521* (Polavieja, 203-204).

49. Leonel de Cervantes, en Conway (Camb.), Add. 7306, 50.

50. Tapia, AGI, Justicia, leg. 223, en J. Díaz y cols., 113.

51. Otras declaraciones sobre esta conversación por Gerónimo de Aguilar y Rodrigo de Castañeda, en Res. (Rayón), I, 221 y II, 184. Vizcaíno se empleaba en el siglo XVI como sinónimo de rústico, inculto. Díaz del Castillo, sin embargo, dice (D del C, I, 409) que Cortés insistió en que la gente de que hablaba eran vascos en el sentido exacto de la palabra. Uno o dos lo eran, por ejemplo, Bono de Queijo, Gaspar de Guernica, tal vez Antonio de Vergara. Vizcaíno se empleaba también como sinónimo de cristiano viejo (véase Albert Sicroff: *Les controverses des statuts de «pureté de sang»* [París, 1960], 277, n.º 55). Además, todos preferían los buques vascos. Así, Cisneros insistió en tenerlos cuando fue a Orán en 1509.

52. CDI, XXVII, 350; C, 143.

53. Ixtlilxochitl, 259; CDI, XXVII, 350-351.

54. El relato del propio Tapia en J. Díaz y cols., 113. La distancia es de unos cuatrocientos treinta kilómetros. Tapia, en respuesta a la pregunta 219 del cuestionario de Cortés (AGI, leg. 223, p. 2, f. 309v), dijo que se había hecho *«amigo* [de Cortés] *y muy familiar en sus secretos».*

55. C, 144.

56. D del C, I, 399. No está claro que pudiera emplearse entonces esta frase. Juan de Torquemada (*Historia de la Monarquía Indiana* [México, 1972], II, 28) dijo que Grijalva pensó en el nombre, pero no hay pruebas de ello ni en Oviedo ni en el *Itinerario* de fray Juan Díaz. Parece que figura por primera vez en un documento de la probanza del 6 de agosto de 1520, cuatro meses más tarde de que tuviera lugar la conversación entre Sandoval y Ruiz de Guevara. Cortés, en su segunda carta al rey, del 30 de octubre de 1520, escribe que él pensó en el nombre —«Nueva España del Mar Océano»—, debido a la semejanza de esta tierra y España, por su fertilidad, grandes dimensiones y muchas otras cosas. Hay que notar que se trata de «Nueva España» y no de «Nueva Castilla». Entre los hombres de Cortés los había de toda la península, aunque pocos de Cataluña, Aragón o Murcia. Tal vez Cortés deseara diferenciar el territorio del de «Castilla del Oro», la colonia donde mandaba Pedrarias.

57. Para el uso medieval (por ejemplo, *Anales Sagallenses*, del año 778: *«hoc anno domus rex Carolus prerrexit in Spania»*), véase J. A. Maravall, *El concepto de España en la Edad Media* (Madrid, 1954), 135.

58. No está claro que Vergara tuviera «estipulaciones». García de Llerena, un testigo siempre favorable a Cortés, dijo, en el juicio de residencia, que tenía cartas pidiendo a la gente que fuera con él para unirse a Narváez (CDI, XXVII, 201).

59. Declaración de Andrés de Monjaraz, CDI, XXVI, 541; D del C, I, 399-400.

60. Tapia (en respuesta a la pregunta 143 del cuestionario de Cortés) declaró sobre estos acontecimientos, de los cuales le informó Sandoval.

61. Andrés de Monjaraz, CDI, XXVI, 542.

62. CDI, XXVII, 206.

63. D del C, I, 401-402. Varios testigos, en el pleito de Tirado contra Cortés (1529), dijeron que vieron a Pedro de Solís de carcelero de Vergara y Guevara. Hay una versión diferente, reflejada en el juicio de residencia: Andrés de Monjaraz declaró que vio a Solís llegar de noche, dejándolos con Pizarro, cuando Cortés estaba en Pánuco. En otra parte del mismo juicio de residencia (CDI, XXVII, 108), se dice que Cortés, lejos de alojar bien a los visitantes españoles, los encerró en un «*pierde amigos*» (calabozo). Diego de Vargas dijo en 1521 que Cortés pensó en hacer ahorcar a Amaya y Vergara, pero que le disuadió Francisco de Saucedo el Pulido (Polavieja, 274).

64. Diego de Holguín (en *Inf. de 1521*, en Polavieja, 255) habla de un hombre del que dijeron que se llamaba Santos, un criado de Cortés, que mandó a un indio que llevara una carga de oro que se dijo que pesaba diez mil pesos de oro.

65. Diego de Vargas, en *Inf. de 1521*, en Polavieja, 275.

66. Cuestionario en *Inf. de 1521*, en Polavieja, 175.

67. Diego de Vargas, en *Inf. de 1521*, en Polavieja, 206.

68. Parece que todas esas cartas se han perdido (Otte [6:56], 121).

69. C, 145-146.

70. C, 144-146.

71. CDI, XXVII, 12.

CAPÍTULO 25

1. El cambio pudo deberse principalmente al hecho de que estaban viviendo ahora en el año 2-sílex.

2. Ixtlilxochitl, 259. Para fechas, véase Wagner [8:23], 279-280. Uno de los que estaban presentes, fray Aguilar, dijo que todos llevaban armadura de algodón y que sólo Cortés iba a caballo. Es difícil de creer.

3. Juan Álvarez (entre los que estaban con Alvarado) y Diego de Ávila dieron la cifra de ciento veinte en *Inf. de 1520* (Polavieja, 209, 250). Cortés, inexactamente, dijo que dejó quinientos hombres con Alvarado (C, 147), pero en 1529 parece haber ya aceptado un número más modesto, ciento veinte (CDI, XXVII, 363), como lo hizo Martín Vázquez (CDI, XXVIII, 154). D del C, (I, 409) dijo que ochenta, y Tapia (en J. Díaz y cols., 114) que sólo cincuenta. Alvarado (Res. Alvarado, 87) dijo: «yo quedé en esta cibdad por capitán con hasta ochenta españoles».

4. Francisco de Vargas, en Res. (Rayón), II, 307.

5. Cuestionario de Segura, preguntas 1 y 2 (Segura, 1520), Polavieja, 133. Probablemente había más.

6. Juan Álvarez, en Polavieja, 256.

7. Rodríguez de Castañeda, en Res. (Rayón), I, 21.

8. Véase Trexler [15:28], para un análisis del tema.

9. C, 119.

10. Ningún contemporáneo menciona la ruta, pero la examina Orozco [8:14], IV, 382.

11. C, 144.

12. Andrés de Monjaraz, en Res. (Rayón), II, 48.

13. D del C, I, 396.

14. C, 148.

15. Juan Álvarez, en *Inf. de 1521*, cit. en Polavieja, 256.

16. Cortés no habla de ese grupo. Véase Tapia, en respuesta a la pregunta 132.

17. Monjaraz, en CDI, XXVI, 543, y pregunta 132 del cuestionario de Cortés, en CDI, XXVII, 354; García de Llerena en DCI, XXVII, 212; D del C, I, 411-412. Algunos testigos dijeron que esos hombres estuvieron encarcelados algún tiempo. Véase la declaración de Antonio Serrano de Cardona, Juan de Mansilla y Andrés de Monjaraz, en Res. (Rayón), I, 180-181, 247 y II, 49.

17. Juan de Tirado alegó lo primero, Andrés de Monjaraz, lo segundo; véase Res. (Rayón), II, 7, 49. El incidente se menciona como una acusación contra Cortés en su juicio de residencia (CDI, XXVII, 11). Cortés lo negó, aunque débilmente, a través de García de Llerena (CDI, XXVII, 20).

18. Aguilar, en J. Díaz y cols., 184.

19. Andrés de Monjaraz, en Res. (Rayón) II, 49.

20. C, 150. Cortés coloca este acontecimiento más tarde, por razones que Anthony Pagden analiza en su ed. de las cartas de Cortés [10:73].

21. Declaración de Juan de Mansilla, Res. (Rayón) I, 248.

22. Andrés de Monjaraz dijo (Res. [Rayón], II, 47) que eran Tapia, Diego García, Francisco Bonal, Francisco de Orozco, Sebastián de Porras y Juan de Limpias, pero, de ser así, resulta sorprendente que Tapia no mencionara la aventura en sus memorias. Ni está claro cómo los otros escaparon de Narváez.

23. Tapia en respuesta a la pregunta 124, AGI, Justicia, leg. 223, p. 2, f. 309v. Cortés dijo a Tapia que habría sido uno de sus diez.

24. Carta del propio Cortés (C, 124) en que dice que fue la traición de uno de los hombres de Narváez, lo que reveló la conjura, aunque, en su información, Cortés afirma que Rodrigo Sánchez Farfán, que había ido también al lado de Nárvaez, le aconsejó contra esta idea (CDI, XXVII, 352).

25. Alonso de Villanueva, que llegó más tarde con Narváez, declaró en este sentido en apoyo de Cortés (CDI, XXVII, 490).

26. F. de Zevallos, en La Serna contra Zevallos (1529), en Conway (Camb.), Add. 7253, VII, 28.

27. C, 149; J. Tirado, en Res. (Rayón), II, 9; CDI, XXVII, 352.

28. D del C, I, 414-415.

29. Juan Bono de Quejo, en Polavieja, 294. Cortés no dijo nada de estas negociaciones de último minuto.

30. D del C, I, 416-421.

31. CDI, XXVIII, 150; Díaz del Castillo, como Gómara, le dio el nombre cristiano de Juan.

32. CDI, XXVII, 488.

33. Velázquez de León habló sobre esto con Tapia, cuya declaración está en la respuesta a la pregunta 128 del juicio de residencia, AGI, Justicia, leg. 223, p. 2, f. 309v.

34. G, 224.

35. CDI, XXXV, 541.

36. Diego de Vargas, en *Inf. de 1521*, Polavieja, 276; Juan Álvarez dijo lo mismo en *Inf. de 1521*, Polavieja, 257; Diego de Ávila dijo que vio los cañones bloqueados (*Inf. de 1521*, Polavieja, 203). Para romances sobre Ruy Velázquez, véase BAE, XI, 439-457.

37. Diego de Vargas, en *Inf. de 1521*, Polavieja, 276.

38. Diego Holguín, en *Inf. de 1521*, Polavieja 226. Holguín fue copropietario de una mina de oro con Antonio Velázquez de Cuéllar, de cuyo testamen-

to fue testigo en 1517. Era un amigo de la familia Velázquez, aunque, por su apellido, cabe suponer que procedía de Cáceres (ASPS, libro del año 1517, oficio IV, libro II, f. 690; AGI, Justicia, leg. 49, f. 100). Para la familia de Holguín, véase Miguel Muñoz de San Pedro, «Aventuras y desventuras del tercer Diego García de Paredes», en REE, XIII (1957), 8 y ss.

39. Tapia, en J. Díaz y cols., 116; CDI, XXVII, 12.

40. Esto es de D del C, I, 431-435, que escribía lo que recordaba al cabo de cuarenta años. Pero el discurso fue descrito en términos parecidos por Gerónimo de Aguilar en 1529, en Res. (Rayón), II, 186.

41. Tapia en J. Díaz y cols., 116.

42. Olmedo era de Castilla y probablemente conocía a muchos de los capitanes de Narváez.

43. CDI, XXVII, 12.

44. «el alguacil mayor de esta Nueva España»; D del C, I, 434. Tapia dijo que vio la orden escrita en las manos de Sandoval (Tapia en respuesta a la pregunta 137).

45. Tapia, en J. Díaz y cols., 116. Díaz del Castillo dice que Olid estaba al mando de la última de las compañías.

46. Juan Álvarez, en *Inf. de 1521*, Polavieja, 259. Gerónimo de Aguilar dijo en 1529 que la suma era de quinientos pesos (Res. [Rayón], II, 186).

47. Velázquez de León trajo esas noticias (Tapia en respuesta a la pregunta 119).

48. CDI, XXVII, 216.

49. D del C, I, 430.

50. CDI; XXVII, 210.

51. Ésta es la fecha que dio Cortés, pero no puede confiarse en ella. Véase Eulalia Guzmán [13:41], 381, n.º 373, para una crítica destructiva. Pero su sugestión de que no hubo lucha (derivada del estudio del Lienzo de Tlaxcala) se contrarresta por numerosos testimonios de gentes opuestas a Cortés, lo mismo que de sus amigos, en innumerables pleitos a lo largo de muchos años.

52. Tapia, en J. Díaz y cols., 117; Juan de Mansilla dijo que el ataque tuvo lugar a las once de la noche, Juan Álvarez, que a las dos de la madrugada (Polavieja, 250, 276).

53. Juan de Tirado, en Res. (Rayón), II, 11. Carrasco (*Inf. de 1565*, 170) dijo más tarde que Cortés «*lo quiso ahorcar porque no le quiso decir la verdad de lo que le preguntaba*».

54. G, 225.

55. Juan de Tirado, en Res. (Rayón), II. 11; también Herrera [8:6], V, 393.

56. Gaspar de Garnica en AGI, Justicia, leg. 224, p. 1, f. 46v.

57. Diego de Vargas, en 1521, Polavieja, 275.

58. Wagner [8:23], 279, supone que fray Olmedo jugaba a dos barajas y engañó a la vez a Narváez y Cortés. Pero véase fray Castro Seoane [11:44], para una interpretación más positiva.

59. Polavieja, 295: «*quel dicho Cortés hera su hijo*».

60. Juan de Salcedo, en AGI, Justicia, leg. 224, p. 1, f. 722r.

61. Alonso de Villanueva en CDI, XXVII, 493. Véase también CDI, XXVII, 216, donde la defensa de Cortés consiste en afirmar que el ataque no pudo considerarse una sorpresa, debido a los mensajes del espía Hurtado. Hay un testigo presencial de lo sucedido, Alonso Ortiz de Zúñiga, en CDI, XXVI, 126. Otra versión es la de A. de Mata, que recordó especialmente las picas de los hombres de Cortés (CDI, XXVI, 257). Tapia, en AGI, Justicia, leg. 223, p. 2.

62. C de S, 440.

63. La Serna en Zavallos contra La Serna, en Conway (Camb.), Add. 7253, VII, 151.

64. D del C, I, 437; también entrevista de 1544, de Juan de Cano, que estaba presente, con Oviedo (IV, 264).

65. García del Pilar, en Res. (Rayón), II, 204.

66. Se trata de una pregunta en la *Inf. de 1521*, Polavieja, 179. El relato sobre los pies está en la declaración de Francisco Zavallos, en Zavallos contra La Serna, 1529, en Conway (Camb.), Add. 7253, VII, 5.

67. Andrés de Monjaraz, en Res. (Rayón), II, 51.

68. La captura de Narváez se describió en 1521 por Diego de Ávila en *Inf. de 1521* (Polavieja, 207).

69. Monjaraz, en CDI, XXVI, 545. Esta acción se confimó por testigos en Zavallos contra La Serna, por ejemplo, Juan de Mansilla y Gonzalo Sánchez Colmenares, en Conway (Camb.), Add. 7284, 87.

70. Bono de Quejo en *Inf. de 1521*, Polavieja, 279. Véanse otros detalles de esta batalla (que Eulalia de Guzmán [13:41], 383, dice que nunca tuvo lugar), en Monjaraz, Res. (Rayón), II, 52; Alonso Ortiz de Zúñiga, Res. (Rayón), II, 143; Gerónimo de Aguilar, Res. (Rayón), II 187; García del Pilar, Res. (Rayón), II, 204; Juan de Mansilla, Res. (Rayón), I, 364; Juan de Tirado, Res. (Rayón), II, 13, y Guy González, Res. (Rayón), I, 344.

71. Por ejemplo, Francisco Verdugo, en Conway (Camb.), Add. 7284, 73-86.

72. Aguilar, en J. Díaz y cols., 185; CDI, XXVI, 545.

73. Aguilar, en J. Díaz y cols., 184; Tapia, en J. Díaz y cols., 118.

74. Tapia, en J. Díaz y cols., 118.

75. Por ejemplo, Diego de Vargas, en Polavieja, 276.

76. Tapia en J. Díaz y cols., 119.

77. Bernardino de Santa Clara, declaración en Res. (Rayón), II, 168.

78. Declaración de Diego de Vargas, en *Inf. de 1521*, en Polavieja, 277.

79. Juan Bono de Quejo, en *Inf. de 1521*, en Polavieja, 296.

80. D del C, I, 440.

81. D del C, I, 439.

82. D del C, II, 169.

83. Diego de Ávila, en *Inf. de 1521*, en Polavieja, 208; D del C, I, 443. La familia Caballero tenía importancia en la vida comercial de Sevilla y en la Española. Véase su tumba en la catedral de Sevilla. Sobre el origen converso y sobre cómo el padre de Diego, Juan, fue visto con sambenito en Sanlúcar, véase Giménez Fernández [6:19], II, 1123, n.º 3858, y Pike [23:42], 44. Véase también Enrique Otte, «Los mercaderes transatlánticos bajo Carlos V», AEA, XLVII, Sevilla, 1990, 95-121, para Diego Caballero. ¿Fue el Alonso Caballero de Cortés el mercader de este nombre retratado con Diego en la capilla del mariscal? Posiblemente. Numerosas referencias a Alonso Caballero, hermano de Diego, pueden encontrarse en APS.

84. Diego de Vargas, en *Inf. de 1521*, en Polavieja, 279.

85. Hernando de Caballos, en CDI, XXVII, 107; C, 152. Aguilar (J. Díaz y cols., 185) dijo que nadie resultó muerto, pero debieron informarle mal. G, 225, da diecisiete partidarios de Narváez muertos. Para Maluenda, véase Juan de Cuéllar en AGI, Justicia, leg. 224, p. 1.

86. Diego de Vargas en *Inf. de 1521*, en Polavieja, 290.

87. Orozco [8:14], IV, 403.

88. G, 227.

89. D del C, I, 444-445.

90. D del C, I, 444.

91. C, 204.

92. Diego de Ávila en *Inf. de 1521*, en Polavieja, 207; también Juan Bono de Quejo, en Polavieja, 197.

93. Diego de Ávila en *Inf. de 1521*, en Polavieja, 181, 205.

94. Diego de Ávila, en *Inf. de 1521*, en Polavieja, 206; también Juan Bono de Quejo, en Polavieja, 296.
95. Diego de Holguín en *Inf. de 1521*, en Polavieja, 228; Diego de Vargas, en Polavieja, 278.
96. Cuestionario en información de Diego de Ordás (Santo Domingo, 1521), en CDI, XI, 85.
97. D del C, I, 263.
98. Aguilar, en J. Díaz y cols., 185.
99. D del C, I, 446-447.

CAPÍTULO 26

1. El c. 24 del libro II del Códice Florentino, 107-112, habla de este festival.
2. Joan de Cáceres, mayordomo de Cortés, declaró en el juicio de residencia de Cortés, en 1529 (AGI, Justicia, leg. 223, p. 2, f. 227r), que oyó decir a los mexicas que habían organizado la fiesta para matar a la guarnición española. No pudo ser así, porque el festival en cuestión tenía lugar todos los años. No está tampoco claro en qué lengua lo oyó decir Cáceres.
3. Rodrigo de Castañeda dijo más tarde que «estuvo presente al tiempo quel dixho Hernando Cortés dio la licencia al dicho Motunzuma(si)» (Res. Alvarado, 43). *Codex Aubin* [4:18], 54. Otras historias (CF, XII, c. 191, 737) agregan que Alvarado había pedido a Moctezuma que celebrara la fiesta porque deseaba verla, o que Cortés planeó la matanza (Cod. Ram., 81).
4. G, 229.
5. CF-G, XII, c. 19, 777, sugiere que Alvarado deseaba ver el festival.
6. Ixtlilxochitl, 260, dice que vio una carta en este sentido.
7. Guillén de Laso, en Res. Alvarado, 118. Nuño Pinto declaró que vio el cadáver de la muchacha en el canal cercano. Hay también declaraciones sobre la muchacha india por Andrés de Rodas, en id. 113, por fray Martín Carpintero (que dijo que fue «aporreada» y no ahorcada), en id. 143, y por el propio Alvarado, 64.
8. Relato de Alvarado en su juicio de residencia (Res. Alvarado, 65). Fray Juan Díaz estaba en esta ocasión con Alvarado, y confirmó lo dicho por él (Res. Alvarado, 126). También lo confirmaron Nuño Pinto, Álvaro López y Andrés de Rodas (Res. Alvarado, 134, 130 y 113).
9. Fue en el patio donde encontraron a Oechilobos, cubierto con una canopia de ricas telas, y sacrificaban a muchos indios delante de él, quitándoles el corazón (Res. Alvarado, 66).
10. Este testigo oyó a los indios diciendo que lo dicho era para matar a los españoles, y cocerlos y comérselos con ajo (Res. Alvarado, 130).
11. Lopes, en Res. Alvarado, 130. CF-G, I, c. 1, 31, II, c. 24, 109 y XII, c. 19, 779. Durán, I, cs. 2 y 4, dio una descripción algo diferente de lo que habitualmente ocurría en este festival.
12. Esta imagen es de Pasztory [4:35], 78.
13. CF, XII, c. 19, 779.
14. Res. Alvarado, 66, 113.
15. Esas cuerdas eran parte del procedimiento habitual para elevar a lo alto del templo a Huitzilopochtli. Véase *Origen de los mexicanos* (Madrid, 1987), 171-172, donde se describe el festival como siempre fue, y no necesariamente en ese año especial: cuando llevaban la figura del dios a los pies del templo, lo colocaban en una plataforma y unas cuerdas lo sujetaban a los cuatro ángulos... y tendían las cuerdas de modo que la plataforma no las retorciera (Durán, I, 40 y ss.).

16. Res. Alvarado, 130.

17. Este relato procede de Juan Álvarez, que estaba presente y declaró, como se indicó, en la *Inf. de 1521* (Polavieja, 260-262). El relato de la tortura, de la cual Alvarado no habló, se halla en Vázquez de Tapia, en Res. Alvarado.

18. Vázquez de Tapia, en Res. Alvarado, 37.

19. Vázquez de Tapia, en Res. Alvarado, 37.

20. Alvarado, en Res. Alvarado, 66. Nuño Pinto y Andrés de Rodas dijeron ambos que también habían escuchado esta conversación (Res. Alvarado, 134, 144).

21. Res. Alvarado, 144.

22. Res. Alvarado, 67; confirmado por Andrés de Rodas, fray Juan Díaz, Nuño Pinto y Martín Porras en esa Res., 113, 127, 134 y 144, respectivamente. Fray Díaz dijo que los palos eran «varas» y no «porras».

23. *Codex Aubin*, [4:8], 55.

24. CDI, XXVII, 221. Esto era parte del cuestionario de Cortés y muchos testigos estuvieron de acuerdo con ello.

25. Juan Álvarez, en *Inf. de 1521*, en Polavieja, 261.

26. Las Casas lo creía así.

27. Sepúlveda, 168, en su historia «oficial» de Carlos V, sin embargo, dice lo contrario.

28. CF-G, II, c. 5, 81, dice que *«ninguna tacha tuviese en el cuerpo»* se requería para los sacrificios; comparable a la famosa águila real, sugiere Mary Ellen Miller, *The Art of Mesoamerica* (Nueva York, 1986), 214.

29. Véase la máscara de jadeíta, en la colección precolombina de Dumbarton Oaks, de la que habla Pasztory [13:52], 154.

30. CF-G, II, c. 24, 107-108; Cod. Ram. 167-175.

31. CF-G, II, c. 24, 109.

32. Esta descripción de los atavíos de los bailarines procede del *Códice Mendocino* [1:29], 56. Lo que pudo llevar un *tlatoani* puede adivinarse en la imagen de Nezahualpilli, rey de Texcoco, en f. 108 de Jacqueline Durand-Forest, *Codex Ixtlilxochitl* (Graz, 1976), G.

33. Véase G, 229; *Códice Mendocino* [1:29], 56; *Circa 1492* [5:39], 557. Sobreviven una veintena de tambores: véase Pasztory [4:35], 270, y Stevenson [2:41].

34. G, 229, dice que lo era, pero ¿era lo mismo que la danza de la serpiente? Los castellanos lo llamaron un *areyto*, que en aquella época era palabra genérica para cualquier danza india. Véase Ixtlilxochitl, 11. Vázquez de Tapia, que estuvo presente, dio las cifras de los danzantes y los espectadores (Res. Alvarado, 37).

35. Samuel Martín y Gertrude Kurath, en *Dances of Anahuac* (Chicago, 1964), 15, señalan que los compositores mexicanos, aunque conocían los instrumentos y escalas más avanzados del sur y la costa del Golfo, continuaron basando su música ceremonial en una escala tradicional de cinco tonos y usando flautas con cuatro orificios en vez de las de cinco propias de culturas más antiguas.

36. Motolinía, *Memoriales* [4:2], 382.

37. G, 172. Esto debió de ser lo que pensó Cortés. La zambra solía bailarse al son de flautas moras *(xabelas)* u otros instrumentos, como el laúd. Los gitanos la bailaban. Más tarde es posible que la figura 17, «La manera de bailar de los mexicanos», en el Códice Tovar, muestre la fiesta Toxcatl, como sugiere Jacques Lafaye en *Quetzalcóatl et Guadalupe* (París, 1974), 273. Pero la presencia de guerreros águila y jaguar sugirió a Michael Coe en *Circa 1492* ([5:39], 571), que podía no ser así.

38. Durán, I, 193. Dice que esta danza era «parecida a la sarabanda», pero este baile, considerado mucho tiempo «atrevido», y luego como «majes-

tuoso», parece haber venido de México. Es posible (véase Stevenson [2:41], 227) que procediera, de hecho, del *cuecue cuicatl*.

39. Ixtlilxochitl, 261.
40. G, 230.
41. Lo examina Brundage [2:50], 18.
42. Res. Alvarado, 289. Alvarado dijo, como se anota en la investigación indicada, que simplemente trataba de impedir que los mexicanos subieran al Gran Templo con la efigie de Huitzilopochtli y que fue entonces atacado, pero esto no puede ser cierto.
43. Véase fray Juan Díaz en Res. Alvarado, 127. *Codex Aubin* [4:8], 55.
44. CF-G, XII, c. 20, 779-780.
45. Dijo que había «destruido el ídolo» (Res. Alvarado, 134).
46. CF-G, XII, c. 20, 780; el Cod. Ram., 88-89, describe la escena casi con las mismas palabras. Durán (I, 21) habló con un conquistador (al que no nombra, pero que esta vez no era fray Aguilar, que entonces estaba con Cortés), que dijo que había matado a muchos indios con sus propias manos.
47. Este sacerdote se describió como uno de Acatlyacapan (*Codex Aubin*, [4:8], 56-57).
48. Declaración de Juan Álvarez en *Inf. de 1521*, en Polavieja, 261-262.
49. Bandelier [7:35], 131; Hassig [1:23], 61.
50. CF-G, XII, c. 20, 780.
51. FC, XII, 57.
52. Vázquez de Tapia, en Res. Alvarado, 36-38.
53. Pero Hernández y Francisco Rodríguez, en *Inf. de 1544*, en Zacatula, en relación con el pleito de Martín López contra Cortés, cit. Porrúa Muñoz, R de I (enero-junio de 1948); declaración de Diego Vadalés en *Inf. de 1565*, 44. Después del incendio, Francisco Rodríguez trató de reconstruir uno de esos bergantines y casi lo había conseguido cuando otros acontecimientos le obligaron a abandonar la ciudad.
54. G, 231; D del C, II, 450.
55. La mítica aparición de la Virgen y de Santiago en G, 231.
56. G, 231-232, no es claro sobre quién se supone que dijo esto.
57. Diego de Vargas, en *Inf. de 1521*, Polavieja, 280-281.
58. Su aparición en el tejado afirmada por Alonso de Navarrete (AGI, Justicia, leg. 223, p. 2, ff. 424-511) y Juan Álvarez (declaración en *Inf. de 1521*, en Polavieja, 261). Ambos estaban presentes.
59. CF-G, XII, c. 21, 781.
60. Aguilar, en J. Díaz y cols., 186.
61. CDI, XXVI, 396.
62. Lo resume Brundage [2:50], 196-197.
63. Declaración en *Inf. de 1521*, Polavieja, 262.
64. Anderson [16:63], 20-21.

CAPÍTULO 27

1. Narváez pasó más de dos años confinado cerca del mar, antes de regresar a España en 1523 e instalarse luego en la Florida.
2. C de S, 453, a base de información de Alonso de Ojeda.
3. Pedro de Meneses (*Inf. de 1565*, 62) confirma el papel desempeñado por Ojeda. Cortés dijo que dejó Tlaxcala con quinientos infantes y setenta caballos (C, 154); Díaz del Castillo dice que con mil trescientos hombres, noventa y seis caballos y ochenta ballesteros.
4. Orozco [8:4], IV, 409.
5. Ixtlilxochitl, 261.

6. Aguilar, en J. Díaz y cols., 186-187.

7. Aguilar, en J. Díaz y cols., 186-187.

8. CF-G, XII, c. 22, 782.

9. C de S, 123.

10. CF-G, XII, c: 22, 782. Tapia, en AGI, Justicia, leg. 223, p. 2.

11. Orozco [8:4], IV, 410.

12. Juan Cano, que estaba presente, a Oviedo (Oviedo, IV, 262).

13. D del C, I, 449.

14. G, 232; Camargo (216) explicó que Cortés dijo a los mexicas —aunque no está claro cómo lo hizo— que había llegado para ayudarlos, que su gente en Tenochtitlan tenía poca experiencia y había cometido un error y que la castigaría.

15. C de S, 464.

16. Véase la declaración de Navarrete en AGI, Justicia, leg. 223; García Llerena, en CDI, XXVII, 221.

17. Juan Álvarez, en *Inf. de 1521*, f. 424.

18. Juan Bono de Queja, en *Inf. de 1521*, en Polavieja, 299.

19. Cristóbal de Guzmán, que había visto el medallón (Conway [Camb.], Add. 7306, 45); «el dicho Cortés volvió la cabeça para no verlo» (Diego de Holguín, en *Inf. de 1521*, Polavieja, 233).

20. AGI, Justicia, leg. 224, p. 1, f. 722r.

21. D del C, I, 452.

22. Diego de Vargas, en *Inf. de 1521*, en Polavieja, 81.

23. Diego Holguín, en *Inf. de 1521*, en Polavieja 231; G, 210-211; Res. Alvarado, 67.

24. D del C, I, 452.

25. C de S, 167.

26. C, 156; Aguilar, en J. Díaz y cols., 187.

27. Cuestionario en información de Diego de Ordaz (Santo Domingo, 1521), CDI, XL, 86, y declaración de Gonzalo Giménez, que estaba presente, CDI, XL, 116. También cuestionario de Juan González Ponce de León, en AGI, México, 203, n.º 19, 13.

28. D del C, I, 453; G, 233; C, 156.

29. CF-G, XII, c. 22, 782-783.

30. C, 56. Díaz del Castillo dijo que hubo cuarenta y seis heridos, de los cuales doce murieron a causa de las heridas.

31. Aguilar, en J. Díaz y cols., 188; se trataba, sin duda, de «lana escocesa», un tipo de estopilla pero más basto, al parecer hecha con el meollo de la ortiga.

32. Alonso de la Serna, en AGI, Justicia, leg. 223, p. 1, f. 584v.

33. Aguilar, en J. Díaz y cols., 188.

34. C, 157.

35. D del C, I, 455.

36. Aguilar, en J. Díaz y cols., 190.

37. CF-G, V, c. 3, 271-272; A. López Austin «El Hacha Nocturna», ECN IV (1963).

38. D del C, I, 459.

39. AGI, México, leg. 203, n.º 19; D del C, I, 455; G, 233-234.

40. Prefiero la fecha que da Cortés. Díaz del Castillo dice que el 4; López de Gómara, que el 3.

41. C de S, 232-233.

42. C de S, 232-233, dice que Moctezuma ofreció esta idea; también lo dice C, 151. Los demás (Aguilar, Diego de Holguín, Díaz del Castillo) afirman que Cortés le pidió ir al tejado. Parece más verosímil.

43. D del C, I, 459; Aguilar en J. Díaz y cols., 188.

44. Juan Cano, en Oviedo, IV, 262. Cortés, dice Vázquez de Tapia en J. Díaz y cols., 145, «encomendó a ciertos caballeros para que mirasen por él [Moctezuma] y lo arrodelasen».

45. C, 157; López de Gómara dice lo mismo y añade que los mexicanos no vieron a Moctezuma porque los españoles le habían cubierto con un escudo para protegerle. Cortés no sabía si Moctezuma había comenzado o no su discurso. Vázquez de Tapia (en J. Díaz y cols., 145) y Aguilar (en J. Díaz y cols., 189), dicen que el discurso de Moctezuma no podía oírse debido al gran número de gente. Aguilar añade que el tío de Moctezuma, que estaba también preso, hizo el discurso. En 1527, en su donación de tierras a las hijas de Moctezuma, Cortés dice que Moctezuma fue a una ventana, donde una piedra le golpeó la cabeza. Véase apéndice a Josefina Muriel [20:1], 31-32, 229-245.

46. La versión del discurso de Moctezuma por Cervantes de Salazar es imaginativa, como de costumbre, pero posiblemente también imaginaria. Lo que Moctezuma pudo haber dicho cabe hallarlo en Cod. Ram. 144; en D del C, I, 459; Vázquez de Tapia, en J. Díaz y cols., 145.

47. Cod. Ram. 145; Ixtlilxochitl, Sumaria relación de Obras Históricas de todas las cosas que han pasado en la Nueva España, ed. Edmundo O'Gorman (México, 1975), I, 390, dice que Moctezuma fue golpeado; véase también Ixtlilxochitl, Decimatercia Relación [4:5], 12.

48. Por ejemplo, en el festival de Uei Tocotztli, el gran ayuno, muchachas pintadas en procesión insultaban a los muchachos por delante de los cuales pasaban y ante cualquier gesto de reticencia, decían: «Y tú, cobarde, ¿hablas bisoño?... no habías tú de hablar aquí, tan mujer eres como yo» (CF-G, XX c. 23, 106).

49. Aguilar, en J. Díaz y cols., 189; Historia de los mexicanos por sus pinturas [1:47], 255; D del C, I, 459-460.

50. Este discurso se deriva de G, 235-236, que he reproducido, sin embargo, omitiendo la referencia obviamente falsa a la muerte de Moctezuma, que tardó varios días en producirse. Eulalia Guzmán [13:41], 445, dice que la idea de que Cortés hiciera un discurso como éste es «pura fantasía», pero he encontrado declaraciones de Juan González Ponce de León y de Alonso de la Serna en 1530 en el sentido de que estaban presentes «al tiempo que el dicho marqués [o sea, Cortés] e Montecuma hablaban a los principales desta cibdad para que hiziesen las pazes» (AGI, Justicia, leg. 224, p. 1, f. 722 y leg. 223, p. 1, f. 584).

51. C, 158.

52. Alcocer [19:70], 66-67, supone que debió de ser el templo de Yopico, dedicado a Xipe Totec, y no el Gran Templo de Huitzilopochtli, ya que estaba más cerca del palacio de Axayácatl, y por tanto, desde él se podía causar más daño. Hay también en CF-G XII, c. 22, 739, la implicación de que no era el Gran Templo, pues dice que «los capitanes mexicanos... subieron sobre un cu». Cortés dice concretamente que era el Gran Templo, identificación que también hicieron G, 236 y D del C, I, 456.

53. Véase la concesión de escudo de armas en 1527 a Pedro de Villalobos, donde (Nobiliario [7:12]) se dice que con cuarenta hombres tomó la cumbre de la alta torre.

54. CF-G, XII, c. 22, 782-783.

55. López de Gómara sugiere que hubo intentos de tomar el templo durante varios días, pero debió equivocarse en el tiempo.

56. C, 158-159.

57. D del C, I, 457.

58. CF-G, c. 22, 783.

59. Aguilar en AGI, México, leg. 203, n.º 13 (Inf. de Juan González Ponce

de León [27:27]; Cortés mismo confirmó el comentario en respuesta a la pregunta 15.

60. C, 160; G, 238; C de S, 472.

61. Véase, por ejemplo, la declaración de Joan de Cáceres y de Alonso de la Serna, que dicen que «le hirieron en la cabeça de una pedrada de la cual murió» (Cáceres y La Serna dijeron lo mismo); AGI, Justicia, leg. 223, p. 2, f. 227.

62. Vázquez de Tapia, en J. Díaz y cols., 145. Cortés aceptó este encargo y se ocupó de sus hijas no sólo seduciendo a dos más de las mismas y teniendo un hijo de una, sino también arreglando eventualmente que todas obtuvieran tierras y esposos castellanos.

63. Cortés lo afirmó así cuando en 1526 entregó tierras a las hijas de Moctezuma, cumpliendo su palabra de ocuparse de ellas (en Muriel [20:1]). Es difícil distinguir entre la cortesía de Moctezuma y sus opiniones, como lo es distinguir entre las promesas y las acciones de Cortés.

64. Véase Muriel [20:1], 242.

65. Camargo (217) y Cod. Ram., 146-147, dicen que Moctezuma pidió antes de morir que lo bautizaran (aunque el segundo dice que fueron los españoles quienes dieron muerte a Moctezuma). Esto del bautismo no tiene otra base que el rumor («muchos de los conquistadores que yo conocí afirman que...» dice Camargo, 234).

66. Casi todas las fuentes indígenas o basadas en indígenas —Durán, el Cod. Ram., CF-G, XII, c. 23, 784 y n.º 1047, Chimolpahín— afirman que Moctezuma fue muerto a puñaladas o estrangulado por los castellanos. Durán (II, 556) señala que, después de que los castellanos huyeran, los señores mexicanos fueron a las habitaciones de Moctezuma para darle un trato más cruel que el que le dieron los castellanos y le hallaron con cadenas en los pies y cinco heridas de daga en el pecho; cerca de él yacían los cuerpos de los nobles que estuvieron encarcelados con él. Orozco y Berra creía que Moctezuma pudo ser muerto por los castellanos, pues ya no podía serles de utilidad y que Cortés esperaba huir de la ciudad durante los funerales ([8:14], 437). Los *Anales Tepeanacas* dicen que Moctezuma, sólo una vez muerto, fue llevado al tejado de palacio, ¡y de ahí su silencio!

67. Ixtlilxochitl, 12, por lo que dijo «don Alonso Axayácatl», hijo de Cuitláhuac, afirma que Cacama murió entonces o unos pocos días antes o después, aunque los castellanos dijeron que fue muerto en la retirada de Tenochtitlan.

68. Aguilar, en J. Díaz y cols., 191.

69. D del C, I, 460.

70. Los funerales de Tizoc y Axayácatl se describen en Tezozomoc [1:19], 454-457 y 571. Véase FC, III, 43, n°. 11, y Torquemada [1:24], 521; también Brundage [2:50], 200-202.

71. CF-G, XII, c. 23, 784. Durán, II, 556, dice que el cuerpo de Mozctezuma fue enterrado sin ceremonia alguna y que algunos de sus hijos también fueron muertos con el fin de extinguir el recuerdo de su desastroso reinado. El *Códice Aubin* [26:3], 58, relata que un tal Apanecatl se llevó el cuerpo de Moctezuma, y que le resultó difícil encontrar un lugar adecuado para enterrarlo. Juan Comas, en un artículo en ECN VII (1967), muestra que el llamado «cráneo de Moctezuma» en el Musée de l'Homme de París, no lo es.

72. CF-G, XII, c. 23, 784.

CAPÍTULO 28

1. Juan de Nájera, en *Inf. de 1565*, 83; G, 220.
2. Aguilar, en J. Díaz y cols., 189-190.
3. Gonzalo de Alvarado, en *Información de Segura*, 1520, en Conway (Camb.) Add. 7306, 22.
4. Pregunta 6 del cuestionario de agosto de 1520, Segura, en Conway (Camb), Add. 7306, 6.
5. Declaración de Andrés de Tapia en AGI, Justicia, leg. 223, p. 2, f. 309.
6. Carta del ejército de Cortés, de agosto de 1529, en García Icazbalceta, II, 429; la probanza de Tepeaca, 1521, presenta también a Cortés subiendo a petición de sus seguidores (Polavieja, 134). Lo mismo Aguilar, en J. Díaz y cols., 190.
7. Alonso de Navarrete, en AGI, Justicia, leg. 223, p. 32, f. 424v.
8. Bernal Díaz, en una probanza de 1536 sobre Alvarado, a petición de Leonor de Alvarado, en apéndice a Ramírez Cabañas, ed. de D del C [18:23], 586.
9. C, 162.
10. Esto fue tema de una pesquisa, más tarde, en Tepeaca. Véase Polavieja, 132-135.
11. Lo oyó Francisco de Flores: AGI, Justicia, leg. 223, p. 1, f. 511v.
12. C. 162; Cortés hizo que Llerena dijera lo mismo en su favor, en 1529: CDI, XXVII, 234-235; Oviedo, 230; *Inf. de 1521*, en Polavieja, 134; Cristóbal del Castillo [22:41], 103. En 1529 Gonzalo Mexía, que era tesorero en 1520, dijo que oyó decir a Cortés que llamaran a los compañeros y que cada uno tomara lo que pudiera (CDI, XXVI, 470).
13. Camargo, 222.
14. Rodrigo de Castañeda, en Res. (Rayón), I, 241, y Andrés de Monjaraz en Res. (Rayón), II, 78; Alonso Pérez, en Res. (Rayón) II, 105, y Marcos Ruiz, en Res. (Rayón), II, 122.
15. Cristóbal del Castillo [22:41], 103.
16. CDI, XXVII, 510.
17. CDI, XXVIII, 173.
18. Andrés de Tapia, en AGI, Justicia, leg. 223, p. 2, f. 309.
19. Probanza de 1529, en G. L. R. Conway, *La noche triste* (México, 1943), 10.
20. CDI, XXVII, 21.
21. CDI, XXVI, 546.
22. Fray Díaz, en Conway [28:19].
23. Gonzalo Mexía, en Res. (Rayón), I, 101; Vázquez de Tapia, en Res. (Rayón), I, 67.
24. Camargo, 222. Pregunta 53 en *Inf. de 1521*, relacionada con el oro, en Polavieja, 132; D del C, I, 464. Difieren las estimaciones: setecientos mil, cuatrocientos mil y trescientos mil pesos.
25. CDI, XXVI, 380.
26. Diego de Ávila, en *Inf. de 1521*, Polavieja, 210.
27. A comienzos de 1981 se descubrió cerca de la calzada de Tacuba una barra curva de esas dimensiones. Acaso se perdió en esta ocasión.
28. Pregunta 6 en el cuestionario de 1520, en Conway (Camb.), Add. 7306, 77. Lo confirmó fray Juan Díaz en Conway (Camb.), Add. 7306, 437. Versiones similares dieron Rodrigo Álvarez Chico, Cristóbal de Olid, Bernardino Vázquez de Tapia, Gonzalo de Alvarado, Cristóbal de Corral, fray Bartolomé de Olmedo y Juan Rodríguez de Villafuerte (Conway [Camb.]. Add. 7306).

29. Pregunta 21 en el cuestionario de setiembre de 1520 y respuesta de Alonso de Benavides, en Conway [28:19], 16.

30. CDI, XXVI, 432.

31. D del C (I, 464) dice que lo perdido fueron setecientos mil pesos.

32. Cuando salieron huyendo, «*el dicho don Fernando se avia echado con una doña francisca*», hija del señor de Texcoco (Res. [Rayón], I, 264).

33. Sahagún explicó que «*llovía como rocío*» (CF-G, XII, c. 24, 740). Cristóbal Martín de Gamboa dijo que era una noche oscura y lluviosa (Res. Alvarado, 139). Aguilar dijo que «*comenzó de lloviznar y tronar y granizar tan reaciamente*» (J. Díaz y cols., 191).

34. Véase *Información de méritos y servicios* de este capitán en AGI, Patronato, leg. 54, n.º 3, R. 1.

35. Francisco de Flores, en AGI, Justicia, leg. 223, p. 2, f. 511v.

36. Gómara dice que la alarma se dio en el segundo canal. Alfonso Caso, «Los barrios antiguos de México y Tlatelolco», MAMH, XV, n.º 1 (enero-marzo de 1956), sugiere que estaba en algún lugar entre las calles Zarco y Lázaro Cárdenas.

37. Cristóbal del Castillo [22:41], 103. El relato de la mujer que recogía agua se halla en CF-G, XII, c. 24, 740, y en Camargo, 218. La única fuente castellana que menciona una voz de alerta fue Aguilar, que habla de un hombre que gritó (en J. Díaz y cols., 192).

38. Ixtlilxochitl, *Decimatercia relación* ([4:5].

39. CF-G, VIII, c. 14, 466 y XII, c. 24, 785; Inga Clendinen, «Fierce and unnatural cruelty», en *Representations*, 33 (invierno de 1991).

40. Declaración de Tapia, AGI, Justicia, leg. 223, p. 2, f. 309v.

41. Pedro Sánchez Farfán, en Conway (Camb.), Add. 7306, 38.

42. Tapia, en AGI, Justicia, leg. 223, p. 2, f. 309.

43. CF-G, XII, c. 24, 785.

44. Joan de Cáceres y de la Serna dijeron que cuantos iban cargados de oro murieron porque los indios los «atajaron» fácilmente (AGI, Justicia, leg. 223, p. 2, f. 227r y 585).

45. Véase la descripción de Cortés mismo, en CDI; XXVII, 223, y las declaraciones de numerosos testigos, por ejemplo, Martín Vázquez (CDI, XXVIII, 159) y Joan de Cáceres (AFI, Justicia, leg. 223, p. 2, f. 250v).

46. Acerca de los mexicanos como nadadores, véase G, 242: ¿Acaso no habían nadado, en el lago de Pátcuaro, en su legendaria «peregrinación», sin otro resultado que sus trajes les fueran robados por el dios Huitzilopotchli? Se sabe que Cortés salvó la vida nadando, en Cuba, como lo hizo Martín Vázquez cuando estaba con Hernández de Córdoba. Pero es dudoso que, aparte de los marineros, muchos conquistadores supieran nadar.

47. Esto se deriva de una adición manuscrita a la copia de Bustamante del texto de Camargo, p. 219.

48. Fray Díaz, en Res. Alvarado, 127.

49. Vease la reclamación del 1 de setiembre de 1530, en *Epistolario*, II, 6-7.

50. Res. Alvarado, 68.

51. El salto de Alvarado, famoso en el folklore mexicano (descrito, por ejemplo, en G, 242) fue parte de una acusación contra Alvarado de haber abandonado a sus hombres. Alonso de la Serna estaba con Alvarado, pero no habló de ningún salto en su declaración sobre los acontecimientos.

52. Alvarado mismo lo dijo (Res. Alvarado, 69), y lo confirmó Martín de Gamboa (id. 139); otros también lo vieron.

53. Alonso de la Serna, en AGI, Justicia, leg. 223, p. 2, f. 584. Pedro González de Nájera también oyó esa conversación (Res. Alvarado, 28).

54. AGI, Justicia, leg. 224, p. 1, f. 464.

55. Tezozomoc [1:18], 150.

56. Ixtlilxochitl, *Decimotercia relación* [4:5], 12.

57. Tezozomoc [1:18], 124, deja entender que no fue muerta en esta ocasión, pues se dijo que Rodríguez de Villafuerte tuvo dos hijos con ella. Ixtlilxochitl, 263, dice que había sido otra de las amantes de Cortés.

58. Res. Alvarado, 317.

59. Aguilar (en J. Díaz y cols., 193) sugiere que había cuarenta, como lo dijeron algunos texcocanos que hablaron con Cortés más adelante en el mismo año (D del C, 517); C de S, 100. De la Serna (como en nota 44).

60. Juan Cano, que estaba presente, debía ser una buena fuente, pues eventualmente se casó con la hija de Moctezuma «doña Isabel». Habló de esto en 1544 con Oviedo (IV, 262).

61. Orozco [8:14], IV, 446.

62. *Rel. de Michoacan*, 123.

63. Cano dio esta cifra en 1544 a Oviedo (IV, 262). Pero Cortés, en su carta de 1520 al rey, habla de sólo ciento cincuenta; en la probanza de 1520, de más de doscientos; Vázquez de Tapia, en Res. Alvarado, 38, se refiere a seiscientos ochenta, pero en el juicio de residencia de Cortés, de más de doscientos (CDI, XXVI, 397); Martín Vázquez, en la *Inf. de 1521* da una cifra de seiscientos. Bono de Quejo, Diego de Ávila y Diego de Holguín, en la *Inf. de 1521* hablaron, respectivamente, de más de trescientos, de seiscientos y de cuatrocientos (Polavieja, 299, 209, 334). La pregunta 51 de esa información se refiere a quinientos o seiscientos (Polavieja, 182); la carta «del ejército» al rey, de octubre de 1520, dice que hubo más de quinientos muertos (García Icazbalceta, I, 427-436). Las acusaciones contra Cortés en 1529 dicen que fueron muertos ochocientos españoles y doscientos mil mexicanos (CDI, XXVII, 18); Juan Tirado, en el juicio de residencia de Cortés (CDI, XXVI; 518), habla de mil muertos. D del C (I, 475) escribió que ochocientos sesenta (c. XXXVIII). El emperador, en su concesión de escudo de armas a Cortés en 1525, dice que quinientos españoles fueron muertos y cincuenta caballos (ésta fue también la estimación del mayordomo de Cortés, Joan de Cáceres), pero en un concesión similar al hijo de Juan González de León, el emperador se refiere a seiscientos cristianos muertos.

64. AGI, México, leg. 203, n.º 5.

65. Camargo habló de cuatro mil amigos (Camargo, 220), como lo hizo Martín López en la *Inf. de 1565*, 83. Juan Cano hablaba de ocho mil, según Oviedo.

66. Citado por el notario real con ocasión de la concesión de escudo de armas a López, en Porrúa Muñoz, «Martín López», R de I (1948), 328. Otros escucharon la conversación, entre ellos Antonio Bravo, Andrés de Tapia, Andrés de Trujillo, Lázaro Guerrero y Vázquez de Tapia. El último dijo que creía que el Señor inspiró a Cortés a creer que gracias a Martín López se podría recobrar la ciudad perdida (Conway [Bibl. del Congreso], Papeles de Martín López, I, 45, 130).

67. Mártir, II, 126.

68. El magnífico tapiz está en el palacio de San Ildefonso, en La Granja. Véase Antonio Domínguez Ortiz y cols., *Resplendence of the Spanish Monarchy* (Nueva York, 1991).

CAPÍTULO 29

1. CF-G, XII, c. 25, 786.

2. Acerca de las recompensas por capturas, véase, por ejemplo, CF-G, II, c. 8, 83-84, y VII, c. 21, 478-479.

3. CF-G, II, c. 27, 121-126.
4. CF-G, XII, c. 28, 791-792.
5. Garibay [1:13], I, 217.
6. CF-G, II, c. 21, 101; VIII, c. 21, 478; Hassig [1:23], 40.
7. Tezozomoc [1:19], 333.
8. CF-G, VIII, c. 18, 473.
9. Zorita [1:8], 95.
10. CF-G, VIII, c. 18, 474; véase el brillante estudio de Richard Townsend «Coronation in Tenochtitlan», en Boone [2:58], 390-394.
11. CF-G, VI, c. 3, 304; c. 10, 322-323.
12. CF-G, VI, c. 9-13, 320-327; *Códice Matritense de la Real Academia*, VIII, ed. facsímil, f. 118r y 118v.
13. *Coloquios y doctrina cristiana con los que doce frailes de San Francisco... convirtieron a los indios*, ed. facsímil en náhuatl y en español, por Miguel León-Portilla (México, 1986), 96-97.
14. CF-G, IV, c. 37, 252-253.
15. CF-G, IV, c. 34, 250.
16. CF-G, c. 36, 251-252.
17. Este ceiba es todavía visible, aunque descuidado y polvoriento.
18. Vázquez de Tapia en *Relación de servicios* (1547), en J. Díaz y cols.
19. Ixtlilxochitl, 264.
20. Joan de Cáceres (AGI, Justicia, leg. 23, p. 2, f. 227r).
21. Durán, II, 554. Declaración de Cortés y Andrés López en AGI, México, leg. 203, n.º 13, y de Tapia en AGI, Justicia, leg. 223, p. 2, f. 309.
22. CF-G, XII, c. 26, 787-788; C, 164; Gerhard [8:20], 247; Alfredo Chavero, *Lienzo de Tlaxcala* (México, 1982), lámina 21. Sobre Rodríguez de Villafuerte, véase declaración de Juan González en la probanza de este conquistador (Zacatula, setiembre de 1525), AGI, México, leg. 203, n.º 2.
23. C, 164; CF-G, XII, c. 26, 788. El *Lienzo de Tlaxcala* [29:22], lámina 22, presenta a Marina con espada y escudo.
24. *Relaciones geográficas del siglo XVII: México*, ed. René Acuña (México, 1986). 194-202; G, 223; CF-G, XII, c. 26, 788.
25. C, 165; CF-G, XII, c. 26, 788-789; *Lienzo de Tlaxcala* [29:22], lámina 23, G, 245.
26. Estas cifras, en la carta al rey de Ruy González, fechada el 24 de abril de 1553, *Epistolario*, VII, 34; Ortiz de Zúñiga (acerca de la hierba), en *Inf. de 1556*, 90.
27. Torquemada [1:24], I, 165.
28. Digo que parece porque Chavero, el ed. del *Lienzo de Tlaxcala*, cree que los mexicanos formaban una multitud mal organizada, mientras que Camargo (222) dice que muchos de los enemigos en Otumba eran texcocanos que habían ido allí para una fiesta.
29. Joan de Cáceres, en AGI, Justicia, leg. 223, p. 2, f. 309; 227r; Tapia en ibíd., f. 309, y González Ponce de León en ibíd., leg. 224, p. 1, f. 722.
30. Alonso de Navarrete, AGI, Justicia, leg. 223, p. 2, f. 424v.
31. C, 166.
32. AGI, Justicia, leg. 224, p. 1, f. 46v. Garnica era uno de los muchos amigos de Velázquez que se volvió partidario de Cortés.
33. La lista más completa de trajes de guerra está en el *Códice Matritense de la Academia de la Historia*, ed. Thelma Sullivan, en ECN, X (1972).
34. Francisco de Flores, AGI, Justicia, leg. 223, p. 2, f. 511. Aguilar (en J. Díaz y cols., 193-194), como uno de los infantes, observó la escena, igual que lo hicieron Joan de Cáceres y Alonso de Navarrete. Juan Gil [15:84] sugiere que la acción de Cortés fue una emulación deliberada de Alejandro Magno frente a Darío en Iso.

35. Gonzalo Rodríguez de Ocaña, AGI, Justicia, leg. 224, p. 1, f. 294. D del C, I, 474; y Camargo, 223-224, también dan un relato muy vivo. Salamanca empleó esas plumas para inspirarse para su escudo de armas cuando se lo concedieron en 1535 (*Nobiliario*, [7:12], 71). Ruy González, de Villanueva del Fresno, en Badajoz, aunque partidario de Narváez, dijo al emperador Carlos V (*Epistolario*, VII, 34) que escaparon sólo porque no quisieron luchar, sino únicamente tener su libertad, y que los mexicanos no los siguieron porque tenían miedo de los que estaban alrededor y deseaban guardar su ciudad, como suelen hacer los tiranos que lo temen todo y no están seguros de nada. Y esa, agrega, es la verdad, aunque algunos, para hacerse aparecer como valientes, han contado a su majestad unas cosas diferentes. Esto iba contra Cortés. De todas maneras, Martín Vázquez, Navarrete, Rodríguez de Ocaña, Joan de Cáceres, García Llerena y muchos otros, en el juicio de residencia de Cortés, confirmaron el papel del caudillo (CDI, XXVII, 222, y CDI, XXVIII, 160). La lámina 26 del *Lienzo de Tlaxcala* [29:22] muestra a Cortés matando a un indio desnudo.

36. Clendinnen [3:11], 85.

37. Hassig [1:23], 58, 283.

38. Camargo, 225.

39. Camargo, 224.

40. D del C, I, 473.

41. C, 168; Juan Cano dijo que vio a menudo a Cortés, después de esta batalla, con todos sus dedos (Oviedo, IV, 263).

42. CDI, XXVII, 366.

43. Esta información se la dio a Torquemada un informador indígena [1:24], II, 229.

44. CF-G, XII, c. 28, 790.

45. *Lienzo de Tlaxcala* [29:22], lámina 27.

46. Martín López, en *Inf. de 1565*, 116.

47. El *Lienzo de Tlaxcala* [29:22], lámina 28, muestra la amistosa recepción que se hizo allí a los españoles. Véase también Ixtlilxochitl, 266.

48. Diego Holguín, en *Inf. de 1521*, en Polavieja, 235; Juan Álvarez en id. 263.

49. CDI, XXVII, 22. Esta última acusación la reflejó Diego de Ávila en 1521 (*Inf. de 1521*, en Polavieja, 210). Probablemente la mayor parte del oro fue enviada a España en el siguiente buque que Cortés mandó con Alonso de Mendoza.

50. Diego Holguín, en *Inf. de 1521*, 235. Véase sobre esto, en el juicio de residencia de Cortes, las preguntas 189, 190 y 191 del cuestionario, en CDI, XXVII, 376-378, y las declaraciones de Gonzalo Mexía, Serrano de Cardona, Rodrigo de Castañeda y Alonso Ortiz de Zúñiga (Res. [Rayón], I, 101, 211 y 241; también, II, 163).

51. Durán, II, 324.

52. Ixtlilxochitl, 267; Orozco [8:4] IV, 470-471.

53. Aguilar, en J. Díaz y cols., 195.

54. Sahagún de Cline, 101.

55. Ixtlilxochitl, 269; Camargo, 227.

56. Aguilar, en J. Díaz y cols., 195; Ixtlilxochitl, 123. Se examina esto en Orozco [8:4], IV, 470-472; véase también Herrera [8:6], V, 451-454; y Torquemada [1:24], II, 232.

57. Estos términos en *Inf. de 1565*. Varios testigos españoles juraron que Cortés había prometido esto: Francisco de Montano, Pedro de Meneses («*este testigo se halló presente porque desde luego empezó a entender la lengua mexicana*»), Alonso Ortiz de Zúñiga y Martín López, que dijo recordar que se prometió a los tlaxcaltecas que serían para siempre libres de tributo si ayuda-

ban a los castellanos a derrotar a los mexicanos (*Inf. de 1565*, 120). El acuerdo en Camargo, 230. En 1565, por insistencia del virrey Mendoza, Tlaxcala pagaba un tributo de ocho mil fanegas de maíz. La Audiencia de México, en una carta al rey del 15 de diciembre de 1575, decía que esto era muy poco, teniendo en cuenta la fertilidad de Tlaxcala (*Epistolario*, XV, 36-58). El acuerdo original se confirmó en 1585, pero no se mantuvo.

58. Ninguno de los relatos castellanos menciona este acuerdo, pero la *Inf. de 1565* es clara acerca de él. El documento no es una falsificación y testigos imparciales, como Martín López, juraron que era válido.

59. CDI, XXVII, 503.

60. Conway (Camb.), Add. 7306, 21. Lo mismo dijo Olid (Conway [Camb.] Add. 7306, 422.

61. Su llegada se ve en la lámina 29 del *Lienzo de Tlaxcala* [29:22]. Sobre las trepanaciones, Jacques Lafaye, *Les Conquistadors* (Madrid, 1970), 42.

62. C, 144. *Inf. de Tlaxcala*, 20-21. Jacques Lafaye, *Los conquistadores*, 41.

63. La *Rel. de Michoacán* (de la cual se deriva este relato) dice que era Moctezuma. Pero según Nicolás León (*Rel. de Michoacán*, 236, n.), no pudo ser así, pues los mensajeros se enviaron después de la lucha en Tenochtitlan.

64. *Rel. de Michoacán*, 238.

65. La historia de los tarascos sigue siendo un tema negligido.

66. «*muy arteros a la verdad*».

67. *Rel. de Michoacán*, 239.

68. Esto pudo ser en los alrededores de Tlaxcala o de Tepeaca.

69. *Rel. de Michoacán*, 139-140.

70. G, 259.

71. D del C, I, 478.

72. El oro que Velázquez de León recibió de varios jefes se menciona en la pregunta 14 del cuestionario del 22 de agosto de 1520 en Segura, cit. en Polavieja, 135.

73. CDI, XXVIII, 57.

74. Alonso de Sandoval, en *Inf. de 1565*, 163; C de S, 512: Torquemada [1:24], 232.

75. Este resumen se deriva de varios testigos en el juicio de residencia, por ejemplo, Rodríguez de Ocaña, Gaspar Garnica, Juan de Hortega, en AGI. Véase también G, 249. Cortés, en la pregunta 163 del cuestionario de su juicio de residencia, dijo que «*la xente española estaba tan atemorrizada, que todos o los más, se querían ir al Puerto, para que se pasar a las islas*». Navarrete, AGI, Justicia, leg. 244, p. 1, f. 611.

76. Esto es C de S, 516-517, y tanto, aproximado. Pero da la impresión de que el autor tenía el texto.

77. Cortés había dicho esto ya antes, durante esta expedición. Era su frase favorita. En su origen no es, desde luego, un proverbio, sino una cita de Terencio, *Phormio*, I, 4: «*fortes fortuna adjuvat*». Se encuentra en el *Adagio* de Polidoro Virgilio, de 1499, y en el *Adagio* de Erasmo, 1508. Cortés pudo haberlo leído en alguno de los dos o saberlo de oídas.

78. C, 169.

79. Este discurso lo da Sepúlveda como si lo hubiera pronunciado Cicerón. G, 250-251. G, 250-252.

80. Esto asume que Cortés dijo algo semejante y no lo inventara en los años de 1540, cuando el sentido del honor castellano se hizo aún más intenso.

81. La influencia de los tlaxcaltecas en esta campaña se menciona en el juicio de residencia (CDI, XXVII, 502). Véase también D del C, II, 271: «*nos lo han sacado todo cuanto solíamos tener*».

CAPÍTULO 30

1. Para Tepeaca, véase Gerhard [8:60], 286-289.
2. Barlow [1:10], 102.
3. Zorita [1:8], 89.
4. Ixtlilxochitl, 267. Su fuente fue un viejo tlaxcalteca. Véase también Gaspar de Garnica, AGI, Justicia, leg. 224, p. 1, f. 46v.
5. CDI; XXVII, 231-232; véase también Joan de Cáceres en AGI, Justicia, leg. 223, p. 2, f. 223.
6. D. del C, I, 486.
7. C. de S, 526. Cervantes de Salazar tenía un memorándum del primero de esos hombres; Pedro de Meneses confirma su papel (*Inf. de Tlaxcala*, 434). Juan Márquez no ha sido identificado.
8. Díaz del Castillo dice que doscientos e Ixtlilxochitl, que cuatro mil, pero otros, por ejemplo, Diego de Ávila, que estaba allí, que cien mil (*Inf. de 1521*, en Polavieja, 211). Para fiarse uno de los testigos oculares.
9. Ixtlilxochitl, 270. Lo representa la lámina 31 del *Lienzo de Tlaxcala* [29:22].
10. C, 123.
11. CDI, XXVII, 28.
12. Segura de León, entre Sevilla y Badajoz, a la que muchos conquistadores (entre ellos Cortés y los hermanos Alvarado) debieron conocer. Estaba dentro del reino de Sevilla, en la sierra de Aroche, y entonces se conocía como Segura de la Orden (de Santiago). Su castillo, enorme, domina la región y su aljama judía contribuyó más que cualquier otra ciudad a la guerra de Granada en 1491 (María Antonio del Bravo, *Los Reyes Católicos y los judíos andaluces*, Granada, 1989, 93-94). Otra menos probable inspiración era Segura del Toro, entre Plasencia y Béjar, en el camino de Mérida a Salamanca, donde Cortés pudo haberse detenido en ruta hacia la segunda.
13. Pedro de Ircio y Luis Marín eran alcaldes; Cristóbal Corral, Francisco de Orozco, Francisco de Solís y Cristóbal Millán de Gamboa eran regidores, y Alonso de Villanueva era el escribano de la ciudad (CDI, XXVI, 17-18). El documento está en AGI, Justicia, leg. 223, p. 1, ff. 34-85.
14. CDI, XXVII, 20-21.
15. CDI, XXVII, 28.
16. Diego Holguín, en *Inf. de 1521* (Polavieja, 237), dice que recibieron el signo X. D del C. I, 489, dice que era una G, por Guerra. En Sevilla, en aquel tiempo, los esclavos, aunque a menudo tratados tan bien como servidores, se marcaban a veces, como castigo, en una mejilla con una S y con una línea, por esclavo, en la otra (Pike [23:42], 177).
17. García Llerena, en CDI, XXVII, 231, dice que si mandó que se matara a algunos de esos indios y que se marcara a otros, fue para hacer lo que todo buen capitán debe hacer.
18. Acusaciones de Diego de Ávila, en *Inf. de 1521*, en Polavieja 211; también Vázquez de Tapia, en Res. (Rayón), I, 58: muchos días permitió que comieran carne humana; Cervantes de Salazar dice que los tlaxcaltecas cocieron cincuenta mil cazuelas de carne humana.
19. Cit. en Polavieja, 236 y 263.
20. Polavieja, 211.
21. Polavieja, 212.
22. Diego de Ávila dijo que había oído decir a Bartolomé Bermúdez que había sucedido, y también escuchó lo mismo Juan Bono de Quejo (en Polavieja, 300).

23. Polavieja, 300.

24. Se celebraron banquetes públicos por los dichos indios, dice Vargas en *Inf. de 1521* (en Polavieja, 283). Juan Álvarez explicó que *«ha visto a los dichos yndios combidar a los cristianos que coman de aquella carne umana, pero no ha visto comer a ningund cristiano carne humana»* (Polavieja, 264).

25. Declaración de Bono en *Inf. de 1521*, en Polavieja, 301.

26. Véase Anthony Grafton, *New Worlds, Ancient Texts* (Cambridge, Mass., 1992), 83, para esos relatos.

27. AGI, México, leg. 203, n.º 5.

28. Vázquez de Tapia, en juicio de residencia de Cortés (en Res. [Rayón], I, 58-59. Cortés dijo en su defensa de este juicio de residencia, que mató a quinientos indios como advertencia a los otros para que no mataran a españoles en el camino entre Veracruz y Tenochtitlan (CDI, XXVII, 231-232). Rodríguez de Ocaña, en AGI, Justicia, leg. 224, p. 1, f. 294. Antonio Serrano de Cardona y Francisco Verdugo dijeron lo mismo. G, 254, da una versión diferente. Véase una triste ilustración en la lámina 32 del *Lienzo de Tlaxcala*, [29:22].

29. C, 156. Cortés menciona la muralla de Izúcar, aunque probablemente no estuvo presente en la caída. Para la rendición de Cuetlaxtlan, véase una declaración de la ciudad en *Epistolario*, V, 41.

30. La cifra de ciento cincuenta mil aparece en una denuncia de Pero Peres contra Cortés (véase Martínez, *Docs.*, I, 175).

31. Joan de Cáceres, AGI, Justicia, leg. 223, p. 2, f. 227.

32. C, 169-170.

33. D del C, 493. Aguilar, en J. Díaz y cols., 196.

34. Orozco [8:4], IV, 477, sugirió que (acaso a causa del hambre y las privaciones) los tlaxcaltecas comieron carne humana durante esta campaña sin que se sacrificara a los afectados, con lo que iniciaron un cambio en las costumbres indias (con lo cual coincide, respecto a los tlaxcaltecas, con la tesis de Harmer).

35. Laso, en Res. Alvarado, 118. AGI, Patronato, leg. 5, R. 15. Se trata de una probanza a petición de Juan Ochoa de Elizalde, un escribano que actuaba en representación de Cortés, y firmada por Jerónimo de Alanís, un escribano muy conocido en La Española, que presumiblemente llegó a la Nueva España con Narváez. Fue ed. en parte por García Icazbalceta, I, 411 y ss., y por completo por Conway [28:19]. Los testigos fueron Pedro Álvarez Chico, veedor, Cristóbal de Olid, Vázquez de Tapia, administrador por la corona, Andrés de Duero, Gonzalo de Alvarado, Juan Rodríguez de Villafuerte y Diego de Ordaz, regidores, Bartolomé de Olmedo, mercedario, Juan Díaz, sacerdote, Cristóbal de Corral, Gerónimo de Aguilar, Pedro de Alvarado y Alonso de Ávila, los dos últimos alcaldes. Estos funcionarios de Segura vieron su mandato interrumpido, pues la declaración formal del cabildo de Segura incluía los nombres menos importantes citados más arriba, en la n.º 13.

36. Alonso de Ávila es tesorero, Alonso de Grado (que ha recobrado el favor de Cortés) es contador, Vázquez de Tapia es administrador y Rodrigo Álvarez Chico es veedor.

37. Los nueve eran Alonso de Benavides, Diego de Ordaz, Gerónimo de Aguilar, el intérprete, Juan Ochoa de Elizalde, escribano, Pedro Sánchez Farfán, Cristóbal de Olid, Cristóbal de Guzmán, Pedro de Alvarado y Leonel de Cervantes, «el comendador», de los cuales sólo el último había llegado con Narváez.

38. Véase AGI, Justicia, leg. 223, p. 1, ff. 12-22. Está ed. en García Icazbalceta, I, 427, junto con los nombres. En el juicio de residencia de Cortés, García de Llerena dice que todos firmaron sin ninguna omisión (CDI, XXVII, 229), pero Alonso de Villanueva, Francisco Verdugo y Bernal Díaz fueron de

los que, acaso porque se estaban recobrando de las heridas de Tlaxcala, no lo hicieron. Probablemente algunos se negaron a firmar. Algunos debieron hacer firmar a otros por ellos, puesto que no sabían escribir.

39. En *Inf. de 1521*, en Polavieja, 246-248.

40. Diego de Vargas, en *Inf. de 1521*, en Polavieja, 287.

41. Juan Álvarez, en *Inf. de 1521*, en Polavieja, 268.

42. John Schwaller, «Tres familias mexicanas del siglo XVI», HM, 122 (1981), 178.

43. Las declaraciones en esta probanza, fechada el 4 de octubre de 1520, se han empleado, cuando ha sido oportuno, al estudiar el coste de la expedición. Se hallan en AGI, Patronato, leg. 15, R. 16, y en Polavieja, 151-162. Hubo catorce testigos y trescientos veintiún firmantes.

44. C, 181-182. Mendoza pertenecía a una familia de hidalgos de Medellín que a menudo tuvo problemas con el Conde. Parece que marchó a La Española en 1510, cuando se le menciona en una carta del rey a Diego Colón (Muñoz, vol. 72, f. 59). No se sabe cuándo llegó a México. Tal vez lo hizo con Salcedo. Se convirtió en un eficiente ayudante de Cortés en asuntos confidenciales. Esta carta, como muchas similares, estaba destinada a la publicación. La imprimió Juan Cromberger, de Sevilla, el 8 de noviembre de 1522.

45. Véanse las notas de Mario Hernández en su ed. (1985) de las *Cartas de relación*; C, 18, n.; y también, acerca de la idea de imperio de Cortés, derivada en parte de su actitud respecto a los métodos de gobierno de Moctezuma, pero destinada asimismo a mantener fuera de las Indias Occidentales a otros aventureros, Victor Frankl, «Imperio particular e imperio universal», en «Las cartas de relación de Hernán Cortés», *Cuadernos hispanoamericanos*, 165 (1963). Frank señala que Cortés más adelante llegó a una concepción del «*monarca del mundo*» siguiendo lo que sugería el obispo de La Coruña Ruiz de la Mota.

46. En la Bula de 1492, Alejandro VI hablaba del honor de Dios y de la «propagación del imperio cristiano».

47. C, 80. Es una frase sorprendente. Para la idea de Sevilla como ciudad imperial, véase Vicente Lleó Canal, «La Nueva Roma», en Carlos Martínez Shaw, *Sevilla siglo XVI* (Madrid, 1993), 185-186.

48. El Cid codiciaba respeto, honor y riqueza (verso 3413 [5:31].

49. Alcocer [17:70], 13. F. Gómez de Orozco sugirió a Martín Plinius de Nuremberg como cartógrafo (Ola Apenes, *Mapas antiguos de México*, México, 1947). Cortés se refirió a este mapa en su tercera carta (C, 198); se publicó por primera vez en Nurenberg en 1524, en una edición latina de las cartas de Cortés. Para la posibilidad de que Durero, ciudadano de Nuremberg, se inspirara en él al diseñar su ciudad ideal, véase el c. 39.

50. La fecha debió ser anterior al 30 de octubre, cuando Cortés firmó su carta al rey.

51. En la pregunta 2 de una declaración jurada de 1528, en AGI, Patronato, leg. 57, n.º 1, R. 1 (1). Véase Porras Muñoz, «Martín López, carpintero de ribera», R de I (enero-junio de 1848), 313. Varios carpinteros y artesanos (que más tarde declararon) estaban presentes durante esta conversación. Cortés dice que sólo encargó doce bergantines (C, 179-180).

52. Miguel Ángel Ladero Quesada, *Historia de Sevilla, II. La ciudad medieval* (Sevilla, 1980), 18-19. Pudo también influir en Cortés que el Gran Capitán empleara buques en su sitio de la ciudad de Taranto (1501-1502).

53. Conway (Bibl. del Congreso), I, 45, 150.

54. Había otros capinteros: Diego Ramírez, Álvar López, Diego Hernandez, Martín Alabés, Clemente de Barcelona y Francisco Rodríguez. También fueron herreros: Lázaro Guerrero, Andrés Martínez, Hernán Martín, Pero Hernández, Antón de Rodas, uno de los expedicionarios griegos, y Andrés Núñez.

Juan Gómez de Herrera se encargó de calafatear. Casi todos esos artesanos declararon en favor de López en 1529, en una pesquisa sobre su paga. López lo confirmó (*Inf. de 1565*, 120).

55. AGI, Patronato, leg. 57, n.º 1, R. 1 (1).

56. AGI, Patronato, leg. 57, n.º 1, R. 1, f. 18, interrogatorio (1544).

57. En una carta de 1560 a Felipe II, publicada en Anderson y cols. [19:79], el consejo de la ciudad protestaba por un nuevo tributo, alegando que, entre otras cosas, había dado a los españoles madera y brea con que construir sus buques. AGI, Patronato, leg. 57, n.º 1, R. 1 (1), respuesta de Andrés López.

58. AGI, Patronato, leg. 57, n.º 1, R. 1, ff. 18r, 21-21r, 44.

59. AGI, Patronato, leg. 57, n.º 1, R. 1, ff. 2r-3v, en Conway (Camb.), Add. 7289, 84. Véase también la declaración de López en *Inf. de 1565*, 120-121.

60. Lo cuenta de Cervantes de Salazar (C de S, 53-54). Agrega que pidió el bautismo, extremo que se examina más adelante.

61. Las Casas, III, 244.

62. F. Hernández Arana, *Annals of the Cakchiquels* (Norman, 1953), tr. Adrián Recinos, 115.

63. Ixtlilxochitl, 270. Pudo destruir Cempollan antes de la «noche triste». Véase Francisco Guerra, «La logística sanitaria en la conquista de México», en *Hernán Cortés y su tiempo* [9:22], 412.

64. Durán, I, 52.

65. Pudieron sufrir *Typhus exanthematicus*, conocido en México como *matlazahuatl*. Véase S. F. Cook, «The Incidence and Significance of Disease among the Aztecs», HAHR (agosto de 1946).

66. CF-G, X, c. 28, 585-594.

67. Durán, I, 156.

68. H. B. Nicholson [1:42], 440.

69. CF-G, X, c. 28, 592.

70. Francisco Hernández [1:53], II.

71. Motolinía [1:1], 88.

72. CF-G, c. 24, 791.

73. Suárez de Peralta [9:38], c. XVII. Sahagún dice que adquirió gravedad en Tepeihuitl, en un mes que comenzó el 13 de octubre.

74. Tezozomoc [1:18], 161.

75. Ixtlilxochitl, *Obras históricas* (México, 1975), *Décima relación*, I, 379. Acerca de la muerte de Zuangua, véase *Rel. de Michoacán*. En Michoacán la epidemia pudo comenzar con la visita a los tarascos de los embajadores de Cuitláhuac. Para las defunciones en Tlamanalco, véase Chimalpahin [19:35], 190.

76. *Rel. de Michoacán*, 246.

77. Vázquez de Tapia, en J. Díaz y cols., 148.

78. W. H. McNeil, *Plagues and Peoples* (Oxford, 1976), 207, argumentó, muy exageradamente, que Cortés no pudo haber vencido a los mexicas de no haber sido por esta epidemia. El mismo relive le da Alfred W. Crosby jr. «Conquistador and pestilence: the first new world pandemic and the fall of the Great Indian Empires», HAHR, 47 (1967), 522.

79. Durán, I, 136, habla de este festival. Res. Alvarado, 70.

80. C, 188.

81. *Chilam Balam e Chumayel*, ed. Miguel Rivera (Madrid, 1986), 72.

82. D del C, I, 501.

83. C, 165. En cuanto a los tlaxcaltecas, véase *Inf. de 1565*, 126.

84. Polavieja, 156. Hernando de Castro, mercader de Santiago, lo describía en una carta a Alonso de Nebreda, de Sevilla, del 14 de julio de 1520, en Otte [6:56], 117. Oviedo, II, 150, dijo que Diego Velázquez reaccionó ante la noticia de la derrota de Narváez poniéndose él mismo en ruta hacia México,

con siete u ocho buques, pero que después de conferenciar con el licenciado Alfonso Parada, a la vista del Yucatán, regresó a Cuba. Esto parece lo que Oviedo hubiese llamado una «fábula».

85. D del C, I, 491.
86. D del C, I, 496; Morison [5:14], 517.
87. *Epistolario*, I, 21.
88. Boyd-Bowman [5:17], encontró sólo a treinta y dos aragoneses entre más de cinco mil de toda España, entre 1493 y 1519.
89. D del C, I, 497-498.
90. D del C, I, 498, 512; el buque de Burgos fue una respuesta retrasada de Sevilla a la carta de Cortés del 6 de julio de 1519 (Documento 3). Que llegó a la Nueva España cuando Cortés estaba en Tepeaca lo confirmó el propio Burgos en una información del 9 de noviembre de 1525, en AGI, México, leg. 201, n.º 4. Burgos dijo, en la información citada, que invirtió seis mil castellanos de su dinero en esta empresa, sin ningún beneficio. Su inversión comprendía tres o cuatro caballos, dos criados y un esclavo negro. Se convirtió en un inveterado enemigo de Cortés, contra el cual declaró en varios pleitos. Para Burgos, véase Carmen Carla, «Mercaderes en Castilla...» *Cuadernos de la Historia de España*, XXI-XXII (1954), 289. Véase APS (setiembre de 1520), lib. III, f. 1986. Tal vez Martín Cortés y Fernández de Alfaro, con Juan de Córdoba, tuvieron algo que ver con la financiación de este envío, pero no se han encontrado pruebas de ello.
91. APS, 13 de agosto de 1520, f. 2482, oficio IV, lib. III, y 15 de setiembre de 1523, f. 880, oficio IV, lib. II. Ambos documentos están deteriorados. D del C, I, 498. CDI, XXVII, 30.
92. G, 258.
93. Fue testigo por Cortés, 9 de setiembre de 1534. D del C, I, 508; CDI, XXVII, 374.
94. Otte [6:56], 119.
95. C, 187-188; D del C, I, 504. Joan de Cáceres y Alonso de Mata, que fueron con Sandoval, declararon en el juicio de residencia (AGI, Justicia, leg. 223, p. 2, f. 227r). Hubo también una pequeña expedición a Tustepeque (Tuxtepec), donde Hernando de Barrientos se había establecido en Chinantla, cuando un año antes le mandaron con Diego Pizarro en busca de oro.
96. Juan Álvarez, en *Inf. de 1521*, en Polavieja, 123.
97. Res. Alvarado, 69.
98. Otros que dejaron la Nueva España en esta ocasión fueron el corcovado Francisco Velázquez, pariente de Diego; Gonzalo Carrasco, espía de Narváez en Cempoallan, al que Cortés casi estranguló la noche antes de la batalla de Cempoallan para sacarle información; Melchor de Velasco; un tal Maldonado, que procedía de Medellín y que estaba afectado de sífilis; Diego de Vargas, que tenía propiedades en Trinidad de Cuba; Luis de Cárdenas, de Triana, que había disputado con Cortés por lo que consideraba un mal reparto del oro, y Diego Holguín, c. 25, n.º 38. De ellos, Álvarez y Cárdenas habían llegado con Cortés. Bono, Vargas, Holguín y Álvarez declararían contra Cortés en la información de Velázquez en 1521. Para las quejas posteriores de Cárdenas contra Cortés, véase su carta a Carlos V del 30 de agosto de 527, en CDI, XL, 273-288.
99. D del C, I, 507; C, 164-165.

CAPÍTULO 31

1. D del C, II, 113. Parece haber un retrato, pero no del natural, en la lámina C del Códice García Granados, en el Salón de Códices del Museo de Antropología, ed. en *Tlatelolco a través de su tiempo*, VI (1945), 40. Un estu-

dio sólido es el de Héctor Pérez Martínez, *Cuauhtémoc. Vida y muerte de una cultura* (México, 1952).

2. Véase Torquemada [1:24], I, 16, para su guerra contra Quetzaltepec e Iztaclocan.

3. Juan Cano explicó a Oviedo la muerte de Axoacatzin (Oviedo, IV, 260). Tezozomoc [1:18], 163, habla de cómo mataron a sus seis hermanos. Tezozomoc era nieto de Moctezuma y por eso tenía cuentas por pasar. Véase también Juan Bautista Pomar, en *Relaciones de la Nueva España* [16:65], 24, y en id. «Relación de la Genealogía», donde se dice que la causa de las ejecuciones fue que Axoacatzin y sus hermanos deseaban ir en paz a Cortés en Tepeaca.

4. Esto lo afirman Sahagún y la mayor parte de las fuentes indígenas de la era; Ixtlilxochitl dio su nombre. Pero Eulalia Guzmán, en su ed. de Cortés [13:41], XXXVII, y en su *Vida y genealogía de Cuauhtémoc* (México, 1948) argumenta que Cuauhtémoc era nieto de Ahuitzotl, y no su hijo, y que su madre era Cayauhtitlalli, hija del señor de Ixcateopan. Esto, con otros aspectos polémicos respecto a Cuauhtémoc, se analiza en Josefina Muriel «Divergencias» [22:92].

5. Los «Anales de la Conquista de Tlaltelolco en 1473 y en 1521», en *Tlatelolco a través de su tiempo*, V (1945), dicen que Cuauhtémoc había reinado en Tlatelolco durante cuatro años antes de la llegada de los conquistadores.

6. Véase Josefina Muriel [22:92], 66, para el planteamiento del problema.

7. Cod. Ram, 147.

8. McAffe y Barlow señalaron que Cuauhtémoc era, «por encima de todo, señor de Tlatelolco» («Anales de la Conquista» [3:15], 39). Esto acaso sería ir demasiado lejos.

9. Véase CF-G, III, c. 7, 211-12 y VIII, c. 20, 476-478.

10. Soustelle [1:5], 89; CF-G, VI, c. 4, 306-308; c. 9-16, 319-345.

11. CF-G, VI, c. 10, 325.

12. Muriel [22:92], con base en AGN (México), R. Tierra, vol. 1563.

13. Juan Cano a Oviedo (IV, 261). Cano, tal vez por razones legales que le afectaban, dijo que con este matrimonio se siguió todo el ritual acostumbrado. Acerca del matrimonio mexicano, véase Warwick Bray, *Daily Life of the Aztecs* (Londres, 1968), 177.

14. Pedro Carrasco, «Royal Marriage in Ancient Mexico», en Harvey y Prem [2:14] aclara algunos de estos problemas.

15. *Rel. de Michaocán*, 255.

16. Marc Bloch, *L'étrange défaite* (París, 1957), 89.

17. Paolo Giovio, *Vitae Illustrium* (Florencia, 1551), 253-255.

18. C, 191.

19. D del C, I, 510.

20. G, 263.

21. D del C, I, 513-514, y II, 28, donde el cronista dice que en ese tiempo tenía a su servicio tres fuertes tlaxcaltecas. Herrera ([8:6], V, 481), siempre propenso a las grandes cifras, dice que los tlaxcaltecas podían ofrecer ciento diez mil hombres. López de Gómara habla de veinte mil hombres.

22. Herrera [8:6], V, 478.

23. Fue el empleo de esta frase, que pudo ser una cita de *Las siete partidas*, lo que sugirió a Silvio Zavala que Cortés llevaba consigo un ejemplar de este libro. Véase Silvio Zavala, *Ensayos sobre la colonización española en América* (Buenos Aires, 1944), 84.

24. G, 261-262.

25. AGI, Justicia, leg. 223, p. 1, ff. 342-348, ed. en Cortés, *Escritos sueltos*, 1-23, y en Martínez, *Docs.*, I, 164.

26. G, 263.

27. C, 192; D del C, I, 514.

28. Es por donde corre la carretera moderna principal entre México y Veracruz.
29. C, 192.
30. C, 192.
31. G, 264.
32. C, 193; Gerhard [8:60], 76.
33. Ixtlilxochitl, 272-273; Ixtlilxochitl, *Sumaria Relación*, en *Obras Históricas*, ed. Edmundo O'Gorman (México, 1985), I, 392.
34. CDI, XXVII, 245-246.
35. CDI, XXVII, 243.
36. En el juicio de residencia de Cortés se dice que los texcocanos tenían más de ocho mil canoas (CDI, XXVII, 245).
37. Antonio Serrano de Cardona y Alonso de Villanueva, en el juicio de residencia de Cortés (CDI, XXVII, 385 y 519).
38. Ixtlilxochitl, 273; para declaraciones en contra, véase nota anterior.
39. Estudiado en J. R. Parsons, «Settlement and Population History», en Wolf [14:27], 98.
40. CF-G, VII, c. 3, 452; la oscura historia primitiva de Texcoco se estudia en Davies [1:24], 126-129.
41. Ixtlilxochitl, 165-166. Germán Vázquez, el más reciente de los editores de sus obras, compara este príncipe con el famoso califa (Ixtlilxochitl, 36).
42. Zelia Nuttall, «The Gardens of Ancient Mexico», *Annual Report of the Smithsonian Society* (1923), 409; Pasztory [4:35], 128-133.
43. Un relato vivo de esta parte de la campaña está en la información inédita de Ponce de León [27:27].
44. Ixtlilxochitl, 154.
45. Pomar, en «Relación de Texcoco», en *Relaciones de la Nueva España* [31:13].
46. Mártir, II, 353. Aguilar (en J. Díaz y cols., 197) dice que la ciudad tenía de ochenta mil a cien mil casas. Una estimación reciente de su población la pone entre doce mil quinientos y veinticinco mil (Jeffrey Parsons), mientras que Fred Hicks (en Davies [3:42], 46) sugiere cien mil para el reino de Texcoco.
47. *Mapa Quinatzin*, en Pasztory [4:35], 203.
48. Motolinía [1:1], 119, 137.
49. CF-G, VIII, c. 1, 115 y c. 3, 133.
50. Ixtlilxochitl, *Sumaria Relación* [31:33], I, 326-7, y II, 187.
51. Berdan [3:30], 40.
52. Luis Marín en el juicio de residencia de Cortés, CDI, XXVIII, 63.
53. Ixtlilxochitl, 273. Véase Garibay [1:13], I, 26-27.
54. Ixtlilxochitl, *Sumaria relación* [31:33], 396-7; Ixtlilxochitl, 276-277; véase también Orozco [8:14], IV, 518.
55. C, 196-197.
56. Van Zantwijk [Prefacio, 5], 130.

CAPÍTULO 32

1. C, 200.
2. Ixtlilxochitl, 278; G, 266-268; D del C, I, 520-521.
3. G, 267.
4. G, 268; D del C, I, 522-523.
5. D del C, I, 527; C, 201; Chimalpahin [19:35].
6. D del C, I, 528-529.
7. «*aquí estuvo preso el sin ventura de Juan Yuste*», C, 206; Juan Bono

de Quejo, en *Inf. de 1521*, 294; CDI, XXVII, 233. En la lámina 41 del *Lienzo de Tlaxcala* [29:22], se ve Texcoco, con la cabeza de un caballo mirando desde un templo y dos cráneos en lo alto: evidentemente, «Pueblo morisco». Varios que acompañaron a Sandoval declararon en el juicio de residencia de Cortés, por ejemplo, Juan de Salcedo y Alonso de Navarrete.

8. CDI, XXVII, 233. Los lectores del *Kim* de Kipling recordarán al coronel que le dice a su ayudante: «Esto es un castigo y no la guerra.»

9. CDI, XXVII, 20; AGI, México, leg. 203, n.º 19 (Inf. de Juan González Ponce de León).

10. *Inf. de 1565*, 22 y 120, para la declaración de López. El segundo de Sandoval en el mando era Francisco Rodríguez Magariños. C de S, 594-598 da detalles sobre el papel de Ojeda. D del C, I, 532.

11. La fecha se deduce de la pregunta 6 del pleito de De la Peña contra-Santa Cruz, en Conway (Bibl. del Congreso); D del C, I, 533.

12. Pedro Hernández, herrero, 1529 (Conway [Camb.], Add. 7289, 517). Cortés obtuvo de López un préstamo de trescientos veinticinco pesos, que reembolsó, pero nunca le dio nada más.

13. «*Como un negro*», Bartolomé González al inquisidor Bonilla, 1574, cit. G. R. G. Conway «Hernando Alonso, a Jewish conquistador with Cortés in Mexico», *Publications of the American Jewish Historical Society*, XXXI (1928), 25.

14. Sobre esta expedición, aparte de C, 208-210, y D del C, I, 535, parece que sólo hay un relato de primera mano, el de Antonio de Villanueva, en CDI, XXVII, 521-522. Cortés dio la cifra de treinta mil auxiliares tlaxcaltecas; Bernal Díaz, la de quince mil.

15. C, 208.

16. C, 208.

17. C, 209.

18. D del C, I, 539.

19. C, 209.

20. C, 210.

21. D del C, I, 541.

22. Diego Holguín en *Inf. de 1521*, en Polavieja, 233.

23. CDI, XXVI, 287-297. Se trata de una probanza sobre el plan de huida de Narváez fechada equivocadamente en 1529 en lugar de 1521. D del C, II, 41-43, pone esta conjura en abril, pero otros la colocan en enero. Cortés dice que ocurrió cuando se estaban preparando en Texcoco para la expedición contra Tenochtitlan. Lo más probable es que fuera en febrero, pues Alonso de Ávila (que partió hacia España a fines de este mes) fue invitado a unirse a la conjura, pero se negó. También presidió en Vera Cruz, el 16 de febrero, el juicio de Diego Díaz.

24. D del C, II, 43-45; C, 283-285; C de S, 34.

25. Diego de Vargas, en *Inf. de 1521*, en Polavieja, 286. Se ha sugerido que no ahorcaron a Díaz, sino que vivió para combatir en uno de los bergantines, en el sitio de Tenochtitlan: así, Andrés de Monjaraz dijo que el licenciado Alonso Pérez salvó a Díaz (Res. [Rayón], II, 79). Lo mismo se indica en la *Información de los méritos y servicios de Diego y Fco. Díaz*, colección Paso y Troncoso, Museo Nacional de México, cit. en Gardner [19:59], 149. Pero el texto en CDI, XXVI, 297, afirma, como Vargas, que fue ahorcado en 1521, delante de testigos que nombra. Díaz había estado con Bono en la busca de perlas, antes de 1520.

26. Arranza [5:45], 224.

27. Otte [19:47], 102.

28. *Información de los servicios del adelantado Rodrigo de Bastidas* (Santo Domingo, 21 de junio de 1521), en CDI, II, 376.

29. Pike [6:48], 141.

30. *Inf... de Bastidas* [32:28], 377. Hubo testigos que describieron cómo vieron partir el buque.

31. D del C, II, 16. Las estimaciones de cuántos hombres llegaron en la pequeña flota varían entre menos de doscientos y cuatrocientos. Para fray Melgarejo véase Atanasio López, «Los primeros franciscanos en Méjico», *Archivo Ibero-Americano*, VII (1920), n.º XXVII; Robert Ricard, «Note sur fray Pedro de Melgarejo, évangelisateur du Méxique», en *Bulletin Hispanique*, 25 (1923), 253-256 y del mismo, «fray Pedro de Melgarejo», en id. 26 (1924-1925), 68-69.

32. Para esta familia, véase Schwaller [30:42], 171. El obispo era un enemigo del obispo Fonseca. Gerónimo Ruiz de la Mota lo declaró a Cervantes de Salazar (C de S, 638).

33. En una información de 1526 (AGI, México, leg. 203, n.º 8), Alonso de Ávila declaró que había llegado a Elguera desde la Hispaniola, en su buque, presumiblemente a Cuba.

34. Otros que ahora se unieron a la expedición de Cortés fueron Francisco de Orduña, un abogado, también de Tordesilllas; Antonio de Carvajal, acaso de Plasencia (que fue conocido más tarde por su censo de Michoacán), y un vanidoso veterano de las guerras de Italia apellidado Briones.

35. G, 281.

36. Hernando de Castro a Alonso de Nebreda, en AGI, Justicia, leg. 721, cit. Otte [6:56], 137.

37. APS, catálogo V, 257. Ordás a Francisco Verdugo, el 22 de agosto de 1529, en AGI, Justicia, leg. 712, cit. Otte [11:5], 108.

38. Cuestionario y declaraciones en *Información de Diego de Ordaz* (Santo Domingo, 1521), CDI, XL, 88. Antón del Río dijo que Ordaz sólo se enteró de la confiscación en Yucatán (CDI, XL, 103).

39. Véase su carta del 14 de noviembre de 1520 al presidente de los priores jerónimos, doctor Luis de Figueroa, prior de la Mejorada, en García Icazbalceta, I, 358-369.

40. Zuazo a fray Luis de Figueroa, en García Icazbalceta, I, 363. «La dama de plata» aparece a menudo en esos meses, por ejemplo en *Ein Schöne Newe Zeitung* (HAHR, 1929, 203). Era una figura del romancero para creer en la cual los españoles tenían buenas razones prácticas.

41. Véase la probanza de Ordaz, en CDI, XL, 74-130. Ávila está entre los que declararon, pero Mendoza no figura entre ellos. Probablemente marchó a España en el primer buque, mientras que Ordaz esperó hasta setiembre, cuando, con el licenciado Lucas Vázquez de Ayllón, el comendador Cervantes y algunos otros (tal vez el Juan Álvarez que viajó con él era el mismo que declaró contra Cortés en la probanza de Diego Velázquez del mes de junio), marchó a bordo de una flotilla de tres buques que llevaba perlas a Sevilla. Véase AGI, Contratación, leg. 2439, cit. Otte [19:47], 410.

42. Descritos por el licenciado Zuazo en su carta citada en [32:40], n.º 46; también se mencionaron en *Ein Schöne Newe Zeitung* (HANR, 1929, 203). Wagner señala la relación entre ellos [8:23], 327.

43. AGS, Cámara, Castilla, 7, ff. 76, 95, 28.

44. Bono de Quejo, en *Inf. de 1521*, en Polavieja, 395; para «doña María», véase la declaración de Holguín, que vio zarpar el buque, en Polavieja, 329.

45. Estimación de Juan Bono, en *Inf. de 1521*, en Polavieja, 301.

46. Diego de Ávila, en *Inf. de 1521*, en Polavieja, 213.

47. Diego Holguín, en *Inf. de 1521*, en Polavieja, 238.

48. Diego de Ávila, en *Inf. de 1521*, en Polavieja, 238.

49. La mencionó Herrera [8:6], V, 469. Herrera pudo confundir esta carta con una posterior, y hasta pudo haber una errata.

50. CF-G, X, c. 24, 609-610; Anawalt [7:41], 84-86.

51. *Rel. de Michoacan*, 241-247. En la lámina 44 del original se ve a los españoles llegando en tres caballos. Es posible que esta expedición no tuviera lugar hasta febrero de 1522, pero creo que en esta fecha hubo otra. La *Rel. de Michoacán* pudo reunir dos expediciones en una.

52. CF-G, X, c. 24, 611-612; véase de la Garza [1:53], 57.

53. Ángel Garibay, *Poesía náhuatl* (México, 1964), I, 29. Otros hermosos poemas sobre Tamoanchan se pueden encontrar en este libro o en Garibay [1:13], I, 178.

54. Véase Pasztory [4:35], 42, para la influencia de Xochicalco en el arte mexicano.

55. Estudiado por Brundage [2:50], 62-64.

56. G, 274; C, 211.

57. D del C, II, 13.

58. C, 213.

59. C, 214. No debe confundirse con Chimalhuacan, ciudad y colina cercanas a Texcoco.

60. D del C, II, 18-19.

61. G, 276.

62. C, 215. Bernal Díaz llamó a esta batalla de Yautepec (Oaxtepec), pero no pudo ser. C, 215; Ixtlilxochitl, 282, y Orozco y Berra [8:4], IV, 541, dan como lugar exacto el de Tlayacapan.

63. D del C, II, 25.

64. C, 216; D del C, II, 25. Estos jardines eran todavía visibles cuando en los años de 1570 los visitó el botánico Francisco Hernández. Véase Zelia Nuttall [31:42], 453-454.

65. Joan de Grijalva, *Crónica de la Orden de NPS Agustín en la Provincia de Nueva España* (México, 1624).

66. Según Cortés, era Gilutepeque. Ahora es Juitepec.

67. C, 217.

68. D del C, II, 25.

69. Pasztory [4:35], 134-135.

70. Johanna Broda, «Las fiestas aztecas de los dioses de la lluvia», en *Revista Española de Antropología Americana*, 6 (Madrid, 1971), 245-327.

71. D del C, 26; C, 218.

72. Francisco Dávila, en CDI XXVIII, 64: para meter miedo a los indios a fin que obedecieran.

73. Durán, II, 23.

74. C, 218.

75. Pasztory [4:35], 153.

76. Gibson [2:15], 41-42.

77. CF-G, IX, c. 3, 525.

78. Tezozomoc, [1:19], 81-82.

79. D del C, I, 30-35.

80. C, 220; D del C, II, 28-36, afirma que Olea es uno de sus (numerosos) parientes.

81. C, 220-221.

82. G, 280-1; D del C, II, 36-75; C, 220-221.

83. Se trata del romance que Las Casas dijo que Cortés recitó en Cholula.

84. D del C, II, 39. Más tarde hubo un romance sobre Cortés en esa situación: «*En Tacuba está Cortés / Con su escuadrón esforzado. / Triste estaba y muy penoso, / Triste y con gran cuidado, / La una mano en la mejilla, / Y la otra en el costado...*»

85. C, 223.

86. CF-G, II, c. 24, 115.

CAPÍTULO 33

1. Está en el Museum für Völkerkunde, de Viena. Veáse la figura 16.
2. Está en el Museo de Antropología de la ciudad de México.
3. Esta estatua verde se halla en el Wurttembergisches Landesmuseum, de Stuttgart. Véase el análisis en Pasztory [13:52], 111-115, aunque cree que pudo ser posterior a 1521. Pero después de la conquista, la escultura no podía ser colosal, porque no cabía ocultarla ni trasladarla.
4. Durán II, 564. Josefina Muriel [22:92] discute si este punto de vista es válido.
5. Van Zantwijk [Prefacio: 5], 198.
6. Relatos sobre estas hostilidades lejanas pueden hallarse en los *Anales de Cuauhtitlán*, en Bierhorst [13:38], y en Tezozomoc [1:19]: Véase Davies [1:24], 314.
7. Durán, II, 563.
8. Durán, I, 85; Tezozomoc [1:19], 437.
9. Berdan [3:30], 103-104.
10. Durán, I, 88.
11. Cit. en León-Portilla [1:48], 169.
12. Cortés en información de Juan González Ponce de León, AGI, México, 203, n.º 19.
13. Rodrigo de Nájera, en Conway (Camb.), Add. 7289, 417.
14. Gardner [19:59], 123; Orozco y Berra ([8:4], IV, 526) dice que en una ocasión un comando mexica trató de incendiar el astillero. En 1938 el ayuntamiento de Texcoco levantó un monumento en el punto donde se creía que Cortés botó los bergantines.
15. Gardner, en su excelente ensayo sobre los aspectos navales de la guerra [19:59], 130, afirma que cabe suponer que esas canoas tenían zaguales y no remos.
16. Conway (Camb.), Add. 7289, 357.
17. López construyó trece bergantines, pero uno, el menor, no estaba acabado, pues lo volcaron y anegaron (Andrés López en el pleito de Martín López contra Cortés, en 1545, en Conway [Bibl. del Congreso], 45, I, 94).
18. D del C, II, 44-45.
19. Herrera [8:6], III, 160.
20. CF-G, IV, 132.
21. C de S, 600-601 tiene un relato de Gerónimo Ruiz de la Mota.
22. D del C, II, 48-49. Probablemenmte a comienzos de mayo, aunque Cortés dijo que fue el 28 de abril.
23. Motolinía [1:1], 40.
24. C, 225. Acerca de Cortés como estratega, véase coronel Eduardo de Fuentes Gómez de Salazar, *Estrategias de la implantación española en América* (Madrid, 1992), c. 5.
25. Véase el análisis de Martínez [9:52], 318.
26. Ixtlilxochitl dio una lista de los comandantes o jefes indios.
27. Veáse Charles Gibson, «Llamamiento general, repartimiento and the Empire of Alcolhuacan», HAHR, 36 (1956). *Información de Tlaxcala*, 43.
28. Carta de fray Motolinía a Carlos V, 1955, en CDI, VII, 289.
29. Camargo, 112, 124 n, 154; D del C, II, 49.
30. Son las cifras de Cortés, en C, 225; Díaz del Castillo ofrece cifras similares: ochenta y cuatro jinetes en vez de ochenta y seis, ciento noventa y cuatro ballesteros y mosqueteros, en vez de ciento dieciocho, y seiscientos cincuenta infantes en lugar de setecientos.

31. El Sahagún de Cline da el intencionado discurso de Cortés. En él, dice, insistió en que [Cortés] llegó para arbitrar entre los mexicas y los tlaxcaltecas, [como si hubiese sido un mediador real en la Extremadura de su juventud]; examinó la responsabilidad de Alvarado por la matanza del templo, dijo que Moctezuma fue muerto por los mexicanos y terminó afirmando que todas esas cosas las habían hecho [los mexicanos] contra nosotros [los españoles] como gentes idólatras y crueles, carentes de toda justicia y humanidad. Por tanto, vinieron [los españoles] a hacer la guerra a esa gente brutal y sin razón, de la cual no desistirían hasta que vengaran sus agravios y derribaran a los enemigos de Dios, a esos idólatras que no observan la ley de vecindad y humanidad con el prójimo. Véase también Torquemada [1:24], II, 273-275, y Martínez [9:52], 304.

32. *Anales de Tlaltelolco*, en León-Portilla [4:33], 148.

33. Cortés, en su carta al rey daba cifras de veinticinco mil, «más de veinte mil» y «más de treinta mil» para esos tres mandos. Son estimaciones increíbles.

34. C, 123; D del C, II, 123.

35. En una probanza pedida por la hija de María Luisa en 1563 (Ramírez Cabañas ed., de Bernal Díaz, 563).

36. Un proverbio español dice que «a enemigo que huye, puente de plata», cuyo origen clásico se ve en *Adagia* VII de Erasmo: «*hostibus fugientibus pontem argentuem exstraendum esse*».

37. C, 234.

38. Hay varias listas de capitanes de bergantines. D del C y C de S concuerdan en los nombres de ocho (García Holguín, Pedro Barba, Juan Xaramillo, Gerónimo Ruiz de la Mota [que era quien informó a C de S], Antonio de Carvajal, Juan de Limpias el Sordo, y Pedro de Briones). Pero D del C (II, 47) agrega Francisco de Zamora, Juan Esteban Colmenero, Hernando de Lerma, Ginés Nortes, Miguel Díaz de Aux, mientras que C de S (637-638) pone como nombres sobresalientes Juan Rodríguez de Villafuerte, Francisco de Verdugo, Francisco Rodríguez Magariño, Cristóbal Flores, Rodrigo Morejón de Lobera y Antonio de Sotelo. La explicación de las dos versiones es probablemente que los mandos cambiaron.

39. G, 283.

40. Nuttall [3:4], 75.

41. Ángel María Garibay, *Épica náhuatl* (México, 1945), 17-18.

42. D del C, II, 53; C, 228-229.

43. El acueducto corría al borde del lago, por el lado este de lo que luego fue la Calzada de la Verónica, daba vuelta en Ixtapalapa y seguía la Calzada de Tacuba, hasta llegar aproximadamente a la moderna central de correos, a donde acudían las canoas para distribuir el agua por la ciudad. Una tubería subterránea iba de allí al templo principal.

44. S. Linné, *El valle y la ciudad de México en 1550* (Estocolmo, 1948), 25, indica que debió haber pozos en Tenochtitlan, puesto que era una ciudad grande mucho antes de que Moctezuma I construyera su acueducto desde Chapultepec en los años de 1450.

45. Véase «Chapultepec en la literatura náhuatl», en Miguel León-Portilla, *Toltecayotl* (México, 1980), 385-401.

46. C, 229.

47. Esta narración sigue la de Cortés en el sentido de que el sitio duró setenta y cinco días. Contando hacia atrás desde el día del fin del sitio, el 13 de agosto, nos encontramos con que comenzó el 31 de mayo. Pero Bernal Díaz escribió que el sitio empezó el 13 de mayo.

48. C, 229.

49. Muchos declararon que, desde el otro lado del lago, vieron marcharse

a Cortés; por ejemplo, Alonso de Arévalo, en Conway (Bibl. del Congreso), I, 45, 78-82.

50. Ixtlilxochitl, *Decimatercia relación*, 26.

51. C, 230.

52. CDI, XXVI, 476.

53. Ruy González, que sirvió con él en Michoacán, lo declaró así (AGI, Justicia, leg. 220, ff. 142v-143). Más tarde Cortés le castigó por desobediencia.

54. La hazaña de López fue atestiguada, por ejemplo, por Francisco García, Gerónimo de la Mota, Andrés Truxillo, Andrés Bravo, Lázaro Guerrero, Antonio Cordero, Juan Griego, Rodrigo de Nájera y Andrés López. Este último dijo que «*este testigo... se halló en otro bergantín y vido ansi pasar*». Estas declaraciones pueden hallarse en AGI, Patronato, leg. 57, R. 1, n.º 1, ff. 20, 23, 32, 35, 40r, con transcripciones en Conway (Camb.), Add. 7289. Oviedo nunca menciona a López, aunque debía saber de él, pues dijo que su gesta podía compararse con la de Sesostris, rey de Egipto (Oviedo, IV, 113).

55. Rodríguez de Villafuerte siguió de comandante supremo; véase su información en AGI, México, leg. 203, n.º 2.

56. C, 231.

57. G, 287. Gardner [19:59], 165, cita al capitán Mahan: «La persecución incensante, enérgica..., es imperativa después de una batalla», *Naval strategy compared and contrasted with the principles and practice of military operations on land*, (Boston, 1911), 267.

58. Pesquisa sobre López, en 1540, en Conway (Bibl. del Congreso), 45, I, 153.

59. C, 214.

60. C de S, 663. Salazar conoció a López años más tarde.

61. CF-G, XII, c. 30, 782.

62. Ixtlilxochitl, *Decimatercia relación*, 25.

63. Durán, II, 564.

64. C, 233.

65. D del C, II, 61.

66. C, 234.

67. C, 234.

68. CF-G, XII, c. 31, 793-794.

69. CF-G, XII, c. 31, 794.

70. Ixtlilxochitl [4:5], 330-331, arguye que, en esa ocasión, Cortés e Ixtlilxochitl (antepasado del que escribe) subieron la pirámide del Gran Templo, mataron a un «general» mexicano, atacaron a los dioses, cortaron la cabeza a Huitzilopotchli, tomaron la máscara de oro que llevaba y arrojaron los restos del dios por los cien escalones de la pirámide. Pero ninguna fuente española confirma esta dramática escena (aunque Durán, II, 567, dice que capturaron la pirámide, como lo dice la petición (en Nobiliario, [7:12], 206-207), de un escudo de armas para Juan González Ponce de León. La fuente de Ixtlilxochitl fue Alonso Axayaca, hijo de Cuitláhuac, y diversas pinturas indígenas.

71. C, 236-237.

72. C, 237.

73. C, 238; D del C, II, 668.

74. En 1563 el gobernador, alcaldes y vecinos principales de Xochimilco pidieron diversas concesiones al rey de España, alegando servicios prestados durante la conquista: provisiones para doce mil guerreros, dos mil canoas, comida en abundancia y muchos hombres enviados para ayudar a la expedición a Honduras, etc. (CDI, XIII, 293-301). Pero según CF-G, XII, c. 33, 794, por esa época, los habitantes de Xochimilco, Iztapalapa y Cuitláhuac (o sea, gentes de las orillas del lago conocidas en conjunto como «chanamanecas») ofrecieron sus servicios a los mexicas, ofrecimiento aceptado gustosamente. Tan

pronto como les designaron lugares en la defensa y comenzó el combate, se volvieron contra los mexicas, empezaron a matarlos y se llevaron a algunos prisioneros para sus sacrificios. Los mexicas enviaron una flotilla de canoas y capturaron a muchos de ellos.

75. Francisco Rodríguez, en *Inf. de 1565*, 40, dice que los tlaxcaltecas proporcionaron todo lo necesario; Ixtlilxochitl, *Decimatercia relación*, 34.

76. Sepúlveda, 215.

77. C, 240.

78. CF-G, XII, c. 30, 792.

79. CDI, XXVIII, 49.

80. AGI, Justicia, leg. 223, p. 1, f. 424; leg. 224, p. 1, f. 1r; leg. 224, p. 1, f. 46v; leg. 224, p. 1, f. 152r.

81. El historiador Ixtlilxochitl dice que Cortés, con el acuerdo de Ixtlilxochitl y los demás señores, ordenó que se derribasen todas las casas que se conquistaran, e Ixtlilxochitl ordenó a los texcocanos que lo hicieran [4:5], 41.

82. C, 241.

83. C, 240.

84. Alonso de la Serna, en AGI, Justicia, leg. 223, p. 2, f. 584, dice que de noche todos los naturales enemigos se fortificaban y volvían a ser fuertes.

85. Res. Alvarado, 87.

86. Res. Alvarado, 44, 70-71.

87. C de S, 688; CF-G, XII, c. 34, 797-798. Joan Tirado parece haber participado en la ayuda y esto se citó en su título de nobleza (Nobiliario [7:12], 127-129).

88. G, 123.

89. C, 242.

90. Estos acontecimientos, revelados por Tezozomoc, fueron explorados por Padden [3:35], 212. Pero Tezozomoc (*Crónica Mexicayotl*, 150), también dice que esos príncipes fueron muertos en la «noche triste».

CAPÍTULO 34

1. CF-G, VI, c. 40, 404.

2. CF-G, XI, c. 7, 666.

3. El texto de Cortés (C, 245) habla de la plaza de Tenochtitlan, pero por el contexto («una plaza mayor que Salamanca») es evidente que se refiere a la de Tlatelolco.

4. C, 246 sugiere que se comprometió a pesar de su propio buen juicio. D del C, II, 76-77, sugiere que Cortés no eran tan hostil al plan como él mismo dijo que había sido.

5. R. H. Barlow «Tlaltelolco como tributario» [3:36], 33, resume las pruebas de que se dispone.

6. Véanse los *Anales de Tlaltelolco*, en León-Portilla [4:33]; FC, XII, 91; véase también Muriel [22:92], 86.

7. Bryan McAffe y R. H., Barlow, ed., «Anales de la conquista en 1473 y 1521», *Tlaltelolco a través de los tiempos*, V (México, 1945), 39.

8. *Anales de Tlaltelolco* [4:33], 157.

9. Tanto Cortés como López de Gómara dicen que de quince mil a veinte mil.

10. C, 248.

11. Calnek, en «The internal structure of Tenochtitlan», en E. Wolf, ed. *The Valley of Mexico* (Albuquerque, 1976), 300.

12. Durán, II, 566, habla de un «puente falso».

13. C, 250.

14. Acerca de Vázquez, véase su información, en 1525, AGI, México, leg. 203, n.° 3.

15. FC-G, XII, c. 24, 789.

16. Muriel [22:92], 94-95.

17. CF-G. He empleado la traducción del náhuatl por Garibay, cit. en León-Portilla [4:33], 132.

18. Las cifras de muertos y capturados en esta batalla están tan sujetas a discusión como en otras. El CF da cincuenta y tres prisioneros, D del C, sesenta y seis, López de Gómara, cuarenta, y Cortés, de treinta y cinco a cuarenta.

19. C, 252.

20. D del C, II, 86.

21. D del C, II, 86. CF. G, XII, c. 34, 797, da una imagen más simple pero no menos vívida de lo sucedido: «*Al momento los despojan, les quitan sus armaduras, sus cotas de algodón, y todo cuanto tenían puesto. Del todo los dejaron desnudos. Luego, así ya convertidos en víctimas, los sacrifican. Y sus congéneres estaban mirando desde las aguas en qué forma les daban muerte.*» Cortés oyó los tambores anunciando el sacrificio y olió la resina de copal que se usa para preparar a las víctimas, pero no parece haber visto el acto mismo del sacrificio.

22. CF-G, XII, c. 35, 799.

23. D del C, II, 91.

24. C de S, 700-702. Beatriz Bermúdez se burló de los españoles en retirada.

25. Durán, II, 567. D del C, II, 94. Se dijo que Guzmán fue sacrificado el último.

26. C, 252.

27. C, 252. Véase Orozco [8:14], IV, 615.

28. Durán, I, 285; Pastory [4:35], 136-138. Escapó a la atención de los españoles.

29. Véase, por ejemplo, Durán, II, 30-31.

30. Los matalcingas eran un pueblo antiguo, con una historia oscura, de las cercanías de Toluca. Véase Davies [1:24], 135-139. Juan de Burgos acompañó a Sandoval, como lo indica la información de 1525 en su favor, llevando consigo varios caballos, sus criados españoles y un esclavo negro. (AGI, México, leg. 203, n.° 4).

31. C de S, 700.

32. Véase G, 303, y C, 253.

CAPÍTULO 35

1. C, 256.

2. D. del C, II, 95.

3. Ixtlilxochitl [4:5], 42: «*los enemigos nunca más la abrieron*».

4. Durán, II, 568.

5. CF-G, XII, c. 35, 799, 114.

6. Iban dos buques. La expedición emprendió la marcha en febrero de 1521 y fue derrotada por los naturales de la Florida. Un buque regresó a Cuba, llevando a bordo a Ponce de León, mortalmente herido; el otro barco llegó a la Villa Rica de la Vera Cruz, para provecho de Cortés. Véase Murga [5:14], 236-240.

7. C, 285, 323. Durán, I, 163, pensaba que Montano no pudo realizar esta hazaña, pero se le concedió un escudo de armas por ella (*Nobiliario* [7:12], 315-316). La concesión del escudo decía que, careciendo de pólvora, fue a bus-

car azufre, con lo que ayudó a ganar la ciudad. Véase también la declaración de servicios, sin fecha, donde se hace la misma afirmación (CDI, XIII, 481). En la información sobre Gerónimo Flores, Montano describió las acciones de Mesa y Diego de Peñalver (AGI, México, n.º 23).

8. C, 256. D del C, II, 108, dice que dos jefes mexicanos empezaron perezosamente a comer tortillas, cerezas y muslos de pavo. Pero probablemente no estaba presente y coloca este hecho como ocurrido algo más tarde.

9. CF-G, XII, c. 35, 799.

10. C, 258.

11. C, 257.

12. D del C, II, 98-99.

13. Ixtlilxochitl, *Decimatercia relación* [4:5], 42.

14. D del C, II, 99-100.

15. Graulich [1:42], 77.

16. *Anales de Tlatelolco*, en León-Portilla [4:33], 68.

17. C, 258, 260.

18. G, 306.

19. Bernard Ortiz de Montellano, en «Aztec cannibalism...», *Science*, 613 (1976).

20. Ixtlilxochitl, *Decimatercia relación* [4:5], 43.

21. Sahagún de Cline, 123; C, 60; CF-G, XII, c. 36, 799-800.

22. Dorantes de Salazar [(8:79], 184-188, insistió en que Badajoz fue el verdadero conquistador del Gran Templo de Tlatelolco. Esto lo apoya un cuestionario de 1537 sobre las actividades de Badajoz, donde se indica que éste fue el primero en entrar con sus hombres en Tatelulco *(sic)* y que tomaron «das dos torres llamadas Ochilobos» y mataron en ellas mucha gente e izaron la bandera (AGI, México, leg. 203, y en *Epistolario*, V, 15, 12-13). Sabemos de las acciones de Montano y Mata por la concesión de escudos de armas a esos conquistadores, en *Nobiliario* [7:12], 313-315, para Badajoz (1527) y para Montano (1540). Sus escudos simbolizaban esas hazañas. Se decía que Badajoz vivió hasta los ciento dieciocho años de edad, casi siempre en la pobreza (*Nobiliario* [7:12], 314).

23. C, 264.

24. Res. (Rayón), II, 214.

25. C, 262.

26. Ixtlilxochitl, *Decimatercia relación* [4:5], 44, Durán, I, 269-270.

27. Sepúlveda, 218.

28. C, 264; Hassig [1:23], 238.

29. Diego Hernández contra Cortés, en 1531, en Conway (Camb.), Add. 7285, 76. Véase también Diego de Coria y Francisco de Maldonado, en id., Add. 7285, 89 y 92.

30. C, 265.

31. C, 266.

32. C, 265. Tal vez las investigaciones arqueológicas arrojarán un día nueva luz sobre la naturaleza de la lucha en Tlaltelolco en 1521. Ya Moctezuma Matos [20:54], 207, ha señalado el hallazgo, en las excavaciones de los años 1980, de muchos restos de esqueletos y enterramientos. Su resultado podría ser una reducción de las estimaciones de muertes.

33. CF-G, XII, c. 35, 805. El atavío no figura en la lista de armas e insignias de los mexicas en el Códice Matritense (Thelma Sullivan, «The Arms and Insignia of the Mexica», en ECN [1972], 156-193). Cabe presumir que se trataba de una variante menor de los ocho tipos distintos de atavíos de plumas de quetzal que aparecen allí.

34. Sahagún, citado en León-Portilla [4:33], 133.

35. Durán, II, 564.

36. C, 258.
37. Graulich [1:42], 66.
38. C, 266-267.
39. C, 267.
40. C, 268-269; Ixtlilxochitl, *Decimotercia relación* [4:5], 46.
41. Ixtlilxochitl, *Decimatercia relación* [4:5], 46.
42. C, 269.
43. Sepúlveda, 223.
44. C, 269.
45. CF-G, XII, c. 39, 805.
46. *Anales de Tlaltelolco*, en León-Portilla [4:33], 71.
47. CF-G, XII, c. 38, 805.
48. CF-G, XII, c. 39, 806.
49. Durán, II, 81.
50. Pero pudieron haber escuchado, por ejemplo, el romance del sitio e incendio de Numancia: «*Viendo el Scipio tan bravo y fuerte, / todos o no entregarse se dan muerte...*», BAE, X, 377.
51. *Anales de Tlaltelolco*, en León-Portilla [4:33], 73.
52. CF-G, XII, c. 39, 806.
53. CF-G, XII, c. 39, 806. Las fuentes mexicanas se olvidan que el rey de Tacuba estaba en el barco, pero las españolas lo señalan allí.
54. C, 271.
55. C, 270.
56. Diego de Ávila, en *Inf. de 1521*, en Polavieja, 217.
57. Ixtlilxochitl, *Obras históricas* [30:75], *(Décima relación)*, I, 277-278. Durán (II, 569), sin embargo, dice que Cuauhtémoc estaba oculto en una canoa, escoltado por un solo remero, y fue descubierto y capturado.
58. Ixtlilxochitl, *Decimatercia relación* [4:5], 46. Es ahora el lugar de la linda iglesia de la Concepción. Una placa en su fachada dice: «*Pasagero: aquí espiró la libertad mexicana por los invasores castellanos que aprisionaron en este lugar al emperador Cuauhtémoc.*»
59. Muriel [22:92], 97.
60. CF-G, XII, c. 40, 806.
61. D del C, II, 114. Yugurta había luchado primero con los romanos, en Numancia. Es verosímil que hubiese un romance acerca de esto. Había uno o dos sobre Mario: uno con éste observando las ruinas de Cartago, otro sobre Mario conquistador de los cimbrios. El último no indica que el triunfador fue contenido durante varias horas por feroces perros de pelea, conducidos por mujeres. Plutarco habla de esto en su vida de Mario, que posiblemente Cortés conocía.
62. Ixtlilxochitl, *Decimatercia relación* [4:5], 47. G, 311, y D del C, II, 112, dan discursos similares. Eduardo Matos Moctezuma (*Excelsior*, México, 24 de agosto de 1993, 15 M), argumenta que Cuauhtémoc supuso que le sacrificarían, aunque esto entrañaría que no había aprendido nada sobre las costumbres españolas.
63. D del C, II, 112: «*a que mandará a México y sus provincias como antes lo solían hacer*».
64. C, 272. Ixtlilxochitl (*Decimatercia relación* [4:5] 45) y G (311) dijeron que Cortés convenció a Cuauhtémoc que pidiera a aquellos de sus hombres que seguían luchando que se rindieran y entregaran sus armas, y que subió a una alta torre y lo hizo así. Esto es poco probable. Como con otros acontecimientos semejantes, Cortés lo hubiese mencionado en su informe de unos meses más tarde al emperador.
65. Cabe suponer que era la esposa de mucho tiempo de Cuauhtémoc, Xuchimatzatzin, y no Tecuichpo, hija favorita de Moctezuma.

835

66. FC, VI, 4.

67. CF-G, XII, c. 40, 807; Durán, II, 289. En su toma de posesión, un emperador se refería humildemente a que los andrajos, la mísera capa, eran lo que merecía (FC, VI, 42).

68. CF-G, XII, c. 40, 806.

69. CF-G, XII, c. 41, 808-809. Es posible que esta conversación tuviera lugar más tarde.

70. En AGI, Justicia, leg. 712, cit. Otte [6:59], 258-259.

71. *Anales de Tlatelolco*, en León-Portilla [4:33], 162.

72. CF-G, XII, c. 40, 807. Joan de Cáceres dice que fueron muy pocos los que se condujeron mal.

73. G, 311.

74. León-Portilla [4:33], 145.

75. Durán II, 319.

76. Torqueada [24:56], II, 312.

77. Véase un buen análisis en Martínez [9:52], 331.

78. Estos cálculos se hallan bien elaborados en R. Kontzezke, «Hernán Cortés como poblador de la Nueva España», R de I, IX (enero-junio de 1948), 366. Da seiscientos para la expedición original de Cortés, doce para los refuerzos de Saucedo, ciento cincuenta y siete para los buques de Garay en 1520 (aunque esto parece exagerado), ochocientos con Narváez (tal vez pocos), catorce con Barba, nueve con Rodríguez de Lobera, quince con Juan de Burgos, doscientos con Alderete y quince del buque de Ponce de León. En total, mil ochocientos veintidós, con ochocientos o novecientos muertos según esta estimación.

79. Miguel León-Portilla, *Literaturas precolombinas de México* (México, 1963), 35-37.

80. D del C, II, 117.

81. *Anales de Tlaltelolco*, en León-Portilla [4:33], 162. 82 C, 44.

82. C, 233.

CAPÍTULO 36

1. Esta carta, perdida, fue resumida por el impresor Jacob Cromberger en un poscripto de su ed. de la segunda carta de Cortés (la escrita en Tepeaca en 1520). Este poscripto con la carta de referencia fue ed. en Sevilla en noviembre de 1522. Hacía que la carta resultara todavía más sensacional. El epígrafe del capítulo 36 está en León Portill, «Axayácatl, poeta y señor de Tenochtitlan», ECN, VI (1966).

2. Joseph Pérez, *La Révolution des Comunidades de Castille* (Burdeos, 1970), trata brillantemente de esta crisis.

3. Pedro Fajardo, marqués de Los Vélez, uno de los hombres más interesantes de su época; había sido paje en la legendaria corte del infante don Juan. Construyó el castillo de Mula para impresionar a la gente de la ciudad. Se inició un pleito sobre sus derechos, que duró trescientos años.

4. Véase Pérez [23:52], 165-177. La guerra de los comuneros adquirió en Sevilla el carácter de una lucha de los Ponces contra los conversos protegidos por el duque de Medina Sidonia. Los principales conversos se reunieron, para preparar su defensa, en la casa de Juan de Córdoba, el platero convertido en mercader, que apoyó a Cortés. Véase Giménez Fernández [6:19], II, 963.

5. Cooper [6:66], I, 135. Mayor se había casado con Rodrigo Mexía.

6. Giménez Fernández [6:19], II, 900.

7. Pérez [23:52], 193.

8. AGI, Patronato, leg. 15, R. 2, n.ºs 12 y 13. El segundo de estos documentos se publicó en Polavieja, 136-137.

9. Erwin Panofsky, *Albrecht Dürer* (Princeton, 1943), 206.

10. Albrecht Dürer, «Tagebuch der Reise in die Niederlande, anno 1520», en *Albrecht Dürer in seine Briefe und Tagebüchern*, ed. Ulrich Peters (Frankfurt, 1925), 24-25.

11. Massing, «Early European images of America» en *Circa 1492* [5:39], 572.

12. Carlos V celebró su coronación creando el rango de Grande de España.

13. Erwin Walter Palm en «Tenochtitlan y la ciudad ideal de Durero», JSAP, 40 (1951), 59-66, sugiere que influyó en su esquema de la ciudad ideal el hecho de que el pintor viera el mapa de Tenochtitlan por Cortés. Es posible. Para la ciudad ideal de Durero véase *Ettliche Underrate zu befestiegung der stet Schloss und Flecker* (Nuremberg, 1527), f. E. 1.

14. Panofsky [36:9], 206.

15. *Inventaire des tableaux, livres, joyaux et meubles de Marguerite d'Autriche*, ed. Léon de Laborde (París, 1850). Incluye una lista de «*accoustrements de plumes, venuz des Indes presentées par l' Empereur à bruxelles le xxᵉ jour d'aoust XV XXIII et aussi par monseigneur de la Chaulx*».

16. Pintado en 1523-1525, según Édouard Michel, «Un tableau colonial de Jan Mostaert», en *Revue d' Archéologie et l'histoire d'art*, I (Bruselas, I, 1931), 133. Está actualmente en el Frans Hals Museum de Haarlem. Michel pensaba que la influencia en Mostaert pudo ser el tesoro requisado en 1522 por Jean Fleury, un capitán de Jean Ango de Dieppe (véase c. 38). El protector de Ango, cardenal de Amboise, y el príncipe-obispo de Lieja estaban en contacto entre ellos, entonces, de modo que es una hipótesis verosímil.

17. Honour [5:11], 21.

18. Véase André Chastel y Suzanne Collon-Gevaert, «L'art pré-colombien et le palais des princes-évêques de Liège», en *Bulletin de la Société d'art et d'histoire de Liège*, XL (Lieja, 1958), 73. Hugh Honour suponía que la inspiración procedía de lo que esos indios trajeron en 1528. También es posible que fuera de los tesoros de 1520.

19. Julius von Schlosser, *Der Kunst und Wunderkammern des Spätrenaissance* (Leipzig, 1908). Pero Schlosser fecha los regalos en 1524.

20. Pedro Mártir, *De Insulis Nuper Repertis, simultaque Incolarum Moribus Enchiridion, dominae Margaritae divi Mas. Caesar* (Basilea, 1521). Parece que hubo ediciones alemana e italiana en 1520. Fue la *Cuarta Década* de Mártir, la última de sus obras que se publicó estando él en vida.

21. McNurt, introducción a su tr. de Mártir, I, 46-47.

22. DIHE, 12, 143-145.

23. Este tema se analiza con brillantez en Honour [5:11], 30.

24. Tapia había tenido un furioso pleito con Ovando. En un juicio de residencia del gobernador, en 1509-1510, Tapia fue testigo. Es el primer juicio de residencia colonial del cual sobrevive documentación. Véase E. Rodríguez-Demorizi, *El pleito Ovando-Tapia* (Santo Domingo, 1978), y Ursula Lamb, «Cristóbal de Tapia vs. Nicolás de Ovando», HAHR, 33 (agosto de 1953). Acerca de Tapia y sus negocios azucareros, véase Mervyn Ratkin, «The Early Sugar Industry in Hispaniola», HAHR, 34 (febrero de 1954). Lamb dice que Tapia era «pariente lejano» de los Fonseca. De ser así, sería probablemente ilegítimo.

25. D del C, II, 433.

26. AGI, Contratación, leg. 4675, lib. 2, f. 164v (11 de noviembre de 1523). Documentos relativos a cuatro mil pesos embargados en la Casa de Contratación indican que los negocios de Portocarrero estaban al cuidado de su madre,

María de Céspedes, puesto que para entonces él ya había muerto. Parece que esos cuatro mil pesos fueron empleados por el obispo de Burgos para pagar barcos en Bilbao. Véase Muñoz, A/103, f. 307.

27. El texto de las instrucciones de Tapia (11 de abril de 1521) está en AGI, Justicia, leg. 4, lib. 1, ff. 132-147. Firmaron el documento el arzobispo Adriano, Fonseca, Zapata, Antón Gallo y Juan de Sámano (ayudante de Los Cobos encargado de recibir los documentos relativos a las Indias hasta que ese funcionario regresara de Alemania).

28. E. Rodríguez-Demorizi [36:24].

29. Diego Ortiz de Zúñiga, *Anales eclesiásticos de la muy noble y leal ciudad de Sevilla*, (Madrid, 1796), III, 325-326, cit. Pike [6:48], 18.

30. Mendieta [13:64], I, 15.

31. El hecho de que se nombrara para este cargo a Glapion indica lo muy en serio que entonces tomaban esta misión el Papa y probablemente también el emperador. Acerca del primero, véase Ludwig Pastor, *The History of the Popes* (tr. Frederick Antrobus, nueva ed. Lichtenstein, 1969), VIII, 459-460.

32. Ordás se hizo a la mar, rumbo a La Española, a comienzos de octubre. Otte [19:47], 410, publicó la lista de pasajeros.

33. La mejor narración disponible de lo sucedido parece ser la de Solís [15:55], II, 235. No está claro de donde sacó su información, pero, en este caso, parece correcta. Véase también Louis Gachard, *Correspondance de Charles Quint et d'Adrien VI* (Bruselas, 1859).

34. García de Lerma, un mercader predilecto de Fonseca, tratante de perlas y de esclavos, pudo ser tan importante como Ayllón. Debió de enterarse de los informes de Ordaz. Véase Emelina Martín Acosta, «García de Lerma en la inicial penetración del capitalismo mercantil en América», [6:25], II, 439.

35. CDI, XII, 285-287. Este documento está fechado en 1525, pero hay pruebas internas que indican 1522.

36. Demetrio Ramos en *El Consejo de las Indias* [6:81], 34. Pedro Mártir era un miembro *de facto* del consejo a comienzos del verano de 1522. (Mártir, II, 200.)

37. C, 123.

38. El cardenal Giulio de Medici, que propuso a Adriano y le sucedió: Pastor [36:31], IX, 23. Pero Charles de la Chaulx dejó claro a quién favorecía el emperador.

39. Brandi [6:59], 167.

40. Mártir, II, 200; acerca de Vargas, véase Pérez [23:52], 129, 193, y Carande [9:15], II, 83.

41. Gachard [36:33], 24.

42. John Pope-Hennessy, *Cellini* (Londres, 1985), 27-28.

43. En los años de 1550, los indios de Coyoacán pusieron pleito, con éxito, al hijo de Cortés, acusándole de usurpación de tierras como resultado de esta ocupación. Véase *Docs. Inéditos*, 381. Sobre los caballos, véase AGI, México, leg. 203, n.º 16 (Inf. de Diego Halcón).

44. Diego de Ordás se lo dijo a Pedro Mártir (Mártir, II, 176).

45. Motolonía [1:1], 26.

46. Véase el caso de Coyoacán, donde el desarrollo puede ilustrarse con un árbol genealógico (Charles Gibson, «The Aztec Aristocracy in Colonial Mexico», *Comparative Studies in Society and History* (La Haya, I, octubre de 1959):

Cuapopocatzin,
tlatoani durante la conquista, †1521 = hija de Huitzilatzin, *tlatoani* de Huitzilpochco

Cecochtzin «Don Hernando»   Itlollinqui «Don Juan de Guzmán» = sobrina de
   †1525   †1569   «Don Carlos»
                                                               de Texcoco

Don Juan †1573   Don Lorenzo †1576

El último heredero murió en una prisión española, c. 1800, en pleito con Godoy

47. *Cantares mexicanos*, Biblioteca Nacional de México, cit. en Garibay [1:13], II, 94. Se trataba, claro está, de Tecuichpo, llamada «doña Isabel» por los españoles, antes casada con Cuitláhuac y con Cuahtémoc, y luego casada, por la Iglesia, con tres sucesivos esposos españoles (Alonso de Grado, Pedro Gallego de Andrade y Juan Cano). Véase Muriel [20:1], 229-245. Otra princesa mexicana que hizo una buena transición a la vida española fue «Ana», hija de Cacama, que casó primero con Pedro Gutiérrez de Trujillo, y luego con Juan de Cuéllar, llevándoles las tierras que su padre le había dado al nacer. Véase la probanza de 1531 de Juan de Cuéllar, en AGI, México, 203, n.º 11, que incluye interesantes datos sobre los familiares de «Ana».
48. Domingo Chimalpahin, *Séptima relación*, en Silvia Rendón, *Relaciones Originales de Chalco Amecameca* (México, 1965).
49. Pedro de Maluenda a Hernando de Castro, el 15 de octubre de 1521, en AGI, Justicia, leg. 712, cit. Otte [6:56], 258.
50. Carta de Luis de Cárdenas, del 15 de julio de 1528, en García Icazbalceta, II, 25-27.
51. Vázquez de Tapia, en CDI, XXVI, 424.
52. Antonio de Villanueva, en Res. (Rayón), II, 226.
53. Marcos Ruiz, en Res. (Rayón), II, 117.
54. CDI, XXVII, 34.
55. Alfonso Pérez, García del Pilar, Juan Coronel y Francisco Verdugo, en Res. (Rayón) II, 164, II, 128, I, 377, y I, 373.
56. AGI, Justicia, leg. 224, p. 1, f. 189.
57. Probablemente la reina Juana, AGI, Justicia, leg. 224, p. 1, f. 152. Véase en Documentos, el penúltimo de ellos.
58. *Ms. Anónimo de Tlatelolco, 1528*, cit. León-Portilla [4:33], 164; Gerhard [8:60], 178.
59. *Anales de Tlatelolco*, en León Portilla [4:33], 76.
60. *Ms. Anónimo de Tlatelolco 1528* [36:58], cit. en León Portilla [4:33], 164.
61. D del C, II, 125, dice que los cabecillas eran Juan Tirado, Gregorio de Villalobos y Juan de Mansilla.
62. Mártir, II, 277.
63. D del C, II, 123.
64. Juan de Mansilla, en Res (Rayón), I, 266.
65. Chimalpahin, *Séptima relación* [36:48], da a entender que fueron torturados unos cinco prisioneros, pero nadie más.
66. Por ejemplo, en la pregunta 200 del cuestionario de su juicio de residencia se refería al tormento dado a Guatinuca *(sic)*, para que dijera dónde estaba el tesoro de Moctezuma y a petición de Juan de Alderete (CDI, XXVII, 382).
67. Tapia, en AGI, Justicia, leg. 223, p. 2, f. 309; Terrazas, en AGI, Justicia, leg. 224, p. 1, f. 189; Salcedo, en AGI, Justicia, leg. 224, p. 1, f. 660.

68. D del C, II, 122. Otros que declararon que Alderete tomó la inciativa fueron García Llerena (CDI, XXVII; 239-240), Martín Valdés (CDI, XXVIII, 180), y Luis Marín, que presenció la tortura (CDI, XXVIII, 60). Alonso de Villanueva afirmó que Alderete importunaba a menudo para que se torturara al ex emperador (CDI, XXVII, 576-577) y que los tormentos se decidieron «*contra la voluntad*» de Cortés.

69. Cristóbal de Ojeda, un médico al que Cortés encargó que examinara las heridas, declaró que «*quemava los pies y los manos al dicho Guatimuza*», en Res (Rayón), I, 126. Muchos autores han sugerido que estas torturas tuvieron lugar inmediatamente después de la caída de Tenochtitlan. Es probable que ocurrieran ahora, debido al tiempo que precisó para que la insistencia de Alderete diera resultado. Los *Anales Tolteca-Chichimeca* (México, 1949) dicen también que las torturas sucedieron en 1522.

70. Francisco de Zamora, Res (Rayón), II, 303-304.

71. G, 314. Para un análisis de esta frase y su conexión con la literatura «heroica», véase María Rosa Lida, «Estar en (un) baño, estar en un lecho de rosas», *Revista de Filología Hispánica*, III (1941), 263.

72. Martín Valdés, en CDI, XXVIII, 180: «*e queste testigo vido dar tormento al dicho Cuautinuca; e vido que no dio cosa que valiese casi nada*».

73. D del C, II, 123-124; G, 314.

74. Francisco de Zamora, Res (Rayón), II, 303-304.

75. La cifra que da Cortés en sus cartas (C, 272) es en castellanos, como lo es la de López de Gómara (G, 315). Esta última figura en una carta de Pedro de Maluenda, comisario de Narváez y luego de Cortés, dirigida a Hernando de Castro en Cuba, en octubre de 1521 (AGI, Justicia, leg. 712, cit. Otte [6:56], 258). Pero figuraba también, probablemente, en una carta de Cortés de fines de agosto de 1521 y ahora perdida, que llegó a España el 1 de marzo de 1522, y mencionada en poscripto a la segunda carta de Cortés publicada por Cromberger en Sevilla en setiembre de 1522. Los amigos de Cortés la repitieron en su juicio de residencia (CDI, XXVII, 23).

76. CDI, XII.

77. Ciento ochenta y cinco mil menos treinta y siete mil es igual a ciento cuarenta y ocho mil; un quinto de esta última cifra es veintinueve mil seiscientas.

78. C, 271.

79. G, 315.

80. Declaración (no imparcial) de Vázquez de Tapia, en CDI, XXVI, 411.

81. Véanse las respuestas a la pregunta 13 de la defensa de Santa Cruz, en el pleito De la Peña contra Santa Cruz, en Conway (Bibl. del Congreso), I, 45, 77; para la última afirmación, véase la declaración de Cerezo en id., I, 45, 109.

82. Se trata de la cifra dada por Díaz del Castillo (D del C, II, 124).

83. Véase la nota de Pagden a C, 492.

84. CDI, XXVIII, 123. Véase AGI, México, leg. 203, n.º 9, para su náhuatl.

85. Res. (Rayón), II, 121.

86. Por ejemplo, en CDI, XXVI, 497.

87. CDI, XXVII, 237.

88. Res. (Rayón), II, 222.

89. Res. (Rayón), I, 449.

90. Ixtlilxochitl, *Decimotercia relación* [4:5], 50-51.

91. Res. (Rayón), II, 219.

92. Pasztory [4:35], 208 lo señala así.

CAPÍTULO 37

1. Gerhard [8:60], 148; D del C, II, 127. Para el «espíritu de la frontera», véase Guillermo Céspedes del Castillo, «Los hombres de las fronteras», en *Proceso histórico al conquistador*, ed. Francisco Solano (Sevilla, 1988), 37-39: «Dios en el cielo, el rey en Castilla y yo aquí.»

2. Wright [5:50], 92-93.

3. D del C, II, 131.

4. C, 278.

5. CDI, XXVII, 16-17.

6. Res. (Rayón), I, 365.

7. Monjaraz, en Res. (Rayón), II, 74.

8. CDI, XXVII, 227.

9. Res. (Rayón), II, 143.

10. C, 279. Andrés de Tapia sugirió que había intentado (meramente) vender mercancías (CDI, XXVI, 30-36).

11. CDI, XXVI, 30.

12. Declaración de Andrés de Monjaraz, en CDI, XXVI, 547-548.

13. C, 275.

14. John Elliott en su intr. a la ed. de Pagden [10:73] de las *Cartas de relación*, XXIX; Ursula Lamb, «Cristóbal de Tapia vs. Nicolás de Ovando» [36:24].

15. Ortiz de Zúñiga tuvo un pleito más tarde con Cortés y fue un testigo hostil en el juicio de residencia y en otras ocasiones. Véase CDI, XXVI, 126, id., XXVII, 126 e id., XXVIII, 100. También Conway (Camb.), Add. 7284, II, 69.

16. Declaración de Monjaraz, CDI, XXVI, 548.

17. Andrés de Monjaraz en (Res. [Rayón], II, 56); CDI, XXVII, 228; CDI, XXVI, 36-58.

18. CDI, XXVII, 19.

19. Declaración de Valdenebro, en Conway (Cam.), Add. 7284, 15-16.

20. Declaración de Andrés de Monjaraz, en Res (Rayón), II, 57.

21. CDI, XXVI, 518. Se alegó más tarde, en defensa de Cortés, que Olid y Alderete, con más de cien marineros con los que estaban en contacto, se conjuraron para matar a Cortés (CDI, XXVII, 227-228).

22. CDI, XXVII, 18.

23. CDI, XXVII, 231.

24. D del C, II, 132.

25. Polavieja, 290-308.

26. C, 294.

27. C, 295. Giménez Fernández en «Hernán Cortés y su revolución comunera en Nueva España», AEA, V (1948), da a entender que Cortés ya había hecho esto.

28. CDI, XL, 74 y ss.

29. D del C, II, 140, II, 291; Gibson [2:15], 416.

30. *Inf. de 1521*, 113-123 y 230-234. Hubo once testigos.

31. Gerhard [8:60], 149.

32. Gerhard [8:60], 264.

33. D del C, II, 159.

34. AGI, Justicia, leg. 1030, p. 2, cit. en Wagner [8:23]: la respuesta de Cortés está en Cuevas [6:57], IX.

35. La frase es del pintor Miguel Covarrubias.

36. Gerhard [8:60], 141.

37. Gerhard [8:60], 138; también tuvieron una encomienda allí Alonso de Grado y el licenciado Ledesma.

38. *Rel. de Michoacan*, 246 y n.

39. Cervantes de Salazar consagra mucho espacio a la visita de Montano, ya que éste le habló de ella.

40. Declaración de Andrés de Tapia, AGI, Justicia, leg. 223, p. 2, f. 309v.

41. *Rel. de Michoacan*, 264-266.

42. *Rel. de Michoacan*, 260.

43. *Rel. de Michoacan*, 248-250. Gerhard [8:60], 343-353.

44. Gerhard [8:60], 78-82; véase también Carl Sauer, «Colima of New Spain in the sixteenth century», *Ibero-Americana*, 29 (Berkeley, 1948).

45. D del C, II, 157.

46. C, 123.

47. Carta en *De Orbe Novo*, II, 283. Véase Pagden [10:73], 505, por una explicación de por qué era tan general suponer que existía.

48. C, 277.

49. C, 325.

50. Francisco Verdugo, testigo hostil, dijo que recordaba haber ido a la casa de Cortés, cuando éste acababa de enterarse de la llegada de algunos buques que creía que eran de Garay, y que dijo: «Vamos a Pánuco para echar de la tierra a ese Garay», Res. (Rayón), I, 366.

51. El mismo nombre pero no el mismo lugar que Tutupec, en el actual estado de Guerrero, y al cual Alvarado había ido antes.

52. G, 307.

53. Gerhard [8:60], 214, da la cifra de un millón.

54. C, 297; D del C, II, 137.

55. C, 297.

56. Ixtlilxochitl, *Decimotercia relación* [4:5], 389-390. Véase también una carta de Pablo Nazareno en la cual se decía que Cuauhtémoc, con su pariente «don Juan Axayaca», pacificó México, para impedir que nadie contradijera a los castellanos y luego empezó a conquistar otras provincias (*Epistolario*, X, 109-129).

57. Cortés mandó a España un plano de este edificio, conocido como las Atarazanas de México, pero parece que se ha perdido.

58. C, 277.

59. George Kubler, *Mexican Architecture in the Sixteenth Century* (New Haven, 1948, 2 vols.), I, 70-71.

60. CDI, XXVII, 255.

61. G, 340.

62. C, 320.

63. Res (Rayón), I, 60-61: «*todos quisieran que fuera la población en Cuyuacán*». Entre los que atacaron esta decisión estaban Gonzalo Mexía, Rodrigo de Castañeda, Ruy González, Juan de Tirado, Marcos Ruiz, Domingo Niño, Antonio de Carvajal y Alfonso Ortiz de Zúñiga.

64. Rodrigo de Castañeda en Res. (Rayón), I, 235, dice que había lugares más sanos, más cerca de las montañas, con más agua y donde podían construirse casas sin tantas dificultades.

65. Manuel Carrera Stampa, «El autor o autores de la Traza», en MAMH, XIX, (1960), 167-175, arguye que Bernardino Vázquez de Tapia participó también en el diseño de la *traza*. Véase José R. Benítez, *Alonso García Bravo, planeador de la ciudad de México* (México, 1933).

66. Respuestas de testigos a la pregunta 9 de la probanza de julio de 1561, en México, cit. Carrera Stampa [37:65], 169, y Manuel Toussaint, *Información de méritos y servicios de Alonso García Bravo* (México, 1956).

67. *Life in the Imperial and Royal City of Mexico in New Spain... as des-*

cribed in the dialogues for the study of the Latin Language prepared by Francisco Cervantes de Salazar (1544), ed. M. L. B. Shephard, con notas de C. E. Castañeda (Austin, 1953), 38.

68. Véase Granizo Gasprini, *Formación urbana de Venezuela* (Caracas, 1991), c. I.

69. Como de costumbre, había un precedente medieval. Así cuando el rey Jaime el Conquistador conquistó Murcia en el siglo XIII, «las autoridades musulmanas me pidieron que dividiera la ciudad como se acordó... y dije que desde la mezquita y el Alcázar hasta la puerta que daba a mi campamento, pertenecerían a los cristianos» (MacKay [7:47], 63).

70. En mayo de 1522 Cortés escribió que ya hacía cuatro o cinco meses que se había empezado a construir el edificio. Juan de Ribera (que dejó México en mayo) dio cuenta a Pedro Mártir de la reconstrucción (Mártir, II, 193). También Joan de Cáceres, AGI, Justicia, leg. 223, p. 2, sobre la participación de Cortés.

71. Juan de Burgos, en Res. (Rayón), I, 148.

72. Manuel Toussaint, «El criterio artístico de Hernán Cortés», *Estudios Americanos*, vol. I, n.º 1 (1948).

73. Joan de Tirado, en Res (Rayón), I, 39.

74. Ixtlilxochitl, «Sumaria relación», en *Obras Históricas* [22:18], 389.

75. Motolinía [1:1], 19.

76. Véase Braudel [9:15], I, 284, con sus referencias, para una descripción lírica del papel de este maravilloso animal, probablemente usado en México en 1522.

77. Kubler [37:59], II, 421; Marín y Vázquez en declaraciones en el juicio de residencia (CDI, XXVIII, 52 y 167).

CAPÍTULO 38

1. Alaminos o Juan de Burgos debieron informar a Cortés de la situación política en España. Sobre el impacto de la rebelión de los comuneros en la Inquisición y la vida intelectual, véase Bennassar [5:24], 231 y ss.

2. Esta llamada «tercera carta» de Cortés la imprimió Cromberger en Sevilla, el 30 de marzo de 1523.

3. Cortés, en Pascual Gayangos, *Cartas y Relaciones de Hernán Cortés al emperador Carlos V* (París, 1866), 26. También está en Martínez, *Docs.*, I, 230-231.

4. Esta carta la publicó fray Mariano Cuevas, en sus *Cartas y otros documentos* [6:57], 129-140, pero fechada en 1533. Como se indicó antes (c. 35), Abel Martínez Luza argumenta que fue escrita en 1522. Cortés envió otro poder notarial a su padre, Martín Cortés, una copia del cual puede verse en Muñoz, vol. 4, f. 258.

5. Esta cifra y la de cincuenta mil (de la cual cinco mil pesos eran menos de un tercio) se deriva de las sumas hechas por Clarence Haring para «Ledgers of the Royal Treasurers in Spanish America in the sixteenth century», HAHR, 2 (1919), 174-175.

6. El registro del buque, con un inventario del oro y otros objetos firmado por Alderete, Grado y Vázquez de Tapia por cuenta del cabildo de México, puede verse en Saville [14:31], 79-96. Esta lista se ha publicado a menudo, por ejemplo en Polavieja, 138-143, y en Martínez, *Docs.*, I, 242-253.

7. Giménez Fernández [6:19], II, 482. Vega era «fundidor y marcador de oro» de Cuba, pero poseía propiedades e indios en La Española, como se indicó anteriormente.

8. Las Casas, II, 396.

9. Martínez, *Docs.*, I, 245-246.

10. Munzer, en *Viajes* [5:20], 374; Navagero, en *Viajes* [5:20], 884. La Cartuja fue la sede de la gran Expo de 1992.

11. En su testamento de 1524, Diego Velázquez dejaba dinero a la capilla de la Antigua, como a otros dos beneficiarios de Cortés: Guadalupe y Santiago de Compostela (CDI, XXXV, 520).

12. Véase el diario del arzobispo armenio de «Arzendján», Armenio Mártir, en 1492, en *Viajes* [5:20], 424.

13. Chaunu [5:38], II, 130.

14. Martínez, *Docs.*, 225-229.

15. Éste es el resumen de la carta por Díaz del Castillo, en D del C, II, 141. No parece que se haya conservado esta carta. De hecho, el empleo de esta expresión sobre «romper el hilo», aquí lo mismo que en el resumen por Díaz de la actitud de la Audiencia de Santo Domingo respecto al nombramiento de Tapia, sugiere que se trataba de una frase de uso común.

16. D del C, II. 144-145, dice que Alonso de Ávila mandó las cartas a España después de su encarcelamiento.

17. Carta de Luis de Cárdenas a Carlos V, del 30 de agosto de 1527, en CDI, XL, 276.

18. Declaración de Francisco de Orduña y Domingo Niño, Res (Rayón), I, 441, e id., II, 137. Orduña se había vuelto enemigo de Cortés desde que se le castigó por blasfemia (CDI, XXVIII, 127).

19. Mártir, II, 178.

20. Fuentes francesas dicen que Quiñones murió en acción. Véase Antonio Rumeu de Armas, *Piraterías y ataques navales contra las islas Canarias* (Madrid, 1947), I, 32. Ávila dijo lo mismo en una carta a Carlos V, en la colección Muñoz A/103.

21. D del C, II, 143. Jean Fleury fue capturado en 1525 en otra expedición pirata y ahorcado con sus capitanes Michel Frère y Meziéres. Ofreció a su aprehensor, Martín Pérez de Irizar, treinta mil ducados para que le ayudara a escapar. Pérez se negó y por esto se le ennobleció. Ávila siguió preso en La Rochelle durante tres años, hasta que se le canjeó después de la batalla de Pavía (C de S, 752). Véase su carta a Carlos V, en la que describe la batalla, en Muñoz, A/103. Otras cartas sobre ella pueden verse en la misma colección, ff. 288-289.

22. Acerca de Fleury y Ango, véase Eugéne Guénin, *Ango et ses pilotes* (París, 1901).

23. A. Thomazi, *Les flottes d'or* (París, 1956).

24. Jean Parmentier descubrió Pernambuco en 1520, viajó a China en 1529 y fue muerto en Sumatra en 1530. Tradujo a Salustio y compuso poemas y *masques*.

25. Thomazi [38:23], 45; Charles de la Roncière, *Histoire de la Marine* (París, 1934), 249.

26. Mártir, II, 356.

27. Guénin [38:22], c. II.

28. Para el friso véase, aunque resulta insatisfactorio, Pierre Margry, *Les navigateurs français* (París, 1867), 371; acerca de la tumba, A. Chastel, «Masques méxicains à la renaissance», *Art de la France*, I (1961), 299, así como N. Dacos «Presents américains à la renaissance», *Gazette des Beaux Arts*, LXXIII (1969), 57-64, que pone en duda la inspiración mexicana de la tumba de Rouen y considera los capiteles de Lieja el único signo seguro de la influencia mexicana. La tumba, cuyos detalles son obra de Arnoult de Nimègue (acerca del cual véase Jean Lafond, *La résurrection d'un maître d'autrefois...* (París, 1942), se terminó en 1523. Para la relación, véase Elisabeth Chirol, *Le château de Gaillon* (París, 1952), 245, donde formula la pregunta de si Ango no era protegido de Georges d'Amboise.

29. Véase Suzanne Collon-Gevaert, *Érard de la Marck et le palais des princes-évêques de Liège* (Lieja, 1975), 73. Respecto a la «intimidad» de los dos cardenales, establecida durante una campaña francesa contra Venecia, véase J. de Chestel de Haneffe, *Histoire de la Maison de la Marck* (Lieja, 1898), 170.

30. Fernández-Armesto [18:34], 28.

31. Mártir, II, 365.

32. Mártir, II. 177-178.

33. Chaunu [5:38], II, 132.

CAPÍTULO 39

1. Probablemente escrito por Cromberger mismo, el poscripto (C, 181-182) explica mal cómo se capturó «Temixtitan» en agosto anterior.

2. Se trata de la bula *Carissime in Christo* fechada en Zaragoza el 9 de mayo de 1522; puede verse en Mendieta [13:64], 128-129.

3. Brandi [6:50], 168.

4. Wagner [8:23], 513, n.º 80. Este autor piensa que las referencias a los bergantines en el folleto francés *Les contrées des îles et des paysages trouvés et conquis par le capitain du trés illustre, trés puissant, invincible Charles, élu empereur romain* (Amberes, sin fecha, pero probablemente de comienzos de 1523), demostraban que el autor, y por tanto también Carlos V, habían visto la carta de marzo.

5. Manuel Foronda y Aguilera, *Estancias y viajes de Carlos V* (Madrid, 1910), 24.

6. Véase la cédula del 8 de mayo de 1523 (AGI, Indif. Gen., leg. 420, n.º 15), por la que se nombra a Beltrán.

7. G, 344, dice que Fonseca juró que las cartas de Cortés nunca verían la luz del día mientras él viviera. Esto explicaría la desaparición de la primera carta, si es que Fonseca fue tan imprudente como para decir semejante cosa.

8. Giménez Fernández [23:44], 15.

9. Giménez Fernández [6:19], II, 781.

10. Acerca de Núñez respecto a este comité, véase Cuevas [6:57], 262. Ordás estaba en apuros, en esa época, pues se le acusaba de haber vendido ilegalmente perlas en Lisboa (Muñoz, A/103, 307).

11. G, 328: en una casa perteneciente a un tal Alonso de Argüello.

12. Mártir, II, 178; véase una nota de Juan Bautista Muñoz en una copia de la *Información de Segura* (Tepeaca), del 4 de setiembre de 1520, en su vol. 4, f. 250.

13. El 4 de noviembre de 1521, el genovés Nicolás de Grimaldo pagó en San Sebastián seis mil ducados para la guerra contra Francisco I de Francia, y se le reembolsó «con el oro de Hernán Cortés y sus procuradores» (Carande, [9:15], III, 69). Supongo que la fuente de Carande fue Muñoz, A/103, f. 279v.

14. Hubo veintitrés sentencias de muerte. Unas veinte personas murieron en prisión antes de que se pudiera juzgarlas. Tal vez cien comuneros pagaron finalmente con la vida su rebelión. Como comenta acertadamente Pérez ([23:52], 633), esto no era muy duro para una rebelión que puso a prueba los fundamentos del Estado. ¡Comparad con el siglo XX!

15. Así, José Gestos, en su *Historia y descripción de la sacristía mayor*, de la catedral de Sevilla (Sevilla, 1892), dice que fue entonces cuando comenzó a pensarse en la decoración de la sacristía.

16. Mártir, II, 200. Juan Dantisco, el embajador polaco, escribiría en 1524 que «nunca se ha visto una corte tan pobre», véase *Boletín de la Real Academia* (1924).

17. AGI, Indif. Gen., leg. 420, lib. 8, ff. 314-315.
18. AGI, Justicia, leg. 220, p. 2, f. 128.
19. CDI, XXVI, 59-65.
20. Esto está en CDIHE, I, 97. Véase CDI, XXVI, 65-70.
21. Oviedo, II, 389.
22. Manuel Fernández Álvarez: «Hernán Cortes y Carlos V», en *Hernán Cortés, Actas del Primer Congreso Internacional sobre...* (Salamanca, 1986).
23. El texto latino dice: «*contra Cortesii astus et ardentem avariciam ac semiapertam tyrannidem formatae sunt*» (*De Orbe Novo*, 1527, 8a. Década, c. 10). Hubo seis cédulas el 15 de octubre: las tres mencionadas en el texto, una referente al salario de Cortés, otra acerca de cuánto debía darse a los conquistadores y una última relativa a puentes y caminos. Véanse los textos en Beatriz Arteaga Garza y Guadalupe Pérez Sanvicente, *Cedulario Cortesiano* (México, 1949), 49-56.
24. Acerca de Ovando, véase Pérez de Tudela [5:40], 206. Acerca de Pedrarias, véase Mena García [6:12], 32. Acerca del piloto mayor, véase Schäfer [6:79], 21. El portero de la Casa de Contratación recibía diez mil maravedís al año (Schäfer [6:79], 48).
25. AGI, Indif. Gen., leg. 420, n.º 15, acerca de Beltrán.
26. Andrea Calvo, *News of the Islands and the Mainland*, tr. con notas de Edward Tytte (Labrynthos, 1985). La publicación debió ser entre mayo de 1522 y marzo de 1523, cuando los Calvo huyeron de Milán.
27. Martínez-Luza [7:3], 3-28.
28. Mártir, II, 145.
29. Felix Gilbert, «The date of the composition of Contarini's and Giannotti's Books on Venice», *Studies in the Renaissance*, 14 (1967), 172-184.
30. Mártir, II, 197. Ribera comenzó a hablar mal de Cortés. Se negó a entregar el dinero destinado al padre de Cortés. Siguió un pleito. Unos años después (pero no antes de que regresara una vez a México), Ribera murió de repente, como sucedía con notable regularidad a los enemigos de Cortés; la muerte ocurrió en Cadalso, en un rincón remoto de Extremadura, después de comer tocino en malas condiciones.
31. C, 285.
32. CDI, XII, 474-475, y C, 285. Véase Silvio Zavala, «Hernán Cortés ante la encomienda», en *Hernán Cortés en su época* (Madrid, 1986), 77-85.
33. C, 285. La mejor introducción sigue siendo Gibson [2:15], c. 1 y Apéndice I. Véase también Silvio Zavala, *La encomienda indiana* (2.ª ed. México, 1973) y, ahora, Robert Hemmerich, *The First Encomenderos of New Spain* (Austin, 1991).
34. Zumárraga al rey, el 27 de agosto de 1527, en CDI, XIII, 107.
35. La encomienda de Alvarado en Jalapa, 24 de agosto de 1522, cit. Res. Alvarado, 177.
36. Zavala [39:33], 323.
37. CDI, XIII, 293-294; Gibson [2:15], 433.
38. Conway, «Hernando Alonso...» [32:13], 13. Alonso, que ya había enviudado, casó más tarde con la hermosa Isabel de Aguilar, hija de un sastre tuerto, a la que prohibió ir a la iglesia durante sus períodos menstruales; esta acusación contra él condujo a su condena a la hoguera en 1528, por «secretas prácticas judías». Fue el primer judío quemado en México.
39. Declaración de Rodrigo de Castañeda en Res (Rayón), I, 235.
40. Henry Wagner ([8:23] 372-377) intentó comparar el tributo obtenido en Tepetlaoztoc (Texcoco) bajo les mexicanos y bajo los españoles. También lo hizo José de la Peña Cámara en su *El Tributo* (Sevilla, 1934), donde sugiere que los indios pagaban seis veces más tributo en 1520 que bajo Moctezuma.

41.   Véanse los comentarios de Vázquez de Tapia, Gonzalo de Mexía, Ojeda, Juan Coronel, Francisco Verdugo y Rodrigo de Castañeda (en Pesquisa Secreta, en AGI, Justicia, leg. 220).

42.   José Matesanz, «Introducción de la ganadería en Nueva España», en HM, XIV, (abril-junio de 1965).

43.   Mártir, II, 357.

44.   Codex Magliabecchiano (Book of the Life of the Ancient Mexicans), ed. Zelia Nuttall (Berkeley, 1903), 72v.

45.   Pedro de Gante mismo aludió una vez a su relación cuando escribió a Carlos V que su majestad conocía cuán cerca estaban, puesto que la misma sangre corría por sus venas. Ernesto de la Torre Villar, «Fray Pedro de Gante», en Estudios de Historia Novohispana, V, 9-77.

46.   Miguel León-Portilla, «Testimonios nahuas sobre la conquista espiritual», ECN, XI, (1974), 11-36. J. Jorge Klor de Alba examina con perspicacia este tema en «Spiritual conquest and accomodation in New Spain», en Collier y cols. [1:9], 345-362.

47.   Rel. de Michoacan, 264.

48.   Andrés de Duero, en Polavieja, 218.

49.   Sobre Suárez, véase Andrés de Tapia en «Información de la filiación de los Assendientes y Dessendientes de Juan Suárez Dávila» (en Aberdeen, Conway, 2713, 8). Sobre la recepción por Cortés, véase Francisco de Orduña, en Res. (Rayón), II, 309.

50.   Vázquez de Tapia le acusó de haber tenido relaciones con cuando menos cuarenta mujeres mexicanas desde 1519. Que Marina acostumbraba a vivir con él en la misma casa se ve claro en una observación del propio Cortés: cuando se le acusó de tener una fundición de oro privada, dijo que los indios que venían a su casa y que sus enemigos suponían que eran metalúrgicos, en realidad llevaban fruta, tabaco y otras cosas para doña Marina (García Llerena, CDI, XXVII, 239).

51.   Bernal Díaz dice que Cortés estaba apenado de verla, pero que no lo dejó traslucir. Debió de saber esto de oídas, puesto que estaba disfrutando del primer año de su encomienda cerca de Coatzalcoalcos (D del C, II, 155).

52.   Wagner [8:23], 407, demostró que Martín debió nacer entre el 19 de julio de 1522 y el 19 de julio de 1523.

53.   CDI, XXVI, 322.

54.   CDI, XXVI, 323.

55.   CDI, XXVI, 329.

56.   CDI, XXVI, 330.

57.   Isidoro Moreno, en CDI, XXVI, 340.

58.   CDI, XXVI, 349.

59.   BAE, X, 227.

60.   Las pruebas de todo esto se hallan en el juicio de residencia (AGI, Justicia, leg. 220, ff. 316-342), pero las declaraciones de la servidumbre de Cortés se encuentran ed. en CDI, XXVI, 298 y ss, entre ellas las de Ana Rodríguez, Elvira Hernández, Antonia Rodríguez, etc. El consejo de fray Olmedo fue, según Juan de Burgos, que Cortés hiciera examinar el cadáver por un médico, en presencia de un abogado, antes de que fuese colocado en un ataúd (Juan de Burgos, en el juicio de residencia de Cortés, en Res. (Rayón), I, 160-162).

61.   Res (Rayón), II, 197 y 217.

62.   Por ejemplo, Wagner [8:23], 408, y Martínez [9:52], 561. Hay también la denuncia de Alfonso Toro, Un crimen de Hernán Cortés (México, 1922), y lo que es, de hecho, una defensa por Ángel Altolaguirre, «Prueba histórica de la inocencia de Hernán Cortés en la muerte de su esposa», BRAH (1920), XXXVI.

63. Suárez de Peralta [9:38], 76-77.

64. Sárez de Peralta [9:38], 77.

65. Véanse las declaraciones de Francisco Osorio, Antonio Velázquez y Pedro de Xerez, en *Docs. Inéditos*, n.º XXVII, 34-78.

66. AGI, Justicia, leg. 224, p. 1, f. 722r.

67. AGI, Justicia, leg. 223, p. 2, f. 511r.

68. AGI, Justicia, leg. 224, p. 1, f. 789v y f. 457v. Fue uno de los primeros africanos libres que se estableció en México y se dijo que había sido el primer hombre que cultivó allí el trigo.

69. AGI, Justicia, leg. 224, p. 1, f. 94v.

70. AGI, Justicia, leg. 224, p. 1, f. 189r.

71. AGI, Justicia, leg. 224, p. 1, f. 378r y leg. 223, p. 2, f. 648v.

72. Cuevas [6:57], véase los testimonios sobre los Suárez en Aberdeen Conway.

73. Res. (Rayón), II, 102.

74. Res. (Rayón), II, 117.

75. Carta de Motolinía a Carlos V, en 1555, en CDI, VII, 254-289. Nuño de Guzmán intentó desprestigiar a Motolinía en 1529, al pedir pruebas de que estaba demasiado en favor de Cortés, como puede verse en el cuestionario (preguntas 18 a 20) y en las declaraciones de Juan de Burgos, García del Pilar, Gerónimo Ruiz de la Mora y Antonio Serrano de Cardona (CDI, XL, 468-570).

76. Véanse datos en el «Juicio seguido por Hernán Cortés contra los Lics. Matienzo y Delgadillo» (1529), en el *Boletín del Archivo General de la Nación*, IX, 3 (julio-agosto de 1938), 403-440.

77. Véase informe del pleito en [39:65], y también en Francisco Fernández del Castillo, *Doña Catalina* (México, 1926), 17.

78. Este permiso se halla en Martín Fernández de Navarrete, *Colección de viajes y descubrimientos que hicieron por mar los Españoles desde fines del siglo XV* (Madrid, 1825), III, 147. Tal vez el interés de Garay fue despertado por el juez Zuazo: véase el estudio de Ana Gimeno Gómez sobre el interés de Zuazo por el «estrecho» [6:25].

79. Esta dama mítica se menciona en una carta fechada el 21 de setiembre de 1522, dirigida por Francisco de Herrera en Cuba a Hernando de Castro en Sevilla (en Otte [6:56], 275), y por Alonso de Zuazo después de ver la escuadra de tesoros de Cortés en Santo Domingo, en 1522.

80. Andrés de Monjaraz en Res. (Rayón), II, 74-75.

81. E. Rodríguez Demorizi [6:27], 84.

82. Tal vez el río Palmas sea el actual río Barbarena.

83. Mártir, II, 334.

84. Sancho Pizarro, Gonzalo de Figueroa y Diego Ruiz de Carrión, en una pesquisa efectuada en diciembre de 1523 (CDI, XXXVI, 77-135).

85. Se firmó el 23 de abril de 1523 y se leyó en una reunión del regimiento de México el 3 de setiembre de 1523.

86. C, 304.

87. Declaraciones de Hernando Alonso Herrera y Gonzalo Sánchez de Colmenares, en Conway (Camb.), Add. 7284, 53 y 60.

88. CDI, XXVII, 396. Era una hija nacida en Cuba, probablemente de la india Leonor Pizarro.

89. Res (Rayón), I, 284.

90. La versión de Cortés del asunto Garay puede verse en la declaración de García Llerena en respuesta a la pregunta 59 del cuestionario principal del juicio de residencia de Cortés, en CDI, XXVII, 261-264. Véanse también las preguntas 227-238 del cuestionario de Cortés, en CDI, XXVII, 395-397. Se habla mucho de Garay en la cuarta carta de Cortés y en Mártir, II, 331-345.

91. Se trata de una ordenanza del 23 de junio de 1523 (en CDI, XXIII,

353-368, y en Cárdenas [15:32], 240-245). Legó a México al mismo tiempo que las demás ordenanzas del mes de octubre anterior. Para la recepción por la corona de la carta de Cortés sobre las encomiendas, véase Mártir, II, 184.

92. Cuevas [6:57], XXV; Mártir, II, 350.

93. CDI, XXVI, 80; CDI, XXVI, 131; CDI, XXVI, 521; C, 310. La referencia es al cantar segundo del *Poema del Mio Cid*.

94. Mártir, II, 350-351.

95. Documentos de Medellín, leg. 5, 30 (Archivo de la casa de Medellín, Casa de Pilatos). Confirma que Cortés prefería este título el que lo pusiera en primer lugar, cuando trató de ingresar en la Orden de Santiago (AHN, Santiago, cit. BRAH, 1892, 20-21, 191).

96. Gonzalo de Mexía (Pesquisa Secreta, en AGI, Justicia, leg. 220).

97. Mendieta [13:64], I, 128, a base de un pariente de Juan de Villagómez, a la sazón al servicio de Cortés.

98. *Codex Aubin* [4:8], 62.

99. Mendieta [13:64], I, 203-204. Acerca de fray Martín de Valencia, véase su biografía por fray Francisco Jiménez, compañero suyo, ed. en *Archivo Ibero-Americano*, XXVI (1926), 48-83.

100. Para una buena introducción, vease Duverger [1:44], c. 1.

101. Muriel [22:92], 105-106, examina este tema. Tezozomoc, que era pariente de Cuauhtémoc, dice que fue bautizado, pero sólo en 1525, antes de que le ahorcaran ([1:18], 338-339).

102. Hay insinuaciones sobre estos oscuros acontecimientos en Ixtlilxochitl, *Decimatercia relación*, 57, y en Motolinía [1:1], 20.

103. Para la fecha, véase Duverger [1:44], 40.

104. La respuesta de los sacerdotes, en Garibay, *Historia de la literatura náhuatl*, II, 245, y León Portilla (1986), 151 y 155. *Coloquios* [29:13]. Mendieta escribió sobre la reunión [13:64], I, 130-131. El mejor estudio de los antecedentes está en Duverger [1:44], 43-125. Hay algunas dudas sobre la validez de este texto, en el que es evidente que metió la pluma Sahagún.

105. Ángel María Garibay, *Poesía lírica náhuatl* (México, 1968), III, 5. Texto rectificado por León-Portilla.

EPÍLOGO

1. Miguel León-Portilla, *Cantos y crónicas*, 173.

2. Para la carta de Gante, del 27 de junio de 1529, véase García Icazbalceta (1954), 103. Había todavía en Sevilla, entonces, capillas abiertas, en San Francisco y San Salvador. Véase Emilio Gómez Piñol, «Arquitectura y ornamentación en los primeros atrios franciscanos» [6:25].

3. Véase el discurso de Cisneros sobre la conversión de cincuenta mil, en 1500, cit. Hillgarth [5:24], II, 424.

4. *Cartas de Indias* (Madrid, 1877), 65; Duverger [11:44], 153.

5. Para Tastera, véase el artículo de Fidel Chauvet, *Estudios de Historia Novohispana*, III, 7-33.

6. Miguel León-Portilla, «Testimonios nahuas sobre la conquista espiritual», ECN, XI (1974); Motolinía [1:1], I, 210.

7. Cit. Robert Ricard, *La «conquête spirituelle» du Méxique* (París, 1933), 91.

8. Anderson y cols. [19:79], 199; carta del 9 de octubre de 1587, tr. del náhuatl. Véase un extenso estudio en James Lockhart, *Nahuas and Spaniards* (Nueva York, 1991).

9. Camargo, 233-240.

10. Durán escribió, en los años de 1560, que las antiguas creencias eran todavía tan numerosas, tan complejas, tan similares en muchos casos, que unas

se sobreponían a las otras; a veces, pensaba que estaban jugando, adorando ídolos, echando suertes delante de sus mismos ojos (Durán, I, 5-6).

11. Mendieta [13:64], II, 738.

12. Juan Tetón, 1558, Archivo Capitular de Guadalupe, cit. León-Portilla [39:46], 31.

13. *Proceso inquisitorial del cacique de Texcoco* (México, 1910), 4.

14. *Procesos de Indios idólatras y hechiceros* (México, 1912), 205-215.

15. Hernando Ruiz de Alarcón, Pedro Sánchez de Aguilar y Gonzalo de Balsalobre, *Tratado de las idolatrías...* (México, 1953), 102, cit. Anderson [16:63], 32.

16. Gordon F. Ekholm, «Wheeled toys in Mexico», *American Antiquity*, 11, n.º 4 (1946); Res (Rayón), II, 68; Robert Lister en *American Antiquity*, 3 (1947), 185.

17. Kubler [37:59], II, 1221.

18. Armillas [2:15], 58.

19. George Kubler, «On the colonial extinction of the motifs of pre-colombian art» en S. K. Lothrop, *Essays in precolombian art and archeology* (Cambridge, Mass., 1961).

20. Pasztory [13:52], 104, 119.

21. Bernard Ortiz de Montellano, «Aztec Cannibalism: An Ecological Necessity?», *Science*, 200 (1978), 611-617.

22. Carlos Sempat Assadourián («La despoblación indígena en Perú y Nueva España durante el siglo XVI...», HM, XXXVIII [1989], 420) advierte que no debe pensarse que la enfermedad fuera la única causa.

23. Véase *Relación de Cholula* [13:50], donde Gabriel Rojas, el corregidor, dijo que había más de cuarenta mil, en la ciudad, en el pasado, en vez de los nueve mil de 1582.

24. J. Klor de Alva, en Hugh Thomas, *The Real Discovery of America* (Nueva York, 1992), 46.

25. Juan Friede considera que esto es una subestimación («Algunas observaciones sobre la realidad de la emigración española a América en la primera mitad del siglo XVI», R de I, XII [1952], 467-496.

26. Alfred W. Crosby, *Ecological Imperialism: the Biological Expansion* (Cambridge, Mass., 1986), 155.

27. Wigberto Jiménez Moreno, «Los hallazgos de Ichcateopan», HM, XII (octubre-diciembre 1962).

28. Muriel [22:92], 67.

29. Juan Cano a Oviedo, IV, 260. Para un estudio de esto, véase Donald Chipman, «Isabel Moctezuma: a pioneer of mestizaje», en Sweet y Nash [4:40], 1981.

30. Carta del 18 de noviembre de 1598 a sus sobrinas, en Anderson y cols. [19:79], 207.

31. En AGN, Hospital de Jesús, leg. 285, expediente 99, f. 152, su hijo Martín Cortés dice en 1551 que vivía en una casa perteneciente a Xoan Rodríguez Albañiz «*en que bibe al presente doña Marina*». Pero Luis de Quesada, casado con la hija de Marina y Jaramillo, doña María, en una carta del 15 de febrero de 1552 habla de ella como si hubiera muerto ya en 1552. Eso descarta la observación de Eulalia Guzmán, según la cual nadie dijo cuándo, dónde y cómo murió ([7:17], 108).

32. Véase Georges Baudot, «Pretendientes al imperio mexicano en 1576», HM, LXXVII (1970), 42.

33. Oviedo, II, 150; el testamento de Velázquez se redactó en 1524, en Santiago, y se abrió y registró, al parecer, en Cuéllar en 1530. El juicio de residencia ante el licenciado Juan Altamirano (nombre poco alentador para los amigos de Velázquez, aunque su relación con Cortés no está clara —¿era primo

segundo?—), empezó en junio de 1525 (AGI, leg. 49). Nada muestra mejor el cambio en la empresa española en América que esta investigación en pequeña escala, con acusaciones sobre mulas prestadas y no devueltas y la fundición ilegal de diminutas cantidades de oro, comparada con la colosal escala de las acusaciones dirigidas más tarde contra Cortés.

34. *Varia Velazqueña. Homenaje en el cuarto aniversario de su muerte* (Madrid, 1960), II, 303-377, publicó la genealogía del pintor al solicitar su ingreso en la Orden de Santiago. En ella se ve que Jerónima Velázquez, madre del pintor, era hija de Juan Velázquez y Catalina de Cayas (a su vez hija de Andrés de Buen Rostro), ambos de Sevilla. Todos los testigos sevillanos dijeron que sabían que Juan Velázquez, abuelo del pintor, era un hijodalgo, con el privilegio de la «blanca de carne» (una devolución de impuestos sobre la carne: medio maravedí por libra de carne comprada), y hasta «noble», como Andrés de Buen Rostro. En el Libro de Imposición de la Carne, 7 de julio de 1600, se menciona a Juan Velázquez y Andrés de Buen Rostro. Pero ahí se terminan las pistas hacia el pasado.

35. María Concepción Sáiz y María Ángeles Albert de León, «Exotismo y belleza de una cerámica», *Artes de México*, 14 (México, 1991).

36. Otte [11:15].

37. Torquemada [1:24], 116.

38. D del C, II, 535. Sobre los mercaderes en Sevilla, véase Giménez Fernández [6:19], II, 1123, n.º 3858; Eufemio Lorenzo Sanz, *Comercio de España con América en la época de Felipe II* (Valladolid, 1979), I, 216-256, y Enrique Otte, *Mercaderes* [15:83].

39. Las declaraciones de testigos (Juan de Montoya, de sesenta y cinco años de edad, Diego López, de treinta y nueve, Juan Núñez de Prado, de ochenta años, etc.) relacionadas con el ingreso de Cortés en la Orden de Santiago, están en BRAH, XX-XXI (1893), 191-199.

40. Un relato de primera mano de esos años puede hallarse en la carta del obispo Zumárraga a Carlos V, del 27 de agosto de 1529, en CDI, XIII, 104.

41. Sobre los rumores, véase Martín de Salinas al infante Fernando, en A. Rodríguez Villa: *El emperador Carlos V y su corte, 1522-1529* (Madrid, 1903), 318, 322. Oviedo, IV, 242 (basado en lo que contó fray Diego de Loaysa, que acompañó a Cortés de Vera Cruz a La Habana).

42. Howard Cline, «Hernando Cortés y los Indios Aztecas en España», *Norte* (Monterrey), 242, 61-70, publicado también en *Quarterly Journal of the Library of Congress* (abril de 1969).

43. Acerca del elefante del conde de Benavente, véase Vital en *Viajes* [5:20], 752.

44. Amanda López Meneses, «El primer regreso de Hernán Cortés a España», R de I, XIV (enero-junio de 1954), 69-91. Para el alacrán, véase Marita Martínez del Río de Redo, «Joyas coloniales románticas», en *Artes de México*, 165 (1960), y Antonio Ramiro Chico, «Bibliografía de Hernán Cortés en Guadalupe», en *Hernán Cortés y su tiempo* [9:22], 720.

45. AGI, Justicia, leg. 712, cit. Otte [11:5], 112.

46. Cédula de Carlos V, del 5 de noviembre de 1529, en CDIHE, II, 401. Para la danza, véase Esteban Palomera, *Fray Diego Valadés* (México, 1968), donde se publica la *Crónica Mexicana* de Valadés.

47. Antonio Muro Orejón, *Hernán Cortés. Exequias, almoneda e inventario de sus bienes* (Sevilla, 1967). Acerca del duque de Béjar, uno de los mayores ganaderos de España, véase Altman [9:23], 146. Para un extremeño debió de ser muy satisfactorio casarse con alguien de su familia. Sobre la boda en Béjar, véase AGN, Hospital de Jesús, leg. 123.

48. Cifras (para 1500), en Lalaing, en *Viajes* [5:20], 489-490.

49.   Los esbozos están en el Museo Alemán de Nurenberg. Véase Hampfe, *Weiditz* [10:38]. Parte de los diarios de Dantisco durante su estancia en España fueron ed. en el *Boletín de la Real Academia*, en 1924, y, más brevemente, en *Viajes* [5:20], 791. La parte que cubre los años 1528 y 1529 parecen haberse perdido, tal vez destruida en Leipzig durante la segunda guerra mundial.

50.   AGI, Contratación, leg. 4673, B, ff. 124v-127v, cit. Howard Cline, «Hernando Cortés y los Indios Aztecas en España», *Norte* (242), 58-70.

51.   Gibson [16:54], 16. Seguramente eran los indios que Navagero vio en Sevilla lanzando pedazos de madera con sus pies y haciendo otras maravillas (*Viajes* [5:20], 851-852).

52.   Honour [5:11], 61.

53.   Estos hijos eran Martín Cortés, hijo de Marina; Luis Altamirano, hijo de Antonia Hermosillo, y Catalina Pizarro, hija de una muchacha cubana conocida por Leonor Pizarro. Para el regreso de Cortés, véase el registro de a bordo de los buques en Martínez, *Docs.*, III, 116-131.

54.   Sobre el escudo en el palacio de Cortés, véase Pedro de Valladolid contra Nuño de Guzmán (Aberdeen, Conway 40). Charles Verlinden, «Cortés como empresario económico y la mano de obra esclava», HM, XXXVIII (1989), 771.

55.   Res. (Rayón), II, 68.

56.   Martínez-Luza [7:3], 6.

57.   Sepúlveda, 113. Pero tres cartas de Cortés publicadas por Rita Goldberg, *Hernán Cortés y su familia en los archivos españoles* (Madrid, 1987), lo muestran interesado en nuevas aventuras, incluso en el último año de su vida, pues contrajo una deuda para armas, etc., con un genovés, Julio Canova (no pagada hasta los años de 1570).

58.   Para el testamento de Cortés, véase Muro Orejón [Epílogo: 47], y G. R. G. Conway, *Postrera voluntad y testamento de Hernán Cortés* (México, 1940). Las camas se describen en Muro Orejón, 71. Para Boti (de hecho, Botti), véase Carande [9:15], I, 311-315. San Isidoro del Campo era un monasterio jerónimo, cuyo prior y varios monjes fueron quemados en 1559, acusados de luteranismo secreto («Relación de las personas que salieron al auto de fe... 24 de setiembre de 1559» en el Museo Británico, Add. MS, 21, 447, f. 93). Para los bienes de Cortés, véase «Inventario de 1549», en AGN, Hospital de Jesús, leg. 28, expediente 39.

59.   Francisco de la Maza, «Los restos de Hernán Cortés», en *Cuadernos Americanos*, XXXI, I (1947), 153-174.

60.   Honour [5:11], 62.

61.   R. O. Jones, *A literary history of Spain* (Londres, 1971), 50. Sobre el papel de los tlaxcaltecas, véase *Inf. de 1565*, 75.

62.   Véase Vicente Barrantes, «Discurso leído ante la Real Academia de la Historia», 14 de enero de 1872. Tanto Elliott [9:76], 48, como Alfonso Figueroa y Melgar, *Algunas familias españolas*, 3, (1967), 723, notan la similitud del carácter de esta persona con el de Cortés, su primo segundo. El juicio de Navarrete en AGI, Justicia, leg. 223, p. 2, f. 424.

63.   Para la inspiración clásica de estos versos (probablemente de Justino) véase Juan Gil, «Los modelos clásicos en el Descubrimiento», en María de las Nieves Muñiz, ed. *Espacio geográfico, espacio imaginado* (Cáceres, 1993), 25. Quienes lo llevaron fueron Francisco de Montejo *el Mozo*, futuro conquistador del Yucatán; Diego de Soto, sucesor de Alderete como tesorero, y Juan Velázquez de Salazar (en AGI, Justicia, leg. 126, n.º 5). Antonio de Oliver confirmó que la plata (adulterada) procedía de Michoacán: véase *Inf. de Antonio de Huitsimingari* (AGI, Patronato, leg. 60, ff. 29v-30). Mártir, II, 399-400, para una descripción.

APÉNDICES

1. Para un espléndido estudio de las distintas cifras dadas por Las Casas en ocasiones distintas respecto a la población de La Española en 1492, véase David Henige, «On the contact population of Hispaniola: History as higher mathematics», HAHR, 58, 2, mayo de 1978.

2. Francisco Javier Clavijero, *Historia antigua de México*, 4 vols. (México, 1945), vol. 2, 561-570.

3. William Robertson, *The History of America*, 2 vols. (Londres, 1777), vol. 2, 276 y 476 n.º XLIX.

4. Karl Sapper, «Die Zahl und die Volksdichte der indianischen Bevölkerung in Amerika vor der Conquista und in der Gegenward», *Proceedings of the 21st. International Congress of Americanists* (La Haya, 1924), vol. I, 100.

5. Alfred Kroeber, *Cultural and Natural Areas of Native North America* (Berkeley, 1939), 166.

6. George Kubler, «Population movements in Mexico, 1520-1600», en HAHR, 22, 606-643.

7. Ángel Rosenblat, *La población indígena y el mestizaje en América*, 2 vols. (Buenos Aires, 1954), vol. I, 102.

8. Leslie B. Simpson y Sherburne Cook, «The population of Central Mexico in the Sixteenth Century», *Ibero-Americana*, 31 (1948), 18-38.

9. Sherburne Cook y Woodrow Borah, «The rate of population change in Central Mexico, 1550-1570», HAHR, 37, 460.

10. Sherburne Cook and Woodrow Borah, «The aboriginal population of Central Mexico on the eve of the Spanish conquest», *Ibero-Americana*, 45 (Berkeley), 88.

11. Henry Dobyns, «Estimating aboriginal american population», *Current Anthropology*, octubre de 1966, 95-116, con comentarios de muy diversas personas.

12. William Sanders, en William M. Denevan ed., *The native population of the Americas in 1492* (Madison, 1976).

13. Denevan [Apéndices: 12], 291.

14. Pedro Armillas, «Gardens in swamps», *Science*, 174.

15. W. T. Sanders, «Agricultural History», en Eric Wolf ed., *The Valley of Mexico* (Albuquerque, 1976), 135.

16. Carlos Rangel, *Du nobles auvage au bon révolutionnaire* (París, 1976), 203.

17. Hachette, *Guides Bleu* (México, 1984), 87-88.

18. Woodrow Borah y Sherburne Cook, *Essays in population history*, vol. III (Berkeley, 1979).

19. W. T. Sanders, con Jeffrey R. Parsons y Robert S. Santley, *The Basin of Mexico: Ecological Process in the Evolution of a Civilisation* (Nueva York y Londres, 1979), 378-379.

20. Rudolfo A. Zambardino, «Mexico's population in the sixteenth century: demographic anomaly or mathematical illusion», *Journal of Interdisciplinary History*, XI, 1, verano de 1980.

21. Inga Clendinnen, *Aztecs* (Cambridge, 1991), 18.

22. R. van Zantwijk, *The Aztec Arrangement* (Norman, 1985), 285. La explicación puede deberse al hecho de que este libro era una versión ampliada de un libro publicado en holandés en 1977.

23. Mary Ellen Miller, *The art of Mesoamerica* (Nueva York, 1986), 230; Frances Berdan, Patricia Anawalt y cols., «The Codex Mendoza», *The Scientific American*, junio de 1992.

24. Denevan [Apéndices: 12], 46.

25. Hernán Cortés, *Cartas de relación*, ed. Mario Hernández (Madrid, 1985), 132.

26. Francisco López de Gómara, *La conquista de México*, ed. José Luis de Rojas (Madrid, 1987), 180.

27. Joaquín García Icazbalceta ed., *Documentos inéditos para la historia de México* (México, 1980), vol. I, 391.

28. Oviedo, V, 44.

29. George C. Vaillant, *The Aztecs of Mexico* (Harmondsworth, 1973), 127, 137.

30. Bartolomé de las Casas, *Apologética Historia de las Indias*, en BAE, XIII, 131.

31. Manuel Toussaint, Federico Gómez de Orozco y Justino Fernández, *Planos de la ciudad de México* (México, 1938).

32. Jacques Soustelle, *La Vie Quotidienne des Aztéques* (París, 1955), 34.

33. Borah y Cook [Apéndices: 10], 63.

34. En Denevan [Apéndices: 12], 25, n.º 32.

35. En Denevan [Apéndices: 12], 82, 148-149.

36. Edward Calnek, «The Internal Structure of Tenochtitlan», en E. Wolf ed., *The Valley of Mexico* (Albuquerque, 1970)

37. W. T. Sanders y cols. [2:21], 183-219.

38. Miguel León-Portilla, *Toltecayotl, aspectos de la cultura náhuatl* (México, 1980), 252.

39. José Luis de Rojas, *México Tenochtitlan* (México, 1986), 35, 84.

40. Nigel Davies, *The Aztec Empire* (Norman, 1987), 169.

41. Eduardo Matos Moctezuma, *The Great Temple of the Aztecs* (Londres, 1988), 15; Berdan y Anwalt [Apéndices: 23].

42. «*los indios no son de las tres partes la una de los que solía haber*»: Alonso de Zorita, *Relación de los Señores de la Nueva España* (Madrid, 1992), 162.

43. Nicolás Sánchez Albornoz, *La población de América Latina* (Madrid, 1976), 32.

DOCUMENTOS

1. Diego Pizarro era probablemente hijo de Juana Sánchez Pizarro, *la Pizarra*, y, por tanto, sobrino de la madre de Cortés, Catalina. Véase Genealogía III. El hecho de que el padre de *la Pizarra*, Diego Alfon Altamirano, fuera un escribano al servicio de la corte de Medellín, da cierto picante a esta anécdota. Por el otro lado de su familia, Diego Pizarro era primo hermano de Gonzalo Pizarro, padre del conquistador del Perú.

2. La diversidad de la ortografía del nombre de Martín Cortés se explica por la general vaguedad de la ortografía en aquellos tiempos. Se dice que Martín Cortés era de Don Benito, a orillas del Guadiana, a unos kilómetros al este de Medellín, puesto que, al parecer, sus viñedos, etc., estaban allí.

3. Luis Fernández Alfaro, que se ocupó más tarde del comercio de perlas en Venezuela, es objeto de estudio en el texto. Se interesó por negocios en el Yucatán en 1519, época en la que estaba enterado de cuanto sucedía en el Caribe. Fue un eslabón esencial entre Cortés y el mundo de los negocios de Sevilla. La primera referencia a él que he encontrado es como maestre de una nao a Santo Domingo, en 1502. En 1506 formó una compañía con Bartolomé Díaz, amigo de Las Casas y cómitre del rey, para vender tejidos en las Indias. Francisco Lizaur, el agente financiero de Ovando, le hizo en 1511 un préstamo de sesenta pesos de oro, como puede verse en el catálogo de APS, libro para 1511, oficio 1 (Mateo de la Cuadra), lib. 1, f. 176v.

4. Alonso de Céspedes, tío de Alonso Hernández Portocarrero, era juez de las gradas de Sevilla. Se le consideraba un «colombista», pues era amigo de Diego Colón. Fue otra figura clave en las finanzas de Cortés.

5. O sea, Culhúa.

6. Fue piloto de Cortés y de Ponce de León, León Hernández de Córdoba y Grijalva. Iba en su buque, el *Santa María de la Concepción*, para su regreso a España.

7. Esta persona fue el mayordomo de Cortés e hizo importantes declaraciones en el juicio de residencia de Cortés, en AGI, Justicia, leg. 223, ff. 207r, 309v.

Fuentes

Dado el carácter detallado de las notas, no parece necesario ofrecer una extensa bibliografía en que se señalen las fuentes consultadas. Pero parece deseable resumir las principales fuentes disponibles. La primera sección señala el material necesario para la comprensión de los mexicanos. La segunda, aquél referente a España y a los conquistadores. Para una bibliografía especial de los códices, véase José Aleina Franch, *Códices Mexicanos* (Madrid, 1992).

Las obras de especial valor o utilidad se marcan con un asterisco (*).

MATERIAL MEXICANO

Acosta, José, J. S.: Historia natural y moral de las Indias (ed. 1950). Ed. moderna en BAE, ed. Fr. Francisco Mateos (Madrid, 1954), y Edmundo O'Gorman (México, 1962). La principal fuente de Acosta fue el jesuita Juan de Tovar (véase Códice Ramírez), de cuya obra incorporó buena parte en la suya. También empleó a Durán (véase más abajo). Se apoyó, probablemente de modo indirecto, en la Crónica X. Sin especial valor.

* *Alva Ixtlilxochitl, Fernando de: Obras Históricas.* Primera ed. Alfonso Chavero (1891). La mejor ed. es la de Edmundo O'Gorman (México, 1975, 2 vols.). Ixtlilxochitl era un mestizo descendiente de los reyes de Texcoco (véase Genealogía IV). Sus obras son una defensa de estos monarcas, hostiles a los mexicas y fueron escritas a la sombra de las quejas de su familia contra los españoles a los que aquélla había ayudado. Aunque escribió a comienzos del siglo XVII, tenía informantes de primera mano, por ejemplo «Don Alonso» Axayacatzin, hijo del emperador Cuitláhuac, que le dio documentos (los nombres de los informantes están en la ed. de O'Gorman, I, 285-286). Sus obras son: a) * *Historia de la Nación Chichimeca* (que aparece como vol. II de la ed. de O'Gorman, reeditada en Madrid, 1988, en *Crónicas de América*, ed. Germán Vázquez); b) diversas *Relaciones Históricas*, que aparecen como vol. I de la ed. de O'Gorman, de las cuales varias dan información sobre la conquista, como la * *Decimatercia Relación, «De la venida de los españoles y principio de la ley evangélica»* (publicada separadamente en México en 1938) y el apéndice 6 de la *Sumaria relación de las Cosas de la Nueva España* (en ed. O'Gorman, I, 387-393).

Alvarado Tezozomoc, Fernando de: a) * *Crónica Mexicana,* escrita en español ca. 1598 (ed. México, 1878; nueva ed. México, 1944). Es una historia convencional, que explica la historia de México hasta la llegada de Cortés o Grijalva; *b)* * *Crónica Mexicayotl.* Anales en náhuatl, empezada en 1608, tr. Adrián León (México, 1949). Gran parte de esta obra es una revisión de la *Crónica Mexicana.*

Tezozomoc era hijo de Francisca, hija de Moctezuma, que casó con su primo, Diego de Alvarado Huanitzin.

Anales de Cuauhtitlán: véase *Códice Chimalpopoca.*

* *Anales de Tlatelolco o Unos anales históricos de la Nación Mexicana,* o, simplemente, *Anales.* Ms. en la Biblioteca Nacional de París, probablemente de 1524-1528, en náhuatl, por un vecino de Tlatelolco; ed. en español (1948) por Heinrich Berlin, sumario por Robert H. Barlow (nueva ed. México, 1980). Tal vez el autor fuera Pablo Nazareo, de Xaltocan, sobrino de Moctezuma II y alumno del colegio de Tlatelolco. Ed. facsímil por Ernst Mengin, *Corpus Codicum Americanorum Medii Aevi,* vol. II (Copenhague, 1945).

Es la narración histórica más antigua escrita por un mexicano en náhuatl con escritura latina. En ella, los mexicanos expresan sus sentimientos sin autohispanización. En cinco partes, la última de las cuales, «Relación de la conquista por informantes anónimos de Tlatelolco» está tr. al español por Ángel María Garibay y comprende las págs. 812-823 de su edición de Sahagún (véase más abajo). Ed. completa en Miguel León-Portilla, *La visión de los vencidos* (Madrid, 1985), 139-163.

* *Cantares Mexicanos*: Mss. en la Biblioteca Nacional de México, probablemente una copia ca. 1560 de una transcripción anterior. Ochenta y cinco folios de poemas en náhuatl, usados por Miguel León-Portilla en sus *Cantos y Crónicas del México Antiguo* (Madrid, 1986), y por Garibay en sus diversas ediciones de literatura náhuatl. Ed. facsímil por Antonio Peñafiel (México, 1904).

* Castillo, Cristóbal del: *Fragmentos de la obra general sobre la historia de los mexicanos,* escritos ca. 1600, tr. del náhuatl por fray José Antonio Pichardo y ed. por Francisco Paso y Troncoso (Florencia, 1908). Es una vívida descripción de las migraciones de los mexicas. Castillo era probablemente mexicano puro. Odiaba a los conquistadores.

* *Códice Aubin* (llamado también *Códice de 1576*). En la Biblioteca Británica de Londres (Add. Mss. 31219). Ed. por Joseph Aubin. Hay una ed. por E. Lacroix (1893) con el título de *Histoire de la nation mexicaine depuis le départ d'Azatlan.* Pertenecía a José María Aubin. La mejor ed. es la de Charles Dibble (Madrid, 1963). Se trata de una colección en imágenes de dibujos, sagas, poemas, etc., que cubren los acontecimientos desde la salida de Azatlan hasta la conquista, llena de interesantes datos. En estilo se acerca al *Códice Borbonicus.* Parece que procede de Tlaxcala. Contiene un *tonalamatl* (libro de los días y los destinos).

Códice Azcatitlan (llamado también *Histoire Mexicaine*). Ed. por R. H. Barlow, JSAP, v. XXXVIII, 101-135 (París, 1949). Texto incompleto de cincuenta páginas, con una historia gráfica de los mexicas, incluyendo sus conquistas desde que salieron de Azatlan. En el siglo XVII estaba en la colección de Boturini, de la cual pasó, como el Códice Xolotl, a Aubin, y de él a la Biblioteca National de París, donde ahora se halla.

Códice Badianus, ca. 1551, un herbario escrito en latín por Juan Badianus, un indio de Xochimilco que enseñaba en Santiago Tlatelolco. Está basado en una obra en náhuatl de Martín de la Cruz. Útil tanto para conocer la mentalidad mexica como la lengua náhuatl. Ed. con el título de «The Badianus Manuscript» por el doctor Emili Emmart (Baltimore, 1940). En español y en ed. facsímil por el doctor Efrén del Pozo (México, 1964).

Códice Becker. Códice mixteca de veintiséis páginas, que se halla en el Museo Etnográfico de Viena. Propiedad de una familia mixteca hasta mediados del siglo XIX, comprado por Philip Becker de Darmstadt. Ed. facsímil (Ginebra 1891) por Henri de Saussure con el título de «Le manuscrit du cacique». Está escrito en zapoteca con letra española. Probablemente era parte del *Códice Colombino* (véase más abajo). Nueva ed. por Karl Novotny (Graz, 1964).

Códice Bodley. Mixteca, ca. 1521. En la Biblioteca Bodleiana de Oxford, a donde llegó a comienzos del siglo XVII, tal vez robado por el conde de Essex en una incursión en Portugal. Es la historia de una princesa, con genealogías de señores mixtecas de Tilantongo y Teozacoalco. Ed. por Alfonso Caso (México, 1947).

Códice Borbonicus. Está en el Palais Bourbon (Asamblea Nacional francesa) de París. Se compone de treinta y seis grandes páginas, de las cuales dos se han perdido. Estuvo en El Escorial. Llegó a París ca. 1823. Ed. facsímil en París, 1899, y Graz, 1974. Es el único libro ideográfico plegable mexicano que data de la época de la conquista. Las notas en español que contiene le fueron agregadas más tarde. Tal vez dibujado en Iztapalapa o Culhuacan siguiendo un modelo anterior. En parte es un *tonalamatl* y en parte un relato ideográfico de los festejos del año.

Códice Borgia. Esta obra precortesiana se llama así porque a fines del siglo XVIII estaba en la colección del cardenal Stefano Borgia. Ahora se halla en la biblioteca del Vaticano. Procede de Puebla o Tlaxcala. Describe a los dioses que fiscalizaban el calendario ritual, e incluye un *tonalamatl*. Ed. facsímil con intr. en italiano, en Roma, en 1898, como Codice Messicano I, en México, en 1963, y en Graz en 1976. Forma parte del llamado «Grupo Borgia» de manuscritos.

Códice Boturini (*Tira de la Peregrinación* o *Tira del Museo*). Ed. México, 1975. Manuscrito en forma de acordeón pintado en Tepic c. 1535. Tal vez es copia de una obra de antes de la conquista. Cuenta el viaje de los mexicas de Azatlan al Valle de México. Se halla en el Museo Nacional de Antropología de México.

* *Códice Chimalpopoca*. Este documento, con título inadecuado, contiene: *a*) *Anales de Cuauhtitlán* (llamado también *Anónimo de 1570* e *Historia de los Reynos de Culhuacan y México*), escrito c. 1570 (véase Robert H. Barlow, HAHR, 27, 520-526, y Garibay, *Literatura Náhuatl*, I, 27-28). Tr. por Bierhorst en *Four Masterworks of American Indian Literature* (Nueva York, 1974). Sus sesenta y ocho páginas inclyen un relato sobre la juventud de Nezahualcoyotl; y *b*) *Leyenda de los Soles* (llamado también *Manuscrito de 1558*), colección de mitos para ser recitados. Parecido al Códice Mendocino. Tal vez incluye relatos de algunos de los testigos de Sahagún. Ed. Primo Velázquez (México, 1945).

Códice Colombino. Museo Nacional de Antropología, México. Mixteca. Probablemente parte del mismo ms. que el Códice Becker. Conocido desde 1717. Ed. por Alfonso Caso y May Elisabeth Smith (México, 1966).

Códice Cospi. Biblioteca Universitaria de Bolonia. Mixteca, anterior a la conquista. Es un ritual ideográfico plegable, como los que existían en los templos o seminarios del imperio mexicano. Ed. facsímil en Roma, 1898. Su nombre viene del marqués de Cospi, al que le fue ofrecido como regalo de Navidad en 1665. Este noble fundó un museo en Bolonia (Museo Cospiano), que contenía antaño este códice. Es uno de los ms. del «Grupo Borgia». Nueva ed. por Carmen Aguilera (Puebla, 1985).

Códice Dresde. Maya, en la Biblioteca Estatal de Sajonia, en Dresde. Se trata de treinta y nueve hojas en forma de acordeón, pintadas ca. 1000. Es el más hermoso e interesante de todos los códices. En su mayor parte en negro y rojo, pero también con algunos otros colores. Contiene augurios y predicciones para la agricultura. Describe muchos cálculos y rituales. Al parecer, de Chichén Itzá. Sir E. Thompson sugirió que Cortés lo envió en 1519 a Carlos V. En 1739 estaba en Viena, cuando la biblioteca de Dresde lo adquirió. La mejor ed. es probablemente la de Graz, 1975.

Códice en Cruz. En la Biblioteca Nacional. Describe Cuauhtitlán, Texcoco y México, 1402-1557. Tres páginas, probablemente en biombo en su origen. Cada una presenta la narración de un siglo (cincuenta y dos años) antes de la conquista. Anterior a 1557. Ed. por Charles Dibble, México, 1942.

Códice Féjerváry-Mayer (Tonalamatl de los Pochtecas). Su nombre viene de la familia Féjerváry, que lo vendió a Joseph Mayer de Liverpool, quien lo ofreció al museo de esta ciudad, donde se halla actualmente. Probablemente mixteca. Da instrucciones para los mercaderes (*pochtecas*). Ed. en París en 1901, y en México en 1985 por León-Portilla. Pertenece al «Grupo Borgia».

* *Códice Florentino (Historia General de las Cosas de la Nueva España,* por fray Bernardino de Sahagún). Influido probablemente por la historia natural de Plinio. Sahagún trató de dar una imagen de la vida bajo el antiguo régimen mexicano. Empezó su obra en 1547 y consultó a mexicanos supervivientes en Tepepolco en los años de 1550 y luego en Tlatelolco.

Sus informantes fueron todos mexicanos que habían adoptado nombres españoles: Martín Jacovita, Diego de Grado y Bonifacio Maximiliano, de Tlatelolco; Alonso Vegeriano y Pedro de San Buenaventura, de Cuauhtitlán; Mateo Severiano, de Xochimilco, y Antonio Valeriano, de Azcapotzalco. Pudieron recordar mal muchas cosas o distorsionar la verdad por inquina hacia los conquistadores. Algunos relatos pudieron transcribirse mal por Sahagún, que tenía sus propios prejuicios. Pero Sahagún se esforzó mucho en comprobar su material.

El resultado es un libro maravilloso, que constituye la más impresionante de todas las fuentes sobre el antiguo México. Los informantes eran todos antiguos estudiantes de los *calmécac* y debieron aprender de memoria en ellos viejas canciones, leyendas, reglas y recitados. Sahagún dijo de sus fuentes que eran personas principales de buen juicio y que creía que dijeron toda la verdad. Sus datos en náhuatl están en el Códice Florentino, llamado así porque el original está en la Biblioteca Laurenziana Mediceana de Florencia. Una ed. facsímil en 3 vols. se publicó por el gobierno mexicano a través del Archivo General de la Nación (Florencia, 1979).

Anteriores, pero menos completas, aunque (para algunos) más auténticas versiones fueron las de los dos *Códices Matritenses*, uno de los cuales está en la biblioteca del Palacio Real de Madrid. El otro puede consultarse en la Real Academia de la Historia, de Madrid. Ed. facsímil por Francisco del Paso y Troncoso (Madrid, 1905-1906).

Partes de estos Códices Matritenses fueron ed. en México a partir de 1958, por Miguel León-Portilla, *Ritos, sacerdotes y atavíos de los dioses*; Ángel María Garibay, *Veinte himnos sacros de los nahuas, La vida económica de Tenochtitlan,* (México, 1961), y Alfredo López Austin, *Augurios y alusiones* (México, 1966). En el apéndice de *Ritos, sacerdotes...* se examinan algunas diferencias entre esos textos y el Códice Florentino. Se ha sugerido que los informantes fueron los verdaderos autores de la obra. Sahagún empleó el material del Códice Florentino como base de su *Historia General de las cosas de la Nueva España*. La edición mejor de esta obra se completó en 1579. Sahagún siguió trabajando su texto y produjo una edición española revisada, en la cual prestó mucha atención al libro XII, sobre la conquista.

La primera edición completa en español fue la de Garibay, *Historia General de las Cosas de la Nueva España* (ed. Porrúa, México, 1956), que cuando se cita en este libro se indica como CF-G. Otra ed. es la de Juan Carlos Temprano, en la serie *Crónicas de América*, 55a y 55b (Madrid, 1990); en esta edición se refieren las notas del presente libro indicadas como CF. Cuando se cita la versión de León-Portilla, se indica con este nombre sin mención de título de obra.

Se publicó una tr. directa del náhuatl al inglés, verdadera obra maestra del arte de la traducción, por Charles Dibble y Arthur Anderson (Utah, 1953-1982). La única ed. completa de la de 1585 es la de Carlos María de Bustamante: *La aparición de Nstra. Señora de Guadalupe...* (México, 1849). Una excelente ed. en inglés del libro XII, hecha partiendo del texto español, es la de S. Cline (Salt Lake City, 1989).

Códice Grolier. Once páginas de un calendario maya ca. 1250, hallado en Chiapas en 1965, ofrecido en 1971 al Club Grolier de Nueva York por Michael Coe. Ahora está en una colección privada, en México. Ed. por Coe, *The Maya scribe and his world* (Nueva York, 1973).

Códice Huichapan. Descripción otomí del México prehispánico y colonial. Ed. Manuel Alvarado Guinchard (México, 1976). Da testimonio, independiente del de las crónicas basadas en la Crónica X (Acosta, Durán, Tovar, etc.) del papel del misterioso Tlalcaelel en el México del siglo XV.

Códice Ixtlilxochitl. Perteneció al historiador Ixtlilxochitl. Se halla en la Biblioteca Nacional de París, Mss. mexicanos, 65-71. Ed. facsímil en Graz, 1976. Algunas imágenes parecen parte de la *Relación de Texcoco,* de Pomar. Es probablemente una copia del Códice Tudela. En tres partes de distintas manos: *a)* un relato ilustrado del año solar procedente del mismo original perdido que el Códice Magliabecchiano; *b)* imágenes europeizadas de señores de Texcoco, México y españoles, y *c*) un calendario de festejos.

Códice Laud (Ms. Laud Misc. 678). Mixteca o de Cholula. Probablemente fue un regalo del rey de España al príncipe de Gales en 1623. Nombrado por el arzobispo Laud, a quien perteneció, y que lo regaló a la Biblioteca Bodleriana de Oxford, donde se halla ahora. Ed. facsímil en Graz, 1966. Forma parte del «Grupo Borgia».

Códice Magliabecchiano. De mitad del siglo XVI. Perteneció a Antonio Magliabecchi, bibliotecario de los Médicis. Ahora está en la Biblioteca Nacional de Florencia. Es un ms. de temas religiosos, parte ideográfico y parte escrito en español del siglo XVI. Ed. en Roma 1904. Tr. abreviada con el título de *The Book of Life of the Ancient Mexicans*, por Zelia Nuttall (Berkeley, 1903) y reed. por la misma y Elisabeth Hill Boone (Berkeley, 1983).

Códice Matritense del Palacio Real y de la Real Academia (Madrid). Véase *Códice Florentino.*

* *Códice Mendocino.* Está en la Biblioteca Bodleiana de Oxford. Compilado ca. 1541 para el virrey Mendoza. Tr. de «J», probablemente Martín Jacovita, rector de Santa Cruz, Tlatelolco. Llegó a Oxford pasando por piratas franceses, André Thevet (véase *Histoire du Méchique*) y Richard Hakluyt. Ed. facsímil de J. C. Clark (Londres, 1938, 3 vol.) y Patricia Rieff Anawalt y Frances F. Berdan (Berkeley, 1992, 4 vol.). Se trata de: *a*) una historia de México a partir de 1325, *b*) una lista de tributos de cerca de cuatrocientas ciudades en 1516-1518, y *c*) una descripción de la vida en México. Federico Gómez Orozco, «¿Quién fue el autor material del Códice Mendocino...?», *Revista Mexicana de Estudios Antropológicos*, 5 (1941), 43-52, da como autor a Francisco Gualpuyogualcal.

Códice Mexicanus. Biblioteca Nacional de París, Mss. n.º 23-24. Ed de Ernest Mengin en JSAP, XLI, fasc. 2 (París, 1952). Contenido diverso por varios artistas. Fines del siglo XVI.

Códice Nuttall (Zouche). Mixteca. Habla de la dinastía mixteca de Tilantongo, empezando con la creación del mundo y prestando especial atención a un famoso señor, 8-ciervo. Intr. de Zelia Nuttall, que describe cómo el Códice salió de San Marcos de Florencia y entró en la biblioteca de Lord Zouche. Dice que fue uno de los dos mss. enviados por Cortés a Carlos V (el otro pudo ser el Códice Viena I, cuyo origen considera «incuestionablemente» el mismo que el del Códice Nuttall). Pero Henry Nicholson sugirió que Ordás en 1521 pudo llevarlo a España. Ahora está en el Museo Británico. Eds. facsímil en Cambridge, Mass., 1902, México, 1974 y Nueva York, 1975.

Códice Osuna. Ms. de varios artistas, ca. 1565. Preparado como parte de una pesquisa de un funcionario llamado Valderrama. Propiedad de los duques de Osuna. Ahora está en la Biblioteca Nacional de Madrid. Contiene material sobre México, Tacuba, Tlatelolco y Tula. Se refiere a deudas.

Códice Peresianus (o *París*, o *Pérez*). Maya, pintado ca. 1000. Sólo quedan unas pocas páginas. Apareció misteriosamente en París, en el siglo XIX, y está en la Biblioteca Nacional francesa. Tema religioso-astronómico, con descripción de ceremonias.

Códice Porfirio Díaz. En el Museo Nacional de México. Se refiere a Cuicatlan, Oaxaca. Probablemente de fines del XVI o comienzos del XVII. En una tela. Publicado en 1892 como parte del centenario del viaje de Colón.

* *Códice Ramírez (Relación del origen de los Indios que habitan esta Nueva España, según sus historias).* Texto de Juan de Tovar, SJ, un mestizo que llevó a cabo una investigación del pasado reciente, por encargo del virrey. Su nombre proviene de que en 1878 lo descubrió José Fernando Ramírez en la biblioteca en ruinas del monasterio de San Francisco, de México. Se trata de una serie de fragmentos. Ed. primero por Orozco y Berra (México, 1878). La primera parte es una historia de los mexicas hasta la «noche triste»; la segunda, una descripción de ritos mexicanos; la tercera, una descripción de Texcoco, y de la conquista, escrita desde el punto de vista texcocano. El conjunto es una versión de la *Segunda relación* de Tovar. Tr. al inglés en Radin, «Sources and Authenticity of the Ancient Mexicans», *University of California Publications in American archeology and ethnology,* XVII, n.º 1. Nueva ed. en *Crónicas de América,* 32, intr. de Germán Vázquez (Madrid, 1987), con el título de *Romances de los señores.*

Códice Ríos. Véase *Códice Vaticano A.*

Códice de Santa María Asunción. Ochenta páginas, ca. 1540. Está en el Museo Nacional de Antropología, de México. Describe un barrio de Tepetlaoztoc, ciudad que dependía de Texcoco. La firma de un funcionario español, Pedro Vázquez de Vergara, figura al comienzo y al final. Véase *Códice Vergara.*

Códice Selden. Adquirido en 1654 por la Biblioteca Bodleriana de Oxford del legado de John Selden. Mixteca. La mayor parte de las páginas son de antes de la conquista y algunas de después de ella. Entre otras cosas, contiene la genealogía de la familia mixteca de Magdalena Saltepec. La historia de 6-mono, que mató a los asesinos de sus familiares, muestra que algunas mujeres del antiguo México eran buenas luchadoras. Ed. por Alfonso Caso (México, 1964).

Códice Sigüenza. Así se llama a veces la «Historia antigua de la conquista», de A. Chavero, ed. como vol. I de *México a través de los siglos* (México, 1887).

Códice Telleriano-Remensis. En la Biblioteca Nacional de París, Mss. mexicanos 385. Su nombre viene del arzopbispo de Reims, Le Tellier, bibliotecario real del siglo XVII, que lo poseía. Es un complemento en forma de libro del Códice Vaticano A, ca. 1550-1563. Su primera parte parece una copia de la obra perdida que inspiró las imágenes del Vaticano A. Ed. por lord Kingsboroug en sus *Antiquities of Mexico* (Londres, 1831), vol. I. Hay también eds. en París en 1899 y en México en 1964. Incluye un *tomalpohualli,* una sección de ritual y una sección de historia.

* *Códice de Tlatelolco.* Un ms. en una larga tira que puede plegarse en forma de libro. Describe los acontecimientos de Tlatelolco entre 1554 y 1562, con muchas quejas sobre gastos. Ed. por R. H. Barlow, *Anales de Tlatelolco* (México, 1947).

Códice Tró Cortesianus (Madrid). Maya. La primera parte se encontró en posesión de Juan Tró, en 1866; la segunda se supone que Cortés la llevó a España, y se descubrió en Madrid en 1880. Las dos formaban parte del mismo ms., compilado en el siglo XV, acaso cerca de Tulum. Cincuenta y seis hojas. Parece haber sido hecho a toda prisa. Está en el Museo de América, de Madrid. Es de tema religioso-astronómico. La mejor ed. es la de Ferdinand Anders (Graz, 1867).

Códice Tudela. Datado en 1553. Está en el Museo de América, de Madrid. Su nombre viene de José Tudela de la Orden, tr. ca. 1950. Una copia parcial, sin ilustraciones, se publicó como «Costumbres, fiestas, enterramientos y diversas formas de proceder de los Indios de la Nueva España», en *Tlacocan*, 2. n.º 1 (México, 1945). Parece haber inspirado a Cervantes de Salazar en lo referente a las costumbres mexicanas. Ed. facsímil en 2 vols. (Madrid, 1988.)

Códice Vaticano A. Ms. vaticano 3738, llamado también *Códice Ríos*, porque lo ofreció fray Ríos en hispano-italiano. Tiene forma de libro. Compilado entre 1566 y 1589, probablemente por un artista no indio, en Italia. Se cree que es una copia del mismo ms. perdido que el Telleriano-Remensis. Describe, en primer lugar, los orígenes cósmicos de México (esta sección es probablemente copia de un códice prehispánico); en segundo lugar hay un calendario ritual, y una tercera parte contiene material desde la conquista hasta 1563. Véase *Antiquities of Mexico*, ed. lord Kingsborough, vol. II (Londres, 1831). Ed. facsímil en Roma, en 1900, y en México, en 1964-1967.

Códice Vaticano B. Mixteca o de Cholula. Ha estado en la Biblioteca Vaticana desde el siglo XVI (Ms. 3773). Ed. facsímil en Roma en 1896 y ed. por Ferdinand Anders en Graz, 1972. Como el Códice Borgia, incluye un *tonalamatl*. Forma parte del «grupo Borgia».

Códice Vindobonensis Mexicanus I (Códice Viena). En la Biblioteca Nacional de Viena. Ed. facsímil por Otto Adelhofer, en Graz, 1963. Fue tal vez, con el Códice Nuttall, uno de los dos libros enviados por Cortés en julio de 1519. Probablemente Carlos V lo regaló al rey Manuel de Portugal, que lo regaló al papa Clemente VII, que lo legó al cardenal Ippolito de Médicis, de quien pasó a Viena. Texto mixteca prehispánico. Genealogía detallada de los señores mixtecas. No debe confundirse con otro llamado Códice Vindobonensis que incluye cartas de Cortés.

Códice Xolotl. En la Biblioteca Nacional de París. Libro con imágenes de Texcoco, ampliado con prosa en español, obre el legendario señor de los chichimecas, Xolotl. Tal vez ca. 1540. Historia primitiva chichimeca y texcocana. Incluye mapas del valle de México. Fue utilizado por Alva Ixtlilxochitl. Perteneció a la colección Boturini, de la que pasó a Aubin y de éste a la Biblioteca Nacional francesa. Ed. por Charles Dibble, *The Códice Xolotl* (méxico, 1951).

* *Coloquio y doctrina cristiana...* Ms. encontrado en 1924 en el archivo secreto de la Biblioteca Vaticana. Notas tomadas en 1524 de una discusión entre franciscanos y sacerdotes mexicanos supervivientes. Tal vez distorsionada por Sahagún. Se hallaron catorce capítulos; otros dieciséis fueron destruidos. Ed. facsímil por Miguel León-Portilla, con náhuatl y español (México, 1986).

Crónica X (o Crónica Primaria). Una fuente perdida, descrita por Robert Barlow («La Crónica X», *Revista Mexicana de Estudios Antropológi-*

cos, VII (México, 1945) 65-86). Probablemente escrita por un mexicano en náhuatl con imágenes, ca. 1536-1539, utilizada por Tovar en su historia (1568-1580), Durán (1581) y Tezozomoc (1598). Luego, Tovar probablemente utilizó a Durán para su segunda obra (Códice Ramírez), y todavía más tarde, a Acosta (libro VII). La Crónica X presenta una evidente confusión entre la llegada a San Juan de Ulúa de Grijalva y la de Cortés, un año después.

* *Chilam Balam de Chumayel*: El más importante de los libros escritos por mayas después de la conquista. Probablemente escrito en el siglo XVII y recopilado por Juan José Hoil. Ed. facsímil en Filadelfia, 1913. Tr. al inglés por Ralph Roys (Washington, 1933). Ed. de Miguel Rivera en *Crónicas de América*, 20 (Madrid, 1986).

Chimalpahin Quauhtlehuanitzin, Domingo Francisco de San Antón Muñón: Relaciones originales de Chalco Amaquemacan. Este autor de nombre interminable descendía de los reyes de Chalco y fue guardián de san Antonio Abad, en México. Su libro, escrito en los años de 1620, es de tono antimexicano. Hay una ed. de las Relaciones sexta y séptima, tr. al francés por Rémi Siméon, Bibliothéque Linguistique Américaine, París, vol. XII (1889), y una tr. al español de sólo la séptima relación por Silvia Rendón (México, 1935). Una nueva ed. por Silvia Rendón en *Relaciones originales de Chalco Amaquemecan* (México, 1965).

* *Durán, Fr. Diego, Historia de las Indias de la Nueva España*, escrita en 1579-1581, ms. en la Biblioteca Nacional de Madrid, en tres secciones: a) *Ritos, ceremonias y fiestas*, empezada en 1570; b) *Calendario*, terminada en 1579, y c) *Historia de las Indias de Nueva España*, terminada en 1581. Publicada por primera vez por José Fernández Ramírez (México, 1867-1880, 2 vols.). Una buena nueva ed. es la de Ángel María Garibay (México, 1967, 2 vols.).

Durán, un dominico y tal vez, según Garibay, un converso, estuvo influido por haber vivido desde la infancia en Texoco, donde luego trabajó, como también lo hizo en Tlatelolco. A la vez erudito y lleno de imaginación, utilizó mucho la Crónica X. Creía firmemente que los mexicas eran una tribu perdida de Israel.

Hernández, Francisco, Obras completas (México, 1959). Era un médico toledano, que escribió en los años de 1570 una historia natural de la Nueva España.

Herrera y Tordesillas, Antonio de, Historia general de los hechos de los castellanos en las islas y tierra firme del mar océano. Esta enorme obra, inspirada por Livio, se escribió entre 1605 y 1615, año en que se ed. Nueva ed. por Antonio Ballesteros-Beretta y Miguel Gómez del Campillo (Madrid, 1934, 17 vols.) Los vols. 3-6 de esta edición cubren Cuba y México. Herrera utilizó a Cervantes de Salazar, Díaz del Castillo, Muñoz Camargo y Zorita. Véase el ensayo de Carlos Bosch García en Iglesias, *Estudios*, 148-153.

* *Historia de los Mexicanos por sus pinturas*. Escrita ca. 1536, tal vez en preparación de la obra de fray Olmos. Acaso era una interpretación de varios ms. pictográficos ahora perdidos. De ahí su título. Se encuentra en Austin, Tejas. Ed. en García Icazbalceta, en *Nueva colección de documentos para la historia de México* (México, 1886-1892, 5 vols.), III, 228-262. Otra ed. es la de Garibay, *Teogonía e historia de*

los mexicanos (México, 1973). Sus doce folios constituyen un intento de reconstruir la historia de los mexicas. La sección primera describe el origen de los dioses; la segunda, la peregrinación de los mexicas, y la tercera es un estudio cronológico y sociológico.

Historia Tolteca-Chichimeca. Una narración en náhuatl, anónima, con imágenes, de los últimos días de Tollan, etc. Compuesta en Cuauhtinchan, cerca de Cholula, ca. 1545. Probablemente copiada de un texto prehispánico y probablemente utilizada por el compilador de los Anales de Cuauhtitlán. Formó parte de la colección Boturini y hoy está en la Biblioteca Nacional de París. Varias eds. facsímil, por ejemplo la de Paul Kirchoff, Lina Odena Güemes y Luis Reyes García (México, 1976).

* *Histoyre du Mechique.* Anónima. Fragmento manuscrito en francés en la Biblioteca Nacional de París. Probablemente obra de fray Olmos, en español, tr. André Thevet c. 1547. Describe mitos, entre ellos uno sobre Quetzatc. Ed. por Édouard de Jonghe en JSAP, n. s. II (París, 1905), 1-14; otra por Garibay con tr. al español moderno, en *Teogonía e historia de los Mexicanos* (México, 1965).

Huehuetlatolli. Hay por lo menos cinco volúmenes con este nombre: *a*) Documento A. Ms. en la Biblioteca Bancroft, ed. en *Tlalocan*, I, n.º 1, (1943-1944), por Garibay. Son sermones dirigidos a muchachos en el *calmécac* o el *telpochcalli*, y a adultos sobre el matrimonio, funerales, etc.; *b*) Ms. en náhuatl de fray Olmos, en la Biblioteca del Congreso, de Washington. La primera parte ed. por René Simeon, en *Arte...*, Olmos, París (1875) (véase más abajo en Olmos); *c*) Un volumen similar en náhuatl en la Biblioteca Nacional de México; *d*) Otro volumen en la Biblioteca del Congreso, al parecer por un discípulo de Olmos ca. 1550. *e*) Una ed. de Juan Baintesan, ca. 1599-1600.

«Información sobre los tributos que los indios pagaban a Moctezuma. Año 1554», en *Documentos para la historia de México Colonial*, 4.ª ed. por France Scholes y Eleanor Adams (México, 1957).

* Landa, Diego de, *Relación de las cosas de Yucatán.* Escrita ca. 1566. Landa fue a Yucatán como sacerdote en 1547 y llegó a obispo. La Relación es un fragmento de una obra más extensa, perdida. Ed. parcialmente en París, 1864; primera ed. en español en Madrid, 1881, por Juan de Dios de la Rada. Ed. monumental por A. M. Tozzer, en inglés (1941) como vol. XVIII de los *Papers of the Peabody Museum of American Archeology and Ethnology.* Nueva ed. en español en *Crónicas de América*, por Miguel Rivera Dorado (Madrid, 1985).

* *Lienzo de Tlaxcala.* Este libro pictográfico fue encargado por el virrey Luis de Velasco. Se hicieron tres ejemplares, de los cuales dos se enviaron a España y se perdieron, aunque puede que sobrevivan algunos fragmentos. El tercero quedó en México, en poder del regimiento de Tlaxcala y se perdió durante la ocupación francesa de México en los años de 1860. Pero se había hecho una copia, que fue ed. por Alfonso Chavero (México, 1892).

Mapa de Quinatzin. En la Biblioteca Nacional de París. Es una historia de Texcoco, que empieza con el reinado de Quinatzin, hijo de Tlotzin, y termina con Nazahualpilli. Un panel presenta un palacio mexicano en un contexto «casi cartográfico, casi paisajístico» (D. Robertson). 1542-1545. Estudiado por R. H. Barlow en JSAP, XXXIX (1950), y reproducido por Aubin en *Mémoires sur la peinture didactique et l'écriture des anciens mexicains* (París, 1885).

Mapa de Santa Cruz. Mapa del Valle de México, ca. 1555-1556, en Sigvald Linné, *El Valle y la Ciudad de México en 1559* (Estocolmo, 1948).

Mapa Tlotzin. Documento similar al de Quinatzin. Está también en la Biblioteca Nacional de París, reproducido por Aubin en op. cit. Se refiere a Texcoco. Tlotzin era el padre de Quinatzin.

Matrícula de Tributos. Resumen de los pagos hechos al imperio mexicano ca. 1519, tal vez preparado por Cortés. Quince folios. En la biblioteca del Museo Nacional de Antropología, de México. Ed. facsímil (México, 1990).

Motezuma, Pedro Diego Luis de, SJ., Corona Mexicana. El autor descendía de Moctezuma, pero vivió toda su vida en España. Terminó su obra en 1686. Ed. por Lucas de la Torre (México, 1914). Es totalmente favorable a los indios.

* *Motolinía (Fray Toribio de Benavente):* * a) *Historia de los Indios de la Nueva España*, escrito ca. 1541. Sobreviven dos copias del siglo XVI, una en El Escorial y la otra en México. Ed. por García Icazbalceta en su *Colección de Documentos para la historia de México*, vol. I (México, 1858). Obra sobresaliente, muy apasionada. b) *Memoriales*, escritos también ca. 1541. El ms. está ahora en Austin, Tejas. Ed. por Luis García Pimentel (México, 1903) y ed. crítica por Edmundo O'Gorman (México, 1971). En muchos lugares es una mera repetición de la Historia. Se dice que Motolinía escribió asimismo una *Guerra de los Indios*, que al parecer Cervantes de Salazar vio y acaso también López de Gómara. Su historia y sus memoriales pudieron ser, o estaba planeado que fueran, parte de este libro no encontrado. Puede citarse como obra aparte su *Carta al Emperador Carlos V* (México, 1944).

* *Muñoz Camargo, Diego, Historia de Tlaxcala.* Escrita en 1579-1595, como un alegato en favor de un mejor trato a la gente de Tlaxcala. No se ed. hasta 1870. Nueva ed. (Madrid, 1988) por Germán Vázquez, con su habitual y excelente introducción, en *Crónicas de América*, 26. Una segunda obra es *Descripción de la ciudad y provincia de Tlaxcala de las Indias y del Mar Océano para el buen gobierno y ennoblecimiento dellas*, publicado por René Acuña como vol. 4 de sus *Relaciones Geográficas del siglo XVI: Tlaxcala* (México, 1984). Contiene ciento cincuenta imágenes, de las cuales ochenta proceden del Lienzo de Tlaxcala.

Muñoz Camargo era un ganadero, hijo de un colonizador, amigo de Cortés y mexicano. Se casó con una tlaxcalteca y escribió para defender Tlaxcala, probablemente financiado por el regimiento de la ciudad. Utilizó a López de Gómara y acaso a Sahagún, pero también a informantes ancianos locales, entre ellos uno que había sido sacerdote tlaxcalteca y un conquistador no identificado, «de los primeros desta tierra». Es de modesta utilidad, incluso cuando el autor habla de Tlaxcala.

Olmos, Fr. Andrés de, Arte para aprender la lengua mexicana. Comprende sermones *(huehuetlatolli)* reunidos por Olmos en los años de 1530. Publicado en tr. francesa, París, 1875. Véase James Pilling, «The Writings of Andrés de Olmos in the languages of Mexico», *The American Anthropologist*, VIII (1895).

Origen de los mexicanos. Un ensayo escrito entre 1530 y 1535 probablemente por el mismo franciscano que escribió la *Relación de la Genealogía* (véase más abajo). No debe confundirse con el Códice Ramírez, al que a veces llaman «Origen de los mexicanos». Ed. por García Icazbalceta, en *Nueva Colección...*, III, 281-308.

Plano en papel de Maguey. Un panel que muestra parte de una ciudad con cultivos en chinampa. Ahora los expertos piensan que no se trata de Tenochtitlan. Probablemente de antes de 1540. Tal vez copia de un mapa anterior a la conquista.

* *Pomar, Juan Bautista, Relación de Texcoco.* Pomar era hijo de un conquistador y de una hermana del último rey de Texcoco. El libro se terminó en 1582, pero, como estaba dedicado a la gloria de Nezahualcoyotl y Nezahualpilli, no se publicó hasta 1890, cuando lo ed. Joaquín García Icazbalceta en su *Nueva Colección...*, III, 1-69. Una nueva ed. es la de Germán Vázquez en *Crónicas de América* (Madrid, 1992), 65. Pomar consultó a supervivientes del antiguo Texcoco.

Popol Vuh. Es una historia de los quichés. Escrita por un quiché a mitad del siglo XVI. Libro escrito por un indio para indios. Obra importante sobre la mitología maya. Nueva ed. por Adrián Recinos.

* *Relación de la Genealogía...* Breve ensayo sobre el pasado de los mexicas preparado para Juan Cano ca. 1540. Escrito por un franciscano anónimo, ed. por García Icazbalceta, *Nueva Colección...*, 262-268; nueva ed. en *Crónicas de América*, 65 (Madrid, 1991).

* *Relación de Michoacan (Relación de las ceremonias y ritos y población y gobierno de los Indios de la provincia de Michoacan).* Probablemente compilada en 1541 por fray Martín de Jesús de La Coruña. Original en El Escorial. Ed. facsímil por José Tudela, intr. por Paul Kirchoff (Madrid, 1956).

* *Relaciones Geográficas.* A fines del siglo XVI, Felipe II pidió que le hicieran una descripción de su imperio. Esto dio origen a una serie de *Relaciones Geográficas*, 1579-1581. Un sumario de las mismas, donde están, etc., se halla en Manuel Carrera Stampa, *Relaciones Geográficas de Nueva España, siglos XVI y XVIII*, en *Estudios de Historia Novohispana*, II (1968), 133-161. Véase también Howard Cline, *The Relaciones Geográficas of the Spanish Indies, 1577-1648*, en HMAI, vol., 12, I (Austin, 1972), 183-242. La mejor colección publicada es la de René Acuña, *Relaciones Geográficas del siglo XVI* (Madrid, 1982-1988, 10 vols.).

Román y Zamora, Jerónimo. Repúblicas de Indias: idolatría y gobierno en México y Perú antes de la Conquista (Madrid, 1897, 2 vols.).

Torquemada, fray Juan de, Monarquía Indiana. Escrito en 1603-1613. Ed. en Sevilla en 1615, 3 vols. Describe a Cortés como instrumento de Dios. Según León-Portilla era el mejor resumen del pasado indio disponible en el siglo XVII. Ed. en facsímil por S. Chávez Hayhoe (México, 1943). Nueva ed. Miguel León-Portilla (México, 1975, 3 vols.).

Tovar. Véase *Códice Ramírez.*

Unos Anales de la Nación Mexicana. Véase *Anales de Texcoco.*

* *Zorita, Alonso de, Relación de los señores de la Nueva España.* Escrito en 1566-1570 por el que era a la sazón oidor de la Real Audiencia de la Nueva España. Ed. por García Icazbalceta, en su *Nueva Colección...*,

III (México, 1891), y por Germán Vázquez (Madrid, 1992). Utilizó mss. perdidos, tal vez de Olmos. Obra excelente y ecuánime. Presta especial atención al sistema mexicano de justicia y a la tenencia de la tierra.

MATERIAL ESPAÑOL

I. Manuscritos

CAMBRIDGE
Biblioteca de la Universidad de Cambridge
Documentos Conway.

LONDRES
Biblioteca Británica (British Library)
Add. Mss. 21 447.

MADRID
Archivo Histórico Nacional
Órdenes Militares.· Santiago.
Libros de visita de las Encomiendas, 1480-1515 (1234c, 1101c-1109c.)
Libro de Genealogías.
Real Academia de la Historia
Colección Juan Bautista Muñoz.

MÉXICO
Archivo de la Nación
Papeles del Hospital de Jesús. Se trata de documentos de la familia de Cortés que estuvieron primero en poder de los descendientes del conquistador.

SEVILLA
Archivo General de Indias (AGI)
Contratación
leg. 4675.
lib. 1: Documentos sobre el tesoro y los indios trasladados de México en 1519; lib. 2: Información sobre Alonso Hernández Portocarrero.
Escribanía de Cámara
leg. 178A.
Documentos de un pleito entre los descendientes de «doña Marina», hija de Moctezuma, y la corona, 1681.
leg. 1006A.
Probanza de Francisco de Montejo.
Indiferente general
leg. 419, lib. V.
Material relacionado con Alonso Hernández Portocarrero.
leg. 420, libs. VIII, IX y X.
Mucho material relacionado con Cuba, Diego Velázquez, etc. y con el establecimiento del Consejo de Indias.

Justicia
leg. 49.
Juicio de residencia de Diego Velázquez, 1524.
legs. 220-225.
Juicio de residencia de Hernán Cortés, 1529. Los folios están muy desordenados. Los interesantes son:
leg. 220.
p. 1 (585 folios), de los cuales 8 (f. 1 a f. 5 y f. nuevo 1 a f. nuevo 3) son documentos preliminares relacionados con la orden del rey de abrir el juicio y con las acusaciones contra Cortés. La pesquisa secreta está en f. 3; le sigue el cuestionario con 38 preguntas (ff. 5-9). Las declaraciones de los testigos (ff. 32-275) incluyen las de Gonzalo Mexía, Cristóbal de Hojeda, Juan de Burgos, Antonio Serrano, Rodrigo de Castañeda, Juan Mansilla, Juan Coronel, Ruy González, Francisco Verdugo, Antonio Carvajal, Francisco de Orduña, Andrés de Monjaraz, Alonso Ortiz de Zúñiga, Bernardino de Santa Clara, Gerónimo de Aguilar y García de Pilar. Los ff. 275-316 se refieren a la presentación de más testigos.

Los ff. 316-325 son de una pesquisa sobre la muerte de Catalina, esposa de Cortés; 316-318 contienen el cuestionario sobre el asunto, y 328-342, las declaraciones, entre ellas las de las criadas y el mayordomo Isidro Moreno.

Los ff. 342-522 se relacionan con un pleito de Juan de Tirado contra Cortés (cuestionario y declaraciones de testigos, algunas interesantes, como las de García Holguín, Gutierre de Badajoz, Juan Cano).

Los ff. 526-542 exponen las acusaciones contra Cortés a consecuencia de la pesquisa secreta.

Los ff. 548-554 son la respuesta a estas acusaciones de García de Llerena, en representación de Cortés.

p. 3. (29 folios): apelaciones en Valladolid y Madrid, 1543-1545, para la conclusión del juicio de residencia.

p. 5. (35 folios): documentos de 1526 entre Cortés, Luis Ponce de León y Marcos Aguilar.

leg. 221.
p. 1 (318 folios): declaración de Cortés en respuesta a las acusaciones, con breves respuestas de los testigos a las preguntas de los cuestionarios citados más arriba y más abajo.

p. 2 (30 folios): respuesta de Cortés a la audiencia, 1529-1534.

p. 3 (66 folios): cargos, declaraciones y peticiones. Los ff. 58-66 son una petición de Alonso de Paredes en nombre de Cortés para presentar más testigos y una solicitud de aplazamiento. Se concedieron a Cortés dos años más.

p. 4 (76 folios): cuestionarios de Cortés: n.º 1 con trescientas ochenta preguntas; n.º 2 con cuarenta y dos preguntas.

leg. 222.
pp. 1-4 (273 folios): lista de ciento un cargos contra Cortés, seguidos de declaraciones de testigos y los descargos de Cortés (1531).

p. 6 (353 folios): ff. 1-4, poderes de Cortés a García de Llerena; ff. 4-33, declaraciones de García de Llerena; ff. 34-41, presentación de testigos sobre las réplicas, de los cuales los más importantes son Juan de Salcedo, García de Aguilar, Alonso de la Serna, Alonso de Villanueva, Juan Altamirano, Luis Marín, Alonso de Mendoza y Diego Holguín.

leg. 223.

p. 1 (401 folios): ff. 1-41, copias de documentos enviados por Cortés al rey, entre 1519 y 1526; ff. 41-51, cuestionario con veintidós preguntas de la probanza de 1520 (Tepeaca/Segura); ff. 51-85, respuestas de los testigos, entre los cuales Alonso de Benavides, Gerónimo de Aguilar, Sánchez Farfán, Leonel de Cervantes, Pedro de Alvarado y Sancho Barahona; ff. 85-88, declaraciones y documentos de Cortés; ff. 89-95, otro cuestionario de 1520 (quince preguntas) y testigos presentados por Cortés, de los cuales los más importantes fueron Bernardino Vázquez de Tapia, Cristóbal de Olid, Andrés de Duero, fray Bartolomé de Olmedo, Diego de Ordás, Alonso de Ávila y fray Juan Díaz; ff. 127-198, documentos relativos a la llegada de Cristóbal de Tapia, y otros relacionados con la disputa de Cortés con Velázquez; ff. 198-258 se refieren a la probanza de Coyoacán, en 1522, con cuestionarios y declaraciones de testigos; ff. 259-321 contienen documentos diversos y un cuestionario (siete preguntas) relacionado con la llegada de Francisco de Garay; ff. 336-342 se relacionan con Olid y Rodríguez de Villafuerte en Michoacán; ff. 342-401 son copias de diversas órdenes, decisiones, ordenanzas, etc., de Cortés, 1520-1524.

p. 2 (480 folios): respuestas de los testigos de Cortés a dos cuestionarios. Los testigos más importantes son Alonso de Villanueva, Luis Marín, Martín Vázquez, Alonso de Navarrete, Francisco de Flores, Xuan López de Jimena, Juan de Hortega, Gaspar de Garnica, Gonzalo Rodríguez de Ocaña, Pero Rodríguez de Escobar, fray Luis de Fuensalida, Francisco de Santa Cruz, Rodrigo de Segura, Juan de Salcedo, Juan González de León, Alfonso de la Serna, Francisco de la Serna, Francisco de Solís, Juan Jaramillo, Andrés de Tapia, Joan de Cáceres, Francisco de Terrazas, fray Toribio de Motolinía, fray Pedro de Gante y Francisco de Montejo.

leg. 224.

p. 1 (300 folios) (1534): continuación de las declaraciones de testigos, como en p. 2 del leg. anterior.

p. 2 (139 folios): declaraciones de los testigos de la acusación, muchos de los cuales aparecen ya en el leg. 220, p. 1, aunque la información es diferente.

p. 3 (30 folios): varias peticiones de Cortés contra los ex jueces de la audiencia Ortiz de Matienzo y Delgadillo.

p. 4 R 1 (93 folios): otro pleito de Cortés contra la audiencia, en 1543; cuestionario con nueve preguntas y nueve testigos de Cortés; para los ex jueces, cuestionario con once preguntas y tres testigos.

p. 4 R 2 (5 folios): más documentos pertenecientes al mismo pleito.

p. 5 (201 folios): declaraciones en favor de la defensa, Oaxaca, 1535-1537, con cuestionarios y testigos.

leg. 225.

Con ocho piezas, contiene el juicio de residencia de Juan de Ortega, alcalde mayor de México, como resultado de cargos derivados del juicio de residencia de Cortés.

Parte de este material se ha publicado, por ejemplo en: a) *Colección de documentos inéditos relativos al descubrimiento...*, vols. XXVI, XXVII y XXVIII (Madrid, 1876-1878); b) Ygnacio López Rayón, *Documentos para la historia de México* (México, 1852-1853, 2 vols.); c) José Luis Martínez, *Documentos cortesianos*, vol. II (México, 1991), y d) Polavieja. Aunque todos son útiles, todos son incompletos. En las trascripciones hechas en el siglo XIX se omitieron muchas cosas, a veces por error. La mayor parte del material ya publicado es de declaraciones de testigos contrarios a Cortés.

Algo del material de los legajos fue transcrito y dejado casi todo en forma mecanografiada por instrucciones de G. R. G. Conway, un ingeniero británico que trabajó en México. Como para el otro material mencionado, mucho del de sus colecciones (gran parte del cual procede de Patronato, leg. 57), puede verse en copias en la Biblioteca del Congreso, de Washington D. C., el Instituto Gilcrease de la Universidad de Tulsa y la Biblioteca de la Universidad de Cambridge. La colección Conway de la Universidad de Aberdeen parece que no tiene nada que no esté también en Cambridge, excepto, al parecer, una interesante transcripción de una copia del siglo XVII de una información sobre la familia de Suárez de Peralta. El único material en Tulsa que no está ni en Cambridge ni en Washington y que se refiere a la conquista de México parece ser el de la Caja 82, que contiene un pleito de Francisco de Verdugo contra Cortés en 1529-1532 (168 folios). Para sumarios de las distintas colecciones de Conway, véanse artículos de Schafer Williams, A. P. Thornton, J. Street e Ivie Cadenhead jr, en HAHR, 35 (1955), 36 (1956), 37 (1957) y 38 (1958).

leg. 295-296.

Juicio de residencia de Pedro de Alvarado y sus lugartenientes (Santiago de Guatemala, 1535), 916 folios en cinco piezas. Mucho del material interesante se publicó por José Fernando Ramírez, *Proceso de residencia contra Pedro de Alvarado, ilustrado con estampas... y notas...* (México, 1847), pero no he aclarado aún la relación de este material y del anterior.

leg. 699, n.º 2.

Pleito, en Sevilla, entre Alonso de Nebreda y Hernando de Castro, mercaderes, 1525. Varias cartas de este legajo se publicaron por Enrique Otte, «Mercaderes burgaleses en los inicios del comercio con México», HM, XVIII (1968).

leg. 712.

Diego de Ordás contra Francisco de Verdugo ante la Casa de Contratación. Hay cartas de Ordás a Verdugo, de las cuales nueve se ed. por Otte HM, XIV (1964).

Patronato

leg. 15.

Muchos materiales útiles, entre otros una carta de fray Benito Martín al rey quejándose de la conducta de Cortés (R. 8), una copia hecha en 1519 de las instrucciones de Velázquez a Cortés el año anterior (R. 1), varias probanzas relacionadas con el coste de la expedición de Cortés (R. 16), y material sobre Narváez (R. 17).

leg. 16.

En su mayor parte, material posterior a la conquista, pero útil.

leg. 50, R. 2.

Contiene material sobre Rodrigo de Bastidas en 1520.

leg. 57, R. 1.

Contiene importantes probanzas de 1528 y 1534 y otra de 1570 sobre las actividades de de Martín López y la construcción de los bergantines.

leg. 60.

Información interesante de 1553 sobre Antonio Huitsimagari, hijo del último *cazonci* de Michoacán.
leg. 75, n.º 3, R. 1.
Contiene una información sobre Bernal Díaz del Castillo en 1536. Publicada en apéndice de Ramírez Cabañas, ed. *La Historia verdadera*.
leg. 86, n.º 6, R. 1.
Unos trescientos folios con mucho material sobre Pedro y Francisco de Alvarado. Una probanza de Leonor de Alvarado, publicada en *Anales de la Sociedad de Geografía e Historia de Guatemala*, vol. 13 (diciembre de 1938).
leg. 150, n.º 2, R. 1.
Información sobre la actuación de Gerónimo de Aguilar.
leg. 180, R. 2.
Probanza sobre el costo de la expedición de Segura, setiembre de 1520.
leg. 252, R. 1.
Material relacionado con Las Casas.
leg. 254, Doc. 3-C, R. 1.
Presentación de los informes de Cortés en La Coruña, por Portocarrero y Montejo, abril de 1520.
México
leg. 203.
Este legajo contiene las informaciones de méritos de muchos conquistadores, a partir de 1524. Con una o dos excepciones (sobre todo, Juan González Ponce de León), son menos interesantes de lo que cabría esperar. Las más importantes se refieren a Juan Rodríguez de Villafuerte, Martín Vázquez, Francisco de Orduña, Juan de Burgos, Juan de Tirado, Hernán de Elgueta, Juan de Cuéllar, García de Pilar, Diego de Halcón, Diego de Ocampo, Lope de Samaniego y Gutierre de Bajadoz (éste último editado en *Epistolario, XV*).
Archivo Medinaceli (Casa de Pilatos).
Colección Condes de Medellín
Archivo Histórico Provincial
Archivo de Protocolos de Sevilla, con numerosos documentos concernientes a Cortés, Martín Cortés y sus relaciones de negocios (Luis Fernández de Alfaro, Juan de Córdoba, etc.), 1506-1522. Me ayudó mucho el espléndido Índice publicado por el Instituto Hispano-Cubano relativo a asuntos indios.
SIMANCAS
Archivo General de la Nación
Cámara de Castilla
legs. 106, 114, 116, 120, 127, 129, 130, 141, 151-153. Son documentos relacionados con Medellín, 1502-1522.
Consejo Real
leg. 91. Es un pleito del conde de Medellín contra la ciudad de este nombre.
leg. 112 (63 folios). Cortés contra Fernando Quintana, que construyó la fortaleza de Vera Cruz (1531-1533).
leg. 140, p. 2 y p. 4.
leg. 141, p. 1-2: problemas de la nueva ciudad de Medellín en México.
Estado: Castilla.

Los expedientes examinados se refieren a la fundación del Consejo de Indias y a cédulas aplicables en la Nueva España.

Registro General del Sello
Documentos relativos a pleitos ante los tribunales reales. Hay muchos que afectan a Medellín, ca. 1474-1500. Un índice excelente me resultó utilísimo.

TULSA
Universidad de Tulsa (Thomas Gilcrease Institute of American History and Art)
Hay una colección de material relativo a Cortés, procedente de la biblioteca de G. R. G. Conway. Véase en AGI, Justicia, legs. 200-205, información sobre este coleccionista.

WASHINGTON, D. C.
Biblioteca del Congreso (Library of Congress).
Documentos Conway

II. Principales documentos publicados

Actas del Cabildo de México, 1524 (México, 1889-1916).

Colección de documentos inéditos relativos al descubrimiento, conquista y colonización de las posesiones españolas en América y Oceanía (Madrid, 1864 y ss., 42 vols.). ed. Torres de Mendoza, Joaquín Pacheco y Francisco Cárdenas (CDI en notas).

Colección de documentos inéditos para la historia de España (Madrid, 18421), ed. M. de Navarrete (CDIHE en notas).

Colección de documentos inéditos relativos al descubrimiento, conquista y organización de las antiguas posesiones españolas de Ultramar (Madrid, 1884-1832, 25 vols.). (CDIU en notas.)

CORRALIZA, JOSÉ IGNACIO, «Una carta familiar de Hernán Cortés», R de I, VIII (1947), 893-895.

Cortes de León y Castilla, vol. IV (1520-1525), (Madrid, 1882).

CORTÉS, HERNÁN, *Escritos sueltos de*, Biblioteca Iberia, vol. XII (México, 1871).

DANTISCO, JUAN, *Diario 1524-1527: el embajador polaco Juan Dantisco en la corte de Carlos V*, ed. A. Paz y Mella, *Boletín de la Real Academia Española* (Madrid, 1924-25), vol. XII.

Documentos inéditos relativos a Hernán Cortés y su familia, Archivo General de la Nación (México), XXXVII (México, 1935).

FERNÁNDEZ DURO, CESÁREO, «Primeras noticias de Yucatán», Boletín de la Sociedad Geográfica de Madrid, vol. XVIII (1885).

GOLDBERG, RITA, *Nuevos documentos y glosas cortesianos* (Madrid, 1987).

Hernán Cortés y Cristóbal Colón. Datos biográficos sacados del Archivo General de la Orden de Santiago, en BRAH, XX-XXI (1892). Es una transcripción del material sobre la candidatura de Cortés a la Orden de Santiago, cuyo original se encuentra en AHN, Madrid.

ICAZA, FRANCISCO A. DE, *Conquistadores y pobladores de Nueva España* (Madrid, 1923; reed. México, 1923). Versiones abreviadas de textos sacados de las numerosas informaciones de méritos y servicios del Archivo de Indias. Icaza presentó en general el material más interesante contenido en ellas, como puedo atestiguar después de haber examinado muchos de los originales. Gran parte de estas informaciones se han publicado por separado, en muy diversas publicaciones, de las cuales no parece que exista ningún índice.

Información de 1522, México, bajo la presidencia de Alonso de Ávila. Ed. Edmundo O'Gorman, en *Boletín del Archivo General de la Nación*, vol. IX, n.º 2 (México, 1938).

Información recibida en México y Puebla el año 1565 a solicitud del gobernador y cabildo de naturales de Tlaxcala sobre los servicios que prestaron los tlaxcaltecas a Hernán Cortés en la conquista de México siendo los testigos algunos de los mismos conquistadores, Biblioteca Histórica de la Iberia (México, 1875).

Información sobre los tributos que los Indios pagaban a Moctezuma: Año de 1554, ed. France V. Scholes y Eleanor B. Adams (México, 1957).

OTTE, ENRIQUE, *Mercaderes burgaleses en los inicios del comercio con México*, HM, XVIII (1969). Cartas de Alonso de Nebreda y Hernando de Castro, 1524; y *Nueve cartas de Diego de Ordás*, HM, XIV, 1-2 (1964).

PASO Y TRONCOSO, FRANCISCO, Epistolario de Nueva España, 1505-1818 (México, 1939-1940, 16 vols.).

POLAVIEJA, general CAMILO, *Hernán Cortés. Copias de documentos existentes en el archivo de Indias y en su palacio de Castilleja de la Cuesta sobre la conquista de Méjico* (Sevilla, 1889) (Polavieja en notas). Los documentos más importantes son: *a)* un cuestionario de ciento seis preguntas y las declaraciones de cuatro testigos interesantes (Juan Álvarez, Diego de Ávila, Diego Holguín, Juan Bono de Quejo) en la información inspirada por Diego Velázquez sobre la expedición de Cortés a México, en Cuba, en junio de 1521 (*Inf. de 1521* en notas); *b)* un informe hecho en 1520 en Santo Domingo sobre la disputa entre Cortés y Velázquez, y *c)* cartas de Diego Velázquez a España, 1519.

SAVILLE, MARSHALL, «Earliest Notices concerning the Conquest of Mexico by Cortés», en *Indian Notes and Monographs*, IX, n.º 1 (1920). Tres cartas de Sevilla y una de México, 1520.

Tres informaciones sobre la expedición de Fernando Cortés. Publicadas originariamente como: *a) Ein Auszug Ettlicher Sendbrieff*, etc. (Nuremberg, 1520); *b) Newe Zeitung von dem Lande das die Spanier funden haben*, etc. (probablemente Augsburgo, 1522), y *c) Ein Schöne Newe Zeitung*, etc. (probablemente Augsburgo, 1523). ed. Henry Wagner, en HAHR IX (1929).

III. Memorias, cartas, relatos contemporáneos

AGUILAR, FRANCISCO DE, *Relación breve de la conquista de Nueva España*. Escrita en 1565 por un conquistador que se hizo fraile dominico. El original está en El Escorial. Ed. primero en *Anales del Museo Nacional de México*, VII (junio de 1900). Ed. reciente en *Crónicas de América*, 40 (Madrid, 1988).

CERVANTES DE SALAZAR, FRANCISCO, *Crónica de la Nueva España*. Escrita en 1558-1566 por el que era a la sazón rector de la Universidad de

México. El primer volumen se ocupa de la conquista. Ed. Madrid, 1914. Un ensayo demoledor de esta obra es el de Jorge Hugo Díaz-Thomé, en *Estudios de Historiografía de la Nueva España*, ed. Ramón Iglesia (México, 1945), 17-41. Pero Cervantes de Salazar conoció a Cortés y habló con él y con viejos conquistadores (por ejemplo, el misterioso Alonso de Ojeda, Alonso de Mata y Gerónimo Ruiz de la Mota).

CORTÉS, HERNÁN, *Cartas de Relación*. Los originales de las cartas de Cortés a Carlos V se han perdido. Pero una copia (probablemente hecha en 1528) de todas, excepto la primera, se encuentra en la Biblioteca Nacional de Viena, junto con una copia de una carta de 1519 del regimiento de Vera Cruz, que sustituye a la primera carta. Forman el llamado Códice Vindobonensis, SN, 1600. La segunda y tercera cartas se ed. en Sevilla en 1522 y 1523, la cuarta se ed. en Toledo en 1525, junto con dos relaciones de Alvarado y Diego de Godoy. La quinta carta no se publicó hasta 1858, en el vol. 22 del BAE. Ésta fue la primera vez que todas las llamadas Cartas de relación se publicaron juntas. Una ed. facsímil de toda la colección guardada en Viena, y además otro material, fue la de Charles Gibson (Graz, 1960). Una ed. española reciente (a la cual se refieren las notas) es la de Mario Hernández en *Crónicas de América*, 10 (Madrid, 1985). La mejor edición inglesa y hasta la mejor de todas en cualquier lengua es la de Anthony Pagden, con intr. por John Elliott, *Hernán Cortes, Letters from Mexico* (Oxford, 1972). La excelente edición de las cartas de Cortés preparada por Ángel Delgado Gómez (Madrid 1993) ha llegado demasiado tarde para esta edición.

* DÍAZ, JUAN, *El itinerario de la armada del rey católico a la isla de Yucatán, en la India, en el año 1518...* Relato de la expedición de Grijalva, escrito en 1519. La primera ed. que ha sobrevivido es una italiana, publicada en Venecia en marzo de 1520. La primera ed. española es la de García Icazbalceta, en *Colección de Documentos para la Historia de México* (México, 1958), vol. I. Hay una excelente nueva ed. española por Germán Vázquez, en *Crónicas de América*, 40, (Madrid, 1988), a la que se refieren mis notas.

* DÍAZ DEL CASTILLO, BERNAL, Historia verdadera de la Nueva España. Escrita en 1555, publicada en 1632, ed. crítica en español en 1982, nueva ed. con intr. por Miguel León-Portilla y Carmelo Sáenz de Santa María (Madrid, 1984).

Una probanza de los servicios de Díaz, de 1539, contiene material sobre la conquista. Incluye declaraciones de Cristóbal Hernández, Martín Vázquez, Bartolomé de Villanueva, Manuel Sanchez Gazín y Luis Marín. Se puede ver en la ed. de Ramírez Cañadas de la *Historia verdadera...* (México, 1939, 3 vols.), III, 314-317. Siete cédulas reales referentes a Díaz se hallan en *Epistolario*, VI, 28-36. Hay diversas versiones del texto de Díaz. Todas parecen auténticas y tal vez son diferentes borradores por el mismo autor. Los detalles aportados por Díaz, aunque a veces erróneos, resultan fascinantes.

DORANTES DE SALAZAR, BALTASAR, *Sumaria Relación de las cosas de la Nueva España*. Escrita en 1604, ed. por José María de Agreda y Sánchez (México, 1902). Un cajón de sastre de relatos más bien favorables a los mexicanos.

EL CONQUISTADOR ANÓNIMO, *Relación de algunas cosas de la Nueva España... escrita por un compañero de Hernán Cortés.* Primera ed. en 1538 en italiano, como «Relatione di alcune cose della nuova Spagna... un gentil'homo del Signor Fernando Cortese». García Icazbalceta la publicó en su *Colección de documentos...*, vol. I. Federico Gómez Orozco, «El Conquistador Anónimo», HM, II (1952), 401-11, sostuvo que era obra de alguien que no había estado en México, probablemente Alonso de Ulloa. Jean Rose, en una ed. francesas (París, 1970), trató de demostrar su autenticidad.

* FERNÁNDEZ DE OVIEDO, GONZALO, *Historia General y Natural de Indias.* Un resumen ed. en Toledo en 1526. La primera parte ed. en Sevilla en 1535, y el libro XX de la segunda parte, en 1552. El conjunto de la obra no se editó hasta 1851, en Madrid, por José Amador de los Ríos. Una nueva ed. en BAE (Madrid, 1959), por Juan Pérez de Tudela. Oviedo habló con muchos, entre ellos Juan Cano, y tal vez tuvo acceso a un diario de su viaje escrito por Grijalva.

* LAS CASAS, BARTOLOMÉ DE, *a*) *Historia de las Indias*, escrita en 1527-1566, ed. hasta 1875-1876, aunque frecuentemente consultada en manuscrito. La mejor ed. es la de Juan Pérez de Tudela (Madrid, 1975), vols. 95-96, en BAE. Esta obra inacabada contiene mucho material de primera mano, pues Las Casas conoció a Diego Velázquez, Narváez Grijalva, etc., además de Cortés. Son especialmente útiles: libro II, c. X; libro III, cs. XXI-XXXII y cs. XCVI-XXXIV; *b*) *Apologética Historia*, BAE (Madrid, 1958), vol. 105; *c*) *Brevísima relación de la destrucción de las Indias*, primera ed. en Sevilla, 1552. Nueva ed. española por Lewis Hanke y Manuel Giménez Fernández (México, 1965, 2 vols.); *d*) *De Thesauris de Peru*, en latín, ed. en 1557, ed. española en 1898 por Ramón Menéndez Pidal; contiene algunas alusiones a México. La ed. de José Alcina Franch de la *Obra indigenista* de Las Casas (Madrid, 1992), tiene una sección referente a México, 63-115.

* LÓPEZ DE GÓMARA, FRANCISCO, *La conquista de México.* Es la segunda parte de *Hispania Victrix*, una historia de la conquista española del Nuevo Mundo (ed. Zaragoza, 1553). El autor fue capellán de Cortés en los últimos años de su vida y habló con él de su obra. Es una *apologia pro vita sua* de Cortés, aunque no sabemos en qué medida Cortés leyó el manuscrito o si lo hizo. Gómara empleó las cartas de Cortés a CarlosV, incluyendo tal vez la primera, perdida. También utilizó el relato de Tapia. Gómara tomó principalmente de Motolinía la parte sobre la vida de los mexicanos. El libro fue ignorado en España durante largo tiempo, hasta que en el siglo XIX la publicaron de nuevo. Nueva ed. española por José Luis de Rojas, en *Crónicas de América*, 36 (Madrid, 1987).

* MARINEO SÍCULO, LUCIO, «Don Fernando Cortés, marqués del Valle», en *De Rebus Hispaniae, Memorables de España* (Alcalá de Henares, 1530, ed. facsímil en Madrid, 1960). Reeditada en *Historia 16* (abril de 1985), 95-104, con int. de Miguel León-Portilla. Este breve ensayo es la primera biografía de Cortés. La escribió un humanista italiano que enseñaba en Salamanca y asesoraba a la corte. Conoció a Cortés y habló con varios miembros de su expedición.

* MÁRTIR, PEDRO, *De Orbe Novo.* Ed. original de 1527. Nueva ed. por Joa-

quín Torres Asensio (Madrid, 1892, 2 vols.). Nueva ed. española por Ramón Alba (México, 1989). Mártir habló con varios que estuvieron en la conquista: Antonio Alaminos, Francisco Montejo, Alonso Hernández Portocarrero, Juan de Ribera y Cristóbal Pérez Hernán, que influyeron en sus excelentes informes.

Una ed. completa tr. al español de sus cartas se publicó en *Documentos inéditos para la Historia de España* (Madrid, 1953-1957), vols. 9-12. El material sobre México se halla en las cartas 623, 649, 650, 665, 715, 717, 763, 770-771, 782, 797, 800, 806 y 809. Todas ellas, menos la 623, ed. en *Cartas sobre el Nuevo Mundo* (Madrid, 1990).

MENDIETA, fray GERÓNIMO DE, Historia Eclesiástica Indiana. Escrita en 1573-1596. Ed. por García Icazbalceta (México, 1870); nueva ed. por S. Chávez Hayhoe (México, 1945, 4 vols.). La mejor edición en BAE (Madrid, 1973), vols. 260-261, por Francisco Solar y Pérez Lila. Mendieta denuncia la encomienda y alaba a los mexicanos, a la vez que dedica mucha atención a los frailes. Por esto su obra no se publicó en vida del autor.

REMASAL, fray ANTONIO DE, Historia de las Indias Occidentales..., 1620. Nueva ed. en BAE (Madrid, 1964) por Carmelo Sáenz de Santa María. Los libros I y II contienen algún material útil.

* SEPÚLVEDA, JUAN GINÉS DE, *De Orbe Novo (Historia del Nuevo Mundo)*. El autor era cronista oficial de Carlos V. Habló con Cortés varias veces, y escribió este elegante libro en latín, en los años de 1550. Aunque basado en gran parte en las cartas de Cortés (incluyendo probablemente la perdida primera carta), y en López de Gómara, el libro está muy bien escrito y sus juicios son a menudo interesantes; gracias a ellos se puede tener una impresión de lo que se pensaba de la conquista hacia el final del reinado de Carlos V. La primera ed. en español fue de 1976 y la más reciente, la de Madrid en 1987, con intr. de Antonio Ramírez de Verger.

SOLÍS, ANTONIO DE, *Historia de la conquista de México*. Escrita en 1661-1684, ed. en 1684, sigue el modelo de los historiadores clásicos, como Livio. Libro de éxito durante ciento cincuenta años. Es una defensa de España. El autor odiaba a Bernal Díaz. Aunque siguió a López de Gómara, Cervantes, etc., hay algún material nuevo en la obra. Numerosas ed. y tr. posteriores.

SUÁREZ DE PERALTA, JUAN, *Noticias Históricas de la Nueva España*. Escritas en los años de 1580 y ed. en 1878 por Justo Zaragoza. Nueva ed. con el título de *Tratado del descubrimiento de las Indias*, con intr. de Federico Gómez de Orozco (México, 1949). El autor era sobrino de la primera esposa de Cortés, y se esforzó en exaltar a Cortés y echar por los suelos la reputación de su padre y su tía.

TAPIA, ANDRÉS DE, *Relación de algunas cosas...*, escrita ca. 1545 por uno de los amigos de Cortés. Muy utilizada por López de Gómara. Ed. por García Icazbalceta en su *Colección de Documentos para la historia de México* (México, 1866), vol. II. Nueva ed. de Germán Vázquez en *Crónicas de América*, 40. El texto de Tapia es una versión modificada de sus declaraciones en el juicio de residencia de Cortés.

VÁZQUEZ DE TAPIA, BERNARDINO, *Relación de méritos...* Declaración de servicios. Primera ed. por Manuel Romero de Torres (México, 1939), con documentación adicional, por ejemplo las declaraciones de Vázquez en los juicios de residencia de Cortés y Alvarado. Nueva ed. en *Crónicas de América*, 40.

IV. Testigos

Muchos de quienes participaron en la conquista hicieron declaraciones en pleitos, informaciones de méritos y servicios, etc., a partir de 1520. Estoy preparando un índice de este material. Sospecho que puede haber hasta quinientos testimonios directos de la conquista, por poco importantes que algunos sean.

Índice onomástico, geográfico y bibliográfico

Alzugaray, Teresa: 17.
Amadís de Gaula (novela): 89, 91, 247, 314, 315, 658.
Amantlán: 32.
Amaya, Antonio de: 409, 425.
Amboise, cardenal d': 624.
Amecameca: 310.
Amedel, Francisco de: 497.
América: 18, 87, 91, 236, 239, 382, 385, 387.
Americas, The: 21.
Ana, doña (hija de Moctezuma): 356.
Anacaona, reina de Xaragua: 95.
Anaya, Constanza d': 156.
Andalucía: 86, 90, 132, 402, 484.
Andrade, Pedro Gallego de: *véase* Gallego de Andrade, Pedro.
Anglería, Pedro Mártir de: 92, 93, 97, 109, 112, 122, 123, 124, 157, 194, 239, 277, 358, 391, 392, 395, 460, 588, 589, 590, 591, 593, 614, 630, 641, 642.
Aníbal: 89, 423.
Antigua, La: 159, 242.
Antillas, las: 13, 84, 89, 93, 99, 109, 234, 242, 384.
Anuario de Estudios Americanos: 17.
Aquisgran: 588.
Aragón: 90, 91.
Arcos, Rodrigo Ponce de León, marqués de: 151, 546.
Archidona: 248.
Arévalo: 105.
Argüello, Juan de: 346.
Arias, conde de Puñonrostro: *véase* Puñonrostro, conde de.
Arias, Diego: 110.
Arias, Pedro: 97, 110, 115, 130, 172, 203, 229, 380.
Aridjis, Betty: 18.
Aridjis, Homero: 18.
Aristóteles: 100, 247.
Arnés de Sopuerta, Pedro: 130, 185.
Aruba (isla): 97.
Ascensión, bahía: 134.
Asunción de Baracoa (Cuba): 166.
Atlan Tonnan (diosa): 495.
Atlántico, océano: 113, 379.
Atlántida, La: 89.
Atlixcatlin (señor mexicano): 451.
Atlixco: 64.
Atzanatzin (señor de Tlatecolcan): 574.
Auelitoctzin, «Don Juan»: 596.
Augsburgo: 43.
Ávila, Alonso de: 130, 131, 144, 201, 202, 233, 235, 238, 256, 258, 264, 347, 422, 424, 425, 454, 457, 460, 472, 504, 523, 587, 597, 602, 622, 623, 624, 632.
Ávila, Antonio de: 181, 269, 455, 606, 652.
Ávila, Diego Arias de: 456.
Ávila, Pedrarias (Pedro Arias) de: *véase* Arias, Pedro.
Axaruco: 118.
Axayaca (hijo de Moctezuma): 323, 559.
Axayácatl, emperador de México: 31, 32, 34, 51, 63, 71, 329, 441, 587.

Axoacatzin (hijo de Moctezuma): 501.
Ayllón, Juan de: 425, 590, 592.
Ayllón, Lucas Vázquez de: 397, 398, 405, 406, 414, 592, 594, 627, 628.
Ayora, Juan de: 97.
Ayotlan: 604.
Ayotzingo: 313.
Azcapotzalco: 59, 75, 371, 373, 518, 539, 578, 600.
Azores: 104.
Aztlan (Yucatán): 21, 41.
Azúa de Compostela (Hispaniola): 165, 166, 521.

Badajoz: 114, 130, 155, 238, 385.
Badajoz, Gonzalo de: 260.
Badajoz, Gutierre de: 260, 504, 570.
Baena: 238.
Baeza: 147.
Bahamas, islas: 97, 115, 379, 381.
Bahía, islas: 84, 115, 119, 134.
Balboa, Vasco Núñez de: *véase* Núñez de Balboa, Vasco.
Balcells, Carmen: 18.
Baracoa: 106, 107, 233.
Barba, Pedro: 181, 496, 541, 555.
Barba, Pedro (intérprete maya): 139, 144.
Barcelona: 160, 373, 386, 387, 654, 657.
Barlovento, islas de: 13, 53, 97.
Barlow, R. H.: 21.
Barrientos, Hernán de: 362.
Bastidas, Rodrigo de: 521, 522.
Bautista, Juan (capitán): 255, 379, 399, 623, 625.
Bazán, Gonzalo: 499.
Béjar, 2.º duque de: *véase* Zúñiga, Álvaro de.
Beltrán, Diego: 394, 396, 589, 621, 626.
Beltraneja, la: *véase* Juana de Castilla, princesa.
Benavente, Alfonso Pimentel, 5.º conde de: 161, 654.
Benavides, Antonio de: 373, 456, 476, 623, 625.
Benítez, Juan: 185.
Benito (músico de pandereta): 212.
Bermudas, Las (muchachas): 584.
Bermúdez, Agustín: 499.
Bermúdez, Baltasar: 148, 167, 174, 404, 411, 416, 417, 499.
Bernal, Francisco: 406.
Berrio (marino español): 126.
Berry, duque de: 171.
Bellington, James: 17.
Boabdil: 574.
Bobadilla, Francisco de: 94.
Boccaccio, Giovanni: 630.
Bolonia: 18.
Bono de Quejo, Juan: 107, 129, 401, 416, 421, 485, 499, 521, 609.
Boquín de Azcapotzalco (noble): 371.
Borgia, César: 160, 289.
Borgia, Rodrigo: *véase* Alejandro VI, papa.

González de Trujillo, Pedro: 413.
Grado, Alonso de: 188, 234, 238, 258, 285, 356, 463, 587, 619.
Gran Bretaña: 17.
Gran Cairo, El: *véase* Porvenir.
Granada: 17, 87, 90, 91, 105, 108, 111, 131, 150, 154, 232, 338, 574.
Grandson: 423.
Grecia: 132.
Grijalva, Juan de: 129, 130, 132, 133, 134, 135, 136, 137, 138, 139, 140, 141, 142, 143, 144, 146, 147, 148, 168, 169, 170, 171, 172, 180, 181, 183, 184, 185, 186, 188, 189, 193, 194, 195, 200, 201, 202, 206, 209, 211, 212, 223, 224, 226, 230, 233, 235, 238, 242, 249, 258, 269, 346, 392, 403, 405, 496, 577, 610, 640.
Grimaldi, hermanos: 401.
Grimaldo, Juan Francisco de: 107.
Grimaltes, conde: 209, 210.
Guacachula: 486.
Guadalajara: 652.
Guadalcanal: 132.
Guadalupe, isla de: 109.
Guadalupe, monasterio de: 153, 646.
Guanicnanico: 398.
Guatemala: 30, 227, 324, 652.
Guautitlan: 519.
Guerrero: 360.
Guerrero, Gonzalo: 85, 134, 199, 221.
Guerrero, Lázaro: 491, 549.
Guetaría, Juan de: 136.
Guevara: *véase* Ruiz de Guevara.
Guevara, Antonio de: 114.
Guicciardini, Francesco: 86.
Guidela: 423.
Guinea: 338.
Guipúzcoa: 489.
Gutiérrez, Gloria: 18.
Gutiérrez de Escalante, Juan: 188.
Gutiérrez de Valdelomar, Pedro: 207, 347, 422, 457.
Guzmán *el Bueno*: 578.
Guzmán, Cristóbal de: 188, 265, 455, 565.
Guzmán, Gonzalo de: 165, 381, 382, 395.
Guzmán, Mencia de: 389.
Guzmán, Muño de: 613, 655.
Guzmán, Pedro de: 185.

Habana, La: 146, 496.
Hacha Nocturna: 445.
Halcón, Diego: 596.
Haniguayaba: 105.
Haskell, Francis: 18.
Hatuey (jefe de Hispaniola): 102, 106, 107, 166, 351.
Hernández, Alonso: 531.
Hernández, Diego: 264, 316, 357, 550, 574.
Hernández, María: 636.
Hernández, Pedro: 357.
Hernández, Pero: 364, 440, 484.
Hernández de Córdoba, Francisco: 116, 117, 118, 119, 120, 121, 122, 123, 124, 125, 126, 128, 129, 130, 131, 132, 133, 136, 137, 158, 169, 170, 173, 185, 186, 189, 194, 195, 197, 200, 217, 251, 254, 376, 403, 610.
Hernández Portocarrero, Alonso: 155, 180, 188, 207, 209, 233, 235, 238, 251, 252, 253, 255, 258, 260, 262, 379, 489, 589, 590, 619, 626.
Hernández Portocarrero, Luis: 154.
Herodoto: 618.
Herrera, Fernando de: 386.
Herrera, Juan de: 403.
Hinojosa, Alonso de: 149.
Hispaniola: *véase* Santo Domingo.
Historia de la literatura náhuatl (Garibay, A. M.): 54, 439, 463.
Historia de las Indias (Casas, B. de las): 148.
Historia de las Indias (Motolinía): 604.
Historia 16: 18.
Holguin, Diego: 474, 485.
Holguin, García: 579, 587.
Honduras: 83, 84, 85, 115, 650.
Horacio Flaco, Quinto: 156.
Huaxpitzcactzin: 511.
Huelva: 238.
Huemac (rey mitológico de Tollan): 216, 546.
Huehuecalco: 307.
Huelva: 85, 118.
Huexotla, señor de: 511.
Huexotzincatzin: 66.
Huexotzinco: 64, 65, 66, 268, 304, 486.
Hueyotlipan: 474, 475.
Huitzilopochco (ciudad sobre el lago): 599.
Huitzilopochtli (dios): 36, 37, 50, 67, 68, 75, 78, 83, 214, 218, 219, 220, 231, 348, 371, 374, 427, 428, 429, 430, 432, 463, 466, 482, 502, 508, 547, 549, 567, 575, 576, 578, 599, 643.
Huitzilopochtli (el Cerro de la Estrella): 333, 457.
Huitzinga, Jan: 14, 91.
Hunyg, rey de Yucatán: 492.
Hurtado, Alonso: 421.
Hurtado de Mendoza, Diego: 622, 626.
Hurtado de Mendoza, Lope: 595.

Ignacio de Loyola, san: 105.
India: 173.
Indias: 19, 94, 108, 109, 112, 113, 158, 237, 282, 373, 383, 384, 385, 386, 389.
Inglaterra: 35.
Iníguez, Bernardo: 118.
Iñiguez, Francisco: 118.
Ipalnemoani: 38.
Irblich, Eva: 17.
Ircio, Pedro de: 262, 263, 347, 504, 520, 528, 545, 604.
Isabel I de Castilla, la Católica: 83, 87, 91, 92, 93, 100, 101, 103, 149, 153, 157, 161, 232, 290, 387, 625.

McCreary, Joel: 18.
Macuilmalinal (hermano de Moctezuma): 65, 66.
Madariaga, Salvador de: 14.
Madeira: 104.
Madrid: 17, 18.
Maestre, Juan: 599.
Mafla, Miguel la: 356, 357, 491.
Mafla, Pedro la: 356, 357, 491.
Magallanes, Fernando de: 116, 173, 384, 439, 628.
Málaga: 158.
Malcuitlapilco: 317.
Malinalco: 78.
Malinaltepec: 360, 361.
Malinche: 313, 342, 346, 360, 427, 483, 508, 572.
Maluenda, Pedro de: 402, 424, 520, 582, 652.
Mamexi (cacique Totonac): 264.
Mandeville, John: 89.
Mann, Nicholas: 17.
Manrique, Jorge: 31.
Mansilla, Juan de: 580.
Manzanedo, Bernardino de: 103, 104.
Maquiavelo, Nicolás: 69, 289.
Marcayda, María de («La Marcayda»): 167, 638.
Margarita, archiduquesa: 590, 595.
Margarita, isla: 97, 313.
María Luisa (señora de Alvarado): 295, 455, 457, 543, 558.
Mariel: 146, 379, 380.
Marín, Luis: 520, 527, 578, 580, 618.
Marina (*antes* Malinali; intérprete maya): 208, 209, 211, 213, 227, 243, 246, 262, 280, 292, 293, 298, 313, 320, 336, 348, 356, 367, 421, 475, 511, 542, 580, 581, 600, 602, 621.
Marineo Siculo, Lucio: 92, 151, 156, 169.
Marini, los 251.
Márquez, Juan: 439, 443, 483, 543.
Martín, Benito: 128, 146, 252, 381, 383, 386, 387, 392, 591.
Martín, don (hijo de Moctezuma): 654.
Martín, Ginés: 301.
Martín, Hernán: 357.
Martín de Gamboa, Cristóbal: 189, 458, 459, 471, 612.
Martín Vendabal, Francisco: 533.
Martínez (jefe de Artillería): 422.
Martínez, José Luis: 14, 16, 18.
Martínez, Rodrigo: 411, 418, 634.
Martínez Narices, Juan: 491.
Mártir de Anglería, Pedro: *véase* Anglería, Pedro Mártir de.
Mata, Alonso de: 414.
Mata, Cristóbal de: 295.
Matalcingo: 363, 520, 568.
Matanzas, bahía de: 131, 233, 523.
Mateo, evangelista: 99, 156.
Matienzo, Sancho de: 113, 620.
Matlalcueye: 267.
Matthews, Douglas: 17.
Mauilxochítl (dios): 493.

Maximiliano I, emperador de México: 262, 591, 634.
Maxixcatzin (cacique Tlacalan): 276, 279, 286, 290, 291, 292, 293, 304, 474, 492.
Maxtla, rey de Azcapotzalco: 59.
Mazutlaqueny, Benito: 655.
Medellín (Colombia): 473, 484.
Medellín (Extremadura): 16, 18, 108, 150, 151, 152, 153, 154, 155, 156, 161, 238, 239, 385, 587, 654.
Medellín, Beatriz Pacheco, condesa de: *véase* Pacheco, Beatriz.
Medellín, Juan Portocarrero, conde de: 155, 180, 188, 657.
Medicis, Cosimo de: 658.
Medina: 165.
Medina del Campo: 338, 564.
Medina, Francisco de: 182.
Medina, Luis de: 175.
Medina del Campo: 118.
Medinasidonia, duques de: 159, 593.
Mediterráneo, mar: 87.
Melchorejo (intérprete maya): 124, 127, 130, 186, 194, 197, 203.
Melgarejo de Urrea, Pedro: 522, 533, 602, 607, 621.
Melilla: 109.
Mendieta, Jerónimo de: 190.
Mendoza, Alonso de: 155, 489, 524, 639.
Mendoza, Antonio de: 218, 222, 593, 594, 610, 628, 656.
Mendoza, Diego de: 218.
Mendoza, familia: 92, 94.
Mendoza, Iñigo de: 90.
Mercader de Venecia, El (Shakespeare, W.): 485.
Mérida: 139, 264.
Mesa, Francisco de: 211, 357, 570, 634.
Metelo, Quinto Cecilio: *véase* Cecilio Metelo Quinto.
Mexía, Gonzalo de: 233, 238, 256, 373, 374, 598, 612.
Mexía, Pablo: 381.
Mexicalzingo: 316.
México, ciudad de: *véase* Tenochtitlan.
México, valle de: 22, 28, 50, 77, 218, 219, 230, 275, 278, 304, 307, 314, 321, 338, 507, 518, 537, 543, 562, 566, 597, 617, 650, 651.
Mictlan: 52, 80.
Mictlanquauhtla: 75.
Michoacan: 63, 84, 145, 334, 477, 523, 604, 611.
Ming, los: 262.
Mixquic («pequeña Venecia»): 313, 314.
Moctezuma I, emperador de México: 21, 22, 34, 59, 61, 67, 68, 72, 73, 74, 75, 76, 77, 78, 79, 83, 89, 140, 144, 212, 213, 215, 216, 217, 218, 219, 220, 221, 222, 223, 224, 225, 226, 227, 228, 229, 230, 231, 232, 233, 234, 242, 244, 246, 247, 248, 249, 265, 268, 269, 272, 273, 277, 278, 282, 283, 286, 287, 288, 292, 297, 299, 300, 303, 304, 306, 308, 309, 310, 311, 312, 313, 314, 315, 316,

318, 319, 320, 321, 323, 324, 325, 327-
376, 407, 413, 414, 416, 418, 423, 426,
427, 430, 435, 436, 437, 438, 439-453,
455, 459, 465, 470, 473, 494, 495, 501,
502, 503, 505, 506, 518, 519, 529, 530,
531, 540, 546, 552, 567, 571, 572, 575,
577, 578, 580, 582, 587, 596, 601, 604,
611, 617, 626, 632, 642, 643, 651, 656.
Moctezuma II, emperador de México:
31, 37, 41, 59, 60, 71, 84, 220, 311,
351, 467.
Moctezuma, don Pedro (hijo de Mocte-
zuma): 654.
Mochcouoh (jefe maya): 125.
Moguer: 86, 545.
Molins de Rey: 386.
Molucas, islas: 85.
Momoztl (dios): 574.
Moncada, marqués de: 12.
Mondéjar, marqués de: 591.
Monjáraz, Andrés de: 455, 504, 528,
656.
Monroy, Alonso de («El Clavero»): 659.
Monroy, Hernán Rodríguez de: véase
Rodríguez de Monroy, Hernán.
Monroy, Hernando de: 158, 164, 165.
Monroy, Pedro de: 158.
Monroy, Rodrigo de: 149, 150, 152, 155,
156, 157.
Montaigne, Michel de: 70, 391.
Montano, Francisco de: 570, 572.
Montejo, Francisco de: 130, 139, 145,
181, 188, 203, 211, 233, 236, 238, 239,
240, 241, 253, 258, 376, 379, 380, 381,
382, 385, 386, 387, 388, 389, 393, 395,
396, 399, 589, 602, 619, 623, 626, 659.
Montejo, familia: 13.
Montesinos, Antonio de: 99, 100, 101,
102, 106.
Moquihuix, rey de Tlatelolco: 53, 63.
Mora (soldado español): 543.
Morales, Andrés de: 166.
Morales Padrón, Francisco: 18.
Morante, Cristóbal de: 116, 118, 403.
Morejón de Lobera, Rodrigo: 496.
Moreno, Diego: 439.
Moreno, Isidro: 635.
Morgan, Roger: 17.
Morla, Francisco de: 179, 188, 193, 205,
457.
Morón, Pedro de: 280.
Mostaert, Jan: 591.
Mostyn-Owen, Owen: 18.
Motecuhzomatzin el viejo: 323.
Motelchiuh: 249.
Motolinía, fray Toribio de Paredes o
de Benavente, llamado: 46, 71, 142,
190, 193, 433, 597, 604, 618, 644, 645.
Moya, Beatriz, marquesa de: 94.
Mujeres, isla de: 119, 132, 200.
Münzer, Thomas: 161, 333, 622, 660.
Muñiz, Ana (mujer de Garay y cuñada
de Colón): 109.
Muñoz y de Salazar, Juan Bautista: 18.
Murcia: 129.
Murcia (farmacéutico): 599.

Na Chan can, señor de Chactemal: 199.
Nájera, Juan de: 293, 314, 460.
Nápoles: 42, 70, 160.
Narváez, Pánfilo de: 102, 106, 379, 381,
382, 397, 398, 399, 401, 402, 404, 405,
406, 407, 408, 409, 410, 412, 413, 414,
415, 416, 417, 418, 419, 420, 421, 422,
423, 424, 425, 431, 442, 444, 445, 446,
458, 460, 463, 469, 472, 478, 479, 486,
487, 488, 491, 492, 496, 516, 517, 530,
531, 556, 570, 582, 590, 592, 599, 604,
605, 606, 608, 609, 628, 629.
Nauhtla (Almería): 141, 145, 346, 520.
Navagero, Andrea: 159, 622.
Navalmanzano: 397.
Navarrete, Alonso de: 261, 354, 364,
365, 366, 436, 472, 480, 556, 637, 659.
Nebrija, Antonio de: 30, 90, 92, 112,
133, 154, 160.
Newe Zeitung von dem lande das die
Spanien funden: 43.
Nezahualcóyotl, rey de Texcoco: 38,
40, 55, 83, 223, 362, 472, 513.
Nezahualpilli, rey de Texcoco: 42, 59,
65, 66, 68, 69, 74, 459, 494, 576.
Nezahualquentzin, hijo de Nezahualpi-
lli: 362.
Nicaragua: 260.
Nicuesa, Diego de: 16, 171, 198.
Niebla: 85.
Nonoalco, isla: 547.
Nuestra Señora de la Asunción (ciu-
dad): véase Baracoa.
Nueva Sevilla: 93.
Nuevitas: véase Puerto Príncipe.
Nuevo Santiago: 93.
Numancia: 578.
Núñez, Andrés: 270.
Núñez, Francisco: 387, 395, 594, 628,
630.
Núñez de Balboa, Vasco: 85, 111, 116,
152, 188, 198, 239, 373, 517.
Núñez de Prado, Juan: 151, 153, 155,
158, 385, 388.
Núñez de Valera, Francisco: 156, 160.
Núñez Sedeño, Juan: 180, 188, 280.

Oaxaca: 229, 360, 362, 567, 603, 649.
Oaxtepec: 528, 537.
Oblanca, Gonzalo de: 405.
Obregón, Mauricio: 18.
Ocampo, Diego de: 155, 602, 640.
Ocampo, Sebastián de: 96.
Ocaña, Gonzalo Rodríguez de: véase
Rodríguez de Ocaña, Gonzalo.
Ocotepec: 271.
Ochandiano, Domingo de: 390.
Ochoa de Caicedo, Lope: 116.
Ochoa de Elizalde, Juan: 489.
Ochoa de Lexalde: 603.
Odin: 54.
Ojeda, Alonso de: 179, 439, 483, 515,
543, 568.
Olea, Cristóbal de: 458, 531, 564.
Olid, Cristóbal de: 147, 171, 181, 233,

Ponce de León, Luis: 653.
Ponce de León, Rodrigo: *véase* Arcos,
Rodrigo Ponce de León, marqués de.
Popocatepetl (volcán): 267, 294, 304,
305.
Porcallo de Figueroa, Vasco: 148, 179,
380, 399.
Porras, Sebastián: 406.
Portillo, Juan: 555.
Portugal: 150, 591.
Poupet, Charles de: 595.
Porvenir (ciudad): 122, 124.
Potonchan: 120, 202, 207, 211, 212, 217,
226, 252, 274, 275, 322, 403.
Prada, Alonso de: 172.
Pradera, Víctor: 91.
Prescott, William Hickling: 14, 15, 16,
21.
Preste Juan: *véase* Juan, Preste.
Príncipe (Maquiavelo, N.): 289.
Puebla: 12, 140, 647.
Puerto de Plata, Botello: *véase* Botello.
Puerto Príncipe: 118.
Puerto Real: 137.
Puerto Rico: 13, 96, 110, 373, 497.
Puerto de Santa María: 545.
Puñonrostro, conde de: 110.

Qualpopoca (representante de Mocte-
zuma en Nauhtla): 346, 362.
Quechula: 483.
Quesada, Bernardino de: 414, 499.
Quesada, Cristóbal de: 181.
Quetzalcoatl (dios): 37, 52, 139, 212,
218, 219, 220, 221, 222, 223, 224, 225,
226, 227, 229, 374, 375.
Quiahuitzlan: 241, 242, 263.
Quilaztli (mago): 78, 79.
Quintero, Antonio: 163.
Quiñones, Antonio de: 455, 459, 520,
564, 602, 620, 623, 624, 660.
Quiñones, Francisco de: 593.

Ramírez, Francisco: 497, 523.
Ramos, Demetrio: 14.
Ramos, Manuel: 17.
Rangel, Rodrigo: 155, 181, 364, 412,
413, 414, 439, 587, 604, 605.
Relación (Tapia, A. de): 359.
Retamal, Pablo de: 549.
Ribera, Juan de: 505, 599, 602, 623,
625, 630.
Riberol, Juan: 256, 313, 497.
Río, Antón del: 417, 418.
Río de la Plata: 96.
Ríos, Juan de: 403.
Rodas, Andrés de: 317, 429.
Rodrigo, conde: 153.
Rodríguez, Ana: 636.
Rodríguez, Isabel: 566.
Rodríguez, Juan: 617.
Rodríguez, María: 592.
Rodríguez, Sebastián: 357.
Rodríguez, Violante: 636.

Rodríguez de Escobar, Juan: 439, 637.
Rodríguez de Escobar, Pedro: 556.
Rodríguez de Fonseca, Antonio: *véase*
Fonseca, Antonio Rodríguez de.
Rodríguez de Fonseca, Juan: *véase*
Fonseca, Juan Rodríguez de.
Rodríguez Magariño, Francisco: 174,
456, 543.
Rodríguez de Monroy, Hernán: 149,
150, 154, 155.
Rodríguez de Ocaña, Gonzalo: 175,
486, 637.
Rodríguez de Varillas, familia: 156,
162.
Rodríguez de Villafuerte, Juan: 155,
459, 470, 504, 549, 596, 604.
Rojas (soldado): 520.
Rojas, Antonio de: 394, 629.
Rojas, Diego de: 422, 424.
Rojas, Fernando de: 156.
Rojas, Gabriel de: 108, 301.
Rojas, Juan de: 181.
Rojas, Manuel de: 16, 108, 381, 399,
627.
Roma: 102.
Romero, Conchita: 18.
Ronda: 88.
Rondé y Maray, Mahoma: 333.
Ruffo di Forli, Giovanni: 390.
Ruiz, Gonzalo: 455.
Ruiz, Juan: 485.
Ruiz, Marcos: 602.
Ruiz de Guevara, Antonio: 409, 414,
415, 416, 418.
Ruiz de la Mota, Jerónimo: 379, 552,
545, 558.
Ruiz de la Mota, Pedro: 385, 490, 620.

Sacrificios, isla de los: 139, 209.
Sahagún, Bernardino de: 21, 23, 33, 62,
71, 218, 305, 316, 368, 369, 432, 434,
466, 544, 575, 649.
Sainz, Diego: 173.
Salamanca: 130, 151, 152, 155, 160,
161, 162, 237, 238, 239, 443, 622.
Salamanca, Juan de: 472, 473, 497.
Salazar, Gonzalo de: 629.
Salcedo, Juan de: 128, 183, 421, 600,
637.
Salomón: 211, 254.
Salvación de Higuey: 110.
Salvatierra, Jerónimo (Martínez) de:
402, 413, 415, 417, 425, 478.
Salvatierra, Juan de: 103, 104.
Salvatierra de la Sabana: 106.
Sámano, Juan de: 395.
San Juan ante Portam Latinam: *véase*
San Miguel (ciudad).
San Juan Borinquen (Puerto Rico):
402.
San Juan de Ulúa (*más tarde* Vera-
cruz): 144, 173, 209, 211, 232, 235,
236, 240, 242, 403, 545, 605.
San Miguel (ciudad): 132.
San Nicolás: 405.

San Salvador: 404, 425.
Sancti Spiritus (ciudad): 107, 116, 146.
Sánchez, Ambrosio: 393.
Sánchez Farfán, hermanos: 587.
Sánchez Farfán, Pedro: 364, 422, 511, 568, 569.
Sánchez González, Antonio: 17.
Sandoval, Gonzalo de: 155, 181, 188, 190, 191, 204, 233, 235, 238, 259, 269, 274, 315, 334, 345, 356, 406, 408, 409, 412, 415, 416, 419, 421, 442, 446, 456, 458, 472, 498, 504, 516, 517, 520, 523, 525, 526, 527, 545, 547, 549, 552, 553, 561, 565, 566, 569, 578, 580, 587, 597, 602, 604, 605, 607, 608, 611, 612, 613, 640, 654.
Sanlúcar: 90.
Sanlúcar de Barrameda: 382, 383, 423, 545.
Santa Clara (joven): 440.
Santa Clara, Bernardino de: 127, 402, 405, 416, 599.
Santa Cruz, isla de: *véase* Cozumel, isla de.
Santa Gloria: 109.
Santa María de los Remedios, isla de: 121.
Santiago de Compostela: 379, 388, 490.
Santiago de Cuba: 118, 126, 146, 149, 347, 380, 383.
Santillana, Iñigo Hurtado de Mendoza, marqués de: 90.
Santo Domingo (La Española): 11, 84, 85, 94, 95, 96, 97, 98, 99, 101, 102, 103, 104, 105, 106, 107, 109, 110, 111, 115, 118, 121, 122, 128, 129, 148, 149, 157, 158, 159, 160, 164, 166, 168, 169, 171, 174, 189, 234, 235, 239, 270, 281, 286, 360, 376, 380, 381, 382, 385, 386, 388, 394, 397, 398, 399, 401, 403, 421, 489, 496, 497, 522, 523, 590, 596, 597, 604, 605, 606, 607, 608, 609, 210.
Santo Domingo de la Calzada: 118.
Santo Domingo de Lizaur: 399.
Santo Domingo, Alonso de: 103, 104.
Sarmiento, Juan de: 489.
Saucedo, Francisco de *(el pulido)*: 251, 263, 439, 459.
Sedeño, Antonio: 172.
Segorbe, duques de: 18.
Segovia: 103, 104, 105, 106, 110, 148.
Segura de la Frontera: 484, 604.
Segura, Martín: 162.
Segura, Rodrigo de: 484.
Sepúlveda, Juan Ginés de: 168, 183, 237, 260, 300, 345, 349, 365, 574.
Sergas de Esplandián: 89.
Serna, Alonso de la: 301, 364, 365, 366, 458, 459, 637.
Serrantes, Francisco: 403, 404, 406, 407.
Sevilla: 9, 16, 17, 18, 85, 86, 96, 102, 107, 108, 109, 112, 113, 118, 122, 128, 130, 145, 339, 365, 383, 386, 387, 390, 392, 393.
Sevilla la Nueva: 109.

Sforza, Ascanio: 630.
Shakespeare, William: 485.
Siete Partidas, Las (leyes): 160, 239.
Siliceo, Juan Martínez: 157.
Simancas: 16, 17.
Simó, Isabel: 17.
Sobre el gobierno del rey de España en las Indias (Paz, M. de): 100.
Soconusco: 429.
Solino, Cayo Julio: 171.
Solís, Francisco de: 289, 498, 635.
Solís, Pedro de: 410.
Sopuerta, Diego de: 469.
Soria, Bernardino de: 258.
Sotavento, islas de: 13, 97, 622.
Sotelo, Luis de: 398.
Soto, Diego de: 622.
Sotomayor, Cristóbal de: 96.
Soustelle, Jacques: 12, 14, 355.
Stephen, John Lloyd: 16.
Suárez, Catalina (esposa de Hernán Cortés): 167, 347, 380, 499.
Suárez, Juan: 167, 175, 499, 522.
Suárez Pacheco, Diego: 167.
Suárez de Peralta, Juan: 636.
Sudamérica: 93, 237, 385.
Sudán: 507.

Tabasco: 85, 120, 137, 138.
Tacuba: 28, 31, 67, 228, 363, 439, 440, 443, 454, 457, 458, 466, 468, 470, 475, 494, 502, 518, 519, 545, 546, 557, 558, 559, 563, 577, 578, 580, 600, 601, 616, 617, 632, 650.
Tacuba, rey de: 73.
Tamayo, Carlos: 393.
Tamayo, Jorge: 393.
Tamoanchan (paraíso perdido): 525, 526.
Tampico: 85.
Tapia, Alonso de: 354, 366.
Tapia, Andrés de: 15, 182, 198, 199, 237, 262, 274, 277, 296, 297, 300, 323, 347, 359, 360, 361, 362, 364, 365, 366, 368, 369, 370, 372, 408, 412, 421, 455, 458, 470, 472, 504, 513, 520, 545, 561, 563, 565, 567, 587, 592, 606, 607, 612, 620, 623, 627, 641, 652, 657, 660.
Tapia, Bernardino Vázquez de: *véase* Vázquez de Tapia, Bernardino.
Tapia, Cristóbal de: 604, 605, 608, 609, 610.
Tapia, Francisco de: 611.
Tapia, Juan de: 592.
Tecalco (esposa oficial de Moctezuma): 367.
Tecamachalco: 486.
Tecocoltzin, príncipe de Texcoco: 511.
Tecuichpo (hija de Moctezuma; «doña Isabel»): 367, 494, 650.
Tehuacan: 50.
Tehuantepec: 34.
Temilotecatl, señor de Tepetitpac: 276, 279.
Temprano, Juan Carlos: 23.

893

Turquía: 100.
Tustepec: 604, 605, 611.
Tututepec: 360, 611.
Tuxpan: 145, 520.
Tzintzuntzan: 63, 494, 503.
Tzinzicha: 503.
Tzompachtepetl (monte): 283.
Tzompantzinco: 285, 483.

«Ulúa»: 148.
Umbría, Gonzalo de: 259, 361, 362.
Uruapan: 612.
Usagre, Bartolomé de: 185, 416.

Vakaki, Ahmak, príncipe maya: 492.
Valdenebro, Diego de: 566.
Valdivia (conquistador): 198.
Valencia: 87, 90, 390.
Valenzuela, María de: 402.
Valenzuela, Pedro: 356.
Valladolid: 90, 92, 95, 96, 100, 105, 108, 150, 151, 154, 160, 161, 162, 239, 623.
Valle, marqués del: 638.
Vallehermoso: 239.
Vallejo, Pedro: 614.
Van Aelst, Pieter: 460.
Van der Auwern, Johann: 633.
Van Zantwijk, Rudolph: 14.
Varengeville: 624, 625.
Varela, Consuelo: 18.
Vargas, Diego de: 189, 485, 486.
Vargas, Lorenzo: 504.
Varillas, Rodríguez de: véase Rodríguez de Varillas, familia.
Vaz de Caminha, Pedro: 254.
Vázquez, Germán: 18.
Vázquez, Martín: 195, 205, 235, 456, 459, 564, 618.
Vázquez de Segovia, Lorenzo: 161.
Vázquez de Tapia, Bernardino: 133, 188, 203, 234, 253, 294, 297, 304, 363, 364, 427, 429, 434, 437, 597, 619.
Vega, Hernando de: 394, 620.
Velázquez, Antón (hermano de Diego): 105, 118.
Velázquez, Antonio (primo de Diego): 108, 167.
Velázquez, Bernardino: 108, 148, 627, 629.
Velázquez, Cristóbal: 105.
Velázquez, Diego (pintor): 186.
Velázquez, Diego de (gobernador de Cuba): 16, 96, 105, 106, 107, 108, 109, 115, 116, 117, 118, 119, 126, 127, 128, 131, 146, 147, 148, 152, 164, 165, 166, 167, 168, 170, 172, 173, 174, 175, 181, 182, 183, 184, 186, 190, 192, 195, 203, 210, 233, 235, 236, 237, 238, 239, 251, 252, 376, 379, 380, 381, 382, 383, 387, 395, 396, 397, 398, 399, 401, 402, 403, 404, 406, 408, 409, 411, 412, 418, 419, 420, 422, 423, 424, 479, 480, 482, 484, 489, 491, 492, 496, 520, 522, 526, 579,

589, 590, 592, 594, 605, 606, 607, 608, 609, 627, 628, 629, 633, 639.
Velázquez, Diego (primo): 108.
Velázquez, Diego (sobrino): 404.
Velázquez, Diego de Silva: 651.
Velázquez, Inés (Verdugo): 179.
Velázquez, Iseo: 148.
Velázquez, Jerónima: 651.
Velázquez, Juan (hermano de Diego): 105, 651.
Velázquez, Juan (primo de Diego): 105, 108.
Velázquez, Magdalena (sobrina de Diego): 108.
Velázquez, Pedro: 404.
Velázquez, Sancho: 105, 110.
Velázquez de Borrego, Antonio: 108, 148, 397.
Velázquez de Cuéllar, Juan: 622.
Velázquez de León, Juan: 182, 188, 233, 236, 253, 254, 255, 264, 292, 293, 315, 334, 345, 347, 348, 357, 373, 407, 412, 413, 417, 418, 419, 420, 422, 439, 442, 444, 454, 455, 459, 463, 464, 472, 478, 518, 611.
Vélez, marqués de los: 589.
Véliz, Zahira: 18.
Venecia: 27, 96.
Venezuela: 84, 96, 97, 103, 381.
Veracruz: 73, 85, 118, 120, 138, 140, 141, 234, 236, 237, 238, 239, 241, 247, 248, 249, 251, 252, 253, 254, 255, 256, 257, 258, 259, 262, 266, 269, 271, 326, 346, 347, 361, 363, 371, 372, 376, 379, 380, 387, 388, 394, 395, 404, 405, 406, 407, 408, 409, 410, 416, 419, 423, 427, 430, 439, 444, 460, 463, 478, 480, 483, 489, 491, 496, 498, 500, 506, 512, 516, 520, 521, 522, 523, 525, 570, 577, 584, 587, 597, 604, 605, 606, 607, 609, 613, 614, 619, 631.
Verdugo, Francisco: 179, 180, 411, 504, 520, 545, 561, 579, 632.
Veret, Luis: 387, 390.
Vergara, Alfonso de: 409, 608.
Vespuccio, Americo: 254, 485.
Víboras, islas: 198.
Viena: 17.
Vila, Enriqueta: 17.
Villadiego, Francisco de: 524.
Villafaña, Antonio de: 520.
Villafuerte, Juan Rodríguez de: véase Rodríguez de Villafuerte, Juan.
Villafuerte, Rodrigo de: 587.
Villalobos, Pedro de: 416, 449.
Villanueva, Alonso de: 421, 455.
Villa Rica de la Vera Cruz: véase Veracruz.
Villarroel, Antonio de: 511, 569.
Villena, marqués de: 153.
Visión de los vencidos. Relaciones indígenas de la conquista (Temprano, J. C.): 23.
Vitelli, Paolo: 185.
Vives, Joan Lluís: 160.

Impreso en Talleres Gráficos
DUPLEX, S. A.
Ciudad de Asunción, 26, int., D
08030 Barcelona